Nuevo Testamento
Salmos y Proverbios
Bilingüe Español / Inglés

Nueva Versión Internacional

Spanish / English Bilingual
New Testament
Psalms and Proverbs

New International Version

Biblica. Transforming lives through God's Word

Biblica provides God's Word to people through Bible translation & publishing, and Bible engagement in Africa, Asia Pacific, Europe, Latin America, Middle East, North America, and South Asia. Through its worldwide reach, Biblica engages people with God's Word so that their lives are transformed through a relationship with Jesus Christ.

Span/Eng NT NVI/NIV 120160
10500
120160: ISBN 978-1-62337-080-0

01/14
Printed in U.S.A.

EL DRAMA DE LA BIBLIA EN SEIS ACTOS

La Biblia es una colección de cartas, poemas, historias, visiones, oráculos proféticos, sabiduría y otras clases de escritos. El primer paso para una buena lectura y comprensión de la Biblia es acercarse a esta colección de volúmenes como las diversas clases de escritos que son, y leerlos como libros completos. Te animamos a leer en grande, a no tomar simplemente pequeños fragmentos de la Biblia. Las introducciones al comienzo de cada libro te ayudarán a hacerlo.

Pero es también importante mirar la Biblia no como si fuera una colección de escritos sin ninguna relación entre sí. En general, la Biblia es una narración. Estos libros se unen para contar la verdadera historia de Dios y su plan para enderezar de nuevo al mundo. Esta historia de la Biblia se desarrolla naturalmente en seis actos principales, que se resumen brevemente a continuación.

Pero incluso de manera más precisa, podemos decir que la historia de la Biblia es un drama. La clave del drama es que tiene que actuarse, representarse, vivirse. No puede quedar solamente como palabras escritas en una página. El drama es una historia en acción. La Biblia se escribió para que pudiéramos entrar en su historia. Significa que debe vivirse.

THE DRAMA OF THE BIBLE IN SIX ACTS

The Bible is a collection of letters, poems, stories, visions, prophetic oracles, wisdom and other kinds of writing. The first step to good Bible reading and understanding is to engage these collected works as the different kinds of writing that they are, and to read them as whole books. We encourage you to read big, to not merely take in little fragments of the Bible. The introductions at the start of each book will help you to do this.

But it is also important not to view the Bible as a gathering of unrelated writings. Overall, the Bible is a narrative. These books come together to tell God's true story and his plan to set the world right again. This story of the Bible falls naturally into six key major acts, which are briefly summarized below.

But even more precisely, we can say the story of the Bible is a drama. The key to a drama is that it has to be acted out, performed, lived. It can't remain as only words on a page. A drama is an activated story. The Bible was written so we could enter into its story. It is meant to be lived.

> «Siempre he pensado
> "I had always
> en la vida como una historia en primer lugar:
> felt life first as a story:
> y si hay una historia,
> and if there is a story,
> tiene que haber un narrador».
> there is a story-teller."
>
> G. K. Chesterton

Todos nosotros, sin excepción, vivimos nuestras vidas como si se tratara de un drama. Estamos en la escena todos los días. ¿Qué diremos? ¿Qué haremos? ¿En cuál de las historias viviremos? Si no respondemos a estas preguntas con el libreto bíblico, seguiremos otro. No podemos evitar vivir de acuerdo con las instrucciones escénicas de otro, incluso si son meramente nuestras propias instrucciones.

Por esta razón, otra clave para aproximarnos bien a la Biblia es reconocer que su historia no ha terminado. La acción salvadora de Dios continúa. Todos estamos invitados a asumir nuestros roles en esta historia actual de redención y nueva creación. Entonces, acojamos el drama de la Biblia. Bienvenido a la historia de cómo Dios quiere renovar tu vida y la vida del mundo. El mismo Dios te está llamando para que te acerques a él e interacciones con su Palabra.

Acto 1º: LA INTENCIÓN DE DIOS

 El drama se inicia (en las primeras páginas del libro de Génesis) con Dios en el escenario creando un mundo. Crea al hombre y a la mujer, Adán y Eva, y los coloca en el Jardín del Edén para que lo trabajen y lo cuiden. La tierra es creada para que sea la casa, el hogar de ellos. Dios quiere que la humanidad viva en una relación cercana, íntima con él y en armonía con el resto de la creación que la rodea.

En un pasaje asombroso, la Biblia nos cuenta que los seres humanos son la imagen de Dios, creados para participar en la tarea de llevar el gobierno sabio y beneficioso de Dios al resto del mundo.

All of us, without exception, live our lives as a drama. We are on stage every single day. What will we say? What will we do? According to which story will we live? If we are not answering these questions with the biblical script, we will follow another. We can't avoid living by someone's stage instructions, even if merely our own.

This is why another key to engaging the Bible well is to recognize that its story has not ended. God's saving action continues. We are all invited to take up our own roles in this ongoing story of redemption and new creation. So, welcome to the drama of the Bible. Welcome to the story of how God intends to renew your life, and the life of the world. God himself is calling you to engage with his word.

Act 1: GOD'S INTENTION

 The drama begins (in the first pages of the book of Genesis) with God already on the stage creating a world. He makes a man and a woman, Adam and Eve, and places them in the Garden of Eden to work it and take care of it. The earth is created to be their home. God's intention is for humanity to be in close, trusting relationship with him and in harmony with the rest of creation that surrounds them.

In a startling passage, the Bible tells us that human beings are God's image-bearers, created to share in the task of bringing God's wise and beneficial rule

Hombre y mujer juntos, somos seres humanos significativos que tomamos decisiones y moldeamos el mundo. Esta es nuestra vocación, es nuestro propósito según la historia bíblica los define.

Otra parte igualmente asombrosa del Acto 1º es la descripción de un Dios que llega al jardín para convivir con los primeros seres humanos. La tierra no es solo el lugar que Dios intentó para la humanidad, sino que Dios mismo hace de la hermosa y nueva creación, su propio hogar. Reside en él como si fuera su templo.

Luego Dios hace su propia evaluación de toda la creación: *Y vio Dios todo lo que había hecho, y he aquí que era bueno en gran manera*. El Acto 1º revela el deseo original de Dios para el mundo. Nos muestra que la vida misma es un regalo del Creador. Nos dice para qué fuimos hechos y prepara el escenario de toda la acción que sigue.

Acto 2º: EL EXILIO

 La tensión y el conflicto se introducen en la historia cuando Adán y Eva deciden seguir su propio camino y descubrir su propia sabiduría. Escuchan la voz engañadora del enemigo de Dios, Satanás, y dudan de la credibilidad de Dios. Deciden vivir apartados de la palabra que el mismo Dios les ha dado. Deciden crearse su propia ley.

La desobediencia de Adán y Eva — la introducción del pecado en nuestro mundo— se presenta en la Biblia como un hecho de consecuencias devastadoras. Los seres humanos fueron creados para mantener una relación íntima y saludable con Dios, con ellos entre sí y con el resto de la creación. Pero ahora la humanidad

to the rest of the world. Male and female together, we are significant, decision-making, world-shaping beings. This is our vocation, our purpose as defined in the biblical story.

An equally remarkable part of Act 1 is the description of God as coming into the garden to be with the first human beings. Not only is the earth the God-intended place for humanity, God himself comes to make the beautiful new creation his home as well. He takes up residence in it as his temple.

God then gives his own assessment of the whole creation: *God saw all that he had made, and it was very good*. Act 1 reveals God's original desire for the world. It shows us that life itself is a gift from the Creator. It tells us what we were made for and provides the setting for all the action that follows.

Act 2: EXILE

 Tension and conflict are introduced to the story when Adam and Eve decide to go their own way and seek their own wisdom. They listen to the deceptive voice of God's enemy, Satan, and doubt God's trustworthiness. They decide to live apart from the word that God himself has given them. They decide to be a law to themselves.

The disobedience of Adam and Eve— the introduction of sin into our world—is presented in the Bible as having devastating consequences. Humans were created for healthy, life-giving relationship: with God, with each other, and with the rest

debe vivir el rompimiento de todas estas relaciones y en consecuencia, con la vergüenza, la desolación, el dolor, la soledad... y la muerte.

El cielo y la tierra —el dominio de Dios y el dominio nuestro— eran para que estuvieran unidos. Dios deseaba claramente desde el principio vivir con nosotros en el mundo que había creado. Pero ahora Dios está escondido. Ahora es posible estar en nuestro mundo sin conocerlo a él, sin experimentar su presencia, ni seguir sus caminos, ni vivir en gratitud.

El resultado de esta rebelión da origen al primer exilio de la historia. A los seres humanos se los aleja de la presencia de Dios. Sus descendientes a lo largo de la historia buscarán la manera de regresar a la fuente de la vida. Inventarán toda clase de filosofías y religiones tratando de darle sentido al mundo caído, no obstante memorable. Pero ahora la muerte los acecha y descubrirán que no pueden escaparse de ella. Por haber tratado de vivir lejos de Dios y de su sabia palabra, los seres humanos descubrirán que ni tienen a Dios, ni tienen vida.

Nuevas preguntas surgen en la historia: ¿Podrá removerse la maldición que pesa sobre la creación y restaurarse la relación de Dios con la humanidad? ¿Pueden los cielos y la tierra unirse de nuevo? ¿O pudieron los enemigos de Dios terminar eficientemente el plan y desquiciar la historia?

of creation. But now humanity must live with the fracturing of all these relations and with the resulting shame, brokenness, pain, loneliness—and death.

Heaven and earth—God's realm and our realm—were intended to be united. God's desire from the beginning was clearly to live with us in the world he made. But now God is hidden. Now it is possible to be in our world and not know him, not experience his presence, not follow his ways, not live in gratitude.

As a result of this rebellion, the first exile in the story takes place. The humans are driven away from God's presence. Their offspring throughout history will seek to find their way back to the source of life. They will devise any number of philosophies and religions, trying to make sense of a fallen, yet haunting world. But death now stalks them, and they will find that they cannot escape it. Having attempted to live apart from God and his good word, humans will find they have neither God nor life.

New questions arise in the drama: Can the curse on creation be overcome and the relationship between God and humanity restored? Can heaven and earth be reunited? Or did God's enemy effectively end the plan and subvert the story?

Acto 3º: EL LLAMAMIENTO DE ISRAEL A UNA MISIÓN

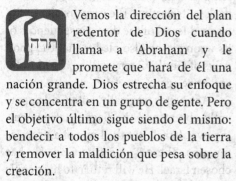 Vemos la dirección del plan redentor de Dios cuando llama a Abraham y le promete que hará de él una nación grande. Dios estrecha su enfoque y se concentra en un grupo de gente. Pero el objetivo último sigue siendo el mismo: bendecir a todos los pueblos de la tierra y remover la maldición que pesa sobre la creación.

Cuando los descendientes de Abraham son esclavizados en Egipto, se establece un patrón central en la historia: Dios escucha los clamores de ayuda y viene a liberarlos. Luego hace un pacto con esta nueva nación de Israel en el monte Sinaí. Dios llama a Israel para que sea la luz de las naciones y le muestre al mundo lo que significa seguir la forma de vida que Dios quiere. Si lo hacen así, los bendecirá en la nueva tierra y vendrá a vivir con ellos.

Sin embargo, Dios les advierte que si no son fieles al pacto, los echará tal como lo hizo con Adán y Eva. A pesar de las repetidas advertencias por medio de sus profetas, Israel parece empecinado en quebrantar el pacto. Por eso Dios abandona el santo templo —el símbolo de su presencia en medio de su pueblo—, y los invasores paganos lo destruyen. La capital de Israel, la ciudad de Jerusalén, es saqueada e incendiada.

Los descendientes de Abraham, escogidos para enmendar el fracaso de Adán, ahora parecen haber fracasado también. Israel, enviado como la respuesta divina a la caída de Adán, no puede escaparse del pecado de Adán. Dios, no obstante, es fiel a su pueblo y a su plan, y planta la semilla con un desenlace

Act 3: CALLING ISRAEL TO A MISSION

We see the direction of God's redemptive plan when he calls Abraham, promising to make him into a great nation. God narrows his focus and concentrates on one group of people. But the ultimate goal remains the same: to bless all the peoples on earth and remove the curse from creation.

When Abraham's descendants are enslaved in Egypt, a central pattern in the story is set: God hears their cries for help and comes to set them free. God makes a covenant with this new nation of Israel at Mt. Sinai. Israel is called by God to be a light to the nations, showing the world what it means to follow God's ways for living. If they will do this, he will bless them in their new land and will come to live with them.

However, God also warns them that if they are not faithful to the covenant, he will send them away, just as he did with Adam and Eve. In spite of God's repeated warnings through his prophets, Israel seems determined to break the covenant. So God abandons the holy temple—the sign of his presence with his people— and it is smashed by pagan invaders. Israel's capital city Jerusalem is sacked and burned.

Abraham's descendants, chosen to reverse the failure of Adam, have now apparently also failed. The problem this poses in the biblical story is profound. Israel, sent as the divine answer to Adam's fall, cannot escape Adam's sin. God, however, remains committed to his people and his plan, so he sows the seed of

diferente. Dios promete enviar un nuevo rey, un descendiente del rey David, quien conducirá a Israel de nuevo a su destino. Los mismos profetas que advirtieron a Israel de sus transgresiones, también prometen que las buenas noticias de la victoria de Dios se oirán nuevamente en Israel.

El Acto 3º termina trágicamente con un Dios aparentemente ausente y con las naciones paganas que gobiernan a Israel. Pero la esperanza de la promesa permanece. Hay un Dios verdadero. Él ha escogido a Israel, y volverá a su pueblo para vivir de nuevo en medio de él. Será el portador de justicia, paz y sanidad para Israel y luego para el mundo. Esto lo hará en una forma final y apoteósica. Dios enviará a su Ungido, el Mesías. Él dio su palabra.

Acto 4º: LA VICTORIA SORPRENDENTE DE JESÚS

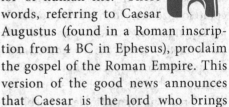

«Él es el dios que se ha manifestado . . . el salvador universal de la vida humana». Estas palabras, con alusión a César Augusto (descubiertas en una inscripción romana del año 4 a. de C. en Éfeso), eran el evangelio del imperio romano. Esta versión de las buenas nuevas anuncia que César es el señor que trae la paz y la prosperidad al mundo.

En este imperio nace el hijo de David que anuncia el evangelio del reino de Dios. Jesús de Nazaret trae las buenas nuevas de la venida del reinado de Dios. Comienza a mostrar cómo es la nueva creación de Dios. Anuncia el fin del exilio de Israel y el perdón de los pecados. Sana a los enfermos y resucita a los muertos. Triunfa sobre los poderes tenebrosos de la oscuridad. Acoge a los pecadores y a

a different outcome. He promises to send a new king, a descendant of Israel's great King David, who will lead the nation back to its destiny. The very prophets who warned Israel of the dire consequences of its wrongdoing also pledge that the good news of God's victory will be heard in Israel once again.

Act 3 ends tragically, with God apparently absent and the pagan nations ruling over Israel. But the hope of a promise remains. There is one true God. He has chosen Israel. He will return to his people to live with them again. He will bring justice, peace and healing to Israel, and then to the world. He will do this in a final and climactic way. God will send his anointed one—the Messiah. He has given his word on this.

Act 4: THE SURPRISING VICTORY OF JESUS

"He is the god made manifest . . . the universal savior of human life." These words, referring to Caesar Augustus (found in a Roman inscription from 4 BC in Ephesus), proclaim the gospel of the Roman Empire. This version of the good news announces that Caesar is the lord who brings peace and prosperity to the world.

Into this empire a son of David is born, and he announces the gospel of God's kingdom. Jesus of Nazareth brings the good news of the coming of God's reign. He begins to show what God's new creation looks like. He announces the end of Israel's exile and the forgiveness of sins. He heals the sick and raises the dead. He overcomes the dark spiritual powers. He welcomes

los que son considerados impuros. Jesús renueva la nación al reconstruir a las doce tribus de Israel a su alrededor de manera simbólica.

Pero los líderes de la religión establecida se sienten amenazados por Jesús y su reino, y por eso se lo llevan al gobernador romano. En la misma semana en que los judíos recordaban y celebraban la Pascua —cuando Dios en la antigüedad rescató a su pueblo de la esclavitud en Egipto— los romanos clavan a Jesús en una cruz y lo matan acusándolo de ser un rey falso.

Pero la Biblia dice que su derrota es en realidad la victoria más grande de Dios. ¿Cómo? Jesús voluntariamente entrega su vida en sacrificio en nombre de la nación, en nombre del mundo. Jesús toma sobre sí toda la fuerza del mal y le anula su poder. De esta manera sorprendente Jesús lucha y gana la última batalla de Israel. Roma nunca fue el verdadero enemigo; lo fueron los poderes espirituales detrás de Roma y de todos los reinos que tienen a la muerte como arma. Con su sangre, Jesús paga el precio y reconcilia todo lo que está en el cielo y en la tierra con Dios.

Dios entonces declara públicamente esta victoria al cambiar la sentencia de muerte de Jesús y resucitarlo a la vida. La resurrección del rey de Israel demuestra que los grandes enemigos de la creación de Dios —el pecado y la muerte— verdaderamente han sido derrotados.

Jesús es el cumplimiento de la historia de Israel y el nuevo comienzo para toda la raza humana. La muerte vino a través del primer hombre, Adán. La resurrección de la muerte viene a través del nuevo hombre, Jesús. La intención original de Dios ya está redimida.

sinners and those considered unclean. Jesus renews the nation, rebuilding the twelve tribes of Israel around himself in a symbolic way.

But the established religious leaders are threatened by Jesus and his kingdom, so they have him brought before the Roman governor. During the very week that the Jews were remembering and celebrating Passover—God's ancient rescue of his people from slavery in Egypt—the Romans nail Jesus to a cross and kill him as a false king.

But the Bible claims that this defeat is actually God's greatest victory. How? Jesus willingly gives up his life as a sacrifice on behalf of the nation, on behalf of the world. Jesus takes onto himself the full force of evil and empties it of its power. In this surprising way, Jesus fights and wins Israel's ultimate battle. The real enemy was never Rome, but the spiritual powers that lie behind Rome and every other kingdom whose weapon is death. Through his blood Jesus pays the price and reconciles everything in heaven and on earth to God.

God then publicly declares this victory by reversing Jesus' death sentence and raising him back to life. The resurrection of Israel's king shows that the great enemies of God's creation—sin and death—really have been defeated. The resurrection is the great sign that the new creation has begun.

Jesus is the fulfillment of Israel's story and a new start for the entire human race. Death came through the first man, Adam. The resurrection of the dead comes through the new man, Jesus. God's original intention is being reclaimed.

Acto 5º: EL PUEBLO RENOVADO DE DIOS

Si la victoria clave ya está asegurada, ¿por qué entonces hay un Acto 5º? La respuesta es que Dios quiere que la victoria de Jesús se esparza por todas las naciones del mundo. El Jesús resucitado les dice a sus discípulos: *«¡La paz sea con ustedes! Como el Padre me envió a mí, así yo los envío a ustedes».* Este nuevo acto del drama cuenta la historia de cómo los primeros seguidores de Jesús comenzaron a difundir las buenas nuevas del reino de Dios.

Según el Nuevo Testamento, todos los que pertenecen al Mesías de Israel son hijos de Abraham, herederos tanto de las promesas antiguas como de la misión antigua. La tarea de llevarles la bendición a los pueblos del mundo le ha sido encomendada de nuevo a la familia de Abraham. Su misión es la de vivir el mensaje liberador de las buenas nuevas del reino de Dios.

Dios está congregando a los pueblos de todo el mundo y constituyéndolos en asambleas de seguidores de Jesús — su iglesia. Juntos conforman el nuevo templo de Dios, el lugar donde su Espíritu vive. Son la comunidad de los que se han comprometido con Jesús como el verdadero Señor del mundo. Son los que ya cruzaron de la muerte a la nueva vida mediante el poder del Espíritu de Dios, y demuestran el amor de Dios traspasando las fronteras comunes de raza, clase, tribu y nación.

El perdón de los pecados y la reconciliación con Dios ya puede anunciársele a todo el mundo. Siguiendo los pasos de Jesús, sus seguidores proclaman este evangelio del reino con

Act 5: THE RENEWED PEOPLE OF GOD

If the key victory has already been secured, why is there an Act 5? The answer is that God wants the victory of Jesus to spread to all the nations of the world. The risen Jesus says to his disciples, *"Peace be with you! As the Father has sent me, I am sending you."* So this new act in the drama tells the story of how the earliest followers of Jesus began to spread the good news of God's reign.

According to the New Testament, all those who belong to Israel's Messiah are children of Abraham, heirs of both the ancient promises and the ancient mission. The task of bringing blessing to the peoples of the world has been given again to Abraham's family. Their mission is to live out the liberating message of the good news of God's kingdom.

God is gathering people from all around the world and forming them into assemblies of Jesus-followers—his church. Together they are God's new temple, the place where his Spirit lives. They are the community of those who have pledged their allegiance to Jesus as the true Lord of the world. They have crossed from death into new life, through the power of God's Spirit. They demonstrate God's love across the usual boundaries of race, class, tribe and nation.

Forgiveness of sins and reconciliation with God can now be announced to all. Following in the steps of Jesus, his follow-

palabras y con hechos. El poder de esta nueva vida dada por Dios que irrumpe en el mundo, es para demostrarse con acciones del mundo real de la comunidad cristiana. El mensaje, sin embargo, también conlleva una advertencia. Cuando el Mesías vuelva otra vez, lo hará en calidad de legítimo juez del mundo.

La Biblia es la historia de la lucha central que se abre paso a lo largo de las historia del mundo. Y ahora la historia se traslada justo a nuestro propio tiempo, envolviéndonos a todos en su drama.

Por eso nos vemos confrontados por el reto de una decisión. ¿Qué haremos? ¿Cómo encajaremos en esta historia? ¿Qué función desempeñaremos? Dios nos invita a ser parte de su misión de recreación —de llevar restauración, sanidad, justicia y perdón. Debemos unirnos a la tarea de hacer las cosas nuevas, de ser una señal viviente de lo que ha de venir cuando el drama llegue a su culminación.

Acto 6º: DIOS VIENE A CASA

 El futuro de Dios ha llegado a nuestro mundo mediante la obra de Jesús el Mesías. Pero por ahora, la actual edad del mal también continúa. La transgresión, la maldad, la enfermedad e incluso la muerte siguen su curso. Vivimos en la época del traslapo de las edades, el tiempo intermedio. El Acto final se acerca, pero no ha llegado todavía.

Vivimos en la época de la invitación, cuando el llamado del Evangelio es para toda criatura. Por supuesto, muchos todavía viven como si Dios no existiera. No reconocen el reinado del Mesías. Pero llegará el día cuando Jesús regresará a la

ers proclaim this gospel in both word and deed. The power of this new, God-given life breaking into the world is meant to be shown by the real-world actions of the Christian community. But the message also has a warning. When the Messiah returns, he will come as the rightful judge of the world.

The Bible is the story of the central struggle weaving its way through the history of the world. And now the story arrives at our own time, enveloping us in its drama.

So the challenge of a decision confronts us. What will we do? How will we fit into this story? What role will we play? God is inviting us to be a part of his mission of re-creation—of bringing restoration, justice and forgiveness. We are to join in the task of making things new, to be a living sign of what is to come when the drama is complete.

Act 6: GOD COMES HOME

 God's future has come into our world through the work of Jesus the Messiah. But for now, the present evil age also continues. Brokenness, wrongdoing, sickness and even death remain. We live in the time of the overlap of the ages, the time of in-between. The final Act is coming, but it has not yet arrived.

We live in the time of invitation, when the call of the gospel goes out to every creature. Of course, many still live as though God doesn't exist. They do not acknowledge the rule of the Messiah. But the day is coming when Jesus will return to

tierra y el reino de Dios será una realidad incuestionable en todo el mundo

La presencia de Dios con nosotros se hará plena y abiertamente de nuevo, como lo fuera al principio del drama. El plan de redención de Dios cumplirá su objetivo. La creación experimentará su propio Éxodo y encontrará la liberación de la esclavitud de la corrupción. El dolor y las lágrimas, la culpa y la vergüenza, el sufrimiento y la muerte dejarán de existir.

Cuando llegue el día de la resurrección, el pueblo de Dios se dará cuenta de que su esperanza se ha cumplido. La fuerza dinámica de una vida indestructible recorrerá sus cuerpos. Facultada por el Espíritu y sin las ataduras del pecado y de la muerte, iremos en busca de nuestra vocación original como humanidad renovada. Seremos forjadores de cultura, bajo Dios pero sobre el mundo. Al haber sido hechos de nuevo a la imagen de Cristo, ahora participaremos en la tarea de llevar su sabio y esmerado reinado a la tierra.

En el centro de todo estará el mismo Dios. Él regresará y habitará con nosotros, esta vez en un cielo nuevo y una tierra nueva. Nosotros, junto con el resto de la creación, lo adoraremos con perfección y cumpliremos nuestro verdadero llamado. Dios estará a plenitud en todo, y el mundo entero se llenará de su gloria.

earth and the reign of God will become an uncontested reality throughout the world.

God's presence will be fully and openly with us once again, as it was at the beginning of the drama. God's plan of redemption will reach its goal. The creation will experience its own Exodus, finding freedom from its bondage to decay. Pain and tears, regret and shame, suffering and death will be no more.

When the day of resurrection arrives God's people will find that their hope has been realized. The dynamic force of an indestructible life will course through their bodies. Empowered by the Spirit, and unhindered by sin and death, we will pursue our original vocation as a renewed humanity. We will be culture makers, under God but over the world. Having been remade in the image of Christ, we will share in bringing his wise, caring rule to the earth.

At the center of it all will be God himself. He will return and make his home with us, this time in a new heavens and a new earth. We, along with the rest of creation, will worship him perfectly and fulfill our true calling. God will be all in all, and the whole world will be full of his glory.

¿Y QUÉ SIGUE AHORA?

La visión de conjunto anterior del drama de la Biblia sirve de estructura para que comiences a leer los libros que componen la historia. El resumen que hemos proporcionado es simplemente la invitación para que te acerques a los propios libros sagrados e interacciones con ellos.

La mayoría de la gente hoy sigue la costumbre de leer solamente trocitos fragmentarios de la Biblia —versículos— y a menudo aislados de los libros de los cuales son parte. Hacerlo así no ayuda mucho a la buena comprensión de la Biblia. Te animamos para que tomes todos los libros tal como los escribieron sus autores. Esta es realmente la única forma de lograr un buen conocimiento de las Escrituras.

Cuanto más te metas de lleno en el libreto de este drama, mayor será la oportunidad de encontrar tu propio lugar en la historia. La página siguiente, llamada *Vivamos el libreto*, te indicará los próximos pasos que te ayudarán a asumir tu papel en el drama de renovación de la Biblia.

Profundiza y
Go deep and
lee a lo grande.
read big.

WHAT NOW?

The preceding overview of the drama of the Bible is meant to give you a framework so you can begin to read the books that make up the story. The summary we've provided is merely an invitation for you to engage the sacred books themselves.

Many people today follow the practice of reading only small, fragmentary snippets of the Bible—verses—and often in isolation from the books of which they are a part. This does not lead to good Bible understanding. We encourage you instead to take in whole books, the way their authors wrote them. This is really the only way to gain deep insight to the Scriptures.

The more you immerse yourself in the script of this drama, the better you will be able to find your own place in the story. The following page, called *Living the Script*, will help you with practical next steps for taking up your role in the Bible's drama of renewal.

Contenido / Contents

El Nuevo Testamento / The New Testament

Salmos y Proverbios / Psalms and Proverbs

Prefacio
a la Nueva Versión Internacional

La Nueva Versión Internacional es una traducción de las Sagradas Escrituras elaborada por un grupo de expertos biblistas que representan a una docena de países de habla española, y que pertenecen a un buen número de denominaciones cristianas evangélicas. La traducción se hizo directamente de los textos hebreos, arameos y griegos en sus mejores ediciones disponibles. Se aprovechó, en buena medida, el trabajo de investigación y exegesis que antes efectuaron los traductores de la New International Version, traducción de la Biblia al inglés, ampliamente conocida.

Claridad, fidelidad, dignidad y elegancia son las características de esta nueva versión de la Biblia, cualidades que están garantizadas por la cuidadosa labor de los traductores, reconocidos expertos en las diferentes áreas del saber bíblico. Muchos de ellos son pastores o ejercen la docencia en seminarios e institutos bíblicos a lo largo y ancho de nuestro continente. Más importante aun, son todos ellos fervientes creyentes en el valor infinito de la Palabra, como revelación infalible de la verdad divina y única regla de fe y de vida para todos.

La alta calidad de esta Nueva Versión Internacional está, además, garantizada por el minucioso proceso de traducción, en el que se invirtieron miles de horas de trabajo de los traductores a quienes se asignaron determinados libros; de los revisores, que cuidadosamente cotejaron los primeros borradores producidos por los traductores; de los diferentes comités que, a su vez, revisaron frase por frase y palabra por palabra el trabajo de los traductores y revisores; y de los lectores que enviaron sus observaciones al comité de estilo. A este comité le correspondió, en última instancia, velar por que la versión final fuera no sólo exacta, clara y fiel a los originales, sino digna y elegante, en conformidad con los cánones del mejor estilo de nuestra lengua.

Claridad y exactitud en la traducción y fidelidad al sentido y mensaje de los escritores originales fueron la preocupación fundamental de los traductores. Una traducción es clara, exacta y fiel cuando reproduce en la lengua de los lectores de hoy lo que el autor quiso transmitir a la gente de su tiempo, en su propia lengua. Claridad, exactitud y fidelidad no significan necesariamente traducir palabra por palabra o, como se dice ordinariamente, hacer una traducción literal del texto. Las estructuras fonológicas, sintácticas y semánticas varían de una lengua a otra. Por eso una traducción fiel y exacta tiene que tomar en cuenta no sólo la lengua original sino también la lengua receptora. Esto significa vaciar el contenido total del mensaje en las nuevas formas gramaticales de la lengua receptora, cuidando de que no se pierda «ni una letra ni una tilde» de ese mensaje (Mt 5:18). Para lograrlo los traductores de esta Nueva Versión Internacional han procurado emplear el lenguaje más fresco y contemporáneo posible, a fin de que el mensaje de la Palabra divina sea tan claro, sencillo y natural como lo fue cuando el Espíritu Santo inspiró el texto original. A la vez han cuidado de que el lenguaje de esta Nueva Versión Internacional conserve la dignidad y belleza que se merece la Palabra inspirada. Términos y expresiones que ya han hecho carrera entre el pueblo cristiano evangélico, y que son bien entendidos por los lectores familiarizados con la Biblia, se han dejado en lo posible intactos. Se han buscado al mismo tiempo nuevos giros y expresiones para comunicar aquello que en otras versiones no parecía tan evidente. Se ha añadido además un glosario que explica el significado de términos que en el texto están precedidos por un asterisco; se trata de términos poco conocidos o difíciles de traducir. Esperamos que todo esto, más un buen número de notas explicativas al pie de página, sea de gran ayuda al lector.

En las notas al pie de página aparecen las siguientes abreviaturas:

Lit. (traducción literal): indica una posible representación más exacta, aunque no necesariamente más clara, del texto original, la cual puede ser de ayuda para algunos lectores.

Alt. (traducción alterna): indica que existen otras posibles traducciones o interpretaciones del texto, las cuales cuentan con el apoyo de otras versions o de otros eruditos.

Var. (variante textual): se usa solamente en el Nuevo Testamento, e indica que hay diferencias entre los manuscritos neotestamentarios. La traducción se basa en el texto crítico griego actual, que da preferencia a los manuscritos más antiguos. Cuando se dan diferencias sustanciales entre este texto crítico y el texto tradicional conocido como Textus Receptus, la lectura tradicional se incluye en una nota, como variante textual. Otras variantes importantes también se incluyen en esta clase de notas.

En el Antiguo Testamento, las diferencias textuales se indican de otro modo. La base de la traducción es el Texto Masorético (TM), pero en algunos pasajes se ha aceptado una lectura diferente. En estos casos, la nota incluye entre paréntesis la evidencia textual (principalmente en las versions antiguas) que apoya tal lectura; luego se indica lo que dice el TM.

Además, en el Antiguo Testamento se ha usado el vocablo SEÑOR para representar las cuatro consonantes hebreas que constituyen el nombre de Dios, es decir, YHVH, que posiblemente se pronunciaba Yahvé. La combinación de estas cuatro consonantes con la forma reverencial Adonay («Señor» sin versalitas) dieron como resultado el nombre «Jehová», que se ha usado en las versiones tradicionales. En pasajes donde YHVH y Adonay aparecen juntos, se ha variado la traducción (p.ej. «SEÑOR mi Dios»).

Otra diferencia entre la Nueva Versión Internacional y las versiones tradicionales tiene que ver con la onomástica hebrea. En el caso de nombres propios bien conocidos, esta versión ha mantenido las formas tradicionales, aun cuando no correspondan con las del hebreo (p.ej. Jeremías, aunque el hebreo es Yirmeyahu). En otros casos se ha hecho una revisión moderada para que los nombres no sólo reflejen con mayor exactitud el texto original (p.ej., la consonante jet se ha representado con j en vez de h), sino también para que se ajusten a la fonología castellana (p.ej., se ha evitado usar la consonante m en posición final).

Como todas las traducciones de la Biblia, la Nueva Versión Internacional que hoy colocamos en manos de nuestros lectores es susceptible de perfeccionarse. Y seguiremos trabajando para que así ocurra en sucesivas ediciones de la misma. Con todo, estamos muy agradecidos al Señor por el gran trabajo que nos ha permitido realizar, en el cual todos los integrantes del comité de traducción bíblica de la Sociedad Bíblica Internacional hemos puesto el mayor empeño, amor y fe, a fin de entregar a los lectores de este siglo la mejor versión posible del texto bíblico. Que todo sea para la mayor gloria de Dios y el más amplio conocimiento de su Palabra. Dedicamos este trabajo a Aquel, cuyo nombre debe ser honrado por todos los que lean su Palabra. Y oramos para que, a través de esta edición de la Nueva Versión Internacional, muchos puedan entender, asimilar y aceptar el mensaje de salvación que, por medio de Jesucristo, tiene el Dios de la Biblia para cada uno de ellos.

Comité de Traducción Bíblica
Sociedad Bíblica Internacional
P.O. Box 522241
Miami, Florida 33152-2241
EE.UU.

Septiembre de 1999

Preface
to the New International Version

The goal of the New International Version (NIV) is to enable English-speaking people from around the world to read and hear God's eternal Word in their own language. Our work as translators is motivated by our conviction that the Bible is God's Word in written form. We believe that the Bible contains the divine answer to the deepest needs of humanity, sheds unique light on our path in a dark world and sets forth the way to our eternal well-being. Out of these deep convictions, we have sought to recreate as far as possible the experience of the original audience—blending transparency to the original text with accessibility for the millions of English speakers around the world. We have prioritized accuracy, clarity and literary quality with the goal of creating a translation suitable for public and private reading, evangelism, teaching, preaching, memorizing and liturgical use. We have also sought to preserve a measure of continuity with the long tradition of translating the Scriptures into English.

The complete NIV Bible was first published in 1978. It was a completely new translation made by over a hundred scholars working directly from the best available Hebrew, Aramaic and Greek texts. The translators came from the United States, Great Britain, Canada, Australia and New Zealand, giving the translation an international scope. They were from many denominations and churches—including Anglican, Assemblies of God, Baptist, Brethren, Christian Reformed, Church of Christ, Evangelical Covenant, Evangelical Free, Lutheran, Mennonite, Methodist, Nazarene, Presbyterian, Wesleyan and others. This breadth of denominational and theological perspective helped to safeguard the translation from sectarian bias. For these reasons, and by the grace of God, the NIV has gained a wide readership in all parts of the English-speaking world.

The work of translating the Bible is never finished. As good as they are, English translations must be regularly updated so that they will continue to communicate accurately the meaning of God's Word. Updates are needed in order to reflect the latest developments in our understanding of the biblical world and its languages and to keep pace with changes in English usage. Recognizing, then, that the NIV would retain its ability to communicate God's Word accurately only if it were regularly updated, the original translators established The Committee on Bible Translation (CBT). The committee is a self-perpetuating group of biblical scholars charged with keeping abreast of advances in biblical scholarship and changes in English and issuing periodic updates to the NIV. CBT is an independent, self-governing body and has sole responsibility for the NIV text. The committee mirrors the original group of translators in its diverse international and denominational makeup and in its unifying commitment to the Bible as God's inspired Word.

In obedience to its mandate, the committee has issued periodic updates to the NIV. An initial revision was released in 1984. A more thorough revision process was completed in 2005, resulting in the separately published TNIV. The updated NIV you now have in your hands builds on both the original NIV and the TNIV and represents the latest effort of the committee to articulate God's unchanging Word in the way the original authors might have said it had they been speaking in English to the global English-speaking audience today.

The first concern of the translators has continued to be the accuracy of the translation and its faithfulness to the intended meaning of the biblical writers. This has moved the translators to go beyond a formal word-for-word rendering of the original texts. Because thought patterns and syntax differ from language to language, accurate communication of the meaning of the biblical authors demands constant regard for varied contextual uses of words and idioms and for frequent modifications in sentence structures.

The Greek text used in translating the New Testament is an eclectic one, based on the latest editions of the Nestle-Aland/United Bible Societies' Greek New Testament. The committee has made its choices among the variant readings in accordance with widely accepted principles of New Testament textual criticism. Footnotes call attention to places where uncertainty remains.

The New Testament authors, writing in Greek, often quote the Old Testament from its ancient Greek version, the Septuagint. This is one reason why some of the Old Testament quotations in the NIV New Testament are not identical to the corresponding passages in the NIV Old Testament. Such quotations in the New Testament are indicated with the footnote "(see Septuagint)."

Other footnotes in this version are of several kinds, most of which need no explanation. Those giving alternative translations begin with "Or" and generally introduce the alternative with the last word preceding it in the text, except when it is a single-word alternative. When poetry is quoted in a footnote a slash mark indicates a line division.

It should be noted that references to diseases, minerals, flora and fauna, architectural details, clothing, jewelry, musical instruments and other articles cannot always be identified with precision. Also, linear measurements and measures of capacity can only be approximated.

One of the main reasons that the task of Bible translation is never finished is the change in our own language, English. Although a basic core of the language remains relatively stable, many diverse and complex cultural forces continue to bring about subtle shifts in the meanings and/or connotations of even old, well-established words and phrases. No part of the language has seen greater change in the last thirty years than the way gender is presented. The original NIV (1978) was published in a time when "a man" was still used to refer to a person regardless of gender. But the generic connotations of "man" in this sense have eroded over the years. In recognition of this change in English, this edition of the NIV, along with almost all other recent English translations, substitutes other expressions when the original text intends to refer generically to men and women equally. Thus, for instance, the NIV (1984) rendering of 1 Corinthians 8:3, "But the man who loves God is known by God" becomes in this edition "But whoever loves God is known by God." On the other hand, "man" and "mankind," as ways of denoting the human race, are still widely used. This edition of the NIV therefore continues to use these words, along with other expressions, in this way.

A related shift in English creates a larger problem for modern translations: the move away from using the third-person masculine singular pronouns—"he/him/his"—to refer to men and women equally. This usage does persist at a low level in some forms of English, and this revision therefore occasionally uses these pronouns in a generic sense. But the tendency, recognized in day-to-day usage and confirmed by extensive research, is away from the generic use of "he," "him," and "his." In recognition of this shift in language and in an effort to translate into the "common" English that people are actually using, this revision of the NIV generally uses other constructions when the biblical text is plainly addressed to men and women equally. The reader will frequently encounter a "they," "their," or "them" to express a generic singular idea. Thus, for instance, Mark 8:36 reads: "What good is it for someone to gain the whole world, yet forfeit their soul?" This generic use of the "distributive" or "singular" "they/them/their" has a venerable place in English idiom and has quickly become established as standard English, spoken and written, all over the world. Where an individual emphasis is deemed to be present, "anyone" or "everyone" or some other equivalent is generally used as the antecedent of such pronouns.

In the New Testament, verse numbers that marked off portions of the traditional English text not supported by the best Greek manuscripts now appear in brackets, with a footnote indicating the text that has been omitted (see, for example, Matthew 17:[21]).

Mark 16:9-20 and John 7:53-8:11, although long accorded virtually equal status with the rest of the Gospels in which they stand, have a very questionable—and confused—standing in the textual history of the New Testament, as noted in the bracketed annotations with which they are set off. A different typeface has been chosen for these passages to indicate even more clearly their uncertain status.

Basic formatting of the text, such as lining the poetry, paragraphing (both prose and poetry), setting up of (administrative-like) lists, indenting letters and lengthy prayers within narratives and the insertion of sectional headings, has been the work of the committee. However, the choice between single-column and double-column formats has been left to the publishers. Also, the issuing of "red-letter" editions is a publisher's choice—one that the committee does not endorse.

The committee has again been reminded that every human effort is flawed—including this revision of the NIV. We trust, however, that many will find in it an improved representation of the Word of God, through which they hear his call to faith in our Lord Jesus Christ and to service in his kingdom. We offer this version of the Bible to him in whose name and for whose glory it has been made.

The Committee on Bible Translation
September 2010

More information on the Committee on Bible Translation may be found at:
www.NIV-CBT.org.

El Nuevo Testamento
The New Testament

Evangelio según
Mateo

El propósito de Mateo es mostrar que Dios sostuvo sus antiguas promesas a Israel, a través de la vida, muerte y resurrección de Jesús el Mesías. El tan esperado reino de los cielos está viniendo ahora a la tierra y con él la historia judía alcanza su punto cumbre. Mateo comienza destacando que Jesús era hijo de David, el más famoso rey de Israel, e hijo de Abraham, patriarca fundador de la nación. Jesús es el verdadero israelita, el prometido Mesías de Dios.

El Mesías aparece reviviendo la historia de Israel: rumbo al río Jordán, enfrentando la tentación en el desierto, reuniendo a doce discípulos como doce nuevas tribus, ascendiendo a un monte para entregar una nueva Torá, etc. El autor destaca la idea de Jesús como nuevo Moisés al recoger sus enseñanzas en cinco discursos extensos. Estos se ven marcados por cierta variación de la frase: *Cuando Jesús terminó de decir estas cosas.* Así como la Torá tenía cinco libros, Mateo presenta cinco secciones principales.

El libro concluye diciéndonos cómo obró Jesús el grandioso nuevo acto de redención por su pueblo. Así como en la historia del Éxodo de Israel, que se celebra una comida de Pascua y luego llega la liberación. Jesús entrega su vida para bien del mundo y resucita de entre los muertos. En el principio del libro a Jesús se le llama *Emanuel*, que significa: «Dios con nosotros». Al final, Jesús envía a sus seguidores al mundo con una promesa: *Les aseguro que estaré con ustedes siempre.*

Genealogía de Jesucristo

1 Tabla genealógica de *Jesucristo, hijo de David, hijo de Abraham:

² Abraham fue el padre de*ª* Isaac;
   Isaac, padre de Jacob;
   Jacob, padre de Judá y de sus hermanos;
³ Judá, padre de Fares y de Zera, cuya
      madre fue Tamar;
   Fares, padre de Jezrón;
   Jezrón, padre de Aram;
⁴ Aram, padre de Aminadab;
   Aminadab, padre de Naasón;
   Naasón, padre de Salmón;
⁵ Salmón, padre de Booz, cuya madre fue
      Rajab;
   Booz, padre de Obed, cuya madre fue Rut;
   Obed, padre de Isaí;
⁶ e Isaí, padre del rey David.

Matthew

Matthew's purpose is to show that God has kept his ancient promises to Israel through the life, death and resurrection of Jesus the Messiah. The long-expected reign of heaven is now coming to earth, bringing the Jewish story to its climax. Matthew begins by highlighting that Jesus was the son of David, Israel's most famous king, and the son of Abraham, Israel's founding patriarch. Jesus is the true Israelite and God's promised Messiah.

The Messiah is shown as reliving the story of Israel—going down into the Jordan River, facing temptation in the wilderness, gathering twelve disciples as twelve new tribes, ascending a mountain to deliver a new Torah, etc. The author highlights the idea of Jesus as a new Moses by collecting his teachings into five long speeches. These are marked off by some variation of the phrase *When Jesus had finished saying these things.* Just as the Torah had five books, Matthew presents five major sections.

The book concludes by telling how Jesus brought about the great new act of redemption for his people. As in the story of Israel's Exodus, a Passover meal is celebrated and then deliverance comes. Jesus gives his life for the sake of the world and is then raised from the dead. At the beginning of the book, Jesus is given the name *Immanuel*, meaning "God with us." At the end, Jesus sends his followers into the world with the promise that *surely I am with you always.*

The Genealogy of Jesus the Messiah

1 This is the genealogy*ª* of Jesus the Messiah*ᵇ* the son of David, the son of Abraham:

² Abraham was the father of Isaac,
   Isaac the father of Jacob,
   Jacob the father of Judah and his brothers,
³ Judah the father of Perez and Zerah, whose
      mother was Tamar,
   Perez the father of Hezron,
   Hezron the father of Ram,
⁴ Ram the father of Amminadab,
   Amminadab the father of Nahshon,
   Nahshon the father of Salmon,
⁵ Salmon the father of Boaz, whose mother
      was Rahab,
   Boaz the father of Obed, whose mother
      was Ruth,
   Obed the father of Jesse,
⁶ and Jesse the father of King David.

ª **1:2** *fue el padre de.* Lit. *engendró a*; y así sucesivamente en el resto de esta genealogía.

ª 1 Or *is an account of the origin*   *ᵇ 1* Or *Jesus Christ. Messiah* (Hebrew) and *Christ* (Greek) both mean *Anointed One*; also in verse 18.

David fue el padre de Salomón, cuya madre
    había sido la esposa de Urías;
7 Salomón, padre de Roboán;
    Roboán, padre de Abías;
    Abías, padre de Asá;
8 Asá, padre de Josafat;
    Josafat, padre de Jorán;
    Jorán, padre de Uzías;
9 Uzías, padre de Jotán;
    Jotán, padre de Acaz;
    Acaz, padre de Ezequías;
10 Ezequías, padre de Manasés;
    Manasés, padre de Amón;
    Amón, padre de Josías;
11 y Josías, padre de Jeconías[b] y de sus
    hermanos en tiempos de la
    deportación a Babilonia.

12 Después de la deportación a Babilonia,
    Jeconías fue el padre de Salatiel;
    Salatiel, padre de Zorobabel;
13 Zorobabel, padre de Abiud;
    Abiud, padre de Eliaquín;
    Eliaquín, padre de Azor;
14 Azor, padre de Sadoc;
    Sadoc, padre de Aquín;
    Aquín, padre de Eliud;
15 Eliud, padre de Eleazar;
    Eleazar, padre de Matán;
    Matán, padre de Jacob;
16 y Jacob fue padre de José, que fue el
    esposo de María, de la cual nació
    Jesús, llamado el *Cristo.

17 Así que hubo en total catorce generaciones
desde Abraham hasta David, catorce desde David
hasta la deportación a Babilonia, y catorce desde la
deportación hasta el Cristo.

Nacimiento de Jesucristo

18 El nacimiento de Jesús, el *Cristo, fue así: Su
madre, María, estaba comprometida para casarse
con José, pero antes de unirse a él, resultó que estaba encinta por obra del Espíritu Santo. 19 Como
José, su esposo, era un hombre justo y no quería
exponerla a vergüenza pública, resolvió divorciarse de ella en secreto.

20 Pero cuando él estaba considerando hacerlo,
se le apareció en sueños un ángel del Señor y le
dijo: «José, hijo de David, no temas recibir a María
por esposa, porque ella ha concebido por obra del
Espíritu Santo. 21 Dará a luz un hijo, y le pondrás
por nombre Jesús,[c] porque él salvará a su pueblo
de sus pecados.»

David was the father of Solomon, whose
    mother had been Uriah's wife,
7 Solomon the father of Rehoboam,
    Rehoboam the father of Abijah,
    Abijah the father of Asa,
8 Asa the father of Jehoshaphat,
    Jehoshaphat the father of Jehoram,
    Jehoram the father of Uzziah,
9 Uzziah the father of Jotham,
    Jotham the father of Ahaz,
    Ahaz the father of Hezekiah,
10 Hezekiah the father of Manasseh,
    Manasseh the father of Amon,
    Amon the father of Josiah,
11 and Josiah the father of Jeconiah[c] and
    his brothers at the time of the exile to
    Babylon.

12 After the exile to Babylon:
    Jeconiah was the father of Shealtiel,
    Shealtiel the father of Zerubbabel,
13 Zerubbabel the father of Abihud,
    Abihud the father of Eliakim,
    Eliakim the father of Azor,
14 Azor the father of Zadok,
    Zadok the father of Akim,
    Akim the father of Elihud,
15 Elihud the father of Eleazar,
    Eleazar the father of Matthan,
    Matthan the father of Jacob,
16 and Jacob the father of Joseph, the hus-
    band of Mary, and Mary was the moth-
    er of Jesus who is called the Messiah.

17 Thus there were fourteen generations in all
from Abraham to David, fourteen from David to
the exile to Babylon, and fourteen from the exile
to the Messiah.

Joseph Accepts Jesus as His Son

18 This is how the birth of Jesus the Messiah
came about[d]: His mother Mary was pledged to be
married to Joseph, but before they came together,
she was found to be pregnant through the Holy
Spirit. 19 Because Joseph her husband was faithful to
the law, and yet[e] did not want to expose her to public disgrace, he had in mind to divorce her quietly.

20 But after he had considered this, an angel of
the Lord appeared to him in a dream and said, "Joseph son of David, do not be afraid to take Mary
home as your wife, because what is conceived in
her is from the Holy Spirit. 21 She will give birth to
a son, and you are to give him the name Jesus,[f] because he will save his people from their sins."

---

b 1:11 Jeconías. Es decir, Joaquín; también en v. 12.
c 1:21 Jesús es la forma griega del nombre hebreo Josué, que
significa el SEÑOR salva.

c 11 That is, Jehoiachin; also in verse 12   d 18 Or The origin of
Jesus the Messiah was like this   e 19 Or was a righteous man
and   f 21 Jesus is the Greek form of Joshua, which means the
LORD saves.

²² Todo esto sucedió para que se cumpliera lo que el Señor había dicho por medio del profeta: ²³ «La virgen concebirá y dará a luz un hijo, y lo llamarán Emanuel»*d* (que significa «Dios con nosotros»).

²⁴ Cuando José se despertó, hizo lo que el ángel del Señor le había mandado y recibió a María por esposa. ²⁵ Pero no tuvo relaciones conyugales con ella hasta que dio a luz un hijo,*e* a quien le puso por nombre Jesús.

Visita de los sabios

2 Después de que Jesús nació en Belén de Judea en tiempos del rey Herodes, llegaron a Jerusalén unos sabios*f* procedentes del Oriente.

² —¿Dónde está el que ha nacido rey de los judíos? —preguntaron—. Vimos levantarse*g* su estrella y hemos venido a adorarlo.

³ Cuando lo oyó el rey Herodes, se turbó, y toda Jerusalén con él. ⁴ Así que convocó de entre el pueblo a todos los jefes de los sacerdotes y *maestros de la ley, y les preguntó dónde había de nacer el *Cristo.

⁵ —En Belén de Judea —le respondieron—, porque esto es lo que ha escrito el profeta:

⁶ »"Pero tú, Belén, en la tierra de Judá,
      de ninguna manera eres la menor entre
            los principales de Judá;
      porque de ti saldrá un príncipe
            que será el pastor de mi pueblo Israel."*h*

⁷ Luego Herodes llamó en secreto a los sabios y se enteró por ellos del tiempo exacto en que había aparecido la estrella. ⁸ Los envió a Belén y les dijo:

—Vayan e infórmense bien de ese niño y, tan pronto como lo encuentren, avísenme para que yo también vaya y lo adore.

⁹ Después de oír al rey, siguieron su camino, y sucedió que la estrella que habían visto levantarse iba delante de ellos hasta que se detuvo sobre el lugar donde estaba el niño. ¹⁰ Al ver la estrella, se llenaron de alegría. ¹¹ Cuando llegaron a la casa, vieron al niño con María, su madre; y postrándose lo adoraron. Abrieron sus cofres y le presentaron como regalos oro, incienso y mirra. ¹² Entonces, advertidos en sueños de que no volvieran a Herodes, regresaron a su tierra por otro camino.

La huida a Egipto

¹³ Cuando ya se habían ido, un ángel del Señor se le apareció en sueños a José y le dijo: «Levántate, toma al niño y a su madre, y huye a Egipto. Quédate allí hasta que yo te avise, porque Herodes va a buscar al niño para matarlo.»

²² All this took place to fulfill what the Lord had said through the prophet: ²³ "The virgin will conceive and give birth to a son, and they will call him Immanuel"*g* (which means "God with us").

²⁴ When Joseph woke up, he did what the angel of the Lord had commanded him and took Mary home as his wife. ²⁵ But he did not consummate their marriage until she gave birth to a son. And he gave him the name Jesus.

The Magi Visit the Messiah

2 After Jesus was born in Bethlehem in Judea, during the time of King Herod, Magi*h* from the east came to Jerusalem ² and asked, "Where is the one who has been born king of the Jews? We saw his star when it rose and have come to worship him."

³ When King Herod heard this he was disturbed, and all Jerusalem with him. ⁴ When he had called together all the people's chief priests and teachers of the law, he asked them where the Messiah was to be born. ⁵ "In Bethlehem in Judea," they replied, "for this is what the prophet has written:

⁶ "'But you, Bethlehem, in the land of Judah,
      are by no means least among the rulers of
            Judah;
      for out of you will come a ruler
            who will shepherd my people Israel.'*i*"

⁷ Then Herod called the Magi secretly and found out from them the exact time the star had appeared. ⁸ He sent them to Bethlehem and said, "Go and search carefully for the child. As soon as you find him, report to me, so that I too may go and worship him."

⁹ After they had heard the king, they went on their way, and the star they had seen when it rose went ahead of them until it stopped over the place where the child was. ¹⁰ When they saw the star, they were overjoyed. ¹¹ On coming to the house, they saw the child with his mother Mary, and they bowed down and worshiped him. Then they opened their treasures and presented him with gifts of gold, frankincense and myrrh. ¹² And having been warned in a dream not to go back to Herod, they returned to their country by another route.

The Escape to Egypt

¹³ When they had gone, an angel of the Lord appeared to Joseph in a dream. "Get up," he said, "take the child and his mother and escape to Egypt. Stay there until I tell you, for Herod is going to search for the child to kill him."

---

d **1:23** Is 7:14
e **1:25** *un hijo.* Var. *su hijo primogénito.*
f **2:1** *sabios.* Lit. *magos;* también en vv. 7, 16.
g **2:2** *levantarse.* Alt. *en el oriente;* también en v. 9.
h **2:6** Mi 5:2

g 23 Isaiah 7:14   *h* 1 Traditionally *wise men*
i 6 Micah 5:2,4

¹⁴ Así que se levantó cuando todavía era de noche, tomó al niño y a su madre, y partió para Egipto, ¹⁵ donde permaneció hasta la muerte de Herodes. De este modo se cumplió lo que el Señor había dicho por medio del profeta: «De Egipto llamé a mi hijo.»ⁱ

¹⁶ Cuando Herodes se dio cuenta de que los sabios se habían burlado de él, se enfureció y mandó matar a todos los niños menores de dos años en Belén y en sus alrededores, de acuerdo con el tiempo que había averiguado de los sabios. ¹⁷ Entonces se cumplió lo dicho por el profeta Jeremías:

¹⁸ «Se oye un grito en Ramá,
    llanto y gran lamentación;
  es Raquel, que llora por sus hijos
    y no quiere ser consolada;
  ¡sus hijos ya no existen!»ʲ

El regreso a Nazaret

¹⁹ Después de que murió Herodes, un ángel del Señor se le apareció en sueños a José en Egipto ²⁰ y le dijo: «Levántate, toma al niño y a su madre, y vete a la tierra de Israel, que ya murieron los que amenazaban con quitarle la *vida al niño.»

²¹ Así que se levantó José, tomó al niño y a su madre, y regresó a la tierra de Israel. ²² Pero al oír que Arquelao reinaba en Judea en lugar de su padre Herodes, tuvo miedo de ir allá. Advertido por Dios en sueños, se retiró al distrito de Galilea, ²³ y fue a vivir en un pueblo llamado Nazaret. Con esto se cumplió lo dicho por los profetas: «Lo llamarán nazareno.»

Juan el Bautista prepara el camino

3 En aquellos días se presentó Juan el Bautista predicando en el desierto de Judea. ² Decía: «*Arrepiéntanse, porque el reino de los cielos está cerca.» ³ Juan era aquel de quien había escrito el profeta Isaías:

«Voz de uno que grita en el desierto:
  "Preparen el camino para el Señor,
    háganle sendas derechas." »ᵏ

⁴ La ropa de Juan estaba hecha de pelo de camello. Llevaba puesto un cinturón de cuero y se alimentaba de langostas y miel silvestre. ⁵ Acudía a él la gente de Jerusalén, de toda Judea y de toda la región del Jordán. ⁶ Cuando confesaban sus pecados, él los bautizaba en el río Jordán.

⁷ Pero al ver que muchos fariseos y saduceos llegaban adonde él estaba bautizando, les advirtió: «¡Camada de víboras! ¿Quién les dijo que podrán escapar del castigo que se acerca? ⁸ Produzcan frutos que demuestren arrepentimiento. ⁹ No piensen que podrán alegar: "Tenemos a Abraham por padre." Porque les digo que aun de estas piedras

¹⁴ So he got up, took the child and his mother during the night and left for Egypt, ¹⁵ where he stayed until the death of Herod. And so was fulfilled what the Lord had said through the prophet: "Out of Egypt I called my son."ʲ

¹⁶ When Herod realized that he had been outwitted by the Magi, he was furious, and he gave orders to kill all the boys in Bethlehem and its vicinity who were two years old and under, in accordance with the time he had learned from the Magi. ¹⁷ Then what was said through the prophet Jeremiah was fulfilled:

¹⁸ "A voice is heard in Ramah,
    weeping and great mourning,
  Rachel weeping for her children
    and refusing to be comforted,
    because they are no more."ᵏ

The Return to Nazareth

¹⁹ After Herod died, an angel of the Lord appeared in a dream to Joseph in Egypt ²⁰ and said, "Get up, take the child and his mother and go to the land of Israel, for those who were trying to take the child's life are dead."

²¹ So he got up, took the child and his mother and went to the land of Israel. ²² But when he heard that Archelaus was reigning in Judea in place of his father Herod, he was afraid to go there. Having been warned in a dream, he withdrew to the district of Galilee, ²³ and he went and lived in a town called Nazareth. So was fulfilled what was said through the prophets, that he would be called a Nazarene.

John the Baptist Prepares the Way

3 In those days John the Baptist came, preaching in the wilderness of Judea ² and saying, "Repent, for the kingdom of heaven has come near." ³ This is he who was spoken of through the prophet Isaiah:

"A voice of one calling in the wilderness,
  'Prepare the way for the Lord,
    make straight paths for him.' "ˡ

⁴ John's clothes were made of camel's hair, and he had a leather belt around his waist. His food was locusts and wild honey. ⁵ People went out to him from Jerusalem and all Judea and the whole region of the Jordan. ⁶ Confessing their sins, they were baptized by him in the Jordan River.

⁷ But when he saw many of the Pharisees and Sadducees coming to where he was baptizing, he said to them: "You brood of vipers! Who warned you to flee from the coming wrath? ⁸ Produce fruit in keeping with repentance. ⁹ And do not think you can say to yourselves, 'We have Abraham as our father.' I tell you that out of these stones God

---

ⁱ 2:15 Os 11:1
ʲ 2:18 Jer 31:15
ᵏ 3:3 Is 40:3

ʲ 15 Hosea 11:1   ᵏ 18 Jer. 31:15   ˡ 3 Isaiah 40:3

Dios es capaz de darle hijos a Abraham. [10] El hacha ya está puesta a la raíz de los árboles, y todo árbol que no produzca buen fruto será cortado y arrojado al fuego.

[11] »Yo los bautizo a ustedes con[l] agua para que se arrepientan. Pero el que viene después de mí es más poderoso que yo, y ni siquiera merezco llevarle las sandalias. Él los bautizará con el Espíritu Santo y con fuego. [12] Tiene el rastrillo en la mano y limpiará su era, recogiendo el trigo en su granero; la paja, en cambio, la quemará con fuego que nunca se apagará.»

Bautismo de Jesús

[13] Un día Jesús fue de Galilea al Jordán para que Juan lo bautizara. [14] Pero Juan trató de disuadirlo.

—Yo soy el que necesita ser bautizado por ti, ¿y tú vienes a mí? —objetó.

[15] —Dejémoslo así por ahora, pues nos conviene cumplir con lo que es justo —le contestó Jesús.

Entonces Juan consintió.

[16] Tan pronto como Jesús fue bautizado, subió del agua. En ese momento se abrió el cielo, y él vio al Espíritu de Dios bajar como una paloma y posarse sobre él. [17] Y una voz del cielo decía: «Éste es mi Hijo amado; estoy muy complacido con él.»

Tentación de Jesús

4 Luego el Espíritu llevó a Jesús al desierto para que el diablo lo sometiera a *tentación. [2] Después de ayunar cuarenta días y cuarenta noches, tuvo hambre. [3] El tentador se le acercó y le propuso:

—Si eres el Hijo de Dios, ordena a estas piedras que se conviertan en pan.

[4] Jesús le respondió:

—Escrito está: "No sólo de pan vive el hombre, sino de toda palabra que sale de la boca de Dios."[m]

[5] Luego el diablo lo llevó a la ciudad santa e hizo que se pusiera de pie sobre la parte más alta del *templo, y le dijo:

[6] —Si eres el Hijo de Dios, tírate abajo. Porque escrito está:

"Ordenará que sus ángeles
    te sostengan en sus manos,
para que no tropieces con piedra alguna."[n]

[7] —También está escrito: "No pongas a prueba al Señor tu Dios"[ñ] —le contestó Jesús.

[8] De nuevo lo tentó el diablo, llevándolo a una montaña muy alta, y le mostró todos los reinos del mundo y su esplendor.

[9] —Todo esto te daré si te postras y me adoras.

can raise up children for Abraham. [10] The ax is already at the root of the trees, and every tree that does not produce good fruit will be cut down and thrown into the fire.

[11] "I baptize you with[m] water for repentance. But after me comes one who is more powerful than I, whose sandals I am not worthy to carry. He will baptize you with[m] the Holy Spirit and fire. [12] His winnowing fork is in his hand, and he will clear his threshing floor, gathering his wheat into the barn and burning up the chaff with unquenchable fire."

The Baptism of Jesus

[13] Then Jesus came from Galilee to the Jordan to be baptized by John. [14] But John tried to deter him, saying, "I need to be baptized by you, and do you come to me?"

[15] Jesus replied, "Let it be so now; it is proper for us to do this to fulfill all righteousness." Then John consented.

[16] As soon as Jesus was baptized, he went up out of the water. At that moment heaven was opened, and he saw the Spirit of God descending like a dove and alighting on him. [17] And a voice from heaven said, "This is my Son, whom I love; with him I am well pleased."

Jesus Is Tested in the Wilderness

4 Then Jesus was led by the Spirit into the wilderness to be tempted[n] by the devil. [2] After fasting forty days and forty nights, he was hungry. [3] The tempter came to him and said, "If you are the Son of God, tell these stones to become bread."

[4] Jesus answered, "It is written: 'Man shall not live on bread alone, but on every word that comes from the mouth of God.'[o]"

[5] Then the devil took him to the holy city and had him stand on the highest point of the temple. [6] "If you are the Son of God," he said, "throw yourself down. For it is written:

" 'He will command his angels concerning
        you,
    and they will lift you up in their hands,
    so that you will not strike your foot
            against a stone.'[p]"

[7] Jesus answered him, "It is also written: 'Do not put the Lord your God to the test.'[q]"

[8] Again, the devil took him to a very high mountain and showed him all the kingdoms of the world and their splendor. [9] "All this I will give you," he said, "if you will bow down and worship me."

---

l 3:11 con. Alt. en.
m 4:4 Dt 8:3
n 4:6 Sal 91:11,12
ñ 4:7 Dt 6:16

m 11 Or in   n 1 The Greek for tempted can also mean tested.
o 4 Deut. 8:3   p 6 Psalm 91:11,12   q 7 Deut. 6:16

[10] —¡Vete, Satanás! —le dijo Jesús—. Porque escrito está: "Adora al Señor tu Dios y sírvele solamente a él."[o]

[11] Entonces el diablo lo dejó, y unos ángeles acudieron a servirle.

Jesús comienza a predicar

[12] Cuando Jesús oyó que habían encarcelado a Juan, regresó a Galilea. [13] Partió de Nazaret y se fue a vivir a Capernaúm, que está junto al lago en la región de Zabulón y de Neftalí, [14] para cumplir lo dicho por el profeta Isaías:

[15] «Tierra de Zabulón y tierra de Neftalí,
    camino del mar, al otro lado del Jordán,
    Galilea de los *gentiles;
[16] el pueblo que habitaba en la oscuridad
    ha visto una gran luz;
sobre los que vivían en densas tinieblas[p]
    la luz ha resplandecido.»[q]

[17] Desde entonces comenzó Jesús a predicar: «*Arrepiéntanse, porque el reino de los cielos está cerca.»

Llamamiento de los primeros discípulos

[18] Mientras caminaba junto al mar de Galilea, Jesús vio a dos hermanos: uno era Simón, llamado Pedro, y el otro Andrés. Estaban echando la red al lago, pues eran pescadores. [19] «Vengan, síganme —les dijo Jesús—, y los haré pescadores de hombres.» [20] Al instante dejaron las redes y lo siguieron.

[21] Más adelante vio a otros dos hermanos: *Jacobo y Juan, hijos de Zebedeo, que estaban con su padre en una barca remendando las redes. Jesús los llamó, [22] y dejaron en seguida la barca y a su padre, y lo siguieron.

Jesús sana a los enfermos

[23] Jesús recorría toda Galilea, enseñando en las sinagogas, anunciando las buenas *nuevas del reino, y sanando toda enfermedad y dolencia entre la gente. [24] Su fama se extendió por toda Siria, y le llevaban todos los que padecían de diversas enfermedades, los que sufrían de dolores graves, los endemoniados, los epilépticos y los paralíticos, y él los sanaba. [25] Lo seguían grandes multitudes de Galilea, *Decápolis, Jerusalén, Judea y de la región al otro lado del Jordán.

Las bienaventuranzas

5 Cuando vio a las multitudes, subió a la ladera de una montaña y se sentó. Sus discípulos se le acercaron, [2] y tomando él la palabra, comenzó a enseñarles diciendo:

[10] Jesus said to him, "Away from me, Satan! For it is written: 'Worship the Lord your God, and serve him only.'[r]"

[11] Then the devil left him, and angels came and attended him.

Jesus Begins to Preach

[12] When Jesus heard that John had been put in prison, he withdrew to Galilee. [13] Leaving Nazareth, he went and lived in Capernaum, which was by the lake in the area of Zebulun and Naphtali—[14] to fulfill what was said through the prophet Isaiah:

[15] "Land of Zebulun and land of Naphtali,
    the Way of the Sea, beyond the Jordan,
    Galilee of the Gentiles—
[16] the people living in darkness
    have seen a great light;
on those living in the land of the shadow of
    death
    a light has dawned."[s]

[17] From that time on Jesus began to preach, "Repent, for the kingdom of heaven has come near."

Jesus Calls His First Disciples

[18] As Jesus was walking beside the Sea of Galilee, he saw two brothers, Simon called Peter and his brother Andrew. They were casting a net into the lake, for they were fishermen. [19] "Come, follow me," Jesus said, "and I will send you out to fish for people." [20] At once they left their nets and followed him.

[21] Going on from there, he saw two other brothers, James son of Zebedee and his brother John. They were in a boat with their father Zebedee, preparing their nets. Jesus called them, [22] and immediately they left the boat and their father and followed him.

Jesus Heals the Sick

[23] Jesus went throughout Galilee, teaching in their synagogues, proclaiming the good news of the kingdom, and healing every disease and sickness among the people. [24] News about him spread all over Syria, and people brought to him all who were ill with various diseases, those suffering severe pain, the demon-possessed, those having seizures, and the paralyzed; and he healed them. [25] Large crowds from Galilee, the Decapolis,[t] Jerusalem, Judea and the region across the Jordan followed him.

Introduction to the Sermon on the Mount

5 Now when Jesus saw the crowds, he went up on a mountainside and sat down. His disciples came to him, [2] and he began to teach them.

---

[o] 4:10 Dt 6:13
[p] 4:16 vivían en densas tinieblas. Lit. habitaban en tierra y sombra de muerte.
[q] 4:16 Is 9:1,2

[r] 10 Deut. 6:13   [s] 16 Isaiah 9:1,2   [t] 25 That is, the Ten Cities

³«*Dichosos los pobres en espíritu,
   porque el reino de los cielos les pertenece.
⁴Dichosos los que lloran,
   porque serán consolados.
⁵Dichosos los humildes,
   porque recibirán la tierra como herencia.
⁶Dichosos los que tienen hambre y sed de
     justicia,
   porque serán saciados.
⁷Dichosos los compasivos,
   porque serán tratados con compasión.
⁸Dichosos los de corazón limpio,
   porque ellos verán a Dios.
⁹Dichosos los que trabajan por la paz,
   porque serán llamados hijos de Dios.
¹⁰Dichosos los perseguidos por causa de la
     justicia,
   porque el reino de los cielos les pertenece.

¹¹»Dichosos serán ustedes cuando por mi causa la gente los insulte, los persiga y levante contra ustedes toda clase de calumnias. ¹²Alégrense y llénense de júbilo, porque les espera una gran recompensa en el cielo. Así también persiguieron a los profetas que los precedieron a ustedes.

La sal y la luz
¹³»Ustedes son la sal de la tierra. Pero si la sal se vuelve insípida, ¿cómo recobrará su sabor? Ya no sirve para nada, sino para que la gente la deseche y la pisotee.
¹⁴»Ustedes son la luz del mundo. Una ciudad en lo alto de una colina no puede esconderse. ¹⁵Ni se enciende una lámpara para cubrirla con un cajón. Por el contrario, se pone en la repisa para que alumbre a todos los que están en la casa. ¹⁶Hagan brillar su luz delante de todos, para que ellos puedan ver las buenas obras de ustedes y alaben al Padre que está en el cielo.

El cumplimiento de la ley
¹⁷»No piensen que he venido a anular la ley o los profetas; no he venido a anularlos sino a darles cumplimiento. ¹⁸Les aseguro que mientras existan el cielo y la tierra, ni una letra ni una tilde de la ley desaparecerán hasta que todo se haya cumplido. ¹⁹Todo el que infrinja uno solo de estos mandamientos, por pequeño que sea, y enseñe a otros a hacer lo mismo, será considerado el más pequeño en el reino de los cielos; pero el que los practique y enseñe será considerado grande en el reino de los cielos. ²⁰Porque les digo a ustedes, que no van a entrar en el reino de los cielos a menos que su justicia supere a la de los fariseos y de los *maestros de la ley.

The Beatitudes
He said:

³"Blessed are the poor in spirit,
   for theirs is the kingdom of heaven.
⁴Blessed are those who mourn,
   for they will be comforted.
⁵Blessed are the meek,
   for they will inherit the earth.
⁶Blessed are those who hunger and thirst for
     righteousness,
   for they will be filled.
⁷Blessed are the merciful,
   for they will be shown mercy.
⁸Blessed are the pure in heart,
   for they will see God.
⁹Blessed are the peacemakers,
   for they will be called children of God.
¹⁰Blessed are those who are persecuted
     because of righteousness,
   for theirs is the kingdom of heaven.

¹¹"Blessed are you when people insult you, persecute you and falsely say all kinds of evil against you because of me. ¹²Rejoice and be glad, because great is your reward in heaven, for in the same way they persecuted the prophets who were before you.

Salt and Light
¹³"You are the salt of the earth. But if the salt loses its saltiness, how can it be made salty again? It is no longer good for anything, except to be thrown out and trampled underfoot.
¹⁴"You are the light of the world. A town built on a hill cannot be hidden. ¹⁵Neither do people light a lamp and put it under a bowl. Instead they put it on its stand, and it gives light to everyone in the house. ¹⁶In the same way, let your light shine before others, that they may see your good deeds and glorify your Father in heaven.

The Fulfillment of the Law
¹⁷"Do not think that I have come to abolish the Law or the Prophets; I have not come to abolish them but to fulfill them. ¹⁸For truly I tell you, until heaven and earth disappear, not the smallest letter, not the least stroke of a pen, will by any means disappear from the Law until everything is accomplished. ¹⁹Therefore anyone who sets aside one of the least of these commands and teaches others accordingly will be called least in the kingdom of heaven, but whoever practices and teaches these commands will be called great in the kingdom of heaven. ²⁰For I tell you that unless your righteousness surpasses that of the Pharisees and the teachers of the law, you will certainly not enter the kingdom of heaven.

El homicidio

²¹ »Ustedes han oído que se dijo a sus antepasados: "No mates,ʳ y todo el que mate quedará sujeto al juicio del tribunal." ²² Pero yo les digo que todo el que se enojeˢ con su hermano quedará sujeto al juicio del tribunal. Es más, cualquiera que insulteᵗ a su hermano quedará sujeto al juicio del *Consejo. Pero cualquiera que lo maldigaᵘ quedará sujeto al juicio del infierno.ᵛ

²³ »Por lo tanto, si estás presentando tu ofrenda en el altar y allí recuerdas que tu hermano tiene algo contra ti, ²⁴ deja tu ofrenda allí delante del altar. Ve primero y reconcíliate con tu hermano; luego vuelve y presenta tu ofrenda.

²⁵ »Si tu adversario te va a denunciar, llega a un acuerdo con él lo más pronto posible. Hazlo mientras vayan de camino al juzgado, no sea que te entregue al juez, y el juez al guardia, y te echen en la cárcel. ²⁶ Te aseguro que no saldrás de allí hasta que pagues el último centavo.ʷ

El adulterio

²⁷ »Ustedes han oído que se dijo: "No cometas adulterio."ˣ ²⁸ Pero yo les digo que cualquiera que mira a una mujer y la codicia ya ha cometido adulterio con ella en el corazón. ²⁹ Por tanto, si tu ojo derecho te hace *pecar, sácatelo y tíralo. Más te vale perder una sola parte de tu cuerpo, y no que todo él sea arrojado al infierno.ʸ ³⁰ Y si tu mano derecha te hace pecar, córtatela y arrójala. Más te vale perder una sola parte de tu cuerpo, y no que todo él vaya al infierno.

El divorcio

³¹ »Se ha dicho: "El que repudia a su esposa debe darle un certificado de divorcio."ᶻ ³² Pero yo les digo que, excepto en caso de infidelidad conyugal, todo el que se divorcia de su esposa, la induce a cometer adulterio, y el que se casa con la divorciada comete adulterio también.

Los juramentos

³³ »También han oído que se dijo a sus antepasados: "No faltes a tu juramento, sino cumple con tus promesas al Señor." ³⁴ Pero yo les digo: No juren de ningún modo: ni por el cielo, porque es el trono de Dios; ³⁵ ni por la tierra, porque es el estrado de sus pies; ni por Jerusalén, porque es la ciudad del gran Rey. ³⁶ Tampoco jures por tu cabeza, porque no puedes hacer que ni uno solo de tus cabellos se vuelva blanco o negro. ³⁷ Cuando ustedes digan "sí", que sea realmente sí; y cuando digan "no", que sea no. Cualquier cosa de más, proviene del maligno.

Murder

²¹ "You have heard that it was said to the people long ago, 'You shall not murder,'ᵘ and anyone who murders will be subject to judgment.' ²² But I tell you that anyone who is angry with a brother or sisterᵛ,ʷ will be subject to judgment. Again, anyone who says to a brother or sister, 'Raca,'ˣ is answerable to the court. And anyone who says, 'You fool!' will be in danger of the fire of hell.

²³ "Therefore, if you are offering your gift at the altar and there remember that your brother or sister has something against you, ²⁴ leave your gift there in front of the altar. First go and be reconciled to them; then come and offer your gift.

²⁵ "Settle matters quickly with your adversary who is taking you to court. Do it while you are still together on the way, or your adversary may hand you over to the judge, and the judge may hand you over to the officer, and you may be thrown into prison. ²⁶ Truly I tell you, you will not get out until you have paid the last penny.

Adultery

²⁷ "You have heard that it was said, 'You shall not commit adultery.'ʸ ²⁸ But I tell you that anyone who looks at a woman lustfully has already committed adultery with her in his heart. ²⁹ If your right eye causes you to stumble, gouge it out and throw it away. It is better for you to lose one part of your body than for your whole body to be thrown into hell. ³⁰ And if your right hand causes you to stumble, cut it off and throw it away. It is better for you to lose one part of your body than for your whole body to go into hell.

Divorce

³¹ "It has been said, 'Anyone who divorces his wife must give her a certificate of divorce.'ᶻ ³² But I tell you that anyone who divorces his wife, except for sexual immorality, makes her the victim of adultery, and anyone who marries a divorced woman commits adultery.

Oaths

³³ "Again, you have heard that it was said to the people long ago, 'Do not break your oath, but fulfill to the Lord the vows you have made.' ³⁴ But I tell you, do not swear an oath at all: either by heaven, for it is God's throne; ³⁵ or by the earth, for it is his footstool; or by Jerusalem, for it is the city of the Great King. ³⁶ And do not swear by your head, for you cannot make even one hair white or black. ³⁷ All you need to say is simply 'Yes' or 'No'; anything beyond this comes from the evil one.ᵃ

ʳ 5:21 Éx 20:13
ˢ 5:22 se enoje. Var. se enoje sin causa.
ᵗ 5:22 insulte. Lit. le diga: "Raca" (estúpido en arameo).
ᵘ 5:22 lo maldiga. Lit. le diga: "Necio."
ᵛ 5:22 del infierno. Lit. de la *Gehenna del fuego.
ʷ 5:26 centavo. Lit. cuadrante.
ˣ 5:27 Éx 20:14
ʸ 5:29 al infierno. Lit. a la *Gehenna; también en v. 30.
ᶻ 5:31 Dt 24:1

ᵘ 21 Exodus 20:13   ᵛ 22 The Greek word for brother or sister (adelphos) refers here to a fellow disciple, whether man or woman; also in verse 23.   ʷ 22 Some manuscripts brother or sister without cause   ˣ 22 An Aramaic term of contempt   ʸ 27 Exodus 20:14   ᶻ 31 Deut. 24:1   ᵃ 37 Or from evil

Ojo por ojo

38 »Ustedes han oído que se dijo: "Ojo por ojo y diente por diente."[a] 39 Pero yo les digo: No resistan al que les haga mal. Si alguien te da una bofetada en la mejilla derecha, vuélvele también la otra. 40 Si alguien te pone pleito para quitarte la capa, déjale también la *camisa. 41 Si alguien te obliga a llevarle la carga un kilómetro, llévasela dos. 42 Al que te pida, dale; y al que quiera tomar de ti prestado, no le vuelvas la espalda.

El amor a los enemigos

43 »Ustedes han oído que se dijo: "Ama a tu prójimo[b] y odia a tu enemigo." 44 Pero yo les digo: Amen a sus enemigos y oren por quienes los persiguen,[c] 45 para que sean hijos de su Padre que está en el cielo. Él hace que salga el sol sobre malos y buenos, y que llueva sobre justos e injustos. 46 Si ustedes aman solamente a quienes los aman, ¿qué recompensa recibirán? ¿Acaso no hacen eso hasta los *recaudadores de impuestos? 47 Y si saludan a sus hermanos solamente, ¿qué de más hacen ustedes? ¿Acaso no hacen esto hasta los *gentiles? 48 Por tanto, sean *perfectos, así como su Padre celestial es perfecto.

El dar a los necesitados

6 »Cuídense de no hacer sus obras de justicia delante de la gente para llamar la atención. Si actúan así, su Padre que está en el cielo no les dará ninguna recompensa.

2 »Por eso, cuando des a los necesitados, no lo anuncies al son de trompeta, como lo hacen los *hipócritas en las sinagogas y en las calles para que la gente les rinda homenaje. Les aseguro que ellos ya han recibido toda su recompensa. 3 Más bien, cuando des a los necesitados, que no se entere tu mano izquierda de lo que hace la derecha, 4 para que tu limosna sea en secreto. Así tu Padre, que ve lo que se hace en secreto, te recompensará.

La oración

5 »Cuando oren, no sean como los *hipócritas, porque a ellos les encanta orar de pie en las sinagogas y en las esquinas de las plazas para que la gente los vea. Les aseguro que ya han obtenido toda su recompensa. 6 Pero tú, cuando te pongas a orar, entra en tu cuarto, cierra la puerta y ora a tu Padre, que está en lo secreto. Así tu Padre, que ve lo que se hace en secreto, te recompensará. 7 Y al orar, no hablen sólo por hablar como hacen los *gentiles, porque ellos se imaginan que serán escuchados por sus muchas palabras. 8 No sean como ellos, porque su Padre sabe lo que ustedes necesitan antes de que se lo pidan.

Eye for Eye

38 "You have heard that it was said, 'Eye for eye, and tooth for tooth.'[b] 39 But I tell you, do not resist an evil person. If anyone slaps you on the right cheek, turn to them the other cheek also. 40 And if anyone wants to sue you and take your shirt, hand over your coat as well. 41 If anyone forces you to go one mile, go with them two miles. 42 Give to the one who asks you, and do not turn away from the one who wants to borrow from you.

Love for Enemies

43 "You have heard that it was said, 'Love your neighbor[c] and hate your enemy.' 44 But I tell you, love your enemies and pray for those who persecute you, 45 that you may be children of your Father in heaven. He causes his sun to rise on the evil and the good, and sends rain on the righteous and the unrighteous. 46 If you love those who love you, what reward will you get? Are not even the tax collectors doing that? 47 And if you greet only your own people, what are you doing more than others? Do not even pagans do that? 48 Be perfect, therefore, as your heavenly Father is perfect.

Giving to the Needy

6 "Be careful not to practice your righteousness in front of others to be seen by them. If you do, you will have no reward from your Father in heaven.

2 "So when you give to the needy, do not announce it with trumpets, as the hypocrites do in the synagogues and on the streets, to be honored by others. Truly I tell you, they have received their reward in full. 3 But when you give to the needy, do not let your left hand know what your right hand is doing, 4 so that your giving may be in secret. Then your Father, who sees what is done in secret, will reward you.

Prayer

5 "And when you pray, do not be like the hypocrites, for they love to pray standing in the synagogues and on the street corners to be seen by others. Truly I tell you, they have received their reward in full. 6 But when you pray, go into your room, close the door and pray to your Father, who is unseen. Then your Father, who sees what is done in secret, will reward you. 7 And when you pray, do not keep on babbling like pagans, for they think they will be heard because of their many words. 8 Do not be like them, for your Father knows what you need before you ask him.

---

[a] **5:38** Éx 21:24; Lv 24:20; Dt 19:21
[b] **5:43** Lv 19:18
[c] **5:44** Amen … persiguen. Var. Amen a sus enemigos, bendigan a quienes los maldicen, hagan bien a quienes los odian, y oren por quienes los ultrajan y los persiguen (véase Lc 6:27,28).

[b] 38 Exodus 21:24; Lev. 24:20; Deut. 19:21   [c] 43 Lev. 19:18

9 »Ustedes deben orar así:

»"Padre nuestro que estás en el cielo,
*santificado sea tu nombre,
10 venga tu reino,
hágase tu voluntad
en la tierra como en el cielo.
11 Danos hoy nuestro pan cotidiano.*d*
12 Perdónanos nuestras deudas,
como también nosotros hemos perdonado
a nuestros deudores.
13 Y no nos dejes caer en *tentación,
sino líbranos del maligno."*e*

14 »Porque si perdonan a otros sus ofensas, también los perdonará a ustedes su Padre celestial. 15 Pero si no perdonan a otros sus ofensas, tampoco su Padre les perdonará a ustedes las suyas.

El ayuno

16 »Cuando ayunen, no pongan cara triste como hacen los *hipócritas, que demudan sus rostros para mostrar que están ayunando. Les aseguro que éstos ya han obtenido toda su recompensa. 17 Pero tú, cuando ayunes, perfúmate la cabeza y lávate la cara 18 para que no sea evidente ante los demás que estás ayunando, sino sólo ante tu Padre, que está en lo secreto; y tu Padre, que ve lo que se hace en secreto, te recompensará.

Tesoros en el cielo

19 »No acumulen para sí tesoros en la tierra, donde la polilla y el óxido destruyen, y donde los ladrones se meten a robar. 20 Más bien, acumulen para sí tesoros en el cielo, donde ni la polilla ni el óxido carcomen, ni los ladrones se meten a robar. 21 Porque donde esté tu tesoro, allí estará también tu corazón.

22 »El ojo es la lámpara del cuerpo. Por tanto, si tu visión es clara, todo tu ser disfrutará de la luz. 23 Pero si tu visión está nublada, todo tu ser estará en oscuridad. Si la luz que hay en ti es oscuridad, ¡qué densa será esa oscuridad!

24 »Nadie puede servir a dos señores, pues menospreciará a uno y amará al otro, o querrá mucho a uno y despreciará al otro. No se puede servir a la vez a Dios y a las riquezas.

De nada sirve preocuparse

25 »Por eso les digo: No se preocupen por su *vida, qué comerán o beberán; ni por su cuerpo, cómo se vestirán. ¿No tiene la vida más valor que la comida, y el cuerpo más que la ropa? 26 Fíjense en las aves del cielo: no siembran ni cosechan ni almacenan en graneros; sin embargo, el Padre celestial las alimenta. ¿No valen ustedes mucho más que ellas? 27 ¿Quién de ustedes, por mucho

9 "This, then, is how you should pray:

"'Our Father in heaven,
hallowed be your name,
10 your kingdom come,
your will be done,
on earth as it is in heaven.
11 Give us today our daily bread.
12 And forgive us our debts,
as we also have forgiven our debtors.
13 And lead us not into temptation,*d*
but deliver us from the evil one.*e*'

14 For if you forgive other people when they sin against you, your heavenly Father will also forgive you. 15 But if you do not forgive others their sins, your Father will not forgive your sins.

Fasting

16 "When you fast, do not look somber as the hypocrites do, for they disfigure their faces to show others they are fasting. Truly I tell you, they have received their reward in full. 17 But when you fast, put oil on your head and wash your face, 18 so that it will not be obvious to others that you are fasting, but only to your Father, who is unseen; and your Father, who sees what is done in secret, will reward you.

Treasures in Heaven

19 "Do not store up for yourselves treasures on earth, where moths and vermin destroy, and where thieves break in and steal. 20 But store up for yourselves treasures in heaven, where moths and vermin do not destroy, and where thieves do not break in and steal. 21 For where your treasure is, there your heart will be also.

22 "The eye is the lamp of the body. If your eyes are healthy,*f* your whole body will be full of light. 23 But if your eyes are unhealthy,*g* your whole body will be full of darkness. If then the light within you is darkness, how great is that darkness!

24 "No one can serve two masters. Either you will hate the one and love the other, or you will be devoted to the one and despise the other. You cannot serve both God and money.

Do Not Worry

25 "Therefore I tell you, do not worry about your life, what you will eat or drink; or about your body, what you will wear. Is not life more than food, and the body more than clothes? 26 Look at the birds of the air; they do not sow or reap or store away in barns, and yet your heavenly Father feeds them. Are you not much more valuable than they? 27 Can

---

d 6:11 nuestro pan cotidiano. Alt. el pan que necesitamos.
e 6:13 del maligno. Alt. del mal. Var. del maligno, porque tuyos son el reino y el poder y la gloria para siempre. Amén.

d 13 The Greek for temptation can also mean testing.
e 13 Or from evil; some late manuscripts one, / for yours is the kingdom and the power and the glory forever. Amen.
f 22 The Greek for healthy here implies generous.
g 23 The Greek for unhealthy here implies stingy.

que se preocupe, puede añadir una sola hora al curso de su vida?*f*

²⁸ »¿Y por qué se preocupan por la ropa? Observen cómo crecen los lirios del campo. No trabajan ni hilan; ²⁹ sin embargo, les digo que ni siquiera Salomón, con todo su esplendor, se vestía como uno de ellos. ³⁰ Si así viste Dios a la hierba que hoy está en el campo y mañana es arrojada al horno, ¿no hará mucho más por ustedes, gente de poca fe? ³¹ Así que no se preocupen diciendo: "¿Qué comeremos?" o "¿Qué beberemos?" o "¿Con qué nos vestiremos?" ³² Porque los *paganos andan tras todas estas cosas, y el Padre celestial sabe que ustedes las necesitan. ³³ Más bien, busquen primeramente el reino de Dios y su justicia, y todas estas cosas les serán añadidas. ³⁴ Por lo tanto, no se angustien por el mañana, el cual tendrá sus propios afanes. Cada día tiene ya sus problemas.

El juzgar a los demás

7 »No juzguen a nadie, para que nadie los juzgue a ustedes. ² Porque tal como juzguen se les juzgará, y con la medida que midan a otros, se les medirá a ustedes.

³ »¿Por qué te fijas en la astilla que tiene tu hermano en el ojo, y no le das importancia a la viga que está en el tuyo? ⁴ ¿Cómo puedes decirle a tu hermano: "Déjame sacarte la astilla del ojo", cuando ahí tienes una viga en el tuyo? ⁵ ¡*Hipócrita!, saca primero la viga de tu propio ojo, y entonces verás con claridad para sacar la astilla del ojo de tu hermano.

⁶ »No den lo sagrado a los *perros, no sea que se vuelvan contra ustedes y los despedacen; ni echen sus perlas a los cerdos, no sea que las pisoteen.

Pidan, busquen, llamen

⁷ »Pidan, y se les dará; busquen, y encontrarán; llamen, y se les abrirá. ⁸ Porque todo el que pide, recibe; el que busca, encuentra; y al que llama, se le abre.

⁹ »¿Quién de ustedes, si su hijo le pide pan, le da una piedra? ¹⁰ ¿O si le pide un pescado, le da una serpiente? ¹¹ Pues si ustedes, aun siendo malos, saben dar cosas buenas a sus hijos, ¡cuánto más su Padre que está en el cielo dará cosas buenas a los que le pidan! ¹² Así que en todo traten ustedes a los demás tal y como quieren que ellos los traten a ustedes. De hecho, esto es la ley y los profetas.

La puerta estrecha y la puerta ancha

¹³ »Entren por la puerta estrecha. Porque es ancha la puerta y espacioso el camino que conduce a la destrucción, y muchos entran por ella. ¹⁴ Pero estrecha es la puerta y angosto el camino que conduce a la vida, y son pocos los que la encuentran.

any one of you by worrying add a single hour to your life*h*?

²⁸ "And why do you worry about clothes? See how the flowers of the field grow. They do not labor or spin. ²⁹ Yet I tell you that not even Solomon in all his splendor was dressed like one of these. ³⁰ If that is how God clothes the grass of the field, which is here today and tomorrow is thrown into the fire, will he not much more clothe you — you of little faith? ³¹ So do not worry, saying, 'What shall we eat?' or 'What shall we drink?' or 'What shall we wear?' ³² For the pagans run after all these things, and your heavenly Father knows that you need them. ³³ But seek first his kingdom and his righteousness, and all these things will be given to you as well. ³⁴ Therefore do not worry about tomorrow, for tomorrow will worry about itself. Each day has enough trouble of its own.

Judging Others

7 "Do not judge, or you too will be judged. ² For in the same way you judge others, you will be judged, and with the measure you use, it will be measured to you.

³ "Why do you look at the speck of sawdust in your brother's eye and pay no attention to the plank in your own eye? ⁴ How can you say to your brother, 'Let me take the speck out of your eye,' when all the time there is a plank in your own eye? ⁵ You hypocrite, first take the plank out of your own eye, and then you will see clearly to remove the speck from your brother's eye.

⁶ "Do not give dogs what is sacred; do not throw your pearls to pigs. If you do, they may trample them under their feet, and turn and tear you to pieces.

Ask, Seek, Knock

⁷ "Ask and it will be given to you; seek and you will find; knock and the door will be opened to you. ⁸ For everyone who asks receives; the one who seeks finds; and to the one who knocks, the door will be opened.

⁹ "Which of you, if your son asks for bread, will give him a stone? ¹⁰ Or if he asks for a fish, will give him a snake? ¹¹ If you, then, though you are evil, know how to give good gifts to your children, how much more will your Father in heaven give good gifts to those who ask him! ¹² So in everything, do to others what you would have them do to you, for this sums up the Law and the Prophets.

The Narrow and Wide Gates

¹³ "Enter through the narrow gate. For wide is the gate and broad is the road that leads to destruction, and many enter through it. ¹⁴ But small is the gate and narrow the road that leads to life, and only a few find it.

---

f **6:27** *puede añadir ... su vida.* Alt. *puede aumentar su estatura siquiera medio metro?* (lit. *un *codo*).

h 27 Or *single cubit to your height*

El árbol y sus frutos

¹⁵ »Cuídense de los falsos profetas. Vienen a ustedes disfrazados de ovejas, pero por dentro son lobos feroces. ¹⁶ Por sus frutos los conocerán. ¿Acaso se recogen uvas de los espinos, o higos de los cardos? ¹⁷ Del mismo modo, todo árbol bueno da fruto bueno, pero el árbol malo da fruto malo. ¹⁸ Un árbol bueno no puede dar fruto malo, y un árbol malo no puede dar fruto bueno. ¹⁹ Todo árbol que no da buen fruto se corta y se arroja al fuego. ²⁰ Así que por sus frutos los conocerán.

²¹ »No todo el que me dice: "Señor, Señor", entrará en el reino de los cielos, sino sólo el que hace la voluntad de mi Padre que está en el cielo. ²² Muchos me dirán en aquel día: "Señor, Señor, ¿no profetizamos en tu nombre, y en tu nombre expulsamos demonios e hicimos muchos milagros?" ²³ Entonces les diré claramente: "Jamás los conocí. ¡Aléjense de mí, hacedores de maldad!"

El prudente y el insensato

²⁴ »Por tanto, todo el que me oye estas palabras y las pone en práctica es como un hombre prudente que construyó su casa sobre la roca. ²⁵ Cayeron las lluvias, crecieron los ríos, y soplaron los vientos y azotaron aquella casa; con todo, la casa no se derrumbó porque estaba cimentada sobre la roca. ²⁶ Pero todo el que me oye estas palabras y no las pone en práctica es como un hombre insensato que construyó su casa sobre la arena. ²⁷ Cayeron las lluvias, crecieron los ríos, y soplaron los vientos y azotaron aquella casa, y ésta se derrumbó, y grande fue su ruina.»

²⁸ Cuando Jesús terminó de decir estas cosas, las multitudes se asombraron de su enseñanza, ²⁹ porque les enseñaba como quien tenía autoridad, y no como los *maestros de la ley.

Jesús sana a un leproso

8 Cuando Jesús bajó de la ladera de la montaña, lo siguieron grandes multitudes. ² Un hombre que tenía *lepra se le acercó y se arrodilló delante de él.

—Señor, si quieres, puedes *limpiarme —le dijo.

³ Jesús extendió la mano y tocó al hombre.

—Sí quiero —le dijo—. ¡Queda limpio!

Y al instante quedó sano^g de la lepra.

⁴ —Mira, no se lo digas a nadie —le dijo Jesús—; sólo ve, preséntate al sacerdote, y lleva la ofrenda que ordenó Moisés, para que sirva de testimonio.

La fe del centurión

⁵ Al entrar Jesús en Capernaúm, se le acercó un centurión pidiendo ayuda.

⁶ —Señor, mi siervo está postrado en casa con parálisis, y sufre terriblemente.

True and False Prophets

¹⁵ "Watch out for false prophets. They come to you in sheep's clothing, but inwardly they are ferocious wolves. ¹⁶ By their fruit you will recognize them. Do people pick grapes from thornbushes, or figs from thistles? ¹⁷ Likewise, every good tree bears good fruit, but a bad tree bears bad fruit. ¹⁸ A good tree cannot bear bad fruit, and a bad tree cannot bear good fruit. ¹⁹ Every tree that does not bear good fruit is cut down and thrown into the fire. ²⁰ Thus, by their fruit you will recognize them.

True and False Disciples

²¹ "Not everyone who says to me, 'Lord, Lord,' will enter the kingdom of heaven, but only the one who does the will of my Father who is in heaven. ²² Many will say to me on that day, 'Lord, Lord, did we not prophesy in your name and in your name drive out demons and in your name perform many miracles?' ²³ Then I will tell them plainly, 'I never knew you. Away from me, you evildoers!'

The Wise and Foolish Builders

²⁴ "Therefore everyone who hears these words of mine and puts them into practice is like a wise man who built his house on the rock. ²⁵ The rain came down, the streams rose, and the winds blew and beat against that house; yet it did not fall, because it had its foundation on the rock. ²⁶ But everyone who hears these words of mine and does not put them into practice is like a foolish man who built his house on sand. ²⁷ The rain came down, the streams rose, and the winds blew and beat against that house, and it fell with a great crash."

²⁸ When Jesus had finished saying these things, the crowds were amazed at his teaching, ²⁹ because he taught as one who had authority, and not as their teachers of the law.

Jesus Heals a Man With Leprosy

8 When Jesus came down from the mountainside, large crowds followed him. ² A man with leprosy^i came and knelt before him and said, "Lord, if you are willing, you can make me clean."

³ Jesus reached out his hand and touched the man. "I am willing," he said. "Be clean!" Immediately he was cleansed of his leprosy. ⁴ Then Jesus said to him, "See that you don't tell anyone. But go, show yourself to the priest and offer the gift Moses commanded, as a testimony to them."

The Faith of the Centurion

⁵ When Jesus had entered Capernaum, a centurion came to him, asking for help. ⁶ "Lord," he said, "my servant lies at home paralyzed, suffering terribly."

---

^{g} **8:3** *sano*. Lit. *limpio*.

^{i} 2 The Greek word traditionally translated *leprosy* was used for various diseases affecting the skin.

7 —Iré a sanarlo —respondió Jesús.

8 —Señor, no merezco que entres bajo mi techo. Pero basta con que digas una sola palabra, y mi siervo quedará sano. 9 Porque yo mismo soy un hombre sujeto a órdenes superiores, y además tengo soldados bajo mi autoridad. Le digo a uno: "Ve", y va, y al otro: "Ven", y viene. Le digo a mi siervo: "Haz esto", y lo hace.

10 Al oír esto, Jesús se asombró y dijo a quienes lo seguían:

—Les aseguro que no he encontrado en Israel a nadie que tenga tanta fe. 11 Les digo que muchos vendrán del oriente y del occidente, y participarán en el banquete con Abraham, Isaac y Jacob en el reino de los cielos. 12 Pero a los súbditos del reino se les echará afuera, a la oscuridad, donde habrá llanto y rechinar de dientes.

13 Luego Jesús le dijo al centurión:

—¡Ve! Todo se hará tal como creíste.

Y en esa misma hora aquel siervo quedó sano.

Jesús sana a muchos enfermos

14 Cuando Jesús entró en casa de Pedro, vio a la suegra de éste en cama, con fiebre. 15 Le tocó la mano y la fiebre se le quitó; luego ella se levantó y comenzó a servirle.

16 Al atardecer, le llevaron muchos endemoniados, y con una sola palabra expulsó a los espíritus, y sanó a todos los enfermos. 17 Esto sucedió para que se cumpliera lo dicho por el profeta Isaías:

«Él cargó con nuestras enfermedades
    y soportó nuestros dolores.»[h]

Lo que cuesta seguir a Jesús

18 Cuando Jesús vio a la multitud que lo rodeaba, dio orden de pasar al otro lado del lago. 19 Se le acercó un *maestro de la ley y le dijo:

—Maestro, te seguiré a dondequiera que vayas.

20 —Las zorras tienen madrigueras y las aves tienen nidos —le respondió Jesús—, pero el Hijo del hombre no tiene dónde recostar la cabeza.

21 Otro discípulo le pidió:

—Señor, primero déjame ir a enterrar a mi padre.

22 —Sígueme —le replicó Jesús—, y deja que los muertos entierren a sus muertos.

Jesús calma la tormenta

23 Luego subió a la barca y sus discípulos lo siguieron. 24 De repente, se levantó en el lago una tormenta tan fuerte que las olas inundaban la barca. Pero Jesús estaba dormido. 25 Los discípulos fueron a despertarlo.

—¡Señor —gritaron—, sálvanos, que nos vamos a ahogar!

26 —Hombres de poca fe —les contestó—, ¿por qué tienen tanto miedo?

Entonces se levantó y reprendió a los vientos y a las olas, y todo quedó completamente tranquilo.

---

7 Jesus said to him, "Shall I come and heal him?"

8 The centurion replied, "Lord, I do not deserve to have you come under my roof. But just say the word, and my servant will be healed. 9 For I myself am a man under authority, with soldiers under me. I tell this one, 'Go,' and he goes; and that one, 'Come,' and he comes. I say to my servant, 'Do this,' and he does it."

10 When Jesus heard this, he was amazed and said to those following him, "Truly I tell you, I have not found anyone in Israel with such great faith. 11 I say to you that many will come from the east and the west, and will take their places at the feast with Abraham, Isaac and Jacob in the kingdom of heaven. 12 But the subjects of the kingdom will be thrown outside, into the darkness, where there will be weeping and gnashing of teeth."

13 Then Jesus said to the centurion, "Go! Let it be done just as you believed it would." And his servant was healed at that moment.

Jesus Heals Many

14 When Jesus came into Peter's house, he saw Peter's mother-in-law lying in bed with a fever. 15 He touched her hand and the fever left her, and she got up and began to wait on him.

16 When evening came, many who were demon-possessed were brought to him, and he drove out the spirits with a word and healed all the sick. 17 This was to fulfill what was spoken through the prophet Isaiah:

"He took up our infirmities
    and bore our diseases."[j]

The Cost of Following Jesus

18 When Jesus saw the crowd around him, he gave orders to cross to the other side of the lake. 19 Then a teacher of the law came to him and said, "Teacher, I will follow you wherever you go."

20 Jesus replied, "Foxes have dens and birds have nests, but the Son of Man has no place to lay his head."

21 Another disciple said to him, "Lord, first let me go and bury my father."

22 But Jesus told him, "Follow me, and let the dead bury their own dead."

Jesus Calms the Storm

23 Then he got into the boat and his disciples followed him. 24 Suddenly a furious storm came up on the lake, so that the waves swept over the boat. But Jesus was sleeping. 25 The disciples went and woke him, saying, "Lord, save us! We're going to drown!"

26 He replied, "You of little faith, why are you so afraid?" Then he got up and rebuked the winds and the waves, and it was completely calm.

---

h 8:17 Is 53:4

j 17 Isaiah 53:4 (see Septuagint)

²⁷ Los discípulos no salían de su asombro, y decían: «¿Qué clase de hombre es éste, que hasta los vientos y las olas le obedecen?»

Liberación de dos endemoniados

²⁸ Cuando Jesús llegó al otro lado, a la región de los gadarenos,ⁱ dos endemoniados le salieron al encuentro de entre los sepulcros. Eran tan violentos que nadie se atrevía a pasar por aquel camino. ²⁹ De pronto le gritaron:

—¿Por qué te entrometes, Hijo de Dios? ¿Has venido aquí a atormentarnos antes del tiempo señalado?

³⁰ A cierta distancia de ellos estaba paciendo una gran manada de cerdos. ³¹ Los demonios le rogaron a Jesús:

—Si nos expulsas, mándanos a la manada de cerdos.

³² —Vayan —les dijo.

Así que salieron de los hombres y entraron en los cerdos, y toda la manada se precipitó al lago por el despeñadero y murió en el agua. ³³ Los que cuidaban los cerdos salieron corriendo al pueblo y dieron aviso de todo, incluso de lo que les había sucedido a los endemoniados. ³⁴ Entonces todos los del pueblo fueron al encuentro de Jesús. Y cuando lo vieron, le suplicaron que se alejara de esa región.

Jesús sana a un paralítico

9 Subió Jesús a una barca, cruzó al otro lado y llegó a su propio pueblo. ² Unos hombres le llevaron un paralítico, acostado en una camilla. Al ver Jesús la fe de ellos, le dijo al paralítico:

—¡Ánimo, hijo; tus pecados quedan perdonados!

³ Algunos de los *maestros de la ley murmuraron entre ellos: «¡Este hombre *blasfema!»

⁴ Como Jesús conocía sus pensamientos, les dijo:

—¿Por qué dan lugar a tan malos pensamientos? ⁵ ¿Qué es más fácil, decir: "Tus pecados quedan perdonados", o decir: "Levántate y anda"? ⁶ Pues para que sepan que el Hijo del hombre tiene autoridad en la tierra para perdonar pecados —se dirigió entonces al paralítico—: Levántate, toma tu camilla y vete a tu casa.

⁷ Y el hombre se levantó y se fue a su casa. ⁸ Al ver esto, la multitud se llenó de temor, y glorificó a Dios por haber dado tal autoridad a los *mortales.

Llamamiento de Mateo

⁹ Al irse de allí, Jesús vio a un hombre llamado Mateo, sentado a la mesa de recaudación de impuestos. «Sígueme», le dijo. Mateo se levantó y lo siguió.

¹⁰ Mientras Jesús estaba comiendo en casa de Mateo, muchos *recaudadores de impuestos y

²⁷ The men were amazed and asked, "What kind of man is this? Even the winds and the waves obey him!"

Jesus Restores Two Demon-Possessed Men

²⁸ When he arrived at the other side in the region of the Gadarenes,ᵏ two demon-possessed men coming from the tombs met him. They were so violent that no one could pass that way. ²⁹ "What do you want with us, Son of God?" they shouted. "Have you come here to torture us before the appointed time?"

³⁰ Some distance from them a large herd of pigs was feeding. ³¹ The demons begged Jesus, "If you drive us out, send us into the herd of pigs."

³² He said to them, "Go!" So they came out and went into the pigs, and the whole herd rushed down the steep bank into the lake and died in the water. ³³ Those tending the pigs ran off, went into the town and reported all this, including what had happened to the demon-possessed men. ³⁴ Then the whole town went out to meet Jesus. And when they saw him, they pleaded with him to leave their region.

Jesus Forgives and Heals a Paralyzed Man

9 Jesus stepped into a boat, crossed over and came to his own town. ² Some men brought to him a paralyzed man, lying on a mat. When Jesus saw their faith, he said to the man, "Take heart, son; your sins are forgiven."

³ At this, some of the teachers of the law said to themselves, "This fellow is blaspheming!"

⁴ Knowing their thoughts, Jesus said, "Why do you entertain evil thoughts in your hearts? ⁵ Which is easier: to say, 'Your sins are forgiven,' or to say, 'Get up and walk'? ⁶ But I want you to know that the Son of Man has authority on earth to forgive sins." So he said to the paralyzed man, "Get up, take your mat and go home." ⁷ Then the man got up and went home. ⁸ When the crowd saw this, they were filled with awe; and they praised God, who had given such authority to man.

The Calling of Matthew

⁹ As Jesus went on from there, he saw a man named Matthew sitting at the tax collector's booth. "Follow me," he told him, and Matthew got up and followed him.

¹⁰ While Jesus was having dinner at Matthew's house, many tax collectors and sinners came and

---

ⁱ 8:28 *gadarenos.* Var. *gergesenos*; otra var. *gerasenos.*

ᵏ 28 Some manuscripts *Gergesenes*; other manuscripts *Gerasenes*

*pecadores llegaron y comieron con él y sus discípulos. ¹¹ Cuando los fariseos vieron esto, les preguntaron a sus discípulos:

—¿Por qué come su maestro con recaudadores de impuestos y con pecadores?

¹² Al oír esto, Jesús les contestó:

—No son los sanos los que necesitan médico sino los enfermos. ¹³ Pero vayan y aprendan lo que significa: "Lo que pido de ustedes es misericordia y no sacrificios."^j Porque no he venido a llamar a justos sino a pecadores.

Le preguntan a Jesús sobre el ayuno

¹⁴ Un día se le acercaron los discípulos de Juan y le preguntaron:

—¿Cómo es que nosotros y los fariseos ayunamos, pero no así tus discípulos?

Jesús les contestó:

¹⁵ —¿Acaso pueden estar de luto los invitados del novio mientras él está con ellos? Llegará el día en que se les quitará el novio; entonces sí ayunarán. ¹⁶ Nadie remienda un vestido viejo con un retazo de tela nueva, porque el remiendo fruncirá el vestido y la rotura se hará peor. ¹⁷ Ni tampoco se echa vino nuevo en odres viejos. De hacerlo así, se reventarán los odres, se derramará el vino y los odres se arruinarán. Más bien, el vino nuevo se echa en odres nuevos, y así ambos se conservan.

Una niña muerta y una mujer enferma

¹⁸ Mientras él les decía esto, un dirigente judío llegó, se arrodilló delante de él y le dijo:

—Mi hija acaba de morir. Pero ven y pon tu mano sobre ella, y vivirá.

¹⁹ Jesús se levantó y fue con él, acompañado de sus discípulos. ²⁰ En esto, una mujer que hacía doce años padecía de hemorragias se le acercó por detrás y le tocó el borde del manto. ²¹ Pensaba: «Si al menos logro tocar su manto, quedaré *sana.»

²² Jesús se dio vuelta, la vio y le dijo:

—¡Ánimo, hija! Tu fe te ha sanado.

Y la mujer quedó sana en aquel momento.

²³ Cuando Jesús entró en la casa del dirigente y vio a los flautistas y el alboroto de la gente, ²⁴ les dijo:

—Váyanse. La niña no está muerta sino dormida.

Entonces empezaron a burlarse de él. ²⁵ Pero cuando se les hizo salir, entró él, tomó de la mano a la niña, y ésta se levantó. ²⁶ La noticia se divulgó por toda aquella región.

Jesús sana a los ciegos y a los mudos

²⁷ Al irse Jesús de allí, dos ciegos lo siguieron, gritándole:

—¡Ten compasión de nosotros, Hijo de David!

²⁸ Cuando entró en la casa, se le acercaron los ciegos, y él les preguntó:

—¿Creen que puedo sanarlos?

ate with him and his disciples. ¹¹ When the Pharisees saw this, they asked his disciples, "Why does your teacher eat with tax collectors and sinners?"

¹² On hearing this, Jesus said, "It is not the healthy who need a doctor, but the sick. ¹³ But go and learn what this means: 'I desire mercy, not sacrifice.'^l For I have not come to call the righteous, but sinners."

Jesus Questioned About Fasting

¹⁴ Then John's disciples came and asked him, "How is it that we and the Pharisees fast often, but your disciples do not fast?"

¹⁵ Jesus answered, "How can the guests of the bridegroom mourn while he is with them? The time will come when the bridegroom will be taken from them; then they will fast.

¹⁶ "No one sews a patch of unshrunk cloth on an old garment, for the patch will pull away from the garment, making the tear worse. ¹⁷ Neither do people pour new wine into old wineskins. If they do, the skins will burst; the wine will run out and the wineskins will be ruined. No, they pour new wine into new wineskins, and both are preserved."

Jesus Raises a Dead Girl and Heals a Sick Woman

¹⁸ While he was saying this, a synagogue leader came and knelt before him and said, "My daughter has just died. But come and put your hand on her, and she will live." ¹⁹ Jesus got up and went with him, and so did his disciples.

²⁰ Just then a woman who had been subject to bleeding for twelve years came up behind him and touched the edge of his cloak. ²¹ She said to herself, "If I only touch his cloak, I will be healed."

²² Jesus turned and saw her. "Take heart, daughter," he said, "your faith has healed you." And the woman was healed at that moment.

²³ When Jesus entered the synagogue leader's house and saw the noisy crowd and people playing pipes, ²⁴ he said, "Go away. The girl is not dead but asleep." But they laughed at him. ²⁵ After the crowd had been put outside, he went in and took the girl by the hand, and she got up. ²⁶ News of this spread through all that region.

Jesus Heals the Blind and the Mute

²⁷ As Jesus went on from there, two blind men followed him, calling out, "Have mercy on us, Son of David!"

²⁸ When he had gone indoors, the blind men came to him, and he asked them, "Do you believe that I am able to do this?"

---

^j **9:13** Os 6:6   ^l *13* Hosea 6:6

—Sí, Señor —le respondieron.

²⁹ Entonces les tocó los ojos y les dijo:

—Se hará con ustedes conforme a su fe.

³⁰ Y recobraron la vista. Jesús les advirtió con firmeza:

—Asegúrense de que nadie se entere de esto.

³¹ Pero ellos salieron para divulgar por toda aquella región la noticia acerca de Jesús.

³² Mientras ellos salían, le llevaron un mudo endemoniado. ³³ Así que Jesús expulsó al demonio, y el que había estado mudo habló. La multitud se maravillaba y decía: «Jamás se ha visto nada igual en Israel.»

³⁴ Pero los fariseos afirmaban: «Éste expulsa a los demonios por medio del príncipe de los demonios.»

Son pocos los obreros

³⁵ Jesús recorría todos los pueblos y aldeas enseñando en las sinagogas, anunciando las buenas *nuevas del reino, y sanando toda enfermedad y toda dolencia. ³⁶ Al ver a las multitudes, tuvo compasión de ellas, porque estaban agobiadas y desamparadas, como ovejas sin pastor. ³⁷ «La cosecha es abundante, pero son pocos los obreros —les dijo a sus discípulos—. ³⁸ Pídanle, por tanto, al Señor de la cosecha que envíe obreros a su campo.»

Jesús envía a los doce

10 Reunió a sus doce discípulos y les dio autoridad para expulsar a los *espíritus malignos y sanar toda enfermedad y toda dolencia.

² Éstos son los nombres de los doce apóstoles: primero Simón, llamado Pedro, y su hermano Andrés; *Jacobo y su hermano Juan, hijos de Zebedeo; ³ Felipe y Bartolomé; Tomás y Mateo, el *recaudador de impuestos; Jacobo, hijo de Alfeo, y Tadeo; ⁴ Simón el Zelote y Judas Iscariote, el que lo traicionó.

⁵ Jesús envió a estos doce con las siguientes instrucciones: «No vayan entre los *gentiles ni entren en ningún pueblo de los samaritanos. ⁶ Vayan más bien a las ovejas descarriadas del pueblo de Israel. ⁷ Dondequiera que vayan, prediquen este mensaje: "El reino de los cielos está cerca." ⁸ Sanen a los enfermos, resuciten a los muertos, *limpien de su enfermedad a los que tienen *lepra, expulsen a los demonios. Lo que ustedes recibieron gratis, denlo gratuitamente. ⁹ No lleven oro ni plata ni cobre en el cinturón, ¹⁰ ni bolsa para el camino, ni dos mudas de ropa, ni sandalias, ni bastón; porque el trabajador merece que se le dé su sustento.

¹¹ »En cualquier pueblo o aldea donde entren, busquen a alguien que merezca recibirlos, y quédense en su casa hasta que se vayan de ese lugar. ¹² Al entrar, digan: "Paz a esta casa."ᵏ ¹³ Si el hogar se lo merece, que la paz de ustedes reine en él; y si no, que la paz se vaya con ustedes. ¹⁴ Si alguno

"Yes, Lord," they replied.

²⁹ Then he touched their eyes and said, "According to your faith let it be done to you"; ³⁰ and their sight was restored. Jesus warned them sternly, "See that no one knows about this." ³¹ But they went out and spread the news about him all over that region.

³² While they were going out, a man who was demon-possessed and could not talk was brought to Jesus. ³³ And when the demon was driven out, the man who had been mute spoke. The crowd was amazed and said, "Nothing like this has ever been seen in Israel."

³⁴ But the Pharisees said, "It is by the prince of demons that he drives out demons."

The Workers Are Few

³⁵ Jesus went through all the towns and villages, teaching in their synagogues, proclaiming the good news of the kingdom and healing every disease and sickness. ³⁶ When he saw the crowds, he had compassion on them, because they were harassed and helpless, like sheep without a shepherd. ³⁷ Then he said to his disciples, "The harvest is plentiful but the workers are few. ³⁸ Ask the Lord of the harvest, therefore, to send out workers into his harvest field."

Jesus Sends Out the Twelve

10 Jesus called his twelve disciples to him and gave them authority to drive out impure spirits and to heal every disease and sickness.

² These are the names of the twelve apostles: first, Simon (who is called Peter) and his brother Andrew; James son of Zebedee, and his brother John; ³ Philip and Bartholomew; Thomas and Matthew the tax collector; James son of Alphaeus, and Thaddaeus; ⁴ Simon the Zealot and Judas Iscariot, who betrayed him.

⁵ These twelve Jesus sent out with the following instructions: "Do not go among the Gentiles or enter any town of the Samaritans. ⁶ Go rather to the lost sheep of Israel. ⁷ As you go, proclaim this message: 'The kingdom of heaven has come near.' ⁸ Heal the sick, raise the dead, cleanse those who have leprosy,ᵐ drive out demons. Freely you have received; freely give.

⁹ "Do not get any gold or silver or copper to take with you in your belts— ¹⁰ no bag for the journey or extra shirt or sandals or a staff, for the worker is worth his keep. ¹¹ Whatever town or village you enter, search there for some worthy person and stay at their house until you leave. ¹² As you enter the home, give it your greeting. ¹³ If the home is deserving, let your peace rest on it; if it is not, let your peace return to you. ¹⁴ If anyone will not

---

ᵏ **10:12** *Al entrar … casa".* Lit. *Al entrar en la casa, salúdenla.*

ᵐ **8** The Greek word traditionally translated *leprosy* was used for various diseases affecting the skin.

no los recibe bien ni escucha sus palabras, al salir de esa casa o de ese pueblo, sacúdanse el polvo de los pies. ¹⁵ Les aseguro que en el día del juicio el castigo para Sodoma y Gomorra será más tolerable que para ese pueblo. ¹⁶ Los envío como ovejas en medio de lobos. Por tanto, sean astutos como serpientes y sencillos como palomas.

¹⁷ »Tengan cuidado con la gente; los entregarán a los tribunales y los azotarán en las sinagogas. ¹⁸ Por mi causa los llevarán ante gobernadores y reyes para dar testimonio a ellos y a los gentiles. ¹⁹ Pero cuando los arresten, no se preocupen por lo que van a decir o cómo van a decirlo. En ese momento se les dará lo que han de decir, ²⁰ porque no serán ustedes los que hablen, sino que el Espíritu de su Padre hablará por medio de ustedes.

²¹ »El hermano entregará a la muerte al hermano, y el padre al hijo. Los hijos se rebelarán contra sus padres y harán que los maten. ²² Por causa de mi nombre todo el mundo los odiará, pero el que se mantenga firme hasta el fin será salvo. ²³ Cuando los persigan en una ciudad, huyan a otra. Les aseguro que no terminarán de recorrer las ciudades de Israel antes de que venga el Hijo del hombre.

²⁴ »El discípulo no es superior a su maestro, ni el *siervo superior a su amo. ²⁵ Basta con que el discípulo sea como su maestro, y el siervo como su amo. Si al jefe de la casa lo han llamado *Beelzebú, ¡cuánto más a los de su familia!

²⁶ »Así que no les tengan miedo; porque no hay nada encubierto que no llegue a revelarse, ni nada escondido que no llegue a conocerse. ²⁷ Lo que les digo en la oscuridad, díganlo ustedes a plena luz; lo que se les susurra al oído, proclámenlo desde las azoteas. ²⁸ No teman a los que matan el cuerpo pero no pueden matar el alma.ˡ Teman más bien al que puede destruir alma y cuerpo en el infierno.ᵐ ²⁹ ¿No se venden dos gorriones por una monedita?ⁿ Sin embargo, ni uno de ellos caerá a tierra sin que lo permita el Padre; ³⁰ y él les tiene contados a ustedes aun los cabellos de la cabeza. ³¹ Así que no tengan miedo; ustedes valen más que muchos gorriones.

³² »A cualquiera que me reconozca delante de los demás, yo también lo reconoceré delante de mi Padre que está en el cielo. ³³ Pero a cualquiera que me desconozca delante de los demás, yo también lo desconoceré delante de mi Padre que está en el cielo.

³⁴ »No crean que he venido a traer paz a la tierra. No vine a traer paz sino espada. ³⁵ Porque he venido a poner en conflicto

"al hombre contra su padre,
     a la hija contra su madre,

welcome you or listen to your words, leave that home or town and shake the dust off your feet. ¹⁵ Truly I tell you, it will be more bearable for Sodom and Gomorrah on the day of judgment than for that town.

¹⁶ "I am sending you out like sheep among wolves. Therefore be as shrewd as snakes and as innocent as doves. ¹⁷ Be on your guard; you will be handed over to the local councils and be flogged in the synagogues. ¹⁸ On my account you will be brought before governors and kings as witnesses to them and to the Gentiles. ¹⁹ But when they arrest you, do not worry about what to say or how to say it. At that time you will be given what to say, ²⁰ for it will not be you speaking, but the Spirit of your Father speaking through you.

²¹ "Brother will betray brother to death, and a father his child; children will rebel against their parents and have them put to death. ²² You will be hated by everyone because of me, but the one who stands firm to the end will be saved. ²³ When you are persecuted in one place, flee to another. Truly I tell you, you will not finish going through the towns of Israel before the Son of Man comes.

²⁴ "The student is not above the teacher, nor a servant above his master. ²⁵ It is enough for students to be like their teachers, and servants like their masters. If the head of the house has been called Beelzebul, how much more the members of his household!

²⁶ "So do not be afraid of them, for there is nothing concealed that will not be disclosed, or hidden that will not be made known. ²⁷ What I tell you in the dark, speak in the daylight; what is whispered in your ear, proclaim from the roofs. ²⁸ Do not be afraid of those who kill the body but cannot kill the soul. Rather, be afraid of the One who can destroy both soul and body in hell. ²⁹ Are not two sparrows sold for a penny? Yet not one of them will fall to the ground outside your Father's care.ⁿ ³⁰ And even the very hairs of your head are all numbered. ³¹ So don't be afraid; you are worth more than many sparrows.

³² "Whoever acknowledges me before others, I will also acknowledge before my Father in heaven. ³³ But whoever disowns me before others, I will disown before my Father in heaven.

³⁴ "Do not suppose that I have come to bring peace to the earth. I did not come to bring peace, but a sword. ³⁵ For I have come to turn

" 'a man against his father,
     a daughter against her mother,

ˡ 10:28 *alma*. Este vocablo griego también puede significar *vida*.

ᵐ 10:28 *infierno*. Lit. *Gehenna.

ⁿ 10:29 *una monedita*. Lit. *un *asarion*.

ⁿ 29 Or *will*; or *knowledge*

a la nuera contra su suegra;
³⁶ los enemigos de cada cual
　　serán los de su propia familia".ñ

³⁷ »El que quiere a su padre o a su madre más que a mí no es digno de mí; el que quiere a su hijo o a su hija más que a mí no es digno de mí; ³⁸ y el que no toma su cruz y me sigue no es digno de mí. ³⁹ El que encuentre su *vida, la perderá, y el que la pierda por mi causa, la encontrará.

⁴⁰ »Quien los recibe a ustedes, me recibe a mí; y quien me recibe a mí, recibe al que me envió. ⁴¹ Cualquiera que recibe a un profeta por tratarse de un profeta, recibirá recompensa de profeta; y el que recibe a un justo por tratarse de un justo, recibirá recompensa de justo. ⁴² Y quien dé siquiera un vaso de agua fresca a uno de estos pequeños por tratarse de uno de mis discípulos, les aseguro que no perderá su recompensa.»

Jesús y Juan el Bautista

11 Cuando Jesús terminó de dar instrucciones a sus doce discípulos, se fue de allí a enseñar y a predicar en otros pueblos.

² Juan estaba en la cárcel, y al enterarse de lo que *Cristo estaba haciendo, envió a sus discípulos a que le preguntaran:

³ —¿Eres tú el que ha de venir, o debemos esperar a otro?

⁴ Les respondió Jesús:

—Vayan y cuéntenle a Juan lo que están viendo y oyendo: ⁵ Los ciegos ven, los cojos andan, los que tienen *lepra son sanados, los sordos oyen, los muertos resucitan y a los pobres se les anuncian las buenas *nuevas. ⁶ *Dichoso el que no *tropieza por causa mía.

⁷ Mientras se iban los discípulos de Juan, Jesús comenzó a hablarle a la multitud acerca de Juan: «¿Qué salieron a ver al desierto? ¿Una caña sacudida por el viento? ⁸ Si no, ¿qué salieron a ver? ¿A un hombre vestido con ropa fina? Claro que no, pues los que usan ropa de lujo están en los palacios de los reyes. ⁹ Entonces, ¿qué salieron a ver? ¿A un profeta? Sí, les digo, y más que profeta. ¹⁰ Éste es de quien está escrito:

» "Yo estoy por enviar a mi mensajero delante
　　de ti,
　　el cual preparará tu camino."º

¹¹ Les aseguro que entre los mortales no se ha levantado nadie más grande que Juan el Bautista; sin embargo, el más pequeño en el reino de los cielos es más grande que él. ¹² Desde los días de Juan el Bautista hasta ahora, el reino de los cielos ha venido avanzando contra viento y marea, y los que se esfuerzan logran aferrarse a él.p ¹³ Porque todos

---

a daughter-in-law against her mother-in-law—
³⁶ 　a man's enemies will be the members of
　　his own household.'º

³⁷ "Anyone who loves their father or mother more than me is not worthy of me; anyone who loves their son or daughter more than me is not worthy of me. ³⁸ Whoever does not take up their cross and follow me is not worthy of me. ³⁹ Whoever finds their life will lose it, and whoever loses their life for my sake will find it.

⁴⁰ "Anyone who welcomes you welcomes me, and anyone who welcomes me welcomes the one who sent me. ⁴¹ Whoever welcomes a prophet as a prophet will receive a prophet's reward, and whoever welcomes a righteous person as a righteous person will receive a righteous person's reward. ⁴² And if anyone gives even a cup of cold water to one of these little ones who is my disciple, truly I tell you, that person will certainly not lose their reward."

Jesus and John the Baptist

11 After Jesus had finished instructing his twelve disciples, he went on from there to teach and preach in the towns of Galilee.p

² When John, who was in prison, heard about the deeds of the Messiah, he sent his disciples ³ to ask him, "Are you the one who is to come, or should we expect someone else?"

⁴ Jesus replied, "Go back and report to John what you hear and see: ⁵ The blind receive sight, the lame walk, those who have leprosyq are cleansed, the deaf hear, the dead are raised, and the good news is proclaimed to the poor. ⁶ Blessed is anyone who does not stumble on account of me."

⁷ As John's disciples were leaving, Jesus began to speak to the crowd about John: "What did you go out into the wilderness to see? A reed swayed by the wind? ⁸ If not, what did you go out to see? A man dressed in fine clothes? No, those who wear fine clothes are in kings' palaces. ⁹ Then what did you go out to see? A prophet? Yes, I tell you, and more than a prophet. ¹⁰ This is the one about whom it is written:

" 'I will send my messenger ahead of you,
　　who will prepare your way before you.'r

¹¹ Truly I tell you, among those born of women there has not risen anyone greater than John the Baptist; yet whoever is least in the kingdom of heaven is greater than he. ¹² From the days of John the Baptist until now, the kingdom of heaven has been subjected to violence,s and violent people have been raiding it. ¹³ For all the Prophets and the

---

ñ **10:36** Mi 7:6
º **11:10** Mal 3:1
p **11:12** ha venido ... aferrarse a él. Alt. sufre violencia y los violentos quieren arrebatarlo.

º 36 Micah 7:6　　p 1 Greek in their towns　　q 5 The Greek word traditionally translated leprosy was used for various diseases affecting the skin.　　r 10 Mal. 3:1　　s 12 Or been forcefully advancing

los profetas y la ley profetizaron hasta Juan. [14] Y si quieren aceptar mi palabra, Juan es el Elías que había de venir. [15] El que tenga oídos, que oiga.

[16] »¿Con qué puedo comparar a esta generación? Se parece a los niños sentados en la plaza que gritan a los demás:

[17] »"Tocamos la flauta,
　　y ustedes no bailaron;
　Cantamos por los muertos,
　　y ustedes no lloraron."

[18] »Porque vino Juan, que no comía ni bebía, y ellos dicen: "Tiene un demonio." [19] Vino el Hijo del hombre, que come y bebe, y dicen: "Éste es un glotón y un borracho, amigo de *recaudadores de impuestos y de *pecadores." Pero la sabiduría queda demostrada por sus hechos.»

Ayes sobre ciudades no arrepentidas

[20] Entonces comenzó Jesús a denunciar a las ciudades en que había hecho la mayor parte de sus milagros, porque no se habían *arrepentido. [21] ¡Ay de ti, Corazín! ¡Ay de ti, Betsaida! Si se hubieran hecho en Tiro y en Sidón los milagros que se hicieron en medio de ustedes, ya hace tiempo que se habrían arrepentido con muchos lamentos.[q] [22] Pero les digo que en el día del juicio será más tolerable el castigo para Tiro y Sidón que para ustedes. [23] Y tú, Capernaúm, ¿acaso serás levantada hasta el cielo? No, sino que descenderás hasta el *abismo. Si los milagros que se hicieron en ti se hubieran hecho en Sodoma, ésta habría permanecido hasta el día de hoy. [24] Pero te[r] digo que en el día del juicio será más tolerable el castigo para Sodoma que para ti.»

Descanso para los cansados

[25] En aquel tiempo Jesús dijo: «Te alabo, Padre, Señor del cielo y de la tierra, porque habiendo escondido estas cosas de los sabios e instruidos, se las has revelado a los que son como niños. [26] Sí, Padre, porque esa fue tu buena voluntad.

[27] »Mi Padre me ha entregado todas las cosas. Nadie conoce al Hijo sino el Padre, y nadie conoce al Padre sino el Hijo y aquel a quien el Hijo quiera revelarlo.

[28] »Vengan a mí todos ustedes que están cansados y agobiados, y yo les daré descanso. [29] Carguen con mi yugo y aprendan de mí, pues yo soy apacible y humilde de corazón, y encontrarán descanso para su alma. [30] Porque mi yugo es suave y mi carga es liviana.»

Señor del sábado

12 Por aquel tiempo pasaba Jesús por los sembrados en *sábado. Sus discípulos tenían hambre, así que comenzaron a arrancar algunas

Law prophesied until John. [14] And if you are willing to accept it, he is the Elijah who was to come. [15] Whoever has ears, let them hear.

[16] "To what can I compare this generation? They are like children sitting in the marketplaces and calling out to others:

[17] "'We played the pipe for you,
　　and you did not dance;
　we sang a dirge,
　　and you did not mourn.'

[18] For John came neither eating nor drinking, and they say, 'He has a demon.' [19] The Son of Man came eating and drinking, and they say, 'Here is a glutton and a drunkard, a friend of tax collectors and sinners.' But wisdom is proved right by her deeds."

Woe on Unrepentant Towns

[20] Then Jesus began to denounce the towns in which most of his miracles had been performed, because they did not repent. [21] "Woe to you, Chorazin! Woe to you, Bethsaida! For if the miracles that were performed in you had been performed in Tyre and Sidon, they would have repented long ago in sackcloth and ashes. [22] But I tell you, it will be more bearable for Tyre and Sidon on the day of judgment than for you. [23] And you, Capernaum, will you be lifted to the heavens? No, you will go down to Hades.[t] For if the miracles that were performed in you had been performed in Sodom, it would have remained to this day. [24] But I tell you that it will be more bearable for Sodom on the day of judgment than for you."

The Father Revealed in the Son

[25] At that time Jesus said, "I praise you, Father, Lord of heaven and earth, because you have hidden these things from the wise and learned, and revealed them to little children. [26] Yes, Father, for this is what you were pleased to do.

[27] "All things have been committed to me by my Father. No one knows the Son except the Father, and no one knows the Father except the Son and those to whom the Son chooses to reveal him.

[28] "Come to me, all you who are weary and burdened, and I will give you rest. [29] Take my yoke upon you and learn from me, for I am gentle and humble in heart, and you will find rest for your souls. [30] For my yoke is easy and my burden is light."

Jesus Is Lord of the Sabbath

12 At that time Jesus went through the grainfields on the Sabbath. His disciples were hungry and began to pick some heads of grain and

---

[q] 11:21 con muchos lamentos. Lit. en saco y ceniza.
[r] 11:24 te. Lit. les.

[t] 23 That is, the realm of the dead

espigas de trigo y comérselas. ² Al ver esto, los fariseos le dijeron:

—¡Mira! Tus discípulos están haciendo lo que está prohibido en sábado.

³ Él les contestó:

—¿No han leído lo que hizo David en aquella ocasión en que él y sus compañeros tuvieron hambre? ⁴ Entró en la casa de Dios, y él y sus compañeros comieron los panes consagrados a Dios, lo que no se les permitía a ellos sino sólo a los sacerdotes. ⁵ ¿O no han leído en la ley que los sacerdotes en el *templo profanan el sábado sin incurrir en culpa? ⁶ Pues yo les digo que aquí está uno más grande que el templo. ⁷ Si ustedes supieran lo que significa: "Lo que pido de ustedes es misericordia y no sacrificios",ˢ no condenarían a los que no son culpables. ⁸ Sepan que el Hijo del hombre es Señor del sábado.

⁹ Pasando de allí, entró en la sinagoga, ¹⁰ donde había un hombre que tenía una mano paralizada. Como buscaban un motivo para acusar a Jesús, le preguntaron:

—¿Está permitido sanar en sábado?

¹¹ Él les contestó:

—Si alguno de ustedes tiene una oveja y en sábado se le cae en un hoyo, ¿no la agarra y la saca? ¹² ¡Cuánto más vale un hombre que una oveja! Por lo tanto, está permitido hacer el bien en sábado.

¹³ Entonces le dijo al hombre:

—Extiende la mano.

Así que la extendió y le quedó restablecida, tan sana como la otra. ¹⁴ Pero los fariseos salieron y tramaban cómo matar a Jesús.

El siervo escogido por Dios

¹⁵ Consciente de esto, Jesús se retiró de aquel lugar. Muchos lo siguieron, y él sanó a todos los enfermos, ¹⁶ pero les ordenó que no dijeran quién era él. ¹⁷ Esto fue para que se cumpliera lo dicho por el profeta Isaías:

¹⁸ «Éste es mi siervo, a quien he escogido,
  mi amado, en quien estoy muy complacido;
sobre él pondré mi Espíritu,
  y proclamará justicia a las *naciones.
¹⁹ No disputará ni gritará;
  nadie oirá su voz en las calles.
²⁰ No acabará de romper la caña quebrada
  ni apagará la mecha que apenas arde,
hasta que haga triunfar la justicia.
²¹   Y en su nombre pondrán las naciones su
  esperanza.»ᵗ

Jesús y Beelzebú

²² Un día le llevaron un endemoniado que estaba ciego y mudo, y Jesús lo sanó, de modo que pudo ver y hablar. ²³ Toda la gente se quedó asombrada y decía: «¿No será éste el Hijo de David?»

eat them. ² When the Pharisees saw this, they said to him, "Look! Your disciples are doing what is unlawful on the Sabbath."

³ He answered, "Haven't you read what David did when he and his companions were hungry? ⁴ He entered the house of God, and he and his companions ate the consecrated bread — which was not lawful for them to do, but only for the priests. ⁵ Or haven't you read in the Law that the priests on Sabbath duty in the temple desecrate the Sabbath and yet are innocent? ⁶ I tell you that something greater than the temple is here. ⁷ If you had known what these words mean, 'I desire mercy, not sacrifice,'ᵘ you would not have condemned the innocent. ⁸ For the Son of Man is Lord of the Sabbath."

⁹ Going on from that place, he went into their synagogue, ¹⁰ and a man with a shriveled hand was there. Looking for a reason to bring charges against Jesus, they asked him, "Is it lawful to heal on the Sabbath?"

¹¹ He said to them, "If any of you has a sheep and it falls into a pit on the Sabbath, will you not take hold of it and lift it out? ¹² How much more valuable is a person than a sheep! Therefore it is lawful to do good on the Sabbath."

¹³ Then he said to the man, "Stretch out your hand." So he stretched it out and it was completely restored, just as sound as the other. ¹⁴ But the Pharisees went out and plotted how they might kill Jesus.

God's Chosen Servant

¹⁵ Aware of this, Jesus withdrew from that place. A large crowd followed him, and he healed all who were ill. ¹⁶ He warned them not to tell others about him. ¹⁷ This was to fulfill what was spoken through the prophet Isaiah:

¹⁸ "Here is my servant whom I have chosen,
  the one I love, in whom I delight;
I will put my Spirit on him,
  and he will proclaim justice to the nations.
¹⁹ He will not quarrel or cry out;
  no one will hear his voice in the streets.
²⁰ A bruised reed he will not break,
  and a smoldering wick he will not snuff
    out,
  till he has brought justice through to victory.
²¹   In his name the nations will put their
    hope."ᵛ

Jesus and Beelzebul

²² Then they brought him a demon-possessed man who was blind and mute, and Jesus healed him, so that he could both talk and see. ²³ All the people were astonished and said, "Could this be the Son of David?"

ˢ 12:7 Os 6:6
ᵗ 12:21 Is 42:1-4

ᵘ 7 Hosea 6:6   ᵛ 21 Isaiah 42:1-4

[24] Pero al oírlo los fariseos, dijeron: «Éste no expulsa a los demonios sino por medio de *Beelzebú, príncipe de los demonios.»

[25] Jesús conocía sus pensamientos, y les dijo: «Todo reino dividido contra sí mismo quedará asolado, y toda ciudad o familia dividida contra sí misma no se mantendrá en pie. [26] Si Satanás expulsa a Satanás, está dividido contra sí mismo. ¿Cómo puede, entonces, mantenerse en pie su reino? [27] Ahora bien, si yo expulso a los demonios por medio de Beelzebú, ¿los seguidores de ustedes por medio de quién los expulsan? Por eso ellos mismos los juzgarán a ustedes. [28] En cambio, si expulso a los demonios por medio del Espíritu de Dios, eso significa que el reino de Dios ha llegado a ustedes.

[29] »¿O cómo puede entrar alguien en la casa de un hombre fuerte y arrebatarle sus bienes, a menos que primero lo ate? Sólo entonces podrá robar su casa.

[30] »El que no está de mi parte, está contra mí; y el que conmigo no recoge, esparce. [31] Por eso les digo que a todos se les podrá perdonar todo pecado y toda *blasfemia, pero la blasfemia contra el Espíritu no se le perdonará a nadie. [32] A cualquiera que pronuncie alguna palabra contra el Hijo del hombre se le perdonará, pero el que hable contra el Espíritu Santo no tendrá perdón ni en este mundo ni en el venidero.

[33] »Si tienen un buen árbol, su fruto es bueno; si tienen un mal árbol, su fruto es malo. Al árbol se le reconoce por su fruto. [34] Camada de víboras, ¿cómo pueden ustedes que son malos decir algo bueno? De la abundancia del corazón habla la boca. [35] El que es bueno, de la bondad que atesora en el corazón saca el bien, pero el que es malo, de su maldad saca el mal. [36] Pero yo les digo que en el día del juicio todos tendrán que dar cuenta de toda palabra ociosa que hayan pronunciado. [37] Porque por tus palabras se te absolverá, y por tus palabras se te condenará.»

La señal de Jonás

[38] Algunos de los fariseos y de los *maestros de la ley le dijeron:

—Maestro, queremos ver alguna señal milagrosa de parte tuya.

[39] Jesús les contestó:

—¡Esta generación malvada y adúltera pide una señal milagrosa! Pero no se le dará más señal que la del profeta Jonás. [40] Porque así como tres días y tres noches estuvo Jonás en el vientre de un gran pez, también tres días y tres noches estará el Hijo del hombre en las entrañas de la tierra. [41] Los habitantes de Nínive se levantarán en el juicio contra esta generación y la condenarán; porque ellos se *arrepintieron al escuchar la predicación de Jonás, y aquí tienen ustedes a uno más grande que Jonás. [42] La reina del Sur se levantará en el día del juicio y

[24] But when the Pharisees heard this, they said, "It is only by Beelzebul, the prince of demons, that this fellow drives out demons."

[25] Jesus knew their thoughts and said to them, "Every kingdom divided against itself will be ruined, and every city or household divided against itself will not stand. [26] If Satan drives out Satan, he is divided against himself. How then can his kingdom stand? [27] And if I drive out demons by Beelzebul, by whom do your people drive them out? So then, they will be your judges. [28] But if it is by the Spirit of God that I drive out demons, then the kingdom of God has come upon you.

[29] "Or again, how can anyone enter a strong man's house and carry off his possessions unless he first ties up the strong man? Then he can plunder his house.

[30] "Whoever is not with me is against me, and whoever does not gather with me scatters. [31] And so I tell you, every kind of sin and slander can be forgiven, but blasphemy against the Spirit will not be forgiven. [32] Anyone who speaks a word against the Son of Man will be forgiven, but anyone who speaks against the Holy Spirit will not be forgiven, either in this age or in the age to come.

[33] "Make a tree good and its fruit will be good, or make a tree bad and its fruit will be bad, for a tree is recognized by its fruit. [34] You brood of vipers, how can you who are evil say anything good? For the mouth speaks what the heart is full of. [35] A good man brings good things out of the good stored up in him, and an evil man brings evil things out of the evil stored up in him. [36] But I tell you that everyone will have to give account on the day of judgment for every empty word they have spoken. [37] For by your words you will be acquitted, and by your words you will be condemned."

The Sign of Jonah

[38] Then some of the Pharisees and teachers of the law said to him, "Teacher, we want to see a sign from you."

[39] He answered, "A wicked and adulterous generation asks for a sign! But none will be given it except the sign of the prophet Jonah. [40] For as Jonah was three days and three nights in the belly of a huge fish, so the Son of Man will be three days and three nights in the heart of the earth. [41] The men of Nineveh will stand up at the judgment with this generation and condemn it; for they repented at the preaching of Jonah, and now something greater than Jonah is here. [42] The Queen of the South

condenará a esta generación; porque ella vino desde los confines de la tierra para escuchar la sabiduría de Salomón, y aquí tienen ustedes a uno más grande que Salomón.

⁴³ »Cuando un *espíritu maligno sale de una persona, va por lugares áridos, buscando descanso sin encontrarlo. ⁴⁴ Entonces dice: "Volveré a la casa de donde salí." Cuando llega, la encuentra desocupada, barrida y arreglada. ⁴⁵ Luego va y trae a otros siete espíritus más malvados que él, y entran a vivir allí. Así que el estado postrero de aquella persona resulta peor que el primero. Así le pasará también a esta generación malvada.

La madre y los hermanos de Jesús

⁴⁶ Mientras Jesús le hablaba a la multitud, se presentaron su madre y sus hermanos. Se quedaron afuera, y deseaban hablar con él. ⁴⁷ Alguien le dijo:

—Tu madre y tus hermanos están afuera y quieren hablar contigo.ᵘ

⁴⁸ —¿Quién es mi madre, y quiénes son mis hermanos? —replicó Jesús.

⁴⁹ Señalando a sus discípulos, añadió:

—Aquí tienen a mi madre y a mis hermanos. ⁵⁰ Pues mi hermano, mi hermana y mi madre son los que hacen la voluntad de mi Padre que está en el cielo.

Parábola del sembrador

13 Ese mismo día salió Jesús de la casa y se sentó junto al lago. ² Era tal la multitud que se reunió para verlo que él tuvo que subir a una barca donde se sentó mientras toda la gente estaba de pie en la orilla. ³ Y les dijo en parábolas muchas cosas como éstas: «Un sembrador salió a sembrar. ⁴ Mientras iba esparciendo la semilla, una parte cayó junto al camino, y llegaron los pájaros y se la comieron. ⁵ Otra parte cayó en terreno pedregoso, sin mucha tierra. Esa semilla brotó pronto porque la tierra no era profunda; ⁶ pero cuando salió el sol, las plantas se marchitaron y, por no tener raíz, se secaron. ⁷ Otra parte de la semilla cayó entre espinos que, al crecer, la ahogaron. ⁸ Pero las otras semillas cayeron en buen terreno, en el que se dio una cosecha que rindió treinta, sesenta y hasta cien veces más de lo que se había sembrado. ⁹ El que tenga oídos, que oiga.»

¹⁰ Los discípulos se acercaron y le preguntaron:

—¿Por qué le hablas a la gente en parábolas?

¹¹ —A ustedes se les ha concedido conocer los *secretos del reino de los cielos; pero a ellos no. ¹² Al que tiene, se le dará más, y tendrá en abundancia. Al que no tiene, hasta lo poco que tiene se le quitará. ¹³ Por eso les hablo a ellos en parábolas:

»Aunque miran, no ven;
    aunque oyen, no escuchan ni entienden.

will rise at the judgment with this generation and condemn it; for she came from the ends of the earth to listen to Solomon's wisdom, and now something greater than Solomon is here.

⁴³ "When an impure spirit comes out of a person, it goes through arid places seeking rest and does not find it. ⁴⁴ Then it says, 'I will return to the house I left.' When it arrives, it finds the house unoccupied, swept clean and put in order. ⁴⁵ Then it goes and takes with it seven other spirits more wicked than itself, and they go in and live there. And the final condition of that person is worse than the first. That is how it will be with this wicked generation."

Jesus' Mother and Brothers

⁴⁶ While Jesus was still talking to the crowd, his mother and brothers stood outside, wanting to speak to him. ⁴⁷ Someone told him, "Your mother and brothers are standing outside, wanting to speak to you."

⁴⁸ He replied to him, "Who is my mother, and who are my brothers?" ⁴⁹ Pointing to his disciples, he said, "Here are my mother and my brothers. ⁵⁰ For whoever does the will of my Father in heaven is my brother and sister and mother."

The Parable of the Sower

13 That same day Jesus went out of the house and sat by the lake. ² Such large crowds gathered around him that he got into a boat and sat in it, while all the people stood on the shore. ³ Then he told them many things in parables, saying: "A farmer went out to sow his seed. ⁴ As he was scattering the seed, some fell along the path, and the birds came and ate it up. ⁵ Some fell on rocky places, where it did not have much soil. It sprang up quickly, because the soil was shallow. ⁶ But when the sun came up, the plants were scorched, and they withered because they had no root. ⁷ Other seed fell among thorns, which grew up and choked the plants. ⁸ Still other seed fell on good soil, where it produced a crop — a hundred, sixty or thirty times what was sown. ⁹ Whoever has ears, let them hear."

¹⁰ The disciples came to him and asked, "Why do you speak to the people in parables?"

¹¹ He replied, "Because the knowledge of the secrets of the kingdom of heaven has been given to you, but not to them. ¹² Whoever has will be given more, and they will have an abundance. Whoever does not have, even what they have will be taken from them. ¹³ This is why I speak to them in parables:

"Though seeing, they do not see;
    though hearing, they do not hear or
      understand.

ᵘ **12:47** Var. no incluye v. 47.

[14] En ellos se cumple la profecía de Isaías:

»"Por mucho que oigan, no entenderán;
　　por mucho que vean, no percibirán.
[15] Porque el corazón de este pueblo se ha
　　vuelto insensible;
　　se les han embotado los oídos,
　　y se les han cerrado los ojos.
De lo contrario, verían con los ojos,
　　oirían con los oídos,
　　entenderían con el corazón
y se convertirían, y yo los sanaría."[v]

[16] Pero *dichosos los ojos de ustedes porque ven, y sus oídos porque oyen. [17] Porque les aseguro que muchos profetas y otros justos anhelaron ver lo que ustedes ven, pero no lo vieron; y oír lo que ustedes oyen, pero no lo oyeron.

[18] »Escuchen lo que significa la parábola del sembrador: [19] Cuando alguien oye la palabra acerca del reino y no la entiende, viene el maligno y arrebata lo que se sembró en su corazón. Ésta es la semilla sembrada junto al camino. [20] El que recibió la semilla que cayó en terreno pedregoso es el que oye la palabra e inmediatamente la recibe con alegría; [21] pero como no tiene raíz, dura poco tiempo. Cuando surgen problemas o persecución a causa de la palabra, en seguida se aparta de ella. [22] El que recibió la semilla que cayó entre espinos es el que oye la palabra, pero las preocupaciones de esta vida y el engaño de las riquezas la ahogan, de modo que ésta no llega a dar fruto. [23] Pero el que recibió la semilla que cayó en buen terreno es el que oye la palabra y la entiende. Éste sí produce una cosecha al treinta, al sesenta y hasta al ciento por uno.

Parábola de la mala hierba

[24] Jesús les contó otra parábola: «El reino de los cielos es como un hombre que sembró buena semilla en su campo. [25] Pero mientras todos dormían, llegó su enemigo y sembró mala hierba entre el trigo, y se fue. [26] Cuando brotó el trigo y se formó la espiga, apareció también la mala hierba. [27] Los siervos fueron al dueño y le dijeron: "Señor, ¿no sembró usted semilla buena en su campo? Entonces, ¿de dónde salió la mala hierba?" [28] "Esto es obra de un enemigo", les respondió. Le preguntaron los siervos: "¿Quiere usted que vayamos a arrancarla?" [29] "¡No! —les contestó—, no sea que, al arrancar la mala hierba, arranquen con ella el trigo. [30] Dejen que crezcan juntos hasta la cosecha. Entonces les diré a los segadores: Recojan primero la mala hierba, y átenla en manojos para quemarla; después recojan el trigo y guárdenlo en mi granero." »

[14] In them is fulfilled the prophecy of Isaiah:

" 'You will be ever hearing but never
　　understanding;
　　you will be ever seeing but never
　　perceiving.
[15] For this people's heart has become calloused;
　　they hardly hear with their ears,
　　and they have closed their eyes.
Otherwise they might see with their eyes,
　　hear with their ears,
　　understand with their hearts
and turn, and I would heal them.'[w]

[16] But blessed are your eyes because they see, and your ears because they hear. [17] For truly I tell you, many prophets and righteous people longed to see what you see but did not see it, and to hear what you hear but did not hear it.

[18] "Listen then to what the parable of the sower means: [19] When anyone hears the message about the kingdom and does not understand it, the evil one comes and snatches away what was sown in their heart. This is the seed sown along the path. [20] The seed falling on rocky ground refers to someone who hears the word and at once receives it with joy. [21] But since they have no root, they last only a short time. When trouble or persecution comes because of the word, they quickly fall away. [22] The seed falling among the thorns refers to someone who hears the word, but the worries of this life and the deceitfulness of wealth choke the word, making it unfruitful. [23] But the seed falling on good soil refers to someone who hears the word and understands it. This is the one who produces a crop, yielding a hundred, sixty or thirty times what was sown."

The Parable of the Weeds

[24] Jesus told them another parable: "The kingdom of heaven is like a man who sowed good seed in his field. [25] But while everyone was sleeping, his enemy came and sowed weeds among the wheat, and went away. [26] When the wheat sprouted and formed heads, then the weeds also appeared.

[27] "The owner's servants came to him and said, 'Sir, didn't you sow good seed in your field? Where then did the weeds come from?'

[28] " 'An enemy did this,' he replied.

"The servants asked him, 'Do you want us to go and pull them up?'

[29] " 'No,' he answered, 'because while you are pulling the weeds, you may uproot the wheat with them. [30] Let both grow together until the harvest. At that time I will tell the harvesters: First collect the weeds and tie them in bundles to be burned; then gather the wheat and bring it into my barn.'"

---

[v] **13:15** Is 6:9,10

[w] *15* Isaiah 6:9,10 (see Septuagint)

Parábolas del grano de mostaza y de la levadura

³¹ Les contó otra parábola: «El reino de los cielos es como un grano de mostaza que un hombre sembró en su campo. ³² Aunque es la más pequeña de todas las semillas, cuando crece es la más grande de las hortalizas y se convierte en árbol, de modo que vienen las aves y anidan en sus ramas.»

³³ Les contó otra parábola más: «El reino de los cielos es como la levadura que una mujer tomó y mezcló en una gran cantidadʷ de harina, hasta que fermentó toda la masa.»

³⁴ Jesús le dijo a la multitud todas estas cosas en parábolas. Sin emplear parábolas no les decía nada. ³⁵ Así se cumplió lo dicho por el profeta:

«Hablaré por medio de parábolas;
revelaré cosas que han estado ocultas
desde la creación del mundo.»ˣ

Explicación de la parábola de la mala hierba

³⁶ Una vez que se despidió de la multitud, entró en la casa. Se le acercaron sus discípulos y le pidieron:

—Explícanos la parábola de la mala hierba del campo.

³⁷ —El que sembró la buena semilla es el Hijo del hombre —les respondió Jesús—. ³⁸ El campo es el mundo, y la buena semilla representa a los hijos del reino. La mala hierba son los hijos del maligno, ³⁹ y el enemigo que la siembra es el diablo. La cosecha es el fin del mundo, y los segadores son los ángeles.

⁴⁰ »Así como se recoge la mala hierba y se quema en el fuego, ocurrirá también al fin del mundo. ⁴¹ El Hijo del hombre enviará a sus ángeles, y arrancarán de su reino a todos los que *pecan y hacen pecar. ⁴² Los arrojarán al horno encendido, donde habrá llanto y rechinar de dientes. ⁴³ Entonces los justos brillarán en el reino de su Padre como el sol. El que tenga oídos, que oiga.

Parábolas del tesoro escondido y de la perla

⁴⁴ »El reino de los cielos es como un tesoro escondido en un campo. Cuando un hombre lo descubrió, lo volvió a esconder, y lleno de alegría fue y vendió todo lo que tenía y compró ese campo.

⁴⁵ »También se parece el reino de los cielos a un comerciante que andaba buscando perlas finas. ⁴⁶ Cuando encontró una de gran valor, fue y vendió todo lo que tenía y la compró.

Parábola de la red

⁴⁷ »También se parece el reino de los cielos a una red echada al lago, que recoge peces de toda clase. ⁴⁸ Cuando se llena, los pescadores la sacan a la orilla, se sientan y recogen en canastas los

The Parables of the Mustard Seed and the Yeast

³¹ He told them another parable: "The kingdom of heaven is like a mustard seed, which a man took and planted in his field. ³² Though it is the smallest of all seeds, yet when it grows, it is the largest of garden plants and becomes a tree, so that the birds come and perch in its branches."

³³ He told them still another parable: "The kingdom of heaven is like yeast that a woman took and mixed into about sixty poundsˣ of flour until it worked all through the dough."

³⁴ Jesus spoke all these things to the crowd in parables; he did not say anything to them without using a parable. ³⁵ So was fulfilled what was spoken through the prophet:

"I will open my mouth in parables,
I will utter things hidden since the
creation of the world."ʸ

The Parable of the Weeds Explained

³⁶ Then he left the crowd and went into the house. His disciples came to him and said, "Explain to us the parable of the weeds in the field."

³⁷ He answered, "The one who sowed the good seed is the Son of Man. ³⁸ The field is the world, and the good seed stands for the people of the kingdom. The weeds are the people of the evil one, ³⁹ and the enemy who sows them is the devil. The harvest is the end of the age, and the harvesters are angels.

⁴⁰ "As the weeds are pulled up and burned in the fire, so it will be at the end of the age. ⁴¹ The Son of Man will send out his angels, and they will weed out of his kingdom everything that causes sin and all who do evil. ⁴² They will throw them into the blazing furnace, where there will be weeping and gnashing of teeth. ⁴³ Then the righteous will shine like the sun in the kingdom of their Father. Whoever has ears, let them hear.

The Parables of the Hidden Treasure and the Pearl

⁴⁴ "The kingdom of heaven is like treasure hidden in a field. When a man found it, he hid it again, and then in his joy went and sold all he had and bought that field.

⁴⁵ "Again, the kingdom of heaven is like a merchant looking for fine pearls. ⁴⁶ When he found one of great value, he went away and sold everything he had and bought it.

The Parable of the Net

⁴⁷ "Once again, the kingdom of heaven is like a net that was let down into the lake and caught all kinds of fish. ⁴⁸ When it was full, the fishermen pulled it up on the shore. Then they sat down and collected the good fish in baskets, but threw the

---

ʷ **13:33** *una gran cantidad.* Lit. *tres satas* (probablemente unos 22 litros).
ˣ **13:35** Sal 78:2

ˣ *33* Or about 27 kilograms   ʸ *35* Psalm 78:2

peces buenos, y desechan los malos. ⁴⁹ Así será al fin del mundo. Vendrán los ángeles y apartarán de los justos a los malvados, ⁵⁰ y los arrojarán al horno encendido, donde habrá llanto y rechinar de dientes.

⁵¹ —¿Han entendido todo esto? —les preguntó Jesús.

—Sí —respondieron ellos.

Entonces concluyó Jesús:

⁵² —Todo *maestro de la ley que ha sido instruido acerca del reino de los cielos es como el dueño de una casa, que de lo que tiene guardado saca tesoros nuevos y viejos.

Un profeta sin honra

⁵³ Cuando Jesús terminó de contar estas parábolas, se fue de allí. ⁵⁴ Al llegar a su tierra, comenzó a enseñar a la gente en la sinagoga.

—¿De dónde sacó éste tal sabiduría y tales poderes milagrosos? —decían maravillados—. ⁵⁵ ¿No es acaso el hijo del carpintero? ¿No se llama su madre María; y no son sus hermanos *Jacobo, José, Simón y Judas? ⁵⁶ ¿No están con nosotros todas sus hermanas? ¿Así que de dónde sacó todas estas cosas?

⁵⁷ Y se *escandalizaban a causa de él. Pero Jesús les dijo:

—En todas partes se honra a un profeta, menos en su tierra y en su propia casa.

⁵⁸ Y por la incredulidad de ellos, no hizo allí muchos milagros.

Decapitación de Juan el Bautista

14 En aquel tiempo Herodes el tetrarca se enteró de lo que decían de Jesús, ² y comentó a sus sirvientes: «¡Ése es Juan el Bautista; ha *resucitado! Por eso tiene poder para realizar milagros.»

³ En efecto, Herodes había arrestado a Juan. Lo había encadenado y metido en la cárcel por causa de Herodías, esposa de su hermano Felipe. ⁴ Es que Juan había estado diciéndole: «La ley te prohíbe tenerla por esposa.» ⁵ Herodes quería matarlo, pero le tenía miedo a la gente, porque consideraban a Juan como un profeta.

⁶ En el cumpleaños de Herodes, la hija de Herodías bailó delante de todos; y tanto le agradó a Herodes ⁷ que le prometió bajo juramento darle cualquier cosa que pidiera. ⁸ Instigada por su madre, le pidió: «Dame en una bandeja la cabeza de Juan el Bautista.»

⁹ El rey se entristeció, pero a causa de sus juramentos y en atención a los invitados, ordenó que se le concediera la petición, ¹⁰ y mandó decapitar a Juan en la cárcel. ¹¹ Llevaron la cabeza en una bandeja y se la dieron a la muchacha, quien se la entregó a su madre. ¹² Luego llegaron los discípulos de Juan, recogieron el cuerpo y le dieron sepultura. Después fueron y avisaron a Jesús.

bad away. ⁴⁹ This is how it will be at the end of the age. The angels will come and separate the wicked from the righteous ⁵⁰ and throw them into the blazing furnace, where there will be weeping and gnashing of teeth.

⁵¹ "Have you understood all these things?" Jesus asked.

"Yes," they replied.

⁵² He said to them, "Therefore every teacher of the law who has become a disciple in the kingdom of heaven is like the owner of a house who brings out of his storeroom new treasures as well as old."

A Prophet Without Honor

⁵³ When Jesus had finished these parables, he moved on from there. ⁵⁴ Coming to his hometown, he began teaching the people in their synagogue, and they were amazed. "Where did this man get this wisdom and these miraculous powers?" they asked. ⁵⁵ "Isn't this the carpenter's son? Isn't his mother's name Mary, and aren't his brothers James, Joseph, Simon and Judas? ⁵⁶ Aren't all his sisters with us? Where then did this man get all these things?" ⁵⁷ And they took offense at him.

But Jesus said to them, "A prophet is not without honor except in his own town and in his own home."

⁵⁸ And he did not do many miracles there because of their lack of faith.

John the Baptist Beheaded

14 At that time Herod the tetrarch heard the reports about Jesus, ² and he said to his attendants, "This is John the Baptist; he has risen from the dead! That is why miraculous powers are at work in him."

³ Now Herod had arrested John and bound him and put him in prison because of Herodias, his brother Philip's wife, ⁴ for John had been saying to him: "It is not lawful for you to have her." ⁵ Herod wanted to kill John, but he was afraid of the people, because they considered John a prophet.

⁶ On Herod's birthday the daughter of Herodias danced for the guests and pleased Herod so much ⁷ that he promised with an oath to give her whatever she asked. ⁸ Prompted by her mother, she said, "Give me here on a platter the head of John the Baptist." ⁹ The king was distressed, but because of his oaths and his dinner guests, he ordered that her request be granted ¹⁰ and had John beheaded in the prison. ¹¹ His head was brought in on a platter and given to the girl, who carried it to her mother. ¹² John's disciples came and took his body and buried it. Then they went and told Jesus.

Jesús alimenta a los cinco mil

¹³ Cuando Jesús recibió la noticia, se retiró él solo en una barca a un lugar solitario. Las multitudes se enteraron y lo siguieron a pie desde los poblados. ¹⁴ Cuando Jesús desembarcó y vio a tanta gente, tuvo compasión de ellos y sanó a los que estaban enfermos.

¹⁵ Al atardecer se le acercaron sus discípulos y le dijeron:

—Éste es un lugar apartado y ya se hace tarde. Despide a la gente, para que vayan a los pueblos y se compren algo de comer.

¹⁶ —No tienen que irse —contestó Jesús—. Denles ustedes mismos de comer.

¹⁷ Ellos objetaron:

—No tenemos aquí más que cinco panes y dos pescados.

¹⁸ —Tráiganmelos acá —les dijo Jesús.

¹⁹ Y mandó a la gente que se sentara sobre la hierba. Tomó los cinco panes y los dos pescados y, mirando al cielo, los bendijo. Luego partió los panes y se los dio a los discípulos, quienes los repartieron a la gente. ²⁰ Todos comieron hasta quedar satisfechos, y los discípulos recogieron doce canastas llenas de pedazos que sobraron. ²¹ Los que comieron fueron unos cinco mil hombres, sin contar a las mujeres y a los niños.

Jesús camina sobre el agua

²² En seguida Jesús hizo que los discípulos subieran a la barca y se le adelantaran al otro lado mientras él despedía a la multitud. ²³ Después de despedir a la gente, subió a la montaña para orar a solas. Al anochecer, estaba allí él solo, ²⁴ y la barca ya estaba bastante lejos*ʸ* de la tierra, zarandeada por las olas, porque el viento le era contrario.

²⁵ En la madrugada,*ᶻ* Jesús se acercó a ellos caminando sobre el lago. ²⁶ Cuando los discípulos lo vieron caminando sobre el agua, quedaron aterrados.

—¡Es un fantasma! —gritaron de miedo.

²⁷ Pero Jesús les dijo en seguida:

—¡Cálmense! Soy yo. No tengan miedo.

²⁸ —Señor, si eres tú —respondió Pedro—, mándame que vaya a ti sobre el agua.

²⁹ —Ven —dijo Jesús.

Pedro bajó de la barca y caminó sobre el agua en dirección a Jesús. ³⁰ Pero al sentir el viento fuerte, tuvo miedo y comenzó a hundirse. Entonces gritó:

—¡Señor, sálvame!

³¹ En seguida Jesús le tendió la mano y, sujetándolo, lo reprendió:

—¡Hombre de poca fe! ¿Por qué dudaste?

³² Cuando subieron a la barca, se calmó el viento. ³³ Y los que estaban en la barca lo adoraron diciendo:

—Verdaderamente tú eres el Hijo de Dios.

Jesus Feeds the Five Thousand

¹³ When Jesus heard what had happened, he withdrew by boat privately to a solitary place. Hearing of this, the crowds followed him on foot from the towns. ¹⁴ When Jesus landed and saw a large crowd, he had compassion on them and healed their sick.

¹⁵ As evening approached, the disciples came to him and said, "This is a remote place, and it's already getting late. Send the crowds away, so they can go to the villages and buy themselves some food."

¹⁶ Jesus replied, "They do not need to go away. You give them something to eat."

¹⁷ "We have here only five loaves of bread and two fish," they answered.

¹⁸ "Bring them here to me," he said. ¹⁹ And he directed the people to sit down on the grass. Taking the five loaves and the two fish and looking up to heaven, he gave thanks and broke the loaves. Then he gave them to the disciples, and the disciples gave them to the people. ²⁰ They all ate and were satisfied, and the disciples picked up twelve basketfuls of broken pieces that were left over. ²¹ The number of those who ate was about five thousand men, besides women and children.

Jesus Walks on the Water

²² Immediately Jesus made the disciples get into the boat and go on ahead of him to the other side, while he dismissed the crowd. ²³ After he had dismissed them, he went up on a mountainside by himself to pray. Later that night, he was there alone, ²⁴ and the boat was already a considerable distance from land, buffeted by the waves because the wind was against it.

²⁵ Shortly before dawn Jesus went out to them, walking on the lake. ²⁶ When the disciples saw him walking on the lake, they were terrified. "It's a ghost," they said, and cried out in fear.

²⁷ But Jesus immediately said to them: "Take courage! It is I. Don't be afraid."

²⁸ "Lord, if it's you," Peter replied, "tell me to come to you on the water."

²⁹ "Come," he said.

Then Peter got down out of the boat, walked on the water and came toward Jesus. ³⁰ But when he saw the wind, he was afraid and, beginning to sink, cried out, "Lord, save me!"

³¹ Immediately Jesus reached out his hand and caught him. "You of little faith," he said, "why did you doubt?"

³² And when they climbed into the boat, the wind died down. ³³ Then those who were in the boat worshiped him, saying, "Truly you are the Son of God."

ʸ **14:24** *bastante lejos.* Lit. *a muchos *estadios.*
ᶻ **14:25** *la madrugada.* Lit. *la cuarta vigilia de la noche.*

³⁴ Después de cruzar el lago, desembarcaron en Genesaret. ³⁵ Los habitantes de aquel lugar reconocieron a Jesús y divulgaron la noticia por todos los alrededores. Le llevaban todos los enfermos, ³⁶ suplicándole que les permitiera tocar siquiera el borde de su manto, y quienes lo tocaban quedaban sanos.

Lo limpio y lo impuro

15 Se acercaron a Jesús algunos fariseos y *maestros de la ley que habían llegado de Jerusalén, y le preguntaron:

² —¿Por qué quebrantan tus discípulos la tradición de los *ancianos? ¡Comen sin cumplir primero el rito de lavarse las manos!

³ Jesús les contestó:

—¿Y por qué ustedes quebrantan el mandamiento de Dios a causa de la tradición? ⁴ Dios dijo: "Honra a tu padre y a tu madre,"ᵃ y también: "El que maldiga a su padre o a su madre será condenado a muerte."ᵇ ⁵ Ustedes, en cambio, enseñan que un hijo puede decir a su padre o a su madre: "Cualquier ayuda que pudiera darte ya la he dedicado como ofrenda a Dios." ⁶ En ese caso, el tal hijo no tiene que honrar a su padre.ᶜ Así por causa de la tradición anulan ustedes la palabra de Dios. ⁷ ¡*Hipócritas! Tenía razón Isaías cuando profetizó de ustedes:

⁸ »"Este pueblo me honra con los labios,
    pero su corazón está lejos de mí.
⁹ En vano me adoran;
    sus enseñanzas no son más que reglas
    *humanas."ᵈ

¹⁰ Jesús llamó a la multitud y dijo:

—Escuchen y entiendan. ¹¹ Lo que *contamina a una persona no es lo que entra en la boca sino lo que sale de ella.

¹² Entonces se le acercaron los discípulos y le dijeron:

—¿Sabes que los fariseos se *escandalizaron al oír eso?

¹³ —Toda planta que mi Padre celestial no haya plantado será arrancada de raíz —les respondió—. ¹⁴ Déjenlos; son guías ciegos.ᵉ Y si un ciego guía a otro ciego, ambos caerán en un hoyo.

¹⁵ —Explícanos la comparación —le pidió Pedro.

¹⁶ —¿También ustedes son todavía tan torpes? —les dijo Jesús—. ¹⁷ ¿No se dan cuenta de que todo lo que entra en la boca va al estómago y después se echa en la letrina? ¹⁸ Pero lo que sale de la boca viene del corazón y contamina a la persona. ¹⁹ Porque del corazón salen los malos pensamientos, los homicidios, los adulterios, la inmoralidad sexual, los robos, los falsos testimonios y las calumnias.

³⁴ When they had crossed over, they landed at Gennesaret. ³⁵ And when the men of that place recognized Jesus, they sent word to all the surrounding country. People brought all their sick to him ³⁶ and begged him to let the sick just touch the edge of his cloak, and all who touched it were healed.

That Which Defiles

15 Then some Pharisees and teachers of the law came to Jesus from Jerusalem and asked, ² "Why do your disciples break the tradition of the elders? They don't wash their hands before they eat!"

³ Jesus replied, "And why do you break the command of God for the sake of your tradition? ⁴ For God said, 'Honor your father and mother'ᶻ and 'Anyone who curses their father or mother is to be put to death.'ᵃ ⁵ But you say that if anyone declares that what might have been used to help their father or mother is 'devoted to God,' ⁶ they are not to 'honor their father or mother' with it. Thus you nullify the word of God for the sake of your tradition. ⁷ You hypocrites! Isaiah was right when he prophesied about you:

⁸ "'These people honor me with their lips,
    but their hearts are far from me.
⁹ They worship me in vain;
    their teachings are merely human rules.'ᵇ"

¹⁰ Jesus called the crowd to him and said, "Listen and understand. ¹¹ What goes into someone's mouth does not defile them, but what comes out of their mouth, that is what defiles them."

¹² Then the disciples came to him and asked, "Do you know that the Pharisees were offended when they heard this?"

¹³ He replied, "Every plant that my heavenly Father has not planted will be pulled up by the roots. ¹⁴ Leave them; they are blind guides.ᶜ If the blind lead the blind, both will fall into a pit."

¹⁵ Peter said, "Explain the parable to us."

¹⁶ "Are you still so dull?" Jesus asked them. ¹⁷ "Don't you see that whatever enters the mouth goes into the stomach and then out of the body? ¹⁸ But the things that come out of a person's mouth come from the heart, and these defile them. ¹⁹ For out of the heart come evil thoughts — murder, adultery, sexual immorality, theft, false testimony,

---

ᵃ **15:4** Éx 20:12; Dt 5:16
ᵇ **15:4** Éx 21:17; Lv 20:9
ᶜ **15:6** padre. Var. padre ni a su madre.
ᵈ **15:9** Is 29:13
ᵉ **15:14** guías ciegos. Var. ciegos guías de ciegos.

ᶻ **4** Exodus 20:12; Deut. 5:16　　ᵃ **4** Exodus 21:17; Lev. 20:9
ᵇ **9** Isaiah 29:13　　ᶜ **14** Some manuscripts blind guides of the blind

²⁰ Éstas son las cosas que contaminan a la persona, y no el comer sin lavarse las manos.

La fe de la mujer cananea

²¹ Partiendo de allí, Jesús se retiró a la región de Tiro y Sidón. ²² Una mujer cananea de las inmediaciones salió a su encuentro, gritando:

—¡Señor, Hijo de David, ten compasión de mí! Mi hija sufre terriblemente por estar endemoniada.

²³ Jesús no le respondió palabra. Así que sus discípulos se acercaron a él y le rogaron:

—Despídela, porque viene detrás de nosotros gritando.

²⁴ —No fui enviado sino a las ovejas perdidas del pueblo de Israel —contestó Jesús.

²⁵ La mujer se acercó y, arrodillándose delante de él, le suplicó:

—¡Señor, ayúdame!

²⁶ Él le respondió:

—No está bien quitarles el pan a los hijos y echárselo a los *perros.

²⁷ —Sí, Señor; pero hasta los perros comen las migajas que caen de la mesa de sus amos.

²⁸ —¡Mujer, qué grande es tu fe! —contestó Jesús—. Que se cumpla lo que quieres.

Y desde ese mismo momento quedó sana su hija.

Jesús alimenta a los cuatro mil

²⁹ Salió Jesús de allí y llegó a orillas del mar de Galilea. Luego subió a la montaña y se sentó. ³⁰ Se le acercaron grandes multitudes que llevaban cojos, ciegos, lisiados, mudos y muchos enfermos más, y los pusieron a sus pies; y él los sanó. ³¹ La gente se asombraba al ver a los mudos hablar, a los lisiados recobrar la salud, a los cojos andar y a los ciegos ver. Y alababan al Dios de Israel.

³² Jesús llamó a sus discípulos y les dijo:

—Siento compasión de esta gente porque ya llevan tres días conmigo y no tienen nada que comer. No quiero despedirlos sin comer, no sea que se desmayen por el camino.

³³ Los discípulos objetaron:

—¿Dónde podríamos conseguir en este lugar despoblado suficiente pan para dar de comer a toda esta multitud?

³⁴ —¿Cuántos panes tienen? —les preguntó Jesús.

—Siete, y unos pocos pescaditos.

³⁵ Luego mandó que la gente se sentara en el suelo. ³⁶ Tomando los siete panes y los pescados, dio gracias, los partió y se los fue dando a los discípulos. Éstos, a su vez, los distribuyeron a la gente. ³⁷ Todos comieron hasta quedar satisfechos. Después los discípulos recogieron siete cestas llenas de pedazos que sobraron. ³⁸ Los que comieron eran cuatro mil hombres, sin contar a las mujeres y a

slander. ²⁰ These are what defile a person; but eating with unwashed hands does not defile them."

The Faith of a Canaanite Woman

²¹ Leaving that place, Jesus withdrew to the region of Tyre and Sidon. ²² A Canaanite woman from that vicinity came to him, crying out, "Lord, Son of David, have mercy on me! My daughter is demon-possessed and suffering terribly."

²³ Jesus did not answer a word. So his disciples came to him and urged him, "Send her away, for she keeps crying out after us."

²⁴ He answered, "I was sent only to the lost sheep of Israel."

²⁵ The woman came and knelt before him. "Lord, help me!" she said.

²⁶ He replied, "It is not right to take the children's bread and toss it to the dogs."

²⁷ "Yes it is, Lord," she said. "Even the dogs eat the crumbs that fall from their master's table."

²⁸ Then Jesus said to her, "Woman, you have great faith! Your request is granted." And her daughter was healed at that moment.

Jesus Feeds the Four Thousand

²⁹ Jesus left there and went along the Sea of Galilee. Then he went up on a mountainside and sat down. ³⁰ Great crowds came to him, bringing the lame, the blind, the crippled, the mute and many others, and laid them at his feet; and he healed them. ³¹ The people were amazed when they saw the mute speaking, the crippled made well, the lame walking and the blind seeing. And they praised the God of Israel.

³² Jesus called his disciples to him and said, "I have compassion for these people; they have already been with me three days and have nothing to eat. I do not want to send them away hungry, or they may collapse on the way."

³³ His disciples answered, "Where could we get enough bread in this remote place to feed such a crowd?"

³⁴ "How many loaves do you have?" Jesus asked.

"Seven," they replied, "and a few small fish."

³⁵ He told the crowd to sit down on the ground. ³⁶ Then he took the seven loaves and the fish, and when he had given thanks, he broke them and gave them to the disciples, and they in turn to the people. ³⁷ They all ate and were satisfied. Afterward the disciples picked up seven basketfuls of broken pieces that were left over. ³⁸ The number of those who ate was four thousand men, besides

los niños. ³⁹ Después de despedir a la gente, subió Jesús a la barca y se fue a la región de Magadán.ᶠ

Le piden a Jesús una señal

16 Los fariseos y los saduceos se acercaron a Jesús y, para ponerlo a prueba, le pidieron que les mostrara una señal del cielo.

² Él les contestó:ᵍ «Al atardecer, ustedes dicen que hará buen tiempo porque el cielo está rojizo, ³ y por la mañana, que habrá tempestad porque el cielo está nublado y amenazante.ʰ Ustedes saben discernir el aspecto del cielo, pero no las señales de los tiempos. ⁴ Esta generación malvada y adúltera busca una señal milagrosa, pero no se le dará más señal que la de Jonás.» Entonces Jesús los dejó y se fue.

La levadura de los fariseos y de los saduceos

⁵ Cruzaron el lago, pero a los discípulos se les había olvidado llevar pan.

⁶ —Tengan cuidado —les advirtió Jesús—; eviten la levadura de los fariseos y de los saduceos.

⁷ Ellos comentaban entre sí: «Lo dice porque no trajimos pan.» ⁸ Al darse cuenta de esto, Jesús les recriminó:

—Hombres de poca fe, ¿por qué están hablando de que no tienen pan? ⁹ ¿Todavía no entienden? ¿No recuerdan los cinco panes para los cinco mil, y el número de canastas que recogieron? ¹⁰ ¿Ni los siete panes para los cuatro mil, y el número de cestas que recogieron? ¹¹ ¿Cómo es que no entienden que no hablaba yo del pan sino de tener cuidado de la levadura de fariseos y saduceos?

¹² Entonces comprendieron que no les decía que se cuidaran de la levadura del pan sino de la enseñanza de los fariseos y de los saduceos.

La confesión de Pedro

¹³ Cuando llegó a la región de Cesarea de Filipo, Jesús preguntó a sus discípulos:

—¿Quién dice la gente que es el Hijo del hombre?

Le respondieron:

¹⁴ —Unos dicen que es Juan el Bautista, otros que Elías, y otros que Jeremías o uno de los profetas.

¹⁵ —Y ustedes, ¿quién dicen que soy yo?

¹⁶ —Tú eres el *Cristo, el Hijo del Dios viviente —afirmó Simón Pedro.

¹⁷ —*Dichoso tú, Simón, hijo de Jonás —le dijo Jesús—, porque eso no te lo reveló ningún mortal,ⁱ sino mi Padre que está en el cielo. ¹⁸ Yo te digo que tú eres Pedro,ʲ y sobre esta piedra edificaré mi iglesia, y las puertas del reino de la muerteᵏ no prevalecerán contra ella. ¹⁹ Te daré las llaves del reino

women and children. ³⁹ After Jesus had sent the crowd away, he got into the boat and went to the vicinity of Magadan.

The Demand for a Sign

16 The Pharisees and Sadducees came to Jesus and tested him by asking him to show them a sign from heaven.

² He replied, "When evening comes, you say, 'It will be fair weather, for the sky is red,' ³ and in the morning, 'Today it will be stormy, for the sky is red and overcast.' You know how to interpret the appearance of the sky, but you cannot interpret the signs of the times.ᵈ ⁴ A wicked and adulterous generation looks for a sign, but none will be given it except the sign of Jonah." Jesus then left them and went away.

The Yeast of the Pharisees and Sadducees

⁵ When they went across the lake, the disciples forgot to take bread. ⁶ "Be careful," Jesus said to them. "Be on your guard against the yeast of the Pharisees and Sadducees."

⁷ They discussed this among themselves and said, "It is because we didn't bring any bread."

⁸ Aware of their discussion, Jesus asked, "You of little faith, why are you talking among yourselves about having no bread? ⁹ Do you still not understand? Don't you remember the five loaves for the five thousand, and how many basketfuls you gathered? ¹⁰ Or the seven loaves for the four thousand, and how many basketfuls you gathered? ¹¹ How is it you don't understand that I was not talking to you about bread? But be on your guard against the yeast of the Pharisees and Sadducees." ¹² Then they understood that he was not telling them to guard against the yeast used in bread, but against the teaching of the Pharisees and Sadducees.

Peter Declares That Jesus Is the Messiah

¹³ When Jesus came to the region of Caesarea Philippi, he asked his disciples, "Who do people say the Son of Man is?"

¹⁴ They replied, "Some say John the Baptist; others say Elijah; and still others, Jeremiah or one of the prophets."

¹⁵ "But what about you?" he asked. "Who do you say I am?"

¹⁶ Simon Peter answered, "You are the Messiah, the Son of the living God."

¹⁷ Jesus replied, "Blessed are you, Simon son of Jonah, for this was not revealed to you by flesh and blood, but by my Father in heaven. ¹⁸ And I tell you that you are Peter,ᵉ and on this rock I will build my church, and the gates of Hadesᶠ will not overcome it. ¹⁹ I will give you the keys of the king-

---

ᶠ 15:39 *Magadán.* Var. *Magdala.*
ᵍ 16:2 Var. no incluye el resto del v. 2 y todo el v. 3.
ʰ 16:3 *amenazante.* Lit. *rojizo.*
ⁱ 16:17 *ningún mortal.* Lit. **carne y sangre.*
ʲ 16:18 *Pedro* significa *piedra.*
ᵏ 16:18 *del reino de la muerte.* Lit. *del *Hades.*

ᵈ 2,3 Some early manuscripts do not have *When evening comes . . . of the times.*   ᵉ 18 The Greek word for *Peter* means *rock.*   ᶠ 18 That is, the realm of the dead

de los cielos; todo lo que ates en la tierra quedará atado en el cielo, y todo lo que desates en la tierra quedará desatado en el cielo.

²⁰ Luego les ordenó a sus discípulos que no dijeran a nadie que él era el Cristo.

Jesús predice su muerte

²¹ Desde entonces comenzó Jesús a advertir a sus discípulos que tenía que ir a Jerusalén y sufrir muchas cosas a manos de los *ancianos, de los jefes de los sacerdotes y de los *maestros de la ley, y que era necesario que lo mataran y que al tercer día resucitara. ²² Pedro lo llevó aparte y comenzó a reprenderlo:

—¡De ninguna manera, Señor! ¡Esto no te sucederá jamás!

²³ Jesús se volvió y le dijo a Pedro:

—¡Aléjate de mí, Satanás! Quieres hacerme *tropezar; no piensas en las cosas de Dios sino en las de los hombres.

²⁴ Luego dijo Jesús a sus discípulos:

—Si alguien quiere ser mi discípulo, tiene que negarse a sí mismo, tomar su cruz y seguirme. ²⁵ Porque el que quiera salvar su *vida, la perderá; pero el que pierda su vida por mi causa, la encontrará. ²⁶ ¿De qué sirve ganar el mundo entero si se pierde la vida? ¿O qué se puede dar a cambio de la vida? ²⁷ Porque el Hijo del hombre ha de venir en la gloria de su Padre con sus ángeles, y entonces recompensará a cada persona según lo que haya hecho. ²⁸ Les aseguro que algunos de los aquí presentes no sufrirán la muerte sin antes haber visto al Hijo del hombre llegar en su reino.

La transfiguración

17 Seis días después, Jesús tomó consigo a Pedro, a *Jacobo y a Juan, el hermano de Jacobo, y los llevó aparte, a una montaña alta. ² Allí se transfiguró en presencia de ellos; su rostro resplandeció como el sol, y su ropa se volvió blanca como la luz. ³ En esto, se les aparecieron Moisés y Elías conversando con Jesús. ⁴ Pedro le dijo a Jesús:

—Señor, ¡qué bien que estemos aquí! Si quieres, levantaré tres albergues: uno para ti, otro para Moisés y otro para Elías.

⁵ Mientras estaba aún hablando, apareció una nube luminosa que los envolvió, de la cual salió una voz que dijo: «Éste es mi Hijo amado; estoy muy complacido con él. ¡Escúchenlo!»

⁶ Al oír esto, los discípulos se postraron sobre su rostro, aterrorizados. ⁷ Pero Jesús se acercó a ellos y los tocó.

—Levántense —les dijo—. No tengan miedo.

⁸ Cuando alzaron la vista, no vieron a nadie más que a Jesús.

⁹ Mientras bajaban de la montaña, Jesús les encargó:

dom of heaven; whatever you bind on earth will be^g bound in heaven, and whatever you loose on earth will be^g loosed in heaven." ²⁰ Then he ordered his disciples not to tell anyone that he was the Messiah.

Jesus Predicts His Death

²¹ From that time on Jesus began to explain to his disciples that he must go to Jerusalem and suffer many things at the hands of the elders, the chief priests and the teachers of the law, and that he must be killed and on the third day be raised to life.

²² Peter took him aside and began to rebuke him. "Never, Lord!" he said. "This shall never happen to you!"

²³ Jesus turned and said to Peter, "Get behind me, Satan! You are a stumbling block to me; you do not have in mind the concerns of God, but merely human concerns."

²⁴ Then Jesus said to his disciples, "Whoever wants to be my disciple must deny themselves and take up their cross and follow me. ²⁵ For whoever wants to save their life^h will lose it, but whoever loses their life for me will find it. ²⁶ What good will it be for someone to gain the whole world, yet forfeit their soul? Or what can anyone give in exchange for their soul? ²⁷ For the Son of Man is going to come in his Father's glory with his angels, and then he will reward each person according to what they have done.

²⁸ "Truly I tell you, some who are standing here will not taste death before they see the Son of Man coming in his kingdom."

The Transfiguration

17 After six days Jesus took with him Peter, James and John the brother of James, and led them up a high mountain by themselves. ² There he was transfigured before them. His face shone like the sun, and his clothes became as white as the light. ³ Just then there appeared before them Moses and Elijah, talking with Jesus.

⁴ Peter said to Jesus, "Lord, it is good for us to be here. If you wish, I will put up three shelters — one for you, one for Moses and one for Elijah."

⁵ While he was still speaking, a bright cloud covered them, and a voice from the cloud said, "This is my Son, whom I love; with him I am well pleased. Listen to him!"

⁶ When the disciples heard this, they fell facedown to the ground, terrified. ⁷ But Jesus came and touched them. "Get up," he said. "Don't be afraid." ⁸ When they looked up, they saw no one except Jesus.

⁹ As they were coming down the mountain, Jesus instructed them, "Don't tell anyone what you

---

g 19 Or *will have been*　　*h 25* The Greek word means either *life* or *soul*; also in verse 26.

—No le cuenten a nadie lo que han visto hasta que el Hijo del hombre *resucite.

¹⁰ Entonces los discípulos le preguntaron a Jesús:

—¿Por qué dicen los *maestros de la ley que Elías tiene que venir primero?

¹¹ —Sin duda Elías viene, y restaurará todas las cosas —respondió Jesús—. ¹² Pero les digo que Elías ya vino, y no lo reconocieron sino que hicieron con él todo lo que quisieron. De la misma manera va a sufrir el Hijo del hombre a manos de ellos.

¹³ Entonces entendieron los discípulos que les estaba hablando de Juan el Bautista.

Jesús sana a un muchacho endemoniado

¹⁴ Cuando llegaron a la multitud, un hombre se acercó a Jesús y se arrodilló delante de él.

¹⁵ —Señor, ten compasión de mi hijo. Le dan ataques y sufre terriblemente. Muchas veces cae en el fuego o en el agua. ¹⁶ Se lo traje a tus discípulos, pero no pudieron sanarlo.

¹⁷ —¡Ah, generación incrédula y perversa! —respondió Jesús—. ¿Hasta cuándo tendré que estar con ustedes? ¿Hasta cuándo tendré que soportarlos? Tráiganme acá al muchacho.

¹⁸ Jesús reprendió al demonio, el cual salió del muchacho, y éste quedó sano desde aquel momento.

¹⁹ Después los discípulos se acercaron a Jesús y, en privado, le preguntaron:

—¿Por qué nosotros no pudimos expulsarlo?

²⁰ —Porque ustedes tienen tan poca fe —les respondió—. Les aseguro que si tienen fe tan pequeña como un grano de mostaza, podrán decirle a esta montaña: "Trasládate de aquí para allá", y se trasladará. Para ustedes nada será imposible.ˡ

²² Estando reunidos en Galilea, Jesús les dijo: «El Hijo del hombre va a ser entregado en manos de los hombres. ²³ Lo matarán, pero al tercer día resucitará.» Y los discípulos se entristecieron mucho.

El impuesto del templo

²⁴ Cuando Jesús y sus discípulos llegaron a Capernaúm, los que cobraban el impuesto del *temploᵐ se acercaron a Pedro y le preguntaron:

—¿Su maestro no paga el impuesto del templo?

²⁵ —Sí, lo paga —respondió Pedro.

Al entrar Pedro en la casa, se adelantó Jesús a preguntarle:

—¿Tú qué opinas, Simón? Los reyes de la tierra, ¿a quiénes cobran tributos e impuestos: a los suyos o a los demás?

²⁶ —A los demás —contestó Pedro.

—Entonces los suyos están exentos —le dijo Jesús—. ²⁷ Pero, para no *escandalizar a esta

have seen, until the Son of Man has been raised from the dead."

¹⁰ The disciples asked him, "Why then do the teachers of the law say that Elijah must come first?"

¹¹ Jesus replied, "To be sure, Elijah comes and will restore all things. ¹² But I tell you, Elijah has already come, and they did not recognize him, but have done to him everything they wished. In the same way the Son of Man is going to suffer at their hands." ¹³ Then the disciples understood that he was talking to them about John the Baptist.

Jesus Heals a Demon-Possessed Boy

¹⁴ When they came to the crowd, a man approached Jesus and knelt before him. ¹⁵ "Lord, have mercy on my son," he said. "He has seizures and is suffering greatly. He often falls into the fire or into the water. ¹⁶ I brought him to your disciples, but they could not heal him."

¹⁷ "You unbelieving and perverse generation," Jesus replied, "how long shall I stay with you? How long shall I put up with you? Bring the boy here to me." ¹⁸ Jesus rebuked the demon, and it came out of the boy, and he was healed at that moment.

¹⁹ Then the disciples came to Jesus in private and asked, "Why couldn't we drive it out?"

²⁰ He replied, "Because you have so little faith. Truly I tell you, if you have faith as small as a mustard seed, you can say to this mountain, 'Move from here to there,' and it will move. Nothing will be impossible for you." [21] ⁱ

Jesus Predicts His Death a Second Time

²² When they came together in Galilee, he said to them, "The Son of Man is going to be delivered into the hands of men. ²³ They will kill him, and on the third day he will be raised to life." And the disciples were filled with grief.

The Temple Tax

²⁴ After Jesus and his disciples arrived in Capernaum, the collectors of the two-drachma temple tax came to Peter and asked, "Doesn't your teacher pay the temple tax?"

²⁵ "Yes, he does," he replied.

When Peter came into the house, Jesus was the first to speak. "What do you think, Simon?" he asked. "From whom do the kings of the earth collect duty and taxes—from their own children or from others?"

²⁶ "From others," Peter answered.

"Then the children are exempt," Jesus said to him. ²⁷ "But so that we may not cause offense, go

---

ˡ **17:20** *imposible.* Var. *imposible.* ²¹ *Pero esta clase no sale sino con oración y ayuno.*
ᵐ **17:24** *el impuesto del templo.* Lit. *las dos *dracmas.*

ⁱ 21 Some manuscripts include here words similar to Mark 9:29.

gente, vete al lago y echa el anzuelo. Saca el primer pez que pique; ábrele la boca y encontrarás una moneda.[n] Tómala y dásela a ellos por mi impuesto y por el tuyo.

El más importante en el reino de los cielos

18 En ese momento los discípulos se acercaron a Jesús y le preguntaron:

—¿Quién es el más importante en el reino de los cielos?

[2] Él llamó a un niño y lo puso en medio de ellos. [3] Entonces dijo:

—Les aseguro que a menos que ustedes cambien y se vuelvan como niños, no entrarán en el reino de los cielos. [4] Por tanto, el que se humilla como este niño será el más grande en el reino de los cielos.

[5] »Y el que recibe en mi nombre a un niño como éste, me recibe a mí. [6] Pero si alguien hace *pecar a uno de estos pequeños que creen en mí, más le valdría que le colgaran al cuello una gran piedra de molino y lo hundieran en lo profundo del mar.

[7] »¡Ay del mundo por las cosas que hacen pecar a la gente! Inevitable es que sucedan, pero ¡ay del que hace pecar a los demás! [8] Si tu mano o tu pie te hace pecar, córtatelo y arrójalo. Más te vale entrar en la vida manco o cojo que ser arrojado al fuego eterno con tus dos manos y tus dos pies. [9] Y si tu ojo te hace pecar, sácatelo y arrójalo. Más te vale entrar tuerto en la vida que con dos ojos ser arrojado al fuego del infierno.[ñ]

Parábola de la oveja perdida

[10] »Miren que no menosprecien a uno de estos pequeños. Porque les digo que en el cielo los ángeles de ellos contemplan siempre el rostro de mi Padre celestial.[o]

[12] »¿Qué les parece? Si un hombre tiene cien ovejas y se le extravía una de ellas, ¿no dejará las noventa y nueve en las colinas para ir en busca de la extraviada? [13] Y si llega a encontrarla, les aseguro que se pondrá más feliz por esa sola oveja que por las noventa y nueve que no se extraviaron. [14] Así también, el Padre de ustedes que está en el cielo no quiere que se pierda ninguno de estos pequeños.

El hermano que peca contra ti

[15] »Si tu hermano peca contra ti,[p] ve a solas con él y hazle ver su falta. Si te hace caso, has ganado a tu hermano. [16] Pero si no, lleva contigo a uno o dos más, para que "todo asunto se resuelva mediante el testimonio de dos o tres testigos".[q] [17] Si se niega a hacerles caso a ellos, díselo a la iglesia; y si incluso

to the lake and throw out your line. Take the first fish you catch; open its mouth and you will find a four-drachma coin. Take it and give it to them for my tax and yours."

The Greatest in the Kingdom of Heaven

18 At that time the disciples came to Jesus and asked, "Who, then, is the greatest in the kingdom of heaven?"

[2] He called a little child to him, and placed the child among them. [3] And he said: "Truly I tell you, unless you change and become like little children, you will never enter the kingdom of heaven. [4] Therefore, whoever takes the lowly position of this child is the greatest in the kingdom of heaven. [5] And whoever welcomes one such child in my name welcomes me.

Causing to Stumble

[6] "If anyone causes one of these little ones—those who believe in me—to stumble, it would be better for them to have a large millstone hung around their neck and to be drowned in the depths of the sea. [7] Woe to the world because of the things that cause people to stumble! Such things must come, but woe to the person through whom they come! [8] If your hand or your foot causes you to stumble, cut it off and throw it away. It is better for you to enter life maimed or crippled than to have two hands or two feet and be thrown into eternal fire. [9] And if your eye causes you to stumble, gouge it out and throw it away. It is better for you to enter life with one eye than to have two eyes and be thrown into the fire of hell.

The Parable of the Wandering Sheep

[10] "See that you do not despise one of these little ones. For I tell you that their angels in heaven always see the face of my Father in heaven. [11][j]

[12] "What do you think? If a man owns a hundred sheep, and one of them wanders away, will he not leave the ninety-nine on the hills and go to look for the one that wandered off? [13] And if he finds it, truly I tell you, he is happier about that one sheep than about the ninety-nine that did not wander off. [14] In the same way your Father in heaven is not willing that any of these little ones should perish.

Dealing With Sin in the Church

[15] "If your brother or sister[k] sins,[l] go and point out their fault, just between the two of you. If they listen to you, you have won them over. [16] But if they will not listen, take one or two others along, so that 'every matter may be established by the testimony of two or three witnesses.'[m] [17] If they still refuse to listen, tell it to the church; and if they

---

[n] 17:27 *una moneda.* Lit. *un estatero* (moneda que equivale a cuatro *dracmas*).

[ñ] 18:9 *al fuego del infierno.* Lit. *a la *Gehenna del fuego.*

[o] 18:10 *celestial.* Var. *celestial.* [11] *El Hijo del hombre vino a salvar lo que se había perdido.*

[p] 18:15 *peca contra ti.* Var. *peca.*

[q] 18:16 Dt 19:15

---

[j] 11 Some manuscripts include here the words of Luke 19:10.

[k] 15 The Greek word for *brother or sister* (*adelphos*) refers here to a fellow disciple, whether man or woman; also in verses 21 and 35.   [l] 15 Some manuscripts *sins against you*

[m] 16 Deut. 19:15

a la iglesia no le hace caso, trátalo como si fuera un incrédulo o un renegado.[r]

18 »Les aseguro que todo lo que ustedes aten en la tierra quedará atado en el cielo, y todo lo que desaten en la tierra quedará desatado en el cielo.

19 »Además les digo que si dos de ustedes en la tierra se ponen de acuerdo sobre cualquier cosa que pidan, les será concedida por mi Padre que está en el cielo. 20 Porque donde dos o tres se reúnen en mi nombre, allí estoy yo en medio de ellos.

Parábola del siervo despiadado

21 Pedro se acercó a Jesús y le preguntó:

—Señor, ¿cuántas veces tengo que perdonar a mi hermano que peca contra mí? ¿Hasta siete veces?

22 —No te digo que hasta siete veces, sino hasta setenta y siete veces[s] —le contestó Jesús—.

23 »Por eso el reino de los cielos se parece a un rey que quiso ajustar cuentas con sus *siervos. 24 Al comenzar a hacerlo, se le presentó uno que le debía miles y miles de monedas de oro.[t] 25 Como él no tenía con qué pagar, el señor mandó que lo vendieran a él, a su esposa y a sus hijos, y todo lo que tenía, para así saldar la deuda. 26 El siervo se postró delante de él. "Tenga paciencia conmigo —le rogó—, y se lo pagaré todo." 27 El señor se compadeció de su siervo, le perdonó la deuda y lo dejó en libertad.

28 »Al salir, aquel siervo se encontró con uno de sus compañeros que le debía cien monedas de plata.[u] Lo agarró por el cuello y comenzó a estrangularlo. "¡Págame lo que me debes!", le exigió. 29 Su compañero se postró delante de él. "Ten paciencia conmigo —le rogó—, y te lo pagaré." 30 Pero él se negó. Más bien fue y lo hizo meter en la cárcel hasta que pagara la deuda. 31 Cuando los demás siervos vieron lo ocurrido, se entristecieron mucho y fueron a contarle a su señor todo lo que había sucedido. 32 Entonces el señor mandó llamar al siervo. "¡Siervo malvado! —le increpó—. Te perdoné toda aquella deuda porque me lo suplicaste. 33 ¿No debías tú también haberte compadecido de tu compañero, así como yo me compadecí de ti?" 34 Y enojado, su señor lo entregó a los carceleros para que lo torturaran hasta que pagara todo lo que debía.

35 »Así también mi Padre celestial los tratará a ustedes, a menos que cada uno perdone de corazón a su hermano.

refuse to listen even to the church, treat them as you would a pagan or a tax collector.

18 "Truly I tell you, whatever you bind on earth will be[n] bound in heaven, and whatever you loose on earth will be[n] loosed in heaven.

19 "Again, truly I tell you that if two of you on earth agree about anything they ask for, it will be done for them by my Father in heaven. 20 For where two or three gather in my name, there am I with them."

The Parable of the Unmerciful Servant

21 Then Peter came to Jesus and asked, "Lord, how many times shall I forgive my brother or sister who sins against me? Up to seven times?"

22 Jesus answered, "I tell you, not seven times, but seventy-seven times.[o]

23 "Therefore, the kingdom of heaven is like a king who wanted to settle accounts with his servants. 24 As he began the settlement, a man who owed him ten thousand bags of gold[p] was brought to him. 25 Since he was not able to pay, the master ordered that he and his wife and his children and all that he had be sold to repay the debt.

26 "At this the servant fell on his knees before him. 'Be patient with me,' he begged, 'and I will pay back everything.' 27 The servant's master took pity on him, canceled the debt and let him go.

28 "But when that servant went out, he found one of his fellow servants who owed him a hundred silver coins.[q] He grabbed him and began to choke him. 'Pay back what you owe me!' he demanded.

29 "His fellow servant fell to his knees and begged him, 'Be patient with me, and I will pay it back.'

30 "But he refused. Instead, he went off and had the man thrown into prison until he could pay the debt. 31 When the other servants saw what had happened, they were outraged and went and told their master everything that had happened.

32 "Then the master called the servant in. 'You wicked servant,' he said, 'I canceled all that debt of yours because you begged me to. 33 Shouldn't you have had mercy on your fellow servant just as I had on you?' 34 In anger his master handed him over to the jailers to be tortured, until he should pay back all he owed.

35 "This is how my heavenly Father will treat each of you unless you forgive your brother or sister from your heart."

---

r 18:17 un incrédulo o un renegado. Lit. un *gentil o un *recaudador de impuestos.
s 18:22 setenta y siete veces. Alt. setenta veces siete.
t 18:24 miles y miles de monedas de oro. Lit. una miríada de *talentos.
u 18:28 monedas de plata. Lit. *denarios.

n 18 Or will have been   o 22 Or seventy times seven
p 24 Greek ten thousand talents; a talent was worth about 20 years of a day laborer's wages.   q 28 Greek a hundred denarii; a denarius was the usual daily wage of a day laborer (see 20:2).

El divorcio

19 Cuando Jesús acabó de decir estas cosas, salió de Galilea y se fue a la región de Judea, al otro lado del Jordán. ² Lo siguieron grandes multitudes, y sanó allí a los enfermos.

³ Algunos fariseos se le acercaron y, para ponerlo a *prueba, le preguntaron:

—¿Está permitido que un hombre se divorcie de su esposa por cualquier motivo?

⁴ —¿No han leído —replicó Jesús— que en el principio el Creador "los hizo hombre y mujer",ᵛ ⁵ y dijo: "Por eso dejará el hombre a su padre y a su madre, y se unirá a su esposa, y los dos llegarán a ser un solo cuerpo"?ʷ ⁶ Así que ya no son dos, sino uno solo. Por tanto, lo que Dios ha unido, que no lo separe el hombre.

⁷ Le replicaron:

—¿Por qué, entonces, mandó Moisés que un hombre le diera a su esposa un certificado de divorcio y la despidiera?

⁸ —Moisés les permitió divorciarse de su esposa por lo obstinados que sonˣ —respondió Jesús—. Pero no fue así desde el principio. ⁹ Les digo que, excepto en caso de infidelidad conyugal, el que se divorcia de su esposa, y se casa con otra, comete adulterio.

¹⁰ —Si tal es la situación entre esposo y esposa —comentaron los discípulos—, es mejor no casarse.

¹¹ —No todos pueden comprender este asunto —respondió Jesús—, sino sólo aquellos a quienes se les ha concedido entenderlo. ¹² Pues algunos son *eunucos porque nacieron así; a otros los hicieron así los hombres; y otros se han hecho así por causa del reino de los cielos. El que pueda aceptar esto, que lo acepte.

Jesús y los niños

¹³ Llevaron unos niños a Jesús para que les impusiera las manos y orara por ellos, pero los discípulos reprendían a quienes los llevaban. ¹⁴ Jesús dijo: «Dejen que los niños vengan a mí, y no se lo impidan, porque el reino de los cielos es de quienes son como ellos.» ¹⁵ Después de poner las manos sobre ellos, se fue de allí.

El joven rico

¹⁶ Sucedió que un hombre se acercó a Jesús y le preguntó:

—Maestro, ¿qué de bueno tengo que hacer para obtener la vida eterna?

¹⁷ —¿Por qué me preguntas sobre lo que es bueno? —respondió Jesús—. Solamente hay uno que es bueno. Si quieres entrar en la vida, obedece los mandamientos.

¹⁸ —¿Cuáles? —preguntó el hombre.

Divorce

19 When Jesus had finished saying these things, he left Galilee and went into the region of Judea to the other side of the Jordan. ²Large crowds followed him, and he healed them there.

³Some Pharisees came to him to test him. They asked, "Is it lawful for a man to divorce his wife for any and every reason?"

⁴"Haven't you read," he replied, "that at the beginning the Creator 'made them male and female,'ʳ ⁵and said, 'For this reason a man will leave his father and mother and be united to his wife, and the two will become one flesh'ˢ? ⁶So they are no longer two, but one flesh. Therefore what God has joined together, let no one separate."

⁷"Why then," they asked, "did Moses command that a man give his wife a certificate of divorce and send her away?"

⁸Jesus replied, "Moses permitted you to divorce your wives because your hearts were hard. But it was not this way from the beginning. ⁹I tell you that anyone who divorces his wife, except for sexual immorality, and marries another woman commits adultery."

¹⁰The disciples said to him, "If this is the situation between a husband and wife, it is better not to marry."

¹¹Jesus replied, "Not everyone can accept this word, but only those to whom it has been given. ¹²For there are eunuchs who were born that way, and there are eunuchs who have been made eunuchs by others—and there are those who choose to live like eunuchs for the sake of the kingdom of heaven. The one who can accept this should accept it."

The Little Children and Jesus

¹³Then people brought little children to Jesus for him to place his hands on them and pray for them. But the disciples rebuked them. ¹⁴Jesus said, "Let the little children come to me, and do not hinder them, for the kingdom of heaven belongs to such as these." ¹⁵When he had placed his hands on them, he went on from there.

The Rich and the Kingdom of God

¹⁶Just then a man came up to Jesus and asked, "Teacher, what good thing must I do to get eternal life?"

¹⁷"Why do you ask me about what is good?" Jesus replied. "There is only One who is good. If you want to enter life, keep the commandments."

¹⁸"Which ones?" he inquired.

ᵛ **19:4** Gn 1:27
ʷ **19:5** Gn 2:24
ˣ **19:8** *por lo obstinados que son.* Lit. *por su dureza de corazón.*

ʳ 4 Gen. 1:27   ˢ 5 Gen. 2:24

Contestó Jesús:

—"No mates, no cometas adulterio, no robes, no presentes falso testimonio, [19] honra a tu padre y a tu madre",[y] y "ama a tu prójimo como a ti mismo"[z].

[20] —Todos ésos los he cumplido —dijo el joven—. ¿Qué más me falta?

[21] —Si quieres ser *perfecto, anda, vende lo que tienes y dáselo a los pobres, y tendrás tesoro en el cielo. Luego ven y sígueme.

[22] Cuando el joven oyó esto, se fue triste porque tenía muchas riquezas.

[23] —Les aseguro —comentó Jesús a sus discípulos— que es difícil para un rico entrar en el reino de los cielos. [24] De hecho, le resulta más fácil a un camello pasar por el ojo de una aguja, que a un rico entrar en el reino de Dios.

[25] Al oír esto, los discípulos quedaron desconcertados y decían:

—En ese caso, ¿quién podrá salvarse?

[26] —Para los hombres es imposible —aclaró Jesús, mirándolos fijamente—, mas para Dios todo es posible.

[27] —¡Mira, nosotros lo hemos dejado todo por seguirte! —le reclamó Pedro—. ¿Y qué ganamos con eso?

[28] —Les aseguro —respondió Jesús— que en la renovación de todas las cosas, cuando el Hijo del hombre se siente en su trono glorioso, ustedes que me han seguido se sentarán también en doce tronos para gobernar a las doce tribus de Israel. [29] Y todo el que por mi causa haya dejado casas, hermanos, hermanas, padre, madre,[a] hijos o terrenos, recibirá cien veces más y heredará la vida eterna. [30] Pero muchos de los primeros serán últimos, y muchos de los últimos serán primeros.

Parábola de los viñadores

20 »Así mismo el reino de los cielos se parece a un propietario que salió de madrugada a contratar obreros para su viñedo. [2] Acordó darles la paga de un día de trabajo[b] y los envió a su viñedo. [3] Cerca de las nueve de la mañana,[c] salió y vio a otros que estaban desocupados en la plaza. [4] Les dijo: "Vayan también ustedes a trabajar en mi viñedo, y les pagaré lo que sea justo." [5] Así que fueron. Salió de nuevo a eso del mediodía y a la media tarde, e hizo lo mismo. [6] Alrededor de las cinco de la tarde, salió y encontró a otros más que estaban sin trabajo. Les preguntó: "¿Por qué han estado aquí desocupados todo el día?" [7] "Porque nadie nos ha contratado", contestaron. Él les dijo: "Vayan también ustedes a trabajar en mi viñedo."

Jesus replied, "'You shall not murder, you shall not commit adultery, you shall not steal, you shall not give false testimony, [19] honor your father and mother,[t] and 'love your neighbor as yourself.'[u]"

[20] "All these I have kept," the young man said. "What do I still lack?"

[21] Jesus answered, "If you want to be perfect, go, sell your possessions and give to the poor, and you will have treasure in heaven. Then come, follow me."

[22] When the young man heard this, he went away sad, because he had great wealth.

[23] Then Jesus said to his disciples, "Truly I tell you, it is hard for someone who is rich to enter the kingdom of heaven. [24] Again I tell you, it is easier for a camel to go through the eye of a needle than for someone who is rich to enter the kingdom of God."

[25] When the disciples heard this, they were greatly astonished and asked, "Who then can be saved?"

[26] Jesus looked at them and said, "With man this is impossible, but with God all things are possible."

[27] Peter answered him, "We have left everything to follow you! What then will there be for us?"

[28] Jesus said to them, "Truly I tell you, at the renewal of all things, when the Son of Man sits on his glorious throne, you who have followed me will also sit on twelve thrones, judging the twelve tribes of Israel. [29] And everyone who has left houses or brothers or sisters or father or mother or wife[v] or children or fields for my sake will receive a hundred times as much and will inherit eternal life. [30] But many who are first will be last, and many who are last will be first.

The Parable of the Workers in the Vineyard

20 "For the kingdom of heaven is like a landowner who went out early in the morning to hire workers for his vineyard. [2] He agreed to pay them a denarius[w] for the day and sent them into his vineyard.

[3] "About nine in the morning he went out and saw others standing in the marketplace doing nothing. [4] He told them, 'You also go and work in my vineyard, and I will pay you whatever is right.' [5] So they went.

"He went out again about noon and about three in the afternoon and did the same thing. [6] About five in the afternoon he went out and found still others standing around. He asked them, 'Why have you been standing here all day long doing nothing?'

[7] "'Because no one has hired us,' they answered.

"He said to them, 'You also go and work in my vineyard.'

---

[y] **19:19** Éx 20:12-16; Dt 5:16-20
[z] **19:19** Lv 19:18
[a] **19:29** madre. Var. madre, esposa.
[b] **20:2** la paga de un día de trabajo. Lit. un *denario por el día; también en vv. 9,10,13.
[c] **20:3** las nueve de la mañana. Lit. la hora tercera; en v. 5 la hora sexta y novena; en vv. 6 y 9 la hora undécima.

[t] 19 Exodus 20:12-16; Deut. 5:16-20 [u] 19 Lev. 19:18
[v] 29 Some manuscripts do not have or wife. [w] 2 A denarius was the usual daily wage of a day laborer.

⁸ »Al atardecer, el dueño del viñedo le ordenó a su capataz: "Llama a los obreros y págales su jornal, comenzando por los últimos contratados hasta llegar a los primeros." ⁹ Se presentaron los obreros que habían sido contratados cerca de las cinco de la tarde, y cada uno recibió la paga de un día. ¹⁰ Por eso cuando llegaron los que fueron contratados primero, esperaban que recibirían más. Pero cada uno de ellos recibió también la paga de un día. ¹¹ Al recibirla, comenzaron a murmurar contra el propietario. ¹² "Estos que fueron los últimos en ser contratados trabajaron una sola hora —dijeron—, y usted los ha tratado como a nosotros que hemos soportado el peso del trabajo y el calor del día." ¹³ Pero él le contestó a uno de ellos: "Amigo, no estoy cometiendo ninguna injusticia contigo. ¿Acaso no aceptaste trabajar por esa paga? ¹⁴ Tómala y vete. Quiero darle al último obrero contratado lo mismo que te di a ti. ¹⁵ ¿Es que no tengo derecho a hacer lo que quiera con mi dinero? ¿O te da envidia de que yo sea generoso?"ᵈ

¹⁶ »Así que los últimos serán primeros, y los primeros, últimos.

Jesús predice de nuevo su muerte

¹⁷ Mientras subía Jesús rumbo a Jerusalén, tomó aparte a los doce discípulos y les dijo: ¹⁸ «Ahora vamos rumbo a Jerusalén, y el Hijo del hombre será entregado a los jefes de los sacerdotes y a los *maestros de la ley. Ellos lo condenarán a muerte ¹⁹ y lo entregarán a los *gentiles para que se burlen de él, lo azoten y lo crucifiquen. Pero al tercer día resucitará.»

La petición de una madre

²⁰ Entonces la madre de *Jacobo y de Juan,ᵉ junto con ellos, se acercó a Jesús y, arrodillándose, le pidió un favor.

²¹ —¿Qué quieres? —le preguntó Jesús.

—Ordena que en tu reino uno de estos dos hijos míos se siente a tu *derecha y el otro a tu izquierda.

²² —No saben lo que están pidiendo —les replicó Jesús—. ¿Pueden acaso beber el trago amargo de la copa que yo voy a beber?

—Sí, podemos.

²³ —Ciertamente beberán de mi copa —les dijo Jesús—, pero el sentarse a mi derecha o a mi izquierda no me corresponde concederlo. Eso ya lo ha decididoᶠ mi Padre.

²⁴ Cuando lo oyeron los otros diez, se indignaron contra los dos hermanos. ²⁵ Jesús los llamó y les dijo:

—Como ustedes saben, los gobernantes de las *naciones oprimen a los súbditos, y los altos

⁸ "When evening came, the owner of the vineyard said to his foreman, 'Call the workers and pay them their wages, beginning with the last ones hired and going on to the first.'

⁹ "The workers who were hired about five in the afternoon came and each received a denarius. ¹⁰ So when those came who were hired first, they expected to receive more. But each one of them also received a denarius. ¹¹ When they received it, they began to grumble against the landowner. ¹² 'These who were hired last worked only one hour,' they said, 'and you have made them equal to us who have borne the burden of the work and the heat of the day.'

¹³ "But he answered one of them, 'I am not being unfair to you, friend. Didn't you agree to work for a denarius? ¹⁴ Take your pay and go. I want to give the one who was hired last the same as I gave you. ¹⁵ Don't I have the right to do what I want with my own money? Or are you envious because I am generous?'

¹⁶ "So the last will be first, and the first will be last."

Jesus Predicts His Death a Third Time

¹⁷ Now Jesus was going up to Jerusalem. On the way, he took the Twelve aside and said to them, ¹⁸ "We are going up to Jerusalem, and the Son of Man will be delivered over to the chief priests and the teachers of the law. They will condemn him to death ¹⁹ and will hand him over to the Gentiles to be mocked and flogged and crucified. On the third day he will be raised to life!"

A Mother's Request

²⁰ Then the mother of Zebedee's sons came to Jesus with her sons and, kneeling down, asked a favor of him.

²¹ "What is it you want?" he asked.

She said, "Grant that one of these two sons of mine may sit at your right and the other at your left in your kingdom."

²² "You don't know what you are asking," Jesus said to them. "Can you drink the cup I am going to drink?"

"We can," they answered.

²³ Jesus said to them, "You will indeed drink from my cup, but to sit at my right or left is not for me to grant. These places belong to those for whom they have been prepared by my Father."

²⁴ When the ten heard about this, they were indignant with the two brothers. ²⁵ Jesus called them together and said, "You know that the rulers of the Gentiles lord it over them, and their high officials

---

ᵈ **20:15** *¿O ... generoso?* Lit. *¿O es tu ojo malo porque yo soy bueno?*

ᵉ **20:20** *de Jacobo y de Juan.* Lit. *de los hijos de Zebedeo.*

ᶠ **20:23** *concederlo. Eso ya lo ha decidido.* Lit. *concederlo, sino para quienes lo ha preparado.*

oficiales abusan de su autoridad. ²⁶ Pero entre ustedes no debe ser así. Al contrario, el que quiera hacerse grande entre ustedes deberá ser su servidor, ²⁷ y el que quiera ser el primero deberá ser *esclavo de los demás; ²⁸ así como el Hijo del hombre no vino para que le sirvan, sino para servir y para dar su *vida en rescate por muchos.

Dos ciegos reciben la vista

²⁹ Una gran multitud seguía a Jesús cuando él salía de Jericó con sus discípulos. ³⁰ Dos ciegos que estaban sentados junto al camino, al oír que pasaba Jesús, gritaron:

—¡Señor, Hijo de David, ten compasión de nosotros!

³¹ La multitud los reprendía para que se callaran, pero ellos gritaban con más fuerza:

—¡Señor, Hijo de David, ten compasión de nosotros!

³² Jesús se detuvo y los llamó.

—¿Qué quieren que haga por ustedes?

³³ —Señor, queremos recibir la vista.

³⁴ Jesús se compadeció de ellos y les tocó los ojos. Al instante recobraron la vista y lo siguieron.

La entrada triunfal

21 Cuando se acercaban a Jerusalén y llegaron a Betfagué, al monte de los Olivos, Jesús envió a dos discípulos ² con este encargo: «Vayan a la aldea que tienen enfrente, y ahí mismo encontrarán una burra atada, y un burrito con ella. Desátenlos y tráiganmelos. ³ Si alguien les dice algo, díganle que el Señor los necesita, pero que ya los devolverá.»

⁴ Esto sucedió para que se cumpliera lo dicho por el profeta:

⁵ «Digan a la hija de Sión:
    "Mira, tu rey viene hacia ti,
humilde y montado en un burro,
    en un burrito, cría de una bestia de
      carga." »ᵍ

⁶ Los discípulos fueron e hicieron como les había mandado Jesús. ⁷ Llevaron la burra y el burrito, y pusieron encima sus mantos, sobre los cuales se sentó Jesús. ⁸ Había mucha gente que tendía sus mantos sobre el camino; otros cortaban ramas de los árboles y las esparcían en el camino. ⁹ Tanto la gente que iba delante de él como la que iba detrás, gritaba:

—¡Hosannaʰ al Hijo de David!

—¡Bendito el que viene en el nombre del
    Señor!ⁱ

—¡Hosanna en las alturas!

exercise authority over them. ²⁶ Not so with you. Instead, whoever wants to become great among you must be your servant, ²⁷ and whoever wants to be first must be your slave — ²⁸ just as the Son of Man did not come to be served, but to serve, and to give his life as a ransom for many."

Two Blind Men Receive Sight

²⁹ As Jesus and his disciples were leaving Jericho, a large crowd followed him. ³⁰ Two blind men were sitting by the roadside, and when they heard that Jesus was going by, they shouted, "Lord, Son of David, have mercy on us!"

³¹ The crowd rebuked them and told them to be quiet, but they shouted all the louder, "Lord, Son of David, have mercy on us!"

³² Jesus stopped and called them. "What do you want me to do for you?" he asked.

³³ "Lord," they answered, "we want our sight."

³⁴ Jesus had compassion on them and touched their eyes. Immediately they received their sight and followed him.

Jesus Comes to Jerusalem as King

21 As they approached Jerusalem and came to Bethphage on the Mount of Olives, Jesus sent two disciples, ² saying to them, "Go to the village ahead of you, and at once you will find a donkey tied there, with her colt by her. Untie them and bring them to me. ³ If anyone says anything to you, say that the Lord needs them, and he will send them right away."

⁴ This took place to fulfill what was spoken through the prophet:

⁵ "Say to Daughter Zion,
    'See, your king comes to you,
gentle and riding on a donkey,
    and on a colt, the foal of a donkey.' "ˣ

⁶ The disciples went and did as Jesus had instructed them. ⁷ They brought the donkey and the colt and placed their cloaks on them for Jesus to sit on. ⁸ A very large crowd spread their cloaks on the road, while others cut branches from the trees and spread them on the road. ⁹ The crowds that went ahead of him and those that followed shouted,

"Hosannaʸ to the Son of David!"

"Blessed is he who comes in the name of the
    Lord!"ᶻ

"Hosannaʸ in the highest heaven!"

ᵍ **21:5** Zac 9:9
ʰ **21:9** Expresión hebrea que significa «¡Salva!», y que llegó a ser una exclamación de alabanza; también en v. 15.
ⁱ **21:9** Sal 118:26

ˣ 5 Zech. 9:9   ʸ 9 A Hebrew expression meaning "Save!" which became an exclamation of praise; also in verse 15
ᶻ 9 Psalm 118:25,26

¹⁰ Cuando Jesús entró en Jerusalén, toda la ciudad se conmovió.

—¿Quién es éste? —preguntaban.

¹¹ —Éste es el profeta Jesús, de Nazaret de Galilea —contestaba la gente.

Jesús en el templo

¹² Jesús entró en el *templo*[^j] y echó de allí a todos los que compraban y vendían. Volcó las mesas de los que cambiaban dinero y los puestos de los que vendían palomas. ¹³ «Escrito está —les dijo—: "Mi casa será llamada casa de oración";[^k] pero ustedes la están convirtiendo en "cueva de ladrones".[^l]»

¹⁴ Se le acercaron en el templo ciegos y cojos, y los sanó. ¹⁵ Pero cuando los jefes de los sacerdotes y los *maestros de la ley vieron que hacía cosas maravillosas, y que los niños gritaban en el templo: «¡Hosanna al Hijo de David!», se indignaron.

¹⁶ —¿Oyes lo que ésos están diciendo? —protestaron.

—Claro que sí —respondió Jesús—; ¿no han leído nunca:

»"En los labios de los pequeños
   y de los niños de pecho
    has puesto la perfecta alabanza"?[^m]

¹⁷ Entonces los dejó y, saliendo de la ciudad, se fue a pasar la noche en Betania.

Se seca la higuera

¹⁸ Muy de mañana, cuando volvía a la ciudad, tuvo hambre. ¹⁹ Al ver una higuera junto al camino, se acercó a ella, pero no encontró nada más que hojas.

—¡Nunca más vuelvas a dar fruto! —le dijo.

Y al instante se secó la higuera.

²⁰ Los discípulos se asombraron al ver esto.

—¿Cómo es que se secó la higuera tan pronto? —preguntaron ellos.

²¹ —Les aseguro que si tienen fe y no dudan —les respondió Jesús—, no sólo harán lo que he hecho con la higuera, sino que podrán decirle a este monte: "¡Quítate de ahí y tírate al mar!", y así se hará. ²² Si ustedes creen, recibirán todo lo que pidan en oración.

La autoridad de Jesús puesta en duda

²³ Jesús entró en el *templo y, mientras enseñaba, se le acercaron los jefes de los sacerdotes y los *ancianos del pueblo.

—¿Con qué autoridad haces esto? —lo interrogaron—. ¿Quién te dio esa autoridad?

²⁴ —Yo también voy a hacerles una pregunta. Si me la contestan, les diré con qué autoridad hago

¹⁰ When Jesus entered Jerusalem, the whole city was stirred and asked, "Who is this?"

¹¹ The crowds answered, "This is Jesus, the prophet from Nazareth in Galilee."

Jesus at the Temple

¹² Jesus entered the temple courts and drove out all who were buying and selling there. He overturned the tables of the money changers and the benches of those selling doves. ¹³ "It is written," he said to them, "'My house will be called a house of prayer,'[^a] but you are making it 'a den of robbers.'[^b]"

¹⁴ The blind and the lame came to him at the temple, and he healed them. ¹⁵ But when the chief priests and the teachers of the law saw the wonderful things he did and the children shouting in the temple courts, "Hosanna to the Son of David," they were indignant.

¹⁶ "Do you hear what these children are saying?" they asked him.

"Yes," replied Jesus, "have you never read,

"'From the lips of children and infants
   you, Lord, have called forth your
    praise'[^c]?"

¹⁷ And he left them and went out of the city to Bethany, where he spent the night.

Jesus Curses a Fig Tree

¹⁸ Early in the morning, as Jesus was on his way back to the city, he was hungry. ¹⁹ Seeing a fig tree by the road, he went up to it but found nothing on it except leaves. Then he said to it, "May you never bear fruit again!" Immediately the tree withered.

²⁰ When the disciples saw this, they were amazed. "How did the fig tree wither so quickly?" they asked.

²¹ Jesus replied, "Truly I tell you, if you have faith and do not doubt, not only can you do what was done to the fig tree, but also you can say to this mountain, 'Go, throw yourself into the sea,' and it will be done. ²² If you believe, you will receive whatever you ask for in prayer."

The Authority of Jesus Questioned

²³ Jesus entered the temple courts, and, while he was teaching, the chief priests and the elders of the people came to him. "By what authority are you doing these things?" they asked. "And who gave you this authority?"

²⁴ Jesus replied, "I will also ask you one question. If you answer me, I will tell you by what authority

[^j]: **21:12** Es decir, en el área general del templo; también en vv. 14,15,23.
[^k]: **21:13** Is 56:7
[^l]: **21:13** Jer 7:11
[^m]: **21:16** Sal 8:2

[^a]: *13* Isaiah 56:7 [^b]: *13* Jer. 7:11 [^c]: *16* Psalm 8:2 (see Septuagint)

esto. ²⁵ El bautismo de Juan, ¿de dónde procedía? ¿Del cielo o de la tierra?ⁿ

Ellos se pusieron a discutir entre sí: «Si respondemos: "Del cielo", nos dirá: "Entonces, ¿por qué no le creyeron?" ²⁶ Pero si decimos: "De la tierra"... tememos al pueblo, porque todos consideran que Juan era un profeta.» Así que le respondieron a Jesús:

²⁷ —No lo sabemos.

—Pues yo tampoco les voy a decir con qué autoridad hago esto.

Parábola de los dos hijos

²⁸ »¿Qué les parece? —continuó Jesús—. Había un hombre que tenía dos hijos. Se dirigió al primero y le pidió: "Hijo, ve a trabajar hoy en el viñedo." ²⁹ "No quiero", contestó, pero después se *arrepintió y fue. ³⁰ Luego el padre se dirigió al otro hijo y le pidió lo mismo. Éste contestó: "Sí, señor"; pero no fue. ³¹ ¿Cuál de los dos hizo lo que su padre quería?

—El primero —contestaron ellos.

Jesús les dijo:

—Les aseguro que los *recaudadores de impuestos y las prostitutas van delante de ustedes hacia el reino de Dios. ³² Porque Juan fue enviado a ustedes a señalarles el camino de la justicia, y no le creyeron, pero los recaudadores de impuestos y las prostitutas sí le creyeron. E incluso después de ver esto, ustedes no se arrepintieron para creerle.

Parábola de los labradores malvados

³³ »Escuchen otra parábola: Había un propietario que plantó un viñedo. Lo cercó, cavó un lagar y construyó una torre de vigilancia. Luego arrendó el viñedo a unos labradores y se fue de viaje. ³⁴ Cuando se acercó el tiempo de la cosecha, mandó sus *siervos a los labradores para recibir de éstos lo que le correspondía. ³⁵ Los labradores agarraron a esos siervos; golpearon a uno, mataron a otro y apedrearon a un tercero. ³⁶ Después les mandó otros siervos, en mayor número que la primera vez, y también los maltrataron.

³⁷ »Por último, les mandó a su propio hijo, pensando: "¡A mi hijo sí lo respetarán!" ³⁸ Pero cuando los labradores vieron al hijo, se dijeron unos a otros: "Éste es el heredero. Matémoslo, para quedarnos con su herencia." ³⁹ Así que le echaron mano, lo arrojaron fuera del viñedo y lo mataron.

⁴⁰ »Ahora bien, cuando vuelva el dueño, ¿qué hará con esos labradores?

⁴¹ —Hará que esos malvados tengan un fin miserable —respondieron—, y arrendará el viñedo a otros labradores que le den lo que le corresponde cuando llegue el tiempo de la cosecha.

⁴² Les dijo Jesús:

—¿No han leído nunca en las Escrituras:

I am doing these things. ²⁵ John's baptism — where did it come from? Was it from heaven, or of human origin?"

They discussed it among themselves and said, "If we say, 'From heaven,' he will ask, 'Then why didn't you believe him?' ²⁶ But if we say, 'Of human origin' — we are afraid of the people, for they all hold that John was a prophet."

²⁷ So they answered Jesus, "We don't know."

Then he said, "Neither will I tell you by what authority I am doing these things.

The Parable of the Two Sons

²⁸ "What do you think? There was a man who had two sons. He went to the first and said, 'Son, go and work today in the vineyard.'

²⁹ " 'I will not,' he answered, but later he changed his mind and went.

³⁰ "Then the father went to the other son and said the same thing. He answered, 'I will, sir,' but he did not go.

³¹ "Which of the two did what his father wanted?"

"The first," they answered.

Jesus said to them, "Truly I tell you, the tax collectors and the prostitutes are entering the kingdom of God ahead of you. ³² For John came to you to show you the way of righteousness, and you did not believe him, but the tax collectors and the prostitutes did. And even after you saw this, you did not repent and believe him.

The Parable of the Tenants

³³ "Listen to another parable: There was a landowner who planted a vineyard. He put a wall around it, dug a winepress in it and built a watchtower. Then he rented the vineyard to some farmers and moved to another place. ³⁴ When the harvest time approached, he sent his servants to the tenants to collect his fruit.

³⁵ "The tenants seized his servants; they beat one, killed another, and stoned a third. ³⁶ Then he sent other servants to them, more than the first time, and the tenants treated them the same way. ³⁷ Last of all, he sent his son to them. 'They will respect my son,' he said.

³⁸ "But when the tenants saw the son, they said to each other, 'This is the heir. Come, let's kill him and take his inheritance.' ³⁹ So they took him and threw him out of the vineyard and killed him.

⁴⁰ "Therefore, when the owner of the vineyard comes, what will he do to those tenants?"

⁴¹ "He will bring those wretches to a wretched end," they replied, "and he will rent the vineyard to other tenants, who will give him his share of the crop at harvest time."

⁴² Jesus said to them, "Have you never read in the Scriptures:

ⁿ **21:25** *la tierra.* Lit. *los hombres*; también en v. 26.

»"La piedra que desecharon los
    constructores
   ha llegado a ser la piedra angular;
esto es obra del Señor,
   y nos deja maravillados"?[ñ]

43 »Por eso les digo que el reino de Dios se les quitará a ustedes y se le entregará a un pueblo que produzca los frutos del reino. 44 El que caiga sobre esta piedra quedará despedazado, y si ella cae sobre alguien, lo hará polvo.[o] 45 Cuando los jefes de los sacerdotes y los fariseos oyeron las parábolas de Jesús, se dieron cuenta de que hablaba de ellos. 46 Buscaban la manera de arrestarlo, pero temían a la gente porque ésta lo consideraba un profeta.

Parábola del banquete de bodas

22 Jesús volvió a hablarles en parábolas, y les dijo: 2 «El reino de los cielos es como un rey que preparó un banquete de bodas para su hijo. 3 Mandó a sus *siervos que llamaran a los invitados, pero éstos se negaron a asistir al banquete. 4 Luego mandó a otros siervos y les ordenó: "Digan a los invitados que ya he preparado mi comida: Ya han matado mis bueyes y mis reses cebadas, y todo está listo. Vengan al banquete de bodas." 5 Pero ellos no hicieron caso y se fueron: uno a su campo, otro a su negocio. 6 Los demás agarraron a los siervos, los maltrataron y los mataron. 7 El rey se enfureció. Mandó su ejército a destruir a los asesinos y a incendiar su ciudad. 8 Luego dijo a sus siervos: "El banquete de bodas está preparado, pero los que invité no merecían venir. 9 Vayan al cruce de los caminos e inviten al banquete a todos los que encuentren." 10 Así que los siervos salieron a los caminos y reunieron a todos los que pudieron encontrar, buenos y malos, y se llenó de invitados el salón de bodas.

11 »Cuando el rey entró a ver a los invitados, notó que allí había un hombre que no estaba vestido con el traje de boda. 12 "Amigo, ¿cómo entraste aquí sin el traje de boda?", le dijo. El hombre se quedó callado. 13 Entonces el rey dijo a los sirvientes: "Átenlo de pies y manos, y échenlo afuera, a la oscuridad, donde habrá llanto y rechinar de dientes." 14 Porque muchos son los invitados, pero pocos los escogidos.»

El pago de impuestos al césar

15 Entonces salieron los fariseos y tramaron cómo tenderle a Jesús una trampa con sus mismas palabras. 16 Enviaron algunos de sus discípulos junto con los herodianos, los cuales le dijeron:

—Maestro, sabemos que eres un hombre íntegro y que enseñas el camino de Dios de acuerdo

" 'The stone the builders rejected
   has become the cornerstone;
the Lord has done this,
   and it is marvelous in our eyes'[d]?

43 "Therefore I tell you that the kingdom of God will be taken away from you and given to a people who will produce its fruit. 44 Anyone who falls on this stone will be broken to pieces; anyone on whom it falls will be crushed."[e] 45 When the chief priests and the Pharisees heard Jesus' parables, they knew he was talking about them. 46 They looked for a way to arrest him, but they were afraid of the crowd because the people held that he was a prophet.

The Parable of the Wedding Banquet

22 Jesus spoke to them again in parables, saying: 2 "The kingdom of heaven is like a king who prepared a wedding banquet for his son. 3 He sent his servants to those who had been invited to the banquet to tell them to come, but they refused to come.

4 "Then he sent some more servants and said, 'Tell those who have been invited that I have prepared my dinner: My oxen and fattened cattle have been butchered, and everything is ready. Come to the wedding banquet.'

5 "But they paid no attention and went off—one to his field, another to his business. 6 The rest seized his servants, mistreated them and killed them. 7 The king was enraged. He sent his army and destroyed those murderers and burned their city.

8 "Then he said to his servants, 'The wedding banquet is ready, but those I invited did not deserve to come. 9 So go to the street corners and invite to the banquet anyone you find.' 10 So the servants went out into the streets and gathered all the people they could find, the bad as well as the good, and the wedding hall was filled with guests.

11 "But when the king came in to see the guests, he noticed a man there who was not wearing wedding clothes. 12 He asked, 'How did you get in here without wedding clothes, friend?' The man was speechless.

13 "Then the king told the attendants, 'Tie him hand and foot, and throw him outside, into the darkness, where there will be weeping and gnashing of teeth.'

14 "For many are invited, but few are chosen."

Paying the Imperial Tax to Caesar

15 Then the Pharisees went out and laid plans to trap him in his words. 16 They sent their disciples to him along with the Herodians. "Teacher," they said, "we know that you are a man of integrity and that you teach the way of God in accordance with

---

ñ **21:42** Sal 118:22,23
o **21:44** Var. no incluye v. 44.

d **42** Psalm 118:22,23   e **44** Some manuscripts do not have verse 44.

con la verdad. No te dejas influir por nadie porque
no te fijas en las apariencias. 17 Danos tu opinión:
¿Está permitido pagar impuestos al *césar o no?
18 Conociendo sus malas intenciones, Jesús
replicó:
—¡*Hipócritas! ¿Por qué me tienden *trampas?
19 Muéstrenme la moneda para el impuesto.
Y se la enseñaron.[p]
20 —¿De quién son esta imagen y esta inscripción? —les preguntó.
21 —Del césar —respondieron.
—Entonces denle al césar lo que es del césar y a
Dios lo que es de Dios.
22 Al oír esto, se quedaron asombrados. Así que
lo dejaron y se fueron.

El matrimonio en la resurrección

23 Ese mismo día los saduceos, que decían que
no hay resurrección, se le acercaron y le plantearon un problema:
24 —Maestro, Moisés nos enseñó que si un
hombre muere sin tener hijos, el hermano de ese
hombre tiene que casarse con la viuda para que su
hermano tenga descendencia. 25 Pues bien, había
entre nosotros siete hermanos. El primero se casó
y murió y, como no tuvo hijos, dejó la esposa a
su hermano. 26 Lo mismo les pasó al segundo y
al tercer hermano, y así hasta llegar al séptimo.
27 Por último, murió la mujer. 28 Ahora bien, en la
resurrección, ¿de cuál de los siete será esposa esta
mujer, ya que todos estuvieron casados con ella?
29 Jesús les contestó:
—Ustedes andan equivocados porque descono-
cen las Escrituras y el poder de Dios. 30 En la resurrección, las personas no se casarán ni serán dadas
en casamiento, sino que serán como los ángeles
que están en el cielo. 31 Pero en cuanto a la resurrección de los muertos, ¿no han leído lo que Dios
les dijo a ustedes: 32 "Yo soy el Dios de Abraham,
de Isaac y de Jacob"?[q] Él no es Dios de muertos,
sino de vivos.
33 Al oír esto, la gente quedó admirada de su
enseñanza.

El mandamiento más importante

34 Los fariseos se reunieron al oír que Jesús
había hecho callar a los saduceos. 35 Uno de ellos,
*experto en la ley, le tendió una *trampa con esta
pregunta:
36 —Maestro, ¿cuál es el mandamiento más
importante de la ley?
37 —"Ama al Señor tu Dios con todo tu corazón, con todo tu ser y con toda tu mente"[r] —le
respondió Jesús—. 38 Éste es el primero y el más
importante de los mandamientos. 39 El segundo se parece a éste: "Ama a tu prójimo como a ti

[p] **22:19** *se la enseñaron.* Lit. *le trajeron un *denario.*
[q] **22:32** Éx 3:6
[r] **22:37** Dt 6:5

the truth. You aren't swayed by others, because you
pay no attention to who they are. 17 Tell us then,
what is your opinion? Is it right to pay the imperial
tax[f] to Caesar or not?"
18 But Jesus, knowing their evil intent, said, "You
hypocrites, why are you trying to trap me? 19 Show
me the coin used for paying the tax." They brought
him a denarius, 20 and he asked them, "Whose image is this? And whose inscription?"
21 "Caesar's," they replied.
Then he said to them, "So give back to Caesar
what is Caesar's, and to God what is God's."
22 When they heard this, they were amazed. So
they left him and went away.

Marriage at the Resurrection

23 That same day the Sadducees, who say there
is no resurrection, came to him with a question.
24 "Teacher," they said, "Moses told us that if a man
dies without having children, his brother must
marry the widow and raise up offspring for him.
25 Now there were seven brothers among us. The
first one married and died, and since he had no
children, he left his wife to his brother. 26 The same
thing happened to the second and third brother,
right on down to the seventh. 27 Finally, the woman died. 28 Now then, at the resurrection, whose
wife will she be of the seven, since all of them were
married to her?"
29 Jesus replied, "You are in error because you
do not know the Scriptures or the power of God.
30 At the resurrection people will neither marry
nor be given in marriage; they will be like the angels in heaven. 31 But about the resurrection of the
dead — have you not read what God said to you,
32 'I am the God of Abraham, the God of Isaac, and
the God of Jacob'[g]? He is not the God of the dead
but of the living."
33 When the crowds heard this, they were astonished at his teaching.

The Greatest Commandment

34 Hearing that Jesus had silenced the Sadducees, the Pharisees got together. 35 One of them,
an expert in the law, tested him with this question:
36 "Teacher, which is the greatest commandment in
the Law?"
37 Jesus replied: " 'Love the Lord your God with
all your heart and with all your soul and with all
your mind.'[h] 38 This is the first and greatest commandment. 39 And the second is like it: 'Love

[f] *17* A special tax levied on subject peoples, not on Roman citizens [g] *32* Exodus 3:6 [h] *37* Deut. 6:5

mismo."[s] [40] De estos dos mandamientos dependen toda la ley y los profetas.

¿De quién es hijo el Cristo?

[41] Mientras estaban reunidos los fariseos, Jesús les preguntó:

[42] —¿Qué piensan ustedes acerca del *Cristo? ¿De quién es hijo?

—De David —le respondieron ellos.

[43] —Entonces, ¿cómo es que David, hablando por el Espíritu, lo llama "Señor"? Él afirma:

[44] »"Dijo el Señor a mi Señor:
'Siéntate a mi *derecha,
hasta que ponga a tus enemigos
debajo de tus pies.' "[t]

[45] Si David lo llama "Señor", ¿cómo puede entonces ser su hijo?

[46] Nadie pudo responderle ni una sola palabra, y desde ese día ninguno se atrevía a hacerle más preguntas.

Jesús denuncia a los fariseos y a los maestros de la ley

23 Después de esto, Jesús dijo a la gente y a sus discípulos: [2] «Los *maestros de la ley y los fariseos tienen la responsabilidad de interpretar a Moisés.[u] [3] Así que ustedes deben obedecerlos y hacer todo lo que les digan. Pero no hagan lo que hacen ellos, porque no practican lo que predican. [4] Atan cargas pesadas y las ponen sobre la espalda de los demás, pero ellos mismos no están dispuestos a mover ni un dedo para levantarlas.

[5] »Todo lo hacen para que la gente los vea: Usan filacterias grandes y adornan sus ropas con borlas vistosas;[v] [6] se mueren por el lugar de honor en los banquetes y los primeros asientos en las sinagogas, [7] y porque la gente los salude en las plazas y los llame "Rabí".

[8] »Pero no permitan que a ustedes se les llame "Rabí", porque tienen un solo Maestro y todos ustedes son hermanos. [9] Y no llamen "padre" a nadie en la tierra, porque ustedes tienen un solo Padre, y él está en el cielo. [10] Ni permitan que los llamen "maestro", porque tienen un solo Maestro, el *Cristo. [11] El más importante entre ustedes será siervo de los demás. [12] Porque el que a sí mismo se enaltece será humillado, y el que se humilla será enaltecido.

[13] »¡Ay de ustedes, maestros de la ley y fariseos, *hipócritas! Les cierran a los demás el reino de los

your neighbor as yourself.'[i] [40] All the Law and the Prophets hang on these two commandments."

Whose Son Is the Messiah?

[41] While the Pharisees were gathered together, Jesus asked them, [42] "What do you think about the Messiah? Whose son is he?"

"The son of David," they replied.

[43] He said to them, "How is it then that David, speaking by the Spirit, calls him 'Lord'? For he says,

[44] "'The Lord said to my Lord:
"Sit at my right hand
until I put your enemies
under your feet."'[j]

[45] If then David calls him 'Lord,' how can he be his son?" [46] No one could say a word in reply, and from that day on no one dared to ask him any more questions.

A Warning Against Hypocrisy

23 Then Jesus said to the crowds and to his disciples: [2] "The teachers of the law and the Pharisees sit in Moses' seat. [3] So you must be careful to do everything they tell you. But do not do what they do, for they do not practice what they preach. [4] They tie up heavy, cumbersome loads and put them on other people's shoulders, but they themselves are not willing to lift a finger to move them.

[5] "Everything they do is done for people to see: They make their phylacteries[k] wide and the tassels on their garments long; [6] they love the place of honor at banquets and the most important seats in the synagogues; [7] they love to be greeted with respect in the marketplaces and to be called 'Rabbi' by others.

[8] "But you are not to be called 'Rabbi,' for you have one Teacher, and you are all brothers. [9] And do not call anyone on earth 'father,' for you have one Father, and he is in heaven. [10] Nor are you to be called instructors, for you have one Instructor, the Messiah. [11] The greatest among you will be your servant. [12] For those who exalt themselves will be humbled, and those who humble themselves will be exalted.

Seven Woes on the Teachers of the Law and the Pharisees

[13] "Woe to you, teachers of the law and Pharisees, you hypocrites! You shut the door of the

---

[s] **22:39** Lv 19:18
[t] **22:44** Sal 110:1
[u] **23:2** *tienen ... Moisés.* Lit. *se sientan en la cátedra de Moisés.*
[v] **23:5** *Usan ... vistosas.* Lit. *Ensanchan sus filacterias y engrandecen las borlas.* Las filacterias eran pequeñas cajas en las que llevaban textos de las Escrituras en la frente y en los brazos; las borlas simbolizaban obediencia a los mandamientos (véanse Nm 15:38-39; Dt 6:8; 11:18).

[i] 39 Lev. 19:18   [j] 44 Psalm 110:1   [k] 5 That is, boxes containing Scripture verses, worn on forehead and arm

cielos, y ni entran ustedes ni dejan entrar a los que intentan hacerlo.[w]

¹⁵ »¡Ay de ustedes, maestros de la ley y fariseos, hipócritas! Recorren tierra y mar para ganar un solo adepto, y cuando lo han logrado lo hacen dos veces más merecedor del infierno[x] que ustedes.

¹⁶ »¡Ay de ustedes, guías ciegos!, que dicen: "Si alguien jura por el templo, no significa nada; pero si jura por el oro del templo, queda obligado por su juramento." ¹⁷ ¡Ciegos insensatos! ¿Qué es más importante: el oro, o el templo que hace sagrado al oro? ¹⁸ También dicen ustedes: "Si alguien jura por el altar, no significa nada; pero si jura por la ofrenda que está sobre él, queda obligado por su juramento." ¹⁹ ¡Ciegos! ¿Qué es más importante: la ofrenda, o el altar que hace sagrada la ofrenda? ²⁰ Por tanto, el que jura por el altar, jura no sólo por el altar sino por todo lo que está sobre él. ²¹ El que jura por el templo, jura no sólo por el templo sino por quien habita en él. ²² Y el que jura por el cielo, jura por el trono de Dios y por aquel que lo ocupa.

²³ »¡Ay de ustedes, maestros de la ley y fariseos, hipócritas! Dan la décima parte de sus especias: la menta, el anís y el comino. Pero han descuidado los asuntos más importantes de la ley, tales como la justicia, la misericordia y la *fidelidad. Debían haber practicado esto sin descuidar aquello. ²⁴ ¡Guías ciegos! Cuelan el mosquito pero se tragan el camello.

²⁵ »¡Ay de ustedes, maestros de la ley y fariseos, hipócritas! *Limpian el exterior del vaso y del plato, pero por dentro están llenos de robo y de desenfreno. ²⁶ ¡Fariseo ciego! Limpia primero por dentro el vaso y el plato, y así quedará limpio también por fuera.

²⁷ »¡Ay de ustedes, maestros de la ley y fariseos, hipócritas!, que son como sepulcros blanqueados. Por fuera lucen hermosos pero por dentro están llenos de huesos de muertos y de podredumbre. ²⁸ Así también ustedes, por fuera dan la impresión de ser justos pero por dentro están llenos de hipocresía y de maldad.

²⁹ »¡Ay de ustedes, maestros de la ley y fariseos, hipócritas! Construyen sepulcros para los profetas y adornan los monumentos de los justos. ³⁰ Y dicen: "Si hubiéramos vivido nosotros en los días de nuestros antepasados, no habríamos sido cómplices de ellos para derramar la sangre de los profetas." ³¹ Pero así quedan implicados ustedes al declararse descendientes de los que asesinaron a los profetas. ³² ¡Completen de una vez por todas lo que sus antepasados comenzaron!

kingdom of heaven in people's faces. You yourselves do not enter, nor will you let those enter who are trying to. [14]*l*

¹⁵ "Woe to you, teachers of the law and Pharisees, you hypocrites! You travel over land and sea to win a single convert, and when you have succeeded, you make them twice as much a child of hell as you are.

¹⁶ "Woe to you, blind guides! You say, 'If anyone swears by the temple, it means nothing; but anyone who swears by the gold of the temple is bound by that oath.' ¹⁷ You blind fools! Which is greater: the gold, or the temple that makes the gold sacred? ¹⁸ You also say, 'If anyone swears by the altar, it means nothing; but anyone who swears by the gift on the altar is bound by that oath.' ¹⁹ You blind men! Which is greater: the gift, or the altar that makes the gift sacred? ²⁰ Therefore, anyone who swears by the altar swears by it and by everything on it. ²¹ And anyone who swears by the temple swears by it and by the one who dwells in it. ²² And anyone who swears by heaven swears by God's throne and by the one who sits on it.

²³ "Woe to you, teachers of the law and Pharisees, you hypocrites! You give a tenth of your spices — mint, dill and cumin. But you have neglected the more important matters of the law — justice, mercy and faithfulness. You should have practiced the latter, without neglecting the former. ²⁴ You blind guides! You strain out a gnat but swallow a camel.

²⁵ "Woe to you, teachers of the law and Pharisees, you hypocrites! You clean the outside of the cup and dish, but inside they are full of greed and self-indulgence. ²⁶ Blind Pharisee! First clean the inside of the cup and dish, and then the outside also will be clean.

²⁷ "Woe to you, teachers of the law and Pharisees, you hypocrites! You are like whitewashed tombs, which look beautiful on the outside but on the inside are full of the bones of the dead and everything unclean. ²⁸ In the same way, on the outside you appear to people as righteous but on the inside you are full of hypocrisy and wickedness.

²⁹ "Woe to you, teachers of the law and Pharisees, you hypocrites! You build tombs for the prophets and decorate the graves of the righteous. ³⁰ And you say, 'If we had lived in the days of our ancestors, we would not have taken part with them in shedding the blood of the prophets.' ³¹ So you testify against yourselves that you are the descendants of those who murdered the prophets. ³² Go ahead, then, and complete what your ancestors started!

---

w **23:13** *hacerlo.* Var. *hacerlo.* ¹⁴ *¡Ay de ustedes, maestros de la ley y fariseos, hipócritas! Ustedes devoran las casas de las viudas y por las apariencias hacen largas plegarias. Por esto se les castigará con más severidad.*
x **23:15** *merecedor del infierno.* Lit. *hijo de la* *Gehenna.*

l 14 Some manuscripts include here words similar to Mark 12:40 and Luke 20:47.

[33] »¡Serpientes! ¡Camada de víboras! ¿Cómo escaparán ustedes de la condenación del infierno?[y] [34] Por eso yo les voy a enviar profetas, sabios y maestros. A algunos de ellos ustedes los matarán y crucificarán; a otros los azotarán en sus sinagogas y los perseguirán de pueblo en pueblo. [35] Así recaerá sobre ustedes la culpa de toda la sangre justa que ha sido derramada sobre la tierra, desde la sangre del justo Abel hasta la de Zacarías, hijo de Berequías, a quien ustedes asesinaron entre el *santuario y el altar de los sacrificios. [36] Les aseguro que todo esto vendrá sobre esta generación.

[37] »¡Jerusalén, Jerusalén, que matas a los profetas y apedreas a los que se te envían! ¡Cuántas veces quise reunir a tus hijos, como reúne la gallina a sus pollitos debajo de sus alas, pero no quisiste! [38] Pues bien, la casa de ustedes va a quedar abandonada. [39] Y les advierto que ya no volverán a verme hasta que digan: "¡Bendito el que viene en el nombre del Señor!"[z]»

Señales del fin del mundo

24 Jesús salió del *templo y, mientras caminaba, se le acercaron sus discípulos y le mostraron los edificios del templo. [2] Pero él les dijo:

—¿Ven todo esto? Les aseguro que no quedará piedra sobre piedra, pues todo será derribado.

[3] Más tarde estaba Jesús sentado en el monte de los Olivos, cuando llegaron los discípulos y le preguntaron en privado:

—¿Cuándo sucederá eso, y cuál será la señal de tu venida y del fin del mundo?

[4] —Tengan cuidado de que nadie los engañe —les advirtió Jesús—. [5] Vendrán muchos que, usando mi nombre, dirán: "Yo soy el *Cristo", y engañarán a muchos. [6] Ustedes oirán de guerras y de rumores de guerras, pero procuren no alarmarse. Es necesario que eso suceda, pero no será todavía el fin. [7] Se levantará nación contra nación, y reino contra reino. Habrá hambres y terremotos por todas partes. [8] Todo esto será apenas el comienzo de los dolores.

[9] »Entonces los entregarán a ustedes para que los persigan y los maten, y los odiarán todas las *naciones por causa de mi nombre. [10] En aquel tiempo muchos se apartarán de la fe; unos a otros se traicionarán y se odiarán; [11] y surgirá un gran número de falsos profetas que engañarán a muchos. [12] Habrá tanta maldad que el amor de muchos se enfriará, [13] pero el que se mantenga firme hasta el fin será salvo. [14] Y este *evangelio del reino se predicará en todo el mundo como testimonio a todas las naciones, y entonces vendrá el fin.

[15] »Así que cuando vean en el lugar santo "el horrible sacrilegio",[a] de que habló el profeta Daniel

[33] "You snakes! You brood of vipers! How will you escape being condemned to hell? [34] Therefore I am sending you prophets and sages and teachers. Some of them you will kill and crucify; others you will flog in your synagogues and pursue from town to town. [35] And so upon you will come all the righteous blood that has been shed on earth, from the blood of righteous Abel to the blood of Zechariah son of Berekiah, whom you murdered between the temple and the altar. [36] Truly I tell you, all this will come on this generation.

[37] "Jerusalem, Jerusalem, you who kill the prophets and stone those sent to you, how often I have longed to gather your children together, as a hen gathers her chicks under her wings, and you were not willing. [38] Look, your house is left to you desolate. [39] For I tell you, you will not see me again until you say, 'Blessed is he who comes in the name of the Lord.'[m]"

The Destruction of the Temple and Signs of the End Times

24 Jesus left the temple and was walking away when his disciples came up to him to call his attention to its buildings. [2] "Do you see all these things?" he asked. "Truly I tell you, not one stone here will be left on another; every one will be thrown down."

[3] As Jesus was sitting on the Mount of Olives, the disciples came to him privately. "Tell us," they said, "when will this happen, and what will be the sign of your coming and of the end of the age?"

[4] Jesus answered: "Watch out that no one deceives you. [5] For many will come in my name, claiming, 'I am the Messiah,' and will deceive many. [6] You will hear of wars and rumors of wars, but see to it that you are not alarmed. Such things must happen, but the end is still to come. [7] Nation will rise against nation, and kingdom against kingdom. There will be famines and earthquakes in various places. [8] All these are the beginning of birth pains.

[9] "Then you will be handed over to be persecuted and put to death, and you will be hated by all nations because of me. [10] At that time many will turn away from the faith and will betray and hate each other, [11] and many false prophets will appear and deceive many people. [12] Because of the increase of wickedness, the love of most will grow cold, [13] but the one who stands firm to the end will be saved. [14] And this gospel of the kingdom will be preached in the whole world as a testimony to all nations, and then the end will come.

[15] "So when you see standing in the holy place 'the abomination that causes desolation,'[n] spoken of through the prophet Daniel—let the reader

---

[y] **23:33** del infierno. Lit. de la *Gehenna.
[z] **23:39** Sal 118:26
[a] **24:15** el horrible sacrilegio. Lit. la abominación de la desolación; Dn 9:27; 11:31; 12:11.

[m] 39 Psalm 118:26   [n] 15 Daniel 9:27; 11:31; 12:11

(el que lee, que lo entienda), [16] los que estén en Judea huyan a las montañas. [17] El que esté en la azotea no baje a llevarse nada de su casa. [18] Y el que esté en el campo no regrese para buscar su capa. [19] ¡Qué terrible será en aquellos días para las que estén embarazadas o amamantando! [20] Oren para que su huida no suceda en invierno ni en *sábado. [21] Porque habrá una gran tribulación, como no la ha habido desde el principio del mundo hasta ahora, ni la habrá jamás. [22] Si no se acortaran esos días, nadie sobreviviría, pero por causa de los elegidos se acortarán. [23] Entonces, si alguien les dice a ustedes: "¡Miren, aquí está el Cristo!" o "¡Allí está!", no lo crean. [24] Porque surgirán falsos Cristos y falsos profetas que harán grandes señales y milagros para engañar, de ser posible, aun a los elegidos. [25] Fíjense que se lo he dicho a ustedes de antemano.

[26] »Por eso, si les dicen: "¡Miren que está en el desierto!", no salgan; o: "¡Miren que está en la casa!", no lo crean. [27] Porque así como el relámpago que sale del oriente se ve hasta en el occidente, así será la venida del Hijo del hombre. [28] Donde esté el cadáver, allí se reunirán los buitres.

[29] »Inmediatamente después de la tribulación de aquellos días,

> »"se oscurecerá el sol
>   y no brillará más la luna;
> las estrellas caerán del cielo
>   y los cuerpos celestes serán sacudidos".[b]

[30] »La señal del Hijo del hombre aparecerá en el cielo, y se angustiarán todas las razas de la tierra. Verán al Hijo del hombre venir sobre las nubes del cielo con poder y gran gloria. [31] Y al sonido de la gran trompeta mandará a sus ángeles, y reunirán de los cuatro vientos a los elegidos, de un extremo al otro del cielo.

[32] »Aprendan de la higuera esta lección: Tan pronto como se ponen tiernas sus ramas y brotan sus hojas, ustedes saben que el verano está cerca. [33] Igualmente, cuando vean todas estas cosas, sepan que el tiempo está cerca, a las puertas. [34] Les aseguro que no pasará esta generación hasta que todas estas cosas sucedan. [35] El cielo y la tierra pasarán, pero mis palabras jamás pasarán.

Se desconocen el día y la hora

[36] »Pero en cuanto al día y la hora, nadie lo sabe, ni siquiera los ángeles en el cielo, ni el Hijo,[c] sino sólo el Padre. [37] La venida del Hijo del hombre será como en tiempos de Noé. [38] Porque en los días antes del diluvio comían, bebían y se casaban y daban en casamiento, hasta el día en que Noé entró en el arca; [39] y no supieron nada de lo que

understand— [16] then let those who are in Judea flee to the mountains. [17] Let no one on the housetop go down to take anything out of the house. [18] Let no one in the field go back to get their cloak. [19] How dreadful it will be in those days for pregnant women and nursing mothers! [20] Pray that your flight will not take place in winter or on the Sabbath. [21] For then there will be great distress, unequaled from the beginning of the world until now—and never to be equaled again.

[22] "If those days had not been cut short, no one would survive, but for the sake of the elect those days will be shortened. [23] At that time if anyone says to you, 'Look, here is the Messiah!' or, 'There he is!' do not believe it. [24] For false messiahs and false prophets will appear and perform great signs and wonders to deceive, if possible, even the elect. [25] See, I have told you ahead of time.

[26] "So if anyone tells you, 'There he is, out in the wilderness,' do not go out; or, 'Here he is, in the inner rooms,' do not believe it. [27] For as lightning that comes from the east is visible even in the west, so will be the coming of the Son of Man. [28] Wherever there is a carcass, there the vultures will gather.

[29] "Immediately after the distress of those days

> "'the sun will be darkened,
>   and the moon will not give its light;
> the stars will fall from the sky,
>   and the heavenly bodies will be shaken.'[o]

[30] "Then will appear the sign of the Son of Man in heaven. And then all the peoples of the earth[p] will mourn when they see the Son of Man coming on the clouds of heaven, with power and great glory.[q] [31] And he will send his angels with a loud trumpet call, and they will gather his elect from the four winds, from one end of the heavens to the other.

[32] "Now learn this lesson from the fig tree: As soon as its twigs get tender and its leaves come out, you know that summer is near. [33] Even so, when you see all these things, you know that it[r] is near, right at the door. [34] Truly I tell you, this generation will certainly not pass away until all these things have happened. [35] Heaven and earth will pass away, but my words will never pass away.

The Day and Hour Unknown

[36] "But about that day or hour no one knows, not even the angels in heaven, nor the Son,[s] but only the Father. [37] As it was in the days of Noah, so it will be at the coming of the Son of Man. [38] For in the days before the flood, people were eating and drinking, marrying and giving in marriage, up to the day Noah entered the ark; [39] and they knew

---

[b] 24:29 Is 13:10; 34:4
[c] 24:36 Var. no incluye: ni el Hijo.

[o] 29 Isaiah 13:10; 34:4   [p] 30 Or the tribes of the land
[q] 30 See Daniel 7:13-14.   [r] 33 Or he   [s] 36 Some manuscripts do not have nor the Son.

sucedería hasta que llegó el diluvio y se los llevó a todos. Así será en la venida del Hijo del hombre. ⁴⁰ Estarán dos hombres en el campo: uno será llevado y el otro será dejado. ⁴¹ Dos mujeres estarán moliendo: una será llevada y la otra será dejada.

⁴² »Por lo tanto, manténganse despiertos, porque no saben qué día vendrá su Señor. ⁴³ Pero entiendan esto: Si un dueño de casa supiera a qué hora de la noche va a llegar el ladrón, se mantendría despierto para no dejarlo forzar la entrada. ⁴⁴ Por eso también ustedes deben estar preparados, porque el Hijo del hombre vendrá cuando menos lo esperen.

⁴⁵ »¿Quién es el *siervo fiel y prudente a quien su señor ha dejado encargado de los sirvientes para darles la comida a su debido tiempo? ⁴⁶ *Dichoso el siervo cuando su señor, al regresar, lo encuentra cumpliendo con su deber. ⁴⁷ Les aseguro que lo pondrá a cargo de todos sus bienes. ⁴⁸ Pero ¿qué tal si ese siervo malo se pone a pensar: "Mi señor se está demorando", ⁴⁹ y luego comienza a golpear a sus compañeros, y a comer y beber con los borrachos? ⁵⁰ El día en que el siervo menos lo espere y a la hora menos pensada el señor volverá. ⁵¹ Lo castigará severamente y le impondrá la condena que reciben los *hipócritas. Y habrá llanto y rechinar de dientes.

Parábola de las diez jóvenes

25 »El reino de los cielos será entonces como diez jóvenes solteras que tomaron sus lámparas y salieron a recibir al novio. ² Cinco de ellas eran insensatas y cinco prudentes. ³ Las insensatas llevaron sus lámparas, pero no se abastecieron de aceite. ⁴ En cambio, las prudentes llevaron vasijas de aceite junto con sus lámparas. ⁵ Y como el novio tardaba en llegar, a todas les dio sueño y se durmieron. ⁶ A medianoche se oyó un grito: "¡Ahí viene el novio! ¡Salgan a recibirlo!" ⁷ Entonces todas las jóvenes se despertaron y se pusieron a preparar sus lámparas. ⁸ Las insensatas dijeron a las prudentes: "Dennos un poco de su aceite porque nuestras lámparas se están apagando." ⁹ "No —respondieron éstas—, porque así no va a alcanzar ni para nosotras ni para ustedes. Es mejor que vayan a los que venden aceite, y compren para ustedes mismas." ¹⁰ Pero mientras ellas iban a comprar el aceite llegó el novio, y las jóvenes que estaban preparadas entraron con él al banquete de bodas. Y se cerró la puerta. ¹¹ Después llegaron también las otras. "¡Señor! ¡Señor! —suplicaban—. ¡Ábrenos la puerta!" ¹² "¡No, no las conozco!", respondió él.

¹³ »Por tanto —agregó Jesús—, manténganse despiertos porque no saben ni el día ni la hora.

nothing about what would happen until the flood came and took them all away. That is how it will be at the coming of the Son of Man. ⁴⁰ Two men will be in the field; one will be taken and the other left. ⁴¹ Two women will be grinding with a hand mill; one will be taken and the other left.

⁴² "Therefore keep watch, because you do not know on what day your Lord will come. ⁴³ But understand this: If the owner of the house had known at what time of night the thief was coming, he would have kept watch and would not have let his house be broken into. ⁴⁴ So you also must be ready, because the Son of Man will come at an hour when you do not expect him.

⁴⁵ "Who then is the faithful and wise servant, whom the master has put in charge of the servants in his household to give them their food at the proper time? ⁴⁶ It will be good for that servant whose master finds him doing so when he returns. ⁴⁷ Truly I tell you, he will put him in charge of all his possessions. ⁴⁸ But suppose that servant is wicked and says to himself, 'My master is staying away a long time,' ⁴⁹ and he then begins to beat his fellow servants and to eat and drink with drunkards. ⁵⁰ The master of that servant will come on a day when he does not expect him and at an hour he is not aware of. ⁵¹ He will cut him to pieces and assign him a place with the hypocrites, where there will be weeping and gnashing of teeth.

The Parable of the Ten Virgins

25 "At that time the kingdom of heaven will be like ten virgins who took their lamps and went out to meet the bridegroom. ² Five of them were foolish and five were wise. ³ The foolish ones took their lamps but did not take any oil with them. ⁴ The wise ones, however, took oil in jars along with their lamps. ⁵ The bridegroom was a long time in coming, and they all became drowsy and fell asleep.

⁶ "At midnight the cry rang out: 'Here's the bridegroom! Come out to meet him!'

⁷ "Then all the virgins woke up and trimmed their lamps. ⁸ The foolish ones said to the wise, 'Give us some of your oil; our lamps are going out.'

⁹ " 'No,' they replied, 'there may not be enough for both us and you. Instead, go to those who sell oil and buy some for yourselves.'

¹⁰ "But while they were on their way to buy the oil, the bridegroom arrived. The virgins who were ready went in with him to the wedding banquet. And the door was shut.

¹¹ "Later the others also came. 'Lord, Lord,' they said, 'open the door for us!'

¹² "But he replied, 'Truly I tell you, I don't know you.'

¹³ "Therefore keep watch, because you do not know the day or the hour.

Parábola de las monedas de oro

¹⁴ »El reino de los cielos será también como un hombre que, al emprender un viaje, llamó a sus *siervos y les encargó sus bienes. ¹⁵ A uno le dio cinco mil monedas de oro,ᵈ a otro dos mil y a otro sólo mil, a cada uno según su capacidad. Luego se fue de viaje. ¹⁶ El que había recibido las cinco mil fue en seguida y negoció con ellas y ganó otras cinco mil. ¹⁷ Así mismo, el que recibió dos mil ganó otras dos mil. ¹⁸ Pero el que había recibido mil fue, cavó un hoyo en la tierra y escondió el dinero de su señor.

¹⁹ »Después de mucho tiempo volvió el señor de aquellos siervos y arregló cuentas con ellos. ²⁰ El que había recibido las cinco mil monedas llegó con las otras cinco mil. "Señor —dijo—, usted me encargó cinco mil monedas. Mire, he ganado otras cinco mil." ²¹ Su señor le respondió: "¡Hiciste bien, siervo bueno y fiel! En lo poco has sido fiel; te pondré a cargo de mucho más. ¡Ven a compartir la felicidad de tu señor!" ²² Llegó también el que recibió dos mil monedas. "Señor —informó—, usted me encargó dos mil monedas. Mire, he ganado otras dos mil." ²³ Su señor le respondió: "¡Hiciste bien, siervo bueno y fiel! Has sido fiel en lo poco; te pondré a cargo de mucho más. ¡Ven a compartir la felicidad de tu señor!"

²⁴ »Después llegó el que había recibido sólo mil monedas. "Señor —explicó—, yo sabía que usted es un hombre duro, que cosecha donde no ha sembrado y recoge donde no ha esparcido. ²⁵ Así que tuve miedo, y fui y escondí su dinero en la tierra. Mire, aquí tiene lo que es suyo." ²⁶ Pero su señor le contestó: "¡Siervo malo y perezoso! ¿Así que sabías que cosecho donde no he sembrado y recojo donde no he esparcido? ²⁷ Pues debías haber depositado mi dinero en el banco, para que a mi regreso lo hubiera recibido con intereses.

²⁸ » "Quítenle las mil monedas y dénselas al que tiene las diez mil. ²⁹ Porque a todo el que tiene, se le dará más, y tendrá en abundancia. Al que no tiene se le quitará hasta lo que tiene. ³⁰ Y a ese siervo inútil échenlo afuera, a la oscuridad, donde habrá llanto y rechinar de dientes."

Las ovejas y las cabras

³¹ »Cuando el Hijo del hombre venga en su gloria, con todos sus ángeles, se sentará en su trono glorioso. ³² Todas las naciones se reunirán delante de él, y él separará a unos de otros, como separa el pastor las ovejas de las cabras. ³³ Pondrá las ovejas a su *derecha, y las cabras a su izquierda.

The Parable of the Bags of Gold

¹⁴ "Again, it will be like a man going on a journey, who called his servants and entrusted his wealth to them. ¹⁵ To one he gave five bags of gold, to another two bags, and to another one bag,ᵗ each according to his ability. Then he went on his journey. ¹⁶ The man who had received five bags of gold went at once and put his money to work and gained five bags more. ¹⁷ So also, the one with two bags of gold gained two more. ¹⁸ But the man who had received one bag went off, dug a hole in the ground and hid his master's money.

¹⁹ "After a long time the master of those servants returned and settled accounts with them. ²⁰ The man who had received five bags of gold brought the other five. 'Master,' he said, 'you entrusted me with five bags of gold. See, I have gained five more.'

²¹ "His master replied, 'Well done, good and faithful servant! You have been faithful with a few things; I will put you in charge of many things. Come and share your master's happiness!'

²² "The man with two bags of gold also came. 'Master,' he said, 'you entrusted me with two bags of gold; see, I have gained two more.'

²³ "His master replied, 'Well done, good and faithful servant! You have been faithful with a few things; I will put you in charge of many things. Come and share your master's happiness!'

²⁴ "Then the man who had received one bag of gold came. 'Master,' he said, 'I knew that you are a hard man, harvesting where you have not sown and gathering where you have not scattered seed. ²⁵ So I was afraid and went out and hid your gold in the ground. See, here is what belongs to you.'

²⁶ "His master replied, 'You wicked, lazy servant! So you knew that I harvest where I have not sown and gather where I have not scattered seed? ²⁷ Well then, you should have put my money on deposit with the bankers, so that when I returned I would have received it back with interest.

²⁸ "'So take the bag of gold from him and give it to the one who has ten bags. ²⁹ For whoever has will be given more, and they will have an abundance. Whoever does not have, even what they have will be taken from them. ³⁰ And throw that worthless servant outside, into the darkness, where there will be weeping and gnashing of teeth.'

The Sheep and the Goats

³¹ "When the Son of Man comes in his glory, and all the angels with him, he will sit on his glorious throne. ³² All the nations will be gathered before him, and he will separate the people one from another as a shepherd separates the sheep from the goats. ³³ He will put the sheep on his right and the goats on his left.

ᵈ 25:15 *cinco mil monedas de oro.* Lit. *cinco *talentos* (y así sucesivamente en el resto de este pasaje).

ᵗ 15 Greek *five talents . . . two talents . . . one talent*; also throughout this parable; a talent was worth about 20 years of a day laborer's wage.

³⁴ »Entonces dirá el Rey a los que estén a su derecha: "Vengan ustedes, a quienes mi Padre ha bendecido; reciban su herencia, el reino preparado para ustedes desde la creación del mundo. ³⁵ Porque tuve hambre, y ustedes me dieron de comer; tuve sed, y me dieron de beber; fui forastero, y me dieron alojamiento; ³⁶ necesité ropa, y me vistieron; estuve enfermo, y me atendieron; estuve en la cárcel, y me visitaron." ³⁷ Y le contestarán los justos: "Señor, ¿cuándo te vimos hambriento y te alimentamos, o sediento y te dimos de beber? ³⁸ ¿Cuándo te vimos como forastero y te dimos alojamiento, o necesitado de ropa y te vestimos? ³⁹ ¿Cuándo te vimos enfermo o en la cárcel y te visitamos?" ⁴⁰ El Rey les responderá: "Les aseguro que todo lo que hicieron por uno de mis hermanos, aun por el más pequeño, lo hicieron por mí."

⁴¹ »Luego dirá a los que estén a su izquierda: "Apártense de mí, malditos, al fuego eterno preparado para el diablo y sus ángeles. ⁴² Porque tuve hambre, y ustedes no me dieron nada de comer; tuve sed, y no me dieron nada de beber; ⁴³ fui forastero, y no me dieron alojamiento; necesité ropa, y no me vistieron; estuve enfermo y en la cárcel, y no me atendieron." ⁴⁴ Ellos también le contestarán: "Señor, ¿cuándo te vimos hambriento o sediento, o como forastero, o necesitado de ropa, o enfermo, o en la cárcel, y no te ayudamos?" ⁴⁵ Él les responderá: "Les aseguro que todo lo que no hicieron por el más pequeño de mis hermanos, tampoco lo hicieron por mí."

⁴⁶ »Aquéllos irán al castigo eterno, y los justos a la vida eterna.

La conspiración contra Jesús

26 Después de exponer todas estas cosas, Jesús les dijo a sus discípulos: ² «Como ya saben, faltan dos días para la Pascua, y el Hijo del hombre será entregado para que lo crucifiquen.»

³ Se reunieron entonces los jefes de los sacerdotes y los *ancianos del pueblo en el palacio de Caifás, el sumo sacerdote, ⁴ y con artimañas buscaban cómo arrestar a Jesús para matarlo. ⁵ «Pero no durante la fiesta —decían—, no sea que se amotine el pueblo.»

Una mujer unge a Jesús en Betania

⁶ Estando Jesús en Betania, en casa de Simón llamado el Leproso, ⁷ se acercó una mujer con un frasco de alabastro lleno de un perfume muy caro, y lo derramó sobre la cabeza de Jesús mientras él estaba *sentado a la mesa.

⁸ Al ver esto, los discípulos se indignaron.

—¿Para qué este desperdicio? —dijeron—. ⁹ Podía haberse vendido este perfume por mucho dinero para darlo a los pobres.

¹⁰ Consciente de ello, Jesús les dijo:

—¿Por qué molestan a esta mujer? Ella ha hecho una obra hermosa conmigo. ¹¹ A los pobres

³⁴ "Then the King will say to those on his right, 'Come, you who are blessed by my Father; take your inheritance, the kingdom prepared for you since the creation of the world. ³⁵ For I was hungry and you gave me something to eat, I was thirsty and you gave me something to drink, I was a stranger and you invited me in, ³⁶ I needed clothes and you clothed me, I was sick and you looked after me, I was in prison and you came to visit me.'

³⁷ "Then the righteous will answer him, 'Lord, when did we see you hungry and feed you, or thirsty and give you something to drink? ³⁸ When did we see you a stranger and invite you in, or needing clothes and clothe you? ³⁹ When did we see you sick or in prison and go to visit you?'

⁴⁰ "The King will reply, 'Truly I tell you, whatever you did for one of the least of these brothers and sisters of mine, you did for me.'

⁴¹ "Then he will say to those on his left, 'Depart from me, you who are cursed, into the eternal fire prepared for the devil and his angels. ⁴² For I was hungry and you gave me nothing to eat, I was thirsty and you gave me nothing to drink, ⁴³ I was a stranger and you did not invite me in, I needed clothes and you did not clothe me, I was sick and in prison and you did not look after me.'

⁴⁴ "They also will answer, 'Lord, when did we see you hungry or thirsty or a stranger or needing clothes or sick or in prison, and did not help you?'

⁴⁵ "He will reply, 'Truly I tell you, whatever you did not do for one of the least of these, you did not do for me.'

⁴⁶ "Then they will go away to eternal punishment, but the righteous to eternal life."

The Plot Against Jesus

26 When Jesus had finished saying all these things, he said to his disciples, ² "As you know, the Passover is two days away—and the Son of Man will be handed over to be crucified."

³ Then the chief priests and the elders of the people assembled in the palace of the high priest, whose name was Caiaphas, ⁴ and they schemed to arrest Jesus secretly and kill him. ⁵ "But not during the festival," they said, "or there may be a riot among the people."

Jesus Anointed at Bethany

⁶ While Jesus was in Bethany in the home of Simon the Leper, ⁷ a woman came to him with an alabaster jar of very expensive perfume, which she poured on his head as he was reclining at the table.

⁸ When the disciples saw this, they were indignant. "Why this waste?" they asked. ⁹ "This perfume could have been sold at a high price and the money given to the poor."

¹⁰ Aware of this, Jesus said to them, "Why are you bothering this woman? She has done a beautiful thing to me. ¹¹ The poor you will always

siempre los tendrán con ustedes, pero a mí no me van a tener siempre. [12] Al derramar ella este perfume sobre mi cuerpo, lo hizo a fin de prepararme para la sepultura. [13] Les aseguro que en cualquier parte del mundo donde se predique este *evangelio, se contará también, en memoria de esta mujer, lo que ella hizo.

Judas acuerda traicionar a Jesús

[14] Uno de los doce, el que se llamaba Judas Iscariote, fue a ver a los jefes de los sacerdotes.

[15] —¿Cuánto me dan, y yo les entrego a Jesús? —les propuso.

Decidieron pagarle treinta monedas de plata. [16] Y desde entonces Judas buscaba una oportunidad para entregarlo.

La Cena del Señor

[17] El primer día de la fiesta de los Panes sin levadura, se acercaron los discípulos a Jesús y le preguntaron:

—¿Dónde quieres que hagamos los preparativos para que comas la Pascua?

[18] Él les respondió que fueran a la ciudad, a la casa de cierto hombre, y le dijeran: «El Maestro dice: "Mi tiempo está cerca. Voy a celebrar la Pascua en tu casa con mis discípulos." » [19] Los discípulos hicieron entonces como Jesús les había mandado, y prepararon la Pascua.

[20] Al anochecer, Jesús estaba *sentado a la mesa con los doce. [21] Mientras comían, les dijo:

—Les aseguro que uno de ustedes me va a traicionar.

[22] Ellos se entristecieron mucho, y uno por uno comenzaron a preguntarle:

—¿Acaso seré yo, Señor?

[23] —El que mete la mano conmigo en el plato es el que me va a traicionar —respondió Jesús—. [24] A la verdad el Hijo del hombre se irá, tal como está escrito de él, pero ¡ay de aquel que lo traiciona! Más le valdría a ese hombre no haber nacido.

[25] —¿Acaso seré yo, Rabí? —le dijo Judas, el que lo iba a traicionar.

—Tú lo has dicho —le contestó Jesús.

[26] Mientras comían, Jesús tomó pan y lo bendijo. Luego lo partió y se lo dio a sus discípulos, diciéndoles:

—Tomen y coman; esto es mi cuerpo.

[27] Después tomó la copa, dio gracias, y se la ofreció diciéndoles:

—Beban de ella todos ustedes. [28] Esto es mi sangre del pacto,[e] que es derramada por muchos para el perdón de pecados. [29] Les digo que no beberé de este fruto de la vid desde ahora en adelante, hasta el día en que beba con ustedes el vino nuevo en el reino de mi Padre.

[30] Después de cantar los salmos, salieron al monte de los Olivos.

have with you,[u] but you will not always have me. [12] When she poured this perfume on my body, she did it to prepare me for burial. [13] Truly I tell you, wherever this gospel is preached throughout the world, what she has done will also be told, in memory of her."

Judas Agrees to Betray Jesus

[14] Then one of the Twelve—the one called Judas Iscariot—went to the chief priests [15] and asked, "What are you willing to give me if I deliver him over to you?" So they counted out for him thirty pieces of silver. [16] From then on Judas watched for an opportunity to hand him over.

The Last Supper

[17] On the first day of the Festival of Unleavened Bread, the disciples came to Jesus and asked, "Where do you want us to make preparations for you to eat the Passover?"

[18] He replied, "Go into the city to a certain man and tell him, 'The Teacher says: My appointed time is near. I am going to celebrate the Passover with my disciples at your house.' " [19] So the disciples did as Jesus had directed them and prepared the Passover.

[20] When evening came, Jesus was reclining at the table with the Twelve. [21] And while they were eating, he said, "Truly I tell you, one of you will betray me."

[22] They were very sad and began to say to him one after the other, "Surely you don't mean me, Lord?"

[23] Jesus replied, "The one who has dipped his hand into the bowl with me will betray me. [24] The Son of Man will go just as it is written about him. But woe to that man who betrays the Son of Man! It would be better for him if he had not been born."

[25] Then Judas, the one who would betray him, said, "Surely you don't mean me, Rabbi?"

Jesus answered, "You have said so."

[26] While they were eating, Jesus took bread, and when he had given thanks, he broke it and gave it to his disciples, saying, "Take and eat; this is my body."

[27] Then he took a cup, and when he had given thanks, he gave it to them, saying, "Drink from it, all of you. [28] This is my blood of the[v] covenant, which is poured out for many for the forgiveness of sins. [29] I tell you, I will not drink from this fruit of the vine from now on until that day when I drink it new with you in my Father's kingdom."

[30] When they had sung a hymn, they went out to the Mount of Olives.

---

[e] 26:28 *del pacto.* Var. *del nuevo pacto* (véase Lc 22:20).   [u] 11 See Deut. 15:11.   [v] 28 Some manuscripts *the new*

Jesús predice la negación de Pedro

31 —Esta misma noche —les dijo Jesús— todos ustedes me abandonarán, porque está escrito:

> »"Heriré al pastor,
> y se dispersarán las ovejas del rebaño."*f*

32 Pero después de que yo resucite, iré delante de ustedes a Galilea.

33 —Aunque todos te abandonen —declaró Pedro—, yo jamás lo haré.

34 —Te aseguro —le contestó Jesús— que esta misma noche, antes de que cante el gallo, me negarás tres veces.

35 —Aunque tenga que morir contigo —insistió Pedro—, jamás te negaré.

Y los demás discípulos dijeron lo mismo.

Jesús en Getsemaní

36 Luego fue Jesús con sus discípulos a un lugar llamado Getsemaní, y les dijo: «Siéntense aquí mientras voy más allá a orar.» **37** Se llevó a Pedro y a los dos hijos de Zebedeo, y comenzó a sentirse triste y angustiado. **38** «Es tal la angustia que me invade, que me siento morir —les dijo—. Quédense aquí y manténganse despiertos conmigo.»

39 Yendo un poco más allá, se postró sobre su rostro y oró: «Padre mío, si es posible, no me hagas beber este trago amargo.*g* Pero no sea lo que yo quiero, sino lo que quieres tú.»

40 Luego volvió adonde estaban sus discípulos y los encontró dormidos. «¿No pudieron mantenerse despiertos conmigo ni una hora? —le dijo a Pedro—. **41** Estén alerta y oren para que no caigan en *tentación. El espíritu está dispuesto, pero el cuerpo*h* es débil.»

42 Por segunda vez se retiró y oró: «Padre mío, si no es posible evitar que yo beba este trago amargo,*i* hágase tu voluntad.»

43 Cuando volvió, otra vez los encontró dormidos, porque se les cerraban los ojos de sueño. **44** Así que los dejó y se retiró a orar por tercera vez, diciendo lo mismo.

45 Volvió de nuevo a los discípulos y les dijo: «¿Siguen durmiendo y descansando? Miren, se acerca la hora, y el Hijo del hombre va a ser entregado en manos de *pecadores. **46** ¡Levántense! ¡Vámonos! ¡Ahí viene el que me traiciona!»

Arresto de Jesús

47 Todavía estaba hablando Jesús cuando llegó Judas, uno de los doce. Lo acompañaba una gran turba armada con espadas y palos, enviada por los jefes de los sacerdotes y los *ancianos del pueblo. **48** El traidor les había dado esta contraseña: «Al que le dé un beso, ése es; arréstenlo.» **49** En seguida Judas se acercó a Jesús y lo saludó.

Jesus Predicts Peter's Denial

31 Then Jesus told them, "This very night you will all fall away on account of me, for it is written:

> "'I will strike the shepherd,
> and the sheep of the flock will be
> scattered.'*w*

32 But after I have risen, I will go ahead of you into Galilee."

33 Peter replied, "Even if all fall away on account of you, I never will."

34 "Truly I tell you," Jesus answered, "this very night, before the rooster crows, you will disown me three times."

35 But Peter declared, "Even if I have to die with you, I will never disown you." And all the other disciples said the same.

Gethsemane

36 Then Jesus went with his disciples to a place called Gethsemane, and he said to them, "Sit here while I go over there and pray." **37** He took Peter and the two sons of Zebedee along with him, and he began to be sorrowful and troubled. **38** Then he said to them, "My soul is overwhelmed with sorrow to the point of death. Stay here and keep watch with me."

39 Going a little farther, he fell with his face to the ground and prayed, "My Father, if it is possible, may this cup be taken from me. Yet not as I will, but as you will."

40 Then he returned to his disciples and found them sleeping. "Couldn't you men keep watch with me for one hour?" he asked Peter. **41** "Watch and pray so that you will not fall into temptation. The spirit is willing, but the flesh is weak."

42 He went away a second time and prayed, "My Father, if it is not possible for this cup to be taken away unless I drink it, may your will be done."

43 When he came back, he again found them sleeping, because their eyes were heavy. **44** So he left them and went away once more and prayed the third time, saying the same thing.

45 Then he returned to the disciples and said to them, "Are you still sleeping and resting? Look, the hour has come, and the Son of Man is delivered into the hands of sinners. **46** Rise! Let us go! Here comes my betrayer!"

Jesus Arrested

47 While he was still speaking, Judas, one of the Twelve, arrived. With him was a large crowd armed with swords and clubs, sent from the chief priests and the elders of the people. **48** Now the betrayer had arranged a signal with them: "The one I kiss is the man; arrest him." **49** Going at once to

---

f **26:31** Zac 13:7
g **26:39** *no … amargo.* Lit. *que pase de mí esta copa.*
h **26:41** *el cuerpo.* Lit. *la *carne.*
i **26:42** *evitar … amargo.* Lit. *que esto pase de mí.*

w **31** Zech. 13:7

—¡Rabí! —le dijo, y lo besó.

[50] —Amigo —le replicó Jesús—, ¿a qué vienes?[j]

Entonces los hombres se acercaron y prendieron a Jesús. [51] En eso, uno de los que estaban con él extendió la mano, sacó la espada e hirió al siervo del sumo sacerdote, cortándole una oreja.

[52] —Guarda tu espada —le dijo Jesús—, porque los que a hierro matan, a hierro mueren.[k] [53] ¿Crees que no puedo acudir a mi Padre, y al instante pondría a mi disposición más de doce batallones[l] de ángeles? [54] Pero entonces, ¿cómo se cumplirían las Escrituras que dicen que así tiene que suceder?

[55] Y de inmediato dijo a la turba:

—¿Acaso soy un bandido,[m] para que vengan con espadas y palos a arrestarme? Todos los días me sentaba a enseñar en el *templo, y no me prendieron. [56] Pero todo esto ha sucedido para que se cumpla lo que escribieron los profetas.

Entonces todos los discípulos lo abandonaron y huyeron.

Jesús ante el Consejo

[57] Los que habían arrestado a Jesús lo llevaron ante Caifás, el sumo sacerdote, donde se habían reunido los *maestros de la ley y los *ancianos. [58] Pero Pedro lo siguió de lejos hasta el patio del sumo sacerdote. Entró y se sentó con los guardias para ver en qué terminaba aquello.

[59] Los jefes de los sacerdotes y el *Consejo en pleno buscaban alguna prueba falsa contra Jesús para poder condenarlo a muerte. [60] Pero no la encontraron, a pesar de que se presentaron muchos falsos testigos.

Por fin se presentaron dos, [61] que declararon:

—Este hombre dijo: "Puedo destruir el *templo de Dios y reconstruirlo en tres días."

[62] Poniéndose en pie, el sumo sacerdote le dijo a Jesús:

—¿No vas a responder? ¿Qué significan estas denuncias en tu contra?

[63] Pero Jesús se quedó callado. Así que el sumo sacerdote insistió:

—Te ordeno en el nombre del Dios viviente que nos digas si eres el *Cristo, el Hijo de Dios.

[64] —Tú lo has dicho —respondió Jesús—. Pero yo les digo a todos: De ahora en adelante verán ustedes al Hijo del hombre sentado a la *derecha del Todopoderoso, y viniendo en las nubes del cielo.

[65] —¡Ha *blasfemado! —exclamó el sumo sacerdote, rasgándose las vestiduras—. ¿Para qué necesitamos más testigos? ¡Miren, ustedes mismos han oído la blasfemia! [66] ¿Qué piensan de esto?

—Merece la muerte —le contestaron.

Jesus, Judas said, "Greetings, Rabbi!" and kissed him.

[50] Jesus replied, "Do what you came for, friend."[x]

Then the men stepped forward, seized Jesus and arrested him. [51] With that, one of Jesus' companions reached for his sword, drew it out and struck the servant of the high priest, cutting off his ear.

[52] "Put your sword back in its place," Jesus said to him, "for all who draw the sword will die by the sword. [53] Do you think I cannot call on my Father, and he will at once put at my disposal more than twelve legions of angels? [54] But how then would the Scriptures be fulfilled that say it must happen in this way?"

[55] In that hour Jesus said to the crowd, "Am I leading a rebellion, that you have come out with swords and clubs to capture me? Every day I sat in the temple courts teaching, and you did not arrest me. [56] But this has all taken place that the writings of the prophets might be fulfilled." Then all the disciples deserted him and fled.

Jesus Before the Sanhedrin

[57] Those who had arrested Jesus took him to Caiaphas the high priest, where the teachers of the law and the elders had assembled. [58] But Peter followed him at a distance, right up to the courtyard of the high priest. He entered and sat down with the guards to see the outcome.

[59] The chief priests and the whole Sanhedrin were looking for false evidence against Jesus so that they could put him to death. [60] But they did not find any, though many false witnesses came forward.

Finally two came forward [61] and declared, "This fellow said, 'I am able to destroy the temple of God and rebuild it in three days.'"

[62] Then the high priest stood up and said to Jesus, "Are you not going to answer? What is this testimony that these men are bringing against you?" [63] But Jesus remained silent.

The high priest said to him, "I charge you under oath by the living God: Tell us if you are the Messiah, the Son of God."

[64] "You have said so," Jesus replied. "But I say to all of you: From now on you will see the Son of Man sitting at the right hand of the Mighty One and coming on the clouds of heaven."[y]

[65] Then the high priest tore his clothes and said, "He has spoken blasphemy! Why do we need any more witnesses? Look, now you have heard the blasphemy. [66] What do you think?"

"He is worthy of death," they answered.

---

[j] **26:50** *¿a qué vienes?* Alt. *haz lo que viniste a hacer.*
[k] **26:52** *porque ... mueren.* Lit. *Porque todos los que toman espada, por espada perecerán.*
[l] **26:53** *batallones.* Lit. *legiones.*
[m] **26:55** *bandido.* Alt. *insurgente.*

[x] **50** Or *"Why have you come, friend?"*   [y] **64** See Psalm 110:1; Daniel 7:13.

[67] Entonces algunos le escupieron en el rostro y le dieron puñetazos. Otros lo abofeteaban [68] y decían:

—A ver, Cristo, ¡adivina quién te pegó!

Pedro niega a Jesús

[69] Mientras tanto, Pedro estaba sentado afuera, en el patio, y una criada se le acercó.

—Tú también estabas con Jesús de Galilea —le dijo.

[70] Pero él lo negó delante de todos, diciendo:

—No sé de qué estás hablando.

[71] Luego salió a la puerta, donde otra criada lo vio y dijo a los que estaban allí:

—Éste estaba con Jesús de Nazaret.

[72] Él lo volvió a negar, jurándoles:

—¡A ese hombre ni lo conozco!

[73] Poco después se acercaron a Pedro los que estaban allí y le dijeron:

—Seguro que eres uno de ellos; se te nota por tu acento.

[74] Y comenzó a echarse maldiciones, y les juró:

—¡A ese hombre ni lo conozco!

En ese instante cantó un gallo. [75] Entonces Pedro se acordó de lo que Jesús había dicho: «Antes de que cante el gallo, me negarás tres veces.» Y saliendo de allí, lloró amargamente.

Judas se ahorca

27 Muy de mañana, todos los jefes de los sacerdotes y los *ancianos del pueblo tomaron la decisión de condenar a muerte a Jesús. [2] Lo ataron, se lo llevaron y se lo entregaron a Pilato, el gobernador.

[3] Cuando Judas, el que lo había traicionado, vio que habían condenado a Jesús, sintió remordimiento y devolvió las treinta monedas de plata a los jefes de los sacerdotes y a los ancianos.

[4] —He pecado —les dijo— porque he entregado sangre inocente.

—¿Y eso a nosotros qué nos importa? —respondieron—. ¡Allá tú!

[5] Entonces Judas arrojó el dinero en el *santuario y salió de allí. Luego fue y se ahorcó.

[6] Los jefes de los sacerdotes recogieron las monedas y dijeron: «La ley no permite echar esto al tesoro, porque es precio de sangre.» [7] Así que resolvieron comprar con ese dinero un terreno conocido como Campo del Alfarero, para sepultar allí a los extranjeros. [8] Por eso se le ha llamado Campo de Sangre hasta el día de hoy. [9] Así se cumplió lo dicho por el profeta Jeremías: «Tomaron las treinta monedas de plata, el precio que el pueblo de Israel le había fijado, [10] y con ellas compraron el campo del alfarero, como me ordenó el Señor.»[n]

[67] Then they spit in his face and struck him with their fists. Others slapped him [68] and said, "Prophesy to us, Messiah. Who hit you?"

Peter Disowns Jesus

[69] Now Peter was sitting out in the courtyard, and a servant girl came to him. "You also were with Jesus of Galilee," she said.

[70] But he denied it before them all. "I don't know what you're talking about," he said.

[71] Then he went out to the gateway, where another servant girl saw him and said to the people there, "This fellow was with Jesus of Nazareth."

[72] He denied it again, with an oath: "I don't know the man!"

[73] After a little while, those standing there went up to Peter and said, "Surely you are one of them; your accent gives you away."

[74] Then he began to call down curses, and he swore to them, "I don't know the man!"

Immediately a rooster crowed. [75] Then Peter remembered the word Jesus had spoken: "Before the rooster crows, you will disown me three times." And he went outside and wept bitterly.

Judas Hangs Himself

27 Early in the morning, all the chief priests and the elders of the people made their plans how to have Jesus executed. [2] So they bound him, led him away and handed him over to Pilate the governor.

[3] When Judas, who had betrayed him, saw that Jesus was condemned, he was seized with remorse and returned the thirty pieces of silver to the chief priests and the elders. [4] "I have sinned," he said, "for I have betrayed innocent blood."

"What is that to us?" they replied. "That's your responsibility."

[5] So Judas threw the money into the temple and left. Then he went away and hanged himself.

[6] The chief priests picked up the coins and said, "It is against the law to put this into the treasury, since it is blood money." [7] So they decided to use the money to buy the potter's field as a burial place for foreigners. [8] That is why it has been called the Field of Blood to this day. [9] Then what was spoken by Jeremiah the prophet was fulfilled: "They took the thirty pieces of silver, the price set on him by the people of Israel, [10] and they used them to buy the potter's field, as the Lord commanded me."[z]

---

[n] **27:10** Véanse Zac 11:12,13; Jer 19:1-13; 32:6-9.

[z] 10 See Zech. 11:12,13; Jer. 19:1-13; 32:6-9.

Jesús ante Pilato

[11] Mientras tanto, Jesús compareció ante el gobernador, y éste le preguntó:

—¿Eres tú el rey de los judíos?

—Tú lo dices —respondió Jesús.

[12] Al ser acusado por los jefes de los sacerdotes y por los *ancianos, Jesús no contestó nada.

[13] —¿No oyes lo que declaran contra ti? —le dijo Pilato.

[14] Pero Jesús no respondió ni a una sola acusación, por lo que el gobernador se llenó de asombro.

[15] Ahora bien, durante la fiesta el gobernador acostumbraba soltar un preso que la gente escogiera. [16] Tenían un preso famoso llamado Barrabás. [17-18] Así que cuando se reunió la multitud, Pilato, que sabía que le habían entregado a Jesús por envidia, les preguntó:

—¿A quién quieren que les suelte: a Barrabás o a Jesús, al que llaman *Cristo?

[19] Mientras Pilato estaba sentado en el tribunal, su esposa le envió el siguiente recado: «No te metas con ese justo, pues por causa de él, hoy he sufrido mucho en un sueño.»

[20] Pero los jefes de los sacerdotes y los ancianos persuadieron a la multitud a que le pidiera a Pilato soltar a Barrabás y ejecutar a Jesús.

[21] —¿A cuál de los dos quieren que les suelte? —preguntó el gobernador.

—A Barrabás.

[22] —¿Y qué voy a hacer con Jesús, al que llaman Cristo?

—¡Crucifícalo! —respondieron todos.

[23] —¿Por qué? ¿Qué crimen ha cometido?

Pero ellos gritaban aún más fuerte:

—¡Crucifícalo!

[24] Cuando Pilato vio que no conseguía nada, sino que más bien se estaba formando un tumulto, pidió agua y se lavó las manos delante de la gente.

—Soy inocente de la sangre de este hombre —dijo—. ¡Allá ustedes!

[25] —¡Que su sangre caiga sobre nosotros y sobre nuestros hijos! —contestó todo el pueblo.

[26] Entonces les soltó a Barrabás; pero a Jesús lo mandó azotar, y lo entregó para que lo crucificaran.

Los soldados se burlan de Jesús

[27] Los soldados del gobernador llevaron a Jesús al palacio[n] y reunieron a toda la tropa alrededor de él. [28] Le quitaron la ropa y le pusieron un manto de color escarlata. [29] Luego trenzaron una corona de espinas y se la colocaron en la cabeza, y en la mano derecha le pusieron una caña. Arrodillándose delante de él, se burlaban diciendo:

—¡Salve, rey de los judíos!

Jesus Before Pilate

[11] Meanwhile Jesus stood before the governor, and the governor asked him, "Are you the king of the Jews?"

"You have said so," Jesus replied.

[12] When he was accused by the chief priests and the elders, he gave no answer. [13] Then Pilate asked him, "Don't you hear the testimony they are bringing against you?" [14] But Jesus made no reply, not even to a single charge — to the great amazement of the governor.

[15] Now it was the governor's custom at the festival to release a prisoner chosen by the crowd. [16] At that time they had a well-known prisoner whose name was Jesus[a] Barabbas. [17] So when the crowd had gathered, Pilate asked them, "Which one do you want me to release to you: Jesus Barabbas, or Jesus who is called the Messiah?" [18] For he knew it was out of self-interest that they had handed Jesus over to him.

[19] While Pilate was sitting on the judge's seat, his wife sent him this message: "Don't have anything to do with that innocent man, for I have suffered a great deal today in a dream because of him."

[20] But the chief priests and the elders persuaded the crowd to ask for Barabbas and to have Jesus executed.

[21] "Which of the two do you want me to release to you?" asked the governor.

"Barabbas," they answered.

[22] "What shall I do, then, with Jesus who is called the Messiah?" Pilate asked.

They all answered, "Crucify him!"

[23] "Why? What crime has he committed?" asked Pilate.

But they shouted all the louder, "Crucify him!"

[24] When Pilate saw that he was getting nowhere, but that instead an uproar was starting, he took water and washed his hands in front of the crowd. "I am innocent of this man's blood," he said. "It is your responsibility!"

[25] All the people answered, "His blood is on us and on our children!"

[26] Then he released Barabbas to them. But he had Jesus flogged, and handed him over to be crucified.

The Soldiers Mock Jesus

[27] Then the governor's soldiers took Jesus into the Praetorium and gathered the whole company of soldiers around him. [28] They stripped him and put a scarlet robe on him, [29] and then twisted together a crown of thorns and set it on his head. They put a staff in his right hand. Then they knelt in front of him and mocked him. "Hail, king of the

---

[n] 27:27 *palacio*. Lit. *pretorio*.

[a] 16 Many manuscripts do not have *Jesus*; also in verse 17.

30 Y le escupían, y con la caña le golpeaban la cabeza. 31 Después de burlarse de él, le quitaron el manto, le pusieron su propia ropa y se lo llevaron para crucificarlo.

La crucifixión

32 Al salir encontraron a un hombre de Cirene que se llamaba Simón, y lo obligaron a llevar la cruz. 33 Llegaron a un lugar llamado Gólgota (que significa «Lugar de la Calavera»). 34 Allí le dieron a Jesús vino mezclado con hiel; pero después de probarlo, se negó a beberlo. 35 Lo crucificaron y repartieron su ropa echando suertes.*o* 36 Y se sentaron a vigilarlo. 37 Encima de su cabeza pusieron por escrito la causa de su condena: «*Éste es Jesús, el Rey de los judíos.*» 38 Con él crucificaron a dos bandidos,*p* uno a su derecha y otro a su izquierda. 39 Los que pasaban meneaban la cabeza y *blasfemaban contra él:

40 —Tú, que destruyes el *templo y en tres días lo reconstruyes, ¡sálvate a ti mismo! ¡Si eres el Hijo de Dios, baja de la cruz!

41 De la misma manera se burlaban de él los jefes de los sacerdotes, junto con los *maestros de la ley y los *ancianos.

42 —Salvó a otros —decían—, ¡pero no puede salvarse a sí mismo! ¡Y es el Rey de Israel! Que baje ahora de la cruz, y así creeremos en él. 43 Él confía en Dios; pues que lo libre Dios ahora, si de veras lo quiere. ¿Acaso no dijo: "Yo soy el Hijo de Dios"?

44 Así también lo insultaban los bandidos que estaban crucificados con él.

Muerte de Jesús

45 Desde el mediodía y hasta la media tarde*q* toda la tierra quedó en oscuridad. 46 Como a las tres de la tarde,*r* Jesús gritó con fuerza:

—*Elí, Elí,*s *¿lama sabactani?* (que significa: "Dios mío, Dios mío, ¿por qué me has desamparado?").*t*

47 Cuando lo oyeron, algunos de los que estaban allí dijeron:

—Está llamando a Elías.

48 Al instante uno de ellos corrió en busca de una esponja. La empapó en vinagre, la puso en una caña y se la ofreció a Jesús para que bebiera.

49 Los demás decían:

—Déjalo, a ver si viene Elías a salvarlo.

50 Entonces Jesús volvió a gritar con fuerza, y entregó su espíritu.

51 En ese momento la cortina del *santuario del templo se rasgó en dos, de arriba abajo. La tierra

Jews!" they said. 30 They spit on him, and took the staff and struck him on the head again and again. 31 After they had mocked him, they took off the robe and put his own clothes on him. Then they led him away to crucify him.

The Crucifixion of Jesus

32 As they were going out, they met a man from Cyrene, named Simon, and they forced him to carry the cross. 33 They came to a place called Golgotha (which means "the place of the skull"). 34 There they offered Jesus wine to drink, mixed with gall; but after tasting it, he refused to drink it. 35 When they had crucified him, they divided up his clothes by casting lots. 36 And sitting down, they kept watch over him there. 37 Above his head they placed the written charge against him: THIS IS JESUS, THE KING OF THE JEWS.

38 Two rebels were crucified with him, one on his right and one on his left. 39 Those who passed by hurled insults at him, shaking their heads 40 and saying, "You who are going to destroy the temple and build it in three days, save yourself! Come down from the cross, if you are the Son of God!" 41 In the same way the chief priests, the teachers of the law and the elders mocked him. 42 "He saved others," they said, "but he can't save himself! He's the king of Israel! Let him come down now from the cross, and we will believe in him. 43 He trusts in God. Let God rescue him now if he wants him, for he said, 'I am the Son of God.'" 44 In the same way the rebels who were crucified with him also heaped insults on him.

The Death of Jesus

45 From noon until three in the afternoon darkness came over all the land. 46 About three in the afternoon Jesus cried out in a loud voice, *"Eli, Eli,*b *lema sabachthani?"* (which means "My God, my God, why have you forsaken me?").*c*

47 When some of those standing there heard this, they said, "He's calling Elijah."

48 Immediately one of them ran and got a sponge. He filled it with wine vinegar, put it on a staff, and offered it to Jesus to drink. 49 The rest said, "Now leave him alone. Let's see if Elijah comes to save him."

50 And when Jesus had cried out again in a loud voice, he gave up his spirit.

51 At that moment the curtain of the temple was torn in two from top to bottom. The earth shook,

---

o **27:35** *suertes.* Var. *suertes, para que se cumpliera lo dicho por medio del profeta: «Se repartieron entre ellos mi manto y sobre mi ropa echaron suertes»* (Sal 22:18; véase Jn 19:24).

p **27:38** *bandidos.* Alt. *insurgentes;* también en v. 44.

q **27:45** *Desde … tarde.* Lit. *Desde la hora sexta hasta la hora novena.*

r **27:46** *Como … tarde.* Lit. *Como a la hora novena.*

s **27:46** *Elí, Elí.* Var. *Eloi, Eloi.*

t **27:46** Sal 22:1

b 46 Some manuscripts *Eloi, Eloi*   *c* 46 Psalm 22:1

tembló y se partieron las rocas. [52] Se abrieron los sepulcros, y muchos *santos que habían muerto resucitaron. [53] Salieron de los sepulcros y, después de la resurrección de Jesús, entraron en la ciudad santa y se aparecieron a muchos.

[54] Cuando el centurión y los que con él estaban custodiando a Jesús vieron el terremoto y todo lo que había sucedido, quedaron aterrados y exclamaron:

—¡Verdaderamente éste era el Hijo[u] de Dios!

[55] Estaban allí, mirando de lejos, muchas mujeres que habían seguido a Jesús desde Galilea para servirle. [56] Entre ellas se encontraban María Magdalena, María la madre de *Jacobo y de José, y la madre de los hijos de Zebedeo.

Sepultura de Jesús

[57] Al atardecer, llegó un hombre rico de Arimatea, llamado José, que también se había convertido en discípulo de Jesús. [58] Se presentó ante Pilato para pedirle el cuerpo de Jesús, y Pilato ordenó que se lo dieran. [59] José tomó el cuerpo, lo envolvió en una sábana limpia [60] y lo puso en un sepulcro nuevo de su propiedad que había cavado en la roca. Luego hizo rodar una piedra grande a la entrada del sepulcro, y se fue. [61] Allí estaban, sentadas frente al sepulcro, María Magdalena y la otra María.

La guardia ante el sepulcro

[62] Al día siguiente, después del día de la preparación, los jefes de los sacerdotes y los fariseos se presentaron ante Pilato.

[63] —Señor —le dijeron—, nosotros recordamos que mientras ese engañador aún vivía, dijo: "A los tres días resucitaré." [64] Por eso, ordene usted que se selle el sepulcro hasta el tercer día, no sea que vengan sus discípulos, se roben el cuerpo y le digan al pueblo que ha *resucitado. Ese último engaño sería peor que el primero.

[65] —Llévense una guardia de soldados —les ordenó Pilato—, y vayan a asegurar el sepulcro lo mejor que puedan.

[66] Así que ellos fueron, cerraron el sepulcro con una piedra, y lo sellaron; y dejaron puesta la guardia.

La resurrección

28 Después del *sábado, al amanecer del primer día de la semana, María Magdalena y la otra María fueron a ver el sepulcro. [2] Sucedió que hubo un terremoto violento, porque un ángel del Señor bajó del cielo y, acercándose al sepulcro, quitó la piedra y se sentó sobre ella. [3] Su aspecto era como el de un relámpago, y su ropa era blanca como la nieve. [4] Los guardias tuvieron tanto miedo de él que se pusieron a temblar y quedaron como muertos.

the rocks split [52] and the tombs broke open. The bodies of many holy people who had died were raised to life. [53] They came out of the tombs after Jesus' resurrection and[d] went into the holy city and appeared to many people.

[54] When the centurion and those with him who were guarding Jesus saw the earthquake and all that had happened, they were terrified, and exclaimed, "Surely he was the Son of God!"

[55] Many women were there, watching from a distance. They had followed Jesus from Galilee to care for his needs. [56] Among them were Mary Magdalene, Mary the mother of James and Joseph,[e] and the mother of Zebedee's sons.

The Burial of Jesus

[57] As evening approached, there came a rich man from Arimathea, named Joseph, who had himself become a disciple of Jesus. [58] Going to Pilate, he asked for Jesus' body, and Pilate ordered that it be given to him. [59] Joseph took the body, wrapped it in a clean linen cloth, [60] and placed it in his own new tomb that he had cut out of the rock. He rolled a big stone in front of the entrance to the tomb and went away. [61] Mary Magdalene and the other Mary were sitting there opposite the tomb.

The Guard at the Tomb

[62] The next day, the one after Preparation Day, the chief priests and the Pharisees went to Pilate. [63] "Sir," they said, "we remember that while he was still alive that deceiver said, 'After three days I will rise again.' [64] So give the order for the tomb to be made secure until the third day. Otherwise, his disciples may come and steal the body and tell the people that he has been raised from the dead. This last deception will be worse than the first."

[65] "Take a guard," Pilate answered. "Go, make the tomb as secure as you know how." [66] So they went and made the tomb secure by putting a seal on the stone and posting the guard.

Jesus Has Risen

28 After the Sabbath, at dawn on the first day of the week, Mary Magdalene and the other Mary went to look at the tomb.

[2] There was a violent earthquake, for an angel of the Lord came down from heaven and, going to the tomb, rolled back the stone and sat on it. [3] His appearance was like lightning, and his clothes were white as snow. [4] The guards were so afraid of him that they shook and became like dead men.

---

[u] 27:54 *era el Hijo.* Alt. *era hijo.*

[d] 53 Or *tombs, and after Jesus' resurrection they*   [e] 56 Greek *Joses,* a variant of *Joseph*

⁵ El ángel dijo a las mujeres:

—No tengan miedo; sé que ustedes buscan a Jesús, el que fue crucificado. ⁶ No está aquí, pues ha resucitado, tal como dijo. Vengan a ver el lugar donde lo pusieron. ⁷ Luego vayan pronto a decirles a sus discípulos: "Él se ha *levantado de entre los muertos y va delante de ustedes a Galilea. Allí lo verán." Ahora ya lo saben.

⁸ Así que las mujeres se alejaron a toda prisa del sepulcro, asustadas pero muy alegres, y corrieron a dar la noticia a los discípulos. ⁹ En eso Jesús les salió al encuentro y las saludó. Ellas se le acercaron, le abrazaron los pies y lo adoraron.

¹⁰ —No tengan miedo —les dijo Jesús—. Vayan a decirles a mis hermanos que se dirijan a Galilea, y allí me verán.

El informe de los guardias

¹¹ Mientras las mujeres iban de camino, algunos de los guardias entraron en la ciudad e informaron a los jefes de los sacerdotes de todo lo que había sucedido. ¹² Después de reunirse estos jefes con los *ancianos y de trazar un plan, les dieron a los soldados una fuerte suma de dinero ¹³ y les encargaron: «Digan que los discípulos de Jesús vinieron por la noche y que, mientras ustedes dormían, se robaron el cuerpo. ¹⁴ Y si el gobernador llega a enterarse de esto, nosotros responderemos por ustedes y les evitaremos cualquier problema.»

¹⁵ Así que los soldados tomaron el dinero e hicieron como se les había instruido. Esta es la versión de los sucesos que hasta el día de hoy ha circulado entre los judíos.

La gran comisión

¹⁶ Los once discípulos fueron a Galilea, a la montaña que Jesús les había indicado. ¹⁷ Cuando lo vieron, lo adoraron; pero algunos dudaban. ¹⁸ Jesús se acercó entonces a ellos y les dijo:

—Se me ha dado toda autoridad en el cielo y en la tierra. ¹⁹ Por tanto, vayan y hagan discípulos de todas las *naciones, bautizándolos en el nombre del Padre y del Hijo y del Espíritu Santo, ²⁰ enseñándoles a obedecer todo lo que les he mandado a ustedes. Y les aseguro que estaré con ustedes siempre, hasta el fin del mundo.ᵛ

⁵ The angel said to the women, "Do not be afraid, for I know that you are looking for Jesus, who was crucified. ⁶ He is not here; he has risen, just as he said. Come and see the place where he lay. ⁷ Then go quickly and tell his disciples: 'He has risen from the dead and is going ahead of you into Galilee. There you will see him.' Now I have told you."

⁸ So the women hurried away from the tomb, afraid yet filled with joy, and ran to tell his disciples. ⁹ Suddenly Jesus met them. "Greetings," he said. They came to him, clasped his feet and worshiped him. ¹⁰ Then Jesus said to them, "Do not be afraid. Go and tell my brothers to go to Galilee; there they will see me."

The Guards' Report

¹¹ While the women were on their way, some of the guards went into the city and reported to the chief priests everything that had happened. ¹² When the chief priests had met with the elders and devised a plan, they gave the soldiers a large sum of money, ¹³ telling them, "You are to say, 'His disciples came during the night and stole him away while we were asleep.' ¹⁴ If this report gets to the governor, we will satisfy him and keep you out of trouble." ¹⁵ So the soldiers took the money and did as they were instructed. And this story has been widely circulated among the Jews to this very day.

The Great Commission

¹⁶ Then the eleven disciples went to Galilee, to the mountain where Jesus had told them to go. ¹⁷ When they saw him, they worshiped him; but some doubted. ¹⁸ Then Jesus came to them and said, "All authority in heaven and on earth has been given to me. ¹⁹ Therefore go and make disciples of all nations, baptizing them in the name of the Father and of the Son and of the Holy Spirit, ²⁰ and teaching them to obey everything I have commanded you. And surely I am with you always, to the very end of the age."

ᵛ **28:20** *el fin del mundo.* Lit. *la consumación del siglo.*

Evangelio según
Marcos

Marcos parece haber sido escrito para el público de Roma. Casi al final del libro, la declaración del centurión romano: «¡*Verdaderamente este hombre era el Hijo de Dios!*» sirve como modelo del testimonio del Jesús que este evangelio nos insta a seguir.

La primera mitad de la acción, que se desarrolla velozmente, gira en torno a una pregunta: *¿Quién dicen ustedes que soy?* Al final de la primera mitad, un episodio nos muestra a Jesús sanando a un ciego en dos etapas, de modo que puede empezar a ver lentamente. De la misma manera, los discípulos han llegado a reconocer poco a poco quién es Jesús. Luego, en un momento clave de la historia entre estas dos mitades, Pedro confiesa que Jesús es el Mesías.

Ahora el conflicto pasa al ámbito público. Jesús ha venido a presentar una forma de vida drásticamente nueva que minará las relaciones de poder que existen en el mundo. La segunda mitad de la acción se presenta en tres actos:

: Primero, Jesús y sus discípulos viajan a Jerusalén.
: Luego, Jesús enseña en el templo y choca con los líderes del sistema.
: En el último acto, ese liderazgo ejecuta su plan y hace arrestar y crucificar a Jesús, aparentemente dando por tierra con todo lo que Él hizo. Pero entonces Dios da un giro a la situación y resucita a Jesús. De manera que los lectores de Marcos reciben el llamado a ser fieles a Jesús incluso en el sufrimiento, porque así es como Dios sigue arreglando el orden existente y estableciendo la forma de vida que Jesús enseñó.

Juan el Bautista prepara el camino

1 Comienzo del *evangelio de *Jesucristo, el Hijo de Dios.[a]

[2] Sucedió como está escrito en el profeta Isaías:

«Yo estoy por enviar a mi mensajero delante
    de ti,
el cual preparará tu camino.»[b]
[3] «Voz de uno que grita en el desierto:
"Preparen el camino del Señor,
    háganle sendas derechas." »[c]

[4] Así se presentó Juan, bautizando en el desierto y predicando el bautismo de *arrepentimiento para el perdón de pecados. [5] Toda la gente de la región de Judea y de la ciudad de Jerusalén acudía a él. Cuando confesaban sus pecados, él los bautizaba en el río Jordán. [6] La ropa de Juan estaba hecha de pelo de camello. Llevaba puesto un

---

Mark

Mark appears to be written for an audience in Rome. A Roman centurion's declaration near the end of the book—*Surely this man was the Son of God!*—models the witness to Jesus this gospel calls for.

The opening half of this fast-moving drama keys on the question: *Who do you say I am?* An episode at the end of the first half shows Jesus healing a blind man in two stages, so that he slowly comes to see. In the same way the disciples have only gradually come to recognize who Jesus is. Then in a key moment in the story, between its two halves, Peter confesses that Jesus is the Messiah.

Now the conflict moves out into the open. Jesus has come to introduce a radical new way of life that will undercut existing power relationships. The second half of the drama depicts this in three acts:

: First, Jesus and his disciples travel to Jerusalem.
: Next, Jesus teaches in the temple and clashes with the established leadership.
: In the final act, that leadership executes its plan and has Jesus arrested and crucified, seemingly overturning all he has done. But then God overturns their deed and raises Jesus to life. So Mark's readers are called to be faithful to Jesus, even in suffering, because this is how God continues to overturn the existing order and establish the way of life that Jesus taught.

John the Baptist Prepares the Way

1 The beginning of the good news about Jesus the Messiah,[a] the Son of God,[b] [2] as it is written in Isaiah the prophet:

"I will send my messenger ahead of you,
    who will prepare your way"[c]—
[3] "a voice of one calling in the wilderness,
'Prepare the way for the Lord,
    make straight paths for him.'"[d]

[4] And so John the Baptist appeared in the wilderness, preaching a baptism of repentance for the forgiveness of sins. [5] The whole Judean countryside and all the people of Jerusalem went out to him. Confessing their sins, they were baptized by him in the Jordan River. [6] John wore clothing made of camel's hair, with a leather belt around his waist,

---

[a] 1:1 Var. no incluye: *el Hijo de Dios.*
[b] 1:2 Mal 3:1
[c] 1:3 Is 40:3

[a] 1 Or *Jesus Christ. Messiah* (Hebrew) and *Christ* (Greek) both mean *Anointed One.*   [b] 1 Some manuscripts do not have *the Son of God.*   [c] 2 Mal. 3:1   [d] 3 Isaiah 40:3

cinturón de cuero, y comía langostas y miel silvestre. ⁷ Predicaba de esta manera: «Después de mí viene uno más poderoso que yo; ni siquiera merezco agacharme para desatar la correa de sus sandalias. ⁸ Yo los he bautizado a ustedes con*d* agua, pero él los bautizará con el Espíritu Santo.»

Bautismo y tentación de Jesús

⁹ En esos días llegó Jesús desde Nazaret de Galilea y fue bautizado por Juan en el Jordán. ¹⁰ En seguida, al subir del agua, Jesús vio que el cielo se abría y que el Espíritu bajaba sobre él como una paloma. ¹¹ También se oyó una voz del cielo que decía: «Tú eres mi Hijo amado; estoy muy complacido contigo.»

¹² En seguida el Espíritu lo impulsó a ir al desierto, ¹³ y allí fue *tentado por Satanás durante cuarenta días. Estaba entre las fieras, y los ángeles le servían.

Llamamiento de los primeros discípulos

¹⁴ Después de que encarcelaron a Juan, Jesús se fue a Galilea a anunciar las buenas *nuevas de Dios. ¹⁵ «Se ha cumplido el tiempo —decía—. El reino de Dios está cerca. ¡*Arrepiéntanse y crean las buenas *nuevas!»

¹⁶ Pasando por la orilla del mar de Galilea, Jesús vio a Simón y a su hermano Andrés que echaban la red al lago, pues eran pescadores. ¹⁷ «Vengan, síganme —les dijo Jesús—, y los haré pescadores de hombres.» ¹⁸ Al momento dejaron las redes y lo siguieron.

¹⁹ Un poco más adelante vio a *Jacobo y a su hermano Juan, hijos de Zebedeo, que estaban en su barca remendando las redes. ²⁰ En seguida los llamó, y ellos, dejando a su padre Zebedeo en la barca con los jornaleros, se fueron con Jesús.

Jesús expulsa a un espíritu maligno

²¹ Entraron en Capernaúm, y tan pronto como llegó el *sábado, Jesús fue a la sinagoga y se puso a enseñar. ²² La gente se asombraba de su enseñanza, porque la impartía como quien tiene autoridad y no como los *maestros de la ley. ²³ De repente, en la sinagoga, un hombre que estaba poseído por un *espíritu maligno gritó:

²⁴ —¿Por qué te entrometes, Jesús de Nazaret? ¿Has venido a destruirnos? Yo sé quién eres tú: ¡el Santo de Dios!

²⁵ —¡Cállate! —lo reprendió Jesús—. ¡Sal de ese hombre!

²⁶ Entonces el espíritu maligno sacudió al hombre violentamente y salió de él dando un alarido.

²⁷ Todos se quedaron tan asustados que se preguntaban unos a otros: «¿Qué es esto? ¡Una enseñanza nueva, pues lo hace con autoridad! Les da órdenes incluso a los espíritus malignos, y le obedecen.»

and he ate locusts and wild honey. ⁷ And this was his message: "After me comes the one more powerful than I, the straps of whose sandals I am not worthy to stoop down and untie. ⁸ I baptize you with*e* water, but he will baptize you with*e* the Holy Spirit."

The Baptism and Testing of Jesus

⁹ At that time Jesus came from Nazareth in Galilee and was baptized by John in the Jordan. ¹⁰ Just as Jesus was coming up out of the water, he saw heaven being torn open and the Spirit descending on him like a dove. ¹¹ And a voice came from heaven: "You are my Son, whom I love; with you I am well pleased."

¹² At once the Spirit sent him out into the wilderness, ¹³ and he was in the wilderness forty days, being tempted*f* by Satan. He was with the wild animals, and angels attended him.

Jesus Announces the Good News

¹⁴ After John was put in prison, Jesus went into Galilee, proclaiming the good news of God. ¹⁵ "The time has come," he said. "The kingdom of God has come near. Repent and believe the good news!"

Jesus Calls His First Disciples

¹⁶ As Jesus walked beside the Sea of Galilee, he saw Simon and his brother Andrew casting a net into the lake, for they were fishermen. ¹⁷ "Come, follow me," Jesus said, "and I will send you out to fish for people." ¹⁸ At once they left their nets and followed him.

¹⁹ When he had gone a little farther, he saw James son of Zebedee and his brother John in a boat, preparing their nets. ²⁰ Without delay he called them, and they left their father Zebedee in the boat with the hired men and followed him.

Jesus Drives Out an Impure Spirit

²¹ They went to Capernaum, and when the Sabbath came, Jesus went into the synagogue and began to teach. ²² The people were amazed at his teaching, because he taught them as one who had authority, not as the teachers of the law. ²³ Just then a man in their synagogue who was possessed by an impure spirit cried out, ²⁴ "What do you want with us, Jesus of Nazareth? Have you come to destroy us? I know who you are — the Holy One of God!"

²⁵ "Be quiet!" said Jesus sternly. "Come out of him!" ²⁶ The impure spirit shook the man violently and came out of him with a shriek.

²⁷ The people were all so amazed that they asked each other, "What is this? A new teaching — and with authority! He even gives orders to impure

---

d 1:8 *con.* Alt. *en.*   *e* 8 Or *in*   *f* 13 The Greek for *tempted* can also mean *tested.*

²⁸ Como resultado, su fama se extendió rápidamente por toda la región de Galilea.

Jesús sana a muchos enfermos

²⁹ Tan pronto como salieron de la sinagoga, Jesús fue con *Jacobo y Juan a casa de Simón y Andrés. ³⁰ La suegra de Simón estaba en cama con fiebre, y en seguida se lo dijeron a Jesús. ³¹ Él se le acercó, la tomó de la mano y la ayudó a levantarse. Entonces se le quitó la fiebre y se puso a servirles. ³² Al atardecer, cuando ya se ponía el sol, la gente le llevó a Jesús todos los enfermos y endemoniados, ³³ de manera que la población entera se estaba congregando a la puerta. ³⁴ Jesús sanó a muchos que padecían de diversas enfermedades. También expulsó a muchos demonios, pero no los dejaba hablar porque sabían quién era él.

Jesús ora en un lugar solitario

³⁵ Muy de madrugada, cuando todavía estaba oscuro, Jesús se levantó, salió de la casa y se fue a un lugar solitario, donde se puso a orar. ³⁶ Simón y sus compañeros salieron a buscarlo.

³⁷ Por fin lo encontraron y le dijeron:

—Todo el mundo te busca.

³⁸ Jesús respondió:

—Vámonos de aquí a otras aldeas cercanas donde también pueda predicar; para esto he venido.

³⁹ Así que recorrió toda Galilea, predicando en las sinagogas y expulsando demonios.

Jesús sana a un leproso

⁴⁰ Un hombre que tenía *lepra se le acercó, y de rodillas le suplicó:

—Si quieres, puedes *limpiarme.

⁴¹ Movido a compasión, Jesús extendió la mano y tocó al hombre, diciéndole:

—Sí quiero. ¡Queda limpio!

⁴² Al instante se le quitó la lepra y quedó sano.ᵉ ⁴³ Jesús lo despidió en seguida con una fuerte advertencia:

⁴⁴ —Mira, no se lo digas a nadie; sólo ve, preséntate al sacerdote y lleva por tu *purificación lo que ordenó Moisés, para que sirva de testimonio.

⁴⁵ Pero él salió y comenzó a hablar sin reserva, divulgando lo sucedido. Como resultado, Jesús ya no podía entrar en ningún pueblo abiertamente, sino que se quedaba afuera, en lugares solitarios. Aun así, gente de todas partes seguía acudiendo a él.

Jesús sana a un paralítico

2 Unos días después, cuando Jesús entró de nuevo en Capernaúm, corrió la voz de que estaba en casa. ² Se aglomeraron tantos que ya no quedaba sitio ni siquiera frente a la puerta mientras él les predicaba la palabra. ³ Entonces llegaron cuatro hombres que le llevaban un paralítico. ⁴ Como no podían acercarlo a Jesús por causa de la multitud,

spirits and they obey him." ²⁸ News about him spread quickly over the whole region of Galilee.

Jesus Heals Many

²⁹ As soon as they left the synagogue, they went with James and John to the home of Simon and Andrew. ³⁰ Simon's mother-in-law was in bed with a fever, and they immediately told Jesus about her. ³¹ So he went to her, took her hand and helped her up. The fever left her and she began to wait on them.

³² That evening after sunset the people brought to Jesus all the sick and demon-possessed. ³³ The whole town gathered at the door, ³⁴ and Jesus healed many who had various diseases. He also drove out many demons, but he would not let the demons speak because they knew who he was.

Jesus Prays in a Solitary Place

³⁵ Very early in the morning, while it was still dark, Jesus got up, left the house and went off to a solitary place, where he prayed. ³⁶ Simon and his companions went to look for him, ³⁷ and when they found him, they exclaimed: "Everyone is looking for you!"

³⁸ Jesus replied, "Let us go somewhere else— to the nearby villages—so I can preach there also. That is why I have come." ³⁹ So he traveled throughout Galilee, preaching in their synagogues and driving out demons.

Jesus Heals a Man With Leprosy

⁴⁰ A man with leprosyᵍ came to him and begged him on his knees, "If you are willing, you can make me clean."

⁴¹ Jesus was indignant.ʰ He reached out his hand and touched the man. "I am willing," he said. "Be clean!" ⁴² Immediately the leprosy left him and he was cleansed.

⁴³ Jesus sent him away at once with a strong warning: ⁴⁴ "See that you don't tell this to anyone. But go, show yourself to the priest and offer the sacrifices that Moses commanded for your cleansing, as a testimony to them." ⁴⁵ Instead he went out and began to talk freely, spreading the news. As a result, Jesus could no longer enter a town openly but stayed outside in lonely places. Yet the people still came to him from everywhere.

Jesus Forgives and Heals a Paralyzed Man

2 A few days later, when Jesus again entered Capernaum, the people heard that he had come home. ² They gathered in such large numbers that there was no room left, not even outside the door, and he preached the word to them. ³ Some men came, bringing to him a paralyzed man, carried by four of them. ⁴ Since they could not get him to

---

ᵉ **1:42** *sano.* Lit. *limpio.*

ᵍ **40** The Greek word traditionally translated *leprosy* was used for various diseases affecting the skin.   ʰ **41** Many manuscripts *Jesus was filled with compassion*

quitaron parte del techo encima de donde estaba Jesús y, luego de hacer una abertura, bajaron la camilla en la que estaba acostado el paralítico. [5] Al ver Jesús la fe de ellos, le dijo al paralítico:

—Hijo, tus pecados quedan perdonados.

[6] Estaban sentados allí algunos *maestros de la ley, que pensaban: [7] «¿Por qué habla éste así? ¡Está *blasfemando! ¿Quién puede perdonar pecados sino sólo Dios?»

[8] En ese mismo instante supo Jesús en su espíritu que esto era lo que estaban pensando.

—¿Por qué razonan así? —les dijo—. [9] ¿Qué es más fácil, decirle al paralítico: "Tus pecados son perdonados", o decirle: "Levántate, toma tu camilla y anda"? [10] Pues para que sepan que el Hijo del hombre tiene autoridad en la tierra para perdonar pecados —se dirigió entonces al paralítico—: [11] A ti te digo, levántate, toma tu camilla y vete a tu casa.

[12] Él se levantó, tomó su camilla en seguida y salió caminando a la vista de todos. Ellos se quedaron asombrados y comenzaron a alabar a Dios.

—Jamás habíamos visto cosa igual —decían.

Llamamiento de Leví

[13] De nuevo salió Jesús a la orilla del lago. Toda la gente acudía a él, y él les enseñaba. [14] Al pasar vio a Leví hijo de Alfeo, donde éste cobraba impuestos.

—Sígueme —le dijo Jesús.

Y Leví se levantó y lo siguió.

[15] Sucedió que, estando Jesús a la mesa en casa de Leví, muchos *recaudadores de impuestos y *pecadores se *sentaron con él y sus discípulos, pues ya eran muchos los que lo seguían. [16] Cuando los *maestros de la ley, que eran *fariseos, vieron con quién comía, les preguntaron a sus discípulos:

—¿Y éste come con recaudadores de impuestos y con pecadores?

[17] Al oírlos, Jesús les contestó:

—No son los sanos los que necesitan médico sino los enfermos. Y yo no he venido a llamar a justos sino a pecadores.

Le preguntan a Jesús sobre el ayuno

[18] Al ver que los discípulos de Juan y los *fariseos ayunaban, algunos se acercaron a Jesús y le preguntaron:

—¿Cómo es que los discípulos de Juan y de los fariseos ayunan, pero los tuyos no?

[19] Jesús les contestó:

—¿Acaso pueden ayunar los invitados del novio mientras él está con ellos? No pueden hacerlo mientras lo tienen con ellos. [20] Pero llegará el día en que se les quitará el novio, y ese día sí ayunarán. [21] Nadie remienda un vestido viejo con un retazo de tela nueva. De hacerlo así, el remiendo fruncirá el vestido y la rotura se hará peor. [22] Ni echa nadie vino nuevo en odres viejos. De hacerlo así, el vino hará reventar los odres y se arruinarán tanto el

Jesus because of the crowd, they made an opening in the roof above Jesus by digging through it and then lowered the mat the man was lying on. [5] When Jesus saw their faith, he said to the paralyzed man, "Son, your sins are forgiven."

[6] Now some teachers of the law were sitting there, thinking to themselves, [7] "Why does this fellow talk like that? He's blaspheming! Who can forgive sins but God alone?"

[8] Immediately Jesus knew in his spirit that this was what they were thinking in their hearts, and he said to them, "Why are you thinking these things? [9] Which is easier: to say to this paralyzed man, 'Your sins are forgiven,' or to say, 'Get up, take your mat and walk'? [10] But I want you to know that the Son of Man has authority on earth to forgive sins." So he said to the man, [11] "I tell you, get up, take your mat and go home." [12] He got up, took his mat and walked out in full view of them all. This amazed everyone and they praised God, saying, "We have never seen anything like this!"

Jesus Calls Levi and Eats With Sinners

[13] Once again Jesus went out beside the lake. A large crowd came to him, and he began to teach them. [14] As he walked along, he saw Levi son of Alphaeus sitting at the tax collector's booth. "Follow me," Jesus told him, and Levi got up and followed him.

[15] While Jesus was having dinner at Levi's house, many tax collectors and sinners were eating with him and his disciples, for there were many who followed him. [16] When the teachers of the law who were Pharisees saw him eating with the sinners and tax collectors, they asked his disciples: "Why does he eat with tax collectors and sinners?"

[17] On hearing this, Jesus said to them, "It is not the healthy who need a doctor, but the sick. I have not come to call the righteous, but sinners."

Jesus Questioned About Fasting

[18] Now John's disciples and the Pharisees were fasting. Some people came and asked Jesus, "How is it that John's disciples and the disciples of the Pharisees are fasting, but yours are not?"

[19] Jesus answered, "How can the guests of the bridegroom fast while he is with them? They cannot, so long as they have him with them. [20] But the time will come when the bridegroom will be taken from them, and on that day they will fast.

[21] "No one sews a patch of unshrunk cloth on an old garment. Otherwise, the new piece will pull away from the old, making the tear worse. [22] And no one pours new wine into old wineskins. Otherwise, the wine will burst the skins, and both the

vino como los odres. Más bien, el vino nuevo se echa en odres nuevos.

Señor del sábado

²³ Un *sábado, al cruzar Jesús los sembrados, sus discípulos comenzaron a arrancar a su paso unas espigas de trigo. ²⁴ —Mira —le preguntaron los *fariseos—, ¿por qué hacen ellos lo que está prohibido hacer en sábado?

²⁵ Él les contestó:

—¿Nunca han leído lo que hizo David en aquella ocasión, cuando él y sus compañeros tuvieron hambre y pasaron necesidad? ²⁶ Entró en la casa de Dios cuando Abiatar era el sumo sacerdote, y comió los panes consagrados a Dios, que sólo a los sacerdotes les es permitido comer. Y dio también a sus compañeros.

²⁷ »El sábado se hizo para el hombre, y no el hombre para el sábado —añadió—. ²⁸ Así que el Hijo del hombre es Señor incluso del sábado.

3 En otra ocasión entró en la sinagoga, y había allí un hombre que tenía la mano paralizada. ² Algunos que buscaban un motivo para acusar a Jesús no le quitaban la vista de encima para ver si sanaba al enfermo en *sábado. ³ Entonces Jesús le dijo al hombre de la mano paralizada:

—Ponte de pie frente a todos.

⁴ Luego dijo a los otros:

—¿Qué está permitido en sábado: hacer el bien o hacer el mal, salvar una *vida o matar?

Pero ellos permanecieron callados. ⁵ Jesús se les quedó mirando, enojado y entristecido por la dureza de su corazón, y le dijo al hombre:

—Extiende la mano.

La extendió, y la mano le quedó restablecida. ⁶ Tan pronto como salieron los fariseos, comenzaron a tramar con los herodianos cómo matar a Jesús.

La multitud sigue a Jesús

⁷ Jesús se retiró al lago con sus discípulos, y mucha gente de Galilea lo siguió. ⁸ Cuando se enteraron de todo lo que hacía, acudieron también a él muchos de Judea y Jerusalén, de Idumea, del otro lado del Jordán y de las regiones de Tiro y Sidón. ⁹ Entonces, para evitar que la gente lo atropellara, encargó a sus discípulos que le tuvieran preparada una pequeña barca; ¹⁰ pues como había sanado a muchos, todos los que sufrían dolencias se abalanzaban sobre él para tocarlo. ¹¹ Además, los *espíritus malignos, al verlo, se postraban ante él, gritando: «¡Tú eres el Hijo de Dios!» ¹² Pero él les ordenó terminantemente que no dijeran quién era él.

Nombramiento de los doce apóstoles

¹³ Subió Jesús a una montaña y llamó a los que quiso, los cuales se reunieron con él. ¹⁴ Designó

wine and the wineskins will be ruined. No, they pour new wine into new wineskins."

Jesus Is Lord of the Sabbath

²³ One Sabbath Jesus was going through the grainfields, and as his disciples walked along, they began to pick some heads of grain. ²⁴ The Pharisees said to him, "Look, why are they doing what is unlawful on the Sabbath?"

²⁵ He answered, "Have you never read what David did when he and his companions were hungry and in need? ²⁶ In the days of Abiathar the high priest, he entered the house of God and ate the consecrated bread, which is lawful only for priests to eat. And he also gave some to his companions."

²⁷ Then he said to them, "The Sabbath was made for man, not man for the Sabbath. ²⁸ So the Son of Man is Lord even of the Sabbath."

Jesus Heals on the Sabbath

3 Another time Jesus went into the synagogue, and a man with a shriveled hand was there. ² Some of them were looking for a reason to accuse Jesus, so they watched him closely to see if he would heal him on the Sabbath. ³ Jesus said to the man with the shriveled hand, "Stand up in front of everyone."

⁴ Then Jesus asked them, "Which is lawful on the Sabbath: to do good or to do evil, to save life or to kill?" But they remained silent.

⁵ He looked around at them in anger and, deeply distressed at their stubborn hearts, said to the man, "Stretch out your hand." He stretched it out, and his hand was completely restored. ⁶ Then the Pharisees went out and began to plot with the Herodians how they might kill Jesus.

Crowds Follow Jesus

⁷ Jesus withdrew with his disciples to the lake, and a large crowd from Galilee followed. ⁸ When they heard about all he was doing, many people came to him from Judea, Jerusalem, Idumea, and the regions across the Jordan and around Tyre and Sidon. ⁹ Because of the crowd he told his disciples to have a small boat ready for him, to keep the people from crowding him. ¹⁰ For he had healed many, so that those with diseases were pushing forward to touch him. ¹¹ Whenever the impure spirits saw him, they fell down before him and cried out, "You are the Son of God." ¹² But he gave them strict orders not to tell others about him.

Jesus Appoints the Twelve

¹³ Jesus went up on a mountainside and called to him those he wanted, and they came to him. ¹⁴ He

a doce, a quienes nombró apóstoles,*f* para que lo acompañaran y para enviarlos a predicar ¹⁵ y ejercer autoridad para expulsar demonios. ¹⁶ Éstos son los doce que él nombró: Simón (a quien llamó Pedro); ¹⁷ *Jacobo y su hermano Juan, hijos de Zebedeo (a quienes llamó Boanerges, que significa: Hijos del trueno); ¹⁸ Andrés, Felipe, Bartolomé, Mateo, Tomás, Jacobo, hijo de Alfeo; Tadeo, Simón el Zelote ¹⁹ y Judas Iscariote, el que lo traicionó.

Jesús y Beelzebú

²⁰ Luego entró en una casa, y de nuevo se aglomeró tanta gente que ni siquiera podían comer él y sus discípulos. ²¹ Cuando se enteraron sus parientes, salieron a hacerse cargo de él, porque decían: «Está fuera de sí.»

²² Los *maestros de la ley que habían llegado de Jerusalén decían: «¡Está poseído por *Beelzebú! Expulsa a los demonios por medio del príncipe de los demonios.»

²³ Entonces Jesús los llamó y les habló en parábolas: «¿Cómo puede Satanás expulsar a Satanás? ²⁴ Si un reino está dividido contra sí mismo, ese reino no puede mantenerse en pie. ²⁵ Y si una familia está dividida contra sí misma, esa familia no puede mantenerse en pie. ²⁶ Igualmente, si Satanás se levanta contra sí mismo y se divide, no puede mantenerse en pie, sino que ha llegado su fin. ²⁷ Ahora bien, nadie puede entrar en la casa de alguien fuerte y arrebatarle sus bienes a menos que primero lo ate. Sólo entonces podrá robar su casa. ²⁸ Les aseguro que todos los pecados y *blasfemias se les perdonarán a todos por igual, ²⁹ excepto a quien blasfeme contra el Espíritu Santo. Éste no tendrá perdón jamás; es culpable de un pecado eterno.»

³⁰ Es que ellos habían dicho: «Tiene un *espíritu maligno.»

La madre y los hermanos de Jesús

³¹ En eso llegaron la madre y los hermanos de Jesús. Se quedaron afuera y enviaron a alguien a llamarlo, ³² pues había mucha gente sentada alrededor de él.

—Mira, tu madre y tus hermanos*g* están afuera y te buscan —le dijeron.

³³ —¿Quiénes son mi madre y mis hermanos? —replicó Jesús.

³⁴ Luego echó una mirada a los que estaban sentados alrededor de él y añadió:

—Aquí tienen a mi madre y a mis hermanos. ³⁵ Cualquiera que hace la voluntad de Dios es mi hermano, mi hermana y mi madre.

Parábola del sembrador

4 De nuevo comenzó Jesús a enseñar a la orilla del lago. La multitud que se reunió para verlo era tan grande que él subió y se sentó en una

appointed twelve*i* that they might be with him and that he might send them out to preach ¹⁵ and to have authority to drive out demons. ¹⁶ These are the twelve he appointed: Simon (to whom he gave the name Peter), ¹⁷ James son of Zebedee and his brother John (to them he gave the name Boanerges, which means "sons of thunder"), ¹⁸ Andrew, Philip, Bartholomew, Matthew, Thomas, James son of Alphaeus, Thaddaeus, Simon the Zealot ¹⁹ and Judas Iscariot, who betrayed him.

Jesus Accused by His Family and by Teachers of the Law

²⁰ Then Jesus entered a house, and again a crowd gathered, so that he and his disciples were not even able to eat. ²¹ When his family*j* heard about this, they went to take charge of him, for they said, "He is out of his mind."

²² And the teachers of the law who came down from Jerusalem said, "He is possessed by Beelzebul! By the prince of demons he is driving out demons."

²³ So Jesus called them over to him and began to speak to them in parables: "How can Satan drive out Satan? ²⁴ If a kingdom is divided against itself, that kingdom cannot stand. ²⁵ If a house is divided against itself, that house cannot stand. ²⁶ And if Satan opposes himself and is divided, he cannot stand; his end has come. ²⁷ In fact, no one can enter a strong man's house without first tying him up. Then he can plunder the strong man's house. ²⁸ Truly I tell you, people can be forgiven all their sins and every slander they utter, ²⁹ but whoever blasphemes against the Holy Spirit will never be forgiven; they are guilty of an eternal sin."

³⁰ He said this because they were saying, "He has an impure spirit."

³¹ Then Jesus' mother and brothers arrived. Standing outside, they sent someone in to call him. ³² A crowd was sitting around him, and they told him, "Your mother and brothers are outside looking for you."

³³ "Who are my mother and my brothers?" he asked.

³⁴ Then he looked at those seated in a circle around him and said, "Here are my mother and my brothers! ³⁵ Whoever does God's will is my brother and sister and mother."

The Parable of the Sower

4 Again Jesus began to teach by the lake. The crowd that gathered around him was so large that he got into a boat and sat in it out on the lake, while all the people were along the shore at the

---

f 3:14 Var. no incluye: *a quienes nombró apóstoles.*
g 3:32 *tus hermanos.* Var. *tus hermanos y tus hermanas.*

i 14 Some manuscripts *twelve — designating them apostles —*
j 21 Or *his associates*

barca que estaba en el lago, mientras toda la gente se quedaba en la playa. ² Entonces se puso a enseñarles muchas cosas por medio de parábolas y, como parte de su instrucción, les dijo: ³ «¡Pongan atención! Un sembrador salió a sembrar. ⁴ Sucedió que al esparcir él la semilla, una parte cayó junto al camino, y llegaron los pájaros y se la comieron. ⁵ Otra parte cayó en terreno pedregoso, sin mucha tierra. Esa semilla brotó pronto porque la tierra no era profunda; ⁶ pero cuando salió el sol, las plantas se marchitaron y, por no tener raíz, se secaron. ⁷ Otra parte de la semilla cayó entre espinos que, al crecer, la ahogaron, de modo que no dio fruto. ⁸ Pero las otras semillas cayeron en buen terreno. Brotaron, crecieron y produjeron una cosecha que rindió el treinta, el sesenta y hasta el ciento por uno.

⁹ »El que tenga oídos para oír, que oiga», añadió Jesús.

¹⁰ Cuando se quedó solo, los doce y los que estaban alrededor de él le hicieron preguntas sobre las parábolas. ¹¹ «A ustedes se les ha revelado el *secreto del reino de Dios —les contestó—; pero a los de afuera todo les llega por medio de parábolas, ¹² para que

»"por mucho que vean, no perciban;
     y por mucho que oigan, no entiendan;
no sea que se conviertan y sean perdonados."ʰ

¹³ »¿No entienden esta parábola? —continuó Jesús—. ¿Cómo podrán, entonces, entender las demás? ¹⁴ El sembrador siembra la palabra. ¹⁵ Algunos son como lo sembrado junto al camino, donde se siembra la palabra. Tan pronto como la oyen, viene Satanás y les quita la palabra sembrada en ellos. ¹⁶ Otros son como lo sembrado en terreno pedregoso: cuando oyen la palabra, en seguida la reciben con alegría, ¹⁷ pero como no tienen raíz, duran poco tiempo. Cuando surgen problemas o persecución a causa de la palabra, en seguida se apartan de ella. ¹⁸ Otros son como lo sembrado entre espinos: oyen la palabra, ¹⁹ pero las preocupaciones de esta vida, el engaño de las riquezas y muchos otros malos deseos entran hasta ahogar la palabra, de modo que ésta no llega a dar fruto. ²⁰ Pero otros son como lo sembrado en buen terreno: oyen la palabra, la aceptan y producen una cosecha que rinde el treinta, el sesenta y hasta el ciento por uno.»

Una lámpara en una repisa

²¹ También les dijo: «¿Acaso se trae una lámpara para ponerla debajo de un cajón o debajo de la cama? ¿No es, por el contrario, para ponerla en una repisa? ²² No hay nada escondido que no esté destinado a descubrirse; tampoco hay nada oculto que no esté destinado a ser revelado. ²³ El que tenga oídos para oír, que oiga.

water's edge. ² He taught them many things by parables, and in his teaching said: ³ "Listen! A farmer went out to sow his seed. ⁴ As he was scattering the seed, some fell along the path, and the birds came and ate it up. ⁵ Some fell on rocky places, where it did not have much soil. It sprang up quickly, because the soil was shallow. ⁶ But when the sun came up, the plants were scorched, and they withered because they had no root. ⁷ Other seed fell among thorns, which grew up and choked the plants, so that they did not bear grain. ⁸ Still other seed fell on good soil. It came up, grew and produced a crop, some multiplying thirty, some sixty, some a hundred times."

⁹ Then Jesus said, "Whoever has ears to hear, let them hear."

¹⁰ When he was alone, the Twelve and the others around him asked him about the parables. ¹¹ He told them, "The secret of the kingdom of God has been given to you. But to those on the outside everything is said in parables ¹² so that,

"'they may be ever seeing but never
       perceiving,
   and ever hearing but never
       understanding;
otherwise they might turn and be
       forgiven!'ᵏ"

¹³ Then Jesus said to them, "Don't you understand this parable? How then will you understand any parable? ¹⁴ The farmer sows the word. ¹⁵ Some people are like seed along the path, where the word is sown. As soon as they hear it, Satan comes and takes away the word that was sown in them. ¹⁶ Others, like seed sown on rocky places, hear the word and at once receive it with joy. ¹⁷ But since they have no root, they last only a short time. When trouble or persecution comes because of the word, they quickly fall away. ¹⁸ Still others, like seed sown among thorns, hear the word; ¹⁹ but the worries of this life, the deceitfulness of wealth and the desires for other things come in and choke the word, making it unfruitful. ²⁰ Others, like seed sown on good soil, hear the word, accept it, and produce a crop—some thirty, some sixty, some a hundred times what was sown."

A Lamp on a Stand

²¹ He said to them, "Do you bring in a lamp to put it under a bowl or a bed? Instead, don't you put it on its stand? ²² For whatever is hidden is meant to be disclosed, and whatever is concealed is meant to be brought out into the open. ²³ If anyone has ears to hear, let them hear."

ʰ **4:12** Is 6:9,10

ᵏ **12** Isaiah 6:9,10

²⁴ »Pongan mucha atención —añadió—. Con la medida que midan a otros, se les medirá a ustedes, y aún más se les añadirá. ²⁵ Al que tiene, se le dará más; al que no tiene, hasta lo poco que tiene se le quitará.»

Parábola de la semilla que crece

²⁶ Jesús continuó: «El reino de Dios se parece a quien esparce semilla en la tierra. ²⁷ Sin que éste sepa cómo, y ya sea que duerma o esté despierto, día y noche brota y crece la semilla. ²⁸ La tierra da fruto por sí sola; primero el tallo, luego la espiga, y después el grano lleno en la espiga. ²⁹ Tan pronto como el grano está maduro, se le mete la hoz, pues ha llegado el tiempo de la cosecha.»

Parábola del grano de mostaza

³⁰ También dijo: «¿Con qué vamos a comparar el reino de Dios? ¿Qué parábola podemos usar para describirlo? ³¹ Es como un grano de mostaza: cuando se siembra en la tierra, es la semilla más pequeña que hay, ³² pero una vez sembrada crece hasta convertirse en la más grande de las hortalizas, y echa ramas tan grandes que las aves pueden anidar bajo su sombra.»

³³ Y con muchas parábolas semejantes les enseñaba Jesús la palabra hasta donde podían entender. ³⁴ No les decía nada sin emplear parábolas. Pero cuando estaba a solas con sus discípulos, les explicaba todo.

Jesús calma la tormenta

³⁵ Ese día al anochecer, les dijo a sus discípulos:

—Crucemos al otro lado.

³⁶ Dejaron a la multitud y se fueron con él en la barca donde estaba. También lo acompañaban otras barcas. ³⁷ Se desató entonces una fuerte tormenta, y las olas azotaban la barca, tanto que ya comenzaba a inundarse. ³⁸ Jesús, mientras tanto, estaba en la popa, durmiendo sobre un cabezal, así que los discípulos lo despertaron.

—¡Maestro! —gritaron—, ¿no te importa que nos ahoguemos?

³⁹ Él se levantó, reprendió al viento y ordenó al mar:

—¡Silencio! ¡Cálmate!

El viento se calmó y todo quedó completamente tranquilo.

⁴⁰ —¿Por qué tienen tanto miedo? —dijo a sus discípulos—. ¿Todavía*ⁱ* no tienen fe?

⁴¹ Ellos estaban espantados y se decían unos a otros:

—¿Quién es éste, que hasta el viento y el mar le obedecen?

Liberación de un endemoniado

5 Cruzaron el lago hasta llegar a la región de los gerasenos.*ʲ* ² Tan pronto como desembarcó

The Parable of the Growing Seed

²⁶ He also said, "This is what the kingdom of God is like. A man scatters seed on the ground. ²⁷ Night and day, whether he sleeps or gets up, the seed sprouts and grows, though he does not know how. ²⁸ All by itself the soil produces grain — first the stalk, then the head, then the full kernel in the head. ²⁹ As soon as the grain is ripe, he puts the sickle to it, because the harvest has come."

The Parable of the Mustard Seed

³⁰ Again he said, "What shall we say the kingdom of God is like, or what parable shall we use to describe it? ³¹ It is like a mustard seed, which is the smallest of all seeds on earth. ³² Yet when planted, it grows and becomes the largest of all garden plants, with such big branches that the birds can perch in its shade."

³³ With many similar parables Jesus spoke the word to them, as much as they could understand. ³⁴ He did not say anything to them without using a parable. But when he was alone with his own disciples, he explained everything.

Jesus Calms the Storm

³⁵ That day when evening came, he said to his disciples, "Let us go over to the other side." ³⁶ Leaving the crowd behind, they took him along, just as he was, in the boat. There were also other boats with him. ³⁷ A furious squall came up, and the waves broke over the boat, so that it was nearly swamped. ³⁸ Jesus was in the stern, sleeping on a cushion. The disciples woke him and said to him, "Teacher, don't you care if we drown?"

³⁹ He got up, rebuked the wind and said to the waves, "Quiet! Be still!" Then the wind died down and it was completely calm.

⁴⁰ He said to his disciples, "Why are you so afraid? Do you still have no faith?"

⁴¹ They were terrified and asked each other, "Who is this? Even the wind and the waves obey him!"

Jesus Restores a Demon-Possessed Man

5 They went across the lake to the region of the Gerasenes.*ˡ* ² When Jesus got out of the boat, a

---

ⁱ **4:40** *Todavía.* Var. *Cómo es que.*
ʲ **5:1** *gerasenos.* Var. *gadarenos*; otra var. *gergesenos.*

ˡ **1** Some manuscripts *Gadarenes*; other manuscripts *Gergesenes*

Jesús, un hombre poseído por un *espíritu maligno le salió al encuentro de entre los sepulcros. ³ Este hombre vivía en los sepulcros, y ya nadie podía sujetarlo, ni siquiera con cadenas. ⁴ Muchas veces lo habían atado con cadenas y grilletes, pero él los destrozaba, y nadie tenía fuerza para dominarlo. ⁵ Noche y día andaba por los sepulcros y por las colinas, gritando y golpeándose con piedras.

⁶ Cuando vio a Jesús desde lejos, corrió y se postró delante de él.

⁷ —¿Por qué te entrometes, Jesús, Hijo del Dios Altísimo? —gritó con fuerza—. ¡Te ruego por Dios que no me atormentes!

⁸ Es que Jesús le había dicho: «¡Sal de este hombre, espíritu maligno!»

⁹ —¿Cómo te llamas? —le preguntó Jesús.

—Me llamo Legión —respondió—, porque somos muchos.

¹⁰ Y con insistencia le suplicaba a Jesús que no los expulsara de aquella región.

¹¹ Como en una colina estaba paciendo una manada de muchos cerdos, los demonios le rogaron a Jesús:

¹² —Mándanos a los cerdos; déjanos entrar en ellos.

¹³ Así que él les dio permiso. Cuando los espíritus malignos salieron del hombre, entraron en los cerdos, que eran unos dos mil, y la manada se precipitó al lago por el despeñadero y allí se ahogó.

¹⁴ Los que cuidaban los cerdos salieron huyendo y dieron la noticia en el pueblo y por los campos, y la gente fue a ver lo que había pasado. ¹⁵ Llegaron adonde estaba Jesús, y cuando vieron al que había estado poseído por la legión de demonios, sentado, vestido y en su sano juicio, tuvieron miedo. ¹⁶ Los que habían presenciado estos hechos le contaron a la gente lo que había sucedido con el endemoniado y con los cerdos. ¹⁷ Entonces la gente comenzó a suplicarle a Jesús que se fuera de la región.

¹⁸ Mientras subía Jesús a la barca, el que había estado endemoniado le rogaba que le permitiera acompañarlo. ¹⁹ Jesús no se lo permitió, sino que le dijo:

—Vete a tu casa, a los de tu familia, y diles todo lo que el Señor ha hecho por ti y cómo te ha tenido compasión.

²⁰ Así que el hombre se fue y se puso a proclamar en *Decápolis lo mucho que Jesús había hecho por él. Y toda la gente se quedó asombrada.

Una niña muerta y una mujer enferma

²¹ Después de que Jesús regresó en la barca al otro lado del lago, se reunió alrededor de él una gran multitud, por lo que él se quedó en la orilla. ²² Llegó entonces uno de los jefes de la sinagoga, llamado Jairo. Al ver a Jesús, se arrojó a sus pies, ²³ suplicándole con insistencia:

man with an impure spirit came from the tombs to meet him. ³ This man lived in the tombs, and no one could bind him anymore, not even with a chain. ⁴ For he had often been chained hand and foot, but he tore the chains apart and broke the irons on his feet. No one was strong enough to subdue him. ⁵ Night and day among the tombs and in the hills he would cry out and cut himself with stones.

⁶ When he saw Jesus from a distance, he ran and fell on his knees in front of him. ⁷ He shouted at the top of his voice, "What do you want with me, Jesus, Son of the Most High God? In God's name don't torture me!" ⁸ For Jesus had said to him, "Come out of this man, you impure spirit!"

⁹ Then Jesus asked him, "What is your name?"

"My name is Legion," he replied, "for we are many." ¹⁰ And he begged Jesus again and again not to send them out of the area.

¹¹ A large herd of pigs was feeding on the nearby hillside. ¹² The demons begged Jesus, "Send us among the pigs; allow us to go into them." ¹³ He gave them permission, and the impure spirits came out and went into the pigs. The herd, about two thousand in number, rushed down the steep bank into the lake and were drowned.

¹⁴ Those tending the pigs ran off and reported this in the town and countryside, and the people went out to see what had happened. ¹⁵ When they came to Jesus, they saw the man who had been possessed by the legion of demons, sitting there, dressed and in his right mind; and they were afraid. ¹⁶ Those who had seen it told the people what had happened to the demon-possessed man — and told about the pigs as well. ¹⁷ Then the people began to plead with Jesus to leave their region.

¹⁸ As Jesus was getting into the boat, the man who had been demon-possessed begged to go with him. ¹⁹ Jesus did not let him, but said, "Go home to your own people and tell them how much the Lord has done for you, and how he has had mercy on you." ²⁰ So the man went away and began to tell in the Decapolisᵐ how much Jesus had done for him. And all the people were amazed.

Jesus Raises a Dead Girl and Heals a Sick Woman

²¹ When Jesus had again crossed over by boat to the other side of the lake, a large crowd gathered around him while he was by the lake. ²² Then one of the synagogue leaders, named Jairus, came, and when he saw Jesus, he fell at his feet. ²³ He pleaded earnestly with him, "My little daughter is dying.

ᵐ *20* That is, the Ten Cities

—Mi hijita se está muriendo. Ven y pon tus manos sobre ella para que se *sane y viva. [24] Jesús se fue con él, y lo seguía una gran multitud, la cual lo apretujaba. [25] Había entre la gente una mujer que hacía doce años padecía de hemorragias. [26] Había sufrido mucho a manos de varios médicos, y se había gastado todo lo que tenía sin que le hubiera servido de nada, pues en vez de mejorar, iba de mal en peor. [27] Cuando oyó hablar de Jesús, se le acercó por detrás entre la gente y le tocó el manto. [28] Pensaba: «Si logro tocar siquiera su ropa, quedaré sana.» [29] Al instante cesó su hemorragia, y se dio cuenta de que su cuerpo había quedado libre de esa aflicción.

[30] Al momento también Jesús se dio cuenta de que de él había salido poder, así que se volvió hacia la gente y preguntó:

—¿Quién me ha tocado la ropa?

[31] —Ves que te apretuja la gente —le contestaron sus discípulos—, y aun así preguntas: "¿Quién me ha tocado?"

[32] Pero Jesús seguía mirando a su alrededor para ver quién lo había hecho. [33] La mujer, sabiendo lo que le había sucedido, se acercó temblando de miedo y, arrojándose a sus pies, le confesó toda la verdad.

[34] —¡Hija, tu fe te ha sanado! —le dijo Jesús—. Vete en paz y queda sana de tu aflicción.

[35] Todavía estaba hablando Jesús, cuando llegaron unos hombres de la casa de Jairo, jefe de la sinagoga, para decirle:

—Tu hija ha muerto. ¿Para qué sigues molestando al Maestro?

[36] Sin hacer caso de la noticia, Jesús le dijo al jefe de la sinagoga:

—No tengas miedo; cree nada más.

[37] No dejó que nadie lo acompañara, excepto Pedro, *Jacobo y Juan, el hermano de Jacobo. [38] Cuando llegaron a la casa del jefe de la sinagoga, Jesús notó el alboroto, y que la gente lloraba y daba grandes alaridos. [39] Entró y les dijo:

—¿Por qué tanto alboroto y llanto? La niña no está muerta sino dormida.

[40] Entonces empezaron a burlarse de él, pero él los sacó a todos, tomó consigo al padre y a la madre de la niña y a los discípulos que estaban con él, y entró adonde estaba la niña. [41] La tomó de la mano y le dijo:

—Talita cum[k] (que significa: Niña, a ti te digo, ¡levántate!).

[42] La niña, que tenía doce años, se levantó en seguida y comenzó a andar. Ante este hecho todos se llenaron de asombro. [43] Él dio órdenes estrictas de que nadie se enterara de lo ocurrido, y les mandó que le dieran de comer a la niña.

Please come and put your hands on her so that she will be healed and live." [24] So Jesus went with him.

A large crowd followed and pressed around him. [25] And a woman was there who had been subject to bleeding for twelve years. [26] She had suffered a great deal under the care of many doctors and had spent all she had, yet instead of getting better she grew worse. [27] When she heard about Jesus, she came up behind him in the crowd and touched his cloak, [28] because she thought, "If I just touch his clothes, I will be healed." [29] Immediately her bleeding stopped and she felt in her body that she was freed from her suffering.

[30] At once Jesus realized that power had gone out from him. He turned around in the crowd and asked, "Who touched my clothes?"

[31] "You see the people crowding against you," his disciples answered, "and yet you can ask, 'Who touched me?'"

[32] But Jesus kept looking around to see who had done it. [33] Then the woman, knowing what had happened to her, came and fell at his feet and, trembling with fear, told him the whole truth. [34] He said to her, "Daughter, your faith has healed you. Go in peace and be freed from your suffering."

[35] While Jesus was still speaking, some people came from the house of Jairus, the synagogue leader. "Your daughter is dead," they said. "Why bother the teacher anymore?"

[36] Overhearing[n] what they said, Jesus told him, "Don't be afraid; just believe."

[37] He did not let anyone follow him except Peter, James and John the brother of James. [38] When they came to the home of the synagogue leader, Jesus saw a commotion, with people crying and wailing loudly. [39] He went in and said to them, "Why all this commotion and wailing? The child is not dead but asleep." [40] But they laughed at him.

After he put them all out, he took the child's father and mother and the disciples who were with him, and went in where the child was. [41] He took her by the hand and said to her, "Talitha koum!" (which means "Little girl, I say to you, get up!"). [42] Immediately the girl stood up and began to walk around (she was twelve years old). At this they were completely astonished. [43] He gave strict orders not to let anyone know about this, and told them to give her something to eat.

---

[k] 5:41 cum. Var. cumi.

[n] 36 Or Ignoring

Un profeta sin honra

6 Salió Jesús de allí y fue a su tierra, en compañía de sus discípulos. ² Cuando llegó el *sábado, comenzó a enseñar en la sinagoga.

—¿De dónde sacó éste tales cosas? —decían maravillados muchos de los que le oían—. ¿Qué sabiduría es ésta que se le ha dado? ¿Cómo se explican estos milagros que vienen de sus manos? ³ ¿No es acaso el carpintero, el hijo de María y hermano de *Jacobo, de José, de Judas y de Simón? ¿No están sus hermanas aquí con nosotros?

Y se *escandalizaban a causa de él. Por tanto, Jesús les dijo:

⁴ —En todas partes se honra a un profeta, menos en su tierra, entre sus familiares y en su propia casa.

⁵ En efecto, no pudo hacer allí ningún milagro, excepto sanar a unos pocos enfermos al imponerles las manos. ⁶ Y él se quedó asombrado por la incredulidad de ellos.

Jesús envía a los doce

Jesús recorría los alrededores, enseñando de pueblo en pueblo. ⁷ Reunió a los doce, y comenzó a enviarlos de dos en dos, dándoles autoridad sobre los *espíritus malignos.

⁸ Les ordenó que no llevaran nada para el camino, ni pan, ni bolsa, ni dinero en el cinturón, sino sólo un bastón. ⁹ «Lleven sandalias —dijo—, pero no dos mudas de ropa.» ¹⁰ Y añadió: «Cuando entren en una casa, quédense allí hasta que salgan del pueblo. ¹¹ Y si en algún lugar no los reciben bien o no los escuchan, al salir de allí sacúdanse el polvo de los pies, como un testimonio contra ellos.»

¹² Los doce salieron y exhortaban a la gente a que se *arrepintiera. ¹³ También expulsaban a muchos demonios y sanaban a muchos enfermos, ungiéndolos con aceite.

Decapitación de Juan el Bautista

¹⁴ El rey Herodes se enteró de esto, pues el nombre de Jesús se había hecho famoso. Algunos decían:ˡ «Juan el Bautista ha *resucitado, y por eso tiene poder para realizar milagros.» ¹⁵ Otros decían: «Es Elías.» Otros, en fin, afirmaban: «Es un profeta, como los de antes.» ¹⁶ Pero cuando Herodes oyó esto, exclamó: «¡Juan, al que yo mandé que le cortaran la cabeza, ha resucitado!»

¹⁷ En efecto, Herodes mismo había mandado que arrestaran a Juan y que lo encadenaran en la cárcel. Herodes se había casado con Herodías, esposa de Felipe su hermano, ¹⁸ y Juan le había estado diciendo a Herodes: «La ley te prohíbe tener a la esposa de tu hermano.» ¹⁹ Por eso Herodías le guardaba rencor a Juan y deseaba matarlo. Pero no había logrado hacerlo, ²⁰ ya que Herodes temía a Juan y lo protegía, pues sabía que era un

---

A Prophet Without Honor

6 Jesus left there and went to his hometown, accompanied by his disciples. ² When the Sabbath came, he began to teach in the synagogue, and many who heard him were amazed.

"Where did this man get these things?" they asked. "What's this wisdom that has been given him? What are these remarkable miracles he is performing? ³ Isn't this the carpenter? Isn't this Mary's son and the brother of James, Joseph,ᵒ Judas and Simon? Aren't his sisters here with us?" And they took offense at him.

⁴ Jesus said to them, "A prophet is not without honor except in his own town, among his relatives and in his own home." ⁵ He could not do any miracles there, except lay his hands on a few sick people and heal them. ⁶ He was amazed at their lack of faith.

Jesus Sends Out the Twelve

Then Jesus went around teaching from village to village. ⁷ Calling the Twelve to him, he began to send them out two by two and gave them authority over impure spirits.

⁸ These were his instructions: "Take nothing for the journey except a staff—no bread, no bag, no money in your belts. ⁹ Wear sandals but not an extra shirt. ¹⁰ Whenever you enter a house, stay there until you leave that town. ¹¹ And if any place will not welcome you or listen to you, leave that place and shake the dust off your feet as a testimony against them."

¹² They went out and preached that people should repent. ¹³ They drove out many demons and anointed many sick people with oil and healed them.

John the Baptist Beheaded

¹⁴ King Herod heard about this, for Jesus' name had become well known. Some were saying,ᵖ "John the Baptist has been raised from the dead, and that is why miraculous powers are at work in him."

¹⁵ Others said, "He is Elijah."

And still others claimed, "He is a prophet, like one of the prophets of long ago."

¹⁶ But when Herod heard this, he said, "John, whom I beheaded, has been raised from the dead!"

¹⁷ For Herod himself had given orders to have John arrested, and he had him bound and put in prison. He did this because of Herodias, his brother Philip's wife, whom he had married. ¹⁸ For John had been saying to Herod, "It is not lawful for you to have your brother's wife." ¹⁹ So Herodias nursed a grudge against John and wanted to kill him. But she was not able to, ²⁰ because Herod feared John and protected him, knowing him to be a righteous

---

ˡ **6:14** Algunos decían. Var. Él decía.

ᵒ 3 Greek Joses, a variant of Joseph   ᵖ 14 Some early manuscripts He was saying

hombre justo y *santo. Cuando Herodes oía a Juan, se quedaba muy desconcertado, pero lo escuchaba con gusto.

21 Por fin se presentó la oportunidad. En su cumpleaños Herodes dio un banquete a sus altos oficiales, a los comandantes militares y a los notables de Galilea. 22 La hija de Herodías entró en el banquete y bailó, y esto agradó a Herodes y a los invitados.

—Pídeme lo que quieras y te lo daré —le dijo el rey a la muchacha.

23 Y le prometió bajo juramento:

—Te daré cualquier cosa que me pidas, aun cuando sea la mitad de mi reino.

24 Ella salió a preguntarle a su madre:

—¿Qué debo pedir?

—La cabeza de Juan el Bautista —contestó.

25 En seguida se fue corriendo la muchacha a presentarle al rey su petición:

—Quiero que ahora mismo me des en una bandeja la cabeza de Juan el Bautista.

26 El rey se quedó angustiado, pero a causa de sus juramentos y en atención a los invitados, no quiso desairarla. 27 Así que en seguida envió a un verdugo con la orden de llevarle la cabeza de Juan. El hombre fue, decapitó a Juan en la cárcel 28 y volvió con la cabeza en una bandeja. Se la entregó a la muchacha, y ella se la dio a su madre. 29 Al enterarse de esto, los discípulos de Juan fueron a recoger el cuerpo y le dieron sepultura.

Jesús alimenta a los cinco mil

30 Los apóstoles se reunieron con Jesús y le contaron lo que habían hecho y enseñado.

31 Y como no tenían tiempo ni para comer, pues era tanta la gente que iba y venía, Jesús les dijo:

—Vengan conmigo ustedes solos a un lugar tranquilo y descansen un poco.

32 Así que se fueron solos en la barca a un lugar solitario. 33 Pero muchos que los vieron salir los reconocieron y, desde todos los poblados, corrieron por tierra hasta allá y llegaron antes que ellos. 34 Cuando Jesús desembarcó y vio tanta gente, tuvo compasión de ellos, porque eran como ovejas sin pastor. Así que comenzó a enseñarles muchas cosas.

35 Cuando ya se hizo tarde, se le acercaron sus discípulos y le dijeron:

—Éste es un lugar apartado y ya es muy tarde. 36 Despide a la gente, para que vayan a los campos y pueblos cercanos y se compren algo de comer.

37 —Denles ustedes mismos de comer —contestó Jesús.

—¡Eso costaría casi un año de trabajo![m] —objetaron—. ¿Quieres que vayamos y gastemos todo ese dinero en pan para darles de comer?

38 —¿Cuántos panes tienen ustedes? —preguntó—. Vayan a ver.

[m] **6:37** *casi un año de trabajo.* Lit. *doscientos *denarios.*

and holy man. When Herod heard John, he was greatly puzzled[q]; yet he liked to listen to him.

21 Finally the opportune time came. On his birthday Herod gave a banquet for his high officials and military commanders and the leading men of Galilee. 22 When the daughter of[r] Herodias came in and danced, she pleased Herod and his dinner guests.

The king said to the girl, "Ask me for anything you want, and I'll give it to you." 23 And he promised her with an oath, "Whatever you ask I will give you, up to half my kingdom."

24 She went out and said to her mother, "What shall I ask for?"

"The head of John the Baptist," she answered.

25 At once the girl hurried in to the king with the request: "I want you to give me right now the head of John the Baptist on a platter."

26 The king was greatly distressed, but because of his oaths and his dinner guests, he did not want to refuse her. 27 So he immediately sent an executioner with orders to bring John's head. The man went, beheaded John in the prison, 28 and brought back his head on a platter. He presented it to the girl, and she gave it to her mother. 29 On hearing of this, John's disciples came and took his body and laid it in a tomb.

Jesus Feeds the Five Thousand

30 The apostles gathered around Jesus and reported to him all they had done and taught. 31 Then, because so many people were coming and going that they did not even have a chance to eat, he said to them, "Come with me by yourselves to a quiet place and get some rest."

32 So they went away by themselves in a boat to a solitary place. 33 But many who saw them leaving recognized them and ran on foot from all the towns and got there ahead of them. 34 When Jesus landed and saw a large crowd, he had compassion on them, because they were like sheep without a shepherd. So he began teaching them many things.

35 By this time it was late in the day, so his disciples came to him. "This is a remote place," they said, "and it's already very late. 36 Send the people away so that they can go to the surrounding countryside and villages and buy themselves something to eat."

37 But he answered, "You give them something to eat."

They said to him, "That would take more than half a year's wages[s]! Are we to go and spend that much on bread and give it to them to eat?"

38 "How many loaves do you have?" he asked. "Go and see."

[q] 20 Some early manuscripts *he did many things* [r] 22 Some early manuscripts *When his daughter* [s] 37 Greek *take two hundred denarii*

Después de averiguarlo, le dijeron:
—Cinco, y dos pescados.

[39] Entonces les mandó que hicieran que la gente se sentara por grupos sobre la hierba verde. [40] Así que ellos se acomodaron en grupos de cien y de cincuenta. [41] Jesús tomó los cinco panes y los dos pescados y, mirando al cielo, los bendijo. Luego partió los panes y se los dio a los discípulos para que se los repartieran a la gente. También repartió los dos pescados entre todos. [42] Comieron todos hasta quedar satisfechos, [43] y los discípulos recogieron doce canastas llenas de pedazos de pan y de pescado. [44] Los que comieron fueron cinco mil.

Jesús camina sobre el agua

[45] En seguida Jesús hizo que sus discípulos subieran a la barca y se le adelantaran al otro lado, a Betsaida, mientras él despedía a la multitud. [46] Cuando se despidió, fue a la montaña para orar.

[47] Al anochecer, la barca se hallaba en medio del lago, y Jesús estaba en tierra solo. [48] En la madrugada,[n] vio que los discípulos hacían grandes esfuerzos para remar, pues tenían el viento en contra. Se acercó a ellos caminando sobre el lago, e iba a pasarlos de largo. [49] Los discípulos, al verlo caminar sobre el agua, creyeron que era un fantasma y se pusieron a gritar, [50] llenos de miedo por lo que veían. Pero él habló en seguida con ellos y les dijo: «¡Cálmense! Soy yo. No tengan miedo.»

[51] Subió entonces a la barca con ellos, y el viento se calmó. Estaban sumamente asombrados, [52] porque tenían la mente embotada y no habían comprendido lo de los panes.

[53] Después de cruzar el lago, llegaron a tierra en Genesaret y atracaron allí. [54] Al bajar ellos de la barca, la gente en seguida reconoció a Jesús. [55] Lo siguieron por toda aquella región y, adonde oían que él estaba, le llevaban en camillas a los que tenían enfermedades. [56] Y dondequiera que iba, en pueblos, ciudades o caseríos, colocaban a los enfermos en las plazas. Le suplicaban que les permitiera tocar siquiera el borde de su manto, y quienes lo tocaban quedaban *sanos.

Lo puro y lo impuro

7 Los *fariseos y algunos de los *maestros de la ley que habían llegado de Jerusalén se reunieron alrededor de Jesús, [2] y vieron a algunos de sus discípulos que comían con manos *impuras, es decir, sin habérselas lavado. [3] (En efecto, los fariseos y los demás judíos no comen nada sin primero cumplir con el rito de lavarse las manos, ya que están aferrados a la tradición de los *ancianos. [4] Al regresar del mercado, no comen nada antes de lavarse. Y siguen otras muchas tradiciones, tales como el rito de lavar copas, jarras y bandejas de

When they found out, they said, "Five — and two fish."

[39] Then Jesus directed them to have all the people sit down in groups on the green grass. [40] So they sat down in groups of hundreds and fifties. [41] Taking the five loaves and the two fish and looking up to heaven, he gave thanks and broke the loaves. Then he gave them to his disciples to distribute to the people. He also divided the two fish among them all. [42] They all ate and were satisfied, [43] and the disciples picked up twelve basketfuls of broken pieces of bread and fish. [44] The number of the men who had eaten was five thousand.

Jesus Walks on the Water

[45] Immediately Jesus made his disciples get into the boat and go on ahead of him to Bethsaida, while he dismissed the crowd. [46] After leaving them, he went up on a mountainside to pray.

[47] Later that night, the boat was in the middle of the lake, and he was alone on land. [48] He saw the disciples straining at the oars, because the wind was against them. Shortly before dawn he went out to them, walking on the lake. He was about to pass by them, [49] but when they saw him walking on the lake, they thought he was a ghost. They cried out, [50] because they all saw him and were terrified.

Immediately he spoke to them and said, "Take courage! It is I. Don't be afraid." [51] Then he climbed into the boat with them, and the wind died down. They were completely amazed, [52] for they had not understood about the loaves; their hearts were hardened.

[53] When they had crossed over, they landed at Gennesaret and anchored there. [54] As soon as they got out of the boat, people recognized Jesus. [55] They ran throughout that whole region and carried the sick on mats to wherever they heard he was. [56] And wherever he went — into villages, towns or countryside — they placed the sick in the marketplaces. They begged him to let them touch even the edge of his cloak, and all who touched it were healed.

That Which Defiles

7 The Pharisees and some of the teachers of the law who had come from Jerusalem gathered around Jesus [2] and saw some of his disciples eating food with hands that were defiled, that is, unwashed. [3] (The Pharisees and all the Jews do not eat unless they give their hands a ceremonial washing, holding to the tradition of the elders. [4] When they come from the marketplace they do not eat unless they wash. And they observe many

---

[n] **6:48** En la madrugada. Lit. Alrededor de la cuarta vigilia de la noche.

cobre.[ñ]) [5] Así que los fariseos y los maestros de la ley le preguntaron a Jesús:

—¿Por qué no siguen tus discípulos la tradición de los ancianos, en vez de comer con manos impuras?

[6] Él les contestó:

—Tenía razón Isaías cuando profetizó acerca de ustedes, *hipócritas, según está escrito:

»“Este pueblo me honra con los labios,
pero su corazón está lejos de mí.
[7] En vano me adoran;
sus enseñanzas no son más que reglas
*humanas.”[o]

[8] Ustedes han desechado los mandamientos divinos y se aferran a las tradiciones humanas.

[9] Y añadió:

—¡Qué buena manera tienen ustedes de dejar a un lado los mandamientos de Dios para mantener[p] sus propias tradiciones! [10] Por ejemplo, Moisés dijo: “Honra a tu padre y a tu madre”,[q] y: “El que maldiga a su padre o a su madre será condenado a muerte”.[r] [11] Ustedes, en cambio, enseñan que un hijo puede decirle a su padre o a su madre: “Cualquier ayuda que pudiera haberte dado es corbán” (es decir, ofrenda dedicada a Dios). [12] En ese caso, el tal hijo ya no está obligado a hacer nada por su padre ni por su madre. [13] Así, por la tradición que se transmiten entre ustedes, anulan la palabra de Dios. Y hacen muchas cosas parecidas.

[14] De nuevo Jesús llamó a la multitud.

—Escúchenme todos —dijo— y entiendan esto: [15] Nada de lo que viene de afuera puede *contaminar a una persona. Más bien, lo que sale de la persona es lo que la contamina.[s]

[17] Después de que dejó a la gente y entró en la casa, sus discípulos le preguntaron sobre la comparación que había hecho.

[18] —¿Tampoco ustedes pueden entenderlo? —les dijo—. ¿No se dan cuenta de que nada de lo que entra en una persona puede contaminarla? [19] Porque no entra en su corazón sino en su estómago, y después va a dar a la letrina.

Con esto Jesús declaraba *limpios todos los alimentos. [20] Luego añadió:

—Lo que sale de la persona es lo que la contamina. [21] Porque de adentro, del corazón humano, salen los malos pensamientos, la inmoralidad sexual, los robos, los homicidios, los adulterios, [22] la avaricia, la maldad, el engaño, el libertinaje, la envidia, la calumnia, la arrogancia y la necedad. [23] Todos estos males vienen de adentro y contaminan a la persona.

[ñ] **7:4** *bandejas de cobre.* Var. *bandejas de cobre y divanes.*
[o] **7:6,7** Is 29:13
[p] **7:9** *mantener.* Var. *establecer.*
[q] **7:10** Éx 20:12; Dt 5:16
[r] **7:10** Éx 21:17; Lv 20:9
[s] **7:15** *contamina.* Var. *contamina.* [16] *El que tenga oídos para oír, que oiga.*

other traditions, such as the washing of cups, pitchers and kettles.[t])

[5] So the Pharisees and teachers of the law asked Jesus, “Why don’t your disciples live according to the tradition of the elders instead of eating their food with defiled hands?”

[6] He replied, “Isaiah was right when he prophesied about you hypocrites; as it is written:

“ ‘These people honor me with their lips,
but their hearts are far from me.
[7] They worship me in vain;
their teachings are merely human rules.’[u]

[8] You have let go of the commands of God and are holding on to human traditions.”

[9] And he continued, “You have a fine way of setting aside the commands of God in order to observe[v] your own traditions! [10] For Moses said, ‘Honor your father and mother,’[w] and, ‘Anyone who curses their father or mother is to be put to death.’[x] [11] But you say that if anyone declares that what might have been used to help their father or mother is Corban (that is, devoted to God)— [12] then you no longer let them do anything for their father or mother. [13] Thus you nullify the word of God by your tradition that you have handed down. And you do many things like that.”

[14] Again Jesus called the crowd to him and said, “Listen to me, everyone, and understand this. [15] Nothing outside a person can defile them by going into them. Rather, it is what comes out of a person that defiles them.” [16][y]

[17] After he had left the crowd and entered the house, his disciples asked him about this parable. [18] “Are you so dull?” he asked. “Don’t you see that nothing that enters a person from the outside can defile them? [19] For it doesn’t go into their heart but into their stomach, and then out of the body.” (In saying this, Jesus declared all foods clean.)

[20] He went on: “What comes out of a person is what defiles them. [21] For it is from within, out of a person’s heart, that evil thoughts come—sexual immorality, theft, murder, [22] adultery, greed, malice, deceit, lewdness, envy, slander, arrogance and folly. [23] All these evils come from inside and defile a person.”

[t] *4* Some early manuscripts *pitchers, kettles and dining couches*
[u] *6,7* Isaiah 29:13 [v] *9* Some manuscripts *set up*
[w] *10* Exodus 20:12; Deut. 5:16 [x] *10* Exodus 21:17; Lev. 20:9
[y] *16* Some manuscripts include here the words of 4:23.

La fe de una mujer sirofenicia

²⁴ Jesús partió de allí y fue a la región de Tiro.ᵗ Entró en una casa y no quería que nadie lo supiera, pero no pudo pasar inadvertido. ²⁵ De hecho, muy pronto se enteró de su llegada una mujer que tenía una niña poseída por un *espíritu maligno, así que fue y se arrojó a sus pies. ²⁶ Esta mujer era extranjera,ᵘ sirofenicia de nacimiento, y le rogaba que expulsara al demonio que tenía su hija.

²⁷ —Deja que primero se sacien los hijos —replicó Jesús—, porque no está bien quitarles el pan a los hijos y echárselo a los *perros.

²⁸ —Sí, Señor —respondió la mujer—, pero hasta los perros comen debajo de la mesa las migajas que dejan los hijos.

²⁹ Jesús le dijo:

—Por haberme respondido así, puedes irte tranquila; el demonio ha salido de tu hija.

³⁰ Cuando ella llegó a su casa, encontró a la niña acostada en la cama. El demonio ya había salido de ella.

Jesús sana a un sordomudo

³¹ Luego regresó Jesús de la región de Tiro y se dirigió por Sidón al mar de Galilea, internándose en la región de *Decápolis. ³² Allí le llevaron un sordo tartamudo, y le suplicaban que pusiera la mano sobre él.

³³ Jesús lo apartó de la multitud para estar a solas con él, le puso los dedos en los oídos y le tocó la lengua con saliva.ᵛ ³⁴ Luego, mirando al cielo, suspiró profundamente y le dijo: «¡Efatá!» (que significa: ¡Ábrete!). ³⁵ Con esto, se le abrieron los oídos al hombre, se le destrabó la lengua y comenzó a hablar normalmente.

³⁶ Jesús les mandó que no se lo dijeran a nadie, pero cuanto más se lo prohibía, tanto más lo seguían propagando. ³⁷ La gente estaba sumamente asombrada, y decía: «Todo lo hace bien. Hasta hace oír a los sordos y hablar a los mudos.»

Jesús alimenta a los cuatro mil

8 En aquellos días se reunió de nuevo mucha gente. Como no tenían nada que comer, Jesús llamó a sus discípulos y les dijo:

² —Siento compasión de esta gente porque ya llevan tres días conmigo y no tienen nada que comer. ³ Si los despido a sus casas sin haber comido, se van a desmayar por el camino, porque algunos de ellos han venido de lejos.

⁴ Los discípulos objetaron:

—¿Dónde se va a conseguir suficiente pan en este lugar despoblado para darles de comer?

⁵ —¿Cuántos panes tienen? —les preguntó Jesús.

—Siete —respondieron.

Jesus Honors a Syrophoenician Woman's Faith

²⁴ Jesus left that place and went to the vicinity of Tyre.ᶻ He entered a house and did not want anyone to know it; yet he could not keep his presence secret. ²⁵ In fact, as soon as she heard about him, a woman whose little daughter was possessed by an impure spirit came and fell at his feet. ²⁶ The woman was a Greek, born in Syrian Phoenicia. She begged Jesus to drive the demon out of her daughter.

²⁷ "First let the children eat all they want," he told her, "for it is not right to take the children's bread and toss it to the dogs."

²⁸ "Lord," she replied, "even the dogs under the table eat the children's crumbs."

²⁹ Then he told her, "For such a reply, you may go; the demon has left your daughter."

³⁰ She went home and found her child lying on the bed, and the demon gone.

Jesus Heals a Deaf and Mute Man

³¹ Then Jesus left the vicinity of Tyre and went through Sidon, down to the Sea of Galilee and into the region of the Decapolis.ᵃ ³² There some people brought to him a man who was deaf and could hardly talk, and they begged Jesus to place his hand on him.

³³ After he took him aside, away from the crowd, Jesus put his fingers into the man's ears. Then he spit and touched the man's tongue. ³⁴ He looked up to heaven and with a deep sigh said to him, "Ephphatha!" (which means "Be opened!"). ³⁵ At this, the man's ears were opened, his tongue was loosened and he began to speak plainly.

³⁶ Jesus commanded them not to tell anyone. But the more he did so, the more they kept talking about it. ³⁷ People were overwhelmed with amazement. "He has done everything well," they said. "He even makes the deaf hear and the mute speak."

Jesus Feeds the Four Thousand

8 During those days another large crowd gathered. Since they had nothing to eat, Jesus called his disciples to him and said, ² "I have compassion for these people; they have already been with me three days and have nothing to eat. ³ If I send them home hungry, they will collapse on the way, because some of them have come a long distance."

⁴ His disciples answered, "But where in this remote place can anyone get enough bread to feed them?"

⁵ "How many loaves do you have?" Jesus asked.

"Seven," they replied.

ᵗ **7:24** *de Tiro.* Var. *de Tiro y Sidón.*
ᵘ **7:26** *extranjera.* Lit. *helénica* (es decir, de cultura griega).
ᵛ **7:33** *con saliva.* Lit. *escupiendo.*

ᶻ *24* Many early manuscripts *Tyre and Sidon*   ᵃ *31* That is, the Ten Cities

⁶ Entonces mandó que la gente se sentara en el suelo. Tomando los siete panes, dio gracias, los partió y se los fue dando a sus discípulos para que los repartieran a la gente, y así lo hicieron. ⁷ Tenían además unos cuantos pescaditos. Dio gracias por ellos también y les dijo a los discípulos que los repartieran. ⁸ La gente comió hasta quedar satisfecha. Después los discípulos recogieron siete cestas llenas de pedazos que sobraron. ⁹ Los que comieron eran unos cuatro mil. Tan pronto como los despidió, ¹⁰ Jesús se embarcó con sus discípulos y se fue a la región de Dalmanuta.

¹¹ Llegaron los *fariseos y comenzaron a discutir con Jesús. Para ponerlo a *prueba, le pidieron una señal del cielo. ¹² Él lanzó un profundo suspiro y dijo:ʷ «¿Por qué pide esta generación una señal milagrosa? Les aseguro que no se le dará ninguna señal.» ¹³ Entonces los dejó, volvió a embarcarse y cruzó al otro lado.

La levadura de los fariseos y la de Herodes

¹⁴ A los discípulos se les había olvidado llevar comida, y sólo tenían un pan en la barca. ¹⁵ Tengan cuidado —les advirtió Jesús—; ¡ojo con la levadura de los *fariseos y con la de Herodes!

¹⁶ Ellos comentaban entre sí: «Lo dice porque no tenemos pan.» ¹⁷ Al darse cuenta de esto, Jesús les dijo:

—¿Por qué están hablando de que no tienen pan? ¿Todavía no ven ni entienden? ¿Tienen la mente embotada? ¹⁸ ¿Es que tienen ojos, pero no ven, y oídos, pero no oyen? ¿Acaso no recuerdan? ¹⁹ Cuando partí los cinco panes para los cinco mil, ¿cuántas canastas llenas de pedazos recogieron?

—Doce —respondieron.

²⁰ —Y cuando partí los siete panes para los cuatro mil, ¿cuántas cestas llenas de pedazos recogieron?

—Siete.

²¹ Entonces concluyó:

—¿Y todavía no entienden?

Jesús sana a un ciego en Betsaida

²² Cuando llegaron a Betsaida, algunas personas le llevaron un ciego a Jesús y le rogaron que lo tocara. ²³ Él tomó de la mano al ciego y lo sacó fuera del pueblo. Después de escupirle en los ojos y de poner las manos sobre él, le preguntó:

—¿Puedes ver ahora?

²⁴ El hombre alzó los ojos y dijo:

—Veo gente; parecen árboles que caminan.

²⁵ Entonces le puso de nuevo las manos sobre los ojos, y el ciego fue curado: recobró la vista y comenzó a ver todo con claridad. ²⁶ Jesús lo mandó a su casa con esta advertencia:

—No vayas a entrar en el pueblo.ˣ

⁶ He told the crowd to sit down on the ground. When he had taken the seven loaves and given thanks, he broke them and gave them to his disciples to distribute to the people, and they did so. ⁷ They had a few small fish as well; he gave thanks for them also and told the disciples to distribute them. ⁸ The people ate and were satisfied. Afterward the disciples picked up seven basketfuls of broken pieces that were left over. ⁹ About four thousand were present. After he had sent them away, ¹⁰ he got into the boat with his disciples and went to the region of Dalmanutha.

¹¹ The Pharisees came and began to question Jesus. To test him, they asked him for a sign from heaven. ¹² He sighed deeply and said, "Why does this generation ask for a sign? Truly I tell you, no sign will be given to it." ¹³ Then he left them, got back into the boat and crossed to the other side.

The Yeast of the Pharisees and Herod

¹⁴ The disciples had forgotten to bring bread, except for one loaf they had with them in the boat. ¹⁵ "Be careful," Jesus warned them. "Watch out for the yeast of the Pharisees and that of Herod."

¹⁶ They discussed this with one another and said, "It is because we have no bread." ¹⁷ Aware of their discussion, Jesus asked them: "Why are you talking about having no bread? Do you still not see or understand? Are your hearts hardened? ¹⁸ Do you have eyes but fail to see, and ears but fail to hear? And don't you remember? ¹⁹ When I broke the five loaves for the five thousand, how many basketfuls of pieces did you pick up?"

"Twelve," they replied.

²⁰ "And when I broke the seven loaves for the four thousand, how many basketfuls of pieces did you pick up?"

They answered, "Seven."

²¹ He said to them, "Do you still not understand?"

Jesus Heals a Blind Man at Bethsaida

²² They came to Bethsaida, and some people brought a blind man and begged Jesus to touch him. ²³ He took the blind man by the hand and led him outside the village. When he had spit on the man's eyes and put his hands on him, Jesus asked, "Do you see anything?"

²⁴ He looked up and said, "I see people; they look like trees walking around."

²⁵ Once more Jesus put his hands on the man's eyes. Then his eyes were opened, his sight was restored, and he saw everything clearly. ²⁶ Jesus sent him home, saying, "Don't even go intoᵇ the village."

ʷ 8:12 *lanzó ... dijo.* Lit. *suspirando en su espíritu dijo.*
ˣ 8:26 *pueblo.* Var. *pueblo, ni a decírselo a nadie en el pueblo.*

ᵇ 26 Some manuscripts *go and tell anyone in*

La confesión de Pedro

²⁷ Jesús y sus discípulos salieron hacia las aldeas de Cesarea de Filipo. En el camino les preguntó:

—¿Quién dice la gente que soy yo?

²⁸ —Unos dicen que Juan el Bautista, otros que Elías, y otros que uno de los profetas —contestaron.

²⁹ —Y ustedes, ¿quién dicen que soy yo?

—Tú eres el *Cristo —afirmó Pedro.

³⁰ Jesús les ordenó que no hablaran a nadie acerca de él.

Jesús predice su muerte

³¹ Luego comenzó a enseñarles:

—El Hijo del hombre tiene que sufrir muchas cosas y ser rechazado por los *ancianos, por los jefes de los sacerdotes y por los *maestros de la ley. Es necesario que lo maten y que a los tres días resucite.

³² Habló de esto con toda claridad. Pedro lo llevó aparte y comenzó a reprenderlo. ³³ Pero Jesús se dio la vuelta, miró a sus discípulos, y reprendió a Pedro.

—¡Aléjate de mí, Satanás! —le dijo—. Tú no piensas en las cosas de Dios sino en las de los hombres.

³⁴ Entonces llamó a la multitud y a sus discípulos.

—Si alguien quiere ser mi discípulo —les dijo—, que se niegue a sí mismo, lleve su cruz y me siga. ³⁵ Porque el que quiera salvar su *vida, la perderá; pero el que pierda su vida por mi causa y por el *evangelio, la salvará. ³⁶ ¿De qué sirve ganar el mundo entero si se pierde la vida? ³⁷ ¿O qué se puede dar a cambio de la vida? ³⁸ Si alguien se avergüenza de mí y de mis palabras en medio de esta generación adúltera y pecadora, también el Hijo del hombre se avergonzará de él cuando venga en la gloria de su Padre con los santos ángeles.

9 Y añadió:

—Les aseguro que algunos de los aquí presentes no sufrirán la muerte sin antes haber visto el reino de Dios llegar con poder.

La transfiguración

² Seis días después Jesús tomó consigo a Pedro, a *Jacobo y a Juan, y los llevó a una montaña alta, donde estaban solos. Allí se transfiguró en presencia de ellos. ³ Su ropa se volvió de un blanco resplandeciente como nadie en el mundo podría blanquearla. ⁴ Y se les aparecieron Elías y Moisés, los cuales conversaban con Jesús. Tomando la palabra, ⁵ Pedro le dijo a Jesús:

—Rabí, ¡qué bien que estemos aquí! Podemos levantar tres albergues: uno para ti, otro para Moisés y otro para Elías.

⁶ No sabía qué decir, porque todos estaban asustados. ⁷ Entonces apareció una nube que los

Peter Declares That Jesus Is the Messiah

²⁷ Jesus and his disciples went on to the villages around Caesarea Philippi. On the way he asked them, "Who do people say I am?"

²⁸ They replied, "Some say John the Baptist; others say Elijah; and still others, one of the prophets."

²⁹ "But what about you?" he asked. "Who do you say I am?"

Peter answered, "You are the Messiah."

³⁰ Jesus warned them not to tell anyone about him.

Jesus Predicts His Death

³¹ He then began to teach them that the Son of Man must suffer many things and be rejected by the elders, the chief priests and the teachers of the law, and that he must be killed and after three days rise again. ³² He spoke plainly about this, and Peter took him aside and began to rebuke him.

³³ But when Jesus turned and looked at his disciples, he rebuked Peter. "Get behind me, Satan!" he said. "You do not have in mind the concerns of God, but merely human concerns."

The Way of the Cross

³⁴ Then he called the crowd to him along with his disciples and said: "Whoever wants to be my disciple must deny themselves and take up their cross and follow me. ³⁵ For whoever wants to save their life[c] will lose it, but whoever loses their life for me and for the gospel will save it. ³⁶ What good is it for someone to gain the whole world, yet forfeit their soul? ³⁷ Or what can anyone give in exchange for their soul? ³⁸ If anyone is ashamed of me and my words in this adulterous and sinful generation, the Son of Man will be ashamed of them when he comes in his Father's glory with the holy angels."

9 And he said to them, "Truly I tell you, some who are standing here will not taste death before they see that the kingdom of God has come with power."

The Transfiguration

² After six days Jesus took Peter, James and John with him and led them up a high mountain, where they were all alone. There he was transfigured before them. ³ His clothes became dazzling white, whiter than anyone in the world could bleach them. ⁴ And there appeared before them Elijah and Moses, who were talking with Jesus.

⁵ Peter said to Jesus, "Rabbi, it is good for us to be here. Let us put up three shelters — one for you, one for Moses and one for Elijah." ⁶ (He did not know what to say, they were so frightened.)

⁷ Then a cloud appeared and covered them, and

---

c 35 The Greek word means either *life* or *soul*; also in verses 36 and 37.

envolvió, de la cual salió una voz que dijo: «Éste es mi Hijo amado. ¡Escúchenlo!»

⁸ De repente, cuando miraron a su alrededor, ya no vieron a nadie más que a Jesús.

⁹ Mientras bajaban de la montaña, Jesús les ordenó que no contaran a nadie lo que habían visto hasta que el Hijo del hombre se *levantara de entre los muertos. ¹⁰ Guardaron el secreto, pero discutían entre ellos qué significaría eso de «levantarse de entre los muertos».

¹¹ —¿Por qué dicen los *maestros de la ley que Elías tiene que venir primero? —le preguntaron.

¹² —Sin duda Elías ha de venir primero para restaurar todas las cosas —respondió Jesús—. Pero entonces, ¿cómo es que está escrito que el Hijo del hombre tiene que sufrir mucho y ser rechazado? ¹³ Pues bien, les digo que Elías ya ha venido, y le hicieron todo lo que quisieron, tal como está escrito de él.

Jesús sana a un muchacho endemoniado

¹⁴ Cuando llegaron adonde estaban los otros discípulos, vieronʸ que a su alrededor había mucha gente y que los *maestros de la ley discutían con ellos. ¹⁵ Tan pronto como la gente vio a Jesús, todos se sorprendieron y corrieron a saludarlo.

¹⁶ —¿Qué están discutiendo con ellos? —les preguntó.

¹⁷ —Maestro —respondió un hombre de entre la multitud—, te he traído a mi hijo, pues está poseído por un espíritu que le ha quitado el habla. ¹⁸ Cada vez que se apodera de él, lo derriba. Echa espumarajos, cruje los dientes y se queda rígido. Les pedí a tus discípulos que expulsaran al espíritu, pero no lo lograron.

¹⁹ —¡Ah, generación incrédula! —respondió Jesús—. ¿Hasta cuándo tendré que estar con ustedes? ¿Hasta cuándo tendré que soportarlos? Tráiganme al muchacho.

²⁰ Así que se lo llevaron. Tan pronto como vio a Jesús, el espíritu sacudió de tal modo al muchacho que éste cayó al suelo y comenzó a revolcarse echando espumarajos.

²¹ —¿Cuánto tiempo hace que le pasa esto? —le preguntó Jesús al padre.

—Desde que era niño —contestó—. ²² Muchas veces lo ha echado al fuego y al agua para matarlo. Si puedes hacer algo, ten compasión de nosotros y ayúdanos.

²³ —¿Cómo que si puedo? Para el que cree, todo es posible.

²⁴ —¡Sí creo! —exclamó de inmediato el padre del muchacho—. ¡Ayúdame en mi poca fe!

²⁵ Al ver Jesús que se agolpaba mucha gente, reprendió al *espíritu maligno.

—Espíritu sordo y mudo —dijo—, te mando que salgas y que jamás vuelvas a entrar en él.

a voice came from the cloud: "This is my Son, whom I love. Listen to him!"

⁸ Suddenly, when they looked around, they no longer saw anyone with them except Jesus.

⁹ As they were coming down the mountain, Jesus gave them orders not to tell anyone what they had seen until the Son of Man had risen from the dead. ¹⁰ They kept the matter to themselves, discussing what "rising from the dead" meant.

¹¹ And they asked him, "Why do the teachers of the law say that Elijah must come first?"

¹² Jesus replied, "To be sure, Elijah does come first, and restores all things. Why then is it written that the Son of Man must suffer much and be rejected? ¹³ But I tell you, Elijah has come, and they have done to him everything they wished, just as it is written about him."

Jesus Heals a Boy Possessed by an Impure Spirit

¹⁴ When they came to the other disciples, they saw a large crowd around them and the teachers of the law arguing with them. ¹⁵ As soon as all the people saw Jesus, they were overwhelmed with wonder and ran to greet him.

¹⁶ "What are you arguing with them about?" he asked.

¹⁷ A man in the crowd answered, "Teacher, I brought you my son, who is possessed by a spirit that has robbed him of speech. ¹⁸ Whenever it seizes him, it throws him to the ground. He foams at the mouth, gnashes his teeth and becomes rigid. I asked your disciples to drive out the spirit, but they could not."

¹⁹ "You unbelieving generation," Jesus replied, "how long shall I stay with you? How long shall I put up with you? Bring the boy to me."

²⁰ So they brought him. When the spirit saw Jesus, it immediately threw the boy into a convulsion. He fell to the ground and rolled around, foaming at the mouth.

²¹ Jesus asked the boy's father, "How long has he been like this?"

"From childhood," he answered. ²² "It has often thrown him into fire or water to kill him. But if you can do anything, take pity on us and help us."

²³ "'If you can'?" said Jesus. "Everything is possible for one who believes."

²⁴ Immediately the boy's father exclaimed, "I do believe; help me overcome my unbelief!"

²⁵ When Jesus saw that a crowd was running to the scene, he rebuked the impure spirit. "You deaf and mute spirit," he said, "I command you, come out of him and never enter him again."

ʸ **9:14** *Cuando llegaron … vieron.* Var. *Cuando llegó … vio.*

²⁶ El espíritu, dando un alarido y sacudiendo violentamente al muchacho, salió de él. Éste quedó como muerto, tanto que muchos decían: «Ya se murió.» ²⁷ Pero Jesús lo tomó de la mano y lo levantó, y el muchacho se puso de pie.

²⁸ Cuando Jesús entró en casa, sus discípulos le preguntaron en privado:

—¿Por qué nosotros no pudimos expulsarlo?

²⁹ —Esta clase de demonios sólo puede ser expulsada a fuerza de oración^z —respondió Jesús.

³⁰ Dejaron aquel lugar y pasaron por Galilea. Pero Jesús no quería que nadie lo supiera, ³¹ porque estaba instruyendo a sus discípulos. Les decía: «El Hijo del hombre va a ser entregado en manos de los hombres. Lo matarán, y a los tres días de muerto resucitará.»

³² Pero ellos no entendían lo que quería decir con esto, y no se atrevían a preguntárselo.

¿Quién es el más importante?

³³ Llegaron a Capernaúm. Cuando ya estaba en casa, Jesús les preguntó:

—¿Qué venían discutiendo por el camino?

³⁴ Pero ellos se quedaron callados, porque en el camino habían discutido entre sí quién era el más importante.

³⁵ Entonces Jesús se sentó, llamó a los doce y les dijo:

—Si alguno quiere ser el primero, que sea el último de todos y el servidor de todos.

³⁶ Luego tomó a un niño y lo puso en medio de ellos. Abrazándolo, les dijo:

³⁷ —El que recibe en mi nombre a uno de estos niños, me recibe a mí; y el que me recibe a mí, no me recibe a mí sino al que me envió.

El que no está contra nosotros está a favor de nosotros

³⁸ —Maestro —dijo Juan—, vimos a uno que expulsaba demonios en tu nombre y se lo impedimos porque no es de los nuestros.^a

³⁹ —No se lo impidan —replicó Jesús—. Nadie que haga un milagro en mi nombre puede a la vez hablar mal de mí. ⁴⁰ El que no está contra nosotros está a favor de nosotros. ⁴¹ Les aseguro que cualquiera que les dé un vaso de agua en mi nombre por ser ustedes de *Cristo no perderá su recompensa.

El hacer pecar

⁴² »Pero si alguien hace *pecar a uno de estos pequeños que creen en mí, más le valdría que le ataran al cuello una piedra de molino y lo arrojaran al mar. ⁴³ Si tu mano te hace pecar, córtatela. Más te vale entrar en la vida manco, que ir con las dos manos al infierno,^b donde el fuego nunca se

²⁶ The spirit shrieked, convulsed him violently and came out. The boy looked so much like a corpse that many said, "He's dead." ²⁷ But Jesus took him by the hand and lifted him to his feet, and he stood up.

²⁸ After Jesus had gone indoors, his disciples asked him privately, "Why couldn't we drive it out?"

²⁹ He replied, "This kind can come out only by prayer.^d"

Jesus Predicts His Death a Second Time

³⁰ They left that place and passed through Galilee. Jesus did not want anyone to know where they were, ³¹ because he was teaching his disciples. He said to them, "The Son of Man is going to be delivered into the hands of men. They will kill him, and after three days he will rise." ³² But they did not understand what he meant and were afraid to ask him about it.

³³ They came to Capernaum. When he was in the house, he asked them, "What were you arguing about on the road?" ³⁴ But they kept quiet because on the way they had argued about who was the greatest.

³⁵ Sitting down, Jesus called the Twelve and said, "Anyone who wants to be first must be the very last, and the servant of all."

³⁶ He took a little child whom he placed among them. Taking the child in his arms, he said to them, ³⁷ "Whoever welcomes one of these little children in my name welcomes me; and whoever welcomes me does not welcome me but the one who sent me."

Whoever Is Not Against Us Is for Us

³⁸ "Teacher," said John, "we saw someone driving out demons in your name and we told him to stop, because he was not one of us."

³⁹ "Do not stop him," Jesus said. "For no one who does a miracle in my name can in the next moment say anything bad about me, ⁴⁰ for whoever is not against us is for us. ⁴¹ Truly I tell you, anyone who gives you a cup of water in my name because you belong to the Messiah will certainly not lose their reward.

Causing to Stumble

⁴² "If anyone causes one of these little ones— those who believe in me— to stumble, it would be better for them if a large millstone were hung around their neck and they were thrown into the sea. ⁴³ If your hand causes you to stumble, cut it off. It is better for you to enter life maimed than with two hands to go into hell, where the fire

---

^z **9:29** oración. Var. oración y ayuno.
^a **9:38** no es de los nuestros. Lit. no nos sigue.
^b **9:43** al infierno. Lit. a la *Gehenna; también en vv. 45 y 47.

^d 29 Some manuscripts prayer and fasting

apaga.^c ⁴⁵ Y si tu pie te hace pecar, córtatelo. Más te vale entrar en la vida cojo, que ser arrojado con los dos pies al infierno,^d ⁴⁷ Y si tu ojo te hace pecar, sácatelo. Más te vale entrar tuerto en el reino de Dios, que ser arrojado con los dos ojos al infierno, ⁴⁸ donde

> »"su gusano no muere,
> y el fuego no se apaga".^e

⁴⁹ La sal con que todos serán sazonados es el fuego. ⁵⁰ »La sal es buena, pero si deja de ser salada, ¿cómo le pueden volver a dar sabor? Que no falte la sal entre ustedes, para que puedan vivir en paz unos con otros.

El divorcio

10 Jesús partió de aquel lugar y se fue a la región de Judea y al otro lado del Jordán. Otra vez se le reunieron las multitudes, y como era su costumbre, les enseñaba.

² En eso, unos *fariseos se le acercaron y, para ponerlo a *prueba, le preguntaron:

—¿Está permitido que un hombre se divorcie de su esposa?

³ —¿Qué les mandó Moisés? —replicó Jesús.

⁴ —Moisés permitió que un hombre le escribiera un certificado de divorcio y la despidiera —contestaron ellos.

⁵ —Esa ley la escribió Moisés para ustedes por lo obstinados que son^f —aclaró Jesús—. ⁶ Pero al principio de la creación Dios "los hizo hombre y mujer".^g ⁷ "Por eso dejará el hombre a su padre y a su madre, y se unirá a su esposa,^h ⁸ y los dos llegarán a ser un solo cuerpo".ⁱ Así que ya no son dos, sino uno solo. ⁹ Por tanto, lo que Dios ha unido, que no lo separe el hombre.

¹⁰ Vueltos a casa, los discípulos le preguntaron a Jesús sobre este asunto.

¹¹ —El que se divorcia de su esposa y se casa con otra, comete adulterio contra la primera —respondió—. ¹² Y si la mujer se divorcia de su esposo y se casa con otro, comete adulterio.

Jesús y los niños

¹³ Empezaron a llevarle niños a Jesús para que los tocara, pero los discípulos reprendían a quienes los llevaban. ¹⁴ Cuando Jesús se dio cuenta, se indignó y les dijo: «Dejen que los niños vengan a mí, y no se lo impidan, porque el reino de Dios es de quienes son como ellos. ¹⁵ Les aseguro que el que no reciba el reino de Dios como un niño, de ninguna manera entrará en él.» ¹⁶ Y después de

never goes out. [⁴⁴] ^e ⁴⁵ And if your foot causes you to stumble, cut it off. It is better for you to enter life crippled than to have two feet and be thrown into hell. [⁴⁶] ^e ⁴⁷ And if your eye causes you to stumble, pluck it out. It is better for you to enter the kingdom of God with one eye than to have two eyes and be thrown into hell, ⁴⁸ where

> "'the worms that eat them do not die,
> and the fire is not quenched.'^f

⁴⁹ Everyone will be salted with fire. ⁵⁰ "Salt is good, but if it loses its saltiness, how can you make it salty again? Have salt among yourselves, and be at peace with each other."

Divorce

10 Jesus then left that place and went into the region of Judea and across the Jordan. Again crowds of people came to him, and as was his custom, he taught them.

² Some Pharisees came and tested him by asking, "Is it lawful for a man to divorce his wife?"

³ "What did Moses command you?" he replied.

⁴ They said, "Moses permitted a man to write a certificate of divorce and send her away."

⁵ "It was because your hearts were hard that Moses wrote you this law," Jesus replied. ⁶ "But at the beginning of creation God 'made them male and female.'^g ⁷ 'For this reason a man will leave his father and mother and be united to his wife,^h ⁸ and the two will become one flesh.'ⁱ So they are no longer two, but one flesh. ⁹ Therefore what God has joined together, let no one separate."

¹⁰ When they were in the house again, the disciples asked Jesus about this. ¹¹ He answered, "Anyone who divorces his wife and marries another woman commits adultery against her. ¹² And if she divorces her husband and marries another man, she commits adultery."

The Little Children and Jesus

¹³ People were bringing little children to Jesus for him to place his hands on them, but the disciples rebuked them. ¹⁴ When Jesus saw this, he was indignant. He said to them, "Let the little children come to me, and do not hinder them, for the kingdom of God belongs to such as these. ¹⁵ Truly I tell you, anyone who will not receive the kingdom of God like a little child will never enter it." ¹⁶ And he

---

^c 9:43 *apaga.* Var. *apaga,* ⁴⁴ *donde "su gusano no muere, y el fuego no se apaga".*
^d 9:45 *infierno.* Var. *infierno,* ⁴⁶ *donde "su gusano no muere, y el fuego no se apaga".*
^e 9:48 Is 66:24
^f 10:5 *por lo obstinados que son.* Lit. *por su dureza de corazón.*
^g 10:6 Gn 1:27
^h 10:7 Var. no incluye: *y se unirá a su esposa.*
ⁱ 10:8 Gn 2:24

^e 44,46 Some manuscripts include here the words of verse 48. ^f 48 Isaiah 66:24   ^g 6 Gen. 1:27   ^h 7 Some early manuscripts do not have *and be united to his wife.*   ⁱ 8 Gen. 2:24

abrazarlos, los bendecía poniendo las manos sobre ellos.

El joven rico

[17] Cuando Jesús estaba ya para irse, un hombre llegó corriendo y se postró delante de él.

—Maestro bueno —le preguntó—, ¿qué debo hacer para heredar la vida eterna?

[18] —¿Por qué me llamas bueno? —respondió Jesús—. Nadie es bueno sino sólo Dios. [19] Ya sabes los mandamientos: "No mates, no cometas adulterio, no robes, no presentes falso testimonio, no defraudes, honra a tu padre y a tu madre."*j*

[20] —Maestro —dijo el hombre—, todo eso lo he cumplido desde que era joven.

[21] Jesús lo miró con amor y añadió:

—Una sola cosa te falta: anda, vende todo lo que tienes y dáselo a los pobres, y tendrás tesoro en el cielo. Luego ven y sígueme.

[22] Al oír esto, el hombre se desanimó y se fue triste porque tenía muchas riquezas.

[23] Jesús miró alrededor y les comentó a sus discípulos:

—¡Qué difícil es para los ricos entrar en el reino de Dios!

[24] Los discípulos se asombraron de sus palabras.

—Hijos, ¡qué difícil es entrar*k* en el reino de Dios! —repitió Jesús—. [25] Le resulta más fácil a un camello pasar por el ojo de una aguja, que a un rico entrar en el reino de Dios.

[26] Los discípulos se asombraron aún más, y decían entre sí: «Entonces, ¿quién podrá salvarse?»

[27] —Para los hombres es imposible —aclaró Jesús, mirándolos fijamente—, pero no para Dios; de hecho, para Dios todo es posible.

[28] —¿Qué de nosotros, que lo hemos dejado todo y te hemos seguido? —comenzó a reclamarle Pedro.

[29] —Les aseguro —respondió Jesús— que todo el que por mi causa y la del *evangelio haya dejado casa, hermanos, hermanas, madre, padre, hijos o terrenos, [30] recibirá cien veces más ahora en este tiempo (casas, hermanos, hermanas, madres, hijos y terrenos, aunque con persecuciones); y en la edad venidera, la vida eterna. [31] Pero muchos de los primeros serán últimos, y los últimos, primeros.

Jesús predice de nuevo su muerte

[32] Iban de camino subiendo a Jerusalén, y Jesús se les adelantó. Los discípulos estaban asombrados, y los otros que venían detrás tenían miedo. De nuevo tomó aparte a los doce y comenzó a decirles lo que le iba a suceder. [33] «Ahora vamos rumbo a Jerusalén, y el Hijo del hombre será entregado a los jefes de los sacerdotes y a los *maestros de la ley. Ellos lo condenarán a muerte y lo entregarán a los *gentiles. [34] Se burlarán de él, le escupirán, lo

took the children in his arms, placed his hands on them and blessed them.

The Rich and the Kingdom of God

[17] As Jesus started on his way, a man ran up to him and fell on his knees before him. "Good teacher," he asked, "what must I do to inherit eternal life?"

[18] "Why do you call me good?" Jesus answered. "No one is good — except God alone. [19] You know the commandments: 'You shall not murder, you shall not commit adultery, you shall not steal, you shall not give false testimony, you shall not defraud, honor your father and mother.'*j*"

[20] "Teacher," he declared, "all these I have kept since I was a boy."

[21] Jesus looked at him and loved him. "One thing you lack," he said. "Go, sell everything you have and give to the poor, and you will have treasure in heaven. Then come, follow me."

[22] At this the man's face fell. He went away sad, because he had great wealth.

[23] Jesus looked around and said to his disciples, "How hard it is for the rich to enter the kingdom of God!"

[24] The disciples were amazed at his words. But Jesus said again, "Children, how hard it is*k* to enter the kingdom of God! [25] It is easier for a camel to go through the eye of a needle than for someone who is rich to enter the kingdom of God."

[26] The disciples were even more amazed, and said to each other, "Who then can be saved?"

[27] Jesus looked at them and said, "With man this is impossible, but not with God; all things are possible with God."

[28] Then Peter spoke up, "We have left everything to follow you!"

[29] "Truly I tell you," Jesus replied, "no one who has left home or brothers or sisters or mother or father or children or fields for me and the gospel [30] will fail to receive a hundred times as much in this present age: homes, brothers, sisters, mothers, children and fields — along with persecutions — and in the age to come eternal life. [31] But many who are first will be last, and the last first."

Jesus Predicts His Death a Third Time

[32] They were on their way up to Jerusalem, with Jesus leading the way, and the disciples were astonished, while those who followed were afraid. Again he took the Twelve aside and told them what was going to happen to him. [33] "We are going up to Jerusalem," he said, "and the Son of Man will be delivered over to the chief priests and the teachers of the law. They will condemn him to death and will hand him over to the Gentiles, [34] who will

---

j **10:19** Éx 20:12-16; Dt 5:16-20
k **10:24** *es entrar. Var. es para los que confían en las riquezas entrar.*

j 19 Exodus 20:12-16; Deut. 5:16-20   *k* 24 *Some manuscripts is for those who trust in riches*

azotarán y lo matarán. Pero a los tres días resucitará.»

La petición de Jacobo y Juan

³⁵ Se le acercaron *Jacobo y Juan, hijos de Zebedeo.

—Maestro —le dijeron—, queremos que nos concedas lo que te vamos a pedir.

³⁶ —¿Qué quieren que haga por ustedes?

³⁷ —Concédenos que en tu glorioso reino uno de nosotros se siente a tu *derecha y el otro a tu izquierda.

³⁸ —No saben lo que están pidiendo —les replicó Jesús—. ¿Pueden acaso beber el trago amargo de la copa que yo bebo, o pasar por la prueba del bautismo con el que voy a ser probado?[l]

³⁹ —Sí, podemos.

—Ustedes beberán de la copa que yo bebo —les respondió Jesús— y pasarán por la prueba del bautismo con el que voy a ser probado, ⁴⁰ pero el sentarse a mi derecha o a mi izquierda no me corresponde a mí concederlo. Eso ya está decidido.[m]

⁴¹ Los otros diez, al oír la conversación, se indignaron contra Jacobo y Juan. ⁴² Así que Jesús los llamó y les dijo:

—Como ustedes saben, los que se consideran jefes de las *naciones oprimen a los súbditos, y los altos oficiales abusan de su autoridad. ⁴³ Pero entre ustedes no debe ser así. Al contrario, el que quiera hacerse grande entre ustedes deberá ser su servidor, ⁴⁴ y el que quiera ser el primero deberá ser *esclavo de todos. ⁴⁵ Porque ni aun el Hijo del hombre vino para que le sirvan, sino para servir y para dar su *vida en rescate por muchos.

El ciego Bartimeo recibe la vista

⁴⁶ Después llegaron a Jericó. Más tarde, salió Jesús de la ciudad acompañado de sus discípulos y de una gran multitud. Un mendigo ciego llamado Bartimeo (el hijo de Timeo) estaba sentado junto al camino. ⁴⁷ Al oír que el que venía era Jesús de Nazaret, se puso a gritar:

—¡Jesús, Hijo de David, ten compasión de mí!

⁴⁸ Muchos lo reprendían para que se callara, pero él se puso a gritar aún más:

—¡Hijo de David, ten compasión de mí!

⁴⁹ Jesús se detuvo y dijo:

—Llámenlo.

Así que llamaron al ciego.

—¡Ánimo! —le dijeron—. ¡Levántate! Te llama.

⁵⁰ Él, arrojando la capa, dio un salto y se acercó a Jesús.

⁵¹ —¿Qué quieres que haga por ti? —le preguntó.

—Rabí, quiero ver —respondió el ciego.

mock him and spit on him, flog him and kill him. Three days later he will rise."

The Request of James and John

³⁵ Then James and John, the sons of Zebedee, came to him. "Teacher," they said, "we want you to do for us whatever we ask."

³⁶ "What do you want me to do for you?" he asked.

³⁷ They replied, "Let one of us sit at your right and the other at your left in your glory."

³⁸ "You don't know what you are asking," Jesus said. "Can you drink the cup I drink or be baptized with the baptism I am baptized with?"

³⁹ "We can," they answered.

Jesus said to them, "You will drink the cup I drink and be baptized with the baptism I am baptized with, ⁴⁰ but to sit at my right or left is not for me to grant. These places belong to those for whom they have been prepared."

⁴¹ When the ten heard about this, they became indignant with James and John. ⁴² Jesus called them together and said, "You know that those who are regarded as rulers of the Gentiles lord it over them, and their high officials exercise authority over them. ⁴³ Not so with you. Instead, whoever wants to become great among you must be your servant, ⁴⁴ and whoever wants to be first must be slave of all. ⁴⁵ For even the Son of Man did not come to be served, but to serve, and to give his life as a ransom for many."

Blind Bartimaeus Receives His Sight

⁴⁶ Then they came to Jericho. As Jesus and his disciples, together with a large crowd, were leaving the city, a blind man, Bartimaeus (which means "son of Timaeus"), was sitting by the roadside begging. ⁴⁷ When he heard that it was Jesus of Nazareth, he began to shout, "Jesus, Son of David, have mercy on me!"

⁴⁸ Many rebuked him and told him to be quiet, but he shouted all the more, "Son of David, have mercy on me!"

⁴⁹ Jesus stopped and said, "Call him."

So they called to the blind man, "Cheer up! On your feet! He's calling you." ⁵⁰ Throwing his cloak aside, he jumped to his feet and came to Jesus.

⁵¹ "What do you want me to do for you?" Jesus asked him.

The blind man said, "Rabbi, I want to see."

---

[l] **10:38** beber … probado? Lit. beber la copa que yo bebo, o ser bautizados con el bautismo con que yo soy bautizado?

[m] **10:40** concederlo. Eso ya está decidido. Lit. concederlo, sino para quienes está preparado.

⁵² —Puedes irte —le dijo Jesús—; tu fe te ha *sanado.

Al momento recobró la vista y empezó a seguir a Jesús por el camino.

La entrada triunfal

11 Cuando se acercaban a Jerusalén y llegaron a Betfagué y a Betania, junto al monte de los Olivos, Jesús envió a dos de sus discípulos ² con este encargo: «Vayan a la aldea que tienen enfrente. Tan pronto como entren en ella, encontrarán atado un burrito, en el que nunca se ha montado nadie. Desátenlo y tráiganlo acá. ³ Y si alguien les dice: "¿Por qué hacen eso?", díganle: "El Señor lo necesita, y en seguida lo devolverá." »

⁴ Fueron, encontraron un burrito afuera en la calle, atado a un portón, y lo desataron. ⁵ Entonces algunos de los que estaban allí les preguntaron: «¿Qué hacen desatando el burrito?» ⁶ Ellos contestaron como Jesús les había dicho, y les dejaron desatarlo. ⁷ Le llevaron, pues, el burrito a Jesús. Luego pusieron encima sus mantos, y él se montó. ⁸ Muchos tendieron sus mantos sobre el camino; otros usaron ramas que habían cortado en los campos. ⁹ Tanto los que iban delante como los que iban detrás, gritaban:

—¡Hosanna!ⁿ

—¡Bendito el que viene en el nombre del
      Señor!^ñ

¹⁰ —¡Bendito el reino venidero de nuestro
      padre David!

—¡Hosanna en las alturas!

¹¹ Jesús entró en Jerusalén y fue al *templo. Después de observarlo todo, como ya era tarde, salió para Betania con los doce.

Jesús purifica el templo

¹² Al día siguiente, cuando salían de Betania, Jesús tuvo hambre. ¹³ Viendo a lo lejos una higuera que tenía hojas, fue a ver si hallaba algún fruto. Cuando llegó a ella sólo encontró hojas, porque no era tiempo de higos. ¹⁴ «¡Nadie vuelva jamás a comer fruto de ti!», le dijo a la higuera. Y lo oyeron sus discípulos.

¹⁵ Llegaron, pues, a Jerusalén. Jesús entró en el *templo^o y comenzó a echar de allí a los que compraban y vendían. Volcó las mesas de los que cambiaban dinero y los puestos de los que vendían palomas, ¹⁶ y no permitía que nadie atravesara el templo llevando mercancías. ¹⁷ También les enseñaba con estas palabras: «¿No está escrito:

---

⁵² "Go," said Jesus, "your faith has healed you." Immediately he received his sight and followed Jesus along the road.

Jesus Comes to Jerusalem as King

11 As they approached Jerusalem and came to Bethphage and Bethany at the Mount of Olives, Jesus sent two of his disciples, ² saying to them, "Go to the village ahead of you, and just as you enter it, you will find a colt tied there, which no one has ever ridden. Untie it and bring it here. ³ If anyone asks you, 'Why are you doing this?' say, 'The Lord needs it and will send it back here shortly.' "

⁴ They went and found a colt outside in the street, tied at a doorway. As they untied it, ⁵ some people standing there asked, "What are you doing, untying that colt?" ⁶ They answered as Jesus had told them to, and the people let them go. ⁷ When they brought the colt to Jesus and threw their cloaks over it, he sat on it. ⁸ Many people spread their cloaks on the road, while others spread branches they had cut in the fields. ⁹ Those who went ahead and those who followed shouted,

"Hosanna!^l"

"Blessed is he who comes in the name of the
      Lord!"^m

¹⁰ "Blessed is the coming kingdom of our
      father David!"

"Hosanna in the highest heaven!"

¹¹ Jesus entered Jerusalem and went into the temple courts. He looked around at everything, but since it was already late, he went out to Bethany with the Twelve.

Jesus Curses a Fig Tree and Clears the Temple Courts

¹² The next day as they were leaving Bethany, Jesus was hungry. ¹³ Seeing in the distance a fig tree in leaf, he went to find out if it had any fruit. When he reached it, he found nothing but leaves, because it was not the season for figs. ¹⁴ Then he said to the tree, "May no one ever eat fruit from you again." And his disciples heard him say it.

¹⁵ On reaching Jerusalem, Jesus entered the temple courts and began driving out those who were buying and selling there. He overturned the tables of the money changers and the benches of those selling doves, ¹⁶ and would not allow anyone to carry merchandise through the temple courts. ¹⁷ And as he taught them, he said, "Is it not

---

ⁿ 11:9 Expresión hebrea que significa «¡Salva!», y que llegó a ser una exclamación de alabanza; también en v. 10.
^ñ 11:9 Sal 118:25,26
^o 11:15 Es decir, en el área general del templo; también en v. 16.

^l 9 A Hebrew expression meaning "Save!" which became an exclamation of praise; also in verse 10   ^m 9 Psalm 118:25,26

»"Mi casa será llamada
   casa de oración para todas las
   *naciones"?*p*

Pero ustedes la han convertido en "cueva de ladrones".»*q*

18 Los jefes de los sacerdotes y los *maestros de la ley lo oyeron y comenzaron a buscar la manera de matarlo, pues le temían, ya que toda la gente se maravillaba de sus enseñanzas.

19 Cuando cayó la tarde, salieron*r* de la ciudad.

La higuera seca

20 Por la mañana, al pasar junto a la higuera, vieron que se había secado de raíz. 21 Pedro, acordándose, le dijo a Jesús:

—¡Rabí, mira, se ha secado la higuera que maldijiste!

22 —Tengan fe en Dios —respondió Jesús—. 23 Les aseguro*s* que si alguno le dice a este monte: "Quítate de ahí y tírate al mar", creyendo, sin abrigar la menor duda de que lo que dice sucederá, lo obtendrá. 24 Por eso les digo: Crean que ya han recibido todo lo que estén pidiendo en oración, y lo obtendrán. 25 Y cuando estén orando, si tienen algo contra alguien, perdónenlo, para que también su Padre que está en el cielo les perdone a ustedes sus pecados.*t*

La autoridad de Jesús puesta en duda

27 Llegaron de nuevo a Jerusalén, y mientras Jesús andaba por el *templo, se le acercaron los jefes de los sacerdotes, los *maestros de la ley y los *ancianos.

28 —¿Con qué autoridad haces esto? —lo interrogaron—. ¿Quién te dio autoridad para actuar así?

29 —Yo voy a hacerles una pregunta a ustedes —replicó él—. Contéstenmela, y les diré con qué autoridad hago esto: 30 El bautismo de Juan, ¿procedía del cielo o de la tierra?*u* Respóndanme.

31 Ellos se pusieron a discutir entre sí: «Si respondemos: "Del cielo", nos dirá: "Entonces, ¿por qué no le creyeron?" 32 Pero si decimos: "De la tierra" … » Es que temían al pueblo, porque todos consideraban que Juan era realmente un profeta. 33 Así que le respondieron a Jesús:

—No lo sabemos.

—Pues yo tampoco les voy a decir con qué autoridad hago esto.

Parábola de los labradores malvados

12 Entonces comenzó Jesús a hablarles en parábolas: Un hombre plantó un viñedo. Lo

---

written: 'My house will be called a house of prayer for all nations'*n*? But you have made it 'a den of robbers.'*o*"

18 The chief priests and the teachers of the law heard this and began looking for a way to kill him, for they feared him, because the whole crowd was amazed at his teaching.

19 When evening came, Jesus and his disciples*p* went out of the city.

20 In the morning, as they went along, they saw the fig tree withered from the roots. 21 Peter remembered and said to Jesus, "Rabbi, look! The fig tree you cursed has withered!"

22 "Have faith in God," Jesus answered. 23 "Truly*q* I tell you, if anyone says to this mountain, 'Go, throw yourself into the sea,' and does not doubt in their heart but believes that what they say will happen, it will be done for them. 24 Therefore I tell you, whatever you ask for in prayer, believe that you have received it, and it will be yours. 25 And when you stand praying, if you hold anything against anyone, forgive them, so that your Father in heaven may forgive you your sins." [26]*r*

The Authority of Jesus Questioned

27 They arrived again in Jerusalem, and while Jesus was walking in the temple courts, the chief priests, the teachers of the law and the elders came to him. 28 "By what authority are you doing these things?" they asked. "And who gave you authority to do this?"

29 Jesus replied, "I will ask you one question. Answer me, and I will tell you by what authority I am doing these things. 30 John's baptism—was it from heaven, or of human origin? Tell me!"

31 They discussed it among themselves and said, "If we say, 'From heaven,' he will ask, 'Then why didn't you believe him?' 32 But if we say, 'Of human origin' . . ." (They feared the people, for everyone held that John really was a prophet.)

33 So they answered Jesus, "We don't know."

Jesus said, "Neither will I tell you by what authority I am doing these things."

The Parable of the Tenants

12 Jesus then began to speak to them in parables: "A man planted a vineyard. He put

---

p 11:17 Is 56:7
q 11:17 Jer 7:11
r 11:19 *salieron.* Var. *salió.*
s 11:22-23 *Tengan fe … Les aseguro.* Var. *Si tienen fe … les aseguro.*
t 11:25 *pecados.* Var. *pecados. 26 Pero si ustedes no perdonan, tampoco su Padre que está en el cielo les perdonará a ustedes sus pecados.*
u 11:30 *la tierra.* Lit. *los hombres;* también en v. 32.

n 17 Isaiah 56:7   *o* 17 Jer. 7:11   *p* 19 Some early manuscripts *came, Jesus*   *q* 22,23 Some early manuscripts *"If you have faith in God," Jesus answered,* 23*"truly"*   *r* 26 Some manuscripts include here words similar to Matt. 6:15.

cercó, cavó un lagar y construyó una torre de vigilancia. Luego arrendó el viñedo a unos labradores y se fue de viaje. ² Llegada la cosecha, mandó un *siervo a los labradores para recibir de ellos una parte del fruto. ³ Pero ellos lo agarraron, lo golpearon y lo despidieron con las manos vacías. ⁴ Entonces les mandó otro siervo; a éste le rompieron la cabeza y lo humillaron. ⁵ Mandó a otro, y a éste lo mataron. Mandó a otros muchos, a unos los golpearon, a otros los mataron.

⁶ »Le quedaba todavía uno, su hijo amado. Por último, lo mandó a él, pensando: "¡A mi hijo sí lo respetarán!" ⁷ Pero aquellos labradores se dijeron unos a otros: "Éste es el heredero. Matémoslo, y la herencia será nuestra." ⁸ Así que le echaron mano y lo mataron, y lo arrojaron fuera del viñedo.

⁹ »¿Qué hará el dueño? Volverá, acabará con los labradores, y dará el viñedo a otros. ¹⁰ ¿No han leído ustedes esta Escritura:

»"La piedra que desecharon los
     constructores
     ha llegado a ser la piedra angular;
¹¹ esto es obra del Señor,
     y nos deja maravillados"?»ᵛ

¹² Cayendo en la cuenta de que la parábola iba dirigida contra ellos, buscaban la manera de arrestarlo. Pero temían a la multitud; así que lo dejaron y se fueron.

El pago de impuestos al césar

¹³ Luego enviaron a Jesús algunos de los *fariseos y de los herodianos para tenderle una trampa con sus mismas palabras. ¹⁴ Al llegar le dijeron:

—Maestro, sabemos que eres un hombre íntegro. No te dejas influir por nadie porque no te fijas en las apariencias, sino que de verdad enseñas el camino de Dios. ¿Está permitido pagar impuestos al *césar o no? ¹⁵ ¿Debemos pagar o no?

Pero Jesús, sabiendo que fingían, les replicó:

—¿Por qué me tienden *trampas? Tráiganme una moneda romanaʷ para verla.

¹⁶ Le llevaron la moneda, y él les preguntó:

—¿De quién son esta imagen y esta inscripción?

—Del césar —contestaron.

¹⁷ —Denle, pues, al césar lo que es del césar, y a Dios lo que es de Dios.

Y se quedaron admirados de él.

El matrimonio en la resurrección

¹⁸ Entonces los saduceos, que dicen que no hay resurrección, fueron a verlo y le plantearon un problema:

¹⁹ —Maestro, Moisés nos enseñó en sus escritos que si un hombre muere y deja a la viuda sin hijos,

a wall around it, dug a pit for the winepress and built a watchtower. Then he rented the vineyard to some farmers and moved to another place. ² At harvest time he sent a servant to the tenants to collect from them some of the fruit of the vineyard. ³ But they seized him, beat him and sent him away empty-handed. ⁴ Then he sent another servant to them; they struck this man on the head and treated him shamefully. ⁵ He sent still another, and that one they killed. He sent many others; some of them they beat, others they killed.

⁶ "He had one left to send, a son, whom he loved. He sent him last of all, saying, 'They will respect my son.'

⁷ "But the tenants said to one another, 'This is the heir. Come, let's kill him, and the inheritance will be ours.' ⁸ So they took him and killed him, and threw him out of the vineyard.

⁹ "What then will the owner of the vineyard do? He will come and kill those tenants and give the vineyard to others. ¹⁰ Haven't you read this passage of Scripture:

"'The stone the builders rejected
     has become the cornerstone;
¹¹ the Lord has done this,
     and it is marvelous in our eyes'ˢ?"

¹² Then the chief priests, the teachers of the law and the elders looked for a way to arrest him because they knew he had spoken the parable against them. But they were afraid of the crowd; so they left him and went away.

Paying the Imperial Tax to Caesar

¹³ Later they sent some of the Pharisees and Herodians to Jesus to catch him in his words. ¹⁴ They came to him and said, "Teacher, we know that you are a man of integrity. You aren't swayed by others, because you pay no attention to who they are; but you teach the way of God in accordance with the truth. Is it right to pay the imperial taxᵗ to Caesar or not? ¹⁵ Should we pay or shouldn't we?"

But Jesus knew their hypocrisy. "Why are you trying to trap me?" he asked. "Bring me a denarius and let me look at it." ¹⁶ They brought the coin, and he asked them, "Whose image is this? And whose inscription?"

"Caesar's," they replied.

¹⁷ Then Jesus said to them, "Give back to Caesar what is Caesar's and to God what is God's."

And they were amazed at him.

Marriage at the Resurrection

¹⁸ Then the Sadducees, who say there is no resurrection, came to him with a question. ¹⁹ "Teacher," they said, "Moses wrote for us that if a man's brother dies and leaves a wife but no children, the

---

ᵛ **12:11** Sal 118:22,23
ʷ **12:15** *una moneda romana.* Lit. *un *denario.*

ˢ *11* Psalm 118:22,23   ᵗ *14* A special tax levied on subject peoples, not on Roman citizens

el hermano de ese hombre tiene que casarse con la viuda para que su hermano tenga descendencia. ²⁰ Ahora bien, había siete hermanos. El primero se casó y murió sin dejar descendencia. ²¹ El segundo se casó con la viuda, pero también murió sin dejar descendencia. Lo mismo le pasó al tercero. ²² En fin, ninguno de los siete dejó descendencia. Por último, murió también la mujer. ²³ Cuando resuciten, ¿de cuál será esposa esta mujer, ya que los siete estuvieron casados con ella?

²⁴ —¿Acaso no andan ustedes equivocados? —les replicó Jesús—. ¡Es que desconocen las Escrituras y el poder de Dios! ²⁵ Cuando resuciten los muertos, no se casarán ni serán dados en casamiento, sino que serán como los ángeles que están en el cielo. ²⁶ Pero en cuanto a que los muertos resucitan, ¿no han leído en el libro de Moisés, en el pasaje sobre la zarza, cómo Dios le dijo: "Yo soy el Dios de Abraham, de Isaac y de Jacob"?^x ²⁷ Él no es Dios de muertos, sino de vivos. ¡Ustedes andan muy equivocados!

El mandamiento más importante

²⁸ Uno de los *maestros de la ley se acercó y los oyó discutiendo. Al ver lo bien que Jesús les había contestado, le preguntó:

—De todos los mandamientos, ¿cuál es el más importante?

²⁹ —El más importante es: "Oye, Israel. El Señor nuestro Dios es el único Señor^y —contestó Jesús—. ³⁰ Ama al Señor tu Dios con todo tu corazón, con toda tu alma, con toda tu mente y con todas tus fuerzas."^z ³¹ El segundo es: "Ama a tu prójimo como a ti mismo."^a No hay otro mandamiento más importante que éstos.

³² —Bien dicho, Maestro —respondió el hombre—. Tienes razón al decir que Dios es uno solo y que no hay otro fuera de él. ³³ Amarlo con todo el corazón, con todo el entendimiento y con todas las fuerzas, y amar al prójimo como a uno mismo, es más importante que todos los holocaustos y sacrificios.

³⁴ Al ver Jesús que había respondido con inteligencia, le dijo:

—No estás lejos del reino de Dios.

Y desde entonces nadie se atrevió a hacerle más preguntas.

¿De quién es hijo el Cristo?

³⁵ Mientras enseñaba en el *templo, Jesús les propuso:

—¿Cómo es que los *maestros de la ley dicen que el *Cristo es hijo de David? ³⁶ David mismo, hablando por el Espíritu Santo, declaró:

»"Dijo el Señor a mi Señor:
  'Siéntate a mi *derecha,

man must marry the widow and raise up offspring for his brother. ²⁰ Now there were seven brothers. The first one married and died without leaving any children. ²¹ The second one married the widow, but he also died, leaving no child. It was the same with the third. ²² In fact, none of the seven left any children. Last of all, the woman died too. ²³ At the resurrection^u whose wife will she be, since the seven were married to her?"

²⁴ Jesus replied, "Are you not in error because you do not know the Scriptures or the power of God? ²⁵ When the dead rise, they will neither marry nor be given in marriage; they will be like the angels in heaven. ²⁶ Now about the dead rising—have you not read in the Book of Moses, in the account of the burning bush, how God said to him, 'I am the God of Abraham, the God of Isaac, and the God of Jacob'^v? ²⁷ He is not the God of the dead, but of the living. You are badly mistaken!"

The Greatest Commandment

²⁸ One of the teachers of the law came and heard them debating. Noticing that Jesus had given them a good answer, he asked him, "Of all the commandments, which is the most important?"

²⁹ "The most important one," answered Jesus, "is this: 'Hear, O Israel: The Lord our God, the Lord is one.^w ³⁰ Love the Lord your God with all your heart and with all your soul and with all your mind and with all your strength.'^x ³¹ The second is this: 'Love your neighbor as yourself.'^y There is no commandment greater than these."

³² "Well said, teacher," the man replied. "You are right in saying that God is one and there is no other but him. ³³ To love him with all your heart, with all your understanding and with all your strength, and to love your neighbor as yourself is more important than all burnt offerings and sacrifices."

³⁴ When Jesus saw that he had answered wisely, he said to him, "You are not far from the kingdom of God." And from then on no one dared ask him any more questions.

Whose Son Is the Messiah?

³⁵ While Jesus was teaching in the temple courts, he asked, "Why do the teachers of the law say that the Messiah is the son of David? ³⁶ David himself, speaking by the Holy Spirit, declared:

" 'The Lord said to my Lord:
  "Sit at my right hand

^x **12:26** Éx 3:6
^y **12:29** Dios es el único Señor. Alt. Dios, el Señor es uno.
^z **12:30** Dt 6:4,5
^a **12:31** Lv 19:18

^u 23 Some manuscripts resurrection, when people rise from the dead, ^v 26 Exodus 3:6 ^w 29 Or The Lord our God is one Lord ^x 30 Deut. 6:4,5 ^y 31 Lev. 19:18

hasta que ponga a tus enemigos
   debajo de tus pies.' "[b]

[37] Si David mismo lo llama "Señor", ¿cómo puede ser su hijo?

La muchedumbre lo escuchaba con agrado.
[38] Como parte de su enseñanza Jesús decía:

—Tengan cuidado de los *maestros de la ley. Les gusta pasearse con ropas ostentosas y que los saluden en las plazas, [39] ocupar los primeros asientos en las sinagogas y los lugares de honor en los banquetes. [40] Se apoderan de los bienes de las viudas y a la vez hacen largas plegarias para impresionar a los demás. Éstos recibirán peor castigo.

La ofrenda de la viuda

[41] Jesús se sentó frente al lugar donde se depositaban las ofrendas, y estuvo observando cómo la gente echaba sus monedas en las alcancías del *templo. Muchos ricos echaban grandes cantidades. [42] Pero una viuda pobre llegó y echó dos moneditas de muy poco valor.[c]

[43] Jesús llamó a sus discípulos y les dijo: «Les aseguro que esta viuda pobre ha echado en el tesoro más que todos los demás. [44] Éstos dieron de lo que les sobraba; pero ella, de su pobreza, echó todo lo que tenía, todo su sustento.»

Señales del fin del mundo

13 Cuando salía Jesús del *templo, le dijo uno de sus discípulos:

—¡Mira, Maestro! ¡Qué piedras! ¡Qué edificios!
[2] —¿Ves todos estos grandiosos edificios? —contestó Jesús—. No quedará piedra sobre piedra; todo será derribado.

[3] Más tarde estaba Jesús sentado en el monte de los Olivos, frente al templo. Y Pedro, *Jacobo, Juan y Andrés le preguntaron en privado:

[4] —Dinos, ¿cuándo sucederá eso? ¿Y cuál será la señal de que todo está a punto de cumplirse?

[5] —Tengan cuidado de que nadie los engañe —comenzó Jesús a advertirles—. [6] Vendrán muchos que, usando mi nombre, dirán: "Yo soy", y engañarán a muchos. [7] Cuando sepan de guerras y de rumores de guerras, no se alarmen. Es necesario que eso suceda, pero no será todavía el fin. [8] Se levantará nación contra nación, y reino contra reino. Habrá terremotos por todas partes; también habrá hambre. Esto será apenas el comienzo de los dolores.

[9] »Pero ustedes cuídense. Los entregarán a los tribunales y los azotarán en las sinagogas. Por mi causa comparecerán ante gobernadores y reyes para dar testimonio ante ellos. [10] Pero primero tendrá que predicarse el *evangelio a todas las *naciones. [11] Y cuando los arresten y los sometan a juicio, no se preocupen de antemano por lo que van a

---

[37] David himself calls him 'Lord.' How then can he be his son?"

The large crowd listened to him with delight.

Warning Against the Teachers of the Law

[38] As he taught, Jesus said, "Watch out for the teachers of the law. They like to walk around in flowing robes and be greeted with respect in the marketplaces, [39] and have the most important seats in the synagogues and the places of honor at banquets. [40] They devour widows' houses and for a show make lengthy prayers. These men will be punished most severely."

The Widow's Offering

[41] Jesus sat down opposite the place where the offerings were put and watched the crowd putting their money into the temple treasury. Many rich people threw in large amounts. [42] But a poor widow came and put in two very small copper coins, worth only a few cents.

[43] Calling his disciples to him, Jesus said, "Truly I tell you, this poor widow has put more into the treasury than all the others. [44] They all gave out of their wealth; but she, out of her poverty, put in everything—all she had to live on."

The Destruction of the Temple and Signs of the End Times

13 As Jesus was leaving the temple, one of his disciples said to him, "Look, Teacher! What massive stones! What magnificent buildings!"

[2] "Do you see all these great buildings?" replied Jesus. "Not one stone here will be left on another; every one will be thrown down."

[3] As Jesus was sitting on the Mount of Olives opposite the temple, Peter, James, John and Andrew asked him privately, [4] "Tell us, when will these things happen? And what will be the sign that they are all about to be fulfilled?"

[5] Jesus said to them: "Watch out that no one deceives you. [6] Many will come in my name, claiming, 'I am he,' and will deceive many. [7] When you hear of wars and rumors of wars, do not be alarmed. Such things must happen, but the end is still to come. [8] Nation will rise against nation, and kingdom against kingdom. There will be earthquakes in various places, and famines. These are the beginning of birth pains.

[9] "You must be on your guard. You will be handed over to the local councils and flogged in the synagogues. On account of me you will stand before governors and kings as witnesses to them. [10] And the gospel must first be preached to all nations. [11] Whenever you are arrested and brought to

---

[b] **12:36** Sal 110:1
[c] **12:42** *dos moneditas de muy poco valor*. Lit. *dos *lepta, que es un cuadrante.*

[z] *36* Psalm 110:1

decir. Sólo declaren lo que se les dé a decir en ese momento, porque no serán ustedes los que hablen, sino el Espíritu Santo.

¹² »El hermano entregará a la muerte al hermano, y el padre al hijo. Los hijos se rebelarán contra sus padres y les darán muerte. ¹³ Todo el mundo los odiará a ustedes por causa de mi nombre, pero el que se mantenga firme hasta el fin será salvo.

¹⁴ »Ahora bien, cuando vean "el horrible sacrilegio"ᵈ donde no debe estar (el que lee, que lo entienda), entonces los que estén en Judea huyan a las montañas. ¹⁵ El que esté en la azotea no baje ni entre en casa para llevarse nada. ¹⁶ Y el que esté en el campo no regrese para buscar su capa. ¹⁷ ¡Ay de las que estén embarazadas o amamantando en aquellos días! ¹⁸ Oren para que esto no suceda en invierno, ¹⁹ porque serán días de tribulación como no la ha habido desde el principio, cuando Dios creó el mundo,ᵉ ni la habrá jamás. ²⁰ Si el Señor no hubiera acortado esos días, nadie sobreviviría. Pero por causa de los que él ha elegido, los ha acortado. ²¹ Entonces, si alguien les dice a ustedes: "¡Miren, aquí está el *Cristo!" o "¡Miren, allí está!", no lo crean. ²² Porque surgirán falsos Cristos y falsos profetas que harán señales y milagros para engañar, de ser posible, aun a los elegidos. ²³ Así que tengan cuidado; los he prevenido de todo.

²⁴ »Pero en aquellos días, después de esa tribulación,

»"se oscurecerá el sol
　　y no brillará más la luna;
²⁵ las estrellas caerán del cielo
　　y los cuerpos celestes serán sacudidos".ᶠ

²⁶ »Verán entonces al Hijo del hombre venir en las nubes con gran poder y gloria. ²⁷ Y él enviará a sus ángeles para reunir de los cuatro vientos a los elegidos, desde los confines de la tierra hasta los confines del cielo.

²⁸ »Aprendan de la higuera esta lección: Tan pronto como se ponen tiernas sus ramas y brotan sus hojas, ustedes saben que el verano está cerca. ²⁹ Igualmente, cuando vean que suceden estas cosas, sepan que el tiempo está cerca, a las puertas. ³⁰ Les aseguro que no pasará esta generación hasta que todas estas cosas sucedan. ³¹ El cielo y la tierra pasarán, pero mis palabras jamás pasarán.

Se desconocen el día y la hora

³² »Pero en cuanto al día y la hora, nadie lo sabe, ni siquiera los ángeles en el cielo, ni el Hijo, sino sólo el Padre. ³³ ¡Estén alerta! ¡Vigilen!ᵍ Porque ustedes no saben cuándo llegará ese momento. ³⁴ Es como cuando un hombre sale de viaje y deja

trial, do not worry beforehand about what to say. Just say whatever is given you at the time, for it is not you speaking, but the Holy Spirit.

¹² "Brother will betray brother to death, and a father his child. Children will rebel against their parents and have them put to death. ¹³ Everyone will hate you because of me, but the one who stands firm to the end will be saved.

¹⁴ "When you see 'the abomination that causes desolation'ᵃ standing where itᵇ does not belong — let the reader understand — then let those who are in Judea flee to the mountains. ¹⁵ Let no one on the housetop go down or enter the house to take anything out. ¹⁶ Let no one in the field go back to get their cloak. ¹⁷ How dreadful it will be in those days for pregnant women and nursing mothers! ¹⁸ Pray that this will not take place in winter, ¹⁹ because those will be days of distress unequaled from the beginning, when God created the world, until now — and never to be equaled again. ²⁰ "If the Lord had not cut short those days, no one would survive. But for the sake of the elect, whom he has chosen, he has shortened them. ²¹ At that time if anyone says to you, 'Look, here is the Messiah!' or, 'Look, there he is!' do not believe it. ²² For false messiahs and false prophets will appear and perform signs and wonders to deceive, if possible, even the elect. ²³ So be on your guard; I have told you everything ahead of time.

²⁴ "But in those days, following that distress,

"'the sun will be darkened,
　　and the moon will not give its light;
²⁵ the stars will fall from the sky,
　　and the heavenly bodies will be shaken.'ᶜ

²⁶ "At that time people will see the Son of Man coming in clouds with great power and glory. ²⁷ And he will send his angels and gather his elect from the four winds, from the ends of the earth to the ends of the heavens.

²⁸ "Now learn this lesson from the fig tree: As soon as its twigs get tender and its leaves come out, you know that summer is near. ²⁹ Even so, when you see these things happening, you know that itᵇ is near, right at the door. ³⁰ Truly I tell you, this generation will certainly not pass away until all these things have happened. ³¹ Heaven and earth will pass away, but my words will never pass away.

The Day and Hour Unknown

³² "But about that day or hour no one knows, not even the angels in heaven, nor the Son, but only the Father. ³³ Be on guard! Be alert! ᵈ You do not know when that time will come. ³⁴ It's like a man going away: He leaves his house and puts his

---

ᵈ **13:14** *el horrible sacrilegio*. Lit. *la abominación de desolación;* Dn 9:27; 11:31; 12:11.
ᵉ **13:19** *desde … mundo.* Lit. *desde el principio de la creación que creó Dios hasta ahora.*
ᶠ **13:25** Is 13:10; 34:4
ᵍ **13:33** *¡Vigilen!* Var. *¡Vigilen y oren!*

ᵃ **14** Daniel 9:27; 11:31; 12:11　　ᵇ **14,29** Or *he*　　ᶜ **25** Isaiah 13:10; 34:4　　ᵈ **33** Some manuscripts *alert and pray*

su casa al cuidado de sus siervos, cada uno con su tarea, y le manda al portero que vigile.

35 »Por lo tanto, manténganse despiertos, porque no saben cuándo volverá el dueño de la casa, si al atardecer, o a la medianoche, o al canto del gallo, o al amanecer; 36 no sea que venga de repente y los encuentre dormidos. 37 Lo que les digo a ustedes, se lo digo a todos: ¡Manténganse despiertos!

Una mujer unge a Jesús en Betania

14 Faltaban sólo dos días para la Pascua y para la fiesta de los Panes sin levadura. Los jefes de los sacerdotes y los *maestros de la ley buscaban con artimañas cómo arrestar a Jesús para matarlo. 2 Por eso decían: «No durante la fiesta, no sea que se amotine el pueblo.»

3 En Betania, mientras estaba él *sentado a la mesa en casa de Simón llamado el leproso, llegó una mujer con un frasco de alabastro lleno de un perfume muy costoso, hecho de nardo puro. Rompió el frasco y derramó el perfume sobre la cabeza de Jesús.

4 Algunos de los presentes comentaban indignados:

—¿Para qué este desperdicio de perfume? 5 Podía haberse vendido por muchísimo dinero[h] para darlo a los pobres.

Y la reprendían con severidad.

6 —Déjenla en paz —dijo Jesús—. ¿Por qué la molestan? Ella ha hecho una obra hermosa conmigo. 7 A los pobres siempre los tendrán con ustedes, y podrán ayudarlos cuando quieran; pero a mí no me van a tener siempre. 8 Ella hizo lo que pudo. Ungió mi cuerpo de antemano, preparándolo para la sepultura. 9 Les aseguro que en cualquier parte del mundo donde se predique el *evangelio, se contará también, en memoria de esta mujer, lo que ella hizo.

10 Judas Iscariote, uno de los doce, fue a los jefes de los sacerdotes para entregarles a Jesús. 11 Ellos se alegraron al oírlo, y prometieron darle dinero. Así que él buscaba la ocasión propicia para entregarlo.

La Cena del Señor

12 El primer día de la fiesta de los Panes sin levadura, cuando se acostumbraba sacrificar el cordero de la Pascua, los discípulos le preguntaron a Jesús:

—¿Dónde quieres que vayamos a hacer los preparativos para que comas la Pascua?

13 Él envió a dos de sus discípulos con este encargo:

—Vayan a la ciudad y les saldrá al encuentro un hombre que lleva un cántaro de agua. Síganlo, 14 y allí donde entre díganle al dueño: "El Maestro pregunta: ¿Dónde está la sala en la que pueda comer

servants in charge, each with their assigned task, and tells the one at the door to keep watch.

35 "Therefore keep watch because you do not know when the owner of the house will come back—whether in the evening, or at midnight, or when the rooster crows, or at dawn. 36 If he comes suddenly, do not let him find you sleeping. 37 What I say to you, I say to everyone: 'Watch!'"

Jesus Anointed at Bethany

14 Now the Passover and the Festival of Unleavened Bread were only two days away, and the chief priests and the teachers of the law were scheming to arrest Jesus secretly and kill him. 2 "But not during the festival," they said, "or the people may riot."

3 While he was in Bethany, reclining at the table in the home of Simon the Leper, a woman came with an alabaster jar of very expensive perfume, made of pure nard. She broke the jar and poured the perfume on his head.

4 Some of those present were saying indignantly to one another, "Why this waste of perfume? 5 It could have been sold for more than a year's wages[e] and the money given to the poor." And they rebuked her harshly.

6 "Leave her alone," said Jesus. "Why are you bothering her? She has done a beautiful thing to me. 7 The poor you will always have with you,[f] and you can help them any time you want. But you will not always have me. 8 She did what she could. She poured perfume on my body beforehand to prepare for my burial. 9 Truly I tell you, wherever the gospel is preached throughout the world, what she has done will also be told, in memory of her."

10 Then Judas Iscariot, one of the Twelve, went to the chief priests to betray Jesus to them. 11 They were delighted to hear this and promised to give him money. So he watched for an opportunity to hand him over.

The Last Supper

12 On the first day of the Festival of Unleavened Bread, when it was customary to sacrifice the Passover lamb, Jesus' disciples asked him, "Where do you want us to go and make preparations for you to eat the Passover?"

13 So he sent two of his disciples, telling them, "Go into the city, and a man carrying a jar of water will meet you. Follow him. 14 Say to the owner of the house he enters, 'The Teacher asks: Where is my guest room, where I may eat the Passover with

---

[h] 14:5 muchísimo dinero. Lit. más de trescientos *denarios.			[e] 5 Greek than three hundred denarii			[f] 7 See Deut. 15:11.

la Pascua con mis discípulos?" ¹⁵ Él les mostrará en la planta alta una sala amplia, amueblada y arreglada. Preparen allí nuestra cena.

¹⁶ Los discípulos salieron, entraron en la ciudad y encontraron todo tal y como les había dicho Jesús. Así que prepararon la Pascua.

¹⁷ Al anochecer llegó Jesús con los doce. ¹⁸ Mientras estaban *sentados a la mesa comiendo, dijo:

—Les aseguro que uno de ustedes, que está comiendo conmigo, me va a traicionar.

¹⁹ Ellos se pusieron tristes, y uno tras otro empezaron a preguntarle:

—¿Acaso seré yo?

²⁰ —Es uno de los doce —contestó—, uno que moja el pan conmigo en el plato. ²¹ A la verdad, el Hijo del hombre se irá tal como está escrito de él, pero ¡ay de aquel que lo traiciona! Más le valdría a ese hombre no haber nacido.

²² Mientras comían, Jesús tomó pan y lo bendijo. Luego lo partió y se lo dio a ellos, diciéndoles:

—Tomen; esto es mi cuerpo.

²³ Después tomó una copa, dio gracias y se la dio a ellos, y todos bebieron de ella.

²⁴ —Esto es mi sangre del pacto,ⁱ que es derramada por muchos —les dijo—. ²⁵ Les aseguro que no volveré a beber del fruto de la vid hasta aquel día en que beba el vino nuevo en el reino de Dios.

²⁶ Después de cantar los salmos, salieron al monte de los Olivos.

Jesús predice la negación de Pedro

²⁷ —Todos ustedes me abandonarán —les dijo Jesús—, porque está escrito:

»"Heriré al pastor,
     y se dispersarán las ovejas."ʲ

²⁸ Pero después de que yo resucite, iré delante de ustedes a Galilea.

²⁹ —Aunque todos te abandonen, yo no —declaró Pedro.

³⁰ —Te aseguro —le contestó Jesús— que hoy, esta misma noche, antes de que el gallo cante por segunda vez,ᵏ me negarás tres veces.

³¹ —Aunque tenga que morir contigo —insistió Pedro con vehemencia—, jamás te negaré.

Y los demás dijeron lo mismo.

Getsemaní

³² Fueron a un lugar llamado Getsemaní, y Jesús les dijo a sus discípulos: «Siéntense aquí mientras yo oro.» ³³ Se llevó a Pedro, a *Jacobo y a Juan, y comenzó a sentir temor y tristeza. ³⁴ «Es tal la angustia que me invade que me siento morir —les dijo—. Quédense aquí y vigilen.»

³⁵ Yendo un poco más allá, se postró en tierra y empezó a orar que, de ser posible, no tuviera

my disciples?' ¹⁵ He will show you a large room upstairs, furnished and ready. Make preparations for us there."

¹⁶ The disciples left, went into the city and found things just as Jesus had told them. So they prepared the Passover.

¹⁷ When evening came, Jesus arrived with the Twelve. ¹⁸ While they were reclining at the table eating, he said, "Truly I tell you, one of you will betray me — one who is eating with me."

¹⁹ They were saddened, and one by one they said to him, "Surely you don't mean me?"

²⁰ "It is one of the Twelve," he replied, "one who dips bread into the bowl with me. ²¹ The Son of Man will go just as it is written about him. But woe to that man who betrays the Son of Man! It would be better for him if he had not been born."

²² While they were eating, Jesus took bread, and when he had given thanks, he broke it and gave it to his disciples, saying, "Take it; this is my body."

²³ Then he took a cup, and when he had given thanks, he gave it to them, and they all drank from it.

²⁴ "This is my blood of theᵍ covenant, which is poured out for many," he said to them. ²⁵ "Truly I tell you, I will not drink again from the fruit of the vine until that day when I drink it new in the kingdom of God."

²⁶ When they had sung a hymn, they went out to the Mount of Olives.

Jesus Predicts Peter's Denial

²⁷ "You will all fall away," Jesus told them, "for it is written:

" 'I will strike the shepherd,
     and the sheep will be scattered.'ʰ

²⁸ But after I have risen, I will go ahead of you into Galilee."

²⁹ Peter declared, "Even if all fall away, I will not."

³⁰ "Truly I tell you," Jesus answered, "today — yes, tonight — before the rooster crows twiceⁱ you yourself will disown me three times."

³¹ But Peter insisted emphatically, "Even if I have to die with you, I will never disown you." And all the others said the same.

Gethsemane

³² They went to a place called Gethsemane, and Jesus said to his disciples, "Sit here while I pray." ³³ He took Peter, James and John along with him, and he began to be deeply distressed and troubled. ³⁴ "My soul is overwhelmed with sorrow to the point of death," he said to them. "Stay here and keep watch."

³⁵ Going a little farther, he fell to the ground and

ⁱ **14:24** *del pacto.* Var. *del nuevo pacto* (véase Lc 22:20).
ʲ **14:27** Zac 13:7
ᵏ **14:30** Var. no incluye: *por segunda vez.*

ᵍ 24 Some manuscripts *the new*   ʰ 27 Zech. 13:7
ⁱ 30 Some early manuscripts do not have *twice.*

él que pasar por aquella hora. ³⁶ Decía: «*Abba, Padre, todo es posible para ti. No me hagas beber este trago amargo,ˡ pero no sea lo que yo quiero, sino lo que quieres tú.»

³⁷ Luego volvió a sus discípulos y los encontró dormidos. «Simón —le dijo a Pedro—, ¿estás dormido? ¿No pudiste mantenerte despierto ni una hora? ³⁸ Vigilen y oren para que no caigan en *tentación. El espíritu está dispuesto, pero el cuerpoᵐ es débil.»

³⁹ Una vez más se retiró e hizo la misma oración. ⁴⁰ Cuando volvió, los encontró dormidos otra vez, porque se les cerraban los ojos de sueño. No sabían qué decirle. ⁴¹ Al volver por tercera vez, les dijo: «¿Siguen durmiendo y descansando? ¡Se acabó! Ha llegado la hora. Miren, el Hijo del hombre va a ser entregado en manos de *pecadores. ⁴² ¡Levántense! ¡Vámonos! ¡Ahí viene el que me traiciona!»

Arresto de Jesús

⁴³ Todavía estaba hablando Jesús cuando de repente llegó Judas, uno de los doce. Lo acompañaba una turba armada con espadas y palos, enviada por los jefes de los sacerdotes, los *maestros de la ley y los *ancianos.

⁴⁴ El traidor les había dado esta contraseña: «Al que yo le dé un beso, ése es; arréstenlo y llévenselo bien asegurado.» ⁴⁵ Tan pronto como llegó, Judas se acercó a Jesús.

—¡Rabí! —le dijo, y lo besó.

⁴⁶ Entonces los hombres prendieron a Jesús. ⁴⁷ Pero uno de los que estaban ahí desenfundó la espada e hirió al siervo del sumo sacerdote, cortándole una oreja.

⁴⁸ —¿Acaso soy un bandidoⁿ —dijo Jesús—, para que vengan con espadas y palos a arrestarme? ⁴⁹ Día tras día estaba con ustedes, enseñando en el *templo, y no me prendieron. Pero es preciso que se cumplan las Escrituras.

⁵⁰ Entonces todos lo abandonaron y huyeron. ⁵¹ Cierto joven que se cubría con sólo una sábana iba siguiendo a Jesús. Lo detuvieron, ⁵² pero él soltó la sábana y escapó desnudo.

Jesús ante el Consejo

⁵³ Llevaron a Jesús ante el sumo sacerdote y se reunieron allí todos los jefes de los sacerdotes, los *ancianos y los *maestros de la ley. ⁵⁴ Pedro lo siguió de lejos hasta dentro del patio del sumo sacerdote. Allí se sentó con los guardias, y se calentaba junto al fuego.

⁵⁵ Los jefes de los sacerdotes y el *Consejo en pleno buscaban alguna prueba contra Jesús para poder condenarlo a muerte, pero no la encontraban. ⁵⁶ Muchos testificaban falsamente contra él,

prayed that if possible the hour might pass from him. ³⁶ "Abba,ʲ Father," he said, "everything is possible for you. Take this cup from me. Yet not what I will, but what you will."

³⁷ Then he returned to his disciples and found them sleeping. "Simon," he said to Peter, "are you asleep? Couldn't you keep watch for one hour? ³⁸ Watch and pray so that you will not fall into temptation. The spirit is willing, but the flesh is weak."

³⁹ Once more he went away and prayed the same thing. ⁴⁰ When he came back, he again found them sleeping, because their eyes were heavy. They did not know what to say to him.

⁴¹ Returning the third time, he said to them, "Are you still sleeping and resting? Enough! The hour has come. Look, the Son of Man is delivered into the hands of sinners. ⁴² Rise! Let us go! Here comes my betrayer!"

Jesus Arrested

⁴³ Just as he was speaking, Judas, one of the Twelve, appeared. With him was a crowd armed with swords and clubs, sent from the chief priests, the teachers of the law, and the elders.

⁴⁴ Now the betrayer had arranged a signal with them: "The one I kiss is the man; arrest him and lead him away under guard." ⁴⁵ Going at once to Jesus, Judas said, "Rabbi!" and kissed him. ⁴⁶ The men seized Jesus and arrested him. ⁴⁷ Then one of those standing near drew his sword and struck the servant of the high priest, cutting off his ear.

⁴⁸ "Am I leading a rebellion," said Jesus, "that you have come out with swords and clubs to capture me? ⁴⁹ Every day I was with you, teaching in the temple courts, and you did not arrest me. But the Scriptures must be fulfilled." ⁵⁰ Then everyone deserted him and fled.

⁵¹ A young man, wearing nothing but a linen garment, was following Jesus. When they seized him, ⁵² he fled naked, leaving his garment behind.

Jesus Before the Sanhedrin

⁵³ They took Jesus to the high priest, and all the chief priests, the elders and the teachers of the law came together. ⁵⁴ Peter followed him at a distance, right into the courtyard of the high priest. There he sat with the guards and warmed himself at the fire.

⁵⁵ The chief priests and the whole Sanhedrin were looking for evidence against Jesus so that they could put him to death, but they did not find any. ⁵⁶ Many testified falsely against him, but their statements did not agree.

ˡ **14:36** No ... amargo. Lit. Quita de mí esta copa.
ᵐ **14:38** el cuerpo. Lit. la *carne.
ⁿ **14:48** bandido. Alt. insurgente.

ʲ 36 Aramaic for father

pero sus declaraciones no coincidían. ⁵⁷ Entonces unos decidieron dar este falso testimonio contra él:

⁵⁸ —Nosotros le oímos decir: "Destruiré este *templo hecho por hombres y en tres días construiré otro, no hecho por hombres."

⁵⁹ Pero ni aun así concordaban sus declaraciones.

⁶⁰ Poniéndose de pie en el medio, el sumo sacerdote interrogó a Jesús:

—¿No tienes nada que contestar? ¿Qué significan estas denuncias en tu contra?

⁶¹ Pero Jesús se quedó callado y no contestó nada.

—¿Eres el *Cristo, el Hijo del Bendito? —le preguntó de nuevo el sumo sacerdote.

⁶² —Sí, yo soy —dijo Jesús—. Y ustedes verán al Hijo del hombre sentado a la *derecha del Todopoderoso, y viniendo en las nubes del cielo.

⁶³ —¿Para qué necesitamos más testigos? —dijo el sumo sacerdote, rasgándose las vestiduras—. ⁶⁴ ¡Ustedes han oído la *blasfemia! ¿Qué les parece?

Todos ellos lo condenaron como digno de muerte. ⁶⁵ Algunos comenzaron a escupirle; le vendaron los ojos y le daban puñetazos.

—¡Profetiza! —le gritaban.

Los guardias también le daban bofetadas.

Pedro niega a Jesús

⁶⁶ Mientras Pedro estaba abajo en el patio, pasó una de las criadas del sumo sacerdote. ⁶⁷ Cuando vio a Pedro calentándose, se fijó en él.

—Tú también estabas con ese nazareno, con Jesús —le dijo ella.

⁶⁸ Pero él lo negó:

—No lo conozco. Ni siquiera sé de qué estás hablando.

Y salió afuera, a la entrada.ⁿ

⁶⁹ Cuando la criada lo vio allí, les dijo de nuevo a los presentes:

—Éste es uno de ellos.

⁷⁰ Él lo volvió a negar.

Poco después, los que estaban allí le dijeron a Pedro:

—Seguro que tú eres uno de ellos, pues eres galileo.

⁷¹ Él comenzó a echarse maldiciones.

—¡No conozco a ese hombre del que hablan! —les juró.

⁷² Al instante un gallo cantó por segunda vez.ᵒ Pedro se acordó de lo que Jesús le había dicho: «Antes de que el gallo cante por segunda vez,ᵖ me negarás tres veces.» Y se echó a llorar.

Jesús ante Pilato

15 Tan pronto como amaneció, los jefes de los sacerdotes, con los *ancianos, los *maestros

⁵⁷ Then some stood up and gave this false testimony against him: ⁵⁸ "We heard him say, 'I will destroy this temple made with human hands and in three days will build another, not made with hands.'" ⁵⁹ Yet even then their testimony did not agree.

⁶⁰ Then the high priest stood up before them and asked Jesus, "Are you not going to answer? What is this testimony that these men are bringing against you?" ⁶¹ But Jesus remained silent and gave no answer.

Again the high priest asked him, "Are you the Messiah, the Son of the Blessed One?"

⁶² "I am," said Jesus. "And you will see the Son of Man sitting at the right hand of the Mighty One and coming on the clouds of heaven."

⁶³ The high priest tore his clothes. "Why do we need any more witnesses?" he asked. ⁶⁴ "You have heard the blasphemy. What do you think?"

They all condemned him as worthy of death. ⁶⁵ Then some began to spit at him; they blindfolded him, struck him with their fists, and said, "Prophesy!" And the guards took him and beat him.

Peter Disowns Jesus

⁶⁶ While Peter was below in the courtyard, one of the servant girls of the high priest came by. ⁶⁷ When she saw Peter warming himself, she looked closely at him.

"You also were with that Nazarene, Jesus," she said.

⁶⁸ But he denied it. "I don't know or understand what you're talking about," he said, and went out into the entryway.ᵏ

⁶⁹ When the servant girl saw him there, she said again to those standing around, "This fellow is one of them." ⁷⁰ Again he denied it.

After a little while, those standing near said to Peter, "Surely you are one of them, for you are a Galilean."

⁷¹ He began to call down curses, and he swore to them, "I don't know this man you're talking about."

⁷² Immediately the rooster crowed the second time.ˡ Then Peter remembered the word Jesus had spoken to him: "Before the rooster crows twiceᵐ you will disown me three times." And he broke down and wept.

Jesus Before Pilate

15 Very early in the morning, the chief priests, with the elders, the teachers of the law and

---

ⁿ **14:68** *entrada*. Var. *entrada; y cantó el gallo.*
ᵒ **14:72** Var. no incluye: *por segunda vez.*
ᵖ **14:72** Var. no incluye: *por segunda vez.*

ᵏ **68** Some early manuscripts *entryway and the rooster crowed*
ˡ **72** Some early manuscripts do not have *the second time.*
ᵐ **72** Some early manuscripts do not have *twice.*

de la ley y el *Consejo en pleno, llegaron a una decisión. Ataron a Jesús, se lo llevaron y se lo entregaron a Pilato.

² —¿Eres tú el rey de los judíos? —le preguntó Pilato.

—Tú mismo lo dices —respondió.

³ Los jefes de los sacerdotes se pusieron a acusarlo de muchas cosas.

⁴ —¿No vas a contestar? —le preguntó de nuevo Pilato—. Mira de cuántas cosas te están acusando.

⁵ Pero Jesús ni aun con eso contestó nada, de modo que Pilato se quedó asombrado.

⁶ Ahora bien, durante la fiesta él acostumbraba soltarles un preso, el que la gente pidiera. ⁷ Y resulta que un hombre llamado Barrabás estaba encarcelado con los rebeldes condenados por haber cometido homicidio en una insurrección. ⁸ Subió la multitud y le pidió a Pilato que le concediera lo que acostumbraba.

⁹ —¿Quieren que les suelte al rey de los judíos? —replicó Pilato, ¹⁰ porque se daba cuenta de que los jefes de los sacerdotes habían entregado a Jesús por envidia.

¹¹ Pero los jefes de los sacerdotes incitaron a la multitud para que Pilato les soltara más bien a Barrabás.

¹² —¿Y qué voy a hacer con el que ustedes llaman el rey de los judíos? —les preguntó Pilato.

¹³ —¡Crucifícalo! —gritaron.

¹⁴ —¿Por qué? ¿Qué crimen ha cometido?

Pero ellos gritaron aún más fuerte:

—¡Crucifícalo!

¹⁵ Como quería satisfacer a la multitud, Pilato les soltó a Barrabás; a Jesús lo mandó azotar, y lo entregó para que lo crucificaran.

Los soldados se burlan de Jesús

¹⁶ Los soldados llevaron a Jesús al interior del palacio (es decir, al pretorio) y reunieron a toda la tropa. ¹⁷ Le pusieron un manto de color púrpura; luego trenzaron una corona de espinas, y se la colocaron.

¹⁸ —¡Salve, rey de los judíos! —lo aclamaban.

¹⁹ Lo golpeaban en la cabeza con una caña y le escupían. Doblando la rodilla, le rendían homenaje. ²⁰ Después de burlarse de él, le quitaron el manto y le pusieron su propia ropa. Por fin, lo sacaron para crucificarlo.

La crucifixión

²¹ A uno que pasaba por allí de vuelta del campo, un tal Simón de Cirene, padre de Alejandro y de Rufo, lo obligaron a llevar la cruz. ²² Condujeron a Jesús al lugar llamado Gólgota (que significa: Lugar de la Calavera). ²³ Le ofrecieron vino mezclado con mirra, pero no lo tomó. ²⁴ Y lo crucificaron. Repartieron su ropa, echando suertes para ver qué le tocaría a cada uno.

the whole Sanhedrin, made their plans. So they bound Jesus, led him away and handed him over to Pilate.

² "Are you the king of the Jews?" asked Pilate.

"You have said so," Jesus replied.

³ The chief priests accused him of many things. ⁴ So again Pilate asked him, "Aren't you going to answer? See how many things they are accusing you of."

⁵ But Jesus still made no reply, and Pilate was amazed.

⁶ Now it was the custom at the festival to release a prisoner whom the people requested. ⁷ A man called Barabbas was in prison with the insurrectionists who had committed murder in the uprising. ⁸ The crowd came up and asked Pilate to do for them what he usually did.

⁹ "Do you want me to release to you the king of the Jews?" asked Pilate, ¹⁰ knowing it was out of self-interest that the chief priests had handed Jesus over to him. ¹¹ But the chief priests stirred up the crowd to have Pilate release Barabbas instead.

¹² "What shall I do, then, with the one you call the king of the Jews?" Pilate asked them.

¹³ "Crucify him!" they shouted.

¹⁴ "Why? What crime has he committed?" asked Pilate.

But they shouted all the louder, "Crucify him!"

¹⁵ Wanting to satisfy the crowd, Pilate released Barabbas to them. He had Jesus flogged, and handed him over to be crucified.

The Soldiers Mock Jesus

¹⁶ The soldiers led Jesus away into the palace (that is, the Praetorium) and called together the whole company of soldiers. ¹⁷ They put a purple robe on him, then twisted together a crown of thorns and set it on him. ¹⁸ And they began to call out to him, "Hail, king of the Jews!" ¹⁹ Again and again they struck him on the head with a staff and spit on him. Falling on their knees, they paid homage to him. ²⁰ And when they had mocked him, they took off the purple robe and put his own clothes on him. Then they led him out to crucify him.

The Crucifixion of Jesus

²¹ A certain man from Cyrene, Simon, the father of Alexander and Rufus, was passing by on his way in from the country, and they forced him to carry the cross. ²² They brought Jesus to the place called Golgotha (which means "the place of the skull"). ²³ Then they offered him wine mixed with myrrh, but he did not take it. ²⁴ And they crucified him. Dividing up his clothes, they cast lots to see what each would get.

²⁵ Eran las nueve de la mañana*q* cuando lo crucificaron. ²⁶ Un letrero tenía escrita la causa de su condena: «El Rey de los judíos.» ²⁷ Con él crucificaron a dos bandidos,*r* uno a su derecha y otro a su izquierda.*s* ²⁹ Los que pasaban meneaban la cabeza y *blasfemaban contra él.

—¡Eh! Tú que destruyes el *templo y en tres días lo reconstruyes —decían—, ³⁰ ¡baja de la cruz y sálvate a ti mismo!

³¹ De la misma manera se burlaban de él los jefes de los sacerdotes junto con los maestros de la ley.

—Salvó a otros —decían—, ¡pero no puede salvarse a sí mismo! ³² Que baje ahora de la cruz ese *Cristo, el rey de Israel, para que veamos y creamos.

También lo insultaban los que estaban crucificados con él.

Muerte de Jesús

³³ Desde el mediodía y hasta la media tarde quedó toda la tierra en oscuridad. ³⁴ A las tres de la tarde*t* Jesús gritó a voz en cuello:

—Eloi, Eloi, ¿lama sabactani? (que significa: "Dios mío, Dios mío, ¿por qué me has desamparado?").*u*

³⁵ Cuando lo oyeron, algunos de los que estaban cerca dijeron:

—Escuchen, está llamando a Elías.

³⁶ Un hombre corrió, empapó una esponja en vinagre, la puso en una caña y se la ofreció a Jesús para que bebiera.

—Déjenlo, a ver si viene Elías a bajarlo —dijo.

³⁷ Entonces Jesús, lanzando un fuerte grito, expiró.

³⁸ La cortina del *santuario del templo se rasgó en dos, de arriba abajo. ³⁹ Y el centurión, que estaba frente a Jesús, al oír el grito y*v* ver cómo murió, dijo:

—¡Verdaderamente este hombre era el Hijo*w* de Dios!

⁴⁰ Algunas mujeres miraban desde lejos. Entre ellas estaban María Magdalena, María la madre de *Jacobo el menor y de José, y Salomé. ⁴¹ Estas mujeres lo habían seguido y atendido cuando estaba en Galilea. Además había allí muchas otras que habían subido con él a Jerusalén.

Sepultura de Jesús

⁴² Era el día de preparación (es decir, la víspera del *sábado). Así que al atardecer, ⁴³ José de Arimatea, miembro distinguido del *Consejo, y que

²⁵ It was nine in the morning when they crucified him. ²⁶ The written notice of the charge against him read: THE KING OF THE JEWS.

²⁷ They crucified two rebels with him, one on his right and one on his left. [²⁸] *n* ²⁹ Those who passed by hurled insults at him, shaking their heads and saying, "So! You who are going to destroy the temple and build it in three days, ³⁰ come down from the cross and save yourself!" ³¹ In the same way the chief priests and the teachers of the law mocked him among themselves. "He saved others," they said, "but he can't save himself! ³² Let this Messiah, this king of Israel, come down now from the cross, that we may see and believe." Those crucified with him also heaped insults on him.

The Death of Jesus

³³ At noon, darkness came over the whole land until three in the afternoon. ³⁴ And at three in the afternoon Jesus cried out in a loud voice, "Eloi, Eloi, lema sabachthani?" (which means "My God, my God, why have you forsaken me?").*o*

³⁵ When some of those standing near heard this, they said, "Listen, he's calling Elijah."

³⁶ Someone ran, filled a sponge with wine vinegar, put it on a staff, and offered it to Jesus to drink. "Now leave him alone. Let's see if Elijah comes to take him down," he said.

³⁷ With a loud cry, Jesus breathed his last.

³⁸ The curtain of the temple was torn in two from top to bottom. ³⁹ And when the centurion, who stood there in front of Jesus, saw how he died,*p* he said, "Surely this man was the Son of God!"

⁴⁰ Some women were watching from a distance. Among them were Mary Magdalene, Mary the mother of James the younger and of Joseph,*q* and Salome. ⁴¹ In Galilee these women had followed him and cared for his needs. Many other women who had come up with him to Jerusalem were also there.

The Burial of Jesus

⁴² It was Preparation Day (that is, the day before the Sabbath). So as evening approached, ⁴³ Joseph of Arimathea, a prominent member of the Council, who was himself waiting for the kingdom of

---

q **15:25** Eran ... mañana. Lit. Era la hora tercera.
r **15:27** bandidos. Alt. insurgentes.
s **15:27** izquierda. Var. izquierda. ²⁸ Así se cumplió la Escritura que dice: «Fue contado con los malhechores.» (Is 53:12)
t **15:33-34** Desde ... tarde. Lit. Y llegando la hora sexta vino oscuridad sobre toda la tierra hasta la hora novena. 34 Y en la hora novena.
u **15:34** Sal 22:1
v **15:39** Var. no incluye: oír el grito y.
w **15:39** era el Hijo. Alt. era hijo.

---

n 28 Some manuscripts include here words similar to Luke 22:37.
o 34 Psalm 22:1   *p* 39 Some manuscripts saw that he died with such a cry   *q* 40 Greek Joses, a variant of Joseph; also in verse 47

también esperaba el reino de Dios, se atrevió a presentarse ante Pilato para pedirle el cuerpo de Jesús. 44 Pilato, sorprendido de que ya hubiera muerto, llamó al centurión y le preguntó si hacía mucho que[x] había muerto. 45 Una vez informado por el centurión, le entregó el cuerpo a José. 46 Entonces José bajó el cuerpo, lo envolvió en una sábana que había comprado, y lo puso en un sepulcro cavado en la roca. Luego hizo rodar una piedra a la entrada del sepulcro. 47 María Magdalena y María la madre de José vieron dónde lo pusieron.

La resurrección

16 Cuando pasó el *sábado, María Magdalena, María la madre de *Jacobo, y Salomé compraron especias aromáticas para ir a ungir el cuerpo de Jesús. 2 Muy de mañana el primer día de la semana, apenas salido el sol, se dirigieron al sepulcro. 3 Iban diciéndose unas a otras: «¿Quién nos quitará la piedra de la entrada del sepulcro?» 4 Pues la piedra era muy grande.

Pero al fijarse bien, se dieron cuenta de que estaba corrida. 5 Al entrar en el sepulcro vieron a un joven vestido con un manto blanco, sentado a la derecha, y se asustaron.

6 —No se asusten —les dijo—. Ustedes buscan a Jesús el nazareno, el que fue crucificado. ¡Ha resucitado! No está aquí. Miren el lugar donde lo pusieron. 7 Pero vayan a decirles a los discípulos y a Pedro: "Él va delante de ustedes a Galilea. Allí lo verán, tal como les dijo."

8 Temblorosas y desconcertadas, las mujeres salieron huyendo del sepulcro. No dijeron nada a nadie, porque tenían miedo.[y]

Apariciones y ascensión de Jesús

9 Cuando Jesús resucitó en la madrugada del primer día de la semana, se apareció primero a María Magdalena, de la que había expulsado siete demonios. 10 Ella fue y avisó a los que habían estado con él, que estaban lamentándose y llorando. 11 Pero ellos, al oír que Jesús estaba vivo y que ella lo había visto, no lo creyeron.

12 Después se apareció Jesús en otra forma a dos de ellos que iban de camino al campo. 13 Éstos volvieron y avisaron a los demás, pero no les creyeron a ellos tampoco.

14 Por último se apareció Jesús a los once mientras comían; los reprendió por su falta de fe y por su obstinación en no creerles a los que lo habían visto *resucitado.

God, went boldly to Pilate and asked for Jesus' body. 44 Pilate was surprised to hear that he was already dead. Summoning the centurion, he asked him if Jesus had already died. 45 When he learned from the centurion that it was so, he gave the body to Joseph. 46 So Joseph bought some linen cloth, took down the body, wrapped it in the linen, and placed it in a tomb cut out of rock. Then he rolled a stone against the entrance of the tomb. 47 Mary Magdalene and Mary the mother of Joseph saw where he was laid.

Jesus Has Risen

16 When the Sabbath was over, Mary Magdalene, Mary the mother of James, and Salome bought spices so that they might go to anoint Jesus' body. 2 Very early on the first day of the week, just after sunrise, they were on their way to the tomb 3 and they asked each other, "Who will roll the stone away from the entrance of the tomb?"

4 But when they looked up, they saw that the stone, which was very large, had been rolled away. 5 As they entered the tomb, they saw a young man dressed in a white robe sitting on the right side, and they were alarmed.

6 "Don't be alarmed," he said. "You are looking for Jesus the Nazarene, who was crucified. He has risen! He is not here. See the place where they laid him. 7 But go, tell his disciples and Peter, 'He is going ahead of you into Galilee. There you will see him, just as he told you.'"

8 Trembling and bewildered, the women went out and fled from the tomb. They said nothing to anyone, because they were afraid.[r]

[The earliest manuscripts and some other ancient witnesses do not have verses 9–20.]

9 When Jesus rose early on the first day of the week, he appeared first to Mary Magdalene, out of whom he had driven seven demons. 10 She went and told those who had been with him and who were mourning and weeping. 11 When they heard that Jesus was alive and that she had seen him, they did not believe it.

12 Afterward Jesus appeared in a different form to two of them while they were walking in the country. 13 These returned and reported it to the rest; but they did not believe them either.

14 Later Jesus appeared to the Eleven as they were eating; he rebuked them for their lack of faith and their stubborn refusal to believe those who had seen him after he had risen.

---

¹⁵ Les dijo: «Vayan por todo el mundo y anuncien las buenas *nuevas a toda criatura.ᶻ ¹⁶ El que crea y sea bautizado será salvo, pero el que no crea será condenado. ¹⁷ Estas señales acompañarán a los que crean: en mi nombre expulsarán demonios; hablarán en nuevas lenguas; ¹⁸ tomarán en sus manos serpientes; y cuando beban algo venenoso, no les hará daño alguno; pondrán las manos sobre los enfermos, y éstos recobrarán la salud.»

¹⁹ Después de hablar con ellos, el Señor Jesús fue llevado al cielo y se sentó a la *derecha de Dios. ²⁰ Los discípulos salieron y predicaron por todas partes, y el Señor los ayudaba en la obra y confirmaba su palabra con las señales que la acompañaban.

¹⁵ He said to them, "Go into all the world and preach the gospel to all creation. ¹⁶ Whoever believes and is baptized will be saved, but whoever does not believe will be condemned. ¹⁷ And these signs will accompany those who believe: In my name they will drive out demons; they will speak in new tongues; ¹⁸ they will pick up snakes with their hands; and when they drink deadly poison, it will not hurt them at all; they will place their hands on sick people, and they will get well."

¹⁹ After the Lord Jesus had spoken to them, he was taken up into heaven and he sat at the right hand of God. ²⁰ Then the disciples went out and preached everywhere, and the Lord worked with them and confirmed his word by the signs that accompanied it.

Evangelio según
Lucas

Los libros de Lucas y Hechos son dos volúmenes de una misma obra (véase p. 1575, donde hay una introducción a Hechos más detallada). Juntos, cuentan la historia de Dios cuando invitó al pueblo de Israel primero, y luego a todas las naciones, a seguir a Cristo. En el primer volumen el movimiento va hacia Jerusalén, centro de la vida nacional judía. En el segundo, pasa de Jerusalén a otras naciones y concluye con la proclamación del reino de Dios que hace Pablo en Roma, capital del imperio.

Lucas dirige su historia escrita al *excelentísimo Teófilo*, muy probablemente oficial romano. Sus libros presentan muchos detalles tomados de fuentes accesibles para Lucas: cartas, discursos, cánticos, relatos de viajes, transcripciones de juicios ante los tribunales y anécdotas biográficas. Lucas intenta mostrar el cumplimiento del plan de Dios en cuanto a llevar su luz al mundo a través de Israel. Los primeros seguidores de Cristo aceptan ese llamado anunciando la victoria de Jesús sobre el pecado y la muerte, a todas las naciones.

El primer volumen es el que Lucas escribe para contar la historia de Jesús en tres secciones principales:

: Primero, Jesús ministra en Galilea, que es el área norte de la tierra de Israel.
: Segundo, Emprende un largo viaje a Jerusalén en el que recibe a todo el que quiera elegir el camino que lleva al reino de Dios a la vez que desafía el entendimiento que tiene Israel acerca del reino.
: Tercero, Lucas relata cómo entrega Jesús su vida en Jerusalén y luego resucita de entre los muertos para ser revelado como Rey de Israel y verdadero Señor del mundo.

Prólogo

1 Muchos han intentado hacer un relato de las cosas que se han cumplido[a] entre nosotros, [2] tal y como nos las transmitieron los que desde el principio fueron testigos presenciales y servidores de la palabra. [3] Por lo tanto, yo también, excelentísimo Teófilo, habiendo investigado todo esto con esmero desde su origen, he decidido escribírtelo ordenadamente, [4] para que llegues a tener plena seguridad de lo que te enseñaron.

Anuncio del nacimiento de Juan el Bautista

[5] En tiempos de Herodes, rey de Judea, hubo un sacerdote llamado Zacarías, miembro del grupo de Abías. Su esposa Elisabet también era descendiente de Aarón. [6] Ambos eran rectos e intachables delante de Dios; obedecían todos los mandamientos y preceptos del Señor. [7] Pero no tenían hijos,

---

Luke

The books of Luke and Acts are two volumes of a single work (see p. 1575 for a more detailed introduction to Acts). Together they tell the story of how God first invited the people of Israel, and then all nations, to follow Jesus. In the first volume, the movement is toward Jerusalem, the center of Jewish national life. In the second, the movement is from Jerusalem to other nations, closing with Paul proclaiming the kingdom of God in Rome, the capital of the empire.

Luke addresses his history to *most excellent Theophilus*, most likely a Roman official. His volumes are stocked with details from sources Luke had available: letters, speeches, songs, travel accounts, trial transcripts and biographical anecdotes. Luke's purpose is to show the fulfillment of God's plan to bring his light to the world through Israel. The earliest Jesus-followers take up this calling by announcing Jesus' victory over sin and death to all the nations.

The first volume, Luke's telling of the story of Jesus, has three main sections:

: First, Jesus ministers in Galilee, the northern area of the land of Israel.
: Next, he takes a long journey to Jerusalem, during which he welcomes people into the way of God's reign and challenges Israel's current understanding of the kingdom.
: Third, Luke tells how Jesus gives his life in Jerusalem and then rises from the dead to be revealed as Israel's King and the world's true Lord.

Introduction

1 Many have undertaken to draw up an account of the things that have been fulfilled[a] among us, [2] just as they were handed down to us by those who from the first were eyewitnesses and servants of the word. [3] With this in mind, since I myself have carefully investigated everything from the beginning, I too decided to write an orderly account for you, most excellent Theophilus, [4] so that you may know the certainty of the things you have been taught.

The Birth of John the Baptist Foretold

[5] In the time of Herod king of Judea there was a priest named Zechariah, who belonged to the priestly division of Abijah; his wife Elizabeth was also a descendant of Aaron. [6] Both of them were righteous in the sight of God, observing all the Lord's commands and decrees blamelessly. [7] But

---

[a] 1:1 *se han cumplido*. Alt. *se han recibido con convicción.*

[a] 1 Or *been surely believed*

porque Elisabet era estéril; y los dos eran de edad avanzada.

[8] Un día en que Zacarías, por haber llegado el turno de su grupo, oficiaba como sacerdote delante de Dios, [9] le tocó en suerte, según la costumbre del sacerdocio, entrar en el *santuario del Señor para quemar incienso. [10] Cuando llegó la hora de ofrecer el incienso, la multitud reunida afuera estaba orando. [11] En esto un ángel del Señor se le apareció a Zacarías a la derecha del altar del incienso. [12] Al verlo, Zacarías se asustó, y el temor se apoderó de él. [13] El ángel le dijo:

—No tengas miedo, Zacarías, pues ha sido escuchada tu oración. Tu esposa Elisabet te dará un hijo, y le pondrás por nombre Juan. [14] Tendrás gozo y alegría, y muchos se regocijarán por su nacimiento, [15] porque él será un gran hombre delante del Señor. Jamás tomará vino ni licor, y será lleno del Espíritu Santo aun desde su nacimiento.[b] [16] Hará que muchos israelitas se vuelvan al Señor su Dios. [17] Él irá primero, delante del Señor, con el espíritu y el poder de Elías, para reconciliar a[c] los padres con los hijos y guiar a los desobedientes a la sabiduría de los justos. De este modo preparará un pueblo bien dispuesto para recibir al Señor.

[18] —¿Cómo podré estar seguro de esto? —preguntó Zacarías al ángel—. Ya soy anciano y mi esposa también es de edad avanzada.

[19] —Yo soy Gabriel y estoy a las órdenes de Dios —le contestó el ángel—. He sido enviado para hablar contigo y darte estas buenas *noticias. [20] Pero como no creíste en mis palabras, las cuales se cumplirán a su debido tiempo, te vas a quedar mudo. No podrás hablar hasta el día en que todo esto suceda.

[21] Mientras tanto, el pueblo estaba esperando a Zacarías y les extrañaba que se demorara tanto en el santuario. [22] Cuando por fin salió, no podía hablarles, así que se dieron cuenta de que allí había tenido una visión. Se podía comunicar sólo por señas, pues seguía mudo.

[23] Cuando terminaron los días de su servicio, regresó a su casa. [24] Poco después, su esposa Elisabet quedó encinta y se mantuvo recluida por cinco meses. [25] «Esto —decía ella— es obra del Señor, que ahora ha mostrado su bondad al quitarme la vergüenza que yo tenía ante los demás.»

Anuncio del nacimiento de Jesús

[26] A los seis meses, Dios envió al ángel Gabriel a Nazaret, pueblo de Galilea, [27] a visitar a una joven virgen comprometida para casarse con un hombre que se llamaba José, descendiente de David. La virgen se llamaba María. [28] El ángel se acercó a ella y le dijo:

they were childless because Elizabeth was not able to conceive, and they were both very old.

[8] Once when Zechariah's division was on duty and he was serving as priest before God, [9] he was chosen by lot, according to the custom of the priesthood, to go into the temple of the Lord and burn incense. [10] And when the time for the burning of incense came, all the assembled worshipers were praying outside.

[11] Then an angel of the Lord appeared to him, standing at the right side of the altar of incense. [12] When Zechariah saw him, he was startled and was gripped with fear. [13] But the angel said to him: "Do not be afraid, Zechariah; your prayer has been heard. Your wife Elizabeth will bear you a son, and you are to call him John. [14] He will be a joy and delight to you, and many will rejoice because of his birth, [15] for he will be great in the sight of the Lord. He is never to take wine or other fermented drink, and he will be filled with the Holy Spirit even before he is born. [16] He will bring back many of the people of Israel to the Lord their God. [17] And he will go on before the Lord, in the spirit and power of Elijah, to turn the hearts of the parents to their children and the disobedient to the wisdom of the righteous — to make ready a people prepared for the Lord."

[18] Zechariah asked the angel, "How can I be sure of this? I am an old man and my wife is well along in years."

[19] The angel said to him, "I am Gabriel. I stand in the presence of God, and I have been sent to speak to you and to tell you this good news. [20] And now you will be silent and not able to speak until the day this happens, because you did not believe my words, which will come true at their appointed time."

[21] Meanwhile, the people were waiting for Zechariah and wondering why he stayed so long in the temple. [22] When he came out, he could not speak to them. They realized he had seen a vision in the temple, for he kept making signs to them but remained unable to speak.

[23] When his time of service was completed, he returned home. [24] After this his wife Elizabeth became pregnant and for five months remained in seclusion. [25] "The Lord has done this for me," she said. "In these days he has shown his favor and taken away my disgrace among the people."

The Birth of Jesus Foretold

[26] In the sixth month of Elizabeth's pregnancy, God sent the angel Gabriel to Nazareth, a town in Galilee, [27] to a virgin pledged to be married to a man named Joseph, a descendant of David. The virgin's name was Mary. [28] The angel went to her

---

[b] **1:15** *desde su nacimiento.* Alt. *antes de nacer.* Lit. *desde el vientre de su madre.*

[c] **1:17** *reconciliar a.* Lit. *hacer volver los corazones de;* véase Mal 4:6.

—¡Te saludo,[d] tú que has recibido el favor de Dios! El Señor está contigo.

29 Ante estas palabras, María se perturbó, y se preguntaba qué podría significar este saludo.

30 —No tengas miedo, María; Dios te ha concedido su favor —le dijo el ángel—. 31 Quedarás encinta y darás a luz un hijo, y le pondrás por nombre Jesús. 32 Él será un gran hombre, y lo llamarán Hijo del Altísimo. Dios el Señor le dará el trono de su padre David, 33 y reinará sobre el pueblo de Jacob para siempre. Su reinado no tendrá fin.

34 —¿Cómo podrá suceder esto —le preguntó María al ángel—, puesto que soy virgen?[e]

35 —El Espíritu Santo vendrá sobre ti, y el poder del Altísimo te cubrirá con su sombra. Así que al santo niño que va a nacer lo llamarán Hijo de Dios. 36 También tu parienta Elisabet va a tener un hijo en su vejez; de hecho, la que decían que era estéril ya está en el sexto mes de embarazo. 37 Porque para Dios no hay nada imposible.

38 —Aquí tienes a la sierva del Señor —contestó María—. Que él haga conmigo como me has dicho.

Con esto, el ángel la dejó.

María visita a Elisabet

39 A los pocos días María emprendió el viaje y se fue de prisa a un pueblo en la región montañosa de Judea. 40 Al llegar, entró en casa de Zacarías y saludó a Elisabet. 41 Tan pronto como Elisabet oyó el saludo de María, la criatura saltó en su vientre. Entonces Elisabet, llena del Espíritu Santo, 42 exclamó:

—¡Bendita tú entre las mujeres, y bendito el hijo que darás a luz![f] 43 Pero, ¿cómo es esto, que la madre de mi Señor venga a verme? 44 Te digo que tan pronto como llegó a mis oídos la voz de tu saludo, saltó de alegría la criatura que llevo en el vientre. 45 ¡*Dichosa tú que has creído, porque lo que el Señor te ha dicho se cumplirá!

El cántico de María

46 Entonces dijo María:

—Mi alma glorifica al Señor,
47   y mi espíritu se regocija en Dios mi
        Salvador,
48 porque se ha dignado fijarse en su humilde
        sierva.
Desde ahora me llamarán *dichosa todas las
        generaciones,
49   porque el Poderoso ha hecho grandes
        cosas por mí.
    ¡Santo es su nombre!

and said, "Greetings, you who are highly favored! The Lord is with you."

29 Mary was greatly troubled at his words and wondered what kind of greeting this might be. 30 But the angel said to her, "Do not be afraid, Mary; you have found favor with God. 31 You will conceive and give birth to a son, and you are to call him Jesus. 32 He will be great and will be called the Son of the Most High. The Lord God will give him the throne of his father David, 33 and he will reign over Jacob's descendants forever; his kingdom will never end."

34 "How will this be," Mary asked the angel, "since I am a virgin?"

35 The angel answered, "The Holy Spirit will come on you, and the power of the Most High will overshadow you. So the holy one to be born will be called[b] the Son of God. 36 Even Elizabeth your relative is going to have a child in her old age, and she who was said to be unable to conceive is in her sixth month. 37 For no word from God will ever fail."

38 "I am the Lord's servant," Mary answered. "May your word to me be fulfilled." Then the angel left her.

Mary Visits Elizabeth

39 At that time Mary got ready and hurried to a town in the hill country of Judea, 40 where she entered Zechariah's home and greeted Elizabeth. 41 When Elizabeth heard Mary's greeting, the baby leaped in her womb, and Elizabeth was filled with the Holy Spirit. 42 In a loud voice she exclaimed: "Blessed are you among women, and blessed is the child you will bear! 43 But why am I so favored, that the mother of my Lord should come to me? 44 As soon as the sound of your greeting reached my ears, the baby in my womb leaped for joy. 45 Blessed is she who has believed that the Lord would fulfill his promises to her!"

Mary's Song

46 And Mary said:

"My soul glorifies the Lord
47   and my spirit rejoices in God my Savior,
48 for he has been mindful
    of the humble state of his servant.
From now on all generations will call me
    blessed,
49   for the Mighty One has done great things
    for me—
    holy is his name.

---

[d] 1:28 ¡Te saludo. Alt. ¡Alégrate.
[e] 1:34 soy virgen? Lit. no conozco a hombre?
[f] 1:42 el hijo que darás a luz! Lit. el fruto de tu vientre!

[b] 35 Or So the child to be born will be called holy,

⁵⁰ De generación en generación
　　se extiende su misericordia a los que le
　　　temen.
⁵¹ Hizo proezas con su brazo;
　　desbarató las intrigas de los soberbios.^g
⁵² De sus tronos derrocó a los poderosos,
　　mientras que ha exaltado a los humildes.
⁵³ A los hambrientos los colmó de bienes,
　　y a los ricos los despidió con las manos
　　　vacías.
⁵⁴⁻⁵⁵ Acudió en ayuda de su siervo Israel
　　y, cumpliendo su promesa a nuestros
　　　padres,
　　mostró^h su misericordia a Abraham
　　y a su descendencia para siempre.

⁵⁶ María se quedó con Elisabet unos tres meses y luego regresó a su casa.

Nacimiento de Juan el Bautista

⁵⁷ Cuando se le cumplió el tiempo, Elisabet dio a luz un hijo. ⁵⁸ Sus vecinos y parientes se enteraron de que el Señor le había mostrado gran misericordia, y compartieron su alegría.

⁵⁹ A los ocho días llevaron a circuncidar al niño. Como querían ponerle el nombre de su padre, Zacarías, ⁶⁰ su madre se opuso.

—¡No! —dijo ella—. Tiene que llamarse Juan.

⁶¹ —Pero si nadie en tu familia tiene ese nombre —le dijeron.

⁶² Entonces le hicieron señas a su padre, para saber qué nombre quería ponerle al niño. ⁶³ Él pidió una tablilla, en la que escribió: «Su nombre es Juan.» Y todos quedaron asombrados. ⁶⁴ Al instante se le desató la lengua, recuperó el habla y comenzó a alabar a Dios. ⁶⁵ Todos los vecinos se llenaron de temor, y por toda la región montañosa de Judea se comentaba lo sucedido. ⁶⁶ Quienes lo oían se preguntaban: «¿Qué llegará a ser este niño?» Porque la mano del Señor lo protegía.

El cántico de Zacarías

⁶⁷ Entonces su padre Zacarías, lleno del Espíritu Santo, profetizó:

⁶⁸ «Bendito sea el Señor, Dios de Israel,
　　porque ha venido a redimirⁱ a su pueblo.
⁶⁹ Nos envió un poderoso salvador^j
　　en la casa de David su siervo
⁷⁰ (como lo prometió en el pasado por medio
　　de sus *santos profetas),
⁷¹ para librarnos de nuestros enemigos
　　y del poder de todos los que nos
　　　aborrecen;
⁷² para mostrar misericordia a nuestros padres
　　al acordarse de su santo pacto.

^g 1:51 *desbarató ... soberbios.* Lit. *dispersó a los orgullosos en el pensamiento del corazón de ellos.*
^h 1:54-55 *mostró.* Lit. *recordó.*
ⁱ 1:68 *ha venido a redimir.* Lit. *ha visitado y ha redimido.*
^j 1:69 *envió un poderoso salvador.* Lit. *levantó un cuerno de salvación.*

⁵⁰ His mercy extends to those who fear him,
　　from generation to generation.
⁵¹ He has performed mighty deeds with his
　　arm;
　　he has scattered those who are proud in
　　　their inmost thoughts.
⁵² He has brought down rulers from their
　　　thrones
　　but has lifted up the humble.
⁵³ He has filled the hungry with good things
　　but has sent the rich away empty.
⁵⁴ He has helped his servant Israel,
　　remembering to be merciful
⁵⁵ to Abraham and his descendants forever,
　　just as he promised our ancestors."

⁵⁶ Mary stayed with Elizabeth for about three months and then returned home.

The Birth of John the Baptist

⁵⁷ When it was time for Elizabeth to have her baby, she gave birth to a son. ⁵⁸ Her neighbors and relatives heard that the Lord had shown her great mercy, and they shared her joy.

⁵⁹ On the eighth day they came to circumcise the child, and they were going to name him after his father Zechariah, ⁶⁰ but his mother spoke up and said, "No! He is to be called John."

⁶¹ They said to her, "There is no one among your relatives who has that name."

⁶² Then they made signs to his father, to find out what he would like to name the child. ⁶³ He asked for a writing tablet, and to everyone's astonishment he wrote, "His name is John." ⁶⁴ Immediately his mouth was opened and his tongue set free, and he began to speak, praising God. ⁶⁵ All the neighbors were filled with awe, and throughout the hill country of Judea people were talking about all these things. ⁶⁶ Everyone who heard this wondered about it, asking, "What then is this child going to be?" For the Lord's hand was with him.

Zechariah's Song

⁶⁷ His father Zechariah was filled with the Holy Spirit and prophesied:

⁶⁸ "Praise be to the Lord, the God of Israel,
　　because he has come to his people and
　　　redeemed them.
⁶⁹ He has raised up a horn^c of salvation for us
　　in the house of his servant David
⁷⁰ (as he said through his holy prophets of long
　　　ago),
⁷¹ salvation from our enemies
　　and from the hand of all who hate us—
⁷² to show mercy to our ancestors
　　and to remember his holy covenant,

^c 69 *Horn* here symbolizes a strong king.

⁷³ Así lo juró a Abraham nuestro padre:
⁷⁴ nos concedió que fuéramos libres del temor,
　　al rescatarnos del poder de nuestros
　　　enemigos,
　　para que le sirviéramos ⁷⁵ con *santidad y
　　　justicia,
　　viviendo en su presencia todos nuestros
　　　días.

⁷⁶ Y tú, hijito mío, serás llamado profeta del
　　　Altísimo,
　　porque irás delante del Señor para
　　　prepararle el camino.
⁷⁷ Darás a conocer a su pueblo la salvación
　　mediante el perdón de sus pecados,
⁷⁸ gracias a la entrañable misericordia de
　　　nuestro Dios.
　　Así nos visitará desde el cielo el sol
　　　naciente,
⁷⁹ para dar luz a los que viven en tinieblas,
　　en la más terrible oscuridad,^k
　　para guiar nuestros pasos por la senda de la
　　　paz.»

⁸⁰ El niño crecía y se fortalecía en espíritu; y
vivió en el desierto hasta el día en que se presentó
públicamente al pueblo de Israel.

Nacimiento de Jesús

2 Por aquellos días Augusto *César decretó
que se levantara un censo en todo el imperio
romano.^l ² (Este primer censo se efectuó cuando
Cirenio gobernaba en Siria.) ³ Así que iban todos a
inscribirse, cada cual a su propio pueblo.

⁴ También José, que era descendiente del rey
David, subió de Nazaret, ciudad de Galilea, a
Judea. Fue a Belén, la ciudad de David, ⁵ para
inscribirse junto con María su esposa.^m Ella se
encontraba encinta ⁶ y, mientras estaban allí, se le
cumplió el tiempo. ⁷ Así que dio a luz a su hijo primogénito. Lo envolvió en pañales y lo acostó en
un pesebre, porque no había lugar para ellos en la
posada.

Los pastores y los ángeles

⁸ En esa misma región había unos pastores
que pasaban la noche en el campo, turnándose
para cuidar sus rebaños. ⁹ Sucedió que un ángel
del Señor se les apareció. La gloria del Señor los
envolvió en su luz, y se llenaron de temor. ¹⁰ Pero
el ángel les dijo: «No tengan miedo. Miren que
les traigo buenas *noticias que serán motivo de
mucha alegría para todo el pueblo. ¹¹ Hoy les ha
nacido en la ciudad de David un Salvador, que
es *Cristo el Señor. ¹² Esto les servirá de señal:
Encontrarán a un niño envuelto en pañales y acostado en un pesebre.»

⁷³ the oath he swore to our father Abraham:
⁷⁴ to rescue us from the hand of our enemies,
　　and to enable us to serve him without fear
⁷⁵ 　in holiness and righteousness before him
　　　all our days.

⁷⁶ And you, my child, will be called a prophet
　　of the Most High;
　　for you will go on before the Lord to
　　　prepare the way for him,
⁷⁷ to give his people the knowledge of salvation
　　through the forgiveness of their sins,
⁷⁸ because of the tender mercy of our God,
　　by which the rising sun will come to us
　　　from heaven
⁷⁹ to shine on those living in darkness
　　and in the shadow of death,
　to guide our feet into the path of peace."

⁸⁰ And the child grew and became strong in
spirit^d; and he lived in the wilderness until he appeared publicly to Israel.

The Birth of Jesus

2 In those days Caesar Augustus issued a decree
that a census should be taken of the entire Roman world. ² (This was the first census that took
place while^e Quirinius was governor of Syria.)
³ And everyone went to their own town to register.

⁴ So Joseph also went up from the town of Naza-
reth in Galilee to Judea, to Bethlehem the town of
David, because he belonged to the house and line
of David. ⁵ He went there to register with Mary,
who was pledged to be married to him and was
expecting a child. ⁶ While they were there, the time
came for the baby to be born, ⁷ and she gave birth
to her firstborn, a son. She wrapped him in cloths
and placed him in a manger, because there was no
guest room available for them.

⁸ And there were shepherds living out in the
fields nearby, keeping watch over their flocks at
night. ⁹ An angel of the Lord appeared to them,
and the glory of the Lord shone around them, and
they were terrified. ¹⁰ But the angel said to them,
"Do not be afraid. I bring you good news that will
cause great joy for all the people. ¹¹ Today in the
town of David a Savior has been born to you; he is
the Messiah, the Lord. ¹² This will be a sign to you:
You will find a baby wrapped in cloths and lying
in a manger."

---

^k 1:79 *en la más terrible oscuridad.* Lit. *y en sombra de muerte.*
^l 2:1 *el imperio romano.* Lit. *el mundo.*
^m 2:5 *María su esposa.* Lit. *María, que estaba comprometida
para casarse con él.*

^d 80 Or *in the Spirit* 　^e 2 Or *This census took place before*

[13] De repente apareció una multitud de ángeles del cielo, que alababan a Dios y decían:

[14] «Gloria a Dios en las alturas,
   y en la tierra paz a los que gozan de su
      buena voluntad.»[n]

[15] Cuando los ángeles se fueron al cielo, los pastores se dijeron unos a otros: «Vamos a Belén, a ver esto que ha pasado y que el Señor nos ha dado a conocer.»

[16] Así que fueron de prisa y encontraron a María y a José, y al niño que estaba acostado en el pesebre. [17] Cuando vieron al niño, contaron lo que les habían dicho acerca de él, [18] y cuantos lo oyeron se asombraron de lo que los pastores decían. [19] María, por su parte, guardaba todas estas cosas en su corazón y meditaba acerca de ellas. [20] Los pastores regresaron glorificando y alabando a Dios por lo que habían visto y oído, pues todo sucedió tal como se les había dicho.

Presentación de Jesús en el templo

[21] Cuando se cumplieron los ocho días y fueron a circuncidarlo, lo llamaron Jesús, nombre que el ángel le había puesto antes de que fuera concebido.

[22] Así mismo, cuando se cumplió el tiempo en que, según la ley de Moisés, ellos debían *purificarse, José y María llevaron al niño a Jerusalén para presentarlo al Señor. [23] Así cumplieron con lo que en la ley del Señor está escrito: «Todo varón primogénito será consagrado[n] al Señor».[o] [24] También ofrecieron un sacrificio conforme a lo que la ley del Señor dice: ün par de tórtolas o dos pichones de paloma».[p]

[25] Ahora bien, en Jerusalén había un hombre llamado Simeón, que era justo y devoto, y aguardaba con esperanza la redención[q] de Israel. El Espíritu Santo estaba con él [26] y le había revelado que no moriría sin antes ver al *Cristo del Señor. [27] Movido por el Espíritu, fue al *templo. Cuando al niño Jesús lo llevaron sus padres para cumplir con la costumbre establecida por la ley, [28] Simeón lo tomó en sus brazos y bendijo a Dios:

[29] «Según tu palabra, Soberano Señor,
   ya puedes despedir a tu *siervo en paz.
[30] Porque han visto mis ojos tu salvación,
[31]   que has preparado a la vista de todos los
      pueblos:
[32] luz que ilumina a las *naciones
   y gloria de tu pueblo Israel.»

[33] El padre y la madre del niño se quedaron maravillados por lo que se decía de él. [34] Simeón les dio su bendición y le dijo a María, la madre de

[13] Suddenly a great company of the heavenly host appeared with the angel, praising God and saying,

[14] "Glory to God in the highest heaven,
   and on earth peace to those on whom his
      favor rests."

[15] When the angels had left them and gone into heaven, the shepherds said to one another, "Let's go to Bethlehem and see this thing that has happened, which the Lord has told us about."

[16] So they hurried off and found Mary and Joseph, and the baby, who was lying in the manger. [17] When they had seen him, they spread the word concerning what had been told them about this child, [18] and all who heard it were amazed at what the shepherds said to them. [19] But Mary treasured up all these things and pondered them in her heart. [20] The shepherds returned, glorifying and praising God for all the things they had heard and seen, which were just as they had been told.

[21] On the eighth day, when it was time to circumcise the child, he was named Jesus, the name the angel had given him before he was conceived.

Jesus Presented in the Temple

[22] When the time came for the purification rites required by the Law of Moses, Joseph and Mary took him to Jerusalem to present him to the Lord [23] (as it is written in the Law of the Lord, "Every firstborn male is to be consecrated to the Lord"[f]), [24] and to offer a sacrifice in keeping with what is said in the Law of the Lord: "a pair of doves or two young pigeons."[g]

[25] Now there was a man in Jerusalem called Simeon, who was righteous and devout. He was waiting for the consolation of Israel, and the Holy Spirit was on him. [26] It had been revealed to him by the Holy Spirit that he would not die before he had seen the Lord's Messiah. [27] Moved by the Spirit, he went into the temple courts. When the parents brought in the child Jesus to do for him what the custom of the Law required, [28] Simeon took him in his arms and praised God, saying:

[29] "Sovereign Lord, as you have promised,
   you may now dismiss[h] your servant in
      peace.
[30] For my eyes have seen your salvation,
[31]   which you have prepared in the sight of
      all nations:
[32] a light for revelation to the Gentiles,
   and the glory of your people Israel."

[33] The child's father and mother marveled at what was said about him. [34] Then Simeon blessed them and said to Mary, his mother: "This child is

---

[n] **2:14** *paz ... voluntad.* Lit. *paz a los hombres de buena voluntad.* Var. *paz, buena voluntad a los hombres.*
[n] **2:23** *Todo ... consagrado.* Lit. *Todo varón que abre la matriz será llamado santo.*
[o] **2:23** Éx 13:2,12
[p] **2:24** Lv 12:8
[q] **2:25** *redención.* Lit. *consolación.*

[f] 23 Exodus 13:2,12   [g] 24 Lev. 12:8   [h] 29 Or *promised, / now dismiss*

Jesús: «Este niño está destinado a causar la caída y el levantamiento de muchos en Israel, y a crear mucha oposición,[r] [35] a fin de que se manifiesten las intenciones de muchos corazones. En cuanto a ti, una espada te atravesará el alma.»

[36] Había también una profetisa, Ana, hija de Penuel, de la tribu de Aser. Era muy anciana; casada de joven, había vivido con su esposo siete años, [37] y luego permaneció viuda hasta la edad de ochenta y cuatro.[s] Nunca salía del *templo, sino que día y noche adoraba a Dios con ayunos y oraciones. [38] Llegando en ese mismo momento, Ana dio gracias a Dios y comenzó a hablar del niño a todos los que esperaban la redención de Jerusalén.

[39] Después de haber cumplido con todo lo que exigía la ley del Señor, José y María regresaron a Galilea, a su propio pueblo de Nazaret. [40] El niño crecía y se fortalecía; progresaba en sabiduría, y la gracia de Dios lo acompañaba.

El niño Jesús en el templo

[41] Los padres de Jesús subían todos los años a Jerusalén para la fiesta de la Pascua. [42] Cuando cumplió doce años, fueron allá según era la costumbre. [43] Terminada la fiesta, emprendieron el viaje de regreso, pero el niño Jesús se había quedado en Jerusalén, sin que sus padres se dieran cuenta. [44] Ellos, pensando que él estaba entre el grupo de viajeros, hicieron un día de camino mientras lo buscaban entre los parientes y conocidos. [45] Al no encontrarlo, volvieron a Jerusalén en busca de él. [46] Al cabo de tres días lo encontraron en el *templo, sentado entre los maestros, escuchándolos y haciéndoles preguntas. [47] Todos los que le oían se asombraban de su inteligencia y de sus respuestas. [48] Cuando lo vieron sus padres, se quedaron admirados.

—Hijo, ¿por qué te has portado así con nosotros? —le dijo su madre—. ¡Mira que tu padre y yo te hemos estado buscando angustiados!

[49] —¿Por qué me buscaban? ¿No sabían que tengo que estar en la casa de mi Padre?

[50] Pero ellos no entendieron lo que les decía. [51] Así que Jesús bajó con sus padres a Nazaret y vivió sujeto a ellos. Pero su madre conservaba todas estas cosas en el corazón. [52] Jesús siguió creciendo en sabiduría y estatura, y cada vez más gozaba del favor de Dios y de toda la gente.

Juan el Bautista prepara el camino

3 En el año quince del reinado de Tiberio *César, Poncio Pilato gobernaba la provincia de Judea, Herodes[t] era tetrarca en Galilea, su hermano Felipe en Iturea y Traconite, y Lisanias en Abilene; [2] el sumo sacerdocio lo ejercían Anás y Caifás. En

destined to cause the falling and rising of many in Israel, and to be a sign that will be spoken against, [35] so that the thoughts of many hearts will be revealed. And a sword will pierce your own soul too."

[36] There was also a prophet, Anna, the daughter of Penuel, of the tribe of Asher. She was very old; she had lived with her husband seven years after her marriage, [37] and then was a widow until she was eighty-four.[i] She never left the temple but worshiped night and day, fasting and praying. [38] Coming up to them at that very moment, she gave thanks to God and spoke about the child to all who were looking forward to the redemption of Jerusalem.

[39] When Joseph and Mary had done everything required by the Law of the Lord, they returned to Galilee to their own town of Nazareth. [40] And the child grew and became strong; he was filled with wisdom, and the grace of God was on him.

The Boy Jesus at the Temple

[41] Every year Jesus' parents went to Jerusalem for the Festival of the Passover. [42] When he was twelve years old, they went up to the festival, according to the custom. [43] After the festival was over, while his parents were returning home, the boy Jesus stayed behind in Jerusalem, but they were unaware of it. [44] Thinking he was in their company, they traveled on for a day. Then they began looking for him among their relatives and friends. [45] When they did not find him, they went back to Jerusalem to look for him. [46] After three days they found him in the temple courts, sitting among the teachers, listening to them and asking them questions. [47] Everyone who heard him was amazed at his understanding and his answers. [48] When his parents saw him, they were astonished. His mother said to him, "Son, why have you treated us like this? Your father and I have been anxiously searching for you."

[49] "Why were you searching for me?" he asked. "Didn't you know I had to be in my Father's house?"[j] [50] But they did not understand what he was saying to them.

[51] Then he went down to Nazareth with them and was obedient to them. But his mother treasured all these things in her heart. [52] And Jesus grew in wisdom and stature, and in favor with God and man.

John the Baptist Prepares the Way

3 In the fifteenth year of the reign of Tiberius Caesar — when Pontius Pilate was governor of Judea, Herod tetrarch of Galilee, his brother Philip tetrarch of Iturea and Traconitis, and Lysanias tetrarch of Abilene — [2] during the high-priesthood

---

[r] 2:34 a crear mucha oposición. Lit. a ser una señal contra la cual se hablará.
[s] 2:37 hasta la edad de ochenta y cuatro. Alt. durante ochenta y cuatro años.
[t] 3:1 Es decir, Herodes Antipas, hijo del rey Herodes (1:5).

[i] 37 Or then had been a widow for eighty-four years.
[j] 49 Or be about my Father's business

aquel entonces, la palabra de Dios llegó a Juan hijo de Zacarías, en el desierto. ³ Juan recorría toda la región del Jordán predicando el bautismo de *arrepentimiento para el perdón de pecados. ⁴ Así está escrito en el libro del profeta Isaías:

«Voz de uno que grita en el desierto:
"Preparen el camino del Señor,
    háganle sendas derechas.
⁵ Todo valle será rellenado,
    toda montaña y colina será allanada.
Los caminos torcidos se enderezarán,
    las sendas escabrosas quedarán llanas.
⁶ Y todo *mortal verá la salvación de Dios." »ᵘ

⁷ Muchos acudían a Juan para que los bautizara.

—¡Camada de víboras! —les advirtió—. ¿Quién les dijo que podrán escapar del castigo que se acerca? ⁸ Produzcan frutos que demuestren arrepentimiento. Y no se pongan a pensar: "Tenemos a Abraham por padre." Porque les digo que aun de estas piedras Dios es capaz de darle hijos a Abraham. ⁹ Es más, el hacha ya está puesta a la raíz de los árboles, y todo árbol que no produzca buen fruto será cortado y arrojado al fuego.

¹⁰ —¿Entonces qué debemos hacer? —le preguntaba la gente.

¹¹ —El que tiene dos *camisas debe compartir con el que no tiene ninguna —les contestó Juan—, y el que tiene comida debe hacer lo mismo.

¹² Llegaron también unos *recaudadores de impuestos para que los bautizara.

—Maestro, ¿qué debemos hacer nosotros? —le preguntaron.

¹³ —No cobren más de lo debido —les respondió.

¹⁴ —Y nosotros, ¿qué debemos hacer? —le preguntaron unos soldados.

—No extorsionen a nadie ni hagan denuncias falsas; más bien confórmense con lo que les pagan.

¹⁵ La gente estaba a la expectativa, y todos se preguntaban si acaso Juan sería el *Cristo.

¹⁶ —Yo los bautizo a ustedes conᵛ agua —les respondió Juan a todos—. Pero está por llegar uno más poderoso que yo, a quien ni siquiera merezco desatarle la correa de sus sandalias. Él los bautizará con el Espíritu Santo y con fuego. ¹⁷ Tiene el rastrillo en la mano para limpiar su era y recoger el trigo en su granero; la paja, en cambio, la quemará con fuego que nunca se apagará.

¹⁸ Y con muchas otras palabras exhortaba Juan a la gente y le anunciaba las buenas *nuevas. ¹⁹ Pero cuando reprendió al tetrarca Herodes por el asunto de su cuñada Herodías,ʷ y por todas las otras maldades que había cometido, ²⁰ Herodes llegó hasta el colmo de encerrar a Juan en la cárcel.

of Annas and Caiaphas, the word of God came to John son of Zechariah in the wilderness. ³ He went into all the country around the Jordan, preaching a baptism of repentance for the forgiveness of sins. ⁴ As it is written in the book of the words of Isaiah the prophet:

"A voice of one calling in the wilderness,
'Prepare the way for the Lord,
    make straight paths for him.
⁵ Every valley shall be filled in,
    every mountain and hill made low.
The crooked roads shall become straight,
    the rough ways smooth.
⁶ And all people will see God's salvation.'"ᵏ

⁷ John said to the crowds coming out to be baptized by him, "You brood of vipers! Who warned you to flee from the coming wrath? ⁸ Produce fruit in keeping with repentance. And do not begin to say to yourselves, 'We have Abraham as our father.' For I tell you that out of these stones God can raise up children for Abraham. ⁹ The ax is already at the root of the trees, and every tree that does not produce good fruit will be cut down and thrown into the fire."

¹⁰ "What should we do then?" the crowd asked.

¹¹ John answered, "Anyone who has two shirts should share with the one who has none, and anyone who has food should do the same."

¹² Even tax collectors came to be baptized. "Teacher," they asked, "what should we do?"

¹³ "Don't collect any more than you are required to," he told them.

¹⁴ Then some soldiers asked him, "And what should we do?"

He replied, "Don't extort money and don't accuse people falsely—be content with your pay."

¹⁵ The people were waiting expectantly and were all wondering in their hearts if John might possibly be the Messiah. ¹⁶ John answered them all, "I baptize you withˡ water. But one who is more powerful than I will come, the straps of whose sandals I am not worthy to untie. He will baptize you withˡ the Holy Spirit and fire. ¹⁷ His winnowing fork is in his hand to clear his threshing floor and to gather the wheat into his barn, but he will burn up the chaff with unquenchable fire." ¹⁸ And with many other words John exhorted the people and proclaimed the good news to them.

¹⁹ But when John rebuked Herod the tetrarch because of his marriage to Herodias, his brother's wife, and all the other evil things he had done, ²⁰ Herod added this to them all: He locked John up in prison.

ᵘ 3:6 Is 40:3-5
ᵛ 3:16 con. Alt. en.
ʷ 3:19 Esposa de Felipe, hermano de Herodes Antipas.

ᵏ 6 Isaiah 40:3-5   ˡ 16 Or in

Bautismo y genealogía de Jesús

²¹ Un día en que todos acudían a Juan para que los bautizara, Jesús fue bautizado también. Y mientras oraba, se abrió el cielo, ²² y el Espíritu Santo bajó sobre él en forma de paloma. Entonces se oyó una voz del cielo que decía: «Tú eres mi Hijo amado; estoy muy complacido contigo.»

²³ Jesús tenía unos treinta años cuando comenzó su ministerio. Era hijo, según se creía, de José,

hijo de Elí, ²⁴ hijo de Matat,
hijo de Leví, hijo de Melquí,
hijo de Janay, hijo de José,
²⁵ hijo de Matatías, hijo de Amós,
hijo de Nahúm, hijo de Eslí,
hijo de Nagay, ²⁶ hijo de Máat,
hijo de Matatías, hijo de Semeí,
hijo de Josec, hijo de Judá,
²⁷ hijo de Yojanán, hijo de Resa,
hijo de Zorobabel, hijo de Salatiel,
hijo de Neri, ²⁸ hijo de Melquí,
hijo de Adí, hijo de Cosán,
hijo de Elmadán, hijo de Er,
²⁹ hijo de Josué, hijo de Eliezer,
hijo de Jorín, hijo de Matat,
hijo de Leví, ³⁰ hijo de Simeón,
hijo de Judá, hijo de José,
hijo de Jonán, hijo de Eliaquín,
³¹ hijo de Melea, hijo de Mainán,
hijo de Matata, hijo de Natán,
hijo de David, ³² hijo de Isaí,
hijo de Obed, hijo de Booz,
hijo de Salmón,ˣ hijo de Naasón,
³³ hijo de Aminadab, hijo de Aram,ʸ
hijo de Jezrón, hijo de Fares,
hijo de Judá, ³⁴ hijo de Jacob,
hijo de Isaac, hijo de Abraham,
hijo de Téraj, hijo de Najor,
³⁵ hijo de Serug, hijo de Ragau,
hijo de Péleg, hijo de Éber,
hijo de Selaj, ³⁶ hijo de Cainán,
hijo de Arfaxad, hijo de Sem,
hijo de Noé, hijo de Lamec,
³⁷ hijo de Matusalén, hijo de Enoc,
hijo de Jared, hijo de Malalel,
hijo de Cainán, ³⁸ hijo de Enós,
hijo de Set, hijo de Adán,
hijo de Dios.

Tentación de Jesús

4 Jesús, lleno del Espíritu Santo, volvió del Jordán y fue llevado por el Espíritu al desierto. ² Allí estuvo cuarenta días y fue *tentado por el diablo. No comió nada durante esos días, pasados los cuales tuvo hambre.

The Baptism and Genealogy of Jesus

²¹ When all the people were being baptized, Jesus was baptized too. And as he was praying, heaven was opened ²² and the Holy Spirit descended on him in bodily form like a dove. And a voice came from heaven: "You are my Son, whom I love; with you I am well pleased."

²³ Now Jesus himself was about thirty years old when he began his ministry. He was the son, so it was thought, of Joseph,

the son of Heli, ²⁴ the son of Matthat,
the son of Levi, the son of Melki,
the son of Jannai, the son of Joseph,
²⁵ the son of Mattathias, the son of Amos,
the son of Nahum, the son of Esli,
the son of Naggai, ²⁶ the son of Maath,
the son of Mattathias, the son of Semein,
the son of Josek, the son of Joda,
²⁷ the son of Joanan, the son of Rhesa,
the son of Zerubbabel, the son of Shealtiel,
the son of Neri, ²⁸ the son of Melki,
the son of Addi, the son of Cosam,
the son of Elmadam, the son of Er,
²⁹ the son of Joshua, the son of Eliezer,
the son of Jorim, the son of Matthat,
the son of Levi, ³⁰ the son of Simeon,
the son of Judah, the son of Joseph,
the son of Jonam, the son of Eliakim,
³¹ the son of Melea, the son of Menna,
the son of Mattatha, the son of Nathan,
the son of David, ³² the son of Jesse,
the son of Obed, the son of Boaz,
the son of Salmon,ᵐ the son of Nahshon,
³³ the son of Amminadab, the son of Ram,ⁿ
the son of Hezron, the son of Perez,
the son of Judah, ³⁴ the son of Jacob,
the son of Isaac, the son of Abraham,
the son of Terah, the son of Nahor,
³⁵ the son of Serug, the son of Reu,
the son of Peleg, the son of Eber,
the son of Shelah, ³⁶ the son of Cainan,
the son of Arphaxad, the son of Shem,
the son of Noah, the son of Lamech,
³⁷ the son of Methuselah, the son of Enoch,
the son of Jared, the son of Mahalalel,
the son of Kenan, ³⁸ the son of Enosh,
the son of Seth, the son of Adam,
the son of God.

Jesus Is Tested in the Wilderness

4 Jesus, full of the Holy Spirit, left the Jordan and was led by the Spirit into the wilderness, ² where for forty days he was temptedᵒ by the devil. He ate nothing during those days, and at the end of them he was hungry.

ˣ **3:32** *Salmón.* Var. *Sala.*
ʸ **3:33** *Aminadab, hijo de Aram.* Var. *Aminadab, el hijo de Admín, el hijo de Arní;* los mss. varían mucho en este versículo.

ᵐ *32* Some early manuscripts *Sala*   ⁿ *33* Some manuscripts *Amminadab, the son of Admin, the son of Arni;* other manuscripts vary widely.   ᵒ *2* The Greek for *tempted* can also mean *tested.*

³ —Si eres el Hijo de Dios —le propuso el diablo—, dile a esta piedra que se convierta en pan.

⁴ Jesús le respondió:

—Escrito está: "No sólo de pan vive el hombre."ᶻ

⁵ Entonces el diablo lo llevó a un lugar alto y le mostró en un instante todos los reinos del mundo.

⁶ —Sobre estos reinos y todo su esplendor —le dijo—, te daré la autoridad, porque a mí me ha sido entregada, y puedo dársela a quien yo quiera. ⁷ Así que, si me adoras, todo será tuyo.

Jesús le contestó:

⁸ —Escrito está: "Adora al Señor tu Dios y sírvele solamente a él."ᵃ

⁹ El diablo lo llevó luego a Jerusalén e hizo que se pusiera de pie en la parte más alta del *templo, y le dijo:

—Si eres el Hijo de Dios, ¡tírate de aquí! ¹⁰ Pues escrito está:

»"Ordenará que sus ángeles te cuiden.
　　Te sostendrán en sus manos
¹¹ para que no tropieces con piedra alguna."ᵇ

¹² —También está escrito: "No pongas a prueba al Señor tu Dios"ᶜ —le replicó Jesús.

¹³ Así que el diablo, habiendo agotado todo recurso de tentación, lo dejó hasta otra oportunidad.

Rechazan a Jesús en Nazaret

¹⁴ Jesús regresó a Galilea en el poder del Espíritu, y se extendió su fama por toda aquella región. ¹⁵ Enseñaba en las sinagogas, y todos lo admiraban.

¹⁶ Fue a Nazaret, donde se había criado, y un *sábado entró en la sinagoga, como era su costumbre. Se levantó para hacer la lectura, ¹⁷ y le entregaron el libro del profeta Isaías. Al desenrollarlo, encontró el lugar donde está escrito:

¹⁸ «El Espíritu del Señor está sobre mí,
　　por cuanto me ha ungido
　　para anunciar buenas *nuevas a los
　　　　pobres.
　　Me ha enviado a proclamar libertad a los
　　　　cautivos
　　y dar vista a los ciegos,
　　a poner en libertad a los oprimidos,
¹⁹ 　　a pregonar el año del favor del Señor.»ᵈ

²⁰ Luego enrolló el libro, se lo devolvió al ayudante y se sentó. Todos los que estaban en la sinagoga lo miraban detenidamente, ²¹ y él comenzó a hablarles: «Hoy se cumple esta Escritura en presencia de ustedes.»

³ The devil said to him, "If you are the Son of God, tell this stone to become bread."

⁴ Jesus answered, "It is written: 'Man shall not live on bread alone.'ᵖ"

⁵ The devil led him up to a high place and showed him in an instant all the kingdoms of the world. ⁶ And he said to him, "I will give you all their authority and splendor; it has been given to me, and I can give it to anyone I want to. ⁷ If you worship me, it will all be yours."

⁸ Jesus answered, "It is written: 'Worship the Lord your God and serve him only.'ᑫ"

⁹ The devil led him to Jerusalem and had him stand on the highest point of the temple. "If you are the Son of God," he said, "throw yourself down from here. ¹⁰ For it is written:

"'He will command his angels concerning
　　you
　　to guard you carefully;
¹¹ they will lift you up in their hands,
　　so that you will not strike your foot
　　　　against a stone.'ʳ"

¹² Jesus answered, "It is said: 'Do not put the Lord your God to the test.'ˢ"

¹³ When the devil had finished all this tempting, he left him until an opportune time.

Jesus Rejected at Nazareth

¹⁴ Jesus returned to Galilee in the power of the Spirit, and news about him spread through the whole countryside. ¹⁵ He was teaching in their synagogues, and everyone praised him.

¹⁶ He went to Nazareth, where he had been brought up, and on the Sabbath day he went into the synagogue, as was his custom. He stood up to read, ¹⁷ and the scroll of the prophet Isaiah was handed to him. Unrolling it, he found the place where it is written:

¹⁸ "The Spirit of the Lord is on me,
　　because he has anointed me
　　to proclaim good news to the poor.
　　He has sent me to proclaim freedom for the
　　　　prisoners
　　and recovery of sight for the blind,
　　to set the oppressed free,
¹⁹ 　　to proclaim the year of the Lord's favor."ᵗ

²⁰ Then he rolled up the scroll, gave it back to the attendant and sat down. The eyes of everyone in the synagogue were fastened on him. ²¹ He began by saying to them, "Today this scripture is fulfilled in your hearing."

ᶻ **4:4** Dt 8:3
ᵃ **4:8** Dt 6:13
ᵇ **4:10-11** Sal 91:11,12
ᶜ **4:12** Dt 6:16
ᵈ **4:19** Is 61:1,2

ᵖ 4　Deut. 8:3　ᑫ 8　Deut. 6:13　ʳ 11　Psalm 91:11,12
ˢ 12　Deut. 6:16　ᵗ 19　Isaiah 61:1,2 (see Septuagint); Isaiah 58:6

²² Todos dieron su aprobación, impresionados por las hermosas palabras[e] que salían de su boca. «¿No es éste el hijo de José?», se preguntaban.

²³ Jesús continuó: «Seguramente ustedes me van a citar el proverbio: "¡Médico, cúrate a ti mismo! Haz aquí en tu tierra lo que hemos oído que hiciste en Capernaúm." ²⁴ Pues bien, les aseguro que a ningún profeta lo aceptan en su propia tierra. ²⁵ No cabe duda de que en tiempos de Elías, cuando el cielo se cerró por tres años y medio, de manera que hubo una gran hambre en toda la tierra, muchas viudas vivían en Israel. ²⁶ Sin embargo, Elías no fue enviado a ninguna de ellas, sino a una viuda de Sarepta, en los alrededores de Sidón. ²⁷ Así mismo, había en Israel muchos enfermos de *lepra en tiempos del profeta Eliseo, pero ninguno de ellos fue sanado, sino Naamán el sirio.»

²⁸ Al oír esto, todos los que estaban en la sinagoga se enfurecieron. ²⁹ Se levantaron, lo expulsaron del pueblo y lo llevaron hasta la cumbre de la colina sobre la que estaba construido el pueblo, para tirarlo por el precipicio. ³⁰ Pero él pasó por en medio de ellos y se fue.

Jesús expulsa a un espíritu maligno

³¹ Jesús pasó a Capernaúm, un pueblo de Galilea, y el día *sábado enseñaba a la gente. ³² Estaban asombrados de su enseñanza, porque les hablaba con autoridad.

³³ Había en la sinagoga un hombre que estaba poseído por un *espíritu maligno, quien gritó con todas sus fuerzas:

³⁴ —¡Ah! ¿Por qué te entrometes, Jesús de Nazaret? ¿Has venido a destruirnos? Yo sé quién eres tú: ¡el Santo de Dios!

³⁵ —¡Cállate! —lo reprendió Jesús—. ¡Sal de ese hombre!

Entonces el demonio derribó al hombre en medio de la gente y salió de él sin hacerle ningún daño.

³⁶ Todos se asustaron y se decían unos a otros: «¿Qué clase de palabra es ésta? ¡Con autoridad y poder les da órdenes a los espíritus malignos, y salen!» ³⁷ Y se extendió su fama por todo aquel lugar.

Jesús sana a muchos enfermos

³⁸ Cuando Jesús salió de la sinagoga, se fue a casa de Simón, cuya suegra estaba enferma con una fiebre muy alta. Le pidieron a Jesús que la ayudara, ³⁹ así que se inclinó sobre ella y reprendió a la fiebre, la cual se le quitó. Ella se levantó en seguida y se puso a servirles.

⁴⁰ Al ponerse el sol, la gente le llevó a Jesús todos los que padecían de diversas enfermedades; él puso las manos sobre cada uno de ellos y los sanó. ⁴¹ Además, de muchas personas salían demonios

²² All spoke well of him and were amazed at the gracious words that came from his lips. "Isn't this Joseph's son?" they asked.

²³ Jesus said to them, "Surely you will quote this proverb to me: 'Physician, heal yourself!' And you will tell me, 'Do here in your hometown what we have heard that you did in Capernaum.'"

²⁴ "Truly I tell you," he continued, "no prophet is accepted in his hometown. ²⁵ I assure you that there were many widows in Israel in Elijah's time, when the sky was shut for three and a half years and there was a severe famine throughout the land. ²⁶ Yet Elijah was not sent to any of them, but to a widow in Zarephath in the region of Sidon. ²⁷ And there were many in Israel with leprosy[u] in the time of Elisha the prophet, yet not one of them was cleansed — only Naaman the Syrian."

²⁸ All the people in the synagogue were furious when they heard this. ²⁹ They got up, drove him out of the town, and took him to the brow of the hill on which the town was built, in order to throw him off the cliff. ³⁰ But he walked right through the crowd and went on his way.

Jesus Drives Out an Impure Spirit

³¹ Then he went down to Capernaum, a town in Galilee, and on the Sabbath he taught the people. ³² They were amazed at his teaching, because his words had authority.

³³ In the synagogue there was a man possessed by a demon, an impure spirit. He cried out at the top of his voice, ³⁴ "Go away! What do you want with us, Jesus of Nazareth? Have you come to destroy us? I know who you are — the Holy One of God!"

³⁵ "Be quiet!" Jesus said sternly. "Come out of him!" Then the demon threw the man down before them all and came out without injuring him.

³⁶ All the people were amazed and said to each other, "What words these are! With authority and power he gives orders to impure spirits and they come out!" ³⁷ And the news about him spread throughout the surrounding area.

Jesus Heals Many

³⁸ Jesus left the synagogue and went to the home of Simon. Now Simon's mother-in-law was suffering from a high fever, and they asked Jesus to help her. ³⁹ So he bent over her and rebuked the fever, and it left her. She got up at once and began to wait on them.

⁴⁰ At sunset, the people brought to Jesus all who had various kinds of sickness, and laying his hands on each one, he healed them. ⁴¹ Moreover, demons came out of many people, shouting, "You are the

---

[e] **4:22** *Todos ... palabras.* Lit. *Todos daban testimonio de él y estaban asombrados de las palabras de gracia.*

[u] **27** The Greek word traditionally translated *leprosy* was used for various diseases affecting the skin.

que gritaban: «¡Tú eres el Hijo de Dios!» Pero él los reprendía y no los dejaba hablar porque sabían que él era el *Cristo.

⁴² Cuando amaneció, Jesús salió y se fue a un lugar solitario. La gente andaba buscándolo, y cuando llegaron adonde él estaba, procuraban detenerlo para que no se fuera. ⁴³ Pero él les dijo: «Es preciso que anuncie también a los demás pueblos las buenas *nuevas del reino de Dios, porque para esto fui enviado.»

⁴⁴ Y siguió predicando en las sinagogas de los judíos.ᶠ

Llamamiento de los primeros discípulos

5 Un día estaba Jesús a orillas del lago de Genesaret,ᵍ y la gente lo apretujaba para escuchar el mensaje de Dios. ² Entonces vio dos barcas que los pescadores habían dejado en la playa mientras lavaban las redes. ³ Subió a una de las barcas, que pertenecía a Simón, y le pidió que la alejara un poco de la orilla. Luego se sentó, y enseñaba a la gente desde la barca.

⁴ Cuando acabó de hablar, le dijo a Simón:

—Lleva la barca hacia aguas más profundas, y echen allí las redes para pescar.

⁵ —Maestro, hemos estado trabajando duro toda la noche y no hemos pescado nada —le contestó Simón—. Pero como tú me lo mandas, echaré las redes.

⁶ Así lo hicieron, y recogieron una cantidad tan grande de peces que las redes se les rompían. ⁷ Entonces llamaron por señas a sus compañeros de la otra barca para que los ayudaran. Ellos se acercaron y llenaron tanto las dos barcas que comenzaron a hundirse.

⁸ Al ver esto, Simón Pedro cayó de rodillas delante de Jesús y le dijo:

—¡Apártate de mí, Señor; soy un pecador!

⁹ Es que él y todos sus compañeros estaban asombrados ante la pesca que habían hecho, ¹⁰ como también lo estaban *Jacobo y Juan, hijos de Zebedeo, que eran socios de Simón.

—No temas; desde ahora serás pescador de hombres —le dijo Jesús a Simón.

¹¹ Así que llevaron las barcas a tierra y, dejándolo todo, siguieron a Jesús.

Jesús sana a un leproso

¹² En otra ocasión, cuando Jesús estaba en un pueblo, se presentó un hombre cubierto de *lepra. Al ver a Jesús, cayó rostro en tierra y le suplicó:

—Señor, si quieres, puedes *limpiarme.

¹³ Jesús extendió la mano y tocó al hombre.

—Sí quiero —le dijo—. ¡Queda limpio!

Y al instante se le quitó la lepra.

¹⁴ —No se lo digas a nadie —le ordenó Jesús—; sólo ve, preséntate al sacerdote y lleva por tu

Son of God!" But he rebuked them and would not allow them to speak, because they knew he was the Messiah.

⁴² At daybreak, Jesus went out to a solitary place. The people were looking for him and when they came to where he was, they tried to keep him from leaving them. ⁴³ But he said, "I must proclaim the good news of the kingdom of God to the other towns also, because that is why I was sent." ⁴⁴ And he kept on preaching in the synagogues of Judea.

Jesus Calls His First Disciples

5 One day as Jesus was standing by the Lake of Gennesaret,ᵛ the people were crowding around him and listening to the word of God. ² He saw at the water's edge two boats, left there by the fishermen, who were washing their nets. ³ He got into one of the boats, the one belonging to Simon, and asked him to put out a little from shore. Then he sat down and taught the people from the boat.

⁴ When he had finished speaking, he said to Simon, "Put out into deep water, and let down the nets for a catch."

⁵ Simon answered, "Master, we've worked hard all night and haven't caught anything. But because you say so, I will let down the nets."

⁶ When they had done so, they caught such a large number of fish that their nets began to break. ⁷ So they signaled their partners in the other boat to come and help them, and they came and filled both boats so full that they began to sink.

⁸ When Simon Peter saw this, he fell at Jesus' knees and said, "Go away from me, Lord; I am a sinful man!" ⁹ For he and all his companions were astonished at the catch of fish they had taken, ¹⁰ and so were James and John, the sons of Zebedee, Simon's partners.

Then Jesus said to Simon, "Don't be afraid; from now on you will fish for people." ¹¹ So they pulled their boats up on shore, left everything and followed him.

Jesus Heals a Man With Leprosy

¹² While Jesus was in one of the towns, a man came along who was covered with leprosy.ʷ When he saw Jesus, he fell with his face to the ground and begged him, "Lord, if you are willing, you can make me clean."

¹³ Jesus reached out his hand and touched the man. "I am willing," he said. "Be clean!" And immediately the leprosy left him.

¹⁴ Then Jesus ordered him, "Don't tell anyone, but go, show yourself to the priest and offer the

---

ᶠ 4:44 los judíos. Lit. Judea. Var. Galilea.
ᵍ 5:1 Es decir, el mar de Galilea.

ᵛ 1 That is, the Sea of Galilee   ʷ 12 The Greek word traditionally translated leprosy was used for various diseases affecting the skin.

*purificación lo que ordenó Moisés, para que sirva de testimonio.

¹⁵ Sin embargo, la fama de Jesús se extendía cada vez más, de modo que acudían a él multitudes para oírlo y para que los sanara de sus enfermedades. ¹⁶ Él, por su parte, solía retirarse a lugares solitarios para orar.

Jesús sana a un paralítico

¹⁷ Un día, mientras enseñaba, estaban sentados allí algunos *fariseos y *maestros de la ley que habían venido de todas las aldeas de Galilea y Judea, y también de Jerusalén. Y el poder del Señor estaba con él para sanar a los enfermos. ¹⁸ Entonces llegaron unos hombres que llevaban en una camilla a un paralítico. Procuraron entrar para ponerlo delante de Jesús, ¹⁹ pero no pudieron a causa de la multitud. Así que subieron a la azotea y, separando las tejas, lo bajaron en la camilla hasta ponerlo en medio de la gente, frente a Jesús.

²⁰ Al ver la fe de ellos, Jesús dijo:

—Amigo, tus pecados quedan perdonados.

²¹ Los fariseos y los maestros de la ley comenzaron a pensar: «¿Quién es éste que dice *blasfemias? ¿Quién puede perdonar pecados sino sólo Dios?»

²² Pero Jesús supo lo que estaban pensando y les dijo:

—¿Por qué razonan así? ²³ ¿Qué es más fácil decir: "Tus pecados quedan perdonados", o "Levántate y anda"? ²⁴ Pues para que sepan que el Hijo del hombre tiene autoridad en la tierra para perdonar pecados —se dirigió entonces al paralítico—: A ti te digo, levántate, toma tu camilla y vete a tu casa.

²⁵ Al instante se levantó a la vista de todos, tomó la camilla en que había estado acostado, y se fue a su casa alabando a Dios. ²⁶ Todos quedaron asombrados y ellos también alababan a Dios. Estaban llenos de temor y decían: «Hoy hemos visto maravillas.»

Llamamiento de Leví

²⁷ Después de esto salió Jesús y se fijó en un *recaudador de impuestos llamado Leví, sentado a la mesa donde cobraba.

—Sígueme —le dijo Jesús.

²⁸ Y Leví se levantó, lo dejó todo y lo siguió.

²⁹ Luego Leví le ofreció a Jesús un gran banquete en su casa, y había allí un grupo numeroso de recaudadores de impuestos y otras personas que estaban comiendo con ellos. ³⁰ Pero los *fariseos y los *maestros de la ley que eran de la misma secta les reclamaban a los discípulos de Jesús:

—¿Por qué comen y beben ustedes con recaudadores de impuestos y *pecadores?

³¹ —No son los sanos los que necesitan médico sino los enfermos —les contestó Jesús—. ³² No he venido a llamar a justos sino a pecadores para que se *arrepientan.

---

sacrifices that Moses commanded for your cleansing, as a testimony to them."

¹⁵ Yet the news about him spread all the more, so that crowds of people came to hear him and to be healed of their sicknesses. ¹⁶ But Jesus often withdrew to lonely places and prayed.

Jesus Forgives and Heals a Paralyzed Man

¹⁷ One day Jesus was teaching, and Pharisees and teachers of the law were sitting there. They had come from every village of Galilee and from Judea and Jerusalem. And the power of the Lord was with Jesus to heal the sick. ¹⁸ Some men came carrying a paralyzed man on a mat and tried to take him into the house to lay him before Jesus. ¹⁹ When they could not find a way to do this because of the crowd, they went up on the roof and lowered him on his mat through the tiles into the middle of the crowd, right in front of Jesus.

²⁰ When Jesus saw their faith, he said, "Friend, your sins are forgiven."

²¹ The Pharisees and the teachers of the law began thinking to themselves, "Who is this fellow who speaks blasphemy? Who can forgive sins but God alone?"

²² Jesus knew what they were thinking and asked, "Why are you thinking these things in your hearts? ²³ Which is easier: to say, 'Your sins are forgiven,' or to say, 'Get up and walk'? ²⁴ But I want you to know that the Son of Man has authority on earth to forgive sins." So he said to the paralyzed man, "I tell you, get up, take your mat and go home." ²⁵ Immediately he stood up in front of them, took what he had been lying on and went home praising God. ²⁶ Everyone was amazed and gave praise to God. They were filled with awe and said, "We have seen remarkable things today."

Jesus Calls Levi and Eats With Sinners

²⁷ After this, Jesus went out and saw a tax collector by the name of Levi sitting at his tax booth. "Follow me," Jesus said to him, ²⁸ and Levi got up, left everything and followed him.

²⁹ Then Levi held a great banquet for Jesus at his house, and a large crowd of tax collectors and others were eating with them. ³⁰ But the Pharisees and the teachers of the law who belonged to their sect complained to his disciples, "Why do you eat and drink with tax collectors and sinners?"

³¹ Jesus answered them, "It is not the healthy who need a doctor, but the sick. ³² I have not come to call the righteous, but sinners to repentance."

Le preguntan a Jesús sobre el ayuno

³³ Algunos dijeron a Jesús:

—Los discípulos de Juan ayunan y oran con frecuencia, lo mismo que los discípulos de los *fariseos, pero los tuyos se la pasan comiendo y bebiendo.

³⁴ Jesús les replicó:

—¿Acaso pueden obligar a los invitados del novio a que ayunen mientras él está con ellos? ³⁵ Llegará el día en que se les quitará el novio; en aquellos días sí ayunarán.

³⁶ Les contó esta parábola:

—Nadie quita un retazo de un vestido nuevo para remendar un vestido viejo. De hacerlo así, habrá rasgado el vestido nuevo, y el retazo nuevo no hará juego con el vestido viejo. ³⁷ Ni echa nadie vino nuevo en odres viejos. De hacerlo así, el vino nuevo hará reventar los odres, se derramará el vino y los odres se arruinarán. ³⁸ Más bien, el vino nuevo debe echarse en odres nuevos. ³⁹ Y nadie que haya bebido vino añejo quiere el nuevo, porque dice: "El añejo es mejor."

Señor del sábado

6 Un *sábado, al pasar Jesús por los sembrados, sus discípulos se pusieron a arrancar unas espigas de trigo, y las desgranaban para comérselas. ² Por eso algunos de los *fariseos les dijeron:

—¿Por qué hacen ustedes lo que está prohibido hacer en sábado?

³ Jesús les contestó:

—¿Nunca han leído lo que hizo David en aquella ocasión en que él y sus compañeros tuvieron hambre? ⁴ Entró en la casa de Dios y, tomando los panes consagrados a Dios, comió lo que sólo a los sacerdotes les es permitido comer. Y les dio también a sus compañeros.

⁵ Entonces añadió:

—El Hijo del hombre es Señor del sábado.

⁶ Otro sábado entró en la sinagoga y comenzó a enseñar. Había allí un hombre que tenía la mano derecha paralizada; ⁷ así que los *maestros de la ley y los fariseos, buscando un motivo para acusar a Jesús, no le quitaban la vista de encima para ver si sanaría en sábado. ⁸ Pero Jesús, que sabía lo que estaban pensando, le dijo al hombre de la mano paralizada:

—Levántate y ponte frente a todos.

Así que el hombre se puso de pie. Entonces Jesús dijo a los otros:

⁹ —Voy a hacerles una pregunta: ¿Qué está permitido hacer en sábado: hacer el bien o el mal, salvar una *vida o destruirla?

¹⁰ Jesús se quedó mirando a todos los que lo rodeaban, y le dijo al hombre:

—Extiende la mano.

Así lo hizo, y la mano le quedó restablecida. ¹¹ Pero ellos se enfurecieron y comenzaron a discutir qué podrían hacer contra Jesús.

Jesus Questioned About Fasting

³³ They said to him, "John's disciples often fast and pray, and so do the disciples of the Pharisees, but yours go on eating and drinking." ³⁴ Jesus answered, "Can you make the friends of the bridegroom fast while he is with them? ³⁵ But the time will come when the bridegroom will be taken from them; in those days they will fast."

³⁶ He told them this parable: "No one tears a piece out of a new garment to patch an old one. Otherwise, they will have torn the new garment, and the patch from the new will not match the old. ³⁷ And no one pours new wine into old wineskins. Otherwise, the new wine will burst the skins; the wine will run out and the wineskins will be ruined. ³⁸ No, new wine must be poured into new wineskins. ³⁹ And no one after drinking old wine wants the new, for they say, 'The old is better.'"

Jesus Is Lord of the Sabbath

6 One Sabbath Jesus was going through the grainfields, and his disciples began to pick some heads of grain, rub them in their hands and eat the kernels. ² Some of the Pharisees asked, "Why are you doing what is unlawful on the Sabbath?"

³ Jesus answered them, "Have you never read what David did when he and his companions were hungry? ⁴ He entered the house of God, and taking the consecrated bread, he ate what is lawful only for priests to eat. And he also gave some to his companions." ⁵ Then Jesus said to them, "The Son of Man is Lord of the Sabbath."

⁶ On another Sabbath he went into the synagogue and was teaching, and a man was there whose right hand was shriveled. ⁷ The Pharisees and the teachers of the law were looking for a reason to accuse Jesus, so they watched him closely to see if he would heal on the Sabbath. ⁸ But Jesus knew what they were thinking and said to the man with the shriveled hand, "Get up and stand in front of everyone." So he got up and stood there.

⁹ Then Jesus said to them, "I ask you, which is lawful on the Sabbath: to do good or to do evil, to save life or to destroy it?"

¹⁰ He looked around at them all, and then said to the man, "Stretch out your hand." He did so, and his hand was completely restored. ¹¹ But the Pharisees and the teachers of the law were furious and began to discuss with one another what they might do to Jesus.

Los doce apóstoles

¹² Por aquel tiempo se fue Jesús a la montaña a orar, y pasó toda la noche en oración a Dios. ¹³ Al llegar la mañana, llamó a sus discípulos y escogió a doce de ellos, a los que nombró apóstoles: ¹⁴ Simón (a quien llamó Pedro), su hermano Andrés, *Jacobo, Juan, Felipe, Bartolomé, ¹⁵ Mateo, Tomás, Jacobo hijo de Alfeo, Simón, al que llamaban el Zelote, ¹⁶ Judas hijo de Jacobo, y Judas Iscariote, que llegó a ser el traidor.

Bendiciones y ayes

¹⁷ Luego bajó con ellos y se detuvo en un llano. Había allí una gran multitud de sus discípulos y mucha gente de toda Judea, de Jerusalén y de la costa de Tiro y Sidón, ¹⁸ que habían llegado para oírlo y para que los sanara de sus enfermedades. Los que eran atormentados por *espíritus malignos quedaban liberados; ¹⁹ así que toda la gente procuraba tocarlo, porque de él salía poder que sanaba a todos.

²⁰ Él entonces dirigió la mirada a sus discípulos y dijo:

«*Dichosos ustedes los pobres,
porque el reino de Dios les pertenece.
²¹ Dichosos ustedes que ahora pasan hambre,
porque serán saciados.
Dichosos ustedes que ahora lloran,
porque luego habrán de reír.
²² Dichosos ustedes cuando los odien,
cuando los discriminen, los insulten y los
desprestigien^h
por causa del Hijo del hombre.

²³ »Alégrense en aquel día y salten de gozo, pues miren que les espera una gran recompensa en el cielo. Dense cuenta de que los antepasados de esta gente trataron así a los profetas.

²⁴ »Pero ¡ay de ustedes los ricos,
porque ya han recibido su consuelo!
²⁵ ¡Ay de ustedes los que ahora están saciados,
porque sabrán lo que es pasar hambre!
¡Ay de ustedes los que ahora ríen,
porque sabrán lo que es derramar
lágrimas!
²⁶ ¡Ay de ustedes cuando todos los elogien!
Dense cuenta de que los antepasados de
esta gente trataron así a los falsos
profetas.

El amor a los enemigos

²⁷ »Pero a ustedes que me escuchan les digo: Amen a sus enemigos, hagan bien a quienes los odian, ²⁸ bendigan a quienes los maldicen, oren por quienes los maltratan. ²⁹ Si alguien te pega en una mejilla, vuélvele también la otra. Si alguien te quita la *camisa, no le impidas que se lleve

The Twelve Apostles

¹² One of those days Jesus went out to a mountainside to pray, and spent the night praying to God. ¹³ When morning came, he called his disciples to him and chose twelve of them, whom he also designated apostles: ¹⁴ Simon (whom he named Peter), his brother Andrew, James, John, Philip, Bartholomew, ¹⁵ Matthew, Thomas, James son of Alphaeus, Simon who was called the Zealot, ¹⁶ Judas son of James, and Judas Iscariot, who became a traitor.

Blessings and Woes

¹⁷ He went down with them and stood on a level place. A large crowd of his disciples was there and a great number of people from all over Judea, from Jerusalem, and from the coastal region around Tyre and Sidon, ¹⁸ who had come to hear him and to be healed of their diseases. Those troubled by impure spirits were cured, ¹⁹ and the people all tried to touch him, because power was coming from him and healing them all.

²⁰ Looking at his disciples, he said:

"Blessed are you who are poor,
for yours is the kingdom of God.
²¹ Blessed are you who hunger now,
for you will be satisfied.
Blessed are you who weep now,
for you will laugh.
²² Blessed are you when people hate you,
when they exclude you and insult you
and reject your name as evil,
because of the Son of Man.

²³ "Rejoice in that day and leap for joy, because great is your reward in heaven. For that is how their ancestors treated the prophets.

²⁴ "But woe to you who are rich,
for you have already received your
comfort.
²⁵ Woe to you who are well fed now,
for you will go hungry.
Woe to you who laugh now,
for you will mourn and weep.
²⁶ Woe to you when everyone speaks well of
you,
for that is how their ancestors treated the
false prophets.

Love for Enemies

²⁷ "But to you who are listening I say: Love your enemies, do good to those who hate you, ²⁸ bless those who curse you, pray for those who mistreat you. ²⁹ If someone slaps you on one cheek, turn to them the other also. If someone takes your coat,

---

^h **6:22** *los desprestigien.* Lit. *echen su nombre como malo.*

también la capa. ³⁰ Dale a todo el que te pida, y si alguien se lleva lo que es tuyo, no se lo reclames. ³¹ Traten a los demás tal y como quieren que ellos los traten a ustedes.

³² »¿Qué mérito tienen ustedes al amar a quienes los aman? Aun los *pecadores lo hacen así. ³³ ¿Y qué mérito tienen ustedes al hacer bien a quienes les hacen bien? Aun los pecadores actúan así. ³⁴ ¿Y qué mérito tienen ustedes al dar prestado a quienes pueden corresponderles? Aun los pecadores se prestan entre sí, esperando recibir el mismo trato. ³⁵ Ustedes, por el contrario, amen a sus enemigos, háganles bien y denles prestado sin esperar nada a cambio. Así tendrán una gran recompensa y serán hijos del Altísimo, porque él es bondadoso con los ingratos y malvados. ³⁶ Sean compasivos, así como su Padre es compasivo.

El juzgar a los demás

³⁷ »No juzguen, y no se les juzgará. No condenen, y no se les condenará. Perdonen, y se les perdonará. ³⁸ Den, y se les dará: se les echará en el regazo una medida llena, apretada, sacudida y desbordante. Porque con la medida que midan a otros, se les medirá a ustedes.»

³⁹ También les contó esta parábola: «¿Acaso puede un ciego guiar a otro ciego? ¿No caerán ambos en el hoyo? ⁴⁰ El discípulo no está por encima de su maestro, pero todo el que haya completado su aprendizaje, a lo sumo llega al nivel de su maestro.

⁴¹ »¿Por qué te fijas en la astilla que tiene tu hermano en el ojo y no le das importancia a la viga que tienes en el tuyo? ⁴² ¿Cómo puedes decirle a tu hermano: "Hermano, déjame sacarte la astilla del ojo", cuando tú mismo no te das cuenta de la viga en el tuyo? ¡*Hipócrita! Saca primero la viga de tu propio ojo, y entonces verás con claridad para sacar la astilla del ojo de tu hermano.

El árbol y su fruto

⁴³ »Ningún árbol bueno da fruto malo; tampoco da buen fruto el árbol malo. ⁴⁴ A cada árbol se le reconoce por su propio fruto. No se recogen higos de los espinos ni se cosechan uvas de las zarzas. ⁴⁵ El que es bueno, de la bondad que atesora en el corazón produce el bien; pero el que es malo, de su maldad produce el mal, porque de lo que abunda en el corazón habla la boca.

El prudente y el insensato

⁴⁶ »¿Por qué me llaman ustedes "Señor, Señor", y no hacen lo que les digo? ⁴⁷ Voy a decirles a quién se parece todo el que viene a mí, y oye mis palabras y las pone en práctica: ⁴⁸ Se parece a un hombre que, al construir una casa, cavó bien hondo y puso el cimiento sobre la roca. De manera que cuando vino una inundación, el torrente azotó aquella casa, pero no pudo ni siquiera hacerla tambalear porque estaba bien construida. ⁴⁹ Pero el que oye mis palabras y no las pone en práctica se parece a

do not withhold your shirt from them. ³⁰ Give to everyone who asks you, and if anyone takes what belongs to you, do not demand it back. ³¹ Do to others as you would have them do to you.

³² "If you love those who love you, what credit is that to you? Even sinners love those who love them. ³³ And if you do good to those who are good to you, what credit is that to you? Even sinners do that. ³⁴ And if you lend to those from whom you expect repayment, what credit is that to you? Even sinners lend to sinners, expecting to be repaid in full. ³⁵ But love your enemies, do good to them, and lend to them without expecting to get anything back. Then your reward will be great, and you will be children of the Most High, because he is kind to the ungrateful and wicked. ³⁶ Be merciful, just as your Father is merciful.

Judging Others

³⁷ "Do not judge, and you will not be judged. Do not condemn, and you will not be condemned. Forgive, and you will be forgiven. ³⁸ Give, and it will be given to you. A good measure, pressed down, shaken together and running over, will be poured into your lap. For with the measure you use, it will be measured to you."

³⁹ He also told them this parable: "Can the blind lead the blind? Will they not both fall into a pit? ⁴⁰ The student is not above the teacher, but everyone who is fully trained will be like their teacher.

⁴¹ "Why do you look at the speck of sawdust in your brother's eye and pay no attention to the plank in your own eye? ⁴² How can you say to your brother, 'Brother, let me take the speck out of your eye,' when you yourself fail to see the plank in your own eye? You hypocrite, first take the plank out of your eye, and then you will see clearly to remove the speck from your brother's eye.

A Tree and Its Fruit

⁴³ "No good tree bears bad fruit, nor does a bad tree bear good fruit. ⁴⁴ Each tree is recognized by its own fruit. People do not pick figs from thornbushes, or grapes from briers. ⁴⁵ A good man brings good things out of the good stored up in his heart, and an evil man brings evil things out of the evil stored up in his heart. For the mouth speaks what the heart is full of.

The Wise and Foolish Builders

⁴⁶ "Why do you call me, 'Lord, Lord,' and do not do what I say? ⁴⁷ As for everyone who comes to me and hears my words and puts them into practice, I will show you what they are like. ⁴⁸ They are like a man building a house, who dug down deep and laid the foundation on rock. When a flood came, the torrent struck that house but could not shake it, because it was well built. ⁴⁹ But the one who hears my words and does not put them into practice is like a man who built a house on the ground

un hombre que construyó una casa sobre tierra y sin cimientos. Tan pronto como la azotó el torrente, la casa se derrumbó, y el desastre fue terrible.»

La fe del centurión

7 Cuando terminó de hablar al pueblo, Jesús entró en Capernaúm. ² Había allí un centurión, cuyo *siervo, a quien él estimaba mucho, estaba enfermo, a punto de morir. ³ Como oyó hablar de Jesús, el centurión mandó a unos dirigentes[i] de los judíos a pedirle que fuera a sanar a su siervo. ⁴ Cuando llegaron ante Jesús, le rogaron con insistencia:

—Este hombre merece que le concedas lo que te pide: ⁵ aprecia tanto a nuestra nación, que nos ha construido una sinagoga.

⁶ Así que Jesús fue con ellos. No estaba lejos de la casa cuando el centurión mandó unos amigos a decirle:

—Señor, no te tomes tanta molestia, pues no merezco que entres bajo mi techo. ⁷ Por eso ni siquiera me atreví a presentarme ante ti. Pero con una sola palabra que digas, quedará sano mi siervo. ⁸ Yo mismo obedezco órdenes superiores y, además, tengo soldados bajo mi autoridad. Le digo a uno: "Ve", y va, y al otro: "Ven", y viene. Le digo a mi siervo: "Haz esto", y lo hace.

⁹ Al oírlo, Jesús se asombró de él y, volviéndose a la multitud que lo seguía, comentó:

—Les digo que ni siquiera en Israel he encontrado una fe tan grande.

¹⁰ Al regresar a casa, los enviados encontraron sano al siervo.

Jesús resucita al hijo de una viuda

¹¹ Poco después Jesús, en compañía de sus discípulos y de una gran multitud, se dirigió a un pueblo llamado Naín. ¹² Cuando ya se acercaba a las puertas del pueblo, vio que sacaban de allí a un muerto, hijo único de madre viuda. La acompañaba un grupo grande de la población. ¹³ Al verla, el Señor se compadeció de ella y le dijo:

—No llores.

¹⁴ Entonces se acercó y tocó el féretro. Los que lo llevaban se detuvieron, y Jesús dijo:

—Joven, ¡te ordeno que te levantes!

¹⁵ El muerto se incorporó y comenzó a hablar, y Jesús se lo entregó a su madre. ¹⁶ Todos se llenaron de temor y alababan a Dios.

—Ha surgido entre nosotros un gran profeta — decían—. Dios ha venido en ayuda de[j] su pueblo.

¹⁷ Así que esta noticia acerca de Jesús se divulgó por toda Judea[k] y por todas las regiones vecinas.

Jesús y Juan el Bautista

¹⁸ Los discípulos de Juan le contaron todo esto. Él llamó a dos de ellos ¹⁹ y los envió al Señor a preguntarle:

without a foundation. The moment the torrent struck that house, it collapsed and its destruction was complete."

The Faith of the Centurion

7 When Jesus had finished saying all this to the people who were listening, he entered Capernaum. ² There a centurion's servant, whom his master valued highly, was sick and about to die. ³ The centurion heard of Jesus and sent some elders of the Jews to him, asking him to come and heal his servant. ⁴ When they came to Jesus, they pleaded earnestly with him, "This man deserves to have you do this, ⁵ because he loves our nation and has built our synagogue." ⁶ So Jesus went with them.

He was not far from the house when the centurion sent friends to say to him: "Lord, don't trouble yourself, for I do not deserve to have you come under my roof. ⁷ That is why I did not even consider myself worthy to come to you. But say the word, and my servant will be healed. ⁸ For I myself am a man under authority, with soldiers under me. I tell this one, 'Go,' and he goes; and that one, 'Come,' and he comes. I say to my servant, 'Do this,' and he does it."

⁹ When Jesus heard this, he was amazed at him, and turning to the crowd following him, he said, "I tell you, I have not found such great faith even in Israel." ¹⁰ Then the men who had been sent returned to the house and found the servant well.

Jesus Raises a Widow's Son

¹¹ Soon afterward, Jesus went to a town called Nain, and his disciples and a large crowd went along with him. ¹² As he approached the town gate, a dead person was being carried out — the only son of his mother, and she was a widow. And a large crowd from the town was with her. ¹³ When the Lord saw her, his heart went out to her and he said, "Don't cry."

¹⁴ Then he went up and touched the bier they were carrying him on, and the bearers stood still. He said, "Young man, I say to you, get up!" ¹⁵ The dead man sat up and began to talk, and Jesus gave him back to his mother.

¹⁶ They were all filled with awe and praised God. "A great prophet has appeared among us," they said. "God has come to help his people." ¹⁷ This news about Jesus spread throughout Judea and the surrounding country.

Jesus and John the Baptist

¹⁸ John's disciples told him about all these things. Calling two of them, ¹⁹ he sent them to the Lord to

---

[i] **7:3** *dirigentes.* Lit. *ancianos.*
[j] **7:16** *ha venido en ayuda de.* Lit. *ha visitado a.*
[k] **7:17** *Judea.* Alt. *la tierra de los judíos.*

—¿Eres tú el que ha de venir, o debemos esperar a otro?

²⁰ Cuando se acercaron a Jesús, ellos le dijeron:

—Juan el Bautista nos ha enviado a preguntarte: "¿Eres tú el que ha de venir, o debemos esperar a otro?"

²¹ En ese mismo momento Jesús sanó a muchos que tenían enfermedades, dolencias y *espíritus malignos, y les dio la vista a muchos ciegos. ²² Entonces les respondió a los enviados:

—Vayan y cuéntenle a Juan lo que han visto y oído: Los ciegos ven, los cojos andan, los que tienen *lepra son sanados, los sordos oyen, los muertos resucitan y a los pobres se les anuncian las buenas *nuevas. ²³ *Dichoso el que no *tropieza por causa mía.

²⁴ Cuando se fueron los enviados, Jesús comenzó a hablarle a la multitud acerca de Juan: «¿Qué salieron a ver al desierto? ¿Una caña sacudida por el viento? ²⁵ Si no, ¿qué salieron a ver? ¿A un hombre vestido con ropa fina? Claro que no, pues los que se visten ostentosamente y llevan una vida de lujo están en los palacios reales. ²⁶ Entonces, ¿qué salieron a ver? ¿A un profeta? Sí, les digo, y más que profeta. ²⁷ Éste es de quien está escrito:

»"Yo estoy por enviar a mi mensajero delante
     de ti,
el cual preparará el camino."*l*

²⁸ Les digo que entre los mortales no ha habido nadie más grande que Juan; sin embargo, el más pequeño en el reino de Dios es más grande que él.»

²⁹ Al oír esto, todo el pueblo, y hasta los *recaudadores de impuestos, reconocieron que el camino de Dios era justo, y fueron bautizados por Juan. ³⁰ Pero los *fariseos y los *expertos en la ley no se hicieron bautizar por Juan, rechazando así el propósito de Dios respecto a ellos.*m*

³¹ «Entonces, ¿con qué puedo comparar a la gente de esta generación? ¿A quién se parecen ellos? ³² Se parecen a niños sentados en la plaza que se gritan unos a otros:

»"Tocamos la flauta,
     y ustedes no bailaron;
entonamos un canto fúnebre,
     y ustedes no lloraron."

³³ Porque vino Juan el Bautista, que no comía pan ni bebía vino, y ustedes dicen: "Tiene un demonio." ³⁴ Vino el Hijo del hombre, que come y bebe, y ustedes dicen: "Éste es un glotón y un borracho, amigo de recaudadores de impuestos y de *pecadores." ³⁵ Pero la sabiduría queda demostrada por los que la siguen.»*n*

ask, "Are you the one who is to come, or should we expect someone else?"

²⁰ When the men came to Jesus, they said, "John the Baptist sent us to you to ask, 'Are you the one who is to come, or should we expect someone else?'"

²¹ At that very time Jesus cured many who had diseases, sicknesses and evil spirits, and gave sight to many who were blind. ²² So he replied to the messengers, "Go back and report to John what you have seen and heard: The blind receive sight, the lame walk, those who have leprosy*x* are cleansed, the deaf hear, the dead are raised, and the good news is proclaimed to the poor. ²³ Blessed is anyone who does not stumble on account of me."

²⁴ After John's messengers left, Jesus began to speak to the crowd about John: "What did you go out into the wilderness to see? A reed swayed by the wind? ²⁵ If not, what did you go out to see? A man dressed in fine clothes? No, those who wear expensive clothes and indulge in luxury are in palaces. ²⁶ But what did you go out to see? A prophet? Yes, I tell you, and more than a prophet. ²⁷ This is the one about whom it is written:

"'I will send my messenger ahead of you,
     who will prepare your way before you.'*y*

²⁸ I tell you, among those born of women there is no one greater than John; yet the one who is least in the kingdom of God is greater than he."

²⁹ (All the people, even the tax collectors, when they heard Jesus' words, acknowledged that God's way was right, because they had been baptized by John. ³⁰ But the Pharisees and the experts in the law rejected God's purpose for themselves, because they had not been baptized by John.)

³¹ Jesus went on to say, "To what, then, can I compare the people of this generation? What are they like? ³² They are like children sitting in the marketplace and calling out to each other:

"'We played the pipe for you,
     and you did not dance;
we sang a dirge,
     and you did not cry.'

³³ For John the Baptist came neither eating bread nor drinking wine, and you say, 'He has a demon.' ³⁴ The Son of Man came eating and drinking, and you say, 'Here is a glutton and a drunkard, a friend of tax collectors and sinners.' ³⁵ But wisdom is proved right by all her children."

---

l 7:27 Mal 3:1
m 7:29-30 Algunos intérpretes piensan que estos versículos forman parte del discurso de Jesús.
n 7:35 *queda ... siguen.* Lit. *ha sido justificada por todos sus hijos.*

x 22 The Greek word traditionally translated *leprosy* was used for various diseases affecting the skin.   *y* 27 Mal. 3:1

Una mujer pecadora unge a Jesús

³⁶ Uno de los *fariseos invitó a Jesús a comer, así que fue a la casa del fariseo y se *sentó a la mesa.ⁿ ³⁷ Ahora bien, vivía en aquel pueblo una mujer que tenía fama de *pecadora. Cuando ella se enteró de que Jesús estaba comiendo en casa del fariseo, se presentó con un frasco de alabastro lleno de perfume. ³⁸ Llorando, se arrojó a los pies de Jesús,ᵒ de manera que se los bañaba en lágrimas. Luego se los secó con los cabellos; también se los besaba y se los ungía con el perfume.

³⁹ Al ver esto, el fariseo que lo había invitado dijo para sí: «Si este hombre fuera profeta, sabría quién es la que lo está tocando, y qué clase de mujer es: una pecadora.»

⁴⁰ Entonces Jesús le dijo a manera de respuesta:

—Simón, tengo algo que decirte.

—Dime, Maestro —respondió.

⁴¹ —Dos hombres le debían dinero a cierto prestamista. Uno le debía quinientas monedas de plata,ᵖ y el otro cincuenta. ⁴² Como no tenían con qué pagarle, les perdonó la deuda a los dos. Ahora bien, ¿cuál de los dos lo amará más?

⁴³ —Supongo que aquel a quien más le perdonó —contestó Simón.

—Has juzgado bien —le dijo Jesús.

⁴⁴ Luego se volvió hacia la mujer y le dijo a Simón:

—¿Ves a esta mujer? Cuando entré en tu casa, no me diste agua para los pies, pero ella me ha bañado los pies en lágrimas y me los ha secado con sus cabellos. ⁴⁵ Tú no me besaste, pero ella, desde que entré, no ha dejado de besarme los pies. ⁴⁶ Tú no me ungiste la cabeza con aceite, pero ella me ungió los pies con perfume. ⁴⁷ Por esto te digo: si ella ha amado mucho, es que sus muchos pecados le han sido perdonados.ᵠ Pero a quien poco se le perdona, poco ama.

⁴⁸ Entonces le dijo Jesús a ella:

—Tus pecados quedan perdonados.

⁴⁹ Los otros invitados comenzaron a decir entre sí: «¿Quién es éste, que hasta perdona pecados?»

⁵⁰ —Tu fe te ha salvado —le dijo Jesús a la mujer—; vete en paz.

Parábola del sembrador

8 Después de esto, Jesús estuvo recorriendo los pueblos y las aldeas, proclamando las buenas *nuevas del reino de Dios. Lo acompañaban los doce, ² y también algunas mujeres que habían sido sanadas de *espíritus malignos y de enfermedades: María, a la que llamaban Magdalena, y de la que habían salido siete demonios; ³ Juana, esposa de Cuza, el administrador de Herodes; Susana

---

ⁿ **7:36** *se sentó a la mesa.* Lit. *se recostó.*
ᵒ **7:38** *se arrojó a los pies de Jesús.* Lit. *se puso detrás junto a sus pies;* es decir, detrás del recostadero.
ᵖ **7:41** *quinientas monedas de plata.* Lit. *quinientos* *denarios.
ᵠ **7:47** *te digo ... perdonados.* Lit. *te digo que sus muchos pecados han sido perdonados porque amó mucho.*

Jesus Anointed by a Sinful Woman

³⁶ When one of the Pharisees invited Jesus to have dinner with him, he went to the Pharisee's house and reclined at the table. ³⁷ A woman in that town who lived a sinful life learned that Jesus was eating at the Pharisee's house, so she came there with an alabaster jar of perfume. ³⁸ As she stood behind him at his feet weeping, she began to wet his feet with her tears. Then she wiped them with her hair, kissed them and poured perfume on them.

³⁹ When the Pharisee who had invited him saw this, he said to himself, "If this man were a prophet, he would know who is touching him and what kind of woman she is—that she is a sinner."

⁴⁰ Jesus answered him, "Simon, I have something to tell you."

"Tell me, teacher," he said.

⁴¹ "Two people owed money to a certain moneylender. One owed him five hundred denarii,ᶻ and the other fifty. ⁴² Neither of them had the money to pay him back, so he forgave the debts of both. Now which of them will love him more?"

⁴³ Simon replied, "I suppose the one who had the bigger debt forgiven."

"You have judged correctly," Jesus said.

⁴⁴ Then he turned toward the woman and said to Simon, "Do you see this woman? I came into your house. You did not give me any water for my feet, but she wet my feet with her tears and wiped them with her hair. ⁴⁵ You did not give me a kiss, but this woman, from the time I entered, has not stopped kissing my feet. ⁴⁶ You did not put oil on my head, but she has poured perfume on my feet. ⁴⁷ Therefore, I tell you, her many sins have been forgiven—as her great love has shown. But whoever has been forgiven little loves little."

⁴⁸ Then Jesus said to her, "Your sins are forgiven."

⁴⁹ The other guests began to say among themselves, "Who is this who even forgives sins?"

⁵⁰ Jesus said to the woman, "Your faith has saved you; go in peace."

The Parable of the Sower

8 After this, Jesus traveled about from one town and village to another, proclaiming the good news of the kingdom of God. The Twelve were with him, ² and also some women who had been cured of evil spirits and diseases: Mary (called Magdalene) from whom seven demons had come out; ³ Joanna the wife of Chuza, the manager of Herod's household; Susanna; and many others.

ᶻ **41** A denarius was the usual daily wage of a day laborer (see Matt. 20:2).

y muchas más que los ayudaban con sus propios recursos.

[4] De cada pueblo salía gente para ver a Jesús, y cuando se reunió una gran multitud, él les contó esta parábola: [5] «Un sembrador salió a sembrar. Al esparcir la semilla, una parte cayó junto al camino; fue pisoteada, y los pájaros se la comieron. [6] Otra parte cayó sobre las piedras y, cuando brotó, las plantas se secaron por falta de humedad. [7] Otra parte cayó entre espinos que, al crecer junto con la semilla, la ahogaron. [8] Pero otra parte cayó en buen terreno; así que brotó y produjo una cosecha del ciento por uno.»

Dicho esto, exclamó: «El que tenga oídos para oír, que oiga.»

[9] Sus discípulos le preguntaron cuál era el significado de esta parábola. [10] «A ustedes se les ha concedido que conozcan los *secretos del reino de Dios —les contestó—; pero a los demás se les habla por medio de parábolas para que

»"aunque miren, no vean;
aunque oigan, no entiendan".[r]

[11] »Éste es el significado de la parábola: La semilla es la palabra de Dios. [12] Los que están junto al camino son los que oyen, pero luego viene el diablo y les quita la palabra del corazón, no sea que crean y se salven. [13] Los que están sobre las piedras son los que reciben la palabra con alegría cuando la oyen, pero no tienen raíz. Éstos creen por algún tiempo, pero se apartan cuando llega la *prueba. [14] La parte que cayó entre espinos son los que oyen, pero, con el correr del tiempo, los ahogan las preocupaciones, las riquezas y los placeres de esta vida, y no maduran. [15] Pero la parte que cayó en buen terreno son los que oyen la palabra con corazón noble y bueno, y la retienen; y como perseveran, producen una buena cosecha.

Una lámpara en una repisa

[16] »Nadie enciende una lámpara para después cubrirla con una vasija o ponerla debajo de la cama, sino para ponerla en una repisa, a fin de que los que entren tengan luz. [17] No hay nada escondido que no llegue a descubrirse, ni nada oculto que no llegue a conocerse públicamente. [18] Por lo tanto, pongan mucha atención. Al que tiene, se le dará más; al que no tiene, hasta lo que cree tener se le quitará.»

La madre y los hermanos de Jesús

[19] La madre y los hermanos de Jesús fueron a verlo, pero como había mucha gente, no lograban acercársele.

[20] —Tu madre y tus hermanos están afuera y quieren verte —le avisaron.

These women were helping to support them out of their own means.

[4] While a large crowd was gathering and people were coming to Jesus from town after town, he told this parable: [5] "A farmer went out to sow his seed. As he was scattering the seed, some fell along the path; it was trampled on, and the birds ate it up. [6] Some fell on rocky ground, and when it came up, the plants withered because they had no moisture. [7] Other seed fell among thorns, which grew up with it and choked the plants. [8] Still other seed fell on good soil. It came up and yielded a crop, a hundred times more than was sown."

When he said this, he called out, "Whoever has ears to hear, let them hear."

[9] His disciples asked him what this parable meant. [10] He said, "The knowledge of the secrets of the kingdom of God has been given to you, but to others I speak in parables, so that,

"'though seeing, they may not see;
though hearing, they may not
understand.'[a]

[11] "This is the meaning of the parable: The seed is the word of God. [12] Those along the path are the ones who hear, and then the devil comes and takes away the word from their hearts, so that they may not believe and be saved. [13] Those on the rocky ground are the ones who receive the word with joy when they hear it, but they have no root. They believe for a while, but in the time of testing they fall away. [14] The seed that fell among thorns stands for those who hear, but as they go on their way they are choked by life's worries, riches and pleasures, and they do not mature. [15] But the seed on good soil stands for those with a noble and good heart, who hear the word, retain it, and by persevering produce a crop.

A Lamp on a Stand

[16] "No one lights a lamp and hides it in a clay jar or puts it under a bed. Instead, they put it on a stand, so that those who come in can see the light. [17] For there is nothing hidden that will not be disclosed, and nothing concealed that will not be known or brought out into the open. [18] Therefore consider carefully how you listen. Whoever has will be given more; whoever does not have, even what they think they have will be taken from them."

Jesus' Mother and Brothers

[19] Now Jesus' mother and brothers came to see him, but they were not able to get near him because of the crowd. [20] Someone told him, "Your mother and brothers are standing outside, wanting to see you."

---

[r] 8:10 Is 6:9

[a] 10 Isaiah 6:9

[21] Pero él les contestó:

—Mi madre y mis hermanos son los que oyen la palabra de Dios y la ponen en práctica.

Jesús calma la tormenta

[22] Un día subió Jesús con sus discípulos a una barca.

—Crucemos al otro lado del lago —les dijo.

Así que partieron, [23] y mientras navegaban, él se durmió. Entonces se desató una tormenta sobre el lago, de modo que la barca comenzó a inundarse y corrían gran peligro.

[24] Los discípulos fueron a despertarlo.

—¡Maestro, Maestro, nos vamos a ahogar! —gritaron.

Él se levantó y reprendió al viento y a las olas; la tormenta se apaciguó y todo quedó tranquilo.

[25] —¿Dónde está la fe de ustedes? —les dijo a sus discípulos.

Con temor y asombro ellos se decían unos a otros: «¿Quién es éste, que manda aun a los vientos y al agua, y le obedecen?»

Liberación de un endemoniado

[26] Navegaron hasta la región de los gerasenos,[s] que está al otro lado del lago, frente a Galilea. [27] Al desembarcar Jesús, un endemoniado que venía del pueblo le salió al encuentro. Hacía mucho tiempo que este hombre no se vestía; tampoco vivía en una casa sino en los sepulcros. [28] Cuando vio a Jesús, dio un grito y se arrojó a sus pies. Entonces exclamó con fuerza:

—¿Por qué te entrometes, Jesús, Hijo del Dios Altísimo? ¡Te ruego que no me atormentes!

[29] Es que Jesús le había ordenado al *espíritu maligno que saliera del hombre. Se había apoderado de él muchas veces y, aunque le sujetaban los pies y las manos con cadenas y lo mantenían bajo custodia, rompía las cadenas y el demonio lo arrastraba a lugares solitarios.

[30] —¿Cómo te llamas? —le preguntó Jesús.

—Legión —respondió, ya que habían entrado en él muchos demonios.

[31] Y éstos le suplicaban a Jesús que no los mandara al *abismo. [32] Como había una manada grande de cerdos paciendo en la colina, le rogaron a Jesús que los dejara entrar en ellos. Así que él les dio permiso. [33] Y cuando los demonios salieron del hombre, entraron en los cerdos, y la manada se precipitó al lago por el despeñadero y se ahogó.

[34] Al ver lo sucedido, los que cuidaban los cerdos huyeron y dieron la noticia en el pueblo y por los campos, [35] y la gente salió a ver lo que había pasado. Llegaron adonde estaba Jesús y encontraron, sentado a sus pies, al hombre de quien habían salido los demonios. Cuando lo vieron vestido y en su sano juicio, tuvieron miedo. [36] Los que

[21] He replied, "My mother and brothers are those who hear God's word and put it into practice."

Jesus Calms the Storm

[22] One day Jesus said to his disciples, "Let us go over to the other side of the lake." So they got into a boat and set out. [23] As they sailed, he fell asleep. A squall came down on the lake, so that the boat was being swamped, and they were in great danger.

[24] The disciples went and woke him, saying, "Master, Master, we're going to drown!"

He got up and rebuked the wind and the raging waters; the storm subsided, and all was calm. [25] "Where is your faith?" he asked his disciples.

In fear and amazement they asked one another, "Who is this? He commands even the winds and the water, and they obey him."

Jesus Restores a Demon-Possessed Man

[26] They sailed to the region of the Gerasenes,[b] which is across the lake from Galilee. [27] When Jesus stepped ashore, he was met by a demon-possessed man from the town. For a long time this man had not worn clothes or lived in a house, but had lived in the tombs. [28] When he saw Jesus, he cried out and fell at his feet, shouting at the top of his voice, "What do you want with me, Jesus, Son of the Most High God? I beg you, don't torture me!" [29] For Jesus had commanded the impure spirit to come out of the man. Many times it had seized him, and though he was chained hand and foot and kept under guard, he had broken his chains and had been driven by the demon into solitary places.

[30] Jesus asked him, "What is your name?"

"Legion," he replied, because many demons had gone into him. [31] And they begged Jesus repeatedly not to order them to go into the Abyss.

[32] A large herd of pigs was feeding there on the hillside. The demons begged Jesus to let them go into the pigs, and he gave them permission. [33] When the demons came out of the man, they went into the pigs, and the herd rushed down the steep bank into the lake and was drowned.

[34] When those tending the pigs saw what had happened, they ran off and reported this in the town and countryside, [35] and the people went out to see what had happened. When they came to Jesus, they found the man from whom the demons had gone out, sitting at Jesus' feet, dressed and in his right mind; and they were afraid. [36] Those who

---

[s] 8:26 *gerasenos*. Var. *gadarenos*; otra var. *gergesenos*; también en v. 37.

[b] 26 Some manuscripts *Gadarenes*; other manuscripts *Gergesenes*; also in verse 37

habían presenciado estas cosas le contaron a la gente cómo el endemoniado había sido *sanado. ³⁷ Entonces toda la gente de la región de los gerasenos se pidió a Jesús que se fuera de allí, porque les había entrado mucho miedo. Así que él subió a la barca para irse.

³⁸ Ahora bien, el hombre de quien habían salido los demonios le rogaba que le permitiera acompañarlo, pero Jesús lo despidió y le dijo:

³⁹ —Vuelve a tu casa y cuenta todo lo que Dios ha hecho por ti.

Así que el hombre se fue y proclamó por todo el pueblo lo mucho que Jesús había hecho por él.

Una niña muerta y una mujer enferma

⁴⁰ Cuando Jesús regresó, la multitud se alegró de verlo, pues todos estaban esperándolo. ⁴¹ En esto llegó un hombre llamado Jairo, que era un jefe de la sinagoga. Arrojándose a los pies de Jesús, le suplicaba que fuera a su casa, ⁴² porque su única hija, de unos doce años, se estaba muriendo.

Jesús se puso en camino y las multitudes lo apretujaban. ⁴³ Había entre la gente una mujer que hacía doce años padecía de hemorragias,ᶠ sin que nadie pudiera sanarla. ⁴⁴ Ella se le acercó por detrás y le tocó el borde del manto, y al instante cesó su hemorragia.

⁴⁵ —¿Quién me ha tocado? —preguntó Jesús.

Como todos negaban haberlo tocado, Pedro le dijo:

—Maestro, son multitudes las que te aprietan y te oprimen.

⁴⁶ —No, alguien me ha tocado —replicó Jesús—; yo sé que de mí ha salido poder.

⁴⁷ La mujer, al ver que no podía pasar inadvertida, se acercó temblando y se arrojó a sus pies. En presencia de toda la gente, contó por qué lo había tocado y cómo había sido sanada al instante.

⁴⁸ —Hija, tu fe te ha *sanado —le dijo Jesús—. Vete en paz.

⁴⁹ Todavía estaba hablando Jesús, cuando alguien llegó de la casa de Jairo, jefe de la sinagoga, para decirle:

—Tu hija ha muerto. No molestes más al Maestro.

⁵⁰ Al oír esto, Jesús le dijo a Jairo:

—No tengas miedo; cree nada más, y ella será sanada.

⁵¹ Cuando llegó a la casa de Jairo, no dejó que nadie entrara con él, excepto Pedro, Juan y *Jacobo, y el padre y la madre de la niña. ⁵² Todos estaban llorando, muy afligidos por ella.

—Dejen de llorar —les dijo Jesús—. No está muerta sino dormida.

⁵³ Entonces ellos empezaron a burlarse de él porque sabían que estaba muerta. ⁵⁴ Pero él la tomó de la mano y le dijo:

---

had seen it told the people how the demon-possessed man had been cured. ³⁷ Then all the people of the region of the Gerasenes asked Jesus to leave them, because they were overcome with fear. So he got into the boat and left.

³⁸ The man from whom the demons had gone out begged to go with him, but Jesus sent him away, saying, ³⁹ "Return home and tell how much God has done for you." So the man went away and told all over town how much Jesus had done for him.

Jesus Raises a Dead Girl and Heals a Sick Woman

⁴⁰ Now when Jesus returned, a crowd welcomed him, for they were all expecting him. ⁴¹ Then a man named Jairus, a synagogue leader, came and fell at Jesus' feet, pleading with him to come to his house ⁴² because his only daughter, a girl of about twelve, was dying.

As Jesus was on his way, the crowds almost crushed him. ⁴³ And a woman was there who had been subject to bleeding for twelve years,ᶜ but no one could heal her. ⁴⁴ She came up behind him and touched the edge of his cloak, and immediately her bleeding stopped.

⁴⁵ "Who touched me?" Jesus asked.

When they all denied it, Peter said, "Master, the people are crowding and pressing against you."

⁴⁶ But Jesus said, "Someone touched me; I know that power has gone out from me."

⁴⁷ Then the woman, seeing that she could not go unnoticed, came trembling and fell at his feet. In the presence of all the people, she told why she had touched him and how she had been instantly healed. ⁴⁸ Then he said to her, "Daughter, your faith has healed you. Go in peace."

⁴⁹ While Jesus was still speaking, someone came from the house of Jairus, the synagogue leader. "Your daughter is dead," he said. "Don't bother the teacher anymore."

⁵⁰ Hearing this, Jesus said to Jairus, "Don't be afraid; just believe, and she will be healed."

⁵¹ When he arrived at the house of Jairus, he did not let anyone go in with him except Peter, John and James, and the child's father and mother. ⁵² Meanwhile, all the people were wailing and mourning for her. "Stop wailing," Jesus said. "She is not dead but asleep."

⁵³ They laughed at him, knowing that she was dead. ⁵⁴ But he took her by the hand and said, "My

---

ᶠ **8:43** *hemorragias.* Var. *hemorragias y que había gastado en médicos todo lo que tenía.*

ᶜ **43** Many manuscripts *years, and she had spent all she had on doctors*

—¡Niña, levántate! ⁵⁵ Recobró la vida" y al instante se levantó. Jesús mandó darle de comer. ⁵⁶ Los padres se quedaron atónitos, pero él les advirtió que no contaran a nadie lo que había sucedido.

Jesús envía a los doce

9 Habiendo reunido a los doce, Jesús les dio poder y autoridad para expulsar a todos los demonios y para sanar enfermedades. ² Entonces los envió a predicar el reino de Dios y a sanar a los enfermos. ³ «No lleven nada para el camino: ni bastón, ni bolsa, ni pan, ni dinero, ni dos mudas de ropa —les dijo—. ⁴ En cualquier casa que entren, quédense allí hasta que salgan del pueblo. ⁵ Si no los reciben bien, al salir de ese pueblo, sacúdanse el polvo de los pies como un testimonio contra sus habitantes.» ⁶ Así que partieron y fueron por todas partes de pueblo en pueblo, predicando el evangelio y sanando a la gente.

⁷ Herodes el tetrarca se enteró de todo lo que estaba sucediendo. Estaba perplejo porque algunos decían que Juan había *resucitado; ⁸ otros, que se había aparecido Elías; y otros, en fin, que había resucitado alguno de los antiguos profetas. ⁹ Pero Herodes dijo: «A Juan mandé que le cortaran la cabeza; ¿quién es, entonces, éste de quien oigo tales cosas?» Y procuraba verlo.

Jesús alimenta a los cinco mil

¹⁰ Cuando regresaron los apóstoles, le relataron a Jesús lo que habían hecho. Él se los llevó consigo y se retiraron solos a un pueblo llamado Betsaida, ¹¹ pero la gente se enteró y lo siguió. Él los recibió y les habló del reino de Dios. También sanó a los que lo necesitaban.

¹² Al atardecer se le acercaron los doce y le dijeron:

—Despide a la gente, para que vaya a buscar alojamiento y comida en los campos y pueblos cercanos, pues donde estamos no hay nada.ᵛ

¹³ —Denles ustedes mismos de comer —les dijo Jesús.

—No tenemos más que cinco panes y dos pescados, a menos que vayamos a comprar comida para toda esta gente —objetaron ellos, ¹⁴ porque había allí unos cinco mil hombres.

Pero Jesús dijo a sus discípulos:

—Hagan que se sienten en grupos como de cincuenta cada uno.

¹⁵ Así lo hicieron los discípulos, y se sentaron todos. ¹⁶ Entonces Jesús tomó los cinco panes y los dos pescados, y mirando al cielo, los bendijo. Luego los partió y se los dio a los discípulos para que se los repartieran a la gente. ¹⁷ Todos comieron hasta quedar satisfechos, y de los pedazos que sobraron se recogieron doce canastas.

child, get up!" ⁵⁵ Her spirit returned, and at once she stood up. Then Jesus told them to give her something to eat. ⁵⁶ Her parents were astonished, but he ordered them not to tell anyone what had happened.

Jesus Sends Out the Twelve

9 When Jesus had called the Twelve together, he gave them power and authority to drive out all demons and to cure diseases, ² and he sent them out to proclaim the kingdom of God and to heal the sick. ³ He told them: "Take nothing for the journey—no staff, no bag, no bread, no money, no extra shirt. ⁴ Whatever house you enter, stay there until you leave that town. ⁵ If people do not welcome you, leave their town and shake the dust off your feet as a testimony against them." ⁶ So they set out and went from village to village, proclaiming the good news and healing people everywhere.

⁷ Now Herod the tetrarch heard about all that was going on. And he was perplexed because some were saying that John had been raised from the dead, ⁸ others that Elijah had appeared, and still others that one of the prophets of long ago had come back to life. ⁹ But Herod said, "I beheaded John. Who, then, is this I hear such things about?" And he tried to see him.

Jesus Feeds the Five Thousand

¹⁰ When the apostles returned, they reported to Jesus what they had done. Then he took them with him and they withdrew by themselves to a town called Bethsaida, ¹¹ but the crowds learned about it and followed him. He welcomed them and spoke to them about the kingdom of God, and healed those who needed healing.

¹² Late in the afternoon the Twelve came to him and said, "Send the crowd away so they can go to the surrounding villages and countryside and find food and lodging, because we are in a remote place here."

¹³ He replied, "You give them something to eat."

They answered, "We have only five loaves of bread and two fish—unless we go and buy food for all this crowd." ¹⁴ (About five thousand men were there.)

But he said to his disciples, "Have them sit down in groups of about fifty each." ¹⁵ The disciples did so, and everyone sat down. ¹⁶ Taking the five loaves and the two fish and looking up to heaven, he gave thanks and broke them. Then he gave them to the disciples to distribute to the people. ¹⁷ They all ate and were satisfied, and the disciples picked up twelve basketfuls of broken pieces that were left over.

" **8:55** *Recobró la vida.* Lit. *Y volvió el espíritu de ella.*
ᵛ **9:12** *donde estamos no hay nada.* Lit. *aquí estamos en un lugar desierto.*

La confesión de Pedro

¹⁸ Un día cuando Jesús estaba orando para sí, estando allí sus discípulos, les preguntó:

—¿Quién dice la gente que soy yo?

¹⁹ —Unos dicen que Juan el Bautista, otros que Elías, y otros que uno de los antiguos profetas ha resucitado —respondieron.

²⁰ —Y ustedes, ¿quién dicen que soy yo?

—El *Cristo de Dios —afirmó Pedro.

²¹ Jesús les ordenó terminantemente que no dijeran esto a nadie. Y les dijo:

²² —El Hijo del hombre tiene que sufrir muchas cosas y ser rechazado por los *ancianos, los jefes de los sacerdotes y los *maestros de la ley. Es necesario que lo maten y que resucite al tercer día.

²³ Dirigiéndose a todos, declaró:

—Si alguien quiere ser mi discípulo, que se niegue a sí mismo, lleve su cruz cada día y me siga. ²⁴ Porque el que quiera salvar su *vida, la perderá; pero el que pierda su vida por mi causa, la salvará. ²⁵ ¿De qué le sirve a uno ganar el mundo entero si se pierde o se destruye a sí mismo? ²⁶ Si alguien se avergüenza de mí y de mis palabras, el Hijo del hombre se avergonzará de él cuando venga en su gloria y en la gloria del Padre y de los santos ángeles. ²⁷ Además, les aseguro que algunos de los aquí presentes no sufrirán la muerte sin antes haber visto el reino de Dios.

La transfiguración

²⁸ Unos ocho días después de decir esto, Jesús, acompañado de Pedro, Juan y *Jacobo, subió a una montaña a orar. ²⁹ Mientras oraba, su rostro se transformó, y su ropa se tornó blanca y radiante. ³⁰ Y aparecieron dos personajes —Moisés y Elías— que conversaban con Jesús. ³¹ Tenían un aspecto glorioso, y hablaban de la partida^w de Jesús, que él estaba por llevar a cabo en Jerusalén. ³² Pedro y sus compañeros estaban rendidos de sueño, pero cuando se despabilaron, vieron su gloria y a los dos personajes que estaban con él. ³³ Mientras éstos se apartaban de Jesús, Pedro, sin saber lo que estaba diciendo, propuso:

—Maestro, ¡qué bien que estemos aquí! Podemos levantar tres albergues: uno para ti, otro para Moisés y otro para Elías.

³⁴ Estaba hablando todavía cuando apareció una nube que los envolvió, de modo que se asustaron. ³⁵ Entonces salió de la nube una voz que dijo: «Éste es mi Hijo, mi escogido; escúchenlo.» ³⁶ Después de oírse la voz, Jesús quedó solo. Los discípulos guardaron esto en secreto, y por algún tiempo a nadie contaron nada de lo que habían visto.

Peter Declares That Jesus Is the Messiah

¹⁸ Once when Jesus was praying in private and his disciples were with him, he asked them, "Who do the crowds say I am?"

¹⁹ They replied, "Some say John the Baptist; others say Elijah; and still others, that one of the prophets of long ago has come back to life."

²⁰ "But what about you?" he asked. "Who do you say I am?"

Peter answered, "God's Messiah."

Jesus Predicts His Death

²¹ Jesus strictly warned them not to tell this to anyone. ²² And he said, "The Son of Man must suffer many things and be rejected by the elders, the chief priests and the teachers of the law, and he must be killed and on the third day be raised to life."

²³ Then he said to them all: "Whoever wants to be my disciple must deny themselves and take up their cross daily and follow me. ²⁴ For whoever wants to save their life will lose it, but whoever loses their life for me will save it. ²⁵ What good is it for someone to gain the whole world, and yet lose or forfeit their very self? ²⁶ Whoever is ashamed of me and my words, the Son of Man will be ashamed of them when he comes in his glory and in the glory of the Father and of the holy angels.

²⁷ "Truly I tell you, some who are standing here will not taste death before they see the kingdom of God."

The Transfiguration

²⁸ About eight days after Jesus said this, he took Peter, John and James with him and went up onto a mountain to pray. ²⁹ As he was praying, the appearance of his face changed, and his clothes became as bright as a flash of lightning. ³⁰ Two men, Moses and Elijah, appeared in glorious splendor, talking with Jesus. ³¹ They spoke about his departure,^{d} which he was about to bring to fulfillment at Jerusalem. ³² Peter and his companions were very sleepy, but when they became fully awake, they saw his glory and the two men standing with him. ³³ As the men were leaving Jesus, Peter said to him, "Master, it is good for us to be here. Let us put up three shelters—one for you, one for Moses and one for Elijah." (He did not know what he was saying.)

³⁴ While he was speaking, a cloud appeared and covered them, and they were afraid as they entered the cloud. ³⁵ A voice came from the cloud, saying, "This is my Son, whom I have chosen; listen to him." ³⁶ When the voice had spoken, they found that Jesus was alone. The disciples kept this to themselves and did not tell anyone at that time what they had seen.

---

^{w} **9:31** de la partida. Lit. del éxodo.

^{d} **31** Greek exodos

Jesús sana a un muchacho endemoniado

³⁷ Al día siguiente, cuando bajaron de la montaña, le salió al encuentro mucha gente. ³⁸ Y un hombre de entre la multitud exclamó:

—Maestro, te ruego que atiendas a mi hijo, pues es el único que tengo. ³⁹ Resulta que un espíritu se posesiona de él, y de repente el muchacho se pone a gritar; también lo sacude con violencia y hace que eche espumarajos. Cuando lo atormenta, a duras penas lo suelta. ⁴⁰ Ya les rogué a tus discípulos que lo expulsaran, pero no pudieron.

⁴¹ —¡Ah, generación incrédula y perversa! —respondió Jesús—. ¿Hasta cuándo tendré que estar con ustedes y soportarlos? Trae acá a tu hijo.

⁴² Estaba acercándose el muchacho cuando el demonio lo derribó con una convulsión. Pero Jesús reprendió al *espíritu maligno, sanó al muchacho y se lo devolvió al padre. ⁴³ Y todos se quedaron asombrados de la grandeza de Dios.

En medio de tanta admiración por todo lo que hacía, Jesús dijo a sus discípulos:

⁴⁴ —Presten mucha atención a lo que les voy a decir: El Hijo del hombre va a ser entregado en manos de los hombres.

⁴⁵ Pero ellos no entendían lo que quería decir con esto. Les estaba encubierto para que no lo comprendieran, y no se atrevían a preguntárselo.

¿Quién va a ser el más importante?

⁴⁶ Surgió entre los discípulos una discusión sobre quién de ellos sería el más importante. ⁴⁷ Como Jesús sabía bien lo que pensaban, tomó a un niño y lo puso a su lado.

⁴⁸ —El que recibe en mi nombre a este niño —les dijo—, me recibe a mí; y el que me recibe a mí, recibe al que me envió. El que es más insignificante entre todos ustedes, ése es el más importante.

⁴⁹ —Maestro —intervino Juan—, vimos a un hombre que expulsaba demonios en tu nombre; pero como no anda con nosotros, tratamos de impedírselo.

⁵⁰ —No se lo impidan —les replicó Jesús—, porque el que no está contra ustedes está a favor de ustedes.

La oposición de los samaritanos

⁵¹ Como se acercaba el tiempo de que fuera llevado al cielo, Jesús se hizo el firme propósito de ir a Jerusalén. ⁵² Envió por delante mensajeros, que entraron en un pueblo samaritano para prepararle alojamiento; ⁵³ pero allí la gente no quiso recibirlo porque se dirigía a Jerusalén. ⁵⁴ Cuando los discípulos *Jacobo y Juan vieron esto, le preguntaron:

—Señor, ¿quieres que hagamos caer fuego del cielo para^x que los destruya?

Jesus Heals a Demon-Possessed Boy

³⁷ The next day, when they came down from the mountain, a large crowd met him. ³⁸ A man in the crowd called out, "Teacher, I beg you to look at my son, for he is my only child. ³⁹ A spirit seizes him and he suddenly screams; it throws him into convulsions so that he foams at the mouth. It scarcely ever leaves him and is destroying him. ⁴⁰ I begged your disciples to drive it out, but they could not."

⁴¹ "You unbelieving and perverse generation," Jesus replied, "how long shall I stay with you and put up with you? Bring your son here."

⁴² Even while the boy was coming, the demon threw him to the ground in a convulsion. But Jesus rebuked the impure spirit, healed the boy and gave him back to his father. ⁴³ And they were all amazed at the greatness of God.

Jesus Predicts His Death a Second Time

While everyone was marveling at all that Jesus did, he said to his disciples, ⁴⁴ "Listen carefully to what I am about to tell you: The Son of Man is going to be delivered into the hands of men." ⁴⁵ But they did not understand what this meant. It was hidden from them, so that they did not grasp it, and they were afraid to ask him about it.

⁴⁶ An argument started among the disciples as to which of them would be the greatest. ⁴⁷ Jesus, knowing their thoughts, took a little child and had him stand beside him. ⁴⁸ Then he said to them, "Whoever welcomes this little child in my name welcomes me; and whoever welcomes me welcomes the one who sent me. For it is the one who is least among you all who is the greatest."

⁴⁹ "Master," said John, "we saw someone driving out demons in your name and we tried to stop him, because he is not one of us."

⁵⁰ "Do not stop him," Jesus said, "for whoever is not against you is for you."

Samaritan Opposition

⁵¹ As the time approached for him to be taken up to heaven, Jesus resolutely set out for Jerusalem. ⁵² And he sent messengers on ahead, who went into a Samaritan village to get things ready for him; ⁵³ but the people there did not welcome him, because he was heading for Jerusalem. ⁵⁴ When the disciples James and John saw this, they asked, "Lord, do you want us to call fire down from

---

^x **9:54** *cielo para.* Var. *cielo, como hizo Elías, para.*

⁵⁵ Pero Jesús se volvió a ellos y los reprendió. ⁵⁶ Luego^y siguieron la jornada a otra aldea.

Lo que cuesta seguir a Jesús

⁵⁷ Iban por el camino cuando alguien le dijo:

—Te seguiré a dondequiera que vayas.

⁵⁸ —Las zorras tienen madrigueras y las aves tienen nidos —le respondió Jesús—, pero el Hijo del hombre no tiene dónde recostar la cabeza.

⁵⁹ A otro le dijo:

—Sígueme.

—Señor —le contestó—, primero déjame ir a enterrar a mi padre.

⁶⁰ —Deja que los muertos entierren a sus propios muertos, pero tú ve y proclama el reino de Dios —le replicó Jesús.

⁶¹ Otro afirmó:

—Te seguiré, Señor; pero primero déjame despedirme de mi familia.

⁶² Jesús le respondió:

—Nadie que mire atrás después de poner la mano en el arado es apto para el reino de Dios.

Jesús envía a los setenta y dos

10 Después de esto, el Señor escogió a otros setenta y dos^z para enviarlos de dos en dos delante de él a todo pueblo y lugar adonde él pensaba ir. ² «Es abundante la cosecha —les dijo—, pero son pocos los obreros. Pídanle, por tanto, al Señor de la cosecha que mande obreros a su campo. ³ ¡Vayan ustedes! Miren que los envío como corderos en medio de lobos. ⁴ No lleven monedero ni bolsa ni sandalias; ni se detengan a saludar a nadie por el camino.

⁵ »Cuando entren en una casa, digan primero: "Paz a esta casa." ⁶ Si hay allí alguien digno de paz, gozará de ella; y si no, la bendición no se cumplirá.^a ⁷ Quédense en esa casa, y coman y beban de lo que ellos tengan, porque el trabajador tiene derecho a su sueldo. No anden de casa en casa.

⁸ »Cuando entren en un pueblo y los reciban, coman lo que les sirvan. ⁹ Sanen a los enfermos que encuentren allí y díganles: "El reino de Dios ya está cerca de ustedes." ¹⁰ Pero cuando entren en un pueblo donde no los reciban, salgan a las plazas y digan: ¹¹ "Aun el polvo de este pueblo, que se nos ha pegado a los pies, nos lo sacudimos en protesta contra ustedes. Pero tengan por seguro que ya está cerca el reino de Dios." ¹² Les digo que en aquel día será más tolerable el castigo para Sodoma que para ese pueblo.

¹³ »¡Ay de ti, Corazín! ¡Ay de ti, Betsaida! Si se hubieran hecho en Tiro y en Sidón los milagros que se hicieron en medio de ustedes, ya hace

heaven to destroy them^e?" ⁵⁵ But Jesus turned and rebuked them. ⁵⁶ Then he and his disciples went to another village.

The Cost of Following Jesus

⁵⁷ As they were walking along the road, a man said to him, "I will follow you wherever you go."

⁵⁸ Jesus replied, "Foxes have dens and birds have nests, but the Son of Man has no place to lay his head."

⁵⁹ He said to another man, "Follow me."

But he replied, "Lord, first let me go and bury my father."

⁶⁰ Jesus said to him, "Let the dead bury their own dead, but you go and proclaim the kingdom of God."

⁶¹ Still another said, "I will follow you, Lord; but first let me go back and say goodbye to my family."

⁶² Jesus replied, "No one who puts a hand to the plow and looks back is fit for service in the kingdom of God."

Jesus Sends Out the Seventy-Two

10 After this the Lord appointed seventy-two^f others and sent them two by two ahead of him to every town and place where he was about to go. ² He told them, "The harvest is plentiful, but the workers are few. Ask the Lord of the harvest, therefore, to send out workers into his harvest field. ³ Go! I am sending you out like lambs among wolves. ⁴ Do not take a purse or bag or sandals; and do not greet anyone on the road.

⁵ "When you enter a house, first say, 'Peace to this house.' ⁶ If someone who promotes peace is there, your peace will rest on them; if not, it will return to you. ⁷ Stay there, eating and drinking whatever they give you, for the worker deserves his wages. Do not move around from house to house.

⁸ "When you enter a town and are welcomed, eat what is offered to you. ⁹ Heal the sick who are there and tell them, 'The kingdom of God has come near to you.' ¹⁰ But when you enter a town and are not welcomed, go into its streets and say, ¹¹ 'Even the dust of your town we wipe from our feet as a warning to you. Yet be sure of this: The kingdom of God has come near.' ¹² I tell you, it will be more bearable on that day for Sodom than for that town.

¹³ "Woe to you, Chorazin! Woe to you, Bethsaida! For if the miracles that were performed in you had been performed in Tyre and Sidon, they

---

^y **9:55,56** reprendió. ⁵⁶ Luego. Var. reprendió. / —Ustedes no saben de qué espíritu son —les dijo—, ⁵⁶ porque el Hijo del Hombre no vino para destruir la vida de las personas sino para salvarla. / Luego.

^z **10:1** setenta y dos. Var. setenta; también en v. 17.

^a **10:6** Si hay ... se cumplirá. Lit. Si hay allí un hijo de paz, la paz de ustedes reposará sobre él; y si no, volverá a ustedes.

^e 54 Some manuscripts them, just as Elijah did　　^f 1 Some manuscripts seventy; also in verse 17

tiempo que se habrían *arrepentido con grandes lamentos.[b] 14 Pero en el juicio será más tolerable el castigo para Tiro y Sidón que para ustedes. 15 Y tú, Capernaúm, ¿acaso serás levantada hasta el cielo? No, sino que descenderás hasta el *abismo.

16 »El que los escucha a ustedes, me escucha a mí; el que los rechaza a ustedes, me rechaza a mí; y el que me rechaza a mí, rechaza al que me envió.»

17 Cuando los setenta y dos regresaron, dijeron contentos:

—Señor, hasta los demonios se nos someten en tu nombre.

18 —Yo veía a Satanás caer del cielo como un rayo —respondió él—. 19 Sí, les he dado autoridad a ustedes para pisotear serpientes y escorpiones y vencer todo el poder del enemigo; nada les podrá hacer daño. 20 Sin embargo, no se alegren de que puedan someter a los espíritus, sino alégrense de que sus nombres están escritos en el cielo.

21 En aquel momento Jesús, lleno de alegría por el Espíritu Santo, dijo: «Te alabo, Padre, Señor del cielo y de la tierra, porque habiendo escondido estas cosas de los sabios e instruidos, se las has revelado a los que son como niños. Sí, Padre, porque esa fue tu buena voluntad.

22 »Mi Padre me ha entregado todas las cosas. Nadie sabe quién es el Hijo, sino el Padre, y nadie sabe quién es el Padre, sino el Hijo y aquel a quien el Hijo quiera revelárselo.»

23 Volviéndose a sus discípulos, les dijo aparte: «*Dichosos los ojos que ven lo que ustedes ven. 24 Les digo que muchos profetas y reyes quisieron ver lo que ustedes ven, pero no lo vieron; y oír lo que ustedes oyen, pero no lo oyeron.»

Parábola del buen samaritano

25 En esto se presentó un *experto en la ley y, para poner a prueba a Jesús, le hizo esta pregunta:

—Maestro, ¿qué tengo que hacer para heredar la vida eterna?

26 Jesús replicó:

—¿Qué está escrito en la ley? ¿Cómo la interpretas tú?

27 Como respuesta el hombre citó:

—"Ama al Señor tu Dios con todo tu corazón, con todo tu ser, con todas tus fuerzas y con toda tu mente",[c] y: "Ama a tu prójimo como a ti mismo."[d]

28 —Bien contestado —le dijo Jesús—. Haz eso y vivirás.

29 Pero él quería justificarse, así que le preguntó a Jesús:

—¿Y quién es mi prójimo?

30 Jesús respondió:

—Bajaba un hombre de Jerusalén a Jericó, y cayó en manos de unos ladrones. Le quitaron la ropa, lo golpearon y se fueron, dejándolo medio muerto.

would have repented long ago, sitting in sackcloth and ashes. 14 But it will be more bearable for Tyre and Sidon at the judgment than for you. 15 And you, Capernaum, will you be lifted to the heavens? No, you will go down to Hades.[g]

16 "Whoever listens to you listens to me; whoever rejects you rejects me; but whoever rejects me rejects him who sent me."

17 The seventy-two returned with joy and said, "Lord, even the demons submit to us in your name."

18 He replied, "I saw Satan fall like lightning from heaven. 19 I have given you authority to trample on snakes and scorpions and to overcome all the power of the enemy; nothing will harm you. 20 However, do not rejoice that the spirits submit to you, but rejoice that your names are written in heaven."

21 At that time Jesus, full of joy through the Holy Spirit, said, "I praise you, Father, Lord of heaven and earth, because you have hidden these things from the wise and learned, and revealed them to little children. Yes, Father, for this is what you were pleased to do.

22 "All things have been committed to me by my Father. No one knows who the Son is except the Father, and no one knows who the Father is except the Son and those to whom the Son chooses to reveal him."

23 Then he turned to his disciples and said privately, "Blessed are the eyes that see what you see. 24 For I tell you that many prophets and kings wanted to see what you see but did not see it, and to hear what you hear but did not hear it."

The Parable of the Good Samaritan

25 On one occasion an expert in the law stood up to test Jesus. "Teacher," he asked, "what must I do to inherit eternal life?"

26 "What is written in the Law?" he replied. "How do you read it?"

27 He answered, " 'Love the Lord your God with all your heart and with all your soul and with all your strength and with all your mind'[h]; and, 'Love your neighbor as yourself.'[i]"

28 "You have answered correctly," Jesus replied. "Do this and you will live."

29 But he wanted to justify himself, so he asked Jesus, "And who is my neighbor?"

30 In reply Jesus said: "A man was going down from Jerusalem to Jericho, when he was attacked by robbers. They stripped him of his clothes, beat

---

[b] 10:13 con grandes lamentos. Lit. sentados en saco y ceniza.
[c] 10:27 Dt 6:5
[d] 10:27 Lv 19:18

[g] 15 That is, the realm of the dead   [h] 27 Deut. 6:5
[i] 27 Lev. 19:18

³¹ Resulta que viajaba por el mismo camino un sacerdote quien, al verlo, se desvió y siguió de largo. ³² Así también llegó a aquel lugar un levita, y al verlo, se desvió y siguió de largo. ³³ Pero un samaritano que iba de viaje llegó adonde estaba el hombre y, viéndolo, se compadeció de él. ³⁴ Se acercó, le curó las heridas con vino y aceite, y se las vendó. Luego lo montó sobre su propia cabalgadura, lo llevó a un alojamiento y lo cuidó. ³⁵ Al día siguiente, sacó dos monedas de plata*ᵉ* y se las dio al dueño del alojamiento. "Cuídemelo —le dijo—, y lo que gaste usted de más, se lo pagaré cuando yo vuelva." ³⁶ ¿Cuál de estos tres piensas que demostró ser el prójimo del que cayó en manos de los ladrones?

³⁷ —El que se compadeció de él —contestó el experto en la ley.

—Anda entonces y haz tú lo mismo —concluyó Jesús.

En casa de Marta y María

³⁸ Mientras iba de camino con sus discípulos, Jesús entró en una aldea, y una mujer llamada Marta lo recibió en su casa. ³⁹ Tenía ella una hermana llamada María que, sentada a los pies del Señor, escuchaba lo que él decía. ⁴⁰ Marta, por su parte, se sentía abrumada porque tenía mucho que hacer. Así que se acercó a él y le dijo:

—Señor, ¿no te importa que mi hermana me haya dejado sirviendo sola? ¡Dile que me ayude!

⁴¹ —Marta, Marta —le contestó Jesús—, estás inquieta y preocupada por muchas cosas, ⁴² pero sólo una es necesaria.*ᶠ* María ha escogido la mejor, y nadie se la quitará.

Jesús enseña sobre la oración

11 Un día estaba Jesús orando en cierto lugar. Cuando terminó, le dijo uno de sus discípulos:

—Señor, enséñanos a orar, así como Juan enseñó a sus discípulos.

² Él les dijo:

—Cuando oren, digan:

»"Padre,*ᵍ*
*santificado sea tu nombre.
Venga tu reino.*ʰ*
³ Danos cada día nuestro pan cotidiano.*ⁱ*
⁴ Perdónanos nuestros pecados,
    porque también nosotros perdonamos a
        todos los que nos ofenden.*ʲ*
Y no nos metas en *tentación."*ᵏ*

ᵉ 10:35 *monedas de plata*. Lit. **denarios.*
ᶠ 10:42 *sólo una es necesaria*. Var. *se necesitan pocas cosas, o una sola.*
ᵍ 11:2 *Padre*. Var. *Padre nuestro que estás en el cielo* (véase Mt 6:9).
ʰ 11:2 *reino*. Var. *reino. Hágase tu voluntad en la tierra como en el cielo* (véase Mt 6:10).
ⁱ 11:3 *nuestro pan cotidiano*. Alt. *el pan que necesitamos.*
ʲ 11:4 *nos ofenden*. Lit. *nos deben.*
ᵏ 11:4 *tentación*. Var. *tentación, sino líbranos del maligno* (véase Mt 6:13).

---

him and went away, leaving him half dead. ³¹ A priest happened to be going down the same road, and when he saw the man, he passed by on the other side. ³² So too, a Levite, when he came to the place and saw him, passed by on the other side. ³³ But a Samaritan, as he traveled, came where the man was; and when he saw him, he took pity on him. ³⁴ He went to him and bandaged his wounds, pouring on oil and wine. Then he put the man on his own donkey, brought him to an inn and took care of him. ³⁵ The next day he took out two denarii*ʲ* and gave them to the innkeeper. 'Look after him,' he said, 'and when I return, I will reimburse you for any extra expense you may have.'

³⁶ "Which of these three do you think was a neighbor to the man who fell into the hands of robbers?"

³⁷ The expert in the law replied, "The one who had mercy on him."

Jesus told him, "Go and do likewise."

At the Home of Martha and Mary

³⁸ As Jesus and his disciples were on their way, he came to a village where a woman named Martha opened her home to him. ³⁹ She had a sister called Mary, who sat at the Lord's feet listening to what he said. ⁴⁰ But Martha was distracted by all the preparations that had to be made. She came to him and asked, "Lord, don't you care that my sister has left me to do the work by myself? Tell her to help me!"

⁴¹ "Martha, Martha," the Lord answered, "you are worried and upset about many things, ⁴² but few things are needed—or indeed only one.*ᵏ* Mary has chosen what is better, and it will not be taken away from her."

Jesus' Teaching on Prayer

11 One day Jesus was praying in a certain place. When he finished, one of his disciples said to him, "Lord, teach us to pray, just as John taught his disciples."

² He said to them, "When you pray, say:

"'Father,*ˡ*
hallowed be your name,
your kingdom come.*ᵐ*
³ Give us each day our daily bread.
⁴ Forgive us our sins,
    for we also forgive everyone who sins
        against us.*ⁿ*
And lead us not into temptation.*ᵒ*'"

ʲ 35 A denarius was the usual daily wage of a day laborer (see Matt. 20:2).   *ᵏ* 42 Some manuscripts *but only one thing is needed*   *ˡ* 2 Some manuscripts *Our Father in heaven*
ᵐ 2 Some manuscripts *come. May your will be done on earth as it is in heaven.*   *ⁿ* 4 Greek *everyone who is indebted to us*
ᵒ 4 Some manuscripts *temptation, but deliver us from the evil one*

5 »Supongamos —continuó— que uno de ustedes tiene un amigo, y a medianoche va y le dice: "Amigo, préstame tres panes, 6 pues se me ha presentado un amigo recién llegado de viaje, y no tengo nada que ofrecerle." 7 Y el que está adentro le contesta: "No me molestes. Ya está cerrada la puerta, y mis hijos y yo estamos acostados. No puedo levantarme a darte nada." 8 Les digo que, aunque no se levante a darle pan por ser amigo suyo, sí se levantará por su impertinencia y le dará cuanto necesite.

9 »Así que yo les digo: Pidan, y se les dará; busquen, y encontrarán; llamen, y se les abrirá la puerta. 10 Porque todo el que pide, recibe; el que busca, encuentra; y al que llama, se le abre.

11 »¿Quién de ustedes que sea padre, si su hijo le pide[l] un pescado, le dará en cambio una serpiente? 12 ¿O si le pide un huevo, le dará un escorpión? 13 Pues si ustedes, aun siendo malos, saben dar cosas buenas a sus hijos, ¡cuánto más el Padre celestial dará el Espíritu Santo a quienes se lo pidan!

Jesús y Beelzebú

14 En otra ocasión Jesús expulsaba de un hombre a un demonio que lo había dejado mudo. Cuando salió el demonio, el mudo habló, y la gente se quedó asombrada. 15 Pero algunos dijeron: «Éste expulsa a los demonios por medio de *Beelzebú, príncipe de los demonios.» 16 Otros, para ponerlo a *prueba, le pedían una señal del cielo.

17 Como él conocía sus pensamientos, les dijo: «Todo reino dividido contra sí mismo quedará asolado, y una casa dividida contra sí misma se derrumbará.[m] 18 Por tanto, si Satanás está dividido contra sí mismo, ¿cómo puede mantenerse en pie su reino? Lo pregunto porque ustedes dicen que yo expulso a los demonios por medio de Beelzebú. 19 Ahora bien, si yo expulso a los demonios por medio de Beelzebú, ¿los seguidores de ustedes por medio de quién los expulsan? Por eso ellos mismos los juzgarán a ustedes. 20 Pero si expulso a los demonios con el poder[n] de Dios, eso significa que ha llegado a ustedes el reino de Dios.

21 »Cuando un hombre fuerte y bien armado cuida su hacienda, sus bienes están seguros. 22 Pero si lo ataca otro más fuerte que él y lo vence, le quita las armas en que confiaba y reparte el botín.

23 »El que no está de mi parte, está contra mí; y el que conmigo no recoge, esparce.

24 »Cuando un *espíritu maligno sale de una persona, va por lugares áridos buscando un descanso. Y al no encontrarlo, dice: "Volveré a mi casa, de donde salí." 25 Cuando llega, la encuentra barrida y arreglada. 26 Luego va y trae otros siete espíritus más malvados que él, y entran a vivir allí.

[l] **11:11** *le pide.* Var. *le pide pan, le dará una piedra; o si le pide.*
[m] **11:17** *y una casa ... derrumbará.* Alt. *y sus casas se derrumbarán unas sobre otras.*
[n] **11:20** *poder.* Lit. *dedo.*

5 Then Jesus said to them, "Suppose you have a friend, and you go to him at midnight and say, 'Friend, lend me three loaves of bread; 6 a friend of mine on a journey has come to me, and I have no food to offer him.' 7 And suppose the one inside answers, 'Don't bother me. The door is already locked, and my children and I are in bed. I can't get up and give you anything.' 8 I tell you, even though he will not get up and give you the bread because of friendship, yet because of your shameless audacity[p] he will surely get up and give you as much as you need.

9 "So I say to you: Ask and it will be given to you; seek and you will find; knock and the door will be opened to you. 10 For everyone who asks receives; the one who seeks finds; and to the one who knocks, the door will be opened.

11 "Which of you fathers, if your son asks for[q] a fish, will give him a snake instead? 12 Or if he asks for an egg, will give him a scorpion? 13 If you then, though you are evil, know how to give good gifts to your children, how much more will your Father in heaven give the Holy Spirit to those who ask him!"

Jesus and Beelzebul

14 Jesus was driving out a demon that was mute. When the demon left, the man who had been mute spoke, and the crowd was amazed. 15 But some of them said, "By Beelzebul, the prince of demons, he is driving out demons." 16 Others tested him by asking for a sign from heaven.

17 Jesus knew their thoughts and said to them: "Any kingdom divided against itself will be ruined, and a house divided against itself will fall. 18 If Satan is divided against himself, how can his kingdom stand? I say this because you claim that I drive out demons by Beelzebul. 19 Now if I drive out demons by Beelzebul, by whom do your followers drive them out? So then, they will be your judges. 20 But if I drive out demons by the finger of God, then the kingdom of God has come upon you.

21 "When a strong man, fully armed, guards his own house, his possessions are safe. 22 But when someone stronger attacks and overpowers him, he takes away the armor in which the man trusted and divides up his plunder.

23 "Whoever is not with me is against me, and whoever does not gather with me scatters.

24 "When an impure spirit comes out of a person, it goes through arid places seeking rest and does not find it. Then it says, 'I will return to the house I left.' 25 When it arrives, it finds the house swept clean and put in order. 26 Then it goes and takes seven other spirits more wicked than itself,

[p] 8 Or *yet to preserve his good name* [q] *11* Some manuscripts *for bread, will give him a stone? Or if he asks for*

Así que el estado final de aquella persona resulta peor que el inicial.»

²⁷ Mientras Jesús decía estas cosas, una mujer de entre la multitud exclamó:

—¡*Dichosa la mujer que te dio a luz y te amamantó!ⁿ

²⁸ —Dichosos más bien —contestó Jesús— los que oyen la palabra de Dios y la obedecen.

La señal de Jonás

²⁹ Como crecía la multitud, Jesús se puso a decirles: «Ésta es una generación malvada. Pide una señal milagrosa, pero no se le dará más señal que la de Jonás. ³⁰ Así como Jonás fue una señal para los habitantes de Nínive, también lo será el Hijo del hombre para esta generación. ³¹ La reina del Sur se levantará en el día del juicio y condenará a esta gente; porque ella vino desde los confines de la tierra para escuchar la sabiduría de Salomón, y aquí tienen ustedes a uno más grande que Salomón. ³² Los ninivitas se levantarán en el día del juicio y condenarán a esta generación; porque ellos se *arrepintieron al escuchar la predicación de Jonás, y aquí tienen ustedes a uno más grande que Jonás.

La lámpara del cuerpo

³³ »Nadie enciende una lámpara para luego ponerla en un lugar escondido o cubrirla con un cajón, sino para ponerla en una repisa, a fin de que los que entren tengan luz. ³⁴ Tus ojos son la lámpara de tu cuerpo. Si tu visión es clara, todo tu ser disfrutará de la luz; pero si está nublada, todo tu ser estará en la oscuridad.ᵒ ³⁵ Asegúrate de que la luz que crees tener no sea oscuridad. ³⁶ Por tanto, si todo tu ser disfruta de la luz, sin que ninguna parte quede en la oscuridad, estarás completamente iluminado, como cuando una lámpara te alumbra con su luz.»

Jesús denuncia a los fariseos y a los expertos en la ley

³⁷ Cuando Jesús terminó de hablar, un *fariseo lo invitó a comer con él; así que entró en la casa y se *sentó a la mesa. ³⁸ Pero el fariseo se sorprendió al ver que Jesús no había cumplido con el rito de lavarse antes de comer.

³⁹ —Resulta que ustedes los fariseos —les dijo el Señor—, *limpian el vaso y el plato por fuera, pero por dentro están ustedes llenos de codicia y de maldad. ⁴⁰ ¡Necios! ¿Acaso el que hizo lo de afuera no hizo también lo de adentro? ⁴¹ Den más bien a los pobres de lo que está dentro,ᵖ y así todo quedará limpio para ustedes.

and they go in and live there. And the final condition of that person is worse than the first."

²⁷ As Jesus was saying these things, a woman in the crowd called out, "Blessed is the mother who gave you birth and nursed you."

²⁸ He replied, "Blessed rather are those who hear the word of God and obey it."

The Sign of Jonah

²⁹ As the crowds increased, Jesus said, "This is a wicked generation. It asks for a sign, but none will be given it except the sign of Jonah. ³⁰ For as Jonah was a sign to the Ninevites, so also will the Son of Man be to this generation. ³¹ The Queen of the South will rise at the judgment with the people of this generation and condemn them, for she came from the ends of the earth to listen to Solomon's wisdom; and now something greater than Solomon is here. ³² The men of Nineveh will stand up at the judgment with this generation and condemn it, for they repented at the preaching of Jonah; and now something greater than Jonah is here.

The Lamp of the Body

³³ "No one lights a lamp and puts it in a place where it will be hidden, or under a bowl. Instead they put it on its stand, so that those who come in may see the light. ³⁴ Your eye is the lamp of your body. When your eyes are healthy,ʳ your whole body also is full of light. But when they are unhealthy,ˢ your body also is full of darkness. ³⁵ See to it, then, that the light within you is not darkness. ³⁶ Therefore, if your whole body is full of light, and no part of it dark, it will be just as full of light as when a lamp shines its light on you."

Woes on the Pharisees and the Experts in the Law

³⁷ When Jesus had finished speaking, a Pharisee invited him to eat with him; so he went in and reclined at the table. ³⁸ But the Pharisee was surprised when he noticed that Jesus did not first wash before the meal.

³⁹ Then the Lord said to him, "Now then, you Pharisees clean the outside of the cup and dish, but inside you are full of greed and wickedness. ⁴⁰ You foolish people! Did not the one who made the outside make the inside also? ⁴¹ But now as for what is inside you— be generous to the poor, and everything will be clean for you.

ⁿ **11:27** *¡Dichosa ... amamantó!* Lit. *¡Dichoso el vientre que te llevó y los pechos que te criaron!*
ᵒ **11:34** *Si tu visión ... oscuridad.* Lit. *Cuando tu ojo es bueno, todo tu cuerpo está iluminado; pero cuando es malo, también tu cuerpo está oscuro.*
ᵖ **11:41** *lo que está dentro.* Alt. *lo que tienen.*

ʳ **34** The Greek for *healthy* here implies *generous.*
ˢ **34** The Greek for *unhealthy* here implies *stingy.*

⁴² »¡Ay de ustedes, fariseos!, que dan la décima parte de la menta, de la ruda y de toda clase de legumbres, pero descuidan la justicia y el amor de Dios. Debían haber practicado esto, sin dejar de hacer aquello.

⁴³ »¡Ay de ustedes, fariseos!, que se mueren por los primeros puestos en las sinagogas y los saludos en las plazas.

⁴⁴ »¡Ay de ustedes!, que son como tumbas sin lápida, sobre las que anda la gente sin darse cuenta.

⁴⁵ Uno de los *expertos en la ley le respondió:

—Maestro, al hablar así nos insultas también a nosotros.

⁴⁶ Contestó Jesús:

—¡Ay de ustedes también, expertos en la ley! Abruman a los demás con cargas que apenas se pueden soportar, pero ustedes mismos no levantan ni un dedo para ayudarlos.

⁴⁷ »¡Ay de ustedes!, que construyen monumentos para los profetas, a quienes los antepasados de ustedes mataron. ⁴⁸ En realidad^q aprueban lo que hicieron sus antepasados; ellos mataron a los profetas, y ustedes les construyen los sepulcros. ⁴⁹ Por eso dijo Dios en su sabiduría: "Les enviaré profetas y apóstoles, de los cuales matarán a unos y perseguirán a otros." ⁵⁰ Por lo tanto, a esta generación se le pedirán cuentas de la sangre de todos los profetas derramada desde el principio del mundo, ⁵¹ desde la sangre de Abel hasta la sangre de Zacarías, el que murió entre el altar y el *santuario. Sí, les aseguro que de todo esto se le pedirán cuentas a esta generación.

⁵² »¡Ay de ustedes, expertos en la ley!, porque se han adueñado de la llave del conocimiento. Ustedes mismos no han entrado, y a los que querían entrar les han cerrado el paso.

⁵³ Cuando Jesús salió de allí, los *maestros de la ley y los fariseos, resentidos, se pusieron a acosarlo a preguntas. ⁵⁴ Estaban tendiéndole trampas para ver si fallaba en algo.

Advertencias y estímulos

12 Mientras tanto, se habían reunido millares de personas, tantas que se atropellaban unas a otras. Jesús comenzó a hablar, dirigiéndose primero a sus discípulos: «Cuídense de la levadura de los *fariseos, o sea, de la *hipocresía. ² No hay nada encubierto que no llegue a revelarse, ni nada escondido que no llegue a conocerse. ³ Así que todo lo que ustedes han dicho en la oscuridad se dará a conocer a plena luz, y lo que han susurrado a puerta cerrada se proclamará desde las azoteas.

⁴ »A ustedes, mis amigos, les digo que no teman a los que matan el cuerpo pero después no pueden hacer más. ⁵ Les voy a enseñar más bien a quién deben temer: teman al que, después de dar muerte, tiene poder para echarlos al infierno.^r Sí, les

⁴² "Woe to you Pharisees, because you give God a tenth of your mint, rue and all other kinds of garden herbs, but you neglect justice and the love of God. You should have practiced the latter without leaving the former undone.

⁴³ "Woe to you Pharisees, because you love the most important seats in the synagogues and respectful greetings in the marketplaces.

⁴⁴ "Woe to you, because you are like unmarked graves, which people walk over without knowing it."

⁴⁵ One of the experts in the law answered him, "Teacher, when you say these things, you insult us also."

⁴⁶ Jesus replied, "And you experts in the law, woe to you, because you load people down with burdens they can hardly carry, and you yourselves will not lift one finger to help them.

⁴⁷ "Woe to you, because you build tombs for the prophets, and it was your ancestors who killed them. ⁴⁸ So you testify that you approve of what your ancestors did; they killed the prophets, and you build their tombs. ⁴⁹ Because of this, God in his wisdom said, 'I will send them prophets and apostles, some of whom they will kill and others they will persecute.' ⁵⁰ Therefore this generation will be held responsible for the blood of all the prophets that has been shed since the beginning of the world, ⁵¹ from the blood of Abel to the blood of Zechariah, who was killed between the altar and the sanctuary. Yes, I tell you, this generation will be held responsible for it all.

⁵² "Woe to you experts in the law, because you have taken away the key to knowledge. You yourselves have not entered, and you have hindered those who were entering."

⁵³ When Jesus went outside, the Pharisees and the teachers of the law began to oppose him fiercely and to besiege him with questions, ⁵⁴ waiting to catch him in something he might say.

Warnings and Encouragements

12 Meanwhile, when a crowd of many thousands had gathered, so that they were trampling on one another, Jesus began to speak first to his disciples, saying: "Be^t on your guard against the yeast of the Pharisees, which is hypocrisy. ² There is nothing concealed that will not be disclosed, or hidden that will not be made known. ³ What you have said in the dark will be heard in the daylight, and what you have whispered in the ear in the inner rooms will be proclaimed from the roofs.

⁴ "I tell you, my friends, do not be afraid of those who kill the body and after that can do no more. ⁵ But I will show you whom you should fear: Fear him who, after your body has been killed, has

---

^q **11:48** *En realidad.* Lit. *Así que ustedes son testigos y.*
^r **12:5** *al infierno.* Lit. *a la* *Gehenna.*

^t **1** Or *speak to his disciples, saying: "First of all, be*

aseguro que a él deben temerle. ⁶ ¿No se venden cinco gorriones por dos moneditas?ˢ Sin embargo, Dios no se olvida de ninguno de ellos. ⁷ Así mismo sucede con ustedes: aun los cabellos de su cabeza están contados. No tengan miedo; ustedes valen más que muchos gorriones.

⁸ »Les aseguro a cualquiera que me reconozca delante de la gente, también el Hijo del hombre lo reconocerá delante de los ángeles de Dios. ⁹ Pero al que me desconozca delante de la gente se le desconocerá delante de los ángeles de Dios. ¹⁰ Y todo el que pronuncie alguna palabra contra el Hijo del hombre será perdonado, pero el que *blasfeme contra el Espíritu Santo no tendrá perdón.

¹¹ »Cuando los hagan comparecer ante las sinagogas, los gobernantes y las autoridades, no se preocupen de cómo van a defenderse o de qué van a decir, ¹² porque en ese momento el Espíritu Santo les enseñará lo que deben responder.»

Parábola del rico insensato

¹³ Uno de entre la multitud le pidió:

—Maestro, dile a mi hermano que comparta la herencia conmigo.

¹⁴ —Hombre —replicó Jesús—, ¿quién me nombró a mí juez o árbitro entre ustedes?

¹⁵ »¡Tengan cuidado! —advirtió a la gente—. Absténganse de toda avaricia; la vida de una persona no depende de la abundancia de sus bienes.

¹⁶ Entonces les contó esta parábola:

—El terreno de un hombre rico le produjo una buena cosecha. ¹⁷ Así que se puso a pensar: "¿Qué voy a hacer? No tengo dónde almacenar mi cosecha." ¹⁸ Por fin dijo: "Ya sé lo que voy a hacer: derribaré mis graneros y construiré otros más grandes, donde pueda almacenar todo mi grano y mis bienes. ¹⁹ Y diré: Alma mía, ya tienes bastantes cosas buenas guardadas para muchos años. Descansa, come, bebe y goza de la vida." ²⁰ Pero Dios le dijo: "¡Necio! Esta misma noche te van a reclamar la *vida. ¿Y quién se quedará con lo que has acumulado?"

²¹ »Así le sucede al que acumula riquezas para sí mismo, en vez de ser rico delante de Dios.

No se preocupen

²² Luego dijo Jesús a sus discípulos:

—Por eso les digo: No se preocupen por su *vida, qué comerán; ni por su cuerpo, con qué se vestirán. ²³ La vida tiene más valor que la comida, y el cuerpo más que la ropa. ²⁴ Fíjense en los cuervos: no siembran ni cosechan, ni tienen almacén ni granero; sin embargo, Dios los alimenta. ¡Cuánto más valen ustedes que las aves! ²⁵ ¿Quién de ustedes, por mucho que se preocupe, puede añadir una sola hora al curso de su vida?ᵗ ²⁶ Ya que no

authority to throw you into hell. Yes, I tell you, fear him. ⁶ Are not five sparrows sold for two pennies? Yet not one of them is forgotten by God. ⁷ Indeed, the very hairs of your head are all numbered. Don't be afraid; you are worth more than many sparrows.

⁸ "I tell you, whoever publicly acknowledges me before others, the Son of Man will also acknowledge before the angels of God. ⁹ But whoever disowns me before others will be disowned before the angels of God. ¹⁰ And everyone who speaks a word against the Son of Man will be forgiven, but anyone who blasphemes against the Holy Spirit will not be forgiven.

¹¹ "When you are brought before synagogues, rulers and authorities, do not worry about how you will defend yourselves or what you will say, ¹² for the Holy Spirit will teach you at that time what you should say."

The Parable of the Rich Fool

¹³ Someone in the crowd said to him, "Teacher, tell my brother to divide the inheritance with me."

¹⁴ Jesus replied, "Man, who appointed me a judge or an arbiter between you?" ¹⁵ Then he said to them, "Watch out! Be on your guard against all kinds of greed; life does not consist in an abundance of possessions."

¹⁶ And he told them this parable: "The ground of a certain rich man yielded an abundant harvest. ¹⁷ He thought to himself, 'What shall I do? I have no place to store my crops.'

¹⁸ "Then he said, 'This is what I'll do. I will tear down my barns and build bigger ones, and there I will store my surplus grain. ¹⁹ And I'll say to myself, "You have plenty of grain laid up for many years. Take life easy; eat, drink and be merry." '

²⁰ "But God said to him, 'You fool! This very night your life will be demanded from you. Then who will get what you have prepared for yourself?'

²¹ "This is how it will be with whoever stores up things for themselves but is not rich toward God."

Do Not Worry

²² Then Jesus said to his disciples: "Therefore I tell you, do not worry about your life, what you will eat; or about your body, what you will wear. ²³ For life is more than food, and the body more than clothes. ²⁴ Consider the ravens: They do not sow or reap, they have no storeroom or barn; yet God feeds them. And how much more valuable you are than birds! ²⁵ Who of you by worrying can add a single hour to your lifeᵘ? ²⁶ Since you cannot

---

ˢ **12:6** *moneditas.* Lit. *asaria.*
ᵗ **12:25** *puede añadir ... su vida.* Alt. *puede aumentar su estatura siquiera medio metro* (lit. *un* *codo*).

ᵘ **25** Or *single cubit to your height*

pueden hacer algo tan insignificante, ¿por qué se preocupan por lo demás?

²⁷ »Fíjense cómo crecen los lirios. No trabajan ni hilan; sin embargo, les digo que ni siquiera Salomón, con todo su esplendor, se vestía como uno de ellos. ²⁸ Si así viste Dios a la hierba que hoy está en el campo y mañana es arrojada al horno, ¡cuánto más hará por ustedes, gente de poca fe! ²⁹ Así que no se afanen por lo que han de comer o beber; dejen de atormentarse. ³⁰ El mundo *pagano anda tras todas estas cosas, pero el Padre sabe que ustedes las necesitan. ³¹ Ustedes, por el contrario, busquen el reino de Dios, y estas cosas les serán añadidas.

³² »No tengan miedo, mi rebaño pequeño, porque es la buena voluntad del Padre darles el reino. ³³ Vendan sus bienes y den a los pobres. Provéanse de bolsas que no se desgasten; acumulen un tesoro inagotable en el cielo, donde no hay ladrón que aceche ni polilla que destruya. ³⁴ Pues donde tengan ustedes su tesoro, allí estará también su corazón.

La vigilancia

³⁵ »Manténganse listos, con la ropa bien ajustadaᵘ y la luz encendida. ³⁶ Pórtense como siervos que esperan a que regrese su señor de un banquete de bodas, para abrirle la puerta tan pronto como él llegue y toque. ³⁷ *Dichosos los *siervos a quienes su señor encuentre pendientes de su llegada. Créanme que se ajustará la ropa, hará que los siervos se sienten a la mesa, y él mismo se pondrá a servirles. ³⁸ Sí, dichosos aquellos siervos a quienes su señor encuentre preparados, aunque llegue a la medianoche o de madrugada. ³⁹ Pero entiendan esto: Si un dueño de casa supiera a qué hora va a llegar el ladrón, estaría pendiente para no dejarlo forzar la entrada. ⁴⁰ Así mismo deben ustedes estar preparados, porque el Hijo del hombre vendrá cuando menos lo esperen.

⁴¹ —Señor —le preguntó Pedro—, ¿cuentas esta parábola para nosotros, o para todos?

⁴² Respondió el Señor:

—¿Dónde se halla un mayordomo fiel y prudente a quien su señor deja encargado de los siervos para repartirles la comida a su debido tiempo? ⁴³ Dichoso el siervo cuyo señor, al regresar, lo encuentra cumpliendo con su deber. ⁴⁴ Les aseguro que lo pondrá a cargo de todos sus bienes. ⁴⁵ Pero ¡qué tal si ese siervo se pone a pensar: "Mi señor tarda en volver", y luego comienza a golpear a los criados y a las criadas, y a comer y beber y emborracharse! ⁴⁶ El señor de ese siervo volverá el día en que el siervo menos lo espere y a la hora menos pensada. Entonces lo castigará severamente y le impondrá la condena que reciben los incrédulos.ᵛ

do this very little thing, why do you worry about the rest?

²⁷ "Consider how the wild flowers grow. They do not labor or spin. Yet I tell you, not even Solomon in all his splendor was dressed like one of these. ²⁸ If that is how God clothes the grass of the field, which is here today, and tomorrow is thrown into the fire, how much more will he clothe you — you of little faith! ²⁹ And do not set your heart on what you will eat or drink; do not worry about it. ³⁰ For the pagan world runs after all such things, and your Father knows that you need them. ³¹ But seek his kingdom, and these things will be given to you as well.

³² "Do not be afraid, little flock, for your Father has been pleased to give you the kingdom. ³³ Sell your possessions and give to the poor. Provide purses for yourselves that will not wear out, a treasure in heaven that will never fail, where no thief comes near and no moth destroys. ³⁴ For where your treasure is, there your heart will be also.

Watchfulness

³⁵ "Be dressed ready for service and keep your lamps burning, ³⁶ like servants waiting for their master to return from a wedding banquet, so that when he comes and knocks they can immediately open the door for him. ³⁷ It will be good for those servants whose master finds them watching when he comes. Truly I tell you, he will dress himself to serve, will have them recline at the table and will come and wait on them. ³⁸ It will be good for those servants whose master finds them ready, even if he comes in the middle of the night or toward daybreak. ³⁹ But understand this: If the owner of the house had known at what hour the thief was coming, he would not have let his house be broken into. ⁴⁰ You also must be ready, because the Son of Man will come at an hour when you do not expect him."

⁴¹ Peter asked, "Lord, are you telling this parable to us, or to everyone?"

⁴² The Lord answered, "Who then is the faithful and wise manager, whom the master puts in charge of his servants to give them their food allowance at the proper time? ⁴³ It will be good for that servant whom the master finds doing so when he returns. ⁴⁴ Truly I tell you, he will put him in charge of all his possessions. ⁴⁵ But suppose the servant says to himself, 'My master is taking a long time in coming,' and he then begins to beat the other servants, both men and women, and to eat and drink and get drunk. ⁴⁶ The master of that servant will come on a day when he does not expect him and at an hour he is not aware of. He will cut him to pieces and assign him a place with the unbelievers.

ᵘ **12:35** *Manténganse ... ajustada.* Lit. *Tengan sus lomos ceñidos.*
ᵛ **12:46** *lo castigará ... incrédulos.* Lit. *lo cortará en dos y fijará su porción con los incrédulos.*

⁴⁷ »El siervo que conoce la voluntad de su señor, y no se prepara para cumplirla, recibirá muchos golpes. ⁴⁸ En cambio, el que no la conoce y hace algo que merezca castigo, recibirá pocos golpes. A todo el que se le ha dado mucho, se le exigirá mucho; y al que se le ha confiado mucho, se le pedirá aun más.

División en vez de paz

⁴⁹ »He venido a traer fuego a la tierra, y ¡cómo quisiera que ya estuviera ardiendo! ⁵⁰ Pero tengo que pasar por la prueba de un bautismo, y ¡cuánta angustia siento hasta que se cumpla! ⁵¹ ¿Creen ustedes que vine a traer paz a la tierra? ¡Les digo que no, sino división! ⁵² De ahora en adelante estarán divididos cinco en una familia, tres contra dos, y dos contra tres. ⁵³ Se enfrentarán el padre contra su hijo y el hijo contra su padre, la madre contra su hija y la hija contra su madre, la suegra contra su nuera y la nuera contra su suegra.

Señales de los tiempos

⁵⁴ Luego añadió Jesús, dirigiéndose a la multitud:

—Cuando ustedes ven que se levanta una nube en el occidente, en seguida dicen: "Va a llover", y así sucede. ⁵⁵ Y cuando sopla el viento del sur, dicen: "Va a hacer calor", y así sucede. ⁵⁶ ¡*Hipócritas! Ustedes saben interpretar la apariencia de la tierra y del cielo. ¿Cómo es que no saben interpretar el tiempo actual?

⁵⁷ »¿Por qué no juzgan por ustedes mismos lo que es justo? ⁵⁸ Si tienes que ir con un adversario al magistrado, procura reconciliarte con él en el camino, no sea que te lleve por la fuerza ante el juez, y el juez te entregue al alguacil, y el alguacil te meta en la cárcel. ⁵⁹ Te digo que no saldrás de allí hasta que pagues el último centavo.ʷ

El que no se arrepiente perecerá

13 En aquella ocasión algunos que habían llegado le contaron a Jesús cómo Pilato había dado muerte a unos galileos cuando ellos ofrecían sus sacrificios.ˣ ² Jesús les respondió: «¿Piensan ustedes que esos galileos, por haber sufrido así, eran más pecadores que todos los demás? ³ ¡Les digo que no! De la misma manera, todos ustedes perecerán, a menos que se *arrepientan. ⁴ ¿O piensan que aquellos dieciocho que fueron aplastados por la torre de Siloé eran más culpables que todos los demás habitantes de Jerusalén? ⁵ ¡Les digo que no! De la misma manera, todos ustedes perecerán, a menos que se arrepientan.»

⁶ Entonces les contó esta parábola: «Un hombre tenía una higuera plantada en su viñedo, pero cuando fue a buscar fruto en ella, no encontró nada. ⁷ Así que le dijo al viñador: "Mira, ya hace

⁴⁷ "The servant who knows the master's will and does not get ready or does not do what the master wants will be beaten with many blows. ⁴⁸ But the one who does not know and does things deserving punishment will be beaten with few blows. From everyone who has been given much, much will be demanded; and from the one who has been entrusted with much, much more will be asked.

Not Peace but Division

⁴⁹ "I have come to bring fire on the earth, and how I wish it were already kindled! ⁵⁰ But I have a baptism to undergo, and what constraint I am under until it is completed! ⁵¹ Do you think I came to bring peace on earth? No, I tell you, but division. ⁵² From now on there will be five in one family divided against each other, three against two and two against three. ⁵³ They will be divided, father against son and son against father, mother against daughter and daughter against mother, mother-in-law against daughter-in-law and daughter-in-law against mother-in-law."

Interpreting the Times

⁵⁴ He said to the crowd: "When you see a cloud rising in the west, immediately you say, 'It's going to rain,' and it does. ⁵⁵ And when the south wind blows, you say, 'It's going to be hot,' and it is. ⁵⁶ Hypocrites! You know how to interpret the appearance of the earth and the sky. How is it that you don't know how to interpret this present time?

⁵⁷ "Why don't you judge for yourselves what is right? ⁵⁸ As you are going with your adversary to the magistrate, try hard to be reconciled on the way, or your adversary may drag you off to the judge, and the judge turn you over to the officer, and the officer throw you into prison. ⁵⁹ I tell you, you will not get out until you have paid the last penny."

Repent or Perish

13 Now there were some present at that time who told Jesus about the Galileans whose blood Pilate had mixed with their sacrifices. ² Jesus answered, "Do you think that these Galileans were worse sinners than all the other Galileans because they suffered this way? ³ I tell you, no! But unless you repent, you too will all perish. ⁴ Or those eighteen who died when the tower in Siloam fell on them — do you think they were more guilty than all the others living in Jerusalem? ⁵ I tell you, no! But unless you repent, you too will all perish."

⁶ Then he told this parable: "A man had a fig tree growing in his vineyard, and he went to look for fruit on it but did not find any. ⁷ So he said to the man who took care of the vineyard, 'For three

---

ʷ **12:59** *centavo.* Lit. *lepton.*
ˣ **13:1** *le contaron … sacrificios.* Lit. *le contaron acerca de los galileos cuya sangre Pilato mezcló con sus sacrificios.*

tres años que vengo a buscar fruto en esta higuera, y no he encontrado nada. ¡Córtala! ¿Para qué ha de ocupar terreno?" [8] "Señor —le contestó el viñador—, déjela todavía por un año más, para que yo pueda cavar a su alrededor y echarle abono. [9] Así tal vez en adelante dé fruto; si no, córtela." »

Jesús sana en sábado a una mujer encorvada

[10] Un *sábado Jesús estaba enseñando en una de las sinagogas, [11] y estaba allí una mujer que por causa de un demonio llevaba dieciocho años enferma. Andaba encorvada y de ningún modo podía enderezarse. [12] Cuando Jesús la vio, la llamó y le dijo:

—Mujer, quedas libre de tu enfermedad.

[13] Al mismo tiempo, puso las manos sobre ella, y al instante la mujer se enderezó y empezó a alabar a Dios. [14] Indignado porque Jesús había sanado en sábado, el jefe de la sinagoga intervino, dirigiéndose a la gente:

—Hay seis días en que se puede trabajar, así que vengan esos días para ser sanados, y no el sábado.

[15] —*¡Hipócritas! —le contestó el Señor—. ¿Acaso no desata cada uno de ustedes su buey o su burro en sábado, y lo saca del establo para llevarlo a tomar agua? [16] Sin embargo, a esta mujer, que es hija de Abraham, y a quien Satanás tenía atada durante dieciocho largos años, ¿no se le debía quitar esta cadena en sábado?

[17] Cuando razonó así, quedaron humillados todos sus adversarios, pero la gente estaba encantada de tantas maravillas que él hacía.

Parábolas del grano de mostaza y de la levadura

[18] —¿A qué se parece el reino de Dios? —continuó Jesús—. ¿Con qué voy a compararlo? [19] Se parece a un grano de mostaza que un hombre sembró en su huerto. Creció hasta convertirse en un árbol, y las aves anidaron en sus ramas.

[20] Volvió a decir:

—¿Con qué voy a comparar el reino de Dios? [21] Es como la levadura que una mujer tomó y mezcló con una gran cantidad[y] de harina, hasta que fermentó toda la masa.

La puerta estrecha

[22] Continuando su viaje a Jerusalén, Jesús enseñaba en los pueblos y aldeas por donde pasaba. [23] —Señor, ¿son pocos los que van a salvarse? —le preguntó uno.

[24] —Esfuércense por entrar por la puerta estrecha —contestó—, porque les digo que muchos tratarán de entrar, y no podrán. [25] Tan pronto como el dueño de la casa se haya levantado a cerrar la puerta, ustedes desde afuera se pondrán a golpear la puerta, diciendo: "Señor, ábrenos." Pero él les contestará: "No sé quiénes son ustedes."

---

years now I've been coming to look for fruit on this fig tree and haven't found any. Cut it down! Why should it use up the soil?'

[8] "'Sir,' the man replied, 'leave it alone for one more year, and I'll dig around it and fertilize it. [9] If it bears fruit next year, fine! If not, then cut it down.'"

Jesus Heals a Crippled Woman on the Sabbath

[10] On a Sabbath Jesus was teaching in one of the synagogues, [11] and a woman was there who had been crippled by a spirit for eighteen years. She was bent over and could not straighten up at all. [12] When Jesus saw her, he called her forward and said to her, "Woman, you are set free from your infirmity." [13] Then he put his hands on her, and immediately she straightened up and praised God.

[14] Indignant because Jesus had healed on the Sabbath, the synagogue leader said to the people, "There are six days for work. So come and be healed on those days, not on the Sabbath."

[15] The Lord answered him, "You hypocrites! Doesn't each of you on the Sabbath untie your ox or donkey from the stall and lead it out to give it water? [16] Then should not this woman, a daughter of Abraham, whom Satan has kept bound for eighteen long years, be set free on the Sabbath day from what bound her?"

[17] When he said this, all his opponents were humiliated, but the people were delighted with all the wonderful things he was doing.

The Parables of the Mustard Seed and the Yeast

[18] Then Jesus asked, "What is the kingdom of God like? What shall I compare it to? [19] It is like a mustard seed, which a man took and planted in his garden. It grew and became a tree, and the birds perched in its branches."

[20] Again he asked, "What shall I compare the kingdom of God to? [21] It is like yeast that a woman took and mixed into about sixty pounds[v] of flour until it worked all through the dough."

The Narrow Door

[22] Then Jesus went through the towns and villages, teaching as he made his way to Jerusalem. [23] Someone asked him, "Lord, are only a few people going to be saved?"

He said to them, [24] "Make every effort to enter through the narrow door, because many, I tell you, will try to enter and will not be able to. [25] Once the owner of the house gets up and closes the door, you will stand outside knocking and pleading, 'Sir, open the door for us.'

"But he will answer, 'I don't know you or where you come from.'

---

[y] 13:21 *una gran cantidad*. Lit. *tres satas* (probablemente unos 22 litros).

[v] 21 Or about 27 kilograms

²⁶ Entonces dirán: "Comimos y bebimos contigo, y tú enseñaste en nuestras plazas." ²⁷ Pero él les contestará: "Les repito que no sé quiénes son ustedes. ¡Apártense de mí, todos ustedes hacedores de injusticia!"

²⁸ »Allí habrá llanto y rechinar de dientes cuando vean en el reino de Dios a Abraham, Isaac, Jacob y a todos los profetas, mientras a ustedes los echan fuera. ²⁹ Habrá quienes lleguen del oriente y del occidente, del norte y del sur, para *sentarse al banquete en el reino de Dios. ³⁰ En efecto, hay últimos que serán primeros, y primeros que serán últimos.

Lamento de Jesús sobre Jerusalén

³¹ En ese momento se acercaron a Jesús unos *fariseos y le dijeron:

—Sal de aquí y vete a otro lugar, porque Herodes quiere matarte.

³² Él les contestó:

—Vayan y díganle a ese zorro: "Mira, hoy y mañana seguiré expulsando demonios y sanando a la gente, y al tercer día terminaré lo que debo hacer." ³³ Tengo que seguir adelante hoy, mañana y pasado mañana, porque no puede ser que muera un profeta fuera de Jerusalén.

³⁴ »¡Jerusalén, Jerusalén, que matas a los profetas y apedreas a los que se te envían! ¡Cuántas veces quise reunir a tus hijos, como reúne la gallina a sus pollitos debajo de sus alas, pero no quisiste! ³⁵ Pues bien, la casa de ustedes va a quedar abandonada. Y les advierto que ya no volverán a verme hasta el día que digan: "¡Bendito el que viene en el nombre del Señor!"ᶻ

Jesús en casa de un fariseo

14 Un día Jesús fue a comer a casa de un notable de los *fariseos. Era *sábado, así que éstos estaban acechando a Jesús. ² Allí, delante de él, estaba un hombre enfermo de hidropesía. ³ Jesús les preguntó a los *expertos en la ley y a los fariseos:

—¿Está permitido o no sanar en sábado?

⁴ Pero ellos se quedaron callados. Entonces tomó al hombre, lo sanó y lo despidió.

⁵ También les dijo:

—Si uno de ustedes tiene un hijoᵃ o un buey que se le cae en un pozo, ¿no lo saca en seguida aunque sea sábado?

⁶ Y no pudieron contestarle nada.

⁷ Al notar cómo los invitados escogían los lugares de honor en la mesa, les contó esta parábola:

⁸ —Cuando alguien te invite a una fiesta de bodas, no te sientes en el lugar de honor, no sea que haya algún invitado más distinguido que tú. ⁹ Si es así, el que los invitó a los dos vendrá y te dirá: "Cédele tu asiento a este hombre." Entonces, avergonzado, tendrás que ocupar el último

²⁶ "Then you will say, 'We ate and drank with you, and you taught in our streets.'

²⁷ "But he will reply, 'I don't know you or where you come from. Away from me, all you evildoers!'

²⁸ "There will be weeping there, and gnashing of teeth, when you see Abraham, Isaac and Jacob and all the prophets in the kingdom of God, but you yourselves thrown out. ²⁹ People will come from east and west and north and south, and will take their places at the feast in the kingdom of God. ³⁰ Indeed there are those who are last who will be first, and first who will be last."

Jesus' Sorrow for Jerusalem

³¹ At that time some Pharisees came to Jesus and said to him, "Leave this place and go somewhere else. Herod wants to kill you."

³² He replied, "Go tell that fox, 'I will keep on driving out demons and healing people today and tomorrow, and on the third day I will reach my goal.' ³³ In any case, I must press on today and tomorrow and the next day—for surely no prophet can die outside Jerusalem!

³⁴ "Jerusalem, Jerusalem, you who kill the prophets and stone those sent to you, how often I have longed to gather your children together, as a hen gathers her chicks under her wings, and you were not willing. ³⁵ Look, your house is left to you desolate. I tell you, you will not see me again until you say, 'Blessed is he who comes in the name of the Lord.'"ʷ

Jesus at a Pharisee's House

14 One Sabbath, when Jesus went to eat in the house of a prominent Pharisee, he was being carefully watched. ² There in front of him was a man suffering from abnormal swelling of his body. ³ Jesus asked the Pharisees and experts in the law, "Is it lawful to heal on the Sabbath or not?" ⁴ But they remained silent. So taking hold of the man, he healed him and sent him on his way.

⁵ Then he asked them, "If one of you has a childˣ or an ox that falls into a well on the Sabbath day, will you not immediately pull it out?" ⁶ And they had nothing to say.

⁷ When he noticed how the guests picked the places of honor at the table, he told them this parable: ⁸ "When someone invites you to a wedding feast, do not take the place of honor, for a person more distinguished than you may have been invited. ⁹ If so, the host who invited both of you will come and say to you, 'Give this person your seat.' Then, humiliated, you will have to take the least

---

ᶻ **13:35** Sal 118:26
ᵃ **14:5** hijo. Var. burro.

ʷ *35* Psalm 118:26　　ˣ *5* Some manuscripts donkey

asiento. [10] Más bien, cuando te inviten, siéntate en el último lugar, para que cuando venga el que te invitó, te diga: "Amigo, pasa más adelante a un lugar mejor." Así recibirás honor en presencia de todos los demás invitados. [11] Todo el que a sí mismo se enaltece será humillado, y el que se humilla será enaltecido.

[12] También dijo Jesús al que lo había invitado:

—Cuando des una comida o una cena, no invites a tus amigos, ni a tus hermanos, ni a tus parientes, ni a tus vecinos ricos; no sea que ellos, a su vez, te inviten y así seas recompensado. [13] Más bien, cuando des un banquete, invita a los pobres, a los inválidos, a los cojos y a los ciegos. [14] Entonces serás *dichoso, pues aunque ellos no tienen con qué recompensarte, serás recompensado en la resurrección de los justos.

Parábola del gran banquete

[15] Al oír esto, uno de los que estaban *sentados a la mesa con Jesús le dijo:

—¡*Dichoso el que coma en el banquete del reino de Dios!

[16] Jesús le contestó:

—Cierto hombre preparó un gran banquete e invitó a muchas personas. [17] A la hora del banquete mandó a su siervo a decirles a los invitados: "Vengan, porque ya todo está listo." [18] Pero todos, sin excepción, comenzaron a disculparse. El primero le dijo: "Acabo de comprar un terreno y tengo que ir a verlo. Te ruego que me disculpes." [19] Otro adujo: "Acabo de comprar cinco yuntas de bueyes, y voy a probarlas. Te ruego que me disculpes." [20] Otro alegó: "Acabo de casarme y por eso no puedo ir." [21] El siervo regresó y le informó de esto a su señor. Entonces el dueño de la casa se enojó y le mandó a su siervo: "Sal de prisa por las plazas y los callejones del pueblo, y trae acá a los pobres, a los inválidos, a los cojos y a los ciegos." [22] "Señor —le dijo luego el siervo—, ya hice lo que usted me mandó, pero todavía hay lugar." [23] Entonces el señor le respondió: "Ve por los caminos y las veredas, y oblígalos a entrar para que se llene mi casa. [24] Les digo que ninguno de aquellos invitados disfrutará de mi banquete."

El precio del discipulado

[25] Grandes multitudes seguían a Jesús, y él se volvió y les dijo: [26] «Si alguno viene a mí y no sacrifica el amor[b] a su padre y a su madre, a su esposa y a sus hijos, a sus hermanos y a sus hermanas, y aun a su propia *vida, no puede ser mi discípulo. [27] Y el que no carga su cruz y me sigue, no puede ser mi discípulo.

[28] »Supongamos que alguno de ustedes quiere construir una torre. ¿Acaso no se sienta primero a calcular el costo, para ver si tiene suficiente dinero

important place. [10] But when you are invited, take the lowest place, so that when your host comes, he will say to you, 'Friend, move up to a better place.' Then you will be honored in the presence of all the other guests. [11] For all those who exalt themselves will be humbled, and those who humble themselves will be exalted."

[12] Then Jesus said to his host, "When you give a luncheon or dinner, do not invite your friends, your brothers or sisters, your relatives, or your rich neighbors; if you do, they may invite you back and so you will be repaid. [13] But when you give a banquet, invite the poor, the crippled, the lame, the blind, [14] and you will be blessed. Although they cannot repay you, you will be repaid at the resurrection of the righteous."

The Parable of the Great Banquet

[15] When one of those at the table with him heard this, he said to Jesus, "Blessed is the one who will eat at the feast in the kingdom of God."

[16] Jesus replied: "A certain man was preparing a great banquet and invited many guests. [17] At the time of the banquet he sent his servant to tell those who had been invited, 'Come, for everything is now ready.'

[18] "But they all alike began to make excuses. The first said, 'I have just bought a field, and I must go and see it. Please excuse me.'

[19] "Another said, 'I have just bought five yoke of oxen, and I'm on my way to try them out. Please excuse me.'

[20] "Still another said, 'I just got married, so I can't come.'

[21] "The servant came back and reported this to his master. Then the owner of the house became angry and ordered his servant, 'Go out quickly into the streets and alleys of the town and bring in the poor, the crippled, the blind and the lame.'

[22] "'Sir,' the servant said, 'what you ordered has been done, but there is still room.'

[23] "Then the master told his servant, 'Go out to the roads and country lanes and compel them to come in, so that my house will be full. [24] I tell you, not one of those who were invited will get a taste of my banquet.'"

The Cost of Being a Disciple

[25] Large crowds were traveling with Jesus, and turning to them he said: [26] "If anyone comes to me and does not hate father and mother, wife and children, brothers and sisters — yes, even their own life — such a person cannot be my disciple. [27] And whoever does not carry their cross and follow me cannot be my disciple.

[28] "Suppose one of you wants to build a tower. Won't you first sit down and estimate the cost to see if you have enough money to complete it?

---

[b] **14:26** *no sacrifica el amor.* Lit. *no odia.*

para terminarla? ²⁹ Si echa los cimientos y no puede terminarla, todos los que la vean comenzarán a burlarse de él, ³⁰ y dirán: "Este hombre ya no pudo terminar lo que comenzó a construir."

³¹ »O supongamos que un rey está a punto de ir a la guerra contra otro rey. ¿Acaso no se sienta primero a calcular si con diez mil hombres puede enfrentarse al que viene contra él con veinte mil? ³² Si no puede, enviará una delegación mientras el otro está todavía lejos, para pedir condiciones de paz. ³³ De la misma manera, cualquiera de ustedes que no renuncie a todos sus bienes, no puede ser mi discípulo.

³⁴ »La sal es buena, pero si se vuelve insípida, ¿cómo recuperará el sabor? ³⁵ No sirve ni para la tierra ni para el abono; hay que tirarla fuera.

»El que tenga oídos para oír, que oiga.»

Parábola de la oveja perdida

15 Muchos *recaudadores de impuestos y *pecadores se acercaban a Jesús para oírlo, ² de modo que los *fariseos y los *maestros de la ley se pusieron a murmurar: «Este hombre recibe a los pecadores y come con ellos.»

³ Él entonces les contó esta parábola: ⁴ «Supongamos que uno de ustedes tiene cien ovejas y pierde una de ellas. ¿No deja las noventa y nueve en el campo, y va en busca de la oveja perdida hasta encontrarla? ⁵ Y cuando la encuentra, lleno de alegría la carga en los hombros ⁶ y vuelve a la casa. Al llegar, reúne a sus amigos y vecinos, y les dice: "Alégrense conmigo; ya encontré la oveja que se me había perdido." ⁷ Les digo que así es también en el cielo: habrá más alegría por un solo pecador que se *arrepienta, que por noventa y nueve justos que no necesitan arrepentirse.

Parábola de la moneda perdida

⁸ »O supongamos que una mujer tiene diez monedas de plata^c y pierde una. ¿No enciende una lámpara, barre la casa y busca con cuidado hasta encontrarla? ⁹ Y cuando la encuentra, reúne a sus amigas y vecinas, y les dice: "Alégrense conmigo; ya encontré la moneda que se me había perdido." ¹⁰ Les digo que así mismo se alegra Dios con sus ángeles^d por un pecador que se arrepiente.

Parábola del hijo perdido

¹¹ »Un hombre tenía dos hijos —continuó Jesús—. ¹² El menor de ellos le dijo a su padre: "Papá, dame lo que me toca de la herencia." Así que el padre repartió sus bienes entre los dos. ¹³ Poco después el hijo menor juntó todo lo que tenía y se fue a un país lejano; allí vivió desenfrenadamente y derrochó su herencia.

¹⁴ »Cuando ya lo había gastado todo, sobrevino una gran escasez en la región, y él comenzó a

²⁹ For if you lay the foundation and are not able to finish it, everyone who sees it will ridicule you, ³⁰ saying, 'This person began to build and wasn't able to finish.'

³¹ "Or suppose a king is about to go to war against another king. Won't he first sit down and consider whether he is able with ten thousand men to oppose the one coming against him with twenty thousand? ³² If he is not able, he will send a delegation while the other is still a long way off and will ask for terms of peace. ³³ In the same way, those of you who do not give up everything you have cannot be my disciples.

³⁴ "Salt is good, but if it loses its saltiness, how can it be made salty again? ³⁵ It is fit neither for the soil nor for the manure pile; it is thrown out.

"Whoever has ears to hear, let them hear."

The Parable of the Lost Sheep

15 Now the tax collectors and sinners were all gathering around to hear Jesus. ² But the Pharisees and the teachers of the law muttered, "This man welcomes sinners and eats with them."

³ Then Jesus told them this parable: ⁴ "Suppose one of you has a hundred sheep and loses one of them. Doesn't he leave the ninety-nine in the open country and go after the lost sheep until he finds it? ⁵ And when he finds it, he joyfully puts it on his shoulders ⁶ and goes home. Then he calls his friends and neighbors together and says, 'Rejoice with me; I have found my lost sheep.' ⁷ I tell you that in the same way there will be more rejoicing in heaven over one sinner who repents than over ninety-nine righteous persons who do not need to repent.

The Parable of the Lost Coin

⁸ "Or suppose a woman has ten silver coins^y and loses one. Doesn't she light a lamp, sweep the house and search carefully until she finds it? ⁹ And when she finds it, she calls her friends and neighbors together and says, 'Rejoice with me; I have found my lost coin.' ¹⁰ In the same way, I tell you, there is rejoicing in the presence of the angels of God over one sinner who repents."

The Parable of the Lost Son

¹¹ Jesus continued: "There was a man who had two sons. ¹² The younger one said to his father, 'Father, give me my share of the estate.' So he divided his property between them.

¹³ "Not long after that, the younger son got together all he had, set off for a distant country and there squandered his wealth in wild living. ¹⁴ After he had spent everything, there was a severe famine in that whole country, and he began to be in

---

^c **15:8** monedas de plata. Lit. *dracmas.

^d **15:10** se alegra ... ángeles. Lit. hay alegría en la presencia de los ángeles de Dios.

^y 8 Greek ten drachmas, each worth about a day's wages

pasar necesidad. ¹⁵ Así que fue y consiguió empleo con un ciudadano de aquel país, quien lo mandó a sus campos a cuidar cerdos. ¹⁶ Tanta hambre tenía que hubiera querido llenarse el estómago con la comida que daban a los cerdos, pero aun así nadie le daba nada. ¹⁷ Por fin recapacitó y se dijo: "¡Cuántos jornaleros de mi padre tienen comida de sobra, y yo aquí me muero de hambre! ¹⁸ Tengo que volver a mi padre y decirle: Papá, he pecado contra el cielo y contra ti. ¹⁹ Ya no merezco que se me llame tu hijo; trátame como si fuera uno de tus jornaleros." ²⁰ Así que emprendió el viaje y se fue a su padre.

»Todavía estaba lejos cuando su padre lo vio y se compadeció de él; salió corriendo a su encuentro, lo abrazó y lo besó. ²¹ El joven le dijo: "Papá, he pecado contra el cielo y contra ti. Ya no merezco que se me llame tu hijo."ᵉ ²² Pero el padre ordenó a sus *siervos: "¡Pronto! Traigan la mejor ropa para vestirlo. Pónganle también un anillo en el dedo y sandalias en los pies. ²³ Traigan el ternero más gordo y mátenlo para celebrar un banquete. ²⁴ Porque este hijo mío estaba muerto, pero ahora ha vuelto a la vida; se había perdido, pero ya lo hemos encontrado." Así que empezaron a hacer fiesta.

²⁵ »Mientras tanto, el hijo mayor estaba en el campo. Al volver, cuando se acercó a la casa, oyó la música del baile. ²⁶ Entonces llamó a uno de los siervos y le preguntó qué pasaba. ²⁷ "Ha llegado tu hermano —le respondió—, y tu papá ha matado el ternero más gordo porque ha recobrado a su hijo sano y salvo." ²⁸ Indignado, el hermano mayor se negó a entrar. Así que su padre salió a suplicarle que lo hiciera. ²⁹ Pero él le contestó: "¡Fíjate cuántos años te he servido sin desobedecer jamás tus órdenes, y ni un cabrito me has dado para celebrar una fiesta con mis amigos. ³⁰ ¡Pero ahora llega ese hijo tuyo, que ha despilfarrado tu fortuna con prostitutas, y tú mandas matar en su honor el ternero más gordo!"

³¹ »"Hijo mío —le dijo su padre—, tú siempre estás conmigo, y todo lo que tengo es tuyo. ³² Pero teníamos que hacer fiesta y alegrarnos, porque este hermano tuyo estaba muerto, pero ahora ha vuelto a la vida; se había perdido, pero ya lo hemos encontrado." »

Parábola del administrador astuto

16 Jesús contó otra parábola a sus discípulos: «Un hombre rico tenía un administrador a quien acusaron de derrochar sus bienes. ² Así que lo mandó a llamar y le dijo: "¿Qué es esto que me dicen de ti? Rinde cuentas de tu administración, porque ya no puedes seguir en tu puesto." ³ El administrador reflexionó: "¿Qué voy a hacer ahora que mi patrón está por quitarme el puesto? No

need. ¹⁵ So he went and hired himself out to a citizen of that country, who sent him to his fields to feed pigs. ¹⁶ He longed to fill his stomach with the pods that the pigs were eating, but no one gave him anything.

¹⁷ "When he came to his senses, he said, 'How many of my father's hired servants have food to spare, and here I am starving to death! ¹⁸ I will set out and go back to my father and say to him: Father, I have sinned against heaven and against you. ¹⁹ I am no longer worthy to be called your son; make me like one of your hired servants.' ²⁰ So he got up and went to his father.

"But while he was still a long way off, his father saw him and was filled with compassion for him; he ran to his son, threw his arms around him and kissed him.

²¹ "The son said to him, 'Father, I have sinned against heaven and against you. I am no longer worthy to be called your son.'

²² "But the father said to his servants, 'Quick! Bring the best robe and put it on him. Put a ring on his finger and sandals on his feet. ²³ Bring the fattened calf and kill it. Let's have a feast and celebrate. ²⁴ For this son of mine was dead and is alive again; he was lost and is found.' So they began to celebrate.

²⁵ "Meanwhile, the older son was in the field. When he came near the house, he heard music and dancing. ²⁶ So he called one of the servants and asked him what was going on. ²⁷ 'Your brother has come,' he replied, 'and your father has killed the fattened calf because he has him back safe and sound.'

²⁸ "The older brother became angry and refused to go in. So his father went out and pleaded with him. ²⁹ But he answered his father, 'Look! All these years I've been slaving for you and never disobeyed your orders. Yet you never gave me even a young goat so I could celebrate with my friends. ³⁰ But when this son of yours who has squandered your property with prostitutes comes home, you kill the fattened calf for him!'

³¹ " 'My son,' the father said, 'you are always with me, and everything I have is yours. ³² But we had to celebrate and be glad, because this brother of yours was dead and is alive again; he was lost and is found.' "

The Parable of the Shrewd Manager

16 Jesus told his disciples: "There was a rich man whose manager was accused of wasting his possessions. ² So he called him in and asked him, 'What is this I hear about you? Give an account of your management, because you cannot be manager any longer.'

³ "The manager said to himself, 'What shall I do now? My master is taking away my job. I'm not

---

ᵉ **15:21** hijo. Var. hijo; trátame como si fuera uno de tus jornaleros.

tengo fuerzas para cavar, y me da vergüenza pedir limosna. ⁴ Tengo que asegurarme de que, cuando me echen de la administración, haya gente que me reciba en su casa. ¡Ya sé lo que voy a hacer!"

⁵ »Llamó entonces a cada uno de los que le debían algo a su patrón. Al primero le preguntó: "¿Cuánto le debes a mi patrón?" ⁶ "Cien barriles^f de aceite", le contestó él. El administrador le dijo: "Toma tu factura, siéntate en seguida y escribe cincuenta." ⁷ Luego preguntó al segundo: "Y tú, ¿cuánto debes?" "Cien bultos^g de trigo", contestó. El administrador le dijo: "Toma tu factura y escribe ochenta."

⁸ »Pues bien, el patrón elogió al administrador de riquezas mundanas^h por haber actuado con astucia. Es que los de este mundo, en su trato con los que son como ellos, son más astutos que los que han recibido la luz. ⁹ Por eso les digo que se valgan de las riquezas mundanas para ganar amigos,^{i} a fin de que cuando éstas se acaben haya quienes los reciban a ustedes en las viviendas eternas.

¹⁰ »El que es honrado^j en lo poco, también lo será en lo mucho; y el que no es íntegro^k en lo poco, tampoco lo será en lo mucho. ¹¹ Por eso, si ustedes no han sido honrados en el uso de las riquezas mundanas,^{l} ¿quién les confiará las verdaderas? ¹² Y si con lo ajeno no han sido honrados, ¿quién les dará a ustedes lo que les pertenece?

¹³ »Ningún sirviente puede servir a dos patrones. Menospreciará a uno y amará al otro, o querrá mucho a uno y despreciará al otro. Ustedes no pueden servir a la vez a Dios y a las riquezas.»

¹⁴ Oían todo esto los *fariseos, a quienes les encantaba el dinero, y se burlaban de Jesús. ¹⁵ Él les dijo: «Ustedes se hacen los buenos ante la gente, pero Dios conoce sus corazones. Dense cuenta de que aquello que la gente tiene en gran estima es detestable delante de Dios.

Otras enseñanzas

¹⁶ »La ley y los profetas se proclamaron hasta Juan. Desde entonces se anuncian las buenas *nuevas del reino de Dios, y todos se esfuerzan por entrar en él.^{m} ¹⁷ Es más fácil que desaparezcan el cielo y la tierra, que caiga una sola tilde de la ley.

¹⁸ »Todo el que se divorcia de su esposa y se casa con otra, comete adulterio; y el que se casa con la divorciada, comete adulterio.

strong enough to dig, and I'm ashamed to beg— ⁴ I know what I'll do so that, when I lose my job here, people will welcome me into their houses.'

⁵ "So he called in each one of his master's debtors. He asked the first, 'How much do you owe my master?'

⁶ " 'Nine hundred gallons^z of olive oil,' he replied.

"The manager told him, 'Take your bill, sit down quickly, and make it four hundred and fifty.'

⁷ "Then he asked the second, 'And how much do you owe?'

" 'A thousand bushels^a of wheat,' he replied.

"He told him, 'Take your bill and make it eight hundred.'

⁸ "The master commended the dishonest manager because he had acted shrewdly. For the people of this world are more shrewd in dealing with their own kind than are the people of the light. ⁹ I tell you, use worldly wealth to gain friends for yourselves, so that when it is gone, you will be welcomed into eternal dwellings.

¹⁰ "Whoever can be trusted with very little can also be trusted with much, and whoever is dishonest with very little will also be dishonest with much. ¹¹ So if you have not been trustworthy in handling worldly wealth, who will trust you with true riches? ¹² And if you have not been trustworthy with someone else's property, who will give you property of your own?

¹³ "No one can serve two masters. Either you will hate the one and love the other, or you will be devoted to the one and despise the other. You cannot serve both God and money."

¹⁴ The Pharisees, who loved money, heard all this and were sneering at Jesus. ¹⁵ He said to them, "You are the ones who justify yourselves in the eyes of others, but God knows your hearts. What people value highly is detestable in God's sight.

Additional Teachings

¹⁶ "The Law and the Prophets were proclaimed until John. Since that time, the good news of the kingdom of God is being preached, and everyone is forcing their way into it. ¹⁷ It is easier for heaven and earth to disappear than for the least stroke of a pen to drop out of the Law.

¹⁸ "Anyone who divorces his wife and marries another woman commits adultery, and the man who marries a divorced woman commits adultery.

---

^{f} **16:6** *cien barriles*. Lit. *cien *batos* (unos 3.700 litros).

^{g} **16:7** *cien bultos*. Lit. *cien *coros* (unos 37.000 litros).

^{h} **16:8** *administrador de riquezas mundanas*. Alt. *administrador deshonesto*. Lit. *administrador de injusticia*.

^{i} **16:9** *se valgan ... amigos*. Lit. *se hagan amigos por medio del dinero de injusticia*.

^{j} **16:10** *honrado*. Alt. *digno de confianza*. Lit. *fiel*; también en vv. 11,12.

^{k} **16:10** *el que no es íntegro*. Lit. *el que es injusto*.

^{l} **16:11** *las riquezas mundanas*. Lit. *el dinero injusto*.

^{m} **16:16** *se esfuerzan por entrar en él*. Alt. *hacen violencia por entrar en él, o hacen violencia contra él*.

^{z} 6 Or about 3,000 liters ^{a} 7 Or about 30 tons

El rico y Lázaro

19 »Había un hombre rico que se vestía lujosamente[n] y daba espléndidos banquetes todos los días. 20 A la puerta de su casa se tendía un mendigo llamado Lázaro, que estaba cubierto de llagas 21 y que hubiera querido llenarse el estómago con lo que caía de la mesa del rico. Hasta los perros se acercaban y le lamían las llagas.

22 »Resulta que murió el mendigo, y los ángeles se lo llevaron para que estuviera al lado de Abraham. También murió el rico, y lo sepultaron. 23 En el infierno,[n] en medio de sus tormentos, el rico levantó los ojos y vio de lejos a Abraham, y a Lázaro junto a él. 24 Así que alzó la voz y lo llamó: "Padre Abraham, ten compasión de mí y manda a Lázaro que moje la punta del dedo en agua y me refresque la lengua, porque estoy sufriendo mucho en este fuego." 25 Pero Abraham le contestó: "Hijo, recuerda que durante tu vida te fue muy bien, mientras que a Lázaro le fue muy mal; pero ahora a él le toca recibir consuelo aquí, y a ti, sufrir terriblemente. 26 Además de eso, hay un gran abismo entre nosotros y ustedes, de modo que los que quieren pasar de aquí para allá no pueden, ni tampoco pueden los de allá para acá."

27 »Él respondió: "Entonces te ruego, padre, que mandes a Lázaro a la casa de mi padre, 28 para que advierta a mis cinco hermanos y no vengan ellos también a este lugar de tormento." 29 Pero Abraham le contestó: "Ya tienen a Moisés y a los profetas; ¡que les hagan caso a ellos!" 30 "No les harán caso, padre Abraham —replicó el rico—; en cambio, si se les presentara uno de entre los muertos, entonces sí se *arrepentirían." 31 Abraham le dijo: "Si no les hacen caso a Moisés y a los profetas, tampoco se convencerán aunque alguien se *levante de entre los muertos." »

El pecado, la fe y el deber

17 Luego dijo Jesús a sus discípulos:

—Los *tropiezos son inevitables, pero ¡ay de aquel que los ocasiona! 2 Más le valdría ser arrojado al mar con una piedra de molino atada al cuello, que servir de tropiezo a uno solo de estos pequeños. 3 Así que, ¡cuídense!

»Si tu hermano peca, repréndelo; y si se *arrepiente, perdónalo. 4 Aun si peca contra ti siete veces en un día, y siete veces regresa a decirte "Me arrepiento", perdónalo.

5 Entonces los apóstoles le dijeron al Señor:

—¡Aumenta nuestra fe!

6 —Si ustedes tuvieran una fe tan pequeña como un grano de mostaza —les respondió el Señor—, podrían decirle a este árbol: "Desarráigate y plántate en el mar", y les obedecería.

7 »Supongamos que uno de ustedes tiene un *siervo que ha estado arando el campo o cuidando

The Rich Man and Lazarus

19 "There was a rich man who was dressed in purple and fine linen and lived in luxury every day. 20 At his gate was laid a beggar named Lazarus, covered with sores 21 and longing to eat what fell from the rich man's table. Even the dogs came and licked his sores.

22 "The time came when the beggar died and the angels carried him to Abraham's side. The rich man also died and was buried. 23 In Hades, where he was in torment, he looked up and saw Abraham far away, with Lazarus by his side. 24 So he called to him, 'Father Abraham, have pity on me and send Lazarus to dip the tip of his finger in water and cool my tongue, because I am in agony in this fire.' 25 "But Abraham replied, 'Son, remember that in your lifetime you received your good things, while Lazarus received bad things, but now he is comforted here and you are in agony. 26 And besides all this, between us and you a great chasm has been set in place, so that those who want to go from here to you cannot, nor can anyone cross over from there to us.'

27 "He answered, 'Then I beg you, father, send Lazarus to my family, 28 for I have five brothers. Let him warn them, so that they will not also come to this place of torment.'

29 "Abraham replied, 'They have Moses and the Prophets; let them listen to them.'

30 " 'No, father Abraham,' he said, 'but if someone from the dead goes to them, they will repent.'

31 "He said to him, 'If they do not listen to Moses and the Prophets, they will not be convinced even if someone rises from the dead.' "

Sin, Faith, Duty

17 Jesus said to his disciples: "Things that cause people to stumble are bound to come, but woe to anyone through whom they come. 2 It would be better for them to be thrown into the sea with a millstone tied around their neck than to cause one of these little ones to stumble. 3 So watch yourselves.

"If your brother or sister[b] sins against you, rebuke them; and if they repent, forgive them. 4 Even if they sin against you seven times in a day and seven times come back to you saying 'I repent,' you must forgive them."

5 The apostles said to the Lord, "Increase our faith!"

6 He replied, "If you have faith as small as a mustard seed, you can say to this mulberry tree, 'Be uprooted and planted in the sea,' and it will obey you.

7 "Suppose one of you has a servant plowing or looking after the sheep. Will he say to the servant

---

n 16:19 *lujosamente.* Lit. *con púrpura y tela fina.*
n 16:23 *infierno.* Lit. **Hades.*

b 3 The Greek word for *brother or sister* (*adelphos*) refers here to a fellow disciple, whether man or woman.

las ovejas. Cuando el siervo regresa del campo, ¿acaso se le dice: "Ven en seguida a sentarte a la mesa"? [8] ¿No se le diría más bien: "Prepárame la comida y cámbiate de ropa para atenderme mientras yo ceno; después tú podrás cenar"? [9] ¿Acaso se le darían las gracias al siervo por haber hecho lo que se le mandó? [10] Así también ustedes, cuando hayan hecho todo lo que se les ha mandado, deben decir: "Somos siervos inútiles; no hemos hecho más que cumplir con nuestro deber."

Jesús sana a diez leprosos

[11] Un día, siguiendo su viaje a Jerusalén, Jesús pasaba por Samaria y Galilea. [12] Cuando estaba por entrar en un pueblo, salieron a su encuentro diez hombres enfermos de *lepra. Como se habían quedado a cierta distancia, [13] gritaron:

—¡Jesús, Maestro, ten compasión de nosotros!

[14] Al verlos, les dijo:

—Vayan a presentarse a los sacerdotes.

Resultó que, mientras iban de camino, quedaron *limpios.

[15] Uno de ellos, al verse ya sano, regresó alabando a Dios a grandes voces. [16] Cayó rostro en tierra a los pies de Jesús y le dio las gracias, no obstante que era samaritano.

[17] —¿Acaso no quedaron limpios los diez? —preguntó Jesús—. ¿Dónde están los otros nueve? [18] ¿No hubo ninguno que regresara a dar gloria a Dios, excepto este extranjero? [19] Levántate y vete —le dijo al hombre—; tu fe te ha *sanado.

La venida del reino de Dios

[20] Los *fariseos le preguntaron a Jesús cuándo iba a venir el reino de Dios, y él les respondió:

—La venida del reino de Dios no se puede someter a cálculos.[o] [21] No van a decir: "¡Mírenlo acá! ¡Mírenlo allá!" Dense cuenta de que el reino de Dios está entre[p] ustedes.

[22] A sus discípulos les dijo:

—Llegará el tiempo en que ustedes anhelarán vivir siquiera uno de los días del Hijo del hombre, pero no podrán. [23] Les dirán: "¡Mírenlo allá! ¡Mírenlo acá!" No vayan; no los sigan. [24] Porque en su día[q] el Hijo del hombre será como el relámpago que fulgura e ilumina el cielo de uno a otro extremo. [25] Pero antes él tiene que sufrir muchas cosas y ser rechazado por esta generación.

[26] »Tal como sucedió en tiempos de Noé, así también será cuando venga el Hijo del hombre. [27] Comían, bebían, y se casaban y daban en casamiento, hasta el día en que Noé entró en el arca; entonces llegó el diluvio y los destruyó a todos.

[28] »Lo mismo sucedió en tiempos de Lot: comían y bebían, compraban y vendían, sembraban y edificaban. [29] Pero el día en que Lot salió de

when he comes in from the field, 'Come along now and sit down to eat'? [8] Won't he rather say, 'Prepare my supper, get yourself ready and wait on me while I eat and drink; after that you may eat and drink'? [9] Will he thank the servant because he did what he was told to do? [10] So you also, when you have done everything you were told to do, should say, 'We are unworthy servants; we have only done our duty.'"

Jesus Heals Ten Men With Leprosy

[11] Now on his way to Jerusalem, Jesus traveled along the border between Samaria and Galilee. [12] As he was going into a village, ten men who had leprosy[c] met him. They stood at a distance [13] and called out in a loud voice, "Jesus, Master, have pity on us!"

[14] When he saw them, he said, "Go, show yourselves to the priests." And as they went, they were cleansed.

[15] One of them, when he saw he was healed, came back, praising God in a loud voice. [16] He threw himself at Jesus' feet and thanked him— and he was a Samaritan.

[17] Jesus asked, "Were not all ten cleansed? Where are the other nine? [18] Has no one returned to give praise to God except this foreigner?" [19] Then he said to him, "Rise and go; your faith has made you well."

The Coming of the Kingdom of God

[20] Once, on being asked by the Pharisees when the kingdom of God would come, Jesus replied, "The coming of the kingdom of God is not something that can be observed, [21] nor will people say, 'Here it is,' or 'There it is,' because the kingdom of God is in your midst."[d]

[22] Then he said to his disciples, "The time is coming when you will long to see one of the days of the Son of Man, but you will not see it. [23] People will tell you, 'There he is!' or 'Here he is!' Do not go running off after them. [24] For the Son of Man in his day[e] will be like the lightning, which flashes and lights up the sky from one end to the other. [25] But first he must suffer many things and be rejected by this generation.

[26] "Just as it was in the days of Noah, so also will it be in the days of the Son of Man. [27] People were eating, drinking, marrying and being given in marriage up to the day Noah entered the ark. Then the flood came and destroyed them all.

[28] "It was the same in the days of Lot. People were eating and drinking, buying and selling, planting and building. [29] But the day Lot left Sodom, fire

---

[o] **17:20** *La venida ... cálculos.* Lit. *El reino de Dios no viene con observación.*
[p] **17:21** *entre.* Alt. *dentro de.*
[q] **17:24** Var. no incluye: *en su día.*

[c] **12** The Greek word traditionally translated *leprosy* was used for various diseases affecting the skin.   [d] **21** Or *is within you*
[e] **24** Some manuscripts do not have *in his day.*

Sodoma, llovió del cielo fuego y azufre y acabó con todos.

³⁰ »Así será el día en que se manifieste el Hijo del hombre. ³¹ En aquel día, el que esté en la azotea y tenga sus cosas dentro de la casa, que no baje a buscarlas. Así mismo el que esté en el campo, que no regrese por lo que haya dejado atrás. ³² ¡Acuérdense de la esposa de Lot! ³³ El que procure conservar su *vida, la perderá; y el que la pierda, la conservará. ³⁴ Les digo que en aquella noche estarán dos personas en una misma cama: una será llevada y la otra será dejada. ³⁵ Dos mujeres estarán moliendo juntas: una será llevada y la otra será dejada.ʳ

³⁷ —¿Dónde, Señor? —preguntaron.

—Donde esté el cadáver, allí se reunirán los buitres —respondió él.

Parábola de la viuda insistente

18 Jesús les contó a sus discípulos una parábola para mostrarles que debían orar siempre, sin desanimarse. ² Les dijo: «Había en cierto pueblo un juez que no tenía temor de Dios ni consideración de nadie. ³ En el mismo pueblo había una viuda que insistía en pedirle: "Hágame usted justicia contra mi adversario." ⁴ Durante algún tiempo él se negó, pero por fin concluyó: "Aunque no temo a Dios ni tengo consideración de nadie, ⁵ como esta viuda no deja de molestarme, voy a tener que hacerle justicia, no sea que con sus visitas me haga la vida imposible." »

⁶ Continuó el Señor: «Tengan en cuenta lo que dijo el juez injusto. ⁷ ¿Acaso Dios no hará justicia a sus escogidos, que claman a él día y noche? ¿Se tardará mucho en responderles? ⁸ Les digo que sí les hará justicia, y sin demora. No obstante, cuando venga el Hijo del hombre, ¿encontrará fe en la tierra?»

Parábola del fariseo y del recaudador de impuestos

⁹ A algunos que, confiando en sí mismos, se creían justos y que despreciaban a los demás, Jesús les contó esta parábola: ¹⁰ «Dos hombres subieron al *templo a orar; uno era *fariseo, y el otro, *recaudador de impuestos. ¹¹ El fariseo se puso a orar consigo mismo: "Oh Dios, te doy gracias porque no soy como otros hombres —ladrones, malhechores, adúlteros— ni mucho menos como ese recaudador de impuestos. ¹² Ayuno dos veces a la semana y doy la décima parte de todo lo que recibo." ¹³ En cambio, el recaudador de impuestos, que se había quedado a cierta distancia, ni siquiera se atrevía a alzar la vista al cielo, sino que se golpeaba el pecho y decía: "¡Oh Dios, ten compasión de mí, que soy pecador!"

¹⁴ »Les digo que éste, y no aquél, volvió a su casa *justificado ante Dios. Pues todo el que a sí mismo

and sulfur rained down from heaven and destroyed them all.

³⁰ "It will be just like this on the day the Son of Man is revealed. ³¹ On that day no one who is on the housetop, with possessions inside, should go down to get them. Likewise, no one in the field should go back for anything. ³² Remember Lot's wife! ³³ Whoever tries to keep their life will lose it, and whoever loses their life will preserve it. ³⁴ I tell you, on that night two people will be in one bed; one will be taken and the other left. ³⁵ Two women will be grinding grain together; one will be taken and the other left." [36]ᶠ

³⁷ "Where, Lord?" they asked.

He replied, "Where there is a dead body, there the vultures will gather."

The Parable of the Persistent Widow

18 Then Jesus told his disciples a parable to show them that they should always pray and not give up. ² He said: "In a certain town there was a judge who neither feared God nor cared what people thought. ³ And there was a widow in that town who kept coming to him with the plea, 'Grant me justice against my adversary.'

⁴ "For some time he refused. But finally he said to himself, 'Even though I don't fear God or care what people think, ⁵ yet because this widow keeps bothering me, I will see that she gets justice, so that she won't eventually come and attack me!' "

⁶ And the Lord said, "Listen to what the unjust judge says. ⁷ And will not God bring about justice for his chosen ones, who cry out to him day and night? Will he keep putting them off? ⁸ I tell you, he will see that they get justice, and quickly. However, when the Son of Man comes, will he find faith on the earth?"

The Parable of the Pharisee and the Tax Collector

⁹ To some who were confident of their own righteousness and looked down on everyone else, Jesus told this parable: ¹⁰ "Two men went up to the temple to pray, one a Pharisee and the other a tax collector. ¹¹ The Pharisee stood by himself and prayed: 'God, I thank you that I am not like other people — robbers, evildoers, adulterers — or even like this tax collector. ¹² I fast twice a week and give a tenth of all I get.'

¹³ "But the tax collector stood at a distance. He would not even look up to heaven, but beat his breast and said, 'God, have mercy on me, a sinner.'

¹⁴ "I tell you that this man, rather than the other, went home justified before God. For all those who

---

ʳ **17:35** *dejada.* Var. *dejada.* ³⁶ *Estarán dos hombres en el campo: uno será llevado y el otro será dejado* (véase Mt 24:40).

ᶠ *36* Some manuscripts include here words similar to Matt. 24:40.

se enaltece será humillado, y el que se humilla será enaltecido.»

Jesús y los niños

[15] También le llevaban niños pequeños a Jesús para que los tocara. Al ver esto, los discípulos reprendían a quienes los llevaban. [16] Pero Jesús llamó a los niños y dijo: «Dejen que los niños vengan a mí, y no se lo impidan, porque el reino de Dios es de quienes son como ellos. [17] Les aseguro que el que no reciba el reino de Dios como un niño, de ninguna manera entrará en él.»

El dirigente rico

[18] Cierto dirigente le preguntó:

—Maestro bueno, ¿qué tengo que hacer para heredar la vida eterna?

[19] —¿Por qué me llamas bueno? —respondió Jesús—. Nadie es bueno sino sólo Dios. [20] Ya sabes los mandamientos: "No cometas adulterio, no mates, no robes, no presentes falso testimonio, honra a tu padre y a tu madre."[s]

[21] —Todo eso lo he cumplido desde que era joven —dijo el hombre.

[22] Al oír esto, Jesús añadió:

—Todavía te falta una cosa: vende todo lo que tienes y repártelo entre los pobres, y tendrás tesoro en el cielo. Luego ven y sígueme.

[23] Cuando el hombre oyó esto, se entristeció mucho, pues era muy rico. [24] Al verlo tan afligido, Jesús comentó:

—¡Qué difícil es para los ricos entrar en el reino de Dios! [25] En realidad, le resulta más fácil a un camello pasar por el ojo de una aguja, que a un rico entrar en el reino de Dios.

[26] Los que lo oyeron preguntaron:

—Entonces, ¿quién podrá salvarse?

[27] —Lo que es imposible para los hombres es posible para Dios —aclaró Jesús.

[28] —Mira —le dijo Pedro—, nosotros hemos dejado todo lo que teníamos para seguirte.

[29] —Les aseguro —respondió Jesús— que todo el que por causa del reino de Dios haya dejado casa, esposa, hermanos, padres o hijos, [30] recibirá mucho más en este tiempo; y en la edad venidera, la vida eterna.

Jesús predice de nuevo su muerte

[31] Entonces Jesús tomó aparte a los doce y les dijo: «Ahora vamos rumbo a Jerusalén, donde se cumplirá todo lo que escribieron los profetas acerca del Hijo del hombre. [32] En efecto, será entregado a los *gentiles. Se burlarán de él, lo insultarán, le escupirán; [33] y después de azotarlo, lo matarán. Pero al tercer día resucitará.»

[34] Los discípulos no entendieron nada de esto. Les era incomprensible, pues no captaban el sentido de lo que les hablaba.

---

exalt themselves will be humbled, and those who humble themselves will be exalted."

The Little Children and Jesus

[15] People were also bringing babies to Jesus for him to place his hands on them. When the disciples saw this, they rebuked them. [16] But Jesus called the children to him and said, "Let the little children come to me, and do not hinder them, for the kingdom of God belongs to such as these. [17] Truly I tell you, anyone who will not receive the kingdom of God like a little child will never enter it."

The Rich and the Kingdom of God

[18] A certain ruler asked him, "Good teacher, what must I do to inherit eternal life?"

[19] "Why do you call me good?" Jesus answered. "No one is good—except God alone. [20] You know the commandments: 'You shall not commit adultery, you shall not murder, you shall not steal, you shall not give false testimony, honor your father and mother.'[g]"

[21] "All these I have kept since I was a boy," he said.

[22] When Jesus heard this, he said to him, "You still lack one thing. Sell everything you have and give to the poor, and you will have treasure in heaven. Then come, follow me."

[23] When he heard this, he became very sad, because he was very wealthy. [24] Jesus looked at him and said, "How hard it is for the rich to enter the kingdom of God! [25] Indeed, it is easier for a camel to go through the eye of a needle than for someone who is rich to enter the kingdom of God."

[26] Those who heard this asked, "Who then can be saved?"

[27] Jesus replied, "What is impossible with man is possible with God."

[28] Peter said to him, "We have left all we had to follow you!"

[29] "Truly I tell you," Jesus said to them, "no one who has left home or wife or brothers or sisters or parents or children for the sake of the kingdom of God [30] will fail to receive many times as much in this age, and in the age to come eternal life."

Jesus Predicts His Death a Third Time

[31] Jesus took the Twelve aside and told them, "We are going up to Jerusalem, and everything that is written by the prophets about the Son of Man will be fulfilled. [32] He will be delivered over to the Gentiles. They will mock him, insult him and spit on him; [33] they will flog him and kill him. On the third day he will rise again."

[34] The disciples did not understand any of this. Its meaning was hidden from them, and they did not know what he was talking about.

18:20 Éx 20:12-16; Dt 5:16-20

g 20 Exodus 20:12-16; Deut. 5:16-20

Un mendigo ciego recibe la vista

³⁵ Sucedió que al acercarse Jesús a Jericó, estaba un ciego sentado junto al camino pidiendo limosna. ³⁶ Cuando oyó a la multitud que pasaba, preguntó qué acontecía.

³⁷ —Jesús de Nazaret está pasando por aquí —le respondieron.

³⁸ —¡Jesús, Hijo de David, ten compasión de mí! —gritó el ciego.

³⁹ Los que iban delante lo reprendían para que se callara, pero él se puso a gritar aún más fuerte:

—¡Hijo de David, ten compasión de mí!

⁴⁰ Jesús se detuvo y mandó que se lo trajeran. Cuando el ciego se acercó, le preguntó Jesús:

⁴¹ —¿Qué quieres que haga por ti?

—Señor, quiero ver.

⁴² —¡Recibe la vista! —le dijo Jesús—. Tu fe te ha *sanado.

⁴³ Al instante recobró la vista. Entonces, glorificando a Dios, comenzó a seguir a Jesús, y todos los que lo vieron daban alabanza a Dios.

Zaqueo, el recaudador de impuestos

19 Jesús llegó a Jericó y comenzó a cruzar la ciudad. ² Resulta que había allí un hombre llamado Zaqueo, jefe de los *recaudadores de impuestos, que era muy rico. ³ Estaba tratando de ver quién era Jesús, pero la multitud se lo impedía, pues era de baja estatura. ⁴ Por eso se adelantó corriendo y se subió a un árbol para poder verlo, ya que Jesús iba a pasar por allí.

⁵ Llegando al lugar, Jesús miró hacia arriba y le dijo:

—Zaqueo, baja en seguida. Tengo que quedarme hoy en tu casa.

⁶ Así que se apresuró a bajar y, muy contento, recibió a Jesús en su casa.

⁷ Al ver esto, todos empezaron a murmurar: «Ha ido a hospedarse con un *pecador.»

⁸ Pero Zaqueo dijo resueltamente:

—Mira, Señor: Ahora mismo voy a dar a los pobres la mitad de mis bienes, y si en algo he defraudado a alguien, le devolveré cuatro veces la cantidad que sea.

⁹ —Hoy ha llegado la salvación a esta casa —le dijo Jesús—, ya que éste también es hijo de Abraham. ¹⁰ Porque el Hijo del hombre vino a buscar y a salvar lo que se había perdido.

Parábola del dinero

¹¹ Como la gente lo escuchaba, pasó a contarles una parábola, porque estaba cerca de Jerusalén y la gente pensaba que el reino de Dios iba a manifestarse en cualquier momento. ¹² Así que les dijo: «Un hombre de la nobleza se fue a un país lejano para ser coronado rey y luego regresar. ¹³ Llamó a diez de sus *siervos y entregó a cada cual una buena cantidad de dinero.ᵗ Les instruyó: "Hagan

---

ᵗ **19:13** *y entregó ... de dinero.* Lit. *y les entregó diez *minas* (una mina equivalía al salario de unos tres meses).

A Blind Beggar Receives His Sight

³⁵ As Jesus approached Jericho, a blind man was sitting by the roadside begging. ³⁶ When he heard the crowd going by, he asked what was happening. ³⁷ They told him, "Jesus of Nazareth is passing by."

³⁸ He called out, "Jesus, Son of David, have mercy on me!"

³⁹ Those who led the way rebuked him and told him to be quiet, but he shouted all the more, "Son of David, have mercy on me!"

⁴⁰ Jesus stopped and ordered the man to be brought to him. When he came near, Jesus asked him, ⁴¹ "What do you want me to do for you?"

"Lord, I want to see," he replied.

⁴² Jesus said to him, "Receive your sight; your faith has healed you." ⁴³ Immediately he received his sight and followed Jesus, praising God. When all the people saw it, they also praised God.

Zacchaeus the Tax Collector

19 Jesus entered Jericho and was passing through. ² A man was there by the name of Zacchaeus; he was a chief tax collector and was wealthy. ³ He wanted to see who Jesus was, but because he was short he could not see over the crowd. ⁴ So he ran ahead and climbed a sycamore-fig tree to see him, since Jesus was coming that way.

⁵ When Jesus reached the spot, he looked up and said to him, "Zacchaeus, come down immediately. I must stay at your house today." ⁶ So he came down at once and welcomed him gladly.

⁷ All the people saw this and began to mutter, "He has gone to be the guest of a sinner."

⁸ But Zacchaeus stood up and said to the Lord, "Look, Lord! Here and now I give half of my possessions to the poor, and if I have cheated anybody out of anything, I will pay back four times the amount."

⁹ Jesus said to him, "Today salvation has come to this house, because this man, too, is a son of Abraham. ¹⁰ For the Son of Man came to seek and to save the lost."

The Parable of the Ten Minas

¹¹ While they were listening to this, he went on to tell them a parable, because he was near Jerusalem and the people thought that the kingdom of God was going to appear at once. ¹² He said: "A man of noble birth went to a distant country to have himself appointed king and then to return. ¹³ So he called ten of his servants and gave them ten minas.ʰ 'Put this money to work,' he said, 'until I come back.'

ʰ **13** A mina was about three months' wages.

negocio con este dinero hasta que yo vuelva." ¹⁴ Pero sus súbditos lo odiaban y mandaron tras él una delegación a decir: "No queremos a éste por rey."

¹⁵ »A pesar de todo, fue nombrado rey. Cuando regresó a su país, mandó llamar a los siervos a quienes había entregado el dinero, para enterarse de lo que habían ganado. ¹⁶ Se presentó el primero y dijo: "Señor, su dinero^u ha producido diez veces más." ¹⁷ "¡Hiciste bien, siervo bueno! —le respondió el rey—. Puesto que has sido fiel en tan poca cosa, te doy el gobierno de diez ciudades." ¹⁸ Se presentó el segundo y dijo: "Señor, su dinero ha producido cinco veces más." ¹⁹ El rey le respondió: "A ti te pongo sobre cinco ciudades."

²⁰ »Llegó otro siervo y dijo: "Señor, aquí tiene su dinero; lo he tenido guardado, envuelto en un pañuelo. ²¹ Es que le tenía miedo a usted, que es un hombre muy exigente: toma lo que no depositó y cosecha lo que no sembró." ²² El rey le contestó: "Siervo malo, con tus propias palabras te voy a juzgar. ¿Así que sabías que soy muy exigente, que tomo lo que no deposité y cosecho lo que no sembré? ²³ Entonces, ¿por qué no pusiste mi dinero en el banco, para que al regresar pudiera reclamar los intereses?" ²⁴ Luego dijo a los presentes: "Quítenle el dinero y dénselo al que recibió diez veces más." ²⁵ "Señor —protestaron—, ¡él ya tiene diez veces más!" ²⁶ El rey contestó: "Les aseguro que a todo el que tiene, se le dará más, pero al que no tiene, se le quitará hasta lo que tiene. ²⁷ Pero en cuanto a esos enemigos míos que no me querían por rey, tráiganlos acá y mátenlos delante de mí." »

La entrada triunfal

²⁸ Dicho esto, Jesús siguió adelante, subiendo hacia Jerusalén. ²⁹ Cuando se acercó a Betfagué y a Betania, junto al monte llamado de los Olivos, envió a dos de sus discípulos con este encargo: ³⁰ «Vayan a la aldea que está enfrente y, al entrar en ella, encontrarán atado a un burrito en el que nadie se ha montado. Desátenlo y tráiganlo acá. ³¹ Y si alguien les pregunta: "¿Por qué lo desatan?", díganle: "El Señor lo necesita." »

³² Fueron y lo encontraron tal como él les había dicho. ³³ Cuando estaban desatando el burrito, los dueños les preguntaron:

—¿Por qué desatan el burrito?

³⁴ —El Señor lo necesita —contestaron.

³⁵ Se lo llevaron, pues, a Jesús. Luego pusieron sus mantos encima del burrito y ayudaron a Jesús a montarse. ³⁶ A medida que avanzaba, la gente tendía sus mantos sobre el camino.

³⁷ Al acercarse él a la bajada del monte de los Olivos, todos los discípulos se entusiasmaron y

¹⁴ "But his subjects hated him and sent a delegation after him to say, 'We don't want this man to be our king.'

¹⁵ "He was made king, however, and returned home. Then he sent for the servants to whom he had given the money, in order to find out what they had gained with it.

¹⁶ "The first one came and said, 'Sir, your mina has earned ten more.'

¹⁷ "'Well done, my good servant!' his master replied. 'Because you have been trustworthy in a very small matter, take charge of ten cities.'

¹⁸ "The second came and said, 'Sir, your mina has earned five more.'

¹⁹ "His master answered, 'You take charge of five cities.'

²⁰ "Then another servant came and said, 'Sir, here is your mina; I have kept it laid away in a piece of cloth. ²¹ I was afraid of you, because you are a hard man. You take out what you did not put in and reap what you did not sow.'

²² "His master replied, 'I will judge you by your own words, you wicked servant! You knew, did you, that I am a hard man, taking out what I did not put in, and reaping what I did not sow? ²³ Why then didn't you put my money on deposit, so that when I came back, I could have collected it with interest?'

²⁴ "Then he said to those standing by, 'Take his mina away from him and give it to the one who has ten minas.'

²⁵ "'Sir,' they said, 'he already has ten!'

²⁶ "He replied, 'I tell you that to everyone who has, more will be given, but as for the one who has nothing, even what they have will be taken away. ²⁷ But those enemies of mine who did not want me to be king over them—bring them here and kill them in front of me.'"

Jesus Comes to Jerusalem as King

²⁸ After Jesus had said this, he went on ahead, going up to Jerusalem. ²⁹ As he approached Bethphage and Bethany at the hill called the Mount of Olives, he sent two of his disciples, saying to them, ³⁰ "Go to the village ahead of you, and as you enter it, you will find a colt tied there, which no one has ever ridden. Untie it and bring it here. ³¹ If anyone asks you, 'Why are you untying it?' say, 'The Lord needs it.'"

³² Those who were sent ahead went and found it just as he had told them. ³³ As they were untying the colt, its owners asked them, "Why are you untying the colt?"

³⁴ They replied, "The Lord needs it."

³⁵ They brought it to Jesus, threw their cloaks on the colt and put Jesus on it. ³⁶ As he went along, people spread their cloaks on the road.

³⁷ When he came near the place where the road goes down the Mount of Olives, the whole crowd

---

^u **19:16** *dinero.* Lit. *mina*; también en vv. 18,20,24.

comenzaron a alabar a Dios por tantos milagros que habían visto. Gritaban:

38 —¡Bendito el Rey que viene en el nombre
        del Señor!ᵛ

—¡Paz en el cielo y gloria en las alturas!

39 Algunos de los *fariseos que estaban entre la gente le reclamaron a Jesús:

—¡Maestro, reprende a tus discípulos!

40 Pero él respondió:

—Les aseguro que si ellos se callan, gritarán las piedras.

Jesús en el templo

41 Cuando se acercaba a Jerusalén, Jesús vio la ciudad y lloró por ella. 42 Dijo:

—¡Cómo quisiera que hoy supieras lo que te puede traer paz! Pero eso ahora está oculto a tus ojos. 43 Te sobrevendrán días en que tus enemigos levantarán un muro y te rodearán, y te encerrarán por todos lados. 44 Te derribarán a ti y a tus hijos dentro de tus murallas. No dejarán ni una piedra sobre otra, porque no reconociste el tiempo en que Dios vino a salvarte.ʷ

45 Luego entró en el *temploˣ y comenzó a echar de allí a los que estaban vendiendo. 46 «Escrito está —les dijo—: "Mi casa será casa de oración";ʸ pero ustedes la han convertido en "cueva de ladrones".ᶻ»

47 Todos los días enseñaba en el templo, y los jefes de los sacerdotes, los *maestros de la ley y los dirigentes del pueblo procuraban matarlo. 48 Sin embargo, no encontraban la manera de hacerlo, porque todo el pueblo lo escuchaba con gran interés.

La autoridad de Jesús puesta en duda

20 Un día, mientras Jesús enseñaba al pueblo en el *templo y les predicaba el *evangelio, se le acercaron los jefes de los sacerdotes y los *maestros de la ley, junto con los *ancianos.

2 —Dinos con qué autoridad haces esto —lo interrogaron—. ¿Quién te dio esa autoridad?

3 —Yo también voy a hacerles una pregunta a ustedes —replicó él—. Díganme: 4 El bautismo de Juan, ¿procedía del cielo o de la tierra?ᵃ

5 Ellos, pues, lo discutieron entre sí: «Si respondemos: "Del cielo", nos dirá: "¿Por qué no le creyeron?" 6 Pero si decimos: "De la tierra", todo el pueblo nos apedreará, porque están convencidos de que Juan era un profeta.»

Así que le respondieron:

7 —No sabemos de dónde era.

8 —Pues yo tampoco les voy a decir con qué autoridad hago esto.

of disciples began joyfully to praise God in loud voices for all the miracles they had seen:

38 "Blessed is the king who comes in the name
        of the Lord!"ⁱ

"Peace in heaven and glory in the highest!"

39 Some of the Pharisees in the crowd said to Jesus, "Teacher, rebuke your disciples!"

40 "I tell you," he replied, "if they keep quiet, the stones will cry out."

41 As he approached Jerusalem and saw the city, he wept over it 42 and said, "If you, even you, had only known on this day what would bring you peace—but now it is hidden from your eyes. 43 The days will come upon you when your enemies will build an embankment against you and encircle you and hem you in on every side. 44 They will dash you to the ground, you and the children within your walls. They will not leave one stone on another, because you did not recognize the time of God's coming to you."

Jesus at the Temple

45 When Jesus entered the temple courts, he began to drive out those who were selling. 46 "It is written," he said to them, "'My house will be a house of prayer'ʲ; but you have made it 'a den of robbers.'ᵏ"

47 Every day he was teaching at the temple. But the chief priests, the teachers of the law and the leaders among the people were trying to kill him. 48 Yet they could not find any way to do it, because all the people hung on his words.

The Authority of Jesus Questioned

20 One day as Jesus was teaching the people in the temple courts and proclaiming the good news, the chief priests and the teachers of the law, together with the elders, came up to him. 2 "Tell us by what authority you are doing these things," they said. "Who gave you this authority?"

3 He replied, "I will also ask you a question. Tell me: 4 John's baptism—was it from heaven, or of human origin?"

5 They discussed it among themselves and said, "If we say, 'From heaven,' he will ask, 'Why didn't you believe him?' 6 But if we say, 'Of human origin,' all the people will stone us, because they are persuaded that John was a prophet."

7 So they answered, "We don't know where it was from."

8 Jesus said, "Neither will I tell you by what authority I am doing these things."

ᵛ **19:38** Sal 118:26
ʷ **19:44** *el tiempo ... salvarte.* Lit. *el tiempo de tu visitación.*
ˣ **19:45** Es decir, en el área general del templo.
ʸ **19:46** Is 56:7
ᶻ **19:46** Jer 7:11
ᵃ **20:4** *la tierra.* Lit. *los hombres*; también en v. 6.

ⁱ *38* Psalm 118:26   ʲ *46* Isaiah 56:7   ᵏ *46* Jer. 7:11

Parábola de los labradores malvados

⁹ Pasó luego a contarle a la gente esta parábola:

—Un hombre plantó un viñedo, se lo arrendó a unos labradores y se fue de viaje por largo tiempo. ¹⁰ Llegada la cosecha, mandó un *siervo a los labradores para que le dieran parte de la cosecha. Pero los labradores lo golpearon y lo despidieron con las manos vacías. ¹¹ Les envió otro siervo, pero también a éste lo golpearon, lo humillaron y lo despidieron con las manos vacías. ¹² Entonces envió un tercero, pero aun a éste lo hirieron y lo expulsaron.

¹³ »Entonces pensó el dueño del viñedo: "¿Qué voy a hacer? Enviaré a mi hijo amado; seguro que a él sí lo respetarán." ¹⁴ Pero cuando lo vieron los labradores, trataron el asunto. "Éste es el heredero —dijeron—. Matémoslo, y la herencia será nuestra." ¹⁵ Así que lo arrojaron fuera del viñedo y lo mataron.

»¿Qué les hará el dueño? ¹⁶ Volverá, acabará con esos labradores y dará el viñedo a otros.

Al oír esto, la gente exclamó:

—¡Dios no lo quiera!

¹⁷ Mirándolos fijamente, Jesús les dijo:

—Entonces, ¿qué significa esto que está escrito:

»"La piedra que desecharon los
          constructores
     ha llegado a ser la piedra angular"?*b*

¹⁸ Todo el que caiga sobre esa piedra quedará despedazado, y si ella cae sobre alguien, lo hará polvo.

¹⁹ Los maestros de la ley y los jefes de los sacerdotes, cayendo en cuenta que la parábola iba dirigida contra ellos, buscaron la manera de echarle mano en aquel mismo momento. Pero temían al pueblo.

El pago de impuestos al césar

²⁰ Entonces, para acecharlo, enviaron espías que fingían ser gente honorable. Pensaban atrapar a Jesús en algo que él dijera, y así poder entregarlo a la jurisdicción del gobernador.

²¹ —Maestro —dijeron los espías—, sabemos que lo que dices y enseñas es correcto. No juzgas por las apariencias, sino que de verdad enseñas el camino de Dios. ²² ¿Nos está permitido pagar impuestos al *césar o no?

²³ Pero Jesús, dándose cuenta de sus malas intenciones, replicó:

²⁴ —Muéstrenme una moneda romana.*c* ¿De quién son esta imagen y esta inscripción?

—Del césar —contestaron.

²⁵ —Entonces denle al césar lo que es del césar, y a Dios lo que es de Dios.

²⁶ No pudieron atraparlo en lo que decía en público. Así que, admirados de su respuesta, se callaron.

The Parable of the Tenants

⁹ He went on to tell the people this parable: "A man planted a vineyard, rented it to some farmers and went away for a long time. ¹⁰ At harvest time he sent a servant to the tenants so they would give him some of the fruit of the vineyard. But the tenants beat him and sent him away empty-handed. ¹¹ He sent another servant, but that one also they beat and treated shamefully and sent away empty-handed. ¹² He sent still a third, and they wounded him and threw him out.

¹³ "Then the owner of the vineyard said, 'What shall I do? I will send my son, whom I love; perhaps they will respect him.'

¹⁴ "But when the tenants saw him, they talked the matter over. 'This is the heir,' they said. 'Let's kill him, and the inheritance will be ours.' ¹⁵ So they threw him out of the vineyard and killed him.

"What then will the owner of the vineyard do to them? ¹⁶ He will come and kill those tenants and give the vineyard to others."

When the people heard this, they said, "God forbid!"

¹⁷ Jesus looked directly at them and asked, "Then what is the meaning of that which is written:

" 'The stone the builders rejected
     has become the cornerstone'*l*?

¹⁸ Everyone who falls on that stone will be broken to pieces; anyone on whom it falls will be crushed."

¹⁹ The teachers of the law and the chief priests looked for a way to arrest him immediately, because they knew he had spoken this parable against them. But they were afraid of the people.

Paying Taxes to Caesar

²⁰ Keeping a close watch on him, they sent spies, who pretended to be sincere. They hoped to catch Jesus in something he said, so that they might hand him over to the power and authority of the governor. ²¹ So the spies questioned him: "Teacher, we know that you speak and teach what is right, and that you do not show partiality but teach the way of God in accordance with the truth. ²² Is it right for us to pay taxes to Caesar or not?"

²³ He saw through their duplicity and said to them, ²⁴ "Show me a denarius. Whose image and inscription are on it?"

"Caesar's," they replied.

²⁵ He said to them, "Then give back to Caesar what is Caesar's, and to God what is God's."

²⁶ They were unable to trap him in what he had said there in public. And astonished by his answer, they became silent.

---

b 20:17 Sal 118:22
c 20:24 *una moneda romana.* Lit. un *denario.

l 17 Psalm 118:22

La resurrección y el matrimonio

²⁷ Luego, algunos de los saduceos, que decían que no hay resurrección, se acercaron a Jesús y le plantearon un problema:

²⁸ —Maestro, Moisés nos enseñó en sus escritos que si un hombre muere y deja a la viuda sin hijos, el hermano de ese hombre tiene que casarse con la viuda para que su hermano tenga descendencia. ²⁹ Pues bien, había siete hermanos. El primero se casó y murió sin dejar hijos. ³⁰ Entonces el segundo ³¹ y el tercero se casaron con ella, y así sucesivamente murieron los siete sin dejar hijos. ³² Por último, murió también la mujer. ³³ Ahora bien, en la resurrección, ¿de cuál será esposa esta mujer, ya que los siete estuvieron casados con ella?

³⁴ —La gente de este mundo se casa y se da en casamiento —les contestó Jesús—. ³⁵ Pero en cuanto a los que sean dignos de tomar parte en el mundo venidero por la resurrección: ésos no se casarán ni serán dados en casamiento, ³⁶ ni tampoco podrán morir, pues serán como los ángeles. Son hijos de Dios porque toman parte en la resurrección. ³⁷ Pero que los muertos resucitan lo dio a entender Moisés mismo en el pasaje sobre la zarza, pues llama al Señor "el Dios de Abraham, de Isaac y de Jacob".ᵈ ³⁸ Él no es Dios de muertos, sino de vivos; en efecto, para él todos ellos viven.

³⁹ Algunos de los *maestros de la ley le respondieron:

—¡Bien dicho, Maestro!

⁴⁰ Y ya no se atrevieron a hacerle más preguntas.

¿De quién es hijo el Cristo?

⁴¹ Pero Jesús les preguntó:

—¿Cómo es que dicen que el *Cristo es hijo de David? ⁴² David mismo declara en el libro de los Salmos:

» "Dijo el Señor a mi Señor:
   'Siéntate a mi *derecha,
⁴³ hasta que ponga a tus enemigos
   por estrado de tus pies.' "ᵉ

⁴⁴ David lo llama "Señor". ¿Cómo puede entonces ser su hijo?

⁴⁵ Mientras todo el pueblo lo escuchaba, Jesús les dijo a sus discípulos:

⁴⁶ —Cuídense de los *maestros de la ley. Les gusta pasearse con ropas ostentosas y les encanta que los saluden en las plazas, y ocupar el primer puesto en las sinagogas y los lugares de honor en los banquetes. ⁴⁷ Devoran los bienes de las viudas y a la vez hacen largas plegarias para impresionar a los demás. Éstos recibirán peor castigo.

The Resurrection and Marriage

²⁷ Some of the Sadducees, who say there is no resurrection, came to Jesus with a question. ²⁸ "Teacher," they said, "Moses wrote for us that if a man's brother dies and leaves a wife but no children, the man must marry the widow and raise up offspring for his brother. ²⁹ Now there were seven brothers. The first one married a woman and died childless. ³⁰ The second ³¹ and then the third married her, and in the same way the seven died, leaving no children. ³² Finally, the woman died too. ³³ Now then, at the resurrection whose wife will she be, since the seven were married to her?"

³⁴ Jesus replied, "The people of this age marry and are given in marriage. ³⁵ But those who are considered worthy of taking part in the age to come and in the resurrection from the dead will neither marry nor be given in marriage, ³⁶ and they can no longer die; for they are like the angels. They are God's children, since they are children of the resurrection. ³⁷ But in the account of the burning bush, even Moses showed that the dead rise, for he calls the Lord 'the God of Abraham, and the God of Isaac, and the God of Jacob.'ᵐ ³⁸ He is not the God of the dead, but of the living, for to him all are alive."

³⁹ Some of the teachers of the law responded, "Well said, teacher!" ⁴⁰ And no one dared to ask him any more questions.

Whose Son Is the Messiah?

⁴¹ Then Jesus said to them, "Why is it said that the Messiah is the son of David? ⁴² David himself declares in the Book of Psalms:

" 'The Lord said to my Lord:
   "Sit at my right hand
⁴³ until I make your enemies
   a footstool for your feet." 'ⁿ

⁴⁴ David calls him 'Lord.' How then can he be his son?"

Warning Against the Teachers of the Law

⁴⁵ While all the people were listening, Jesus said to his disciples, ⁴⁶ "Beware of the teachers of the law. They like to walk around in flowing robes and love to be greeted with respect in the marketplaces and have the most important seats in the synagogues and the places of honor at banquets. ⁴⁷ They devour widows' houses and for a show make lengthy prayers. These men will be punished most severely."

ᵈ **20:37** Éx 3:6
ᵉ **20:43** Sal 110:1

ᵐ *37* Exodus 3:6   ⁿ *43* Psalm 110:1

La ofrenda de la viuda

21 Jesús se detuvo a observar y vio a los ricos que echaban sus ofrendas en las alcancías del *templo. ² También vio a una viuda pobre que echaba dos moneditas de cobre.*ᶠ*

³ —Les aseguro —dijo— que esta viuda pobre ha echado más que todos los demás. ⁴ Todos ellos dieron sus ofrendas de lo que les sobraba; pero ella, de su pobreza, echó todo lo que tenía para su sustento.

Señales del fin del mundo

⁵ Algunos de sus discípulos comentaban acerca del *templo, de cómo estaba adornado con hermosas piedras y con ofrendas dedicadas a Dios. Pero Jesús dijo:

⁶ —En cuanto a todo esto que ven ustedes, llegará el día en que no quedará piedra sobre piedra; todo será derribado.

⁷ —Maestro —le preguntaron—, ¿cuándo sucederá eso, y cuál será la señal de que está a punto de suceder?

⁸ —Tengan cuidado; no se dejen engañar —les advirtió Jesús—. Vendrán muchos que usando mi nombre dirán: "Yo soy", y: "El tiempo está cerca." No los sigan ustedes. ⁹ Cuando sepan de guerras y de revoluciones, no se asusten. Es necesario que eso suceda primero, pero el fin no vendrá en seguida.

¹⁰ »Se levantará nación contra nación, y reino contra reino —continuó—. ¹¹ Habrá grandes terremotos, hambre y epidemias por todas partes, cosas espantosas y grandes señales del cielo.

¹² »Pero antes de todo esto, echarán mano de ustedes y los perseguirán. Los entregarán a las sinagogas y a las cárceles, y por causa de mi nombre los llevarán ante reyes y gobernadores. ¹³ Así tendrán ustedes la oportunidad de dar testimonio ante ellos. ¹⁴ Pero tengan en cuenta que no hay por qué preparar una defensa de antemano, ¹⁵ pues yo mismo les daré tal elocuencia y sabiduría para responder, que ningún adversario podrá resistirles ni contradecirles. ¹⁶ Ustedes serán traicionados aun por sus padres, hermanos, parientes y amigos, y a algunos de ustedes se les dará muerte. ¹⁷ Todo el mundo los odiará por causa de mi nombre. ¹⁸ Pero no se perderá ni un solo cabello de su cabeza. ¹⁹ Si se mantienen firmes, se salvarán.ᵍ

²⁰ »Ahora bien, cuando vean a Jerusalén rodeada de ejércitos, sepan que su desolación ya está cerca. ²¹ Entonces los que estén en Judea huyan a las montañas, los que estén en la ciudad salgan de ella, y los que estén en el campo no entren en la ciudad. ²² Ése será el tiempo del juicio cuando se cumplirá todo lo que está escrito. ²³ ¡Ay de las que estén embarazadas o amamantando en aquellos

The Widow's Offering

21 As Jesus looked up, he saw the rich putting their gifts into the temple treasury. ² He also saw a poor widow put in two very small copper coins. ³ "Truly I tell you," he said, "this poor widow has put in more than all the others. ⁴ All these people gave their gifts out of their wealth; but she out of her poverty put in all she had to live on."

The Destruction of the Temple and Signs of the End Times

⁵ Some of his disciples were remarking about how the temple was adorned with beautiful stones and with gifts dedicated to God. But Jesus said, ⁶ "As for what you see here, the time will come when not one stone will be left on another; every one of them will be thrown down."

⁷ "Teacher," they asked, "when will these things happen? And what will be the sign that they are about to take place?"

⁸ He replied: "Watch out that you are not deceived. For many will come in my name, claiming, 'I am he,' and, 'The time is near.' Do not follow them. ⁹ When you hear of wars and uprisings, do not be frightened. These things must happen first, but the end will not come right away."

¹⁰ Then he said to them: "Nation will rise against nation, and kingdom against kingdom. ¹¹ There will be great earthquakes, famines and pestilences in various places, and fearful events and great signs from heaven.

¹² "But before all this, they will seize you and persecute you. They will hand you over to synagogues and put you in prison, and you will be brought before kings and governors, and all on account of my name. ¹³ And so you will bear testimony to me. ¹⁴ But make up your mind not to worry beforehand how you will defend yourselves. ¹⁵ For I will give you words and wisdom that none of your adversaries will be able to resist or contradict. ¹⁶ You will be betrayed even by parents, brothers and sisters, relatives and friends, and they will put some of you to death. ¹⁷ Everyone will hate you because of me. ¹⁸ But not a hair of your head will perish. ¹⁹ Stand firm, and you will win life.

²⁰ "When you see Jerusalem being surrounded by armies, you will know that its desolation is near. ²¹ Then let those who are in Judea flee to the mountains, let those in the city get out, and let those in the country not enter the city. ²² For this is the time of punishment in fulfillment of all that has been written. ²³ How dreadful it will be in those days for pregnant women and nursing mothers! There will be great distress in the land and wrath

---

ᶠ **21:2** *dos moneditas de cobre.* Lit. *dos* *lepta.*
ᵍ **21:19** *Si ... salvarán.* Lit. *Por su perseverancia obtendrán sus almas.*

días! Porque habrá gran aflicción en la tierra, y castigo contra este pueblo. ²⁴ Caerán a filo de espada y los llevarán cautivos a todas las naciones. Los *gentiles pisotearán a Jerusalén, hasta que se cumplan los tiempos señalados para ellos.

²⁵ »Habrá señales en el sol, la luna y las estrellas. En la tierra, las naciones estarán angustiadas y perplejas por el bramido y la agitación del mar. ²⁶ Se desmayarán de terror los hombres, temerosos por lo que va a sucederle al mundo, porque los cuerpos celestes serán sacudidos. ²⁷ Entonces verán al Hijo del hombre venir en una nube con poder y gran gloria. ²⁸ Cuando comiencen a suceder estas cosas, cobren ánimo y levanten la cabeza, porque se acerca su redención.

²⁹ Jesús también les propuso esta comparación:

—Fíjense en la higuera y en los demás árboles. ³⁰ Cuando brotan las hojas, ustedes pueden ver por sí mismos y saber que el verano está cerca. ³¹ Igualmente, cuando vean que suceden estas cosas, sepan que el reino de Dios está cerca.

³² »Les aseguro que no pasará esta generación hasta que todas estas cosas sucedan. ³³ El cielo y la tierra pasarán, pero mis palabras jamás pasarán.

³⁴ »Tengan cuidado, no sea que se les endurezca el corazón por el vicio, la embriaguez y las preocupaciones de esta vida. De otra manera, aquel día caerá de improviso sobre ustedes, ³⁵ pues vendrá como una trampa sobre todos los habitantes de la tierra. ³⁶ Estén siempre vigilantes, y oren para que puedan escapar de todo lo que está por suceder, y presentarse delante del Hijo del hombre.

³⁷ De día Jesús enseñaba en el templo, pero salía a pasar la noche en el monte llamado de los Olivos, ³⁸ y toda la gente madrugaba para ir al templo a oírlo.

Judas acuerda traicionar a Jesús

22 Se aproximaba la fiesta de los Panes sin levadura, llamada la Pascua. ² Los jefes de los sacerdotes y los *maestros de la ley buscaban algún modo de acabar con Jesús, porque temían al pueblo. ³ Entonces entró Satanás en Judas, uno de los doce, al que llamaban Iscariote. ⁴ Éste fue a los jefes de los sacerdotes y a los capitanes del *templo para tratar con ellos cómo les entregaría a Jesús. ⁵ Ellos se alegraron y acordaron darle dinero. ⁶ Él aceptó, y comenzó a buscar una oportunidad para entregarles a Jesús cuando no hubiera gente.

La última cena

⁷ Cuando llegó el día de la fiesta de los Panes sin levadura, en que debía sacrificarse el cordero de la Pascua, ⁸ Jesús envió a Pedro y a Juan, diciéndoles:

—Vayan a hacer los preparativos para que comamos la Pascua.

⁹ —¿Dónde quieres que la preparemos? —le preguntaron.

against this people. ²⁴ They will fall by the sword and will be taken as prisoners to all the nations. Jerusalem will be trampled on by the Gentiles until the times of the Gentiles are fulfilled.

²⁵ "There will be signs in the sun, moon and stars. On the earth, nations will be in anguish and perplexity at the roaring and tossing of the sea. ²⁶ People will faint from terror, apprehensive of what is coming on the world, for the heavenly bodies will be shaken. ²⁷ At that time they will see the Son of Man coming in a cloud with power and great glory. ²⁸ When these things begin to take place, stand up and lift up your heads, because your redemption is drawing near."

²⁹ He told them this parable: "Look at the fig tree and all the trees. ³⁰ When they sprout leaves, you can see for yourselves and know that summer is near. ³¹ Even so, when you see these things happening, you know that the kingdom of God is near.

³² "Truly I tell you, this generation will certainly not pass away until all these things have happened. ³³ Heaven and earth will pass away, but my words will never pass away.

³⁴ "Be careful, or your hearts will be weighed down with carousing, drunkenness and the anxieties of life, and that day will close on you suddenly like a trap. ³⁵ For it will come on all those who live on the face of the whole earth. ³⁶ Be always on the watch, and pray that you may be able to escape all that is about to happen, and that you may be able to stand before the Son of Man."

³⁷ Each day Jesus was teaching at the temple, and each evening he went out to spend the night on the hill called the Mount of Olives, ³⁸ and all the people came early in the morning to hear him at the temple.

Judas Agrees to Betray Jesus

22 Now the Festival of Unleavened Bread, called the Passover, was approaching, ² and the chief priests and the teachers of the law were looking for some way to get rid of Jesus, for they were afraid of the people. ³ Then Satan entered Judas, called Iscariot, one of the Twelve. ⁴ And Judas went to the chief priests and the officers of the temple guard and discussed with them how he might betray Jesus. ⁵ They were delighted and agreed to give him money. ⁶ He consented, and watched for an opportunity to hand Jesus over to them when no crowd was present.

The Last Supper

⁷ Then came the day of Unleavened Bread on which the Passover lamb had to be sacrificed. ⁸ Jesus sent Peter and John, saying, "Go and make preparations for us to eat the Passover."

⁹ "Where do you want us to prepare for it?" they asked.

¹⁰ —Miren —contestó él—: al entrar ustedes en la ciudad les saldrá al encuentro un hombre que lleva un cántaro de agua. Síganlo hasta la casa en que entre, ¹¹ y díganle al dueño de la casa: "El Maestro pregunta: ¿Dónde está la sala en la que voy a comer la Pascua con mis discípulos?" ¹² Él les mostrará en la planta alta una sala amplia y amueblada. Preparen allí la cena.

¹³ Ellos se fueron y encontraron todo tal como les había dicho Jesús. Así que prepararon la Pascua.

¹⁴ Cuando llegó la hora, Jesús y sus apóstoles se *sentaron a la mesa. ¹⁵ Entonces les dijo:

—He tenido muchísimos deseos de comer esta Pascua con ustedes antes de padecer, ¹⁶ pues les digo que no volveré a comerla hasta que tenga su pleno cumplimiento en el reino de Dios.

¹⁷ Luego tomó la copa, dio gracias y dijo:

—Tomen esto y repártanlo entre ustedes. ¹⁸ Les digo que no volveré a beber del fruto de la vid hasta que venga el reino de Dios.

¹⁹ También tomó pan y, después de dar gracias, lo partió, se lo dio a ellos y dijo:

—Este pan es mi cuerpo, entregado por ustedes; hagan esto en memoria de mí.

²⁰ De la misma manera tomó la copa después de la cena, y dijo:

—Esta copa es el nuevo pacto en mi sangre, que es derramada por ustedes. ²¹ Pero sepan que la mano del que va a traicionarme está con la mía, sobre la mesa. ²² A la verdad el Hijo del hombre se irá según está decretado, pero ¡ay de aquel que lo traiciona!

²³ Entonces comenzaron a preguntarse unos a otros quién de ellos haría esto.

²⁴ Tuvieron además un altercado sobre cuál de ellos sería el más importante. ²⁵ Jesús les dijo:

—Los reyes de las *naciones oprimen a sus súbditos, y los que ejercen autoridad sobre ellos se llaman a sí mismos benefactores. ²⁶ No sea así entre ustedes. Al contrario, el mayor debe comportarse como el menor, y el que manda como el que sirve. ²⁷ Porque, ¿quién es más importante, el que está a la mesa o el que sirve? ¿No lo es el que está sentado a la mesa? Sin embargo, yo estoy entre ustedes como uno que sirve. ²⁸ Ahora bien, ustedes son los que han estado siempre a mi lado en mis *pruebas. ²⁹ Por eso, yo mismo les concedo un reino, así como mi Padre me lo concedió a mí, ³⁰ para que coman y beban a mi mesa en mi reino, y se sienten en tronos para juzgar a las doce tribus de Israel.

³¹ »Simón, Simón, mira que Satanás ha pedido zarandearlos a ustedes como si fueran trigo. ³² Pero yo he orado por ti, para que no falle tu fe. Y tú, cuando te hayas vuelto a mí, fortalece a tus hermanos.

¹⁰ He replied, "As you enter the city, a man carrying a jar of water will meet you. Follow him to the house that he enters, ¹¹ and say to the owner of the house, 'The Teacher asks: Where is the guest room, where I may eat the Passover with my disciples?' ¹² He will show you a large room upstairs, all furnished. Make preparations there."

¹³ They left and found things just as Jesus had told them. So they prepared the Passover.

¹⁴ When the hour came, Jesus and his apostles reclined at the table. ¹⁵ And he said to them, "I have eagerly desired to eat this Passover with you before I suffer. ¹⁶ For I tell you, I will not eat it again until it finds fulfillment in the kingdom of God."

¹⁷ After taking the cup, he gave thanks and said, "Take this and divide it among you. ¹⁸ For I tell you I will not drink again from the fruit of the vine until the kingdom of God comes."

¹⁹ And he took bread, gave thanks and broke it, and gave it to them, saying, "This is my body given for you; do this in remembrance of me."

²⁰ In the same way, after the supper he took the cup, saying, "This cup is the new covenant in my blood, which is poured out for you.^o ²¹ But the hand of him who is going to betray me is with mine on the table. ²² The Son of Man will go as it has been decreed. But woe to that man who betrays him!" ²³ They began to question among themselves which of them it might be who would do this.

²⁴ A dispute also arose among them as to which of them was considered to be greatest. ²⁵ Jesus said to them, "The kings of the Gentiles lord it over them; and those who exercise authority over them call themselves Benefactors. ²⁶ But you are not to be like that. Instead, the greatest among you should be like the youngest, and the one who rules like the one who serves. ²⁷ For who is greater, the one who is at the table or the one who serves? Is it not the one who is at the table? But I am among you as one who serves. ²⁸ You are those who have stood by me in my trials. ²⁹ And I confer on you a kingdom, just as my Father conferred one on me, ³⁰ so that you may eat and drink at my table in my kingdom and sit on thrones, judging the twelve tribes of Israel.

³¹ "Simon, Simon, Satan has asked to sift all of you as wheat. ³² But I have prayed for you, Simon, that your faith may not fail. And when you have turned back, strengthen your brothers."

---

^o 19,20 Some manuscripts do not have given for you . . . poured out for you.

³³ —Señor —respondió Pedro—, estoy dispuesto a ir contigo tanto a la cárcel como a la muerte.

³⁴ —Pedro, te digo que hoy mismo, antes de que cante el gallo, tres veces negarás que me conoces.

³⁵ Luego Jesús dijo a todos:

—Cuando los envié a ustedes sin monedero ni bolsa ni sandalias, ¿acaso les faltó algo?

—Nada —respondieron.

³⁶ —Ahora, en cambio, el que tenga un monedero, que lo lleve; así mismo, el que tenga una bolsa. Y el que nada tenga, que venda su manto y compre una espada. ³⁷ Porque les digo que tiene que cumplirse en mí aquello que está escrito: "Y fue contado entre los transgresores."^h En efecto, lo que se ha escrito de mí se está cumpliendo.ⁱ

³⁸ —Mira, Señor —le señalaron los discípulos—, aquí hay dos espadas.

—¡Basta! —les contestó.

Jesús ora en el monte de los Olivos

³⁹ Jesús salió de la ciudad y, como de costumbre, se dirigió al monte de los Olivos, y sus discípulos lo siguieron. ⁴⁰ Cuando llegaron al lugar, les dijo: «Oren para que no caigan en *tentación.» ⁴¹ Entonces se separó de ellos a una buena distancia,^j se arrodilló y empezó a orar: ⁴² «Padre, si quieres, no me hagas beber este trago amargo;^k pero no se cumpla mi voluntad, sino la tuya.» ⁴³ Entonces se le apareció un ángel del cielo para fortalecerlo. ⁴⁴ Pero, como estaba angustiado, se puso a orar con más fervor, y su sudor era como gotas de sangre que caían a tierra.^l

⁴⁵ Cuando terminó de orar y volvió a los discípulos, los encontró dormidos, agotados por la tristeza. ⁴⁶ «¿Por qué están durmiendo? —les exhortó—. Levántense y oren para que no caigan en tentación.»

Arresto de Jesús

⁴⁷ Todavía estaba hablando Jesús cuando se apareció una turba, y al frente iba uno de los doce, el que se llamaba Judas. Éste se acercó a Jesús para besarlo, ⁴⁸ pero Jesús le preguntó:

—Judas, ¿con un beso traicionas al Hijo del hombre?

⁴⁹ Los discípulos que lo rodeaban, al darse cuenta de lo que pasaba, dijeron:

—Señor, ¿atacamos con la espada?

⁵⁰ Y uno de ellos hirió al siervo del sumo sacerdote, cortándole la oreja derecha.

⁵¹ —¡Déjenlos! —ordenó Jesús.

Entonces le tocó la oreja al hombre, y lo sanó.

⁵² Luego dijo a los jefes de los sacerdotes, a los capitanes del *templo y a los *ancianos, que habían venido a prenderlo:

³³ But he replied, "Lord, I am ready to go with you to prison and to death."

³⁴ Jesus answered, "I tell you, Peter, before the rooster crows today, you will deny three times that you know me."

³⁵ Then Jesus asked them, "When I sent you without purse, bag or sandals, did you lack anything?"

"Nothing," they answered.

³⁶ He said to them, "But now if you have a purse, take it, and also a bag; and if you don't have a sword, sell your cloak and buy one. ³⁷ It is written: 'And he was numbered with the transgressors'^p; and I tell you that this must be fulfilled in me. Yes, what is written about me is reaching its fulfillment."

³⁸ The disciples said, "See, Lord, here are two swords."

"That's enough!" he replied.

Jesus Prays on the Mount of Olives

³⁹ Jesus went out as usual to the Mount of Olives, and his disciples followed him. ⁴⁰ On reaching the place, he said to them, "Pray that you will not fall into temptation." ⁴¹ He withdrew about a stone's throw beyond them, knelt down and prayed, ⁴² "Father, if you are willing, take this cup from me; yet not my will, but yours be done." ⁴³ An angel from heaven appeared to him and strengthened him. ⁴⁴ And being in anguish, he prayed more earnestly, and his sweat was like drops of blood falling to the ground.^q

⁴⁵ When he rose from prayer and went back to the disciples, he found them asleep, exhausted from sorrow. ⁴⁶ "Why are you sleeping?" he asked them. "Get up and pray so that you will not fall into temptation."

Jesus Arrested

⁴⁷ While he was still speaking a crowd came up, and the man who was called Judas, one of the Twelve, was leading them. He approached Jesus to kiss him, ⁴⁸ but Jesus asked him, "Judas, are you betraying the Son of Man with a kiss?"

⁴⁹ When Jesus' followers saw what was going to happen, they said, "Lord, should we strike with our swords?" ⁵⁰ And one of them struck the servant of the high priest, cutting off his right ear.

⁵¹ But Jesus answered, "No more of this!" And he touched the man's ear and healed him.

⁵² Then Jesus said to the chief priests, the officers of the temple guard, and the elders, who had

---

^h **22:37** Is 53:12
ⁱ **22:37** *En efecto ... cumpliendo.* Lit. *Porque lo que es acerca de mí tiene fin.*
^j **22:41** *a una buena distancia.* Lit. *como a un tiro de piedra.*
^k **22:42** *no ... amargo.* Lit. *quita de mí esta copa.*
^l **22:44** Var. no incluye vv. 43 y 44.

^p *37* Isaiah 53:12   ^q *43,44* Many early manuscripts do not have verses 43 and 44.

—¿Acaso soy un bandido,*m* para que vengan contra mí con espadas y palos? ⁵³ Todos los días estaba con ustedes en el templo, y no se atrevieron a ponerme las manos encima. Pero ya ha llegado la hora de ustedes, cuando reinan las tinieblas.

Pedro niega a Jesús

⁵⁴ Prendieron entonces a Jesús y lo llevaron a la casa del sumo sacerdote. Pedro los seguía de lejos. ⁵⁵ Pero luego, cuando encendieron una fogata en medio del patio y se sentaron alrededor, Pedro se les unió. ⁵⁶ Una criada lo vio allí sentado a la lumbre, lo miró detenidamente y dijo:

—Éste estaba con él.

⁵⁷ Pero él lo negó.

—Muchacha, yo no lo conozco.

⁵⁸ Poco después lo vio otro y afirmó:

—Tú también eres uno de ellos.

—¡No, hombre, no lo soy! —contestó Pedro.

⁵⁹ Como una hora más tarde, otro lo acusó:

—Seguro que éste estaba con él; miren que es galileo.

⁶⁰ —¡Hombre, no sé de qué estás hablando! —replicó Pedro.

En el mismo momento en que dijo eso, cantó el gallo. ⁶¹ El Señor se volvió y miró directamente a Pedro. Entonces Pedro se acordó de lo que el Señor le había dicho: «Hoy mismo, antes de que el gallo cante, me negarás tres veces.» ⁶² Y saliendo de allí, lloró amargamente.

Los soldados se burlan de Jesús

⁶³ Los hombres que vigilaban a Jesús comenzaron a burlarse de él y a golpearlo. ⁶⁴ Le vendaron los ojos, y le increpaban:

—¡Adivina quién te pegó!

⁶⁵ Y le lanzaban muchos otros insultos.

Jesús ante Pilato y Herodes

⁶⁶ Al amanecer, se reunieron los *ancianos del pueblo, tanto los jefes de los sacerdotes como los *maestros de la ley, e hicieron comparecer a Jesús ante el *Consejo.

⁶⁷ —Si eres el *Cristo, dínoslo —le exigieron.

Jesús les contestó:

—Si se lo dijera a ustedes, no me lo creerían, ⁶⁸ y si les hiciera preguntas, no me contestarían. ⁶⁹ Pero de ahora en adelante el Hijo del hombre estará sentado a la *derecha del Dios Todopoderoso.

⁷⁰ —¿Eres tú, entonces, el Hijo de Dios? —le preguntaron a una voz.

—Ustedes mismos lo dicen.

⁷¹ —¿Para qué necesitamos más testimonios? —resolvieron—. Acabamos de oírlo de sus propios labios.

23 Así que la asamblea en pleno se levantó, y lo llevaron a Pilato. ² Y comenzaron la acusación con estas palabras:

come for him, "Am I leading a rebellion, that you have come with swords and clubs? ⁵³ Every day I was with you in the temple courts, and you did not lay a hand on me. But this is your hour — when darkness reigns."

Peter Disowns Jesus

⁵⁴ Then seizing him, they led him away and took him into the house of the high priest. Peter followed at a distance. ⁵⁵ And when some there had kindled a fire in the middle of the courtyard and had sat down together, Peter sat down with them. ⁵⁶ A servant girl saw him seated there in the firelight. She looked closely at him and said, "This man was with him."

⁵⁷ But he denied it. "Woman, I don't know him," he said.

⁵⁸ A little later someone else saw him and said, "You also are one of them."

"Man, I am not!" Peter replied.

⁵⁹ About an hour later another asserted, "Certainly this fellow was with him, for he is a Galilean."

⁶⁰ Peter replied, "Man, I don't know what you're talking about!" Just as he was speaking, the rooster crowed. ⁶¹ The Lord turned and looked straight at Peter. Then Peter remembered the word the Lord had spoken to him: "Before the rooster crows today, you will disown me three times." ⁶² And he went outside and wept bitterly.

The Guards Mock Jesus

⁶³ The men who were guarding Jesus began mocking and beating him. ⁶⁴ They blindfolded him and demanded, "Prophesy! Who hit you?" ⁶⁵ And they said many other insulting things to him.

Jesus Before Pilate and Herod

⁶⁶ At daybreak the council of the elders of the people, both the chief priests and the teachers of the law, met together, and Jesus was led before them. ⁶⁷ "If you are the Messiah," they said, "tell us."

Jesus answered, "If I tell you, you will not believe me, ⁶⁸ and if I asked you, you would not answer. ⁶⁹ But from now on, the Son of Man will be seated at the right hand of the mighty God."

⁷⁰ They all asked, "Are you then the Son of God?"

He replied, "You say that I am."

⁷¹ Then they said, "Why do we need any more testimony? We have heard it from his own lips."

23 Then the whole assembly rose and led him off to Pilate. ² And they began to accuse him, saying, "We have found this man subverting

---

m **22:52** *bandido.* Alt. *insurgente.*

—Hemos descubierto a este hombre agitando a nuestra nación. Se opone al pago de impuestos al *emperador y afirma que él es el *Cristo, un rey.

³ Así que Pilato le preguntó a Jesús:

—¿Eres tú el rey de los judíos?

—Tú mismo lo dices —respondió.

⁴ Entonces Pilato declaró a los jefes de los sacerdotes y a la multitud:

—No encuentro que este hombre sea culpable de nada.

⁵ Pero ellos insistían:

—Con sus enseñanzas agita al pueblo por toda Judea.ⁿ Comenzó en Galilea y ha llegado hasta aquí.

⁶ Al oír esto, Pilato preguntó si el hombre era galileo. ⁷ Cuando se enteró de que pertenecía a la jurisdicción de Herodes, se lo mandó a él, ya que en aquellos días también Herodes estaba en Jerusalén. ⁸ Al ver a Jesús, Herodes se puso muy contento; hacía tiempo que quería verlo por lo que oía acerca de él, y esperaba presenciar algún milagro que hiciera Jesús. ⁹ Lo acosó con muchas preguntas, pero Jesús no le contestaba nada. ¹⁰ Allí estaban también los jefes de los sacerdotes y los *maestros de la ley, acusándolo con vehemencia. ¹¹ Entonces Herodes y sus soldados, con desprecio y burlas, le pusieron un manto lujoso y lo mandaron de vuelta a Pilato. ¹² Anteriormente, Herodes y Pilato no se llevaban bien, pero ese mismo día se hicieron amigos.

¹³ Pilato entonces reunió a los jefes de los sacerdotes, a los gobernantes y al pueblo, ¹⁴ y les dijo:

—Ustedes me trajeron a este hombre acusado de fomentar la rebelión entre el pueblo, pero resulta que lo he interrogado delante de ustedes sin encontrar que sea culpable de lo que ustedes lo acusan. ¹⁵ Y es claro que tampoco Herodes lo ha juzgado culpable, puesto que nos lo devolvió. Como pueden ver, no ha cometido ningún delito que merezca la muerte, ¹⁶ así que le daré una paliza y después lo soltaré.ⁿ

¹⁸ Pero todos gritaron a una voz:

—¡Llévate a ése! ¡Suéltanos a Barrabás!

¹⁹ A Barrabás lo habían metido en la cárcel por una insurrección en la ciudad, y por homicidio. ²⁰ Pilato, como quería soltar a Jesús, apeló al pueblo otra vez, ²¹ pero ellos se pusieron a gritar:

—¡Crucifícalo! ¡Crucifícalo!

²² Por tercera vez les habló:

—Pero, ¿qué crimen ha cometido este hombre? No encuentro que él sea culpable de nada que merezca la pena de muerte, así que le daré una paliza y después lo soltaré.

²³ Pero a voz en cuello ellos siguieron insistiendo en que lo crucificara, y con sus gritos se

our nation. He opposes payment of taxes to Caesar and claims to be Messiah, a king."

³ So Pilate asked Jesus, "Are you the king of the Jews?"

"You have said so," Jesus replied.

⁴ Then Pilate announced to the chief priests and the crowd, "I find no basis for a charge against this man."

⁵ But they insisted, "He stirs up the people all over Judea by his teaching. He started in Galilee and has come all the way here."

⁶ On hearing this, Pilate asked if the man was a Galilean. ⁷ When he learned that Jesus was under Herod's jurisdiction, he sent him to Herod, who was also in Jerusalem at that time.

⁸ When Herod saw Jesus, he was greatly pleased, because for a long time he had been wanting to see him. From what he had heard about him, he hoped to see him perform a sign of some sort. ⁹ He plied him with many questions, but Jesus gave him no answer. ¹⁰ The chief priests and the teachers of the law were standing there, vehemently accusing him. ¹¹ Then Herod and his soldiers ridiculed and mocked him. Dressing him in an elegant robe, they sent him back to Pilate. ¹² That day Herod and Pilate became friends — before this they had been enemies.

¹³ Pilate called together the chief priests, the rulers and the people, ¹⁴ and said to them, "You brought me this man as one who was inciting the people to rebellion. I have examined him in your presence and have found no basis for your charges against him. ¹⁵ Neither has Herod, for he sent him back to us; as you can see, he has done nothing to deserve death. ¹⁶ Therefore, I will punish him and then release him." [17] ʳ

¹⁸ But the whole crowd shouted, "Away with this man! Release Barabbas to us!" ¹⁹ (Barabbas had been thrown into prison for an insurrection in the city, and for murder.)

²⁰ Wanting to release Jesus, Pilate appealed to them again. ²¹ But they kept shouting, "Crucify him! Crucify him!"

²² For the third time he spoke to them: "Why? What crime has this man committed? I have found in him no grounds for the death penalty. Therefore I will have him punished and then release him."

²³ But with loud shouts they insistently demanded that he be crucified, and their shouts prevailed.

ⁿ **23:5** *toda Judea.* Alt. *toda la tierra de los judíos.*
ⁿ **23:16** *soltaré.* Var. *soltaré.* ¹⁷ *Ahora bien, durante la fiesta tenía la obligación de soltarles un preso* (véanse Mt 27:15 y Mr 15:6).

ʳ 17 Some manuscripts include here words similar to Matt. 27:15 and Mark 15:6.

impusieron. ²⁴ Por fin Pilato decidió concederles su demanda: ²⁵ soltó al hombre que le pedían, el que por insurrección y homicidio había sido echado en la cárcel, y dejó que hicieran con Jesús lo que quisieran.

La crucifixión

²⁶ Cuando se lo llevaban, echaron mano de un tal Simón de Cirene, que volvía del campo, y le cargaron la cruz para que la llevara detrás de Jesús. ²⁷ Lo seguía mucha gente del pueblo, incluso mujeres que se golpeaban el pecho, lamentándose por él. ²⁸ Jesús se volvió hacia ellas y les dijo:

—Hijas de Jerusalén, no lloren por mí; lloren más bien por ustedes y por sus hijos. ²⁹ Miren, va a llegar el tiempo en que se dirá: "¡*Dichosas las estériles, que nunca dieron a luz ni amamantaron!" ³⁰ Entonces

»"dirán a las montañas: '¡Caigan sobre
       nosotros!',
   y a las colinas: '¡Cúbrannos!' "ᵒ

³¹ Porque si esto se hace cuando el árbol está verde, ¿qué no sucederá cuando esté seco?

³² También llevaban con él a otros dos, ambos criminales, para ser ejecutados. ³³ Cuando llegaron al lugar llamado la Calavera, lo crucificaron allí, junto con los criminales, uno a su derecha y otro a su izquierda.

³⁴ —Padre —dijo Jesús—, perdónalos, porque no saben lo que hacen.ᵖ

Mientras tanto, echaban suertes para repartirse entre sí la ropa de Jesús.

³⁵ La gente, por su parte, se quedó allí observando, y aun los gobernantes estaban burlándose de él.

—Salvó a otros —decían—; que se salve a sí mismo, si es el *Cristo de Dios, el Escogido.

³⁶ También los soldados se acercaron para burlarse de él. Le ofrecieron vinagre ³⁷ y le dijeron:

—Si eres el rey de los judíos, sálvate a ti mismo.

³⁸ Resulta que había sobre él un letrero, que decía: «Éste es el Rey de los judíos.»

³⁹ Uno de los criminales allí colgados empezó a insultarlo:

—¿No eres tú el Cristo? ¡Sálvate a ti mismo y a nosotros!

⁴⁰ Pero el otro criminal lo reprendió:

—¿Ni siquiera temor de Dios tienes, aunque sufres la misma condena? ⁴¹ En nuestro caso, el castigo es justo, pues sufrimos lo que merecen nuestros delitos; éste, en cambio, no ha hecho nada malo.

⁴² Luego dijo:

—Jesús, acuérdate de mí cuando vengas en tu reino.

²⁴ So Pilate decided to grant their demand. ²⁵ He released the man who had been thrown into prison for insurrection and murder, the one they asked for, and surrendered Jesus to their will.

The Crucifixion of Jesus

²⁶ As the soldiers led him away, they seized Simon from Cyrene, who was on his way in from the country, and put the cross on him and made him carry it behind Jesus. ²⁷ A large number of people followed him, including women who mourned and wailed for him. ²⁸ Jesus turned and said to them, "Daughters of Jerusalem, do not weep for me; weep for yourselves and for your children. ²⁹ For the time will come when you will say, 'Blessed are the childless women, the wombs that never bore and the breasts that never nursed!' ³⁰ Then

   "'they will say to the mountains, "Fall on
          us!"
   and to the hills, "Cover us!"'ˢ

³¹ For if people do these things when the tree is green, what will happen when it is dry?"

³² Two other men, both criminals, were also led out with him to be executed. ³³ When they came to the place called the Skull, they crucified him there, along with the criminals—one on his right, the other on his left. ³⁴ Jesus said, "Father, forgive them, for they do not know what they are doing."ᵗ And they divided up his clothes by casting lots.

³⁵ The people stood watching, and the rulers even sneered at him. They said, "He saved others; let him save himself if he is God's Messiah, the Chosen One."

³⁶ The soldiers also came up and mocked him. They offered him wine vinegar ³⁷ and said, "If you are the king of the Jews, save yourself."

³⁸ There was a written notice above him, which read: THIS IS THE KING OF THE JEWS.

³⁹ One of the criminals who hung there hurled insults at him: "Aren't you the Messiah? Save yourself and us!"

⁴⁰ But the other criminal rebuked him. "Don't you fear God," he said, "since you are under the same sentence? ⁴¹ We are punished justly, for we are getting what our deeds deserve. But this man has done nothing wrong."

⁴² Then he said, "Jesus, remember me when you come into your kingdom.ᵘ"

ᵒ **23:30** Os 10:8
ᵖ **23:34** Var. no incluye esta oración.

ˢ **30** Hosea 10:8   ᵗ **34** Some early manuscripts do not have this sentence.   ᵘ **42** Some manuscripts *come with your kingly power*

⁴³ —Te aseguro que hoy estarás conmigo en el paraíso —le contestó Jesús.

Muerte de Jesús

⁴⁴ Desde el mediodía y hasta la media tarde*q* toda la tierra quedó sumida en la oscuridad, ⁴⁵ pues el sol se ocultó. Y la cortina del *santuario del templo se rasgó en dos. ⁴⁶ Entonces Jesús exclamó con fuerza:

—¡Padre, en tus manos encomiendo mi espíritu!

Y al decir esto, expiró.

⁴⁷ El centurión, al ver lo que había sucedido, alabó a Dios y dijo:

—Verdaderamente este hombre era justo.

⁴⁸ Entonces los que se habían reunido para presenciar aquel espectáculo, al ver lo ocurrido, se fueron de allí golpeándose el pecho. ⁴⁹ Pero todos los conocidos de Jesús, incluso las mujeres que lo habían seguido desde Galilea, se quedaron mirando desde lejos.

Sepultura de Jesús

⁵⁰ Había un hombre bueno y justo llamado José, miembro del *Consejo, ⁵¹ que no había estado de acuerdo con la decisión ni con la conducta de ellos. Era natural de un pueblo de Judea llamado Arimatea, y esperaba el reino de Dios. ⁵² Éste se presentó ante Pilato y le pidió el cuerpo de Jesús. ⁵³ Después de bajarlo, lo envolvió en una sábana de lino y lo puso en un sepulcro cavado en la roca, en el que todavía no se había sepultado a nadie. ⁵⁴ Era el día de preparación para el *sábado, que estaba a punto de comenzar.

⁵⁵ Las mujeres que habían acompañado a Jesús desde Galilea siguieron a José para ver el sepulcro y cómo colocaban el cuerpo. ⁵⁶ Luego volvieron a casa y prepararon especias aromáticas y perfumes. Entonces descansaron el sábado, conforme al mandamiento.

La resurrección

24 El primer día de la semana, muy de mañana, las mujeres fueron al sepulcro, llevando las especias aromáticas que habían preparado. ² Encontraron que había sido quitada la piedra que cubría el sepulcro ³ y, al entrar, no hallaron el cuerpo del Señor Jesús. ⁴ Mientras se preguntaban qué habría pasado, se les presentaron dos hombres con ropas resplandecientes. ⁵ Asustadas, se postraron sobre su rostro, pero ellos les dijeron:

—¿Por qué buscan ustedes entre los muertos al que vive? ⁶ No está aquí; ¡ha resucitado! Recuerden lo que les dijo cuando todavía estaba con ustedes en Galilea: ⁷ "El Hijo del hombre tiene que ser

⁴³ Jesus answered him, "Truly I tell you, today you will be with me in paradise."

The Death of Jesus

⁴⁴ It was now about noon, and darkness came over the whole land until three in the afternoon, ⁴⁵ for the sun stopped shining. And the curtain of the temple was torn in two. ⁴⁶ Jesus called out with a loud voice, "Father, into your hands I commit my spirit."*y* When he had said this, he breathed his last.

⁴⁷ The centurion, seeing what had happened, praised God and said, "Surely this was a righteous man." ⁴⁸ When all the people who had gathered to witness this sight saw what took place, they beat their breasts and went away. ⁴⁹ But all those who knew him, including the women who had followed him from Galilee, stood at a distance, watching these things.

The Burial of Jesus

⁵⁰ Now there was a man named Joseph, a member of the Council, a good and upright man, ⁵¹ who had not consented to their decision and action. He came from the Judean town of Arimathea, and he himself was waiting for the kingdom of God. ⁵² Going to Pilate, he asked for Jesus' body. ⁵³ Then he took it down, wrapped it in linen cloth and placed it in a tomb cut in the rock, one in which no one had yet been laid. ⁵⁴ It was Preparation Day, and the Sabbath was about to begin.

⁵⁵ The women who had come with Jesus from Galilee followed Joseph and saw the tomb and how his body was laid in it. ⁵⁶ Then they went home and prepared spices and perfumes. But they rested on the Sabbath in obedience to the commandment.

Jesus Has Risen

24 On the first day of the week, very early in the morning, the women took the spices they had prepared and went to the tomb. ² They found the stone rolled away from the tomb, ³ but when they entered, they did not find the body of the Lord Jesus. ⁴ While they were wondering about this, suddenly two men in clothes that gleamed like lightning stood beside them. ⁵ In their fright the women bowed down with their faces to the ground, but the men said to them, "Why do you look for the living among the dead? ⁶ He is not here; he has risen! Remember how he told you, while he was still with you in Galilee: ⁷ 'The Son of Man must be delivered over to the hands of

---

q **23:44** *el mediodía ... la media tarde.* Lit. *la hora sexta ... la hora novena.*

y 46 Psalm 31:5

entregado en manos de hombres *pecadores, y ser crucificado, pero al tercer día resucitará."

⁸ Entonces ellas se acordaron de las palabras de Jesús. ⁹ Al regresar del sepulcro, les contaron todas estas cosas a los once y a todos los demás. ¹⁰ Las mujeres eran María Magdalena, Juana, María la madre de *Jacobo, y las demás que las acompañaban. ¹¹ Pero a los discípulos el relato les pareció una tontería, así que no les creyeron. ¹² Pedro, sin embargo, salió corriendo al sepulcro. Se asomó y vio sólo las vendas de lino. Luego volvió a su casa, extrañado de lo que había sucedido.

De camino a Emaús

¹³ Aquel mismo día dos de ellos se dirigían a un pueblo llamado Emaús, a unos once kilómetrosʳ de Jerusalén. ¹⁴ Iban conversando sobre todo lo que había acontecido. ¹⁵ Sucedió que, mientras hablaban y discutían, Jesús mismo se acercó y comenzó a caminar con ellos; ¹⁶ pero no lo reconocieron, pues sus ojos estaban velados.

¹⁷ —¿Qué vienen discutiendo por el camino? —les preguntó.

Se detuvieron, cabizbajos; ¹⁸ y uno de ellos, llamado Cleofas, le dijo:

—¿Eres tú el único peregrino en Jerusalén que no se ha enterado de todo lo que ha pasado recientemente?

¹⁹ —¿Qué es lo que ha pasado? —les preguntó.

—Lo de Jesús de Nazaret. Era un profeta, poderoso en obras y en palabras delante de Dios y de todo el pueblo. ²⁰ Los jefes de los sacerdotes y nuestros gobernantes lo entregaron para ser condenado a muerte, y lo crucificaron; ²¹ pero nosotros abrigábamos la esperanza de que era él quien redimiría a Israel. Es más, ya hace tres días que sucedió todo esto. ²² También algunas mujeres de nuestro grupo nos dejaron asombrados. Esta mañana, muy temprano, fueron al sepulcro ²³ pero no hallaron su cuerpo. Cuando volvieron, nos contaron que se les habían aparecido unos ángeles quienes les dijeron que él está vivo. ²⁴ Algunos de nuestros compañeros fueron después al sepulcro y lo encontraron tal como habían dicho las mujeres, pero a él no lo vieron.

²⁵ —¡Qué torpes son ustedes —les dijo—, y qué tardos de corazón para creer todo lo que han dicho los profetas! ²⁶ ¿Acaso no tenía que sufrir el *Cristo estas cosas antes de entrar en su gloria? ²⁷ Entonces, comenzando por Moisés y por todos los profetas, les explicó lo que se refería a él en todas las Escrituras.

²⁸ Al acercarse al pueblo adonde se dirigían, Jesús hizo como que iba más lejos. ²⁹ Pero ellos insistieron:

—Quédate con nosotros, que está atardeciendo; ya es casi de noche.

On the Road to Emmaus

sinners, be crucified and on the third day be raised again.'" ⁸ Then they remembered his words.

⁹ When they came back from the tomb, they told all these things to the Eleven and to all the others. ¹⁰ It was Mary Magdalene, Joanna, Mary the mother of James, and the others with them who told this to the apostles. ¹¹ But they did not believe the women, because their words seemed to them like nonsense. ¹² Peter, however, got up and ran to the tomb. Bending over, he saw the strips of linen lying by themselves, and he went away, wondering to himself what had happened.

¹³ Now that same day two of them were going to a village called Emmaus, about seven milesʷ from Jerusalem. ¹⁴ They were talking with each other about everything that had happened. ¹⁵ As they talked and discussed these things with each other, Jesus himself came up and walked along with them; ¹⁶ but they were kept from recognizing him.

¹⁷ He asked them, "What are you discussing together as you walk along?"

They stood still, their faces downcast. ¹⁸ One of them, named Cleopas, asked him, "Are you the only one visiting Jerusalem who does not know the things that have happened there in these days?"

¹⁹ "What things?" he asked.

"About Jesus of Nazareth," they replied. "He was a prophet, powerful in word and deed before God and all the people. ²⁰ The chief priests and our rulers handed him over to be sentenced to death, and they crucified him; ²¹ but we had hoped that he was the one who was going to redeem Israel. And what is more, it is the third day since all this took place. ²² In addition, some of our women amazed us. They went to the tomb early this morning ²³ but didn't find his body. They came and told us that they had seen a vision of angels, who said he was alive. ²⁴ Then some of our companions went to the tomb and found it just as the women had said, but they did not see Jesus."

²⁵ He said to them, "How foolish you are, and how slow to believe all that the prophets have spoken! ²⁶ Did not the Messiah have to suffer these things and then enter his glory?" ²⁷ And beginning with Moses and all the Prophets, he explained to them what was said in all the Scriptures concerning himself.

²⁸ As they approached the village to which they were going, Jesus continued on as if he were going farther. ²⁹ But they urged him strongly, "Stay with us, for it is nearly evening; the day is almost over." So he went in to stay with them.

ʳ **24:13** *unos once kilómetros*. Lit. *sesenta* *estadios*.

ʷ *13* Or about 11 kilometers

Así que entró para quedarse con ellos. ³⁰ Luego, estando con ellos a la mesa, tomó el pan, lo bendijo, lo partió y se lo dio. ³¹ Entonces se les abrieron los ojos y lo reconocieron, pero él desapareció. ³² Se decían el uno al otro:

—¿No ardía nuestro corazón mientras conversaba con nosotros en el camino y nos explicaba las Escrituras?

³³ Al instante se pusieron en camino y regresaron a Jerusalén. Allí encontraron a los once y a los que estaban reunidos con ellos. ³⁴ «¡Es cierto! —decían—. El Señor ha resucitado y se le ha aparecido a Simón.»

³⁵ Los dos, por su parte, contaron lo que les había sucedido en el camino, y cómo habían reconocido a Jesús cuando partió el pan.

Jesús se aparece a los discípulos

³⁶ Todavía estaban ellos hablando acerca de esto, cuando Jesús mismo se puso en medio de ellos y les dijo:

—Paz a ustedes.

³⁷ Aterrorizados, creyeron que veían a un espíritu.

³⁸ —¿Por qué se asustan tanto? —les preguntó—. ¿Por qué les vienen dudas? ³⁹ Miren mis manos y mis pies. ¡Soy yo mismo! Tóquenme y vean; un espíritu no tiene carne ni huesos, como ven que los tengo yo.

⁴⁰ Dicho esto, les mostró las manos y los pies. ⁴¹ Como ellos no acababan de creerlo a causa de la alegría y del asombro, les preguntó:

—¿Tienen aquí algo de comer?

⁴² Le dieron un pedazo de pescado asado, ⁴³ así que lo tomó y se lo comió delante de ellos. Luego les dijo:

⁴⁴ —Cuando todavía estaba yo con ustedes, les decía que tenía que cumplirse todo lo que está escrito acerca de mí en la ley de Moisés, en los profetas y en los salmos.

⁴⁵ Entonces les abrió el entendimiento para que comprendieran las Escrituras.

⁴⁶ —Esto es lo que está escrito —les explicó—: que el *Cristo padecerá y *resucitará al tercer día, ⁴⁷ y en su nombre se predicarán el *arrepentimiento y el perdón de pecados a todas las *naciones, comenzando por Jerusalén. ⁴⁸ Ustedes son testigos de estas cosas. ⁴⁹ Ahora voy a enviarles lo que ha prometido mi Padre; pero ustedes quédense en la ciudad hasta que sean revestidos del poder de lo alto.

La ascensión

⁵⁰ Después los llevó Jesús hasta Betania; allí alzó las manos y los bendijo. ⁵¹ Sucedió que, mientras los bendecía, se alejó de ellos y fue llevado al cielo. ⁵² Ellos, entonces, lo adoraron y luego regresaron a Jerusalén con gran alegría. ⁵³ Y estaban continuamente en el *templo, alabando a Dios.

³⁰ When he was at the table with them, he took bread, gave thanks, broke it and began to give it to them. ³¹ Then their eyes were opened and they recognized him, and he disappeared from their sight. ³² They asked each other, "Were not our hearts burning within us while he talked with us on the road and opened the Scriptures to us?"

³³ They got up and returned at once to Jerusalem. There they found the Eleven and those with them, assembled together ³⁴ and saying, "It is true! The Lord has risen and has appeared to Simon." ³⁵ Then the two told what had happened on the way, and how Jesus was recognized by them when he broke the bread.

Jesus Appears to the Disciples

³⁶ While they were still talking about this, Jesus himself stood among them and said to them, "Peace be with you."

³⁷ They were startled and frightened, thinking they saw a ghost. ³⁸ He said to them, "Why are you troubled, and why do doubts rise in your minds? ³⁹ Look at my hands and my feet. It is I myself! Touch me and see; a ghost does not have flesh and bones, as you see I have."

⁴⁰ When he had said this, he showed them his hands and feet. ⁴¹ And while they still did not believe it because of joy and amazement, he asked them, "Do you have anything here to eat?" ⁴² They gave him a piece of broiled fish, ⁴³ and he took it and ate it in their presence.

⁴⁴ He said to them, "This is what I told you while I was still with you: Everything must be fulfilled that is written about me in the Law of Moses, the Prophets and the Psalms."

⁴⁵ Then he opened their minds so they could understand the Scriptures. ⁴⁶ He told them, "This is what is written: The Messiah will suffer and rise from the dead on the third day, ⁴⁷ and repentance for the forgiveness of sins will be preached in his name to all nations, beginning at Jerusalem. ⁴⁸ You are witnesses of these things. ⁴⁹ I am going to send you what my Father has promised; but stay in the city until you have been clothed with power from on high."

The Ascension of Jesus

⁵⁰ When he had led them out to the vicinity of Bethany, he lifted up his hands and blessed them. ⁵¹ While he was blessing them, he left them and was taken up into heaven. ⁵² Then they worshiped him and returned to Jerusalem with great joy. ⁵³ And they stayed continually at the temple, praising God.

Evangelio según
Juan

Juan termina su libro revelando su propósito al escribir la historia de Jesús: *éstas se han escrito para que ustedes crean que Jesús es el Cristo, el Hijo de Dios, y para que al creer en su nombre tengan vida.*

Juan da inicio a su libro haciéndose eco de las palabras de la Biblia que nos informan la historia de la creación —*en el principio*—, mostrándoles a sus lectores que es la misma de una nueva creación. Así como la primera creación se completó en siete días, Juan usa el número siete para dar estructura a su libro. Para los judíos, el número siete representaba la plenitud, la compleción de una obra de Dios que revelaba su propósito al mundo.

Se presenta la historia, por tanto, en dos partes principales. La primera describe el ministerio público de Jesús y tiene siete secciones. Cada sección concluye con un informe acerca de cómo responde la gente a Jesús, sea con fe o con incredulidad. La segunda parte se dedica al fin de semana de la Pascua en que Jesús entregó su vida por el mundo.

Juan registra siete instancias en las que Jesús reveló su identidad empleando la frase: *Yo soy*, nombre por el cual Dios se había revelado anteriormente a sí mismo. De manera similar, Juan anota siete señales milagrosas efectuadas por Jesús. El relato de Juan menciona dos veces que la resurrección de Cristo ocurrió el *primer día de la semana*. En este modo confirma que el poder de una nueva creación ha venido a nuestro mundo.

El Verbo se hizo hombre

1 En el principio ya existía el *Verbo,
   y el Verbo estaba con Dios,
   y el Verbo era Dios.
[2] Él estaba con Dios en el principio.
[3] Por medio de él todas las cosas fueron
      creadas;
   sin él, nada de lo creado llegó a existir.
[4] En él estaba la vida,
   y la vida era la luz de la *humanidad.
[5] Esta luz resplandece en las tinieblas,
   y las tinieblas no han podido extinguirla.[a]

[6] Vino un hombre llamado Juan. Dios lo envió [7] como testigo para dar testimonio de la luz, a fin de que por medio de él todos creyeran. [8] Juan no era la luz, sino que vino para dar testimonio de la luz. [9] Esa luz verdadera, la que alumbra a todo *ser humano, venía a este mundo.[b]

[10] El que era la luz ya estaba en el mundo, y el mundo fue creado por medio de él, pero el mundo no lo reconoció. [11] Vino a lo que era suyo, pero los suyos no lo recibieron. [12] Mas a cuantos lo

---

[a] 1:5 *extinguirla.* Alt. *comprenderla.*
[b] 1:9 *Esa ... mundo.* Alt. *Esa era la luz verdadera que alumbra a todo *ser humano que viene al mundo.*

John

John closes his book by revealing his purpose in writing Jesus' story: *These are written that you may believe that Jesus is the Messiah, the Son of God, and that by believing you may have life in his name.*

John begins his book by echoing words from the Bible's creation story—*In the beginning*—showing his readers that this is a story of a new creation. Just as the first creation was completed in seven days, John uses the number seven to structure his book. For the Jews the number seven represented completeness and wholeness, a finished work of God revealing his purpose for the world.

The story is told in two main parts. The first describes Jesus' public ministry and has seven sections. Each section closes with a report on how people respond to Jesus, either in faith or unbelief. The second part is devoted to the Passover weekend, when Jesus gave his life for the world.

John records seven instances in which Jesus revealed his identity by using the phrase *I am*, the name by which God had revealed himself earlier. Similarly, John records seven miraculous signs that Jesus performed. John's narrative mentions twice that the resurrection of Jesus took place on the *first day of the week*. In this way he confirms that the power of a new creation has broken into our world.

The Word Became Flesh

1 In the beginning was the Word, and the Word was with God, and the Word was God. [2] He was with God in the beginning. [3] Through him all things were made; without him nothing was made that has been made. [4] In him was life, and that life was the light of all mankind. [5] The light shines in the darkness, and the darkness has not overcome[a] it.

[6] There was a man sent from God whose name was John. [7] He came as a witness to testify concerning that light, so that through him all might believe. [8] He himself was not the light; he came only as a witness to the light.

[9] The true light that gives light to everyone was coming into the world. [10] He was in the world, and though the world was made through him, the world did not recognize him. [11] He came to that which was his own, but his own did not receive him. [12] Yet to all who did receive him, to those who

---

[a] 5 Or *understood*

recibieron, a los que creen en su nombre, les dio el derecho de ser hijos de Dios. [13] Éstos no nacen de la sangre, ni por deseos *naturales, ni por voluntad humana, sino que nacen de Dios.

[14] Y el Verbo se hizo hombre y habitó[c] entre nosotros. Y hemos contemplado su gloria, la gloria que corresponde al Hijo *unigénito del Padre, lleno de gracia y de verdad.

[15] Juan dio testimonio de él, y a voz en cuello proclamó: «Éste es aquel de quien yo decía: "El que viene después de mí es superior a mí, porque existía antes que yo." » [16] De su plenitud todos hemos recibido gracia sobre gracia, [17] pues la ley fue dada por medio de Moisés, mientras que la gracia y la verdad nos han llegado por medio de *Jesucristo. [18] A Dios nadie lo ha visto nunca; el Hijo unigénito, que es Dios[d] y que vive en unión íntima con el Padre, nos lo ha dado a conocer.

Juan el Bautista niega ser el Cristo

[19] Éste es el testimonio de Juan cuando los judíos de Jerusalén enviaron sacerdotes y levitas a preguntarle quién era. [20] No se negó a declararlo, sino que confesó con franqueza:

—Yo no soy el *Cristo.

[21] —¿Quién eres entonces? —le preguntaron—. ¿Acaso eres Elías?

—No lo soy.

—¿Eres el profeta?

—No lo soy.

[22] —¿Entonces quién eres? ¡Tenemos que llevar una respuesta a los que nos enviaron! ¿Cómo te ves a ti mismo?

[23] —Yo soy la voz del que grita en el desierto: "Enderecen el camino del Señor"[e] —respondió Juan, con las palabras del profeta Isaías.

[24] Algunos que habían sido enviados por los *fariseos [25] lo interrogaron:

—Pues si no eres el Cristo, ni Elías ni el profeta, ¿por qué bautizas?

[26] —Yo bautizo con[f] agua, pero entre ustedes hay alguien a quien no conocen, [27] y que viene después de mí, al cual yo no soy digno ni siquiera de desatarle la correa de las sandalias.

[28] Todo esto sucedió en Betania, al otro lado del río Jordán, donde Juan estaba bautizando.

Jesús, el Cordero de Dios

[29] Al día siguiente Juan vio a Jesús que se acercaba a él, y dijo: «¡Aquí tienen al Cordero de Dios, que quita el pecado del mundo! [30] De éste hablaba yo cuando dije: "Después de mí viene un hombre que es superior a mí, porque existía antes que yo." [31] Yo ni siquiera lo conocía, pero, para que él se revelara al pueblo de Israel, vine bautizando con agua.»

believed in his name, he gave the right to become children of God — [13] children born not of natural descent, nor of human decision or a husband's will, but born of God.

[14] The Word became flesh and made his dwelling among us. We have seen his glory, the glory of the one and only Son, who came from the Father, full of grace and truth.

[15] (John testified concerning him. He cried out, saying, "This is the one I spoke about when I said, 'He who comes after me has surpassed me because he was before me.' ") [16] Out of his fullness we have all received grace in place of grace already given. [17] For the law was given through Moses; grace and truth came through Jesus Christ. [18] No one has ever seen God, but the one and only Son, who is himself God and[b] is in closest relationship with the Father, has made him known.

John the Baptist Denies Being the Messiah

[19] Now this was John's testimony when the Jewish leaders[c] in Jerusalem sent priests and Levites to ask him who he was. [20] He did not fail to confess, but confessed freely, "I am not the Messiah."

[21] They asked him, "Then who are you? Are you Elijah?"

He said, "I am not."

"Are you the Prophet?"

He answered, "No."

[22] Finally they said, "Who are you? Give us an answer to take back to those who sent us. What do you say about yourself?"

[23] John replied in the words of Isaiah the prophet, "I am the voice of one calling in the wilderness, 'Make straight the way for the Lord.'"[d]

[24] Now the Pharisees who had been sent [25] questioned him, "Why then do you baptize if you are not the Messiah, nor Elijah, nor the Prophet?"

[26] "I baptize with[e] water," John replied, "but among you stands one you do not know. [27] He is the one who comes after me, the straps of whose sandals I am not worthy to untie."

[28] This all happened at Bethany on the other side of the Jordan, where John was baptizing.

John Testifies About Jesus

[29] The next day John saw Jesus coming toward him and said, "Look, the Lamb of God, who takes away the sin of the world! [30] This is the one I meant when I said, 'A man who comes after me has surpassed me because he was before me.' [31] I myself did not know him, but the reason I came baptizing with water was that he might be revealed to Israel."

---

[c] 1:14 habitó. Lit. puso su carpa.

[d] 1:18 el Hijo unigénito, que es Dios. Lit. Dios unigénito. Var. el Hijo unigénito.

[e] 1:23 Is 40:3

[f] 1:26 con. Alt. en; también en vv. 31 y 33.

[b] 18 Some manuscripts but the only Son, who   [c] 19 The Greek term traditionally translated the Jews (hoi Ioudaioi) refers here and elsewhere in John's Gospel to those Jewish leaders who opposed Jesus; also in 5:10, 15, 16; 7:1, 11, 13; 9:22; 18:14, 28, 36; 19:7, 12, 31, 38; 20:19.   [d] 23 Isaiah 40:3   [e] 26 Or in; also in verses 31 and 33 (twice)

[32] Juan declaró: «Vi al Espíritu descender del cielo como una paloma y permanecer sobre él. [33] Yo mismo no lo conocía, pero el que me envió a bautizar con agua me dijo: "Aquel sobre quien veas que el Espíritu desciende y permanece, es el que bautiza con el Espíritu Santo." [34] Yo lo he visto y por eso testifico que éste es el Hijo de Dios.»

Los primeros discípulos de Jesús

[35] Al día siguiente Juan estaba de nuevo allí, con dos de sus discípulos. [36] Al ver a Jesús que pasaba por ahí, dijo:

—¡Aquí tienen al Cordero de Dios!

[37] Cuando los dos discípulos le oyeron decir esto, siguieron a Jesús. [38] Jesús se volvió y, al ver que lo seguían, les preguntó:

—¿Qué buscan?

—Rabí, ¿dónde te hospedas? (Rabí significa: Maestro.)

[39] —Vengan a ver —les contestó Jesús.

Ellos fueron, pues, y vieron dónde se hospedaba, y aquel mismo día se quedaron con él. Eran como las cuatro de la tarde.[g]

[40] Andrés, hermano de Simón Pedro, era uno de los dos que, al oír a Juan, habían seguido a Jesús. [41] Andrés encontró primero a su hermano Simón, y le dijo:

—Hemos encontrado al Mesías (es decir, el *Cristo).

[42] Luego lo llevó a Jesús, quien mirándolo fijamente, le dijo:

—Tú eres Simón, hijo de Juan. Serás llamado *Cefas (es decir, Pedro).

Jesús llama a Felipe y a Natanael

[43] Al día siguiente, Jesús decidió salir hacia Galilea. Se encontró con Felipe, y lo llamó:

—Sígueme.

[44] Felipe era del pueblo de Betsaida, lo mismo que Andrés y Pedro. [45] Felipe buscó a Natanael y le dijo:

—Hemos encontrado a Jesús de Nazaret, el hijo de José, aquel de quien escribió Moisés en la ley, y de quien escribieron los profetas.

[46] —¡De Nazaret! —replicó Natanael—. ¿Acaso de allí puede salir algo bueno?

—Ven a ver —le contestó Felipe.

[47] Cuando Jesús vio que Natanael se le acercaba, comentó:

—Aquí tienen a un verdadero israelita, en quien no hay falsedad.

[48] —¿De dónde me conoces? —le preguntó Natanael.

—Antes de que Felipe te llamara, cuando aún estabas bajo la higuera, ya te había visto.

[49] —Rabí, ¡tú eres el Hijo de Dios! ¡Tú eres el Rey de Israel! —declaró Natanael.

[32] Then John gave this testimony: "I saw the Spirit come down from heaven as a dove and remain on him. [33] And I myself did not know him, but the one who sent me to baptize with water told me, 'The man on whom you see the Spirit come down and remain is the one who will baptize with the Holy Spirit.' [34] I have seen and I testify that this is God's Chosen One."[f]

John's Disciples Follow Jesus

[35] The next day John was there again with two of his disciples. [36] When he saw Jesus passing by, he said, "Look, the Lamb of God!"

[37] When the two disciples heard him say this, they followed Jesus. [38] Turning around, Jesus saw them following and asked, "What do you want?"

They said, "Rabbi" (which means "Teacher"), "where are you staying?"

[39] "Come," he replied, "and you will see."

So they went and saw where he was staying, and they spent that day with him. It was about four in the afternoon.

[40] Andrew, Simon Peter's brother, was one of the two who heard what John had said and who had followed Jesus. [41] The first thing Andrew did was to find his brother Simon and tell him, "We have found the Messiah" (that is, the Christ). [42] And he brought him to Jesus.

Jesus looked at him and said, "You are Simon son of John. You will be called Cephas" (which, when translated, is Peter[g]).

Jesus Calls Philip and Nathanael

[43] The next day Jesus decided to leave for Galilee. Finding Philip, he said to him, "Follow me."

[44] Philip, like Andrew and Peter, was from the town of Bethsaida. [45] Philip found Nathanael and told him, "We have found the one Moses wrote about in the Law, and about whom the prophets also wrote—Jesus of Nazareth, the son of Joseph."

[46] "Nazareth! Can anything good come from there?" Nathanael asked.

"Come and see," said Philip.

[47] When Jesus saw Nathanael approaching, he said of him, "Here truly is an Israelite in whom there is no deceit."

[48] "How do you know me?" Nathanael asked.

Jesus answered, "I saw you while you were still under the fig tree before Philip called you."

[49] Then Nathanael declared, "Rabbi, you are the Son of God; you are the king of Israel."

---

[g] 1:39 *Eran ... tarde* (si se cuentan las horas a partir de las seis de la mañana, según la hora judía). Lit. *Era como la hora décima;* véase nota en 19:14.

[f] 34 See Isaiah 42:1; many manuscripts *is the Son of God.*
[g] 42 *Cephas* (Aramaic) and *Peter* (Greek) both mean *rock.*

⁵⁰ —¿Lo crees porque te dije que te vi cuando estabas debajo de la higuera? ¡Vas a ver aun cosas más grandes que éstas!

Y añadió:

⁵¹ —Ciertamente les aseguro que ustedes verán abrirse el cielo, y a los ángeles de Dios subir y bajar sobre el Hijo del hombre.

Jesús cambia el agua en vino

2 Al tercer día se celebró una boda en Caná de Galilea, y la madre de Jesús se encontraba allí. ² También habían sido invitados a la boda Jesús y sus discípulos. ³ Cuando el vino se acabó, la madre de Jesús le dijo:

—Ya no tienen vino.

⁴ —Mujer, ¿eso qué tiene que ver conmigo? —respondió Jesús—. Todavía no ha llegado mi hora.

⁵ Su madre dijo a los sirvientes:

—Hagan lo que él les ordene.

⁶ Había allí seis tinajas de piedra, de las que usan los judíos en sus ceremonias de *purificación. En cada una cabían unos cien litros.ʰ

⁷ Jesús dijo a los sirvientes:

—Llenen de agua las tinajas.

Y los sirvientes las llenaron hasta el borde.

⁸ —Ahora saquen un poco y llévenlo al encargado del banquete —les dijo Jesús.

Así lo hicieron. ⁹ El encargado del banquete probó el agua convertida en vino sin saber de dónde había salido, aunque sí lo sabían los sirvientes que habían sacado el agua. Entonces llamó aparte al novio ¹⁰ y le dijo:

—Todos sirven primero el mejor vino, y cuando los invitados ya han bebido mucho, entonces sirven el más barato; pero tú has guardado el mejor vino hasta ahora.

¹¹ Ésta, la primera de sus señales, la hizo Jesús en Caná de Galilea. Así reveló su gloria, y sus discípulos creyeron en él.

¹² Después de esto Jesús bajó a Capernaúm con su madre, sus hermanos y sus discípulos, y se quedaron allí unos días.

Jesús purifica el templo

¹³ Cuando se aproximaba la Pascua de los judíos, subió Jesús a Jerusalén. ¹⁴ Y en el *temploⁱ halló a los que vendían bueyes, ovejas y palomas, e instalados en sus mesas a los que cambiaban dinero. ¹⁵ Entonces, haciendo un látigo de cuerdas, echó a todos del templo, juntamente con sus ovejas y sus bueyes; regó por el suelo las monedas de los que cambiaban dinero y derribó sus mesas. ¹⁶ A los que vendían las palomas les dijo:

—¡Saquen esto de aquí! ¿Cómo se atreven a convertir la casa de mi Padre en un mercado?

⁵⁰ Jesus said, "You believeʰ because I told you I saw you under the fig tree. You will see greater things than that." ⁵¹ He then added, "Very truly I tell you,ⁱ youⁱ will see 'heaven open, and the angels of God ascending and descending on'ʲ the Son of Man."

Jesus Changes Water Into Wine

2 On the third day a wedding took place at Cana in Galilee. Jesus' mother was there, ² and Jesus and his disciples had also been invited to the wedding. ³ When the wine was gone, Jesus' mother said to him, "They have no more wine."

⁴ "Woman,ᵏ why do you involve me?" Jesus replied. "My hour has not yet come."

⁵ His mother said to the servants, "Do whatever he tells you."

⁶ Nearby stood six stone water jars, the kind used by the Jews for ceremonial washing, each holding from twenty to thirty gallons.ˡ

⁷ Jesus said to the servants, "Fill the jars with water"; so they filled them to the brim.

⁸ Then he told them, "Now draw some out and take it to the master of the banquet."

They did so, ⁹ and the master of the banquet tasted the water that had been turned into wine. He did not realize where it had come from, though the servants who had drawn the water knew. Then he called the bridegroom aside ¹⁰ and said, "Everyone brings out the choice wine first and then the cheaper wine after the guests have had too much to drink; but you have saved the best till now."

¹¹ What Jesus did here in Cana of Galilee was the first of the signs through which he revealed his glory; and his disciples believed in him.

¹² After this he went down to Capernaum with his mother and brothers and his disciples. There they stayed for a few days.

Jesus Clears the Temple Courts

¹³ When it was almost time for the Jewish Passover, Jesus went up to Jerusalem. ¹⁴ In the temple courts he found people selling cattle, sheep and doves, and others sitting at tables exchanging money. ¹⁵ So he made a whip out of cords, and drove all from the temple courts, both sheep and cattle; he scattered the coins of the money changers and overturned their tables. ¹⁶ To those who sold doves he said, "Get these out of here! Stop

---

ʰ **2:6** *unos cien litros.* Lit. *entre dos y tres* *metretas.*
ⁱ **2:14** Es decir, en el área general del templo; en vv. 19-21 el término griego significa *santuario.*

ʰ **50** Or *Do you believe . . . ?*   ⁱ **51** The Greek is plural.
ʲ **51** Gen. 28:12   ᵏ **4** The Greek for *Woman* does not denote any disrespect.   ˡ **6** Or from about 75 to about 115 liters

17 Sus discípulos se acordaron de que está escrito: «El celo por tu casa me consumirá.»[j] 18 Entonces los judíos reaccionaron, preguntándole:

—¿Qué señal puedes mostrarnos para actuar de esta manera?

19 —Destruyan este templo —respondió Jesús—, y lo levantaré de nuevo en tres días.

20 —Tardaron cuarenta y seis años en construir este templo, ¿y tú vas a levantarlo en tres días?

21 Pero el templo al que se refería era su propio cuerpo. 22 Así, pues, cuando se *levantó de entre los muertos, sus discípulos se acordaron de lo que había dicho, y creyeron en la Escritura y en las palabras de Jesús.

23 Mientras estaba en Jerusalén, durante la fiesta de la Pascua, muchos creyeron en su nombre al ver las señales que hacía. 24 En cambio Jesús no les creía porque los conocía a todos; 25 no necesitaba que nadie le informara nada[k] acerca de los demás, pues él conocía el interior del *ser humano.

Jesús enseña a Nicodemo

3 Había entre los *fariseos un dirigente de los judíos llamado Nicodemo. 2 Éste fue de noche a visitar a Jesús.

—Rabí —le dijo—, sabemos que eres un maestro que ha venido de parte de Dios, porque nadie podría hacer las señales que tú haces si Dios no estuviera con él.

3 —De veras te aseguro que quien no nazca de nuevo[l] no puede ver el reino de Dios —dijo Jesús.

4 —¿Cómo puede uno nacer de nuevo siendo ya viejo? —preguntó Nicodemo—. ¿Acaso puede entrar por segunda vez en el vientre de su madre y volver a nacer?

5 —Yo te aseguro que quien no nazca de agua y del Espíritu, no puede entrar en el reino de Dios —respondió Jesús—. 6 Lo que nace del cuerpo es cuerpo; lo que nace del Espíritu es espíritu. 7 No te sorprendas de que te haya dicho: "Tienen que nacer de nuevo." 8 El viento sopla por donde quiere, y lo oyes silbar, aunque ignoras de dónde viene y a dónde va. Lo mismo pasa con todo el que nace del Espíritu.

9 Nicodemo replicó:

—¿Cómo es posible que esto suceda?

10 —Tú eres maestro de Israel, ¿y no entiendes estas cosas? —respondió Jesús—. 11 Te digo con seguridad y verdad que hablamos de lo que sabemos y damos testimonio de lo que hemos visto personalmente, pero ustedes no aceptan nuestro testimonio. 12 Si les he hablado de las cosas terrenales, y no creen, ¿entonces cómo van a creer si les hablo de las celestiales? 13 Nadie ha subido jamás al cielo sino el que descendió del cielo, el Hijo del hombre.[m]

[j] **2:17** Sal 69:9
[k] **2:25** *le informara nada.* Lit. *le diera testimonio.*
[l] **3:3** *de nuevo.* Alt. *de arriba*; también en v. 7.
[m] **3:13** *hombre.* Var. *hombre que está en el cielo.*

turning my Father's house into a market!" 17 His disciples remembered that it is written: "Zeal for your house will consume me."[m]

18 The Jews then responded to him, "What sign can you show us to prove your authority to do all this?"

19 Jesus answered them, "Destroy this temple, and I will raise it again in three days."

20 They replied, "It has taken forty-six years to build this temple, and you are going to raise it in three days?" 21 But the temple he had spoken of was his body. 22 After he was raised from the dead, his disciples recalled what he had said. Then they believed the scripture and the words that Jesus had spoken.

23 Now while he was in Jerusalem at the Passover Festival, many people saw the signs he was performing and believed in his name.[n] 24 But Jesus would not entrust himself to them, for he knew all people. 25 He did not need any testimony about mankind, for he knew what was in each person.

Jesus Teaches Nicodemus

3 Now there was a Pharisee, a man named Nicodemus who was a member of the Jewish ruling council. 2 He came to Jesus at night and said, "Rabbi, we know that you are a teacher who has come from God. For no one could perform the signs you are doing if God were not with him."

3 Jesus replied, "Very truly I tell you, no one can see the kingdom of God unless they are born again.[o]"

4 "How can someone be born when they are old?" Nicodemus asked. "Surely they cannot enter a second time into their mother's womb to be born!"

5 Jesus answered, "Very truly I tell you, no one can enter the kingdom of God unless they are born of water and the Spirit. 6 Flesh gives birth to flesh, but the Spirit[p] gives birth to spirit. 7 You should not be surprised at my saying, 'You[q] must be born again.' 8 The wind blows wherever it pleases. You hear its sound, but you cannot tell where it comes from or where it is going. So it is with everyone born of the Spirit."[r]

9 "How can this be?" Nicodemus asked.

10 "You are Israel's teacher," said Jesus, "and do you not understand these things? 11 Very truly I tell you, we speak of what we know, and we testify to what we have seen, but still you people do not accept our testimony. 12 I have spoken to you of earthly things and you do not believe; how then will you believe if I speak of heavenly things? 13 No one has ever gone into heaven except the one who came from heaven — the Son of Man.[s]

[m] *17* Psalm 69:9 [n] *23* Or *in him* [o] *3* The Greek for *again* also means *from above*; also in verse 7. [p] *6* Or *but spirit* [q] *7* The Greek is plural. [r] *8* The Greek for *Spirit* is the same as that for *wind.* [s] *13* Some manuscripts *Man, who is in heaven*

Jesús y el amor del Padre

¹⁴ »Como levantó Moisés la serpiente en el desierto, así también tiene que ser levantado el Hijo del hombre, ¹⁵ para que todo el que crea en él tenga vida eterna.ⁿ

¹⁶ »Porque tanto amó Dios al mundo, que dio a su Hijo *unigénito, para que todo el que cree en él no se pierda, sino que tenga vida eterna. ¹⁷ Dios no envió a su Hijo al mundo para condenar al mundo, sino para salvarlo por medio de él. ¹⁸ El que cree en él no es condenado, pero el que no cree ya está condenado por no haber creído en el nombre del Hijo unigénito de Dios. ¹⁹ Ésta es la causa de la condenación: que la luz vino al mundo, pero la *humanidad prefirió las tinieblas a la luz, porque sus hechos eran perversos. ²⁰ Pues todo el que hace lo malo aborrece la luz, y no se acerca a ella por temor a que sus obras queden al descubierto. ²¹ En cambio, el que practica la verdad se acerca a la luz, para que se vea claramente que ha hecho sus obras en obediencia a Dios.ⁿ

Testimonio de Juan el Bautista acerca de Jesús

²² Después de esto Jesús fue con sus discípulos a la región de Judea. Allí pasó algún tiempo con ellos, y bautizaba. ²³ También Juan estaba bautizando en Enón, cerca de Salín, porque allí había mucha agua. Así que la gente iba para ser bautizada. ²⁴ (Esto sucedió antes de que encarcelaran a Juan.) ²⁵ Se entabló entonces una discusión entre los discípulos de Juan y un judíoᵒ en torno a los ritos de *purificación. ²⁶ Aquéllos fueron a ver a Juan y le dijeron:

—Rabí, fíjate, el que estaba contigo al otro lado del Jordán, y de quien tú diste testimonio, ahora está bautizando, y todos acuden a él.

²⁷ —Nadie puede recibir nada a menos que Dios se lo conceda —les respondió Juan—. ²⁸ Ustedes me son testigos de que dije: "Yo no soy el *Cristo, sino que he sido enviado delante de él." ²⁹ El que tiene a la novia es el novio. Pero el amigo del novio, que está a su lado y lo escucha, se llena de alegría cuando oye la voz del novio. Ésa es la alegría que me inunda. ³⁰ A él le toca crecer, y a mí menguar.

El que viene del cielo

³¹ »El que viene de arriba está por encima de todos; el que es de la tierra, es terrenal y de lo terrenal habla. El que viene del cielo está por encima de todos ³² y da testimonio de lo que ha visto y oído, pero nadie recibe su testimonio. ³³ El que lo recibe certifica que Dios es veraz. ³⁴ El enviado de Dios comunica el mensaje divino, pues Dios mismo le da su Espíritu sin restricción. ³⁵ El Padre

¹⁴ Just as Moses lifted up the snake in the wilderness, so the Son of Man must be lifted up,ᵗ ¹⁵ that everyone who believes may have eternal life in him."ᵘ

¹⁶ For God so loved the world that he gave his one and only Son, that whoever believes in him shall not perish but have eternal life. ¹⁷ For God did not send his Son into the world to condemn the world, but to save the world through him. ¹⁸ Whoever believes in him is not condemned, but whoever does not believe stands condemned already because they have not believed in the name of God's one and only Son. ¹⁹ This is the verdict: Light has come into the world, but people loved darkness instead of light because their deeds were evil. ²⁰ Everyone who does evil hates the light, and will not come into the light for fear that their deeds will be exposed. ²¹ But whoever lives by the truth comes into the light, so that it may be seen plainly that what they have done has been done in the sight of God.

John Testifies Again About Jesus

²² After this, Jesus and his disciples went out into the Judean countryside, where he spent some time with them, and baptized. ²³ Now John also was baptizing at Aenon near Salim, because there was plenty of water, and people were coming and being baptized. ²⁴ (This was before John was put in prison.) ²⁵ An argument developed between some of John's disciples and a certain Jew over the matter of ceremonial washing. ²⁶ They came to John and said to him, "Rabbi, that man who was with you on the other side of the Jordan — the one you testified about — look, he is baptizing, and everyone is going to him."

²⁷ To this John replied, "A person can receive only what is given them from heaven. ²⁸ You yourselves can testify that I said, 'I am not the Messiah but am sent ahead of him.' ²⁹ The bride belongs to the bridegroom. The friend who attends the bridegroom waits and listens for him, and is full of joy when he hears the bridegroom's voice. That joy is mine, and it is now complete. ³⁰ He must become greater; I must become less."ᵛ

³¹ The one who comes from above is above all; the one who is from the earth belongs to the earth, and speaks as one from the earth. The one who comes from heaven is above all. ³² He testifies to what he has seen and heard, but no one accepts his testimony. ³³ Whoever has accepted it has certified that God is truthful. ³⁴ For the one whom God has sent speaks the words of God, for Godʷ gives the Spirit without limit. ³⁵ The Father loves the Son

---

ⁿ 3:15 *todo ... eterna*. Alt. *todo el que cree tenga vida eterna en él.*
ⁿ 3:21 Algunos intérpretes consideran que el discurso de Jesús termina en el v. 15.
ᵒ 3:25 *un judío*. Var. *unos judíos.*

ᵗ 14 The Greek for *lifted up* also means *exalted.*　　ᵘ 15 Some interpreters end the quotation with verse 21.　　ᵛ 30 Some interpreters end the quotation with verse 36.　　ʷ 34 Greek *he*

ama al Hijo, y ha puesto todo en sus manos. 36 El que cree en el Hijo tiene vida eterna; pero el que rechaza al Hijo no sabrá lo que es esa vida, sino que permanecerá bajo el castigo de Dios.[p]

Jesús y la samaritana

4 Jesús[q] se enteró de que los *fariseos sabían que él estaba haciendo y bautizando más discípulos que Juan 2 (aunque en realidad no era Jesús quien bautizaba sino sus discípulos). 3 Por eso se fue de Judea y volvió otra vez a Galilea. 4 Como tenía que pasar por Samaria, 5 llegó a un pueblo samaritano llamado Sicar, cerca del terreno que Jacob le había dado a su hijo José. 6 Allí estaba el pozo de Jacob. Jesús, fatigado del camino, se sentó junto al pozo. Era cerca del mediodía.[r] 7-8 Sus discípulos habían ido al pueblo a comprar comida.

En eso llegó a sacar agua una mujer de Samaria, y Jesús le dijo:

—Dame un poco de agua.

9 Pero como los judíos no usan nada en común[s] con los samaritanos, la mujer le respondió:

—¿Cómo se te ocurre pedirme agua, si tú eres judío y yo soy samaritana?

10 —Si supieras lo que Dios puede dar, y conocieras al que te está pidiendo agua —contestó Jesús—, tú le habrías pedido a él, y él te habría dado agua que da vida.

11 —Señor, ni siquiera tienes con qué sacar agua, y el pozo es muy hondo; ¿de dónde, pues, vas a sacar esa agua que da vida? 12 ¿Acaso eres tú superior a nuestro padre Jacob, que nos dejó este pozo, del cual bebieron él, sus hijos y su ganado?

13 —Todo el que beba de esta agua volverá a tener sed —respondió Jesús—, 14 pero el que beba del agua que yo le daré, no volverá a tener sed jamás, sino que dentro de él esa agua se convertirá en un manantial del que brotará vida eterna.

15 —Señor, dame de esa agua para que no vuelva a tener sed ni siga viniendo aquí a sacarla.

16 —Ve a llamar a tu esposo, y vuelve acá —le dijo Jesús.

17 —No tengo esposo —respondió la mujer.

—Bien has dicho que no tienes esposo. 18 Es cierto que has tenido cinco, y el que ahora tienes no es tu esposo. En esto has dicho la verdad.

19 —Señor, me doy cuenta de que tú eres profeta. 20 Nuestros antepasados adoraron en este monte, pero ustedes los judíos dicen que el lugar donde debemos adorar está en Jerusalén.

21 —Créeme, mujer, que se acerca la hora en que ni en este monte ni en Jerusalén adorarán ustedes al Padre. 22 Ahora ustedes adoran lo que no conocen; nosotros adoramos lo que conocemos, porque

[p] **3:36** Algunos intérpretes consideran que los vv. 31-36 son comentario del autor del evangelio.
[q] **4:1** *Jesús.* Var. *El Señor.*
[r] **4:6** *del mediodía.* Lit. *de la hora sexta*; véase nota en 1:39.
[s] **4:9** *no usan nada en común.* Alt. *no se llevan bien.*

and has placed everything in his hands. 36 Whoever believes in the Son has eternal life, but whoever rejects the Son will not see life, for God's wrath remains on them.

Jesus Talks With a Samaritan Woman

4 Now Jesus learned that the Pharisees had heard that he was gaining and baptizing more disciples than John— 2 although in fact it was not Jesus who baptized, but his disciples. 3 So he left Judea and went back once more to Galilee.

4 Now he had to go through Samaria. 5 So he came to a town in Samaria called Sychar, near the plot of ground Jacob had given to his son Joseph. 6 Jacob's well was there, and Jesus, tired as he was from the journey, sat down by the well. It was about noon.

7 When a Samaritan woman came to draw water, Jesus said to her, "Will you give me a drink?" 8 (His disciples had gone into the town to buy food.)

9 The Samaritan woman said to him, "You are a Jew and I am a Samaritan woman. How can you ask me for a drink?" (For Jews do not associate with Samaritans.[x])

10 Jesus answered her, "If you knew the gift of God and who it is that asks you for a drink, you would have asked him and he would have given you living water."

11 "Sir," the woman said, "you have nothing to draw with and the well is deep. Where can you get this living water? 12 Are you greater than our father Jacob, who gave us the well and drank from it himself, as did also his sons and his livestock?"

13 Jesus answered, "Everyone who drinks this water will be thirsty again, 14 but whoever drinks the water I give them will never thirst. Indeed, the water I give them will become in them a spring of water welling up to eternal life."

15 The woman said to him, "Sir, give me this water so that I won't get thirsty and have to keep coming here to draw water."

16 He told her, "Go, call your husband and come back."

17 "I have no husband," she replied.

Jesus said to her, "You are right when you say you have no husband. 18 The fact is, you have had five husbands, and the man you now have is not your husband. What you have just said is quite true."

19 "Sir," the woman said, "I can see that you are a prophet. 20 Our ancestors worshiped on this mountain, but you Jews claim that the place where we must worship is in Jerusalem."

21 "Woman," Jesus replied, "believe me, a time is coming when you will worship the Father neither on this mountain nor in Jerusalem. 22 You Samaritans worship what you do not know; we worship what we do know, for salvation is from the Jews.

[x] 9 Or *do not use dishes Samaritans have used*

la salvación proviene de los judíos. ²³ Pero se acerca la hora, y ha llegado ya, en que los verdaderos adoradores rendirán culto al Padre en espíritu y en verdad,^f porque así quiere el Padre que sean los que le adoren. ²⁴ Dios es espíritu, y quienes lo adoran deben hacerlo en espíritu y en verdad.

²⁵ —Sé que viene el Mesías, al que llaman el *Cristo —respondió la mujer—. Cuando él venga nos explicará todas las cosas.

²⁶ —Ése soy yo, el que habla contigo —le dijo Jesús.

Los discípulos vuelven a reunirse con Jesús

²⁷ En esto llegaron sus discípulos y se sorprendieron de verlo hablando con una mujer, aunque ninguno le preguntó: «¿Qué pretendes?» o «¿De qué hablas con ella?»

²⁸ La mujer dejó su cántaro, volvió al pueblo y le decía a la gente:

²⁹ —Vengan a ver a un hombre que me ha dicho todo lo que he hecho. ¿No será éste el *Cristo?

³⁰ Salieron del pueblo y fueron a ver a Jesús.
³¹ Mientras tanto, sus discípulos le insistían:

—Rabí, come algo.

³² —Yo tengo un alimento que ustedes no conocen —replicó él.

³³ «¿Le habrán traído algo de comer?», comentaban entre sí los discípulos.

³⁴ —Mi alimento es hacer la voluntad del que me envió y terminar su obra —les dijo Jesús—. ³⁵ ¿No dicen ustedes: "Todavía faltan cuatro meses para la cosecha"? Yo les digo: ¡Abran los ojos y miren los campos sembrados! Ya la cosecha está madura; ³⁶ ya el segador recibe su salario y recoge el fruto para vida eterna. Ahora tanto el sembrador como el segador se alegran juntos. ³⁷ Porque como dice el refrán: "Uno es el que siembra y otro el que cosecha." ³⁸ Yo los he enviado a ustedes a cosechar lo que no les costó ningún trabajo. Otros se han fatigado trabajando, y ustedes han cosechado el fruto de ese trabajo.

Muchos samaritanos creen en Jesús

³⁹ Muchos de los samaritanos que vivían en aquel pueblo creyeron en él por el testimonio que daba la mujer: «Me dijo todo lo que he hecho.» ⁴⁰ Así que cuando los samaritanos fueron a su encuentro le insistieron en que se quedara con ellos. Jesús permaneció allí dos días, ⁴¹ y muchos más llegaron a creer por lo que él mismo decía.

⁴² —Ya no creemos sólo por lo que tú dijiste —le decían a la mujer—; ahora lo hemos oído nosotros mismos, y sabemos que verdaderamente éste es el Salvador del mundo.

Jesús sana al hijo de un funcionario

⁴³ Después de esos dos días Jesús salió de allí rumbo a Galilea ⁴⁴ (pues, como él mismo había

²³ Yet a time is coming and has now come when the true worshipers will worship the Father in the Spirit and in truth, for they are the kind of worshipers the Father seeks. ²⁴ God is spirit, and his worshipers must worship in the Spirit and in truth."

²⁵ The woman said, "I know that Messiah" (called Christ) "is coming. When he comes, he will explain everything to us."

²⁶ Then Jesus declared, "I, the one speaking to you—I am he."

The Disciples Rejoin Jesus

²⁷ Just then his disciples returned and were surprised to find him talking with a woman. But no one asked, "What do you want?" or "Why are you talking with her?"

²⁸ Then, leaving her water jar, the woman went back to the town and said to the people, ²⁹ "Come, see a man who told me everything I ever did. Could this be the Messiah?" ³⁰ They came out of the town and made their way toward him.

³¹ Meanwhile his disciples urged him, "Rabbi, eat something."

³² But he said to them, "I have food to eat that you know nothing about."

³³ Then his disciples said to each other, "Could someone have brought him food?"

³⁴ "My food," said Jesus, "is to do the will of him who sent me and to finish his work. ³⁵ Don't you have a saying, 'It's still four months until harvest'? I tell you, open your eyes and look at the fields! They are ripe for harvest. ³⁶ Even now the one who reaps draws a wage and harvests a crop for eternal life, so that the sower and the reaper may be glad together. ³⁷ Thus the saying 'One sows and another reaps' is true. ³⁸ I sent you to reap what you have not worked for. Others have done the hard work, and you have reaped the benefits of their labor."

Many Samaritans Believe

³⁹ Many of the Samaritans from that town believed in him because of the woman's testimony, "He told me everything I ever did." ⁴⁰ So when the Samaritans came to him, they urged him to stay with them, and he stayed two days. ⁴¹ And because of his words many more became believers.

⁴² They said to the woman, "We no longer believe just because of what you said; now we have heard for ourselves, and we know that this man really is the Savior of the world."

Jesus Heals an Official's Son

⁴³ After the two days he left for Galilee. ⁴⁴ (Now Jesus himself had pointed out that a prophet has

---

^f **4:23** en espíritu y en verdad. Alt. por el Espíritu y la verdad; también en v. 24.

dicho, a ningún profeta se le honra en su propia tierra). ⁴⁵ Cuando llegó a Galilea, fue bien recibido por los galileos, pues éstos habían visto personalmente todo lo que había hecho en Jerusalén durante la fiesta de la Pascua, ya que ellos habían estado también allí.

⁴⁶ Y volvió otra vez Jesús a Caná de Galilea, donde había convertido el agua en vino. Había allí un funcionario real, cuyo hijo estaba enfermo en Capernaúm. ⁴⁷ Cuando este hombre se enteró de que Jesús había llegado de Judea a Galilea, fue a su encuentro y le suplicó que bajara a sanar a su hijo, pues estaba a punto de morir.

⁴⁸ —Ustedes nunca van a creer si no ven señales y prodigios —le dijo Jesús.

⁴⁹ —Señor —rogó el funcionario—, baja antes de que se muera mi hijo.

⁵⁰ —Vuelve a casa, que tu hijo vive —le dijo Jesús—.

El hombre creyó lo que Jesús le dijo, y se fue. ⁵¹ Cuando se dirigía a su casa, sus siervos salieron a su encuentro y le dieron la noticia de que su hijo estaba vivo. ⁵² Cuando les preguntó a qué hora había comenzado su hijo a sentirse mejor, le contestaron:

—Ayer a la una de la tarde\u se le quitó la fiebre.

⁵³ Entonces el padre se dio cuenta de que precisamente a esa hora Jesús le había dicho: «Tu hijo vive.» Así que creyó él con toda su familia.

⁵⁴ Ésta fue la segunda señal que hizo Jesús después de que volvió de Judea a Galilea.

Jesús sana a un inválido

5 Algún tiempo después, se celebraba una fiesta de los judíos, y subió Jesús a Jerusalén. ² Había allí, junto a la puerta de las Ovejas, un estanque rodeado de cinco pórticos, cuyo nombre en arameo es Betzatá.\v ³ En esos pórticos se hallaban tendidos muchos enfermos, ciegos, cojos y paralíticos.\w ⁵ Entre ellos se encontraba un hombre inválido que llevaba enfermo treinta y ocho años. ⁶ Cuando Jesús lo vio allí, tirado en el suelo, y se enteró de que ya tenía mucho tiempo de estar así, le preguntó:

—¿Quieres quedar sano?

⁷ —Señor —respondió—, no tengo a nadie que me meta en el estanque mientras se agita el agua, y cuando trato de hacerlo, otro se mete antes.

⁸ —Levántate, recoge tu camilla y anda —le contestó Jesús.

⁹ Al instante aquel hombre quedó sano, así que tomó su camilla y echó a andar. Pero ese día era

no honor in his own country.) ⁴⁵ When he arrived in Galilee, the Galileans welcomed him. They had seen all that he had done in Jerusalem at the Passover Festival, for they also had been there.

⁴⁶ Once more he visited Cana in Galilee, where he had turned the water into wine. And there was a certain royal official whose son lay sick at Capernaum. ⁴⁷ When this man heard that Jesus had arrived in Galilee from Judea, he went to him and begged him to come and heal his son, who was close to death.

⁴⁸ "Unless you people see signs and wonders," Jesus told him, "you will never believe."

⁴⁹ The royal official said, "Sir, come down before my child dies."

⁵⁰ "Go," Jesus replied, "your son will live."

The man took Jesus at his word and departed. ⁵¹ While he was still on the way, his servants met him with the news that his boy was living. ⁵² When he inquired as to the time when his son got better, they said to him, "Yesterday, at one in the afternoon, the fever left him."

⁵³ Then the father realized that this was the exact time at which Jesus had said to him, "Your son will live." So he and his whole household believed.

⁵⁴ This was the second sign Jesus performed after coming from Judea to Galilee.

The Healing at the Pool

5 Some time later, Jesus went up to Jerusalem for one of the Jewish festivals. ² Now there is in Jerusalem near the Sheep Gate a pool, which in Aramaic is called Bethesda\y and which is surrounded by five covered colonnades. ³ Here a great number of disabled people used to lie—the blind, the lame, the paralyzed. [4] z ⁵ One who was there had been an invalid for thirty-eight years. ⁶ When Jesus saw him lying there and learned that he had been in this condition for a long time, he asked him, "Do you want to get well?"

⁷ "Sir," the invalid replied, "I have no one to help me into the pool when the water is stirred. While I am trying to get in, someone else goes down ahead of me."

⁸ Then Jesus said to him, "Get up! Pick up your mat and walk." ⁹ At once the man was cured; he picked up his mat and walked.

\u 4:52 la una de la tarde. Lit. la hora séptima; véase nota en 1:39.

\v 5:2 Betzatá. Var. Betesda; otra var. Betsaida.

\w 5:3 paralíticos. Var. paralíticos, que esperaban el movimiento del agua. ⁴ De cuando en cuando un ángel del Señor bajaba al estanque y agitaba el agua. El primero que entraba en el estanque después de cada agitación del agua quedaba sano de cualquier enfermedad que tuviera.

\y 2 Some manuscripts Bethzatha; other manuscripts Bethsaida
\z 3,4 Some manuscripts include here, wholly or in part, paralyzed—and they waited for the moving of the waters. ⁴From time to time an angel of the Lord would come down and stir up the waters. The first one into the pool after each such disturbance would be cured of whatever disease they had.

*sábado. [10] Por eso los judíos le dijeron al que había sido sanado:

—Hoy es sábado; no te está permitido cargar tu camilla.

[11] —El que me sanó me dijo: "Recoge tu camilla y anda" —les respondió.

[12] —¿Quién es ese hombre que te dijo: "Recógela y anda"? —le interpelaron.

[13] El que había sido sanado no tenía idea de quién era, porque Jesús se había escabullido entre la mucha gente que había en el lugar.

[14] Después de esto Jesús lo encontró en el *templo y le dijo:

—Mira, ya has quedado sano. No vuelvas a pecar, no sea que te ocurra algo peor.

[15] El hombre se fue e informó a los judíos que Jesús era quien lo había sanado.

Vida mediante el Hijo

[16] Precisamente por esto los judíos perseguían a Jesús, pues hacía tales cosas en *sábado. [17] Pero Jesús les respondía:

—Mi Padre aun hoy está trabajando, y yo también trabajo.

[18] Así que los judíos redoblaban sus esfuerzos para matarlo, pues no sólo quebrantaba el sábado sino que incluso llamaba a Dios su propio Padre, con lo que él mismo se hacía igual a Dios.

[19] Entonces Jesús afirmó:

—Ciertamente les aseguro que el hijo no puede hacer nada por su propia cuenta, sino solamente lo que ve que su padre hace, porque cualquier cosa que hace el padre, la hace también el hijo. [20] Pues el padre ama al hijo y le muestra todo lo que hace. Sí, y aun cosas más grandes que éstas le mostrará, que los dejará a ustedes asombrados. [21] Porque así como el Padre resucita a los muertos y les da vida, así también el Hijo da vida a quienes a él le place. [22] Además, el Padre no juzga a nadie, sino que todo juicio lo ha delegado en el Hijo, [23] para que todos honren al Hijo como lo honran a él. El que se niega a honrar al Hijo no honra al Padre que lo envió.

[24] »Ciertamente les aseguro que el que oye mi palabra y cree al que me envió, tiene vida eterna y no será juzgado, sino que ha pasado de la muerte a la vida. [25] Ciertamente les aseguro que ya viene la hora, y ha llegado ya, en que los muertos oirán la voz del Hijo de Dios, y los que la oigan vivirán. [26] Porque así como el Padre tiene vida en sí mismo, así también ha concedido al Hijo el tener vida en sí mismo, [27] y le ha dado autoridad para juzgar, puesto que es el Hijo del hombre.

[28] »No se asombren de esto, porque viene la hora en que todos los que están en los sepulcros oirán su voz, [29] y saldrán de allí. Los que han hecho el bien resucitarán para tener vida, pero los que han practicado el mal resucitarán para ser juzgados. [30] Yo no puedo hacer nada por mi propia

The day on which this took place was a Sabbath, [10] and so the Jewish leaders said to the man who had been healed, "It is the Sabbath; the law forbids you to carry your mat."

[11] But he replied, "The man who made me well said to me, 'Pick up your mat and walk.'"

[12] So they asked him, "Who is this fellow who told you to pick it up and walk?"

[13] The man who was healed had no idea who it was, for Jesus had slipped away into the crowd that was there.

[14] Later Jesus found him at the temple and said to him, "See, you are well again. Stop sinning or something worse may happen to you." [15] The man went away and told the Jewish leaders that it was Jesus who had made him well.

The Authority of the Son

[16] So, because Jesus was doing these things on the Sabbath, the Jewish leaders began to persecute him. [17] In his defense Jesus said to them, "My Father is always at his work to this very day, and I too am working." [18] For this reason they tried all the more to kill him; not only was he breaking the Sabbath, but he was even calling God his own Father, making himself equal with God.

[19] Jesus gave them this answer: "Very truly I tell you, the Son can do nothing by himself; he can do only what he sees his Father doing, because whatever the Father does the Son also does. [20] For the Father loves the Son and shows him all he does. Yes, and he will show him even greater works than these, so that you will be amazed. [21] For just as the Father raises the dead and gives them life, even so the Son gives life to whom he is pleased to give it. [22] Moreover, the Father judges no one, but has entrusted all judgment to the Son, [23] that all may honor the Son just as they honor the Father. Whoever does not honor the Son does not honor the Father, who sent him.

[24] "Very truly I tell you, whoever hears my word and believes him who sent me has eternal life and will not be judged but has crossed over from death to life. [25] Very truly I tell you, a time is coming and has now come when the dead will hear the voice of the Son of God and those who hear will live. [26] For as the Father has life in himself, so he has granted the Son also to have life in himself. [27] And he has given him authority to judge because he is the Son of Man.

[28] "Do not be amazed at this, for a time is coming when all who are in their graves will hear his voice [29] and come out—those who have done what is good will rise to live, and those who have done what is evil will rise to be condemned. [30] By myself

cuenta; juzgo sólo según lo que oigo, y mi juicio es justo, pues no busco hacer mi propia voluntad sino cumplir la voluntad del que me envió.

Los testimonios a favor del Hijo

[31] »Si yo testifico en mi favor, ese testimonio no es válido. [32] Otro es el que testifica en mi favor, y me consta que es válido el testimonio que él da de mí.

[33] »Ustedes enviaron a preguntarle a Juan, y él dio un testimonio válido. [34] Y no es que acepte yo el testimonio de un hombre; más bien lo menciono para que ustedes sean salvos. [35] Juan era una lámpara encendida y brillante, y ustedes decidieron disfrutar de su luz por algún tiempo.

[36] »El testimonio con que yo cuento tiene más peso que el de Juan. Porque esa misma tarea que el Padre me ha encomendado que lleve a cabo, y que estoy haciendo, es la que testifica que el Padre me ha enviado. [37] Y el Padre mismo que me envió ha testificado en mi favor. Ustedes nunca han oído su voz, ni visto su figura, [38] ni vive su palabra en ustedes, porque no creen en aquel a quien él envió. [39] Ustedes estudian[x] con diligencia las Escrituras porque piensan que en ellas hallan la vida eterna. ¡Y son ellas las que dan testimonio en mi favor! [40] Sin embargo, ustedes no quieren venir a mí para tener esa vida.

[41] »La gloria *humana no la acepto, [42] pero a ustedes los conozco, y sé que no aman realmente a Dios.[y] [43] Yo he venido en nombre de mi Padre, y ustedes no me aceptan; pero si otro viniera por su propia cuenta, a ése sí lo aceptarían. [44] ¿Cómo va a ser posible que ustedes crean, si unos a otros se rinden gloria pero no buscan la gloria que viene del Dios único?[z]

[45] »Pero no piensen que yo voy a acusarlos delante del Padre. Quien los va a acusar es Moisés, en quien tienen puesta su esperanza. [46] Si le creyeran a Moisés, me creerían a mí, porque de mí escribió él. [47] Pero si no creen lo que él escribió, ¿cómo van a creer mis palabras?

Jesús alimenta a los cinco mil

6 Algún tiempo después, Jesús se fue a la otra orilla del mar de Galilea (o de Tiberíades). [2] Y mucha gente lo seguía, porque veían las señales milagrosas que hacía en los enfermos. [3] Entonces subió Jesús a una colina y se sentó con sus discípulos. [4] Faltaba muy poco tiempo para la fiesta judía de la Pascua.

[5] Cuando Jesús alzó la vista y vio una gran multitud que venía hacia él, le dijo a Felipe:

—¿Dónde vamos a comprar pan para que coma esta gente?

I can do nothing; I judge only as I hear, and my judgment is just, for I seek not to please myself but him who sent me.

Testimonies About Jesus

[31] "If I testify about myself, my testimony is not true. [32] There is another who testifies in my favor, and I know that his testimony about me is true.

[33] "You have sent to John and he has testified to the truth. [34] Not that I accept human testimony; but I mention it that you may be saved. [35] John was a lamp that burned and gave light, and you chose for a time to enjoy his light.

[36] "I have testimony weightier than that of John. For the works that the Father has given me to finish — the very works that I am doing — testify that the Father has sent me. [37] And the Father who sent me has himself testified concerning me. You have never heard his voice nor seen his form, [38] nor does his word dwell in you, for you do not believe the one he sent. [39] You study[a] the Scriptures diligently because you think that in them you have eternal life. These are the very Scriptures that testify about me, [40] yet you refuse to come to me to have life.

[41] "I do not accept glory from human beings, [42] but I know you. I know that you do not have the love of God in your hearts. [43] I have come in my Father's name, and you do not accept me; but if someone else comes in his own name, you will accept him. [44] How can you believe since you accept glory from one another but do not seek the glory that comes from the only God[b]?

[45] "But do not think I will accuse you before the Father. Your accuser is Moses, on whom your hopes are set. [46] If you believed Moses, you would believe me, for he wrote about me. [47] But since you do not believe what he wrote, how are you going to believe what I say?"

Jesus Feeds the Five Thousand

6 Some time after this, Jesus crossed to the far shore of the Sea of Galilee (that is, the Sea of Tiberias), [2] and a great crowd of people followed him because they saw the signs he had performed by healing the sick. [3] Then Jesus went up on a mountainside and sat down with his disciples. [4] The Jewish Passover Festival was near.

[5] When Jesus looked up and saw a great crowd coming toward him, he said to Philip, "Where shall we buy bread for these people to eat?"

---

[x] **5:39** *Ustedes estudian.* Alt. *Estudien.*
[y] **5:42** *no aman ... Dios.* Lit. *no tienen el amor de Dios en sí mismos.*
[z] **5:44** *del Dios único.* Var. *del Único.*

[a] 39 Or [39]*Study*   [b] 44 Some early manuscripts *the Only One*

⁶ Esto lo dijo sólo para ponerlo a *prueba, porque él ya sabía lo que iba a hacer.

⁷ —Ni con el salario de ocho meses*a* podríamos comprar suficiente pan para darle un pedazo a cada uno —respondió Felipe.

⁸ Otro de sus discípulos, Andrés, que era hermano de Simón Pedro, le dijo:

⁹ —Aquí hay un muchacho que tiene cinco panes de cebada y dos pescados, pero ¿qué es esto para tanta gente?

¹⁰ —Hagan que se sienten todos —ordenó Jesús. En ese lugar había mucha hierba. Así que se sentaron, y los varones adultos eran como cinco mil. ¹¹ Jesús tomó entonces los panes, dio gracias y distribuyó a los que estaban sentados todo lo que quisieron. Lo mismo hizo con los pescados.

¹² Una vez que quedaron satisfechos, dijo a sus discípulos:

—Recojan los pedazos que sobraron, para que no se desperdicie nada.

¹³ Así lo hicieron, y con los pedazos de los cinco panes de cebada que les sobraron a los que habían comido, llenaron doce canastas.

¹⁴ Al ver la señal que Jesús había realizado, la gente comenzó a decir: «En verdad éste es el profeta, el que ha de venir al mundo.» ¹⁵ Pero Jesús, dándose cuenta de que querían llevárselo a la fuerza y declararlo rey, se retiró de nuevo a la montaña él solo.

Jesús camina sobre el agua

¹⁶ Cuando ya anochecía, sus discípulos bajaron al lago ¹⁷ y subieron a una barca, y comenzaron a cruzar el lago en dirección a Capernaúm. Para entonces ya había oscurecido, y Jesús todavía no se les había unido. ¹⁸ Por causa del fuerte viento que soplaba, el lago estaba picado. ¹⁹ Habrían remado unos cinco o seis kilómetros*b* cuando vieron que Jesús se acercaba a la barca, caminando sobre el agua, y se asustaron. ²⁰ Pero él les dijo: «No tengan miedo, que soy yo.» ²¹ Así que se dispusieron a recibirlo a bordo, y en seguida la barca llegó a la orilla adonde se dirigían.

²² Al día siguiente, la multitud que se había quedado en el otro lado del lago se dio cuenta de que los discípulos se habían embarcado solos. Allí había estado una sola barca, y Jesús no había entrado en ella con sus discípulos. ²³ Sin embargo, algunas barcas de Tiberíades se aproximaron al lugar donde la gente había comido el pan después de haber dado gracias el Señor. ²⁴ En cuanto la multitud se dio cuenta de que ni Jesús ni sus discípulos estaban allí, subieron a las barcas y se fueron a Capernaúm a buscar a Jesús.

⁶ He asked this only to test him, for he already had in mind what he was going to do.

⁷ Philip answered him, "It would take more than half a year's wages*c* to buy enough bread for each one to have a bite!"

⁸ Another of his disciples, Andrew, Simon Peter's brother, spoke up, ⁹ "Here is a boy with five small barley loaves and two small fish, but how far will they go among so many?"

¹⁰ Jesus said, "Have the people sit down." There was plenty of grass in that place, and they sat down (about five thousand men were there). ¹¹ Jesus then took the loaves, gave thanks, and distributed to those who were seated as much as they wanted. He did the same with the fish.

¹² When they had all had enough to eat, he said to his disciples, "Gather the pieces that are left over. Let nothing be wasted." ¹³ So they gathered them and filled twelve baskets with the pieces of the five barley loaves left over by those who had eaten.

¹⁴ After the people saw the sign Jesus performed, they began to say, "Surely this is the Prophet who is to come into the world." ¹⁵ Jesus, knowing that they intended to come and make him king by force, withdrew again to a mountain by himself.

Jesus Walks on the Water

¹⁶ When evening came, his disciples went down to the lake, ¹⁷ where they got into a boat and set off across the lake for Capernaum. By now it was dark, and Jesus had not yet joined them. ¹⁸ A strong wind was blowing and the waters grew rough. ¹⁹ When they had rowed about three or four miles,*d* they saw Jesus approaching the boat, walking on the water; and they were frightened. ²⁰ But he said to them, "It is I; don't be afraid." ²¹ Then they were willing to take him into the boat, and immediately the boat reached the shore where they were heading.

²² The next day the crowd that had stayed on the opposite shore of the lake realized that only one boat had been there, and that Jesus had not entered it with his disciples, but that they had gone away alone. ²³ Then some boats from Tiberias landed near the place where the people had eaten the bread after the Lord had given thanks. ²⁴ Once the crowd realized that neither Jesus nor his disciples were there, they got into the boats and went to Capernaum in search of Jesus.

---

a **6:7** *el salario de ocho meses.* Lit. *doscientos* *denarios.*
b **6:19** *cinco o seis kilómetros.* Lit. *veinticinco o treinta* *estadios.*

c 7 Greek *take two hundred denarii*   *d* 19 Or about 5 or 6 kilometers

Jesús, el pan de vida

²⁵ Cuando lo encontraron al otro lado del lago, le preguntaron:

—Rabí, ¿cuándo llegaste acá?

²⁶ —Ciertamente les aseguro que ustedes me buscan, no porque han visto señales sino porque comieron pan hasta llenarse. ²⁷ Trabajen, pero no por la comida que es perecedera, sino por la que permanece para vida eterna, la cual les dará el Hijo del hombre. Sobre éste ha puesto Dios el Padre su sello de aprobación.

²⁸ —¿Qué tenemos que hacer para realizar las obras que Dios exige? —le preguntaron.

²⁹ —Ésta es la obra de Dios: que crean en aquel a quien él envió —les respondió Jesús.

³⁰ —¿Y qué señal harás para que la veamos y te creamos? ¿Qué puedes hacer? —insistieron ellos—. ³¹ Nuestros antepasados comieron el maná en el desierto, como está escrito: "Pan del cielo les dio a comer."ᶜ

³² —Ciertamente les aseguro que no fue Moisés el que les dio a ustedes el pan del cielo —afirmó Jesús—. El que da el verdadero pan del cielo es mi Padre. ³³ El pan de Dios es el que baja del cielo y da vida al mundo.

³⁴ —Señor —le pidieron—, danos siempre ese pan.

³⁵ —Yo soy el pan de vida —declaró Jesús—. El que a mí viene nunca pasará hambre, y el que en mí cree nunca más volverá a tener sed. ³⁶ Pero como ya les dije, a pesar de que ustedes me han visto, no creen. ³⁷ Todos los que el Padre me da vendrán a mí; y al que a mí viene, no lo rechazo. ³⁸ Porque he bajado del cielo no para hacer mi voluntad sino la del que me envió. ³⁹ Y ésta es la voluntad del que me envió: que yo no pierda nada de lo que él me ha dado, sino que lo resucite en el día final. ⁴⁰ Porque la voluntad de mi Padre es que todo el que reconozca al Hijo y crea en él, tenga vida eterna, y yo lo resucitaré en el día final.

⁴¹ Entonces los judíos comenzaron a murmurar contra él, porque dijo: «Yo soy el pan que bajó del cielo.» ⁴² Y se decían: «¿Acaso no es éste Jesús, el hijo de José? ¿No conocemos a su padre y a su madre? ¿Cómo es que sale diciendo: "Yo bajé del cielo"?»

⁴³ —Dejen de murmurar —replicó Jesús—. ⁴⁴ Nadie puede venir a mí si no lo atrae el Padre que me envió, y yo lo resucitaré en el día final. ⁴⁵ En los profetas está escrito: "A todos los instruirá Dios."ᵈ En efecto, todo el que escucha al Padre y aprende de él, viene a mí. ⁴⁶ Al Padre nadie lo ha visto, excepto el que viene de Dios; sólo él ha visto al Padre. ⁴⁷ Ciertamente les aseguro que el que cree tiene vida eterna. ⁴⁸ Yo soy el pan de vida. ⁴⁹ Los antepasados de ustedes comieron el maná

Jesus the Bread of Life

²⁵ When they found him on the other side of the lake, they asked him, "Rabbi, when did you get here?"

²⁶ Jesus answered, "Very truly I tell you, you are looking for me, not because you saw the signs I performed but because you ate the loaves and had your fill. ²⁷ Do not work for food that spoils, but for food that endures to eternal life, which the Son of Man will give you. For on him God the Father has placed his seal of approval."

²⁸ Then they asked him, "What must we do to do the works God requires?"

²⁹ Jesus answered, "The work of God is this: to believe in the one he has sent."

³⁰ So they asked him, "What sign then will you give that we may see it and believe you? What will you do? ³¹ Our ancestors ate the manna in the wilderness; as it is written: 'He gave them bread from heaven to eat.'ᵉ"

³² Jesus said to them, "Very truly I tell you, it is not Moses who has given you the bread from heaven, but it is my Father who gives you the true bread from heaven. ³³ For the bread of God is the bread that comes down from heaven and gives life to the world."

³⁴ "Sir," they said, "always give us this bread."

³⁵ Then Jesus declared, "I am the bread of life. Whoever comes to me will never go hungry, and whoever believes in me will never be thirsty. ³⁶ But as I told you, you have seen me and still you do not believe. ³⁷ All those the Father gives me will come to me, and whoever comes to me I will never drive away. ³⁸ For I have come down from heaven not to do my will but to do the will of him who sent me. ³⁹ And this is the will of him who sent me, that I shall lose none of all those he has given me, but raise them up at the last day. ⁴⁰ For my Father's will is that everyone who looks to the Son and believes in him shall have eternal life, and I will raise them up at the last day."

⁴¹ At this the Jews there began to grumble about him because he said, "I am the bread that came down from heaven." ⁴² They said, "Is this not Jesus, the son of Joseph, whose father and mother we know? How can he now say, 'I came down from heaven'?"

⁴³ "Stop grumbling among yourselves," Jesus answered. ⁴⁴ "No one can come to me unless the Father who sent me draws them, and I will raise them up at the last day. ⁴⁵ It is written in the Prophets: 'They will all be taught by God.'ᶠ Everyone who has heard the Father and learned from him comes to me. ⁴⁶ No one has seen the Father except the one who is from God; only he has seen the Father. ⁴⁷ Very truly I tell you, the one who believes has eternal life. ⁴⁸ I am the bread of life. ⁴⁹ Your

---

ᶜ **6:31** Éx 16:4; Neh 9:15; Sal 78:24,25
ᵈ **6:45** Is 54:13

ᵉ *31* Exodus 16:4; Neh. 9:15; Psalm 78:24,25 ᶠ *45* Isaiah 54:13

en el desierto, y sin embargo murieron. [50] Pero éste es el pan que baja del cielo; el que come de él, no muere. [51] Yo soy el pan vivo que bajó del cielo. Si alguno come de este pan, vivirá para siempre. Este pan es mi carne, que daré para que el mundo viva.

[52] Los judíos comenzaron a disputar acaloradamente entre sí: «¿Cómo puede éste darnos a comer su carne?»

[53] —Ciertamente les aseguro —afirmó Jesús— que si no comen la carne del Hijo del hombre ni beben su sangre, no tienen realmente vida. [54] El que come[e] mi carne y bebe mi sangre tiene vida eterna, y yo lo resucitaré en el día final. [55] Porque mi carne es verdadera comida y mi sangre es verdadera bebida. [56] El que come mi carne y bebe mi sangre, permanece en mí y yo en él. [57] Así como me envió el Padre viviente, y yo vivo por el Padre, también el que come de mí, vivirá por mí. [58] Éste es el pan que bajó del cielo. Los antepasados de ustedes comieron maná y murieron, pero el que come de este pan vivirá para siempre.

[59] Todo esto lo dijo Jesús mientras enseñaba en la sinagoga de Capernaúm.

Muchos discípulos abandonan a Jesús

[60] Al escucharlo, muchos de sus discípulos exclamaron: «Esta enseñanza es muy difícil; ¿quién puede aceptarla?»

[61] Jesús, muy consciente de que sus discípulos murmuraban por lo que había dicho, les reprochó:

—¿Esto les causa *tropiezo? [62] ¿Qué tal si vieran al Hijo del hombre subir adonde antes estaba? [63] El Espíritu da vida; la *carne no vale para nada. Las palabras que les he hablado son espíritu y son vida. [64] Sin embargo, hay algunos de ustedes que no creen.

Es que Jesús conocía desde el principio quiénes eran los que no creían y quién era el que iba a traicionarlo. Así que añadió:

[65] —Por esto les dije que nadie puede venir a mí, a menos que se lo haya concedido el Padre.

[66] Desde entonces muchos de sus discípulos le volvieron la espalda y ya no andaban con él. Así que Jesús les preguntó a los doce:

[67] —¿También ustedes quieren marcharse?

[68] —Señor —contestó Simón Pedro—, ¿a quién iremos? Tú tienes palabras de vida eterna. [69] Y nosotros hemos creído, y sabemos que tú eres el Santo de Dios.[f]

[70] —¿No los he escogido yo a ustedes doce? —repuso Jesús—. No obstante, uno de ustedes es un diablo.

[71] Se refería a Judas, hijo de Simón Iscariote, uno de los doce, que iba a traicionarlo.

ancestors ate the manna in the wilderness, yet they died. [50] But here is the bread that comes down from heaven, which anyone may eat and not die. [51] I am the living bread that came down from heaven. Whoever eats this bread will live forever. This bread is my flesh, which I will give for the life of the world."

[52] Then the Jews began to argue sharply among themselves, "How can this man give us his flesh to eat?"

[53] Jesus said to them, "Very truly I tell you, unless you eat the flesh of the Son of Man and drink his blood, you have no life in you. [54] Whoever eats my flesh and drinks my blood has eternal life, and I will raise them up at the last day. [55] For my flesh is real food and my blood is real drink. [56] Whoever eats my flesh and drinks my blood remains in me, and I in them. [57] Just as the living Father sent me and I live because of the Father, so the one who feeds on me will live because of me. [58] This is the bread that came down from heaven. Your ancestors ate manna and died, but whoever feeds on this bread will live forever." [59] He said this while teaching in the synagogue in Capernaum.

Many Disciples Desert Jesus

[60] On hearing it, many of his disciples said, "This is a hard teaching. Who can accept it?"

[61] Aware that his disciples were grumbling about this, Jesus said to them, "Does this offend you? [62] Then what if you see the Son of Man ascend to where he was before! [63] The Spirit gives life; the flesh counts for nothing. The words I have spoken to you—they are full of the Spirit[g] and life. [64] Yet there are some of you who do not believe." For Jesus had known from the beginning which of them did not believe and who would betray him. [65] He went on to say, "This is why I told you that no one can come to me unless the Father has enabled them."

[66] From this time many of his disciples turned back and no longer followed him.

[67] "You do not want to leave too, do you?" Jesus asked the Twelve.

[68] Simon Peter answered him, "Lord, to whom shall we go? You have the words of eternal life. [69] We have come to believe and to know that you are the Holy One of God."

[70] Then Jesus replied, "Have I not chosen you, the Twelve? Yet one of you is a devil!" [71] (He meant Judas, the son of Simon Iscariot, who, though one of the Twelve, was later to betray him.)

---

[e] **6:54** *come.* Lit. *masca,* o *casca.*
[f] **6:69** *el Santo de Dios.* Var. *el *Cristo, el hijo del Dios viviente.*

[g] 63 Or *are Spirit;* or *are spirit*

Jesús va a la fiesta de los Tabernáculos

7 Algún tiempo después, Jesús andaba por Galilea. No tenía ningún interés en ir a Judea, porque allí los judíos buscaban la oportunidad para matarlo. ² Faltaba poco tiempo para la fiesta judía de los Tabernáculos,ᵍ ³ así que los hermanos de Jesús le dijeron:

—Deberías salir de aquí e ir a Judea, para que tus discípulos vean las obras que realizas, ⁴ porque nadie que quiera darse a conocer actúa en secreto. Ya que haces estas cosas, deja que el mundo te conozca.

⁵ Lo cierto es que ni siquiera sus hermanos creían en él. ⁶ Por eso Jesús les dijo:

—Para ustedes cualquier tiempo es bueno, pero el tiempo mío aún no ha llegado. ⁷ El mundo no tiene motivos para aborrecerlos; a mí, sin embargo, me aborrece porque yo testifico que sus obras son malas. ⁸ Suban ustedes a la fiesta. Yo no voy todavíaʰ a esta fiesta porque mi tiempo aún no ha llegado.

⁹ Dicho esto, se quedó en Galilea. ¹⁰ Sin embargo, después de que sus hermanos se fueron a la fiesta, fue también él, no públicamente sino en secreto. ¹¹ Por eso las autoridades judías lo buscaban durante la fiesta, y decían: «¿Dónde se habrá metido?»

¹² Entre la multitud corrían muchos rumores acerca de él. Unos decían: «Es una buena persona.» Otros alegaban: «No, lo que pasa es que engaña a la gente.» ¹³ Sin embargo, por temor a los judíos nadie hablaba de él abiertamente.

Jesús enseña en la fiesta

¹⁴ Jesús esperó hasta la mitad de la fiesta para subir al *templo y comenzar a enseñar. ¹⁵ Los judíos se admiraban y decían: «¿De dónde sacó éste tantos conocimientos sin haber estudiado?»

¹⁶ —Mi enseñanza no es mía —replicó Jesús— sino del que me envió. ¹⁷ El que esté dispuesto a hacer la voluntad de Dios reconocerá si mi enseñanza proviene de Dios o si yo hablo por mi propia cuenta. ¹⁸ El que habla por cuenta propia busca su vanagloria; en cambio, el que busca glorificar al que lo envió es una persona íntegra y sin doblez. ¹⁹ ¿No les ha dado Moisés la ley a ustedes? Sin embargo, ninguno de ustedes la cumple. ¿Por qué tratan entonces de matarme?

²⁰ —Estás endemoniado —contestó la multitud—. ¿Quién quiere matarte?

²¹ —Hice un milagro y todos ustedes han quedado asombrados. ²² Por eso Moisés les dio la circuncisión, que en realidad no proviene de Moisés sino de los patriarcas, y aun en *sábado la practican. ²³ Ahora bien, si para cumplir la ley de Moisés circuncidan a un varón incluso en sábado, ¿por qué se enfurecen conmigo si en sábado lo sano por

Jesus Goes to the Festival of Tabernacles

7 After this, Jesus went around in Galilee. He did not wantʰ to go about in Judea because the Jewish leaders there were looking for a way to kill him. ² But when the Jewish Festival of Tabernacles was near, ³ Jesus' brothers said to him, "Leave Galilee and go to Judea, so that your disciples there may see the works you do. ⁴ No one who wants to become a public figure acts in secret. Since you are doing these things, show yourself to the world." ⁵ For even his own brothers did not believe in him.

⁶ Therefore Jesus told them, "My time is not yet here; for you any time will do. ⁷ The world cannot hate you, but it hates me because I testify that its works are evil. ⁸ You go to the festival. I am notⁱ going up to this festival, because my time has not yet fully come." ⁹ After he had said this, he stayed in Galilee.

¹⁰ However, after his brothers had left for the festival, he went also, not publicly, but in secret. ¹¹ Now at the festival the Jewish leaders were watching for Jesus and asking, "Where is he?"

¹² Among the crowds there was widespread whispering about him. Some said, "He is a good man."

Others replied, "No, he deceives the people." ¹³ But no one would say anything publicly about him for fear of the leaders.

Jesus Teaches at the Festival

¹⁴ Not until halfway through the festival did Jesus go up to the temple courts and begin to teach. ¹⁵ The Jews there were amazed and asked, "How did this man get such learning without having been taught?"

¹⁶ Jesus answered, "My teaching is not my own. It comes from the one who sent me. ¹⁷ Anyone who chooses to do the will of God will find out whether my teaching comes from God or whether I speak on my own. ¹⁸ Whoever speaks on their own does so to gain personal glory, but he who seeks the glory of the one who sent him is a man of truth; there is nothing false about him. ¹⁹ Has not Moses given you the law? Yet not one of you keeps the law. Why are you trying to kill me?"

²⁰ "You are demon-possessed," the crowd answered. "Who is trying to kill you?"

²¹ Jesus said to them, "I did one miracle, and you are all amazed. ²² Yet, because Moses gave you circumcision (though actually it did not come from Moses, but from the patriarchs), you circumcise a boy on the Sabbath. ²³ Now if a boy can be circumcised on the Sabbath so that the law of Moses may not be broken, why are you angry with me for healing a man's whole body on the Sabbath?

ᵍ **7:2** *los Tabernáculos.* Alt. *las* *Enramadas.*
ʰ **7:8** Var. no incluye: *todavía.*

ʰ **1** Some manuscripts *not have authority*   ⁱ **8** Some manuscripts *not yet*

completo? ²⁴ No juzguen por las apariencias; juzguen con justicia.

¿Es éste el Cristo?

²⁵ Algunos de los que vivían en Jerusalén comentaban: «¿No es éste al que quieren matar? ²⁶ Ahí está, hablando abiertamente, y nadie le dice nada. ¿Será que las autoridades se han convencido de que es el *Cristo? ²⁷ Nosotros sabemos de dónde viene este hombre, pero cuando venga el Cristo nadie sabrá su procedencia.»

²⁸ Por eso Jesús, que seguía enseñando en el *templo, exclamó:

—¡Con que ustedes me conocen y saben de dónde vengo! No he venido por mi propia cuenta, sino que me envió uno que es digno de confianza. Ustedes no lo conocen, ²⁹ pero yo sí lo conozco porque vengo de parte suya, y él mismo me ha enviado.

³⁰ Entonces quisieron arrestarlo, pero nadie le echó mano porque aún no había llegado su hora. ³¹ Con todo, muchos de entre la multitud creyeron en él y decían: «Cuando venga el Cristo, ¿acaso va a hacer más señales que este hombre?»

³² Los *fariseos oyeron a la multitud que murmuraba estas cosas acerca de él, y junto con los jefes de los sacerdotes mandaron unos guardias del templo para arrestarlo.

³³ —Voy a estar con ustedes un poco más de tiempo —afirmó Jesús—, y luego volveré al que me envió. ³⁴ Me buscarán, pero no me encontrarán, porque adonde yo esté no podrán ustedes llegar.

³⁵ «¿Y éste a dónde piensa irse que no podamos encontrarlo? —comentaban entre sí los judíos—. ¿Será que piensa ir a nuestra gente dispersa entre las naciones,ⁱ para enseñar a los *griegos? ³⁶ ¿Qué quiso decir con eso de que "me buscarán, pero no me encontrarán", y "adonde yo esté no podrán ustedes llegar"?»

Jesús en el último día de la fiesta

³⁷ En el último día, el más solemne de la fiesta, Jesús se puso de pie y exclamó:

—¡Si alguno tiene sed, que venga a mí y beba! ³⁸ De aquel que cree en mí, como dice^j la Escritura, brotarán ríos de agua viva.

³⁹ Con esto se refería al Espíritu que habrían de recibir más tarde los que creyeran en él. Hasta ese momento el Espíritu no había sido dado, porque Jesús no había sido glorificado todavía.

⁴⁰ Al oír sus palabras, algunos de entre la multitud decían: «Verdaderamente éste es el profeta.» ⁴¹ Otros afirmaban: «¡Es el *Cristo!» Pero otros objetaban: «¿Cómo puede el Cristo venir de Galilea? ⁴² ¿Acaso no dice la Escritura que el Cristo vendrá de la descendencia de David, y de Belén, el

Division Over Who Jesus Is

²⁵ At that point some of the people of Jerusalem began to ask, "Isn't this the man they are trying to kill? ²⁶ Here he is, speaking publicly, and they are not saying a word to him. Have the authorities really concluded that he is the Messiah? ²⁷ But we know where this man is from; when the Messiah comes, no one will know where he is from."

²⁸ Then Jesus, still teaching in the temple courts, cried out, "Yes, you know me, and you know where I am from. I am not here on my own authority, but he who sent me is true. You do not know him, ²⁹ but I know him because I am from him and he sent me."

³⁰ At this they tried to seize him, but no one laid a hand on him, because his hour had not yet come. ³¹ Still, many in the crowd believed in him. They said, "When the Messiah comes, will he perform more signs than this man?"

³² The Pharisees heard the crowd whispering such things about him. Then the chief priests and the Pharisees sent temple guards to arrest him.

³³ Jesus said, "I am with you for only a short time, and then I am going to the one who sent me. ³⁴ You will look for me, but you will not find me; and where I am, you cannot come."

³⁵ The Jews said to one another, "Where does this man intend to go that we cannot find him? Will he go where our people live scattered among the Greeks, and teach the Greeks? ³⁶ What did he mean when he said, 'You will look for me, but you will not find me,' and 'Where I am, you cannot come'?"

³⁷ On the last and greatest day of the festival, Jesus stood and said in a loud voice, "Let anyone who is thirsty come to me and drink. ³⁸ Whoever believes in me, as Scripture has said, rivers of living water will flow from within them."^j ³⁹ By this he meant the Spirit, whom those who believed in him were later to receive. Up to that time the Spirit had not been given, since Jesus had not yet been glorified.

⁴⁰ On hearing his words, some of the people said, "Surely this man is the Prophet."

⁴¹ Others said, "He is the Messiah."

Still others asked, "How can the Messiah come from Galilee? ⁴² Does not Scripture say that the Messiah will come from David's descendants and from Bethlehem, the town where David lived?"

ⁱ 7:35 nuestra ... naciones. Lit. la diáspora de los griegos.
^j 7:37-38 que venga ... como dice. Alt. que venga a mí! ¡Y que beba ³⁸ el que cree en mí! De él, como dice.

^j 37,38 Or me. And let anyone drink ³⁸ who believes in me." As Scripture has said, "Out of him (or them) will flow rivers of living water."

pueblo de donde era David?» ⁴³ Por causa de Jesús la gente estaba dividida. ⁴⁴ Algunos querían arrestarlo, pero nadie le puso las manos encima.

Incredulidad de los dirigentes judíos

⁴⁵ Los guardias del *templo volvieron a los jefes de los sacerdotes y a los *fariseos, quienes los interrogaron:

—¿Se puede saber por qué no lo han traído?

⁴⁶ —¡Nunca nadie ha hablado como ese hombre! —declararon los guardias.

⁴⁷ —¿Así que también ustedes se han dejado engañar? —replicaron los fariseos—. ⁴⁸ ¿Acaso ha creído en él alguno de los gobernantes o de los fariseos? ⁴⁹ ¡No! Pero esta gente, que no sabe nada de la ley, está bajo maldición.

⁵⁰ Nicodemo, que era uno de ellos y que antes había ido a ver a Jesús, les interpeló:

⁵¹ —¿Acaso nuestra ley condena a un hombre sin antes escucharlo y averiguar lo que hace?

⁵² —¿No eres tú también de Galilea? —protestaron—. Investiga y verás que de Galilea no ha salido ningún profeta.ᵏ

────────────

⁵³ Entonces todos se fueron a casa.

La mujer sorprendida en adulterio

8 Pero Jesús se fue al monte de los Olivos. ² Al amanecer se presentó de nuevo en el *templo. Toda la gente se le acercó, y él se sentó a enseñarles. ³ Los *maestros de la ley y los *fariseos llevaron entonces a una mujer sorprendida en adulterio, y poniéndola en medio del grupo ⁴ le dijeron a Jesús:

—Maestro, a esta mujer se le ha sorprendido en el acto mismo de adulterio. ⁵ En la ley Moisés nos ordenó apedrear a tales mujeres. ¿Tú qué dices?

⁶ Con esta pregunta le estaban tendiendo una *trampa, para tener de qué acusarlo. Pero Jesús se inclinó y con el dedo comenzó a escribir en el suelo. ⁷ Y como ellos lo acosaban a preguntas, Jesús se incorporó y les dijo:

—Aquel de ustedes que esté libre de pecado, que tire la primera piedra.

⁸ E inclinándose de nuevo, siguió escribiendo en el suelo. ⁹ Al oír esto, se fueron retirando uno tras otro, comenzando por los más viejos, hasta dejar a Jesús solo con la mujer, que aún seguía allí. ¹⁰ Entonces él se incorporó y le preguntó:

—Mujer, ¿dónde están?ˡ ¿Ya nadie te condena?

¹¹ —Nadie, Señor.

—Tampoco yo te condeno. Ahora vete, y no vuelvas a pecar.

⁴³ Thus the people were divided because of Jesus. ⁴⁴ Some wanted to seize him, but no one laid a hand on him.

Unbelief of the Jewish Leaders

⁴⁵ Finally the temple guards went back to the chief priests and the Pharisees, who asked them, "Why didn't you bring him in?"

⁴⁶ "No one ever spoke the way this man does," the guards replied.

⁴⁷ "You mean he has deceived you also?" the Pharisees retorted. ⁴⁸ "Have any of the rulers or of the Pharisees believed in him? ⁴⁹ No! But this mob that knows nothing of the law — there is a curse on them."

⁵⁰ Nicodemus, who had gone to Jesus earlier and who was one of their own number, asked, ⁵¹ "Does our law condemn a man without first hearing him to find out what he has been doing?"

⁵² They replied, "Are you from Galilee, too? Look into it, and you will find that a prophet does not come out of Galilee."

────────────

[The earliest manuscripts and many other ancient witnesses do not have John 7:53 — 8:11. A few manuscripts include these verses, wholly or in part, after John 7:36, John 21:25, Luke 21:38 or Luke 24:53.]

8 ⁵³ Then they all went home, ¹ but Jesus went to the Mount of Olives.

² At dawn he appeared again in the temple courts, where all the people gathered around him, and he sat down to teach them. ³ The teachers of the law and the Pharisees brought in a woman caught in adultery. They made her stand before the group ⁴ and said to Jesus, "Teacher, this woman was caught in the act of adultery. ⁵ In the Law Moses commanded us to stone such women. Now what do you say?" ⁶ They were using this question as a trap, in order to have a basis for accusing him.

But Jesus bent down and started to write on the ground with his finger. ⁷ When they kept on questioning him, he straightened up and said to them, "Let anyone of you who is without sin be the first to throw a stone at her." ⁸ Again he stooped down and wrote on the ground.

⁹ At this, those who heard began to go away one at a time, the older ones first, until only Jesus was left, with the woman still standing there. ¹⁰ Jesus straightened up and asked her, "Woman, where are they? Has no one condemned you?"

¹¹ "No one, sir," she said.

"Then neither do I condemn you," Jesus declared. "Go now and leave your life of sin."

────────────

ᵏ **7:52** Los mss. más antiguos y otros testimonios de la antigüedad no incluyen Jn 7:53—8:11. En algunos códices y versiones que contienen el relato de la adúltera, esta sección aparece en diferentes lugares; por ejemplo, después de 7:44, o al final de este evangelio, o después de Lc 21:38.

ˡ **8:10** ¿dónde están? Var. ¿dónde están los que te acusaban?

Validez del testimonio de Jesús

¹² Una vez más Jesús se dirigió a la gente, y les dijo:

—Yo soy la luz del mundo. El que me sigue no andará en tinieblas, sino que tendrá la luz de la vida.

¹³ —Tú te presentas como tu propio testigo —alegaron los *fariseos—, así que tu testimonio no es válido.

¹⁴ —Aunque yo sea mi propio testigo —repuso Jesús—, mi testimonio es válido, porque sé de dónde he venido y a dónde voy. Pero ustedes no saben de dónde vengo ni a dónde voy. ¹⁵ Ustedes juzgan según criterios *humanos; yo, en cambio, no juzgo a nadie. ¹⁶ Y si lo hago, mis juicios son válidos porque no los emito por mi cuenta sino en unión con el Padre que me envió. ¹⁷ En la ley de ustedes está escrito que el testimonio de dos personas es válido. ¹⁸ Uno de mis testigos soy yo mismo, y el Padre que me envió también da testimonio de mí.

¹⁹ —¿Dónde está tu padre?

—Si supieran quién soy yo, sabrían también quién es mi Padre.

²⁰ Estas palabras las dijo Jesús en el lugar donde se depositaban las ofrendas, mientras enseñaba en el *templo. Pero nadie le echó mano porque aún no había llegado su tiempo.

Yo no soy de este mundo

²¹ De nuevo Jesús les dijo:

—Yo me voy, y ustedes me buscarán, pero en su pecado morirán. Adonde yo voy, ustedes no pueden ir.

²² Comentaban, por tanto, los judíos: «¿Acaso piensa suicidarse? ¿Será por eso que dice: "Adonde yo voy, ustedes no pueden ir"?»

²³ —Ustedes son de aquí abajo —continuó Jesús—; yo soy de allá arriba. Ustedes son de este mundo; yo no soy de este mundo. ²⁴ Por eso les he dicho que morirán en sus pecados, pues si no creen que yo soy el que afirmo ser,ᵐ en sus pecados morirán.

²⁵ —¿Quién eres tú? —le preguntaron.

—En primer lugar, ¿qué tengo que explicarles?ⁿ —contestó Jesús—. ²⁶ Son muchas las cosas que tengo que decir y juzgar de ustedes. Pero el que me envió es veraz, y lo que le he oído decir es lo mismo que le repito al mundo.

²⁷ Ellos no entendieron que les hablaba de su Padre. ²⁸ Por eso Jesús añadió:

—Cuando hayan levantado al Hijo del hombre, sabrán ustedes que yo soy, y que no hago nada por mi propia cuenta, sino que hablo conforme a lo que el Padre me ha enseñado. ²⁹ El que me envió

Dispute Over Jesus' Testimony

¹² When Jesus spoke again to the people, he said, "I am the light of the world. Whoever follows me will never walk in darkness, but will have the light of life."

¹³ The Pharisees challenged him, "Here you are, appearing as your own witness; your testimony is not valid."

¹⁴ Jesus answered, "Even if I testify on my own behalf, my testimony is valid, for I know where I came from and where I am going. But you have no idea where I come from or where I am going. ¹⁵ You judge by human standards; I pass judgment on no one. ¹⁶ But if I do judge, my decisions are true, because I am not alone. I stand with the Father, who sent me. ¹⁷ In your own Law it is written that the testimony of two witnesses is true. ¹⁸ I am one who testifies for myself; my other witness is the Father, who sent me."

¹⁹ Then they asked him, "Where is your father?"

"You do not know me or my Father," Jesus replied. "If you knew me, you would know my Father also." ²⁰ He spoke these words while teaching in the temple courts near the place where the offerings were put. Yet no one seized him, because his hour had not yet come.

Dispute Over Who Jesus Is

²¹ Once more Jesus said to them, "I am going away, and you will look for me, and you will die in your sin. Where I go, you cannot come."

²² This made the Jews ask, "Will he kill himself? Is that why he says, 'Where I go, you cannot come'?"

²³ But he continued, "You are from below; I am from above. You are of this world; I am not of this world. ²⁴ I told you that you would die in your sins; if you do not believe that I am he, you will indeed die in your sins."

²⁵ "Who are you?" they asked.

"Just what I have been telling you from the beginning," Jesus replied. ²⁶ "I have much to say in judgment of you. But he who sent me is trustworthy, and what I have heard from him I tell the world."

²⁷ They did not understand that he was telling them about his Father. ²⁸ So Jesus said, "When you have lifted upᵏ the Son of Man, then you will know that I am he and that I do nothing on my own but speak just what the Father has taught me. ²⁹ The

---

ᵐ 8:24 *el que afirmo ser.* Alt. *aquél;* también en v. 28.
ⁿ 8:25 *En primer … explicarles?* Alt. *Lo que desde el principio he venido diciéndoles.*

ᵏ 28 The Greek for *lifted up* also means *exalted.*

está conmigo; no me ha dejado solo, porque siempre hago lo que le agrada.

³⁰ Mientras aún hablaba, muchos creyeron en él.

Los hijos de Abraham

³¹ Jesús se dirigió entonces a los judíos que habían creído en él, y les dijo:

—Si se mantienen fieles a mis enseñanzas, serán realmente mis discípulos; ³² y conocerán la verdad, y la verdad los hará libres.

³³ —Nosotros somos descendientes de Abraham —le contestaron—, y nunca hemos sido esclavos de nadie. ¿Cómo puedes decir que seremos liberados?

³⁴ —Ciertamente les aseguro que todo el que peca es esclavo del pecado —respondió Jesús—. ³⁵ Ahora bien, el esclavo no se queda para siempre en la familia; pero el hijo sí se queda en ella para siempre. ³⁶ Así que si el Hijo los libera, serán ustedes verdaderamente libres. ³⁷ Yo sé que ustedes son descendientes de Abraham. Sin embargo, procuran matarme porque no está en sus planes aceptar mi palabra. ³⁸ Yo hablo de lo que he visto en presencia del Padre; así también ustedes, hagan lo que del Padre han escuchado.

³⁹ —Nuestro padre es Abraham —replicaron.

—Si fueran hijos de Abraham, harían lo mismo que él hizo. ⁴⁰ Ustedes, en cambio, quieren matarme, ¡a mí, que les he expuesto la verdad que he recibido de parte de Dios! Abraham jamás haría tal cosa. ⁴¹ Las obras de ustedes son como las de su padre.

—Nosotros no somos hijos nacidos de prostitución —le reclamaron—. Un solo Padre tenemos, y es Dios mismo.

Los hijos del diablo

⁴² —Si Dios fuera su Padre —les contestó Jesús—, ustedes me amarían, porque yo he venido de Dios y aquí me tienen. No he venido por mi propia cuenta, sino que él me envió. ⁴³ ¿Por qué no entienden mi modo de hablar? Porque no pueden aceptar mi palabra. ⁴⁴ Ustedes son de su padre, el diablo, cuyos deseos quieren cumplir. Desde el principio éste ha sido un asesino, y no se mantiene en la verdad, porque no hay verdad en él. Cuando miente, expresa su propia naturaleza, porque es un mentiroso. ¡Es el padre de la mentira! ⁴⁵ Y sin embargo a mí, que les digo la verdad, no me creen. ⁴⁶ ¿Quién de ustedes me puede probar que soy culpable de pecado? Si digo la verdad, ¿por qué no me creen? ⁴⁷ El que es de Dios escucha lo que Dios dice. Pero ustedes no escuchan, porque no son de Dios.

Declaración de Jesús acerca de sí mismo

⁴⁸ —¿No tenemos razón al decir que eres un samaritano, y que estás endemoniado? —replicaron los judíos.

one who sent me is with me; he has not left me alone, for I always do what pleases him." ³⁰ Even as he spoke, many believed in him.

Dispute Over Whose Children Jesus' Opponents Are

³¹ To the Jews who had believed him, Jesus said, "If you hold to my teaching, you are really my disciples. ³² Then you will know the truth, and the truth will set you free."

³³ They answered him, "We are Abraham's descendants and have never been slaves of anyone. How can you say that we shall be set free?"

³⁴ Jesus replied, "Very truly I tell you, everyone who sins is a slave to sin. ³⁵ Now a slave has no permanent place in the family, but a son belongs to it forever. ³⁶ So if the Son sets you free, you will be free indeed. ³⁷ I know that you are Abraham's descendants. Yet you are looking for a way to kill me, because you have no room for my word. ³⁸ I am telling you what I have seen in the Father's presence, and you are doing what you have heard from your father.^l"

³⁹ "Abraham is our father," they answered.

"If you were Abraham's children," said Jesus, "then you would^m do what Abraham did. ⁴⁰ As it is, you are looking for a way to kill me, a man who has told you the truth that I heard from God. Abraham did not do such things. ⁴¹ You are doing the works of your own father."

"We are not illegitimate children," they protested. "The only Father we have is God himself."

⁴² Jesus said to them, "If God were your Father, you would love me, for I have come here from God. I have not come on my own; God sent me. ⁴³ Why is my language not clear to you? Because you are unable to hear what I say. ⁴⁴ You belong to your father, the devil, and you want to carry out your father's desires. He was a murderer from the beginning, not holding to the truth, for there is no truth in him. When he lies, he speaks his native language, for he is a liar and the father of lies. ⁴⁵ Yet because I tell the truth, you do not believe me! ⁴⁶ Can any of you prove me guilty of sin? If I am telling the truth, why don't you believe me? ⁴⁷ Whoever belongs to God hears what God says. The reason you do not hear is that you do not belong to God."

Jesus' Claims About Himself

⁴⁸ The Jews answered him, "Aren't we right in saying that you are a Samaritan and demon-possessed?"

---

^l 38 Or presence. Therefore do what you have heard from the Father.   ^m 39 Some early manuscripts "If you are Abraham's children," said Jesus, "then

[49] —No estoy poseído por ningún demonio —contestó Jesús—. Tan sólo honro a mi Padre; pero ustedes me deshonran a mí. [50] Yo no busco mi propia gloria; pero hay uno que la busca, y él es el juez. [51] Ciertamente les aseguro que el que cumple mi palabra, nunca morirá.

[52] —¡Ahora estamos convencidos de que estás endemoniado! —exclamaron los judíos—. Abraham murió, y también los profetas, pero tú sales diciendo que si alguno guarda tu palabra, nunca morirá. [53] ¿Acaso eres tú mayor que nuestro padre Abraham? Él murió, y también murieron los profetas. ¿Quién te crees tú?

[54] —Si yo me glorifico a mí mismo —les respondió Jesús—, mi gloria no significa nada. Pero quien me glorifica es mi Padre, el que ustedes dicen que es su Dios, [55] aunque no lo conocen. Yo, en cambio, sí lo conozco. Si dijera que no lo conozco, sería tan mentiroso como ustedes; pero lo conozco y cumplo su palabra. [56] Abraham, el padre de ustedes, se regocijó al pensar que vería mi día; y lo vio y se alegró.

[57] —Ni a los cincuenta años llegas —le dijeron los judíos—, ¿y has visto a Abraham?

[58] —Ciertamente les aseguro que, antes de que Abraham naciera, ¡yo soy!

[59] Entonces los judíos tomaron piedras para arrojárselas, pero Jesús se escondió y salió inadvertido del templo.[ñ]

Jesús sana a un ciego de nacimiento

9 A su paso, Jesús vio a un hombre que era ciego de nacimiento. [2] Y sus discípulos le preguntaron:

—Rabí, para que este hombre haya nacido ciego, ¿quién pecó, él o sus padres?

[3] —Ni él pecó, ni sus padres —respondió Jesús—, sino que esto sucedió para que la obra de Dios se hiciera evidente en su vida. [4] Mientras sea de día, tenemos que llevar a cabo la obra del que me envió. Viene la noche cuando nadie puede trabajar. [5] Mientras esté yo en el mundo, luz soy del mundo.

[6] Dicho esto, escupió en el suelo, hizo barro con la saliva y se lo untó en los ojos al ciego, diciéndole:

[7] —Ve y lávate en el estanque de Siloé (que significa: Enviado).

El ciego fue y se lavó, y al volver ya veía.

[8] Sus vecinos y los que lo habían visto pedir limosna decían: «¿No es éste el que se sienta a mendigar?» [9] Unos aseguraban: «Sí, es él.» Otros decían: «No es él, sino que se le parece.» Pero él insistía: «Soy yo.»

[10] —¿Cómo entonces se te han abierto los ojos? —le preguntaron.

[49] "I am not possessed by a demon," said Jesus, "but I honor my Father and you dishonor me. [50] I am not seeking glory for myself; but there is one who seeks it, and he is the judge. [51] Very truly I tell you, whoever obeys my word will never see death."

[52] At this they exclaimed, "Now we know that you are demon-possessed! Abraham died and so did the prophets, yet you say that whoever obeys your word will never taste death. [53] Are you greater than our father Abraham? He died, and so did the prophets. Who do you think you are?"

[54] Jesus replied, "If I glorify myself, my glory means nothing. My Father, whom you claim as your God, is the one who glorifies me. [55] Though you do not know him, I know him. If I said I did not, I would be a liar like you, but I do know him and obey his word. [56] Your father Abraham rejoiced at the thought of seeing my day; he saw it and was glad."

[57] "You are not yet fifty years old," they said to him, "and you have seen Abraham!"

[58] "Very truly I tell you," Jesus answered, "before Abraham was born, I am!" [59] At this, they picked up stones to stone him, but Jesus hid himself, slipping away from the temple grounds.

Jesus Heals a Man Born Blind

9 As he went along, he saw a man blind from birth. [2] His disciples asked him, "Rabbi, who sinned, this man or his parents, that he was born blind?"

[3] "Neither this man nor his parents sinned," said Jesus, "but this happened so that the works of God might be displayed in him. [4] As long as it is day, we must do the works of him who sent me. Night is coming, when no one can work. [5] While I am in the world, I am the light of the world."

[6] After saying this, he spit on the ground, made some mud with the saliva, and put it on the man's eyes. [7] "Go," he told him, "wash in the Pool of Siloam" (this word means "Sent"). So the man went and washed, and came home seeing.

[8] His neighbors and those who had formerly seen him begging asked, "Isn't this the same man who used to sit and beg?" [9] Some claimed that he was.

Others said, "No, he only looks like him."

But he himself insisted, "I am the man."

[10] "How then were your eyes opened?" they asked.

[ñ] **8:59** *templo.* Var. *templo atravesando por en medio de ellos, y así se fue.*

¹¹ —Ese hombre que se llama Jesús hizo un poco de barro, me lo untó en los ojos y me dijo: "Ve y lávate en Siloé." Así que fui, me lavé, y entonces pude ver.

¹² —¿Y dónde está ese hombre? —le preguntaron.

—No lo sé —respondió.

Las autoridades investigan la sanidad del ciego

¹³ Llevaron ante los *fariseos al que había sido ciego. ¹⁴ Era *sábado cuando Jesús hizo el barro y le abrió los ojos al ciego. ¹⁵ Por eso los fariseos, a su vez, le preguntaron cómo había recibido la vista.

—Me untó barro en los ojos, me lavé, y ahora veo —respondió.

¹⁶ Algunos de los fariseos comentaban: «Ese hombre no viene de parte de Dios, porque no respeta el sábado.» Otros objetaban: «¿Cómo puede un pecador hacer semejantes señales?» Y había desacuerdo entre ellos.

¹⁷ Por eso interrogaron de nuevo al ciego:

—¿Y qué opinas tú de él? Fue a ti a quien te abrió los ojos.

—Yo digo que es profeta —contestó.

¹⁸ Pero los judíos no creían que el hombre hubiera sido ciego y que ahora viera, y hasta llamaron a sus padres ¹⁹ y les preguntaron:

—¿Es éste su hijo, el que dicen ustedes que nació ciego? ¿Cómo es que ahora puede ver?

²⁰ —Sabemos que éste es nuestro hijo —contestaron los padres—, y sabemos también que nació ciego. ²¹ Lo que no sabemos es cómo ahora puede ver, ni quién le abrió los ojos. Pregúntenselo a él, que ya es mayor de edad y puede responder por sí mismo.

²² Sus padres contestaron así por miedo a los judíos, pues ya éstos habían convenido que se expulsara de la sinagoga a todo el que reconociera que Jesús era el *Cristo. ²³ Por eso dijeron sus padres: «Pregúntenselo a él, que ya es mayor de edad.»

²⁴ Por segunda vez llamaron los judíos al que había sido ciego, y le dijeron:

—Júralo por Dios.^o A nosotros nos consta que ese hombre es *pecador.

²⁵ —Si es pecador, no lo sé —respondió el hombre—. Lo único que sé es que yo era ciego y ahora veo.

²⁶ Pero ellos le insistieron:

—¿Qué te hizo? ¿Cómo te abrió los ojos?

²⁷ —Ya les dije y no me hicieron caso. ¿Por qué quieren oírlo de nuevo? ¿Es que también ustedes quieren hacerse sus discípulos?

²⁸ Entonces lo insultaron y le dijeron:

—¡Discípulo de ése lo serás tú! ¡Nosotros somos discípulos de Moisés! ²⁹ Y sabemos que a Moisés le habló Dios; pero de éste no sabemos ni de dónde salió.

¹¹ He replied, "The man they call Jesus made some mud and put it on my eyes. He told me to go to Siloam and wash. So I went and washed, and then I could see."

¹² "Where is this man?" they asked him.

"I don't know," he said.

The Pharisees Investigate the Healing

¹³ They brought to the Pharisees the man who had been blind. ¹⁴ Now the day on which Jesus had made the mud and opened the man's eyes was a Sabbath. ¹⁵ Therefore the Pharisees also asked him how he had received his sight. "He put mud on my eyes," the man replied, "and I washed, and now I see."

¹⁶ Some of the Pharisees said, "This man is not from God, for he does not keep the Sabbath."

But others asked, "How can a sinner perform such signs?" So they were divided.

¹⁷ Then they turned again to the blind man, "What have you to say about him? It was your eyes he opened."

The man replied, "He is a prophet."

¹⁸ They still did not believe that he had been blind and had received his sight until they sent for the man's parents. ¹⁹ "Is this your son?" they asked. "Is this the one you say was born blind? How is it that now he can see?"

²⁰ "We know he is our son," the parents answered, "and we know he was born blind. ²¹ But how he can see now, or who opened his eyes, we don't know. Ask him. He is of age; he will speak for himself." ²² His parents said this because they were afraid of the Jewish leaders, who already had decided that anyone who acknowledged that Jesus was the Messiah would be put out of the synagogue. ²³ That was why his parents said, "He is of age; ask him."

²⁴ A second time they summoned the man who had been blind. "Give glory to God by telling the truth," they said. "We know this man is a sinner."

²⁵ He replied, "Whether he is a sinner or not, I don't know. One thing I do know. I was blind but now I see!"

²⁶ Then they asked him, "What did he do to you? How did he open your eyes?"

²⁷ He answered, "I have told you already and you did not listen. Why do you want to hear it again? Do you want to become his disciples too?"

²⁸ Then they hurled insults at him and said, "You are this fellow's disciple! We are disciples of Moses! ²⁹ We know that God spoke to Moses, but as for this fellow, we don't even know where he comes from."

---

^o **9:24** *Júralo por Dios.* Lit. *Da gloria a Dios*; véase Jos 7:19.

³⁰ —¡Allí está lo sorprendente! —respondió el hombre—: que ustedes no sepan de dónde salió, y que a mí me haya abierto los ojos. ³¹ Sabemos que Dios no escucha a los pecadores, pero sí a los piadosos y a quienes hacen su voluntad. ³² Jamás se ha sabido que alguien le haya abierto los ojos a uno que nació ciego. ³³ Si este hombre no viniera de parte de Dios, no podría hacer nada.

³⁴ Ellos replicaron:

—Tú, que naciste sumido en pecado, ¿vas a darnos lecciones?

Y lo expulsaron.

La ceguera espiritual

³⁵ Jesús se enteró de que habían expulsado a aquel hombre, y al encontrarlo le preguntó:

—¿Crees en el Hijo del hombre?

³⁶ —¿Quién es, Señor? Dímelo, para que crea en él.

³⁷ —Pues ya lo has visto —le contestó Jesús—; es el que está hablando contigo.

³⁸ —Creo, Señor —declaró el hombre.

Y, postrándose, lo adoró.

³⁹ Entonces Jesús dijo:

—Yo he venido a este mundo para juzgarlo, para que los ciegos vean, y los que ven se queden ciegos.

⁴⁰ Algunos fariseos que estaban con él, al oírlo hablar así, le preguntaron:

—¿Qué? ¿Acaso también nosotros somos ciegos?

⁴¹ Jesús les contestó:

—Si fueran ciegos, no serían culpables de pecado, pero como afirman que ven, su pecado permanece.

10 Jesús, el buen pastor

»Ciertamente les aseguro que el que no entra por la puerta al redil de las ovejas, sino que trepa y se mete por otro lado, es un ladrón y un bandido. ² El que entra por la puerta es el pastor de las ovejas. ³ El portero le abre la puerta, y las ovejas oyen su voz. Llama por nombre a las ovejas y las saca del redil. ⁴ Cuando ya ha sacado a todas las que son suyas, va delante de ellas, y las ovejas lo siguen porque reconocen su voz. ⁵ Pero a un desconocido jamás lo siguen; más bien, huyen de él porque no reconocen voces extrañas.

⁶ Jesús les puso este ejemplo, pero ellos no captaron el sentido de sus palabras. ⁷ Por eso volvió a decirles: «Ciertamente les aseguro que yo soy la puerta de las ovejas. ⁸ Todos los que vinieron antes de mí eran unos ladrones y unos bandidos, pero las ovejas no les hicieron caso. ⁹ Yo soy la puerta; el que entre por esta puerta, que soy yo, será salvo.^p Se moverá con entera libertad,^q y hallará pastos. ¹⁰ El ladrón no viene más que a robar, matar y

³⁰ The man answered, "Now that is remarkable! You don't know where he comes from, yet he opened my eyes. ³¹ We know that God does not listen to sinners. He listens to the godly person who does his will. ³² Nobody has ever heard of opening the eyes of a man born blind. ³³ If this man were not from God, he could do nothing."

³⁴ To this they replied, "You were steeped in sin at birth; how dare you lecture us!" And they threw him out.

Spiritual Blindness

³⁵ Jesus heard that they had thrown him out, and when he found him, he said, "Do you believe in the Son of Man?"

³⁶ "Who is he, sir?" the man asked. "Tell me so that I may believe in him."

³⁷ Jesus said, "You have now seen him; in fact, he is the one speaking with you."

³⁸ Then the man said, "Lord, I believe," and he worshiped him.

³⁹ Jesus said,ⁿ "For judgment I have come into this world, so that the blind will see and those who see will become blind."

⁴⁰ Some Pharisees who were with him heard him say this and asked, "What? Are we blind too?"

⁴¹ Jesus said, "If you were blind, you would not be guilty of sin; but now that you claim you can see, your guilt remains.

The Good Shepherd and His Sheep

10 "Very truly I tell you Pharisees, anyone who does not enter the sheep pen by the gate, but climbs in by some other way, is a thief and a robber. ² The one who enters by the gate is the shepherd of the sheep. ³ The gatekeeper opens the gate for him, and the sheep listen to his voice. He calls his own sheep by name and leads them out. ⁴ When he has brought out all his own, he goes on ahead of them, and his sheep follow him because they know his voice. ⁵ But they will never follow a stranger; in fact, they will run away from him because they do not recognize a stranger's voice." ⁶ Jesus used this figure of speech, but the Pharisees did not understand what he was telling them.

⁷ Therefore Jesus said again, "Very truly I tell you, I am the gate for the sheep. ⁸ All who have come before me are thieves and robbers, but the sheep have not listened to them. ⁹ I am the gate; whoever enters through me will be saved.^o They will come in and go out, and find pasture. ¹⁰ The thief comes only to steal and kill and destroy; I

---

^p **10:9** *será salvo.* Alt. *se mantendrá seguro.*
^q **10:9** *Se moverá ... libertad.* Lit. *Entrará y saldrá.*

ⁿ *38,39* Some early manuscripts do not have *Then the man said . . .* ³⁹*Jesus said.*   ^o *9* Or *kept safe*

destruir; yo he venido para que tengan vida, y la tengan en abundancia.

11 »Yo soy el buen pastor. El buen pastor da su *vida por las ovejas. 12 El asalariado no es el pastor, y a él no le pertenecen las ovejas. Cuando ve que el lobo se acerca, abandona las ovejas y huye; entonces el lobo ataca al rebaño y lo dispersa. 13 Y ese hombre huye porque, siendo asalariado, no le importan las ovejas.

14 »Yo soy el buen pastor; conozco a mis ovejas, y ellas me conocen a mí, 15 así como el Padre me conoce a mí y yo lo conozco a él, y doy mi vida por las ovejas. 16 Tengo otras ovejas que no son de este redil, y también a ellas debo traerlas. Así ellas escucharán mi voz, y habrá un solo rebaño y un solo pastor. 17 Por eso me ama el Padre: porque entrego mi vida para volver a recibirla. 18 Nadie me la arrebata, sino que yo la entrego por mi propia voluntad. Tengo autoridad para entregarla, y tengo también autoridad para volver a recibirla. Éste es el mandamiento que recibí de mi Padre.»

19 De nuevo las palabras de Jesús fueron motivo de disensión entre los judíos. 20 Muchos de ellos decían: «Está endemoniado y loco de remate. ¿Para qué hacerle caso?» 21 Pero otros opinaban: «Estas palabras no son de un endemoniado. ¿Puede acaso un demonio abrirles los ojos a los ciegos?»

Jesús y la fiesta de la Dedicación

22 Por esos días se celebraba en Jerusalén la fiesta de la Dedicación.[r] Era invierno, 23 y Jesús andaba en el *templo, por el pórtico de Salomón. 24 Entonces lo rodearon los judíos y le preguntaron:

—¿Hasta cuándo vas a tenernos en suspenso? Si tú eres el *Cristo, dínoslo con franqueza.

25 —Ya se lo he dicho a ustedes, y no lo creen. Las obras que hago en nombre de mi Padre son las que me acreditan, 26 pero ustedes no creen porque no son de mi rebaño. 27 Mis ovejas oyen mi voz; yo las conozco y ellas me siguen. 28 Yo les doy vida eterna, y nunca perecerán, ni nadie podrá arrebatármelas de la mano. 29 Mi Padre, que me las ha dado, es más grande que todos;[s] y de la mano del Padre nadie las puede arrebatar. 30 El Padre y yo somos uno.

31 Una vez más los judíos tomaron piedras para arrojárselas, 32 pero Jesús les dijo:

—Yo les he mostrado muchas obras irreprochables que proceden del Padre. ¿Por cuál de ellas me quieren apedrear?

33 —No te apedreamos por ninguna de ellas sino por *blasfemia; porque tú, siendo hombre, te haces pasar por Dios.

34 —¿Y acaso —respondió Jesús— no está escrito en su ley: "Yo he dicho que ustedes son dioses"?[t] 35 Si Dios llamó "dioses" a aquellos para quienes

[r] **10:22** Es decir, Hanukkah.
[s] **10:29** *Mi Padre … todos.* Var. *Lo que mi Padre me ha dado es más grande que todo.*
[t] **10:34** Sal 82:6

have come that they may have life, and have it to the full.

11 "I am the good shepherd. The good shepherd lays down his life for the sheep. 12 The hired hand is not the shepherd and does not own the sheep. So when he sees the wolf coming, he abandons the sheep and runs away. Then the wolf attacks the flock and scatters it. 13 The man runs away because he is a hired hand and cares nothing for the sheep.

14 "I am the good shepherd; I know my sheep and my sheep know me— 15 just as the Father knows me and I know the Father—and I lay down my life for the sheep. 16 I have other sheep that are not of this sheep pen. I must bring them also. They too will listen to my voice, and there shall be one flock and one shepherd. 17 The reason my Father loves me is that I lay down my life—only to take it up again. 18 No one takes it from me, but I lay it down of my own accord. I have authority to lay it down and authority to take it up again. This command I received from my Father."

19 The Jews who heard these words were again divided. 20 Many of them said, "He is demon-possessed and raving mad. Why listen to him?"

21 But others said, "These are not the sayings of a man possessed by a demon. Can a demon open the eyes of the blind?"

Further Conflict Over Jesus' Claims

22 Then came the Festival of Dedication[p] at Jerusalem. It was winter, 23 and Jesus was in the temple courts walking in Solomon's Colonnade. 24 The Jews who were there gathered around him, saying, "How long will you keep us in suspense? If you are the Messiah, tell us plainly."

25 Jesus answered, "I did tell you, but you do not believe. The works I do in my Father's name testify about me, 26 but you do not believe because you are not my sheep. 27 My sheep listen to my voice; I know them, and they follow me. 28 I give them eternal life, and they shall never perish; no one will snatch them out of my hand. 29 My Father, who has given them to me, is greater than all[q]; no one can snatch them out of my Father's hand. 30 I and the Father are one."

31 Again his Jewish opponents picked up stones to stone him, 32 but Jesus said to them, "I have shown you many good works from the Father. For which of these do you stone me?"

33 "We are not stoning you for any good work," they replied, "but for blasphemy, because you, a mere man, claim to be God."

34 Jesus answered them, "Is it not written in your Law, 'I have said you are "gods"'[r]? 35 If he called

[p] *22* That is, Hanukkah [q] *29* Many early manuscripts *What my Father has given me is greater than all* [r] *34* Psalm 82:6

vino la palabra (y la Escritura no puede ser quebrantada), [36] ¿por qué acusan de blasfemia a quien el Padre apartó para sí y envió al mundo? ¿Tan sólo porque dijo: "Yo soy el Hijo de Dios"? [37] Si no hago las obras de mi Padre, no me crean. [38] Pero si las hago, aunque no me crean a mí, crean a mis obras, para que sepan y entiendan que el Padre está en mí, y que yo estoy en el Padre.

[39] Nuevamente intentaron arrestarlo, pero él se les escapó de las manos.

[40] Volvió Jesús al otro lado del Jordán, al lugar donde Juan había estado bautizando antes; y allí se quedó. [41] Mucha gente acudía a él, y decía: «Aunque Juan nunca hizo ninguna señal milagrosa, todo lo que dijo acerca de este hombre era verdad.» [42] Y muchos en aquel lugar creyeron en Jesús.

Muerte de Lázaro

11 Había un hombre enfermo llamado Lázaro, que era de Betania, el pueblo de María y Marta, sus hermanas. [2] María era la misma que ungió con perfume al Señor, y le secó los pies con sus cabellos. [3] Las dos hermanas mandaron a decirle a Jesús: «Señor, tu amigo querido está enfermo.»

[4] Cuando Jesús oyó esto, dijo: «Esta enfermedad no terminará en muerte, sino que es para la gloria de Dios, para que por ella el Hijo de Dios sea glorificado.»

[5] Jesús amaba a Marta, a su hermana y a Lázaro. [6] A pesar de eso, cuando oyó que Lázaro estaba enfermo, se quedó dos días más donde se encontraba. [7] Después dijo a sus discípulos:

—Volvamos a Judea.

[8] —Rabí —objetaron ellos—, hace muy poco los judíos intentaron apedrearte, ¿y todavía quieres volver allá?

[9] —¿Acaso el día no tiene doce horas? —respondió Jesús—. El que anda de día no tropieza, porque tiene la luz de este mundo. [10] Pero el que anda de noche sí tropieza, porque no tiene luz.

[11] Dicho esto, añadió:

—Nuestro amigo Lázaro duerme, pero voy a despertarlo.

[12] —Señor —respondieron sus discípulos—, si duerme, es que va a recuperarse.

[13] Jesús les hablaba de la muerte de Lázaro, pero sus discípulos pensaron que se refería al sueño natural. [14] Por eso les dijo claramente:

—Lázaro ha muerto, [15] y por causa de ustedes me alegro de no haber estado allí, para que crean. Pero vamos a verlo.

[16] Entonces Tomás, apodado el Gemelo,[u] dijo a los otros discípulos:

—Vayamos también nosotros, para morir con él.

them 'gods,' to whom the word of God came — and Scripture cannot be set aside — [36]what about the one whom the Father set apart as his very own and sent into the world? Why then do you accuse me of blasphemy because I said, 'I am God's Son'? [37]Do not believe me unless I do the works of my Father. [38]But if I do them, even though you do not believe me, believe the works, that you may know and understand that the Father is in me, and I in the Father." [39]Again they tried to seize him, but he escaped their grasp.

[40]Then Jesus went back across the Jordan to the place where John had been baptizing in the early days. There he stayed, [41]and many people came to him. They said, "Though John never performed a sign, all that John said about this man was true." [42]And in that place many believed in Jesus.

The Death of Lazarus

11 Now a man named Lazarus was sick. He was from Bethany, the village of Mary and her sister Martha. [2](This Mary, whose brother Lazarus now lay sick, was the same one who poured perfume on the Lord and wiped his feet with her hair.) [3]So the sisters sent word to Jesus, "Lord, the one you love is sick."

[4]When he heard this, Jesus said, "This sickness will not end in death. No, it is for God's glory so that God's Son may be glorified through it." [5]Now Jesus loved Martha and her sister and Lazarus. [6]So when he heard that Lazarus was sick, he stayed where he was two more days, [7]and then he said to his disciples, "Let us go back to Judea."

[8]"But Rabbi," they said, "a short while ago the Jews there tried to stone you, and yet you are going back?"

[9]Jesus answered, "Are there not twelve hours of daylight? Anyone who walks in the daytime will not stumble, for they see by this world's light. [10]It is when a person walks at night that they stumble, for they have no light."

[11]After he had said this, he went on to tell them, "Our friend Lazarus has fallen asleep; but I am going there to wake him up."

[12]His disciples replied, "Lord, if he sleeps, he will get better." [13]Jesus had been speaking of his death, but his disciples thought he meant natural sleep.

[14]So then he told them plainly, "Lazarus is dead, [15]and for your sake I am glad I was not there, so that you may believe. But let us go to him."

[16]Then Thomas (also known as Didymus[s]) said to the rest of the disciples, "Let us also go, that we may die with him."

---

[u] 11:16 apodado el Gemelo. Lit. llamado Dídimos.

[s] 16 Thomas (Aramaic) and Didymus (Greek) both mean twin.

Jesús consuela a las hermanas de Lázaro

¹⁷ A su llegada, Jesús se encontró con que Lázaro llevaba ya cuatro días en el sepulcro. ¹⁸ Betania estaba cerca de Jerusalén, como a tres kilómetros^v de distancia, ¹⁹ y muchos judíos habían ido a casa de Marta y de María, a darles el pésame por la muerte de su hermano. ²⁰ Cuando Marta supo que Jesús llegaba, fue a su encuentro; pero María se quedó en la casa.

²¹ —Señor —le dijo Marta a Jesús—, si hubieras estado aquí, mi hermano no habría muerto. ²² Pero yo sé que aun ahora Dios te dará todo lo que le pidas.

²³ —Tu hermano resucitará —le dijo Jesús.

²⁴ —Yo sé que resucitará en la resurrección, en el día final —respondió Marta.

²⁵ Entonces Jesús le dijo:

—Yo soy la resurrección y la vida. El que cree en mí vivirá, aunque muera; ²⁶ y todo el que vive y cree en mí no morirá jamás. ¿Crees esto?

²⁷ —Sí, Señor; yo creo que tú eres el *Cristo, el Hijo de Dios, el que había de venir al mundo.

²⁸ Dicho esto, Marta regresó a la casa y, llamando a su hermana María, le dijo en privado:

—El Maestro está aquí y te llama.

²⁹ Cuando María oyó esto, se levantó rápidamente y fue a su encuentro. ³⁰ Jesús aún no había entrado en el pueblo, sino que todavía estaba en el lugar donde Marta se había encontrado con él. ³¹ Los judíos que habían estado con María en la casa, dándole el pésame, al ver que se había levantado y había salido de prisa, la siguieron, pensando que iba al sepulcro a llorar.

³² Cuando María llegó adonde estaba Jesús y lo vio, se arrojó a sus pies y le dijo:

—Señor, si hubieras estado aquí, mi hermano no habría muerto.

³³ Al ver llorar a María y a los judíos que la habían acompañado, Jesús se turbó y se conmovió profundamente.

³⁴ —¿Dónde lo han puesto? —preguntó.

—Ven a verlo, Señor —le respondieron.

³⁵ Jesús lloró.

³⁶ —¡Miren cuánto lo quería! —dijeron los judíos.

³⁷ Pero algunos de ellos comentaban:

—Éste, que le abrió los ojos al ciego, ¿no podría haber impedido que Lázaro muriera?

Jesús resucita a Lázaro

³⁸ Conmovido una vez más, Jesús se acercó al sepulcro. Era una cueva cuya entrada estaba tapada con una piedra.

³⁹ —Quiten la piedra —ordenó Jesús.

Marta, la hermana del difunto, objetó:

—Señor, ya debe oler mal, pues lleva cuatro días allí.

Jesus Comforts the Sisters of Lazarus

¹⁷ On his arrival, Jesus found that Lazarus had already been in the tomb for four days. ¹⁸ Now Bethany was less than two miles^t from Jerusalem, ¹⁹ and many Jews had come to Martha and Mary to comfort them in the loss of their brother. ²⁰ When Martha heard that Jesus was coming, she went out to meet him, but Mary stayed at home.

²¹ "Lord," Martha said to Jesus, "if you had been here, my brother would not have died. ²² But I know that even now God will give you whatever you ask."

²³ Jesus said to her, "Your brother will rise again."

²⁴ Martha answered, "I know he will rise again in the resurrection at the last day."

²⁵ Jesus said to her, "I am the resurrection and the life. The one who believes in me will live, even though they die; ²⁶ and whoever lives by believing in me will never die. Do you believe this?"

²⁷ "Yes, Lord," she replied, "I believe that you are the Messiah, the Son of God, who is to come into the world."

²⁸ After she had said this, she went back and called her sister Mary aside. "The Teacher is here," she said, "and is asking for you." ²⁹ When Mary heard this, she got up quickly and went to him. ³⁰ Now Jesus had not yet entered the village, but was still at the place where Martha had met him. ³¹ When the Jews who had been with Mary in the house, comforting her, noticed how quickly she got up and went out, they followed her, supposing she was going to the tomb to mourn there.

³² When Mary reached the place where Jesus was and saw him, she fell at his feet and said, "Lord, if you had been here, my brother would not have died."

³³ When Jesus saw her weeping, and the Jews who had come along with her also weeping, he was deeply moved in spirit and troubled. ³⁴ "Where have you laid him?" he asked.

"Come and see, Lord," they replied.

³⁵ Jesus wept.

³⁶ Then the Jews said, "See how he loved him!"

³⁷ But some of them said, "Could not he who opened the eyes of the blind man have kept this man from dying?"

Jesus Raises Lazarus From the Dead

³⁸ Jesus, once more deeply moved, came to the tomb. It was a cave with a stone laid across the entrance. ³⁹ "Take away the stone," he said.

"But, Lord," said Martha, the sister of the dead man, "by this time there is a bad odor, for he has been there four days."

---

⁴⁰ —¿No te dije que si crees verás la gloria de Dios? —le contestó Jesús.

⁴¹ Entonces quitaron la piedra. Jesús, alzando la vista, dijo:

—Padre, te doy gracias porque me has escuchado. ⁴² Ya sabía yo que siempre me escuchas, pero lo dije por la gente que está aquí presente, para que crean que tú me enviaste.

⁴³ Dicho esto, gritó con todas sus fuerzas:

—¡Lázaro, sal fuera!

⁴⁴ El muerto salió, con vendas en las manos y en los pies, y el rostro cubierto con un sudario.

—Quítenle las vendas y dejen que se vaya —les dijo Jesús.

La conspiración para matar a Jesús

⁴⁵ Muchos de los judíos que habían ido a ver a María y que habían presenciado lo hecho por Jesús, creyeron en él. ⁴⁶ Pero algunos de ellos fueron a ver a los *fariseos y les contaron lo que Jesús había hecho. ⁴⁷ Entonces los jefes de los sacerdotes y los fariseos convocaron a una reunión del *Consejo.

—¿Qué vamos a hacer? —dijeron—. Este hombre está haciendo muchas señales milagrosas. ⁴⁸ Si lo dejamos seguir así, todos van a creer en él, y vendrán los romanos y acabarán con nuestro lugar sagrado, e incluso con nuestra nación.

⁴⁹ Uno de ellos, llamado Caifás, que ese año era el sumo sacerdote, les dijo:

—¡Ustedes no saben nada en absoluto! ⁵⁰ No entienden que les conviene más que muera un solo hombre por el pueblo, y no que perezca toda la nación.

⁵¹ Pero esto no lo dijo por su propia cuenta sino que, como era sumo sacerdote ese año, profetizó que Jesús moriría por la nación judía, ⁵² y no sólo por esa nación sino también por los hijos de Dios que estaban dispersos, para congregarlos y unificarlos. ⁵³ Así que desde ese día convinieron en quitarle la vida.

⁵⁴ Por eso Jesús ya no andaba en público entre los judíos. Se retiró más bien a una región cercana al desierto, a un pueblo llamado Efraín, donde se quedó con sus discípulos.

⁵⁵ Faltaba poco para la Pascua judía, así que muchos subieron del campo a Jerusalén para su *purificación ceremonial antes de la Pascua. ⁵⁶ Andaban buscando a Jesús, y mientras estaban en el *templo comentaban entre sí: «¿Qué les parece? ¿Acaso no vendrá a la fiesta?» ⁵⁷ Por su parte, los jefes de los sacerdotes y los fariseos habían dado la orden de que si alguien llegaba a saber dónde estaba Jesús, debía denunciarlo para que lo arrestaran.

María unge a Jesús en Betania

12 Seis días antes de la Pascua llegó Jesús a Betania, donde vivía Lázaro, a quien Jesús había *resucitado. ² Allí se dio una cena en honor de

⁴⁰ Then Jesus said, "Did I not tell you that if you believe, you will see the glory of God?" ⁴¹ So they took away the stone. Then Jesus looked up and said, "Father, I thank you that you have heard me. ⁴² I knew that you always hear me, but I said this for the benefit of the people standing here, that they may believe that you sent me."

⁴³ When he had said this, Jesus called in a loud voice, "Lazarus, come out!" ⁴⁴ The dead man came out, his hands and feet wrapped with strips of linen, and a cloth around his face.

Jesus said to them, "Take off the grave clothes and let him go."

The Plot to Kill Jesus

⁴⁵ Therefore many of the Jews who had come to visit Mary, and had seen what Jesus did, believed in him. ⁴⁶ But some of them went to the Pharisees and told them what Jesus had done. ⁴⁷ Then the chief priests and the Pharisees called a meeting of the Sanhedrin.

"What are we accomplishing?" they asked. "Here is this man performing many signs. ⁴⁸ If we let him go on like this, everyone will believe in him, and then the Romans will come and take away both our temple and our nation."

⁴⁹ Then one of them, named Caiaphas, who was high priest that year, spoke up, "You know nothing at all! ⁵⁰ You do not realize that it is better for you that one man die for the people than that the whole nation perish."

⁵¹ He did not say this on his own, but as high priest that year he prophesied that Jesus would die for the Jewish nation, ⁵² and not only for that nation but also for the scattered children of God, to bring them together and make them one. ⁵³ So from that day on they plotted to take his life.

⁵⁴ Therefore Jesus no longer moved about publicly among the people of Judea. Instead he withdrew to a region near the wilderness, to a village called Ephraim, where he stayed with his disciples.

⁵⁵ When it was almost time for the Jewish Passover, many went up from the country to Jerusalem for their ceremonial cleansing before the Passover. ⁵⁶ They kept looking for Jesus, and as they stood in the temple courts they asked one another, "What do you think? Isn't he coming to the festival at all?" ⁵⁷ But the chief priests and the Pharisees had given orders that anyone who found out where Jesus was should report it so that they might arrest him.

Jesus Anointed at Bethany

12 Six days before the Passover, Jesus came to Bethany, where Lazarus lived, whom Jesus had raised from the dead. ² Here a dinner was given

Jesús. Marta servía, y Lázaro era uno de los que estaban a la mesa con él. ³ María tomó entonces como medio litro de nardo puro, que era un perfume muy caro, y lo derramó sobre los pies de Jesús, secándoselos luego con sus cabellos. Y la casa se llenó de la fragancia del perfume.

⁴ Judas Iscariote, que era uno de sus discípulos y que más tarde lo traicionaría, objetó:

⁵ —¿Por qué no se vendió este perfume, que vale muchísimo dinero,ʷ para dárselo a los pobres?

⁶ Dijo esto, no porque se interesara por los pobres sino porque era un ladrón y, como tenía a su cargo la bolsa del dinero, acostumbraba robarse lo que echaban en ella.

⁷ —Déjala en paz —respondió Jesús—. Ella ha estado guardando este perfume para el día de mi sepultura.ˣ ⁸ A los pobres siempre los tendrán con ustedes, pero a mí no siempre me tendrán.

⁹ Mientras tanto, muchos de los judíos se enteraron de que Jesús estaba allí, y fueron a ver no sólo a Jesús sino también a Lázaro, a quien había resucitado. ¹⁰ Entonces los jefes de los sacerdotes resolvieron matar también a Lázaro, ¹¹ pues por su causa muchos se apartaban de los judíos y creían en Jesús.

La entrada triunfal

¹² Al día siguiente muchos de los que habían ido a la fiesta se enteraron de que Jesús se dirigía a Jerusalén; ¹³ tomaron ramas de palma y salieron a recibirlo, gritando a voz en cuello:

—¡Hosanna!

—¡Bendito el que viene en el nombre del Señor!ʸ

—¡Bendito el Rey de Israel!

¹⁴ Jesús encontró un burrito y se montó en él, como dice la Escritura:

¹⁵ «No temas, oh hija de Sión;
     mira, que aquí viene tu rey,
     montado sobre un burrito.»ᶻ

¹⁶ Al principio, sus discípulos no entendieron lo que sucedía. Sólo después de que Jesús fue glorificado se dieron cuenta de que se había cumplido en él lo que de él ya estaba escrito.

¹⁷ La gente que había estado con Jesús cuando él llamó a Lázaro del sepulcro y lo resucitó de entre los muertos, seguía difundiendo la noticia. ¹⁸ Muchos que se habían enterado de la señal realizada por Jesús salían a su encuentro. ¹⁹ Por eso los *fariseos comentaban entre sí: «Como pueden ver, así no vamos a lograr nada. ¡Miren cómo lo sigue todo el mundo!»

in Jesus' honor. Martha served, while Lazarus was among those reclining at the table with him. ³ Then Mary took about a pintᵘ of pure nard, an expensive perfume; she poured it on Jesus' feet and wiped his feet with her hair. And the house was filled with the fragrance of the perfume.

⁴ But one of his disciples, Judas Iscariot, who was later to betray him, objected, ⁵ "Why wasn't this perfume sold and the money given to the poor? It was worth a year's wages.ᵛ" ⁶ He did not say this because he cared about the poor but because he was a thief; as keeper of the money bag, he used to help himself to what was put into it.

⁷ "Leave her alone," Jesus replied. "It was intended that she should save this perfume for the day of my burial. ⁸ You will always have the poor among you,ʷ but you will not always have me."

⁹ Meanwhile a large crowd of Jews found out that Jesus was there and came, not only because of him but also to see Lazarus, whom he had raised from the dead. ¹⁰ So the chief priests made plans to kill Lazarus as well, ¹¹ for on account of him many of the Jews were going over to Jesus and believing in him.

Jesus Comes to Jerusalem as King

¹² The next day the great crowd that had come for the festival heard that Jesus was on his way to Jerusalem. ¹³ They took palm branches and went out to meet him, shouting,

"Hosanna!ˣ"

"Blessed is he who comes in the name of the Lord!"ʸ

"Blessed is the king of Israel!"

¹⁴ Jesus found a young donkey and sat on it, as it is written:

¹⁵ "Do not be afraid, Daughter Zion;
     see, your king is coming,
     seated on a donkey's colt."ᶻ

¹⁶ At first his disciples did not understand all this. Only after Jesus was glorified did they realize that these things had been written about him and that these things had been done to him.

¹⁷ Now the crowd that was with him when he called Lazarus from the tomb and raised him from the dead continued to spread the word. ¹⁸ Many people, because they had heard that he had performed this sign, went out to meet him. ¹⁹ So the Pharisees said to one another, "See, this is getting us nowhere. Look how the whole world has gone after him!"

ʷ 12:5 *perfume ... dinero.* Lit. *perfume por trescientos* *denarios.*
ˣ 12:7 *Jesús—. Ella ... sepultura.* Var. *Jesús— para que guarde* [es decir, *se acuerde de*] *esto el día de mi sepultura.*
ʸ 12:13 Sal 118:25,26
ᶻ 12:15 Zac 9:9

ᵘ 3 Or about 0.5 liter   ᵛ 5 Greek *three hundred denarii*
ʷ 8 See Deut. 15:11.   ˣ 13 A Hebrew expression meaning "Save!" which became an exclamation of praise
ʸ 13 Psalm 118:25,26   ᶻ 15 Zech. 9:9

Jesús predice su muerte

²⁰ Entre los que habían subido a adorar en la fiesta había algunos *griegos. ²¹ Éstos se acercaron a Felipe, que era de Betsaida de Galilea, y le pidieron:

—Señor, queremos ver a Jesús.

²² Felipe fue a decírselo a Andrés, y ambos fueron a decírselo a Jesús.

²³ —Ha llegado la hora de que el Hijo del hombre sea glorificado —les contestó Jesús—. ²⁴ Ciertamente les aseguro que si el grano de trigo no cae en tierra y muere, se queda solo. Pero si muere, produce mucho fruto. ²⁵ El que se apega a su *vida la pierde; en cambio, el que aborrece su vida en este mundo, la conserva para la vida eterna. ²⁶ Quien quiera servirme, debe seguirme; y donde yo esté, allí también estará mi siervo. A quien me sirva, mi Padre lo honrará.

²⁷ »Ahora todo mi ser está angustiado, ¿y acaso voy a decir: "Padre, sálvame de esta hora difícil"? ¡Si precisamente para afrontarla he venido! ²⁸ ¡Padre, glorifica tu nombre!

Se oyó entonces, desde el cielo, una voz que decía: «Ya lo he glorificado, y volveré a glorificarlo.» ²⁹ La multitud que estaba allí, y que oyó la voz, decía que había sido un trueno; otros decían que un ángel le había hablado.

³⁰ —Esa voz no vino por mí sino por ustedes —dijo Jesús—. ³¹ El juicio de este mundo ha llegado ya, y el príncipe de este mundo va a ser expulsado. ³² Pero yo, cuando sea levantado de la tierra, atraeré a todos a mí mismo.

³³ Con esto daba Jesús a entender de qué manera iba a morir.

³⁴ —De la ley hemos sabido —le respondió la gente— que el *Cristo permanecerá para siempre; ¿cómo, pues, dices que el Hijo del hombre tiene que ser levantado? ¿Quién es ese Hijo del hombre?

³⁵ —Ustedes van a tener la luz sólo un poco más de tiempo —les dijo Jesús—. Caminen mientras tienen la luz, antes de que los envuelvan las tinieblas. El que camina en las tinieblas no sabe a dónde va. ³⁶ Mientras tienen la luz, crean en ella, para que sean hijos de la luz.

Cuando terminó de hablar, Jesús se fue y se escondió de ellos.

Los judíos siguen en su incredulidad

³⁷ A pesar de haber hecho Jesús todas estas señales en presencia de ellos, todavía no creían en él. ³⁸ Así se cumplió lo dicho por el profeta Isaías:

«Señor, ¿quién ha creído a nuestro mensaje,
   y a quién se le ha revelado el poder del
      Señor?»ᵃ

³⁹ Por eso no podían creer, pues también había dicho Isaías:

Jesus Predicts His Death

²⁰ Now there were some Greeks among those who went up to worship at the festival. ²¹ They came to Philip, who was from Bethsaida in Galilee, with a request. "Sir," they said, "we would like to see Jesus." ²² Philip went to tell Andrew; Andrew and Philip in turn told Jesus.

²³ Jesus replied, "The hour has come for the Son of Man to be glorified. ²⁴ Very truly I tell you, unless a kernel of wheat falls to the ground and dies, it remains only a single seed. But if it dies, it produces many seeds. ²⁵ Anyone who loves their life will lose it, while anyone who hates their life in this world will keep it for eternal life. ²⁶ Whoever serves me must follow me; and where I am, my servant also will be. My Father will honor the one who serves me.

²⁷ "Now my soul is troubled, and what shall I say? 'Father, save me from this hour'? No, it was for this very reason I came to this hour. ²⁸ Father, glorify your name!"

Then a voice came from heaven, "I have glorified it, and will glorify it again." ²⁹ The crowd that was there and heard it said it had thundered; others said an angel had spoken to him.

³⁰ Jesus said, "This voice was for your benefit, not mine. ³¹ Now is the time for judgment on this world; now the prince of this world will be driven out. ³² And I, when I am lifted upᵃ from the earth, will draw all people to myself." ³³ He said this to show the kind of death he was going to die.

³⁴ The crowd spoke up, "We have heard from the Law that the Messiah will remain forever, so how can you say, 'The Son of Man must be lifted up'? Who is this 'Son of Man'?"

³⁵ Then Jesus told them, "You are going to have the light just a little while longer. Walk while you have the light, before darkness overtakes you. Whoever walks in the dark does not know where they are going. ³⁶ Believe in the light while you have the light, so that you may become children of light." When he had finished speaking, Jesus left and hid himself from them.

Belief and Unbelief Among the Jews

³⁷ Even after Jesus had performed so many signs in their presence, they still would not believe in him. ³⁸ This was to fulfill the word of Isaiah the prophet:

"Lord, who has believed our message
   and to whom has the arm of the Lord
      been revealed?"ᵇ

³⁹ For this reason they could not believe, because, as Isaiah says elsewhere:

ᵃ **12:38** Is 53:1

ᵃ 32 The Greek for *lifted up* also means *exalted.*
ᵇ 38 Isaiah 53:1

[40] «Les ha cegado los ojos
      y endurecido el corazón,
   para que no vean con los ojos,
      ni entiendan con el corazón
      ni se conviertan; y yo los sane.»[b]

[41] Esto lo dijo Isaías porque vio la gloria de Jesús y habló de él.

[42] Sin embargo, muchos de ellos, incluso de entre los jefes, creyeron en él, pero no lo confesaban porque temían que los *fariseos los expulsaran de la sinagoga. [43] Preferían recibir honores de los hombres más que de parte de Dios.

[44] «El que cree en mí —clamó Jesús con voz fuerte—, cree no sólo en mí sino en el que me envió. [45] Y el que me ve a mí, ve al que me envió. [46] Yo soy la luz que ha venido al mundo, para que todo el que crea en mí no viva en tinieblas.

[47] »Si alguno escucha mis palabras, pero no las obedece, no seré yo quien lo juzgue; pues no vine a juzgar al mundo sino a salvarlo. [48] El que me rechaza y no acepta mis palabras tiene quien lo juzgue. La palabra que yo he proclamado lo condenará en el día final. [49] Yo no he hablado por mi propia cuenta; el Padre que me envió me ordenó qué decir y cómo decirlo. [50] Y sé muy bien que su mandato es vida eterna. Así que todo lo que digo es lo que el Padre me ha ordenado decir.»

Jesús les lava los pies a sus discípulos

13 Se acercaba la fiesta de la Pascua. Jesús sabía que le había llegado la hora de abandonar este mundo para volver al Padre. Y habiendo amado a los suyos que estaban en el mundo, los amó hasta el fin.[c]

[2] Llegó la hora de la cena. El diablo ya había incitado a Judas Iscariote, hijo de Simón, para que traicionara a Jesús. [3] Sabía Jesús que el Padre había puesto todas las cosas bajo su dominio, y que había salido de Dios y a él volvía; [4] así que se levantó de la mesa, se quitó el manto y se ató una toalla a la cintura. [5] Luego echó agua en un recipiente y comenzó a lavarles los pies a sus discípulos y a secárselos con la toalla que llevaba a la cintura.

[6] Cuando llegó a Simón Pedro, éste le dijo:

—¿Y tú, Señor, me vas a lavar los pies a mí?

[7] —Ahora no entiendes lo que estoy haciendo —le respondió Jesús—, pero lo entenderás más tarde.

[8] —¡No! —protestó Pedro—. ¡Jamás me lavarás los pies!

—Si no te los lavo,[d] no tendrás parte conmigo.

[9] —Entonces, Señor, ¡no sólo los pies sino también las manos y la cabeza!

[40] "He has blinded their eyes
      and hardened their hearts,
   so they can neither see with their eyes,
      nor understand with their hearts,
      nor turn—and I would heal them."[c]

[41] Isaiah said this because he saw Jesus' glory and spoke about him.

[42] Yet at the same time many even among the leaders believed in him. But because of the Pharisees they would not openly acknowledge their faith for fear they would be put out of the synagogue; [43] for they loved human praise more than praise from God.

[44] Then Jesus cried out, "Whoever believes in me does not believe in me only, but in the one who sent me. [45] The one who looks at me is seeing the one who sent me. [46] I have come into the world as a light, so that no one who believes in me should stay in darkness.

[47] "If anyone hears my words but does not keep them, I do not judge that person. For I did not come to judge the world, but to save the world. [48] There is a judge for the one who rejects me and does not accept my words; the very words I have spoken will condemn them at the last day. [49] For I did not speak on my own, but the Father who sent me commanded me to say all that I have spoken. [50] I know that his command leads to eternal life. So whatever I say is just what the Father has told me to say."

Jesus Washes His Disciples' Feet

13 It was just before the Passover Festival. Jesus knew that the hour had come for him to leave this world and go to the Father. Having loved his own who were in the world, he loved them to the end.

[2] The evening meal was in progress, and the devil had already prompted Judas, the son of Simon Iscariot, to betray Jesus. [3] Jesus knew that the Father had put all things under his power, and that he had come from God and was returning to God; [4] so he got up from the meal, took off his outer clothing, and wrapped a towel around his waist. [5] After that, he poured water into a basin and began to wash his disciples' feet, drying them with the towel that was wrapped around him.

[6] He came to Simon Peter, who said to him, "Lord, are you going to wash my feet?"

[7] Jesus replied, "You do not realize now what I am doing, but later you will understand."

[8] "No," said Peter, "you shall never wash my feet."

Jesus answered, "Unless I wash you, you have no part with me."

[9] "Then, Lord," Simon Peter replied, "not just my feet but my hands and my head as well!"

---

[b] 12:40 Is 6:10
[c] 13:1 hasta el fin. Alt. hasta lo sumo.
[d] 13:8 te los lavo. Lit. te lavo.

[c] 40 Isaiah 6:10

¹⁰ —El que ya se ha bañado no necesita lavarse más que los pies —le contestó Jesús—; pues ya todo su cuerpo está limpio. Y ustedes ya están limpios, aunque no todos.

¹¹ Jesús sabía quién lo iba a traicionar, y por eso dijo que no todos estaban limpios.

¹² Cuando terminó de lavarles los pies, se puso el manto y volvió a su lugar. Entonces les dijo:

—¿Entienden lo que he hecho con ustedes? ¹³ Ustedes me llaman Maestro y Señor, y dicen bien, porque lo soy. ¹⁴ Pues si yo, el Señor y el Maestro, les he lavado los pies, también ustedes deben lavarse los pies unos a los otros. ¹⁵ Les he puesto el ejemplo, para que hagan lo mismo que yo he hecho con ustedes. ¹⁶ Ciertamente les aseguro que ningún *siervo es más que su amo, y ningún mensajero es más que el que lo envió. ¹⁷ ¿Entienden esto? *Dichosos serán si lo ponen en práctica.

Jesús predice la traición de Judas

¹⁸ »No me refiero a todos ustedes; yo sé a quiénes he escogido. Pero esto es para que se cumpla la Escritura: "El que comparte el pan conmigo me ha puesto la zancadilla."ᵉ

¹⁹ »Les digo esto ahora, antes de que suceda, para que cuando suceda crean que yo soy. ²⁰ Ciertamente les aseguro que el que recibe al que yo envío me recibe a mí, y el que me recibe a mí recibe al que me envió.

²¹ Dicho esto, Jesús se angustió profundamente y declaró:

—Ciertamente les aseguro que uno de ustedes me va a traicionar.

²² Los discípulos se miraban unos a otros sin saber a cuál de ellos se refería. ²³ Uno de ellos, el discípulo a quien Jesús amaba, estaba a su lado. ²⁴ Simón Pedro le hizo señas a ese discípulo y le dijo:

—Pregúntale a quién se refiere.

²⁵ —Señor, ¿quién es? —preguntó él, reclinándose sobre Jesús.

²⁶ —Aquel a quien yo le dé este pedazo de pan que voy a mojar en el plato —le contestó Jesús.

Acto seguido, mojó el pedazo de pan y se lo dio a Judas Iscariote, hijo de Simón. ²⁷ Tan pronto como Judas tomó el pan, Satanás entró en él.

—Lo que vas a hacer, hazlo pronto —le dijo Jesús.

²⁸ Ninguno de los que estaban a la mesa entendió por qué le dijo eso Jesús. ²⁹ Como Judas era el encargado del dinero, algunos pensaron que Jesús le estaba diciendo que comprara lo necesario para la fiesta, o que diera algo a los pobres. ³⁰ En cuanto Judas tomó el pan, salió de allí. Ya era de noche.

¹⁰ Jesus answered, "Those who have had a bath need only to wash their feet; their whole body is clean. And you are clean, though not every one of you." ¹¹ For he knew who was going to betray him, and that was why he said not every one was clean.

¹² When he had finished washing their feet, he put on his clothes and returned to his place. "Do you understand what I have done for you?" he asked them. ¹³ "You call me 'Teacher' and 'Lord,' and rightly so, for that is what I am. ¹⁴ Now that I, your Lord and Teacher, have washed your feet, you also should wash one another's feet. ¹⁵ I have set you an example that you should do as I have done for you. ¹⁶ Very truly I tell you, no servant is greater than his master, nor is a messenger greater than the one who sent him. ¹⁷ Now that you know these things, you will be blessed if you do them.

Jesus Predicts His Betrayal

¹⁸ "I am not referring to all of you; I know those I have chosen. But this is to fulfill this passage of Scripture: 'He who shared my bread has turnedᵈ against me.'ᵉ

¹⁹ "I am telling you now before it happens, so that when it does happen you will believe that I am who I am. ²⁰ Very truly I tell you, whoever accepts anyone I send accepts me; and whoever accepts me accepts the one who sent me."

²¹ After he had said this, Jesus was troubled in spirit and testified, "Very truly I tell you, one of you is going to betray me."

²² His disciples stared at one another, at a loss to know which of them he meant. ²³ One of them, the disciple whom Jesus loved, was reclining next to him. ²⁴ Simon Peter motioned to this disciple and said, "Ask him which one he means."

²⁵ Leaning back against Jesus, he asked him, "Lord, who is it?"

²⁶ Jesus answered, "It is the one to whom I will give this piece of bread when I have dipped it in the dish." Then, dipping the piece of bread, he gave it to Judas, the son of Simon Iscariot. ²⁷ As soon as Judas took the bread, Satan entered into him.

So Jesus told him, "What you are about to do, do quickly." ²⁸ But no one at the meal understood why Jesus said this to him. ²⁹ Since Judas had charge of the money, some thought Jesus was telling him to buy what was needed for the festival, or to give something to the poor. ³⁰ As soon as Judas had taken the bread, he went out. And it was night.

ᵉ 13:18 Sal 41:9   ᵈ 18 Greek *has lifted up his heel*   ᵉ 18 Psalm 41:9

Jesús predice la negación de Pedro

³¹ Cuando Judas hubo salido, Jesús dijo:

—Ahora es glorificado el Hijo del hombre, y Dios es glorificado en él. ³² Si Dios es glorificado en él,^f Dios glorificará al Hijo en sí mismo, y lo hará muy pronto.

³³ »Mis queridos hijos, poco tiempo me queda para estar con ustedes. Me buscarán, y lo que antes les dije a los judíos, ahora se lo digo a ustedes: Adonde yo voy, ustedes no pueden ir.

³⁴ »Este mandamiento nuevo les doy: que se amen los unos a los otros. Así como yo los he amado, también ustedes deben amarse los unos a los otros. ³⁵ De este modo todos sabrán que son mis discípulos, si se aman los unos a los otros.

³⁶ —¿Y a dónde vas, Señor? —preguntó Simón Pedro.

—Adonde yo voy, no puedes seguirme ahora, pero me seguirás más tarde.

³⁷ —Señor —insistió Pedro—, ¿por qué no puedo seguirte ahora? Por ti daré hasta la *vida.

³⁸ —¿Tú darás la vida por mí? ¡De veras te aseguro que antes de que cante el gallo, me negarás tres veces!

Jesús consuela a sus discípulos

14 »No se angustien. Confíen en Dios, y confíen también en mí.^g ² En el hogar de mi Padre hay muchas viviendas; si no fuera así, ya se lo habría dicho a ustedes. Voy a prepararles un lugar. ³ Y si me voy y se lo preparo, vendré para llevármelos conmigo. Así ustedes estarán donde yo esté. ⁴ Ustedes ya conocen el camino para ir adonde yo voy.

Jesús, el camino al Padre

⁵ Dijo entonces Tomás:

—Señor, no sabemos a dónde vas, así que ¿cómo podemos conocer el camino?

⁶ —Yo soy el camino, la verdad y la vida —le contestó Jesús—. Nadie llega al Padre sino por mí. ⁷ Si ustedes realmente me conocieran, conocerían^h también a mi Padre. Y ya desde este momento lo conocen y lo han visto.

⁸ —Señor —dijo Felipe—, muéstranos al Padre y con eso nos basta.

⁹ —¡Pero, Felipe! ¿Tanto tiempo llevo ya entre ustedes, y todavía no me conoces? El que me ha visto a mí, ha visto al Padre. ¿Cómo puedes decirme: "Muéstranos al Padre"? ¹⁰ ¿Acaso no crees que yo estoy en el Padre, y que el Padre está en mí? Las palabras que yo les comunico, no las hablo como cosa mía, sino que es el Padre, que está en mí, el que realiza sus obras. ¹¹ Créanme cuando les digo que yo estoy en el Padre y que el Padre está en mí; o al menos créanme por las obras mismas.

Jesus Predicts Peter's Denial

³¹ When he was gone, Jesus said, "Now the Son of Man is glorified and God is glorified in him. ³² If God is glorified in him,^f God will glorify the Son in himself, and will glorify him at once.

³³ "My children, I will be with you only a little longer. You will look for me, and just as I told the Jews, so I tell you now: Where I am going, you cannot come.

³⁴ "A new command I give you: Love one another. As I have loved you, so you must love one another. ³⁵ By this everyone will know that you are my disciples, if you love one another."

³⁶ Simon Peter asked him, "Lord, where are you going?"

Jesus replied, "Where I am going, you cannot follow now, but you will follow later."

³⁷ Peter asked, "Lord, why can't I follow you now? I will lay down my life for you."

³⁸ Then Jesus answered, "Will you really lay down your life for me? Very truly I tell you, before the rooster crows, you will disown me three times!

Jesus Comforts His Disciples

14 "Do not let your hearts be troubled. You believe in God^g; believe also in me. ² My Father's house has many rooms; if that were not so, would I have told you that I am going there to prepare a place for you? ³ And if I go and prepare a place for you, I will come back and take you to be with me that you also may be where I am. ⁴ You know the way to the place where I am going."

Jesus the Way to the Father

⁵ Thomas said to him, "Lord, we don't know where you are going, so how can we know the way?"

⁶ Jesus answered, "I am the way and the truth and the life. No one comes to the Father except through me. ⁷ If you really know me, you will know^h my Father as well. From now on, you do know him and have seen him."

⁸ Philip said, "Lord, show us the Father and that will be enough for us."

⁹ Jesus answered: "Don't you know me, Philip, even after I have been among you such a long time? Anyone who has seen me has seen the Father. How can you say, 'Show us the Father'? ¹⁰ Don't you believe that I am in the Father, and that the Father is in me? The words I say to you I do not speak on my own authority. Rather, it is the Father, living in me, who is doing his work. ¹¹ Believe me when I say that I am in the Father and the Father is in me; or at least believe on the evidence of the

---

^f **13:32** Var. no incluye: *Si Dios es glorificado en él.*
^g **14:1** *Confíen ... en mí.* Alt. *Ustedes confían en Dios; confíen también en mí.*
^h **14:7** *me conocieran, conocerían.* Var. *me han conocido, conocerán.*

^f 32 Many early manuscripts do not have *If God is glorified in him.* ^g 1 Or *Believe in God* ^h 7 Some manuscripts *If you really knew me, you would know*

¹² Ciertamente les aseguro que el que cree en mí las obras que yo hago también él las hará, y aun las hará mayores, porque yo vuelvo al Padre. ¹³ Cualquier cosa que ustedes pidan en mi nombre, yo la haré; así será glorificado el Padre en el Hijo. ¹⁴ Lo que pidan en mi nombre, yo lo haré.

Jesús promete el Espíritu Santo

¹⁵ »Si ustedes me aman, obedecerán mis mandamientos. ¹⁶ Y yo le pediré al Padre, y él les dará otro *Consolador para que los acompañe siempre: ¹⁷ el Espíritu de verdad, a quien el mundo no puede aceptar porque no lo ve ni lo conoce. Pero ustedes sí lo conocen, porque vive con ustedes y estará^i en ustedes. ¹⁸ No los voy a dejar huérfanos; volveré a ustedes. ¹⁹ Dentro de poco el mundo ya no me verá más, pero ustedes sí me verán. Y porque yo vivo, también ustedes vivirán. ²⁰ En aquel día ustedes se darán cuenta de que yo estoy en mi Padre, y ustedes en mí, y yo en ustedes. ²¹ ¿Quién es el que me ama? El que hace suyos mis mandamientos y los obedece. Y al que me ama, mi Padre lo amará, y yo también lo amaré y me manifestaré a él.

²² Judas (no el Iscariote) le dijo:

—¿Por qué, Señor, estás dispuesto a manifestarte a nosotros, y no al mundo?

²³ Le contestó Jesús:

—El que me ama, obedecerá mi palabra, y mi Padre lo amará, y haremos nuestra vivienda en él. ²⁴ El que no me ama, no obedece mis palabras. Pero estas palabras que ustedes oyen no son mías sino del Padre, que me envió.

²⁵ »Todo esto lo digo ahora que estoy con ustedes. ²⁶ Pero el Consolador, el Espíritu Santo, a quien el Padre enviará en mi nombre, les enseñará todas las cosas y les hará recordar todo lo que les he dicho. ²⁷ La paz les dejo; mi paz les doy. Yo no se la doy a ustedes como la da el mundo. No se angustien ni se acobarden.

²⁸ »Ya me han oído decirles: "Me voy, pero vuelvo a ustedes." Si me amaran, se alegrarían de que voy al Padre, porque el Padre es más grande que yo. ²⁹ Y les he dicho esto ahora, antes de que suceda, para que cuando suceda, crean. ³⁰ Ya no hablaré más con ustedes, porque viene el príncipe de este mundo. Él no tiene ningún dominio sobre mí, ³¹ pero el mundo tiene que saber que amo al Padre, y que hago exactamente lo que él me ha ordenado que haga.

»¡Levántense, vámonos de aquí!

Jesús, la vid verdadera

15 »Yo soy la vid verdadera, y mi Padre es el labrador. ² Toda rama que en mí no da fruto, la corta; pero toda rama que da fruto la poda^j para

works themselves. ¹² Very truly I tell you, whoever believes in me will do the works I have been doing, and they will do even greater things than these, because I am going to the Father. ¹³ And I will do whatever you ask in my name, so that the Father may be glorified in the Son. ¹⁴ You may ask me for anything in my name, and I will do it.

Jesus Promises the Holy Spirit

¹⁵ "If you love me, keep my commands. ¹⁶ And I will ask the Father, and he will give you another advocate to help you and be with you forever — ¹⁷ the Spirit of truth. The world cannot accept him, because it neither sees him nor knows him. But you know him, for he lives with you and will be^i in you. ¹⁸ I will not leave you as orphans; I will come to you. ¹⁹ Before long, the world will not see me anymore, but you will see me. Because I live, you also will live. ²⁰ On that day you will realize that I am in my Father, and you are in me, and I am in you. ²¹ Whoever has my commands and keeps them is the one who loves me. The one who loves me will be loved by my Father, and I too will love them and show myself to them."

²² Then Judas (not Judas Iscariot) said, "But, Lord, why do you intend to show yourself to us and not to the world?"

²³ Jesus replied, "Anyone who loves me will obey my teaching. My Father will love them, and we will come to them and make our home with them. ²⁴ Anyone who does not love me will not obey my teaching. These words you hear are not my own; they belong to the Father who sent me.

²⁵ "All this I have spoken while still with you. ²⁶ But the Advocate, the Holy Spirit, whom the Father will send in my name, will teach you all things and will remind you of everything I have said to you. ²⁷ Peace I leave with you; my peace I give you. I do not give to you as the world gives. Do not let your hearts be troubled and do not be afraid.

²⁸ "You heard me say, 'I am going away and I am coming back to you.' If you loved me, you would be glad that I am going to the Father, for the Father is greater than I. ²⁹ I have told you now before it happens, so that when it does happen you will believe. ³⁰ I will not say much more to you, for the prince of this world is coming. He has no hold over me, ³¹ but he comes so that the world may learn that I love the Father and do exactly what my Father has commanded me.

"Come now; let us leave.

The Vine and the Branches

15 "I am the true vine, and my Father is the gardener. ² He cuts off every branch in me that bears no fruit, while every branch that does bear fruit he prunes^j so that it will be even more

---

^{i} **14:17** estará. Var. está.
^{j} **15:2** poda. Alt. limpia.

^{i} 17 Some early manuscripts and is prunes also means he cleans.
^{j} 2 The Greek for he

que dé más fruto todavía. ³ Ustedes ya están limpios por la palabra que les he comunicado. ⁴ Permanezcan en mí, y yo permaneceré en ustedes. Así como ninguna rama puede dar fruto por sí misma, sino que tiene que permanecer en la vid, así tampoco ustedes pueden dar fruto si no permanecen en mí.

⁵ »Yo soy la vid y ustedes son las ramas. El que permanece en mí, como yo en él, dará mucho fruto; separados de mí no pueden ustedes hacer nada. ⁶ El que no permanece en mí es desechado y se seca, como las ramas que se recogen, se arrojan al fuego y se queman. ⁷ Si permanecen en mí y mis palabras permanecen en ustedes, pidan lo que quieran, y se les concederá. ⁸ Mi Padre es glorificado cuando ustedes dan mucho fruto y muestran así que son mis discípulos.

⁹ »Así como el Padre me ha amado a mí, también yo los he amado a ustedes. Permanezcan en mi amor. ¹⁰ Si obedecen mis mandamientos, permanecerán en mi amor, así como yo he obedecido los mandamientos de mi Padre y permanezco en su amor. ¹¹ Les he dicho esto para que tengan mi alegría y así su alegría sea completa. ¹² Y éste es mi mandamiento: que se amen los unos a los otros, como yo los he amado. ¹³ Nadie tiene amor más grande que el dar la *vida por sus amigos. ¹⁴ Ustedes son mis amigos si hacen lo que yo les mando. ¹⁵ Ya no los llamo *siervos, porque el siervo no está al tanto de lo que hace su amo; los he llamado amigos, porque todo lo que a mi Padre le oí decir se lo he dado a conocer a ustedes. ¹⁶ No me escogieron ustedes a mí, sino que yo los escogí a ustedes y los comisioné para que vayan y den fruto, un fruto que perdure. Así el Padre les dará todo lo que le pidan en mi nombre. ¹⁷ Éste es mi mandamiento: que se amen los unos a los otros.

Jesús y sus discípulos aborrecidos por el mundo

¹⁸ »Si el mundo los aborrece, tengan presente que antes que a ustedes, me aborreció a mí. ¹⁹ Si fueran del mundo, el mundo los querría como a los suyos. Pero ustedes no son del mundo, sino que yo los he escogido de entre el mundo. Por eso el mundo los aborrece. ²⁰ Recuerden lo que les dije: "Ningún *siervo es más que su amo."ᵏ Si a mí me han perseguido, también a ustedes los perseguirán. Si han obedecido mis enseñanzas, también obedecerán las de ustedes. ²¹ Los tratarán así por causa de mi nombre, porque no conocen al que me envió. ²² Si yo no hubiera venido ni les hubiera hablado, no serían culpables de pecado. Pero ahora no tienen excusa por su pecado. ²³ El que me aborrece a mí, también aborrece a mi Padre. ²⁴ Si yo no hubiera hecho entre ellos las obras que ningún otro antes ha realizado, no serían culpables de pecado. Pero ahora las han visto, y sin embargo a mí y a mi Padre nos han aborrecido. ²⁵ Pero esto

fruitful. ³ You are already clean because of the word I have spoken to you. ⁴ Remain in me, as I also remain in you. No branch can bear fruit by itself; it must remain in the vine. Neither can you bear fruit unless you remain in me.

⁵ "I am the vine; you are the branches. If you remain in me and I in you, you will bear much fruit; apart from me you can do nothing. ⁶ If you do not remain in me, you are like a branch that is thrown away and withers; such branches are picked up, thrown into the fire and burned. ⁷ If you remain in me and my words remain in you, ask whatever you wish, and it will be done for you. ⁸ This is to my Father's glory, that you bear much fruit, showing yourselves to be my disciples.

⁹ "As the Father has loved me, so have I loved you. Now remain in my love. ¹⁰ If you keep my commands, you will remain in my love, just as I have kept my Father's commands and remain in his love. ¹¹ I have told you this so that my joy may be in you and that your joy may be complete. ¹² My command is this: Love each other as I have loved you. ¹³ Greater love has no one than this: to lay down one's life for one's friends. ¹⁴ You are my friends if you do what I command. ¹⁵ I no longer call you servants, because a servant does not know his master's business. Instead, I have called you friends, for everything that I learned from my Father I have made known to you. ¹⁶ You did not choose me, but I chose you and appointed you so that you might go and bear fruit — fruit that will last — and so that whatever you ask in my name the Father will give you. ¹⁷ This is my command: Love each other.

The World Hates the Disciples

¹⁸ "If the world hates you, keep in mind that it hated me first. ¹⁹ If you belonged to the world, it would love you as its own. As it is, you do not belong to the world, but I have chosen you out of the world. That is why the world hates you. ²⁰ Remember what I told you: 'A servant is not greater than his master.'ᵏ If they persecuted me, they will persecute you also. If they obeyed my teaching, they will obey yours also. ²¹ They will treat you this way because of my name, for they do not know the one who sent me. ²² If I had not come and spoken to them, they would not be guilty of sin; but now they have no excuse for their sin. ²³ Whoever hates me hates my Father as well. ²⁴ If I had not done among them the works no one else did, they would not be guilty of sin. As it is, they have seen, and yet have hated both me and my Father. ²⁵ But this is to

---

ᵏ **15:20** Jn 13:16   ᵏ *20* John 13:16

sucede para que se cumpla lo que está escrito en la ley de ellos: "Me odiaron sin motivo."[l]

²⁶ »Cuando venga el *Consolador, que yo les enviaré de parte del Padre, el Espíritu de verdad que procede del Padre, él testificará acerca de mí. ²⁷ Y también ustedes darán testimonio porque han estado conmigo desde el principio.

16 »Todo esto les he dicho para que no flaquee su fe. ² Los expulsarán de las sinagogas; y hasta viene el día en que cualquiera que los mate pensará que le está prestando un servicio a Dios. ³ Actuarán de este modo porque no nos han conocido ni al Padre ni a mí. ⁴ Y les digo esto para que cuando llegue ese día se acuerden de que ya se lo había advertido. Sin embargo, no les dije esto al principio porque yo estaba con ustedes.

La obra del Espíritu Santo

⁵ »Ahora vuelvo al que me envió, pero ninguno de ustedes me pregunta: "¿A dónde vas?" ⁶ Al contrario, como les he dicho estas cosas, se han entristecido mucho. ⁷ Pero les digo la verdad: Les conviene que me vaya porque, si no lo hago, el *Consolador no vendrá a ustedes; en cambio, si me voy, se lo enviaré a ustedes. ⁸ Y cuando él venga, convencerá al mundo de su error[m] en cuanto al pecado, a la justicia y al juicio; ⁹ en cuanto al pecado, porque no creen en mí; ¹⁰ en cuanto a la justicia, porque ya al Padre y ustedes ya no podrán verme; ¹¹ y en cuanto al juicio, porque el príncipe de este mundo ya ha sido juzgado.

¹² »Muchas cosas me quedan aún por decirles, que por ahora no podrían soportar. ¹³ Pero cuando venga el Espíritu de la verdad, él los guiará a toda la verdad, porque no hablará por su propia cuenta sino que dirá sólo lo que oiga y les anunciará las cosas por venir. ¹⁴ Él me glorificará porque tomará de lo mío y se lo dará a conocer a ustedes. ¹⁵ Todo cuanto tiene el Padre es mío. Por eso les dije que el Espíritu tomará de lo mío y se lo dará a conocer a ustedes.

¹⁶ »Dentro de poco ya no me verán; pero un poco después volverán a verme.

La despedida de Jesús

¹⁷ Algunos de sus discípulos comentaban entre sí:

«¿Qué quiere decir con eso de que "dentro de poco ya no me verán", y ün poco después volverán a verme", y "porque voy al Padre"?» ¹⁸ E insistían: «¿Qué quiere decir con eso de "dentro de poco"? No sabemos de qué habla.»

¹⁹ Jesús se dio cuenta de que querían hacerle preguntas acerca de esto, así que les dijo:

—¿Se están preguntando qué quise decir cuando dije: "Dentro de poco ya no me verán", y ün

fulfill what is written in their Law: 'They hated me without reason.'[l]

The Work of the Holy Spirit

²⁶ "When the Advocate comes, whom I will send to you from the Father — the Spirit of truth who goes out from the Father — he will testify about me. ²⁷ And you also must testify, for you have been with me from the beginning.

16 "All this I have told you so that you will not fall away. ² They will put you out of the synagogue; in fact, the time is coming when anyone who kills you will think they are offering a service to God. ³ They will do such things because they have not known the Father or me. ⁴ I have told you this, so that when their time comes you will remember that I warned you about them. I did not tell you this from the beginning because I was with you, ⁵ but now I am going to him who sent me. None of you asks me, 'Where are you going?' ⁶ Rather, you are filled with grief because I have said these things. ⁷ But very truly I tell you, it is for your good that I am going away. Unless I go away, the Advocate will not come to you; but if I go, I will send him to you. ⁸ When he comes, he will prove the world to be in the wrong about sin and righteousness and judgment: ⁹ about sin, because people do not believe in me; ¹⁰ about righteousness, because I am going to the Father, where you can see me no longer; ¹¹ and about judgment, because the prince of this world now stands condemned.

¹² "I have much more to say to you, more than you can now bear. ¹³ But when he, the Spirit of truth, comes, he will guide you into all the truth. He will not speak on his own; he will speak only what he hears, and he will tell you what is yet to come. ¹⁴ He will glorify me because it is from me that he will receive what he will make known to you. ¹⁵ All that belongs to the Father is mine. That is why I said the Spirit will receive from me what he will make known to you."

The Disciples' Grief Will Turn to Joy

¹⁶ Jesus went on to say, "In a little while you will see me no more, and then after a little while you will see me."

¹⁷ At this, some of his disciples said to one another, "What does he mean by saying, 'In a little while you will see me no more, and then after a little while you will see me,' and 'Because I am going to the Father'?" ¹⁸ They kept asking, "What does he mean by 'a little while'? We don't understand what he is saying."

¹⁹ Jesus saw that they wanted to ask him about this, so he said to them, "Are you asking one another what I meant when I said, 'In a little while you will see me no more, and then after a little

---

[l] **15:25** Sal 35:19; 69:4
[m] **16:8** convencerá ... error. Alt. pondrá en evidencia la culpa del mundo.

[l] 25 Psalms 35:19; 69:4

poco después volverán a verme"? ²⁰ Ciertamente les aseguro que ustedes llorarán de dolor, mientras que el mundo se alegrará. Se pondrán tristes, pero su tristeza se convertirá en alegría. ²¹ La mujer que está por dar a luz siente dolores porque ha llegado su momento, pero en cuanto nace la criatura se olvida de su angustia por la alegría de haber traído al mundo un nuevo ser. ²² Lo mismo les pasa a ustedes: Ahora están tristes, pero cuando vuelva a verlos se alegrarán, y nadie les va a quitar esa alegría. ²³ En aquel día ya no me preguntarán nada. Ciertamente les aseguro que mi Padre les dará todo lo que le pidan en mi nombre. ²⁴ Hasta ahora no han pedido nada en mi nombre. Pidan y recibirán, para que su alegría sea completa.

²⁵ »Les he dicho todo esto por medio de comparaciones, pero viene la hora en que ya no les hablaré así, sino que les hablaré claramente acerca de mi Padre. ²⁶ En aquel día pedirán en mi nombre. Y no digo que voy a rogar por ustedes al Padre, ²⁷ ya que el Padre mismo los ama porque me han amado y han creído que yo he venido de parte de Dios. ²⁸ Salí del Padre y vine al mundo; ahora dejo de nuevo el mundo y vuelvo al Padre.

²⁹ —Ahora sí estás hablando directamente, sin vueltas ni rodeos —le dijeron sus discípulos—. ³⁰ Ya podemos ver que sabes todas las cosas, y que ni siquiera necesitas que nadie te haga preguntas. Por esto creemos que saliste de Dios.

³¹ —¿Hasta ahora me creen?ⁿ —contestó Jesús—. ³² Miren que la hora viene, y ya está aquí, en que ustedes serán dispersados, y cada uno se irá a su propia casa y a mí me dejarán solo. Sin embargo, solo no estoy, porque el Padre está conmigo. ³³ Yo les he dicho estas cosas para que en mí hallen paz. En este mundo afrontarán aflicciones, pero ¡anímense! Yo he vencido al mundo.

Jesús ora por sí mismo

17 Después de que Jesús dijo esto, dirigió la mirada al cielo y oró así:

«Padre, ha llegado la hora. Glorifica a tu Hijo, para que tu Hijo te glorifique a ti, ² ya que le has conferido autoridad sobre todo *mortal para que él les conceda vida eterna a todos los que le has dado. ³ Y ésta es la vida eterna: que te conozcan a ti, el único Dios verdadero, y a *Jesucristo, a quien tú has enviado. ⁴ Yo te he glorificado en la tierra, y he llevado a cabo la obra que me encomendaste. ⁵ Y ahora, Padre, glorifícame en tu presencia con la gloria que tuve contigo antes de que el mundo existiera.

Jesús ora por sus discípulos

⁶ »A los que me diste del mundo les he revelado quién eres.ⁿ Eran tuyos; tú me los diste y

while you will see me'? ²⁰ Very truly I tell you, you will weep and mourn while the world rejoices. You will grieve, but your grief will turn to joy. ²¹ A woman giving birth to a child has pain because her time has come; but when her baby is born she forgets the anguish because of her joy that a child is born into the world. ²² So with you: Now is your time of grief, but I will see you again and you will rejoice, and no one will take away your joy. ²³ In that day you will no longer ask me anything. Very truly I tell you, my Father will give you whatever you ask in my name. ²⁴ Until now you have not asked for anything in my name. Ask and you will receive, and your joy will be complete.

²⁵ "Though I have been speaking figuratively, a time is coming when I will no longer use this kind of language but will tell you plainly about my Father. ²⁶ In that day you will ask in my name. I am not saying that I will ask the Father on your behalf. ²⁷ No, the Father himself loves you because you have loved me and have believed that I came from God. ²⁸ I came from the Father and entered the world; now I am leaving the world and going back to the Father."

²⁹ Then Jesus' disciples said, "Now you are speaking clearly and without figures of speech. ³⁰ Now we can see that you know all things and that you do not even need to have anyone ask you questions. This makes us believe that you came from God."

³¹ "Do you now believe?" Jesus replied. ³² "A time is coming and in fact has come when you will be scattered, each to your own home. You will leave me all alone. Yet I am not alone, for my Father is with me.

³³ "I have told you these things, so that in me you may have peace. In this world you will have trouble. But take heart! I have overcome the world."

Jesus Prays to Be Glorified

17 After Jesus said this, he looked toward heaven and prayed:

"Father, the hour has come. Glorify your Son, that your Son may glorify you. ² For you granted him authority over all people that he might give eternal life to all those you have given him. ³ Now this is eternal life: that they know you, the only true God, and Jesus Christ, whom you have sent. ⁴ I have brought you glory on earth by finishing the work you gave me to do. ⁵ And now, Father, glorify me in your presence with the glory I had with you before the world began.

Jesus Prays for His Disciples

⁶ "I have revealed youᵐ to those whom you gave me out of the world. They were yours;

ⁿ **16:31** ¿Hasta ... creen? Alt. ¿Ahora creen?
ⁿ **17:6** quién eres. Lit. tu nombre; también en v. 26.

ᵐ 6 Greek your name

ellos han obedecido tu palabra. 7 Ahora saben
que todo lo que me has dado viene de ti, 8 porque les he entregado las palabras que me diste, y
ellos las aceptaron; saben con certeza que salí de
ti, y han creído que tú me enviaste. 9 Ruego por
ellos. No ruego por el mundo, sino por los que
me has dado, porque son tuyos. 10 Todo lo que
yo tengo es tuyo, y todo lo que tú tienes es mío;
y por medio de ellos he sido glorificado. 11 Ya no
voy a estar por más tiempo en el mundo, pero
ellos están todavía en el mundo, y yo vuelvo a ti.
»Padre santo, protégelos con el poder de tu
nombre, el nombre que me diste, para que sean
uno, lo mismo que nosotros. 12 Mientras estaba
con ellos, los protegía y los preservaba mediante el nombre que me diste, y ninguno se perdió
sino aquel que nació para perderse, a fin de que
se cumpliera la Escritura.

13 »Ahora vuelvo a ti, pero digo estas cosas mientras todavía estoy en el mundo, para
que tengan mi alegría en plenitud. 14 Yo les he
entregado tu palabra, y el mundo los ha odiado porque no son del mundo, como tampoco
yo soy del mundo. 15 No te pido que los quites
del mundo, sino que los protejas del maligno.
16 Ellos no son del mundo, como tampoco lo
soy yo. 17 *Santifícalos en la verdad; tu palabra
es la verdad. 18 Como tú me enviaste al mundo,
yo los envío también al mundo. 19 Y por ellos
me santifico a mí mismo, para que también
ellos sean santificados en la verdad.

Jesús ora por todos los creyentes

20 »No ruego sólo por éstos. Ruego también
por los que han de creer en mí por el mensaje
de ellos, 21 para que todos sean uno. Padre, así
como tú estás en mí y yo en ti, permite que ellos
también estén en nosotros, para que el mundo
crea que tú me has enviado. 22 Yo les he dado
la gloria que me diste, para que sean uno, así
como nosotros somos uno: 23 yo en ellos y tú
en mí. Permite que alcancen la *perfección en
la unidad, y así el mundo reconozca que tú me
enviaste y que los has amado a ellos tal como
me has amado a mí.

24 »Padre, quiero que los que me has dado estén conmigo donde yo estoy. Que vean mi gloria, la gloria que me has dado porque me amas-
te desde antes de la creación del mundo.

25 »Padre justo, aunque el mundo no te conoce, yo sí te conozco, y éstos reconocen que tú
me enviaste. 26 Yo les he dado a conocer quién
eres, y seguiré haciéndolo, para que el amor con

you gave them to me and they have obeyed
your word. 7 Now they know that everything
you have given me comes from you. 8 For I
gave them the words you gave me and they
accepted them. They knew with certainty that I came from you, and they believed
that you sent me. 9 I pray for them. I am not
praying for the world, but for those you have
given me, for they are yours. 10 All I have is
yours, and all you have is mine. And glory
has come to me through them. 11 I will remain in the world no longer, but they are still
in the world, and I am coming to you. Holy
Father, protect them by the power of[n] your
name, the name you gave me, so that they
may be one as we are one. 12 While I was with
them, I protected them and kept them safe
by[o] that name you gave me. None has been
lost except the one doomed to destruction so
that Scripture would be fulfilled.

13 "I am coming to you now, but I say
these things while I am still in the world, so
that they may have the full measure of my
joy within them. 14 I have given them your
word and the world has hated them, for they
are not of the world any more than I am of
the world. 15 My prayer is not that you take
them out of the world but that you protect
them from the evil one. 16 They are not of the
world, even as I am not of it. 17 Sanctify them
by[p] the truth; your word is truth. 18 As you
sent me into the world, I have sent them into
the world. 19 For them I sanctify myself, that
they too may be truly sanctified.

Jesus Prays for All Believers

20 "My prayer is not for them alone. I pray
also for those who will believe in me through
their message, 21 that all of them may be one,
Father, just as you are in me and I am in you.
May they also be in us so that the world may
believe that you have sent me. 22 I have given
them the glory that you gave me, that they
may be one as we are one— 23 I in them and
you in me—so that they may be brought to
complete unity. Then the world will know
that you sent me and have loved them even
as you have loved me.

24 "Father, I want those you have given me
to be with me where I am, and to see my glory, the glory you have given me because you
loved me before the creation of the world.

25 "Righteous Father, though the world
does not know you, I know you, and they
know that you have sent me. 26 I have made
you[q] known to them, and will continue to

[n] 11 Or *Father, keep them faithful to* [o] 12 Or *kept them faithful to* [p] 17 Or *them to live in accordance with* [q] 26 Greek *your name*

que me has amado esté en ellos, y yo mismo esté en ellos.»

Arresto de Jesús

18 Cuando Jesús terminó de orar, salió con sus discípulos y cruzó el arroyo de Cedrón. Al otro lado había un huerto en el que entró con sus discípulos.

² También Judas, el que lo traicionaba, conocía aquel lugar, porque muchas veces Jesús se había reunido allí con sus discípulos. ³ Así que Judas llegó al huerto, a la cabeza de un destacamento⁰ de soldados y guardias de los jefes de los sacerdotes y de los *fariseos. Llevaban antorchas, lámparas y armas.

⁴ Jesús, que sabía todo lo que le iba a suceder, les salió al encuentro.

—¿A quién buscan? —les preguntó.

⁵ —A Jesús de Nazaret —contestaron.

—Yo soy.

Judas, el traidor, estaba con ellos. ⁶ Cuando Jesús les dijo: «Yo soy», dieron un paso atrás y se desplomaron.

⁷ —¿A quién buscan? —volvió a preguntarles Jesús.

—A Jesús de Nazaret —repitieron.

⁸ —Ya les dije que yo soy. Si es a mí a quien buscan, dejen que éstos se vayan.

⁹ Esto sucedió para que se cumpliera lo que había dicho: «De los que me diste ninguno se perdió.»ᵖ

¹⁰ Simón Pedro, que tenía una espada, la desenfundó e hirió al siervo del sumo sacerdote, cortándole la oreja derecha. (El siervo se llamaba Malco.)

¹¹ —¡Vuelve esa espada a su funda! —le ordenó Jesús a Pedro—. ¿Acaso no he de beber el trago amargo que el Padre me da a beber?

Jesús ante Anás

¹² Entonces los soldados, con su comandante, y los guardias de los judíos, arrestaron a Jesús. Lo ataron ¹³ y lo llevaron primeramente a Anás, que era suegro de Caifás, el sumo sacerdote de aquel año. ¹⁴ Caifás era el que había aconsejado a los judíos que era preferible que muriera un solo hombre por el pueblo.

Pedro niega a Jesús

¹⁵ Simón Pedro y otro discípulo seguían a Jesús. Y como el otro discípulo era conocido del sumo sacerdote, entró en el patio del sumo sacerdote con Jesús; ¹⁶ Pedro, en cambio, tuvo que quedarse afuera, junto a la puerta. El discípulo conocido del sumo sacerdote volvió entonces a salir, habló con la portera de turno y consiguió que Pedro entrara.

¹⁷ —¿No eres tú también uno de los discípulos de ese hombre? —le preguntó la portera.

make you known in order that the love you have for me may be in them and that I myself may be in them."

Jesus Arrested

18 When he had finished praying, Jesus left with his disciples and crossed the Kidron Valley. On the other side there was a garden, and he and his disciples went into it.

² Now Judas, who betrayed him, knew the place, because Jesus had often met there with his disciples. ³ So Judas came to the garden, guiding a detachment of soldiers and some officials from the chief priests and the Pharisees. They were carrying torches, lanterns and weapons.

⁴ Jesus, knowing all that was going to happen to him, went out and asked them, "Who is it you want?"

⁵ "Jesus of Nazareth," they replied.

"I am he," Jesus said. (And Judas the traitor was standing there with them.) ⁶ When Jesus said, "I am he," they drew back and fell to the ground.

⁷ Again he asked them, "Who is it you want?"

"Jesus of Nazareth," they said.

⁸ Jesus answered, "I told you that I am he. If you are looking for me, then let these men go." ⁹ This happened so that the words he had spoken would be fulfilled: "I have not lost one of those you gave me."ʳ

¹⁰ Then Simon Peter, who had a sword, drew it and struck the high priest's servant, cutting off his right ear. (The servant's name was Malchus.)

¹¹ Jesus commanded Peter, "Put your sword away! Shall I not drink the cup the Father has given me?"

¹² Then the detachment of soldiers with its commander and the Jewish officials arrested Jesus. They bound him ¹³ and brought him first to Annas, who was the father-in-law of Caiaphas, the high priest that year. ¹⁴ Caiaphas was the one who had advised the Jewish leaders that it would be good if one man died for the people.

Peter's First Denial

¹⁵ Simon Peter and another disciple were following Jesus. Because this disciple was known to the high priest, he went with Jesus into the high priest's courtyard, ¹⁶ but Peter had to wait outside at the door. The other disciple, who was known to the high priest, came back, spoke to the servant girl on duty there and brought Peter in.

¹⁷ "You aren't one of this man's disciples too, are you?" she asked Peter.

⁰ **18:3** *un destacamento.* Lit. *una cohorte* (que tenía 600 soldados).
ᵖ **18:9** Jn 6:39

ʳ 9 John 6:39

—No lo soy —respondió Pedro.

18 Los criados y los guardias estaban de pie alrededor de una fogata que habían hecho para calentarse, pues hacía frío. Pedro también estaba de pie con ellos, calentándose.

Jesús ante el sumo sacerdote

19 Mientras tanto, el sumo sacerdote interrogaba a Jesús acerca de sus discípulos y de sus enseñanzas.

20 —Yo he hablado abiertamente al mundo —respondió Jesús—. Siempre he enseñado en las sinagogas o en el *templo, donde se congregan todos los judíos. En secreto no he dicho nada. 21 ¿Por qué me interrogas a mí? ¡Interroga a los que me han oído hablar! Ellos deben saber lo que dije.

22 Apenas dijo esto, uno de los guardias que estaba allí cerca le dio una bofetada y le dijo:

—¿Así contestas al sumo sacerdote?

23 —Si he dicho algo malo —replicó Jesús—, demuéstramelo. Pero si lo que dije es correcto, ¿por qué me pegas?

24 Entonces Anás lo envió,[q] todavía atado, a Caifás, el sumo sacerdote.

Pedro niega de nuevo a Jesús

25 Mientras tanto, Simón Pedro seguía de pie, calentándose.

—¿No eres tú también uno de sus discípulos? —le preguntaron.

—No lo soy —dijo Pedro, negándolo.

26 —¿Acaso no te vi en el huerto con él? —insistió uno de los siervos del sumo sacerdote, pariente de aquel a quien Pedro le había cortado la oreja.

27 Pedro volvió a negarlo, y en ese instante cantó el gallo.

Jesús ante Pilato

28 Luego los judíos llevaron a Jesús de la casa de Caifás al palacio del gobernador romano.[r] Como ya amanecía, los judíos no entraron en el palacio, pues de hacerlo se *contaminarían ritualmente y no podrían comer la Pascua. 29 Así que Pilato salió a interrogarlos:

—¿De qué delito acusan a este hombre?

30 —Si no fuera un malhechor —respondieron—, no te lo habríamos entregado.

31 —Pues llévenselo ustedes y júzguenlo según su propia ley —les dijo Pilato.

—Nosotros no tenemos ninguna autoridad para ejecutar a nadie —objetaron los judíos.

32 Esto sucedió para que se cumpliera lo que Jesús había dicho, al indicar la clase de muerte que iba a sufrir.

[q] **18:24** *Entonces … envió.* Alt. *Ahora bien, Anás lo había enviado.*
[r] **18:28** *al … romano.* Lit. *al pretorio.*

He replied, "I am not."

18 It was cold, and the servants and officials stood around a fire they had made to keep warm. Peter also was standing with them, warming himself.

The High Priest Questions Jesus

19 Meanwhile, the high priest questioned Jesus about his disciples and his teaching.

20 "I have spoken openly to the world," Jesus replied. "I always taught in synagogues or at the temple, where all the Jews come together. I said nothing in secret. 21 Why question me? Ask those who heard me. Surely they know what I said."

22 When Jesus said this, one of the officials nearby slapped him in the face. "Is this the way you answer the high priest?" he demanded.

23 "If I said something wrong," Jesus replied, "testify as to what is wrong. But if I spoke the truth, why did you strike me?" 24 Then Annas sent him bound to Caiaphas the high priest.

Peter's Second and Third Denials

25 Meanwhile, Simon Peter was still standing there warming himself. So they asked him, "You aren't one of his disciples too, are you?"

He denied it, saying, "I am not."

26 One of the high priest's servants, a relative of the man whose ear Peter had cut off, challenged him, "Didn't I see you with him in the garden?" 27 Again Peter denied it, and at that moment a rooster began to crow.

Jesus Before Pilate

28 Then the Jewish leaders took Jesus from Caiaphas to the palace of the Roman governor. By now it was early morning, and to avoid ceremonial uncleanness they did not enter the palace, because they wanted to be able to eat the Passover. 29 So Pilate came out to them and asked, "What charges are you bringing against this man?"

30 "If he were not a criminal," they replied, "we would not have handed him over to you."

31 Pilate said, "Take him yourselves and judge him by your own law."

"But we have no right to execute anyone," they objected. 32 This took place to fulfill what Jesus had said about the kind of death he was going to die.

³³ Pilato volvió a entrar en el palacio y llamó a Jesús.

—¿Eres tú el rey de los judíos? —le preguntó.

³⁴ —¿Eso lo dices tú —le respondió Jesús—, o es que otros te han hablado de mí?

³⁵ —¿Acaso soy judío? —replicó Pilato—. Han sido tu propio pueblo y los jefes de los sacerdotes los que te entregaron a mí. ¿Qué has hecho?

³⁶ —Mi reino no es de este mundo —contestó Jesús—. Si lo fuera, mis propios guardias pelearían para impedir que los judíos me arrestaran. Pero mi reino no es de este mundo.

³⁷ —¡Así que eres rey! —le dijo Pilato.

—Eres tú quien dice que soy rey. Yo para esto nací, y para esto vine al mundo: para dar testimonio de la verdad. Todo el que está de parte de la verdad escucha mi voz.

³⁸ —¿Y qué es la verdad? —preguntó Pilato.

Dicho esto, salió otra vez a ver a los judíos.

—Yo no encuentro que éste sea culpable de nada —declaró—. ³⁹ Pero como ustedes tienen la costumbre de que les suelte a un preso durante la Pascua, ¿quieren que les suelte al "rey de los judíos"?

⁴⁰ —¡No, no sueltes a ése; suelta a Barrabás! —volvieron a gritar desaforadamente.

Y Barrabás era un bandido.ˢ

La sentencia

19 Pilato tomó entonces a Jesús y mandó que lo azotaran. ² Los soldados, que habían tejido una corona de espinas, se la pusieron a Jesús en la cabeza y lo vistieron con un manto de color púrpura.

³ —¡Viva el rey de los judíos! —le gritaban, mientras se le acercaban para abofetearlo.

⁴ Pilato volvió a salir.

—Aquí lo tienen —dijo a los judíos—. Lo he sacado para que sepan que no lo encuentro culpable de nada.

⁵ Cuando salió Jesús, llevaba puestos la corona de espinas y el manto de color púrpura.

—¡Aquí tienen al hombre! —les dijo Pilato.

⁶ Tan pronto como lo vieron, los jefes de los sacerdotes y los guardias gritaron a voz en cuello:

—¡Crucifícalo! ¡Crucifícalo!

—Pues llévenselo y crucifíquenlo ustedes —replicó Pilato—. Por mi parte, no lo encuentro culpable de nada.

⁷ —Nosotros tenemos una ley, y según esa ley debe morir, porque se ha hecho pasar por Hijo de Dios —insistieron los judíos.

⁸ Al oír esto, Pilato se atemorizó aún más, ⁹ así que entró de nuevo en el palacio y le preguntó a Jesús:

—¿De dónde eres tú?

³³ Pilate then went back inside the palace, summoned Jesus and asked him, "Are you the king of the Jews?"

³⁴ "Is that your own idea," Jesus asked, "or did others talk to you about me?"

³⁵ "Am I a Jew?" Pilate replied. "Your own people and chief priests handed you over to me. What is it you have done?"

³⁶ Jesus said, "My kingdom is not of this world. If it were, my servants would fight to prevent my arrest by the Jewish leaders. But now my kingdom is from another place."

³⁷ "You are a king, then!" said Pilate.

Jesus answered, "You say that I am a king. In fact, the reason I was born and came into the world is to testify to the truth. Everyone on the side of truth listens to me."

³⁸ "What is truth?" retorted Pilate. With this he went out again to the Jews gathered there and said, "I find no basis for a charge against him. ³⁹ But it is your custom for me to release to you one prisoner at the time of the Passover. Do you want me to release 'the king of the Jews'?"

⁴⁰ They shouted back, "No, not him! Give us Barabbas!" Now Barabbas had taken part in an uprising.

Jesus Sentenced to Be Crucified

19 Then Pilate took Jesus and had him flogged. ² The soldiers twisted together a crown of thorns and put it on his head. They clothed him in a purple robe ³ and went up to him again and again, saying, "Hail, king of the Jews!" And they slapped him in the face.

⁴ Once more Pilate came out and said to the Jews gathered there, "Look, I am bringing him out to you to let you know that I find no basis for a charge against him." ⁵ When Jesus came out wearing the crown of thorns and the purple robe, Pilate said to them, "Here is the man!"

⁶ As soon as the chief priests and their officials saw him, they shouted, "Crucify! Crucify!"

But Pilate answered, "You take him and crucify him. As for me, I find no basis for a charge against him."

⁷ The Jewish leaders insisted, "We have a law, and according to that law he must die, because he claimed to be the Son of God."

⁸ When Pilate heard this, he was even more afraid, ⁹ and he went back inside the palace. "Where do you come from?" he asked Jesus, but

---

ˢ **18:40** *bandido*. Alt. *insurgente*.

Pero Jesús no le contestó nada.

¹⁰ —¿Te niegas a hablarme? —le dijo Pilato—. ¿No te das cuenta de que tengo poder para ponerte en libertad o para mandar que te crucifiquen?

¹¹ —No tendrías ningún poder sobre mí si no se te hubiera dado de arriba —le contestó Jesús—. Por eso el que me puso en tus manos es culpable de un pecado más grande.

¹² Desde entonces Pilato procuraba poner en libertad a Jesús, pero los judíos gritaban desaforadamente:

—Si dejas en libertad a este hombre, no eres amigo del *emperador. Cualquiera que pretende ser rey se hace su enemigo.

¹³ Al oír esto, Pilato llevó a Jesús hacia fuera y se sentó en el tribunal, en un lugar al que llamaban el Empedrado (que en arameo se dice Gabatá). ¹⁴ Era el día de la preparación para la Pascua, cerca del mediodía.ᵗ

—Aquí tienen a su rey —dijo Pilato a los judíos.

¹⁵ —¡Fuera! ¡Fuera! ¡Crucifícalo! —vociferaron.

—¿Acaso voy a crucificar a su rey? —replicó Pilato.

—No tenemos más rey que el emperador romano —contestaron los jefes de los sacerdotes.

¹⁶ Entonces Pilato se lo entregó para que lo crucificaran, y los soldados se lo llevaron.

La crucifixión

¹⁷ Jesús salió cargando su propia cruz hacia el lugar de la Calavera (que en arameo se llama Gólgota). ¹⁸ Allí lo crucificaron, y con él a otros dos, uno a cada lado y Jesús en medio.

¹⁹ Pilato mandó que se pusiera sobre la cruz un letrero en el que estuviera escrito: «Jesús de Nazaret, Rey de los judíos.» ²⁰ Muchos de los judíos lo leyeron, porque el sitio en que crucificaron a Jesús estaba cerca de la ciudad. El letrero estaba escrito en arameo, latín y griego.

²¹ —No escribas "Rey de los judíos" —protestaron ante Pilato los jefes de los sacerdotes judíos—. Era él quien decía ser rey de los judíos.

²² —Lo que he escrito, escrito queda —les contestó Pilato.

²³ Cuando los soldados crucificaron a Jesús, tomaron su manto y lo partieron en cuatro partes, una para cada uno de ellos. Tomaron también la túnica, la cual no tenía costura, sino que era de una sola pieza, tejida de arriba abajo.

²⁴ —No la dividamos —se dijeron unos a otros—. Echemos suertes para ver a quién le toca.

Y así lo hicieron los soldados. Esto sucedió para que se cumpliera la Escritura que dice:

«Se repartieron entre ellos mi manto,
    y sobre mi ropa echaron suertes.»ᵘ

Jesus gave him no answer. ¹⁰"Do you refuse to speak to me?" Pilate said. "Don't you realize I have power either to free you or to crucify you?"

¹¹ Jesus answered, "You would have no power over me if it were not given to you from above. Therefore the one who handed me over to you is guilty of a greater sin."

¹² From then on, Pilate tried to set Jesus free, but the Jewish leaders kept shouting, "If you let this man go, you are no friend of Caesar. Anyone who claims to be a king opposes Caesar."

¹³ When Pilate heard this, he brought Jesus out and sat down on the judge's seat at a place known as the Stone Pavement (which in Aramaic is Gabbatha). ¹⁴ It was the day of Preparation of the Passover; it was about noon.

"Here is your king," Pilate said to the Jews.

¹⁵ But they shouted, "Take him away! Take him away! Crucify him!"

"Shall I crucify your king?" Pilate asked.

"We have no king but Caesar," the chief priests answered.

¹⁶ Finally Pilate handed him over to them to be crucified.

The Crucifixion of Jesus

So the soldiers took charge of Jesus. ¹⁷ Carrying his own cross, he went out to the place of the Skull (which in Aramaic is called Golgotha). ¹⁸ There they crucified him, and with him two others— one on each side and Jesus in the middle.

¹⁹ Pilate had a notice prepared and fastened to the cross. It read: JESUS OF NAZARETH, THE KING OF THE JEWS. ²⁰ Many of the Jews read this sign, for the place where Jesus was crucified was near the city, and the sign was written in Aramaic, Latin and Greek. ²¹ The chief priests of the Jews protested to Pilate, "Do not write 'The King of the Jews,' but that this man claimed to be king of the Jews."

²² Pilate answered, "What I have written, I have written."

²³ When the soldiers crucified Jesus, they took his clothes, dividing them into four shares, one for each of them, with the undergarment remaining. This garment was seamless, woven in one piece from top to bottom.

²⁴ "Let's not tear it," they said to one another. "Let's decide by lot who will get it."

This happened that the scripture might be fulfilled that said,

"They divided my clothes among them
    and cast lots for my garment."ˢ

So this is what the soldiers did.

ᵗ **19:14** del mediodía. Alt. de las seis de la mañana (si se cuentan las horas a partir de la medianoche, según la hora romana). Lit. de la hora sexta; véase nota en 1:39.
ᵘ **19:24** Sal 22:18

ˢ 24 Psalm 22:18

²⁵ Junto a la cruz de Jesús estaban su madre, la hermana de su madre, María la esposa de Cleofas, y María Magdalena. ²⁶ Cuando Jesús vio a su madre, y a su lado al discípulo a quien él amaba, dijo a su madre:

—Mujer, ahí tienes a tu hijo.

²⁷ Luego dijo al discípulo:

—Ahí tienes a tu madre.

Y desde aquel momento ese discípulo la recibió en su casa.

Muerte de Jesús

²⁸ Después de esto, como Jesús sabía que ya todo había terminado, y para que se cumpliera la Escritura, dijo:

—Tengo sed.

²⁹ Había allí una vasija llena de vinagre; así que empaparon una esponja en el vinagre, la pusieron en una caña^v y se la acercaron a la boca. ³⁰ Al probar Jesús el vinagre, dijo:

—Todo se ha cumplido.

Luego inclinó la cabeza y entregó el espíritu.

³¹ Era el día de la preparación para la Pascua. Los judíos no querían que los cuerpos permanecieran en la cruz en *sábado, por ser éste un día muy solemne. Así que le pidieron a Pilato ordenar que les quebraran las piernas a los crucificados y bajaran sus cuerpos. ³² Fueron entonces los soldados y le quebraron las piernas al primer hombre que había sido crucificado con Jesús, y luego al otro. ³³ Pero cuando se acercaron a Jesús y vieron que ya estaba muerto, no le quebraron las piernas, ³⁴ sino que uno de los soldados le abrió el costado con una lanza, y al instante le brotó sangre y agua. ³⁵ El que lo vio ha dado testimonio de ello, y su testimonio es verídico. Él sabe que dice la verdad, para que también ustedes crean. ³⁶ Estas cosas sucedieron para que se cumpliera la Escritura: «No le quebrarán ningún hueso»^w ³⁷ y, como dice otra Escritura: «Mirarán al que han traspasado.»^x

Sepultura de Jesús

³⁸ Después de esto, José de Arimatea le pidió a Pilato el cuerpo de Jesús. José era discípulo de Jesús, aunque en secreto por miedo a los judíos. Con el permiso de Pilato, fue y retiró el cuerpo. ³⁹ También Nicodemo, el que antes había visitado a Jesús de noche, llegó con unos treinta y cuatro kilos^y de una mezcla de mirra y áloe. ⁴⁰ Ambos tomaron el cuerpo de Jesús y, conforme a la costumbre judía de dar sepultura, lo envolvieron en vendas con las especias aromáticas. ⁴¹ En el lugar donde crucificaron a Jesús había un huerto, y en el huerto un sepulcro nuevo en el que todavía

²⁵ Near the cross of Jesus stood his mother, his mother's sister, Mary the wife of Clopas, and Mary Magdalene. ²⁶ When Jesus saw his mother there, and the disciple whom he loved standing nearby, he said to her, "Woman,^t here is your son," ²⁷ and to the disciple, "Here is your mother." From that time on, this disciple took her into his home.

The Death of Jesus

²⁸ Later, knowing that everything had now been finished, and so that Scripture would be fulfilled, Jesus said, "I am thirsty." ²⁹ A jar of wine vinegar was there, so they soaked a sponge in it, put the sponge on a stalk of the hyssop plant, and lifted it to Jesus' lips. ³⁰ When he had received the drink, Jesus said, "It is finished." With that, he bowed his head and gave up his spirit.

³¹ Now it was the day of Preparation, and the next day was to be a special Sabbath. Because the Jewish leaders did not want the bodies left on the crosses during the Sabbath, they asked Pilate to have the legs broken and the bodies taken down. ³² The soldiers therefore came and broke the legs of the first man who had been crucified with Jesus, and then those of the other. ³³ But when they came to Jesus and found that he was already dead, they did not break his legs. ³⁴ Instead, one of the soldiers pierced Jesus' side with a spear, bringing a sudden flow of blood and water. ³⁵ The man who saw it has given testimony, and his testimony is true. He knows that he tells the truth, and he testifies so that you also may believe. ³⁶ These things happened so that the scripture would be fulfilled: "Not one of his bones will be broken,"^u ³⁷ and, as another scripture says, "They will look on the one they have pierced."^v

The Burial of Jesus

³⁸ Later, Joseph of Arimathea asked Pilate for the body of Jesus. Now Joseph was a disciple of Jesus, but secretly because he feared the Jewish leaders. With Pilate's permission, he came and took the body away. ³⁹ He was accompanied by Nicodemus, the man who earlier had visited Jesus at night. Nicodemus brought a mixture of myrrh and aloes, about seventy-five pounds.^w ⁴⁰ Taking Jesus' body, the two of them wrapped it, with the spices, in strips of linen. This was in accordance with Jewish burial customs. ⁴¹ At the place where Jesus was crucified, there was a garden, and in the garden a new tomb, in which no one had ever been laid.

---

^v **19:29** *una caña.* Lit. *una rama de hisopo.*
^w **19:36** Éx 12:46; Nm 9:12; Sal 34:20
^x **19:37** Zac 12:10
^y **19:39** *unos ... kilos.* Lit. *como cien litrai.*

^t 26 The Greek for *Woman* does not denote any disrespect.
^u 36 Exodus 12:46; Num. 9:12; Psalm 34:20   ^v 37 Zech. 12:10
^w 39 Or about 34 kilograms

no se había sepultado a nadie. ⁴²Como era el día judío de la preparación, y el sepulcro estaba cerca, pusieron allí a Jesús.

El sepulcro vacío

20El primer día de la semana, muy de mañana, cuando todavía estaba oscuro, María Magdalena fue al sepulcro y vio que habían quitado la piedra que cubría la entrada. ² Así que fue corriendo a ver a Simón Pedro y al otro discípulo, a quien Jesús amaba, y les dijo:

—¡Se han llevado del sepulcro al Señor, y no sabemos dónde lo han puesto!

³ Pedro y el otro discípulo se dirigieron entonces al sepulcro. ⁴ Ambos fueron corriendo, pero como el otro discípulo corría más aprisa que Pedro, llegó primero al sepulcro. ⁵ Inclinándose, se asomó y vio allí las vendas, pero no entró. ⁶ Tras él llegó Simón Pedro, y entró en el sepulcro. Vio allí las vendas ⁷ y el sudario que había cubierto la cabeza de Jesús, aunque el sudario no estaba con las vendas sino enrollado en un lugar aparte. ⁸ En ese momento entró también el otro discípulo, el que había llegado primero al sepulcro; y vio y creyó. ⁹ Hasta entonces no habían entendido la Escritura, que dice que Jesús tenía que resucitar.

Jesús se aparece a María Magdalena

¹⁰ Los discípulos regresaron a su casa, ¹¹ pero María se quedó afuera, llorando junto al sepulcro. Mientras lloraba, se inclinó para mirar dentro del sepulcro, ¹² y vio a dos ángeles vestidos de blanco, sentados donde había estado el cuerpo de Jesús, uno a la cabecera y otro a los pies.

¹³ —¿Por qué lloras, mujer? —le preguntaron los ángeles.

—Es que se han llevado a mi Señor, y no sé dónde lo han puesto —les respondió.

¹⁴ Apenas dijo esto, volvió la mirada y allí vio a Jesús de pie, aunque no sabía que era él. ¹⁵ Jesús le dijo:

—¿Por qué lloras, mujer? ¿A quién buscas?

Ella, pensando que se trataba del que cuidaba el huerto, le dijo:

—Señor, si usted se lo ha llevado, dígame dónde lo ha puesto, y yo iré por él.

¹⁶ —María —le dijo Jesús.

Ella se volvió y exclamó:

—¡Raboni! (que en arameo significa: Maestro).

¹⁷ —Suéltame,ᶻ porque todavía no he vuelto al Padre. Ve más bien a mis hermanos y diles: "Vuelvo a mi Padre, que es Padre de ustedes; a mi Dios, que es Dios de ustedes."

¹⁸ María Magdalena fue a darles la noticia a los discípulos. «¡He visto al Señor!», exclamaba, y les contaba lo que él le había dicho.

⁴²Because it was the Jewish day of Preparation and since the tomb was nearby, they laid Jesus there.

The Empty Tomb

20Early on the first day of the week, while it was still dark, Mary Magdalene went to the tomb and saw that the stone had been removed from the entrance. ²So she came running to Simon Peter and the other disciple, the one Jesus loved, and said, "They have taken the Lord out of the tomb, and we don't know where they have put him!"

³So Peter and the other disciple started for the tomb. ⁴Both were running, but the other disciple outran Peter and reached the tomb first. ⁵He bent over and looked in at the strips of linen lying there but did not go in. ⁶Then Simon Peter came along behind him and went straight into the tomb. He saw the strips of linen lying there, ⁷as well as the cloth that had been wrapped around Jesus' head. The cloth was still lying in its place, separate from the linen. ⁸Finally the other disciple, who had reached the tomb first, also went inside. He saw and believed. ⁹(They still did not understand from Scripture that Jesus had to rise from the dead.) ¹⁰Then the disciples went back to where they were staying.

Jesus Appears to Mary Magdalene

¹¹Now Mary stood outside the tomb crying. As she wept, she bent over to look into the tomb ¹²and saw two angels in white, seated where Jesus' body had been, one at the head and the other at the foot.

¹³They asked her, "Woman, why are you crying?"

"They have taken my Lord away," she said, "and I don't know where they have put him." ¹⁴At this, she turned around and saw Jesus standing there, but she did not realize that it was Jesus.

¹⁵He asked her, "Woman, why are you crying? Who is it you are looking for?"

Thinking he was the gardener, she said, "Sir, if you have carried him away, tell me where you have put him, and I will get him."

¹⁶Jesus said to her, "Mary."

She turned toward him and cried out in Aramaic, "Rabboni!" (which means "Teacher").

¹⁷Jesus said, "Do not hold on to me, for I have not yet ascended to the Father. Go instead to my brothers and tell them, 'I am ascending to my Father and your Father, to my God and your God.'"

¹⁸Mary Magdalene went to the disciples with the news: "I have seen the Lord!" And she told them that he had said these things to her.

ᶻ **20:17** *Suéltame.* Lit. *No me toques.*

Jesús se aparece a sus discípulos

¹⁹ Al atardecer de aquel primer día de la semana, estando reunidos los discípulos a puerta cerrada por temor a los judíos, entró Jesús y, poniéndose en medio de ellos, los saludó.

—¡La paz sea con ustedes!

²⁰ Dicho esto, les mostró las manos y el costado. Al ver al Señor, los discípulos se alegraron.

²¹ —¡La paz sea con ustedes! —repitió Jesús—. Como el Padre me envió a mí, así yo los envío a ustedes.

²² Acto seguido, sopló sobre ellos y les dijo:

—Reciban el Espíritu Santo. ²³ A quienes les perdonen sus pecados, les serán perdonados; a quienes no se los perdonen, no les serán perdonados.

Jesús se aparece a Tomás

²⁴ Tomás, al que apodaban el Gemelo,ᵃ y que era uno de los doce, no estaba con los discípulos cuando llegó Jesús. ²⁵ Así que los otros discípulos le dijeron:

—¡Hemos visto al Señor!

—Mientras no vea yo la marca de los clavos en sus manos, y meta mi dedo en las marcas y mi mano en su costado, no lo creeré —repuso Tomás.

²⁶ Una semana más tarde estaban los discípulos de nuevo en la casa, y Tomás estaba con ellos. Aunque las puertas estaban cerradas, Jesús entró y, poniéndose en medio de ellos, los saludó.

—¡La paz sea con ustedes!

²⁷ Luego le dijo a Tomás:

—Pon tu dedo aquí y mira mis manos. Acerca tu mano y métela en mi costado. Y no seas incrédulo, sino hombre de fe.

²⁸ —¡Señor mío y Dios mío! —exclamó Tomás.

²⁹ —Porque me has visto, has creído —le dijo Jesús—; *dichosos los que no han visto y sin embargo creen.

³⁰ Jesús hizo muchas otras señales milagrosas en presencia de sus discípulos, las cuales no están registradas en este libro. ³¹ Pero éstas se han escrito para que ustedes crean que Jesús es el *Cristo, el Hijo de Dios, y para que al creer en su nombre tengan vida.

Jesús y la pesca milagrosa

21 Después de esto Jesús se apareció de nuevo a sus discípulos, junto al lago de Tiberíades.ᵇ Sucedió de esta manera: ² Estaban juntos Simón Pedro, Tomás (al que apodaban el Gemeloᶜ), Natanael, el de Caná de Galilea, los hijos de Zebedeo, y otros dos discípulos.

³ —Me voy a pescar —dijo Simón Pedro.

—Nos vamos contigo —contestaron ellos.

Jesus Appears to His Disciples

¹⁹ On the evening of that first day of the week, when the disciples were together, with the doors locked for fear of the Jewish leaders, Jesus came and stood among them and said, "Peace be with you!" ²⁰ After he said this, he showed them his hands and side. The disciples were overjoyed when they saw the Lord.

²¹ Again Jesus said, "Peace be with you! As the Father has sent me, I am sending you." ²² And with that he breathed on them and said, "Receive the Holy Spirit. ²³ If you forgive anyone's sins, their sins are forgiven; if you do not forgive them, they are not forgiven."

Jesus Appears to Thomas

²⁴ Now Thomas (also known as Didymusˣ), one of the Twelve, was not with the disciples when Jesus came. ²⁵ So the other disciples told him, "We have seen the Lord!"

But he said to them, "Unless I see the nail marks in his hands and put my finger where the nails were, and put my hand into his side, I will not believe."

²⁶ A week later his disciples were in the house again, and Thomas was with them. Though the doors were locked, Jesus came and stood among them and said, "Peace be with you!" ²⁷ Then he said to Thomas, "Put your finger here; see my hands. Reach out your hand and put it into my side. Stop doubting and believe."

²⁸ Thomas said to him, "My Lord and my God!"

²⁹ Then Jesus told him, "Because you have seen me, you have believed; blessed are those who have not seen and yet have believed."

The Purpose of John's Gospel

³⁰ Jesus performed many other signs in the presence of his disciples, which are not recorded in this book. ³¹ But these are written that you may believeʸ that Jesus is the Messiah, the Son of God, and that by believing you may have life in his name.

Jesus and the Miraculous Catch of Fish

21 Afterward Jesus appeared again to his disciples, by the Sea of Galilee.ᶻ It happened this way: ² Simon Peter, Thomas (also known as Didymusˣ), Nathanael from Cana in Galilee, the sons of Zebedee, and two other disciples were together. ³ "I'm going out to fish," Simon Peter told them, and they said, "We'll go with you." So they

---

ᵃ **20:24** *apodaban el Gemelo. Lit. llamaban Dídimos.*
ᵇ **21:1** *Es decir, el mar de Galilea.*
ᶜ **21:2** *apodaban el Gemelo. Lit. llamaban Dídimos.*

ˣ *24,2 Thomas (Aramaic) and Didymus (Greek) both mean twin.*
ʸ *31 Or may continue to believe*   ᶻ *1 Greek Tiberias*

Salieron, pues, de allí y se embarcaron, pero esa noche no pescaron nada.

⁴ Al despuntar el alba Jesús se hizo presente en la orilla, pero los discípulos no se dieron cuenta de que era él.

⁵ —Muchachos, ¿no tienen algo de comer? —les preguntó Jesús.

—No —respondieron ellos.

⁶ —Tiren la red a la derecha de la barca, y pescarán algo.

Así lo hicieron, y era tal la cantidad de pescados que ya no podían sacar la red.

⁷ —¡Es el Señor! —dijo a Pedro el discípulo a quien Jesús amaba.

Tan pronto como Simón Pedro le oyó decir: «Es el Señor», se puso la ropa, pues estaba semidesnudo, y se tiró al agua. ⁸ Los otros discípulos lo siguieron en la barca, arrastrando la red llena de pescados, pues estaban a escasos cien metros*d* de la orilla. ⁹ Al desembarcar, vieron unas brasas con un pescado encima, y un pan.

¹⁰ —Traigan algunos de los pescados que acaban de sacar —les dijo Jesús.

¹¹ Simón Pedro subió a bordo y arrastró hasta la orilla la red, la cual estaba llena de pescados de buen tamaño. Eran ciento cincuenta y tres, pero a pesar de ser tantos la red no se rompió.

¹² —Vengan a desayunar —les dijo Jesús.

Ninguno de los discípulos se atrevía a preguntarle: «¿Quién eres tú?», porque sabían que era el Señor. ¹³ Jesús se acercó, tomó el pan y se lo dio a ellos, e hizo lo mismo con el pescado. ¹⁴ Ésta fue la tercera vez que Jesús se apareció a sus discípulos después de haber *resucitado.

Jesús restituye a Pedro

¹⁵ Cuando terminaron de desayunar, Jesús le preguntó a Simón Pedro:

—Simón, hijo de Juan, ¿me amas más que éstos?

—Sí, Señor, tú sabes que te quiero —contestó Pedro.

—Apacienta mis corderos —le dijo Jesús.

¹⁶ Y volvió a preguntarle:

—Simón, hijo de Juan, ¿me amas?

—Sí, Señor, tú sabes que te quiero.

—Cuida de mis ovejas.

¹⁷ Por tercera vez Jesús le preguntó:

—Simón, hijo de Juan, ¿me quieres?

A Pedro le dolió que por tercera vez Jesús le hubiera preguntado: «¿Me quieres?» Así que le dijo:

—Señor, tú lo sabes todo; tú sabes que te quiero.

—Apacienta mis ovejas —le dijo Jesús—. ¹⁸ De veras te aseguro que cuando eras más joven te vestías tú mismo e ibas adonde querías; pero cuando seas viejo, extenderás las manos y otro te vestirá y te llevará adonde no quieras ir.

went out and got into the boat, but that night they caught nothing.

⁴ Early in the morning, Jesus stood on the shore, but the disciples did not realize that it was Jesus.

⁵ He called out to them, "Friends, haven't you any fish?"

"No," they answered.

⁶ He said, "Throw your net on the right side of the boat and you will find some." When they did, they were unable to haul the net in because of the large number of fish.

⁷ Then the disciple whom Jesus loved said to Peter, "It is the Lord!" As soon as Simon Peter heard him say, "It is the Lord," he wrapped his outer garment around him (for he had taken it off) and jumped into the water. ⁸ The other disciples followed in the boat, towing the net full of fish, for they were not far from shore, about a hundred yards.*a* ⁹ When they landed, they saw a fire of burning coals there with fish on it, and some bread.

¹⁰ Jesus said to them, "Bring some of the fish you have just caught." ¹¹ So Simon Peter climbed back into the boat and dragged the net ashore. It was full of large fish, 153, but even with so many the net was not torn. ¹² Jesus said to them, "Come and have breakfast." None of the disciples dared ask him, "Who are you?" They knew it was the Lord. ¹³ Jesus came, took the bread and gave it to them, and did the same with the fish. ¹⁴ This was now the third time Jesus appeared to his disciples after he was raised from the dead.

Jesus Reinstates Peter

¹⁵ When they had finished eating, Jesus said to Simon Peter, "Simon son of John, do you love me more than these?"

"Yes, Lord," he said, "you know that I love you."

Jesus said, "Feed my lambs."

¹⁶ Again Jesus said, "Simon son of John, do you love me?"

He answered, "Yes, Lord, you know that I love you."

Jesus said, "Take care of my sheep."

¹⁷ The third time he said to him, "Simon son of John, do you love me?"

Peter was hurt because Jesus asked him the third time, "Do you love me?" He said, "Lord, you know all things; you know that I love you."

Jesus said, "Feed my sheep. ¹⁸ Very truly I tell you, when you were younger you dressed yourself and went where you wanted; but when you are old you will stretch out your hands, and someone else will dress you and lead you where you do not

---

d **21:8** *a escasos cien metros.* Lit. *a unos doscientos *codos.*

a 8 Or about 90 meters

[19] Esto dijo Jesús para dar a entender la clase de muerte con que Pedro glorificaría a Dios. Después de eso añadió:

—¡Sígueme!

[20] Al volverse, Pedro vio que los seguía el discípulo a quien Jesús amaba, el mismo que en la cena se había reclinado sobre Jesús y le había dicho: «Señor, ¿quién es el que va a traicionarte?» [21] Al verlo, Pedro preguntó:

—Señor, ¿y éste, qué?

[22] —Si quiero que él permanezca vivo hasta que yo vuelva, ¿a ti qué? Tú sígueme no más.

[23] Por este motivo corrió entre los hermanos el rumor de que aquel discípulo no moriría. Pero Jesús no dijo que no moriría, sino solamente: «Si quiero que él permanezca vivo hasta que yo vuelva, ¿a ti qué?»

[24] Éste es el discípulo que da testimonio de estas cosas, y las escribió. Y estamos convencidos de que su testimonio es verídico.

[25] Jesús hizo también muchas otras cosas, tantas que, si se escribiera cada una de ellas, pienso que los libros escritos no cabrían en el mundo entero.

want to go." [19] Jesus said this to indicate the kind of death by which Peter would glorify God. Then he said to him, "Follow me!"

[20] Peter turned and saw that the disciple whom Jesus loved was following them. (This was the one who had leaned back against Jesus at the supper and had said, "Lord, who is going to betray you?") [21] When Peter saw him, he asked, "Lord, what about him?"

[22] Jesus answered, "If I want him to remain alive until I return, what is that to you? You must follow me." [23] Because of this, the rumor spread among the believers that this disciple would not die. But Jesus did not say that he would not die; he only said, "If I want him to remain alive until I return, what is that to you?"

[24] This is the disciple who testifies to these things and who wrote them down. We know that his testimony is true.

[25] Jesus did many other things as well. If every one of them were written down, I suppose that even the whole world would not have room for the books that would be written.

Hechos
de los Apóstoles

El segundo volumen de la obra de Lucas se conoce como Hechos (véase p. 1471 para leer la invitación a Lucas-Hechos y una introducción más detallada del Evangelio de Lucas). Las seis partes del libro de los Hechos describen, cada una de ellas, una nueva fase en la expansión del movimiento de seguidores del Mesías al exterior de Jerusalén. Esas secciones se ven marcadas por variaciones en una frase: la palabra de Dios seguía extendiéndose y difundiéndose.

: Primero, la iglesia se establece en Jerusalén y adopta la lengua griega, con lo cual puede difundir su mensaje por todo el imperio.
: Segundo, el movimiento llega al resto de Palestina.
: Tercero, los gentiles se incluyen junto a los judíos en la nueva agrupación de seguidores de Jesús.
: Cuarto, se envían mensajeros hacia el oeste, a la provincia romana de Asia.
: Quinto, esos mensajeros entran en Europa.
: En la sexta y última fase el movimiento llega a Roma, la ciudad capital, y a los niveles más altos de la sociedad. Así, el reino de Dios se anuncia a todas las naciones.

Jesús llevado al cielo

1 Estimado Teófilo, en mi primer libro me referí a todo lo que Jesús comenzó a hacer y enseñar [2] hasta el día en que fue llevado al cielo, luego de darles instrucciones por medio del Espíritu Santo a los apóstoles que había escogido. [3] Después de padecer la muerte, se les presentó dándoles muchas pruebas convincentes de que estaba vivo. Durante cuarenta días se les apareció y les habló acerca del reino de Dios. [4] Una vez, mientras comía con ellos, les ordenó:

—No se alejen de Jerusalén, sino esperen la promesa del Padre, de la cual les he hablado: [5] Juan bautizó con[a] agua, pero dentro de pocos días ustedes serán bautizados con el Espíritu Santo.

[6] Entonces los que estaban reunidos con él le preguntaron:

—Señor, ¿es ahora cuando vas a restablecer el reino a Israel?

[7] —No les toca a ustedes conocer la hora ni el momento determinado por la autoridad misma del Padre —les contestó Jesús—. [8] Pero cuando venga el Espíritu Santo sobre ustedes, recibirán poder y serán mis testigos tanto en Jerusalén como en toda Judea y Samaria, y hasta los confines de la tierra.

Acts

Luke's second volume is known as the book of Acts (see p. 1471 for the Invitation to Luke-Acts, and for more detailed information on the Gospel of Luke). The six parts of the book of Acts each describe a new phase in the expansion of the Messiah-following movement outward from Jerusalem. These sections are all marked by variations on the phrase the word of God continued to spread and flourish:

: First, the church is established in Jerusalem and becomes Greek-speaking, allowing it to spread its message throughout the empire.
: Next, the movement expands into the rest of Palestine.
: Third, Gentiles are included in the gathering of Jesus-followers alongside Jews.
: Fourth, messengers are sent west into the Roman province of Asia.
: Fifth, these messengers enter Europe.
: In the sixth and final phase, the movement reaches the capital city of Rome and into the highest levels of society; God's kingdom is thus announced to all nations.

Jesus Taken Up Into Heaven

1 In my former book, Theophilus, I wrote about all that Jesus began to do and to teach [2] until the day he was taken up to heaven, after giving instructions through the Holy Spirit to the apostles he had chosen. [3] After his suffering, he presented himself to them and gave many convincing proofs that he was alive. He appeared to them over a period of forty days and spoke about the kingdom of God. [4] On one occasion, while he was eating with them, he gave them this command: "Do not leave Jerusalem, but wait for the gift my Father promised, which you have heard me speak about. [5] For John baptized with[a] water, but in a few days you will be baptized with[a] the Holy Spirit."

[6] Then they gathered around him and asked him, "Lord, are you at this time going to restore the kingdom to Israel?"

[7] He said to them: "It is not for you to know the times or dates the Father has set by his own authority. [8] But you will receive power when the Holy Spirit comes on you; and you will be my witnesses in Jerusalem, and in all Judea and Samaria, and to the ends of the earth."

---

⁹ Habiendo dicho esto, mientras ellos lo miraban, fue llevado a las alturas hasta que una nube lo ocultó de su vista. ¹⁰ Ellos se quedaron mirando fijamente al cielo mientras él se alejaba. De repente, se les acercaron dos hombres vestidos de blanco, que les dijeron:

¹¹ —Galileos, ¿qué hacen aquí mirando al cielo? Este mismo Jesús, que ha sido llevado de entre ustedes al cielo, vendrá otra vez de la misma manera que lo han visto irse.

Elección de Matías para reemplazar a Judas

¹² Entonces regresaron a Jerusalén desde el monte llamado de los Olivos, situado aproximadamente a un kilómetro de la ciudad.*ᵇ* ¹³ Cuando llegaron, subieron al lugar donde se alojaban. Estaban allí Pedro, Juan, *Jacobo, Andrés, Felipe, Tomás, Bartolomé, Mateo, Jacobo hijo de Alfeo, Simón el Zelote y Judas hijo de Jacobo. ¹⁴ Todos, en un mismo espíritu, se dedicaban a la oración, junto con las mujeres y con los hermanos de Jesús y su madre María.

¹⁵ Por aquellos días Pedro se puso de pie en medio de los creyentes,*ᶜ* que eran un grupo como de ciento veinte personas, ¹⁶ y les dijo: «Hermanos, tenía que cumplirse la Escritura que, por boca de David, había predicho el Espíritu Santo en cuanto a Judas, el que sirvió de guía a los que arrestaron a Jesús. ¹⁷ Judas se contaba entre los nuestros y participaba en nuestro ministerio. ¹⁸ (Con el dinero que obtuvo por su crimen, Judas compró un terreno; allí cayó de cabeza, se reventó, y se le salieron las vísceras. ¹⁹ Todos en Jerusalén se enteraron de ello, así que aquel terreno fue llamado Acéldama, que en su propio idioma quiere decir "Campo de Sangre".)

²⁰ »Porque en el libro de los Salmos —continuó Pedro— está escrito:

» "Que su lugar quede desierto,
     y que nadie lo habite."*ᵈ*

También está escrito:

» "Que otro se haga cargo de su oficio."*ᵉ*

²¹⁻²² Por tanto, es preciso que se una a nosotros un testigo de la resurrección, uno de los que nos acompañaban todo el tiempo que el Señor Jesús vivió entre nosotros, desde que Juan bautizaba hasta el día en que Jesús fue llevado de entre nosotros.»

²³ Así que propusieron a dos: a José, llamado Barsabás, apodado el Justo, y a Matías. ²⁴ Y oraron así: «Señor, tú que conoces el corazón de todos, muéstranos a cuál de estos dos has elegido ²⁵ para que se

---

⁹ After he said this, he was taken up before their very eyes, and a cloud hid him from their sight.

¹⁰ They were looking intently up into the sky as he was going, when suddenly two men dressed in white stood beside them. ¹¹ "Men of Galilee," they said, "why do you stand here looking into the sky? This same Jesus, who has been taken from you into heaven, will come back in the same way you have seen him go into heaven."

Matthias Chosen to Replace Judas

¹² Then the apostles returned to Jerusalem from the hill called the Mount of Olives, a Sabbath day's walk*ᵇ* from the city. ¹³ When they arrived, they went upstairs to the room where they were staying. Those present were Peter, John, James and Andrew; Philip and Thomas, Bartholomew and Matthew; James son of Alphaeus and Simon the Zealot, and Judas son of James. ¹⁴ They all joined together constantly in prayer, along with the women and Mary the mother of Jesus, and with his brothers.

¹⁵ In those days Peter stood up among the believers (a group numbering about a hundred and twenty) ¹⁶ and said, "Brothers and sisters,*ᶜ* the Scripture had to be fulfilled in which the Holy Spirit spoke long ago through David concerning Judas, who served as guide for those who arrested Jesus. ¹⁷ He was one of our number and shared in our ministry."

¹⁸ (With the payment he received for his wickedness, Judas bought a field; there he fell headlong, his body burst open and all his intestines spilled out. ¹⁹ Everyone in Jerusalem heard about this, so they called that field in their language Akeldama, that is, Field of Blood.)

²⁰ "For," said Peter, "it is written in the Book of Psalms:

" 'May his place be deserted;
     let there be no one to dwell in it,'*ᵈ*

and,

" 'May another take his place of leadership.'*ᵉ*

²¹ Therefore it is necessary to choose one of the men who have been with us the whole time the Lord Jesus was living among us, ²² beginning from John's baptism to the time when Jesus was taken up from us. For one of these must become a witness with us of his resurrection."

²³ So they nominated two men: Joseph called Barsabbas (also known as Justus) and Matthias. ²⁴ Then they prayed, "Lord, you know everyone's heart. Show us which of these two you have chosen ²⁵ to take over this apostolic ministry, which

---

ᵇ **1:12** *situado … ciudad.* Lit. *que está cerca de Jerusalén, camino de un *sábado* (es decir, lo que la ley permitía caminar en el día de reposo).*
ᶜ **1:15** *creyentes.* Lit. *hermanos.*
ᵈ **1:20** Sal 69:25
ᵉ **1:20** Sal 109:8

ᵇ *12* That is, about 5/8 mile or about 1 kilometer   *ᶜ* *16* The Greek word for *brothers and sisters* (*adelphoi*) refers here to believers, both men and women, as part of God's family; also in 6:3; 11:29; 12:17; 16:40; 18:18, 27; 21:7, 17; 28:14, 15.
ᵈ *20* Psalm 69:25   *ᵉ* *20* Psalm 109:8

haga cargo del servicio apostólico que Judas dejó para irse al lugar que le correspondía.» ²⁶ Luego echaron suertes y la elección recayó en Matías; así que él fue reconocido junto con los once apóstoles.

El Espíritu Santo desciende en Pentecostés

2 Cuando llegó el día de Pentecostés, estaban todos juntos en el mismo lugar. ² De repente, vino del cielo un ruido como el de una violenta ráfaga de viento y llenó toda la casa donde estaban reunidos. ³ Se les aparecieron entonces unas lenguas como de fuego que se repartieron y se posaron sobre cada uno de ellos. ⁴ Todos fueron llenos del Espíritu Santo y comenzaron a hablar en diferentes *lenguas, según el Espíritu les concedía expresarse.

⁵ Estaban de visita en Jerusalén judíos piadosos, procedentes de todas las naciones de la tierra. ⁶ Al oír aquel bullicio, se agolparon y quedaron todos pasmados porque cada uno los escuchaba hablar en su propio idioma. ⁷ Desconcertados y maravillados, decían: «¿No son galileos todos estos que están hablando? ⁸ ¿Cómo es que cada uno de nosotros los oye hablar en su lengua materna? ⁹ Partos, medos y elamitas; habitantes de Mesopotamia, de Judea y de Capadocia, del Ponto y de *Asia, ¹⁰ de Frigia y de Panfilia, de Egipto y de las regiones de Libia cercanas a Cirene; visitantes llegados de Roma; ¹¹ judíos y *prosélitos; cretenses y árabes: ¡todos por igual los oímos proclamar en nuestra propia lengua las maravillas de Dios!»

¹² Desconcertados y perplejos, se preguntaban: «¿Qué quiere decir esto?» ¹³ Otros se burlaban y decían: «Lo que pasa es que están borrachos.»

Pedro se dirige a la multitud

¹⁴ Entonces Pedro, con los once, se puso de pie y dijo a voz en cuello: «Compatriotas judíos y todos ustedes que están en Jerusalén, déjenme explicarles lo que sucede; presten atención a lo que les voy a decir. ¹⁵ Éstos no están borrachos, como suponen ustedes. ¡Apenas son las nueve de la mañana!ᶠ ¹⁶ En realidad lo que pasa es lo que anunció el profeta Joel:

¹⁷ »"Sucederá que en los últimos días —dice
      Dios—,
      derramaré mi Espíritu sobre todo el
      género
      *humano.
   Los hijos y las hijas de ustedes profetizarán,
      tendrán visiones los jóvenes
      y sueños los ancianos.
¹⁸ En esos días derramaré mi Espíritu
      aun sobre mis *siervos y mis siervas,
      y profetizarán.
¹⁹ Arriba en el cielo y abajo en la tierra
      mostraré prodigios:

Judas left to go where he belongs." ²⁶ Then they cast lots, and the lot fell to Matthias; so he was added to the eleven apostles.

The Holy Spirit Comes at Pentecost

2 When the day of Pentecost came, they were all together in one place. ² Suddenly a sound like the blowing of a violent wind came from heaven and filled the whole house where they were sitting. ³ They saw what seemed to be tongues of fire that separated and came to rest on each of them. ⁴ All of them were filled with the Holy Spirit and began to speak in other tonguesᶠ as the Spirit enabled them.

⁵ Now there were staying in Jerusalem God-fearing Jews from every nation under heaven. ⁶ When they heard this sound, a crowd came together in bewilderment, because each one heard their own language being spoken. ⁷ Utterly amazed, they asked: "Aren't all these who are speaking Galileans? ⁸ Then how is it that each of us hears them in our native language? ⁹ Parthians, Medes and Elamites; residents of Mesopotamia, Judea and Cappadocia, Pontus and Asia,ᵍ ¹⁰ Phrygia and Pamphylia, Egypt and the parts of Libya near Cyrene; visitors from Rome ¹¹ (both Jews and converts to Judaism); Cretans and Arabs — we hear them declaring the wonders of God in our own tongues!" ¹² Amazed and perplexed, they asked one another, "What does this mean?"

¹³ Some, however, made fun of them and said, "They have had too much wine."

Peter Addresses the Crowd

¹⁴ Then Peter stood up with the Eleven, raised his voice and addressed the crowd: "Fellow Jews and all of you who live in Jerusalem, let me explain this to you; listen carefully to what I say. ¹⁵ These people are not drunk, as you suppose. It's only nine in the morning! ¹⁶ No, this is what was spoken by the prophet Joel:

¹⁷ "'In the last days, God says,
      I will pour out my Spirit on all people.
   Your sons and daughters will prophesy,
      your young men will see visions,
      your old men will dream dreams.
¹⁸ Even on my servants, both men and women,
      I will pour out my Spirit in those days,
      and they will prophesy.
¹⁹ I will show wonders in the heavens above
      and signs on the earth below,
      blood and fire and billows of smoke.

ᶠ 2:15 son las nueve de la mañana. Lit. es la hora tercera del día.   ᶠ 4 Or languages; also in verse 11   ᵍ 9 That is, the Roman province by that name

sangre, fuego y nubes de humo.
²⁰ El sol se convertirá en tinieblas
    y la luna en sangre
antes que llegue el día del Señor,
    día grande y esplendoroso.
²¹ Y todo el que invoque el nombre del Señor
    será salvo."ᵍ

²² »Pueblo de Israel, escuchen esto: Jesús de Nazaret fue un hombre acreditado por Dios ante ustedes con milagros, señales y prodigios, los cuales realizó Dios entre ustedes por medio de él, como bien lo saben. ²³ Éste fue entregado según el determinado propósito y el previo conocimiento de Dios; y por medio de gente malvada,ʰ ustedes lo mataron, clavándolo en la cruz. ²⁴ Sin embargo, Dios lo resucitó, librándolo de las angustias de la muerte, porque era imposible que la muerte lo mantuviera bajo su dominio. ²⁵ En efecto, David dijo de él:

»"Veía yo al Señor siempre delante de mí,
    porque él está a mi *derecha
    para que no caiga.
²⁶ Por eso mi corazón se alegra, y canta con
    gozo mi lengua;
    mi cuerpo también vivirá en esperanza.
²⁷ No dejarás que mi *vida termine en el
    sepulcro;ⁱ
    no permitirás que tu santo sufra
    corrupción.
²⁸ Me has dado a conocer los caminos de la
    vida;
    me llenarás de alegría en tu presencia."ʲ

²⁹ »Hermanos, permítanme hablarles con franqueza acerca del patriarca David, que murió y fue sepultado, y cuyo sepulcro está entre nosotros hasta el día de hoy. ³⁰ Era profeta y sabía que Dios le había prometido bajo juramento poner en el trono a uno de sus descendientes.ᵏ ³¹ Fue así como previó lo que iba a suceder. Refiriéndose a la resurrección del *Mesías, afirmó que Dios no dejaría que su vida terminara en el sepulcro, ni que su fin fuera la corrupción. ³² A este Jesús, Dios lo resucitó, y de ello todos nosotros somos testigos. ³³ Exaltado por el poderˡ de Dios, y habiendo recibido del Padre el Espíritu Santo prometido, ha derramado esto que ustedes ahora ven y oyen. ³⁴ David no subió al cielo, y sin embargo declaró:

»"Dijo el Señor a mi Señor:
    Siéntate a mi derecha,
³⁵ hasta que ponga a tus enemigos
    por estrado de tus pies."ᵐ

²⁰ The sun will be turned to darkness
    and the moon to blood
    before the coming of the great and
        glorious day of the Lord.
²¹ And everyone who calls
    on the name of the Lord will be saved.'ʰ

²² "Fellow Israelites, listen to this: Jesus of Nazareth was a man accredited by God to you by miracles, wonders and signs, which God did among you through him, as you yourselves know. ²³ This man was handed over to you by God's deliberate plan and foreknowledge; and you, with the help of wicked men,ⁱ put him to death by nailing him to the cross. ²⁴ But God raised him from the dead, freeing him from the agony of death, because it was impossible for death to keep its hold on him. ²⁵ David said about him:

"'I saw the Lord always before me.
    Because he is at my right hand,
    I will not be shaken.
²⁶ Therefore my heart is glad and my tongue
    rejoices;
    my body also will rest in hope,
²⁷ because you will not abandon me to the
    realm of the dead,
    you will not let your holy one see decay.
²⁸ You have made known to me the paths of
    life;
    you will fill me with joy in your presence.'ʲ

²⁹ "Fellow Israelites, I can tell you confidently that the patriarch David died and was buried, and his tomb is here to this day. ³⁰ But he was a prophet and knew that God had promised him on oath that he would place one of his descendants on his throne. ³¹ Seeing what was to come, he spoke of the resurrection of the Messiah, that he was not abandoned to the realm of the dead, nor did his body see decay. ³² God has raised this Jesus to life, and we are all witnesses of it. ³³ Exalted to the right hand of God, he has received from the Father the promised Holy Spirit and has poured out what you now see and hear. ³⁴ For David did not ascend to heaven, and yet he said,

"'The Lord said to my Lord:
    "Sit at my right hand
³⁵ until I make your enemies
    a footstool for your feet."'ᵏ

ᵍ 2:21 Jl 2:28-32
ʰ 2:23 gente malvada. Lit. quienes carecían de la ley.
ⁱ 2:27 sepulcro. Lit. *Hades; también en v. 31.
ʲ 2:28 Sal 16:8-11
ᵏ 2:30 Sal 132:11
ˡ 2:33 por el poder. Alt. a la derecha.
ᵐ 2:35 Sal 110:1

ʰ 21 Joel 2:28-32   ⁱ 23 Or of those not having the law (that is, Gentiles)   ʲ 28 Psalm 16:8-11 (see Septuagint)
ᵏ 35 Psalm 110:1

[36] »Por tanto, sépalo bien todo Israel que a este Jesús, a quien ustedes crucificaron, Dios lo ha hecho Señor y Mesías.»

[37] Cuando oyeron esto, todos se sintieron profundamente conmovidos y les dijeron a Pedro y a los otros apóstoles:

—Hermanos, ¿qué debemos hacer?

[38] —*Arrepiéntase y bautícese cada uno de ustedes en el nombre de *Jesucristo para perdón de sus pecados —les contestó Pedro—, y recibirán el don del Espíritu Santo. [39] En efecto, la promesa es para ustedes, para sus hijos y para todos los extranjeros,[n] es decir, para todos aquellos a quienes el Señor nuestro Dios quiera llamar.

[40] Y con muchas otras razones les exhortaba insistentemente:

—¡Sálvense de esta generación perversa!

La comunidad de los creyentes

[41] Así, pues, los que recibieron su mensaje fueron bautizados, y aquel día se unieron a la iglesia unas tres mil personas. [42] Se mantenían firmes en la enseñanza de los apóstoles, en la comunión, en el partimiento del pan y en la oración. [43] Todos estaban asombrados por los muchos prodigios y señales que realizaban los apóstoles. [44] Todos los creyentes estaban juntos y tenían todo en común: [45] vendían sus propiedades y posesiones, y compartían sus bienes entre sí según la necesidad de cada uno. [46] No dejaban de reunirse en el *templo ni un solo día. De casa en casa partían el pan y compartían la comida con alegría y generosidad, [47] alabando a Dios y disfrutando de la estimación general del pueblo. Y cada día el Señor añadía al grupo los que iban siendo salvos.

Pedro sana a un mendigo lisiado

3 Un día subían Pedro y Juan al *templo a las tres de la tarde,[ñ] que es la hora de la oración. [2] Junto a la puerta llamada Hermosa había un hombre lisiado de nacimiento, al que todos los días dejaban allí para que pidiera limosna a los que entraban en el templo. [3] Cuando éste vio que Pedro y Juan estaban por entrar, les pidió limosna. [4] Pedro, con Juan, mirándolo fijamente, le dijo:

—¡Míranos!

[5] El hombre fijó en ellos la mirada, esperando recibir algo.

[6] —No tengo plata ni oro —declaró Pedro—, pero lo que tengo te doy. En el nombre de *Jesucristo de Nazaret, ¡levántate y anda!

[7] Y tomándolo por la mano derecha, lo levantó. Al instante los pies y los tobillos del hombre cobraron fuerza. [8] De un salto se puso en pie y comenzó a caminar. Luego entró con ellos en el templo con sus propios pies, saltando y alabando a Dios. [9] Cuando todo el pueblo lo vio caminar y

[36] "Therefore let all Israel be assured of this: God has made this Jesus, whom you crucified, both Lord and Messiah."

[37] When the people heard this, they were cut to the heart and said to Peter and the other apostles, "Brothers, what shall we do?"

[38] Peter replied, "Repent and be baptized, every one of you, in the name of Jesus Christ for the forgiveness of your sins. And you will receive the gift of the Holy Spirit. [39] The promise is for you and your children and for all who are far off—for all whom the Lord our God will call."

[40] With many other words he warned them; and he pleaded with them, "Save yourselves from this corrupt generation." [41] Those who accepted his message were baptized, and about three thousand were added to their number that day.

The Fellowship of the Believers

[42] They devoted themselves to the apostles' teaching and to fellowship, to the breaking of bread and to prayer. [43] Everyone was filled with awe at the many wonders and signs performed by the apostles. [44] All the believers were together and had everything in common. [45] They sold property and possessions to give to anyone who had need. [46] Every day they continued to meet together in the temple courts. They broke bread in their homes and ate together with glad and sincere hearts, [47] praising God and enjoying the favor of all the people. And the Lord added to their number daily those who were being saved.

Peter Heals a Lame Beggar

3 One day Peter and John were going up to the temple at the time of prayer—at three in the afternoon. [2] Now a man who was lame from birth was being carried to the temple gate called Beautiful, where he was put every day to beg from those going into the temple courts. [3] When he saw Peter and John about to enter, he asked them for money. [4] Peter looked straight at him, as did John. Then Peter said, "Look at us!" [5] So the man gave them his attention, expecting to get something from them.

[6] Then Peter said, "Silver or gold I do not have, but what I do have I give you. In the name of Jesus Christ of Nazareth, walk." [7] Taking him by the right hand, he helped him up, and instantly the man's feet and ankles became strong. [8] He jumped to his feet and began to walk. Then he went with them into the temple courts, walking and jumping, and praising God. [9] When all the people saw

---

[n] **2:39** los extranjeros. Lit. los que están lejos.
[ñ] **3:1** las tres de la tarde. Lit. la hora novena.

alabar a Dios, [10] lo reconocieron como el mismo hombre que acostumbraba pedir limosna sentado junto a la puerta llamada Hermosa, y se llenaron de admiración y asombro por lo que le había ocurrido.

Pedro se dirige a los espectadores

[11] Mientras el hombre seguía aferrado a Pedro y a Juan, toda la gente, que no salía de su asombro, corrió hacia ellos al lugar conocido como Pórtico de Salomón. [12] Al ver esto, Pedro les dijo: «Pueblo de Israel, ¿por qué les sorprende lo que ha pasado? ¿Por qué nos miran como si, por nuestro propio poder o virtud, hubiéramos hecho caminar a este hombre? [13] El Dios de Abraham, de Isaac y de Jacob, el Dios de nuestros antepasados, ha glorificado a su siervo Jesús. Ustedes lo entregaron y lo rechazaron ante Pilato, aunque éste había decidido soltarlo. [14] Rechazaron al Santo y Justo, y pidieron que se indultara a un asesino. [15] Mataron al autor de la vida, pero Dios lo *levantó de entre los muertos, y de eso nosotros somos testigos. [16] Por la fe en el nombre de Jesús, él ha restablecido a este hombre a quien ustedes ven y conocen. Esta fe que viene por medio de Jesús lo ha sanado por completo, como les consta a ustedes.

[17] »Ahora bien, hermanos, yo sé que ustedes y sus dirigentes actuaron así por ignorancia. [18] Pero de este modo Dios cumplió lo que de antemano había anunciado por medio de todos los profetas: que su *Mesías tenía que padecer. [19] Por tanto, para que sean borrados sus pecados, *arrepiéntanse y vuélvanse a Dios, a fin de que vengan tiempos de descanso de parte del Señor, [20] enviándoles el Mesías que ya había sido preparado para ustedes, el cual es Jesús. [21] Es necesario que él permanezca en el cielo hasta que llegue el tiempo de la restauración de todas las cosas, como Dios lo ha anunciado desde hace siglos por medio de sus *santos profetas. [22] Moisés dijo: "El Señor su Dios hará surgir para ustedes, de entre sus propios hermanos, a un profeta como yo; presten atención a todo lo que les diga. [23] Porque quien no le haga caso será eliminado del pueblo."[o]

[24] »En efecto, a partir de Samuel todos los profetas han anunciado estos días. [25] Ustedes, pues, son herederos de los profetas y del pacto que Dios estableció con nuestros antepasados al decirle a Abraham: "Todos los pueblos del mundo serán bendecidos por medio de tu descendencia."[p] [26] Cuando Dios resucitó a su siervo, lo envió primero a ustedes para darles la bendición de que cada uno se convierta de sus maldades.»

Pedro y Juan ante el Consejo

4 Mientras Pedro y Juan le hablaban a la gente, se les presentaron los sacerdotes, el capitán de la

him walking and praising God, [10] they recognized him as the same man who used to sit begging at the temple gate called Beautiful, and they were filled with wonder and amazement at what had happened to him.

Peter Speaks to the Onlookers

[11] While the man held on to Peter and John, all the people were astonished and came running to them in the place called Solomon's Colonnade. [12] When Peter saw this, he said to them: "Fellow Israelites, why does this surprise you? Why do you stare at us as if by our own power or godliness we had made this man walk? [13] The God of Abraham, Isaac and Jacob, the God of our fathers, has glorified his servant Jesus. You handed him over to be killed, and you disowned him before Pilate, though he had decided to let him go. [14] You disowned the Holy and Righteous One and asked that a murderer be released to you. [15] You killed the author of life, but God raised him from the dead. We are witnesses of this. [16] By faith in the name of Jesus, this man whom you see and know was made strong. It is Jesus' name and the faith that comes through him that has completely healed him, as you can all see.

[17] "Now, fellow Israelites, I know that you acted in ignorance, as did your leaders. [18] But this is how God fulfilled what he had foretold through all the prophets, saying that his Messiah would suffer. [19] Repent, then, and turn to God, so that your sins may be wiped out, that times of refreshing may come from the Lord, [20] and that he may send the Messiah, who has been appointed for you — even Jesus. [21] Heaven must receive him until the time comes for God to restore everything, as he promised long ago through his holy prophets. [22] For Moses said, 'The Lord your God will raise up for you a prophet like me from among your own people; you must listen to everything he tells you. [23] Anyone who does not listen to him will be completely cut off from their people.'[l]

[24] "Indeed, beginning with Samuel, all the prophets who have spoken have foretold these days. [25] And you are heirs of the prophets and of the covenant God made with your fathers. He said to Abraham, 'Through your offspring all peoples on earth will be blessed.'[m] [26] When God raised up his servant, he sent him first to you to bless you by turning each of you from your wicked ways."

Peter and John Before the Sanhedrin

4 The priests and the captain of the temple guard and the Sadducees came up to Peter

---

o 3:23 Lv 23:29; Dt 18:15,18,19
p 3:25 Gn 22:18; 26:4

l 23 Deut. 18:15,18,19   m 25 Gen. 22:18; 26:4

guardia del *templo y los saduceos. 2 Estaban muy disgustados porque los apóstoles enseñaban a la gente y proclamaban la resurrección, que se había hecho evidente en el caso de Jesús. 3 Prendieron a Pedro y a Juan y, como ya anochecía, los metieron en la cárcel hasta el día siguiente. 4 Pero muchos de los que oyeron el mensaje creyeron, y el número de éstos llegaba a unos cinco mil.

5 Al día siguiente se reunieron en Jerusalén los gobernantes, los *ancianos y los *maestros de la ley. 6 Allí estaban el sumo sacerdote Anás, Caifás, Juan, Alejandro y los otros miembros de la familia del sumo sacerdote. 7 Hicieron que Pedro y Juan comparecieran ante ellos y comenzaron a interrogarlos:

—¿Con qué poder, o en nombre de quién, hicieron ustedes esto?

8 Pedro, lleno del Espíritu Santo, les respondió:

—Gobernantes del pueblo y ancianos: 9 Hoy se nos procesa por haber favorecido a un inválido, ¡y se nos pregunta cómo fue sanado! 10 Sepan, pues, todos ustedes y todo el pueblo de Israel que este hombre está aquí delante de ustedes, sano gracias al nombre de *Jesucristo de Nazaret, crucificado por ustedes pero *resucitado por Dios. 11 Jesucristo es "la piedra que desecharon ustedes los constructores, y que ha llegado a ser la piedra angular".[q] 12 De hecho, en ningún otro hay salvación, porque no hay bajo el cielo otro nombre dado a los hombres mediante el cual podamos ser salvos.

13 Los gobernantes, al ver la osadía con que hablaban Pedro y Juan, y al darse cuenta de que eran gente sin estudios ni preparación, quedaron asombrados y reconocieron que habían estado con Jesús. 14 Además, como vieron que los acompañaba el hombre que había sido sanado, no tenían nada que alegar. 15 Así que les mandaron que se retiraran del *Consejo, y se pusieron a deliberar entre sí: 16 «¿Qué vamos a hacer con estos sujetos? Es un hecho que por medio de ellos ha ocurrido un milagro evidente; todos los que viven en Jerusalén lo saben, y no podemos negarlo. 17 Pero para evitar que este asunto siga divulgándose entre la gente, vamos a amenazarlos para que no vuelvan a hablar de ese nombre a nadie.»

18 Los llamaron y les ordenaron terminantemente que dejaran de hablar y enseñar acerca del nombre de Jesús. 19 Pero Pedro y Juan replicaron:

—¿Es justo delante de Dios obedecerlos a ustedes en vez de obedecerlo a él? ¡Júzguenlo ustedes mismos! 20 Nosotros no podemos dejar de hablar de lo que hemos visto y oído.

21 Después de nuevas amenazas, los dejaron irse. Por causa de la gente, no hallaban manera de castigarlos: todos alababan a Dios por lo que había sucedido, 22 pues el hombre que había sido milagrosamente sanado tenía más de cuarenta años.

[q] **4:11** Sal 118:22

and John while they were speaking to the people. 2 They were greatly disturbed because the apostles were teaching the people, proclaiming in Jesus the resurrection of the dead. 3 They seized Peter and John and, because it was evening, they put them in jail until the next day. 4 But many who heard the message believed; so the number of men who believed grew to about five thousand.

5 The next day the rulers, the elders and the teachers of the law met in Jerusalem. 6 Annas the high priest was there, and so were Caiaphas, John, Alexander and others of the high priest's family. 7 They had Peter and John brought before them and began to question them: "By what power or what name did you do this?"

8 Then Peter, filled with the Holy Spirit, said to them: "Rulers and elders of the people! 9 If we are being called to account today for an act of kindness shown to a man who was lame and are being asked how he was healed, 10 then know this, you and all the people of Israel: It is by the name of Jesus Christ of Nazareth, whom you crucified but whom God raised from the dead, that this man stands before you healed. 11 Jesus is

" 'the stone you builders rejected,
which has become the cornerstone.'[n]

12 Salvation is found in no one else, for there is no other name under heaven given to mankind by which we must be saved."

13 When they saw the courage of Peter and John and realized that they were unschooled, ordinary men, they were astonished and they took note that these men had been with Jesus. 14 But since they could see the man who had been healed standing there with them, there was nothing they could say. 15 So they ordered them to withdraw from the Sanhedrin and then conferred together. 16 "What are we going to do with these men?" they asked. "Everyone living in Jerusalem knows they have performed a notable sign, and we cannot deny it. 17 But to stop this thing from spreading any further among the people, we must warn them to speak no longer to anyone in this name."

18 Then they called them in again and commanded them not to speak or teach at all in the name of Jesus. 19 But Peter and John replied, "Which is right in God's eyes: to listen to you, or to him? You be the judges! 20 As for us, we cannot help speaking about what we have seen and heard."

21 After further threats they let them go. They could not decide how to punish them, because all the people were praising God for what had happened. 22 For the man who was miraculously healed was over forty years old.

[n] *11* Psalm 118:22

La oración de los creyentes

²³ Al quedar libres, Pedro y Juan volvieron a los suyos y les relataron todo lo que les habían dicho los jefes de los sacerdotes y los *ancianos. ²⁴ Cuando lo oyeron, alzaron unánimes la voz en oración a Dios: «Soberano Señor, creador del cielo y de la tierra, del mar y de todo lo que hay en ellos, ²⁵ tú, por medio del Espíritu Santo, dijiste en labios de nuestro padre David, tu siervo:

» "¿Por qué se sublevan las *naciones
    y en vano conspiran los pueblos?
²⁶ Los reyes de la tierra se rebelan
    y los gobernantes se confabulan
contra el Señor
    y contra su ungido."ʳ

²⁷ En efecto, en esta ciudad se reunieron Herodes y Poncio Pilato, con los *gentiles y con el puebloˢ de Israel, contra tu santo siervo Jesús, a quien ungiste ²⁸ para hacer lo que de antemano tu poder y tu voluntad habían determinado que sucediera. ²⁹ Ahora, Señor, toma en cuenta sus amenazas y concede a tus *siervos el proclamar tu palabra sin temor alguno. ³⁰ Por eso, extiende tu mano para sanar y hacer señales y prodigios mediante el nombre de tu santo siervo Jesús.»

³¹ Después de haber orado, tembló el lugar en que estaban reunidos; todos fueron llenos del Espíritu Santo, y proclamaban la palabra de Dios sin temor alguno.

Los creyentes comparten sus bienes

³² Todos los creyentes eran de un solo sentir y pensar. Nadie consideraba suya ninguna de sus posesiones, sino que las compartían. ³³ Los apóstoles, a su vez, con gran poder seguían dando testimonio de la resurrección del Señor Jesús. La gracia de Dios se derramaba abundantemente sobre todos ellos, ³⁴ pues no había ningún necesitado en la comunidad. Quienes poseían casas o terrenos los vendían, llevaban el dinero de las ventas ³⁵ y lo entregaban a los apóstoles para que se distribuyera a cada uno según su necesidad.

³⁶ José, un levita natural de Chipre, a quien los apóstoles llamaban Bernabé (que significa: Consoladorᵗ), ³⁷ vendió un terreno que poseía, llevó el dinero y lo puso a disposición de los apóstoles.

Ananías y Safira

5 ¹⁻² Un hombre llamado Ananías también vendió una propiedad y, en complicidad con su esposa Safira, se quedó con parte del dinero y puso el resto a disposición de los apóstoles.

³ —Ananías —le reclamó Pedro—, ¿cómo es posible que Satanás haya llenado tu corazón para que le mintieras al Espíritu Santo y te quedaras

The Believers Pray

²³ On their release, Peter and John went back to their own people and reported all that the chief priests and the elders had said to them. ²⁴ When they heard this, they raised their voices together in prayer to God. "Sovereign Lord," they said, "you made the heavens and the earth and the sea, and everything in them. ²⁵ You spoke by the Holy Spirit through the mouth of your servant, our father David:

" 'Why do the nations rage
    and the peoples plot in vain?
²⁶ The kings of the earth rise up
    and the rulers band together
against the Lord
    and against his anointed one.'ᵒ'ᵖ

²⁷ Indeed Herod and Pontius Pilate met together with the Gentiles and the people of Israel in this city to conspire against your holy servant Jesus, whom you anointed. ²⁸ They did what your power and will had decided beforehand should happen. ²⁹ Now, Lord, consider their threats and enable your servants to speak your word with great boldness. ³⁰ Stretch out your hand to heal and perform signs and wonders through the name of your holy servant Jesus."

³¹ After they prayed, the place where they were meeting was shaken. And they were all filled with the Holy Spirit and spoke the word of God boldly.

The Believers Share Their Possessions

³² All the believers were one in heart and mind. No one claimed that any of their possessions was their own, but they shared everything they had. ³³ With great power the apostles continued to testify to the resurrection of the Lord Jesus. And God's grace was so powerfully at work in them all ³⁴ that there were no needy persons among them. For from time to time those who owned land or houses sold them, brought the money from the sales ³⁵ and put it at the apostles' feet, and it was distributed to anyone who had need.

³⁶ Joseph, a Levite from Cyprus, whom the apostles called Barnabas (which means "son of encouragement"), ³⁷ sold a field he owned and brought the money and put it at the apostles' feet.

Ananias and Sapphira

5 Now a man named Ananias, together with his wife Sapphira, also sold a piece of property. ² With his wife's full knowledge he kept back part of the money for himself, but brought the rest and put it at the apostles' feet.

³ Then Peter said, "Ananias, how is it that Satan has so filled your heart that you have lied to the Holy Spirit and have kept for yourself some of the

---

ʳ **4:26** *ungido.* Lit. *Cristo;* Sal 2:1-2.
ˢ **4:27** *el pueblo.* Lit. *los pueblos.*
ᵗ **4:36** *Consolador.* Lit. *Hijo de consolación.*

ᵒ *26* That is, Messiah or Christ   ᵖ *26* Psalm 2:1,2

con parte del dinero que recibiste por el terreno? ⁴ ¿Acaso no era tuyo antes de venderlo? Y una vez vendido, ¿no estaba el dinero en tu poder? ¿Cómo se te ocurrió hacer esto? ¡No has mentido a los hombres sino a Dios!

⁵ Al oír estas palabras, Ananías cayó muerto. Y un gran temor se apoderó de todos los que se enteraron de lo sucedido. ⁶ Entonces se acercaron los más jóvenes, envolvieron el cuerpo, se lo llevaron y le dieron sepultura.

⁷ Unas tres horas más tarde entró la esposa, sin saber lo que había ocurrido.

⁸ —Dime —le preguntó Pedro—, ¿vendieron ustedes el terreno por tal precio?

—Sí —dijo ella—, por tal precio.

⁹ —¿Por qué se pusieron de acuerdo para poner a *prueba al Espíritu del Señor? —le recriminó Pedro—. ¡Mira! Los que sepultaron a tu esposo acaban de regresar y ahora te llevarán a ti.

¹⁰ En ese mismo instante ella cayó muerta a los pies de Pedro. Entonces entraron los jóvenes y, al verla muerta, se la llevaron y le dieron sepultura al lado de su esposo. ¹¹ Y un gran temor se apoderó de toda la iglesia y de todos los que se enteraron de estos sucesos.

Los apóstoles sanan a muchas personas

¹² Por medio de los apóstoles ocurrían muchas señales y prodigios entre el pueblo; y todos los creyentes se reunían de común acuerdo en el Pórtico de Salomón. ¹³ Nadie entre el pueblo se atrevía a juntarse con ellos, aunque los elogiaban. ¹⁴ Y seguía aumentando el número de los que creían y aceptaban al Señor. ¹⁵ Era tal la multitud de hombres y mujeres, que hasta sacaban a los enfermos a las plazas y los ponían en colchonetas y camillas para que, al pasar Pedro, por lo menos su sombra cayera sobre alguno de ellos. ¹⁶ También de los pueblos vecinos a Jerusalén acudían multitudes que llevaban personas enfermas y atormentadas por *espíritus malignos, y todas eran sanadas.

Persiguen a los apóstoles

¹⁷ El sumo sacerdote y todos sus partidarios, que pertenecían a la secta de los saduceos, se llenaron de envidia. ¹⁸ Entonces arrestaron a los apóstoles y los metieron en la cárcel común. ¹⁹ Pero en la noche un ángel del Señor abrió las puertas de la cárcel y los sacó. ²⁰ «Vayan —les dijo—, preséntense en el *templo y comuniquen al pueblo todo este mensaje de vida.»

²¹ Conforme a lo que habían oído, al amanecer entraron en el templo y se pusieron a enseñar. Cuando llegaron el sumo sacerdote y sus partidarios, convocaron al *Consejo, es decir, a la asamblea general de los *ancianos de Israel, y mandaron traer de la cárcel a los apóstoles. ²² Pero al llegar los guardias a la cárcel, no los encontraron. Así que volvieron con el siguiente informe: ²³ «Encontramos la cárcel cerrada, con todas las

money you received for the land? ⁴ Didn't it belong to you before it was sold? And after it was sold, wasn't the money at your disposal? What made you think of doing such a thing? You have not lied just to human beings but to God."

⁵ When Ananias heard this, he fell down and died. And great fear seized all who heard what had happened. ⁶ Then some young men came forward, wrapped up his body, and carried him out and buried him.

⁷ About three hours later his wife came in, not knowing what had happened. ⁸ Peter asked her, "Tell me, is this the price you and Ananias got for the land?"

"Yes," she said, "that is the price."

⁹ Peter said to her, "How could you conspire to test the Spirit of the Lord? Listen! The feet of the men who buried your husband are at the door, and they will carry you out also."

¹⁰ At that moment she fell down at his feet and died. Then the young men came in and, finding her dead, carried her out and buried her beside her husband. ¹¹ Great fear seized the whole church and all who heard about these events.

The Apostles Heal Many

¹² The apostles performed many signs and wonders among the people. And all the believers used to meet together in Solomon's Colonnade. ¹³ No one else dared join them, even though they were highly regarded by the people. ¹⁴ Nevertheless, more and more men and women believed in the Lord and were added to their number. ¹⁵ As a result, people brought the sick into the streets and laid them on beds and mats so that at least Peter's shadow might fall on some of them as he passed by. ¹⁶ Crowds gathered also from the towns around Jerusalem, bringing their sick and those tormented by impure spirits, and all of them were healed.

The Apostles Persecuted

¹⁷ Then the high priest and all his associates, who were members of the party of the Sadducees, were filled with jealousy. ¹⁸ They arrested the apostles and put them in the public jail. ¹⁹ But during the night an angel of the Lord opened the doors of the jail and brought them out. ²⁰ "Go, stand in the temple courts," he said, "and tell the people all about this new life."

²¹ At daybreak they entered the temple courts, as they had been told, and began to teach the people.

When the high priest and his associates arrived, they called together the Sanhedrin — the full assembly of the elders of Israel — and sent to the jail for the apostles. ²² But on arriving at the jail, the officers did not find them there. So they went back and reported, ²³ "We found the jail securely

medidas de seguridad, y a los guardias firmes a las puertas; pero cuando abrimos, no encontramos a nadie adentro.»

²⁴ Al oírlo, el capitán de la guardia del templo y los jefes de los sacerdotes se quedaron perplejos, preguntándose en qué terminaría todo aquello. ²⁵ En esto, se presentó alguien que les informó: «¡Miren! Los hombres que ustedes metieron en la cárcel están en el templo y siguen enseñando al pueblo.» ²⁶ Fue entonces el capitán con sus guardias y trajo a los apóstoles sin recurrir a la fuerza, porque temían ser apedreados por la gente. ²⁷ Los condujeron ante el Consejo, y el sumo sacerdote les reclamó:

²⁸ —Terminantemente les hemos prohibido enseñar en ese nombre. Sin embargo, ustedes han llenado a Jerusalén con sus enseñanzas, y se han propuesto echarnos la culpa a nosotros de la muerte*u* de ese hombre.

²⁹ —¡Es necesario obedecer a Dios antes que a los hombres! —respondieron Pedro y los demás apóstoles—. ³⁰ El Dios de nuestros antepasados resucitó a Jesús, a quien ustedes mataron colgándolo de un madero. ³¹ Por su poder,*v* Dios lo exaltó como Príncipe y Salvador, para que diera a Israel *arrepentimiento y perdón de pecados. ³² Nosotros somos testigos de estos acontecimientos, y también lo es el Espíritu Santo que Dios ha dado a quienes le obedecen.

³³ A los que oyeron esto se les subió la sangre a la cabeza y querían matarlos. ³⁴ Pero un *fariseo llamado Gamaliel, *maestro de la ley muy respetado por todo el pueblo, se puso de pie en el Consejo y mandó que hicieran salir por un momento a los apóstoles. ³⁵ Luego dijo: «Hombres de Israel, piensen dos veces en lo que están a punto de hacer con estos hombres. ³⁶ Hace algún tiempo surgió Teudas, jactándose de ser alguien, y se le unieron unos cuatrocientos hombres. Pero lo mataron y todos sus seguidores se dispersaron y allí se acabó todo. ³⁷ Después de él surgió Judas el galileo, en los días del censo, y logró que la gente lo siguiera. A él también lo mataron, y todos sus secuaces se dispersaron. ³⁸ En este caso les aconsejo que dejen a estos hombres en paz. ¡Suéltenlos! Si lo que se proponen y hacen es de origen humano, fracasará; ³⁹ pero si es de Dios, no podrán destruirlos, y ustedes se encontrarán luchando contra Dios.»

Se dejaron persuadir por Gamaliel. ⁴⁰ Entonces llamaron a los apóstoles y, luego de azotarlos, les ordenaron que no hablaran más en el nombre de Jesús. Después de eso los soltaron.

⁴¹ Así, pues, los apóstoles salieron del Consejo, llenos de gozo por haber sido considerados dignos de sufrir afrentas por causa del Nombre. ⁴² Y día tras día, en el templo y de casa en casa, no dejaban

locked, with the guards standing at the doors; but when we opened them, we found no one inside." ²⁴ On hearing this report, the captain of the temple guard and the chief priests were at a loss, wondering what this might lead to.

²⁵ Then someone came and said, "Look! The men you put in jail are standing in the temple courts teaching the people." ²⁶ At that, the captain went with his officers and brought the apostles. They did not use force, because they feared that the people would stone them.

²⁷ The apostles were brought in and made to appear before the Sanhedrin to be questioned by the high priest. ²⁸ "We gave you strict orders not to teach in this name," he said. "Yet you have filled Jerusalem with your teaching and are determined to make us guilty of this man's blood."

²⁹ Peter and the other apostles replied: "We must obey God rather than human beings! ³⁰ The God of our ancestors raised Jesus from the dead—whom you killed by hanging him on a cross. ³¹ God exalted him to his own right hand as Prince and Savior that he might bring Israel to repentance and forgive their sins. ³² We are witnesses of these things, and so is the Holy Spirit, whom God has given to those who obey him."

³³ When they heard this, they were furious and wanted to put them to death. ³⁴ But a Pharisee named Gamaliel, a teacher of the law, who was honored by all the people, stood up in the Sanhedrin and ordered that the men be put outside for a little while. ³⁵ Then he addressed the Sanhedrin: "Men of Israel, consider carefully what you intend to do to these men. ³⁶ Some time ago Theudas appeared, claiming to be somebody, and about four hundred men rallied to him. He was killed, all his followers were dispersed, and it all came to nothing. ³⁷ After him, Judas the Galilean appeared in the days of the census and led a band of people in revolt. He too was killed, and all his followers were scattered. ³⁸ Therefore, in the present case I advise you: Leave these men alone! Let them go! For if their purpose or activity is of human origin, it will fail. ³⁹ But if it is from God, you will not be able to stop these men; you will only find yourselves fighting against God."

⁴⁰ His speech persuaded them. They called the apostles in and had them flogged. Then they ordered them not to speak in the name of Jesus, and let them go.

⁴¹ The apostles left the Sanhedrin, rejoicing because they had been counted worthy of suffering disgrace for the Name. ⁴² Day after day, in the temple courts and from house to house, they never

---

u 5:28 *muerte.* Lit. *sangre.*
v 5:31 *Por su poder.* Alt. *A su derecha.*

de enseñar y anunciar las buenas *nuevas de que Jesús es el *Mesías.

Elección de los siete

6 En aquellos días, al aumentar el número de los discípulos, se quejaron los judíos de habla griega contra los de habla aramea[w] de que sus viudas eran desatendidas en la distribución diaria de los alimentos. 2 Así que los doce reunieron a toda la comunidad de discípulos y les dijeron: «No está bien que nosotros los apóstoles descuidemos el ministerio de la palabra de Dios para servir las mesas. 3 Hermanos, escojan de entre ustedes a siete hombres de buena reputación, llenos del Espíritu y de sabiduría, para encargarles esta responsabilidad. 4 Así nosotros nos dedicaremos de lleno a la oración y al ministerio de la palabra.»

5 Esta propuesta agradó a toda la asamblea. Escogieron a Esteban, hombre lleno de fe y del Espíritu Santo, y a Felipe, a Prócoro, a Nicanor, a Timón, a Parmenas y a Nicolás, un prosélito de Antioquía. 6 Los presentaron a los apóstoles, quienes oraron y les impusieron las manos.

7 Y la palabra de Dios se difundía: el número de los discípulos aumentaba considerablemente en Jerusalén, e incluso muchos de los sacerdotes obedecían a la fe.

Arresto de Esteban

8 Esteban, hombre lleno de la gracia y del poder de Dios, hacía grandes prodigios y señales milagrosas entre el pueblo. 9 Con él se pusieron a discutir ciertos individuos de la sinagoga llamada de los Libertos, donde había judíos de Cirene y de Alejandría, de Cilicia y de la provincia de *Asia. 10 Como no podían hacer frente a la sabiduría ni al Espíritu con que hablaba Esteban, 11 instigaron a unos hombres a decir: «Hemos oído a Esteban *blasfemar contra Moisés y contra Dios.»

12 Agitaron al pueblo, a los *ancianos y a los *maestros de la ley. Se apoderaron de Esteban y lo llevaron ante el *Consejo. 13 Presentaron testigos falsos, que declararon: «Este hombre no deja de hablar contra este lugar santo y contra la ley. 14 Le hemos oído decir que ese Jesús de Nazaret destruirá este lugar y cambiará las tradiciones que nos dejó Moisés.»

15 Todos los que estaban sentados en el Consejo fijaron la mirada en Esteban y vieron que su rostro se parecía al de un ángel.

Discurso de Esteban ante el Consejo

7 —¿Son ciertas estas acusaciones? —le preguntó el sumo sacerdote.

2 Él contestó:

—Hermanos y padres, ¡escúchenme! El Dios de la gloria se apareció a nuestro padre Abraham

stopped teaching and proclaiming the good news that Jesus is the Messiah.

The Choosing of the Seven

6 In those days when the number of disciples was increasing, the Hellenistic Jews[q] among them complained against the Hebraic Jews because their widows were being overlooked in the daily distribution of food. 2 So the Twelve gathered all the disciples together and said, "It would not be right for us to neglect the ministry of the word of God in order to wait on tables. 3 Brothers and sisters, choose seven men from among you who are known to be full of the Spirit and wisdom. We will turn this responsibility over to them 4 and will give our attention to prayer and the ministry of the word."

5 This proposal pleased the whole group. They chose Stephen, a man full of faith and of the Holy Spirit; also Philip, Procorus, Nicanor, Timon, Parmenas, and Nicolas from Antioch, a convert to Judaism. 6 They presented these men to the apostles, who prayed and laid their hands on them.

7 So the word of God spread. The number of disciples in Jerusalem increased rapidly, and a large number of priests became obedient to the faith.

Stephen Seized

8 Now Stephen, a man full of God's grace and power, performed great wonders and signs among the people. 9 Opposition arose, however, from members of the Synagogue of the Freedmen (as it was called) — Jews of Cyrene and Alexandria as well as the provinces of Cilicia and Asia — who began to argue with Stephen. 10 But they could not stand up against the wisdom the Spirit gave him as he spoke.

11 Then they secretly persuaded some men to say, "We have heard Stephen speak blasphemous words against Moses and against God."

12 So they stirred up the people and the elders and the teachers of the law. They seized Stephen and brought him before the Sanhedrin. 13 They produced false witnesses, who testified, "This fellow never stops speaking against this holy place and against the law. 14 For we have heard him say that this Jesus of Nazareth will destroy this place and change the customs Moses handed down to us."

15 All who were sitting in the Sanhedrin looked intently at Stephen, and they saw that his face was like the face of an angel.

Stephen's Speech to the Sanhedrin

7 Then the high priest asked Stephen, "Are these charges true?"

2 To this he replied: "Brothers and fathers, listen to me! The God of glory appeared to our father

---

w 6:1 los judíos ... aramea. Lit. los helenistas contra los hebreos.

q 1 That is, Jews who had adopted the Greek language and culture

cuando éste aún vivía en Mesopotamia, antes de radicarse en Jarán. ³ "Deja tu tierra y a tus parientes —le dijo Dios—, y ve a la tierra que yo te mostraré."ˣ

⁴ »Entonces salió de la tierra de los caldeos y se estableció en Jarán. Desde allí, después de la muerte de su padre, Dios lo trasladó a esta tierra donde ustedes viven ahora. ⁵ No le dio herencia alguna en ella, ni siquiera dónde plantar el pie, pero le prometió dársela en posesión a él y a su descendencia, aunque Abraham no tenía ni un solo hijo todavía. ⁶ Dios le dijo así: "Tus descendientes vivirán como extranjeros en tierra extraña, donde serán esclavizados y maltratados durante cuatrocientos años. ⁷ Pero sea cual sea la nación que los esclavice, yo la castigaré, y luego tus descendientes saldrán de esa tierra y me adorarán en este lugar."ʸ ⁸ Hizo con Abraham el pacto que tenía por señal la circuncisión. Así, cuando Abraham tuvo a su hijo Isaac, lo circuncidó a los ocho días de nacido, e Isaac a Jacob, y Jacob a los doce patriarcas.

⁹ »Por envidia los patriarcas vendieron a José como esclavo, quien fue llevado a Egipto; pero Dios estaba con él ¹⁰ y lo libró de todas sus desgracias. Le dio sabiduría para ganarse el favor del faraón, rey de Egipto, que lo nombró gobernador del país y del palacio real.

¹¹ »Hubo entonces un hambre que azotó a todo Egipto y a Canaán, causando mucho sufrimiento, y nuestros antepasados no encontraban alimentos. ¹² Al enterarse Jacob de que había comida en Egipto, mandó allá a nuestros antepasados en una primera visita. ¹³ En la segunda, José se dio a conocer a sus hermanos, y el faraón supo del origen de José. ¹⁴ Después de esto, José mandó llamar a su padre Jacob y a toda su familia, setenta y cinco personas en total. ¹⁵ Bajó entonces Jacob a Egipto, y allí murieron él y nuestros antepasados. ¹⁶ Sus restos fueron llevados a Siquén y puestos en el sepulcro que a buen precio Abraham había comprado a los hijos de Jamor en Siquén.

¹⁷ »Cuando ya se acercaba el tiempo de que se cumpliera la promesa que Dios le había hecho a Abraham, el pueblo crecía y se multiplicaba en Egipto. ¹⁸ Por aquel entonces subió al trono de Egipto un nuevo rey que no sabía nada de José. ¹⁹ Este rey usó de artimañas con nuestro pueblo y oprimió a nuestros antepasados, obligándolos a dejar abandonados a sus hijos recién nacidos para que murieran.

²⁰ »En aquel tiempo nació Moisés, y fue agradable a los ojos de Dios.ᶻ Por tres meses se crió en la casa de su padre ²¹ y, al quedar abandonado, la hija del faraón lo adoptó y lo crió como a su propio hijo. ²² Así Moisés fue instruido en toda la

Abraham while he was still in Mesopotamia, before he lived in Harran. ³ 'Leave your country and your people,' God said, 'and go to the land I will show you.'ʳ

⁴ "So he left the land of the Chaldeans and settled in Harran. After the death of his father, God sent him to this land where you are now living. ⁵ He gave him no inheritance here, not even enough ground to set his foot on. But God promised him that he and his descendants after him would possess the land, even though at that time Abraham had no child. ⁶ God spoke to him in this way: 'For four hundred years your descendants will be strangers in a country not their own, and they will be enslaved and mistreated. ⁷ But I will punish the nation they serve as slaves,' God said, 'and afterward they will come out of that country and worship me in this place.'ˢ ⁸ Then he gave Abraham the covenant of circumcision. And Abraham became the father of Isaac and circumcised him eight days after his birth. Later Isaac became the father of Jacob, and Jacob became the father of the twelve patriarchs.

⁹ "Because the patriarchs were jealous of Joseph, they sold him as a slave into Egypt. But God was with him ¹⁰ and rescued him from all his troubles. He gave Joseph wisdom and enabled him to gain the goodwill of Pharaoh king of Egypt. So Pharaoh made him ruler over Egypt and all his palace.

¹¹ "Then a famine struck all Egypt and Canaan, bringing great suffering, and our ancestors could not find food. ¹² When Jacob heard that there was grain in Egypt, he sent our forefathers on their first visit. ¹³ On their second visit, Joseph told his brothers who he was, and Pharaoh learned about Joseph's family. ¹⁴ After this, Joseph sent for his father Jacob and his whole family, seventy-five in all. ¹⁵ Then Jacob went down to Egypt, where he and our ancestors died. ¹⁶ Their bodies were brought back to Shechem and placed in the tomb that Abraham had bought from the sons of Hamor at Shechem for a certain sum of money.

¹⁷ "As the time drew near for God to fulfill his promise to Abraham, the number of our people in Egypt had greatly increased. ¹⁸ Then 'a new king, to whom Joseph meant nothing, came to power in Egypt.'ᵗ ¹⁹ He dealt treacherously with our people and oppressed our ancestors by forcing them to throw out their newborn babies so that they would die.

²⁰ "At that time Moses was born, and he was no ordinary child.ᵘ For three months he was cared for by his family. ²¹ When he was placed outside, Pharaoh's daughter took him and brought him up as her own son. ²² Moses was educated in all the

---

ˣ 7:3 Gn 12:1
ʸ 7:7 Gn 15:13,14; Éx 3:12
ᶻ 7:20 fue ... Dios. Alt. era sumamente hermoso.

ʳ 3 Gen. 12:1   ˢ 7 Gen. 15:13,14   ᵗ 18 Exodus 1:8
ᵘ 20 Or was fair in the sight of God

sabiduría de los egipcios, y era poderoso en palabra y en obra.

²³ »Cuando cumplió cuarenta años, Moisés tuvo el deseo de allegarse a sus hermanos israelitas. ²⁴ Al ver que un egipcio maltrataba a uno de ellos, acudió en su defensa y lo vengó matando al egipcio. ²⁵ Moisés suponía que sus hermanos reconocerían que Dios iba a liberarlos por medio de él, pero ellos no lo comprendieron así. ²⁶ Al día siguiente, Moisés sorprendió a dos israelitas que estaban peleando. Trató de reconciliarlos, diciéndoles: "Señores, ustedes son hermanos; ¿por qué quieren hacerse daño?"

²⁷ »Pero el que estaba maltratando al otro empujó a Moisés y le dijo: "¿Y quién te nombró a ti gobernante y juez sobre nosotros? ²⁸ ¿Acaso quieres matarme a mí, como mataste ayer al egipcio?"ᵃ ²⁹ Al oír esto, Moisés huyó a Madián; allí vivió como extranjero y tuvo dos hijos.

³⁰ »Pasados cuarenta años, se le apareció un ángel en el desierto cercano al monte Sinaí, en las llamas de una zarza que ardía. ³¹ Moisés se asombró de lo que veía. Al acercarse para observar, oyó la voz del Señor: ³² "Yo soy el Dios de tus antepasados, el Dios de Abraham, de Isaac y de Jacob."ᵇ Moisés se puso a temblar de miedo, y no se atrevía a mirar.

³³ »Le dijo el Señor: "Quítate las sandalias, porque estás pisando tierra santa. ³⁴ Ciertamente he visto la opresión que sufre mi pueblo en Egipto. Los he escuchado quejarse, así que he descendido para librarlos. Ahora ven y te enviaré de vuelta a Egipto."ᶜ

³⁵ »A este mismo Moisés, a quien habían rechazado diciéndole: "¿Y quién te nombró gobernante y juez?", Dios lo envió para ser gobernante y libertador, mediante el poder del ángel que se le apareció en la zarza. ³⁶ Él los sacó de Egipto haciendo prodigios y señales milagrosas tanto en la tierra de Egipto como en el Mar Rojo, y en el desierto durante cuarenta años.

³⁷ »Este Moisés les dijo a los israelitas: "Dios hará surgir para ustedes, de entre sus propios hermanos, un profeta como yo."ᵈ ³⁸ Este mismo Moisés estuvo en la asamblea en el desierto, con el ángel que le habló en el monte Sinaí, y con nuestros antepasados. Fue también él quien recibió palabras de vida para comunicárnoslas a nosotros.

³⁹ »Nuestros antepasados no quisieron obedecerlo a él, sino que lo rechazaron. Lo que realmente deseaban era volver a Egipto, ⁴⁰ por lo cual le dijeron a Aarón: "Tienes que hacernos dioses que vayan delante de nosotros, porque a ese Moisés que nos sacó de Egipto, ¡no sabemos qué pudo haberle pasado!"ᵉ

wisdom of the Egyptians and was powerful in speech and action.

²³ "When Moses was forty years old, he decided to visit his own people, the Israelites. ²⁴ He saw one of them being mistreated by an Egyptian, so he went to his defense and avenged him by killing the Egyptian. ²⁵ Moses thought that his own people would realize that God was using him to rescue them, but they did not. ²⁶ The next day Moses came upon two Israelites who were fighting. He tried to reconcile them by saying, 'Men, you are brothers; why do you want to hurt each other?'

²⁷ "But the man who was mistreating the other pushed Moses aside and said, 'Who made you ruler and judge over us? ²⁸ Are you thinking of killing me as you killed the Egyptian yesterday?'ᵛ ²⁹ When Moses heard this, he fled to Midian, where he settled as a foreigner and had two sons.

³⁰ "After forty years had passed, an angel appeared to Moses in the flames of a burning bush in the desert near Mount Sinai. ³¹ When he saw this, he was amazed at the sight. As he went over to get a closer look, he heard the Lord say: ³² 'I am the God of your fathers, the God of Abraham, Isaac and Jacob.'ʷ Moses trembled with fear and did not dare to look.

³³ "Then the Lord said to him, 'Take off your sandals, for the place where you are standing is holy ground. ³⁴ I have indeed seen the oppression of my people in Egypt. I have heard their groaning and have come down to set them free. Now come, I will send you back to Egypt.'ˣ

³⁵ "This is the same Moses they had rejected with the words, 'Who made you ruler and judge?' He was sent to be their ruler and deliverer by God himself, through the angel who appeared to him in the bush. ³⁶ He led them out of Egypt and performed wonders and signs in Egypt, at the Red Sea and for forty years in the wilderness.

³⁷ "This is the Moses who told the Israelites, 'God will raise up for you a prophet like me from your own people.'ʸ ³⁸ He was in the assembly in the wilderness, with the angel who spoke to him on Mount Sinai, and with our ancestors; and he received living words to pass on to us.

³⁹ "But our ancestors refused to obey him. Instead, they rejected him and in their hearts turned back to Egypt. ⁴⁰ They told Aaron, 'Make us gods who will go before us. As for this fellow Moses who led us out of Egypt — we don't know what has

---

ᵃ **7:28** Éx 2:14
ᵇ **7:32** Éx 3:6
ᶜ **7:34** Éx 3:5,7,8,10
ᵈ **7:37** Dt 18:15
ᵉ **7:40** Éx 32:1

ᵛ *28* Exodus 2:14 ʷ *32* Exodus 3:6 ˣ *34* Exodus 3:5,7,8,10
ʸ *37* Deut. 18:15

[41] »Entonces se hicieron un ídolo en forma de becerro. Le ofrecieron sacrificios y tuvieron fiesta en honor de la obra de sus manos. [42] Pero Dios les volvió la espalda y los entregó a que rindieran culto a los astros. Así está escrito en el libro de los profetas:

»"Casa de Israel, ¿acaso me ofrecieron
   ustedes sacrificios y ofrendas
   durante los cuarenta años en el desierto?
[43] Por el contrario, ustedes se hicieron cargo
   del tabernáculo de Moloc,
   de la estrella del dios Refán,
   y de las imágenes que hicieron para
   adorarlas.
Por lo tanto, los mandaré al exilio"[f] más allá
   de Babilonia.

[44] »Nuestros antepasados tenían en el desierto el tabernáculo del testimonio, hecho como Dios le había ordenado a Moisés, según el modelo que éste había visto. [45] Después de haber recibido el tabernáculo, lo trajeron consigo bajo el mando de Josué, cuando conquistaron la tierra de las naciones que Dios expulsó de la presencia de ellos. Allí permaneció hasta el tiempo de David, [46] quien disfrutó del favor de Dios y pidió que le permitiera proveer una morada para el Dios[g] de Jacob. [47] Pero fue Salomón quien construyó la casa.

[48] »Sin embargo, el Altísimo no habita en casas construidas por manos humanas. Como dice el profeta:

[49] »"El cielo es mi trono,
   y la tierra, el estrado de mis pies.
¿Qué clase de casa me construirán?
                              —dice el Señor—.
   ¿O qué lugar de descanso?
[50] ¿No es mi mano la que ha hecho todas estas
   cosas?"[h]

[51] »¡Tercos, duros de corazón y torpes de oídos![i] Ustedes son iguales que sus antepasados: ¡Siempre resisten al Espíritu Santo! [52] ¿A cuál de los profetas no persiguieron sus antepasados? Ellos mataron a los que de antemano anunciaron la venida del Justo, y ahora a éste lo han traicionado y asesinado [53] ustedes, que recibieron la ley promulgada por medio de ángeles y no la han obedecido.

Muerte de Esteban

[54] Al oír esto, rechinando los dientes montaron en cólera contra él. [55] Pero Esteban, lleno del Espíritu Santo, fijó la mirada en el cielo y vio la gloria de Dios, y a Jesús de pie a la *derecha de Dios.

[56] —¡Veo el cielo abierto —exclamó—, y al Hijo del hombre de pie a la derecha de Dios!

happened to him!'[z] [41] That was the time they made an idol in the form of a calf. They brought sacrifices to it and reveled in what their own hands had made. [42] But God turned away from them and gave them over to the worship of the sun, moon and stars. This agrees with what is written in the book of the prophets:

"'Did you bring me sacrifices and offerings
   forty years in the wilderness, people of
   Israel?
[43] You have taken up the tabernacle of Molek
   and the star of your god Rephan,
   the idols you made to worship.
Therefore I will send you into exile'[a] beyond
   Babylon.

[44] "Our ancestors had the tabernacle of the covenant law with them in the wilderness. It had been made as God directed Moses, according to the pattern he had seen. [45] After receiving the tabernacle, our ancestors under Joshua brought it with them when they took the land from the nations God drove out before them. It remained in the land until the time of David, [46] who enjoyed God's favor and asked that he might provide a dwelling place for the God of Jacob.[b] [47] But it was Solomon who built a house for him.

[48] "However, the Most High does not live in houses made by human hands. As the prophet says:

[49] "'Heaven is my throne,
   and the earth is my footstool.
What kind of house will you build for me?
                              says the Lord.
   Or where will my resting place be?
[50] Has not my hand made all these things?'[c]

[51] "You stiff-necked people! Your hearts and ears are still uncircumcised. You are just like your ancestors: You always resist the Holy Spirit! [52] Was there ever a prophet your ancestors did not persecute? They even killed those who predicted the coming of the Righteous One. And now you have betrayed and murdered him— [53] you who have received the law that was given through angels but have not obeyed it."

The Stoning of Stephen

[54] When the members of the Sanhedrin heard this, they were furious and gnashed their teeth at him. [55] But Stephen, full of the Holy Spirit, looked up to heaven and saw the glory of God, and Jesus standing at the right hand of God. [56] "Look," he said, "I see heaven open and the Son of Man standing at the right hand of God."

---

[f] **7:43** Am 5:25-27
[g] **7:46** *para el Dios.* Var. *para la casa* (es decir, la familia).
[h] **7:50** Is 66:1,2
[i] **7:51** ¡*Tercos ... oídos!* Lit. ¡*Duros de cuello e incircuncisos en los corazones y los oídos!*

[z] **40** Exodus 32:1   [a] **43** Amos 5:25-27 (see Septuagint)
[b] **46** Some early manuscripts *the house of Jacob*
[c] **50** Isaiah 66:1,2

[57] Entonces ellos, gritando a voz en cuello, se taparon los oídos y todos a una se abalanzaron sobre él, [58] lo sacaron a empellones fuera de la ciudad y comenzaron a apedrearlo. Los acusadores le encargaron sus mantos a un joven llamado Saulo. [59] Mientras lo apedreaban, Esteban oraba.

—Señor Jesús —decía—, recibe mi espíritu. [60] Luego cayó de rodillas y gritó:

—¡Señor, no les tomes en cuenta este pecado! Cuando hubo dicho esto, murió.

8 Y Saulo estaba allí, aprobando la muerte de Esteban.

La iglesia perseguida y dispersa

Aquel día se desató una gran persecución contra la iglesia en Jerusalén, y todos, excepto los apóstoles, se dispersaron por las regiones de Judea y Samaria. [2] Unos hombres piadosos sepultaron a Esteban e hicieron gran duelo por él. [3] Saulo, por su parte, causaba estragos en la iglesia: entrando de casa en casa, arrastraba a hombres y mujeres y los metía en la cárcel.

Felipe en Samaria

[4] Los que se habían dispersado predicaban la palabra por dondequiera que iban. [5] Felipe bajó a una ciudad de Samaria y les anunciaba al *Mesías. [6] Al oír a Felipe y ver las señales milagrosas que realizaba, mucha gente se reunía y todos prestaban atención a su mensaje. [7] De muchos endemoniados los *espíritus malignos salían dando alaridos, y un gran número de paralíticos y cojos quedaban sanos. [8] Y aquella ciudad se llenó de alegría.

Simón el hechicero

[9] Ya desde antes había en esa ciudad un hombre llamado Simón que, jactándose de ser un gran personaje, practicaba la hechicería y asombraba a la gente de Samaria. [10] Todos, desde el más pequeño hasta el más grande, le prestaban atención y exclamaban: «¡Este hombre es al que llaman el Gran Poder de Dios!»

[11] Lo seguían porque por mucho tiempo los había tenido deslumbrados con sus artes mágicas. [12] Pero cuando creyeron a Felipe, que les anunciaba las buenas *nuevas del reino de Dios y el nombre de *Jesucristo, tanto hombres como mujeres se bautizaron. [13] Simón mismo creyó y, después de bautizarse, seguía a Felipe por todas partes, asombrado de los grandes milagros y señales que veía.

[14] Cuando los apóstoles que estaban en Jerusalén se enteraron de que los samaritanos habían aceptado la palabra de Dios, les enviaron a Pedro y a Juan. [15] Éstos, al llegar, oraron por ellos para que recibieran el Espíritu Santo, [16] porque el Espíritu aún no había descendido sobre ninguno de ellos; solamente habían sido bautizados en el nombre del Señor Jesús. [17] Entonces Pedro y Juan les impusieron las manos, y ellos recibieron el Espíritu Santo.

[57] At this they covered their ears and, yelling at the top of their voices, they all rushed at him, [58] dragged him out of the city and began to stone him. Meanwhile, the witnesses laid their coats at the feet of a young man named Saul. [59] While they were stoning him, Stephen prayed, "Lord Jesus, receive my spirit." [60] Then he fell on his knees and cried out, "Lord, do not hold this sin against them." When he had said this, he fell asleep.

8 And Saul approved of their killing him.

The Church Persecuted and Scattered

On that day a great persecution broke out against the church in Jerusalem, and all except the apostles were scattered throughout Judea and Samaria. [2] Godly men buried Stephen and mourned deeply for him. [3] But Saul began to destroy the church. Going from house to house, he dragged off both men and women and put them in prison.

Philip in Samaria

[4] Those who had been scattered preached the word wherever they went. [5] Philip went down to a city in Samaria and proclaimed the Messiah there. [6] When the crowds heard Philip and saw the signs he performed, they all paid close attention to what he said. [7] For with shrieks, impure spirits came out of many, and many who were paralyzed or lame were healed. [8] So there was great joy in that city.

Simon the Sorcerer

[9] Now for some time a man named Simon had practiced sorcery in the city and amazed all the people of Samaria. He boasted that he was someone great, [10] and all the people, both high and low, gave him their attention and exclaimed, "This man is rightly called the Great Power of God." [11] They followed him because he had amazed them for a long time with his sorcery. [12] But when they believed Philip as he proclaimed the good news of the kingdom of God and the name of Jesus Christ, they were baptized, both men and women. [13] Simon himself believed and was baptized. And he followed Philip everywhere, astonished by the great signs and miracles he saw.

[14] When the apostles in Jerusalem heard that Samaria had accepted the word of God, they sent Peter and John to Samaria. [15] When they arrived, they prayed for the new believers there that they might receive the Holy Spirit, [16] because the Holy Spirit had not yet come on any of them; they had simply been baptized in the name of the Lord Jesus. [17] Then Peter and John placed their hands on them, and they received the Holy Spirit.

[18] Al ver Simón que mediante la imposición de las manos de los apóstoles se daba el Espíritu Santo, les ofreció dinero [19] y les pidió:

—Denme también a mí ese poder, para que todos a quienes yo les imponga las manos reciban el Espíritu Santo.

[20] —¡Que tu dinero perezca contigo —le contestó Pedro—, porque intentaste comprar el don de Dios con dinero! [21] No tienes arte ni parte en este asunto, porque no eres íntegro delante de Dios. [22] Por eso, *arrepiéntete de tu maldad y ruega al Señor. Tal vez te perdone el haber tenido esa mala intención. [23] Veo que vas camino a la amargura y a la esclavitud del pecado.

[24] —Rueguen al Señor por mí —respondió Simón—, para que no me suceda nada de lo que han dicho.

[25] Después de testificar y proclamar la palabra del Señor, Pedro y Juan se pusieron en camino de vuelta a Jerusalén, y de paso predicaron el *evangelio en muchas poblaciones de los samaritanos.

Felipe y el etíope

[26] Un ángel del Señor le dijo a Felipe: «Ponte en marcha hacia el sur, por el camino del desierto que baja de Jerusalén a Gaza.» [27] Felipe emprendió el viaje, y resulta que se encontró con un etíope *eunuco, alto funcionario encargado de todo el tesoro de la Candace, reina de los etíopes. Éste había ido a Jerusalén para adorar [28] y, en el viaje de regreso a su país, iba sentado en su carro, leyendo el libro del profeta Isaías. [29] El Espíritu le dijo a Felipe: «Acércate y júntate a ese carro.»

[30] Felipe se acercó de prisa al carro y, al oír que el hombre leía al profeta Isaías, le preguntó:

—¿Acaso entiende usted lo que está leyendo?

[31] —¿Y cómo voy a entenderlo —contestó— si nadie me lo explica?

Así que invitó a Felipe a subir y sentarse con él. [32] El pasaje de la Escritura que estaba leyendo era el siguiente:

«Como oveja, fue llevado al matadero;
   y como cordero que enmudece ante su
      trasquilador,
   ni siquiera abrió su boca.
[33] Lo humillaron y no le hicieron justicia.
   ¿Quién describirá su descendencia?
   Porque su vida fue arrancada de la
      tierra.»[j]

[34] —Dígame usted, por favor, ¿de quién habla aquí el profeta, de sí mismo o de algún otro? —le preguntó el eunuco a Felipe.

[35] Entonces Felipe, comenzando con ese mismo pasaje de la Escritura, le anunció las buenas *nuevas acerca de Jesús. [36] Mientras iban por el camino, llegaron a un lugar donde había agua, y dijo el eunuco:

[18] When Simon saw that the Spirit was given at the laying on of the apostles' hands, he offered them money [19] and said, "Give me also this ability so that everyone on whom I lay my hands may receive the Holy Spirit."

[20] Peter answered: "May your money perish with you, because you thought you could buy the gift of God with money! [21] You have no part or share in this ministry, because your heart is not right before God. [22] Repent of this wickedness and pray to the Lord in the hope that he may forgive you for having such a thought in your heart. [23] For I see that you are full of bitterness and captive to sin."

[24] Then Simon answered, "Pray to the Lord for me so that nothing you have said may happen to me."

[25] After they had further proclaimed the word of the Lord and testified about Jesus, Peter and John returned to Jerusalem, preaching the gospel in many Samaritan villages.

Philip and the Ethiopian

[26] Now an angel of the Lord said to Philip, "Go south to the road—the desert road—that goes down from Jerusalem to Gaza." [27] So he started out, and on his way he met an Ethiopian[d] eunuch, an important official in charge of all the treasury of the Kandake (which means "queen of the Ethiopians"). This man had gone to Jerusalem to worship, [28] and on his way home was sitting in his chariot reading the Book of Isaiah the prophet. [29] The Spirit told Philip, "Go to that chariot and stay near it."

[30] Then Philip ran up to the chariot and heard the man reading Isaiah the prophet. "Do you understand what you are reading?" Philip asked.

[31] "How can I," he said, "unless someone explains it to me?" So he invited Philip to come up and sit with him.

[32] This is the passage of Scripture the eunuch was reading:

"He was led like a sheep to the slaughter,
   and as a lamb before its shearer is silent,
      so he did not open his mouth.
[33] In his humiliation he was deprived of justice.
   Who can speak of his descendants?
   For his life was taken from the earth."[e]

[34] The eunuch asked Philip, "Tell me, please, who is the prophet talking about, himself or someone else?" [35] Then Philip began with that very passage of Scripture and told him the good news about Jesus.

[36] As they traveled along the road, they came to some water and the eunuch said, "Look, here

---

[j] 8:33 Is 53:7,8

[d] 27 That is, from the southern Nile region   [e] 33 Isaiah 53:7,8 (see Septuagint)

—Mire usted, aquí hay agua. ¿Qué impide que yo sea bautizado?[k]

[38] Entonces mandó parar el carro, y ambos bajaron al agua, y Felipe lo bautizó. [39] Cuando subieron del agua, el Espíritu del Señor se llevó de repente a Felipe. El eunuco no volvió a verlo, pero siguió alegre su camino. [40] En cuanto a Felipe, apareció en Azoto, y se fue predicando el *evangelio en todos los pueblos hasta que llegó a Cesarea.

Conversión de Saulo

9 Mientras tanto, Saulo, respirando aún amenazas de muerte contra los discípulos del Señor, se presentó al sumo sacerdote [2] y le pidió cartas de extradición para las sinagogas de Damasco. Tenía la intención de encontrar y llevarse presos a Jerusalén a todos los que pertenecieran al Camino, fueran hombres o mujeres. [3] En el viaje sucedió que, al acercarse a Damasco, una luz del cielo relampagueó de repente a su alrededor. [4] Él cayó al suelo y oyó una voz que le decía:

—Saulo, Saulo, ¿por qué me persigues?

[5] —¿Quién eres, Señor? —preguntó.

—Yo soy Jesús, a quien tú persigues —le contestó la voz—. [6] Levántate y entra en la ciudad, que allí se te dirá lo que tienes que hacer.

[7] Los hombres que viajaban con Saulo se detuvieron atónitos, porque oían la voz pero no veían a nadie. [8] Saulo se levantó del suelo, pero cuando abrió los ojos no podía ver, así que lo tomaron de la mano y lo llevaron a Damasco. [9] Estuvo ciego tres días, sin comer ni beber nada.

[10] Había en Damasco un discípulo llamado Ananías, a quien el Señor llamó en una visión.

—¡Ananías!

—Aquí estoy, Señor.

[11] —Anda, ve a la casa de Judas, en la calle llamada Derecha, y pregunta por un tal Saulo de Tarso. Está orando, [12] y ha visto en una visión a un hombre llamado Ananías, que entra y pone las manos sobre él para que recobre la vista.

[13] Entonces Ananías respondió:

—Señor, he oído hablar mucho de ese hombre y de todo el mal que ha causado a tus *santos en Jerusalén. [14] Y ahora lo tenemos aquí, autorizado por los jefes de los sacerdotes, para llevarse presos a todos los que invocan tu nombre.

[15] —¡Ve! —insistió el Señor—, porque ese hombre es mi instrumento escogido para dar a conocer mi nombre tanto a las *naciones y a sus reyes como al pueblo de Israel. [16] Yo le mostraré cuánto tendrá que padecer por mi nombre.

[17] Ananías se fue y, cuando llegó a la casa, le impuso las manos a Saulo y le dijo: «Hermano Saulo, el Señor Jesús, que se te apareció en el camino, me ha enviado para que recobres la vista y seas

is water. What can stand in the way of my being baptized?" [37][f] [38] And he gave orders to stop the chariot. Then both Philip and the eunuch went down into the water and Philip baptized him. [39] When they came up out of the water, the Spirit of the Lord suddenly took Philip away, and the eunuch did not see him again, but went on his way rejoicing. [40] Philip, however, appeared at Azotus and traveled about, preaching the gospel in all the towns until he reached Caesarea.

Saul's Conversion

9 Meanwhile, Saul was still breathing out murderous threats against the Lord's disciples. He went to the high priest [2] and asked him for letters to the synagogues in Damascus, so that if he found any there who belonged to the Way, whether men or women, he might take them as prisoners to Jerusalem. [3] As he neared Damascus on his journey, suddenly a light from heaven flashed around him. [4] He fell to the ground and heard a voice say to him, "Saul, Saul, why do you persecute me?"

[5] "Who are you, Lord?" Saul asked.

"I am Jesus, whom you are persecuting," he replied. [6] "Now get up and go into the city, and you will be told what you must do."

[7] The men traveling with Saul stood there speechless; they heard the sound but did not see anyone. [8] Saul got up from the ground, but when he opened his eyes he could see nothing. So they led him by the hand into Damascus. [9] For three days he was blind, and did not eat or drink anything.

[10] In Damascus there was a disciple named Ananias. The Lord called to him in a vision, "Ananias!"

"Yes, Lord," he answered.

[11] The Lord told him, "Go to the house of Judas on Straight Street and ask for a man from Tarsus named Saul, for he is praying. [12] In a vision he has seen a man named Ananias come and place his hands on him to restore his sight."

[13] "Lord," Ananias answered, "I have heard many reports about this man and all the harm he has done to your holy people in Jerusalem. [14] And he has come here with authority from the chief priests to arrest all who call on your name."

[15] But the Lord said to Ananias, "Go! This man is my chosen instrument to proclaim my name to the Gentiles and their kings and to the people of Israel. [16] I will show him how much he must suffer for my name."

[17] Then Ananias went to the house and entered it. Placing his hands on Saul, he said, "Brother Saul, the Lord—Jesus, who appeared to you on the road as you were coming here—has sent me so that you may see again and be filled with the

---

[k] 8:36 *bautizado?* Var. *bautizado? / [37] —Si cree usted de todo corazón, bien puede —le dijo Felipe. / —Creo que Jesucristo es el Hijo de Dios —contestó el hombre.*

[f] 37 Some manuscripts include here *Philip said, "If you believe with all your heart, you may." The eunuch answered, "I believe that Jesus Christ is the Son of God."*

lleno del Espíritu Santo.» [18] Al instante cayó de los ojos de Saulo algo como escamas, y recobró la vista. Se levantó y fue bautizado; [19] y habiendo comido, recobró las fuerzas.

Saulo en Damasco y en Jerusalén

Saulo pasó varios días con los discípulos que estaban en Damasco, [20] y en seguida se dedicó a predicar en las sinagogas, afirmando que Jesús es el Hijo de Dios. [21] Todos los que le oían se quedaban asombrados, y preguntaban: «¿No es éste el que en Jerusalén perseguía a muerte a los que invocan ese nombre? ¿Y no ha venido aquí para llevárselos presos y entregarlos a los jefes de los sacerdotes?» [22] Pero Saulo cobraba cada vez más fuerza y confundía a los judíos que vivían en Damasco, demostrándoles que Jesús es el *Mesías.

[23] Después de muchos días, los judíos se pusieron de acuerdo para hacerlo desaparecer, [24] pero Saulo se enteró de sus maquinaciones. Día y noche vigilaban de cerca las puertas de la ciudad con el fin de eliminarlo. [25] Pero sus discípulos se lo llevaron de noche y lo bajaron en un canasto por una abertura en la muralla.

[26] Cuando llegó a Jerusalén, trataba de juntarse con los discípulos, pero todos tenían miedo de él, porque no creían que de veras fuera discípulo. [27] Entonces Bernabé lo tomó a su cargo y lo llevó a los apóstoles. Saulo les describió en detalle cómo en el camino había visto al Señor, el cual le había hablado, y cómo en Damasco había predicado con libertad en el nombre de Jesús. [28] Así que se quedó con ellos, y andaba por todas partes en Jerusalén, hablando abiertamente en el nombre del Señor. [29] Conversaba y discutía con los judíos de habla griega,[l] pero ellos se proponían eliminarlo. [30] Cuando se enteraron de ello los hermanos, se lo llevaron a Cesarea y de allí lo mandaron a Tarso.

[31] Mientras tanto, la iglesia disfrutaba de paz a la vez que se consolidaba en toda Judea, Galilea y Samaria, pues vivía en el temor del Señor. E iba creciendo en número, fortalecida por el Espíritu Santo.

Eneas y Dorcas

[32] Pedro, que estaba recorriendo toda la región, fue también a visitar a los *santos que vivían en Lida. [33] Allí encontró a un paralítico llamado Eneas, que llevaba ocho años en cama. [34] «Eneas —le dijo Pedro—, *Jesucristo te sana. Levántate y tiende tu cama.» Y al instante se levantó. [35] Todos los que vivían en Lida y en Sarón lo vieron, y se convirtieron al Señor.

[36] Había en Jope una discípula llamada Tabita (que traducido es Dorcas[m]). Ésta se esmeraba en hacer buenas obras y en ayudar a los pobres. [37] Sucedió que en esos días cayó enferma y murió.

Saul in Damascus and Jerusalem

Holy Spirit." [18] Immediately, something like scales fell from Saul's eyes, and he could see again. He got up and was baptized, [19] and after taking some food, he regained his strength.

Saul spent several days with the disciples in Damascus. [20] At once he began to preach in the synagogues that Jesus is the Son of God. [21] All those who heard him were astonished and asked, "Isn't he the man who raised havoc in Jerusalem among those who call on this name? And hasn't he come here to take them as prisoners to the chief priests?" [22] Yet Saul grew more and more powerful and baffled the Jews living in Damascus by proving that Jesus is the Messiah.

[23] After many days had gone by, there was a conspiracy among the Jews to kill him, [24] but Saul learned of their plan. Day and night they kept close watch on the city gates in order to kill him. [25] But his followers took him by night and lowered him in a basket through an opening in the wall.

[26] When he came to Jerusalem, he tried to join the disciples, but they were all afraid of him, not believing that he really was a disciple. [27] But Barnabas took him and brought him to the apostles. He told them how Saul on his journey had seen the Lord and that the Lord had spoken to him, and how in Damascus he had preached fearlessly in the name of Jesus. [28] So Saul stayed with them and moved about freely in Jerusalem, speaking boldly in the name of the Lord. [29] He talked and debated with the Hellenistic Jews,[g] but they tried to kill him. [30] When the believers learned of this, they took him down to Caesarea and sent him off to Tarsus.

[31] Then the church throughout Judea, Galilee and Samaria enjoyed a time of peace and was strengthened. Living in the fear of the Lord and encouraged by the Holy Spirit, it increased in numbers.

Aeneas and Dorcas

[32] As Peter traveled about the country, he went to visit the Lord's people who lived in Lydda. [33] There he found a man named Aeneas, who was paralyzed and had been bedridden for eight years. [34] "Aeneas," Peter said to him, "Jesus Christ heals you. Get up and roll up your mat." Immediately Aeneas got up. [35] All those who lived in Lydda and Sharon saw him and turned to the Lord.

[36] In Joppa there was a disciple named Tabitha (in Greek her name is Dorcas); she was always doing good and helping the poor. [37] About that

---

[l] 9:29 *los judíos de habla griega.* Lit. *los helenistas.*
[m] 9:36 Tanto *Tabita* (arameo) como *Dorcas* (griego) significan *gacela.*

[g] 29 That is, Jews who had adopted the Greek language and culture

Pusieron el cadáver, después de lavarlo, en un cuarto de la planta alta. ³⁸ Y como Lida estaba cerca de Jope, los discípulos, al enterarse de que Pedro se encontraba en Lida, enviaron a dos hombres a rogarle: «¡Por favor, venga usted a Jope en seguida!»

³⁹ Sin demora, Pedro se fue con ellos, y cuando llegó lo llevaron al cuarto de arriba. Todas las viudas se presentaron, llorando y mostrándole las túnicas y otros vestidos que Dorcas había hecho cuando aún estaba con ellas.

⁴⁰ Pedro hizo que todos salieran del cuarto; luego se puso de rodillas y oró. Volviéndose hacia la muerta, dijo: «Tabita, levántate.» Ella abrió los ojos y, al ver a Pedro, se incorporó. ⁴¹ Él, tomándola de la mano, la levantó. Luego llamó a los *creyentes y a las viudas, a quienes la presentó viva. ⁴² La noticia se difundió por todo Jope, y muchos creyeron en el Señor. ⁴³ Pedro se quedó en Jope un buen tiempo, en casa de un tal Simón, que era curtidor.

Cornelio manda llamar a Pedro

10 Vivía en Cesarea un centurión llamado Cornelio, del regimiento conocido como el Italiano. ² Él y toda su familia eran devotos y temerosos de Dios. Realizaba muchas obras de beneficencia para el pueblo de Israel y oraba a Dios constantemente. ³ Un día, como a las tres de la tarde,ⁿ tuvo una visión. Vio claramente a un ángel de Dios que se le acercaba y le decía:

—¡Cornelio!

⁴ —¿Qué quieres, Señor? —le preguntó Cornelio, mirándolo fijamente y con mucho miedo.

—Dios ha recibido tus oraciones y tus obras de beneficencia como una ofrenda —le contestó el ángel—. ⁵ Envía de inmediato a algunos hombres a Jope para que hagan venir a un tal Simón, apodado Pedro. ⁶ Él se hospeda con Simón el curtidor, que tiene su casa junto al mar.

⁷ Después de que se fue el ángel que le había hablado, Cornelio llamó a dos de sus siervos y a un soldado devoto de los que le servían regularmente. ⁸ Les explicó todo lo que había sucedido y los envió a Jope.

La visión de Pedro

⁹ Al día siguiente, mientras ellos iban de camino y se acercaban a la ciudad, Pedro subió a la azotea a orar. Era casi el mediodía.ñ ¹⁰ Tuvo hambre y quiso algo de comer. Mientras se lo preparaban, le sobrevino un éxtasis. ¹¹ Vio el cielo abierto y algo parecido a una gran sábana que, suspendida por las cuatro puntas, descendía hacia la tierra. ¹² En ella había toda clase de cuadrúpedos, como también reptiles y aves.

¹³ —Levántate, Pedro; mata y come —le dijo una voz.

time she became sick and died, and her body was washed and placed in an upstairs room. ³⁸ Lydda was near Joppa; so when the disciples heard that Peter was in Lydda, they sent two men to him and urged him, "Please come at once!"

³⁹ Peter went with them, and when he arrived he was taken upstairs to the room. All the widows stood around him, crying and showing him the robes and other clothing that Dorcas had made while she was still with them.

⁴⁰ Peter sent them all out of the room; then he got down on his knees and prayed. Turning toward the dead woman, he said, "Tabitha, get up." She opened her eyes, and seeing Peter she sat up. ⁴¹ He took her by the hand and helped her to her feet. Then he called for the believers, especially the widows, and presented her to them alive. ⁴² This became known all over Joppa, and many people believed in the Lord. ⁴³ Peter stayed in Joppa for some time with a tanner named Simon.

Cornelius Calls for Peter

10 At Caesarea there was a man named Cornelius, a centurion in what was known as the Italian Regiment. ² He and all his family were devout and God-fearing; he gave generously to those in need and prayed to God regularly. ³ One day at about three in the afternoon he had a vision. He distinctly saw an angel of God, who came to him and said, "Cornelius!"

⁴ Cornelius stared at him in fear. "What is it, Lord?" he asked.

The angel answered, "Your prayers and gifts to the poor have come up as a memorial offering before God. ⁵ Now send men to Joppa to bring back a man named Simon who is called Peter. ⁶ He is staying with Simon the tanner, whose house is by the sea."

⁷ When the angel who spoke to him had gone, Cornelius called two of his servants and a devout soldier who was one of his attendants. ⁸ He told them everything that had happened and sent them to Joppa.

Peter's Vision

⁹ About noon the following day as they were on their journey and approaching the city, Peter went up on the roof to pray. ¹⁰ He became hungry and wanted something to eat, and while the meal was being prepared, he fell into a trance. ¹¹ He saw heaven opened and something like a large sheet being let down to earth by its four corners. ¹² It contained all kinds of four-footed animals, as well as reptiles and birds. ¹³ Then a voice told him, "Get up, Peter. Kill and eat."

ⁿ **10:3** *las tres de la tarde.* Lit. *la hora novena;* también en v. 30.
ñ **10:9** *casi el mediodía.* Lit. *alrededor de la hora sexta.*

¹⁴ —¡De ninguna manera, Señor! —replicó Pedro—. Jamás he comido nada *impuro o inmundo.

¹⁵ Por segunda vez le insistió la voz:

—Lo que Dios ha purificado, tú no lo llames impuro.

¹⁶ Esto sucedió tres veces, y en seguida la sábana fue recogida al cielo.

¹⁷ Pedro no atinaba a explicarse cuál podría ser el significado de la visión. Mientras tanto, los hombres enviados por Cornelio, que estaban preguntando por la casa de Simón, se presentaron a la puerta. ¹⁸ Llamando, averiguaron si allí se hospedaba Simón, apodado Pedro.

¹⁹ Mientras Pedro seguía reflexionando sobre el significado de la visión, el Espíritu le dijo: «Mira, Simón, tres^o hombres te buscan. ²⁰ Date prisa, baja y no dudes en ir con ellos, porque yo los he enviado.»

²¹ Pedro bajó y les dijo a los hombres:

—Aquí estoy; yo soy el que ustedes buscan. ¿Qué asunto los ha traído por acá?

²² Ellos le contestaron:

—Venimos de parte del centurión Cornelio, un hombre justo y temeroso de Dios, respetado por todo el pueblo judío. Un ángel de Dios le dio instrucciones de invitarlo a usted a su casa para escuchar lo que usted tiene que decirle.

²³ Entonces Pedro los invitó a pasar y los hospedó.

Pedro en casa de Cornelio

Al día siguiente, Pedro se fue con ellos acompañado de algunos creyentes de Jope. ²⁴ Un día después llegó a Cesarea. Cornelio estaba esperándolo con los parientes y amigos íntimos que había reunido. ²⁵ Al llegar Pedro a la casa, Cornelio salió a recibirlo y, postrándose delante de él, le rindió homenaje. ²⁶ Pero Pedro hizo que se levantara, y le dijo:

—Ponte de pie, que sólo soy un hombre como tú.

²⁷ Pedro entró en la casa conversando con él, y encontró a muchos reunidos.

²⁸ Entonces les habló así:

—Ustedes saben muy bien que nuestra ley prohíbe que un judío se junte con un extranjero o lo visite. Pero Dios me ha hecho ver que a nadie debo llamar *impuro o inmundo. ²⁹ Por eso, cuando mandaron por mí, vine sin poner ninguna objeción. Ahora permítanme preguntarles: ¿para qué me hicieron venir?

³⁰ Cornelio contestó:

—Hace cuatro días a esta misma hora, las tres de la tarde, estaba yo en casa orando.^p De repente apareció delante de mí un hombre vestido con ropa brillante, ³¹ y me dijo: "Cornelio, Dios ha oído

¹⁴ "Surely not, Lord!" Peter replied. "I have never eaten anything impure or unclean."

¹⁵ The voice spoke to him a second time, "Do not call anything impure that God has made clean."

¹⁶ This happened three times, and immediately the sheet was taken back to heaven.

¹⁷ While Peter was wondering about the meaning of the vision, the men sent by Cornelius found out where Simon's house was and stopped at the gate. ¹⁸ They called out, asking if Simon who was known as Peter was staying there.

¹⁹ While Peter was still thinking about the vision, the Spirit said to him, "Simon, three^h men are looking for you. ²⁰ So get up and go downstairs. Do not hesitate to go with them, for I have sent them."

²¹ Peter went down and said to the men, "I'm the one you're looking for. Why have you come?"

²² The men replied, "We have come from Cornelius the centurion. He is a righteous and God-fearing man, who is respected by all the Jewish people. A holy angel told him to ask you to come to his house so that he could hear what you have to say." ²³ Then Peter invited the men into the house to be his guests.

Peter at Cornelius's House

The next day Peter started out with them, and some of the believers from Joppa went along. ²⁴ The following day he arrived in Caesarea. Cornelius was expecting them and had called together his relatives and close friends. ²⁵ As Peter entered the house, Cornelius met him and fell at his feet in reverence. ²⁶ But Peter made him get up. "Stand up," he said, "I am only a man myself."

²⁷ While talking with him, Peter went inside and found a large gathering of people. ²⁸ He said to them: "You are well aware that it is against our law for a Jew to associate with or visit a Gentile. But God has shown me that I should not call anyone impure or unclean. ²⁹ So when I was sent for, I came without raising any objection. May I ask why you sent for me?"

³⁰ Cornelius answered: "Three days ago I was in my house praying at this hour, at three in the afternoon. Suddenly a man in shining clothes stood before me ³¹ and said, 'Cornelius, God has heard

---

^o **10:19** Var. no incluye *tres* (un ms. antiguo dice: *dos*).
^p **10:30** *en casa orando.* Var. *en casa ayunando y orando.*

^h **19** One early manuscript *two*; other manuscripts do not have the number.

tu oración y se ha acordado de tus obras de beneficencia. ³² Por lo tanto, envía a alguien a Jope para hacer venir a Simón, apodado Pedro, que se hospeda en casa de Simón el curtidor, junto al mar." ³³ Así que inmediatamente mandé a llamarte, y tú has tenido la bondad de venir. Ahora estamos todos aquí, en la presencia de Dios, para escuchar todo lo que el Señor te ha encomendado que nos digas.

³⁴ Pedro tomó la palabra, y dijo:

—Ahora comprendo que en realidad para Dios no hay favoritismos, ³⁵ sino que en toda nación él ve con agrado a los que le temen y actúan con justicia. ³⁶ Dios envió su mensaje al pueblo de Israel, anunciando las *nuevas de la paz por medio de *Jesucristo, que es el Señor de todos. ³⁷ Ustedes conocen este mensaje que se difundió por toda Judea, comenzando desde Galilea, después del bautismo que predicó Juan. ³⁸ Me refiero a Jesús de Nazaret: cómo lo ungió Dios con el Espíritu Santo y con poder, y cómo anduvo haciendo el bien y sanando a todos los que estaban oprimidos por el diablo, porque Dios estaba con él. ³⁹ Nosotros somos testigos de todo lo que hizo en la tierra de los judíos y en Jerusalén. Lo mataron, colgándolo de un madero, ⁴⁰ pero Dios lo resucitó al tercer día y dispuso que se apareciera, ⁴¹ no a todo el pueblo, sino a nosotros, testigos previamente escogidos por Dios, que comimos y bebimos con él después de su *resurrección. ⁴² Él nos mandó a predicar al pueblo y a dar solemne testimonio de que ha sido nombrado por Dios como juez de vivos y muertos. ⁴³ De él dan testimonio todos los profetas, que todo el que cree en él recibe, por medio de su nombre, el perdón de los pecados.

⁴⁴ Mientras Pedro estaba todavía hablando, el Espíritu Santo descendió sobre todos los que escuchaban el mensaje. ⁴⁵ Los defensores de la circuncisión que habían llegado con Pedro se quedaron asombrados de que el don del Espíritu Santo se hubiera derramado también sobre los *gentiles, ⁴⁶ pues los oían hablar en *lenguas y alabar a Dios. Entonces Pedro respondió:

⁴⁷ —¿Acaso puede alguien negar el agua para que sean bautizados estos que han recibido el Espíritu Santo lo mismo que nosotros?

⁴⁸ Y mandó que fueran bautizados en el nombre de Jesucristo. Entonces le pidieron que se quedara con ellos algunos días.

Pedro explica su comportamiento

11 Los apóstoles y los hermanos de toda Judea se enteraron de que también los *gentiles habían recibido la palabra de Dios. ² Así que cuando Pedro subió a Jerusalén, los defensores de la circuncisión lo criticaron ³ diciendo:

—Entraste en casa de hombres incircuncisos y comiste con ellos.

your prayer and remembered your gifts to the poor. ³² Send to Joppa for Simon who is called Peter. He is a guest in the home of Simon the tanner, who lives by the sea.' ³³ So I sent for you immediately, and it was good of you to come. Now we are all here in the presence of God to listen to everything the Lord has commanded you to tell us."

³⁴ Then Peter began to speak: "I now realize how true it is that God does not show favoritism ³⁵ but accepts from every nation the one who fears him and does what is right. ³⁶ You know the message God sent to the people of Israel, announcing the good news of peace through Jesus Christ, who is Lord of all. ³⁷ You know what has happened throughout the province of Judea, beginning in Galilee after the baptism that John preached — ³⁸ how God anointed Jesus of Nazareth with the Holy Spirit and power, and how he went around doing good and healing all who were under the power of the devil, because God was with him.

³⁹ "We are witnesses of everything he did in the country of the Jews and in Jerusalem. They killed him by hanging him on a cross, ⁴⁰ but God raised him from the dead on the third day and caused him to be seen. ⁴¹ He was not seen by all the people, but by witnesses whom God had already chosen — by us who ate and drank with him after he rose from the dead. ⁴² He commanded us to preach to the people and to testify that he is the one whom God appointed as judge of the living and the dead. ⁴³ All the prophets testify about him that everyone who believes in him receives forgiveness of sins through his name."

⁴⁴ While Peter was still speaking these words, the Holy Spirit came on all who heard the message. ⁴⁵ The circumcised believers who had come with Peter were astonished that the gift of the Holy Spirit had been poured out even on Gentiles. ⁴⁶ For they heard them speaking in tongues[i] and praising God.

Then Peter said, ⁴⁷ "Surely no one can stand in the way of their being baptized with water. They have received the Holy Spirit just as we have." ⁴⁸ So he ordered that they be baptized in the name of Jesus Christ. Then they asked Peter to stay with them for a few days.

Peter Explains His Actions

11 The apostles and the believers throughout Judea heard that the Gentiles also had received the word of God. ² So when Peter went up to Jerusalem, the circumcised believers criticized him ³ and said, "You went into the house of uncircumcised men and ate with them."

ⁱ 46 Or *other languages*

4 Entonces Pedro comenzó a explicarles paso a paso lo que había sucedido:

5 —Yo estaba orando en la ciudad de Jope y tuve en éxtasis una visión. Vi que del cielo descendía algo parecido a una gran sábana que, suspendida por las cuatro puntas, bajaba hasta donde yo estaba. 6 Me fijé en lo que había en ella, y vi cuadrúpedos, fieras, reptiles y aves. 7 Luego oí una voz que me decía: "Levántate, Pedro; mata y come." 8 Repliqué: "¡De ninguna manera, Señor! Jamás ha entrado en mi boca nada *impuro o inmundo." 9 Por segunda vez insistió la voz del cielo: "Lo que Dios ha purificado, tú no lo llames impuro." 10 Esto sucedió tres veces, y luego todo volvió a ser llevado al cielo.

11 »En aquel momento se presentaron en la casa donde yo estaba tres hombres que desde Cesarea habían sido enviados a verme. 12 El Espíritu me dijo que fuera con ellos sin dudar. También fueron conmigo estos seis hermanos, y entramos en la casa de aquel hombre. 13 Él nos contó cómo en su casa se le había aparecido un ángel que le dijo: "Manda a alguien a Jope para hacer venir a Simón, apodado Pedro. 14 Él te traerá un mensaje mediante el cual serán salvos tú y toda tu familia."

15 »Cuando comencé a hablarles, el Espíritu Santo descendió sobre ellos tal como al principio descendió sobre nosotros. 16 Entonces recordé lo que había dicho el Señor: "Juan bautizó con[q] agua, pero ustedes serán bautizados con el Espíritu Santo." 17 Por tanto, si Dios les ha dado a ellos el mismo don que a nosotros al creer en el Señor *Jesucristo, ¿quién soy yo para pretender estorbar a Dios?

18 Al oír esto, se apaciguaron y alabaron a Dios diciendo:

—¡Así que también a los gentiles les ha concedido Dios el *arrepentimiento para vida!

La iglesia en Antioquía

19 Los que se habían dispersado a causa de la persecución que se desató por el caso de Esteban llegaron hasta Fenicia, Chipre y Antioquía, sin anunciar a nadie el mensaje excepto a los judíos. 20 Sin embargo, había entre ellos algunas personas de Chipre y de Cirene que, al llegar a Antioquía, comenzaron a hablarles también a los de habla griega, anunciándoles las buenas *nuevas acerca del Señor Jesús. 21 El poder del Señor estaba con ellos, y un gran número creyó y se convirtió al Señor.

22 La noticia de estos sucesos llegó a oídos de la iglesia de Jerusalén, y mandaron a Bernabé a Antioquía. 23 Cuando él llegó y vio las evidencias de la gracia de Dios, se alegró y animó a todos a hacerse el firme propósito de permanecer fieles al Señor, 24 pues era un hombre bueno, lleno del

[q] **11:16** *con.* Alt. *en.*

4 Starting from the beginning, Peter told them the whole story: 5 "I was in the city of Joppa praying, and in a trance I saw a vision. I saw something like a large sheet being let down from heaven by its four corners, and it came down to where I was. 6 I looked into it and saw four-footed animals of the earth, wild beasts, reptiles and birds. 7 Then I heard a voice telling me, 'Get up, Peter. Kill and eat.'

8 "I replied, 'Surely not, Lord! Nothing impure or unclean has ever entered my mouth.'

9 "The voice spoke from heaven a second time, 'Do not call anything impure that God has made clean.' 10 This happened three times, and then it was all pulled up to heaven again.

11 "Right then three men who had been sent to me from Caesarea stopped at the house where I was staying. 12 The Spirit told me to have no hesitation about going with them. These six brothers also went with me, and we entered the man's house. 13 He told us how he had seen an angel appear in his house and say, 'Send to Joppa for Simon who is called Peter. 14 He will bring you a message through which you and all your household will be saved.'

15 "As I began to speak, the Holy Spirit came on them as he had come on us at the beginning. 16 Then I remembered what the Lord had said: 'John baptized with[j] water, but you will be baptized with[j] the Holy Spirit.' 17 So if God gave them the same gift he gave us who believed in the Lord Jesus Christ, who was I to think that I could stand in God's way?"

18 When they heard this, they had no further objections and praised God, saying, "So then, even to Gentiles God has granted repentance that leads to life."

The Church in Antioch

19 Now those who had been scattered by the persecution that broke out when Stephen was killed traveled as far as Phoenicia, Cyprus and Antioch, spreading the word only among Jews. 20 Some of them, however, men from Cyprus and Cyrene, went to Antioch and began to speak to Greeks also, telling them the good news about the Lord Jesus. 21 The Lord's hand was with them, and a great number of people believed and turned to the Lord.

22 News of this reached the church in Jerusalem, and they sent Barnabas to Antioch. 23 When he arrived and saw what the grace of God had done, he was glad and encouraged them all to remain true to the Lord with all their hearts. 24 He was a good

[j] *16* Or *in*

Espíritu Santo y de fe. Un gran número de personas aceptó al Señor.

²⁵ Después partió Bernabé para Tarso en busca de Saulo, ²⁶ y cuando lo encontró, lo llevó a Antioquía. Durante todo un año se reunieron los dos con la iglesia y enseñaron a mucha gente. Fue en Antioquía donde a los discípulos se les llamó «cristianos» por primera vez.

²⁷ Por aquel tiempo unos profetas bajaron de Jerusalén a Antioquía. ²⁸ Uno de ellos, llamado Ágabo, se puso de pie y predijo por medio del Espíritu que iba a haber una gran hambre en todo el mundo, lo cual sucedió durante el reinado de Claudio. ²⁹ Entonces decidieron que cada uno de los discípulos, según los recursos de cada cual, enviaría ayuda a los hermanos que vivían en Judea. ³⁰ Así lo hicieron, mandando su ofrenda a los *ancianos por medio de Bernabé y de Saulo.

Pedro escapa milagrosamente de la cárcel

12 En ese tiempo el rey Herodes hizo arrestar a algunos de la iglesia con el fin de maltratarlos. ² A *Jacobo, hermano de Juan, lo mandó matar a espada. ³ Al ver que esto agradaba a los judíos, procedió a prender también a Pedro. Esto sucedió durante la fiesta de los Panes sin levadura. ⁴ Después de arrestarlo, lo metió en la cárcel y lo puso bajo la vigilancia de cuatro grupos de cuatro soldados cada uno. Tenía la intención de hacerlo comparecer en juicio público después de la Pascua. ⁵ Pero mientras mantenían a Pedro en la cárcel, la iglesia oraba constante y fervientemente a Dios por él.

⁶ La misma noche en que Herodes estaba a punto de sacar a Pedro para someterlo a juicio, éste dormía entre dos soldados, sujeto con dos cadenas. Unos guardias vigilaban la entrada de la cárcel. ⁷ De repente apareció un ángel del Señor y una luz resplandeció en la celda. Despertó a Pedro con unas palmadas en el costado y le dijo: «¡Date prisa, levántate!» Las cadenas cayeron de las manos de Pedro. ⁸ Le dijo además el ángel: «Vístete y cálzate las sandalias.» Así lo hizo, y el ángel añadió: «Échate la capa encima y sígueme.»

⁹ Pedro salió tras él, pero no sabía si realmente estaba sucediendo lo que el ángel hacía. Le parecía que se trataba de una visión. ¹⁰ Pasaron por la primera y la segunda guardia, y llegaron al portón de hierro que daba a la ciudad. El portón se les abrió por sí solo, y salieron. Caminaron unas cuadras, y de repente el ángel lo dejó solo.

¹¹ Entonces Pedro volvió en sí y se dijo: «Ahora estoy completamente seguro de que el Señor ha enviado a su ángel para librarme del poder de Herodes y de todo lo que el pueblo judío esperaba.»

¹² Cuando cayó en cuenta de esto, fue a casa de María, la madre de Juan, apodado Marcos, donde muchas personas estaban reunidas orando.

man, full of the Holy Spirit and faith, and a great number of people were brought to the Lord.

²⁵ Then Barnabas went to Tarsus to look for Saul, ²⁶ and when he found him, he brought him to Antioch. So for a whole year Barnabas and Saul met with the church and taught great numbers of people. The disciples were called Christians first at Antioch.

²⁷ During this time some prophets came down from Jerusalem to Antioch. ²⁸ One of them, named Agabus, stood up and through the Spirit predicted that a severe famine would spread over the entire Roman world. (This happened during the reign of Claudius.) ²⁹ The disciples, as each one was able, decided to provide help for the brothers and sisters living in Judea. ³⁰ This they did, sending their gift to the elders by Barnabas and Saul.

Peter's Miraculous Escape From Prison

12 It was about this time that King Herod arrested some who belonged to the church, intending to persecute them. ² He had James, the brother of John, put to death with the sword. ³ When he saw that this met with approval among the Jews, he proceeded to seize Peter also. This happened during the Festival of Unleavened Bread. ⁴ After arresting him, he put him in prison, handing him over to be guarded by four squads of four soldiers each. Herod intended to bring him out for public trial after the Passover.

⁵ So Peter was kept in prison, but the church was earnestly praying to God for him.

⁶ The night before Herod was to bring him to trial, Peter was sleeping between two soldiers, bound with two chains, and sentries stood guard at the entrance. ⁷ Suddenly an angel of the Lord appeared and a light shone in the cell. He struck Peter on the side and woke him up. "Quick, get up!" he said, and the chains fell off Peter's wrists.

⁸ Then the angel said to him, "Put on your clothes and sandals." And Peter did so. "Wrap your cloak around you and follow me," the angel told him. ⁹ Peter followed him out of the prison, but he had no idea that what the angel was doing was really happening; he thought he was seeing a vision. ¹⁰ They passed the first and second guards and came to the iron gate leading to the city. It opened for them by itself, and they went through it. When they had walked the length of one street, suddenly the angel left him.

¹¹ Then Peter came to himself and said, "Now I know without a doubt that the Lord has sent his angel and rescued me from Herod's clutches and from everything the Jewish people were hoping would happen."

¹² When this had dawned on him, he went to the house of Mary the mother of John, also called Mark, where many people had gathered and were

[13] Llamó a la puerta de la calle, y salió a responder una sierva llamada Rode. [14] Al reconocer la voz de Pedro, se puso tan contenta que volvió corriendo sin abrir.

—¡Pedro está a la puerta! —exclamó.

[15] —¡Estás loca! —le dijeron.

Ella insistía en que así era, pero los otros decían:

—Debe de ser su ángel.

[16] Entre tanto, Pedro seguía llamando. Cuando abrieron la puerta y lo vieron, quedaron pasmados. [17] Con la mano Pedro les hizo señas de que se callaran, y les contó cómo el Señor lo había sacado de la cárcel.

—Cuéntenles esto a Jacobo y a los hermanos —les dijo.

Luego salió y se fue a otro lugar.

[18] Al amanecer se produjo un gran alboroto entre los soldados respecto al paradero de Pedro. [19] Herodes hizo averiguaciones, pero al no encontrarlo, les tomó declaración a los guardias y mandó matarlos. Después viajó de Judea a Cesarea y se quedó allí.

Muerte de Herodes

[20] Herodes estaba furioso con los de Tiro y de Sidón, pero ellos se pusieron de acuerdo y se presentaron ante él. Habiéndose ganado el favor de Blasto, camarero del rey, pidieron paz, porque su región dependía del país del rey para obtener sus provisiones.

[21] El día señalado, Herodes, ataviado con su ropaje real y sentado en su trono, le dirigió un discurso al pueblo. [22] La gente gritaba: «¡Voz de un dios, no de hombre!» [23] Al instante un ángel del Señor lo hirió, porque no le había dado la gloria a Dios; y Herodes murió comido de gusanos.

[24] Pero la palabra de Dios seguía extendiéndose y difundiéndose.

[25] Cuando Bernabé y Saulo cumplieron su servicio, regresaron de[r] Jerusalén llevando con ellos a Juan, llamado también Marcos.

Despedida de Bernabé y Saulo

13 En la iglesia de Antioquía eran profetas y maestros Bernabé; Simeón, apodado el Negro; Lucio de Cirene; Manaén, que se había criado con Herodes el tetrarca; y Saulo. [2] Mientras ayunaban y participaban en el culto al Señor, el Espíritu Santo dijo: «Apártenme ahora a Bernabé y a Saulo para el trabajo al que los he llamado.»

[3] Así que después de ayunar, orar e imponerles las manos, los despidieron.

En Chipre

[4] Bernabé y Saulo, enviados por el Espíritu Santo, bajaron a Seleucia, y de allí navegaron a Chipre. [5] Al llegar a Salamina, predicaron la palabra de

praying. [13] Peter knocked at the outer entrance, and a servant named Rhoda came to answer the door. [14] When she recognized Peter's voice, she was so overjoyed she ran back without opening it and exclaimed, "Peter is at the door!"

[15] "You're out of your mind," they told her. When she kept insisting that it was so, they said, "It must be his angel."

[16] But Peter kept on knocking, and when they opened the door and saw him, they were astonished. [17] Peter motioned with his hand for them to be quiet and described how the Lord had brought him out of prison. "Tell James and the other brothers and sisters about this," he said, and then he left for another place.

[18] In the morning, there was no small commotion among the soldiers as to what had become of Peter. [19] After Herod had a thorough search made for him and did not find him, he cross-examined the guards and ordered that they be executed.

Herod's Death

Then Herod went from Judea to Caesarea and stayed there. [20] He had been quarreling with the people of Tyre and Sidon; they now joined together and sought an audience with him. After securing the support of Blastus, a trusted personal servant of the king, they asked for peace, because they depended on the king's country for their food supply.

[21] On the appointed day Herod, wearing his royal robes, sat on his throne and delivered a public address to the people. [22] They shouted, "This is the voice of a god, not of a man." [23] Immediately, because Herod did not give praise to God, an angel of the Lord struck him down, and he was eaten by worms and died.

[24] But the word of God continued to spread and flourish.

Barnabas and Saul Sent Off

[25] When Barnabas and Saul had finished their mission, they returned from[k] Jerusalem, taking with them John, also called Mark. [1] Now in the church at Antioch there were prophets and teachers: Barnabas, Simeon called Niger, Lucius of Cyrene, Manaen (who had been brought up with Herod the tetrarch) and Saul. [2] While they were worshiping the Lord and fasting, the Holy Spirit said, "Set apart for me Barnabas and Saul for the work to which I have called them." [3] So after they had fasted and prayed, they placed their hands on them and sent them off.

On Cyprus

[4] The two of them, sent on their way by the Holy Spirit, went down to Seleucia and sailed from there to Cyprus. [5] When they arrived at Salamis,

---

Dios en las sinagogas de los judíos. Tenían también a Juan como ayudante.

⁶ Recorrieron toda la isla hasta Pafos. Allí se encontraron con un hechicero, un falso profeta judío llamado Barjesús, ⁷ que estaba con el gobernadorˢ Sergio Paulo. El gobernador, hombre inteligente, mandó llamar a Bernabé y a Saulo, en un esfuerzo por escuchar la palabra de Dios. ⁸ Pero Elimas el hechicero (que es lo que significa su nombre) se les oponía y procuraba apartar de la fe al gobernador. ⁹ Entonces Saulo, o sea Pablo, lleno del Espíritu Santo, clavó los ojos en Elimas y le dijo: ¹⁰ «¡Hijo del diablo y enemigo de toda justicia, lleno de todo tipo de engaño y de fraude! ¿Nunca dejarás de torcer los caminos rectos del Señor? ¹¹ Ahora la mano del Señor está contra ti; vas a quedarte ciego y por algún tiempo no podrás ver la luz del sol.»

Al instante cayeron sobre él sombra y oscuridad, y comenzó a buscar a tientas quien lo llevara de la mano. ¹² Al ver lo sucedido, el gobernador creyó, maravillado de la enseñanza acerca del Señor.

En Antioquía de Pisidia

¹³ Pablo y sus compañeros se hicieron a la mar desde Pafos, y llegaron a Perge de Panfilia. Juan se separó de ellos y regresó a Jerusalén; ¹⁴ ellos, por su parte, siguieron su viaje desde Perge hasta Antioquía de Pisidia. El *sábado entraron en la sinagoga y se sentaron. ¹⁵ Al terminar la lectura de la ley y los profetas, los jefes de la sinagoga mandaron a decirles: «Hermanos, si tienen algún mensaje de aliento para el pueblo, hablen.»

¹⁶ Pablo se puso en pie, hizo una señal con la mano y dijo: «Escúchenme, israelitas, y ustedes, los *gentiles temerosos de Dios: ¹⁷ El Dios de este pueblo de Israel escogió a nuestros antepasados y engrandeció al pueblo mientras vivían como extranjeros en Egipto. Con gran poder los sacó de aquella tierra ¹⁸ y soportó su mal procederʰ en el desierto unos cuarenta años. ¹⁹ Luego de destruir siete naciones en Canaán, dio a su pueblo la tierra de ellas en herencia. ²⁰ Todo esto duró unos cuatrocientos cincuenta años.

»Después de esto, Dios les asignó jueces hasta los días del profeta Samuel. ²¹ Entonces pidieron un rey, y Dios les dio a Saúl, hijo de Quis, de la tribu de Benjamín, que gobernó por cuarenta años. ²² Tras destituir a Saúl, les puso por rey a David, de quien dio este testimonio: "He encontrado en David, hijo de Isaí, un hombre conforme a mi corazón; él realizará todo lo que yo quiero."

²³ »De los descendientes de éste, conforme a la promesa, Dios ha provisto a Israel un salvador, que es Jesús. ²⁴ Antes de la venida de Jesús, Juan predicó un bautismo de *arrepentimiento a todo

they proclaimed the word of God in the Jewish synagogues. John was with them as their helper.

⁶They traveled through the whole island until they came to Paphos. There they met a Jewish sorcerer and false prophet named Bar-Jesus, ⁷who was an attendant of the proconsul, Sergius Paulus. The proconsul, an intelligent man, sent for Barnabas and Saul because he wanted to hear the word of God. ⁸But Elymas the sorcerer (for that is what his name means) opposed them and tried to turn the proconsul from the faith. ⁹Then Saul, who was also called Paul, filled with the Holy Spirit, looked straight at Elymas and said, ¹⁰"You are a child of the devil and an enemy of everything that is right! You are full of all kinds of deceit and trickery. Will you never stop perverting the right ways of the Lord? ¹¹Now the hand of the Lord is against you. You are going to be blind for a time, not even able to see the light of the sun."

Immediately mist and darkness came over him, and he groped about, seeking someone to lead him by the hand. ¹²When the proconsul saw what had happened, he believed, for he was amazed at the teaching about the Lord.

In Pisidian Antioch

¹³From Paphos, Paul and his companions sailed to Perga in Pamphylia, where John left them to return to Jerusalem. ¹⁴From Perga they went on to Pisidian Antioch. On the Sabbath they entered the synagogue and sat down. ¹⁵After the reading from the Law and the Prophets, the leaders of the synagogue sent word to them, saying, "Brothers, if you have a word of exhortation for the people, please speak."

¹⁶Standing up, Paul motioned with his hand and said: "Fellow Israelites and you Gentiles who worship God, listen to me! ¹⁷The God of the people of Israel chose our ancestors; he made the people prosper during their stay in Egypt; with mighty power he led them out of that country; ¹⁸for about forty years he endured their conductˡ in the wilderness; ¹⁹and he overthrew seven nations in Canaan, giving their land to his people as their inheritance. ²⁰All this took about 450 years.

"After this, God gave them judges until the time of Samuel the prophet. ²¹Then the people asked for a king, and he gave them Saul son of Kish, of the tribe of Benjamin, who ruled forty years. ²²After removing Saul, he made David their king. God testified concerning him: 'I have found David son of Jesse, a man after my own heart; he will do everything I want him to do.'

²³"From this man's descendants God has brought to Israel the Savior Jesus, as he promised. ²⁴Before the coming of Jesus, John preached repentance and baptism to all the people of

---

ˢ **13:7** *gobernador.* Lit. *procónsul;* también en vv. 8 y 12.
ᵗ **13:18** *soportó su mal proceder.* Var. *los cuidó.*

ˡ 18 Some manuscripts *he cared for them*

el pueblo de Israel. ²⁵ Cuando estaba completando su carrera, Juan decía: "¿Quién suponen ustedes que soy? No soy aquél. Miren, después de mí viene uno a quien no soy digno ni siquiera de desatarle las sandalias."

²⁶ »Hermanos, descendientes de Abraham, y ustedes, los gentiles temerosos de Dios: a nosotros se nos ha enviado este mensaje de salvación. ²⁷ Los habitantes de Jerusalén y sus gobernantes no reconocieron a Jesús. Por tanto, al condenarlo, cumplieron las palabras de los profetas que se leen todos los sábados. ²⁸ Aunque no encontraron ninguna causa digna de muerte, le pidieron a Pilato que lo mandara a ejecutar. ²⁹ Después de llevar a cabo todas las cosas que estaban escritas acerca de él, lo bajaron del madero y lo sepultaron. ³⁰ Pero Dios lo *levantó de entre los muertos. ³¹ Durante muchos días lo vieron los que habían subido con él de Galilea a Jerusalén, y ellos son ahora sus testigos ante el pueblo.

³² »Nosotros les anunciamos a ustedes las buenas *nuevas respecto a la promesa hecha a nuestros antepasados. ³³ Dios nos la ha cumplido plenamente a nosotros, los descendientes de ellos, al resucitar a Jesús. Como está escrito en el segundo salmo:

»"Tú eres mi hijo;
　　hoy mismo te he engendrado."ᵘ

³⁴ Dios lo *resucitó para que no volviera jamás a la corrupción. Así se cumplieron estas palabras:

»"Yo les daré las bendiciones santas y
　　seguras prometidas a David."ᵛ

³⁵ Por eso dice en otro pasaje:

»"No permitirás que el fin de tu santo sea la
　　corrupción."ʷ

³⁶ »Ciertamente David, después de servir a su propia generación conforme al propósito de Dios, murió, fue sepultado con sus antepasados, y su cuerpo sufrió la corrupción. ³⁷ Pero aquel a quien Dios resucitó no sufrió la corrupción de su cuerpo.

³⁸ »Por tanto, hermanos, sepan que por medio de Jesús se les anuncia a ustedes el perdón de los pecados. ³⁹ Ustedes no pudieron ser *justificados de esos pecados por la ley de Moisés, pero todo el que cree es justificado por medio de Jesús. ⁴⁰ Tengan cuidado, no sea que les suceda lo que han dicho los profetas:

⁴¹ »"¡Miren, burlones!
　　¡Asómbrense y desaparezcan!
Estoy por hacer en estos días una obra
　　que ustedes nunca creerán,
　　aunque alguien se la explique."ˣ»

Israel. ²⁵ As John was completing his work, he said: 'Who do you suppose I am? I am not the one you are looking for. But there is one coming after me whose sandals I am not worthy to untie.'

²⁶ "Fellow children of Abraham and you God-fearing Gentiles, it is to us that this message of salvation has been sent. ²⁷ The people of Jerusalem and their rulers did not recognize Jesus, yet in condemning him they fulfilled the words of the prophets that are read every Sabbath. ²⁸ Though they found no proper ground for a death sentence, they asked Pilate to have him executed. ²⁹ When they had carried out all that was written about him, they took him down from the cross and laid him in a tomb. ³⁰ But God raised him from the dead, ³¹ and for many days he was seen by those who had traveled with him from Galilee to Jerusalem. They are now his witnesses to our people.

³² "We tell you the good news: What God promised our ancestors ³³ he has fulfilled for us, their children, by raising up Jesus. As it is written in the second Psalm:

"'You are my son;
　　today I have become your father.'ᵐ

³⁴ God raised him from the dead so that he will never be subject to decay. As God has said,

"'I will give you the holy and sure blessings
　　promised to David.'ⁿ

³⁵ So it is also stated elsewhere:

"'You will not let your holy one see decay.'ᵒ

³⁶ "Now when David had served God's purpose in his own generation, he fell asleep; he was buried with his ancestors and his body decayed. ³⁷ But the one whom God raised from the dead did not see decay.

³⁸ "Therefore, my friends, I want you to know that through Jesus the forgiveness of sins is proclaimed to you. ³⁹ Through him everyone who believes is set free from every sin, a justification you were not able to obtain under the law of Moses. ⁴⁰ Take care that what the prophets have said does not happen to you:

⁴¹ "'Look, you scoffers,
　　wonder and perish,
for I am going to do something in your days
　　that you would never believe,
　　even if someone told you.'ᵖ"

ᵘ 13:33 Sal 2:7
ᵛ 13:34 Is 55:3
ʷ 13:35 Sal 16:10
ˣ 13:41 Hab 1:5

ᵐ 33 Psalm 2:7　　ⁿ 34 Isaiah 55:3　　ᵒ 35 Psalm 16:10 (see Septuagint)　　ᵖ 41 Hab. 1:5

42 Al salir ellos de la sinagoga, los invitaron a que el siguiente sábado les hablaran más de estas cosas. 43 Cuando se disolvió la asamblea, muchos judíos y prosélitos fieles acompañaron a Pablo y a Bernabé, los cuales en su conversación con ellos les instaron a perseverar en la gracia de Dios.

44 El siguiente sábado casi toda la ciudad se congregó para oír la palabra del Señor. 45 Pero cuando los judíos vieron a las multitudes, se llenaron de celos y contradecían con maldiciones lo que Pablo decía.

46 Pablo y Bernabé les contestaron valientemente: «Era necesario que les anunciáramos la palabra de Dios primero a ustedes. Como la rechazan y no se consideran dignos de la vida eterna, ahora vamos a dirigirnos a los gentiles. 47 Así nos lo ha mandado el Señor:

»"Te he puesto por luz para las *naciones,
a fin de que lleves mi salvación hasta los
confines de la tierra."[y]»

48 Al oír esto, los gentiles se alegraron y celebraron la palabra del Señor; y creyeron todos los que estaban destinados a la vida eterna.

49 La palabra del Señor se difundía por toda la región. 50 Pero los judíos incitaron a mujeres muy distinguidas y favorables al judaísmo, y a los hombres más prominentes de la ciudad, y provocaron una persecución contra Pablo y Bernabé. Por tanto, los expulsaron de la región. 51 Ellos, por su parte, se sacudieron el polvo de los pies en señal de protesta contra la ciudad, y se fueron a Iconio. 52 Y los discípulos quedaron llenos de alegría y del Espíritu Santo.

En Iconio

14 En Iconio, Pablo y Bernabé entraron, como de costumbre, en la sinagoga judía y hablaron de tal manera que creyó una multitud de judíos y de *griegos. 2 Pero los judíos incrédulos incitaron a los *gentiles y les amargaron el ánimo contra los hermanos. 3 En todo caso, Pablo y Bernabé pasaron allí bastante tiempo, hablando valientemente en el nombre del Señor, quien confirmaba el mensaje de su gracia, haciendo señales y prodigios por medio de ellos. 4 La gente de la ciudad estaba dividida: unos estaban de parte de los judíos, y otros de parte de los apóstoles. 5 Hubo un complot tanto de los gentiles como de los judíos, apoyados por sus dirigentes, para maltratarlos y apedrearlos. 6 Al darse cuenta de esto, los apóstoles huyeron a Listra y a Derbe, ciudades de Licaonia, y a sus alrededores, 7 donde siguieron anunciando las buenas *nuevas.

[y] **13:47** Is 49:6

42 As Paul and Barnabas were leaving the synagogue, the people invited them to speak further about these things on the next Sabbath. 43 When the congregation was dismissed, many of the Jews and devout converts to Judaism followed Paul and Barnabas, who talked with them and urged them to continue in the grace of God.

44 On the next Sabbath almost the whole city gathered to hear the word of the Lord. 45 When the Jews saw the crowds, they were filled with jealousy. They began to contradict what Paul was saying and heaped abuse on him.

46 Then Paul and Barnabas answered them boldly: "We had to speak the word of God to you first. Since you reject it and do not consider yourselves worthy of eternal life, we now turn to the Gentiles. 47 For this is what the Lord has commanded us:

" 'I have made you[q] a light for the Gentiles,
that you[q] may bring salvation to the ends
of the earth.'[r]"

48 When the Gentiles heard this, they were glad and honored the word of the Lord; and all who were appointed for eternal life believed.

49 The word of the Lord spread through the whole region. 50 But the Jewish leaders incited the God-fearing women of high standing and the leading men of the city. They stirred up persecution against Paul and Barnabas, and expelled them from their region. 51 So they shook the dust off their feet as a warning to them and went to Iconium. 52 And the disciples were filled with joy and with the Holy Spirit.

In Iconium

14 At Iconium Paul and Barnabas went as usual into the Jewish synagogue. There they spoke so effectively that a great number of Jews and Greeks believed. 2 But the Jews who refused to believe stirred up the other Gentiles and poisoned their minds against the brothers. 3 So Paul and Barnabas spent considerable time there, speaking boldly for the Lord, who confirmed the message of his grace by enabling them to perform signs and wonders. 4 The people of the city were divided; some sided with the Jews, others with the apostles. 5 There was a plot afoot among both Gentiles and Jews, together with their leaders, to mistreat them and stone them. 6 But they found out about it and fled to the Lycaonian cities of Lystra and Derbe and to the surrounding country, 7 where they continued to preach the gospel.

[q] *47* The Greek is singular. [r] *47* Isaiah 49:6

En Listra y Derbe

⁸ En Listra vivía un hombre lisiado de nacimiento, que no podía mover las piernas y nunca había caminado. Estaba sentado, ⁹ escuchando a Pablo, quien al reparar en él y ver que tenía fe para ser sanado, ¹⁰ le ordenó con voz fuerte:

—¡Ponte en pie y enderézate!

El hombre dio un salto y empezó a caminar. ¹¹ Al ver lo que Pablo había hecho, la gente comenzó a gritar en el idioma de Licaonia:

—¡Los dioses han tomado forma humana y han venido a visitarnos!

¹² A Bernabé lo llamaban Zeus, y a Pablo, Hermes, porque era el que dirigía la palabra. ¹³ El sacerdote de Zeus, el dios cuyo templo estaba a las afueras de la ciudad, llevó toros y guirnaldas a las puertas y, con toda la multitud, quería ofrecerles sacrificios.

¹⁴ Al enterarse de esto los apóstoles Bernabé y Pablo, se rasgaron las vestiduras y se lanzaron por entre la multitud, gritando:

¹⁵ —Señores, ¿por qué hacen esto? Nosotros también somos hombres mortales como ustedes. Las buenas *nuevas que les anunciamos es que dejen estas cosas sin valor y se vuelvan al Dios viviente, que hizo el cielo, la tierra, el mar y todo lo que hay en ellos. ¹⁶ En épocas pasadas él permitió que todas las *naciones siguieran su propio camino. ¹⁷ Sin embargo, no ha dejado de dar testimonio de sí mismo haciendo el bien, dándoles lluvias del cielo y estaciones fructíferas, proporcionándoles comida y alegría de corazón.

¹⁸ A pesar de todo lo que dijeron, a duras penas evitaron que la multitud les ofreciera sacrificios.

¹⁹ En eso llegaron de Antioquía y de Iconio unos judíos que hicieron cambiar de parecer a la multitud. Apedrearon a Pablo y lo arrastraron fuera de la ciudad, creyendo que estaba muerto. ²⁰ Pero cuando lo rodearon los discípulos, él se levantó y volvió a entrar en la ciudad. Al día siguiente, partió para Derbe en compañía de Bernabé.

El regreso a Antioquía de Siria

²¹ Después de anunciar las buenas *nuevas en aquella ciudad y de hacer muchos discípulos, Pablo y Bernabé regresaron a Listra, a Iconio y a Antioquía, ²² fortaleciendo a los discípulos y animándolos a perseverar en la fe. «Es necesario pasar por muchas dificultades para entrar en el reino de Dios», les decían. ²³ En cada iglesia nombraron *ancianos y, con oración y ayuno, los encomendaron al Señor, en quien habían creído. ²⁴ Atravesando Pisidia, llegaron a Panfilia, ²⁵ y cuando terminaron de predicar la palabra en Perge, bajaron a Atalía.

²⁶ De Atalía navegaron a Antioquía, donde se los había encomendado a la gracia de Dios para la obra que ya habían realizado. ²⁷ Cuando llegaron,

In Lystra and Derbe

⁸ In Lystra there sat a man who was lame. He had been that way from birth and had never walked. ⁹ He listened to Paul as he was speaking. Paul looked directly at him, saw that he had faith to be healed ¹⁰ and called out, "Stand up on your feet!" At that, the man jumped up and began to walk.

¹¹ When the crowd saw what Paul had done, they shouted in the Lycaonian language, "The gods have come down to us in human form!" ¹² Barnabas they called Zeus, and Paul they called Hermes because he was the chief speaker. ¹³ The priest of Zeus, whose temple was just outside the city, brought bulls and wreaths to the city gates because he and the crowd wanted to offer sacrifices to them.

¹⁴ But when the apostles Barnabas and Paul heard of this, they tore their clothes and rushed out into the crowd, shouting: ¹⁵ "Friends, why are you doing this? We too are only human, like you. We are bringing you good news, telling you to turn from these worthless things to the living God, who made the heavens and the earth and the sea and everything in them. ¹⁶ In the past, he let all nations go their own way. ¹⁷ Yet he has not left himself without testimony: He has shown kindness by giving you rain from heaven and crops in their seasons; he provides you with plenty of food and fills your hearts with joy." ¹⁸ Even with these words, they had difficulty keeping the crowd from sacrificing to them.

¹⁹ Then some Jews came from Antioch and Iconium and won the crowd over. They stoned Paul and dragged him outside the city, thinking he was dead. ²⁰ But after the disciples had gathered around him, he got up and went back into the city. The next day he and Barnabas left for Derbe.

The Return to Antioch in Syria

²¹ They preached the gospel in that city and won a large number of disciples. Then they returned to Lystra, Iconium and Antioch, ²² strengthening the disciples and encouraging them to remain true to the faith. "We must go through many hardships to enter the kingdom of God," they said. ²³ Paul and Barnabas appointed elders[s] for them in each church and, with prayer and fasting, committed them to the Lord, in whom they had put their trust. ²⁴ After going through Pisidia, they came into Pamphylia, ²⁵ and when they had preached the word in Perga, they went down to Attalia.

²⁶ From Attalia they sailed back to Antioch, where they had been committed to the grace of God for the work they had now completed. ²⁷ On arriving there, they gathered the church together

---

ˢ 23 Or *Barnabas ordained elders*; or *Barnabas had elders elected*

reunieron a la iglesia e informaron de todo lo que Dios había hecho por medio de ellos, y de cómo había abierto la puerta de la fe a los *gentiles. ²⁸ Y se quedaron allí mucho tiempo con los discípulos.

El concilio de Jerusalén

15 Algunos que habían llegado de Judea a Antioquía se pusieron a enseñar a los hermanos: «A menos que ustedes se circunciden, conforme a la tradición de Moisés, no pueden ser salvos.» ² Esto provocó un altercado y un serio debate de Pablo y Bernabé con ellos. Entonces se decidió que Pablo y Bernabé, y algunos otros creyentes, subieran a Jerusalén para tratar este asunto con los apóstoles y los *ancianos. ³ Enviados por la iglesia, al pasar por Fenicia y Samaria contaron cómo se habían convertido los *gentiles. Estas noticias llenaron de alegría a todos los creyentes. ⁴ Al llegar a Jerusalén, fueron muy bien recibidos tanto por la iglesia como por los apóstoles y los ancianos, a quienes informaron de todo lo que Dios había hecho por medio de ellos.

⁵ Entonces intervinieron algunos creyentes que pertenecían a la secta de los *fariseos y afirmaron:

—Es necesario circuncidar a los gentiles y exigirles que obedezcan la ley de Moisés.

⁶ Los apóstoles y los ancianos se reunieron para examinar este asunto. ⁷ Después de una larga discusión, Pedro tomó la palabra:

—Hermanos, ustedes saben que desde un principio Dios me escogió de entre ustedes para que por mi boca los gentiles oyeran el mensaje del *evangelio y creyeran. ⁸ Dios, que conoce el corazón humano, mostró que los aceptaba dándoles el Espíritu Santo, lo mismo que a nosotros. ⁹ Sin hacer distinción alguna entre nosotros y ellos, purificó sus corazones por la fe. ¹⁰ Entonces, ¿por qué tratan ahora de provocar a Dios poniendo sobre el cuello de esos discípulos un yugo que ni nosotros ni nuestros antepasados hemos podido soportar? ¹¹ ¡No puede ser! Más bien, como ellos, creemos que somos salvos[z] por la gracia de nuestro Señor Jesús.

¹² Toda la asamblea guardó silencio para escuchar a Bernabé y a Pablo, que les contaron las señales y prodigios que Dios había hecho por medio de ellos entre los gentiles. ¹³ Cuando terminaron, *Jacobo tomó la palabra y dijo:

—Hermanos, escúchenme. ¹⁴ *Simón[a] nos ha expuesto cómo Dios desde el principio tuvo a bien escoger de entre los gentiles un pueblo para honra de su nombre. ¹⁵ Con esto concuerdan las palabras de los profetas, tal como está escrito:

¹⁶ »"Después de esto volveré
    y reedificaré la choza caída de David.
Reedificaré sus ruinas,
    y la restauraré,

---

and reported all that God had done through them and how he had opened a door of faith to the Gentiles. ²⁸ And they stayed there a long time with the disciples.

The Council at Jerusalem

15 Certain people came down from Judea to Antioch and were teaching the believers: "Unless you are circumcised, according to the custom taught by Moses, you cannot be saved." ² This brought Paul and Barnabas into sharp dispute and debate with them. So Paul and Barnabas were appointed, along with some other believers, to go up to Jerusalem to see the apostles and elders about this question. ³ The church sent them on their way, and as they traveled through Phoenicia and Samaria, they told how the Gentiles had been converted. This news made all the believers very glad. ⁴ When they came to Jerusalem, they were welcomed by the church and the apostles and elders, to whom they reported everything God had done through them.

⁵ Then some of the believers who belonged to the party of the Pharisees stood up and said, "The Gentiles must be circumcised and required to keep the law of Moses."

⁶ The apostles and elders met to consider this question. ⁷ After much discussion, Peter got up and addressed them: "Brothers, you know that some time ago God made a choice among you that the Gentiles might hear from my lips the message of the gospel and believe. ⁸ God, who knows the heart, showed that he accepted them by giving the Holy Spirit to them, just as he did to us. ⁹ He did not discriminate between us and them, for he purified their hearts by faith. ¹⁰ Now then, why do you try to test God by putting on the necks of Gentiles a yoke that neither we nor our ancestors have been able to bear? ¹¹ No! We believe it is through the grace of our Lord Jesus that we are saved, just as they are."

¹² The whole assembly became silent as they listened to Barnabas and Paul telling about the signs and wonders God had done among the Gentiles through them. ¹³ When they finished, James spoke up. "Brothers," he said, "listen to me. ¹⁴ Simon[t] has described to us how God first intervened to choose a people for his name from the Gentiles. ¹⁵ The words of the prophets are in agreement with this, as it is written:

¹⁶ "'After this I will return
    and rebuild David's fallen tent.
Its ruins I will rebuild,
    and I will restore it,

---

[z] **15:11** *que somos salvos.* Alt. *a fin de ser salvos.*
[a] **15:14** *Simón.* Lit. *Simeón.*

[t] *14* Greek *Simeon*, a variant of *Simon*; that is, Peter

[17] para que busque al Señor el resto de la
*humanidad,
todas las *naciones que llevan mi nombre.
[18] Así dice el Señor, que hace estas cosas"[b]
conocidas desde tiempos antiguos.[c]

[19] »Por lo tanto, yo considero que debemos
dejar de ponerles trabas a los gentiles que se
convierten a Dios. [20] Más bien debemos escribirles que se abstengan de lo *contaminado por los
ídolos, de la inmoralidad sexual, de la carne de
animales estrangulados y de sangre. [21] En efecto,
desde tiempos antiguos Moisés siempre ha tenido
en cada ciudad quien lo predique y lo lea en las
sinagogas todos los *sábados.

Carta del concilio a los creyentes gentiles
[22] Entonces los apóstoles y los *ancianos, de
común acuerdo con toda la iglesia, decidieron
escoger a algunos de ellos y enviarlos a Antioquía
con Pablo y Bernabé. Escogieron a Judas, llamado Barsabás, y a Silas, que tenían buena reputación entre los hermanos. [23] Con ellos mandaron la
siguiente carta:

Los apóstoles y los ancianos,

a nuestros hermanos *gentiles en Antioquía,
Siria y Cilicia:

Saludos.

[24] Nos hemos enterado de que algunos de los
nuestros, sin nuestra autorización, los han in-
quietado a ustedes, alarmándoles con lo que les
han dicho. [25] Así que de común acuerdo hemos
decidido escoger a algunos hombres y enviarlos a ustedes con nuestros queridos hermanos
Pablo y Bernabé, [26] quienes han arriesgado su
*vida por el nombre de nuestro Señor *Jesucris-
to. [27] Por tanto, les enviamos a Judas y a Silas
para que les confirmen personalmente lo que
les escribimos. [28] Nos pareció bien al Espíritu
Santo y a nosotros no imponerles a ustedes ninguna carga aparte de los siguientes requisitos:
[29] abstenerse de lo sacrificado a los ídolos, de
sangre, de la carne de animales estrangulados y
de la inmoralidad sexual. Bien harán ustedes si
evitan estas cosas.

Con nuestros mejores deseos.

[30] Una vez despedidos, ellos bajaron a Antioquía, donde reunieron a la congregación y entregaron la carta. [31] Los creyentes la leyeron y se
alegraron por su mensaje alentador. [32] Judas y
Silas, que también eran profetas, hablaron exten-
samente para animarlos y fortalecerlos. [33] Después de pasar algún tiempo allí, los hermanos los

[17] that the rest of mankind may seek the Lord,
even all the Gentiles who bear my name,
says the Lord, who does these things'[u] —
[18]   things known from long ago.[v]

[19] "It is my judgment, therefore, that we should
not make it difficult for the Gentiles who are turning to God. [20] Instead we should write to them,
telling them to abstain from food polluted by
idols, from sexual immorality, from the meat of
strangled animals and from blood. [21] For the law
of Moses has been preached in every city from the
earliest times and is read in the synagogues on every Sabbath."

The Council's Letter to Gentile Believers
[22] Then the apostles and elders, with the whole
church, decided to choose some of their own men
and send them to Antioch with Paul and Barnabas. They chose Judas (called Barsabbas) and Silas, men who were leaders among the believers.
[23] With them they sent the following letter:

The apostles and elders, your brothers,

To the Gentile believers in Antioch, Syria and
Cilicia:

Greetings.

[24] We have heard that some went out from
us without our authorization and disturbed
you, troubling your minds by what they said.
[25] So we all agreed to choose some men and
send them to you with our dear friends Barnabas and Paul— [26] men who have risked
their lives for the name of our Lord Jesus
Christ. [27] Therefore we are sending Judas and
Silas to confirm by word of mouth what we
are writing. [28] It seemed good to the Holy
Spirit and to us not to burden you with anything beyond the following requirements:
[29] You are to abstain from food sacrificed to
idols, from blood, from the meat of strangled
animals and from sexual immorality. You will
do well to avoid these things.

Farewell.

[30] So the men were sent off and went down to
Antioch, where they gathered the church together
and delivered the letter. [31] The people read it and
were glad for its encouraging message. [32] Judas and
Silas, who themselves were prophets, said much
to encourage and strengthen the believers. [33] After
spending some time there, they were sent off by

---

[b] **15:18** Am 9:11,12
[c] **15:18** "... *que hace* ... *antiguos.* Var. "... *que hace todas estas
cosas*"; *conocidas del Señor son todas sus obras desde tiempos antiguos.*

[u] *17* Amos 9:11,12 (see Septuagint)   [v] *17,18* Some
manuscripts *things*'— / [18]*the Lord's work is known to him from
long ago*

despidieron en paz, para que regresaran a quienes los habían enviado.[d] 35 Pablo y Bernabé permanecieron en Antioquía, enseñando y anunciando la palabra del Señor en compañía de muchos otros.

Desacuerdo entre Pablo y Bernabé

36 Algún tiempo después, Pablo le dijo a Bernabé: «Volvamos a visitar a los creyentes en todas las ciudades en donde hemos anunciado la palabra del Señor, y veamos cómo están.» 37 Resulta que Bernabé quería llevar con ellos a Juan Marcos, 38 pero a Pablo no le pareció prudente llevarlo, porque los había abandonado en Panfilia y no había seguido con ellos en el trabajo. 39 Se produjo entre ellos un conflicto tan serio que acabaron por separarse. Bernabé se llevó a Marcos y se embarcó rumbo a Chipre, 40 mientras que Pablo escogió a Silas. Después de que los hermanos lo encomendaron a la gracia del Señor, Pablo partió 41 y viajó por Siria y Cilicia, consolidando a las iglesias.

Timoteo se une a Pablo y a Silas

16 Llegó Pablo a Derbe y después a Listra, donde se encontró con un discípulo llamado Timoteo, hijo de una mujer judía creyente, pero de padre *griego. 2 Los hermanos en Listra y en Iconio hablaban bien de Timoteo, 3 así que Pablo decidió llevárselo. Por causa de los judíos que vivían en aquella región, lo circuncidó, pues todos sabían que su padre era griego. 4 Al pasar por las ciudades, entregaban los acuerdos tomados por los apóstoles y los *ancianos de Jerusalén, para que los pusieran en práctica. 5 Y así las iglesias se fortalecían en la fe y crecían en número día tras día.

La visión de Pablo del hombre macedonio

6 Atravesaron la región de Frigia y Galacia, ya que el Espíritu Santo les había impedido que predicaran la palabra en la provincia de *Asia. 7 Cuando llegaron cerca de Misia, intentaron pasar a Bitinia, pero el Espíritu de Jesús no se lo permitió. 8 Entonces, pasando de largo por Misia, bajaron a Troas. 9 Durante la noche Pablo tuvo una visión en la que un hombre de Macedonia, puesto de pie, le rogaba: «Pasa a Macedonia y ayúdanos.» 10 Después de que Pablo tuvo la visión, en seguida nos preparamos para partir hacia Macedonia, convencidos de que Dios nos había llamado a anunciar el *evangelio a los macedonios.

Conversión de Lidia en Filipos

11 Zarpando de Troas, navegamos directamente a Samotracia, y al día siguiente a Neápolis. 12 De allí fuimos a Filipos, que es una colonia romana y la ciudad principal de ese distrito de Macedonia. En esa ciudad nos quedamos varios días.

the believers with the blessing of peace to return to those who had sent them. [34] [w] 35 But Paul and Barnabas remained in Antioch, where they and many others taught and preached the word of the Lord.

Disagreement Between Paul and Barnabas

36 Some time later Paul said to Barnabas, "Let us go back and visit the believers in all the towns where we preached the word of the Lord and see how they are doing." 37 Barnabas wanted to take John, also called Mark, with them, 38 but Paul did not think it wise to take him, because he had deserted them in Pamphylia and had not continued with them in the work. 39 They had such a sharp disagreement that they parted company. Barnabas took Mark and sailed for Cyprus, 40 but Paul chose Silas and left, commended by the believers to the grace of the Lord. 41 He went through Syria and Cilicia, strengthening the churches.

Timothy Joins Paul and Silas

16 Paul came to Derbe and then to Lystra, where a disciple named Timothy lived, whose mother was Jewish and a believer but whose father was a Greek. 2 The believers at Lystra and Iconium spoke well of him. 3 Paul wanted to take him along on the journey, so he circumcised him because of the Jews who lived in that area, for they all knew that his father was a Greek. 4 As they traveled from town to town, they delivered the decisions reached by the apostles and elders in Jerusalem for the people to obey. 5 So the churches were strengthened in the faith and grew daily in numbers.

Paul's Vision of the Man of Macedonia

6 Paul and his companions traveled throughout the region of Phrygia and Galatia, having been kept by the Holy Spirit from preaching the word in the province of Asia. 7 When they came to the border of Mysia, they tried to enter Bithynia, but the Spirit of Jesus would not allow them to. 8 So they passed by Mysia and went down to Troas. 9 During the night Paul had a vision of a man of Macedonia standing and begging him, "Come over to Macedonia and help us." 10 After Paul had seen the vision, we got ready at once to leave for Macedonia, concluding that God had called us to preach the gospel to them.

Lydia's Conversion in Philippi

11 From Troas we put out to sea and sailed straight for Samothrace, and the next day we went on to Neapolis. 12 From there we traveled to Philippi, a Roman colony and the leading city of that district[x] of Macedonia. And we stayed there several days.

---

w 34 Some manuscripts include here *But Silas decided to remain there.* x 12 The text and meaning of the Greek for *the leading city of that district* are uncertain.

d 15:33 *enviado.* Var. *enviado,* 34 *pero Silas decidió quedarse.*

¹³ El *sábado salimos a las afueras de la ciudad, y fuimos por la orilla del río, donde esperábamos encontrar un lugar de oración. Nos sentamos y nos pusimos a conversar con las mujeres que se habían reunido. ¹⁴ Una de ellas, que se llamaba Lidia, adoraba a Dios. Era de la ciudad de Tiatira y vendía telas de púrpura. Mientras escuchaba, el Señor le abrió el corazón para que respondiera al mensaje de Pablo. ¹⁵ Cuando fue bautizada con su familia, nos hizo la siguiente invitación: «Si ustedes me consideran creyente en el Señor, vengan a hospedarse en mi casa.» Y nos persuadió.

Pablo y Silas en la cárcel

¹⁶ Una vez, cuando íbamos al lugar de oración, nos salió al encuentro una joven esclava que tenía un espíritu de adivinación. Con sus poderes ganaba mucho dinero para sus amos. ¹⁷ Nos seguía a Pablo y a nosotros, gritando:

—Estos hombres son *siervos del Dios Altísimo, y les anuncian a ustedes el camino de salvación.

¹⁸ Así continuó durante muchos días. Por fin Pablo se molestó tanto que se volvió y reprendió al espíritu:

—¡En el nombre de *Jesucristo, te ordeno que salgas de ella!

Y en aquel mismo momento el espíritu la dejó.

¹⁹ Cuando los amos de la joven se dieron cuenta de que se les había esfumado la esperanza de ganar dinero, echaron mano a Pablo y a Silas y los arrastraron a la plaza, ante las autoridades. ²⁰ Los presentaron ante los magistrados y dijeron:

—Estos hombres son judíos, y están alborotando a nuestra ciudad, ²¹ enseñando costumbres que a los romanos se nos prohíbe admitir o practicar.

²² Entonces la multitud se amotinó contra Pablo y Silas, y los magistrados mandaron que les arrancaran la ropa y los azotaran. ²³ Después de darles muchos golpes, los echaron en la cárcel, y ordenaron al carcelero que los custodiara con la mayor seguridad. ²⁴ Al recibir tal orden, éste los metió en el calabozo interior y les sujetó los pies en el cepo.

²⁵ A eso de la medianoche, Pablo y Silas se pusieron a orar y a cantar himnos a Dios, y los otros presos los escuchaban. ²⁶ De repente se produjo un terremoto tan fuerte que la cárcel se estremeció hasta sus cimientos. Al instante se abrieron todas las puertas y a los presos se les soltaron las cadenas. ²⁷ El carcelero despertó y, al ver las puertas de la cárcel de par en par, sacó la espada y estuvo a punto de matarse, porque pensaba que los presos se habían escapado. Pero Pablo le gritó:

²⁸ —¡No te hagas ningún daño! ¡Todos estamos aquí!

²⁹ El carcelero pidió luz, entró precipitadamente y se echó temblando a los pies de Pablo y de Silas. ³⁰ Luego los sacó y les preguntó:

—Señores, ¿qué tengo que hacer para ser salvo?

¹³ On the Sabbath we went outside the city gate to the river, where we expected to find a place of prayer. We sat down and began to speak to the women who had gathered there. ¹⁴ One of those listening was a woman from the city of Thyatira named Lydia, a dealer in purple cloth. She was a worshiper of God. The Lord opened her heart to respond to Paul's message. ¹⁵ When she and the members of her household were baptized, she invited us to her home. "If you consider me a believer in the Lord," she said, "come and stay at my house." And she persuaded us.

Paul and Silas in Prison

¹⁶ Once when we were going to the place of prayer, we were met by a female slave who had a spirit by which she predicted the future. She earned a great deal of money for her owners by fortune-telling. ¹⁷ She followed Paul and the rest of us, shouting, "These men are servants of the Most High God, who are telling you the way to be saved." ¹⁸ She kept this up for many days. Finally Paul became so annoyed that he turned around and said to the spirit, "In the name of Jesus Christ I command you to come out of her!" At that moment the spirit left her.

¹⁹ When her owners realized that their hope of making money was gone, they seized Paul and Silas and dragged them into the marketplace to face the authorities. ²⁰ They brought them before the magistrates and said, "These men are Jews, and are throwing our city into an uproar ²¹ by advocating customs unlawful for us Romans to accept or practice."

²² The crowd joined in the attack against Paul and Silas, and the magistrates ordered them to be stripped and beaten with rods. ²³ After they had been severely flogged, they were thrown into prison, and the jailer was commanded to guard them carefully. ²⁴ When he received these orders, he put them in the inner cell and fastened their feet in the stocks.

²⁵ About midnight Paul and Silas were praying and singing hymns to God, and the other prisoners were listening to them. ²⁶ Suddenly there was such a violent earthquake that the foundations of the prison were shaken. At once all the prison doors flew open, and everyone's chains came loose. ²⁷ The jailer woke up, and when he saw the prison doors open, he drew his sword and was about to kill himself because he thought the prisoners had escaped. ²⁸ But Paul shouted, "Don't harm yourself! We are all here!"

²⁹ The jailer called for lights, rushed in and fell trembling before Paul and Silas. ³⁰ He then brought them out and asked, "Sirs, what must I do to be saved?"

³¹ —Cree en el Señor Jesús; así tú y tu familia serán salvos —le contestaron.

³² Luego les expusieron la palabra de Dios a él y a todos los demás que estaban en su casa. ³³ A esas horas de la noche, el carcelero se los llevó y les lavó las heridas; en seguida fueron bautizados él y toda su familia. ³⁴ El carcelero los llevó a su casa, les sirvió comida y se alegró mucho junto con toda su familia por haber creído en Dios.

³⁵ Al amanecer, los magistrados mandaron a unos guardias al carcelero con esta orden: «Suelta a esos hombres.» ³⁶ El carcelero, entonces, le informó a Pablo:

—Los magistrados han ordenado que los suelte. Así que pueden irse. Vayan en paz.

³⁷ Pero Pablo respondió a los guardias:

—¿Cómo? A nosotros, que somos ciudadanos romanos, que nos han azotado públicamente y sin proceso alguno, y nos han echado en la cárcel, ¿ahora quieren expulsarnos a escondidas? ¡Nada de eso! Que vengan ellos personalmente a escoltarnos hasta la salida.

³⁸ Los guardias comunicaron la respuesta a los magistrados. Éstos se asustaron cuando oyeron que Pablo y Silas eran ciudadanos romanos, ³⁹ así que fueron a presentarles sus disculpas. Los escoltaron desde la cárcel, pidiéndoles que se fueran de la ciudad. ⁴⁰ Al salir de la cárcel, Pablo y Silas se dirigieron a la casa de Lidia, donde se vieron con los hermanos y los animaron. Después se fueron.

En Tesalónica

17 Atravesando Anfípolis y Apolonia, Pablo y Silas llegaron a Tesalónica, donde había una sinagoga de los judíos. ² Como era su costumbre, Pablo entró en la sinagoga y tres *sábados seguidos discutió con ellos. Basándose en las Escrituras, ³ les explicaba y demostraba que era necesario que el *Mesías padeciera y *resucitara. Les decía: «Este Jesús que les anuncio es el Mesías.» ⁴ Algunos de los judíos se convencieron y se unieron a Pablo y a Silas, como también lo hicieron un buen número de mujeres prominentes y muchos *griegos que adoraban a Dios.

⁵ Pero los judíos, llenos de envidia, reclutaron a unos maleantes callejeros, con los que armaron una turba y empezaron a alborotar la ciudad. Asaltaron la casa de Jasón en busca de Pablo y Silas, con el fin de procesarlos públicamente. ⁶ Pero como no los encontraron, arrastraron a Jasón y a algunos otros hermanos ante las autoridades de la ciudad, gritando: «¡Estos que han trastornado el mundo entero han venido también acá, ⁷ y Jasón los ha recibido en su casa! Todos ellos actúan en contra de los decretos del *emperador, afirmando que hay otro rey, uno que se llama Jesús.» ⁸ Al oír esto, la multitud y las autoridades de la ciudad se

³¹ They replied, "Believe in the Lord Jesus, and you will be saved—you and your household." ³² Then they spoke the word of the Lord to him and to all the others in his house. ³³ At that hour of the night the jailer took them and washed their wounds; then immediately he and all his household were baptized. ³⁴ The jailer brought them into his house and set a meal before them; he was filled with joy because he had come to believe in God—he and his whole household.

³⁵ When it was daylight, the magistrates sent their officers to the jailer with the order: "Release those men." ³⁶ The jailer told Paul, "The magistrates have ordered that you and Silas be released. Now you can leave. Go in peace."

³⁷ But Paul said to the officers: "They beat us publicly without a trial, even though we are Roman citizens, and threw us into prison. And now do they want to get rid of us quietly? No! Let them come themselves and escort us out."

³⁸ The officers reported this to the magistrates, and when they heard that Paul and Silas were Roman citizens, they were alarmed. ³⁹ They came to appease them and escorted them from the prison, requesting them to leave the city. ⁴⁰ After Paul and Silas came out of the prison, they went to Lydia's house, where they met with the brothers and sisters and encouraged them. Then they left.

In Thessalonica

17 When Paul and his companions had passed through Amphipolis and Apollonia, they came to Thessalonica, where there was a Jewish synagogue. ² As was his custom, Paul went into the synagogue, and on three Sabbath days he reasoned with them from the Scriptures, ³ explaining and proving that the Messiah had to suffer and rise from the dead. "This Jesus I am proclaiming to you is the Messiah," he said. ⁴ Some of the Jews were persuaded and joined Paul and Silas, as did a large number of God-fearing Greeks and quite a few prominent women.

⁵ But other Jews were jealous; so they rounded up some bad characters from the marketplace, formed a mob and started a riot in the city. They rushed to Jason's house in search of Paul and Silas in order to bring them out to the crowd.ʸ ⁶ But when they did not find them, they dragged Jason and some other believers before the city officials, shouting: "These men who have caused trouble all over the world have now come here, ⁷ and Jason has welcomed them into his house. They are all defying Caesar's decrees, saying that there is another king, one called Jesus." ⁸ When they heard this, the crowd and the city officials were thrown

---

ʸ 5 Or *the assembly of the people*

alborotaron; ⁹ entonces éstas exigieron fianza a Jasón y a los demás para dejarlos en libertad.

En Berea

¹⁰ Tan pronto como se hizo de noche, los hermanos enviaron a Pablo y a Silas a Berea, quienes al llegar se dirigieron a la sinagoga de los judíos. ¹¹ Éstos eran de sentimientos más nobles que los de Tesalónica, de modo que recibieron el mensaje con toda avidez y todos los días examinaban las Escrituras para ver si era verdad lo que se les anunciaba. ¹² Muchos de los judíos creyeron, y también un buen número de *griegos, incluso mujeres distinguidas y no pocos hombres.

¹³ Cuando los judíos de Tesalónica se enteraron de que también en Berea estaba Pablo predicando la palabra de Dios, fueron allá para agitar y alborotar a las multitudes. ¹⁴ En seguida los hermanos enviaron a Pablo hasta la costa, pero Silas y Timoteo se quedaron en Berea. ¹⁵ Los que acompañaban a Pablo lo llevaron hasta Atenas. Luego regresaron con instrucciones de que Silas y Timoteo se reunieran con él tan pronto como les fuera posible.

En Atenas

¹⁶ Mientras Pablo los esperaba en Atenas, le dolió en el alma ver que la ciudad estaba llena de ídolos. ¹⁷ Así que discutía en la sinagoga con los judíos y con los *griegos que adoraban a Dios, y a diario hablaba en la plaza con los que se encontraban por allí. ¹⁸ Algunos filósofos epicúreos y estoicos entablaron conversación con él. Unos decían: «¿Qué querrá decir este charlatán?» Otros comentaban: «Parece que es predicador de dioses extranjeros.» Decían esto porque Pablo les anunciaba las buenas *nuevas de Jesús y de la resurrección. ¹⁹ Entonces se lo llevaron a una reunión del Areópago.

—¿Se puede saber qué nueva enseñanza es esta que usted presenta? —le preguntaron—. ²⁰ Porque nos viene usted con ideas que nos suenan extrañas, y queremos saber qué significan.

²¹ Es que todos los atenienses y los extranjeros que vivían allí se pasaban el tiempo sin hacer otra cosa más que escuchar y comentar las últimas novedades.

²² Pablo se puso en medio del Areópago y tomó la palabra:

—¡Ciudadanos atenienses! Observo que ustedes son sumamente religiosos en todo lo que hacen. ²³ Al pasar y fijarme en sus lugares sagrados, encontré incluso un altar con esta inscripción: A UN DIOS DESCONOCIDO. Pues bien, eso que ustedes adoran como algo desconocido es lo que yo les anuncio.

²⁴ »El Dios que hizo el mundo y todo lo que hay en él es Señor del cielo y de la tierra. No vive en templos construidos por hombres, ²⁵ ni se deja servir por manos *humanas, como si necesitara de algo. Por el contrario, él es quien da a todos

into turmoil. ⁹ Then they made Jason and the others post bond and let them go.

In Berea

¹⁰ As soon as it was night, the believers sent Paul and Silas away to Berea. On arriving there, they went to the Jewish synagogue. ¹¹ Now the Berean Jews were of more noble character than those in Thessalonica, for they received the message with great eagerness and examined the Scriptures every day to see if what Paul said was true. ¹² As a result, many of them believed, as did also a number of prominent Greek women and many Greek men.

¹³ But when the Jews in Thessalonica learned that Paul was preaching the word of God at Berea, some of them went there too, agitating the crowds and stirring them up. ¹⁴ The believers immediately sent Paul to the coast, but Silas and Timothy stayed at Berea. ¹⁵ Those who escorted Paul brought him to Athens and then left with instructions for Silas and Timothy to join him as soon as possible.

In Athens

¹⁶ While Paul was waiting for them in Athens, he was greatly distressed to see that the city was full of idols. ¹⁷ So he reasoned in the synagogue with both Jews and God-fearing Greeks, as well as in the marketplace day by day with those who happened to be there. ¹⁸ A group of Epicurean and Stoic philosophers began to debate with him. Some of them asked, "What is this babbler trying to say?" Others remarked, "He seems to be advocating foreign gods." They said this because Paul was preaching the good news about Jesus and the resurrection. ¹⁹ Then they took him and brought him to a meeting of the Areopagus, where they said to him, "May we know what this new teaching is that you are presenting? ²⁰ You are bringing some strange ideas to our ears, and we would like to know what they mean." ²¹ (All the Athenians and the foreigners who lived there spent their time doing nothing but talking about and listening to the latest ideas.)

²² Paul then stood up in the meeting of the Areopagus and said: "People of Athens! I see that in every way you are very religious. ²³ For as I walked around and looked carefully at your objects of worship, I even found an altar with this inscription: TO AN UNKNOWN GOD. So you are ignorant of the very thing you worship—and this is what I am going to proclaim to you.

²⁴ "The God who made the world and everything in it is the Lord of heaven and earth and does not live in temples built by human hands. ²⁵ And he is not served by human hands, as if he needed anything. Rather, he himself gives everyone life and

la vida, el aliento y todas las cosas. ²⁶ De un solo hombre hizo todas las naciones[e] para que habitaran toda la tierra; y determinó los períodos de su historia y las fronteras de sus territorios. ²⁷ Esto lo hizo Dios para que todos lo busquen y, aunque sea a tientas, lo encuentren. En verdad, él no está lejos de ninguno de nosotros, ²⁸ "puesto que en él vivimos, nos movemos y existimos". Como algunos de sus propios poetas griegos han dicho: "De él somos descendientes."

²⁹ »Por tanto, siendo descendientes de Dios, no debemos pensar que la divinidad sea como el oro, la plata o la piedra: escultura hecha como resultado del ingenio y de la destreza del *ser humano. ³⁰ Pues bien, Dios pasó por alto aquellos tiempos de tal ignorancia, pero ahora manda a todos, en todas partes, que se *arrepientan. ³¹ Él ha fijado un día en que juzgará al mundo con justicia, por medio del hombre que ha designado. De ello ha dado pruebas a todos al *levantarlo de entre los muertos.

³² Cuando oyeron de la resurrección, unos se burlaron; pero otros le dijeron:

—Queremos que usted nos hable en otra ocasión sobre este tema.

³³ En ese momento Pablo salió de la reunión. ³⁴ Algunas personas se unieron a Pablo y creyeron. Entre ellos estaba Dionisio, miembro del Areópago, también una mujer llamada Dámaris, y otros más.

En Corinto

18 Después de esto, Pablo se marchó de Atenas y se fue a Corinto. ² Allí se encontró con un judío llamado Aquila, natural del Ponto, y con su esposa Priscila. Hacía poco habían llegado de Italia, porque Claudio había mandado que todos los judíos fueran expulsados de Roma. Pablo fue a verlos ³ y, como hacía tiendas de campaña al igual que ellos, se quedó para que trabajaran juntos. ⁴ Todos los *sábados discutía en la sinagoga, tratando de persuadir a judíos y a *griegos.

⁵ Cuando Silas y Timoteo llegaron de Macedonia, Pablo se dedicó exclusivamente a la predicación, testificándoles a los judíos que Jesús era el *Mesías. ⁶ Pero cuando los judíos se opusieron a Pablo y lo insultaron, éste se sacudió la ropa en señal de protesta y les dijo: «¡Caiga la sangre de ustedes sobre su propia cabeza! Estoy libre de responsabilidad. De ahora en adelante me dirigiré a los *gentiles.»

⁷ Entonces Pablo salió de la sinagoga y se fue a la casa de un tal Ticio Justo, que adoraba a Dios y que vivía al lado de la sinagoga. ⁸ Crispo, el jefe de la sinagoga, creyó en el Señor con toda su familia. También creyeron y fueron bautizados muchos de los corintios que oyeron a Pablo.

breath and everything else. ²⁶ From one man he made all the nations, that they should inhabit the whole earth; and he marked out their appointed times in history and the boundaries of their lands. ²⁷ God did this so that they would seek him and perhaps reach out for him and find him, though he is not far from any one of us. ²⁸ 'For in him we live and move and have our being.'[z] As some of your own poets have said, 'We are his offspring.'[a]

²⁹ "Therefore since we are God's offspring, we should not think that the divine being is like gold or silver or stone—an image made by human design and skill. ³⁰ In the past God overlooked such ignorance, but now he commands all people everywhere to repent. ³¹ For he has set a day when he will judge the world with justice by the man he has appointed. He has given proof of this to everyone by raising him from the dead."

³² When they heard about the resurrection of the dead, some of them sneered, but others said, "We want to hear you again on this subject." ³³ At that, Paul left the Council. ³⁴ Some of the people became followers of Paul and believed. Among them was Dionysius, a member of the Areopagus, also a woman named Damaris, and a number of others.

In Corinth

18 After this, Paul left Athens and went to Corinth. ² There he met a Jew named Aquila, a native of Pontus, who had recently come from Italy with his wife Priscilla, because Claudius had ordered all Jews to leave Rome. Paul went to see them, ³ and because he was a tentmaker as they were, he stayed and worked with them. ⁴ Every Sabbath he reasoned in the synagogue, trying to persuade Jews and Greeks.

⁵ When Silas and Timothy came from Macedonia, Paul devoted himself exclusively to preaching, testifying to the Jews that Jesus was the Messiah. ⁶ But when they opposed Paul and became abusive, he shook out his clothes in protest and said to them, "Your blood be on your own heads! I am innocent of it. From now on I will go to the Gentiles."

⁷ Then Paul left the synagogue and went next door to the house of Titius Justus, a worshiper of God. ⁸ Crispus, the synagogue leader, and his entire household believed in the Lord; and many of the Corinthians who heard Paul believed and were baptized.

---

z 28 From the Cretan philosopher Epimenides   *a* 28 From the Cilician Stoic philosopher Aratus

[9] Una noche el Señor le dijo a Pablo en una visión: «No tengas miedo; sigue hablando y no te calles, [10] pues estoy contigo. Aunque te ataquen, no voy a dejar que nadie te haga daño, porque tengo mucha gente en esta ciudad.» [11] Así que Pablo se quedó allí un año y medio, enseñando entre el pueblo la palabra de Dios.

[12] Mientras Galión era gobernador[f] de Acaya, los judíos a una atacaron a Pablo y lo condujeron al tribunal.

[13] —Este hombre —denunciaron ellos— anda persuadiendo a la gente a adorar a Dios de una manera que va en contra de nuestra ley.

[14] Pablo ya iba a hablar cuando Galión les dijo:

—Si ustedes los judíos estuvieran entablando una demanda sobre algún delito o algún crimen grave, sería razonable que los escuchara. [15] Pero como se trata de cuestiones de palabras, de nombres y de su propia ley, arréglense entre ustedes. No quiero ser juez de tales cosas.

[16] Así que mandó que los expulsaran del tribunal. [17] Entonces se abalanzaron todos sobre Sóstenes, el jefe de la sinagoga, y lo golpearon delante del tribunal. Pero Galión no le dio ninguna importancia al asunto.

Priscila, Aquila y Apolos

[18] Pablo permaneció en Corinto algún tiempo más. Después se despidió de los hermanos y emprendió el viaje rumbo a Siria, acompañado de Priscila y Aquila. En Cencreas, antes de embarcarse, se hizo rapar la cabeza a causa de un voto que había hecho. [19] Al llegar a Éfeso, Pablo se separó de sus acompañantes y entró en la sinagoga, donde se puso a discutir con los judíos. [20] Éstos le pidieron que se quedara más tiempo con ellos. Él no accedió, [21] pero al despedirse les prometió: «Ya volveré, si Dios quiere.» Y zarpó de Éfeso. [22] Cuando desembarcó en Cesarea, subió a Jerusalén a saludar a la iglesia y luego bajó a Antioquía.

[23] Después de pasar algún tiempo allí, Pablo se fue a visitar una por una las congregaciones[g] de Galacia y Frigia, animando a todos los discípulos.

[24] Por aquel entonces llegó a Éfeso un judío llamado Apolos, natural de Alejandría. Era un hombre ilustrado y convincente en el uso de las Escrituras. [25] Había sido instruido en el camino del Señor, y con gran fervor[h] hablaba y enseñaba con la mayor exactitud acerca de Jesús, aunque conocía sólo el bautismo de Juan. [26] Comenzó a hablar valientemente en la sinagoga. Al oírlo Priscila y Aquila, lo tomaron a su cargo y le explicaron con mayor precisión el camino de Dios.

[27] Como Apolos quería pasar a Acaya, los hermanos lo animaron y les escribieron a los discípulos de allá para que lo recibieran. Cuando llegó,

[9] One night the Lord spoke to Paul in a vision: "Do not be afraid; keep on speaking, do not be silent. [10] For I am with you, and no one is going to attack and harm you, because I have many people in this city." [11] So Paul stayed in Corinth for a year and a half, teaching them the word of God.

[12] While Gallio was proconsul of Achaia, the Jews of Corinth made a united attack on Paul and brought him to the place of judgment. [13] "This man," they charged, "is persuading the people to worship God in ways contrary to the law."

[14] Just as Paul was about to speak, Gallio said to them, "If you Jews were making a complaint about some misdemeanor or serious crime, it would be reasonable for me to listen to you. [15] But since it involves questions about words and names and your own law — settle the matter yourselves. I will not be a judge of such things." [16] So he drove them off. [17] Then the crowd there turned on Sosthenes the synagogue leader and beat him in front of the proconsul; and Gallio showed no concern whatever.

Priscilla, Aquila and Apollos

[18] Paul stayed on in Corinth for some time. Then he left the brothers and sisters and sailed for Syria, accompanied by Priscilla and Aquila. Before he sailed, he had his hair cut off at Cenchreae because of a vow he had taken. [19] They arrived at Ephesus, where Paul left Priscilla and Aquila. He himself went into the synagogue and reasoned with the Jews. [20] When they asked him to spend more time with them, he declined. [21] But as he left, he promised, "I will come back if it is God's will." Then he set sail from Ephesus. [22] When he landed at Caesarea, he went up to Jerusalem and greeted the church and then went down to Antioch.

[23] After spending some time in Antioch, Paul set out from there and traveled from place to place throughout the region of Galatia and Phrygia, strengthening all the disciples.

[24] Meanwhile a Jew named Apollos, a native of Alexandria, came to Ephesus. He was a learned man, with a thorough knowledge of the Scriptures. [25] He had been instructed in the way of the Lord, and he spoke with great fervor[b] and taught about Jesus accurately, though he knew only the baptism of John. [26] He began to speak boldly in the synagogue. When Priscilla and Aquila heard him, they invited him to their home and explained to him the way of God more adequately.

[27] When Apollos wanted to go to Achaia, the brothers and sisters encouraged him and wrote to the disciples there to welcome him. When he

---

[f] 18:12 *gobernador.* Lit. *procónsul.*
[g] 18:23 *una por una las congregaciones.* Lit. *por orden la región.*
[h] 18:25 *con gran fervor.* Lit. *con fervor en el Espíritu.*

[b] 25 Or *with fervor in the Spirit*

ayudó mucho a quienes por la gracia habían creído, ²⁸ pues refutaba vigorosamente en público a los judíos, demostrando por las Escrituras que Jesús es el *Mesías.

Pablo en Éfeso

19 Mientras Apolos estaba en Corinto, Pablo recorrió las regiones del interior y llegó a Éfeso. Allí encontró a algunos discípulos.

² —¿Recibieron ustedes el Espíritu Santo cuando creyeron? —les preguntó.

—No, ni siquiera hemos oído hablar del Espíritu Santo —respondieron.

³ —Entonces, ¿qué bautismo recibieron?

—El bautismo de Juan.

⁴ Pablo les explicó:

—El bautismo de Juan no era más que un bautismo de *arrepentimiento. Él le decía al pueblo que creyera en el que venía después de él, es decir, en Jesús.

⁵ Al oír esto, fueron bautizados en el nombre del Señor Jesús. ⁶ Cuando Pablo les impuso las manos, el Espíritu Santo vino sobre ellos, y empezaron a hablar en *lenguas y a profetizar. ⁷ Eran en total unos doce hombres.

⁸ Pablo entró en la sinagoga y habló allí con toda valentía durante tres meses. Discutía acerca del reino de Dios, tratando de convencerlos, ⁹ pero algunos se negaron obstinadamente a creer, y ante la congregación hablaban mal del Camino. Así que Pablo se alejó de ellos y formó un grupo aparte con los discípulos; y a diario debatía en la escuela de Tirano. ¹⁰ Esto continuó por espacio de dos años, de modo que todos los judíos y los *griegos que vivían en la provincia de *Asia llegaron a escuchar la palabra del Señor.

¹¹ Dios hacía milagros extraordinarios por medio de Pablo, ¹² a tal grado que a los enfermos les llevaban pañuelos y delantales que habían tocado el cuerpo de Pablo, y quedaban sanos de sus enfermedades, y los espíritus malignos salían de ellos.

¹³ Algunos judíos que andaban expulsando espíritus malignos intentaron invocar sobre los endemoniados el nombre del Señor Jesús. Decían: «¡En el nombre de Jesús, a quien Pablo predica, les ordeno que salgan!» ¹⁴ Esto lo hacían siete hijos de un tal Esceva, que era uno de los jefes de los sacerdotes judíos.

¹⁵ Un día el *espíritu maligno les replicó: «Conozco a Jesús, y sé quién es Pablo, pero ustedes ¿quiénes son?» ¹⁶ Y abalanzándose sobre ellos, el hombre que tenía el espíritu maligno los dominó a todos. Los maltrató con tanta violencia que huyeron de la casa desnudos y heridos.

¹⁷ Cuando se enteraron los judíos y los griegos que vivían en Éfeso, el temor se apoderó de todos ellos, y el nombre del Señor Jesús era glorificado. ¹⁸ Muchos de los que habían creído llegaban ahora

arrived, he was a great help to those who by grace had believed. ²⁸ For he vigorously refuted his Jewish opponents in public debate, proving from the Scriptures that Jesus was the Messiah.

Paul in Ephesus

19 While Apollos was at Corinth, Paul took the road through the interior and arrived at Ephesus. There he found some disciples ²and asked them, "Did you receive the Holy Spirit when[c] you believed?"

They answered, "No, we have not even heard that there is a Holy Spirit."

³ So Paul asked, "Then what baptism did you receive?"

"John's baptism," they replied.

⁴ Paul said, "John's baptism was a baptism of repentance. He told the people to believe in the one coming after him, that is, in Jesus." ⁵ On hearing this, they were baptized in the name of the Lord Jesus. ⁶ When Paul placed his hands on them, the Holy Spirit came on them, and they spoke in tongues[d] and prophesied. ⁷ There were about twelve men in all.

⁸ Paul entered the synagogue and spoke boldly there for three months, arguing persuasively about the kingdom of God. ⁹ But some of them became obstinate; they refused to believe and publicly maligned the Way. So Paul left them. He took the disciples with him and had discussions daily in the lecture hall of Tyrannus. ¹⁰ This went on for two years, so that all the Jews and Greeks who lived in the province of Asia heard the word of the Lord.

¹¹ God did extraordinary miracles through Paul, ¹² so that even handkerchiefs and aprons that had touched him were taken to the sick, and their illnesses were cured and the evil spirits left them.

¹³ Some Jews who went around driving out evil spirits tried to invoke the name of the Lord Jesus over those who were demon-possessed. They would say, "In the name of the Jesus whom Paul preaches, I command you to come out." ¹⁴ Seven sons of Sceva, a Jewish chief priest, were doing this. ¹⁵ One day the evil spirit answered them, "Jesus I know, and Paul I know about, but who are you?" ¹⁶ Then the man who had the evil spirit jumped on them and overpowered them all. He gave them such a beating that they ran out of the house naked and bleeding.

¹⁷ When this became known to the Jews and Greeks living in Ephesus, they were all seized with fear, and the name of the Lord Jesus was held in high honor. ¹⁸ Many of those who believed now

---

c 2 Or *after*   *d 6* Or *other languages*

y confesaban públicamente sus prácticas malvadas. ¹⁹ Un buen número de los que practicaban la hechicería juntaron sus libros en un montón y los quemaron delante de todos. Cuando calcularon el precio de aquellos libros, resultó un total de cincuenta mil monedas de plata.ⁱ ²⁰ Así la palabra del Señor crecía y se difundía con poder arrollador.

²¹ Después de todos estos sucesos, Pablo tomó la determinación de ir a Jerusalén, pasando por Macedonia y Acaya. Decía: «Después de estar allí, tengo que visitar Roma.» ²² Entonces envió a Macedonia a dos de sus ayudantes, Timoteo y Erasto, mientras él se quedaba por algún tiempo en la provincia de Asia.

El disturbio en Éfeso

²³ Por aquellos días se produjo un gran disturbio a propósito del Camino. ²⁴ Un platero llamado Demetrio, que hacía figuras en plata del templo de Artemisa,ʲ proporcionaba a los artesanos no poca ganancia. ²⁵ Los reunió con otros obreros del ramo, y les dijo:

—Compañeros, ustedes saben que obtenemos buenos ingresos de este oficio. ²⁶ Les consta además que el tal Pablo ha logrado persuadir a mucha gente, no sólo en Éfeso sino en casi toda la provincia de *Asia. Él sostiene que no son dioses los que se hacen con las manos. ²⁷ Ahora bien, no sólo hay el peligro de que se desprestigie nuestro oficio, sino también de que el templo de la gran diosa Artemisa sea menospreciado, y que la diosa misma, a quien adoran toda la provincia de Asia y el mundo entero, sea despojada de su divina majestad.

²⁸ Al oír esto, se enfurecieron y comenzaron a gritar:

—¡Grande es Artemisa de los efesios!

²⁹ En seguida toda la ciudad se alborotó. La turba en masa se precipitó en el teatro, arrastrando a Gayo y a Aristarco, compañeros de viaje de Pablo, que eran de Macedonia. ³⁰ Pablo quiso presentarse ante la multitud, pero los discípulos no se lo permitieron. ³¹ Incluso algunas autoridades de la provincia, que eran amigos de Pablo, le enviaron un recado, rogándole que no se arriesgara a entrar en el teatro.

³² Había confusión en la asamblea. Cada uno gritaba una cosa distinta, y la mayoría ni siquiera sabía para qué se habían reunido. ³³ Los judíos empujaron a un tal Alejandro hacia adelante, y algunos de entre la multitud lo sacaron para que tomara la palabra. Él agitó la mano para pedir silencio y presentar su defensa ante el pueblo. ³⁴ Pero cuando se dieron cuenta de que era judío, todos se pusieron a gritar al unísono como por dos horas:

—¡Grande es Artemisa de los efesios!

came and openly confessed what they had done. ¹⁹ A number who had practiced sorcery brought their scrolls together and burned them publicly. When they calculated the value of the scrolls, the total came to fifty thousand drachmas.ᵉ ²⁰ In this way the word of the Lord spread widely and grew in power.

²¹ After all this had happened, Paul decidedᶠ to go to Jerusalem, passing through Macedonia and Achaia. "After I have been there," he said, "I must visit Rome also." ²² He sent two of his helpers, Timothy and Erastus, to Macedonia, while he stayed in the province of Asia a little longer.

The Riot in Ephesus

²³ About that time there arose a great disturbance about the Way. ²⁴ A silversmith named Demetrius, who made silver shrines of Artemis, brought in a lot of business for the craftsmen there. ²⁵ He called them together, along with the workers in related trades, and said: "You know, my friends, that we receive a good income from this business. ²⁶ And you see and hear how this fellow Paul has convinced and led astray large numbers of people here in Ephesus and in practically the whole province of Asia. He says that gods made by human hands are no gods at all. ²⁷ There is danger not only that our trade will lose its good name, but also that the temple of the great goddess Artemis will be discredited; and the goddess herself, who is worshiped throughout the province of Asia and the world, will be robbed of her divine majesty."

²⁸ When they heard this, they were furious and began shouting: "Great is Artemis of the Ephesians!" ²⁹ Soon the whole city was in an uproar. The people seized Gaius and Aristarchus, Paul's traveling companions from Macedonia, and all of them rushed into the theater together. ³⁰ Paul wanted to appear before the crowd, but the disciples would not let him. ³¹ Even some of the officials of the province, friends of Paul, sent him a message begging him not to venture into the theater.

³² The assembly was in confusion: Some were shouting one thing, some another. Most of the people did not even know why they were there. ³³ The Jews in the crowd pushed Alexander to the front, and they shouted instructions to him. He motioned for silence in order to make a defense before the people. ³⁴ But when they realized he was a Jew, they all shouted in unison for about two hours: "Great is Artemis of the Ephesians!"

ⁱ **19:19** *monedas de plata.* Es decir, *dracmas.
ʲ **19:24** Nombre griego de la Diana de los romanos; también en vv. 27,28,34 y 35.

ᵉ **19** A drachma was a silver coin worth about a day's wages.
ᶠ **21** Or *decided in the Spirit*

³⁵ El secretario del concejo municipal logró calmar a la multitud y dijo:

—Ciudadanos de Éfeso, ¿acaso no sabe todo el mundo que la ciudad de Éfeso es guardiana del templo de la gran Artemisa y de su estatua bajada del cielo? ³⁶ Ya que estos hechos son innegables, es preciso que ustedes se calmen y no hagan nada precipitadamente. ³⁷ Ustedes han traído a estos hombres, aunque ellos no han cometido ningún sacrilegio ni han *blasfemado contra nuestra diosa. ³⁸ Así que si Demetrio y sus compañeros de oficio tienen alguna queja contra alguien, para eso hay tribunales y gobernadores.ᵏ Vayan y presenten allí sus acusaciones unos contra otros. ³⁹ Si tienen alguna otra demanda, que se resuelva en legítima asamblea. ⁴⁰ Tal y como están las cosas, con los sucesos de hoy corremos el riesgo de que nos acusen de causar disturbios. ¿Qué razón podríamos dar de este alboroto, si no hay ninguna? ⁴¹ Dicho esto, despidió la asamblea.

Recorrido por Macedonia y Grecia

20 Cuando cesó el alboroto, Pablo mandó llamar a los discípulos y, después de animarlos, se despidió y salió rumbo a Macedonia. ² Recorrió aquellas regiones, alentando a los creyentes en muchas ocasiones, y por fin llegó a Grecia, ³ donde se quedó tres meses. Como los judíos tramaban un atentado contra él cuando estaba a punto de embarcarse para Siria, decidió regresar por Macedonia. ⁴ Lo acompañaron Sópater hijo de Pirro, de Berea; Aristarco y Segundo, de Tesalónica; Gayo, de Derbe; Timoteo; y por último, Tíquico y Trófimo, de la provincia de *Asia. ⁵ Éstos se adelantaron y nos esperaron en Troas. ⁶ Pero nosotros zarpamos de Filipos después de la fiesta de los Panes sin levadura, y a los cinco días nos reunimos con los otros en Troas, donde pasamos siete días.

Visita de Pablo a Troas

⁷ El primer día de la semana nos reunimos para partir el pan. Como iba a salir al día siguiente, Pablo estuvo hablando a los creyentes, y prolongó su discurso hasta la medianoche. ⁸ En el cuarto del piso superior donde estábamos reunidos había muchas lámparas. ⁹ Un joven llamado Eutico, que estaba sentado en una ventana, comenzó a dormirse mientras Pablo alargaba su discurso. Cuando se quedó profundamente dormido, se cayó desde el tercer piso y lo recogieron muerto. ¹⁰ Pablo bajó, se echó sobre el joven y lo abrazó. «¡No se alarmen! —les dijo—. ¡Está vivo!» ¹¹ Luego volvió a subir, partió el pan y comió. Siguió hablando hasta el amanecer, y entonces se fue. ¹² Al joven se lo llevaron vivo a su casa, para gran consuelo de todos.

³⁵ The city clerk quieted the crowd and said: "Fellow Ephesians, doesn't all the world know that the city of Ephesus is the guardian of the temple of the great Artemis and of her image, which fell from heaven? ³⁶ Therefore, since these facts are undeniable, you ought to calm down and not do anything rash. ³⁷ You have brought these men here, though they have neither robbed temples nor blasphemed our goddess. ³⁸ If, then, Demetrius and his fellow craftsmen have a grievance against anybody, the courts are open and there are proconsuls. They can press charges. ³⁹ If there is anything further you want to bring up, it must be settled in a legal assembly. ⁴⁰ As it is, we are in danger of being charged with rioting because of what happened today. In that case we would not be able to account for this commotion, since there is no reason for it." ⁴¹ After he had said this, he dismissed the assembly.

Through Macedonia and Greece

20 When the uproar had ended, Paul sent for the disciples and, after encouraging them, said goodbye and set out for Macedonia. ² He traveled through that area, speaking many words of encouragement to the people, and finally arrived in Greece, ³ where he stayed three months. Because some Jews had plotted against him just as he was about to sail for Syria, he decided to go back through Macedonia. ⁴ He was accompanied by Sopater son of Pyrrhus from Berea, Aristarchus and Secundus from Thessalonica, Gaius from Derbe, Timothy also, and Tychicus and Trophimus from the province of Asia. ⁵ These men went on ahead and waited for us at Troas. ⁶ But we sailed from Philippi after the Festival of Unleavened Bread, and five days later joined the others at Troas, where we stayed seven days.

Eutychus Raised From the Dead at Troas

⁷ On the first day of the week we came together to break bread. Paul spoke to the people and, because he intended to leave the next day, kept on talking until midnight. ⁸ There were many lamps in the upstairs room where we were meeting. ⁹ Seated in a window was a young man named Eutychus, who was sinking into a deep sleep as Paul talked on and on. When he was sound asleep, he fell to the ground from the third story and was picked up dead. ¹⁰ Paul went down, threw himself on the young man and put his arms around him. "Don't be alarmed," he said. "He's alive!" ¹¹ Then he went upstairs again and broke bread and ate. After talking until daylight, he left. ¹² The people took the young man home alive and were greatly comforted.

ᵏ **19:38** gobernadores. Lit. procónsules.

Pablo se despide de los ancianos de Éfeso

¹³ Nosotros, por nuestra parte, nos embarcamos anticipadamente y zarpamos para Asón, donde íbamos a recoger a Pablo. Así se había planeado, ya que él iba a hacer esa parte del viaje por tierra. ¹⁴ Cuando se encontró con nosotros en Asón, lo tomamos a bordo y fuimos a Mitilene. ¹⁵ Desde allí zarpamos al día siguiente y llegamos frente a Quío. Al otro día cruzamos en dirección a Samos, y un día después llegamos a Mileto. ¹⁶ Pablo había decidido pasar de largo a Éfeso para no demorarse en la provincia de *Asia, porque tenía prisa por llegar a Jerusalén para el día de Pentecostés, si fuera posible.

¹⁷ Desde Mileto, Pablo mandó llamar a los *ancianos de la iglesia de Éfeso. ¹⁸ Cuando llegaron, les dijo: «Ustedes saben cómo me porté todo el tiempo que estuve con ustedes, desde el primer día que vine a la provincia de Asia. ¹⁹ He servido al Señor con toda humildad y con lágrimas, a pesar de haber sido sometido a duras *pruebas por las maquinaciones de los judíos. ²⁰ Ustedes saben que no he vacilado en predicarles nada que les fuera de provecho, sino que les he enseñado públicamente y en las casas. ²¹ A judíos y a *griegos les he instado a convertirse a Dios y a creer en nuestro Señor Jesús.

²² »Y ahora tengan en cuenta que voy a Jerusalén obligado^l por el Espíritu, sin saber lo que allí me espera. ²³ Lo único que sé es que en todas las ciudades el Espíritu Santo me asegura que me esperan prisiones y sufrimientos. ²⁴ Sin embargo, considero que mi *vida carece de valor para mí mismo, con tal de que termine mi carrera y lleve a cabo el servicio que me ha encomendado el Señor Jesús, que es el de dar testimonio del *evangelio de la gracia de Dios.

²⁵ »Escuchen, yo sé que ninguno de ustedes, entre quienes he andado predicando el reino de Dios, volverá a verme. ²⁶ Por tanto, hoy les declaro que soy inocente de la sangre de todos, ²⁷ porque sin vacilar les he proclamado todo el propósito de Dios. ²⁸ Tengan cuidado de sí mismos y de todo el rebaño sobre el cual el Espíritu Santo los ha puesto como *obispos para pastorear la iglesia de Dios,^{m} que él adquirió con su propia sangre.^{n} ²⁹ Sé que después de mi partida entrarán en medio de ustedes lobos feroces que procurarán acabar con el rebaño. ³⁰ Aun de entre ustedes mismos se levantarán algunos que enseñarán falsedades para arrastrar a los discípulos que los sigan. ³¹ Así que estén alerta. Recuerden que día y noche, durante tres años, no he dejado de amonestar con lágrimas a cada uno en particular.

³² »Ahora los encomiendo a Dios y al mensaje de su gracia, mensaje que tiene poder para

Paul's Farewell to the Ephesian Elders

¹³ We went on ahead to the ship and sailed for Assos, where we were going to take Paul aboard. He had made this arrangement because he was going there on foot. ¹⁴ When he met us at Assos, we took him aboard and went on to Mitylene. ¹⁵ The next day we set sail from there and arrived off Chios. The day after that we crossed over to Samos, and on the following day arrived at Miletus. ¹⁶ Paul had decided to sail past Ephesus to avoid spending time in the province of Asia, for he was in a hurry to reach Jerusalem, if possible, by the day of Pentecost.

¹⁷ From Miletus, Paul sent to Ephesus for the elders of the church. ¹⁸ When they arrived, he said to them: "You know how I lived the whole time I was with you, from the first day I came into the province of Asia. ¹⁹ I served the Lord with great humility and with tears and in the midst of severe testing by the plots of my Jewish opponents. ²⁰ You know that I have not hesitated to preach anything that would be helpful to you but have taught you publicly and from house to house. ²¹ I have declared to both Jews and Greeks that they must turn to God in repentance and have faith in our Lord Jesus.

²² "And now, compelled by the Spirit, I am going to Jerusalem, not knowing what will happen to me there. ²³ I only know that in every city the Holy Spirit warns me that prison and hardships are facing me. ²⁴ However, I consider my life worth nothing to me; my only aim is to finish the race and complete the task the Lord Jesus has given me — the task of testifying to the good news of God's grace.

²⁵ "Now I know that none of you among whom I have gone about preaching the kingdom will ever see me again. ²⁶ Therefore, I declare to you today that I am innocent of the blood of any of you. ²⁷ For I have not hesitated to proclaim to you the whole will of God. ²⁸ Keep watch over yourselves and all the flock of which the Holy Spirit has made you overseers. Be shepherds of the church of God,^{g} which he bought with his own blood.^{h} ²⁹ I know that after I leave, savage wolves will come in among you and will not spare the flock. ³⁰ Even from your own number men will arise and distort the truth in order to draw away disciples after them. ³¹ So be on your guard! Remember that for three years I never stopped warning each of you night and day with tears.

³² "Now I commit you to God and to the word of his grace, which can build you up and give you an

---

^{l} **20:22** *obligado*. Lit. *atado*.
^{m} **20:28** *de Dios*. Var. *del Señor*.
^{n} **20:28** *su propia sangre*. Var. *la sangre de su propio hijo*.

^{g} **28** Many manuscripts *of the Lord* ^{h} **28** Or *with the blood of his own Son*.

edificarlos y darles herencia entre todos los *santificados. ³³ No he codiciado ni la plata ni el oro ni la ropa de nadie. ³⁴ Ustedes mismos saben bien que estas manos se han ocupado de mis propias necesidades y de las de mis compañeros. ³⁵ Con mi ejemplo les he mostrado que es preciso trabajar duro para ayudar a los necesitados, recordando las palabras del Señor Jesús: "Hay más *dicha en dar que en recibir." »

³⁶ Después de decir esto, Pablo se puso de rodillas con todos ellos y oró. ³⁷ Todos lloraban inconsolablemente mientras lo abrazaban y lo besaban. ³⁸ Lo que más los entristecía era su declaración de que ellos no volverían a verlo. Luego lo acompañaron hasta el barco.

Rumbo a Jerusalén

21 Después de separarnos de ellos, zarpamos y navegamos directamente a Cos. Al día siguiente fuimos a Rodas, y de allí a Pátara. ² Como encontramos un barco que iba para Fenicia, subimos a bordo y zarpamos. ³ Después de avistar Chipre y de pasar al sur de la isla, navegamos hacia Siria y llegamos a Tiro, donde el barco tenía que descargar. ⁴ Allí encontramos a los discípulos y nos quedamos con ellos siete días. Ellos, por medio del Espíritu, exhortaron a Pablo a que no subiera a Jerusalén. ⁵ Pero al cabo de algunos días, partimos y continuamos nuestro viaje. Todos los discípulos, incluso las mujeres y los niños, nos acompañaron hasta las afueras de la ciudad, y allí en la playa nos arrodillamos y oramos. ⁶ Luego de despedirnos, subimos a bordo y ellos regresaron a sus hogares.

⁷ Nosotros continuamos nuestro viaje en barco desde Tiro y arribamos a Tolemaida, donde saludamos a los hermanos y nos quedamos con ellos un día. ⁸ Al día siguiente salimos y llegamos a Cesarea, y nos hospedamos en casa de Felipe el evangelista, que era uno de los siete; ⁹ éste tenía cuatro hijas solteras que profetizaban.

¹⁰ Llevábamos allí varios días, cuando bajó de Judea un profeta llamado Ágabo. ¹¹ Éste vino a vernos y, tomando el cinturón de Pablo, se ató con él de pies y manos, y dijo:

—Así dice el Espíritu Santo: "De esta manera atarán los judíos de Jerusalén al dueño de este cinturón, y lo entregarán en manos de los *gentiles."

¹² Al oír esto, nosotros y los de aquel lugar le rogamos a Pablo que no subiera a Jerusalén.

¹³ —¿Por qué lloran? ¡Me parten el alma! —respondió Pablo—. Por el nombre del Señor Jesús estoy dispuesto no sólo a ser atado sino también a morir en Jerusalén.

¹⁴ Como no se dejaba convencer, desistimos exclamando:

—¡Que se haga la voluntad del Señor!

¹⁵ Después de esto, acabamos los preparativos y subimos a Jerusalén. ¹⁶ Algunos de los discípulos de Cesarea nos acompañaron y nos llevaron a la

inheritance among all those who are sanctified. ³³ I have not coveted anyone's silver or gold or clothing. ³⁴ You yourselves know that these hands of mine have supplied my own needs and the needs of my companions. ³⁵ In everything I did, I showed you that by this kind of hard work we must help the weak, remembering the words the Lord Jesus himself said: 'It is more blessed to give than to receive.'"

³⁶ When Paul had finished speaking, he knelt down with all of them and prayed. ³⁷ They all wept as they embraced him and kissed him. ³⁸ What grieved them most was his statement that they would never see his face again. Then they accompanied him to the ship.

On to Jerusalem

21 After we had torn ourselves away from them, we put out to sea and sailed straight to Kos. The next day we went to Rhodes and from there to Patara. ² We found a ship crossing over to Phoenicia, went on board and set sail. ³ After sighting Cyprus and passing to the south of it, we sailed on to Syria. We landed at Tyre, where our ship was to unload its cargo. ⁴ We sought out the disciples there and stayed with them seven days. Through the Spirit they urged Paul not to go on to Jerusalem. ⁵ When it was time to leave, we left and continued on our way. All of them, including wives and children, accompanied us out of the city, and there on the beach we knelt to pray. ⁶ After saying goodbye to each other, we went aboard the ship, and they returned home.

⁷ We continued our voyage from Tyre and landed at Ptolemais, where we greeted the brothers and sisters and stayed with them for a day. ⁸ Leaving the next day, we reached Caesarea and stayed at the house of Philip the evangelist, one of the Seven. ⁹ He had four unmarried daughters who prophesied.

¹⁰ After we had been there a number of days, a prophet named Agabus came down from Judea. ¹¹ Coming over to us, he took Paul's belt, tied his own hands and feet with it and said, "The Holy Spirit says, 'In this way the Jewish leaders in Jerusalem will bind the owner of this belt and will hand him over to the Gentiles.'"

¹² When we heard this, we and the people there pleaded with Paul not to go up to Jerusalem. ¹³ Then Paul answered, "Why are you weeping and breaking my heart? I am ready not only to be bound, but also to die in Jerusalem for the name of the Lord Jesus." ¹⁴ When he would not be dissuaded, we gave up and said, "The Lord's will be done."

¹⁵ After this, we started on our way up to Jerusalem. ¹⁶ Some of the disciples from Caesarea accompanied us and brought us to the home of Mnason,

casa de Mnasón, donde íbamos a alojarnos. Éste era de Chipre, y uno de los primeros discípulos.

Llegada de Pablo a Jerusalén

[17] Cuando llegamos a Jerusalén, los creyentes nos recibieron calurosamente. [18] Al día siguiente Pablo fue con nosotros a ver a *Jacobo, y todos los *ancianos estaban presentes. [19] Después de saludarlos, Pablo les relató detalladamente lo que Dios había hecho entre los *gentiles por medio de su ministerio.

[20] Al oírlo, alabaron a Dios. Luego le dijeron a Pablo: «Ya ves, hermano, cuántos miles de judíos han creído, y todos ellos siguen aferrados a la ley. [21] Ahora bien, han oído decir que tú enseñas que se aparten de Moisés todos los judíos que viven entre los gentiles. Les recomiendas que no circunciden a sus hijos ni vivan según nuestras costumbres. [22] ¿Qué vamos a hacer? Sin duda se van a enterar de que has llegado. [23] Por eso, será mejor que sigas nuestro consejo. Hay aquí entre nosotros cuatro hombres que tienen que cumplir un voto. [24] Llévatelos, toma parte en sus ritos de *purificación y paga los gastos que corresponden al voto de rasurarse la cabeza. Así todos sabrán que no son ciertos esos informes acerca de ti, sino que tú también vives en obediencia a la ley. [25] En cuanto a los creyentes gentiles, ya les hemos comunicado por escrito nuestra decisión de que se abstengan de lo sacrificado a los ídolos, de sangre, de la carne de animales estrangulados y de la inmoralidad sexual.»

[26] Al día siguiente Pablo se llevó a los hombres y se purificó con ellos. Luego entró en el *templo para dar aviso de la fecha en que vencería el plazo de la purificación y se haría la ofrenda por cada uno de ellos.

Arresto de Pablo

[27] Cuando estaban a punto de cumplirse los siete días, unos judíos de la provincia de *Asia vieron a Pablo en el *templo. Alborotaron a toda la multitud y le echaron mano, [28] gritando: «¡Israelitas! ¡Ayúdennos! Éste es el individuo que anda por todas partes enseñando a toda la gente contra nuestro pueblo, nuestra ley y este lugar. Además, hasta ha metido a unos *griegos en el templo, y ha profanado este lugar santo.»

[29] Ya antes habían visto en la ciudad a Trófimo el efesio en compañía de Pablo, y suponían que Pablo lo había metido en el templo.

[30] Toda la ciudad se alborotó. La gente se precipitó en masa, agarró a Pablo y lo sacó del templo a rastras, e inmediatamente se cerraron las puertas. [31] Estaban por matarlo, cuando se le informó al comandante del batallón romano que toda la ciudad de Jerusalén estaba amotinada. [32] En seguida tomó algunos centuriones con sus tropas, y bajó

where we were to stay. He was a man from Cyprus and one of the early disciples.

Paul's Arrival at Jerusalem

[17] When we arrived at Jerusalem, the brothers and sisters received us warmly. [18] The next day Paul and the rest of us went to see James, and all the elders were present. [19] Paul greeted them and reported in detail what God had done among the Gentiles through his ministry.

[20] When they heard this, they praised God. Then they said to Paul: "You see, brother, how many thousands of Jews have believed, and all of them are zealous for the law. [21] They have been informed that you teach all the Jews who live among the Gentiles to turn away from Moses, telling them not to circumcise their children or live according to our customs. [22] What shall we do? They will certainly hear that you have come, [23] so do what we tell you. There are four men with us who have made a vow. [24] Take these men, join in their purification rites and pay their expenses, so that they can have their heads shaved. Then everyone will know there is no truth in these reports about you, but that you yourself are living in obedience to the law. [25] As for the Gentile believers, we have written to them our decision that they should abstain from food sacrificed to idols, from blood, from the meat of strangled animals and from sexual immorality."

[26] The next day Paul took the men and purified himself along with them. Then he went to the temple to give notice of the date when the days of purification would end and the offering would be made for each of them.

Paul Arrested

[27] When the seven days were nearly over, some Jews from the province of Asia saw Paul at the temple. They stirred up the whole crowd and seized him, [28] shouting, "Fellow Israelites, help us! This is the man who teaches everyone everywhere against our people and our law and this place. And besides, he has brought Greeks into the temple and defiled this holy place." [29] (They had previously seen Trophimus the Ephesian in the city with Paul and assumed that Paul had brought him into the temple.)

[30] The whole city was aroused, and the people came running from all directions. Seizing Paul, they dragged him from the temple, and immediately the gates were shut. [31] While they were trying to kill him, news reached the commander of the Roman troops that the whole city of Jerusalem was in an uproar. [32] He at once took some officers and soldiers and ran down to the crowd. When the

corriendo hacia la multitud. Al ver al comandante y a sus soldados, los amotinados dejaron de golpear a Pablo.

[33] El comandante se abrió paso, lo arrestó y ordenó que lo sujetaran con dos cadenas. Luego preguntó quién era y qué había hecho. [34] Entre la multitud cada uno gritaba una cosa distinta. Como el comandante no pudo averiguar la verdad a causa del alboroto, mandó que condujeran a Pablo al cuartel. [35] Cuando Pablo llegó a las gradas, los soldados tuvieron que llevárselo en vilo debido a la violencia de la turba. [36] El pueblo en masa iba detrás gritando: «¡Que lo maten!»

Pablo se dirige a la multitud

[37] Cuando los soldados estaban a punto de meterlo en el cuartel, Pablo le preguntó al comandante:

—¿Me permite decirle algo?

—¿Hablas griego? —replicó el comandante—. [38] ¿No eres el egipcio que hace algún tiempo provocó una rebelión y llevó al desierto a cuatro mil guerrilleros?

[39] —No, yo soy judío, natural de Tarso, una ciudad muy importante de Cilicia —le respondió Pablo—. Por favor, permítame hablarle al pueblo.

[40] Con el permiso del comandante, Pablo se puso de pie en las gradas e hizo una señal con la mano a la multitud. Cuando todos guardaron silencio, les dijo en arameo:[ñ]

22 «Padres y hermanos, escuchen ahora mi defensa.»

[2] Al oír que les hablaba en arameo, guardaron más silencio.

Pablo continuó: [3] «Yo soy judío, nacido en Tarso de Cilicia, pero criado en esta ciudad. Bajo la tutela de Gamaliel recibí instrucción cabal en la ley de nuestros antepasados, y fui tan celoso de Dios como cualquiera de ustedes lo es hoy día. [4] Perseguí a muerte a los seguidores de este Camino, arrestando y echando en la cárcel a hombres y mujeres por igual, [5] y así lo pueden atestiguar el sumo sacerdote y todo el *Consejo de *ancianos. Incluso obtuve de parte de ellos cartas de extradición para nuestros hermanos judíos en Damasco, y fui allá con el fin de traer presos a Jerusalén a los que encontrara, para que fueran castigados.

[6] »Sucedió que a eso del mediodía, cuando me acercaba a Damasco, una intensa luz del cielo relampagueó de repente a mi alrededor. [7] Caí al suelo y oí una voz que me decía: "Saulo, Saulo, ¿por qué me persigues?" [8] "¿Quién eres, Señor?", pregunté. "Yo soy Jesús de Nazaret, a quien tú persigues", me contestó él. [9] Los que me acompañaban vieron la luz, pero no percibieron la voz del que me hablaba. [10] "¿Qué debo hacer, Señor?", le pregunté. "Levántate —dijo el Señor—, y entra en Damasco. Allí se te dirá todo lo que se ha dispuesto que

rioters saw the commander and his soldiers, they stopped beating Paul.

[33] The commander came up and arrested him and ordered him to be bound with two chains. Then he asked who he was and what he had done. [34] Some in the crowd shouted one thing and some another, and since the commander could not get at the truth because of the uproar, he ordered that Paul be taken into the barracks. [35] When Paul reached the steps, the violence of the mob was so great he had to be carried by the soldiers. [36] The crowd that followed kept shouting, "Get rid of him!"

Paul Speaks to the Crowd

[37] As the soldiers were about to take Paul into the barracks, he asked the commander, "May I say something to you?"

"Do you speak Greek?" he replied. [38] "Aren't you the Egyptian who started a revolt and led four thousand terrorists out into the wilderness some time ago?"

[39] Paul answered, "I am a Jew, from Tarsus in Cilicia, a citizen of no ordinary city. Please let me speak to the people."

[40] After receiving the commander's permission, Paul stood on the steps and motioned to the crowd. When they were all silent, he said to them in Aramaic[i]: **22** [1] "Brothers and fathers, listen now to my defense." [2] When they heard him speak to them in Aramaic, they became very quiet.

Then Paul said: [3] "I am a Jew, born in Tarsus of Cilicia, but brought up in this city. I studied under Gamaliel and was thoroughly trained in the law of our ancestors. I was just as zealous for God as any of you are today. [4] I persecuted the followers of this Way to their death, arresting both men and women and throwing them into prison, [5] as the high priest and all the Council can themselves testify. I even obtained letters from them to their associates in Damascus, and went there to bring these people as prisoners to Jerusalem to be punished.

[6] "About noon as I came near Damascus, suddenly a bright light from heaven flashed around me. [7] I fell to the ground and heard a voice say to me, 'Saul! Saul! Why do you persecute me?'

[8] "'Who are you, Lord?' I asked.

"'I am Jesus of Nazareth, whom you are persecuting,' he replied. [9] My companions saw the light, but they did not understand the voice of him who was speaking to me.

[10] "'What shall I do, Lord?' I asked.

"'Get up,' the Lord said, 'and go into Damascus. There you will be told all that you have been

---

ñ **21:40** *arameo.* Lit. *el dialecto hebreo*; también en 22:2.

i **40** Or possibly *Hebrew*; also in 22:2.

hagas." [11] Mis compañeros me llevaron de la mano hasta Damasco porque el resplandor de aquella luz me había dejado ciego.

[12] »Vino a verme un tal Ananías, hombre devoto que observaba la ley y a quien respetaban mucho los judíos que allí vivían. [13] Se puso a mi lado y me dijo: "Hermano Saulo, ¡recibe la vista!" Y en aquel mismo instante recobré la vista y pude verlo. [14] Luego dijo: "El Dios de nuestros antepasados te ha escogido para que conozcas su voluntad, y para que veas al Justo y oigas las palabras de su boca. [15] Tú le serás testigo ante toda persona de lo que has visto y oído. [16] Y ahora, ¿qué esperas? Levántate, bautízate y lávate de tus pecados, invocando su nombre."

[17] »Cuando volví a Jerusalén, mientras oraba en el *templo tuve una visión [18] y vi al Señor que me hablaba: "¡Date prisa! Sal inmediatamente de Jerusalén, porque no aceptarán tu testimonio acerca de mí." [19] "Señor —le respondí—, ellos saben que yo andaba de sinagoga en sinagoga encarcelando y azotando a los que creen en ti; [20] y cuando se derramaba la sangre de tu testigo[o] Esteban, ahí estaba yo, dando mi aprobación y cuidando la ropa de quienes lo mataban." [21] Pero el Señor me replicó: "Vete; yo te enviaré lejos, a los *gentiles." »

Pablo el ciudadano romano

[22] La multitud estuvo escuchando a Pablo hasta que pronunció esas palabras. Entonces levantaron la voz y gritaron: «¡Bórralo de la tierra! ¡Ese tipo no merece vivir!»

[23] Como seguían gritando, tirando sus mantos y arrojando polvo al aire, [24] el comandante ordenó que metieran a Pablo en el cuartel. Mandó que lo interrogaran a latigazos con el fin de averiguar por qué gritaban así contra él. [25] Cuando lo estaban sujetando con cadenas para azotarlo, Pablo le dijo al centurión que estaba allí:

—¿Permite la ley que ustedes azoten a un ciudadano romano antes de ser juzgado?

[26] Al oír esto, el centurión fue y avisó al comandante.

—¿Qué va a hacer usted? Resulta que ese hombre es ciudadano romano.

[27] El comandante se acercó a Pablo y le dijo:

—Dime, ¿eres ciudadano romano?

—Sí, lo soy.

[28] —A mí me costó una fortuna adquirir mi ciudadanía —le dijo el comandante.

—Pues yo la tengo de nacimiento —replicó Pablo.

[29] Los que iban a interrogarlo se retiraron en seguida. Al darse cuenta de que Pablo era ciudadano romano, el comandante mismo se asustó de haberlo encadenado.

assigned to do.' [11] My companions led me by the hand into Damascus, because the brilliance of the light had blinded me.

[12] "A man named Ananias came to see me. He was a devout observer of the law and highly respected by all the Jews living there. [13] He stood beside me and said, 'Brother Saul, receive your sight!' And at that very moment I was able to see him.

[14] "Then he said: 'The God of our ancestors has chosen you to know his will and to see the Righteous One and to hear words from his mouth. [15] You will be his witness to all people of what you have seen and heard. [16] And now what are you waiting for? Get up, be baptized and wash your sins away, calling on his name.'

[17] "When I returned to Jerusalem and was praying at the temple, I fell into a trance [18] and saw the Lord speaking to me. 'Quick!' he said. 'Leave Jerusalem immediately, because the people here will not accept your testimony about me.'

[19] "'Lord,' I replied, 'these people know that I went from one synagogue to another to imprison and beat those who believe in you. [20] And when the blood of your martyr[j] Stephen was shed, I stood there giving my approval and guarding the clothes of those who were killing him.'

[21] "Then the Lord said to me, 'Go; I will send you far away to the Gentiles.'"

Paul the Roman Citizen

[22] The crowd listened to Paul until he said this. Then they raised their voices and shouted, "Rid the earth of him! He's not fit to live!"

[23] As they were shouting and throwing off their cloaks and flinging dust into the air, [24] the commander ordered that Paul be taken into the barracks. He directed that he be flogged and interrogated in order to find out why the people were shouting at him like this. [25] As they stretched him out to flog him, Paul said to the centurion standing there, "Is it legal for you to flog a Roman citizen who hasn't even been found guilty?"

[26] When the centurion heard this, he went to the commander and reported it. "What are you going to do?" he asked. "This man is a Roman citizen."

[27] The commander went to Paul and asked, "Tell me, are you a Roman citizen?"

"Yes, I am," he answered.

[28] Then the commander said, "I had to pay a lot of money for my citizenship."

"But I was born a citizen," Paul replied.

[29] Those who were about to interrogate him withdrew immediately. The commander himself was alarmed when he realized that he had put Paul, a Roman citizen, in chains.

Pablo ante el Consejo

30 Al día siguiente, como el comandante quería saber con certeza de qué acusaban los judíos a Pablo, lo desató y mandó que se reunieran los jefes de los sacerdotes y el *Consejo en pleno. Luego llevó a Pablo para que compareciera ante ellos.

23 Pablo se quedó mirando fijamente al Consejo y dijo:

—Hermanos, hasta hoy yo he actuado delante de Dios con toda buena conciencia.

2 Ante esto, el sumo sacerdote Ananías ordenó a los que estaban cerca de Pablo que lo golpearan en la boca.

3 —¡Hipócrita,[p] a usted también lo va a golpear Dios! —reaccionó Pablo—. ¡Ahí está sentado para juzgarme según la ley!, ¿y usted mismo viola la ley al mandar que me golpeen?

4 Los que estaban junto a Pablo le interpelaron:

—¿Cómo te atreves a insultar al sumo sacerdote de Dios?

5 —Hermanos, no me había dado cuenta de que es el sumo sacerdote —respondió Pablo—; de hecho está escrito: "No hables mal del jefe de tu pueblo."[q]

6 Pablo, sabiendo que unos de ellos eran saduceos y los demás *fariseos, exclamó en el Consejo:

—Hermanos, yo soy fariseo de pura cepa. Me están juzgando porque he puesto mi esperanza en la resurrección de los muertos.

7 Apenas dijo esto, surgió un altercado entre los fariseos y los saduceos, y la asamblea quedó dividida. 8 (Los saduceos sostienen que no hay resurrección, ni ángeles ni espíritus; los fariseos, en cambio, reconocen todo esto.)

9 Se produjo un gran alboroto, y algunos de los *maestros de la ley que eran fariseos se pusieron de pie y protestaron. «No encontramos ningún delito en este hombre —dijeron—. ¿Acaso no podría haberle hablado un espíritu o un ángel?» 10 Se tornó tan violento el altercado que el comandante tuvo miedo de que hicieran pedazos a Pablo. Así que ordenó a los soldados que bajaran para sacarlo de allí por la fuerza y llevárselo al cuartel.

11 A la noche siguiente el Señor se apareció a Pablo, y le dijo: «¡Ánimo! Así como has dado testimonio de mí en Jerusalén, es necesario que lo des también en Roma.»

Conspiración para matar a Pablo

12 Muy de mañana los judíos tramaron una conspiración y juraron bajo maldición no comer ni beber hasta que lograran matar a Pablo. 13 Más de cuarenta hombres estaban implicados en esta conspiración. 14 Se presentaron ante los jefes de los sacerdotes y los *ancianos, y les dijeron:

—Nosotros hemos jurado bajo maldición no comer nada hasta que logremos matar a Pablo.

[p] **23:3** *Hipócrita.* Lit. *Pared blanqueada.*
[q] **23:5** Éx 22:28

Paul Before the Sanhedrin

30 The commander wanted to find out exactly why Paul was being accused by the Jews. So the next day he released him and ordered the chief priests and all the members of the Sanhedrin to assemble. Then he brought Paul and had him stand before them.

23 Paul looked straight at the Sanhedrin and said, "My brothers, I have fulfilled my duty to God in all good conscience to this day." 2 At this the high priest Ananias ordered those standing near Paul to strike him on the mouth. 3 Then Paul said to him, "God will strike you, you whitewashed wall! You sit there to judge me according to the law, yet you yourself violate the law by commanding that I be struck!"

4 Those who were standing near Paul said, "How dare you insult God's high priest!"

5 Paul replied, "Brothers, I did not realize that he was the high priest; for it is written: 'Do not speak evil about the ruler of your people.'[k]"

6 Then Paul, knowing that some of them were Sadducees and the others Pharisees, called out in the Sanhedrin, "My brothers, I am a Pharisee, descended from Pharisees. I stand on trial because of the hope of the resurrection of the dead." 7 When he said this, a dispute broke out between the Pharisees and the Sadducees, and the assembly was divided. 8 (The Sadducees say that there is no resurrection, and that there are neither angels nor spirits, but the Pharisees believe all these things.)

9 There was a great uproar, and some of the teachers of the law who were Pharisees stood up and argued vigorously. "We find nothing wrong with this man," they said. "What if a spirit or an angel has spoken to him?" 10 The dispute became so violent that the commander was afraid Paul would be torn to pieces by them. He ordered the troops to go down and take him away from them by force and bring him into the barracks.

11 The following night the Lord stood near Paul and said, "Take courage! As you have testified about me in Jerusalem, so you must also testify in Rome."

The Plot to Kill Paul

12 The next morning some Jews formed a conspiracy and bound themselves with an oath not to eat or drink until they had killed Paul. 13 More than forty men were involved in this plot. 14 They went to the chief priests and the elders and said, "We have taken a solemn oath not to eat anything

[k] 5 Exodus 22:28

¹⁵ Ahora, con el respaldo del *Consejo, pídanle al comandante que haga comparecer al reo ante ustedes, con el pretexto de obtener información más precisa sobre su caso. Nosotros estaremos listos para matarlo en el camino.

¹⁶ Pero cuando el hijo de la hermana de Pablo se enteró de esta emboscada, entró en el cuartel y avisó a Pablo. ¹⁷ Éste llamó entonces a uno de los centuriones y le pidió:

—Lleve a este joven al comandante, porque tiene algo que decirle.

¹⁸ Así que el centurión lo llevó al comandante, y le dijo:

—El preso Pablo me llamó y me pidió que le trajera este joven, porque tiene algo que decirle.

¹⁹ El comandante tomó de la mano al joven, lo llevó aparte y le preguntó:

—¿Qué quieres decirme?

²⁰ —Los judíos se han puesto de acuerdo para pedirle a usted que mañana lleve a Pablo ante el Consejo con el pretexto de obtener información más precisa acerca de él. ²¹ No se deje convencer, porque más de cuarenta de ellos lo esperan emboscados. Han jurado bajo maldición no comer ni beber hasta que hayan logrado matarlo. Ya están listos; sólo aguardan a que usted les conceda su petición.

²² El comandante despidió al joven con esta advertencia:

—No le digas a nadie que me has informado de esto.

Trasladan a Pablo a Cesarea

²³ Entonces el comandante llamó a dos de sus centuriones y les ordenó:

—Alisten un destacamento de doscientos soldados de infantería, setenta de caballería y doscientos lanceros para que vayan a Cesarea esta noche a las nueve.^r ²⁴ Y preparen cabalgaduras para llevar a Pablo sano y salvo al gobernador Félix.

²⁵ Además, escribió una carta en estos términos:

²⁶ Claudio Lisias,

a su excelencia el gobernador Félix:

Saludos.

²⁷ Los judíos prendieron a este hombre y estaban a punto de matarlo, pero yo llegué con mis soldados y lo rescaté, porque me había enterado de que es ciudadano romano. ²⁸ Yo quería saber de qué lo acusaban, así que lo llevé al *Consejo judío. ²⁹ Descubrí que lo acusaban de algunas cuestiones de su ley, pero no había contra él cargo alguno que mereciera la muerte o la cárcel. ³⁰ Cuando me informaron que se tramaba una conspiración contra este hombre, decidí enviarlo a usted en seguida. También les ordené a sus

until we have killed Paul. ¹⁵ Now then, you and the Sanhedrin petition the commander to bring him before you on the pretext of wanting more accurate information about his case. We are ready to kill him before he gets here."

¹⁶ But when the son of Paul's sister heard of this plot, he went into the barracks and told Paul.

¹⁷ Then Paul called one of the centurions and said, "Take this young man to the commander; he has something to tell him." ¹⁸ So he took him to the commander.

The centurion said, "Paul, the prisoner, sent for me and asked me to bring this young man to you because he has something to tell you."

¹⁹ The commander took the young man by the hand, drew him aside and asked, "What is it you want to tell me?"

²⁰ He said: "Some Jews have agreed to ask you to bring Paul before the Sanhedrin tomorrow on the pretext of wanting more accurate information about him. ²¹ Don't give in to them, because more than forty of them are waiting in ambush for him. They have taken an oath not to eat or drink until they have killed him. They are ready now, waiting for your consent to their request."

²² The commander dismissed the young man with this warning: "Don't tell anyone that you have reported this to me."

Paul Transferred to Caesarea

²³ Then he called two of his centurions and ordered them, "Get ready a detachment of two hundred soldiers, seventy horsemen and two hundred spearmen^l to go to Caesarea at nine tonight. ²⁴ Provide horses for Paul so that he may be taken safely to Governor Felix."

²⁵ He wrote a letter as follows:

²⁶ Claudius Lysias,

To His Excellency, Governor Felix:

Greetings.

²⁷ This man was seized by the Jews and they were about to kill him, but I came with my troops and rescued him, for I had learned that he is a Roman citizen. ²⁸ I wanted to know why they were accusing him, so I brought him to their Sanhedrin. ²⁹ I found that the accusation had to do with questions about their law, but there was no charge against him that deserved death or imprisonment. ³⁰ When I was informed of a plot to be carried out against the man, I sent him to you

---

^r 23:23 esta … nueve. Lit. a la tercera hora de la noche.   ^l 23 The meaning of the Greek for this word is uncertain.

acusadores que expongan delante de usted los cargos que tengan contra él.

³¹ Así que los soldados, según se les había ordenado, tomaron a Pablo y lo llevaron de noche hasta Antípatris. ³² Al día siguiente dejaron que la caballería siguiera con él mientras ellos volvían al cuartel. ³³ Cuando la caballería llegó a Cesarea, le entregaron la carta al gobernador y le presentaron también a Pablo. ³⁴ Félix leyó la carta y le preguntó de qué provincia era. Al enterarse de que Pablo era de Cilicia, ³⁵ le dijo: «Te daré audiencia cuando lleguen tus acusadores.» Y ordenó que lo dejaran bajo custodia en el palacio de Herodes.

El proceso ante Félix

24 Cinco días después, el sumo sacerdote Ananías bajó a Cesarea con algunos de los *ancianos y un abogado llamado Tértulo, para presentar ante el gobernador las acusaciones contra Pablo. ² Cuando se hizo comparecer al acusado, Tértulo expuso su caso ante Félix:

—Excelentísimo Félix, bajo su mandato hemos disfrutado de un largo período de paz, y gracias a la previsión suya se han llevado a cabo reformas en pro de esta nación. ³ En todas partes y en toda ocasión reconocemos esto con profunda gratitud. ⁴ Pero a fin de no importunarlo más, le ruego que, con la bondad que lo caracteriza, nos escuche brevemente. ⁵ Hemos descubierto que este hombre es una plaga que por todas partes anda provocando disturbios entre los judíos. Es cabecilla de la secta de los nazarenos. ⁶ Incluso trató de profanar el *templo; por eso lo prendimos. ⁸ Usted⁵ mismo, al interrogarlo, podrá cerciorarse de la verdad de todas las acusaciones que presentamos contra él.

⁹ Los judíos corroboraron la acusación, afirmando que todo esto era cierto. ¹⁰ Cuando el gobernador, con un gesto, le concedió la palabra, Pablo respondió:

—Sé que desde hace muchos años usted ha sido juez de esta nación; así que de buena gana presento mi defensa. ¹¹ Usted puede comprobar fácilmente que no hace más de doce días que subí a Jerusalén para adorar. ¹² Mis acusadores no me encontraron discutiendo con nadie en el templo, ni promoviendo motines entre la gente en las sinagogas ni en ninguna otra parte de la ciudad. ¹³ Tampoco pueden probarle a usted las cosas de que ahora me acusan. ¹⁴ Sin embargo, esto sí confieso: que adoro al Dios de nuestros antepasados siguiendo este Camino que mis acusadores llaman secta, pues estoy de acuerdo con todo lo que enseña la ley y creo lo que está escrito en los profetas. ¹⁵ Tengo en Dios la misma esperanza que estos hombres profesan, de que habrá una resurrección de los justos y

at once. I also ordered his accusers to present to you their case against him.

³¹ So the soldiers, carrying out their orders, took Paul with them during the night and brought him as far as Antipatris. ³² The next day they let the cavalry go on with him, while they returned to the barracks. ³³ When the cavalry arrived in Caesarea, they delivered the letter to the governor and handed Paul over to him. ³⁴ The governor read the letter and asked what province he was from. Learning that he was from Cilicia, ³⁵ he said, "I will hear your case when your accusers get here." Then he ordered that Paul be kept under guard in Herod's palace.

Paul's Trial Before Felix

24 Five days later the high priest Ananias went down to Caesarea with some of the elders and a lawyer named Tertullus, and they brought their charges against Paul before the governor. ² When Paul was called in, Tertullus presented his case before Felix: "We have enjoyed a long period of peace under you, and your foresight has brought about reforms in this nation. ³ Everywhere and in every way, most excellent Felix, we acknowledge this with profound gratitude. ⁴ But in order not to weary you further, I would request that you be kind enough to hear us briefly.

⁵ "We have found this man to be a troublemaker, stirring up riots among the Jews all over the world. He is a ringleader of the Nazarene sect ⁶ and even tried to desecrate the temple; so we seized him. [7] ᵐ ⁸ By examining him yourself you will be able to learn the truth about all these charges we are bringing against him."

⁹ The other Jews joined in the accusation, asserting that these things were true.

¹⁰ When the governor motioned for him to speak, Paul replied: "I know that for a number of years you have been a judge over this nation; so I gladly make my defense. ¹¹ You can easily verify that no more than twelve days ago I went up to Jerusalem to worship. ¹² My accusers did not find me arguing with anyone at the temple, or stirring up a crowd in the synagogues or anywhere else in the city. ¹³ And they cannot prove to you the charges they are now making against me. ¹⁴ However, I admit that I worship the God of our ancestors as a follower of the Way, which they call a sect. I believe everything that is in accordance with the Law and that is written in the Prophets, ¹⁵ and I have the same hope in God as these men themselves have, that there will be a resurrection of both the

---

ˢ **24:6-8** *prendimos.* ⁸ *Usted.* Var. *prendimos y quisimos juzgarlo según nuestra ley.* ⁷ *Pero el comandante Lisias intervino, y con mucha fuerza lo arrebató de nuestras manos* ⁸ *y mandó que sus acusadores se presentaran ante usted. Usted*

ᵐ 6-8 Some manuscripts include here *him, and we would have judged him in accordance with our law.* ⁷*But the commander Lysias came and took him from us with much violence,* ⁸*ordering his accusers to come before you.*

de los injustos. ¹⁶ En todo esto procuro conservar siempre limpia mi conciencia delante de Dios y de los hombres.

¹⁷ »Después de una ausencia de varios años, volví a Jerusalén para traerle donativos a mi pueblo y presentar ofrendas. ¹⁸ En esto estaba, habiéndome ya *purificado, cuando me encontraron en el templo. No me acompañaba ninguna multitud, ni estaba implicado en ningún disturbio. ¹⁹ Los que me vieron eran algunos judíos de la provincia de *Asia, y son ellos los que deberían estar delante de usted para formular sus acusaciones, si es que tienen algo contra mí. ²⁰ De otro modo, estos que están aquí deberían declarar qué delito hallaron en mí cuando comparecí ante el *Consejo, ²¹ a no ser lo que exclamé en presencia de ellos: "Es por la resurrección de los muertos por lo que hoy me encuentro procesado delante de ustedes."

²² Entonces Félix, que estaba bien informado del Camino, suspendió la sesión.

—Cuando venga el comandante Lisias, decidiré su caso —les dijo.

²³ Luego le ordenó al centurión que mantuviera custodiado a Pablo, pero que le diera cierta libertad y permitiera que sus amigos lo atendieran.

²⁴ Algunos días después llegó Félix con su esposa Drusila, que era judía. Mandó llamar a Pablo y lo escuchó hablar acerca de la fe en *Cristo Jesús. ²⁵ Al disertar Pablo sobre la justicia, el dominio propio y el juicio venidero, Félix tuvo miedo y le dijo: «¡Basta por ahora! Puedes retirarte. Cuando sea oportuno te mandaré llamar otra vez.» ²⁶ Félix también esperaba que Pablo le ofreciera dinero; por eso mandaba llamarlo con frecuencia y conversaba con él.

²⁷ Transcurridos dos años, Félix tuvo como sucesor a Porcio Festo, pero como Félix quería congraciarse con los judíos, dejó preso a Pablo.

El proceso ante Festo

25 Tres días después de llegar a la provincia, Festo subió de Cesarea a Jerusalén. ² Entonces los jefes de los sacerdotes y los dirigentes de los judíos presentaron sus acusaciones contra Pablo. ³ Insistentemente le pidieron a Festo que les hiciera el favor de trasladar a Pablo a Jerusalén. Lo cierto es que ellos estaban preparando una emboscada para matarlo en el camino. ⁴ Festo respondió: «Pablo está preso en Cesarea, y yo mismo partiré en breve para allá. ⁵ Que vayan conmigo algunos de los dirigentes de ustedes y formulen allí sus acusaciones contra él, si es que ha hecho algo malo.»

⁶ Después de pasar entre los judíos unos ocho o diez días, Festo bajó a Cesarea, y al día siguiente convocó al tribunal y mandó que le trajeran a Pablo. ⁷ Cuando éste se presentó, los judíos que habían bajado de Jerusalén lo rodearon, formulando contra él muchas acusaciones graves que no podían probar.

righteous and the wicked. ¹⁶ So I strive always to keep my conscience clear before God and man.

¹⁷ "After an absence of several years, I came to Jerusalem to bring my people gifts for the poor and to present offerings. ¹⁸ I was ceremonially clean when they found me in the temple courts doing this. There was no crowd with me, nor was I involved in any disturbance. ¹⁹ But there are some Jews from the province of Asia, who ought to be here before you and bring charges if they have anything against me. ²⁰ Or these who are here should state what crime they found in me when I stood before the Sanhedrin— ²¹ unless it was this one thing I shouted as I stood in their presence: 'It is concerning the resurrection of the dead that I am on trial before you today.'"

²² Then Felix, who was well acquainted with the Way, adjourned the proceedings. "When Lysias the commander comes," he said, "I will decide your case." ²³ He ordered the centurion to keep Paul under guard but to give him some freedom and permit his friends to take care of his needs.

²⁴ Several days later Felix came with his wife Drusilla, who was Jewish. He sent for Paul and listened to him as he spoke about faith in Christ Jesus. ²⁵ As Paul talked about righteousness, self-control and the judgment to come, Felix was afraid and said, "That's enough for now! You may leave. When I find it convenient, I will send for you." ²⁶ At the same time he was hoping that Paul would offer him a bribe, so he sent for him frequently and talked with him.

²⁷ When two years had passed, Felix was succeeded by Porcius Festus, but because Felix wanted to grant a favor to the Jews, he left Paul in prison.

Paul's Trial Before Festus

25 Three days after arriving in the province, Festus went up from Caesarea to Jerusalem, ² where the chief priests and the Jewish leaders appeared before him and presented the charges against Paul. ³ They requested Festus, as a favor to them, to have Paul transferred to Jerusalem, for they were preparing an ambush to kill him along the way. ⁴ Festus answered, "Paul is being held at Caesarea, and I myself am going there soon. ⁵ Let some of your leaders come with me, and if the man has done anything wrong, they can press charges against him there."

⁶ After spending eight or ten days with them, Festus went down to Caesarea. The next day he convened the court and ordered that Paul be brought before him. ⁷ When Paul came in, the Jews who had come down from Jerusalem stood around him. They brought many serious charges against him, but they could not prove them.

⁸ Pablo se defendía:

—No he cometido ninguna falta, ni contra la ley de los judíos ni contra el templo ni contra el *emperador.

⁹ Pero Festo, queriendo congraciarse con los judíos, le preguntó:

—¿Estás dispuesto a subir a Jerusalén para ser juzgado allí ante mí?

¹⁰ Pablo contestó:

—Ya estoy ante el tribunal del emperador, que es donde se me debe juzgar. No les he hecho ningún agravio a los judíos, como usted sabe muy bien. ¹¹ Si soy culpable de haber hecho algo que merezca la muerte, no me niego a morir. Pero si no son ciertas las acusaciones que estos judíos formulan contra mí, nadie tiene el derecho de entregarme a ellos para complacerlos. ¡Apelo al emperador!

¹² Después de consultar con sus asesores, Festo declaró:

—Has apelado al emperador. ¡Al emperador irás!

Festo consulta al rey Agripa

¹³ Pasados algunos días, el rey Agripa y Berenice llegaron a Cesarea para saludar a Festo. ¹⁴ Como se entretuvieron allí varios días, Festo le presentó al rey el caso de Pablo.

—Hay aquí un hombre —le dijo— que Félix dejó preso. ¹⁵ Cuando fui a Jerusalén, los jefes de los sacerdotes y los *ancianos de los judíos presentaron acusaciones contra él y exigieron que se le condenara. ¹⁶ Les respondí que no es costumbre de los romanos entregar a ninguna persona sin antes concederle al acusado un careo con sus acusadores, y darle la oportunidad de defenderse de los cargos. ¹⁷ Cuando acudieron a mí, no dilaté el caso, sino que convoqué al tribunal el día siguiente y mandé traer a este hombre. ¹⁸ Al levantarse para hablar, sus acusadores no alegaron en su contra ninguno de los delitos que yo había supuesto. ¹⁹ Más bien, tenían contra él algunas cuestiones tocantes a su propia religión y sobre un tal Jesús, ya muerto, que Pablo sostiene que está vivo. ²⁰ Yo no sabía cómo investigar tales cuestiones, así que le pregunté si estaba dispuesto a ir a Jerusalén para ser juzgado allí con respecto a esos cargos. ²¹ Pero como Pablo apeló para que se le reservara el fallo al emperador,^t ordené que quedara detenido hasta ser remitido a Roma.^u

²² —A mí también me gustaría oír a ese hombre —le dijo Agripa a Festo.

—Pues mañana mismo lo oirá usted —le contestó Festo.

Pablo ante Agripa

²³ Al día siguiente Agripa y Berenice se presentaron con gran pompa, y entraron en la sala de la

⁸ Then Paul made his defense: "I have done nothing wrong against the Jewish law or against the temple or against Caesar."

⁹ Festus, wishing to do the Jews a favor, said to Paul, "Are you willing to go up to Jerusalem and stand trial before me there on these charges?"

¹⁰ Paul answered: "I am now standing before Caesar's court, where I ought to be tried. I have not done any wrong to the Jews, as you yourself know very well. ¹¹ If, however, I am guilty of doing anything deserving death, I do not refuse to die. But if the charges brought against me by these Jews are not true, no one has the right to hand me over to them. I appeal to Caesar!"

¹² After Festus had conferred with his council, he declared: "You have appealed to Caesar. To Caesar you will go!"

Festus Consults King Agrippa

¹³ A few days later King Agrippa and Bernice arrived at Caesarea to pay their respects to Festus. ¹⁴ Since they were spending many days there, Festus discussed Paul's case with the king. He said: "There is a man here whom Felix left as a prisoner. ¹⁵ When I went to Jerusalem, the chief priests and the elders of the Jews brought charges against him and asked that he be condemned.

¹⁶ "I told them that it is not the Roman custom to hand over anyone before they have faced their accusers and have had an opportunity to defend themselves against the charges. ¹⁷ When they came here with me, I did not delay the case, but convened the court the next day and ordered the man to be brought in. ¹⁸ When his accusers got up to speak, they did not charge him with any of the crimes I had expected. ¹⁹ Instead, they had some points of dispute with him about their own religion and about a dead man named Jesus who Paul claimed was alive. ²⁰ I was at a loss how to investigate such matters; so I asked if he would be willing to go to Jerusalem and stand trial there on these charges. ²¹ But when Paul made his appeal to be held over for the Emperor's decision, I ordered him held until I could send him to Caesar."

²² Then Agrippa said to Festus, "I would like to hear this man myself."

He replied, "Tomorrow you will hear him."

Paul Before Agrippa

²³ The next day Agrippa and Bernice came with great pomp and entered the audience room with

---

^t **25:21** *al emperador.* Lit. *al augusto;* también en v. 25.
^u **25:21** *a Roma.* Lit. *al* *césar.*

audiencia acompañados por oficiales de alto rango y por las personalidades más distinguidas de la ciudad. Festo mandó que le trajeran a Pablo, ²⁴ y dijo:

—Rey Agripa y todos los presentes: Aquí tienen a este hombre. Todo el pueblo judío me ha presentado una demanda contra él, tanto en Jerusalén como aquí en Cesarea, pidiendo a gritos su muerte. ²⁵ He llegado a la conclusión de que él no ha hecho nada que merezca la muerte, pero como apeló al emperador, he decidido enviarlo a Roma. ²⁶ El problema es que no tengo definido nada que escribir al soberano acerca de él. Por eso lo he hecho comparecer ante ustedes, y especialmente delante de usted, rey Agripa, para que como resultado de esta investigación tenga yo algunos datos para mi carta; ²⁷ me parece absurdo enviar un preso sin especificar los cargos contra él.

26 Entonces Agripa le dijo a Pablo:
—Tienes permiso para defenderte.

Pablo hizo un ademán con la mano y comenzó así su defensa:

² —Rey Agripa, para mí es un privilegio presentarme hoy ante usted para defenderme de las acusaciones de los judíos, ³ sobre todo porque usted está bien informado de todas las tradiciones y controversias de los judíos. Por eso le ruego que me escuche con paciencia.

⁴ »Todos los judíos saben cómo he vivido desde que era niño, desde mi edad temprana entre mi gente y también en Jerusalén. ⁵ Ellos me conocen desde hace mucho tiempo y pueden atestiguar, si quieren, que viví como *fariseo, de acuerdo con la secta más estricta de nuestra religión. ⁶ Y ahora me juzgan por la esperanza que tengo en la promesa que Dios hizo a nuestros antepasados. ⁷ Ésta es la promesa que nuestras doce tribus esperan alcanzar rindiendo culto a Dios con diligencia día y noche. Es por esta esperanza, oh rey, por lo que me acusan los judíos. ⁸ ¿Por qué les parece a ustedes increíble que Dios resucite a los muertos?

⁹ »Pues bien, yo mismo estaba convencido de que debía hacer todo lo posible por combatir el nombre de Jesús de Nazaret. ¹⁰ Eso es precisamente lo que hice en Jerusalén. Con la autoridad de los jefes de los sacerdotes metí en la cárcel a muchos de los *santos, y cuando los mataban, yo manifestaba mi aprobación. ¹¹ Muchas veces anduve de sinagoga en sinagoga castigándolos para obligarlos a *blasfemar. Mi obsesión contra ellos me llevaba al extremo de perseguirlos incluso en ciudades del extranjero.

¹² »En uno de esos viajes iba yo hacia Damasco con la autoridad y la comisión de los jefes de los sacerdotes. ¹³ A eso del mediodía, oh rey, mientras iba por el camino, vi una luz del cielo, más refulgente que el sol, que con su resplandor nos envolvió a mí y a mis acompañantes. ¹⁴ Todos caímos al

the high-ranking military officers and the prominent men of the city. At the command of Festus, Paul was brought in. ²⁴ Festus said: "King Agrippa, and all who are present with us, you see this man! The whole Jewish community has petitioned me about him in Jerusalem and here in Caesarea, shouting that he ought not to live any longer. ²⁵ I found he had done nothing deserving of death, but because he made his appeal to the Emperor I decided to send him to Rome. ²⁶ But I have nothing definite to write to His Majesty about him. Therefore I have brought him before all of you, and especially before you, King Agrippa, so that as a result of this investigation I may have something to write. ²⁷ For I think it is unreasonable to send a prisoner on to Rome without specifying the charges against him."

26 Then Agrippa said to Paul, "You have permission to speak for yourself."

So Paul motioned with his hand and began his defense: ² "King Agrippa, I consider myself fortunate to stand before you today as I make my defense against all the accusations of the Jews, ³ and especially so because you are well acquainted with all the Jewish customs and controversies. Therefore, I beg you to listen to me patiently.

⁴ "The Jewish people all know the way I have lived ever since I was a child, from the beginning of my life in my own country, and also in Jerusalem. ⁵ They have known me for a long time and can testify, if they are willing, that I conformed to the strictest sect of our religion, living as a Pharisee. ⁶ And now it is because of my hope in what God has promised our ancestors that I am on trial today. ⁷ This is the promise our twelve tribes are hoping to see fulfilled as they earnestly serve God day and night. King Agrippa, it is because of this hope that these Jews are accusing me. ⁸ Why should any of you consider it incredible that God raises the dead?

⁹ "I too was convinced that I ought to do all that was possible to oppose the name of Jesus of Nazareth. ¹⁰ And that is just what I did in Jerusalem. On the authority of the chief priests I put many of the Lord's people in prison, and when they were put to death, I cast my vote against them. ¹¹ Many a time I went from one synagogue to another to have them punished, and I tried to force them to blaspheme. I was so obsessed with persecuting them that I even hunted them down in foreign cities.

¹² "On one of these journeys I was going to Damascus with the authority and commission of the chief priests. ¹³ About noon, King Agrippa, as I was on the road, I saw a light from heaven, brighter than the sun, blazing around me and my companions. ¹⁴ We all fell to the ground, and I heard a

suelo, y yo oí una voz que me decía en arameo:[v] "Saulo, Saulo, ¿por qué me persigues? ¿Qué sacas con darte cabezazos contra la pared?"[w] [15] Entonces pregunté: "¿Quién eres, Señor?" "Yo soy Jesús, a quien tú persigues —me contestó el Señor—. [16] Ahora, ponte en pie y escúchame. Me he aparecido a ti con el fin de designarte siervo y testigo de lo que has visto de mí y de lo que te voy a revelar. [17] Te libraré de tu propio pueblo y de los *gentiles. Te envío a éstos [18] para que les abras los ojos y se conviertan de las tinieblas a la luz, y del poder de Satanás a Dios, a fin de que, por la fe en mí, reciban el perdón de los pecados y la herencia entre los *santificados."

[19] »Así que, rey Agripa, no fui desobediente a esa visión celestial. [20] Al contrario, comenzando con los que estaban en Damasco, siguiendo con los que estaban en Jerusalén y en toda Judea, y luego con los gentiles, a todos les prediqué que se *arrepintieran y se convirtieran a Dios, y que demostraran su arrepentimiento con sus buenas obras. [21] Sólo por eso los judíos me prendieron en el *templo y trataron de matarme. [22] Pero Dios me ha ayudado hasta hoy, y así me mantengo firme, testificando a grandes y pequeños. No he dicho sino lo que los profetas y Moisés ya dijeron que sucedería: [23] que el *Cristo padecería y que, siendo el primero en resucitar, proclamaría la luz a su propio pueblo y a los gentiles.

[24] Al llegar Pablo a este punto de su defensa, Festo interrumpió.

—¡Estás loco, Pablo! —le gritó—. El mucho estudio te ha hecho perder la cabeza.

[25] —No estoy loco, excelentísimo Festo —contestó Pablo—. Lo que digo es cierto y sensato. [26] El rey está familiarizado con estas cosas, y por eso hablo ante él con tanto atrevimiento. Estoy convencido de que nada de esto ignora, porque no sucedió en un rincón. [27] Rey Agripa, ¿cree usted en los profetas? ¡A mí me consta que sí!

[28] —Un poco más y me convences a hacerme cristiano[x] —le dijo Agripa.

[29] —Sea por poco o por mucho —le replicó Pablo—, le pido a Dios que no sólo usted, sino también todos los que me están escuchando hoy, lleguen a ser como yo, aunque sin estas cadenas.

[30] Se levantó el rey, y también el gobernador, Berenice y los que estaban sentados con ellos. [31] Al retirarse, decían entre sí:

—Este hombre no ha hecho nada que merezca la muerte ni la cárcel.

[32] Y Agripa le dijo a Festo:

—Se podría poner en libertad a este hombre si no hubiera apelado al *emperador.

voice saying to me in Aramaic,[n] 'Saul, Saul, why do you persecute me? It is hard for you to kick against the goads.'

[15] "Then I asked, 'Who are you, Lord?'

"'I am Jesus, whom you are persecuting,' the Lord replied. [16]'Now get up and stand on your feet. I have appeared to you to appoint you as a servant and as a witness of what you have seen and will see of me. [17]I will rescue you from your own people and from the Gentiles. I am sending you to them [18]to open their eyes and turn them from darkness to light, and from the power of Satan to God, so that they may receive forgiveness of sins and a place among those who are sanctified by faith in me.'

[19]"So then, King Agrippa, I was not disobedient to the vision from heaven. [20]First to those in Damascus, then to those in Jerusalem and in all Judea, and then to the Gentiles, I preached that they should repent and turn to God and demonstrate their repentance by their deeds. [21]That is why some Jews seized me in the temple courts and tried to kill me. [22]But God has helped me to this very day; so I stand here and testify to small and great alike. I am saying nothing beyond what the prophets and Moses said would happen— [23]that the Messiah would suffer and, as the first to rise from the dead, would bring the message of light to his own people and to the Gentiles."

[24]At this point Festus interrupted Paul's defense. "You are out of your mind, Paul!" he shouted. "Your great learning is driving you insane."

[25]"I am not insane, most excellent Festus," Paul replied. "What I am saying is true and reasonable. [26]The king is familiar with these things, and I can speak freely to him. I am convinced that none of this has escaped his notice, because it was not done in a corner. [27]King Agrippa, do you believe the prophets? I know you do."

[28]Then Agrippa said to Paul, "Do you think that in such a short time you can persuade me to be a Christian?"

[29]Paul replied, "Short time or long—I pray to God that not only you but all who are listening to me today may become what I am, except for these chains."

[30]The king rose, and with him the governor and Bernice and those sitting with them. [31]After they left the room, they began saying to one another, "This man is not doing anything that deserves death or imprisonment."

[32]Agrippa said to Festus, "This man could have been set free if he had not appealed to Caesar."

---

[v] **26:14** *arameo.* Lit. *el dialecto hebreo.*

[w] **26:14** *¿Qué sacas ... pared?* Lit. *Te es difícil dar coces contra el aguijón.*

[x] **26:28** *Un poco ... cristiano.* Alt. *¿Con tan poco pretendes hacerme cristiano?*

[n] 14 Or *Hebrew*

Pablo viaja a Roma

27 Cuando se decidió que navegáramos rumbo a Italia, entregaron a Pablo y a algunos otros presos a un centurión llamado Julio, que pertenecía al batallón imperial. [2] Subimos a bordo de un barco, con matrícula de Adramitio, que estaba a punto de zarpar hacia los puertos de la provincia de *Asia, y nos hicimos a la mar. Nos acompañaba Aristarco, un macedonio de Tesalónica.

[3] Al día siguiente hicimos escala en Sidón; y Julio, con mucha amabilidad, le permitió a Pablo visitar a sus amigos para que lo atendieran. [4] Desde Sidón zarpamos y navegamos al abrigo de Chipre, porque los vientos nos eran contrarios. [5] Después de atravesar el mar frente a las costas de Cilicia y Panfilia, arribamos a Mira de Licia. [6] Allí el centurión encontró un barco de Alejandría que iba para Italia, y nos hizo subir a bordo. [7] Durante muchos días la navegación fue lenta, y a duras penas llegamos frente a Gnido. Como el viento nos era desfavorable para seguir el rumbo trazado, navegamos al amparo de Creta, frente a Salmona. [8] Seguimos con dificultad a lo largo de la costa y llegamos a un lugar llamado Buenos Puertos, cerca de la ciudad de Lasea.

[9] Se había perdido mucho tiempo, y era peligrosa la navegación por haber pasado ya la fiesta del ayuno.[y] Así que Pablo les advirtió: [10] «Señores, veo que nuestro viaje va a ser desastroso y que va a causar mucho perjuicio tanto para el barco y su carga como para nuestras propias *vidas.» [11] Pero el centurión, en vez de hacerle caso, siguió el consejo del timonel y del dueño del barco. [12] Como el puerto no era adecuado para invernar, la mayoría decidió que debíamos seguir adelante, con la esperanza de llegar a Fenice, puerto de Creta que da al suroeste y al noroeste, y pasar allí el invierno.

La tempestad

[13] Cuando comenzó a soplar un viento suave del sur, creyeron que podían conseguir lo que querían, así que levaron anclas y navegaron junto a la costa de Creta. [14] Poco después se nos vino encima un viento huracanado, llamado Nordeste, que venía desde la isla. [15] El barco quedó atrapado por la tempestad y no podía hacerle frente al viento, así que nos dejamos llevar a la deriva. [16] Mientras pasábamos al abrigo de un islote llamado Cauda, a duras penas pudimos sujetar el bote salvavidas. [17] Después de subirlo a bordo, amarraron con sogas todo el casco del barco para reforzarlo. Temiendo que fueran a encallar en los bancos de arena de la Sirte, echaron el ancla flotante y dejaron el barco a la deriva. [18] Al día siguiente, dado que la tempestad seguía arremetiendo con mucha fuerza contra nosotros, comenzaron a arrojar la carga por la borda. [19] Al tercer día, con sus propias manos

Paul Sails for Rome

27 When it was decided that we would sail for Italy, Paul and some other prisoners were handed over to a centurion named Julius, who belonged to the Imperial Regiment. [2] We boarded a ship from Adramyttium about to sail for ports along the coast of the province of Asia, and we put out to sea. Aristarchus, a Macedonian from Thessalonica, was with us.

[3] The next day we landed at Sidon; and Julius, in kindness to Paul, allowed him to go to his friends so they might provide for his needs. [4] From there we put out to sea again and passed to the lee of Cyprus because the winds were against us. [5] When we had sailed across the open sea off the coast of Cilicia and Pamphylia, we landed at Myra in Lycia. [6] There the centurion found an Alexandrian ship sailing for Italy and put us on board. [7] We made slow headway for many days and had difficulty arriving off Cnidus. When the wind did not allow us to hold our course, we sailed to the lee of Crete, opposite Salmone. [8] We moved along the coast with difficulty and came to a place called Fair Havens, near the town of Lasea.

[9] Much time had been lost, and sailing had already become dangerous because by now it was after the Day of Atonement.[o] So Paul warned them, [10] "Men, I can see that our voyage is going to be disastrous and bring great loss to ship and cargo, and to our own lives also." [11] But the centurion, instead of listening to what Paul said, followed the advice of the pilot and of the owner of the ship. [12] Since the harbor was unsuitable to winter in, the majority decided that we should sail on, hoping to reach Phoenix and winter there. This was a harbor in Crete, facing both southwest and northwest.

The Storm

[13] When a gentle south wind began to blow, they saw their opportunity; so they weighed anchor and sailed along the shore of Crete. [14] Before very long, a wind of hurricane force, called the Northeaster, swept down from the island. [15] The ship was caught by the storm and could not head into the wind; so we gave way to it and were driven along. [16] As we passed to the lee of a small island called Cauda, we were hardly able to make the lifeboat secure, [17] so the men hoisted it aboard. Then they passed ropes under the ship itself to hold it together. Because they were afraid they would run aground on the sandbars of Syrtis, they lowered the sea anchor[p] and let the ship be driven along. [18] We took such a violent battering from the storm that the next day they began to throw the cargo overboard. [19] On the third day, they threw

---

[y] **27:9** Es decir, el día de la *Expiación (*Yom Kippur*) en septiembre, de manera que se acercaba el invierno.

[o] 9 That is, Yom Kippur   [p] 17 Or *the sails*

arrojaron al mar los aparejos del barco. 20 Como pasaron muchos días sin que aparecieran ni el sol ni las estrellas, y la tempestad seguía arreciando, perdimos al fin toda esperanza de salvarnos.

21 Llevábamos ya mucho tiempo sin comer, así que Pablo se puso en medio de todos y dijo: «Señores, debían haber seguido mi consejo y no haber zarpado de Creta; así se habrían ahorrado este perjuicio y esta pérdida. 22 Pero ahora los exhorto a cobrar ánimo, porque ninguno de ustedes perderá la *vida; sólo se perderá el barco. 23 Anoche se me apareció un ángel del Dios a quien pertenezco y a quien sirvo, 24 y me dijo: "No tengas miedo, Pablo. Tienes que comparecer ante el *emperador; y Dios te ha concedido la vida de todos los que navegan contigo." 25 Así que ¡ánimo, señores! Confío en Dios que sucederá tal y como se me dijo. 26 Sin embargo, tenemos que encallar en alguna isla.»

El naufragio

27 Ya habíamos pasado catorce noches a la deriva por el mar Adriático,[z] cuando a eso de la medianoche los marineros presintieron que se aproximaban a tierra. 28 Echaron la sonda y encontraron que el agua tenía unos treinta y siete metros de profundidad. Más adelante volvieron a echar la sonda y encontraron que tenía cerca de veintisiete metros[a] de profundidad. 29 Temiendo que fuéramos a estrellarnos contra las rocas, echaron cuatro anclas por la popa y se pusieron a rogar que amaneciera. 30 En un intento por escapar del barco, los marineros comenzaron a bajar el bote salvavidas al mar, con el pretexto de que iban a echar algunas anclas desde la proa. 31 Pero Pablo les advirtió al centurión y a los soldados: «Si ésos no se quedan en el barco, no podrán salvarse ustedes.» 32 Así que los soldados cortaron las amarras del bote salvavidas y lo dejaron caer al agua.

33 Estaba a punto de amanecer cuando Pablo animó a todos a tomar alimento: «Hoy hace ya catorce días que ustedes están con la vida en un hilo, y siguen sin probar bocado. 34 Les ruego que coman algo, pues lo necesitan para sobrevivir. Ninguno de ustedes perderá ni un solo cabello de la cabeza.» 35 Dicho esto, tomó pan y dio gracias a Dios delante de todos. Luego lo partió y comenzó a comer. 36 Todos se animaron y también comieron. 37 Éramos en total doscientas setenta y seis personas en el barco. 38 Una vez satisfechos, aligeraron el barco echando el trigo al mar.

39 Cuando amaneció, no reconocieron la tierra, pero vieron una bahía que tenía playa, donde decidieron encallar el barco a como diera lugar. 40 Cortaron las anclas y las dejaron caer en el mar, desatando a la vez las amarras de los timones.

[z] **27:27** En la antigüedad el nombre *Adriático* se refería a una zona que se extendía muy al sur de Italia.

[a] **27:28** *treinta y siete metros … veintisiete metros.* Lit. *veinte *brazas … quince brazas.*

the ship's tackle overboard with their own hands. 20 When neither sun nor stars appeared for many days and the storm continued raging, we finally gave up all hope of being saved.

21 After they had gone a long time without food, Paul stood up before them and said: "Men, you should have taken my advice not to sail from Crete; then you would have spared yourselves this damage and loss. 22 But now I urge you to keep up your courage, because not one of you will be lost; only the ship will be destroyed. 23 Last night an angel of the God to whom I belong and whom I serve stood beside me 24 and said, 'Do not be afraid, Paul. You must stand trial before Caesar; and God has graciously given you the lives of all who sail with you.' 25 So keep up your courage, men, for I have faith in God that it will happen just as he told me. 26 Nevertheless, we must run aground on some island."

The Shipwreck

27 On the fourteenth night we were still being driven across the Adriatic[q] Sea, when about midnight the sailors sensed they were approaching land. 28 They took soundings and found that the water was a hundred and twenty feet[r] deep. A short time later they took soundings again and found it was ninety feet[s] deep. 29 Fearing that we would be dashed against the rocks, they dropped four anchors from the stern and prayed for daylight. 30 In an attempt to escape from the ship, the sailors let the lifeboat down into the sea, pretending they were going to lower some anchors from the bow. 31 Then Paul said to the centurion and the soldiers, "Unless these men stay with the ship, you cannot be saved." 32 So the soldiers cut the ropes that held the lifeboat and let it drift away.

33 Just before dawn Paul urged them all to eat. "For the last fourteen days," he said, "you have been in constant suspense and have gone without food—you haven't eaten anything. 34 Now I urge you to take some food. You need it to survive. Not one of you will lose a single hair from his head." 35 After he said this, he took some bread and gave thanks to God in front of them all. Then he broke it and began to eat. 36 They were all encouraged and ate some food themselves. 37 Altogether there were 276 of us on board. 38 When they had eaten as much as they wanted, they lightened the ship by throwing the grain into the sea.

39 When daylight came, they did not recognize the land, but they saw a bay with a sandy beach, where they decided to run the ship aground if they could. 40 Cutting loose the anchors, they left them in the sea and at the same time untied the ropes

[q] *27* In ancient times the name referred to an area extending well south of Italy. [r] *28* Or about 37 meters [s] *28* Or about 27 meters

Luego izaron a favor del viento la vela de proa y se dirigieron a la playa. [41] Pero el barco fue a dar en un banco de arena y encalló. La proa se encajó en el fondo y quedó varada, mientras la popa se hacía pedazos al embate de las olas.

[42] Los soldados pensaron matar a los presos para que ninguno escapara a nado. [43] Pero el centurión quería salvarle la vida a Pablo, y les impidió llevar a cabo el plan. Dio orden de que los que pudieran nadar saltaran primero por la borda para llegar a tierra, [44] y de que los demás salieran valiéndose de tablas o de restos del barco. De esta manera todos llegamos sanos y salvos a tierra.

En la isla de Malta

28 Una vez a salvo, nos enteramos de que la isla se llamaba Malta. [2] Los isleños nos trataron con toda clase de atenciones. Encendieron una fogata y nos invitaron a acercarnos, porque estaba lloviendo y hacía frío. [3] Sucedió que Pablo recogió un montón de leña y la estaba echando al fuego, cuando una víbora que huía del calor se le prendió en la mano. [4] Al ver la serpiente colgada de la mano de Pablo, los isleños se pusieron a comentar entre sí: «Sin duda este hombre es un asesino, pues aunque se salvó del mar, la justicia divina no va a consentir que siga con vida.» [5] Pero Pablo sacudió la mano y la serpiente cayó en el fuego, y él no sufrió ningún daño. [6] La gente esperaba que se hinchara o cayera muerto de repente, pero después de esperar un buen rato y de ver que nada extraño le sucedía, cambiaron de parecer y decían que era un dios.

[7] Cerca de allí había una finca que pertenecía a Publio, el funcionario principal de la isla. Éste nos recibió en su casa con amabilidad y nos hospedó durante tres días. [8] El padre de Publio estaba en cama, enfermo con fiebre y disentería. Pablo entró a verlo y, después de orar, le impuso las manos y lo sanó. [9] Como consecuencia de esto, los demás enfermos de la isla también acudían y eran sanados. [10] Nos colmaron de muchas atenciones y nos proveyeron de todo lo necesario para el viaje.

Llegada a Roma

[11] Al cabo de tres meses en la isla, zarpamos en un barco que había invernado allí. Era una nave de Alejandría que tenía por insignia a los dioses Dióscuros.[b] [12] Hicimos escala en Siracusa, donde nos quedamos tres días. [13] Desde allí navegamos bordeando la costa y llegamos a Regio. Al día siguiente se levantó el viento del sur, y al segundo día llegamos a Poteoli. [14] Allí encontramos a algunos creyentes que nos invitaron a pasar una semana con ellos. Y por fin llegamos a Roma. [15] Los hermanos de Roma, habiéndose enterado de nuestra situación, salieron hasta el Foro de Apio

that held the rudders. Then they hoisted the foresail to the wind and made for the beach. [41] But the ship struck a sandbar and ran aground. The bow stuck fast and would not move, and the stern was broken to pieces by the pounding of the surf.

[42] The soldiers planned to kill the prisoners to prevent any of them from swimming away and escaping. [43] But the centurion wanted to spare Paul's life and kept them from carrying out their plan. He ordered those who could swim to jump overboard first and get to land. [44] The rest were to get there on planks or on other pieces of the ship. In this way everyone reached land safely.

Paul Ashore on Malta

28 Once safely on shore, we found out that the island was called Malta. [2] The islanders showed us unusual kindness. They built a fire and welcomed us all because it was raining and cold. [3] Paul gathered a pile of brushwood and, as he put it on the fire, a viper, driven out by the heat, fastened itself on his hand. [4] When the islanders saw the snake hanging from his hand, they said to each other, "This man must be a murderer; for though he escaped from the sea, the goddess Justice has not allowed him to live." [5] But Paul shook the snake off into the fire and suffered no ill effects. [6] The people expected him to swell up or suddenly fall dead; but after waiting a long time and seeing nothing unusual happen to him, they changed their minds and said he was a god.

[7] There was an estate nearby that belonged to Publius, the chief official of the island. He welcomed us to his home and showed us generous hospitality for three days. [8] His father was sick in bed, suffering from fever and dysentery. Paul went in to see him and, after prayer, placed his hands on him and healed him. [9] When this had happened, the rest of the sick on the island came and were cured. [10] They honored us in many ways; and when we were ready to sail, they furnished us with the supplies we needed.

Paul's Arrival at Rome

[11] After three months we put out to sea in a ship that had wintered in the island — it was an Alexandrian ship with the figurehead of the twin gods Castor and Pollux. [12] We put in at Syracuse and stayed there three days. [13] From there we set sail and arrived at Rhegium. The next day the south wind came up, and on the following day we reached Puteoli. [14] There we found some brothers and sisters who invited us to spend a week with them. And so we came to Rome. [15] The brothers and sisters there had heard that we were coming, and they traveled as far as the Forum of Appius

[b] **28:11** Dioses gemelos de la mitología griega, probablemente Cástor y Pólux

y Tres Tabernas a recibirnos. Al verlos, Pablo dio gracias a Dios y cobró ánimo. [16] Cuando llegamos a Roma, a Pablo se le permitió tener su domicilio particular, con un soldado que lo custodiara.

Pablo predica bajo custodia en Roma

[17] Tres días más tarde, Pablo convocó a los dirigentes de los judíos. Cuando estuvieron reunidos, les dijo:

—A mí, hermanos, a pesar de no haber hecho nada contra mi pueblo ni contra las costumbres de nuestros antepasados, me arrestaron en Jerusalén y me entregaron a los romanos. [18] Éstos me interrogaron y quisieron soltarme por no ser yo culpable de ningún delito que mereciera la muerte. [19] Cuando los judíos se opusieron, me vi obligado a apelar al *emperador, pero no porque tuviera alguna acusación que presentar contra mi nación. [20] Por este motivo he pedido verlos y hablar con ustedes. Precisamente por la esperanza de Israel estoy encadenado.

[21] —Nosotros no hemos recibido ninguna carta de Judea que tenga que ver contigo —le contestaron ellos—, ni ha llegado ninguno de los hermanos de allá con malos informes o que haya hablado mal de ti. [22] Pero queremos oír tu punto de vista, porque lo único que sabemos es que en todas partes se habla en contra de esa secta.

[23] Señalaron un día para reunirse con Pablo, y acudieron en mayor número a la casa donde estaba alojado. Desde la mañana hasta la tarde estuvo explicándoles y testificándoles acerca del reino de Dios y tratando de convencerlos respecto a Jesús, partiendo de la ley de Moisés y de los profetas. [24] Unos se convencieron por lo que él decía, pero otros se negaron a creer. [25] No pudieron ponerse de acuerdo entre sí, y comenzaron a irse cuando Pablo añadió esta última declaración: «Con razón el Espíritu Santo les habló a sus antepasados por medio del profeta Isaías diciendo:

[26] »"Ve a este pueblo y dile:
'Por mucho que oigan, no entenderán;
  por mucho que vean, no percibirán.'
[27] Porque el corazón de este pueblo se ha
      vuelto insensible;
  se les han embotado los oídos,
  y se les han cerrado los ojos.
De lo contrario, verían con los ojos,
  oirían con los oídos,
  entenderían con el corazón
y se convertirían, y yo los sanaría."[c]

[28] »Por tanto, quiero que sepan que esta salvación de Dios se ha enviado a los *gentiles, y ellos sí escucharán.»[d]

Paul Preaches at Rome Under Guard

and the Three Taverns to meet us. At the sight of these people Paul thanked God and was encouraged. [16] When we got to Rome, Paul was allowed to live by himself, with a soldier to guard him.

[17] Three days later he called together the local Jewish leaders. When they had assembled, Paul said to them: "My brothers, although I have done nothing against our people or against the customs of our ancestors, I was arrested in Jerusalem and handed over to the Romans. [18] They examined me and wanted to release me, because I was not guilty of any crime deserving death. [19] The Jews objected, so I was compelled to make an appeal to Caesar. I certainly did not intend to bring any charge against my own people. [20] For this reason I have asked to see you and talk with you. It is because of the hope of Israel that I am bound with this chain."

[21] They replied, "We have not received any letters from Judea concerning you, and none of our people who have come from there has reported or said anything bad about you. [22] But we want to hear what your views are, for we know that people everywhere are talking against this sect."

[23] They arranged to meet Paul on a certain day, and came in even larger numbers to the place where he was staying. He witnessed to them from morning till evening, explaining about the kingdom of God, and from the Law of Moses and from the Prophets he tried to persuade them about Jesus. [24] Some were convinced by what he said, but others would not believe. [25] They disagreed among themselves and began to leave after Paul had made this final statement: "The Holy Spirit spoke the truth to your ancestors when he said through Isaiah the prophet:

[26] "'Go to this people and say,
  "You will be ever hearing but never
        understanding;
    you will be ever seeing but never
        perceiving."
[27] For this people's heart has become calloused;
    they hardly hear with their ears,
    and they have closed their eyes.
  Otherwise they might see with their eyes,
    hear with their ears,
    understand with their hearts
  and turn, and I would heal them.'[t]

[28] "Therefore I want you to know that God's salvation has been sent to the Gentiles, and they will listen!" [29] [u]

---

[c] **28:27** Is 6:9,10
[d] **28:28** escucharán.» Var. escucharán.» [29] Después que él dijo esto, los judíos se fueron, discutiendo acaloradamente entre ellos.

[t] 27 Isaiah 6:9,10 (see Septuagint)   [u] 29 Some manuscripts include here After he said this, the Jews left, arguing vigorously among themselves.

30 Durante dos años completos permaneció Pablo en la casa que tenía alquilada, y recibía a todos los que iban a verlo. 31 Y predicaba el reino de Dios y enseñaba acerca del Señor *Jesucristo sin impedimento y sin temor alguno.

30 For two whole years Paul stayed there in his own rented house and welcomed all who came to see him. 31 He proclaimed the kingdom of God and taught about the Lord Jesus Christ — with all boldness and without hindrance!

Carta a los
Romanos

Pablo se dirige a los creyentes de Roma y escribe lo que muy probablemente sea la mejor carta misionera para recaudar fondos que jamás se haya escrito. Apela a los seguidores de Jesús que viven directamente bajo la sombra de César, pidiendo ayuda para llevar el evangelio a la parte occidental del imperio. Como apóstol, Pablo ha sido apartado para efectuar el anuncio real sobre el señorío de Jesús. El plan de Dios ha sido revelado a través de un descendiente del rey David: Jesús el Mesías. Este mensaje demuestra que Dios ha sido fiel a su pacto con Israel.

A lo largo de la carta vemos que surge el patrón —esclavitud-rescate— de la antigua historia judía. La humanidad está en el exilio debido a la entrada del pecado y la muerte en el mundo. Ni siquiera la ley judía ha podido derrotar a la muerte y dar vida. Pero Dios ha venido a rescatar tanto a los judíos como a los gentiles por medio de la muerte y resurrección de Jesús. Se está creando una nueva familia mundial. El bautismo en Jesús rompe con el poder del mal y da libertad. El Espíritu Santo abre el camino a esta nueva vida que será completa en una herencia nueva: la creación redimida.

Aunque en Israel muchos no creyeron en el Mesías, este terminó dando vida al resto del mundo. La oferta de vida a través de Jesús permanece igual, para todos, incluso hoy, y al final, la misericordia de Dios triunfará sobre el juicio. El énfasis concluyente es en la forma práctica del nuevo estilo de vida de una humanidad redimida.

---

1 Pablo, *siervo de *Cristo Jesús, llamado a ser apóstol, apartado para anunciar el *evangelio de Dios, ² que por medio de sus profetas ya había prometido en las sagradas Escrituras. ³ Este evangelio habla de su Hijo, que según la *naturaleza humana era descendiente de David, ⁴ pero que según el Espíritu de *santidad fue designado*ᵃ* con poder Hijo de Dios por la resurrección. Él es Jesucristo nuestro Señor. ⁵ Por medio de él, y en honor a su nombre, recibimos el don apostólico para persuadir a todas las *naciones que obedezcan a la fe.*ᵇ* ⁶ Entre ellas están incluidos también ustedes, a quienes Jesucristo ha llamado.

⁷ Les escribo a todos ustedes, los amados de Dios que están en Roma, que han sido llamados a ser *santos.

Que Dios nuestro Padre y el Señor Jesucristo les concedan gracia y paz.

ᵃ 1:4 *según el Espíritu de *santidad fue designado. Alt. según su espíritu de santidad fue declarado.*
ᵇ 1:5 *para ... la fe. Lit. para la obediencia de la fe entre todas las naciones.*

Romans

Addressing the believers in Rome, Paul writes what is most likely the meatiest missionary fundraising letter ever written. To Jesus-followers living directly under the shadow of Caesar, he is appealing for help to bring the gospel to the western part of the empire. As an apostle, Paul has been set apart to make the royal announcement about the Lordship of Jesus. God's plan for the world has been revealed through a descendant of king David—Jesus the Messiah. This message demonstrates that God has been faithful to his covenant with Israel.

The flow of the letter follows the pattern of the ancient Jewish story of slavery and rescue. Humanity is in exile due to the entrance of sin and death into the world. Even the Jewish law could not defeat death and bring life. But God has come to rescue both Jews and Gentiles through the death and resurrection of Jesus. A new worldwide family is being created. Baptism into Jesus breaks the power of evil and brings freedom. The Holy Spirit leads the way into this new life that will be complete in a new inheritance—a redeemed creation.

Although many in Israel had failed to believe in the Messiah, this ended up bringing life to the rest of the world. The offer of life through Jesus remains for all, however, and in the end God's mercy will triumph over judgment. The closing emphasis is on the practical shape of a redeemed humanity's new way of life.

---

1 Paul, a servant of Christ Jesus, called to be an apostle and set apart for the gospel of God— ²the gospel he promised beforehand through his prophets in the Holy Scriptures ³regarding his Son, who as to his earthly life*ᵃ* was a descendant of David, ⁴and who through the Spirit of holiness was appointed the Son of God in power*ᵇ* by his resurrection from the dead: Jesus Christ our Lord. ⁵Through him we received grace and apostleship to call all the Gentiles to the obedience that comes from*ᶜ* faith for his name's sake. ⁶And you also are among those Gentiles who are called to belong to Jesus Christ.

⁷To all in Rome who are loved by God and called to be his holy people:

Grace and peace to you from God our Father and from the Lord Jesus Christ.

ᵃ 3 Or *who according to the flesh*   *ᵇ* 4 Or *was declared with power to be the Son of God*   *ᶜ* 5 Or *that is*

Pablo anhela visitar Roma

⁸ En primer lugar, por medio de Jesucristo doy gracias a mi Dios por todos ustedes, pues en el mundo entero se habla bien de su fe. ⁹ Dios, a quien sirvo de corazón predicando el *evangelio de su Hijo, me es testigo de que los recuerdo a ustedes sin cesar. ¹⁰ Siempre pido en mis oraciones que, si es la voluntad de Dios, por fin se me abra ahora el camino para ir a visitarlos.

¹¹ Tengo muchos deseos de verlos para impartirles algún don espiritual que los fortalezca; ¹² mejor dicho, para que unos a otros nos animemos con la fe que compartimos. ¹³ Quiero que sepan, hermanos, que aunque hasta ahora no he podido visitarlos, muchas veces me he propuesto hacerlo, para recoger algún fruto entre ustedes, tal como lo he recogido entre las otras naciones.

¹⁴ Estoy en deuda con todos, sean cultos o incultos,ᶜ instruidos o ignorantes. ¹⁵ De allí mi gran anhelo de predicarles el evangelio también a ustedes que están en Roma.

¹⁶ A la verdad, no me avergüenzo del evangelio, pues es poder de Dios para la salvación de todos los que creen: de los judíos primeramente, pero también de los *gentiles. ¹⁷ De hecho, en el evangelio se revela la justicia que proviene de Dios, la cual es por fe de principio a fin,ᵈ tal como está escrito: «El justo vivirá por la fe.»ᵉ

La ira de Dios contra la humanidad

¹⁸ Ciertamente, la ira de Dios viene revelándose desde el cielo contra toda impiedad e injusticia de los *seres humanos, que con su maldad obstruyen la verdad. ¹⁹ Me explico: lo que se puede conocer acerca de Dios es evidente para ellos, pues él mismo se lo ha revelado. ²⁰ Porque desde la creación del mundo las cualidades invisibles de Dios, es decir, su eterno poder y su naturaleza divina, se perciben claramente a través de lo que él creó, de modo que nadie tiene excusa. ²¹ A pesar de haber conocido a Dios, no lo glorificaron como a Dios ni le dieron gracias, sino que se extraviaron en sus inútiles razonamientos, y se les oscureció su insensato corazón. ²² Aunque afirmaban ser sabios, se volvieron necios ²³ y cambiaron la gloria del Dios inmortal por imágenes que eran réplicas del hombre mortal, de las aves, de los cuadrúpedos y de los reptiles.

²⁴ Por eso Dios los entregó a los malos deseos de sus corazones, que conducen a la impureza sexual, de modo que degradaron sus cuerpos los unos con los otros. ²⁵ Cambiaron la verdad de Dios por la mentira, adorando y sirviendo a los seres creados antes que al Creador, quien es bendito por siempre. Amén.

Paul's Longing to Visit Rome

⁸ First, I thank my God through Jesus Christ for all of you, because your faith is being reported all over the world. ⁹ God, whom I serve in my spirit in preaching the gospel of his Son, is my witness how constantly I remember you ¹⁰ in my prayers at all times; and I pray that now at last by God's will the way may be opened for me to come to you.

¹¹ I long to see you so that I may impart to you some spiritual gift to make you strong — ¹² that is, that you and I may be mutually encouraged by each other's faith. ¹³ I do not want you to be unaware, brothers and sisters,ᵈ that I planned many times to come to you (but have been prevented from doing so until now) in order that I might have a harvest among you, just as I have had among the other Gentiles.

¹⁴ I am obligated both to Greeks and non-Greeks, both to the wise and the foolish. ¹⁵ That is why I am so eager to preach the gospel also to you who are in Rome.

¹⁶ For I am not ashamed of the gospel, because it is the power of God that brings salvation to everyone who believes: first to the Jew, then to the Gentile. ¹⁷ For in the gospel the righteousness of God is revealed — a righteousness that is by faith from first to last,ᵉ just as it is written: "The righteous will live by faith."ᶠ

God's Wrath Against Sinful Humanity

¹⁸ The wrath of God is being revealed from heaven against all the godlessness and wickedness of people, who suppress the truth by their wickedness, ¹⁹ since what may be known about God is plain to them, because God has made it plain to them. ²⁰ For since the creation of the world God's invisible qualities — his eternal power and divine nature — have been clearly seen, being understood from what has been made, so that people are without excuse.

²¹ For although they knew God, they neither glorified him as God nor gave thanks to him, but their thinking became futile and their foolish hearts were darkened. ²² Although they claimed to be wise, they became fools ²³ and exchanged the glory of the immortal God for images made to look like a mortal human being and birds and animals and reptiles.

²⁴ Therefore God gave them over in the sinful desires of their hearts to sexual impurity for the degrading of their bodies with one another. ²⁵ They exchanged the truth about God for a lie, and worshiped and served created things rather than the Creator — who is forever praised. Amen.

ᶜ **1:14** sean cultos o incultos. Lit. *griegos y bárbaros.
ᵈ **1:17** por fe ... fin. Lit. de fe a fe.
ᵉ **1.17** Hab 2:4

ᵈ 13 The Greek word for brothers and sisters (adelphoi) refers here to believers, both men and women, as part of God's family; also in 7:1, 4; 8:12, 29; 10:1; 11:25; 12:1; 15:14, 30; 16:1, 17.
ᵉ 17 Or is from faith to faith   ᶠ 17 Hab. 2:4

²⁶ Por tanto, Dios los entregó a pasiones vergonzosas. En efecto, las mujeres cambiaron las relaciones naturales por las que van contra la naturaleza. ²⁷ Así mismo los hombres dejaron las relaciones naturales con la mujer y se encendieron en pasiones lujuriosas los unos con los otros. Hombres con hombres cometieron actos indecentes, y en sí mismos recibieron el castigo que merecía su perversión.

²⁸ Además, como estimaron que no valía la pena tomar en cuenta el conocimiento de Dios, él a su vez los entregó a la depravación mental, para que hicieran lo que no debían hacer. ²⁹ Se han llenado de toda clase de maldad, perversidad, avaricia y depravación. Están repletos de envidia, homicidios, disensiones, engaño y malicia. Son chismosos, ³⁰ calumniadores, enemigos de Dios, insolentes, soberbios y arrogantes; se ingenian maldades; se rebelan contra sus padres; ³¹ son insensatos, desleales, insensibles, despiadados. ³² Saben bien que, según el justo decreto de Dios, quienes practican tales cosas merecen la muerte; sin embargo, no sólo siguen practicándolas sino que incluso aprueban a quienes las practican.

El justo juicio de Dios

2 Por tanto, no tienes excusa tú, quienquiera que seas, cuando juzgas a los demás, pues al juzgar a otros te condenas a ti mismo, ya que practicas las mismas cosas. ² Ahora bien, sabemos que el juicio de Dios contra los que practican tales cosas se basa en la verdad. ³ ¿Piensas entonces que vas a escapar del juicio de Dios, tú que juzgas a otros y sin embargo haces lo mismo que ellos? ⁴ ¿No ves que desprecias las riquezas de la bondad de Dios, de su tolerancia y de su paciencia, al no reconocer que su bondad quiere llevarte al *arrepentimiento?

⁵ Pero por tu obstinación y por tu corazón empedernido sigues acumulando castigo contra ti mismo para el día de la ira, cuando Dios revelará su justo juicio. ⁶ Porque Dios «pagará a cada uno según lo que merezcan sus obras».ᶠ ⁷ Él dará vida eterna a los que, perseverando en las buenas obras, buscan gloria, honor e inmortalidad. ⁸ Pero los que por egoísmo rechazan la verdad para aferrarse a la maldad, recibirán el gran castigo de Dios. ⁹ Habrá sufrimiento y angustia para todos los que hacen el mal, los judíos primeramente, y también los *gentiles; ¹⁰ pero gloria, honor y paz para todos los que hacen el bien, los judíos primeramente, y también los gentiles. ¹¹ Porque con Dios no hay favoritismos.

¹² Todos los que han pecado sin conocer la ley, también perecerán sin la ley; y todos los que han pecado conociendo la ley, por la ley serán juzgados. ¹³ Porque Dios no considera justos a los que oyen la ley sino a los que la cumplen. ¹⁴ De hecho,

²⁶ Because of this, God gave them over to shameful lusts. Even their women exchanged natural sexual relations for unnatural ones. ²⁷ In the same way the men also abandoned natural relations with women and were inflamed with lust for one another. Men committed shameful acts with other men, and received in themselves the due penalty for their error.

²⁸ Furthermore, just as they did not think it worthwhile to retain the knowledge of God, so God gave them over to a depraved mind, so that they do what ought not to be done. ²⁹ They have become filled with every kind of wickedness, evil, greed and depravity. They are full of envy, murder, strife, deceit and malice. They are gossips, ³⁰ slanderers, God-haters, insolent, arrogant and boastful; they invent ways of doing evil; they disobey their parents; ³¹ they have no understanding, no fidelity, no love, no mercy. ³² Although they know God's righteous decree that those who do such things deserve death, they not only continue to do these very things but also approve of those who practice them.

God's Righteous Judgment

2 You, therefore, have no excuse, you who pass judgment on someone else, for at whatever point you judge another, you are condemning yourself, because you who pass judgment do the same things. ² Now we know that God's judgment against those who do such things is based on truth. ³ So when you, a mere human being, pass judgment on them and yet do the same things, do you think you will escape God's judgment? ⁴ Or do you show contempt for the riches of his kindness, forbearance and patience, not realizing that God's kindness is intended to lead you to repentance?

⁵ But because of your stubbornness and your unrepentant heart, you are storing up wrath against yourself for the day of God's wrath, when his righteous judgment will be revealed. ⁶ God "will repay each person according to what they have done."ᵍ ⁷ To those who by persistence in doing good seek glory, honor and immortality, he will give eternal life. ⁸ But for those who are self-seeking and who reject the truth and follow evil, there will be wrath and anger. ⁹ There will be trouble and distress for every human being who does evil: first for the Jew, then for the Gentile; ¹⁰ but glory, honor and peace for everyone who does good: first for the Jew, then for the Gentile. ¹¹ For God does not show favoritism.

¹² All who sin apart from the law will also perish apart from the law, and all who sin under the law will be judged by the law. ¹³ For it is not those who hear the law who are righteous in God's sight, but it is those who obey the law who will be declared righteous. ¹⁴ (Indeed, when Gentiles, who do not

---

ᶠ **2:6** Sal 62:12; Pr 24:12   ᵍ 6 Psalm 62:12; Prov. 24:12

cuando los gentiles, que no tienen la ley, cumplen por naturaleza lo que la ley exige,[g] ellos son ley para sí mismos, aunque no tengan la ley. [15] Éstos muestran que llevan escrito en el corazón lo que la ley exige, como lo atestigua su conciencia, pues sus propios pensamientos algunas veces los acusan y otras veces los excusan. [16] Así sucederá el día en que, por medio de Jesucristo, Dios juzgará los secretos de toda persona, como lo declara mi *evangelio.

Los judíos y la ley

[17] Ahora bien, tú que llevas el nombre de judío; que dependes de la ley y te *jactas de tu relación con Dios; [18] que conoces su voluntad y sabes discernir lo que es mejor porque eres instruido por la ley; [19] que estás convencido de ser guía de los ciegos y luz de los que están en la oscuridad, [20] instructor de los ignorantes, maestro de los sencillos, pues tienes en la ley la esencia misma del conocimiento y de la verdad; [21] en fin, tú que enseñas a otros, ¿no te enseñas a ti mismo? Tú que predicas contra el robo, ¿robas? [22] Tú que dices que no se debe cometer adulterio, ¿adulteras? Tú que aborreces a los ídolos, ¿robas de sus templos? [23] Tú que te jactas de la ley, ¿deshonras a Dios quebrantando la ley? [24] Así está escrito: «Por causa de ustedes es *blasfema el nombre de Dios entre los *gentiles.»[h]

[25] La circuncisión tiene valor si observas la ley; pero si la quebrantas, vienes a ser como un *incircunciso. [26] Por lo tanto, si los gentiles cumplen[i] los requisitos de la ley, ¿no se les considerará como si estuvieran circuncidados? [27] El que no está físicamente circuncidado, pero obedece la ley, te condenará a ti que, a pesar de tener el mandamiento escrito[j] y la circuncisión, quebrantas la ley.

[28] Lo exterior no hace a nadie judío, ni consiste la circuncisión en una señal en el cuerpo. [29] El verdadero judío lo es interiormente; y la circuncisión es la del corazón, la que realiza el Espíritu, no el mandamiento escrito. Al que es judío así, lo alaba Dios y no la gente.

Fidelidad de Dios

3 Entonces, ¿qué se gana con ser judío, o qué valor tiene la circuncisión? [2] Mucho, desde cualquier punto de vista. En primer lugar, a los judíos se les confiaron las palabras mismas de Dios.

[3] Pero entonces, si a algunos les faltó la fe, ¿acaso su falta de fe anula la *fidelidad de Dios? [4] ¡De ninguna manera! Dios es siempre veraz, aunque el hombre sea mentiroso. Así está escrito:

«Por eso, eres justo en tu sentencia,
    y triunfarás cuando te juzguen.»[k]

have the law, do by nature things required by the law, they are a law for themselves, even though they do not have the law. [15] They show that the requirements of the law are written on their hearts, their consciences also bearing witness, and their thoughts sometimes accusing them and at other times even defending them.) [16] This will take place on the day when God judges people's secrets through Jesus Christ, as my gospel declares.

The Jews and the Law

[17] Now you, if you call yourself a Jew; if you rely on the law and boast in God; [18] if you know his will and approve of what is superior because you are instructed by the law; [19] if you are convinced that you are a guide for the blind, a light for those who are in the dark, [20] an instructor of the foolish, a teacher of little children, because you have in the law the embodiment of knowledge and truth — [21] you, then, who teach others, do you not teach yourself? You who preach against stealing, do you steal? [22] You who say that people should not commit adultery, do you commit adultery? You who abhor idols, do you rob temples? [23] You who boast in the law, do you dishonor God by breaking the law? [24] As it is written: "God's name is blasphemed among the Gentiles because of you."[h]

[25] Circumcision has value if you observe the law, but if you break the law, you have become as though you had not been circumcised. [26] So then, if those who are not circumcised keep the law's requirements, will they not be regarded as though they were circumcised? [27] The one who is not circumcised physically and yet obeys the law will condemn you who, even though you have the[i] written code and circumcision, are a lawbreaker.

[28] A person is not a Jew who is one only outwardly, nor is circumcision merely outward and physical. [29] No, a person is a Jew who is one inwardly; and circumcision is circumcision of the heart, by the Spirit, not by the written code. Such a person's praise is not from other people, but from God.

God's Faithfulness

3 What advantage, then, is there in being a Jew, or what value is there in circumcision? [2] Much in every way! First of all, the Jews have been entrusted with the very words of God.

[3] What if some were unfaithful? Will their unfaithfulness nullify God's faithfulness? [4] Not at all! Let God be true, and every human being a liar. As it is written:

"So that you may be proved right when you
    speak
and prevail when you judge."[j]

---

g 2:14 *que no tienen ... exige.* Alt. *que por naturaleza no tienen la ley, cumplen lo que la ley exige.*
h 2:24 Is 52:5; Ez 36:22
i 2:26 *si ... cumplen.* Lit. *si la incircuncisión guarda.*
j 2:27 *el mandamiento escrito.* Lit. *la letra;* también en v. 29.
k 3:4 Sal 51:4

h 24 Isaiah 52:5 (see Septuagint); Ezek. 36:20,22   i 27 Or *who, by means of a*   j 4 Psalm 51:4

⁵ Pero si nuestra injusticia pone de relieve la justicia de Dios, ¿qué diremos? ¿Que Dios es injusto al descargar sobre nosotros su ira? (Hablo en términos humanos.) ⁶ ¡De ninguna manera! Si así fuera, ¿cómo podría Dios juzgar al mundo? ⁷ Alguien podría objetar: «Si mi mentira destaca la verdad de Dios y así aumenta su gloria, ¿por qué todavía se me juzga como pecador? ⁸ ¿Por qué no decir: Hagamos lo malo para que venga lo bueno?» Así nos calumnian algunos, asegurando que eso es lo que enseñamos. ¡Pero bien merecida se tienen la condenación!

No hay un solo justo

⁹ ¿A qué conclusión llegamos? ¿Acaso los judíos somos mejores? ¡De ninguna manera! Ya hemos demostrado que tanto los judíos como los *gentiles están bajo el pecado. ¹⁰ Así está escrito:

«No hay un solo justo, ni siquiera uno;
¹¹   no hay nadie que entienda,
     nadie que busque a Dios.
¹² Todos se han descarriado,
     a una se han corrompido.
   No hay nadie que haga lo bueno;
     ¡no hay uno solo!»^l
¹³ «Su garganta es un sepulcro abierto;
     con su lengua profieren engaños.»^m
   «¡Veneno de víbora hay en sus labios!»ⁿ
¹⁴   «Llena está su boca de maldiciones y de
     amargura.»^ñ
¹⁵ «Veloces son sus pies para ir a derramar
     sangre;
¹⁶   dejan ruina y miseria en sus caminos,
¹⁷ y no conocen la senda de la paz.»^o
¹⁸   «No hay temor de Dios delante de sus
     ojos.»^p

¹⁹ Ahora bien, sabemos que todo lo que dice la ley, lo dice a quienes están sujetos a ella, para que todo el mundo se calle la boca y quede convicto delante de Dios. ²⁰ Por tanto, nadie será *justificado en presencia de Dios por hacer las obras que exige la ley; más bien, mediante la ley cobramos conciencia del pecado.

La justicia mediante la fe

²¹ Pero ahora, sin la mediación de la ley, se ha manifestado la justicia de Dios, de la que dan testimonio la ley y los profetas. ²² Esta justicia de Dios llega, mediante la *fe en Jesucristo, a todos los que creen. De hecho, no hay distinción, ²³ pues todos han pecado y están privados de la gloria de Dios, ²⁴ pero por su gracia son *justificados gratuitamente mediante la redención que Cristo Jesús

⁵ But if our unrighteousness brings out God's righteousness more clearly, what shall we say? That God is unjust in bringing his wrath on us? (I am using a human argument.) ⁶ Certainly not! If that were so, how could God judge the world? ⁷ Someone might argue, "If my falsehood enhances God's truthfulness and so increases his glory, why am I still condemned as a sinner?" ⁸ Why not say — as some slanderously claim that we say — "Let us do evil that good may result"? Their condemnation is just!

No One Is Righteous

⁹ What shall we conclude then? Do we have any advantage? Not at all! For we have already made the charge that Jews and Gentiles alike are all under the power of sin. ¹⁰ As it is written:

"There is no one righteous, not even one;
¹¹   there is no one who understands;
     there is no one who seeks God.
¹² All have turned away,
     they have together become worthless;
   there is no one who does good,
     not even one."^k
¹³ "Their throats are open graves;
     their tongues practice deceit."^l
   "The poison of vipers is on their lips."^m
¹⁴   "Their mouths are full of cursing and
     bitterness."ⁿ
¹⁵ "Their feet are swift to shed blood;
¹⁶   ruin and misery mark their ways,
¹⁷ and the way of peace they do not know."^o
¹⁸   "There is no fear of God before their
     eyes."^p

¹⁹ Now we know that whatever the law says, it says to those who are under the law, so that every mouth may be silenced and the whole world held accountable to God. ²⁰ Therefore no one will be declared righteous in God's sight by the works of the law; rather, through the law we become conscious of our sin.

Righteousness Through Faith

²¹ But now apart from the law the righteousness of God has been made known, to which the Law and the Prophets testify. ²² This righteousness is given through faith in^q Jesus Christ to all who believe. There is no difference between Jew and Gentile, ²³ for all have sinned and fall short of the glory of God, ²⁴ and all are justified freely by his grace through the redemption that came by Christ Jesus.

l **3:12** Sal 14:1-3; 53:1-3; Ec 7:20
m **3:13** Sal 5:9
n **3:13** Sal 140:3
ñ **3:14** Sal 10:7
o **3:17** Is 59:7,8
p **3:18** Sal 36:1

k 12 Psalms 14:1-3; 53:1-3; Eccles. 7:20   *l 13* Psalm 5:9
m 13 Psalm 140:3   *n 14* Psalm 10:7 (see Septuagint)
o 17 Isaiah 59:7,8   *p 18* Psalm 36:1   *q 22* Or *through the faithfulness of*

efectuó.*q* 25 Dios lo ofreció como un sacrificio de *expiación*r* que se recibe por la fe en su sangre, para así demostrar su justicia. Anteriormente, en su paciencia, Dios había pasado por alto los pecados; 26 pero en el tiempo presente ha ofrecido a Jesucristo para manifestar su justicia. De este modo Dios es justo y, a la vez, el que justifica a los que tienen fe en Jesús.

27 ¿Dónde, pues, está la *jactancia? Queda excluida. ¿Por cuál principio? ¿Por el de la observancia de la ley? No, sino por el de la fe. 28 Porque sostenemos que todos somos justificados por la fe, y no por las obras que la ley exige. 29 ¿Es acaso Dios sólo Dios de los judíos? ¿No lo es también de los *gentiles? Sí, también es Dios de los gentiles, 30 pues no hay más que un solo Dios. Él justificará por la fe a los que están circuncidados y, mediante esa misma fe, a los que no lo están. 31 ¿Quiere decir que anulamos la ley con la fe? ¡De ninguna manera! Más bien, confirmamos la ley.

Abraham, justificado por la fe

4 Entonces, ¿qué diremos en el caso de nuestro antepasado Abraham?*s* 2 En realidad, si Abraham hubiera sido *justificado por las obras, habría tenido de qué *jactarse, pero no delante de Dios. 3 Pues ¿qué dice la Escritura? «Le creyó Abraham a Dios, y esto se le tomó en cuenta como justicia.»*t*

4 Ahora bien, cuando alguien trabaja, no se le toma en cuenta el salario como un favor sino como una deuda. 5 Sin embargo, al que no trabaja, sino que cree en el que justifica al malvado, se le toma en cuenta la fe como justicia. 6 David dice lo mismo cuando habla de la dicha de aquel a quien Dios le atribuye justicia sin la mediación de las obras:

7 «¡*Dichosos aquellos
     a quienes se les perdonan las
         transgresiones
     y se les cubren los pecados!
8 ¡Dichoso aquel
     cuyo pecado el Señor no tomará en
         cuenta!»*u*

9 ¿Acaso se ha reservado esta dicha sólo para los que están circuncidados? ¿Acaso no es también para los *gentiles?*v* Hemos dicho que a Abraham se le tomó en cuenta la fe como justicia. 10 ¿Bajo qué circunstancias sucedió esto? ¿Fue antes o después de ser circuncidado? ¡Antes, y no después! 11 Es más, cuando todavía no estaba circuncidado, recibió la señal de la circuncisión como sello de la justicia que se le había tomado en cuenta por la fe. Por tanto, Abraham es padre de todos los

25 God presented Christ as a sacrifice of atonement,*r* through the shedding of his blood — to be received by faith. He did this to demonstrate his righteousness, because in his forbearance he had left the sins committed beforehand unpunished — 26 he did it to demonstrate his righteousness at the present time, so as to be just and the one who justifies those who have faith in Jesus.

27 Where, then, is boasting? It is excluded. Because of what law? The law that requires works? No, because of the law that requires faith. 28 For we maintain that a person is justified by faith apart from the works of the law. 29 Or is God the God of Jews only? Is he not the God of Gentiles too? Yes, of Gentiles too, 30 since there is only one God, who will justify the circumcised by faith and the uncircumcised through that same faith. 31 Do we, then, nullify the law by this faith? Not at all! Rather, we uphold the law.

Abraham Justified by Faith

4 What then shall we say that Abraham, our forefather according to the flesh, discovered in this matter? 2 If, in fact, Abraham was justified by works, he had something to boast about — but not before God. 3 What does Scripture say? "Abraham believed God, and it was credited to him as righteousness."*s*

4 Now to the one who works, wages are not credited as a gift but as an obligation. 5 However, to the one who does not work but trusts God who justifies the ungodly, their faith is credited as righteousness. 6 David says the same thing when he speaks of the blessedness of the one to whom God credits righteousness apart from works:

7 "Blessed are those
     whose transgressions are forgiven,
     whose sins are covered.
8 Blessed is the one
     whose sin the Lord will never count
         against them."*t*

9 Is this blessedness only for the circumcised, or also for the uncircumcised? We have been saying that Abraham's faith was credited to him as righteousness. 10 Under what circumstances was it credited? Was it after he was circumcised, or before? It was not after, but before! 11 And he received circumcision as a sign, a seal of the righteousness that he had by faith while he was still uncircumcised. So then, he is the father of all who believe

---

q 3:24 *redención ... efectuó.* Lit. *redención en Cristo Jesús.*
r 3:25 *un sacrificio de *expiación.* Lit. *propiciación.*
s 4:1 *¿qué ... Abraham?* Lit. *¿qué diremos que descubrió Abraham, nuestro antepasado según la *carne?*
t 4:3 Gn 15:6; también en v. 22
u 4:8 Sal 32:1,2
v 4:9 Lit. *la *incircuncisión.*

---

r 25 The Greek for *sacrifice of atonement* refers to the atonement cover on the ark of the covenant (see Lev. 16:15,16).
s 3 Gen. 15:6; also in verse 22   *t* 8 Psalm 32:1,2

que creen, aunque no hayan sido circuncidados, y a éstos se les toma en cuenta su fe como justicia. [12] Y también es padre de aquellos que, además de haber sido circuncidados, siguen las huellas de nuestro padre Abraham, quien creyó cuando todavía era incircunciso.

[13] En efecto, no fue mediante la ley como Abraham y su descendencia recibieron la promesa de que él sería heredero del mundo, sino mediante la fe, la cual se le tomó en cuenta como justicia. [14] Porque si los que viven por la ley fueran los herederos, entonces la fe no tendría ya ningún valor y la promesa no serviría de nada. [15] La ley, en efecto, acarrea castigo. Pero donde no hay ley, tampoco hay transgresión.

[16] Por eso la promesa viene por la fe, a fin de que por la gracia quede garantizada para toda la descendencia de Abraham; esta promesa no es sólo para los que son de la ley sino para los que son también de la fe de Abraham, quien es el padre que tenemos en común [17] delante de Dios, tal como está escrito: «Te he confirmado como padre de muchas naciones.»[w] Así que Abraham creyó en el Dios que da vida a los muertos y que llama las cosas que no son como si ya existieran.

[18] Contra toda esperanza, Abraham creyó y esperó, y de este modo llegó a ser padre de muchas naciones, tal como se le había dicho: «¡Así de numerosa será tu descendencia!»[x] [19] Su fe no flaqueó, aunque reconocía que su cuerpo estaba como muerto, pues ya tenía unos cien años, y que también estaba muerta la matriz de Sara. [20] Ante la promesa de Dios no vaciló como un incrédulo, sino que se reafirmó en su fe y dio gloria a Dios, [21] plenamente convencido de que Dios tenía poder para cumplir lo que había prometido. [22] Por eso se le tomó en cuenta su fe como justicia. [23] Y esto de que «se le tomó en cuenta» no se escribió sólo para Abraham, [24] sino también para nosotros. Dios tomará en cuenta nuestra fe como justicia, pues creemos en aquel que *levantó de entre los muertos a Jesús nuestro Señor. [25] Él fue entregado a la muerte por nuestros pecados, y resucitó para nuestra justificación.

Paz y alegría

5 En consecuencia, ya que hemos sido *justificados mediante la fe, tenemos[y] paz con Dios por medio de nuestro Señor Jesucristo. [2] También por medio de él, y mediante la fe, tenemos acceso a esta gracia en la cual nos mantenemos firmes. Así que nos *regocijamos en la esperanza de alcanzar la gloria de Dios. [3] Y no sólo en esto, sino también en nuestros sufrimientos, porque sabemos que el sufrimiento produce perseverancia; [4] la perseverancia, entereza de carácter; la entereza

but have not been circumcised, in order that righteousness might be credited to them. [12] And he is then also the father of the circumcised who not only are circumcised but who also follow in the footsteps of the faith that our father Abraham had before he was circumcised.

[13] It was not through the law that Abraham and his offspring received the promise that he would be heir of the world, but through the righteousness that comes by faith. [14] For if those who depend on the law are heirs, faith means nothing and the promise is worthless, [15] because the law brings wrath. And where there is no law there is no transgression.

[16] Therefore, the promise comes by faith, so that it may be by grace and may be guaranteed to all Abraham's offspring — not only to those who are of the law but also to those who have the faith of Abraham. He is the father of us all. [17] As it is written: "I have made you a father of many nations."[u] He is our father in the sight of God, in whom he believed — the God who gives life to the dead and calls into being things that were not.

[18] Against all hope, Abraham in hope believed and so became the father of many nations, just as it had been said to him, "So shall your offspring be."[v] [19] Without weakening in his faith, he faced the fact that his body was as good as dead — since he was about a hundred years old — and that Sarah's womb was also dead. [20] Yet he did not waver through unbelief regarding the promise of God, but was strengthened in his faith and gave glory to God, [21] being fully persuaded that God had power to do what he had promised. [22] This is why "it was credited to him as righteousness." [23] The words "it was credited to him" were written not for him alone, [24] but also for us, to whom God will credit righteousness — for us who believe in him who raised Jesus our Lord from the dead. [25] He was delivered over to death for our sins and was raised to life for our justification.

Peace and Hope

5 Therefore, since we have been justified through faith, we[w] have peace with God through our Lord Jesus Christ, [2] through whom we have gained access by faith into this grace in which we now stand. And we[x] boast in the hope of the glory of God. [3] Not only so, but we[x] also glory in our sufferings, because we know that suffering produces perseverance; [4] perseverance, character;

---

de carácter, esperanza. [5] Y esta esperanza no nos defrauda, porque Dios ha derramado su amor en nuestro corazón por el Espíritu Santo que nos ha dado.

[6] A la verdad, como éramos incapaces de salvarnos,[z] en el tiempo señalado Cristo murió por los malvados. [7] Difícilmente habrá quien muera por un justo, aunque tal vez haya quien se atreva a morir por una persona buena. [8] Pero Dios demuestra su amor por nosotros en esto: en que cuando todavía éramos pecadores, Cristo murió por nosotros.

[9] Y ahora que hemos sido justificados por su sangre, ¡con cuánta más razón, por medio de él, seremos salvados del castigo de Dios! [10] Porque si, cuando éramos enemigos de Dios, fuimos reconciliados con él mediante la muerte de su Hijo, ¡con cuánta más razón, habiendo sido reconciliados, seremos salvados por su vida! [11] Y no sólo esto, sino que también nos regocijamos en Dios por nuestro Señor Jesucristo, pues gracias a él ya hemos recibido la reconciliación.

De Adán, la muerte; de Cristo, la vida

[12] Por medio de un solo hombre el pecado entró en el mundo, y por medio del pecado entró la muerte; fue así como la muerte pasó a toda la *humanidad, porque todos pecaron.[a] [13] Antes de promulgarse la ley, ya existía el pecado en el mundo. Es cierto que el pecado no se toma en cuenta cuando no hay ley; [14] sin embargo, desde Adán hasta Moisés la muerte reinó, incluso sobre los que no pecaron quebrantando un mandato, como lo hizo Adán, quien es figura de aquel que había de venir.

[15] Pero la transgresión de Adán no puede compararse con la gracia de Dios. Pues si por la transgresión de un solo hombre murieron todos, ¡cuánto más el don que vino por la gracia de un solo hombre, Jesucristo, abundó para todos! [16] Tampoco se puede comparar la dádiva de Dios con las consecuencias del pecado de Adán. El juicio que lleva a la condenación fue resultado de un solo pecado, pero la dádiva que lleva a la *justificación tiene que ver con[b] una multitud de transgresiones. [17] Pues si por la transgresión de un solo hombre reinó la muerte, con mayor razón los que reciben en abundancia la gracia y el don de la justicia reinarán en vida por medio de un solo hombre, Jesucristo.

[18] Por tanto, así como una sola transgresión causó la condenación de todos, también un solo acto de justicia produjo la justificación que da vida a todos. [19] Porque así como por la desobediencia de uno solo muchos fueron constituidos pecadores,

and character, hope. [5] And hope does not put us to shame, because God's love has been poured out into our hearts through the Holy Spirit, who has been given to us.

[6] You see, at just the right time, when we were still powerless, Christ died for the ungodly. [7] Very rarely will anyone die for a righteous person, though for a good person someone might possibly dare to die. [8] But God demonstrates his own love for us in this: While we were still sinners, Christ died for us.

[9] Since we have now been justified by his blood, how much more shall we be saved from God's wrath through him! [10] For if, while we were God's enemies, we were reconciled to him through the death of his Son, how much more, having been reconciled, shall we be saved through his life! [11] Not only is this so, but we also boast in God through our Lord Jesus Christ, through whom we have now received reconciliation.

Death Through Adam, Life Through Christ

[12] Therefore, just as sin entered the world through one man, and death through sin, and in this way death came to all people, because all sinned—

[13] To be sure, sin was in the world before the law was given, but sin is not charged against anyone's account where there is no law. [14] Nevertheless, death reigned from the time of Adam to the time of Moses, even over those who did not sin by breaking a command, as did Adam, who is a pattern of the one to come.

[15] But the gift is not like the trespass. For if the many died by the trespass of the one man, how much more did God's grace and the gift that came by the grace of the one man, Jesus Christ, overflow to the many! [16] Nor can the gift of God be compared with the result of one man's sin: The judgment followed one sin and brought condemnation, but the gift followed many trespasses and brought justification. [17] For if, by the trespass of the one man, death reigned through that one man, how much more will those who receive God's abundant provision of grace and of the gift of righteousness reign in life through the one man, Jesus Christ!

[18] Consequently, just as one trespass resulted in condemnation for all people, so also one righteous act resulted in justification and life for all people. [19] For just as through the disobedience of the one man the many were made sinners, so also through

---

z **5:6** *como ... salvarnos.* Lit. *cuando todavía éramos débiles.*
a **5:12** En el griego este versículo es la primera parte de una oración comparativa que se reinicia y concluye en el v. 18.
b **5:16** *resultado ... con.* Alt. *resultado del pecado de uno solo, pero la dádiva que lleva a la justificación fue resultado de.*

también por la obediencia de uno solo muchos serán constituidos justos.

²⁰ En lo que atañe a la ley, ésta intervino para que aumentara la transgresión. Pero allí donde abundó el pecado, sobreabundó la gracia, ²¹ a fin de que, así como reinó el pecado en la muerte, reine también la gracia que nos trae justificación y vida eterna por medio de Jesucristo nuestro Señor.

Muertos al pecado, vivos en Cristo

6 ¿Qué concluiremos? ¿Vamos a persistir en el pecado, para que la gracia abunde? ² ¡De ninguna manera! Nosotros, que hemos muerto al pecado, ¿cómo podemos seguir viviendo en él? ³ ¿Acaso no saben ustedes que todos los que fuimos bautizados para unirnos con Cristo Jesús, en realidad fuimos bautizados para participar en su muerte? ⁴ Por tanto, mediante el bautismo fuimos sepultados con él en su muerte, a fin de que, así como Cristo *resucitó por el poderᶜ del Padre, también nosotros llevemos una vida nueva.

⁵ En efecto, si hemos estado unidos con él en su muerte, sin duda también estaremos unidos con él en su resurrección. ⁶ Sabemos que nuestra vieja naturaleza fue crucificada con él para que nuestro cuerpo pecaminoso perdiera su poder, de modo que ya no siguiéramos siendo esclavos del pecado; ⁷ porque el que muere queda liberado del pecado.

⁸ Ahora bien, si hemos muerto con Cristo, confiamos que también viviremos con él. ⁹ Pues sabemos que Cristo, por haber sido *levantado de entre los muertos, ya no puede volver a morir; la muerte ya no tiene dominio sobre él. ¹⁰ En cuanto a su muerte, murió al pecado una vez y para siempre; en cuanto a su vida, vive para Dios.

¹¹ De la misma manera, también ustedes considérense muertos al pecado, pero vivos para Dios en Cristo Jesús. ¹² Por lo tanto, no permitan ustedes que el pecado reine en su cuerpo mortal, ni obedezcan a sus malos deseos. ¹³ No ofrezcan los miembros de su cuerpo al pecado como instrumentos de injusticia; al contrario, ofrézcanse más bien a Dios como quienes han vuelto de la muerte a la vida, presentando los miembros de su cuerpo como instrumentos de justicia. ¹⁴ Así el pecado no tendrá dominio sobre ustedes, porque ya no están bajo la ley sino bajo la gracia.

Esclavos de la justicia

¹⁵ Entonces, ¿qué? ¿Vamos a pecar porque no estamos ya bajo la ley sino bajo la gracia? ¡De ninguna manera! ¹⁶ ¿Acaso no saben ustedes que, cuando se entregan a alguien para obedecerlo, son *esclavos de aquel a quien obedecen? Claro que lo son, ya sea del pecado que lleva a la muerte, o de la obediencia que lleva a la justicia. ¹⁷ Pero gracias a Dios que, aunque antes eran esclavos del pecado,

the obedience of the one man the many will be made righteous.

²⁰ The law was brought in so that the trespass might increase. But where sin increased, grace increased all the more, ²¹ so that, just as sin reigned in death, so also grace might reign through righteousness to bring eternal life through Jesus Christ our Lord.

Dead to Sin, Alive in Christ

6 What shall we say, then? Shall we go on sinning so that grace may increase? ² By no means! We are those who have died to sin; how can we live in it any longer? ³ Or don't you know that all of us who were baptized into Christ Jesus were baptized into his death? ⁴ We were therefore buried with him through baptism into death in order that, just as Christ was raised from the dead through the glory of the Father, we too may live a new life.

⁵ For if we have been united with him in a death like his, we will certainly also be united with him in a resurrection like his. ⁶ For we know that our old self was crucified with him so that the body ruled by sin might be done away with,ʸ that we should no longer be slaves to sin — ⁷ because anyone who has died has been set free from sin.

⁸ Now if we died with Christ, we believe that we will also live with him. ⁹ For we know that since Christ was raised from the dead, he cannot die again; death no longer has mastery over him. ¹⁰ The death he died, he died to sin once for all; but the life he lives, he lives to God.

¹¹ In the same way, count yourselves dead to sin but alive to God in Christ Jesus. ¹² Therefore do not let sin reign in your mortal body so that you obey its evil desires. ¹³ Do not offer any part of yourself to sin as an instrument of wickedness, but rather offer yourselves to God as those who have been brought from death to life; and offer every part of yourself to him as an instrument of righteousness. ¹⁴ For sin shall no longer be your master, because you are not under the law, but under grace.

Slaves to Righteousness

¹⁵ What then? Shall we sin because we are not under the law but under grace? By no means! ¹⁶ Don't you know that when you offer yourselves to someone as obedient slaves, you are slaves of the one you obey — whether you are slaves to sin, which leads to death, or to obedience, which leads to righteousness? ¹⁷ But thanks be to God that, though you used to be slaves to sin, you have come

---

ᶜ 6:4 el poder. Lit. la gloria.

ʸ 6 Or be rendered powerless

ya se han sometido de corazón a la enseñanza^d que les fue transmitida. ^{18} En efecto, habiendo sido liberados del pecado, ahora son ustedes esclavos de la justicia.

^{19} Hablo en términos humanos, por las limitaciones de su *naturaleza humana. Antes ofrecían ustedes los miembros de su cuerpo para servir a la impureza, que lleva más y más a la maldad; ofrézcanlos ahora para servir a la justicia que lleva a la *santidad. ^{20} Cuando ustedes eran esclavos del pecado, estaban libres del dominio de la justicia. ^{21} ¿Qué fruto cosechaban entonces? ¡Cosas que ahora los avergüenzan y que conducen a la muerte! ^{22} Pero ahora que han sido liberados del pecado y se han puesto al servicio de Dios, cosechan la santidad que conduce a la vida eterna. ^{23} Porque la paga del pecado es muerte, mientras que la dádiva de Dios es vida eterna en Cristo Jesús, nuestro Señor.

Analogía tomada del matrimonio

7 Hermanos, les hablo como a quienes conocen la ley. ¿Acaso no saben que uno está sujeto a la ley solamente en vida? ^{2} Por ejemplo, la casada está ligada por ley a su esposo sólo mientras éste vive; pero si su esposo muere, ella queda libre de la ley que la unía a su esposo. ^{3} Por eso, si se casa con otro hombre mientras su esposo vive, se le considera adúltera. Pero si muere su esposo, ella queda libre de esa ley, y no es adúltera aunque se case con otro hombre.

^{4} Así mismo, hermanos míos, ustedes murieron a la ley mediante el cuerpo crucificado de Cristo, a fin de pertenecer al que fue *levantado de entre los muertos. De este modo daremos fruto para Dios. ^{5} Porque cuando nuestra *naturaleza pecaminosa aún nos dominaba,^{e} las malas pasiones que la ley nos despertaba actuaban en los miembros de nuestro cuerpo, y dábamos fruto para muerte. ^{6} Pero ahora, al morir a lo que nos tenía subyugados, hemos quedado libres de la ley, a fin de servir a Dios con el nuevo poder que nos da el Espíritu, y no por medio del antiguo mandamiento escrito.

Conflicto con el pecado

^{7} ¿Qué concluiremos? ¿Que la ley es pecado? ¡De ninguna manera! Sin embargo, si no fuera por la ley, no me habría dado cuenta de lo que es el pecado. Por ejemplo, nunca habría sabido yo lo que es codiciar si la ley no hubiera dicho: «No codicies.»^{f} ^{8} Pero el pecado, aprovechando la oportunidad que le proporcionó el mandamiento, despertó en mí toda clase de codicia. Porque aparte de la ley el pecado está muerto. ^{9} En otro tiempo yo tenía vida aparte de la ley; pero cuando vino el mandamiento, cobró vida el pecado y yo morí. ^{10} Se me hizo evidente que el mismo mandamiento

to obey from your heart the pattern of teaching that has now claimed your allegiance. ^{18} You have been set free from sin and have become slaves to righteousness.

^{19} I am using an example from everyday life because of your human limitations. Just as you used to offer yourselves as slaves to impurity and to ever-increasing wickedness, so now offer yourselves as slaves to righteousness leading to holiness. ^{20} When you were slaves to sin, you were free from the control of righteousness. ^{21} What benefit did you reap at that time from the things you are now ashamed of? Those things result in death! ^{22} But now that you have been set free from sin and have become slaves of God, the benefit you reap leads to holiness, and the result is eternal life. ^{23} For the wages of sin is death, but the gift of God is eternal life in^z Christ Jesus our Lord.

Released From the Law, Bound to Christ

7 Do you not know, brothers and sisters — for I am speaking to those who know the law — that the law has authority over someone only as long as that person lives? ^{2} For example, by law a married woman is bound to her husband as long as he is alive, but if her husband dies, she is released from the law that binds her to him. ^{3} So then, if she has sexual relations with another man while her husband is still alive, she is called an adulteress. But if her husband dies, she is released from that law and is not an adulteress if she marries another man.

^{4} So, my brothers and sisters, you also died to the law through the body of Christ, that you might belong to another, to him who was raised from the dead, in order that we might bear fruit for God. ^{5} For when we were in the realm of the flesh,^{a} the sinful passions aroused by the law were at work in us, so that we bore fruit for death. ^{6} But now, by dying to what once bound us, we have been released from the law so that we serve in the new way of the Spirit, and not in the old way of the written code.

The Law and Sin

^{7} What shall we say, then? Is the law sinful? Certainly not! Nevertheless, I would not have known what sin was had it not been for the law. For I would not have known what coveting really was if the law had not said, "You shall not covet."^{b} ^{8} But sin, seizing the opportunity afforded by the commandment, produced in me every kind of coveting. For apart from the law, sin was dead. ^{9} Once I was alive apart from the law; but when the commandment came, sin sprang to life and I died. ^{10} I found that the very commandment that was

---

^{d} **6:17** *a la enseñanza.* Lit. *al modelo de enseñanza.*
^{e} **7:5** *cuando ... dominaba.* Lit. *cuando estábamos en la *carne.*
^{f} **7:7** Éx 20:17; Dt 5:21

^{z} **23** Or *through*　　^{a} **5** In contexts like this, the Greek word for *flesh* (*sarx*) refers to the sinful state of human beings, often presented as a power in opposition to the Spirit.
^{b} **7** Exodus 20:17; Deut. 5:21

que debía haberme dado vida me llevó a la muerte; ¹¹ porque el pecado se aprovechó del mandamiento, me engañó, y por medio de él me mató.

¹² Concluimos, pues, que la ley es santa, y que el mandamiento es santo, justo y bueno. ¹³ Pero entonces, ¿lo que es bueno se convirtió en muerte para mí? ¡De ninguna manera! Más bien fue el pecado lo que, valiéndose de lo bueno, me produjo la muerte; ocurrió así para que el pecado se manifestara claramente, o sea, para que mediante el mandamiento se demostrara lo extremadamente malo que es el pecado.

¹⁴ Sabemos, en efecto, que la ley es espiritual. Pero yo soy meramente *humano, y estoy vendido como esclavo al pecado. ¹⁵ No entiendo lo que me pasa, pues no hago lo que quiero, sino lo que aborrezco. ¹⁶ Ahora bien, si hago lo que no quiero, estoy de acuerdo en que la ley es buena; ¹⁷ pero, en ese caso, ya no soy yo quien lo lleva a cabo sino el pecado que habita en mí. ¹⁸ Yo sé que en mí, es decir, en mi *naturaleza pecaminosa, nada bueno habita. Aunque deseo hacer lo bueno, no soy capaz de hacerlo. ¹⁹ De hecho, no hago el bien que quiero, sino el mal que no quiero. ²⁰ Y si hago lo que no quiero, ya no soy yo quien lo hace sino el pecado que habita en mí.

²¹ Así que descubro esta ley: que cuando quiero hacer el bien, me acompaña el mal. ²² Porque en lo íntimo de mi ser me deleito en la ley de Dios; ²³ pero me doy cuenta de que en los miembros de mi cuerpo hay otra ley, que es la ley del pecado. Esta ley lucha contra la ley de mi mente, y me tiene cautivo. ²⁴ ¡Soy un pobre miserable! ¿Quién me librará de este cuerpo mortal? ²⁵ ¡Gracias a Dios por medio de Jesucristo nuestro Señor!

En conclusión, con la mente yo mismo me someto a la ley de Dios, pero mi *naturaleza pecaminosa está sujeta a la ley del pecado.

Vida mediante el Espíritu

8 Por lo tanto, ya no hay ninguna condenación para los que están unidos a Cristo Jesús,^g ² pues por medio de él la ley del Espíritu de vida me^h ha liberado de la ley del pecado y de la muerte. ³ En efecto, la ley no pudo liberarnos porque la *naturaleza pecaminosa anuló su poder; por eso Dios envió a su propio Hijo en condición semejante a nuestra condición de pecadores,ⁱ para que se ofreciera en sacrificio por el pecado. Así condenó Dios al pecado en la naturaleza humana, ⁴ a fin de que las justas demandas de la ley se cumplieran en nosotros, que no vivimos según la naturaleza pecaminosa sino según el Espíritu.

⁵ Los que viven conforme a la naturaleza pecaminosa fijan la mente en los deseos de tal

intended to bring life actually brought death. ¹¹ For sin, seizing the opportunity afforded by the commandment, deceived me, and through the commandment put me to death. ¹² So then, the law is holy, and the commandment is holy, righteous and good.

¹³ Did that which is good, then, become death to me? By no means! Nevertheless, in order that sin might be recognized as sin, it used what is good to bring about my death, so that through the commandment sin might become utterly sinful.

¹⁴ We know that the law is spiritual; but I am unspiritual, sold as a slave to sin. ¹⁵ I do not understand what I do. For what I want to do I do not do, but what I hate I do. ¹⁶ And if I do what I do not want to do, I agree that the law is good. ¹⁷ As it is, it is no longer I myself who do it, but it is sin living in me. ¹⁸ For I know that good itself does not dwell in me, that is, in my sinful nature.^c For I have the desire to do what is good, but I cannot carry it out. ¹⁹ For I do not do the good I want to do, but the evil I do not want to do—this I keep on doing. ²⁰ Now if I do what I do not want to do, it is no longer I who do it, but it is sin living in me that does it.

²¹ So I find this law at work: Although I want to do good, evil is right there with me. ²² For in my inner being I delight in God's law; ²³ but I see another law at work in me, waging war against the law of my mind and making me a prisoner of the law of sin at work within me. ²⁴ What a wretched man I am! Who will rescue me from this body that is subject to death? ²⁵ Thanks be to God, who delivers me through Jesus Christ our Lord!

So then, I myself in my mind am a slave to God's law, but in my sinful nature^d a slave to the law of sin.

Life Through the Spirit

8 Therefore, there is now no condemnation for those who are in Christ Jesus, ² because through Christ Jesus the law of the Spirit who gives life has set you^e free from the law of sin and death. ³ For what the law was powerless to do because it was weakened by the flesh,^f God did by sending his own Son in the likeness of sinful flesh to be a sin offering.^g And so he condemned sin in the flesh, ⁴ in order that the righteous requirement of the law might be fully met in us, who do not live according to the flesh but according to the Spirit.

⁵ Those who live according to the flesh have their minds set on what the flesh desires; but those

---

^g 8:1 *Jesús*. Var. *Jesús, los que no viven según la naturaleza pecaminosa sino según el Espíritu* (véase v. 4).

^h 8:2 *me*. Var. *te*.

ⁱ 8:3 *en condición semejante ... pecadores*. Lit. *en semejanza de *carne de pecado*.

^c 18 Or *my flesh*   ^d 25 Or *in the flesh*   ^e 2 The Greek is singular; some manuscripts *me*   ^f 3 In contexts like this, the Greek word for *flesh* (*sarx*) refers to the sinful state of human beings, often presented as a power in opposition to the Spirit; also in verses 4-13.   ^g 3 Or *flesh, for sin*

naturaleza; en cambio, los que viven conforme al Espíritu fijan la mente en los deseos del Espíritu. [6] La mentalidad pecaminosa es muerte, mientras que la mentalidad que proviene del Espíritu es vida y paz. [7] La mentalidad pecaminosa es enemiga de Dios, pues no se somete a la ley de Dios, ni es capaz de hacerlo. [8] Los que viven según la naturaleza pecaminosa no pueden agradar a Dios.

[9] Sin embargo, ustedes no viven según la naturaleza pecaminosa sino según el Espíritu, si es que el Espíritu de Dios vive en ustedes. Y si alguno no tiene el Espíritu de Cristo, no es de Cristo. [10] Pero si Cristo está en ustedes, el cuerpo está muerto a causa del pecado, pero el Espíritu que está en ustedes es vida[j] a causa de la justicia. [11] Y si el Espíritu de aquel que *levantó a Jesús de entre los muertos vive en ustedes, el mismo que levantó a Cristo de entre los muertos también dará vida a sus cuerpos mortales por medio de su Espíritu, que vive en ustedes.

[12] Por tanto, hermanos, tenemos una obligación, pero no es la de vivir conforme a la naturaleza pecaminosa. [13] Porque si ustedes viven conforme a ella, morirán; pero si por medio del Espíritu dan muerte a los malos hábitos del cuerpo, vivirán. [14] Porque todos los que son guiados por el Espíritu de Dios son hijos de Dios. [15] Y ustedes no recibieron un espíritu que de nuevo los esclavice al miedo, sino el Espíritu que los adopta como hijos y les permite clamar: «¡*Abba! ¡Padre!» [16] El Espíritu mismo le asegura a nuestro espíritu que somos hijos de Dios. [17] Y si somos hijos, somos herederos; herederos de Dios y coherederos con Cristo, pues si ahora sufrimos con él, también tendremos parte con él en su gloria.

La gloria futura

[18] De hecho, considero que en nada se comparan los sufrimientos actuales con la gloria que habrá de revelarse en nosotros. [19] La creación aguarda con ansiedad la revelación de los hijos de Dios, [20] porque fue sometida a la frustración. Esto no sucedió por su propia voluntad, sino por la del que así lo dispuso. Pero queda la firme esperanza [21] de que la creación misma ha de ser liberada de la corrupción que la esclaviza, para así alcanzar la gloriosa libertad de los hijos de Dios.

[22] Sabemos que toda la creación todavía gime a una, como si tuviera dolores de parto. [23] Y no sólo ella, sino también nosotros mismos, que tenemos las *primicias del Espíritu, gemimos interiormente, mientras aguardamos nuestra adopción como hijos, es decir, la redención de nuestro cuerpo. [24] Porque en esa esperanza fuimos salvados. Pero la esperanza que se ve, ya no es esperanza. ¿Quién espera lo que ya tiene? [25] Pero si esperamos lo que todavía no tenemos, en la espera mostramos nuestra constancia.

who live in accordance with the Spirit have their minds set on what the Spirit desires. [6] The mind governed by the flesh is death, but the mind governed by the Spirit is life and peace. [7] The mind governed by the flesh is hostile to God; it does not submit to God's law, nor can it do so. [8] Those who are in the realm of the flesh cannot please God.

[9] You, however, are not in the realm of the flesh but are in the realm of the Spirit, if indeed the Spirit of God lives in you. And if anyone does not have the Spirit of Christ, they do not belong to Christ. [10] But if Christ is in you, then even though your body is subject to death because of sin, the Spirit gives life[h] because of righteousness. [11] And if the Spirit of him who raised Jesus from the dead is living in you, he who raised Christ from the dead will also give life to your mortal bodies because of[i] his Spirit who lives in you.

[12] Therefore, brothers and sisters, we have an obligation — but it is not to the flesh, to live according to it. [13] For if you live according to the flesh, you will die; but if by the Spirit you put to death the misdeeds of the body, you will live.

[14] For those who are led by the Spirit of God are the children of God. [15] The Spirit you received does not make you slaves, so that you live in fear again; rather, the Spirit you received brought about your adoption to sonship.[j] And by him we cry, "*Abba,[k] Father." [16] The Spirit himself testifies with our spirit that we are God's children. [17] Now if we are children, then we are heirs — heirs of God and co-heirs with Christ, if indeed we share in his sufferings in order that we may also share in his glory.

Present Suffering and Future Glory

[18] I consider that our present sufferings are not worth comparing with the glory that will be revealed in us. [19] For the creation waits in eager expectation for the children of God to be revealed. [20] For the creation was subjected to frustration, not by its own choice, but by the will of the one who subjected it, in hope [21] that[l] the creation itself will be liberated from its bondage to decay and brought into the freedom and glory of the children of God.

[22] We know that the whole creation has been groaning as in the pains of childbirth right up to the present time. [23] Not only so, but we ourselves, who have the firstfruits of the Spirit, groan inwardly as we wait eagerly for our adoption to sonship, the redemption of our bodies. [24] For in this hope we were saved. But hope that is seen is no hope at all. Who hopes for what they already have? [25] But if we hope for what we do not yet have, we wait for it patiently.

---

[h] 10 Or *you, your body is dead because of sin, yet your spirit is alive*   [i] 11 Some manuscripts *bodies through* [j] 15 The Greek word for *adoption to sonship* is a term referring to the full legal standing of an adopted male heir in Roman culture; also in verse 23.   [k] 15 Aramaic for *father* [l] 20,21 Or *subjected it in hope.* [21] *For*

[j] 8:10 *el Espíritu ... vida.* Alt. *el espíritu de ustedes vive.*

²⁶ Así mismo, en nuestra debilidad el Espíritu acude a ayudarnos. No sabemos qué pedir, pero el Espíritu mismo intercede por nosotros con gemidos que no pueden expresarse con palabras. ²⁷ Y Dios, que examina los corazones, sabe cuál es la intención del Espíritu, porque el Espíritu intercede por los *creyentes conforme a la voluntad de Dios.

Más que vencedores

²⁸ Ahora bien, sabemos que Dios dispone todas las cosas para el bien de quienes lo aman,ᵏ los que han sido llamados de acuerdo con su propósito. ²⁹ Porque a los que Dios conoció de antemano, también los predestinó a ser transformados según la imagen de su Hijo, para que él sea el primogénito entre muchos hermanos. ³⁰ A los que predestinó, también los llamó; a los que llamó, también los *justificó; y a los que justificó, también los glorificó.

³¹ ¿Qué diremos frente a esto? Si Dios está de nuestra parte, ¿quién puede estar en contra nuestra? ³² El que no escatimó ni a su propio Hijo, sino que lo entregó por todos nosotros, ¿cómo no habrá de darnos generosamente, junto con él, todas las cosas? ³³ ¿Quién acusará a los que Dios ha escogido? Dios es el que justifica. ³⁴ ¿Quién condenará? Cristo Jesús es el que murió, e incluso *resucitó, y está a la *derecha de Dios e intercede por nosotros. ³⁵ ¿Quién nos apartará del amor de Cristo? ¿La tribulación, o la angustia, la persecución, el hambre, la indigencia, el peligro, o la violencia? ³⁶ Así está escrito:

«Por tu causa siempre nos llevan a la muerte;
¡nos tratan como a ovejas para el
matadero!»ˡ

³⁷ Sin embargo, en todo esto somos más que vencedores por medio de aquel que nos amó. ³⁸ Pues estoy convencido de que ni la muerte ni la vida, ni los ángeles ni los demonios,ᵐ ni lo presente ni lo por venir, ni los poderes, ³⁹ ni lo alto ni lo profundo, ni cosa alguna en toda la creación, podrá apartarnos del amor que Dios nos ha manifestado en Cristo Jesús nuestro Señor.

La elección soberana de Dios

9 Digo la verdad en Cristo; no miento. Mi conciencia me lo confirma en el Espíritu Santo. ² Me invade una gran tristeza y me embarga un continuo dolor. ³ Desearía yo mismo ser maldecido y separado de Cristo por el bien de mis hermanos, los de mi propia raza, ⁴ el pueblo de Israel. De ellos son la adopción como hijos, la gloria divina, los pactos, la ley, y el privilegio de adorar a Dios y contar con sus promesas. ⁵ De ellos son los patriarcas, y de ellos, según la *naturaleza humana,

²⁶ In the same way, the Spirit helps us in our weakness. We do not know what we ought to pray for, but the Spirit himself intercedes for us through wordless groans. ²⁷ And he who searches our hearts knows the mind of the Spirit, because the Spirit intercedes for God's people in accordance with the will of God.

²⁸ And we know that in all things God works for the good of those who love him, whoᵐ have been called according to his purpose. ²⁹ For those God foreknew he also predestined to be conformed to the image of his Son, that he might be the firstborn among many brothers and sisters. ³⁰ And those he predestined, he also called; those he called, he also justified; those he justified, he also glorified.

More Than Conquerors

³¹ What, then, shall we say in response to these things? If God is for us, who can be against us? ³² He who did not spare his own Son, but gave him up for us all — how will he not also, along with him, graciously give us all things? ³³ Who will bring any charge against those whom God has chosen? It is God who justifies. ³⁴ Who then is the one who condemns? No one. Christ Jesus who died — more than that, who was raised to life — is at the right hand of God and is also interceding for us. ³⁵ Who shall separate us from the love of Christ? Shall trouble or hardship or persecution or famine or nakedness or danger or sword? ³⁶ As it is written:

"For your sake we face death all day long;
we are considered as sheep to be
slaughtered."ⁿ

³⁷ No, in all these things we are more than conquerors through him who loved us. ³⁸ For I am convinced that neither death nor life, neither angels nor demons,ᵒ neither the present nor the future, nor any powers, ³⁹ neither height nor depth, nor anything else in all creation, will be able to separate us from the love of God that is in Christ Jesus our Lord.

Paul's Anguish Over Israel

9 I speak the truth in Christ — I am not lying, my conscience confirms it through the Holy Spirit — ² I have great sorrow and unceasing anguish in my heart. ³ For I could wish that I myself were cursed and cut off from Christ for the sake of my people, those of my own race, ⁴ the people of Israel. Theirs is the adoption to sonship; theirs the divine glory, the covenants, the receiving of the law, the temple worship and the promises. ⁵ Theirs are the patriarchs, and from them is traced the

---

ᵏ **8:28** *Dios ... aman.* Var. *todo actúa para el bien de quienes aman a Dios.*
ˡ **8:36** Sal 44:22
ᵐ **8:38** *demonios.* Alt. *gobernantes celestiales.*

ᵐ **28** Or *that all things work together for good to those who love God, who*; or *that in all things God works together with those who love him to bring about what is good — with those who*
ⁿ **36** Psalm 44:22   ᵒ **38** Or *nor heavenly rulers*

nació Cristo, quien es Dios sobre todas las cosas.
¡Alabado sea por siempre![n] Amén.
6 Ahora bien, no digamos que la Palabra de Dios
ha fracasado. Lo que sucede es que no todos los
que descienden de Israel son Israel. 7 Tampoco
por ser descendientes de Abraham son todos hijos
suyos. Al contrario: «Tu descendencia se establecerá por medio de Isaac.»[ñ] 8 En otras palabras, los
hijos de Dios no son los descendientes *naturales;
más bien, se considera descendencia de Abraham
a los hijos de la promesa. 9 Y la promesa es ésta:
«Dentro de un año vendré, y para entonces Sara
tendrá un hijo.»[o]
10 No sólo eso. También sucedió que los hijos de
Rebeca tuvieron un mismo padre, que fue nuestro
antepasado Isaac. 11 Sin embargo, antes de que los
mellizos nacieran, o hicieran algo bueno o malo, y
para confirmar el propósito de la elección divina,
12 no en base a las obras sino al llamado de Dios, se
le dijo a ella: «El mayor servirá al menor.»[p] 13 Y así
está escrito: «Amé a Jacob, pero aborrecí a Esaú.»[q]
14 ¿Qué concluiremos? ¿Acaso es Dios injusto?
¡De ninguna manera! 15 Es un hecho que a Moisés
le dice:

«Tendré clemencia de quien yo quiera tenerla,
y seré compasivo con quien yo quiera
serlo.»[r]

16 Por lo tanto, la elección no depende del deseo
ni del esfuerzo humano sino de la misericordia de
Dios. 17 Porque la Escritura le dice al faraón: «Te
he levantado precisamente para mostrar en ti mi
poder, y para que mi nombre sea proclamado por
toda la tierra.»[s] 18 Así que Dios tiene misericordia
de quien él quiere tenerla, y endurece a quien él
quiere endurecer.
19 Pero tú me dirás: «Entonces, ¿por qué todavía
nos echa la culpa Dios? ¿Quién puede oponerse
a su voluntad?» 20 Respondo: ¿Quién eres tú para
pedirle cuentas a Dios? «¿Acaso le dirá la olla de
barro al que la modeló: "¿Por qué me hiciste así?"»[t]
21 ¿No tiene derecho el alfarero de hacer del mismo barro unas vasijas para usos especiales y otras
para fines ordinarios?
22 ¿Y qué si Dios, queriendo mostrar su ira y dar
a conocer su poder, soportó con mucha paciencia a los que eran objeto de su castigo[u] y estaban
destinados a la destrucción? 23 ¿Qué si lo hizo
para dar a conocer sus gloriosas riquezas a los
que eran objeto de su misericordia, y a quienes de

n **9:5** *Cristo ... siempre!* Alt. *Cristo. ¡Dios, que está sobre todas las cosas, sea alabado por siempre!*
ñ **9:7** Gn 21:12
o **9:9** Gn 18:10,14
p **9:12** Gn 25:23
q **9:13** Mal 1:2,3
r **9:15** Éx 33:19
s **9:17** Éx 9:16
t **9:20** Is 29:16; 45:9
u **9:22** *objeto de su castigo.* Lit. *vasijas de ira.*

human ancestry of the Messiah, who is God over
all, forever praised![p] Amen.

God's Sovereign Choice

6 It is not as though God's word had failed.
For not all who are descended from Israel are Israel. 7 Nor because they are his descendants are
they all Abraham's children. On the contrary, "It
is through Isaac that your offspring will be reck-
oned."[q] 8 In other words, it is not the children by
physical descent who are God's children, but it is
the children of the promise who are regarded as
Abraham's offspring. 9 For this was how the promise was stated: "At the appointed time I will return,
and Sarah will have a son."[r]
10 Not only that, but Rebekah's children were
conceived at the same time by our father Isaac.
11 Yet, before the twins were born or had done anything good or bad — in order that God's purpose
in election might stand: 12 not by works but by him
who calls — she was told, "The older will serve the
younger."[s] 13 Just as it is written: "Jacob I loved, but
Esau I hated."[t]
14 What then shall we say? Is God unjust? Not at
all! 15 For he says to Moses,

"I will have mercy on whom I have mercy,
and I will have compassion on whom I
have compassion."[u]

16 It does not, therefore, depend on human desire
or effort, but on God's mercy. 17 For Scripture says
to Pharaoh: "I raised you up for this very purpose,
that I might display my power in you and that
my name might be proclaimed in all the earth."[v]
18 Therefore God has mercy on whom he wants
to have mercy, and he hardens whom he wants to
harden.
19 One of you will say to me: "Then why does
God still blame us? For who is able to resist his
will?" 20 But who are you, a human being, to talk
back to God? "Shall what is formed say to the
one who formed it, 'Why did you make me like
this?'"[w] 21 Does not the potter have the right to
make out of the same lump of clay some pottery
for special purposes and some for common use?
22 What if God, although choosing to show his
wrath and make his power known, bore with great
patience the objects of his wrath — prepared for
destruction? 23 What if he did this to make the
riches of his glory known to the objects of his
mercy, whom he prepared in advance for glory —

p *5* Or *Messiah, who is over all. God be forever praised!* Or *Messiah. God who is over all be forever praised!*
q *7* Gen. 21:12
r *9* Gen. 18:10,14
s *12* Gen. 25:23
t *13* Mal. 1:2,3
u *15* Exodus 33:19
v *17* Exodus 9:16
w *20* Isaiah 29:16; 45:9

antemano preparó para esa gloria? ²⁴ Ésos somos nosotros, a quienes Dios llamó no sólo de entre los judíos sino también de entre los *gentiles. ²⁵ Así lo dice Dios en el libro de Oseas:

> «Llamaré "mi pueblo" a los que no son mi
> 　　pueblo;
> 　y llamaré "mi amada" a la que no es mi
> 　　amada»,^v
> ²⁶ «Y sucederá que en el mismo lugar donde se
> 　　les dijo:
> 　"Ustedes no son mi pueblo",
> 　serán llamados "hijos del Dios viviente".»^w

²⁷ Isaías, por su parte, proclama respecto de Israel:

> «Aunque los israelitas sean tan numerosos
> 　　como la arena del mar,
> 　　sólo el remanente será salvo;
> ²⁸ porque plenamente y sin demora
> 　　el Señor cumplirá su sentencia en la
> 　　　tierra.»^x

²⁹ Así había dicho Isaías:

> «Si el Señor Todopoderoso
> 　　no nos hubiera dejado descendientes,
> 　seríamos ya como Sodoma,
> 　　nos pareceríamos a Gomorra.»^y

Incredulidad de Israel

³⁰ ¿Qué concluiremos? Pues que los *gentiles, que no buscaban la justicia, la han alcanzado. Me refiero a la justicia que es por la fe. ³¹ En cambio Israel, que iba en busca de una ley que le diera justicia, no ha alcanzado esa justicia. ³² ¿Por qué no? Porque no la buscaron mediante la fe sino mediante las obras, como si fuera posible alcanzarla así. Por eso tropezaron con la «piedra de tropiezo», ³³ como está escrito:

> «Miren que pongo en Sión una piedra de
> 　　tropiezo
> 　y una roca que hace *caer;
> 　pero el que confíe en él no será
> 　　defraudado.»^z

10 Hermanos, el deseo de mi corazón, y mi oración a Dios por los israelitas, es que lleguen a ser salvos. ² Puedo declarar en favor de ellos que muestran celo por Dios, pero su celo no se basa en el conocimiento. ³ No conociendo la justicia que proviene de Dios, y procurando establecer la suya propia, no se sometieron a la justicia de Dios. ⁴ De hecho, Cristo es el fin de la ley, para que todo el que cree reciba la justicia.

²⁴ even us, whom he also called, not only from the Jews but also from the Gentiles? ²⁵ As he says in Hosea:

> "I will call them 'my people' who are not my
> 　　people;
> 　and I will call her 'my loved one' who is
> 　　not my loved one,"^x

²⁶ and,

> "In the very place where it was said to them,
> 　'You are not my people,'
> 　there they will be called 'children of the
> 　　living God.'"^y

²⁷ Isaiah cries out concerning Israel:

> "Though the number of the Israelites be like
> 　　the sand by the sea,
> 　only the remnant will be saved.
> ²⁸ For the Lord will carry out
> 　his sentence on earth with speed and
> 　　finality."^z

²⁹ It is just as Isaiah said previously:

> "Unless the Lord Almighty
> 　had left us descendants,
> we would have become like Sodom,
> 　we would have been like Gomorrah."^a

Israel's Unbelief

³⁰ What then shall we say? That the Gentiles, who did not pursue righteousness, have obtained it, a righteousness that is by faith; ³¹ but the people of Israel, who pursued the law as the way of righteousness, have not attained their goal. ³² Why not? Because they pursued it not by faith but as if it were by works. They stumbled over the stumbling stone. ³³ As it is written:

> "See, I lay in Zion a stone that causes people
> 　　to stumble
> 　and a rock that makes them fall,
> 　and the one who believes in him will
> 　　never be put to shame."^b

10 Brothers and sisters, my heart's desire and prayer to God for the Israelites is that they may be saved. ² For I can testify about them that they are zealous for God, but their zeal is not based on knowledge. ³ Since they did not know the righteousness of God and sought to establish their own, they did not submit to God's righteousness. ⁴ Christ is the culmination of the law so that there may be righteousness for everyone who believes.

---

v **9:25** Os 2:23
w **9:26** Os 1:10
x **9:28** Is 10:22,23
y **9:29** Is 1:9
z **9:33** Is 8:14; 28:16

x 25 Hosea 2:23　　y 26 Hosea 1:10　　z 28 Isaiah 10:22,23 (see Septuagint)　　a 29 Isaiah 1:9　　b 33 Isaiah 8:14; 28:16

⁵ Así describe Moisés la justicia que se basa en la ley: «Quien practique estas cosas vivirá por ellas.»ᵃ ⁶ Pero la justicia que se basa en la fe afirma: «No digas en tu corazón: "¿Quién subirá al cielo?"ᵇ (es decir, para hacer bajar a Cristo), ⁷ o "¿Quién bajará al *abismo?" » (es decir, para hacer subir a Cristo de entre los muertos). ⁸ ¿Qué afirma entonces? «La palabra está cerca de ti; la tienes en la boca y en el corazón.»ᶜ Ésta es la palabra de fe que predicamos: ⁹ que si confiesas con tu boca que Jesús es el Señor, y crees en tu corazón que Dios lo *levantó de entre los muertos, serás salvo. ¹⁰ Porque con el corazón se cree para ser *justificado, pero con la boca se confiesa para ser salvo. ¹¹ Así dice la Escritura: «Todo el que confíe en él no será jamás defraudado.»ᵈ ¹² No hay diferencia entre judíos y *gentiles, pues el mismo Señor es Señor de todos y bendice abundantemente a cuantos lo invocan, ¹³ porque «todo el que invoque el nombre del Señor será salvo».ᵉ

¹⁴ Ahora bien, ¿cómo invocarán a aquel en quien no han creído? ¿Y cómo creerán en aquel de quien no han oído? ¿Y cómo oirán si no hay quien les predique? ¹⁵ ¿Y quién predicará sin ser enviado? Así está escrito: «¡Qué hermoso es recibir al mensajero que traeᶠ buenas *nuevas!»

¹⁶ Sin embargo, no todos los israelitas aceptaron las buenas nuevas. Isaías dice: «Señor, ¿quién ha creído a nuestro mensaje?»ᵍ ¹⁷ Así que la fe viene como resultado de oír el mensaje, y el mensaje que se oye es la palabra de Cristo.ʰ ¹⁸ Pero pregunto: ¿Acaso no oyeron? ¡Claro que sí!

«Por toda la tierra se difundió su voz,
   ¡sus palabras llegan hasta los confines del
     mundo!»ⁱ

¹⁹ Pero insisto: ¿Acaso no entendió Israel? En primer lugar, Moisés dice:

«Yo haré que ustedes sientan envidia de los
   que no son nación;
   voy a irritarlos con una nación insensata.»ʲ

²⁰ Luego Isaías se atreve a decir:

«Dejé que me hallaran los que no me
   buscaban;
   me di a conocer a los que no preguntaban
     por mí.»ᵏ

²¹ En cambio, respecto de Israel, dice:

---

⁵ Moses writes this about the righteousness that is by the law: "The person who does these things will live by them."ᶜ ⁶ But the righteousness that is by faith says: "Do not say in your heart, 'Who will ascend into heaven?' "ᵈ (that is, to bring Christ down) ⁷ "or 'Who will descend into the deep?' "ᵉ (that is, to bring Christ up from the dead). ⁸ But what does it say? "The word is near you; it is in your mouth and in your heart,"ᶠ that is, the message concerning faith that we proclaim: ⁹ If you declare with your mouth, "Jesus is Lord," and believe in your heart that God raised him from the dead, you will be saved. ¹⁰ For it is with your heart that you believe and are justified, and it is with your mouth that you profess your faith and are saved. ¹¹ As Scripture says, "Anyone who believes in him will never be put to shame."ᵍ ¹² For there is no difference between Jew and Gentile—the same Lord is Lord of all and richly blesses all who call on him, ¹³ for, "Everyone who calls on the name of the Lord will be saved."ʰ

¹⁴ How, then, can they call on the one they have not believed in? And how can they believe in the one of whom they have not heard? And how can they hear without someone preaching to them? ¹⁵ And how can anyone preach unless they are sent? As it is written: "How beautiful are the feet of those who bring good news!"ⁱ

¹⁶ But not all the Israelites accepted the good news. For Isaiah says, "Lord, who has believed our message?"ʲ ¹⁷ Consequently, faith comes from hearing the message, and the message is heard through the word about Christ. ¹⁸ But I ask: Did they not hear? Of course they did:

"Their voice has gone out into all the earth,
   their words to the ends of the world."ᵏ

¹⁹ Again I ask: Did Israel not understand? First, Moses says,

"I will make you envious by those who are
   not a nation;
   I will make you angry by a nation that has
     no understanding."ˡ

²⁰ And Isaiah boldly says,

"I was found by those who did not seek me;
   I revealed myself to those who did not ask
     for me."ᵐ

²¹ But concerning Israel he says,

ᵃ **10:5** Lv 18:5
ᵇ **10:6** Dt 30:12
ᶜ **10:8** Dt 30:14
ᵈ **10:11** Is 28:16
ᵉ **10:13** Jl 2:32
ᶠ **10:15** ¡Qué hermoso ... trae. Lit. ¡Qué hermosos son los pies de los que anuncian; Is 52:7.
ᵍ **10:16** Is 53:1
ʰ **10:17** Cristo. Var. Dios.
ⁱ **10:18** Sal 19:4
ʲ **10:19** Dt 32:21
ᵏ **10:20** Is 65:1

ᶜ 5 Lev. 18:5   ᵈ 6 Deut. 30:12   ᵉ 7 Deut. 30:13
ᶠ 8 Deut. 30:14   ᵍ 11 Isaiah 28:16 (see Septuagint)
ʰ 13 Joel 2:32   ⁱ 15 Isaiah 52:7   ʲ 16 Isaiah 53:1
ᵏ 18 Psalm 19:4   ˡ 19 Deut. 32:21   ᵐ 20 Isaiah 65:1

«Todo el día extendí mis manos
   hacia un pueblo desobediente y rebelde.»[l]

El remanente de Israel

11 Por lo tanto, pregunto: ¿Acaso rechazó Dios a su pueblo? ¡De ninguna manera! Yo mismo soy israelita, descendiente de Abraham, de la tribu de Benjamín. [2] Dios no rechazó a su pueblo, al que de antemano conoció. ¿No saben lo que relata la Escritura en cuanto a Elías? Acusó a Israel delante de Dios: [3] «Señor, han matado a tus profetas y han derribado tus altares. Yo soy el único que ha quedado con vida, ¡y ahora quieren matarme a mí también!»[m] [4] ¿Y qué le contestó la voz divina? «He apartado para mí siete mil hombres, los que no se han arrodillado ante Baal.»[n] [5] Así también hay en la actualidad un remanente escogido por gracia. [6] Y si es por gracia, ya no es por obras; porque en tal caso la gracia ya no sería gracia.[ñ]

[7] ¿Qué concluiremos? Pues que Israel no consiguió lo que tanto deseaba, pero sí lo consiguieron los elegidos. Los demás fueron endurecidos, [8] como está escrito:

«Dios les dio un espíritu insensible,
   ojos con los que no pueden ver
   y oídos con los que no pueden oír,
hasta el día de hoy.»[o]

[9] Y David dice:

«Que sus banquetes se les conviertan en red
     y en trampa,
en *tropezadero y en castigo.
[10] Que se les nublen los ojos para que no vean,
   y se encorven sus espaldas para siempre.»[p]

Ramas injertadas

[11] Ahora pregunto: ¿Acaso tropezaron para no volver a levantarse? ¡De ninguna manera! Más bien, gracias a su transgresión ha venido la salvación a los *gentiles, para que Israel sienta celos. [12] Pero si su transgresión ha enriquecido al mundo, es decir, si su fracaso ha enriquecido a los gentiles, ¡cuánto mayor será la riqueza que su plena restauración producirá!

[13] Me dirijo ahora a ustedes, los gentiles. Como apóstol que soy de ustedes, le hago honor a mi ministerio, [14] pues quisiera ver si de algún modo despierto los celos de mi propio pueblo, para así salvar a algunos de ellos. [15] Pues si el haberlos rechazado dio como resultado la reconciliación entre Dios y el mundo, ¿no será su restitución una vuelta a la vida? [16] Si se consagra la parte de la masa que se ofrece como *primicias, también se

«All day long I have held out my hands
   to a disobedient and obstinate people.»[n]

The Remnant of Israel

11 I ask then: Did God reject his people? By no means! I am an Israelite myself, a descendant of Abraham, from the tribe of Benjamin. [2] God did not reject his people, whom he foreknew. Don't you know what Scripture says in the passage about Elijah — how he appealed to God against Israel: [3] "Lord, they have killed your prophets and torn down your altars; I am the only one left, and they are trying to kill me"[o]? [4] And what was God's answer to him? "I have reserved for myself seven thousand who have not bowed the knee to Baal."[p] [5] So too, at the present time there is a remnant chosen by grace. [6] And if by grace, then it cannot be based on works; if it were, grace would no longer be grace.

[7] What then? What the people of Israel sought so earnestly they did not obtain. The elect among them did, but the others were hardened, [8] as it is written:

"God gave them a spirit of stupor,
   eyes that could not see
   and ears that could not hear,
to this very day."[q]

[9] And David says:

"May their table become a snare and a trap,
   a stumbling block and a retribution for
     them.
[10] May their eyes be darkened so they cannot
     see,
   and their backs be bent forever."[r]

Ingrafted Branches

[11] Again I ask: Did they stumble so as to fall beyond recovery? Not at all! Rather, because of their transgression, salvation has come to the Gentiles to make Israel envious. [12] But if their transgression means riches for the world, and their loss means riches for the Gentiles, how much greater riches will their full inclusion bring!

[13] I am talking to you Gentiles. Inasmuch as I am the apostle to the Gentiles, I take pride in my ministry [14] in the hope that I may somehow arouse my own people to envy and save some of them. [15] For if their rejection brought reconciliation to the world, what will their acceptance be but life from the dead? [16] If the part of the dough offered

---

[l] **10:21** Is 65:2
[m] **11:3** 1R 19:10,14
[n] **11:4** 1R 19:18
[ñ] **11:6** *no sería gracia.* Var. *no sería gracia. Pero si es por obras, ya no es gracia; porque en tal caso la obra ya no sería obra.*
[o] **11:8** Dt 29:4; Is 29:10
[p] **11:10** Sal 69:22,23

[n] *21* Isaiah 65:2   [o] *3* 1 Kings 19:10,14   [p] *4* 1 Kings 19:18
[q] *8* Deut. 29:4; Isaiah 29:10   [r] *10* Psalm 69:22,23

consagra toda la masa; si la raíz es santa, también lo son las ramas.

17 Ahora bien, es verdad que algunas de las ramas han sido desgajadas, y que tú, siendo de olivo silvestre, has sido injertado entre las otras ramas. Ahora participas de la savia nutritiva de la raíz del olivo. 18 Sin embargo, no te vayas a creer mejor que las ramas originales. Y si te jactas de ello, ten en cuenta que no eres tú quien nutre a la raíz, sino que es la raíz la que te nutre a ti. 19 Tal vez dirás: «Desgajaron unas ramas para que yo fuera injertado.» 20 De acuerdo. Pero ellas fueron desgajadas por su falta de fe, y tú por la fe te mantienes firme. Así que no seas arrogante sino temeroso; 21 porque si Dios no tuvo miramientos con las ramas originales, tampoco los tendrá contigo.

22 Por tanto, considera la bondad y la severidad de Dios: severidad hacia los que cayeron y bondad hacia ti. Pero si no te mantienes en su bondad, tú también serás desgajado. 23 Y si ellos dejan de ser incrédulos, serán injertados, porque Dios tiene poder para injertarlos de nuevo. 24 Después de todo, si tú fuiste cortado de un olivo silvestre, al que por naturaleza pertenecías, y contra tu condición natural fuiste injertado en un olivo cultivado, ¡con cuánta mayor facilidad las ramas naturales de ese olivo serán injertadas de nuevo en él!

Todo Israel será salvo

25 Hermanos, quiero que entiendan este *misterio para que no se vuelvan presuntuosos. Parte de Israel se ha endurecido, y así permanecerá hasta que haya entrado la totalidad de los *gentiles. 26 De esta manera todo Israel será salvo, como está escrito:

«El redentor vendrá de Sión
   y apartará de Jacob la impiedad.
27 Y éste será mi pacto con ellos
   cuando perdone sus pecados.»q

28 Con respecto al *evangelio, los israelitas son enemigos de Dios para bien de ustedes; pero si tomamos en cuenta la elección, son amados de Dios por causa de los patriarcas, 29 porque las dádivas de Dios son irrevocables, como lo es también su llamamiento. 30 De hecho, en otro tiempo ustedes fueron desobedientes a Dios; pero ahora, por la desobediencia de los israelitas, han sido objeto de su misericordia. 31 Así mismo, estos que han desobedecido recibirán misericordia ahora, como resultado de la misericordia de Dios hacia ustedes. 32 En fin, Dios ha sujetado a todos a la desobediencia, con el fin de tener misericordia de todos.

as firstfruits is holy, then the whole batch is holy; if the root is holy, so are the branches.

17 If some of the branches have been broken off, and you, though a wild olive shoot, have been grafted in among the others and now share in the nourishing sap from the olive root, 18 do not consider yourself to be superior to those other branches. If you do, consider this: You do not support the root, but the root supports you. 19 You will say then, "Branches were broken off so that I could be grafted in." 20 Granted. But they were broken off because of unbelief, and you stand by faith. Do not be arrogant, but tremble. 21 For if God did not spare the natural branches, he will not spare you either.

22 Consider therefore the kindness and sternness of God: sternness to those who fell, but kindness to you, provided that you continue in his kindness. Otherwise, you also will be cut off. 23 And if they do not persist in unbelief, they will be grafted in, for God is able to graft them in again. 24 After all, if you were cut out of an olive tree that is wild by nature, and contrary to nature were grafted into a cultivated olive tree, how much more readily will these, the natural branches, be grafted into their own olive tree!

All Israel Will Be Saved

25 I do not want you to be ignorant of this mystery, brothers and sisters, so that you may not be conceited: Israel has experienced a hardening in part until the full number of the Gentiles has come in, 26 and in this ways all Israel will be saved. As it is written:

"The deliverer will come from Zion;
   he will turn godlessness away from Jacob.
27 And this ist my covenant with them
   when I take away their sins."u

28 As far as the gospel is concerned, they are enemies for your sake; but as far as election is concerned, they are loved on account of the patriarchs, 29 for God's gifts and his call are irrevocable. 30 Just as you who were at one time disobedient to God have now received mercy as a result of their disobedience, 31 so they too have now become disobedient in order that they too may nowv receive mercy as a result of God's mercy to you. 32 For God has bound everyone over to disobedience so that he may have mercy on them all.

q 11:27 Is 59:20,21; 27:9; Jer 31:33,34

s 26 Or and so   t 27 Or will be   u 27 Isaiah 59:20,21; 27:9 (see Septuagint); Jer. 31:33,34   v 31 Some manuscripts do not have now.

Doxología

³³ ¡Qué profundas son las riquezas de la sabiduría y del conocimiento de Dios!

¡Qué indescifrables sus juicios
    e impenetrables sus caminos!
³⁴ «¿Quién ha conocido la mente del Señor,
    o quién ha sido su consejero?»ʳ
³⁵ «¿Quién le ha dado primero a Dios,
    para que luego Dios le pague?»ˢ
³⁶ Porque todas las cosas proceden de él,
    y existen por él y para él.
¡A él sea la gloria por siempre! Amén.

Sacrificios vivos

12 Por lo tanto, hermanos, tomando en cuenta la misericordia de Dios, les ruego que cada uno de ustedes, en adoración espiritual,ᵗ ofrezca su cuerpo como sacrificio vivo, *santo y agradable a Dios. ² No se amolden al mundo actual, sino sean transformados mediante la renovación de su mente. Así podrán comprobar cuál es la voluntad de Dios, buena, agradable y perfecta.

³ Por la gracia que se me ha dado, les digo a todos ustedes: Nadie tenga un concepto de sí más alto que el que debe tener, sino más bien piense de sí mismo con moderación, según la medida de fe que Dios le haya dado. ⁴ Pues así como cada uno de nosotros tiene un solo cuerpo con muchos miembros, y no todos estos miembros desempeñan la misma función, ⁵ también nosotros, siendo muchos, formamos un solo cuerpo en Cristo, y cada miembro está unido a todos los demás. ⁶ Tenemos dones diferentes, según la gracia que se nos ha dado. Si el don de alguien es el de profecía, que lo use en proporción con su fe;ᵘ ⁷ si es el de prestar un servicio, que lo preste; si es el de enseñar, que enseñe; ⁸ si es el de animar a otros, que los anime; si es el de socorrer a los necesitados, que dé con generosidad; si es el de dirigir, que dirija con esmero; si es el de mostrar compasión, que lo haga con alegría.

El amor

⁹ El amor debe ser sincero. Aborrezcan el mal; aférrense al bien. ¹⁰ Ámense los unos a los otros con amor fraternal, respetándose y honrándose mutuamente. ¹¹ Nunca dejen de ser diligentes; antes bien, sirvan al Señor con el fervor que da el Espíritu. ¹² Alégrense en la esperanza, muestren paciencia en el sufrimiento, perseveren en la oración. ¹³ Ayuden a los hermanos necesitados. Practiquen la hospitalidad. ¹⁴ Bendigan a quienes los persigan; bendigan y no maldigan. ¹⁵ Alégrense con los que están alegres; lloren con los que lloran. ¹⁶ Vivan en armonía los unos con los otros.

Doxology

³³ Oh, the depth of the riches of the wisdom
    andʷ knowledge of God!
How unsearchable his judgments,
    and his paths beyond tracing out!
³⁴ "Who has known the mind of the Lord?
    Or who has been his counselor?"ˣ
³⁵ "Who has ever given to God,
    that God should repay them?"ʸ
³⁶ For from him and through him and for him
    are all things.
To him be the glory forever! Amen.

A Living Sacrifice

12 Therefore, I urge you, brothers and sisters, in view of God's mercy, to offer your bodies as a living sacrifice, holy and pleasing to God—this is your true and proper worship. ² Do not conform to the pattern of this world, but be transformed by the renewing of your mind. Then you will be able to test and approve what God's will is—his good, pleasing and perfect will.

Humble Service in the Body of Christ

³ For by the grace given me I say to every one of you: Do not think of yourself more highly than you ought, but rather think of yourself with sober judgment, in accordance with the faith God has distributed to each of you. ⁴ For just as each of us has one body with many members, and these members do not all have the same function, ⁵ so in Christ we, though many, form one body, and each member belongs to all the others. ⁶ We have different gifts, according to the grace given to each of us. If your gift is prophesying, then prophesy in accordance with yourᶻ faith; ⁷ if it is serving, then serve; if it is teaching, then teach; ⁸ if it is to encourage, then give encouragement; if it is giving, then give generously; if it is to lead,ᵃ do it diligently; if it is to show mercy, do it cheerfully.

Love in Action

⁹ Love must be sincere. Hate what is evil; cling to what is good. ¹⁰ Be devoted to one another in love. Honor one another above yourselves. ¹¹ Never be lacking in zeal, but keep your spiritual fervor, serving the Lord. ¹² Be joyful in hope, patient in affliction, faithful in prayer. ¹³ Share with the Lord's people who are in need. Practice hospitality.

¹⁴ Bless those who persecute you; bless and do not curse. ¹⁵ Rejoice with those who rejoice; mourn with those who mourn. ¹⁶ Live in harmony with one another. Do not be proud, but be willing

---

r **11:34** Is 40:13
s **11:35** Job 41:11
t **12:1** *espiritual.* Alt. *racional.*
u **12:6** *en proporción con su fe.* Alt. *de acuerdo con la fe.*

w 33 Or *riches and the wisdom and the*   *x* 34 Isaiah 40:13
y 35 Job 41:11   *z* 6 Or *the*   *a* 8 Or *to provide for others*

No sean arrogantes, sino háganse solidarios con los humildes.[v] No se crean los únicos que saben. [17] No paguen a nadie mal por mal. Procuren hacer lo bueno delante de todos. [18] Si es posible, y en cuanto dependa de ustedes, vivan en paz con todos. [19] No tomen venganza, hermanos míos, sino dejen el castigo en las manos de Dios, porque está escrito: «Mía es la venganza; yo pagaré»,[w] dice el Señor. [20] Antes bien,

«Si tu enemigo tiene hambre, dale de comer;
si tiene sed, dale de beber.
Actuando así, harás que se avergüence de su
    conducta.»[x]

[21] No te dejes vencer por el mal; al contrario, vence el mal con el bien.

El respeto a las autoridades

13 Todos deben someterse a las autoridades públicas, pues no hay autoridad que Dios no haya dispuesto, así que las que existen fueron establecidas por él. [2] Por lo tanto, todo el que se opone a la autoridad se rebela contra lo que Dios ha instituido. Los que así proceden recibirán castigo. [3] Porque los gobernantes no están para infundir terror a los que hacen lo bueno sino a los que hacen lo malo. ¿Quieres librarte del miedo a la autoridad? Haz lo bueno, y tendrás su aprobación, [4] pues está al servicio de Dios para tu bien. Pero si haces lo malo, entonces debes tener miedo. No en vano lleva la espada, pues está al servicio de Dios para impartir justicia y castigar al malhechor. [5] Así que es necesario someterse a las autoridades, no sólo para evitar el castigo sino también por razones de conciencia.

[6] Por eso mismo pagan ustedes impuestos, pues las autoridades están al servicio de Dios, dedicadas precisamente a gobernar. [7] Paguen a cada uno lo que le corresponda: si deben impuestos, paguen los impuestos; si deben contribuciones, paguen las contribuciones; al que deban respeto, muéstrenle respeto; al que deban honor, ríndanle honor.

La responsabilidad hacia los demás

[8] No tengan deudas pendientes con nadie, a no ser la de amarse unos a otros. De hecho, quien ama al prójimo ha cumplido la ley. [9] Porque los mandamientos que dicen: «No cometas adulterio», «No mates», «No robes», «No codicies»,[y] y todos los demás mandamientos, se resumen en este precepto: «Ama a tu prójimo como a ti mismo.»[z] [10] El amor no perjudica al prójimo. Así que el amor es el cumplimiento de la ley.

to associate with people of low position.[b] Do not be conceited.
[17] Do not repay anyone evil for evil. Be careful to do what is right in the eyes of everyone. [18] If it is possible, as far as it depends on you, live at peace with everyone. [19] Do not take revenge, my dear friends, but leave room for God's wrath, for it is written: "It is mine to avenge; I will repay,"[c] says the Lord. [20] On the contrary:

"If your enemy is hungry, feed him;
if he is thirsty, give him something to
    drink.
In doing this, you will heap burning coals on
    his head."[d]

[21] Do not be overcome by evil, but overcome evil with good.

Submission to Governing Authorities

13 Let everyone be subject to the governing authorities, for there is no authority except that which God has established. The authorities that exist have been established by God. [2] Consequently, whoever rebels against the authority is rebelling against what God has instituted, and those who do so will bring judgment on themselves. [3] For rulers hold no terror for those who do right, but for those who do wrong. Do you want to be free from fear of the one in authority? Then do what is right and you will be commended. [4] For the one in authority is God's servant for your good. But if you do wrong, be afraid, for rulers do not bear the sword for no reason. They are God's servants, agents of wrath to bring punishment on the wrongdoer. [5] Therefore, it is necessary to submit to the authorities, not only because of possible punishment but also as a matter of conscience.

[6] This is also why you pay taxes, for the authorities are God's servants, who give their full time to governing. [7] Give to everyone what you owe them: If you owe taxes, pay taxes; if revenue, then revenue; if respect, then respect; if honor, then honor.

Love Fulfills the Law

[8] Let no debt remain outstanding, except the continuing debt to love one another, for whoever loves others has fulfilled the law. [9] The commandments, "You shall not commit adultery," "You shall not murder," "You shall not steal," "You shall not covet,"[e] and whatever other command there may be, are summed up in this one command: "Love your neighbor as yourself."[f] [10] Love does no harm to a neighbor. Therefore love is the fulfillment of the law.

---

v **12:16** háganse ... humildes. Alt. estén dispuestos a ocuparse en oficios humildes.
  w **12:19** Dt 32:35
  x **12:20** harás ... conducta. Lit. ascuas de fuego amontonarás sobre su cabeza (Pr 25:21,22).
  y **13:9** Éx 20:13-15,17; Dt 5:17-19,21
  z **13:9** Lv 19:18

b **16** Or willing to do menial work   c **19** Deut. 32:35
d **20** Prov. 25:21,22   e **9** Exodus 20:13-15,17; Deut. 5:17-19,21
f **9** Lev. 19:18

¹¹ Hagan todo esto estando conscientes del tiempo en que vivimos. Ya es hora de que despierten del sueño, pues nuestra salvación está ahora más cerca que cuando inicialmente creímos. ¹² La noche está muy avanzada y ya se acerca el día. Por eso, dejemos a un lado las obras de la oscuridad y pongámonos la armadura de la luz. ¹³ Vivamos decentemente, como a la luz del día, no en orgías y borracheras, ni en inmoralidad sexual y libertinaje, ni en disensiones y envidias. ¹⁴ Más bien, revístanse ustedes del Señor Jesucristo, y no se preocupen por satisfacer los deseos de la *naturaleza pecaminosa.

Los débiles y los fuertes

14 Reciban al que es débil en la fe, pero no para entrar en discusiones. ² A algunos su fe les permite comer de todo, pero hay quienes son débiles en la fe, y sólo comen verduras. ³ El que come de todo no debe menospreciar al que no come ciertas cosas, y el que no come de todo no debe condenar al que lo hace, pues Dios lo ha aceptado. ⁴ ¿Quién eres tú para juzgar al siervo de otro? Que se mantenga en pie, o que caiga, es asunto de su propio señor. Y se mantendrá en pie, porque el Señor tiene poder para sostenerlo.

⁵ Hay quien considera que un día tiene más importancia que otro, pero hay quien considera iguales todos los días. Cada uno debe estar firme en sus propias opiniones. ⁶ El que le da importancia especial a cierto día, lo hace para el Señor. El que come de todo, come para el Señor, y lo demuestra dándole gracias a Dios; y el que no come, para el Señor se abstiene, y también da gracias a Dios. ⁷ Porque ninguno de nosotros vive para sí mismo, ni tampoco muere para sí. ⁸ Si vivimos, para el Señor vivimos; y si morimos, para el Señor morimos. Así pues, sea que vivamos o que muramos, del Señor somos. ⁹ Para esto mismo murió Cristo, y volvió a vivir, para ser Señor tanto de los que han muerto como de los que aún viven. ¹⁰ Tú, entonces, ¿por qué juzgas a tu hermano? O tú, ¿por qué lo menosprecias? ¡Todos tendremos que comparecer ante el tribunal de Dios! ¹¹ Está escrito:

> «Tan cierto como que yo vivo —dice el Señor—,
> ante mí se doblará toda rodilla
> y toda lengua confesará a Dios.»^a

¹² Así que cada uno de nosotros tendrá que dar cuentas de sí a Dios.

¹³ Por tanto, dejemos de juzgarnos unos a otros. Más bien, propónganse no poner *tropiezos ni obstáculos al hermano. ¹⁴ Yo, de mi parte, estoy plenamente convencido en el Señor Jesús de

The Day Is Near

¹¹ And do this, understanding the present time: The hour has already come for you to wake up from your slumber, because our salvation is nearer now than when we first believed. ¹² The night is nearly over; the day is almost here. So let us put aside the deeds of darkness and put on the armor of light. ¹³ Let us behave decently, as in the daytime, not in carousing and drunkenness, not in sexual immorality and debauchery, not in dissension and jealousy. ¹⁴ Rather, clothe yourselves with the Lord Jesus Christ, and do not think about how to gratify the desires of the flesh.^g

The Weak and the Strong

14 Accept the one whose faith is weak, without quarreling over disputable matters. ² One person's faith allows them to eat anything, but another, whose faith is weak, eats only vegetables. ³ The one who eats everything must not treat with contempt the one who does not, and the one who does not eat everything must not judge the one who does, for God has accepted them. ⁴ Who are you to judge someone else's servant? To their own master, servants stand or fall. And they will stand, for the Lord is able to make them stand.

⁵ One person considers one day more sacred than another; another considers every day alike. Each of them should be fully convinced in their own mind. ⁶ Whoever regards one day as special does so to the Lord. Whoever eats meat does so to the Lord, for they give thanks to God; and whoever abstains does so to the Lord and gives thanks to God. ⁷ For none of us lives for ourselves alone, and none of us dies for ourselves alone. ⁸ If we live, we live for the Lord; and if we die, we die for the Lord. So, whether we live or die, we belong to the Lord. ⁹ For this very reason, Christ died and returned to life so that he might be the Lord of both the dead and the living.

¹⁰ You, then, why do you judge your brother or sister^h? Or why do you treat them with contempt? For we will all stand before God's judgment seat. ¹¹ It is written:

> "'As surely as I live,' says the Lord,
> 'every knee will bow before me;
> every tongue will acknowledge God.'"ⁱ

¹² So then, each of us will give an account of ourselves to God.

¹³ Therefore let us stop passing judgment on one another. Instead, make up your mind not to put any stumbling block or obstacle in the way of a brother or sister. ¹⁴ I am convinced, being fully

---

^g 14 In contexts like this, the Greek word for *flesh* (*sarx*) refers to the sinful state of human beings, often presented as a power in opposition to the Spirit.   ^h 10 The Greek word for *brother or sister* (*adelphos*) refers here to a believer, whether man or woman, as part of God's family; also in verses 13, 15 and 21. ⁱ 11 Isaiah 45:23

^a 14:11 Is 45:23

que no hay nada *impuro en sí mismo. Si algo es impuro, lo es solamente para quien así lo considera. ¹⁵ Ahora bien, si tu hermano se angustia por causa de lo que comes, ya no te comportas con amor. No destruyas, por causa de la comida, al hermano por quien Cristo murió. ¹⁶ En una palabra, no den lugar a que se hable mal del bien que ustedes practican, ¹⁷ porque el reino de Dios no es cuestión de comidas o bebidas sino de justicia, paz y alegría en el Espíritu Santo. ¹⁸ El que de esta manera sirve a Cristo, agrada a Dios y es aprobado por sus semejantes.

¹⁹ Por lo tanto, esforcémonos por promover todo lo que conduzca a la paz y a la mutua edificación. ²⁰ No destruyas la obra de Dios por causa de la comida. Todo alimento es puro; lo malo es hacer tropezar a otros por lo que uno come. ²¹ Más vale no comer carne ni beber vino, ni hacer nada que haga *caer a tu hermano.

²² Así que la convicción[b] que tengas tú al respecto, manténla como algo entre Dios y tú. *Dichoso aquel a quien su conciencia no lo acusa por lo que hace. ²³ Pero el que tiene dudas en cuanto a lo que come, se condena; porque no lo hace por convicción. Y todo lo que no se hace por convicción es pecado.

15 Los fuertes en la fe debemos apoyar a los débiles, en vez de hacer lo que nos agrada. ² Cada uno debe agradar al prójimo para su bien, con el fin de edificarlo. ³ Porque ni siquiera Cristo se agradó a sí mismo sino que, como está escrito: «Sobre mí han recaído los insultos de tus detractores.»[c] ⁴ De hecho, todo lo que se escribió en el pasado se escribió para enseñarnos, a fin de que, alentados por las Escrituras, perseveremos en mantener nuestra esperanza.

⁵ Que el Dios que infunde aliento y perseverancia les conceda vivir juntos en armonía, conforme al ejemplo de Cristo Jesús, ⁶ para que con un solo corazón y a una sola voz glorifiquen al Dios y Padre de nuestro Señor Jesucristo.

⁷ Por tanto, acéptense mutuamente, así como Cristo los aceptó a ustedes para gloria de Dios. ⁸ Les digo que Cristo se hizo servidor de los judíos[d] para demostrar la fidelidad de Dios, a fin de confirmar las promesas hechas a los patriarcas, ⁹ y para que los *gentiles glorifiquen a Dios por su compasión, como está escrito:

«Por eso te alabaré entre las *naciones;
    cantaré salmos a tu nombre.»[e]

¹⁰ En otro pasaje dice:

«Alégrense, naciones, con el pueblo de
    Dios.»[f]

persuaded in the Lord Jesus, that nothing is unclean in itself. But if anyone regards something as unclean, then for that person it is unclean. ¹⁵ If your brother or sister is distressed because of what you eat, you are no longer acting in love. Do not by your eating destroy someone for whom Christ died. ¹⁶ Therefore do not let what you know is good be spoken of as evil. ¹⁷ For the kingdom of God is not a matter of eating and drinking, but of righteousness, peace and joy in the Holy Spirit, ¹⁸ because anyone who serves Christ in this way is pleasing to God and receives human approval.

¹⁹ Let us therefore make every effort to do what leads to peace and to mutual edification. ²⁰ Do not destroy the work of God for the sake of food. All food is clean, but it is wrong for a person to eat anything that causes someone else to stumble. ²¹ It is better not to eat meat or drink wine or to do anything else that will cause your brother or sister to fall.

²² So whatever you believe about these things keep between yourself and God. Blessed is the one who does not condemn himself by what he approves. ²³ But whoever has doubts is condemned if they eat, because their eating is not from faith; and everything that does not come from faith is sin.[j]

15 We who are strong ought to bear with the failings of the weak and not to please ourselves. ² Each of us should please our neighbors for their good, to build them up. ³ For even Christ did not please himself but, as it is written: "The insults of those who insult you have fallen on me."[k] ⁴ For everything that was written in the past was written to teach us, so that through the endurance taught in the Scriptures and the encouragement they provide we might have hope.

⁵ May the God who gives endurance and encouragement give you the same attitude of mind toward each other that Christ Jesus had, ⁶ so that with one mind and one voice you may glorify the God and Father of our Lord Jesus Christ.

⁷ Accept one another, then, just as Christ accepted you, in order to bring praise to God. ⁸ For I tell you that Christ has become a servant of the Jews[l] on behalf of God's truth, so that the promises made to the patriarchs might be confirmed ⁹ and, moreover, that the Gentiles might glorify God for his mercy. As it is written:

"Therefore I will praise you among the
    Gentiles;
    I will sing the praises of your name."[m]

¹⁰ Again, it says,

"Rejoice, you Gentiles, with his people."[n]

---

b **14:22** *convicción.* Lit. *fe;* también en v. 23.
c **15:3** Sal 69:9
d **15:8** *de los judíos.* Lit. *de la *circuncisión.*
e **15:9** 2S 22:50; Sal 18:49
f **15:10** Dt 32:43

---

j **23** Some manuscripts place 16:25-27 here; others after 15:33.
k **3** Psalm 69:9   l **8** Greek *circumcision*   m **9** 2 Samuel 22:50;
Psalm 18:49   n **10** Deut. 32:43

[11] Y en otra parte:

«¡Alaben al Señor, naciones todas!
¡Pueblos todos, cántenle alabanzas!»[g]

[12] A su vez, Isaías afirma:

«Brotará la raíz de Isaí,
el que se levantará para gobernar a las
naciones;
en él los pueblos pondrán su esperanza.»[h]

[13] Que el Dios de la esperanza los llene de toda alegría y paz a ustedes que creen en él, para que rebosen de esperanza por el poder del Espíritu Santo.

Pablo, ministro de los gentiles

[14] Por mi parte, hermanos míos, estoy seguro de que ustedes mismos rebosan de bondad, abundan en conocimiento y están capacitados para instruirse unos a otros. [15] Sin embargo, les he escrito con mucha franqueza sobre algunos asuntos, como para refrescarles la memoria. Me he atrevido a hacerlo por causa de la gracia que Dios me dio [16] para ser ministro de Cristo Jesús a los *gentiles. Yo tengo el deber sacerdotal de proclamar el *evangelio de Dios, a fin de que los gentiles lleguen a ser una ofrenda aceptable a Dios, *santificada por el Espíritu Santo.

[17] Por tanto, mi servicio a Dios es para mí motivo de *orgullo en Cristo Jesús. [18] No me atreveré a hablar de nada sino de lo que Cristo ha hecho por medio de mí para que los gentiles lleguen a obedecer a Dios. Lo ha hecho con palabras y obras, [19] mediante poderosas señales y milagros, por el poder del Espíritu de Dios. Así que, habiendo comenzado en Jerusalén, he completado la proclamación del evangelio de Cristo por todas partes, hasta la región de Iliria. [20] En efecto, mi propósito ha sido predicar el evangelio donde Cristo no sea conocido, para no edificar sobre fundamento ajeno. [21] Más bien, como está escrito:

«Los que nunca habían recibido noticia de
él, lo verán;
y entenderán los que no habían oído
hablar de él.»[i]

[22] Este trabajo es lo que muchas veces me ha impedido ir a visitarlos.

Pablo piensa visitar Roma

[23] Pero ahora que ya no me queda un lugar dónde trabajar en estas regiones, y como desde hace muchos años anhelo verlos, [24] tengo planes de visitarlos cuando vaya rumbo a España. Espero que, después de que haya disfrutado de la compañía de ustedes por algún tiempo, me ayuden a continuar el viaje. [25] Por ahora, voy a Jerusalén

[11] And again,

"Praise the Lord, all you Gentiles;
let all the peoples extol him."[o]

[12] And again, Isaiah says,

"The Root of Jesse will spring up,
one who will arise to rule over the
nations;
in him the Gentiles will hope."[p]

[13] May the God of hope fill you with all joy and peace as you trust in him, so that you may overflow with hope by the power of the Holy Spirit.

Paul the Minister to the Gentiles

[14] I myself am convinced, my brothers and sisters, that you yourselves are full of goodness, filled with knowledge and competent to instruct one another. [15] Yet I have written you quite boldly on some points to remind you of them again, because of the grace God gave me [16] to be a minister of Christ Jesus to the Gentiles. He gave me the priestly duty of proclaiming the gospel of God, so that the Gentiles might become an offering acceptable to God, sanctified by the Holy Spirit.

[17] Therefore I glory in Christ Jesus in my service to God. [18] I will not venture to speak of anything except what Christ has accomplished through me in leading the Gentiles to obey God by what I have said and done— [19] by the power of signs and wonders, through the power of the Spirit of God. So from Jerusalem all the way around to Illyricum, I have fully proclaimed the gospel of Christ. [20] It has always been my ambition to preach the gospel where Christ was not known, so that I would not be building on someone else's foundation. [21] Rather, as it is written:

"Those who were not told about him will
see,
and those who have not heard will
understand."[q]

[22] This is why I have often been hindered from coming to you.

Paul's Plan to Visit Rome

[23] But now that there is no more place for me to work in these regions, and since I have been longing for many years to visit you, [24] I plan to do so when I go to Spain. I hope to see you while passing through and to have you assist me on my journey there, after I have enjoyed your company for a while. [25] Now, however, I am on my way to

---

g 15:11 Sal 117:1
h 15:12 Is 11:10
i 15:21 Is 52:15

o 11 Psalm 117:1   p 12 Isaiah 11:10 (see Septuagint)
q 21 Isaiah 52:15 (see Septuagint)

para llevar ayuda a los *hermanos, ²⁶ ya que Macedonia y Acaya tuvieron a bien hacer una colecta para los hermanos pobres de Jerusalén. ²⁷ Lo hicieron de buena voluntad, aunque en realidad era su obligación hacerlo. Porque si los *gentiles han participado de las bendiciones espirituales de los judíos, están en deuda con ellos para servirles con las bendiciones materiales. ²⁸ Así que, una vez que yo haya cumplido esta tarea y entregado en sus manos este fruto, saldré para España y de paso los visitaré a ustedes. ²⁹ Sé que, cuando los visite, iré con la abundante bendición de Cristo.

³⁰ Les ruego, hermanos, por nuestro Señor Jesucristo y por el amor del Espíritu, que se unan conmigo en esta lucha y que oren a Dios por mí. ³¹ Pídanle que me libre de caer en manos de los incrédulos que están en Judea, y que los hermanos de Jerusalén reciban bien la ayuda que les llevo. ³² De este modo, por la voluntad de Dios, llegaré a ustedes con alegría y podré descansar entre ustedes por algún tiempo. ³³ El Dios de paz sea con todos ustedes. Amén.

Saludos personales

16 Les recomiendo a nuestra hermana Febe, diaconisa de la iglesia de Cencreas. ² Les pido que la reciban dignamente en el Señor, como conviene hacerlo entre hermanos en la fe; préstenle toda la ayuda que necesite, porque ella ha ayudado a muchas personas, entre las que me cuento yo.

³ Saluden a *Priscila y a Aquila, mis compañeros de trabajo en Cristo Jesús. ⁴ Por salvarme la *vida, ellos arriesgaron la suya. Tanto yo como todas las iglesias de los *gentiles les estamos agradecidos.

⁵ Saluden igualmente a la iglesia que se reúne en la casa de ellos.

Saluden a mi querido hermano Epeneto, el primer convertido a Cristo en la provincia de *Asia.^j

⁶ Saluden a María, que tanto ha trabajado por ustedes.

⁷ Saluden a Andrónico y a Junías,^k mis parientes y compañeros de cárcel, destacados entre los apóstoles y convertidos a Cristo antes que yo.

⁸ Saluden a Amplias, mi querido hermano en el Señor.

⁹ Saluden a Urbano, nuestro compañero de trabajo en Cristo, y a mi querido hermano Estaquis.

¹⁰ Saluden a Apeles, que ha dado tantas pruebas de su fe en Cristo.

Saluden a los de la familia de Aristóbulo.

¹¹ Saluden a Herodión, mi pariente.

Saluden a los de la familia de Narciso, fieles en el Señor.

Jerusalem in the service of the Lord's people there. ²⁶ For Macedonia and Achaia were pleased to make a contribution for the poor among the Lord's people in Jerusalem. ²⁷ They were pleased to do it, and indeed they owe it to them. For if the Gentiles have shared in the Jews' spiritual blessings, they owe it to the Jews to share with them their material blessings. ²⁸ So after I have completed this task and have made sure that they have received this contribution, I will go to Spain and visit you on the way. ²⁹ I know that when I come to you, I will come in the full measure of the blessing of Christ.

³⁰ I urge you, brothers and sisters, by our Lord Jesus Christ and by the love of the Spirit, to join me in my struggle by praying to God for me. ³¹ Pray that I may be kept safe from the unbelievers in Judea and that the contribution I take to Jerusalem may be favorably received by the Lord's people there, ³² so that I may come to you with joy, by God's will, and in your company be refreshed. ³³ The God of peace be with you all. Amen.

Personal Greetings

16 I commend to you our sister Phoebe, a deacon^{r,s} of the church in Cenchreae. ² I ask you to receive her in the Lord in a way worthy of his people and to give her any help she may need from you, for she has been the benefactor of many people, including me.

³ Greet Priscilla^t and Aquila, my co-workers in Christ Jesus. ⁴ They risked their lives for me. Not only I but all the churches of the Gentiles are grateful to them.

⁵ Greet also the church that meets at their house.

Greet my dear friend Epenetus, who was the first convert to Christ in the province of Asia.

⁶ Greet Mary, who worked very hard for you.

⁷ Greet Andronicus and Junia, my fellow Jews who have been in prison with me. They are outstanding among^u the apostles, and they were in Christ before I was.

⁸ Greet Ampliatus, my dear friend in the Lord.

⁹ Greet Urbanus, our co-worker in Christ, and my dear friend Stachys.

¹⁰ Greet Apelles, whose fidelity to Christ has stood the test.

Greet those who belong to the household of Aristobulus.

¹¹ Greet Herodion, my fellow Jew.

Greet those in the household of Narcissus who are in the Lord.

---

^j **16:5** *el primer ... *Asia.* Lit. *las *primicias de Asia.*
^k **16:7** *Junías.* Alt. *Junia.*

^r 1 Or *servant*   ^s 1 The word *deacon* refers here to a Christian designated to serve with the overseers/elders of the church in a variety of ways; similarly in Phil. 1:1 and 1 Tim. 3:8,12.   ^t 3 Greek *Prisca*, a variant of *Priscilla*   ^u 7 Or *are esteemed by*

¹² Saluden a Trifena y a Trifosa, las cuales se esfuerzan trabajando por el Señor.

Saluden a mi querida hermana Pérsida, que ha trabajado muchísimo en el Señor.

¹³ Saluden a Rufo, distinguido creyente,ᴵ y a su madre, que ha sido también como una madre para mí.

¹⁴ Saluden a Asíncrito, a Flegonte, a Hermes, a Patrobas, a Hermas y a los hermanos que están con ellos.

¹⁵ Saluden a Filólogo, a Julia, a Nereo y a su hermana, a Olimpas y a todos los hermanos que están con ellos.

¹⁶ Salúdense unos a otros con un beso santo.

Todas las iglesias de Cristo les mandan saludos.

¹⁷ Les ruego, hermanos, que se cuiden de los que causan divisiones y dificultades, y van en contra de lo que a ustedes se les ha enseñado. Apártense de ellos. ¹⁸ Tales individuos no sirven a Cristo nuestro Señor, sino a sus propios deseos.ᵐ Con palabras suaves y lisonjeras engañan a los ingenuos. ¹⁹ Es cierto que ustedes viven en obediencia, lo que es bien conocido de todos y me alegra mucho; pero quiero que sean sagaces para el bien e inocentes para el mal.

²⁰ Muy pronto el Dios de paz aplastará a Satanás bajo los pies de ustedes.

Que la gracia de nuestro Señor Jesús sea con ustedes.

²¹ Saludos de parte de Timoteo, mi compañero de trabajo, como también de Lucio, Jasón y Sosípater, mis parientes.

²² Yo, Tercio, que escribo esta carta, los saludo en el Señor.

²³ Saludos de parte de Gayo, de cuya hospitalidad disfrutamos yo y toda la iglesia de este lugar.

También les mandan saludos Erasto, que es el tesorero de la ciudad, y nuestro hermano Cuarto.ⁿ

²⁵⁻²⁶ El Dios eterno ocultó su *misterio durante largos siglos, pero ahora lo ha revelado por medio de los escritos proféticos, según su propio mandato, para que todas las *naciones obedezcan a la fe.ñ ¡Al que puede fortalecerlos a ustedes conforme a mi *evangelio y a la predicación acerca de Jesucristo, ²⁷ al único sabio Dios, sea la gloria para siempre por medio de Jesucristo! Amén.

¹² Greet Tryphena and Tryphosa, those women who work hard in the Lord.

Greet my dear friend Persis, another woman who has worked very hard in the Lord.

¹³ Greet Rufus, chosen in the Lord, and his mother, who has been a mother to me, too.

¹⁴ Greet Asyncritus, Phlegon, Hermes, Patrobas, Hermas and the other brothers and sisters with them.

¹⁵ Greet Philologus, Julia, Nereus and his sister, and Olympas and all the Lord's people who are with them.

¹⁶ Greet one another with a holy kiss.

All the churches of Christ send greetings.

¹⁷ I urge you, brothers and sisters, to watch out for those who cause divisions and put obstacles in your way that are contrary to the teaching you have learned. Keep away from them. ¹⁸ For such people are not serving our Lord Christ, but their own appetites. By smooth talk and flattery they deceive the minds of naive people. ¹⁹ Everyone has heard about your obedience, so I rejoice because of you; but I want you to be wise about what is good, and innocent about what is evil.

²⁰ The God of peace will soon crush Satan under your feet.

The grace of our Lord Jesus be with you.

²¹ Timothy, my co-worker, sends his greetings to you, as do Lucius, Jason and Sosipater, my fellow Jews.

²² I, Tertius, who wrote down this letter, greet you in the Lord.

²³ Gaius, whose hospitality I and the whole church here enjoy, sends you his greetings.

Erastus, who is the city's director of public works, and our brother Quartus send you their greetings. [24]ᵛ

²⁵ Now to him who is able to establish you in accordance with my gospel, the message I proclaim about Jesus Christ, in keeping with the revelation of the mystery hidden for long ages past, ²⁶ but now revealed and made known through the prophetic writings by the command of the eternal God, so that all the Gentiles might come to the obedience that comes fromʷ faith — ²⁷ to the only wise God be glory forever through Jesus Christ! Amen.

ᴵ **16:13** *distinguido creyente.* Lit. *escogido en el Señor.*

ᵐ **16:18** *sus propios deseos.* Lit. *su propio estómago.*

ⁿ **16:23** *Cuarto.* Var. *Cuarto. ²⁴ La gracia de nuestro Señor Jesucristo sea con todos ustedes. Amén.*

ñ **16:25-26** *para ... la fe.* Lit. *para la obediencia de la fe a todas las naciones.*

ᵛ 24 Some manuscripts include here *May the grace of our Lord Jesus Christ be with all of you. Amen.*　　ʷ 26 Or *that is*

Primera Carta a los
Corintios

El libro de los Hechos describe de qué manera llevó Pablo la espléndida noticia sobre Jesús el Mesías a Macedonia (norte de Grecia), pero también relata que debió huir a Acaya (sur de Grecia) por su propia seguridad. Allí visitó la ciudad de Corinto, un cosmopolita centro de comercio y con gente acaudalada. Allí muchos creyeron en Jesús, por lo que permaneció en ese lugar un año y medio con el fin de enseñarles.

Después que se fue, los corintios le escribieron a Pablo (en una carta que se ha perdido) planteándole algunas preguntas importantes. Ellos adoptaron la amplia idea griega de que las cosas físicas son malas y por eso querían liberar al espíritu humano del cuerpo. Eso afectaba el modo en que veían cosas, como: el matrimonio, la asistencia a las comidas ceremoniales ofrecidas a dioses paganos y hasta la resurrección de Jesús. En la carta que conocemos como 1 Corintios, Pablo habla de todas esas cosas y acerca de cuestiones sobre la adoración.

Pablo escribe que *este mundo, en su forma actual, está por desaparecer*. Pero los de Corinto pueden entregarse *firmes e inconmovibles, progresando siempre en la obra del Señor, conscientes de que su trabajo en el Señor no es en vano*. La resurrección de los muertos que vendrá y el nuevo mundo que la acompañará, mostrarán el valor de todos sus esfuerzos actuales. El consejo práctico de Pablo para personificar de manera congruente la vida nueva del reino de Dios en una escena en particular dentro de la acción que la Biblia nos cuenta, nos ayuda a entender mucho mejor cómo podemos cumplir hoy con nuestro papel.

---

1 Pablo, llamado por la voluntad de Dios a ser apóstol de *Cristo Jesús, y nuestro hermano Sóstenes,

² a la iglesia de Dios que está en Corinto, a los que han sido *santificados en Cristo Jesús y llamados a ser su santo pueblo, junto con todos los que en todas partes invocan el nombre de nuestro Señor Jesucristo, Señor de ellos y de nosotros:

³ Que Dios nuestro Padre y el Señor Jesucristo les concedan gracia y paz.

Acción de gracias
⁴ Siempre doy gracias a Dios por ustedes, pues él, en Cristo Jesús, les ha dado su gracia. ⁵ Unidos a Cristo ustedes se han llenado de toda riqueza, tanto en palabra como en conocimiento. ⁶ Así se ha confirmado en ustedes nuestro testimonio acerca de Cristo, ⁷ de modo que no les falta ningún don espiritual mientras esperan con ansias que se manifieste nuestro Señor Jesucristo. ⁸ Él los mantendrá firmes hasta el fin, para que sean

1 Corinthians

The book of Acts describes how Paul brought the royal news about Jesus the Messiah to Macedonia (northern Greece), but then had to flee to Achaia (southern Greece) for his own safety. He visited the city of Corinth there, a wealthy and cosmopolitan commercial center. Many people became believers, so he stayed for a year and a half to teach them.

After he left, the Corinthians wrote to Paul (in a letter we no longer have) with some key questions. The Corinthians had adopted the common Greek idea that physical things are bad, so they wanted to free the human spirit from the body. This affected the way they saw such things as marriage, attendance at ceremonial meals for pagan gods, and even the resurrection of Jesus. In the letter we know as 1 Corinthians Paul addresses all of these concerns, as well as questions about worship.

Paul writes that *this world in its present form is passing away*, but the Corinthians can give themselves *fully to the work of the Lord* since their *labor in the Lord is not in vain*. The coming resurrection of the dead, and the new world that will accompany it, will show the value of all their current efforts. Paul's practical advice for how to consistently embody the new life of God's kingdom during a particular scene in the biblical drama gives us great insight as we seek to take up our roles today.

---

1 Paul, called to be an apostle of Christ Jesus by the will of God, and our brother Sosthenes,

² To the church of God in Corinth, to those sanctified in Christ Jesus and called to be his holy people, together with all those everywhere who call on the name of our Lord Jesus Christ — their Lord and ours:

³ Grace and peace to you from God our Father and the Lord Jesus Christ.

Thanksgiving
⁴ I always thank my God for you because of his grace given you in Christ Jesus. ⁵ For in him you have been enriched in every way — with all kinds of speech and with all knowledge — ⁶ God thus confirming our testimony about Christ among you. ⁷ Therefore you do not lack any spiritual gift as you eagerly wait for our Lord Jesus Christ to be revealed. ⁸ He will also keep you firm to the end, so that you will be blameless on the day of our Lord

irreprochables en el día de nuestro Señor Jesucristo. ⁹ Fiel es Dios, quien los ha llamado a tener comunión con su Hijo Jesucristo, nuestro Señor.

Divisiones en la iglesia

¹⁰ Les suplico, hermanos, en el nombre de nuestro Señor Jesucristo, que todos vivan en armonía y que no haya divisiones entre ustedes, sino que se mantengan unidos en un mismo pensar y en un mismo propósito. ¹¹ Digo esto, hermanos míos, porque algunos de la familia de Cloé me han informado que hay rivalidades entre ustedes. ¹² Me refiero a que unos dicen: «Yo sigo a Pablo»; otros afirman: «Yo, a Apolos»; otros: «Yo, a *Cefas»; y otros: «Yo, a Cristo.»

¹³ ¡Cómo! ¿Está dividido Cristo? ¿Acaso Pablo fue crucificado por ustedes? ¿O es que fueron bautizados en el nombre de Pablo? ¹⁴ Gracias a Dios que no bauticé a ninguno de ustedes, excepto a Crispo y a Gayo, ¹⁵ de modo que nadie puede decir que fue bautizado en mi nombre. ¹⁶ Bueno, también bauticé a la familia de Estéfanas; fuera de éstos, no recuerdo haber bautizado a ningún otro. ¹⁷ Pues Cristo no me envió a bautizar sino a predicar el *evangelio, y eso sin discursos de sabiduría humana, para que la cruz de Cristo no perdiera su eficacia.

Cristo, sabiduría y poder de Dios

¹⁸ Me explico: El mensaje de la cruz es una locura para los que se pierden; en cambio, para los que se salvan, es decir, para nosotros, este mensaje es el poder de Dios. ¹⁹ Pues está escrito:

> «Destruiré la sabiduría de los sabios;
>   frustraré la inteligencia de los
>   inteligentes.»ᵃ

²⁰ ¿Dónde está el sabio? ¿Dónde el erudito? ¿Dónde el filósofo de esta época? ¿No ha convertido Dios en locura la sabiduría de este mundo? ²¹ Ya que Dios, en su sabio designio, dispuso que el mundo no lo conociera mediante la sabiduría humana, tuvo a bien salvar, mediante la locura de la predicación, a los que creen. ²² Los judíos piden señales milagrosas y los *gentiles buscan sabiduría, ²³ mientras que nosotros predicamos a Cristo crucificado. Este mensaje es motivo de *tropiezo para los judíos, y es locura para los gentiles, ²⁴ pero para los que Dios ha llamado, lo mismo judíos que gentiles, Cristo es el poder de Dios y la sabiduría de Dios. ²⁵ Pues la locura de Dios es más sabia que la sabiduría humana, y la debilidad de Dios es más fuerte que la fuerza humana.

²⁶ Hermanos, consideren su propio llamamiento: No muchos de ustedes son sabios, según criterios meramente *humanos; ni son muchos los poderosos ni muchos los de noble cuna. ²⁷ Pero Dios escogió lo insensato del mundo para

Jesus Christ. ⁹ God is faithful, who has called you into fellowship with his Son, Jesus Christ our Lord.

A Church Divided Over Leaders

¹⁰ I appeal to you, brothers and sisters,ᵃ in the name of our Lord Jesus Christ, that all of you agree with one another in what you say and that there be no divisions among you, but that you be perfectly united in mind and thought. ¹¹ My brothers and sisters, some from Chloe's household have informed me that there are quarrels among you. ¹² What I mean is this: One of you says, "I follow Paul"; another, "I follow Apollos"; another, "I follow Cephasᵇ"; still another, "I follow Christ."

¹³ Is Christ divided? Was Paul crucified for you? Were you baptized in the name of Paul? ¹⁴ I thank God that I did not baptize any of you except Crispus and Gaius, ¹⁵ so no one can say that you were baptized in my name. ¹⁶ (Yes, I also baptized the household of Stephanas; beyond that, I don't remember if I baptized anyone else.) ¹⁷ For Christ did not send me to baptize, but to preach the gospel — not with wisdom and eloquence, lest the cross of Christ be emptied of its power.

Christ Crucified Is God's Power and Wisdom

¹⁸ For the message of the cross is foolishness to those who are perishing, but to us who are being saved it is the power of God. ¹⁹ For it is written:

> "I will destroy the wisdom of the wise;
>   the intelligence of the intelligent I will
>   frustrate."ᶜ

²⁰ Where is the wise person? Where is the teacher of the law? Where is the philosopher of this age? Has not God made foolish the wisdom of the world? ²¹ For since in the wisdom of God the world through its wisdom did not know him, God was pleased through the foolishness of what was preached to save those who believe. ²² Jews demand signs and Greeks look for wisdom, ²³ but we preach Christ crucified: a stumbling block to Jews and foolishness to Gentiles, ²⁴ but to those whom God has called, both Jews and Greeks, Christ the power of God and the wisdom of God. ²⁵ For the foolishness of God is wiser than human wisdom, and the weakness of God is stronger than human strength.

²⁶ Brothers and sisters, think of what you were when you were called. Not many of you were wise by human standards; not many were influential; not many were of noble birth. ²⁷ But God chose the foolish things of the world to shame the wise; God

---

ᵃ 10 The Greek word for *brothers and sisters* (*adelphoi*) refers here to believers, both men and women, as part of God's family; also in verses 11 and 26; and in 2:1; 3:1; 4:6; 6:8; 7:24, 29; 10:1; 11:33; 12:1; 14:6, 20, 26, 39; 15:1, 6, 50, 58; 16:15, 20.   ᵇ 12 That is, Peter   ᶜ 19 Isaiah 29:14

avergonzar a los sabios, y escogió lo débil del mundo para avergonzar a los poderosos. ²⁸ También escogió Dios lo más bajo y despreciado, y lo que no es nada, para anular lo que es, ²⁹ a fin de que en su presencia nadie pueda *jactarse. ³⁰ Pero gracias a él ustedes están unidos a Cristo Jesús, a quien Dios ha hecho nuestra sabiduría —es decir, nuestra *justificación, *santificación y redención— ³¹ para que, como está escrito: «Si alguien ha de gloriarse, que se gloríe en el Señor.»ᵇ

2 Yo mismo, hermanos, cuando fui a anunciarles el testimonioᶜ de Dios, no lo hice con gran elocuencia y sabiduría. ² Me propuse más bien, estando entre ustedes, no saber de cosa alguna, excepto de Jesucristo, y de éste crucificado. ³ Es más, me presenté ante ustedes con tanta debilidad que temblaba de miedo. ⁴ No les hablé ni les prediqué con palabras sabias y elocuentes sino con demostración del poder del Espíritu, ⁵ para que la fe de ustedes no dependiera de la sabiduría humana sino del poder de Dios.

Sabiduría procedente del Espíritu

⁶ En cambio, hablamos con sabiduría entre los que han alcanzado madurez,ᵈ pero no con la sabiduría de este mundo ni con la de sus gobernantes, los cuales terminarán en nada. ⁷ Más bien, exponemos el *misterio de la sabiduría de Dios, una sabiduría que ha estado escondida y que Dios había destinado para nuestra gloria desde la eternidad. ⁸ Ninguno de los gobernantes de este mundo la entendió, porque de haberla entendido no habrían crucificado al Señor de la gloria. ⁹ Sin embargo, como está escrito:

«Ningún ojo ha visto,
    ningún oído ha escuchado,
ninguna mente humana ha concebido
    lo que Dios ha preparado para quienes lo
        aman.»ᵉ

¹⁰ Ahora bien, Dios nos ha revelado esto por medio de su Espíritu, pues el Espíritu lo examina todo, hasta las profundidades de Dios. ¹¹ En efecto, ¿quién conoce los pensamientos del *ser humano sino su propio espíritu que está en él? Así mismo, nadie conoce los pensamientos de Dios sino el Espíritu de Dios. ¹² Nosotros no hemos recibido el espíritu del mundo sino el Espíritu que procede de Dios, para que entendamos lo que por su gracia él nos ha concedido. ¹³ Esto es precisamente de lo que hablamos, no con las palabras que enseña la sabiduría humana sino con las que enseña el Espíritu, de modo que expresamos verdades espirituales en términos espirituales.ᶠ ¹⁴ El que no tiene el

chose the weak things of the world to shame the strong. ²⁸ God chose the lowly things of this world and the despised things — and the things that are not — to nullify the things that are, ²⁹ so that no one may boast before him. ³⁰ It is because of him that you are in Christ Jesus, who has become for us wisdom from God — that is, our righteousness, holiness and redemption. ³¹ Therefore, as it is written: "Let the one who boasts boast in the Lord."ᵈ

2 And so it was with me, brothers and sisters. When I came to you, I did not come with eloquence or human wisdom as I proclaimed to you the testimony about God.ᵉ ² For I resolved to know nothing while I was with you except Jesus Christ and him crucified. ³ I came to you in weakness with great fear and trembling. ⁴ My message and my preaching were not with wise and persuasive words, but with a demonstration of the Spirit's power, ⁵ so that your faith might not rest on human wisdom, but on God's power.

God's Wisdom Revealed by the Spirit

⁶ We do, however, speak a message of wisdom among the mature, but not the wisdom of this age or of the rulers of this age, who are coming to nothing. ⁷ No, we declare God's wisdom, a mystery that has been hidden and that God destined for our glory before time began. ⁸ None of the rulers of this age understood it, for if they had, they would not have crucified the Lord of glory. ⁹ However, as it is written:

"What no eye has seen,
    what no ear has heard,
and what no human mind has conceived"ᶠ —
    the things God has prepared for those
        who love him —

¹⁰ these are the things God has revealed to us by his Spirit.

The Spirit searches all things, even the deep things of God. ¹¹ For who knows a person's thoughts except their own spirit within them? In the same way no one knows the thoughts of God except the Spirit of God. ¹² What we have received is not the spirit of the world, but the Spirit who is from God, so that we may understand what God has freely given us. ¹³ This is what we speak, not in words taught us by human wisdom but in words taught by the Spirit, explaining spiritual realities with Spirit-taught words.ᵍ ¹⁴ The person

---

ᵇ 1:31 Jer 9:24
ᶜ 2:1 testimonio. Var. *misterio.
ᵈ 2:6 los que ... madurez. Lit. los *perfectos.
ᵉ 2:9 Is 64:4
ᶠ 2:13 expresamos ... espirituales. Alt. interpretamos verdades espirituales a personas espirituales.

ᵈ 31 Jer. 9:24   ᵉ 1 Some manuscripts proclaimed to you God's mystery   ᶠ 9 Isaiah 64:4   ᵍ 13 Or Spirit, interpreting spiritual truths to those who are spiritual

Espíritu^g no acepta lo que procede del Espíritu de Dios, pues para él es locura. No puede entenderlo, porque hay que discernirlo espiritualmente. ¹⁵ En cambio, el que es espiritual lo juzga todo, aunque él mismo no está sujeto al juicio de nadie, porque

¹⁶ «¿quién ha conocido la mente del Señor
para que pueda instruirlo?»^h

Nosotros, por nuestra parte, tenemos la mente de Cristo.

Sobre las divisiones en la iglesia

3 Yo, hermanos, no pude dirigirme a ustedes como a espirituales sino como a inmaduros,^i apenas niños en Cristo. ² Les di leche porque no podían asimilar alimento sólido, ni pueden todavía, ³ pues aún son inmaduros. Mientras haya entre ustedes celos y contiendas, ¿no serán inmaduros? ¿Acaso no se están comportando según criterios meramente *humanos? ⁴ Cuando uno afirma: «Yo sigo a Pablo», y otro: «Yo sigo a Apolos», ¿no es porque están actuando con criterios humanos?^j

⁵ Después de todo, ¿qué es Apolos? ¿Y qué es Pablo? Nada más que servidores por medio de los cuales ustedes llegaron a creer, según lo que el Señor le asignó a cada uno. ⁶ Yo sembré, Apolos regó, pero Dios ha dado el crecimiento. ⁷ Así que no cuenta ni el que siembra ni el que riega, sino sólo Dios, quien es el que hace crecer. ⁸ El que siembra y el que riega están al mismo nivel, aunque cada uno será recompensado según su propio trabajo. ⁹ En efecto, nosotros somos colaboradores al servicio de Dios; y ustedes son el campo de cultivo de Dios, son el edificio de Dios.

¹⁰ Según la gracia que Dios me ha dado, yo, como maestro constructor, eché los cimientos, y otro construye sobre ellos. Pero cada uno tenga cuidado de cómo construye, ¹¹ porque nadie puede poner un fundamento diferente del que ya está puesto, que es Jesucristo. ¹² Si alguien construye sobre este fundamento, ya sea con oro, plata y piedras preciosas, o con madera, heno y paja, ¹³ su obra se mostrará tal cual es, pues el día del juicio la dejará al descubierto. El fuego la dará a conocer, y pondrá a prueba la calidad del trabajo de cada uno. ¹⁴ Si lo que alguien ha construido permanece, recibirá su recompensa, ¹⁵ pero si su obra es consumida por las llamas, él sufrirá pérdida. Será salvo, pero como quien pasa por el fuego.

¹⁶ ¿No saben que ustedes son templo de Dios y que el Espíritu de Dios habita en ustedes? ¹⁷ Si alguno destruye el templo de Dios, él mismo será destruido por Dios; porque el templo de Dios es sagrado, y ustedes son ese templo.

---

without the Spirit does not accept the things that come from the Spirit of God but considers them foolishness, and cannot understand them because they are discerned only through the Spirit. ¹⁵ The person with the Spirit makes judgments about all things, but such a person is not subject to merely human judgments, ¹⁶ for,

"Who has known the mind of the Lord
so as to instruct him?"^h

But we have the mind of Christ.

The Church and Its Leaders

3 Brothers and sisters, I could not address you as people who live by the Spirit but as people who are still worldly — mere infants in Christ. ² I gave you milk, not solid food, for you were not yet ready for it. Indeed, you are still not ready. ³ You are still worldly. For since there is jealousy and quarreling among you, are you not worldly? Are you not acting like mere humans? ⁴ For when one says, "I follow Paul," and another, "I follow Apollos," are you not mere human beings?

⁵ What, after all, is Apollos? And what is Paul? Only servants, through whom you came to believe — as the Lord has assigned to each his task. ⁶ I planted the seed, Apollos watered it, but God has been making it grow. ⁷ So neither the one who plants nor the one who waters is anything, but only God, who makes things grow. ⁸ The one who plants and the one who waters have one purpose, and they will each be rewarded according to their own labor. ⁹ For we are co-workers in God's service; you are God's field, God's building.

¹⁰ By the grace God has given me, I laid a foundation as a wise builder, and someone else is building on it. But each one should build with care. ¹¹ For no one can lay any foundation other than the one already laid, which is Jesus Christ. ¹² If anyone builds on this foundation using gold, silver, costly stones, wood, hay or straw, ¹³ their work will be shown for what it is, because the Day will bring it to light. It will be revealed with fire, and the fire will test the quality of each person's work. ¹⁴ If what has been built survives, the builder will receive a reward. ¹⁵ If it is burned up, the builder will suffer loss but yet will be saved — even though only as one escaping through the flames.

¹⁶ Don't you know that you yourselves are God's temple and that God's Spirit dwells in your midst? ¹⁷ If anyone destroys God's temple, God will destroy that person; for God's temple is sacred, and you together are that temple.

---

g **2:14** *El que no tiene el Espíritu.* Lit. *El hombre *síquico* (o natural).*
　h **2:16** Is 40:13
　i **3:1** *inmaduros.* Lit. **carnales*; también en v. 3.
　j **3:4** *¿no es ... humanos?* Lit. *¿no son ustedes hombres?*

^h 16　Isaiah 40:13

¹⁸ Que nadie se engañe. Si alguno de ustedes se cree sabio según las normas de esta época, hágase ignorante para así llegar a ser sabio. ¹⁹ Porque a los ojos de Dios la sabiduría de este mundo es locura. Como está escrito: «Él atrapa a los sabios en su propia astucia»;ᵏ ²⁰ y también dice: «El Señor conoce los pensamientos de los sabios y sabe que son absurdos.»ˡ ²¹ Por lo tanto, ¡que nadie base su *orgullo en el hombre! Al fin y al cabo, todo es de ustedes, ²² ya sea Pablo, o Apolos, o *Cefas, o el universo, o la vida, o la muerte, o lo presente o lo por venir; todo es de ustedes, ²³ y ustedes son de Cristo, y Cristo es de Dios.

Apóstoles de Cristo

4 Que todos nos consideren servidores de Cristo, encargados de administrar los *misterios de Dios. ² Ahora bien, a los que reciben un encargo se les exige que demuestren ser dignos de confianza. ³ Por mi parte, muy poco me preocupa que me juzguen ustedes o cualquier tribunal humano; es más, ni siquiera me juzgo a mí mismo. ⁴ Porque aunque la conciencia no me remuerde, no por eso quedo absuelto; el que me juzga es el Señor. ⁵ Por lo tanto, no juzguen nada antes de tiempo; esperen hasta que venga el Señor. Él sacará a la luz lo que está oculto en la oscuridad y pondrá al descubierto las intenciones de cada corazón. Entonces cada uno recibirá de Dios la alabanza que le corresponda.

⁶ Hermanos, todo esto lo he aplicado a Apolos y a mí mismo para beneficio de ustedes, con el fin de que aprendan de nosotros aquello de «no ir más allá de lo que está escrito». Así ninguno de ustedes podrá engreírse de haber favorecido al uno en perjuicio del otro. ⁷ ¿Quién te distingue de los demás? ¿Qué tienes que no hayas recibido? Y si lo recibiste, ¿por qué presumes como si no te lo hubieran dado?

⁸ ¡Ya tienen todo lo que desean! ¡Ya se han enriquecido! ¡Han llegado a ser reyes, y eso sin nosotros! ¡Ojalá fueran de veras reyes para que también nosotros reináramos con ustedes! ⁹ Por lo que veo, a nosotros los apóstoles Dios nos ha hecho desfilar en el último lugar, como a los sentenciados a muerte. Hemos llegado a ser un espectáculo para todo el universo, tanto para los ángeles como para los hombres. ¹⁰ ¡Por causa de Cristo, nosotros somos los ignorantes; ustedes, en Cristo, son los inteligentes! ¡Los débiles somos nosotros; los fuertes son ustedes! ¡A ustedes se les estima; a nosotros se nos desprecia! ¹¹ Hasta el momento pasamos hambre, tenemos sed, nos falta ropa, se nos maltrata, no tenemos dónde vivir. ¹² Con estas manos nos matamos trabajando. Si nos maldicen, bendecimos; si nos persiguen, lo soportamos; ¹³ si nos calumnian, los tratamos con gentileza. Se nos considera la escoria de la tierra, la basura del mundo, y así hasta el día de hoy.

¹⁸ Do not deceive yourselves. If any of you think you are wise by the standards of this age, you should become "fools" so that you may become wise. ¹⁹ For the wisdom of this world is foolishness in God's sight. As it is written: "He catches the wise in their craftiness"ⁱ; ²⁰ and again, "The Lord knows that the thoughts of the wise are futile."ʲ ²¹ So then, no more boasting about human leaders! All things are yours, ²² whether Paul or Apollos or Cephasᵏ or the world or life or death or the present or the future — all are yours, ²³ and you are of Christ, and Christ is of God.

The Nature of True Apostleship

4 This, then, is how you ought to regard us: as servants of Christ and as those entrusted with the mysteries God has revealed. ² Now it is required that those who have been given a trust must prove faithful. ³ I care very little if I am judged by you or by any human court; indeed, I do not even judge myself. ⁴ My conscience is clear, but that does not make me innocent. It is the Lord who judges me. ⁵ Therefore judge nothing before the appointed time; wait until the Lord comes. He will bring to light what is hidden in darkness and will expose the motives of the heart. At that time each will receive their praise from God.

⁶ Now, brothers and sisters, I have applied these things to myself and Apollos for your benefit, so that you may learn from us the meaning of the saying, "Do not go beyond what is written." Then you will not be puffed up in being a follower of one of us over against the other. ⁷ For who makes you different from anyone else? What do you have that you did not receive? And if you did receive it, why do you boast as though you did not?

⁸ Already you have all you want! Already you have become rich! You have begun to reign — and that without us! How I wish that you really had begun to reign so that we also might reign with you! ⁹ For it seems to me that God has put us apostles on display at the end of the procession, like those condemned to die in the arena. We have been made a spectacle to the whole universe, to angels as well as to human beings. ¹⁰ We are fools for Christ, but you are so wise in Christ! We are weak, but you are strong! You are honored, we are dishonored! ¹¹ To this very hour we go hungry and thirsty, we are in rags, we are brutally treated, we are homeless. ¹² We work hard with our own hands. When we are cursed, we bless; when we are persecuted, we endure it; ¹³ when we are slandered, we answer kindly. We have become the scum of the earth, the garbage of the world — right up to this moment.

ᵏ **3:19** Job 5:13
ˡ **3:20** Sal 94:11

ⁱ 19 Job 5:13   ʲ 20 Psalm 94:11   ᵏ 22 That is, Peter

¹⁴ No les escribo esto para avergonzarlos sino para amonestarlos, como a hijos míos amados. ¹⁵ De hecho, aunque tuvieran ustedes miles de tutores en Cristo, padres sí que no tienen muchos, porque mediante el *evangelio yo fui el padre que los engendró en Cristo Jesús. ¹⁶ Por tanto, les ruego que sigan mi ejemplo. ¹⁷ Con este propósito les envié a Timoteo, mi amado y fiel hijo en el Señor. Él les recordará mi manera de comportarme en Cristo Jesús, como enseño por todas partes y en todas las iglesias.

¹⁸ Ahora bien, algunos de ustedes se han vuelto presuntuosos, pensando que no iré a verlos. ¹⁹ Lo cierto es que, si Dios quiere, iré a visitarlos muy pronto, y ya veremos no sólo cómo hablan sino cuánto poder tienen esos presumidos. ²⁰ Porque el reino de Dios no es cuestión de palabras sino de poder. ²¹ ¿Qué prefieren? ¿Que vaya a verlos con un látigo, o con amor y espíritu apacible?

¡Expulsen al hermano inmoral!

5 Es ya del dominio público que hay entre ustedes un caso de inmoralidad sexual que ni siquiera entre los *paganos se tolera, a saber, que uno de ustedes tiene por mujer a la esposa de su padre. ² ¡Y de esto se sienten orgullosos! ¿No debieran, más bien, haber lamentado lo sucedido y expulsado de entre ustedes al que hizo tal cosa? ³ Yo, por mi parte, aunque no estoy físicamente entre ustedes, sí estoy presente en espíritu, y ya he juzgado, como si estuviera presente, al que cometió este pecado. ⁴ Cuando se reúnan en el nombre de nuestro Señor Jesús, y con su poder yo los acompañe en espíritu, ⁵ entreguen a este hombre a Satanás para destrucción de su *naturaleza pecaminosa*ᵐ* a fin de que su espíritu sea salvo en el día del Señor.

⁶ Hacen mal en *jactarse. ¿No se dan cuenta de que un poco de levadura hace fermentar toda la masa? ⁷ Desháganse de la vieja levadura para que sean masa nueva, panes sin levadura, como lo son en realidad. Porque Cristo, nuestro Cordero pascual, ya ha sido sacrificado. ⁸ Así que celebremos nuestra Pascua no con la vieja levadura, que es la malicia y la perversidad, sino con pan sin levadura, que es la sinceridad y la verdad.

⁹ Por carta ya les he dicho que no se relacionen con personas inmorales. ¹⁰ Por supuesto, no me refería a la gente inmoral de este mundo, ni a los avaros, estafadores o idólatras. En tal caso, tendrían ustedes que salirse de este mundo. ¹¹ Pero en esta carta quiero aclararles que no deben relacionarse con nadie que, llamándose hermano, sea inmoral o avaro, idólatra, calumniador, borracho o estafador. Con tal persona ni siquiera deben juntarse para comer.

Paul's Appeal and Warning

¹⁴ I am writing this not to shame you but to warn you as my dear children. ¹⁵ Even if you had ten thousand guardians in Christ, you do not have many fathers, for in Christ Jesus I became your father through the gospel. ¹⁶ Therefore I urge you to imitate me. ¹⁷ For this reason I have sent to you Timothy, my son whom I love, who is faithful in the Lord. He will remind you of my way of life in Christ Jesus, which agrees with what I teach everywhere in every church.

¹⁸ Some of you have become arrogant, as if I were not coming to you. ¹⁹ But I will come to you very soon, if the Lord is willing, and then I will find out not only how these arrogant people are talking, but what power they have. ²⁰ For the kingdom of God is not a matter of talk but of power. ²¹ What do you prefer? Shall I come to you with a rod of discipline, or shall I come in love and with a gentle spirit?

Dealing With a Case of Incest

5 It is actually reported that there is sexual immorality among you, and of a kind that even pagans do not tolerate: A man is sleeping with his father's wife. ² And you are proud! Shouldn't you rather have gone into mourning and have put out of your fellowship the man who has been doing this? ³ For my part, even though I am not physically present, I am with you in spirit. As one who is present with you in this way, I have already passed judgment in the name of our Lord Jesus on the one who has been doing this. ⁴ So when you are assembled and I am with you in spirit, and the power of our Lord Jesus is present, ⁵ hand this man over to Satan for the destruction of the flesh,*ˡ,ᵐ* so that his spirit may be saved on the day of the Lord.

⁶ Your boasting is not good. Don't you know that a little yeast leavens the whole batch of dough? ⁷ Get rid of the old yeast, so that you may be a new unleavened batch — as you really are. For Christ, our Passover lamb, has been sacrificed. ⁸ Therefore let us keep the Festival, not with the old bread leavened with malice and wickedness, but with the unleavened bread of sincerity and truth.

⁹ I wrote to you in my letter not to associate with sexually immoral people — ¹⁰ not at all meaning the people of this world who are immoral, or the greedy and swindlers, or idolaters. In that case you would have to leave this world. ¹¹ But now I am writing to you that you must not associate with anyone who claims to be a brother or sister*ⁿ* but is sexually immoral or greedy, an idolater or slanderer, a drunkard or swindler. Do not even eat with such people.

ˡ 5 In contexts like this, the Greek word for *flesh* (*sarx*) refers to the sinful state of human beings, often presented as a power in opposition to the Spirit.   *ᵐ* 5 Or *of his body*   *ⁿ* 11 The Greek word for *brother or sister* (*adelphos*) refers here to a believer, whether man or woman, as part of God's family; also in 8:11, 13.

ᵐ 5:5 su *naturaleza pecaminosa*. Alt. *su cuerpo*. Lit. *la *carne*.

[12] ¿Acaso me toca a mí juzgar a los de afuera? ¿No son ustedes los que deben juzgar a los de adentro? [13] Dios juzgará a los de afuera. «Expulsen al malvado de entre ustedes.»[n]

Pleitos entre creyentes

6 Si alguno de ustedes tiene un pleito con otro, ¿cómo se atreve a presentar demanda ante los inconversos, en vez de acudir a los *creyentes? [2] ¿Acaso no saben que los creyentes juzgarán al mundo? Y si ustedes han de juzgar al mundo, ¿cómo no van a ser capaces de juzgar casos insignificantes? [3] ¿No saben que aun a los ángeles los juzgaremos? ¡Cuánto más los asuntos de esta vida! [4] Por tanto, si tienen pleitos sobre tales asuntos, ¿cómo es que nombran como jueces a los que no cuentan para nada ante la iglesia?[ñ] [5] Digo esto para que les dé vergüenza. ¿Acaso no hay entre ustedes nadie lo bastante sabio como para juzgar un pleito entre creyentes? [6] Al contrario, un hermano demanda a otro, ¡y esto ante los incrédulos!

[7] En realidad, ya es una grave falla el solo hecho de que haya pleitos entre ustedes. ¿No sería mejor soportar la injusticia? ¿No sería mejor dejar que los defrauden? [8] Lejos de eso, son ustedes los que defraudan y cometen injusticias, ¡y conste que se trata de sus hermanos!

[9] ¿No saben que los malvados no heredarán el reino de Dios? ¡No se dejen engañar! Ni los fornicarios, ni los idólatras, ni los adúlteros, ni los sodomitas, ni los pervertidos sexuales, [10] ni los ladrones, ni los avaros, ni los borrachos, ni los calumniadores, ni los estafadores heredarán el reino de Dios. [11] Y eso eran algunos de ustedes. Pero ya han sido lavados, ya han sido *santificados, ya han sido *justificados en el nombre del Señor Jesucristo y por el Espíritu de nuestro Dios.

La inmoralidad sexual

[12] «Todo me está permitido», pero no todo es para mi bien. «Todo me está permitido», pero no dejaré que nada me domine. [13] «Los alimentos son para el estómago y el estómago para los alimentos»; así es, y Dios los destruirá a ambos. Pero el cuerpo no es para la inmoralidad sexual sino para el Señor, y el Señor para el cuerpo. [14] Con su poder Dios resucitó al Señor, y nos resucitará también a nosotros. [15] ¿No saben que sus cuerpos son miembros de Cristo mismo? ¿Tomaré acaso los miembros de Cristo para unirlos con una prostituta? ¡Jamás! [16] ¿No saben que el que se une a una prostituta se hace un solo cuerpo con ella? Pues la Escritura dice: «Los dos llegarán a ser un solo cuerpo.»[o] [17] Pero el que se une al Señor se hace uno con él en espíritu.

[n] **5:13** Dt 17:7; 19:19; 21:21; 22:21,24; 24:7
[ñ] **6:4** *¿cómo ... iglesia?* Alt. *¡nombren como jueces aun a los que no cuentan para nada ante la iglesia!*
[o] **6:16** *un solo cuerpo.* Lit. *una sola *carne*; Gn 2:24.

[12] What business is it of mine to judge those outside the church? Are you not to judge those inside? [13] God will judge those outside. "Expel the wicked person from among you."[o]

Lawsuits Among Believers

6 If any of you has a dispute with another, do you dare to take it before the ungodly for judgment instead of before the Lord's people? [2] Or do you not know that the Lord's people will judge the world? And if you are to judge the world, are you not competent to judge trivial cases? [3] Do you not know that we will judge angels? How much more the things of this life! [4] Therefore, if you have disputes about such matters, do you ask for a ruling from those whose way of life is scorned in the church? [5] I say this to shame you. Is it possible that there is nobody among you wise enough to judge a dispute between believers? [6] But instead, one brother takes another to court—and this in front of unbelievers!

[7] The very fact that you have lawsuits among you means you have been completely defeated already. Why not rather be wronged? Why not rather be cheated? [8] Instead, you yourselves cheat and do wrong, and you do this to your brothers and sisters. [9] Or do you not know that wrongdoers will not inherit the kingdom of God? Do not be deceived: Neither the sexually immoral nor idolaters nor adulterers nor men who have sex with men[p] [10] nor thieves nor the greedy nor drunkards nor slanderers nor swindlers will inherit the kingdom of God. [11] And that is what some of you were. But you were washed, you were sanctified, you were justified in the name of the Lord Jesus Christ and by the Spirit of our God.

Sexual Immorality

[12] "I have the right to do anything," you say—but not everything is beneficial. "I have the right to do anything"—but I will not be mastered by anything. [13] You say, "Food for the stomach and the stomach for food, and God will destroy them both." The body, however, is not meant for sexual immorality but for the Lord, and the Lord for the body. [14] By his power God raised the Lord from the dead, and he will raise us also. [15] Do you not know that your bodies are members of Christ himself? Shall I then take the members of Christ and unite them with a prostitute? Never! [16] Do you not know that he who unites himself with a prostitute is one with her in body? For it is said, "The two will become one flesh."[q] [17] But whoever is united with the Lord is one with him in spirit.[r]

[o] *13* Deut. 13:5; 17:7; 19:19; 21:21; 22:21,24; 24:7 [p] *9* The words *men who have sex with men* translate two Greek words that refer to the passive and active participants in homosexual acts.
[q] *16* Gen. 2:24 [r] *17* Or *in the Spirit*

[18] Huyan de la inmoralidad sexual. Todos los demás pecados que una persona comete quedan fuera de su cuerpo; pero el que comete inmoralidades sexuales peca contra su propio cuerpo. [19] ¿Acaso no saben que su cuerpo es templo del Espíritu Santo, quien está en ustedes y al que han recibido de parte de Dios? Ustedes no son sus propios dueños; [20] fueron comprados por un precio. Por tanto, honren con su cuerpo a Dios.

Consejos matrimoniales

7 Paso ahora a los asuntos que me plantearon por escrito: «Es mejor no tener relaciones sexuales.»[p] [2] Pero en vista de tanta inmoralidad, cada hombre debe tener su propia esposa, y cada mujer su propio esposo. [3] El hombre debe cumplir su deber conyugal con su esposa, e igualmente la mujer con su esposo. [4] La mujer ya no tiene derecho sobre su propio cuerpo, sino su esposo. Tampoco el hombre tiene derecho sobre su propio cuerpo, sino su esposa. [5] No se nieguen el uno al otro, a no ser de común acuerdo, y sólo por un tiempo, para dedicarse a la oración. No tarden en volver a unirse nuevamente; de lo contrario, pueden caer en *tentación de Satanás, por falta de dominio propio. [6] Ahora bien, esto lo digo como una concesión y no como una orden. [7] En realidad, preferiría que todos fueran como yo. No obstante, cada uno tiene de Dios su propio don: éste posee uno; aquél, otro.

[8] A los solteros y a las viudas les digo que sería mejor que se quedaran como yo. [9] Pero si no pueden dominarse, que se casen, porque es preferible casarse que quemarse de pasión.

[10] A los casados les doy la siguiente orden (no yo sino el Señor): que la mujer no se separe de su esposo. [11] Sin embargo, si se separa, que no se vuelva a casar; de lo contrario, que se reconcilie con su esposo. Así mismo, que el hombre no se divorcie de su esposa.

[12] A los demás les digo yo (no es mandamiento del Señor): Si algún hermano tiene una esposa que no es creyente, y ella consiente en vivir con él, que no se divorcie de ella. [13] Y si una mujer tiene un esposo que no es creyente, y él consiente en vivir con ella, que no se divorcie de él. [14] Porque el esposo no creyente ha sido *santificado por la unión con su esposa, y la esposa no creyente ha sido santificada por la unión con su esposo creyente. Si así no fuera, sus hijos serían impuros, mientras que, de hecho, son santos.

[15] Sin embargo, si el cónyuge no creyente decide separarse, no se lo impidan. En tales circunstancias, el cónyuge creyente queda sin obligación; Dios nos ha llamado a vivir en paz. [16] ¿Cómo sabes tú, mujer, si acaso salvarás a tu esposo? ¿O cómo sabes tú, hombre, si acaso salvarás a tu esposa?

[18] Flee from sexual immorality. All other sins a person commits are outside the body, but whoever sins sexually, sins against their own body. [19] Do you not know that your bodies are temples of the Holy Spirit, who is in you, whom you have received from God? You are not your own; [20] you were bought at a price. Therefore honor God with your bodies.

Concerning Married Life

7 Now for the matters you wrote about: "It is good for a man not to have sexual relations with a woman." [2] But since sexual immorality is occurring, each man should have sexual relations with his own wife, and each woman with her own husband. [3] The husband should fulfill his marital duty to his wife, and likewise the wife to her husband. [4] The wife does not have authority over her own body but yields it to her husband. In the same way, the husband does not have authority over his own body but yields it to his wife. [5] Do not deprive each other except perhaps by mutual consent and for a time, so that you may devote yourselves to prayer. Then come together again so that Satan will not tempt you because of your lack of self-control. [6] I say this as a concession, not as a command. [7] I wish that all of you were as I am. But each of you has your own gift from God; one has this gift, another has that.

[8] Now to the unmarried[s] and the widows I say: It is good for them to stay unmarried, as I do. [9] But if they cannot control themselves, they should marry, for it is better to marry than to burn with passion.

[10] To the married I give this command (not I, but the Lord): A wife must not separate from her husband. [11] But if she does, she must remain unmarried or else be reconciled to her husband. And a husband must not divorce his wife.

[12] To the rest I say this (I, not the Lord): If any brother has a wife who is not a believer and she is willing to live with him, he must not divorce her. [13] And if a woman has a husband who is not a believer and he is willing to live with her, she must not divorce him. [14] For the unbelieving husband has been sanctified through his wife, and the unbelieving wife has been sanctified through her believing husband. Otherwise your children would be unclean, but as it is, they are holy.

[15] But if the unbeliever leaves, let it be so. The brother or the sister is not bound in such circumstances; God has called us to live in peace. [16] How do you know, wife, whether you will save your husband? Or, how do you know, husband, whether you will save your wife?

---

p 7:1 «Es ... sexuales.» Alt. «Es mejor no casarse.» Lit. *Es bueno para el hombre no tocar mujer.*

s 8 Or widowers

[17] En cualquier caso, cada uno debe vivir conforme a la condición que el Señor le asignó y a la cual Dios lo ha llamado. Ésta es la norma que establezco en todas las iglesias. [18] ¿Fue llamado alguno estando ya *circuncidado? Que no disimule su condición. ¿Fue llamado alguno sin estar circuncidado? Que no se circuncide. [19] Para nada cuenta estar o no estar circuncidado; lo que importa es cumplir los mandatos de Dios. [20] Que cada uno permanezca en la condición en que estaba cuando Dios lo llamó. [21] ¿Eras *esclavo cuando fuiste llamado? No te preocupes, aunque si tienes la oportunidad de conseguir tu libertad, aprovéchala. [22] Porque el que era esclavo cuando el Señor lo llamó es un liberto del Señor; del mismo modo, el que era libre cuando fue llamado es un esclavo de Cristo. [23] Ustedes fueron comprados por un precio; no se vuelvan esclavos de nadie. [24] Hermanos, cada uno permanezca ante Dios en la condición en que estaba cuando Dios lo llamó.

[25] En cuanto a las personas solteras,[q] no tengo ningún mandato del Señor, pero doy mi opinión como quien por la misericordia del Señor es digno de confianza. [26] Pienso que, a causa de la crisis actual, es bueno que cada persona se quede como está. [27] ¿Estás casado? No procures divorciarte. ¿Estás soltero? No busques esposa. [28] Pero si te casas, no pecas; y si una joven[r] se casa, tampoco comete pecado. Sin embargo, los que se casan tendrán que pasar por muchos aprietos,[s] y yo quiero evitárselos.

[29] Lo que quiero decir, hermanos, es que nos queda poco tiempo. De aquí en adelante los que tienen esposa deben vivir como si no la tuvieran; [30] los que lloran, como si no lloraran; los que se alegran, como si no se alegraran; los que compran algo, como si no lo poseyeran; [31] los que disfrutan de las cosas de este mundo, como si no disfrutaran de ellas; porque este mundo, en su forma actual, está por desaparecer.

[32] Yo preferiría que estuvieran libres de preocupaciones. El soltero se preocupa de las cosas del Señor y de cómo agradarlo. [33] Pero el casado se preocupa de las cosas de este mundo y de cómo agradar a su esposa; [34] sus intereses están divididos. La mujer no casada, lo mismo que la joven soltera,[t] se preocupa[u] de las cosas del Señor; se afana por consagrarse al Señor tanto en cuerpo como en espíritu. Pero la casada se preocupa de las cosas de este mundo y de cómo agradar a su esposo. [35] Les digo esto por su propio bien, no para ponerles restricciones sino para que vivan con decoro y plenamente dedicados al Señor.

[q] **7:25** *personas solteras.* Lit. *vírgenes.*
[r] **7:28** *joven.* Lit. *virgen.*
[s] **7:28** *tendrán ... aprietos.* Lit. *tendrán aflicción en la *carne.*
[t] **7:34** *La mujer ... soltera.* Lit. *La mujer no casada y la virgen.*
[u] **7:33-34** *su esposa; ... se preocupa.* Var. *su esposa.* [34] *También hay diferencia entre la esposa y la joven soltera. La que no es casada se preocupa.*

Concerning Change of Status

[17] Nevertheless, each person should live as a believer in whatever situation the Lord has assigned to them, just as God has called them. This is the rule I lay down in all the churches. [18] Was a man already circumcised when he was called? He should not become uncircumcised. Was a man uncircumcised when he was called? He should not be circumcised. [19] Circumcision is nothing and uncircumcision is nothing. Keeping God's commands is what counts. [20] Each person should remain in the situation they were in when God called them.

[21] Were you a slave when you were called? Don't let it trouble you — although if you can gain your freedom, do so. [22] For the one who was a slave when called to faith in the Lord is the Lord's freed person; similarly, the one who was free when called is Christ's slave. [23] You were bought at a price; do not become slaves of human beings. [24] Brothers and sisters, each person, as responsible to God, should remain in the situation they were in when God called them.

Concerning the Unmarried

[25] Now about virgins: I have no command from the Lord, but I give a judgment as one who by the Lord's mercy is trustworthy. [26] Because of the present crisis, I think that it is good for a man to remain as he is. [27] Are you pledged to a woman? Do not seek to be released. Are you free from such a commitment? Do not look for a wife. [28] But if you do marry, you have not sinned; and if a virgin marries, she has not sinned. But those who marry will face many troubles in this life, and I want to spare you this.

[29] What I mean, brothers and sisters, is that the time is short. From now on those who have wives should live as if they do not; [30] those who mourn, as if they did not; those who are happy, as if they were not; those who buy something, as if it were not theirs to keep; [31] those who use the things of the world, as if not engrossed in them. For this world in its present form is passing away.

[32] I would like you to be free from concern. An unmarried man is concerned about the Lord's affairs — how he can please the Lord. [33] But a married man is concerned about the affairs of this world — how he can please his wife — [34] and his interests are divided. An unmarried woman or virgin is concerned about the Lord's affairs: Her aim is to be devoted to the Lord in both body and spirit. But a married woman is concerned about the affairs of this world — how she can please her husband. [35] I am saying this for your own good, not to restrict you, but that you may live in a right way in undivided devotion to the Lord.

[36] Si alguno piensa que no está tratando a su prometida[v] como es debido, y ella ha llegado ya a su madurez, por lo cual él se siente obligado a casarse, que lo haga. Con eso no peca; que se casen. [37] Pero el que se mantiene firme en su propósito, y no está dominado por sus impulsos sino que domina su propia voluntad, y ha resuelto no casarse con su prometida, también hace bien. [38] De modo que el que se casa con su prometida hace bien, pero el que no se casa hace mejor.[w]

[39] La mujer está ligada a su esposo mientras él vive; pero si el esposo muere, ella queda libre para casarse con quien quiera, con tal de que sea en el Señor. [40] En mi opinión, ella será más feliz si no se casa, y creo que yo también tengo el Espíritu de Dios.

Lo sacrificado a los ídolos

8 En cuanto a lo sacrificado a los ídolos, es cierto que todos tenemos conocimiento. El conocimiento envanece, mientras que el amor edifica. [2] El que cree que sabe algo, todavía no sabe como debiera saber. [3] Pero el que ama a Dios es conocido por él.

[4] De modo que, en cuanto a comer lo sacrificado a los ídolos, sabemos que un ídolo no es absolutamente nada, y que hay un solo Dios. [5] Pues aunque haya los así llamados dioses, ya sea en el cielo o en la tierra (y por cierto que hay muchos «dioses» y muchos «señores»), [6] para nosotros no hay más que un solo Dios, el Padre, de quien todo procede y para el cual vivimos; y no hay más que un solo Señor, es decir, Jesucristo, por quien todo existe y por medio del cual vivimos.

[7] Pero no todos tienen conocimiento de esto. Algunos siguen tan acostumbrados a los ídolos, que comen carne a sabiendas de que ha sido sacrificada a un ídolo, y su conciencia se contamina por ser débil. [8] Pero lo que comemos no nos acerca a Dios; no somos mejores por comer ni peores por no comer.

[9] Sin embargo, tengan cuidado de que su libertad no se convierta en motivo de tropiezo para los débiles. [10] Porque si alguien de conciencia débil te ve a ti, que tienes este conocimiento, comer en el templo de un ídolo, ¿no se sentirá animado a comer lo que ha sido sacrificado a los ídolos? [11] Entonces ese hermano débil, por quien Cristo murió, se perderá a causa de tu conocimiento. [12] Al pecar así contra los hermanos, hiriendo su débil conciencia, pecan ustedes contra Cristo.

[36] If anyone is worried that he might not be acting honorably toward the virgin he is engaged to, and if his passions are too strong[t] and he feels he ought to marry, he should do as he wants. He is not sinning. They should get married. [37] But the man who has settled the matter in his own mind, who is under no compulsion but has control over his own will, and who has made up his mind not to marry the virgin — this man also does the right thing. [38] So then, he who marries the virgin does right, but he who does not marry her does better.[u]

[39] A woman is bound to her husband as long as he lives. But if her husband dies, she is free to marry anyone she wishes, but he must belong to the Lord. [40] In my judgment, she is happier if she stays as she is — and I think that I too have the Spirit of God.

Concerning Food Sacrificed to Idols

8 Now about food sacrificed to idols: We know that "We all possess knowledge." But knowledge puffs up while love builds up. [2] Those who think they know something do not yet know as they ought to know. [3] But whoever loves God is known by God.[v]

[4] So then, about eating food sacrificed to idols: We know that "An idol is nothing at all in the world" and that "There is no God but one." [5] For even if there are so-called gods, whether in heaven or on earth (as indeed there are many "gods" and many "lords"), [6] yet for us there is but one God, the Father, from whom all things came and for whom we live; and there is but one Lord, Jesus Christ, through whom all things came and through whom we live.

[7] But not everyone possesses this knowledge. Some people are still so accustomed to idols that when they eat sacrificial food they think of it as having been sacrificed to a god, and since their conscience is weak, it is defiled. [8] But food does not bring us near to God; we are no worse if we do not eat, and no better if we do.

[9] Be careful, however, that the exercise of your rights does not become a stumbling block to the weak. [10] For if someone with a weak conscience sees you, with all your knowledge, eating in an idol's temple, won't that person be emboldened to eat what is sacrificed to idols? [11] So this weak brother or sister, for whom Christ died, is destroyed by your knowledge. [12] When you sin against them in this way and wound their weak

---

v 7:36 *prometida*. Lit. *virgen*; también en vv. 37 y 38.

w 7:36-38 Alt. [36] *Si alguno piensa que no está tratando a su hija como es debido, y ella ha llegado a su madurez, por lo cual él se siente obligado a darla en matrimonio, que lo haga. Con eso no peca; que la dé en matrimonio.* [37] *Pero el que se mantiene firme en su propósito, y no está dominado por sus impulsos sino que domina su propia voluntad, y ha resuelto mantener soltera a su hija, también hace bien.* [38] *De modo que el que da a su hija en matrimonio hace bien, pero el que no la da en matrimonio hace mejor.*

---

t 36 Or *if she is getting beyond the usual age for marriage*   u 36-38 Or [36]*If anyone thinks he is not treating his daughter properly, and if she is getting along in years (or if her passions are too strong), and he feels she ought to marry, he should do as he wants. He is not sinning. He should let her get married.* [37]*But the man who has settled the matter in his own mind, who is under no compulsion but has control over his own will, and who has made up his mind to keep the virgin unmarried — this man also does the right thing.* [38]*So then, he who gives his virgin in marriage does right, but he who does not give her in marriage does better.*

v 2,3 An early manuscript and another ancient witness *think they have knowledge do not yet know as they ought to know.* [3]*But whoever loves truly knows.*

¹³ Por lo tanto, si mi comida ocasiona la caída de mi hermano, no comeré carne jamás, para no hacerlo *caer en pecado.

Los derechos de un apóstol

9 ¿No soy libre? ¿No soy apóstol? ¿No he visto a Jesús nuestro Señor? ¿No son ustedes el fruto de mi trabajo en el Señor? ² Aunque otros no me reconozcan como apóstol, ¡para ustedes sí lo soy! Porque ustedes mismos son el sello de mi apostolado en el Señor.

³ Ésta es mi defensa contra los que me critican: ⁴ ¿Acaso no tenemos derecho a comer y a beber? ⁵ ¿No tenemos derecho a viajar acompañados por una esposa creyente, como hacen los demás apóstoles y *Cefas y los hermanos del Señor? ⁶ ¿O es que sólo Bernabé y yo estamos obligados a ganarnos la vida con otros trabajos?

⁷ ¿Qué soldado presta servicio militar pagándose sus propios gastos? ¿Qué agricultor planta un viñedo y no come de sus uvas? ¿Qué pastor cuida un rebaño y no toma de la leche que ordeña? ⁸ No piensen que digo esto solamente desde un punto de vista humano. ¿No lo dice también la ley? ⁹ Porque en la ley de Moisés está escrito: «No le pongas bozal al buey mientras esté trillando.»ˣ ¿Acaso se preocupa Dios por los bueyes, ¹⁰ o lo dice más bien por nosotros? Por supuesto que lo dice por nosotros, porque cuando el labrador ara y el segador trilla, deben hacerlo con la esperanza de participar de la cosecha. ¹¹ Si hemos sembrado semilla espiritual entre ustedes, ¿será mucho pedir que cosechemos de ustedes lo material?ʸ ¹² Si otros tienen derecho a este sustento de parte de ustedes, ¿no lo tendremos aún más nosotros?

Sin embargo, no ejercimos este derecho, sino que lo soportamos todo con tal de no crear obstáculo al *evangelio de Cristo. ¹³ ¿No saben que los que sirven en el templo reciben su alimento del templo, y que los que atienden el altar participan de lo que se ofrece en el altar? ¹⁴ Así también el Señor ha ordenado que quienes predican el evangelio vivan de este ministerio.

¹⁵ Pero no me he aprovechado de ninguno de estos derechos, ni escribo de esta manera porque quiera reclamarlos. Prefiero morir a que alguien me prive de este motivo de *orgullo. ¹⁶ Sin embargo, cuando predico el evangelio, no tengo de qué enorgullecerme, ya que estoy bajo la obligación de hacerlo. ¡Ay de mí si no predico el evangelio! ¹⁷ En efecto, si lo hiciera por mi propia voluntad, tendría recompensa; pero si lo hago por obligación, no hago más que cumplir la tarea que se me ha encomendado. ¹⁸ ¿Cuál es, entonces, mi recompensa? Pues que al predicar el evangelio pueda presentarlo gratuitamente, sin hacer valer mi derecho.

conscience, you sin against Christ. ¹³ Therefore, if what I eat causes my brother or sister to fall into sin, I will never eat meat again, so that I will not cause them to fall.

Paul's Rights as an Apostle

9 Am I not free? Am I not an apostle? Have I not seen Jesus our Lord? Are you not the result of my work in the Lord? ² Even though I may not be an apostle to others, surely I am to you! For you are the seal of my apostleship in the Lord.

³ This is my defense to those who sit in judgment on me. ⁴ Don't we have the right to food and drink? ⁵ Don't we have the right to take a believing wife along with us, as do the other apostles and the Lord's brothers and Cephasʷ? ⁶ Or is it only I and Barnabas who lack the right to not work for a living?

⁷ Who serves as a soldier at his own expense? Who plants a vineyard and does not eat its grapes? Who tends a flock and does not drink the milk? ⁸ Do I say this merely on human authority? Doesn't the Law say the same thing? ⁹ For it is written in the Law of Moses: "Do not muzzle an ox while it is treading out the grain."ˣ Is it about oxen that God is concerned? ¹⁰ Surely he says this for us, doesn't he? Yes, this was written for us, because whoever plows and threshes should be able to do so in the hope of sharing in the harvest. ¹¹ If we have sown spiritual seed among you, is it too much if we reap a material harvest from you? ¹² If others have this right of support from you, shouldn't we have it all the more?

But we did not use this right. On the contrary, we put up with anything rather than hinder the gospel of Christ.

¹³ Don't you know that those who serve in the temple get their food from the temple, and that those who serve at the altar share in what is offered on the altar? ¹⁴ In the same way, the Lord has commanded that those who preach the gospel should receive their living from the gospel.

¹⁵ But I have not used any of these rights. And I am not writing this in the hope that you will do such things for me, for I would rather die than allow anyone to deprive me of this boast. ¹⁶ For when I preach the gospel, I cannot boast, since I am compelled to preach. Woe to me if I do not preach the gospel! ¹⁷ If I preach voluntarily, I have a reward; if not voluntarily, I am simply discharging the trust committed to me. ¹⁸ What then is my reward? Just this: that in preaching the gospel I may offer it free of charge, and so not make full use of my rights as a preacher of the gospel.

---

x 9:9 Dt 25:4
y 9:11 *lo material.* Lit. *las cosas* *carnales.*

ʷ 5 That is, Peter   ˣ 9 Deut. 25:4

¹⁹ Aunque soy libre respecto a todos, de todos me he hecho *esclavo para ganar a tantos como sea posible. ²⁰ Entre los judíos me volví judío, a fin de ganarlos a ellos. Entre los que viven bajo la ley me volví como los que están sometidos a ella (aunque yo mismo no vivo bajo la ley), a fin de ganar a éstos. ²¹ Entre los que no tienen la ley me volví como los que están sin ley (aunque no estoy libre de la ley de Dios sino comprometido con la ley de Cristo), a fin de ganar a los que están sin ley. ²² Entre los débiles me hice débil, a fin de ganar a los débiles. Me hice todo para todos, a fin de salvar a algunos por todos los medios posibles. ²³ Todo esto lo hago por causa del evangelio, para participar de sus frutos.

²⁴ ¿No saben que en una carrera todos los corredores compiten, pero sólo uno obtiene el premio? Corran, pues, de tal modo que lo obtengan. ²⁵ Todos los deportistas se entrenan con mucha disciplina. Ellos lo hacen para obtener un premio que se echa a perder; nosotros, en cambio, por uno que dura para siempre. ²⁶ Así que yo no corro como quien no tiene meta; no lucho como quien da golpes al aire. ²⁷ Más bien, golpeo mi cuerpo y lo domino, no sea que, después de haber predicado a otros, yo mismo quede descalificado.

Advertencias basadas en la historia de Israel

10 No quiero que desconozcan, hermanos, que nuestros antepasados estuvieron todos bajo la nube y que todos atravesaron el mar. ² Todos ellos fueron bautizados en la nube y en el mar para unirse a Moisés. ³ Todos también comieron el mismo alimento espiritual ⁴ y tomaron la misma bebida espiritual, pues bebían de la roca espiritual que los acompañaba, y la roca era Cristo. ⁵ Sin embargo, la mayoría de ellos no agradaron a Dios, y sus cuerpos quedaron tendidos en el desierto.

⁶ Todo eso sucedió para servirnos de ejemplo,^z a fin de que no nos apasionemos por lo malo, como lo hicieron ellos. ⁷ No sean idólatras, como lo fueron algunos de ellos, según está escrito: «Se sentó el pueblo a comer y a beber, y se entregó al desenfreno.»^a ⁸ No cometamos inmoralidad sexual, como algunos lo hicieron, por lo que en un sólo día perecieron veintitrés mil. ⁹ Tampoco pongamos a *prueba al Señor, como lo hicieron algunos y murieron víctimas de las serpientes. ¹⁰ Ni murmuren contra Dios, como lo hicieron algunos y sucumbieron a manos del ángel destructor.

¹¹ Todo eso les sucedió para servir de ejemplo, y quedó escrito para advertencia nuestra, pues a nosotros nos ha llegado el fin de los tiempos. ¹² Por lo tanto, si alguien piensa que está firme, tenga cuidado de no caer. ¹³ Ustedes no han sufrido ninguna *tentación que no sea común al

Paul's Use of His Freedom

¹⁹ Though I am free and belong to no one, I have made myself a slave to everyone, to win as many as possible. ²⁰ To the Jews I became like a Jew, to win the Jews. To those under the law I became like one under the law (though I myself am not under the law), so as to win those under the law. ²¹ To those not having the law I became like one not having the law (though I am not free from God's law but am under Christ's law), so as to win those not having the law. ²² To the weak I became weak, to win the weak. I have become all things to all people so that by all possible means I might save some. ²³ I do all this for the sake of the gospel, that I may share in its blessings.

The Need for Self-Discipline

²⁴ Do you not know that in a race all the runners run, but only one gets the prize? Run in such a way as to get the prize. ²⁵ Everyone who competes in the games goes into strict training. They do it to get a crown that will not last, but we do it to get a crown that will last forever. ²⁶ Therefore I do not run like someone running aimlessly; I do not fight like a boxer beating the air. ²⁷ No, I strike a blow to my body and make it my slave so that after I have preached to others, I myself will not be disqualified for the prize.

Warnings From Israel's History

10 For I do not want you to be ignorant of the fact, brothers and sisters, that our ancestors were all under the cloud and that they all passed through the sea. ² They were all baptized into Moses in the cloud and in the sea. ³ They all ate the same spiritual food ⁴ and drank the same spiritual drink; for they drank from the spiritual rock that accompanied them, and that rock was Christ. ⁵ Nevertheless, God was not pleased with most of them; their bodies were scattered in the wilderness.

⁶ Now these things occurred as examples to keep us from setting our hearts on evil things as they did. ⁷ Do not be idolaters, as some of them were; as it is written: "The people sat down to eat and drink and got up to indulge in revelry."^y ⁸ We should not commit sexual immorality, as some of them did — and in one day twenty-three thousand of them died. ⁹ We should not test Christ,^z as some of them did — and were killed by snakes. ¹⁰ And do not grumble, as some of them did — and were killed by the destroying angel.

¹¹ These things happened to them as examples and were written down as warnings for us, on whom the culmination of the ages has come. ¹² So, if you think you are standing firm, be careful that you don't fall! ¹³ No temptation^a has overtaken you

---

^z **10:6** *ejemplo.* Lit. *tipo*; también en v. 11.
^a **10:7** Éx 32:6

^y 7 Exodus 32:6   ^z 9 Some manuscripts *test the Lord*
^a 13 The Greek for *temptation* and *tempted* can also mean *testing* and *tested.*

género *humano. Pero Dios es fiel, y no permitirá que ustedes sean tentados más allá de lo que puedan aguantar. Más bien, cuando llegue la tentación, él les dará también una salida a fin de que puedan resistir.

Las fiestas idólatras y la Cena del Señor

¹⁴ Por tanto, mis queridos hermanos, huyan de la idolatría. ¹⁵ Me dirijo a personas sensatas; juzguen ustedes mismos lo que digo. ¹⁶ Esa copa de bendición por la cual damos gracias,ᵇ ¿no significa que entramos en comunión con la sangre de Cristo? Ese pan que partimos, ¿no significa que entramos en comunión con el cuerpo de Cristo? ¹⁷ Hay un solo pan del cual todos participamos; por eso, aunque somos muchos, formamos un solo cuerpo.

¹⁸ Consideren al pueblo de Israel como tal:ᶜ ¿No entran en comunión con el altar los que comen de lo sacrificado? ¹⁹ ¿Qué quiero decir con esta comparación? ¿Que el sacrificio que los *gentiles ofrecen a los ídolos sea algo, o que el ídolo mismo sea algo? ²⁰ No, sino que cuando ellos ofrecen sacrificios, lo hacen para los demonios, no para Dios, y no quiero que ustedes entren en comunión con los demonios. ²¹ No pueden beber de la copa del Señor y también de la copa de los demonios; no pueden participar de la mesa del Señor y también de la mesa de los demonios. ²² ¿O vamos a provocar a celos al Señor? ¿Somos acaso más fuertes que él?

La libertad del creyente

²³ «Todo está permitido», pero no todo es provechoso. «Todo está permitido», pero no todo es constructivo. ²⁴ Que nadie busque sus propios intereses sino los del prójimo.

²⁵ Coman de todo lo que se vende en la carnicería, sin preguntar nada por motivos de conciencia, ²⁶ porque «del Señor es la tierra y todo cuanto hay en ella».ᵈ

²⁷ Si algún incrédulo los invita a comer, y ustedes aceptan la invitación, coman de todo lo que les sirvan sin preguntar nada por motivos de conciencia. ²⁸ Ahora bien, si alguien les dice: «Esto ha sido ofrecido en sacrificio a los ídolos», entonces no lo coman, por consideración al que se lo mencionó, y por motivos de conciencia.ᵉ ²⁹ (Me refiero a la conciencia del otro, no a la de ustedes.) ¿Por qué se ha de juzgar mi libertad de acuerdo con la conciencia ajena? ³⁰ Si con gratitud participo de la comida, ¿me van a condenar por comer algo por lo cual doy gracias a Dios?

³¹ En conclusión, ya sea que coman o beban o hagan cualquier otra cosa, háganlo todo para la gloria de Dios. ³² No hagan *tropezar a nadie,

except what is common to mankind. And God is faithful; he will not let you be temptedᵇ beyond what you can bear. But when you are tempted,ᵇ he will also provide a way out so that you can endure it.

Idol Feasts and the Lord's Supper

¹⁴ Therefore, my dear friends, flee from idolatry. ¹⁵ I speak to sensible people; judge for yourselves what I say. ¹⁶ Is not the cup of thanksgiving for which we give thanks a participation in the blood of Christ? And is not the bread that we break a participation in the body of Christ? ¹⁷ Because there is one loaf, we, who are many, are one body, for we all share the one loaf.

¹⁸ Consider the people of Israel: Do not those who eat the sacrifices participate in the altar? ¹⁹ Do I mean then that food sacrificed to an idol is anything, or that an idol is anything? ²⁰ No, but the sacrifices of pagans are offered to demons, not to God, and I do not want you to be participants with demons. ²¹ You cannot drink the cup of the Lord and the cup of demons too; you cannot have a part in both the Lord's table and the table of demons. ²² Are we trying to arouse the Lord's jealousy? Are we stronger than he?

The Believer's Freedom

²³ "I have the right to do anything," you say — but not everything is beneficial. "I have the right to do anything" — but not everything is constructive. ²⁴ No one should seek their own good, but the good of others.

²⁵ Eat anything sold in the meat market without raising questions of conscience, ²⁶ for, "The earth is the Lord's, and everything in it."ᶜ

²⁷ If an unbeliever invites you to a meal and you want to go, eat whatever is put before you without raising questions of conscience. ²⁸ But if someone says to you, "This has been offered in sacrifice," then do not eat it, both for the sake of the one who told you and for the sake of conscience. ²⁹ I am referring to the other person's conscience, not yours. For why is my freedom being judged by another's conscience? ³⁰ If I take part in the meal with thankfulness, why am I denounced because of something I thank God for?

³¹ So whether you eat or drink or whatever you do, do it all for the glory of God. ³² Do not cause

---

ᵇ **10:16** por la cual damos gracias. Lit. que bendecimos.
ᶜ **10:18** como tal. Lit. según la *carne.
ᵈ **10:26** Sal 24:1
ᵉ **10:28** conciencia. Var. conciencia, porque «del Señor es la tierra y todo cuanto hay en ella».

ᵇ 13 The Greek for temptation and tempted can also mean testing and tested.   ᶜ 26 Psalm 24:1

ni a judíos, ni a *gentiles ni a la iglesia de Dios. [33] Hagan como yo, que procuro agradar a todos en todo. No busco mis propios intereses sino los de los demás, para que sean salvos.

11 Imítenme a mí, como yo imito a Cristo.

Decoro en el culto

[2] Los elogio porque se acuerdan de mí en todo y retienen las enseñanzas,[f] tal como se las transmití.

[3] Ahora bien, quiero que entiendan que Cristo es cabeza de todo hombre, mientras que el hombre es cabeza de la mujer y Dios es cabeza de Cristo. [4] Todo hombre que ora o profetiza con la cabeza cubierta[g] deshonra al que es su cabeza. [5] En cambio, toda mujer que ora o profetiza con la cabeza descubierta deshonra al que es su cabeza; es como si estuviera rasurada. [6] Si la mujer no se cubre la cabeza, que se corte también el cabello; pero si es vergonzoso para la mujer tener el pelo corto o la cabeza rasurada, que se la cubra. [7] El hombre no debe cubrirse la cabeza, ya que él es imagen y gloria de Dios, mientras que la mujer es gloria del hombre. [8] De hecho, el hombre no procede de la mujer sino la mujer del hombre; [9] ni tampoco fue creado el hombre a causa de la mujer, sino la mujer a causa del hombre. [10] Por esta razón, y a causa de los ángeles, la mujer debe llevar sobre la cabeza señal de autoridad.[h]

[11] Sin embargo, en el Señor, ni la mujer existe aparte del hombre ni el hombre aparte de la mujer. [12] Porque así como la mujer procede del hombre, también el hombre nace de la mujer; pero todo proviene de Dios. [13] Juzguen ustedes mismos: ¿Es apropiado que la mujer ore a Dios sin cubrirse la cabeza? [14] ¿No les enseña el mismo orden natural de las cosas que es una vergüenza para el hombre dejarse crecer el cabello, [15] mientras que es una gloria para la mujer llevar cabello largo? Es que a ella se le ha dado su cabellera como velo. [16] Si alguien insiste en discutir este asunto, tenga en cuenta que nosotros no tenemos otra costumbre, ni tampoco las iglesias de Dios.

La Cena del Señor

[17] Al darles las siguientes instrucciones, no puedo elogiarlos, ya que sus reuniones traen más perjuicio que beneficio. [18] En primer lugar, oigo decir que cuando se reúnen como iglesia hay divisiones entre ustedes, y hasta cierto punto lo creo. [19] Sin duda, tiene que haber grupos sectarios entre ustedes, para que se demuestre quiénes cuentan con la aprobación de Dios. [20] De hecho, cuando se reúnen, ya no es para comer la Cena del Señor, [21] porque cada uno se adelanta a comer su propia

anyone to stumble, whether Jews, Greeks or the church of God— [33] even as I try to please everyone in every way. For I am not seeking my own good but the good of many, so that they may be saved. [1] Follow my example, as I follow the example of Christ.

On Covering the Head in Worship

[2] I praise you for remembering me in everything and for holding to the traditions just as I passed them on to you. [3] But I want you to realize that the head of every man is Christ, and the head of the woman is man,[d] and the head of Christ is God. [4] Every man who prays or prophesies with his head covered dishonors his head. [5] But every woman who prays or prophesies with her head uncovered dishonors her head—it is the same as having her head shaved. [6] For if a woman does not cover her head, she might as well have her hair cut off; but if it is a disgrace for a woman to have her hair cut off or her head shaved, then she should cover her head.

[7] A man ought not to cover his head,[e] since he is the image and glory of God; but woman is the glory of man. [8] For man did not come from woman, but woman from man; [9] neither was man created for woman, but woman for man. [10] It is for this reason that a woman ought to have authority over her own[f] head, because of the angels. [11] Nevertheless, in the Lord woman is not independent of man, nor is man independent of woman. [12] For as woman came from man, so also man is born of woman. But everything comes from God.

[13] Judge for yourselves: Is it proper for a woman to pray to God with her head uncovered? [14] Does not the very nature of things teach you that if a man has long hair, it is a disgrace to him, [15] but that if a woman has long hair, it is her glory? For long hair is given to her as a covering. [16] If anyone wants to be contentious about this, we have no other practice—nor do the churches of God.

Correcting an Abuse of the Lord's Supper

[17] In the following directives I have no praise for you, for your meetings do more harm than good. [18] In the first place, I hear that when you come together as a church, there are divisions among you, and to some extent I believe it. [19] No doubt there have to be differences among you to show which of you have God's approval. [20] So then, when you come together, it is not the Lord's Supper you eat, [21] for when you are eating, some of you go ahead

---

[f] 11:2 *enseñanzas.* Alt. *tradiciones.*

[g] 11:4 *la cabeza cubierta.* Alt. *el cabello largo;* también en el resto del pasaje.

[h] 11:10 *debe ... autoridad.* Lit. *debe tener autoridad sobre la cabeza.*

[d] 3 Or *of the wife is her husband*   [e] 4-7 Or *Every man who prays or prophesies with long hair dishonors his head.* [5] *But every woman who prays or prophesies with no covering of hair dishonors her head—she is just like one of the "shorn women." [6] If a woman has no covering, let her be for now with short hair; but since it is a disgrace for a woman to have her hair shorn or shaved, she should grow it again. [7] A man ought not to have long hair*   [f] 10 Or *have a sign of authority on her*

cena, de manera que unos se quedan con hambre mientras otros se emborrachan. ²² ¿Acaso no tienen casas donde comer y beber? ¿O es que menosprecian a la iglesia de Dios y quieren avergonzar a los que no tienen nada? ¿Qué les diré? ¿Voy a elogiarlos por esto? ¡Claro que no!

²³ Yo recibí del Señor lo mismo que les transmití a ustedes: Que el Señor Jesús, la noche en que fue traicionado, tomó pan, ²⁴ y después de dar gracias, lo partió y dijo: «Este pan es mi cuerpo, que por ustedes entrego; hagan esto en memoria de mí.» ²⁵ De la misma manera, después de cenar, tomó la copa y dijo: «Esta copa es el nuevo pacto en mi sangre; hagan esto, cada vez que beban de ella, en memoria de mí.» ²⁶ Porque cada vez que comen este pan y beben de esta copa, proclaman la muerte del Señor hasta que él venga.

²⁷ Por lo tanto, cualquiera que coma el pan o beba de la copa del Señor de manera indigna, será culpable de pecar contra el cuerpo y la sangre del Señor. ²⁸ Así que cada uno debe examinarse a sí mismo antes de comer el pan y beber de la copa. ²⁹ Porque el que come y bebe sin discernir el cuerpo,ⁱ come y bebe su propia condena. ³⁰ Por eso hay entre ustedes muchos débiles y enfermos, e incluso varios han muerto. ³¹ Si nos examináramos a nosotros mismos, no se nos juzgaría; ³² pero si nos juzga el Señor, nos disciplina para que no seamos condenados con el mundo.

³³ Así que, hermanos míos, cuando se reúnan para comer, espérense unos a otros. ³⁴ Si alguno tiene hambre, que coma en su casa, para que las reuniones de ustedes no resulten dignas de condenación.

Los demás asuntos los arreglaré cuando los visite.

Los dones espirituales

12 En cuanto a los dones espirituales, hermanos, quiero que entiendan bien este asunto. ² Ustedes saben que cuando eran *paganos se dejaban arrastrar hacia los ídolos mudos. ³ Por eso les advierto que nadie que esté hablando por el Espíritu de Dios puede maldecir a Jesús; ni nadie puede decir: «Jesús es el Señor» sino por el Espíritu Santo.

⁴ Ahora bien, hay diversos dones, pero un mismo Espíritu. ⁵ Hay diversas maneras de servir, pero un mismo Señor. ⁶ Hay diversas funciones, pero es un mismo Dios el que hace todas las cosas en todos.

⁷ A cada uno se le da una manifestación especial del Espíritu para el bien de los demás. ⁸ A unos Dios les da por el Espíritu palabra de sabiduría; a otros, por el mismo Espíritu, palabra de conocimiento; ⁹ a otros, fe por medio del mismo

with your own private suppers. As a result, one person remains hungry and another gets drunk. ²² Don't you have homes to eat and drink in? Or do you despise the church of God by humiliating those who have nothing? What shall I say to you? Shall I praise you? Certainly not in this matter!

²³ For I received from the Lord what I also passed on to you: The Lord Jesus, on the night he was betrayed, took bread, ²⁴ and when he had given thanks, he broke it and said, "This is my body, which is for you; do this in remembrance of me." ²⁵ In the same way, after supper he took the cup, saying, "This cup is the new covenant in my blood; do this, whenever you drink it, in remembrance of me." ²⁶ For whenever you eat this bread and drink this cup, you proclaim the Lord's death until he comes.

²⁷ So then, whoever eats the bread or drinks the cup of the Lord in an unworthy manner will be guilty of sinning against the body and blood of the Lord. ²⁸ Everyone ought to examine themselves before they eat of the bread and drink from the cup. ²⁹ For those who eat and drink without discerning the body of Christ eat and drink judgment on themselves. ³⁰ That is why many among you are weak and sick, and a number of you have fallen asleep. ³¹ But if we were more discerning with regard to ourselves, we would not come under such judgment. ³² Nevertheless, when we are judged in this way by the Lord, we are being disciplined so that we will not be finally condemned with the world.

³³ So then, my brothers and sisters, when you gather to eat, you should all eat together. ³⁴ Anyone who is hungry should eat something at home, so that when you meet together it may not result in judgment.

And when I come I will give further directions.

Concerning Spiritual Gifts

12 Now about the gifts of the Spirit, brothers and sisters, I do not want you to be uninformed. ² You know that when you were pagans, somehow or other you were influenced and led astray to mute idols. ³ Therefore I want you to know that no one who is speaking by the Spirit of God says, "Jesus be cursed," and no one can say, "Jesus is Lord," except by the Holy Spirit.

⁴ There are different kinds of gifts, but the same Spirit distributes them. ⁵ There are different kinds of service, but the same Lord. ⁶ There are different kinds of working, but in all of them and in everyone it is the same God at work.

⁷ Now to each one the manifestation of the Spirit is given for the common good. ⁸ To one there is given through the Spirit a message of wisdom, to another a message of knowledge by means of the same Spirit, ⁹ to another faith by the same Spirit,

---

ⁱ **11:29** *cuerpo.* Var. *cuerpo del Señor.*

Espíritu; a otros, y por ese mismo Espíritu, dones para sanar enfermos; [10] a otros, poderes milagrosos; a otros, profecía; a otros, el discernir espíritus; a otros, el hablar en diversas *lenguas; y a otros, el interpretar lenguas. [11] Todo esto lo hace un mismo y único Espíritu, quien reparte a cada uno según él lo determina.

Un cuerpo con muchos miembros

[12] De hecho, aunque el cuerpo es uno solo, tiene muchos miembros, y todos los miembros, no obstante ser muchos, forman un solo cuerpo. Así sucede con Cristo. [13] Todos fuimos bautizados por[j] un solo Espíritu para constituir un solo cuerpo — ya seamos judíos o *gentiles, esclavos o libres—, y a todos se nos dio a beber de un mismo Espíritu.

[14] Ahora bien, el cuerpo no consta de un solo miembro sino de muchos. [15] Si el pie dijera: «Como no soy mano, no soy del cuerpo», no por eso dejaría de ser parte del cuerpo. [16] Y si la oreja dijera: «Como no soy ojo, no soy del cuerpo», no por eso dejaría de ser parte del cuerpo. [17] Si todo el cuerpo fuera ojo, ¿qué sería del oído? Si todo el cuerpo fuera oído, ¿qué sería del olfato? [18] En realidad, Dios colocó cada miembro del cuerpo como mejor le pareció. [19] Si todos ellos fueran un solo miembro, ¿qué sería del cuerpo? [20] Lo cierto es que hay muchos miembros, pero el cuerpo es uno solo.

[21] El ojo no puede decirle a la mano: «No te necesito.» Ni puede la cabeza decirles a los pies: «No los necesito.» [22] Al contrario, los miembros del cuerpo que parecen más débiles son indispensables, [23] y a los que nos parecen menos honrosos los tratamos con honra especial. Y se les trata con especial modestia a los miembros que nos parecen menos presentables, [24] mientras que los más presentables no requieren trato especial. Así Dios ha dispuesto los miembros de nuestro cuerpo, dando mayor honra a los que menos tenían, [25] a fin de que no haya división en el cuerpo, sino que sus miembros se preocupen por igual unos por otros. [26] Si uno de los miembros sufre, los demás comparten su sufrimiento; y si uno de ellos recibe honor, los demás se alegran con él.

[27] Ahora bien, ustedes son el cuerpo de Cristo, y cada uno es miembro de ese cuerpo. [28] En la iglesia Dios ha puesto, en primer lugar, apóstoles; en segundo lugar, profetas; en tercer lugar, maestros; luego los que hacen milagros; después los que tienen dones para sanar enfermos, los que ayudan a otros, los que administran y los que hablan en diversas *lenguas. [29] ¿Son todos apóstoles? ¿Son todos profetas? ¿Son todos maestros? ¿Hacen todos milagros? [30] ¿Tienen todos dones para sanar enfermos? ¿Hablan todos en lenguas? ¿Acaso interpretan todos? [31] Ustedes, por su parte, ambicionen[k] los mejores dones.

to another gifts of healing by that one Spirit, [10] to another miraculous powers, to another prophecy, to another distinguishing between spirits, to another speaking in different kinds of tongues,[g] and to still another the interpretation of tongues.[g] [11] All these are the work of one and the same Spirit, and he distributes them to each one, just as he determines.

Unity and Diversity in the Body

[12] Just as a body, though one, has many parts, but all its many parts form one body, so it is with Christ. [13] For we were all baptized by[h] one Spirit so as to form one body — whether Jews or Gentiles, slave or free — and we were all given the one Spirit to drink. [14] Even so the body is not made up of one part but of many.

[15] Now if the foot should say, "Because I am not a hand, I do not belong to the body," it would not for that reason stop being part of the body. [16] And if the ear should say, "Because I am not an eye, I do not belong to the body," it would not for that reason stop being part of the body. [17] If the whole body were an eye, where would the sense of hearing be? If the whole body were an ear, where would the sense of smell be? [18] But in fact God has placed the parts in the body, every one of them, just as he wanted them to be. [19] If they were all one part, where would the body be? [20] As it is, there are many parts, but one body.

[21] The eye cannot say to the hand, "I don't need you!" And the head cannot say to the feet, "I don't need you!" [22] On the contrary, those parts of the body that seem to be weaker are indispensable, [23] and the parts that we think are less honorable we treat with special honor. And the parts that are unpresentable are treated with special modesty, [24] while our presentable parts need no special treatment. But God has put the body together, giving greater honor to the parts that lacked it, [25] so that there should be no division in the body, but that its parts should have equal concern for each other. [26] If one part suffers, every part suffers with it; if one part is honored, every part rejoices with it.

[27] Now you are the body of Christ, and each one of you is a part of it. [28] And God has placed in the church first of all apostles, second prophets, third teachers, then miracles, then gifts of healing, of helping, of guidance, and of different kinds of tongues. [29] Are all apostles? Are all prophets? Are all teachers? Do all work miracles? [30] Do all have gifts of healing? Do all speak in tongues[i]? Do all interpret? [31] Now eagerly desire the greater gifts.

---

j 12:13 por. Alt. con, o en.
k 12:31 ambicionen. Alt. ambicionan.

g 10 Or languages; also in verse 28   h 13 Or with; or in
i 30 Or other languages

El amor

Ahora les voy a mostrar un camino más excelente.

13 Si hablo en *lenguas *humanas y angelicales, pero no tengo amor, no soy más que un metal que resuena o un platillo que hace ruido. ² Si tengo el don de profecía y entiendo todos los *misterios y poseo todo conocimiento, y si tengo una fe que logra trasladar montañas, pero me falta el amor, no soy nada. ³ Si reparto entre los pobres todo lo que poseo, y si entrego mi cuerpo para que lo consuman las llamas,ᶦ pero no tengo amor, nada gano con eso.

⁴ El amor es paciente, es bondadoso. El amor no es envidioso ni jactancioso ni orgulloso. ⁵ No se comporta con rudeza, no es egoísta, no se enoja fácilmente, no guarda rencor. ⁶ El amor no se deleita en la maldad sino que se regocija con la verdad. ⁷ Todo lo disculpa, todo lo cree, todo lo espera, todo lo soporta.

⁸ El amor jamás se extingue, mientras que el don de profecía cesará, el de lenguas será silenciado y el de conocimiento desaparecerá. ⁹ Porque conocemos y profetizamos de manera imperfecta; ¹⁰ pero cuando llegue lo perfecto, lo imperfecto desaparecerá. ¹¹ Cuando yo era niño, hablaba como niño, pensaba como niño, razonaba como niño; cuando llegué a ser adulto, dejé atrás las cosas de niño. ¹² Ahora vemos de manera indirecta y velada, como en un espejo; pero entonces veremos cara a cara. Ahora conozco de manera imperfecta, pero entonces conoceré tal y como soy conocido.

¹³ Ahora, pues, permanecen estas tres virtudes: la fe, la esperanza y el amor. Pero la más excelente de ellas es el amor.

El don de lenguas y el de profecía

14 Empéñense en seguir el amor y ambicionen los dones espirituales, sobre todo el de profecía. ² Porque el que habla en *lenguas no habla a los demás sino a Dios. En realidad, nadie le entiende lo que dice, pues habla *misterios por el Espíritu.ᵐ ³ En cambio, el que profetiza habla a los demás para edificarlos, animarlos y consolarlos. ⁴ El que habla en lenguas se edifica a sí mismo; en cambio, el que profetiza edifica a la iglesia. ⁵ Yo quisiera que todos ustedes hablaran en lenguas, pero mucho más que profetizaran. El que profetiza aventaja al que habla en lenguas, a menos que éste también interprete, para que la iglesia reciba edificación.

⁶ Hermanos, si ahora fuera a visitarlos y les hablara en lenguas, ¿de qué les serviría, a menos que les presentara alguna revelación, conocimiento, profecía o enseñanza? ⁷ Aun en el caso de los instrumentos musicales, tales como la flauta o el arpa, ¿cómo se reconocerá lo que tocan si no dan

Love Is Indispensable

And yet I will show you the most excellent way.

13 If I speak in the tongues[j] of men or of angels, but do not have love, I am only a resounding gong or a clanging cymbal. ² If I have the gift of prophecy and can fathom all mysteries and all knowledge, and if I have a faith that can move mountains, but do not have love, I am nothing. ³ If I give all I possess to the poor and give over my body to hardship that I may boast,[k] but do not have love, I gain nothing.

⁴ Love is patient, love is kind. It does not envy, it does not boast, it is not proud. ⁵ It does not dishonor others, it is not self-seeking, it is not easily angered, it keeps no record of wrongs. ⁶ Love does not delight in evil but rejoices with the truth. ⁷ It always protects, always trusts, always hopes, always perseveres.

⁸ Love never fails. But where there are prophecies, they will cease; where there are tongues, they will be stilled; where there is knowledge, it will pass away. ⁹ For we know in part and we prophesy in part, ¹⁰ but when completeness comes, what is in part disappears. ¹¹ When I was a child, I talked like a child, I thought like a child, I reasoned like a child. When I became a man, I put the ways of childhood behind me. ¹² For now we see only a reflection as in a mirror; then we shall see face to face. Now I know in part; then I shall know fully, even as I am fully known.

¹³ And now these three remain: faith, hope and love. But the greatest of these is love.

Intelligibility in Worship

14 Follow the way of love and eagerly desire gifts of the Spirit, especially prophecy. ² For anyone who speaks in a tongue[l] does not speak to people but to God. Indeed, no one understands them; they utter mysteries by the Spirit. ³ But the one who prophesies speaks to people for their strengthening, encouraging and comfort. ⁴ Anyone who speaks in a tongue edifies themselves, but the one who prophesies edifies the church. ⁵ I would like every one of you to speak in tongues,[m] but I would rather have you prophesy. The one who prophesies is greater than the one who speaks in tongues,[m] unless someone interprets, so that the church may be edified.

⁶ Now, brothers and sisters, if I come to you and speak in tongues, what good will I be to you, unless I bring you some revelation or knowledge or prophecy or word of instruction? ⁷ Even in the case of lifeless things that make sounds, such as the pipe or harp, how will anyone know what tune is being played unless there is a distinction in

---

ᶦ 13:3 *para ... llamas.* Var. *para tener de qué *jactarme.*
ᵐ 14:2 *por el Espíritu.* Alt. *en su espíritu.*

ʲ 1 Or *languages*   ᵏ 3 Some manuscripts *body to the flames*
ˡ 2 Or *in another language*; also in verses 4, 13, 14, 19, 26 and 27
ᵐ 5 Or *in other languages*; also in verses 6, 18, 22, 23 and 39

distintamente sus sonidos? [8] Y si la trompeta no da un toque claro, ¿quién se va a preparar para la batalla? [9] Así sucede con ustedes. A menos que su lengua pronuncie palabras comprensibles, ¿cómo se sabrá lo que dicen? Será como si hablaran al aire. [10] ¡Quién sabe cuántos idiomas hay en el mundo, y ninguno carece de sentido! [11] Pero si no capto el sentido de lo que alguien dice, seré como un extranjero para el que me habla, y él lo será para mí. [12] Por eso ustedes, ya que tanto ambicionan dones espirituales, procuren que éstos abunden para la edificación de la iglesia.

[13] Por esta razón, el que habla en lenguas pida en oración el don de interpretar lo que diga. [14] Porque si yo oro en lenguas, mi espíritu ora, pero mi entendimiento no se beneficia en nada. [15] ¿Qué debo hacer entonces? Pues orar con el espíritu, pero también con el entendimiento; cantar con el espíritu, pero también con el entendimiento. [16] De otra manera, si alabas a Dios con el espíritu, ¿cómo puede quien no es instruido[n] decir «amén» a tu acción de gracias, puesto que no entiende lo que dices? [17] En ese caso tu acción de gracias es admirable, pero no edifica al otro.

[18] Doy gracias a Dios porque hablo en lenguas más que todos ustedes. [19] Sin embargo, en la iglesia prefiero emplear cinco palabras comprensibles y que me sirvan para instruir a los demás, que diez mil palabras en lenguas.

[20] Hermanos, no sean niños en su modo de pensar. Sean niños en cuanto a la malicia, pero adultos en su modo de pensar. [21] En la ley está escrito:

«Por medio de gente de lengua extraña
   y por boca de extranjeros
hablaré a este pueblo,
   pero ni aun así me escucharán»,[ñ] dice el
     Señor.

[22] De modo que el hablar en lenguas es una señal, no para los creyentes sino para los incrédulos; en cambio, la profecía no es señal para los incrédulos sino para los creyentes. [23] Así que, si toda la iglesia se reúne y todos hablan en lenguas, y entran algunos que no entienden o no creen, ¿no dirán que ustedes están locos? [24] Pero si uno que no cree o uno que no entiende entra cuando todos están profetizando, se sentirá reprendido y juzgado por todos, [25] y los secretos de su corazón quedarán al descubierto. Así que se postrará ante Dios y lo adorará, exclamando: «¡Realmente Dios está entre ustedes!»

Orden en los cultos

[26] ¿Qué concluimos, hermanos? Que cuando se reúnan, cada uno puede tener un himno, una enseñanza, una revelación, un mensaje en *lenguas, o

the notes? [8] Again, if the trumpet does not sound a clear call, who will get ready for battle? [9] So it is with you. Unless you speak intelligible words with your tongue, how will anyone know what you are saying? You will just be speaking into the air. [10] Undoubtedly there are all sorts of languages in the world, yet none of them is without meaning. [11] If then I do not grasp the meaning of what someone is saying, I am a foreigner to the speaker, and the speaker is a foreigner to me. [12] So it is with you. Since you are eager for gifts of the Spirit, try to excel in those that build up the church.

[13] For this reason the one who speaks in a tongue should pray that they may interpret what they say. [14] For if I pray in a tongue, my spirit prays, but my mind is unfruitful. [15] So what shall I do? I will pray with my spirit, but I will also pray with my understanding; I will sing with my spirit, but I will also sing with my understanding. [16] Otherwise when you are praising God in the Spirit, how can someone else, who is now put in the position of an inquirer,[n] say "Amen" to your thanksgiving, since they do not know what you are saying? [17] You are giving thanks well enough, but no one else is edified.

[18] I thank God that I speak in tongues more than all of you. [19] But in the church I would rather speak five intelligible words to instruct others than ten thousand words in a tongue.

[20] Brothers and sisters, stop thinking like children. In regard to evil be infants, but in your thinking be adults. [21] In the Law it is written:

"With other tongues
   and through the lips of foreigners
I will speak to this people,
   but even then they will not listen to me,
       says the Lord."[o]

[22] Tongues, then, are a sign, not for believers but for unbelievers; prophecy, however, is not for unbelievers but for believers. [23] So if the whole church comes together and everyone speaks in tongues, and inquirers or unbelievers come in, will they not say that you are out of your mind? [24] But if an unbeliever or an inquirer comes in while everyone is prophesying, they are convicted of sin and are brought under judgment by all, [25] as the secrets of their hearts are laid bare. So they will fall down and worship God, exclaiming, "God is really among you!"

Good Order in Worship

[26] What then shall we say, brothers and sisters? When you come together, each of you has a hymn, or a word of instruction, a revelation, a tongue or an interpretation. Everything must be done so that

---

[n] **14:16** *quien no es instruido.* Lit. *el que ocupa el lugar del indocto.*
[ñ] **14:21** Is 28:11,12

[n] 16 The Greek word for *inquirer* is a technical term for someone not fully initiated into a religion; also in verses 23 and 24.
[o] 21 Isaiah 28:11,12

una interpretación. Todo esto debe hacerse para la edificación de la iglesia. [27] Si se habla en lenguas, que hablen dos —o cuando mucho tres—, cada uno por turno; y que alguien interprete. [28] Si no hay intérprete, que guarden silencio en la iglesia y cada uno hable para sí mismo y para Dios.

[29] En cuanto a los profetas, que hablen dos o tres, y que los demás examinen con cuidado lo dicho. [30] Si alguien que está sentado recibe una revelación, el que esté hablando ceda la palabra. [31] Así todos pueden profetizar por turno, para que todos reciban instrucción y aliento. [32] El don de profecía está[o] bajo el control de los profetas, [33] porque Dios no es un Dios de desorden sino de paz.

Como es costumbre en las congregaciones de los *creyentes, [34] guarden las mujeres silencio en la iglesia, pues no les está permitido hablar. Que estén sumisas, como lo establece la ley. [35] Si quieren saber algo, que se lo pregunten en casa a sus esposos; porque no está bien visto que una mujer hable en la iglesia.

[36] ¿Acaso la palabra de Dios procedió de ustedes? ¿O son ustedes los únicos que la han recibido? [37] Si alguno se cree profeta o espiritual, reconozca que esto que les escribo es mandato del Señor. [38] Si no lo reconoce, tampoco él será reconocido.[p]

[39] Así que, hermanos míos, ambicionen el don de profetizar, y no prohíban que se hable en lenguas. [40] Pero todo debe hacerse de una manera apropiada y con orden.

La resurrección de Cristo

15 Ahora, hermanos, quiero recordarles el *evangelio que les prediqué, el mismo que recibieron y en el cual se mantienen firmes. [2] Mediante este evangelio son salvos, si se aferran a la palabra que les prediqué. De otro modo, habrán creído en vano.

[3] Porque ante todo[q] les transmití a ustedes lo que yo mismo recibí: que Cristo murió por nuestros pecados según las Escrituras, [4] que fue sepultado, que resucitó al tercer día según las Escrituras, [5] y que se apareció a *Cefas, y luego a los doce. [6] Después se apareció a más de quinientos hermanos a la vez, la mayoría de los cuales vive todavía, aunque algunos han muerto. [7] Luego se apareció a *Jacobo, más tarde a todos los apóstoles, [8] y por último, como a uno nacido fuera de tiempo, se me apareció también a mí.

[9] Admito que yo soy el más insignificante de los apóstoles y que ni siquiera merezco ser llamado apóstol, porque perseguí a la iglesia de Dios. [10] Pero por la gracia de Dios soy lo que soy, y la gracia que él me concedió no fue infructuosa. Al contrario, he trabajado con más tesón que todos

the church may be built up. [27] If anyone speaks in a tongue, two — or at the most three — should speak, one at a time, and someone must interpret. [28] If there is no interpreter, the speaker should keep quiet in the church and speak to himself and to God.

[29] Two or three prophets should speak, and the others should weigh carefully what is said. [30] And if a revelation comes to someone who is sitting down, the first speaker should stop. [31] For you can all prophesy in turn so that everyone may be instructed and encouraged. [32] The spirits of prophets are subject to the control of prophets. [33] For God is not a God of disorder but of peace — as in all the congregations of the Lord's people.

[34] Women[p] should remain silent in the churches. They are not allowed to speak, but must be in submission, as the law says. [35] If they want to inquire about something, they should ask their own husbands at home; for it is disgraceful for a woman to speak in the church.[q]

[36] Or did the word of God originate with you? Or are you the only people it has reached? [37] If anyone thinks they are a prophet or otherwise gifted by the Spirit, let them acknowledge that what I am writing to you is the Lord's command. [38] But if anyone ignores this, they will themselves be ignored.[r]

[39] Therefore, my brothers and sisters, be eager to prophesy, and do not forbid speaking in tongues. [40] But everything should be done in a fitting and orderly way.

The Resurrection of Christ

15 Now, brothers and sisters, I want to remind you of the gospel I preached to you, which you received and on which you have taken your stand. [2] By this gospel you are saved, if you hold firmly to the word I preached to you. Otherwise, you have believed in vain.

[3] For what I received I passed on to you as of first importance[s]: that Christ died for our sins according to the Scriptures, [4] that he was buried, that he was raised on the third day according to the Scriptures, [5] and that he appeared to Cephas,[t] and then to the Twelve. [6] After that, he appeared to more than five hundred of the brothers and sisters at the same time, most of whom are still living, though some have fallen asleep. [7] Then he appeared to James, then to all the apostles, [8] and last of all he appeared to me also, as to one abnormally born.

[9] For I am the least of the apostles and do not even deserve to be called an apostle, because I persecuted the church of God. [10] But by the grace of God I am what I am, and his grace to me was

---

[o] **14:32** *El don ... está.* Lit. *Los espíritus de los profetas están.*
[p] **14:38** *tampoco ... reconocido.* Var. *que no lo reconozca.*
[q] **15:3** *ante todo.* Alt. *al principio.*

ellos, aunque no yo sino la gracia de Dios que está conmigo. [11] En fin, ya sea que se trate de mí o de ellos, esto es lo que predicamos, y esto es lo que ustedes han creído.

La resurrección de los muertos

[12] Ahora bien, si se predica que Cristo ha sido levantado de entre los muertos, ¿cómo dicen algunos de ustedes que no hay resurrección? [13] Si no hay resurrección, entonces ni siquiera Cristo ha resucitado. [14] Y si Cristo no ha resucitado, nuestra predicación no sirve para nada, como tampoco la fe de ustedes. [15] Aún más, resultaríamos falsos testigos de Dios por haber testificado que Dios resucitó a Cristo, lo cual no habría sucedido, si en verdad los muertos no resucitan. [16] Porque si los muertos no resucitan, tampoco Cristo ha resucitado. [17] Y si Cristo no ha resucitado, la fe de ustedes es ilusoria y todavía están en sus pecados. [18] En este caso, también están perdidos los que murieron en Cristo. [19] Si la esperanza que tenemos en Cristo fuera sólo para esta vida, seríamos los más desdichados de todos los *mortales.

[20] Lo cierto es que Cristo ha sido *levantado de entre los muertos, como *primicias de los que murieron. [21] De hecho, ya que la muerte vino por medio de un hombre, también por medio de un hombre viene la resurrección de los muertos. [22] Pues así como en Adán todos mueren, también en Cristo todos volverán a vivir, [23] pero cada uno en su debido orden: Cristo, las primicias; después, cuando él venga, los que le pertenecen. [24] Entonces vendrá el fin, cuando él entregue el reino a Dios el Padre, luego de destruir todo dominio, autoridad y poder. [25] Porque es necesario que Cristo reine hasta poner a todos sus enemigos debajo de sus pies. [26] El último enemigo que será destruido es la muerte, [27] pues Dios «ha sometido todo a su dominio».[r] Al decir que «todo» ha quedado sometido a su dominio, es claro que no se incluye a Dios mismo, quien todo lo sometió a Cristo. [28] Y cuando todo le sea sometido, entonces el Hijo mismo se someterá a aquel que le sometió todo, para que Dios sea todo en todos.

[29] Si no hay resurrección, ¿qué sacan los que se bautizan por los muertos? Si en definitiva los muertos no resucitan, ¿por qué se bautizan por ellos? [30] Y nosotros, ¿por qué nos exponemos al peligro a todas horas? [31] Que cada día muero, hermanos, es tan cierto como el *orgullo que siento por ustedes en Cristo Jesús nuestro Señor. [32] ¿Qué he ganado si, sólo por motivos humanos, en Éfeso luché contra las fieras? Si los muertos no resucitan,

«comamos y bebamos,
　　que mañana moriremos».[s]

not without effect. No, I worked harder than all of them — yet not I, but the grace of God that was with me. [11] Whether, then, it is I or they, this is what we preach, and this is what you believed.

The Resurrection of the Dead

[12] But if it is preached that Christ has been raised from the dead, how can some of you say that there is no resurrection of the dead? [13] If there is no resurrection of the dead, then not even Christ has been raised. [14] And if Christ has not been raised, our preaching is useless and so is your faith. [15] More than that, we are then found to be false witnesses about God, for we have testified about God that he raised Christ from the dead. But he did not raise him if in fact the dead are not raised. [16] For if the dead are not raised, then Christ has not been raised either. [17] And if Christ has not been raised, your faith is futile; you are still in your sins. [18] Then those also who have fallen asleep in Christ are lost. [19] If only for this life we have hope in Christ, we are of all people most to be pitied.

[20] But Christ has indeed been raised from the dead, the firstfruits of those who have fallen asleep. [21] For since death came through a man, the resurrection of the dead comes also through a man. [22] For as in Adam all die, so in Christ all will be made alive. [23] But each in turn: Christ, the firstfruits; then, when he comes, those who belong to him. [24] Then the end will come, when he hands over the kingdom to God the Father after he has destroyed all dominion, authority and power. [25] For he must reign until he has put all his enemies under his feet. [26] The last enemy to be destroyed is death. [27] For he "has put everything under his feet."[u] Now when it says that "everything" has been put under him, it is clear that this does not include God himself, who put everything under Christ. [28] When he has done this, then the Son himself will be made subject to him who put everything under him, so that God may be all in all.

[29] Now if there is no resurrection, what will those do who are baptized for the dead? If the dead are not raised at all, why are people baptized for them? [30] And as for us, why do we endanger ourselves every hour? [31] I face death every day — yes, just as surely as I boast about you in Christ Jesus our Lord. [32] If I fought wild beasts in Ephesus with no more than human hopes, what have I gained? If the dead are not raised,

"Let us eat and drink,
　　for tomorrow we die."[v]

---

r 15:27 Sal 8:6
s 15:32 Is 22:13

u 27 Psalm 8:6　　v 32 Isaiah 22:13

³³ No se dejen engañar: «Las malas compañías corrompen las buenas costumbres.» ³⁴ Vuelvan a su sano juicio, como conviene, y dejen de pecar. En efecto, hay algunos de ustedes que no tienen conocimiento de Dios; para vergüenza de ustedes lo digo.

El cuerpo resucitado

³⁵ Tal vez alguien pregunte: «¿Cómo resucitarán los muertos? ¿Con qué clase de cuerpo vendrán?» ³⁶ ¡Qué tontería! Lo que tú siembras no cobra vida a menos que muera. ³⁷ No plantas el cuerpo que luego ha de nacer sino que siembras una simple semilla de trigo o de otro grano. ³⁸ Pero Dios le da el cuerpo que quiso darle, y a cada clase de semilla le da un cuerpo propio. ³⁹ No todos los cuerpos son iguales: hay cuerpos *humanos; también los hay de animales terrestres, de aves y de peces. ⁴⁰ Así mismo hay cuerpos celestes y cuerpos terrestres; pero el esplendor de los cuerpos celestes es uno, y el de los cuerpos terrestres es otro. ⁴¹ Uno es el esplendor del sol, otro el de la luna y otro el de las estrellas. Cada estrella tiene su propio brillo.

⁴² Así sucederá también con la resurrección de los muertos. Lo que se siembra en corrupción, resucita en incorrupción; ⁴³ lo que se siembra en oprobio, resucita en gloria; lo que se siembra en debilidad, resucita en poder; ⁴⁴ se siembra un cuerpo natural,ᵗ resucita un cuerpo espiritual.

Si hay un cuerpo natural, también hay un cuerpo espiritual. ⁴⁵ Así está escrito: «El primer hombre, Adán, se convirtió en un ser viviente»;ᵘ el último Adán, en el Espíritu que da vida. ⁴⁶ No vino primero lo espiritual sino lo natural, y después lo espiritual. ⁴⁷ El primer hombre era del polvo de la tierra; el segundo hombre, del cielo. ⁴⁸ Como es aquel hombre terrenal, así son también los de la tierra; y como es el celestial, así son también los del cielo. ⁴⁹ Y así como hemos llevado la imagen de aquel hombre terrenal, llevaremosᵛ también la imagen del celestial.

⁵⁰ Les declaro, hermanos, que el cuerpo mortalʷ no puede heredar el reino de Dios, ni lo corruptible puede heredar lo incorruptible. ⁵¹ Fíjense bien en el *misterio que les voy a revelar: No todos moriremos, pero todos seremos transformados, ⁵² en un instante, en un abrir y cerrar de ojos, al toque final de la trompeta. Pues sonará la trompeta y los muertos resucitarán con un cuerpo incorruptible, y nosotros seremos transformados. ⁵³ Porque lo corruptible tiene que revestirse de lo incorruptible, y lo mortal, de inmortalidad. ⁵⁴ Cuando lo corruptible se revista de lo incorruptible, y lo mortal, de inmortalidad, entonces se

³³ Do not be misled: "Bad company corrupts good character."ʷ ³⁴ Come back to your senses as you ought, and stop sinning; for there are some who are ignorant of God — I say this to your shame.

The Resurrection Body

³⁵ But someone will ask, "How are the dead raised? With what kind of body will they come?" ³⁶ How foolish! What you sow does not come to life unless it dies. ³⁷ When you sow, you do not plant the body that will be, but just a seed, perhaps of wheat or of something else. ³⁸ But God gives it a body as he has determined, and to each kind of seed he gives its own body. ³⁹ Not all flesh is the same: People have one kind of flesh, animals have another, birds another and fish another. ⁴⁰ There are also heavenly bodies and there are earthly bodies; but the splendor of the heavenly bodies is one kind, and the splendor of the earthly bodies is another. ⁴¹ The sun has one kind of splendor, the moon another and the stars another; and star differs from star in splendor.

⁴² So will it be with the resurrection of the dead. The body that is sown is perishable, it is raised imperishable; ⁴³ it is sown in dishonor, it is raised in glory; it is sown in weakness, it is raised in power; ⁴⁴ it is sown a natural body, it is raised a spiritual body.

If there is a natural body, there is also a spiritual body. ⁴⁵ So it is written: "The first man Adam became a living being"ˣ; the last Adam, a life-giving spirit. ⁴⁶ The spiritual did not come first, but the natural, and after that the spiritual. ⁴⁷ The first man was of the dust of the earth; the second man is of heaven. ⁴⁸ As was the earthly man, so are those who are of the earth; and as is the heavenly man, so also are those who are of heaven. ⁴⁹ And just as we have borne the image of the earthly man, so shall weʸ bear the image of the heavenly man.

⁵⁰ I declare to you, brothers and sisters, that flesh and blood cannot inherit the kingdom of God, nor does the perishable inherit the imperishable. ⁵¹ Listen, I tell you a mystery: We will not all sleep, but we will all be changed — ⁵² in a flash, in the twinkling of an eye, at the last trumpet. For the trumpet will sound, the dead will be raised imperishable, and we will be changed. ⁵³ For the perishable must clothe itself with the imperishable, and the mortal with immortality. ⁵⁴ When the perishable has been clothed with the imperishable, and

---

ᵗ **15:44** *natural.* Lit. **síquico*; también en v. 46.
ᵘ **15:45** Gn 2:7
ᵛ **15:49** *llevaremos.* Var. *llevemos.*
ʷ **15:50** *el cuerpo mortal.* Lit. **carne y sangre.*

ʷ **33** From the Greek poet Menander   ˣ **45** Gen. 2:7
ʸ **49** Some early manuscripts *so let us*

cumplirá lo que está escrito: «La muerte ha sido devorada por la victoria.»[x]

[55] «¿Dónde está, oh muerte, tu victoria?
      ¿Dónde está, oh muerte, tu aguijón?»[y]

[56] El aguijón de la muerte es el pecado, y el poder del pecado es la ley. [57] ¡Pero gracias a Dios, que nos da la victoria por medio de nuestro Señor Jesucristo!

[58] Por lo tanto, mis queridos hermanos, manténganse firmes e inconmovibles, progresando siempre en la obra del Señor, conscientes de que su trabajo en el Señor no es en vano.

La colecta para el pueblo de Dios

16 En cuanto a la colecta para los *creyentes, sigan las instrucciones que di a las iglesias de Galacia. [2] El primer día de la semana, cada uno de ustedes aparte y guarde algún dinero conforme a sus ingresos, para que no se tengan que hacer colectas cuando yo vaya. [3] Luego, cuando llegue, daré cartas de presentación a los que ustedes hayan aprobado y los enviaré a Jerusalén con los donativos que hayan recogido. [4] Si conviene que yo también vaya, iremos juntos.

Encargos personales

[5] Después de pasar por Macedonia, pues tengo que atravesar esa región, iré a verlos. [6] Es posible que me quede con ustedes algún tiempo, y tal vez pase allí el invierno, para que me ayuden a seguir el viaje a dondequiera que vaya. [7] Esta vez no quiero verlos sólo de paso; más bien, espero permanecer algún tiempo con ustedes, si el Señor así lo permite. [8] Pero me quedaré en Éfeso hasta Pentecostés, [9] porque se me ha presentado una gran oportunidad para un trabajo eficaz, a pesar de que hay muchos en mi contra.

[10] Si llega Timoteo, procuren que se sienta cómodo entre ustedes, porque él trabaja como yo en la obra del Señor. [11] Por tanto, que nadie lo menosprecie. Ayúdenlo a seguir su viaje en paz para que pueda volver a reunirse conmigo, pues estoy esperándolo junto con los hermanos.

[12] En cuanto a nuestro hermano Apolos, le rogué encarecidamente que en compañía de otros hermanos les hiciera una visita. No quiso de ninguna manera ir ahora, pero lo hará cuando se le presente la oportunidad.

[13] Manténganse alerta; permanezcan firmes en la fe; sean valientes y fuertes. [14] Hagan todo con amor.

[15] Bien saben que los de la familia de Estéfanas fueron los primeros convertidos de Acaya,[z] y que se han dedicado a servir a los *creyentes. Les recomiendo, hermanos, [16] que se pongan a disposición

the mortal with immortality, then the saying that is written will come true: "Death has been swallowed up in victory."[z]

[55] "Where, O death, is your victory?
      Where, O death, is your sting?"[a]

[56] The sting of death is sin, and the power of sin is the law. [57] But thanks be to God! He gives us the victory through our Lord Jesus Christ.

[58] Therefore, my dear brothers and sisters, stand firm. Let nothing move you. Always give yourselves fully to the work of the Lord, because you know that your labor in the Lord is not in vain.

The Collection for the Lord's People

16 Now about the collection for the Lord's people: Do what I told the Galatian churches to do. [2] On the first day of every week, each one of you should set aside a sum of money in keeping with your income, saving it up, so that when I come no collections will have to be made. [3] Then, when I arrive, I will give letters of introduction to the men you approve and send them with your gift to Jerusalem. [4] If it seems advisable for me to go also, they will accompany me.

Personal Requests

[5] After I go through Macedonia, I will come to you — for I will be going through Macedonia. [6] Perhaps I will stay with you for a while, or even spend the winter, so that you can help me on my journey, wherever I go. [7] For I do not want to see you now and make only a passing visit; I hope to spend some time with you, if the Lord permits. [8] But I will stay on at Ephesus until Pentecost, [9] because a great door for effective work has opened to me, and there are many who oppose me.

[10] When Timothy comes, see to it that he has nothing to fear while he is with you, for he is carrying on the work of the Lord, just as I am. [11] No one, then, should treat him with contempt. Send him on his way in peace so that he may return to me. I am expecting him along with the brothers.

[12] Now about our brother Apollos: I strongly urged him to go to you with the brothers. He was quite unwilling to go now, but he will go when he has the opportunity.

[13] Be on your guard; stand firm in the faith; be courageous; be strong. [14] Do everything in love.

[15] You know that the household of Stephanas were the first converts in Achaia, and they have devoted themselves to the service of the Lord's people. I urge you, brothers and sisters, [16] to

---

x **15:54** Is 25:8
y **15:55** Os 13:14
z **16:15** *los primeros convertidos de Acaya.* Lit. *las *primicias de Acaya.*

z 54 Isaiah 25:8   *a 55* Hosea 13:14

de aquéllos y de todo el que colabore en este arduo trabajo. [17] Me alegré cuando llegaron Estéfanas, Fortunato y Acaico, porque ellos han suplido lo que ustedes no podían darme, [18] ya que han tranquilizado mi espíritu y también el de ustedes. Tales personas merecen que se les exprese reconocimiento.

Saludos finales

[19] Las iglesias de la provincia de *Asia les mandan saludos. Aquila y *Priscila los saludan cordialmente en el Señor, como también la iglesia que se reúne en la casa de ellos. [20] Todos los hermanos les mandan saludos. Salúdense unos a otros con un beso santo.

[21] Yo, Pablo, escribo este saludo de mi puño y letra.

[22] Si alguno no ama al Señor, quede bajo maldición. ¡*Marana ta!*[a]

[23] Que la gracia del Señor Jesús sea con ustedes.

[24] Los amo a todos ustedes en Cristo Jesús. Amén.[b]

submit to such people and to everyone who joins in the work and labors at it. [17] I was glad when Stephanas, Fortunatus and Achaicus arrived, because they have supplied what was lacking from you. [18] For they refreshed my spirit and yours also. Such men deserve recognition.

Final Greetings

[19] The churches in the province of Asia send you greetings. Aquila and Priscilla[b] greet you warmly in the Lord, and so does the church that meets at their house. [20] All the brothers and sisters here send you greetings. Greet one another with a holy kiss.

[21] I, Paul, write this greeting in my own hand.

[22] If anyone does not love the Lord, let that person be cursed! Come, Lord[c]!

[23] The grace of the Lord Jesus be with you.

[24] My love to all of you in Christ Jesus. Amen.[d]

---

a **16:22** *¡Marana ta!* Expresión aramea que significa: «Ven, Señor»; otra posible lectura es *Maran ata*, que significa: «El Señor viene.»
b **16:24** Var. no incluye: *Amén.*

b 19 Greek *Prisca*, a variant of *Priscilla*　*c* 22 The Greek for Come, Lord reproduces an Aramaic expression (*Marana tha*) used by early Christians.　*d* 24 Some manuscripts do not have Amen.

Segunda Carta a los
Corintios

2 Corinthians

La Primera Carta de Pablo a los creyentes de Corinto nos brinda un vistazo a su relación profundamente personal y turbulenta con el grupo de seguidores de Jesús. La carta que conocemos como 2 Corintios nos revela también los triunfos y dificultades que surgen cuando la vida en esta era se encuentra con la realidad del reino de Dios. Aquí vemos a Pablo trabajando por reparar relaciones, explicando cambios en los planes de viaje, haciendo arreglos para recolectar donaciones para los creyentes de Jerusalén que viven dificultades y confrontando directamente a los que se llaman «super-apóstoles» y minan su liderazgo.

En las cuatro partes principales de la carta, cada una iniciada con la referencia a un lugar en particular, Pablo se visualiza en lugares distintos, recordando o anticipando su relación con los corintios. El tema en todas esas secciones es el mismo: Que Dios nos consolará de todas nuestras dificultades y penas, y que hemos de ofrecernos el mismo consuelo los unos a los otros. Es el modelo de vida de Jesús, que sufrió primero y luego fue consolado. Como el Mesías crucificado, nosotros también somos débiles pero vivimos en el poder de Dios.

En la última sección, sin embargo, Pablo siente que no tiene más opción que la de incomodar a los corintios para que puedan ver cuál es su condición actual. Pero concluye con palabras de esperanza, llamándoles a regocijarse en la gracia de Dios, en el amor y la comunión.

Paul's first letter to the believers in Corinth gives us a glimpse into his deeply personal and tumultuous relationship with this gathering of Jesus-followers. The letter we know as 2 Corinthians further reveals the triumphs and struggles that result when life in the present age meets up with the in-breaking reality of God's kingdom. Here we see Paul working to repair relationships, explain various changes in travel plans, make practical arrangements for collecting a gift for the struggling believers in Jerusalem, and directly confront challenges to his own leadership by the self-proclaimed "super-apostles."

In the four main parts of the letter, each introduced by a reference to a place, Paul envisions himself in different locations, recalling or anticipating his relationship with the Corinthians. The single theme running through these sections is that God will comfort us in all our troubles, and we will offer this comfort to each other. This models the life of Jesus himself, who suffered first and then was comforted. Like the crucified Messiah, we are weak, yet we live in God's power.

In the final section, however, Paul feels he has no choice but to make the Corinthians uncomfortable, to help them face their present condition. But he ends the letter hopefully, calling on them to rejoice in God's grace, love and fellowship.

---

1 Pablo, apóstol de *Cristo Jesús por la voluntad de Dios, y Timoteo nuestro hermano,

a la iglesia de Dios que está en Corinto y a todos los *santos en toda la región de Acaya:

² Que Dios nuestro padre y el Señor Jesucristo les concedan gracia y paz.

El Dios de toda consolación
³ Alabado sea el Dios y Padre de nuestro Señor Jesucristo, Padre misericordioso y Dios de toda consolación, ⁴ quien nos consuela en todas nuestras tribulaciones para que con el mismo consuelo que de Dios hemos recibido, también nosotros podamos consolar a todos los que sufren. ⁵ Pues así como participamos abundantemente en los sufrimientos de Cristo, así también por medio de él tenemos abundante consuelo. ⁶ Si sufrimos, es para que ustedes tengan consuelo y salvación; y si somos consolados, es para que ustedes tengan el consuelo que los ayude a soportar con paciencia los mismos sufrimientos que nosotros padecemos. ⁷ Firme es la esperanza que tenemos en cuanto a ustedes, porque sabemos que así como participan de nuestros sufrimientos, así también participan de nuestro consuelo.

1 Paul, an apostle of Christ Jesus by the will of God, and Timothy our brother,

To the church of God in Corinth, together with all his holy people throughout Achaia:

² Grace and peace to you from God our Father and the Lord Jesus Christ.

Praise to the God of All Comfort
³ Praise be to the God and Father of our Lord Jesus Christ, the Father of compassion and the God of all comfort, ⁴ who comforts us in all our troubles, so that we can comfort those in any trouble with the comfort we ourselves receive from God. ⁵ For just as we share abundantly in the sufferings of Christ, so also our comfort abounds through Christ. ⁶ If we are distressed, it is for your comfort and salvation; if we are comforted, it is for your comfort, which produces in you patient endurance of the same sufferings we suffer. ⁷ And our hope for you is firm, because we know that just as you share in our sufferings, so also you share in our comfort.

[8] Hermanos, no queremos que desconozcan las aflicciones que sufrimos en la provincia de *Asia. Estábamos tan agobiados bajo tanta presión, que hasta perdimos la esperanza de salir con vida: [9] nos sentíamos como sentenciados a muerte. Pero eso sucedió para que no confiáramos en nosotros mismos sino en Dios, que resucita a los muertos. [10] Él nos libró y nos librará de tal peligro de muerte. En él tenemos puesta nuestra esperanza, y él seguirá librándonos. [11] Mientras tanto, ustedes nos ayudan orando por nosotros. Así muchos darán gracias a Dios por nosotros[a] a causa del don que se nos ha concedido en respuesta a tantas oraciones.

Pablo cambia de planes

[12] Para nosotros, el motivo de *satisfacción es el testimonio de nuestra conciencia: Nos hemos comportado en el mundo, y especialmente entre ustedes, con la *santidad y sinceridad que vienen de Dios. Nuestra conducta no se ha ajustado a la sabiduría *humana sino a la gracia de Dios. [13] No estamos escribiéndoles nada que no puedan leer ni entender. Espero que comprenderán del todo, [14] así como ya nos han comprendido en parte, que pueden sentirse *orgullosos de nosotros como también nosotros nos sentiremos orgullosos de ustedes en el día del Señor Jesús.

[15] Confiando en esto, quise visitarlos primero a ustedes para que recibieran una doble bendición; [16] es decir, visitarlos de paso a Macedonia, y verlos otra vez a mi regreso de allá. Así podrían ayudarme a seguir el viaje a Judea. [17] Al proponerme esto, ¿acaso lo hice a la ligera? ¿O es que hago mis planes según criterios meramente *humanos, de manera que diga «sí, sí» y «no, no» al mismo tiempo?

[18] Pero tan cierto como que Dios es fiel, el mensaje que les hemos dirigido no es «sí» y «no». [19] Porque el Hijo de Dios, Jesucristo, a quien *Silvano, Timoteo y yo predicamos entre ustedes, no fue «sí» y «no»; en él siempre ha sido «sí». [20] Todas las promesas que ha hecho Dios son «sí» en Cristo. Así que por medio de Cristo respondemos «amén» para la gloria de Dios. [21] Dios es el que nos mantiene firmes en Cristo, tanto a nosotros como a ustedes. Él nos ungió, [22] nos selló como propiedad suya y puso su Espíritu en nuestro corazón, como garantía de sus promesas.

[23] ¡Por mi *vida! Pongo a Dios por testigo de que es sólo por consideración a ustedes por lo que todavía no he ido a Corinto. [24] No es que intentemos imponerles la fe, sino que deseamos contribuir a la alegría de ustedes, pues por la fe se mantienen firmes.

[2] En efecto, decidí no hacerles otra visita que les causara tristeza. [2] Porque si yo los entristezco, ¿quién me brindará alegría sino aquel a quien yo haya entristecido? [3] Les escribí como lo hice para

[8] We do not want you to be uninformed, brothers and sisters,[a] about the troubles we experienced in the province of Asia. We were under great pressure, far beyond our ability to endure, so that we despaired of life itself. [9] Indeed, we felt we had received the sentence of death. But this happened that we might not rely on ourselves but on God, who raises the dead. [10] He has delivered us from such a deadly peril, and he will deliver us again. On him we have set our hope that he will continue to deliver us, [11] as you help us by your prayers. Then many will give thanks on our behalf for the gracious favor granted us in answer to the prayers of many.

Paul's Change of Plans

[12] Now this is our boast: Our conscience testifies that we have conducted ourselves in the world, and especially in our relations with you, with integrity[b] and godly sincerity. We have done so, relying not on worldly wisdom but on God's grace. [13] For we do not write you anything you cannot read or understand. And I hope that, [14] as you have understood us in part, you will come to understand fully that you can boast of us just as we will boast of you in the day of the Lord Jesus.

[15] Because I was confident of this, I wanted to visit you first so that you might benefit twice. [16] I wanted to visit you on my way to Macedonia and to come back to you from Macedonia, and then to have you send me on my way to Judea. [17] Was I fickle when I intended to do this? Or do I make my plans in a worldly manner so that in the same breath I say both "Yes, yes" and "No, no"?

[18] But as surely as God is faithful, our message to you is not "Yes" and "No." [19] For the Son of God, Jesus Christ, who was preached among you by us—by me and Silas[c] and Timothy—was not "Yes" and "No," but in him it has always been "Yes." [20] For no matter how many promises God has made, they are "Yes" in Christ. And so through him the "Amen" is spoken by us to the glory of God. [21] Now it is God who makes both us and you stand firm in Christ. He anointed us, [22] set his seal of ownership on us, and put his Spirit in our hearts as a deposit, guaranteeing what is to come.

[23] I call God as my witness—and I stake my life on it—that it was in order to spare you that I did not return to Corinth. [24] Not that we lord it over your faith, but we work with you for your joy, because it is by faith you stand firm. [2] So I made up my mind that I would not make another painful visit to you. [2] For if I grieve you, who is left to make me glad but you whom I have grieved? [3] I wrote as I did, so that when I came I

---

[a] 8 The Greek word for *brothers and sisters* (*adelphoi*) refers here to believers, both men and women, as part of God's family; also in 8:1; 13:11.   [b] 12 Many manuscripts *holiness*   [c] 19 Greek *Silvanus,* a variant of *Silas*

que, al llegar yo, los que debían alegrarme no me causaran tristeza. Estaba confiado de que todos ustedes harían suya mi alegría. ⁴ Les escribí con gran tristeza y angustia de corazón, y con muchas lágrimas, no para entristecerlos sino para darles a conocer la profundidad del amor que les tengo.

Perdón para el pecador

⁵ Si alguno ha causado tristeza, no me la ha causado sólo a mí; hasta cierto punto —y lo digo para no exagerar— se la ha causado a todos ustedes. ⁶ Para él es suficiente el castigo que le impuso la mayoría. ⁷ Más bien debieran perdonarlo y consolarlo para que no sea consumido por la excesiva tristeza. ⁸ Por eso les ruego que reafirmen su amor hacia él. ⁹ Con este propósito les escribí: para ver si pasan la prueba de la completa obediencia. ¹⁰ A quien ustedes perdonen, yo también lo perdono. De hecho, si había algo que perdonar, lo he perdonado por consideración a ustedes en presencia de Cristo, ¹¹ para que Satanás no se aproveche de nosotros, pues no ignoramos sus artimañas.

Ministros del nuevo pacto

¹² Ahora bien, cuando llegué a Troas para predicar el *evangelio de Cristo, descubrí que el Señor me había abierto las puertas. ¹³ Aun así, me sentí intranquilo por no haber encontrado allí a mi hermano Tito, por lo cual me despedí de ellos y me fui a Macedonia.

¹⁴ Sin embargo, gracias a Dios que en Cristo siempre nos lleva triunfantes[b] y, por medio de nosotros, esparce por todas partes la fragancia de su conocimiento. ¹⁵ Porque para Dios nosotros somos el aroma de Cristo entre los que se salvan y entre los que se pierden. ¹⁶ Para éstos somos olor de muerte que los lleva a la muerte; para aquéllos, olor de vida que los lleva a la vida. ¿Y quién es competente para semejante tarea? ¹⁷ A diferencia de muchos, nosotros no somos de los que trafican con la palabra de Dios. Más bien, hablamos con sinceridad delante de él en Cristo, como enviados de Dios que somos.

3 ¿Acaso comenzamos otra vez a recomendarnos a nosotros mismos? ¿O acaso tenemos que presentarles o pedirles a ustedes cartas de recomendación, como hacen algunos? ² Ustedes mismos son nuestra carta, escrita en nuestro corazón, conocida y leída por todos. ³ Es evidente que ustedes son una carta de Cristo, expedida[c] por nosotros, escrita no con tinta sino con el Espíritu del Dios viviente; no en tablas de piedra sino en tablas de carne, en los corazones.

⁴ Ésta es la confianza que delante de Dios tenemos por medio de Cristo. ⁵ No es que nos consideremos competentes en nosotros mismos. Nuestra capacidad viene de Dios. ⁶ Él nos ha capacitado

---

would not be distressed by those who should have made me rejoice. I had confidence in all of you, that you would all share my joy. ⁴ For I wrote you out of great distress and anguish of heart and with many tears, not to grieve you but to let you know the depth of my love for you.

Forgiveness for the Offender

⁵ If anyone has caused grief, he has not so much grieved me as he has grieved all of you to some extent — not to put it too severely. ⁶ The punishment inflicted on him by the majority is sufficient. ⁷ Now instead, you ought to forgive and comfort him, so that he will not be overwhelmed by excessive sorrow. ⁸ I urge you, therefore, to reaffirm your love for him. ⁹ Another reason I wrote you was to see if you would stand the test and be obedient in everything. ¹⁰ Anyone you forgive, I also forgive. And what I have forgiven — if there was anything to forgive — I have forgiven in the sight of Christ for your sake, ¹¹ in order that Satan might not outwit us. For we are not unaware of his schemes.

Ministers of the New Covenant

¹² Now when I went to Troas to preach the gospel of Christ and found that the Lord had opened a door for me, ¹³ I still had no peace of mind, because I did not find my brother Titus there. So I said goodbye to them and went on to Macedonia.

¹⁴ But thanks be to God, who always leads us as captives in Christ's triumphal procession and uses us to spread the aroma of the knowledge of him everywhere. ¹⁵ For we are to God the pleasing aroma of Christ among those who are being saved and those who are perishing. ¹⁶ To the one we are an aroma that brings death; to the other, an aroma that brings life. And who is equal to such a task? ¹⁷ Unlike so many, we do not peddle the word of God for profit. On the contrary, in Christ we speak before God with sincerity, as those sent from God.

3 Are we beginning to commend ourselves again? Or do we need, like some people, letters of recommendation to you or from you? ² You yourselves are our letter, written on our hearts, known and read by everyone. ³ You show that you are a letter from Christ, the result of our ministry, written not with ink but with the Spirit of the living God, not on tablets of stone but on tablets of human hearts.

⁴ Such confidence we have through Christ before God. ⁵ Not that we are competent in ourselves to claim anything for ourselves, but our competence comes from God. ⁶ He has made us

---

b **2:14** *nos lleva triunfantes.* Alt. *nos conduce en desfile victorioso.*

c **3:3** *expedida.* Lit. *ministrada.*

para ser servidores de un nuevo pacto, no el de la letra sino el del Espíritu; porque la letra mata, pero el Espíritu da vida.

La gloria del nuevo pacto

[7] El ministerio que causaba muerte, el que estaba grabado con letras en piedra, fue tan glorioso que los israelitas no podían mirar la cara de Moisés debido a la gloria que se reflejaba en su rostro, la cual ya se estaba extinguiendo. [8] Pues bien, si aquel ministerio fue así, ¿no será todavía más glorioso el ministerio del Espíritu? [9] Si es glorioso el ministerio que trae condenación, ¡cuánto más glorioso será el ministerio que trae la justicia! [10] En efecto, lo que fue glorioso ya no lo es, si se le compara con esta excelsa gloria. [11] Y si vino con gloria lo que ya se estaba extinguiendo, ¡cuánto mayor será la gloria de lo que permanece!

[12] Así que, como tenemos tal esperanza, actuamos con plena confianza. [13] No hacemos como Moisés, quien se ponía un velo sobre el rostro para que los israelitas no vieran el fin del resplandor que se iba extinguiendo. [14] Sin embargo, la mente de ellos se embotó, de modo que hasta el día de hoy tienen puesto el mismo velo al leer el antiguo pacto. El velo no les ha sido quitado, porque sólo se quita en Cristo. [15] Hasta el día de hoy, siempre que leen a Moisés, un velo les cubre el corazón. [16] Pero cada vez que alguien se vuelve al Señor, el velo es quitado. [17] Ahora bien, el Señor es el Espíritu; y donde está el Espíritu del Señor, allí hay libertad. [18] Así, todos nosotros, que con el rostro descubierto reflejamos[d] como en un espejo la gloria del Señor, somos transformados a su semejanza con más y más gloria por la acción del Señor, que es el Espíritu.

Tesoros en vasijas de barro

4 Por esto, ya que por la misericordia de Dios tenemos este ministerio, no nos desanimamos. [2] Más bien, hemos renunciado a todo lo vergonzoso que se hace a escondidas; no actuamos con engaño ni torcemos la palabra de Dios. Al contrario, mediante la clara exposición de la verdad, nos recomendamos a toda conciencia *humana en la presencia de Dios. [3] Pero si nuestro *evangelio está encubierto, lo está para los que se pierden. [4] El dios de este mundo ha cegado la mente de estos incrédulos, para que no vean la luz del glorioso evangelio de Cristo, el cual es la imagen de Dios. [5] No nos predicamos a nosotros mismos sino a Jesucristo como Señor; nosotros no somos más que servidores de ustedes por causa de Jesús. [6] Porque Dios, que ordenó que la luz resplandeciera en las tinieblas,[e] hizo brillar su luz en nuestro corazón para que conociéramos la gloria de Dios que resplandece en el rostro de Cristo.

The Greater Glory of the New Covenant

[7] Now if the ministry that brought death, which was engraved in letters on stone, came with glory, so that the Israelites could not look steadily at the face of Moses because of its glory, transitory though it was, [8] will not the ministry of the Spirit be even more glorious? [9] If the ministry that brought condemnation was glorious, how much more glorious is the ministry that brings righteousness! [10] For what was glorious has no glory now in comparison with the surpassing glory. [11] And if what was transitory came with glory, how much greater is the glory of that which lasts!

[12] Therefore, since we have such a hope, we are very bold. [13] We are not like Moses, who would put a veil over his face to prevent the Israelites from seeing the end of what was passing away. [14] But their minds were made dull, for to this day the same veil remains when the old covenant is read. It has not been removed, because only in Christ is it taken away. [15] Even to this day when Moses is read, a veil covers their hearts. [16] But whenever anyone turns to the Lord, the veil is taken away. [17] Now the Lord is the Spirit, and where the Spirit of the Lord is, there is freedom. [18] And we all, who with unveiled faces contemplate[d] the Lord's glory, are being transformed into his image with ever-increasing glory, which comes from the Lord, who is the Spirit.

Present Weakness and Resurrection Life

4 Therefore, since through God's mercy we have this ministry, we do not lose heart. [2] Rather, we have renounced secret and shameful ways; we do not use deception, nor do we distort the word of God. On the contrary, by setting forth the truth plainly we commend ourselves to everyone's conscience in the sight of God. [3] And even if our gospel is veiled, it is veiled to those who are perishing. [4] The god of this age has blinded the minds of unbelievers, so that they cannot see the light of the gospel that displays the glory of Christ, who is the image of God. [5] For what we preach is not ourselves, but Jesus Christ as Lord, and ourselves as your servants for Jesus' sake. [6] For God, who said, "Let light shine out of darkness,"[e] made his light shine in our hearts to give us the light of the knowledge of God's glory displayed in the face of Christ.

---

d 3:18 *reflejamos.* Alt. *contemplamos.*
e 4:6 Gn 1:3

d 18 Or *reflect*   e 6 Gen. 1:3

⁷ Pero tenemos este tesoro en vasijas de barro para que se vea que tan sublime poder viene de Dios y no de nosotros. ⁸ Nos vemos atribulados en todo, pero no abatidos; perplejos, pero no desesperados; ⁹ perseguidos, pero no abandonados; derribados, pero no destruidos. ¹⁰ Dondequiera que vamos, siempre llevamos en nuestro cuerpo la muerte de Jesús, para que también su vida se manifieste en nuestro cuerpo. ¹¹ Pues a nosotros, los que vivimos, siempre se nos entrega a la muerte por causa de Jesús, para que también su vida se manifieste en nuestro cuerpo*f* mortal. ¹² Así que la muerte actúa en nosotros, y en ustedes la vida.

¹³ Escrito está: «Creí, y por eso hablé.»*g* Con ese mismo espíritu de fe también nosotros creemos, y por eso hablamos. ¹⁴ Pues sabemos que aquel que resucitó al Señor Jesús nos resucitará también a nosotros con él y nos llevará junto con ustedes a su presencia. ¹⁵ Todo esto es por el bien de ustedes, para que la gracia que está alcanzando a más y más personas haga abundar la acción de gracias para la gloria de Dios.

¹⁶ Por tanto, no nos desanimamos. Al contrario, aunque por fuera nos vamos desgastando, por dentro nos vamos renovando día tras día. ¹⁷ Pues los sufrimientos ligeros y efímeros que ahora padecemos producen una gloria eterna que vale muchísimo más que todo sufrimiento. ¹⁸ Así que no nos fijamos en lo visible sino en lo invisible, ya que lo que se ve es pasajero, mientras que lo que no se ve es eterno.

Nuestra morada celestial

5 De hecho, sabemos que si esta tienda de campaña en que vivimos se deshace, tenemos de Dios un edificio, una casa eterna en el cielo, no construida por manos humanas. ² Mientras tanto suspiramos, anhelando ser revestidos de nuestra morada celestial, ³ porque cuando seamos revestidos, no se nos hallará desnudos. ⁴ Realmente, vivimos en esta tienda de campaña, suspirando y agobiados, pues no deseamos ser desvestidos sino revestidos, para que lo mortal sea absorbido por la vida. ⁵ Es Dios quien nos ha hecho para este fin y nos ha dado su Espíritu como garantía de sus promesas.

⁶ Por eso mantenemos siempre la confianza, aunque sabemos que mientras vivamos en este cuerpo estaremos alejados del Señor. ⁷ Vivimos por fe, no por vista. ⁸ Así que nos mantenemos confiados, y preferiríamos ausentarnos de este cuerpo y vivir junto al Señor. ⁹ Por eso nos empeñamos en agradarle, ya sea que vivamos en nuestro cuerpo o que lo hayamos dejado. ¹⁰ Porque es necesario que todos comparezcamos ante el tribunal de Cristo, para que cada uno reciba lo que le corresponda, según lo bueno o malo que haya hecho mientras vivió en el cuerpo.

⁷ But we have this treasure in jars of clay to show that this all-surpassing power is from God and not from us. ⁸ We are hard pressed on every side, but not crushed; perplexed, but not in despair; ⁹ persecuted, but not abandoned; struck down, but not destroyed. ¹⁰ We always carry around in our body the death of Jesus, so that the life of Jesus may also be revealed in our body. ¹¹ For we who are alive are always being given over to death for Jesus' sake, so that his life may also be revealed in our mortal body. ¹² So then, death is at work in us, but life is at work in you.

¹³ It is written: "I believed; therefore I have spoken."*f* Since we have that same spirit of*g* faith, we also believe and therefore speak, ¹⁴ because we know that the one who raised the Lord Jesus from the dead will also raise us with Jesus and present us with you to himself. ¹⁵ All this is for your benefit, so that the grace that is reaching more and more people may cause thanksgiving to overflow to the glory of God.

¹⁶ Therefore we do not lose heart. Though outwardly we are wasting away, yet inwardly we are being renewed day by day. ¹⁷ For our light and momentary troubles are achieving for us an eternal glory that far outweighs them all. ¹⁸ So we fix our eyes not on what is seen, but on what is unseen, since what is seen is temporary, but what is unseen is eternal.

Awaiting the New Body

5 For we know that if the earthly tent we live in is destroyed, we have a building from God, an eternal house in heaven, not built by human hands. ² Meanwhile we groan, longing to be clothed instead with our heavenly dwelling, ³ because when we are clothed, we will not be found naked. ⁴ For while we are in this tent, we groan and are burdened, because we do not wish to be unclothed but to be clothed instead with our heavenly dwelling, so that what is mortal may be swallowed up by life. ⁵ Now the one who has fashioned us for this very purpose is God, who has given us the Spirit as a deposit, guaranteeing what is to come.

⁶ Therefore we are always confident and know that as long as we are at home in the body we are away from the Lord. ⁷ For we live by faith, not by sight. ⁸ We are confident, I say, and would prefer to be away from the body and at home with the Lord. ⁹ So we make it our goal to please him, whether we are at home in the body or away from it. ¹⁰ For we must all appear before the judgment seat of Christ, so that each of us may receive what is due us for the things done while in the body, whether good or bad.

---

f 4:11 *nuestro cuerpo.* Lit. *nuestra *carne.*
g 4:13 Sal 116:10

f 13 Psalm 116:10 (see Septuagint)   *g* 13 Or *Spirit-given*

El ministerio de la reconciliación

¹¹ Por tanto, como sabemos lo que es temer al Señor, tratamos de persuadir a todos, aunque para Dios es evidente lo que somos, y espero que también lo sea para la conciencia de ustedes. ¹² No buscamos el recomendarnos otra vez a ustedes, sino que les damos una oportunidad de sentirse *orgullosos de nosotros, para que tengan con qué responder a los que se dejan llevar por las apariencias y no por lo que hay dentro del corazón. ¹³ Si estamos locos, es por Dios; y si estamos cuerdos, es por ustedes. ¹⁴ El amor de Cristo nos obliga, porque estamos convencidos de que uno murió por todos, y por consiguiente todos murieron. ¹⁵ Y él murió por todos, para que los que viven ya no vivan para sí, sino para el que murió por ellos y fue resucitado.

¹⁶ Así que de ahora en adelante no consideramos a nadie según criterios meramente *humanos.^h Aunque antes conocimos a Cristo de esta manera, ya no lo conocemos así. ¹⁷ Por lo tanto, si alguno está en Cristo, es una nueva creación. ¡Lo viejo ha pasado, ha llegado ya lo nuevo! ¹⁸ Todo esto proviene de Dios, quien por medio de Cristo nos reconcilió consigo mismo y nos dio el ministerio de la reconciliación: ¹⁹ esto es, que en Cristo, Dios estaba reconciliando al mundo consigo mismo, no tomándole en cuenta sus pecados y encargándonos a nosotros el mensaje de la reconciliación. ²⁰ Así que somos embajadores de Cristo, como si Dios los exhortara a ustedes por medio de nosotros: «En nombre de Cristo les rogamos que se reconcilien con Dios.» ²¹ Al que no cometió pecado alguno, por nosotros Dios lo trató como pecador,ⁱ para que en él recibiéramos^j la justicia de Dios.

6 Nosotros, colaboradores de Dios, les rogamos que no reciban su gracia en vano. ² Porque él dice:

«En el momento propicio te escuché,
    y en el día de salvación te ayudé.»^k

Les digo que éste es el momento propicio de Dios; ¡hoy es el día de salvación!

Privaciones de Pablo

³ Por nuestra parte, a nadie damos motivo alguno de tropiezo, para que no se desacredite nuestro servicio. ⁴ Más bien, en todo y con mucha paciencia nos acreditamos como servidores de Dios: en sufrimientos, privaciones y angustias; ⁵ en azotes, cárceles y tumultos; en trabajos pesados, desvelos y hambre. ⁶ Servimos con pureza, conocimiento, constancia y bondad; en el Espíritu Santo y en amor sincero; ⁷ con palabras de verdad y con el

The Ministry of Reconciliation

¹¹ Since, then, we know what it is to fear the Lord, we try to persuade others. What we are is plain to God, and I hope it is also plain to your conscience. ¹² We are not trying to commend ourselves to you again, but are giving you an opportunity to take pride in us, so that you can answer those who take pride in what is seen rather than in what is in the heart. ¹³ If we are "out of our mind," as some say, it is for God; if we are in our right mind, it is for you. ¹⁴ For Christ's love compels us, because we are convinced that one died for all, and therefore all died. ¹⁵ And he died for all, that those who live should no longer live for themselves but for him who died for them and was raised again.

¹⁶ So from now on we regard no one from a worldly point of view. Though we once regarded Christ in this way, we do so no longer. ¹⁷ Therefore, if anyone is in Christ, the new creation has come:^h The old has gone, the new is here! ¹⁸ All this is from God, who reconciled us to himself through Christ and gave us the ministry of reconciliation: ¹⁹ that God was reconciling the world to himself in Christ, not counting people's sins against them. And he has committed to us the message of reconciliation. ²⁰ We are therefore Christ's ambassadors, as though God were making his appeal through us. We implore you on Christ's behalf: Be reconciled to God. ²¹ God made him who had no sin to be sinⁱ for us, so that in him we might become the righteousness of God.

6 As God's co-workers we urge you not to receive God's grace in vain. ² For he says,

"In the time of my favor I heard you,
    and in the day of salvation I helped you."^j

I tell you, now is the time of God's favor, now is the day of salvation.

Paul's Hardships

³ We put no stumbling block in anyone's path, so that our ministry will not be discredited. ⁴ Rather, as servants of God we commend ourselves in every way: in great endurance; in troubles, hardships and distresses; ⁵ in beatings, imprisonments and riots; in hard work, sleepless nights and hunger; ⁶ in purity, understanding, patience and kindness; in the Holy Spirit and in sincere love; ⁷ in truthful speech and in the power of God; with

---

^h **5:16** *criterios ... humanos.* Lit. *la carne.*
ⁱ **5:21** *lo trató como pecador.* Alt. *lo hizo sacrificio por el pecado.* Lit. *lo hizo pecado.*
^j **5:21** *recibiéramos.* Lit. *llegáramos a ser.*
^k **6:2** Is 49:8

^h **17** *Or Christ, that person is a new creation.* ⁱ **21** *Or be a sin offering* ^j **2** Isaiah 49:8

poder de Dios; con armas de justicia, tanto ofensivas como defensivas;[l] [8] por honra y por deshonra, por mala y por buena fama; veraces, pero tenidos por engañadores; [9] conocidos, pero tenidos por desconocidos; como moribundos, pero aún con vida; golpeados, pero no muertos; [10] aparentemente tristes, pero siempre alegres; pobres en apariencia, pero enriqueciendo a muchos; como si no tuviéramos nada, pero poseyéndolo todo.

[11] Hermanos corintios, les hemos hablado con toda franqueza; les hemos abierto de par en par nuestro corazón. [12] Nunca les hemos negado nuestro afecto, pero ustedes sí nos niegan el suyo. [13] Para corresponder del mismo modo —les hablo como si fueran mis hijos—, ¡abran también su corazón de par en par!

No formen yunta con los incrédulos

[14] No formen yunta con los incrédulos. ¿Qué tienen en común la justicia y la maldad? ¿O qué comunión puede tener la luz con la oscuridad? [15] ¿Qué armonía tiene Cristo con el diablo?[m] ¿Qué tiene en común un creyente con un incrédulo? [16] ¿En qué concuerdan el templo de Dios y los ídolos? Porque nosotros somos templo del Dios viviente. Como él ha dicho: «Viviré con ellos y caminaré entre ellos. Yo seré su Dios, y ellos serán mi pueblo.»[n] Por tanto, el Señor añade:

[17] «Salgan de en medio de ellos
    y apártense.
No toquen nada *impuro,
    y yo los recibiré.»[ñ]
[18] «Yo seré un padre para ustedes,
    y ustedes serán mis hijos y mis hijas,
        dice el Señor Todopoderoso.»[o]

7 Como tenemos estas promesas, queridos hermanos, purifiquémonos de todo lo que contamina el cuerpo y el espíritu, para completar en el temor de Dios la obra de nuestra *santificación.

La alegría de Pablo

[2] Hagan lugar para nosotros en su corazón. A nadie hemos agraviado, a nadie hemos corrompido, a nadie hemos explotado. [3] No digo esto para condenarlos; ya les he dicho que tienen un lugar tan amplio en nuestro corazón que con ustedes viviríamos o moriríamos. [4] Les tengo mucha confianza y me siento muy *orgulloso de ustedes. Estoy muy animado; en medio de todas nuestras aflicciones se desborda mi alegría.

weapons of righteousness in the right hand and in the left; [8] through glory and dishonor, bad report and good report; genuine, yet regarded as impostors; [9] known, yet regarded as unknown; dying, and yet we live on; beaten, and yet not killed; [10] sorrowful, yet always rejoicing; poor, yet making many rich; having nothing, and yet possessing everything.

[11] We have spoken freely to you, Corinthians, and opened wide our hearts to you. [12] We are not withholding our affection from you, but you are withholding yours from us. [13] As a fair exchange — I speak as to my children — open wide your hearts also.

Warning Against Idolatry

[14] Do not be yoked together with unbelievers. For what do righteousness and wickedness have in common? Or what fellowship can light have with darkness? [15] What harmony is there between Christ and Belial[k]? Or what does a believer have in common with an unbeliever? [16] What agreement is there between the temple of God and idols? For we are the temple of the living God. As God has said:

"I will live with them
    and walk among them,
and I will be their God,
    and they will be my people."[l]

[17] Therefore,

"Come out from them
    and be separate,
                                    says the Lord.
Touch no unclean thing,
    and I will receive you."[m]

[18] And,

"I will be a Father to you,
    and you will be my sons and daughters,
                says the Lord Almighty."[n]

7 Therefore, since we have these promises, dear friends, let us purify ourselves from everything that contaminates body and spirit, perfecting holiness out of reverence for God.

Paul's Joy Over the Church's Repentance

[2] Make room for us in your hearts. We have wronged no one, we have corrupted no one, we have exploited no one. [3] I do not say this to condemn you; I have said before that you have such a place in our hearts that we would live or die with you. [4] I have spoken to you with great frankness; I take great pride in you. I am greatly encouraged; in all our troubles my joy knows no bounds.

---

[l] *6:7 ofensivas como defensivas.* Lit. *en la mano derecha como en la izquierda.*
[m] *6:15 el diablo.* Lit. *Beliar,* otra forma de *Belial.*
[n] *6:16* Lv 26:12; Jer 32:38; Ez 37:27
[ñ] *6:17* Is 52:11; Ez 20:34,41
[o] *6:18* 2S 7:8,14; 1Cr 17:13

[k] *15* Greek *Beliar,* a variant of *Belial*   [l] *16* Lev. 26:12;
Jer. 32:38; Ezek. 37:27   [m] *17* Isaiah 52:11; Ezek. 20:34,41
[n] *18* 2 Samuel 7:14; 7:8

⁵ Cuando llegamos a Macedonia, nuestro cuerpo no tuvo ningún descanso, sino que nos vimos acosados por todas partes; conflictos por fuera, temores por dentro. ⁶ Pero Dios, que consuela a los abatidos, nos consoló con la llegada de Tito, ⁷ y no sólo con su llegada sino también con el consuelo que él había recibido de ustedes. Él nos habló del anhelo, de la profunda tristeza y de la honda preocupación que ustedes tienen por mí, lo cual me llenó de alegría.

⁸ Si bien los entristecí con mi carta, no me pesa. Es verdad que antes me pesó, porque me di cuenta de que por un tiempo mi carta los había entristecido. ⁹ Sin embargo, ahora me alegro, no porque se hayan entristecido sino porque su tristeza los llevó al *arrepentimiento. Ustedes se entristecieron tal como Dios lo quiere, de modo que nosotros de ninguna manera los hemos perjudicado. ¹⁰ La tristeza que proviene de Dios produce el arrepentimiento que lleva a la salvación, de la cual no hay que arrepentirse, mientras que la tristeza del mundo produce la muerte. ¹¹ Fíjense lo que ha producido en ustedes esta tristeza que proviene de Dios: ¡qué empeño, qué afán por disculparse, qué indignación, qué temor, qué anhelo, qué preocupación, qué disposición para ver que se haga justicia! En todo han demostrado su inocencia en este asunto. ¹² Así que, a pesar de que les escribí, no fue por causa del ofensor ni del ofendido, sino más bien para que delante de Dios se dieran cuenta por ustedes mismos de cuánto interés tienen en nosotros. ¹³ Todo esto nos reanima.

Además del consuelo que hemos recibido, nos alegró muchísimo el ver lo feliz que estaba Tito debido a que todos ustedes fortalecieron su espíritu. ¹⁴ Ya le había dicho que me sentía orgulloso de ustedes, y no me han hecho quedar mal. Al contrario, así como todo lo que les dijimos es verdad, también resultaron ciertos los elogios que hice de ustedes delante de Tito. ¹⁵ Y él les tiene aún más cariño al recordar que todos ustedes fueron obedientes y lo recibieron con temor y temblor. ¹⁶ Me alegro de que puedo confiar plenamente en ustedes.

Estímulo a la generosidad

8 Ahora, hermanos, queremos que se enteren de la gracia que Dios ha dado a las iglesias de Macedonia. ² En medio de las pruebas más difíciles, su desbordante alegría y su extrema pobreza abundaron en rica generosidad. ³ Soy testigo de que dieron espontáneamente tanto como podían, y aún más de lo que podían, ⁴ rogándonos con insistencia que les concediéramos el privilegio de tomar parte en esta ayuda para los *santos. ⁵ Incluso hicieron más de lo que esperábamos, ya que se entregaron a sí mismos, primeramente al Señor y después a nosotros, conforme a la voluntad de Dios. ⁶ De modo que rogamos a Tito que llevara

⁵ For when we came into Macedonia, we had no rest, but we were harassed at every turn — conflicts on the outside, fears within. ⁶ But God, who comforts the downcast, comforted us by the coming of Titus, ⁷ and not only by his coming but also by the comfort you had given him. He told us about your longing for me, your deep sorrow, your ardent concern for me, so that my joy was greater than ever.

⁸ Even if I caused you sorrow by my letter, I do not regret it. Though I did regret it — I see that my letter hurt you, but only for a little while — ⁹ yet now I am happy, not because you were made sorry, but because your sorrow led you to repentance. For you became sorrowful as God intended and so were not harmed in any way by us. ¹⁰ Godly sorrow brings repentance that leads to salvation and leaves no regret, but worldly sorrow brings death. ¹¹ See what this godly sorrow has produced in you: what earnestness, what eagerness to clear yourselves, what indignation, what alarm, what longing, what concern, what readiness to see justice done. At every point you have proved yourselves to be innocent in this matter. ¹² So even though I wrote to you, it was neither on account of the one who did the wrong nor on account of the injured party, but rather that before God you could see for yourselves how devoted to us you are. ¹³ By all this we are encouraged.

In addition to our own encouragement, we were especially delighted to see how happy Titus was, because his spirit has been refreshed by all of you. ¹⁴ I had boasted to him about you, and you have not embarrassed me. But just as everything we said to you was true, so our boasting about you to Titus has proved to be true as well. ¹⁵ And his affection for you is all the greater when he remembers that you were all obedient, receiving him with fear and trembling. ¹⁶ I am glad I can have complete confidence in you.

The Collection for the Lord's People

8 And now, brothers and sisters, we want you to know about the grace that God has given the Macedonian churches. ² In the midst of a very severe trial, their overflowing joy and their extreme poverty welled up in rich generosity. ³ For I testify that they gave as much as they were able, and even beyond their ability. Entirely on their own, ⁴ they urgently pleaded with us for the privilege of sharing in this service to the Lord's people. ⁵ And they exceeded our expectations: They gave themselves first of all to the Lord, and then by the will of God also to us. ⁶ So we urged Titus, just as he had earlier

a feliz término esta obra de gracia entre ustedes, puesto que ya la había comenzado. [7] Pero ustedes, así como sobresalen en todo —en fe, en palabras, en conocimiento, en dedicación y en su amor hacia nosotros[p]—, procuren también sobresalir en esta gracia de dar.

[8] No es que esté dándoles órdenes, sino que quiero probar la sinceridad de su amor en comparación con la dedicación de los demás. [9] Ya conocen la gracia de nuestro Señor Jesucristo, que aunque era rico, por causa de ustedes se hizo pobre, para que mediante su pobreza ustedes llegaran a ser ricos.

[10] Aquí va mi consejo sobre lo que les conviene en este asunto: El año pasado ustedes fueron los primeros no sólo en dar sino también en querer hacerlo. [11] Lleven ahora a feliz término la obra, para que, según sus posibilidades, cumplan con lo que de buena gana propusieron. [12] Porque si uno lo hace de buena voluntad, lo que da es bien recibido según lo que tiene, y no según lo que no tiene.

[13] No se trata de que otros encuentren alivio mientras que ustedes sufren escasez; es más bien cuestión de igualdad. [14] En las circunstancias actuales la abundancia de ustedes suplirá lo que ellos necesitan, para que a su vez la abundancia de ellos supla lo que ustedes necesitan. Así habrá igualdad, [15] como está escrito: «Ni al que recogió mucho le sobraba, ni al que recogió poco le faltaba.»[q]

Tito enviado a Corinto

[16] Gracias a Dios que puso en el corazón de Tito la misma preocupación que yo tengo por ustedes. [17] De hecho, cuando accedió a nuestra petición de ir a verlos, lo hizo con mucho entusiasmo y por su propia voluntad. [18] Junto con él enviamos al hermano que se ha ganado el reconocimiento de todas las iglesias por los servicios prestados al *evangelio. [19] Además, las iglesias lo escogieron para que nos acompañe cuando llevemos la ofrenda, la cual administramos para honrar al Señor y demostrar nuestro ardiente deseo de servir. [20] Queremos evitar cualquier crítica sobre la forma en que administramos este generoso donativo; [21] porque procuramos hacer lo correcto, no sólo delante del Señor sino también delante de los demás.

[22] Con ellos les enviamos a nuestro hermano que nos ha demostrado con frecuencia y de muchas maneras que es diligente, y ahora lo es aún más por la gran confianza que tiene en ustedes. [23] En cuanto a Tito, es mi compañero y colaborador entre ustedes; y en cuanto a los otros hermanos, son enviados de las iglesias, son una honra para Cristo. [24] Por tanto, den a estos hombres una

made a beginning, to bring also to completion this act of grace on your part. [7] But since you excel in everything — in faith, in speech, in knowledge, in complete earnestness and in the love we have kindled in you[o] — see that you also excel in this grace of giving.

[8] I am not commanding you, but I want to test the sincerity of your love by comparing it with the earnestness of others. [9] For you know the grace of our Lord Jesus Christ, that though he was rich, yet for your sake he became poor, so that you through his poverty might become rich.

[10] And here is my judgment about what is best for you in this matter. Last year you were the first not only to give but also to have the desire to do so. [11] Now finish the work, so that your eager willingness to do it may be matched by your completion of it, according to your means. [12] For if the willingness is there, the gift is acceptable according to what one has, not according to what one does not have.

[13] Our desire is not that others might be relieved while you are hard pressed, but that there might be equality. [14] At the present time your plenty will supply what they need, so that in turn their plenty will supply what you need. The goal is equality, [15] as it is written: "The one who gathered much did not have too much, and the one who gathered little did not have too little."[p]

Titus Sent to Receive the Collection

[16] Thanks be to God, who put into the heart of Titus the same concern I have for you. [17] For Titus not only welcomed our appeal, but he is coming to you with much enthusiasm and on his own initiative. [18] And we are sending along with him the brother who is praised by all the churches for his service to the gospel. [19] What is more, he was chosen by the churches to accompany us as we carry the offering, which we administer in order to honor the Lord himself and to show our eagerness to help. [20] We want to avoid any criticism of the way we administer this liberal gift. [21] For we are taking pains to do what is right, not only in the eyes of the Lord but also in the eyes of man.

[22] In addition, we are sending with them our brother who has often proved to us in many ways that he is zealous, and now even more so because of his great confidence in you. [23] As for Titus, he is my partner and co-worker among you; as for our brothers, they are representatives of the churches and an honor to Christ. [24] Therefore show these

---

p 8:7 *su amor hacia nosotros.* Var. *nuestro amor hacia ustedes.*
q 8:15 Éx 16:18

o 7 Some manuscripts *and in your love for us*
p 15 Exodus 16:18

prueba de su amor y muéstrenles por qué nos sentimos *orgullosos de ustedes, para testimonio ante las iglesias.

9 No hace falta que les escriba acerca de esta ayuda para los *santos, [2] porque conozco la buena disposición que ustedes tienen. Esto lo he comentado con orgullo entre los macedonios, diciéndoles que desde el año pasado ustedes los de Acaya estaban preparados para dar. El entusiasmo de ustedes ha servido de estímulo a la mayoría de ellos. [3] Con todo, les envío a estos hermanos para que en este asunto no resulte vano nuestro *orgullo por ustedes, sino que estén preparados, como ya he dicho que lo estarían, [4] no sea que algunos macedonios vayan conmigo y los encuentren desprevenidos. En ese caso nosotros —por no decir nada de ustedes— nos avergonzaríamos por haber estado tan seguros. [5] Así que me pareció necesario rogar a estos hermanos que se adelantaran a visitarlos y completaran los preparativos para esa generosa colecta que ustedes habían prometido. Entonces estará lista como una ofrenda generosa,[r] y no como una tacañería.

Sembrar con generosidad

[6] Recuerden esto: El que siembra escasamente, escasamente cosechará, y el que siembra en abundancia, en abundancia cosechará.[s] [7] Cada uno debe dar según lo que haya decidido en su corazón, no de mala gana ni por obligación, porque Dios ama al que da con alegría. [8] Y Dios puede hacer que toda gracia abunde para ustedes, de manera que siempre, en toda circunstancia, tengan todo lo necesario, y toda buena obra abunde en ustedes. [9] Como está escrito:

«Repartió sus bienes entre los pobres;
su justicia permanece para siempre.»[t]

[10] El que le suple semilla al que siembra también le suplirá pan para que coma, aumentará los cultivos y hará que ustedes produzcan una abundante cosecha de justicia. [11] Ustedes serán enriquecidos en todo sentido para que en toda ocasión puedan ser generosos, y para que por medio de nosotros la generosidad de ustedes resulte en acciones de gracias a Dios. [12] Esta ayuda que es un servicio sagrado no sólo suple las necesidades de los *santos sino que también redunda en abundantes acciones de gracias a Dios. [13] En efecto, al recibir esta demostración de servicio, ellos alabarán a Dios por la obediencia con que ustedes acompañan la confesión del *evangelio de Cristo, y por su generosa solidaridad con ellos y con todos. [14] Además, en las oraciones de ellos por ustedes, expresarán el afecto que les tienen por la sobreabundante gracia que ustedes

men the proof of your love and the reason for our pride in you, so that the churches can see it.

9 There is no need for me to write to you about this service to the Lord's people. [2] For I know your eagerness to help, and I have been boasting about it to the Macedonians, telling them that since last year you in Achaia were ready to give; and your enthusiasm has stirred most of them to action. [3] But I am sending the brothers in order that our boasting about you in this matter should not prove hollow, but that you may be ready, as I said you would be. [4] For if any Macedonians come with me and find you unprepared, we — not to say anything about you — would be ashamed of having been so confident. [5] So I thought it necessary to urge the brothers to visit you in advance and finish the arrangements for the generous gift you had promised. Then it will be ready as a generous gift, not as one grudgingly given.

Generosity Encouraged

[6] Remember this: Whoever sows sparingly will also reap sparingly, and whoever sows generously will also reap generously. [7] Each of you should give what you have decided in your heart to give, not reluctantly or under compulsion, for God loves a cheerful giver. [8] And God is able to bless you abundantly, so that in all things at all times, having all that you need, you will abound in every good work. [9] As it is written:

"They have freely scattered their gifts to the poor;
their righteousness endures forever."[q]

[10] Now he who supplies seed to the sower and bread for food will also supply and increase your store of seed and will enlarge the harvest of your righteousness. [11] You will be enriched in every way so that you can be generous on every occasion, and through us your generosity will result in thanksgiving to God. [12] This service that you perform is not only supplying the needs of the Lord's people but is also overflowing in many expressions of thanks to God. [13] Because of the service by which you have proved yourselves, others will praise God for the obedience that accompanies your confession of the gospel of Christ, and for your generosity in sharing with them and with everyone else. [14] And in their prayers for you their hearts will go out to you, because of the surpassing grace God has

---

r 9:5 *una ofrenda generosa.* Lit. *una bendición.*
s 9:6 *siembra ... cosechará.* Lit. *siembra en bendición, en bendición cosechará.*
t 9:9 Sal 112:9

q 9 Psalm 112:9

han recibido de Dios. ¹⁵ ¡Gracias a Dios por su don inefable!

Pablo defiende su ministerio

10 Por la ternura y la bondad de Cristo, yo, Pablo, apelo a ustedes personalmente; yo mismo que, según dicen, soy tímido cuando me encuentro cara a cara con ustedes pero atrevido cuando estoy lejos. ² Les ruego que cuando vaya no tenga que ser tan atrevido como me he propuesto ser con algunos que opinan que vivimos según criterios meramente *humanos, ³ pues aunque vivimos en el *mundo, no libramos batallas como lo hace el mundo. ⁴ Las armas con que luchamos no son del mundo, sino que tienen el poder divino para derribar fortalezas. ⁵ Destruimos argumentos y toda altivez que se levanta contra el conocimiento de Dios, y llevamos cautivo todo pensamiento para que se someta a Cristo. ⁶ Y estamos dispuestos a castigar cualquier acto de desobediencia una vez que yo pueda contar con la completa obediencia de ustedes.

⁷ Fíjense en lo que está a la vista.ᵘ Si alguno está convencido de ser de Cristo, considere esto de nuevo: nosotros somos tan de Cristo como él. ⁸ No me avergonzaré de *jactarme de nuestra autoridad más de la cuenta, autoridad que el Señor nos ha dado para la edificación y no para la destrucción de ustedes. ⁹ No quiero dar la impresión de que trato de asustarlos con mis cartas, ¹⁰ pues algunos dicen: «Sus cartas son duras y fuertes, pero él en persona no impresiona a nadie, y como orador es un fracaso.» ¹¹ Tales personas deben darse cuenta de que lo que somos por escrito estando ausentes, lo seremos con hechos estando presentes.

¹² No nos atrevemos a igualarnos ni a compararnos con algunos que tanto se recomiendan a sí mismos. Al medirse con su propia medida y compararse unos con otros, no saben lo que hacen. ¹³ Nosotros, por nuestra parte, no vamos a jactarnos más de lo debido. Nos limitaremos al campo que Dios nos ha asignado según su medida, en la cual también ustedes están incluidos. ¹⁴ Si no hubiéramos estado antes entre ustedes, se podría alegar que estamos rebasando estos límites, cuando lo cierto es que fuimos los primeros en llevarles el *evangelio de Cristo. ¹⁵ No nos jactamos desmedidamente a costa del trabajo que otros han hecho. Al contrario, esperamos que, según vaya creciendo la fe de ustedes, también nuestro campo de acción entre ustedes se amplíe grandemente, ¹⁶ para poder predicar el evangelio más allá de sus regiones, sin tener que jactarnos del trabajo ya hecho por otros. ¹⁷ Más bien, «Si alguien ha de gloriarse, que se gloríe en el Señor».ᵛ ¹⁸ Porque no es aprobado el que se recomienda a sí mismo sino aquel a quien recomienda el Señor.

given you. ¹⁵ Thanks be to God for his indescribable gift!

Paul's Defense of His Ministry

10 By the humility and gentleness of Christ, I appeal to you — I, Paul, who am "timid" when face to face with you, but "bold" toward you when away! ² I beg you that when I come I may not have to be as bold as I expect to be toward some people who think that we live by the standards of this world. ³ For though we live in the world, we do not wage war as the world does. ⁴ The weapons we fight with are not the weapons of the world. On the contrary, they have divine power to demolish strongholds. ⁵ We demolish arguments and every pretension that sets itself up against the knowledge of God, and we take captive every thought to make it obedient to Christ. ⁶ And we will be ready to punish every act of disobedience, once your obedience is complete.

⁷ You are judging by appearances.ʳ If anyone is confident that they belong to Christ, they should consider again that we belong to Christ just as much as they do. ⁸ So even if I boast somewhat freely about the authority the Lord gave us for building you up rather than tearing you down, I will not be ashamed of it. ⁹ I do not want to seem to be trying to frighten you with my letters. ¹⁰ For some say, "His letters are weighty and forceful, but in person he is unimpressive and his speaking amounts to nothing." ¹¹ Such people should realize that what we are in our letters when we are absent, we will be in our actions when we are present.

¹² We do not dare to classify or compare ourselves with some who commend themselves. When they measure themselves by themselves and compare themselves with themselves, they are not wise. ¹³ We, however, will not boast beyond proper limits, but will confine our boasting to the sphere of service God himself has assigned to us, a sphere that also includes you. ¹⁴ We are not going too far in our boasting, as would be the case if we had not come to you, for we did get as far as you with the gospel of Christ. ¹⁵ Neither do we go beyond our limits by boasting of work done by others. Our hope is that, as your faith continues to grow, our sphere of activity among you will greatly expand, ¹⁶ so that we can preach the gospel in the regions beyond you. For we do not want to boast about work already done in someone else's territory. ¹⁷ But, "Let the one who boasts boast in the Lord."ˢ ¹⁸ For it is not the one who commends himself who is approved, but the one whom the Lord commends.

ᵘ **10:7** *Fíjense ... vista.* Alt. *Ustedes se fijan en las apariencias.*
ᵛ **10:17** Jer 9:24

ʳ 7 Or *Look at the obvious facts*　　ˢ 17 Jer. 9:24

Pablo y los falsos apóstoles

11 ¡Ojalá me aguanten unas cuantas tonterías! ¡Sí, aguántenmelas!*w* 2 El celo que siento por ustedes proviene de Dios, pues los tengo prometidos a un solo esposo, que es Cristo, para presentárselos como una virgen pura. 3 Pero me temo que, así como la serpiente con su astucia engañó a Eva, los pensamientos de ustedes sean desviados de un compromiso puro y*x* sincero con Cristo. 4 Si alguien llega a ustedes predicando a un Jesús diferente del que les hemos predicado nosotros, o si reciben un espíritu o un *evangelio diferentes de los que ya recibieron, a ése lo aguantan con facilidad. 5 Pero considero que en nada soy inferior a esos «superapóstoles». 6 Quizás yo sea un mal orador, pero tengo conocimiento. Esto se lo hemos demostrado a ustedes de una y mil maneras.

7 ¿Es que cometí un pecado al humillarme yo para enaltecerlos a ustedes, predicándoles el *evangelio de Dios gratuitamente? 8 De hecho, despojé a otras iglesias al recibir de ellas ayuda para servirles a ustedes. 9 Cuando estuve entre ustedes y necesité algo, no fui una carga para nadie, ya que los hermanos que llegaron de Macedonia suplieron mis necesidades. He evitado serles una carga en cualquier sentido, y seguiré evitándolo. 10 Es tan cierto que la verdad de Cristo está en mí, como lo es que nadie en las regiones de Acaya podrá privarme de este motivo de *orgullo. 11 ¿Por qué? ¿Porque no los amo? ¡Dios sabe que sí! 12 Pero seguiré haciendo lo que hago, a fin de quitar todo pretexto a aquellos que, buscando una oportunidad para hacerse iguales a nosotros, se *jactan de lo que hacen.

13 Tales individuos son falsos apóstoles, obreros estafadores, que se disfrazan de apóstoles de Cristo. 14 Y no es de extrañar, ya que Satanás mismo se disfraza de ángel de luz. 15 Por eso no es de sorprenderse que sus servidores se disfracen de servidores de la justicia. Su fin corresponderá con lo que merecen sus acciones.

Los sufrimientos de Pablo

16 Lo repito: Que nadie me tenga por insensato. Pero aun cuando así me consideren, de todos modos recíbanme, para poder *jactarme un poco. 17 Al jactarme tan confiadamente, no hablo como quisiera el Señor sino con insensatez. 18 Ya que muchos se ufanan como lo hace el mundo,*y* yo también lo haré. 19 Por ser tan sensatos, ustedes de buena gana aguantan a los insensatos. 20 Aguantan incluso a cualquiera que los esclaviza, o los explota, o se aprovecha de ustedes, o se comporta con altanería, o les da de bofetadas. 21 ¡Para vergüenza mía, confieso que hemos sido demasiado débiles!

Paul and the False Apostles

11 I hope you will put up with me in a little foolishness. Yes, please put up with me! 2 I am jealous for you with a godly jealousy. I promised you to one husband, to Christ, so that I might present you as a pure virgin to him. 3 But I am afraid that just as Eve was deceived by the serpent's cunning, your minds may somehow be led astray from your sincere and pure devotion to Christ. 4 For if someone comes to you and preaches a Jesus other than the Jesus we preached, or if you receive a different spirit from the Spirit you received, or a different gospel from the one you accepted, you put up with it easily enough.

5 I do not think I am in the least inferior to those "super-apostles."*t* 6 I may indeed be untrained as a speaker, but I do have knowledge. We have made this perfectly clear to you in every way. 7 Was it a sin for me to lower myself in order to elevate you by preaching the gospel of God to you free of charge? 8 I robbed other churches by receiving support from them so as to serve you. 9 And when I was with you and needed something, I was not a burden to anyone, for the brothers who came from Macedonia supplied what I needed. I have kept myself from being a burden to you in any way, and will continue to do so. 10 As surely as the truth of Christ is in me, nobody in the regions of Achaia will stop this boasting of mine. 11 Why? Because I do not love you? God knows I do!

12 And I will keep on doing what I am doing in order to cut the ground from under those who want an opportunity to be considered equal with us in the things they boast about. 13 For such people are false apostles, deceitful workers, masquerading as apostles of Christ. 14 And no wonder, for Satan himself masquerades as an angel of light. 15 It is not surprising, then, if his servants also masquerade as servants of righteousness. Their end will be what their actions deserve.

Paul Boasts About His Sufferings

16 I repeat: Let no one take me for a fool. But if you do, then tolerate me just as you would a fool, so that I may do a little boasting. 17 In this self-confident boasting I am not talking as the Lord would, but as a fool. 18 Since many are boasting in the way the world does, I too will boast. 19 You gladly put up with fools since you are so wise! 20 In fact, you even put up with anyone who enslaves you or exploits you or takes advantage of you or puts on airs or slaps you in the face. 21 To my shame I admit that we were too weak for that!

---

w **11:1** *¡Sí, aguántenmelas!* Alt. *En realidad, ya me las están aguantando.*
x **11:3** Var. no incluye: *puro y.*
y **11:18** *se ufanan ... mundo.* Lit. *se *jactan según la *carne.*

t **5** Or *to the most eminent apostles*

Si alguien se atreve a dárselas de algo, también yo me atrevo a hacerlo; lo digo como un insensato. ²²¿Son ellos hebreos? Pues yo también. ¿Son israelitas? También yo lo soy. ¿Son descendientes de Abraham? Yo también. ²³¿Son servidores de Cristo? ¡Qué locura! Yo lo soy más que ellos. He trabajado más arduamente, he sido encarcelado más veces, he recibido los azotes más severos, he estado en peligro de muerte repetidas veces. ²⁴Cinco veces recibí de los judíos los treinta y nueve azotes. ²⁵Tres veces me golpearon con varas, una vez me apedrearon, tres veces naufragué, y pasé un día y una noche como náufrago en alta mar. ²⁶Mi vida ha sido un continuo ir y venir de un sitio a otro; en peligros de ríos, peligros de bandidos, peligros de parte de mis compatriotas, peligros a manos de los *gentiles, peligros en la ciudad, peligros en el campo, peligros en el mar y peligros de parte de falsos hermanos. ²⁷He pasado muchos trabajos y fatigas, y muchas veces me he quedado sin dormir; he sufrido hambre y sed, y muchas veces me he quedado en ayunas; he sufrido frío y desnudez. ²⁸Y como si fuera poco, cada día pesa sobre mí la preocupación por todas las iglesias. ²⁹¿Cuando alguien se siente débil, no comparto yo su debilidad? ¿Y cuando a alguien se le hace *tropezar, no ardo yo de indignación?

³⁰Si me veo obligado a jactarme, me jactaré de mi debilidad. ³¹El Dios y Padre del Señor Jesús (¡sea por siempre alabado!) sabe que no miento. ³²En Damasco, el gobernador bajo el rey Aretas mandó que se vigilara la ciudad de los damascenos con el fin de arrestarme; ³³pero me bajaron en un canasto por una ventana de la muralla, y así escapé de las manos del gobernador.

Visión y debilidad de Pablo

12 Me veo obligado a *jactarme, aunque nada se gane con ello. Paso a referirme a las visiones y revelaciones del Señor. ²Conozco a un seguidor de Cristo que hace catorce años fue llevado al tercer cielo (no sé si en el cuerpo o fuera del cuerpo; Dios lo sabe). ³Y sé que este hombre (no sé si en el cuerpo o aparte del cuerpo; Dios lo sabe) ⁴fue llevado al paraíso y escuchó cosas indecibles que a los *humanos no se nos permite expresar. ⁵De tal hombre podría hacer alarde; pero de mí no haré alarde sino de mis debilidades. ⁶Sin embargo, no sería insensato si decidiera jactarme, porque estaría diciendo la verdad. Pero no lo hago, para que nadie suponga que soy más de lo que aparento o de lo que digo.

⁷Para evitar que me volviera presumido por estas sublimes revelaciones, una espina me fue clavada en el cuerpo, es decir, un mensajero de Satanás, para que me atormentara. ⁸Tres veces le rogué al Señor que me la quitara; ⁹pero él me dijo: «Te basta con mi gracia, pues mi poder se perfecciona en la debilidad.» Por lo tanto, gustosamente

Whatever anyone else dares to boast about — I am speaking as a fool — I also dare to boast about. ²²Are they Hebrews? So am I. Are they Israelites? So am I. Are they Abraham's descendants? So am I. ²³Are they servants of Christ? (I am out of my mind to talk like this.) I am more. I have worked much harder, been in prison more frequently, been flogged more severely, and been exposed to death again and again. ²⁴Five times I received from the Jews the forty lashes minus one. ²⁵Three times I was beaten with rods, once I was pelted with stones, three times I was shipwrecked, I spent a night and a day in the open sea, ²⁶I have been constantly on the move. I have been in danger from rivers, in danger from bandits, in danger from my fellow Jews, in danger from Gentiles; in danger in the city, in danger in the country, in danger at sea; and in danger from false believers. ²⁷I have labored and toiled and have often gone without sleep; I have known hunger and thirst and have often gone without food; I have been cold and naked. ²⁸Besides everything else, I face daily the pressure of my concern for all the churches. ²⁹Who is weak, and I do not feel weak? Who is led into sin, and I do not inwardly burn?

³⁰If I must boast, I will boast of the things that show my weakness. ³¹The God and Father of the Lord Jesus, who is to be praised forever, knows that I am not lying. ³²In Damascus the governor under King Aretas had the city of the Damascenes guarded in order to arrest me. ³³But I was lowered in a basket from a window in the wall and slipped through his hands.

Paul's Vision and His Thorn

12 I must go on boasting. Although there is nothing to be gained, I will go on to visions and revelations from the Lord. ²I know a man in Christ who fourteen years ago was caught up to the third heaven. Whether it was in the body or out of the body I do not know — God knows. ³And I know that this man — whether in the body or apart from the body I do not know, but God knows — ⁴was caught up to paradise and heard inexpressible things, things that no one is permitted to tell. ⁵I will boast about a man like that, but I will not boast about myself, except about my weaknesses. ⁶Even if I should choose to boast, I would not be a fool, because I would be speaking the truth. But I refrain, so no one will think more of me than is warranted by what I do or say, ⁷or because of these surpassingly great revelations. Therefore, in order to keep me from becoming conceited, I was given a thorn in my flesh, a messenger of Satan, to torment me. ⁸Three times I pleaded with the Lord to take it away from me. ⁹But he said to me, "My grace is sufficient for you, for my power is made perfect in weakness."

haré más bien alarde de mis debilidades, para que permanezca sobre mí el poder de Cristo. ¹⁰ Por eso me regocijo en debilidades, insultos, privaciones, persecuciones y dificultades que sufro por Cristo; porque cuando soy débil, entonces soy fuerte.

Preocupación de Pablo por los corintios

¹¹ Me he portado como un insensato, pero ustedes me han obligado a ello. Ustedes debían haberme elogiado, pues de ningún modo soy inferior a los «superapóstoles», aunque yo no soy nada. ¹² Las marcas distintivas de un apóstol, tales como señales, prodigios y milagros, se dieron constantemente entre ustedes. ¹³ ¿En qué fueron ustedes inferiores a las demás iglesias? Pues sólo en que yo mismo nunca les fui una carga. ¡Perdónenme si los ofendo!

¹⁴ Miren que por tercera vez estoy listo para visitarlos, y no les seré una carga, pues no me interesa lo que ustedes tienen sino lo que ustedes son. Después de todo, no son los hijos los que deben ahorrar para los padres, sino los padres para los hijos. ¹⁵ Así que de buena gana gastaré todo lo que tengo, y hasta yo mismo me desgastaré del todo por ustedes. Si los amo hasta el extremo, ¿me amarán menos? ¹⁶ En todo caso, no les he sido una carga. ¿Es que, como soy tan astuto, les tendí una trampa para estafarlos? ¹⁷ ¿Acaso los exploté por medio de alguno de mis enviados? ¹⁸ Le rogué a Tito que fuera a verlos y con él envié al hermano. ¿Acaso se aprovechó Tito de ustedes? ¿No procedimos los dos con el mismo espíritu y seguimos el mismo camino?

¹⁹ ¿Todo este tiempo han venido pensando que nos estábamos justificando ante ustedes? ¡Más bien, hemos estado hablando delante de Dios en Cristo! Todo lo que hacemos, queridos hermanos, es para su edificación. ²⁰ En realidad, me temo que cuando vaya a verlos no los encuentre como quisiera, ni ustedes me encuentren a mí como quisieran. Temo que haya peleas, celos, arrebatos de ira, rivalidades, calumnias, chismes, insultos y alborotos. ²¹ Temo que, al volver a visitarlos, mi Dios me humille delante de ustedes, y que yo tenga que llorar por muchos que han pecado desde hace algún tiempo pero no se han *arrepentido de la impureza, de la inmoralidad sexual y de los vicios a que se han entregado.

Advertencias finales

13 Ésta será la tercera vez que los visito. «Todo asunto se resolverá mediante el testimonio de dos o tres testigos.»^z ² Cuando estuve con ustedes por segunda vez les advertí, y ahora que estoy ausente se lo repito: Cuando vuelva a verlos, no seré indulgente con los que antes pecaron ni con ningún otro, ³ ya que están exigiendo una prueba de que Cristo habla por medio de mí. Él no

Therefore I will boast all the more gladly about my weaknesses, so that Christ's power may rest on me. ¹⁰ That is why, for Christ's sake, I delight in weaknesses, in insults, in hardships, in persecutions, in difficulties. For when I am weak, then I am strong.

Paul's Concern for the Corinthians

¹¹ I have made a fool of myself, but you drove me to it. I ought to have been commended by you, for I am not in the least inferior to the "super-apostles,"^u even though I am nothing. ¹² I persevered in demonstrating among you the marks of a true apostle, including signs, wonders and miracles. ¹³ How were you inferior to the other churches, except that I was never a burden to you? Forgive me this wrong!

¹⁴ Now I am ready to visit you for the third time, and I will not be a burden to you, because what I want is not your possessions but you. After all, children should not have to save up for their parents, but parents for their children. ¹⁵ So I will very gladly spend for you everything I have and expend myself as well. If I love you more, will you love me less? ¹⁶ Be that as it may, I have not been a burden to you. Yet, crafty fellow that I am, I caught you by trickery! ¹⁷ Did I exploit you through any of the men I sent to you? ¹⁸ I urged Titus to go to you and I sent our brother with him. Titus did not exploit you, did he? Did we not walk in the same footsteps by the same Spirit?

¹⁹ Have you been thinking all along that we have been defending ourselves to you? We have been speaking in the sight of God as those in Christ; and everything we do, dear friends, is for your strengthening. ²⁰ For I am afraid that when I come I may not find you as I want you to be, and you may not find me as you want me to be. I fear that there may be discord, jealousy, fits of rage, selfish ambition, slander, gossip, arrogance and disorder. ²¹ I am afraid that when I come again my God will humble me before you, and I will be grieved over many who have sinned earlier and have not repented of the impurity, sexual sin and debauchery in which they have indulged.

Final Warnings

13 This will be my third visit to you. "Every matter must be established by the testimony of two or three witnesses."^v ² I already gave you a warning when I was with you the second time. I now repeat it while absent: On my return I will not spare those who sinned earlier or any of the others, ³ since you are demanding proof that Christ is speaking through me. He is not weak in dealing

---

^z **13:1** Dt 19:15   ^u *11 Or the most eminent apostles*   ^v *1 Deut. 19:15*

se muestra débil en su trato con ustedes, sino que ejerce su poder entre ustedes. ⁴ Es cierto que fue crucificado en debilidad, pero ahora vive por el poder de Dios. De igual manera, nosotros participamos de su debilidad, pero por el poder de Dios viviremos con Cristo para ustedes.

⁵ Examínense para ver si están en la fe; pruébense a sí mismos. ¿No se dan cuenta de que Cristo Jesús está en ustedes? ¡A menos que fracasen en la *prueba! ⁶ Espero que reconozcan que nosotros no hemos fracasado. ⁷ Pedimos a Dios que no hagan nada malo, no para demostrar mi éxito, sino para que hagan lo bueno, aunque parezca que nosotros hemos fracasado. ⁸ Pues nada podemos hacer contra la verdad, sino a favor de la verdad. ⁹ De hecho, nos alegramos cuando nosotros somos débiles y ustedes están fuertes; y oramos a Dios para que los restaure plenamente. ¹⁰ Por eso les escribo todo esto en mi ausencia, para que cuando vaya no tenga que ser severo en el uso de mi autoridad, la cual el Señor me ha dado para edificación y no para destrucción.

Saludos finales

¹¹ En fin, hermanos, alégrense, busquen*ᵃ* su restauración, hagan caso de mi exhortación, sean de un mismo sentir, vivan en paz. Y el Dios de amor y de paz estará con ustedes.

¹² Salúdense unos a otros con un beso santo. ¹³ Todos los *santos les mandan saludos.

¹⁴ Que la gracia del Señor Jesucristo, el amor de Dios y la comunión del Espíritu Santo sean con todos ustedes.

with you, but is powerful among you. ⁴ For to be sure, he was crucified in weakness, yet he lives by God's power. Likewise, we are weak in him, yet by God's power we will live with him in our dealing with you.

⁵ Examine yourselves to see whether you are in the faith; test yourselves. Do you not realize that Christ Jesus is in you — unless, of course, you fail the test? ⁶ And I trust that you will discover that we have not failed the test. ⁷ Now we pray to God that you will not do anything wrong — not so that people will see that we have stood the test but so that you will do what is right even though we may seem to have failed. ⁸ For we cannot do anything against the truth, but only for the truth. ⁹ We are glad whenever we are weak but you are strong; and our prayer is that you may be fully restored. ¹⁰ This is why I write these things when I am absent, that when I come I may not have to be harsh in my use of authority — the authority the Lord gave me for building you up, not for tearing you down.

Final Greetings

¹¹ Finally, brothers and sisters, rejoice! Strive for full restoration, encourage one another, be of one mind, live in peace. And the God of love and peace will be with you.

¹² Greet one another with a holy kiss. ¹³ All God's people here send their greetings.

¹⁴ May the grace of the Lord Jesus Christ, and the love of God, and the fellowship of the Holy Spirit be with you all.

---

a **13:11** *alégrense, busquen.* Alt. *los saludo. Busquen.*

<table>
<tr><td>

Carta a los
Gálatas

Galacia era una provincia romana en el centro de Asia Menor. Allí fue Pablo en cada uno de los tres viajes que hizo para difundir el mensaje de Jesús. Los gálatas lo recibieron con calidez y también al evangelio que anunciaba. Pero más tarde, algunas personas a las que Pablo califica de *agitadores* desafiaron el liderazgo de Pablo y el fundamento de su enseñanza. Por eso Pablo escribe una respuesta a esa amenaza a su posición como apóstol y para reafirmar el mensaje central de que la fe en el Mesías es la base de la membresía en la nueva comunidad de Dios.

Pablo no da inicio a su carta apelando a los apóstoles de Jerusalén. Al contrario, insiste en que *el evangelio que yo predico no es invención humana ... sino que me llegó por revelación de Jesucristo*. Pablo se ve compelido a transmitir y comunicar esa revelación y señala que los demás apóstoles lo apoyan.

Luego, prosigue con su argumento principal, de que los gentiles que son ahora seguidores de Jesús no necesitan circuncidarse. La nueva familia mundial que le fue prometida a Abraham se crea por medio de la fe en el Mesías Jesús, y no por cumplimiento de la ley judía (la Torá). La historia bíblica ha estado señalando hacia eso todo el tiempo.

Pero, si seguir la Torá no conforma la base del evangelio, ¿no habrá anarquía? Pablo responde describiendo cómo es la vida que da el poder del Espíritu en la comunidad de los seguidores del Mesías. Y concluye poniendo énfasis una vez más en el tema principal de su carta: *Para nada cuenta estar o no estar circuncidados; lo que importa es ser parte de una nueva creación.*

</td><td>

Galatians

Galatia was a Roman province in central Asia Minor. Paul traveled here on each of the three journeys he made to spread the message about Jesus. The Galatians received both Paul and his gospel announcement warmly. But later some people Paul calls *agitators* came and challenged Paul's leadership as well as the foundation of his teaching. So Paul wrote to answer the threat to his status as an apostle and to reaffirm the core message that faith in the Messiah is the basis of membership in God's new community.

Paul doesn't open his letter by appealing to the apostles in Jerusalem. Instead, he insists that *the gospel I preached is not of human origin . . . rather, I received it by revelation from Jesus Christ*. Paul is compelled to share this revelation, and he notes that the other apostles support him.

Paul then proceeds to his main argument, which is that Gentiles who have become followers of Jesus do not need to be circumcised. The new worldwide family which had been promised to Abraham is created by faith in Messiah Jesus, not by keeping the Jewish law (Torah). The biblical story had been pointing to this all along.

But if following Torah is not the basis of the gospel, won't there be anarchy? Paul answers by describing what Spirit-empowered life looks like in the community of Messiah-followers. Paul closes by emphasizing the main theme of his letter once more: *Neither circumcision nor uncircumcision means anything; what counts is the new creation.*

</td></tr>
<tr><td>

1 Pablo, apóstol, no por investidura ni mediación *humanas, sino por *Jesucristo y por Dios Padre, que lo *levantó de entre los muertos; ² y todos los hermanos que están conmigo,

a las iglesias de Galacia:

³ Que Dios nuestro Padre y el Señor Jesucristo les concedan gracia y paz. ⁴ Jesucristo dio su vida por nuestros pecados para rescatarnos de este mundo malvado, según la voluntad de nuestro Dios y Padre, ⁵ a quien sea la gloria por los siglos de los siglos. Amén.

No hay otro evangelio

⁶ Me asombra que tan pronto estén dejando ustedes a quien los llamó por la gracia de Cristo, para pasarse a otro *evangelio. ⁷ No es que haya otro evangelio, sino que ciertos individuos están sembrando confusión entre ustedes y quieren

</td><td>

1 Paul, an apostle — sent not from men nor by a man, but by Jesus Christ and God the Father, who raised him from the dead — ² and all the brothers and sisters^{*a*} with me,

To the churches in Galatia:

³ Grace and peace to you from God our Father and the Lord Jesus Christ, ⁴ who gave himself for our sins to rescue us from the present evil age, according to the will of our God and Father, ⁵ to whom be glory for ever and ever. Amen.

No Other Gospel

⁶ I am astonished that you are so quickly deserting the one who called you to live in the grace of Christ and are turning to a different gospel — ⁷ which is really no gospel at all. Evidently some people are throwing you into confusion and are

</td></tr>
</table>

---

a 2 The Greek word for *brothers and sisters* (*adelphoi*) refers here to believers, both men and women, as part of God's family; also in verse 11; and in 3:15; 4:12, 28, 31; 5:11, 13; 6:1, 18.

tergiversar el evangelio de Cristo. [8] Pero aun si alguno de nosotros o un ángel del cielo les predicara un evangelio distinto del que les hemos predicado, ¡que caiga bajo maldición! [9] Como ya lo hemos dicho, ahora lo repito: si alguien les anda predicando un evangelio distinto del que recibieron, ¡que caiga bajo maldición!

[10] ¿Qué busco con esto: ganarme la aprobación *humana o la de Dios? ¿Piensan que procuro agradar a los demás? Si yo buscara agradar a otros, no sería *siervo de Cristo.

Pablo, llamado por Dios

[11] Quiero que sepan, hermanos, que el *evangelio que yo predico no es invención *humana. [12] No lo recibí ni lo aprendí de ningún *ser humano, sino que me llegó por revelación de Jesucristo.

[13] Ustedes ya están enterados de mi conducta cuando pertenecía al judaísmo, de la furia con que perseguía a la iglesia de Dios, tratando de destruirla. [14] En la práctica del judaísmo, yo aventajaba a muchos de mis contemporáneos en mi celo exagerado por las tradiciones de mis antepasados. [15] Sin embargo, Dios me había apartado desde el vientre de mi madre y me llamó por su gracia. Cuando él tuvo a bien [16] revelarme a su Hijo para que yo lo predicara entre los *gentiles, no consulté con nadie. [17] Tampoco subí a Jerusalén para ver a los que eran apóstoles antes que yo, sino que fui de inmediato a Arabia, de donde luego regresé a Damasco.

[18] Después de tres años, subí a Jerusalén para visitar a Pedro,[a] y me quedé con él quince días. [19] No vi a ningún otro de los apóstoles; sólo vi a *Jacobo, el hermano del Señor. [20] Dios me es testigo que en esto que les escribo no miento. [21] Más tarde fui a las regiones de Siria y Cilicia. [22] Pero en Judea las iglesias de[b] Cristo no me conocían personalmente. [23] Sólo habían oído decir: «El que antes nos perseguía ahora predica la fe que procuraba destruir.» [24] Y por causa mía glorificaban a Dios.

Los apóstoles aceptan a Pablo

2 Catorce años después subí de nuevo a Jerusalén, esta vez con Bernabé, llevando también a Tito. [2] Fui en obediencia a una revelación, y me reuní en privado con los que eran reconocidos como dirigentes, y les expliqué el *evangelio que predico entre los *gentiles, para que todo mi esfuerzo no fuera en vano.[c] [3] Ahora bien, ni siquiera Tito, que me acompañaba, fue obligado a circuncidarse, aunque era *griego. [4] El problema era que algunos falsos hermanos se habían infiltrado entre nosotros para coartar la libertad que tenemos en Cristo Jesús a fin de esclavizarnos. [5] Ni por un momento

trying to pervert the gospel of Christ. [8] But even if we or an angel from heaven should preach a gospel other than the one we preached to you, let them be under God's curse! [9] As we have already said, so now I say again: If anybody is preaching to you a gospel other than what you accepted, let them be under God's curse!

[10] Am I now trying to win the approval of human beings, or of God? Or am I trying to please people? If I were still trying to please people, I would not be a servant of Christ.

Paul Called by God

[11] I want you to know, brothers and sisters, that the gospel I preached is not of human origin. [12] I did not receive it from any man, nor was I taught it; rather, I received it by revelation from Jesus Christ.

[13] For you have heard of my previous way of life in Judaism, how intensely I persecuted the church of God and tried to destroy it. [14] I was advancing in Judaism beyond many of my own age among my people and was extremely zealous for the traditions of my fathers. [15] But when God, who set me apart from my mother's womb and called me by his grace, was pleased [16] to reveal his Son in me so that I might preach him among the Gentiles, my immediate response was not to consult any human being. [17] I did not go up to Jerusalem to see those who were apostles before I was, but I went into Arabia. Later I returned to Damascus.

[18] Then after three years, I went up to Jerusalem to get acquainted with Cephas[b] and stayed with him fifteen days. [19] I saw none of the other apostles — only James, the Lord's brother. [20] I assure you before God that what I am writing you is no lie.

[21] Then I went to Syria and Cilicia. [22] I was personally unknown to the churches of Judea that are in Christ. [23] They only heard the report: "The man who formerly persecuted us is now preaching the faith he once tried to destroy." [24] And they praised God because of me.

Paul Accepted by the Apostles

2 Then after fourteen years, I went up again to Jerusalem, this time with Barnabas. I took Titus along also. [2] I went in response to a revelation and, meeting privately with those esteemed as leaders, I presented to them the gospel that I preach among the Gentiles. I wanted to be sure I was not running and had not been running my race in vain. [3] Yet not even Titus, who was with me, was compelled to be circumcised, even though he was a Greek. [4] This matter arose because some false believers had infiltrated our ranks to spy on the freedom we have in Christ Jesus and to make us slaves. [5] We did not give in to them for a

---

a **1:18** Aquí el autor usa *Cefas, nombre arameo de Pedro; también en 2:9,11,14.
b **1:22** de. Lit. en.
c **2:2** para ... vano. Lit. para que yo no estuviera corriendo o hubiera corrido en vano.

b 18 That is, Peter

accedimos a someternos a ellos, pues queríamos que se preservara entre ustedes la integridad del evangelio.

⁶ En cuanto a los que eran reconocidos como personas importantes —aunque no me interesa lo que fueran, porque Dios no juzga por las apariencias—, no me impusieron nada nuevo. ⁷ Al contrario, reconocieron que a mí se me había encomendado predicar el evangelio a los gentiles, de la misma manera que se le había encomendado a Pedro predicarlo a los judíos.ᵈ ⁸ El mismo Dios que facultó a Pedro como apóstol de los judíosᵉ me facultó también a mí como apóstol de los gentiles. ⁹ En efecto, *Jacobo, Pedro y Juan, que eran considerados columnas, al reconocer la gracia que yo había recibido, nos dieron la mano a Bernabé y a mí en señal de compañerismo, de modo que nosotros fuéramos a los gentiles y ellos a los judíos. ¹⁰ Sólo nos pidieron que nos acordáramos de los pobres, y eso es precisamente lo que he venido haciendo con esmero.

Pablo se opone a Pedro

¹¹ Pues bien, cuando Pedro fue a Antioquía, le eché en cara su comportamiento condenable. ¹² Antes que llegaran algunos de parte de *Jacobo, Pedro solía comer con los *gentiles. Pero cuando aquéllos llegaron, comenzó a retraerse y a separarse de los gentiles por temor a los partidarios de la *circuncisión.ᶠ ¹³ Entonces los demás judíos se unieron a Pedro en su *hipocresía, y hasta el mismo Bernabé se dejó arrastrar por esa conducta hipócrita.

¹⁴ Cuando vi que no actuaban rectamente, como corresponde a la integridad del *evangelio, le dije a Pedro delante de todos: «Si tú, que eres judío, vives como si no lo fueras, ¿por qué obligas a los gentiles a practicar el judaísmo?

¹⁵ »Nosotros somos judíos de nacimiento y no *"pecadores paganos". ¹⁶ Sin embargo, al reconocer que nadie es *justificado por las obras que demanda la ley sino por la *fe en Jesucristo, también nosotros hemos puesto nuestra fe en Cristo Jesús, para ser justificados por la fe en él y no por las obras de la ley; porque por éstas nadie será justificado.

¹⁷ »Ahora bien, cuando buscamos ser justificados porᵍ Cristo, se hace evidente que nosotros mismos somos pecadores. ¿Quiere esto decir que Cristo está al servicio del pecado? ¡De ninguna manera! ¹⁸ Si uno vuelve a edificar lo que antes había destruido, se haceʰ transgresor. ¹⁹ Yo, por mi parte, mediante la ley he muerto a la ley, a fin de vivir para Dios. ²⁰ He sido crucificado con Cristo,

moment, so that the truth of the gospel might be preserved for you.

⁶ As for those who were held in high esteem — whatever they were makes no difference to me; God does not show favoritism — they added nothing to my message. ⁷ On the contrary, they recognized that I had been entrusted with the task of preaching the gospel to the uncircumcised,ᶜ just as Peter had been to the circumcised.ᵈ ⁸ For God, who was at work in Peter as an apostle to the circumcised, was also at work in me as an apostle to the Gentiles. ⁹ James, Cephasᵉ and John, those esteemed as pillars, gave me and Barnabas the right hand of fellowship when they recognized the grace given to me. They agreed that we should go to the Gentiles, and they to the circumcised. ¹⁰ All they asked was that we should continue to remember the poor, the very thing I had been eager to do all along.

Paul Opposes Cephas

¹¹ When Cephas came to Antioch, I opposed him to his face, because he stood condemned. ¹² For before certain men came from James, he used to eat with the Gentiles. But when they arrived, he began to draw back and separate himself from the Gentiles because he was afraid of those who belonged to the circumcision group. ¹³ The other Jews joined him in his hypocrisy, so that by their hypocrisy even Barnabas was led astray.

¹⁴ When I saw that they were not acting in line with the truth of the gospel, I said to Cephas in front of them all, "You are a Jew, yet you live like a Gentile and not like a Jew. How is it, then, that you force Gentiles to follow Jewish customs?

¹⁵ "We who are Jews by birth and not sinful Gentiles ¹⁶ know that a person is not justified by the works of the law, but by faith in Jesus Christ. So we, too, have put our faith in Christ Jesus that we may be justified by faith inᶠ Christ and not by the works of the law, because by the works of the law no one will be justified.

¹⁷ "But if, in seeking to be justified in Christ, we Jews find ourselves also among the sinners, doesn't that mean that Christ promotes sin? Absolutely not! ¹⁸ If I rebuild what I destroyed, then I really would be a lawbreaker.

¹⁹ "For through the law I died to the law so that I might live for God. ²⁰ I have been crucified with Christ and I no longer live, but Christ lives in me.

ᵈ **2:7** *el evangelio ... judíos.* Lit. *el evangelio de la incircuncición, como a Pedro el de la* *circuncisión.
ᵉ **2:8** *los judíos.* Lit. *la circuncisión;* también en v. 9.
ᶠ **2:12** *los partidarios de la circuncisión.* Alt. *los judíos.*
ᵍ **2:17** *por.* Lit. *en.*
ʰ **2:18** *Si uno vuelve ... se hace.* Lit. *Si vuelvo ... me hago.*

ᶜ 7 That is, Gentiles　　ᵈ 7 That is, Jews; also in verses 8 and 9
ᵉ 9 That is, Peter; also in verses 11 and 14　　ᶠ 16 Or *but through the faithfulness of . . . justified on the basis of the faithfulness of*

y ya no vivo yo sino que Cristo vive en mí. Lo que ahora vivo en el cuerpo, lo vivo por la fe en el Hijo de Dios, quien me amó y dio su vida por mí. [21] No desecho la gracia de Dios. Si la justicia se obtuviera mediante la ley, Cristo habría muerto en vano.»[i]

La fe o la observancia de la ley

3 ¡Gálatas torpes! ¿Quién los ha hechizado a ustedes, ante quienes Jesucristo crucificado ha sido presentado tan claramente? [2] Sólo quiero que me respondan a esto: ¿Recibieron el Espíritu por las obras que demanda la ley, o por la fe con que aceptaron el mensaje? [3] ¿Tan torpes son? Después de haber comenzado con el Espíritu, ¿pretenden ahora perfeccionarse con esfuerzos *humanos?[j] [4] ¿Tanto sufrir, para nada?[k] ¡Si es que de veras fue para nada! [5] Al darles Dios su Espíritu y hacer milagros entre ustedes, ¿lo hace por las obras que demanda la ley o por la fe con que han aceptado el mensaje? [6] Así fue con Abraham: «Le creyó a Dios, y esto se le tomó en cuenta como justicia.»[l]

[7] Por lo tanto, sepan que los descendientes de Abraham son aquellos que viven por la fe. [8] En efecto, la Escritura, habiendo previsto que Dios *justificaría por la fe a las *naciones, anunció de antemano el *evangelio a Abraham: «Por medio de ti serán bendecidas todas las naciones.»[m] [9] Así que los que viven por la fe son bendecidos junto con Abraham, el hombre de fe.

[10] Todos los que viven por las obras que demanda la ley están bajo maldición, porque está escrito: «Maldito sea quien no practique fielmente todo lo que está escrito en el libro de la ley.»[n] [11] Ahora bien, es evidente que por la ley nadie es justificado delante de Dios, porque «el justo vivirá por la fe».[ñ] [12] La ley no se basa en la fe; por el contrario, «quien practique estas cosas vivirá por ellas».[o] [13] Cristo nos rescató de la maldición de la ley al hacerse maldición por nosotros, pues está escrito: «Maldito todo el que es colgado de un madero.»[p] [14] Así sucedió, para que, por medio de Cristo Jesús, la bendición prometida a Abraham llegara a las naciones, y para que por la fe recibiéramos el Espíritu según la promesa.

La ley y la promesa

[15] Hermanos, voy a ponerles un ejemplo: aun en el caso de un pacto[q] *humano, nadie puede anularlo ni añadirle nada una vez que ha sido

The life I now live in the body, I live by faith in the Son of God, who loved me and gave himself for me. [21] I do not set aside the grace of God, for if righteousness could be gained through the law, Christ died for nothing!"[g]

Faith or Works of the Law

3 You foolish Galatians! Who has bewitched you? Before your very eyes Jesus Christ was clearly portrayed as crucified. [2] I would like to learn just one thing from you: Did you receive the Spirit by the works of the law, or by believing what you heard? [3] Are you so foolish? After beginning by means of the Spirit, are you now trying to finish by means of the flesh?[h] [4] Have you experienced[i] so much in vain — if it really was in vain? [5] So again I ask, does God give you his Spirit and work miracles among you by the works of the law, or by your believing what you heard? [6] So also Abraham "believed God, and it was credited to him as righteousness."[j]

[7] Understand, then, that those who have faith are children of Abraham. [8] Scripture foresaw that God would justify the Gentiles by faith, and announced the gospel in advance to Abraham: "All nations will be blessed through you."[k] [9] So those who rely on faith are blessed along with Abraham, the man of faith.

[10] For all who rely on the works of the law are under a curse, as it is written: "Cursed is everyone who does not continue to do everything written in the Book of the Law."[l] [11] Clearly no one who relies on the law is justified before God, because "the righteous will live by faith."[m] [12] The law is not based on faith; on the contrary, it says, "The person who does these things will live by them."[n] [13] Christ redeemed us from the curse of the law by becoming a curse for us, for it is written: "Cursed is everyone who is hung on a pole."[o] [14] He redeemed us in order that the blessing given to Abraham might come to the Gentiles through Christ Jesus, so that by faith we might receive the promise of the Spirit.

The Law and the Promise

[15] Brothers and sisters, let me take an example from everyday life. Just as no one can set aside or add to a human covenant that has been duly

---

[i] **2:21** Algunos intérpretes consideran que la cita termina al final del v. 14.
[j] **3:3** *¿pretenden ... humanos?* Lit. *¿se perfeccionan ahora con la *carne?*
[k] **3:4** *¿Tanto sufrir, para nada?* Alt. *¿Han tenido tan grandes experiencias en vano?*
[l] **3:6** Gn 15:6
[m] **3:8** Gn 12:3; 18:18; 22:18
[n] **3:10** Dt 27:26
[ñ] **3:11** Hab 2:4
[o] **3:12** Lv 18:5
[p] **3:13** Dt 21:23
[q] **3:15** *pacto.* Alt. *testamento.*

[g] **21** Some interpreters end the quotation after verse 14.
[h] **3** In contexts like this, the Greek word for *flesh* (*sarx*) refers to the sinful state of human beings, often presented as a power in opposition to the Spirit.   [i] **4** Or *suffered*   [j] **6** Gen. 15:6
[k] **8** Gen. 12:3; 18:18; 22:18   [l] **10** Deut. 27:26   [m] **11** Hab. 2:4
[n] **12** Lev. 18:5   [o] **13** Deut. 21:23

ratificado. 16 Ahora bien, las promesas se le hicieron a Abraham y a su descendencia. La Escritura no dice: «y a los descendientes», como refiriéndose a muchos, sino: «y a tu descendencia»,[r] dando a entender uno solo, que es Cristo. 17 Lo que quiero decir es esto: La ley, que vino cuatrocientos treinta años después, no anula el pacto que Dios había ratificado previamente; de haber sido así, quedaría sin efecto la promesa. 18 Si la herencia se basa en la ley, ya no se basa en la promesa; pero Dios se la concedió gratuitamente a Abraham mediante una promesa.

19 Entonces, ¿cuál era el propósito de la ley? Fue añadida por causa de[s] las transgresiones hasta que viniera la descendencia a la cual se hizo la promesa. La ley se promulgó por medio de ángeles, por conducto de un mediador. 20 Ahora bien, no hace falta mediador si hay una sola parte, y sin embargo Dios es uno solo.

21 Si esto es así, ¿estará la ley en contra de las promesas de Dios? ¡De ninguna manera! Si se hubiera promulgado una ley capaz de dar vida, entonces sí que la justicia se basaría en la ley. 22 Pero la Escritura declara que todo el mundo es prisionero del pecado,[t] para que mediante la *fe en Jesucristo lo prometido se les conceda a los que creen.

23 Antes de venir esta fe, la ley nos tenía presos, encerrados hasta que la fe se revelara. 24 Así que la ley vino a ser nuestro guía encargado de conducirnos a Cristo,[u] para que fuéramos *justificados por la fe. 25 Pero ahora que ha llegado la fe, ya no estamos sujetos al guía.

Hijos de Dios

26 Todos ustedes son hijos de Dios mediante la *fe en Cristo Jesús, 27 porque todos los que han sido bautizados en Cristo se han revestido de Cristo. 28 Ya no hay judío ni *griego, esclavo ni libre, hombre ni mujer, sino que todos ustedes son uno solo en Cristo Jesús. 29 Y si ustedes pertenecen a Cristo, son la descendencia de Abraham y herederos según la promesa.

4 En otras palabras, mientras el heredero es menor de edad, en nada se diferencia de un *esclavo, a pesar de ser dueño de todo. 2 Al contrario, está bajo el cuidado de tutores y administradores hasta la fecha fijada por su padre. 3 Así también nosotros, cuando éramos menores, estábamos esclavizados por los *principios[v] de este mundo. 4 Pero cuando se cumplió el plazo,[w] Dios envió a su Hijo, nacido de una mujer, nacido bajo la ley, 5 para rescatar a los que estaban bajo la ley, a fin de

[r] **3:16** Gn 12:7; 13:15; 24:7
[s] **3:19** *por causa de.* Alt. *para manifestar*, o *para aumentar.*
[t] **3:22** *declara ... pecado.* Lit. *lo ha encerrado todo bajo pecado.*
[u] **3:24** *la ley ... Cristo.* Alt. *la ley fue nuestro guía hasta que vino Cristo.*
[v] **4:3** *los principios.* Alt. *los poderes espirituales*, o *las normas*; también en v. 9.
[w] **4:4** *se cumplió el plazo.* Lit. *vino la plenitud del tiempo.*

established, so it is in this case. 16 The promises were spoken to Abraham and to his seed. Scripture does not say "and to seeds," meaning many people, but "and to your seed,"[p] meaning one person, who is Christ. 17 What I mean is this: The law, introduced 430 years later, does not set aside the covenant previously established by God and thus do away with the promise. 18 For if the inheritance depends on the law, then it no longer depends on the promise; but God in his grace gave it to Abraham through a promise.

19 Why, then, was the law given at all? It was added because of transgressions until the Seed to whom the promise referred had come. The law was given through angels and entrusted to a mediator. 20 A mediator, however, implies more than one party; but God is one.

21 Is the law, therefore, opposed to the promises of God? Absolutely not! For if a law had been given that could impart life, then righteousness would certainly have come by the law. 22 But Scripture has locked up everything under the control of sin, so that what was promised, being given through faith in Jesus Christ, might be given to those who believe.

Children of God

23 Before the coming of this faith,[q] we were held in custody under the law, locked up until the faith that was to come would be revealed. 24 So the law was our guardian until Christ came that we might be justified by faith. 25 Now that this faith has come, we are no longer under a guardian.

26 So in Christ Jesus you are all children of God through faith, 27 for all of you who were baptized into Christ have clothed yourselves with Christ. 28 There is neither Jew nor Gentile, neither slave nor free, nor is there male and female, for you are all one in Christ Jesus. 29 If you belong to Christ, then you are Abraham's seed, and heirs according to the promise.

4 What I am saying is that as long as an heir is underage, he is no different from a slave, although he owns the whole estate. 2 The heir is subject to guardians and trustees until the time set by his father. 3 So also, when we were underage, we were in slavery under the elemental spiritual forces[r] of the world. 4 But when the set time had fully come, God sent his Son, born of a woman, born under the law, 5 to redeem those under the

[p] *16* Gen. 12:7; 13:15; 24:7 [q] *22,23* Or *through the faithfulness of Jesus . . . 23 Before faith came* [r] *3* Or *under the basic principles*

que fuéramos adoptados como hijos. ⁶ Ustedes ya son hijos. Dios ha enviado a nuestros corazones el Espíritu de su Hijo, que clama: «¡*Abba! ¡Padre!» ⁷ Así que ya no eres esclavo sino hijo; y como eres hijo, Dios te ha hecho también heredero.

Preocupación de Pablo por los gálatas

⁸ Antes, cuando ustedes no conocían a Dios, eran esclavos de los que en realidad no son dioses. ⁹ Pero ahora que conocen a Dios —o más bien que Dios los conoce a ustedes—, ¿cómo es que quieren regresar a esos *principios ineficaces y sin valor? ¿Quieren volver a ser esclavos de ellos? ¹⁰ ¡Ustedes siguen guardando los días de fiesta, meses, estaciones y años! ¹¹ Temo por ustedes, que tal vez me haya estado esforzando en vano.

¹² Hermanos, yo me he identificado con ustedes. Les suplico que ahora se identifiquen conmigo. No es que me hayan ofendido en algo. ¹³ Como bien saben, la primera vez que les prediqué el *evangelio fue debido a una enfermedad, ¹⁴ y aunque ésta fue una *prueba para ustedes, no me trataron con desprecio ni desdén. Al contrario, me recibieron como a un ángel de Dios, como si se tratara de Cristo Jesús. ¹⁵ Pues bien, ¿qué pasó con todo ese entusiasmo? Me consta que, de haberles sido posible, se habrían sacado los ojos para dármelos. ¹⁶ ¡Y ahora resulta que por decirles la verdad me he vuelto su enemigo!

¹⁷ Esos que muestran mucho interés por ganárselos a ustedes no abrigan buenas intenciones. Lo que quieren es alejarlos de nosotros para que ustedes se entreguen a ellos. ¹⁸ Está bien mostrar interés, con tal de que ese interés sea bien intencionado y constante, y que no se manifieste sólo cuando yo estoy con ustedes. ¹⁹ Queridos hijos, por quienes vuelvo a sufrir dolores de parto hasta que Cristo sea formado en ustedes, ²⁰ ¡cómo quisiera estar ahora con ustedes y hablarles de otra manera, porque lo que están haciendo me tiene perplejo!

Agar y Sara

²¹ Díganme ustedes, los que quieren estar bajo la ley: ¿por qué no le prestan atención a lo que la ley misma dice? ²² ¿Acaso no está escrito que Abraham tuvo dos hijos, uno de la esclava y otro de la libre? ²³ El de la esclava nació por decisión *humana, pero el de la libre nació en cumplimiento de una promesa.

²⁴ Ese relato puede interpretarse en sentido figurado: estas mujeres representan dos pactos. Uno, que es Agar, procede del monte Sinaí y tiene hijos que nacen para ser esclavos. ²⁵ Agar representa el monte Sinaí en Arabia, y corresponde a la actual ciudad de Jerusalén, porque junto con sus hijos vive en esclavitud. ²⁶ Pero la Jerusalén celestial es libre, y ésa es nuestra madre. ²⁷ Porque está escrito:

law, that we might receive adoption to sonship.ˢ ⁶ Because you are his sons, God sent the Spirit of his Son into our hearts, the Spirit who calls out, "Abba,ᵗ Father." ⁷ So you are no longer a slave, but God's child; and since you are his child, God has made you also an heir.

Paul's Concern for the Galatians

⁸ Formerly, when you did not know God, you were slaves to those who by nature are not gods. ⁹ But now that you know God — or rather are known by God — how is it that you are turning back to those weak and miserable forcesᵘ? Do you wish to be enslaved by them all over again? ¹⁰ You are observing special days and months and seasons and years! ¹¹ I fear for you, that somehow I have wasted my efforts on you.

¹² I plead with you, brothers and sisters, become like me, for I became like you. You did me no wrong. ¹³ As you know, it was because of an illness that I first preached the gospel to you, ¹⁴ and even though my illness was a trial to you, you did not treat me with contempt or scorn. Instead, you welcomed me as if I were an angel of God, as if I were Christ Jesus himself. ¹⁵ Where, then, is your blessing of me now? I can testify that, if you could have done so, you would have torn out your eyes and given them to me. ¹⁶ Have I now become your enemy by telling you the truth?

¹⁷ Those people are zealous to win you over, but for no good. What they want is to alienate you from us, so that you may have zeal for them. ¹⁸ It is fine to be zealous, provided the purpose is good, and to be so always, not just when I am with you. ¹⁹ My dear children, for whom I am again in the pains of childbirth until Christ is formed in you, ²⁰ how I wish I could be with you now and change my tone, because I am perplexed about you!

Hagar and Sarah

²¹ Tell me, you who want to be under the law, are you not aware of what the law says? ²² For it is written that Abraham had two sons, one by the slave woman and the other by the free woman. ²³ His son by the slave woman was born according to the flesh, but his son by the free woman was born as the result of a divine promise.

²⁴ These things are being taken figuratively: The women represent two covenants. One covenant is from Mount Sinai and bears children who are to be slaves: This is Hagar. ²⁵ Now Hagar stands for Mount Sinai in Arabia and corresponds to the present city of Jerusalem, because she is in slavery with her children. ²⁶ But the Jerusalem that is above is free, and she is our mother. ²⁷ For it is written:

ˢ 5 The Greek word for *adoption to sonship* is a legal term referring to the full legal standing of an adopted male heir in Roman culture. ᵗ 6 Aramaic for *Father* ᵘ 9 Or *principles*

«Tú, mujer estéril que nunca has dado a luz,
   ¡grita de alegría!
Tú, que nunca tuviste dolores de parto,
   ¡prorrumpe en gritos de júbilo!
Porque más hijos que la casada
   tendrá la desamparada.»[x]

[28] Ustedes, hermanos, al igual que Isaac, son hijos por la promesa. [29] Y así como en aquel tiempo el hijo nacido por decisión humana persiguió al hijo nacido por el Espíritu, así también sucede ahora. [30] Pero, ¿qué dice la Escritura? «¡Echa de aquí a la esclava y a su hijo! El hijo de la esclava jamás tendrá parte en la herencia con el hijo de la libre.»[y] [31] Así que, hermanos, no somos hijos de la esclava sino de la libre.

Libertad en Cristo

5 Cristo nos liberó para que vivamos en libertad. Por lo tanto, manténganse firmes[z] y no se sometan nuevamente al yugo de esclavitud.

[2] Escuchen bien: yo, Pablo, les digo que si se hacen circuncidar, Cristo no les servirá de nada. [3] De nuevo declaro que todo el que se hace circuncidar está obligado a practicar toda la ley. [4] Aquellos de entre ustedes que tratan de ser *justificados por la ley, han roto con Cristo; han caído de la gracia. [5] Nosotros, en cambio, por obra del Espíritu y mediante la fe, aguardamos con ansias la justicia que es nuestra esperanza. [6] En Cristo Jesús de nada vale estar o no estar circuncidados; lo que vale es la fe que actúa mediante el amor.

[7] Ustedes estaban corriendo bien. ¿Quién los estorbó para que dejaran de obedecer a la verdad? [8] Tal instigación no puede venir de Dios, que es quien los ha llamado. [9] «Un poco de levadura fermenta toda la masa.» [10] Yo por mi parte confío en el Señor que ustedes no pensarán de otra manera. El que los está perturbando será castigado, sea quien sea. [11] Hermanos, si es verdad que yo todavía predico la circuncisión, ¿por qué se me sigue persiguiendo? Si tal fuera mi predicación, la cruz no *ofendería tanto. [12] ¡Ojalá que esos instigadores acabaran por mutilarse del todo!

[13] Les hablo así, hermanos, porque ustedes han sido llamados a ser libres; pero no se valgan de esa libertad para dar rienda suelta a sus *pasiones. Más bien sírvanse unos a otros con amor. [14] En efecto, toda la ley se resume en un solo mandamiento: «Ama a tu prójimo como a ti mismo.»[a] [15] Pero si siguen mordiéndose y devorándose, tengan cuidado, no sea que acaben por destruirse unos a otros.

"Be glad, barren woman,
   you who never bore a child;
shout for joy and cry aloud,
   you who were never in labor;
because more are the children of the desolate
     woman
   than of her who has a husband."[v]

[28] Now you, brothers and sisters, like Isaac, are children of promise. [29] At that time the son born according to the flesh persecuted the son born by the power of the Spirit. It is the same now. [30] But what does Scripture say? "Get rid of the slave woman and her son, for the slave woman's son will never share in the inheritance with the free woman's son."[w] [31] Therefore, brothers and sisters, we are not children of the slave woman, but of the free woman.

Freedom in Christ

5 It is for freedom that Christ has set us free. Stand firm, then, and do not let yourselves be burdened again by a yoke of slavery.

[2] Mark my words! I, Paul, tell you that if you let yourselves be circumcised, Christ will be of no value to you at all. [3] Again I declare to every man who lets himself be circumcised that he is obligated to obey the whole law. [4] You who are trying to be justified by the law have been alienated from Christ; you have fallen away from grace. [5] For through the Spirit we eagerly await by faith the righteousness for which we hope. [6] For in Christ Jesus neither circumcision nor uncircumcision has any value. The only thing that counts is faith expressing itself through love.

[7] You were running a good race. Who cut in on you to keep you from obeying the truth? [8] That kind of persuasion does not come from the one who calls you. [9] "A little yeast works through the whole batch of dough." [10] I am confident in the Lord that you will take no other view. The one who is throwing you into confusion, whoever that may be, will have to pay the penalty. [11] Brothers and sisters, if I am still preaching circumcision, why am I still being persecuted? In that case the offense of the cross has been abolished. [12] As for those agitators, I wish they would go the whole way and emasculate themselves!

Life by the Spirit

[13] You, my brothers and sisters, were called to be free. But do not use your freedom to indulge the flesh[x]; rather, serve one another humbly in love. [14] For the entire law is fulfilled in keeping this one command: "Love your neighbor as yourself."[y] [15] If you bite and devour each other, watch out or you will be destroyed by each other.

---

x 4:27 Is 54:1
y 4:30 Gn 21:10
z 5:1 Cristo ... firmes. Var. Por lo tanto, manténganse firmes en la libertad con que Cristo nos libertó.
a 5:14 Lv 19:18

v 27 Isaiah 54:1   w 30 Gen. 21:10   x 13 In contexts like this, the Greek word for flesh (sarx) refers to the sinful state of human beings, often presented as a power in opposition to the Spirit; also in verses 16, 17, 19 and 24; and in 6:8.
y 14 Lev. 19:18

La vida por el Espíritu

16 Así que les digo: Vivan por el Espíritu, y no seguirán los deseos de la *naturaleza pecaminosa. 17 Porque ésta desea lo que es contrario al Espíritu, y el Espíritu desea lo que es contrario a ella. Los dos se oponen entre sí, de modo que ustedes no pueden hacer lo que quieren. 18 Pero si los guía el Espíritu, no están bajo la ley.

19 Las obras de la naturaleza pecaminosa se conocen bien: inmoralidad sexual, impureza y libertinaje; 20 idolatría y brujería; odio, discordia, celos, arrebatos de ira, rivalidades, disensiones, sectarismos 21 y envidia; borracheras, orgías, y otras cosas parecidas. Les advierto ahora, como antes lo hice, que los que practican tales cosas no heredarán el reino de Dios.

22 En cambio, el fruto del Espíritu es amor, alegría, paz, paciencia, amabilidad, bondad, *fidelidad, 23 humildad y dominio propio. No hay ley que condene estas cosas. 24 Los que son de Cristo Jesús han crucificado la naturaleza pecaminosa, con sus pasiones y deseos. 25 Si el Espíritu nos da vida, andemos guiados por el Espíritu. 26 No dejemos que la vanidad nos lleve a irritarnos y a envidiarnos unos a otros.

La ayuda mutua

6 Hermanos, si alguien es sorprendido en pecado, ustedes que son espirituales deben restaurarlo con una actitud humilde. Pero cuídese cada uno, porque también puede ser *tentado. 2 Ayúdense unos a otros a llevar sus cargas, y así cumplirán la ley de Cristo. 3 Si alguien cree ser algo, cuando en realidad no es nada, se engaña a sí mismo. 4 Cada cual examine su propia conducta; y si tiene algo de qué presumir, que no se compare con nadie. 5 Que cada uno cargue con su propia responsabilidad.

6 El que recibe instrucción en la palabra de Dios, comparta todo lo bueno con quien le enseña.

7 No se engañen: de Dios nadie se burla. Cada uno cosecha lo que siembra. 8 El que siembra para agradar a su *naturaleza pecaminosa, de esa misma naturaleza cosechará destrucción; el que siembra para agradar al Espíritu, del Espíritu cosechará vida eterna. 9 No nos cansemos de hacer el bien, porque a su debido tiempo cosecharemos si no nos damos por vencidos. 10 Por lo tanto, siempre que tengamos la oportunidad, hagamos bien a todos, y en especial a los de la familia de la fe.

No la circuncisión, sino una nueva creación

11 Miren que les escribo de mi puño y letra, ¡y con letras bien grandes!

12 Los que tratan de obligarlos a ustedes a circuncidarse lo hacen únicamente para dar una buena impresión y evitar ser perseguidos por causa de la cruz de Cristo. 13 Ni siquiera esos que están circuncidados obedecen la ley; lo que pasa es que quieren obligarlos a circuncidarse para

16 So I say, walk by the Spirit, and you will not gratify the desires of the flesh. 17 For the flesh desires what is contrary to the Spirit, and the Spirit what is contrary to the flesh. They are in conflict with each other, so that you are not to do whatever[z] you want. 18 But if you are led by the Spirit, you are not under the law.

19 The acts of the flesh are obvious: sexual immorality, impurity and debauchery; 20 idolatry and witchcraft; hatred, discord, jealousy, fits of rage, selfish ambition, dissensions, factions 21 and envy; drunkenness, orgies, and the like. I warn you, as I did before, that those who live like this will not inherit the kingdom of God.

22 But the fruit of the Spirit is love, joy, peace, forbearance, kindness, goodness, faithfulness, 23 gentleness and self-control. Against such things there is no law. 24 Those who belong to Christ Jesus have crucified the flesh with its passions and desires. 25 Since we live by the Spirit, let us keep in step with the Spirit. 26 Let us not become conceited, provoking and envying each other.

Doing Good to All

6 Brothers and sisters, if someone is caught in a sin, you who live by the Spirit should restore that person gently. But watch yourselves, or you also may be tempted. 2 Carry each other's burdens, and in this way you will fulfill the law of Christ. 3 If anyone thinks they are something when they are not, they deceive themselves. 4 Each one should test their own actions. Then they can take pride in themselves alone, without comparing themselves to someone else, 5 for each one should carry their own load. 6 Nevertheless, the one who receives instruction in the word should share all good things with their instructor.

7 Do not be deceived: God cannot be mocked. A man reaps what he sows. 8 Whoever sows to please their flesh, from the flesh will reap destruction; whoever sows to please the Spirit, from the Spirit will reap eternal life. 9 Let us not become weary in doing good, for at the proper time we will reap a harvest if we do not give up. 10 Therefore, as we have opportunity, let us do good to all people, especially to those who belong to the family of believers.

Not Circumcision but the New Creation

11 See what large letters I use as I write to you with my own hand!

12 Those who want to impress people by means of the flesh are trying to compel you to be circumcised. The only reason they do this is to avoid being persecuted for the cross of Christ. 13 Not even those who are circumcised keep the law, yet they

z 17 Or you do not do what

luego *jactarse de la señal que ustedes llevarían en el cuerpo.*b* 14 En cuanto a mí, jamás se me ocurra jactarme de otra cosa sino de la cruz de nuestro Señor Jesucristo, por quien*c* el mundo ha sido crucificado para mí, y yo para el mundo. 15 Para nada cuenta estar o no estar circuncidados; lo que importa es ser parte de una nueva creación. 16 Paz y misericordia desciendan sobre todos los que siguen esta norma, y sobre el Israel de Dios.

17 Por lo demás, que nadie me cause más problemas, porque yo llevo en el cuerpo las cicatrices de Jesús.

18 Hermanos, que la gracia de nuestro Señor Jesucristo sea con el espíritu de cada uno de ustedes. Amén.

want you to be circumcised that they may boast about your circumcision in the flesh. 14 May I never boast except in the cross of our Lord Jesus Christ, through which*a* the world has been crucified to me, and I to the world. 15 Neither circumcision nor uncircumcision means anything; what counts is the new creation. 16 Peace and mercy to all who follow this rule — to*b* the Israel of God.

17 From now on, let no one cause me trouble, for I bear on my body the marks of Jesus.

18 The grace of our Lord Jesus Christ be with your spirit, brothers and sisters. Amen.

---

b 6:13 *jactarse ... cuerpo.* Lit. *jactarse en la* *carne.
c 6:14 *por quien.* Alt. *por la cual.*

a 14 Or *whom*   *b* 16 Or *rule and to*

Carta a los
Efesios

Conocida tradicionalmente como Efesios, es probable que esta carta no haya sido dirigida a los creyentes de Éfeso. Algunas de las mejores copias más antiguas de ella no incluyen la frase *en Éfeso* en el saludo. Si bien Pablo pasó dos años allí, esta carta pareciera dirigirse a personas que no conocía.

Aquí el apóstol presenta un esquema de dos partes, explicando primero la nueva identidad que tienen los creyentes en Cristo y luego mostrando las implicaciones de su nueva forma de vivir. Dios lo ha unido todo bajo el gobierno del Mesías, exaltando a Jesús por sobre todas las cosas. Pablo también se hace eco de una frase del Salmo 8: *sometiendo todas las cosas al dominio de Cristo*, para mostrar que Jesús es verdaderamente humano. Jesús cumple el llamamiento original de los humanos, a dominar la creación adecuadamente. Los judíos y los gentiles han sido reunidos en un mismo cuerpo, con Jesús a la cabeza. Ahora Dios está creando *una nueva humanidad* en el mundo, por medio de la obra reconciliadora del Mesías.

Eso significa que los seguidores de Jesús han de abandonar su viejo estilo de vida, practicando la pureza en la cotidianidad y la integridad en sus relaciones. Las responsabilidades recíprocas de aquellos que tienen autoridad y los que están sujetos a esta, se usan como ejemplos clave del nuevo tipo de relaciones que Dios está esperando. Pablo les advierte a sus lectores que están involucrándose en una batalla espiritual. Por eso deben armarse con todos los recursos que Dios les ha brindado hasta que el Mesías venga a *reunir en él todas las cosas, tanto las del cielo como las de la tierra.*

---

1 Pablo, apóstol de *Cristo Jesús por la voluntad de Dios,

a los *santos y fieles*ª* en Cristo Jesús que están en Éfeso:*ᵇ*

² Que Dios nuestro Padre y el Señor Jesucristo les concedan gracia y paz.

Bendiciones espirituales en Cristo

³ Alabado sea Dios, Padre de nuestro Señor Jesucristo, que nos ha bendecido en las regiones celestiales con toda bendición espiritual en Cristo. ⁴ Dios nos escogió en él antes de la creación del mundo, para que seamos santos y sin mancha delante de él. En amor ⁵ nos predestinó para ser adoptados como hijos suyos por medio de Jesucristo, según el buen propósito de su voluntad, ⁶ para alabanza de su gloriosa gracia, que nos concedió en su Amado. ⁷ En él tenemos la redención mediante su sangre, el perdón de nuestros

Ephesians

Traditionally named Ephesians, this letter may not actually have been written to the believers in Ephesus. Some of the best early copies of the letter don't include the phrase *in Ephesus* in the greeting. While Paul spent two years in Ephesus, this letter appears to address people Paul has never met.

Paul here presents a two-fold pattern, first explaining the new identity believers have in Christ and then bringing out the implications for their new way of life. God has brought everything together under the rule of the Messiah, exalting Jesus above all things. Paul echoes a phrase from Psalm 8—*God placed all things under his feet*—to show that Jesus is the truly human one. Jesus fulfills the original human calling to rule over the creation properly. Jews and Gentiles have been brought together into one body, with Jesus at the head. God is now creating *one new humanity* from all over the world through the reconciling work of the Messiah.

This means Jesus-followers must give up their former way of life and practice purity in daily living and integrity in their relationships. The reciprocal responsibilities of those in and under authority are used as key examples of the new kinds of relationships God is expecting. Paul cautions his readers that they are entering a spiritual battle. They must arm themselves with all the resources God has provided, until the Messiah brings *unity to all things in heaven and on earth.*

---

1 Paul, an apostle of Christ Jesus by the will of God,

To God's holy people in Ephesus,*ª* the faithful in Christ Jesus:

² Grace and peace to you from God our Father and the Lord Jesus Christ.

Praise for Spiritual Blessings in Christ

³ Praise be to the God and Father of our Lord Jesus Christ, who has blessed us in the heavenly realms with every spiritual blessing in Christ. ⁴ For he chose us in him before the creation of the world to be holy and blameless in his sight. In love ⁵ he*ᵇ* predestined us for adoption to sonship*ᶜ* through Jesus Christ, in accordance with his pleasure and will — ⁶ to the praise of his glorious grace, which he has freely given us in the One he loves. ⁷ In him we have redemption through his blood, the

---

ª 1:1 *fieles.* Alt. *creyentes.*
ᵇ 1:1 *los santos ... Éfeso.* Var. *los santos que también son fieles en Cristo Jesús* (es decir, sin indicación de lugar).

ª 1 Some early manuscripts do not have *in Ephesus.*
ᵇ 4,5 Or *sight in love.* ⁵*He*   *ᶜ* 5 The Greek word for *adoption to sonship* is a legal term referring to the full legal standing of an adopted male heir in Roman culture.

pecados, conforme a las riquezas de la gracia [8] que Dios nos dio en abundancia con toda sabiduría y entendimiento. [9] Él nos hizo conocer el *misterio de su voluntad conforme al buen propósito que de antemano estableció en Cristo, [10] para llevarlo a cabo cuando se cumpliera el tiempo: reunir en él todas las cosas, tanto las del cielo como las de la tierra.

[11] En Cristo también fuimos hechos herederos,[c] pues fuimos predestinados según el plan de aquel que hace todas las cosas conforme al designio de su voluntad, [12] a fin de que nosotros, que ya hemos puesto nuestra esperanza en Cristo, seamos para alabanza de su gloria. [13] En él también ustedes, cuando oyeron el mensaje de la verdad, el *evangelio que les trajo la salvación, y lo creyeron, fueron marcados con el sello que es el Espíritu Santo prometido. [14] Éste garantiza nuestra herencia hasta que llegue la redención final del pueblo adquirido por Dios,[d] para alabanza de su gloria.

Acción de gracias e intercesión

[15] Por eso yo, por mi parte, desde que me enteré de la fe que tienen en el Señor Jesús y del amor que demuestran por todos los *santos, [16] no he dejado de dar gracias por ustedes al recordarlos en mis oraciones. [17] Pido que el Dios de nuestro Señor Jesucristo, el Padre glorioso, les dé el Espíritu de sabiduría y de revelación, para que lo conozcan mejor. [18] Pido también que les sean iluminados los ojos del corazón para que sepan a qué esperanza él los ha llamado, cuál es la riqueza de su gloriosa herencia entre los santos, [19] y cuán incomparable es la grandeza de su poder a favor de los que creemos. Ese poder es la fuerza grandiosa y eficaz [20] que Dios ejerció en Cristo cuando lo resucitó de entre los muertos y lo sentó a su *derecha en las regiones celestiales, [21] muy por encima de todo gobierno y autoridad, poder y dominio, y de cualquier otro nombre que se invoque, no sólo en este mundo sino también en el venidero. [22] Dios sometió todas las cosas al dominio de Cristo,[e] y lo dio como cabeza de todo a la iglesia. [23] Ésta, que es su cuerpo, es la plenitud de aquel que lo llena todo por completo.

La vida en Cristo

2 En otro tiempo ustedes estaban muertos en sus transgresiones y pecados, [2] en los cuales andaban conforme a los poderes de este mundo. Se conducían según el que gobierna las tinieblas, según el espíritu que ahora ejerce su poder en los que viven en la desobediencia. [3] En ese tiempo también todos nosotros vivíamos como ellos, impulsados por nuestros deseos pecaminosos, siguiendo nuestra

forgiveness of sins, in accordance with the riches of God's grace [8] that he lavished on us. With all wisdom and understanding, [9] he[d] made known to us the mystery of his will according to his good pleasure, which he purposed in Christ, [10] to be put into effect when the times reach their fulfillment — to bring unity to all things in heaven and on earth under Christ.

[11] In him we were also chosen,[e] having been predestined according to the plan of him who works out everything in conformity with the purpose of his will, [12] in order that we, who were the first to put our hope in Christ, might be for the praise of his glory. [13] And you also were included in Christ when you heard the message of truth, the gospel of your salvation. When you believed, you were marked in him with a seal, the promised Holy Spirit, [14] who is a deposit guaranteeing our inheritance until the redemption of those who are God's possession — to the praise of his glory.

Thanksgiving and Prayer

[15] For this reason, ever since I heard about your faith in the Lord Jesus and your love for all God's people, [16] I have not stopped giving thanks for you, remembering you in my prayers. [17] I keep asking that the God of our Lord Jesus Christ, the glorious Father, may give you the Spirit[f] of wisdom and revelation, so that you may know him better. [18] I pray that the eyes of your heart may be enlightened in order that you may know the hope to which he has called you, the riches of his glorious inheritance in his holy people, [19] and his incomparably great power for us who believe. That power is the same as the mighty strength [20] he exerted when he raised Christ from the dead and seated him at his right hand in the heavenly realms, [21] far above all rule and authority, power and dominion, and every name that is invoked, not only in the present age but also in the one to come. [22] And God placed all things under his feet and appointed him to be head over everything for the church, [23] which is his body, the fullness of him who fills everything in every way.

Made Alive in Christ

2 As for you, you were dead in your transgressions and sins, [2] in which you used to live when you followed the ways of this world and of the ruler of the kingdom of the air, the spirit who is now at work in those who are disobedient. [3] All of us also lived among them at one time, gratifying the cravings of our flesh[g] and following its desires

---

c 1:11 *fuimos hechos herederos.* Alt. *fuimos escogidos.*

d 1:14 *hasta ... Dios.* Alt. *hasta que lleguemos a adquirirla.*

e 1:22 *Dios ... Cristo.* Lit. *Dios sujetó todas las cosas debajo de sus pies.*

d 8,9 Or *us with all wisdom and understanding.* [9]*And he*

e 11 Or *were made heirs*   f 17 Or *a spirit*   g 3 In contexts like this, the Greek word for *flesh* (*sarx*) refers to the sinful state of human beings, often presented as a power in opposition to the Spirit.

propia voluntad y nuestros propósitos.ᶠ Como los demás, éramos por naturaleza objeto de la ira de Dios. ⁴ Pero Dios, que es rico en misericordia, por su gran amor por nosotros, ⁵ nos dio vida con Cristo, aun cuando estábamos muertos en pecados. ¡Por gracia ustedes han sido salvados! ⁶ Y en unión con Cristo Jesús, Dios nos resucitó y nos hizo sentar con él en las regiones celestiales, ⁷ para mostrar en los tiempos venideros la incomparable riqueza de su gracia, que por su bondad derramó sobre nosotros en Cristo Jesús. ⁸ Porque por gracia ustedes han sido salvados mediante la fe; esto no procede de ustedes, sino que es el regalo de Dios, ⁹ no por obras, para que nadie se *jacte. ¹⁰ Porque somos hechura de Dios, creados en Cristo Jesús para buenas obras, las cuales Dios dispuso de antemano a fin de que las pongamos en práctica.

Unidad en Cristo

¹¹ Por lo tanto, recuerden ustedes los *gentiles de nacimiento —los que son llamados «incircuncisos» por aquellos que se llaman «de la *circuncisión», la cual se hace en el cuerpo por mano humana—, ¹² recuerden que en ese entonces ustedes estaban separados de Cristo, excluidos de la ciudadanía de Israel y ajenos a los pactos de la promesa, sin esperanza y sin Dios en el mundo. ¹³ Pero ahora en Cristo Jesús, a ustedes que antes estaban lejos, Dios los ha acercado mediante la sangre de Cristo.

¹⁴ Porque Cristo es nuestra paz: de los dos pueblos ha hecho uno solo, derribando mediante su sacrificioᵍ el muro de enemistad que nos separaba, ¹⁵ pues anuló la ley con sus mandamientos y requisitos. Esto lo hizo para crear en sí mismo de los dos pueblos una nueva *humanidad al hacer la paz, ¹⁶ para reconciliar con Dios a ambos en un solo cuerpo mediante la cruz, por la que dio muerte a la enemistad. ¹⁷ Él vino y proclamó paz a ustedes que estaban lejos y paz a los que estaban cerca. ¹⁸ Pues por medio de él tenemos acceso al Padre por un mismo Espíritu.

¹⁹ Por lo tanto, ustedes ya no son extraños ni extranjeros, sino conciudadanos de los *santos y miembros de la familia de Dios, ²⁰ edificados sobre el fundamento de los apóstoles y los profetas, siendo Cristo Jesús mismo la piedra angular. ²¹ En él todo el edificio, bien armado, se va levantando para llegar a ser un templo santo en el Señor. ²² En él también ustedes son edificados juntamente para ser morada de Dios por su Espíritu.

Pablo y el misterio de Cristo

3 Por esta razón yo, Pablo, prisionero de Cristo Jesús por el bien de ustedes los *gentiles, me

and thoughts. Like the rest, we were by nature deserving of wrath. ⁴ But because of his great love for us, God, who is rich in mercy, ⁵ made us alive with Christ even when we were dead in transgressions — it is by grace you have been saved. ⁶ And God raised us up with Christ and seated us with him in the heavenly realms in Christ Jesus, ⁷ in order that in the coming ages he might show the incomparable riches of his grace, expressed in his kindness to us in Christ Jesus. ⁸ For it is by grace you have been saved, through faith — and this is not from yourselves, it is the gift of God — ⁹ not by works, so that no one can boast. ¹⁰ For we are God's handiwork, created in Christ Jesus to do good works, which God prepared in advance for us to do.

Jew and Gentile Reconciled Through Christ

¹¹ Therefore, remember that formerly you who are Gentiles by birth and called "uncircumcised" by those who call themselves "the circumcision" (which is done in the body by human hands) — ¹² remember that at that time you were separate from Christ, excluded from citizenship in Israel and foreigners to the covenants of the promise, without hope and without God in the world. ¹³ But now in Christ Jesus you who once were far away have been brought near by the blood of Christ.

¹⁴ For he himself is our peace, who has made the two groups one and has destroyed the barrier, the dividing wall of hostility, ¹⁵ by setting aside in his flesh the law with its commands and regulations. His purpose was to create in himself one new humanity out of the two, thus making peace, ¹⁶ and in one body to reconcile both of them to God through the cross, by which he put to death their hostility. ¹⁷ He came and preached peace to you who were far away and peace to those who were near. ¹⁸ For through him we both have access to the Father by one Spirit.

¹⁹ Consequently, you are no longer foreigners and strangers, but fellow citizens with God's people and also members of his household, ²⁰ built on the foundation of the apostles and prophets, with Christ Jesus himself as the chief cornerstone. ²¹ In him the whole building is joined together and rises to become a holy temple in the Lord. ²² And in him you too are being built together to become a dwelling in which God lives by his Spirit.

God's Marvelous Plan for the Gentiles

3 For this reason I, Paul, the prisoner of Christ Jesus for the sake of you Gentiles —

ᶠ **2:3** *impulsados ... propósitos.* Lit. *en los deseos de nuestra *carne, haciendo la voluntad de la carne y los pensamientos.*
ᵍ **2:14** *mediante su sacrificio.* Lit. *en su carne.*

arrodillo en oración.*h* ² Sin duda se han enterado del plan de la gracia de Dios que él me encomendó para ustedes, ³ es decir, el *misterio que me dio a conocer por revelación, como ya les escribí brevemente. ⁴ Al leer esto, podrán darse cuenta de que comprendo el misterio de Cristo. ⁵ Ese misterio, que en otras generaciones no se les dio a conocer a los *seres humanos, ahora se les ha revelado por el Espíritu a los santos apóstoles y profetas de Dios; ⁶ es decir, que los gentiles son, junto con Israel, beneficiarios de la misma herencia, miembros de un mismo cuerpo y participantes igualmente de la promesa en Cristo Jesús mediante el *evangelio.

⁷ De este evangelio llegué a ser servidor como regalo que Dios, por su gracia, me dio conforme a su poder eficaz. ⁸ Aunque soy el más insignificante de todos los *santos, recibí esta gracia de predicar a las *naciones las incalculables riquezas de Cristo, ⁹ y de hacer entender a todos la realización del plan de Dios, el misterio que desde los tiempos eternos se mantuvo oculto en Dios, creador de todas las cosas. ¹⁰ El fin de todo esto es que la sabiduría de Dios, en toda su diversidad, se dé a conocer ahora, por medio de la iglesia, a los poderes y autoridades en las regiones celestiales, ¹¹ conforme a su eterno propósito realizado en Cristo Jesús nuestro Señor. ¹² En él, mediante la fe, disfrutamos de libertad y confianza para acercarnos a Dios. ¹³ Así que les pido que no se desanimen a causa de lo que sufro por ustedes, ya que estos sufrimientos míos son para ustedes un honor.

Oración por los efesios

¹⁴ Por esta razón me arrodillo delante del Padre, ¹⁵ de quien recibe nombre toda familia*i* en el cielo y en la tierra. ¹⁶ Le pido que, por medio del Espíritu y con el poder que procede de sus gloriosas riquezas, los fortalezca a ustedes en lo íntimo de su ser, ¹⁷ para que por fe Cristo habite en sus corazones. Y pido que, arraigados y cimentados en amor, ¹⁸ puedan comprender, junto con todos los *santos, cuán ancho y largo, alto y profundo es el amor de Cristo; ¹⁹ en fin, que conozcan ese amor que sobrepasa nuestro conocimiento, para que sean llenos de la plenitud de Dios.

²⁰ Al que puede hacer muchísimo más que todo lo que podamos imaginarnos o pedir, por el poder que obra eficazmente en nosotros, ²¹ ¡a él sea la gloria en la iglesia y en Cristo Jesús por todas las generaciones, por los siglos de los siglos! Amén.

Unidad en el cuerpo de Cristo

4 Por eso yo, que estoy preso por la causa del Señor, les ruego que vivan de una manera digna del llamamiento que han recibido, ² siempre humildes y amables, pacientes, tolerantes unos con otros en amor. ³ Esfuércense por mantener la

² Surely you have heard about the administration of God's grace that was given to me for you, ³ that is, the mystery made known to me by revelation, as I have already written briefly. ⁴ In reading this, then, you will be able to understand my insight into the mystery of Christ, ⁵ which was not made known to people in other generations as it has now been revealed by the Spirit to God's holy apostles and prophets. ⁶ This mystery is that through the gospel the Gentiles are heirs together with Israel, members together of one body, and sharers together in the promise in Christ Jesus.

⁷ I became a servant of this gospel by the gift of God's grace given me through the working of his power. ⁸ Although I am less than the least of all the Lord's people, this grace was given me: to preach to the Gentiles the boundless riches of Christ, ⁹ and to make plain to everyone the administration of this mystery, which for ages past was kept hidden in God, who created all things. ¹⁰ His intent was that now, through the church, the manifold wisdom of God should be made known to the rulers and authorities in the heavenly realms, ¹¹ according to his eternal purpose that he accomplished in Christ Jesus our Lord. ¹² In him and through faith in him we may approach God with freedom and confidence. ¹³ I ask you, therefore, not to be discouraged because of my sufferings for you, which are your glory.

A Prayer for the Ephesians

¹⁴ For this reason I kneel before the Father, ¹⁵ from whom every family*h* in heaven and on earth derives its name. ¹⁶ I pray that out of his glorious riches he may strengthen you with power through his Spirit in your inner being, ¹⁷ so that Christ may dwell in your hearts through faith. And I pray that you, being rooted and established in love, ¹⁸ may have power, together with all the Lord's holy people, to grasp how wide and long and high and deep is the love of Christ, ¹⁹ and to know this love that surpasses knowledge—that you may be filled to the measure of all the fullness of God.

²⁰ Now to him who is able to do immeasurably more than all we ask or imagine, according to his power that is at work within us, ²¹ to him be glory in the church and in Christ Jesus throughout all generations, for ever and ever! Amen.

Unity and Maturity in the Body of Christ

4 As a prisoner for the Lord, then, I urge you to live a life worthy of the calling you have received. ² Be completely humble and gentle; be patient, bearing with one another in love. ³ Make

---

h 3:1 En el griego este versículo termina con la palabra *gentiles*, y el tema se reinicia en el v. 14.
i 3:15 *familia*. Alt. *paternidad*.

h 15 The Greek for *family* (*patria*) is derived from the Greek for *father* (*pater*).

unidad del Espíritu mediante el vínculo de la paz. ⁴ Hay un solo cuerpo y un solo Espíritu, así como también fueron llamados a una sola esperanza; ⁵ un solo Señor, una sola fe, un solo bautismo; ⁶ un solo Dios y Padre de todos, que está sobre todos y por medio de todos y en todos.

⁷ Pero a cada uno de nosotros se nos ha dado gracia en la medida en que Cristo ha repartido los dones. ⁸ Por esto dice:

«Cuando ascendió a lo alto,
    se llevó consigo a los cautivos
    y dio dones a los hombres.»ʲ

⁹ (¿Qué quiere decir eso de que «ascendió», sino que también descendió a las partes bajas, o sea, a la tierra?ᵏ ¹⁰ El que descendió es el mismo que ascendió por encima de todos los cielos, para llenarlo todo.) ¹¹ Él mismo constituyó a unos, apóstoles; a otros, profetas; a otros, evangelistas; y a otros, pastores y maestros, ¹² a fin de capacitar al *pueblo de Dios para la obra de servicio, para edificar el cuerpo de Cristo. ¹³ De este modo, todos llegaremos a la unidad de la fe y del conocimiento del Hijo de Dios, a una *humanidad *perfecta que se conforme a la plena estatura de Cristo.

¹⁴ Así ya no seremos niños, zarandeados por las olas y llevados de aquí para allá por todo viento de enseñanza y por la astucia y los artificios de quienes emplean artimañas engañosas. ¹⁵ Más bien, al vivir la verdad con amor, creceremos hasta ser en todo como aquel que es la cabeza, es decir, Cristo. ¹⁶ Por su acción todo el cuerpo crece y se edifica en amor, sostenido y ajustado por todos los ligamentos, según la actividad propia de cada miembro.

Vivan como hijos de luz

¹⁷ Así que les digo esto y les insisto en el Señor: no vivan más con pensamientos frívolos como los *paganos. ¹⁸ A causa de la ignorancia que los domina y por la dureza de su corazón, éstos tienen oscurecido el entendimiento y están alejados de la vida que proviene de Dios. ¹⁹ Han perdido toda vergüenza, se han entregado a la inmoralidad, y no se sacian de cometer toda clase de actos indecentes.

²⁰ No fue ésta la enseñanza que ustedes recibieron acerca de Cristo, ²¹ si de veras se les habló y enseñó de Jesús según la verdad que está en él. ²² Con respecto a la vida que antes llevaban, se les enseñó que debían quitarse el ropaje de la vieja naturaleza, la cual está corrompida por los deseos engañosos; ²³ ser renovados en la actitud de su mente; ²⁴ y ponerse el ropaje de la nueva naturaleza, creada a imagen de Dios, en verdadera justicia y *santidad.

every effort to keep the unity of the Spirit through the bond of peace. ⁴ There is one body and one Spirit, just as you were called to one hope when you were called; ⁵ one Lord, one faith, one baptism; ⁶ one God and Father of all, who is over all and through all and in all.

⁷ But to each one of us grace has been given as Christ apportioned it. ⁸ This is why itⁱ says:

"When he ascended on high,
    he took many captives
    and gave gifts to his people."ʲ

⁹ (What does "he ascended" mean except that he also descended to the lower, earthly regionsᵏ? ¹⁰ He who descended is the very one who ascended higher than all the heavens, in order to fill the whole universe.) ¹¹ So Christ himself gave the apostles, the prophets, the evangelists, the pastors and teachers, ¹² to equip his people for works of service, so that the body of Christ may be built up ¹³ until we all reach unity in the faith and in the knowledge of the Son of God and become mature, attaining to the whole measure of the fullness of Christ.

¹⁴ Then we will no longer be infants, tossed back and forth by the waves, and blown here and there by every wind of teaching and by the cunning and craftiness of people in their deceitful scheming. ¹⁵ Instead, speaking the truth in love, we will grow to become in every respect the mature body of him who is the head, that is, Christ. ¹⁶ From him the whole body, joined and held together by every supporting ligament, grows and builds itself up in love, as each part does its work.

Instructions for Christian Living

¹⁷ So I tell you this, and insist on it in the Lord, that you must no longer live as the Gentiles do, in the futility of their thinking. ¹⁸ They are darkened in their understanding and separated from the life of God because of the ignorance that is in them due to the hardening of their hearts. ¹⁹ Having lost all sensitivity, they have given themselves over to sensuality so as to indulge in every kind of impurity, and they are full of greed.

²⁰ That, however, is not the way of life you learned ²¹ when you heard about Christ and were taught in him in accordance with the truth that is in Jesus. ²² You were taught, with regard to your former way of life, to put off your old self, which is being corrupted by its deceitful desires; ²³ to be made new in the attitude of your minds; ²⁴ and to put on the new self, created to be like God in true righteousness and holiness.

ʲ **4:8** Sal 68:18
ᵏ **4:9** *las partes bajas, o sea, a la tierra?* Alt. *las partes bajas de la tierra?*

ⁱ 8 Or *God*   ʲ 8 Psalm 68:18   ᵏ 9 Or *the depths of the earth*

[25] Por lo tanto, dejando la mentira, hable cada uno a su prójimo con la verdad, porque todos somos miembros de un mismo cuerpo. [26] «Si se enojan, no pequen.»[l] No dejen que el sol se ponga estando aún enojados, [27] ni den cabida al diablo. [28] El que robaba, que no robe más, sino que trabaje honradamente con las manos para tener qué compartir con los necesitados.

[29] Eviten toda conversación obscena. Por el contrario, que sus palabras contribuyan a la necesaria edificación y sean de bendición para quienes escuchan. [30] No agravien al Espíritu Santo de Dios, con el cual fueron sellados para el día de la redención. [31] Abandonen toda amargura, ira y enojo, gritos y calumnias, y toda forma de malicia. [32] Más bien, sean bondadosos y compasivos unos con otros, y perdónense mutuamente, así como Dios los perdonó a ustedes en Cristo.

5 Por tanto, imiten a Dios, como hijos muy amados, [2] y lleven una vida de amor, así como Cristo nos amó y se entregó por nosotros como ofrenda y sacrificio fragante para Dios.

[3] Entre ustedes ni siquiera debe mencionarse la inmoralidad sexual, ni ninguna clase de impureza o de avaricia, porque eso no es propio del *pueblo santo de Dios. [4] Tampoco debe haber palabras indecentes, conversaciones necias ni chistes groseros, todo lo cual está fuera de lugar; haya más bien acción de gracias. [5] Porque pueden estar seguros de que nadie que sea avaro (es decir, idólatra), inmoral o impuro tendrá herencia en el reino de Cristo y de Dios.[m] [6] Que nadie los engañe con argumentaciones vanas, porque por esto viene el castigo de Dios sobre los que viven en la desobediencia. [7] Así que no se hagan cómplices de ellos.

[8] Porque ustedes antes eran oscuridad, pero ahora son luz en el Señor. Vivan como hijos de luz [9] (el fruto de la luz consiste en toda bondad, justicia y verdad) [10] y comprueben lo que agrada al Señor. [11] No tengan nada que ver con las obras infructuosas de la oscuridad, sino más bien denúncienlas, [12] porque da vergüenza aun mencionar lo que los desobedientes hacen en secreto. [13] Pero todo lo que la luz pone al descubierto se hace visible, [14] porque la luz es lo que hace que todo sea visible. Por eso se dice:

«Despiértate, tú que duermes,
    *levántate de entre los muertos,
y te alumbrará Cristo.»

[15] Así que tengan cuidado de su manera de vivir. No vivan como necios sino como sabios, [16] aprovechando al máximo cada momento oportuno, porque los días son malos. [17] Por tanto, no sean insensatos, sino entiendan cuál es la voluntad del Señor. [18] No se emborrachen con vino, que lleva al desenfreno. Al contrario, sean llenos del Espíritu.

[25] Therefore each of you must put off falsehood and speak truthfully to your neighbor, for we are all members of one body. [26] "In your anger do not sin"[l]: Do not let the sun go down while you are still angry, [27] and do not give the devil a foothold. [28] Anyone who has been stealing must steal no longer, but must work, doing something useful with their own hands, that they may have something to share with those in need.

[29] Do not let any unwholesome talk come out of your mouths, but only what is helpful for building others up according to their needs, that it may benefit those who listen. [30] And do not grieve the Holy Spirit of God, with whom you were sealed for the day of redemption. [31] Get rid of all bitterness, rage and anger, brawling and slander, along with every form of malice. [32] Be kind and compassionate to one another, forgiving each other, just as in Christ God forgave you. [1] Follow God's example, therefore, as dearly loved children [2] and walk in the way of love, just as Christ loved us and gave himself up for us as a fragrant offering and sacrifice to God.

5 [3] But among you there must not be even a hint of sexual immorality, or of any kind of impurity, or of greed, because these are improper for God's holy people. [4] Nor should there be obscenity, foolish talk or coarse joking, which are out of place, but rather thanksgiving. [5] For of this you can be sure: No immoral, impure or greedy person— such a person is an idolater— has any inheritance in the kingdom of Christ and of God.[m] [6] Let no one deceive you with empty words, for because of such things God's wrath comes on those who are disobedient. [7] Therefore do not be partners with them.

[8] For you were once darkness, but now you are light in the Lord. Live as children of light [9] (for the fruit of the light consists in all goodness, righteousness and truth) [10] and find out what pleases the Lord. [11] Have nothing to do with the fruitless deeds of darkness, but rather expose them. [12] It is shameful even to mention what the disobedient do in secret. [13] But everything exposed by the light becomes visible— and everything that is illuminated becomes a light. [14] This is why it is said:

"Wake up, sleeper,
    rise from the dead,
    and Christ will shine on you."

[15] Be very careful, then, how you live— not as unwise but as wise, [16] making the most of every opportunity, because the days are evil. [17] Therefore do not be foolish, but understand what the Lord's will is. [18] Do not get drunk on wine, which leads to debauchery. Instead, be filled with the Spirit,

---

[l] 4:26 Sal 4:4
[m] 5:5 de Cristo y de Dios. Alt. de Cristo, que es Dios.

[l] 26 Psalm 4:4 (see Septuagint)   [m] 5 Or kingdom of the Messiah and God

[19] Anímense unos a otros con salmos, himnos y canciones espirituales. Canten y alaben al Señor con el corazón, [20] dando siempre gracias a Dios el Padre por todo, en el nombre de nuestro Señor Jesucristo.

Deberes conyugales

[21] Sométanse unos a otros, por reverencia a Cristo. [22] Esposas, sométanse a sus propios esposos como al Señor. [23] Porque el esposo es cabeza de su esposa, así como Cristo es cabeza y salvador de la iglesia, la cual es su cuerpo. [24] Así como la iglesia se somete a Cristo, también las esposas deben someterse a sus esposos en todo.

[25] Esposos, amen a sus esposas, así como Cristo amó a la iglesia y se entregó por ella [26] para hacerla santa. Él la purificó, lavándola con agua mediante la palabra, [27] para presentársela a sí mismo como una iglesia radiante, sin mancha ni arruga ni ninguna otra imperfección, sino santa e intachable. [28] Así mismo el esposo debe amar a su esposa como a su propio cuerpo. El que ama a su esposa se ama a sí mismo, [29] pues nadie ha odiado jamás a su propio cuerpo; al contrario, lo alimenta y lo cuida, así como Cristo hace con la iglesia, [30] porque somos miembros de su cuerpo. [31] «Por eso dejará el hombre a su padre y a su madre, y se unirá a su esposa, y los dos llegarán a ser un solo cuerpo.»[n] [32] Esto es un *misterio profundo; yo me refiero a Cristo y a la iglesia. [33] En todo caso, cada uno de ustedes ame también a su esposa como a sí mismo, y que la esposa respete a su esposo.

Deberes filiales

6 Hijos, obedezcan en el Señor a sus padres, porque esto es justo. [2] «Honra a tu padre y a tu madre —que es el primer mandamiento con promesa— [3] para que te vaya bien y disfrutes de una larga vida en la tierra.»[n]

[4] Y ustedes, padres, no hagan enojar a sus hijos, sino críenlos según la disciplina e instrucción del Señor.

Deberes de los esclavos y de sus amos

[5] *Esclavos, obedezcan a sus amos terrenales con respeto y temor, y con integridad de corazón, como a Cristo. [6] No lo hagan sólo cuando los estén mirando, como los que quieren ganarse el favor *humano, sino como esclavos de Cristo, haciendo de todo corazón la voluntad de Dios. [7] Sirvan de buena gana, como quien sirve al Señor y no a los hombres, [8] sabiendo que el Señor recompensará a cada uno por el bien que haya hecho, sea esclavo o sea libre.

[9] Y ustedes, amos, correspondan a esta actitud de sus esclavos, dejando de amenazarlos.

[19] speaking to one another with psalms, hymns, and songs from the Spirit. Sing and make music from your heart to the Lord, [20] always giving thanks to God the Father for everything, in the name of our Lord Jesus Christ.

Instructions for Christian Households

[21] Submit to one another out of reverence for Christ.

[22] Wives, submit yourselves to your own husbands as you do to the Lord. [23] For the husband is the head of the wife as Christ is the head of the church, his body, of which he is the Savior. [24] Now as the church submits to Christ, so also wives should submit to their husbands in everything.

[25] Husbands, love your wives, just as Christ loved the church and gave himself up for her [26] to make her holy, cleansing[n] her by the washing with water through the word, [27] and to present her to himself as a radiant church, without stain or wrinkle or any other blemish, but holy and blameless. [28] In this same way, husbands ought to love their wives as their own bodies. He who loves his wife loves himself. [29] After all, no one ever hated their own body, but they feed and care for their body, just as Christ does the church— [30] for we are members of his body. [31] "For this reason a man will leave his father and mother and be united to his wife, and the two will become one flesh."[o] [32] This is a profound mystery—but I am talking about Christ and the church. [33] However, each one of you also must love his wife as he loves himself, and the wife must respect her husband.

6 Children, obey your parents in the Lord, for this is right. [2] "Honor your father and mother"—which is the first commandment with a promise— [3] "so that it may go well with you and that you may enjoy long life on the earth."[p]

[4] Fathers,[q] do not exasperate your children; instead, bring them up in the training and instruction of the Lord.

[5] Slaves, obey your earthly masters with respect and fear, and with sincerity of heart, just as you would obey Christ. [6] Obey them not only to win their favor when their eye is on you, but as slaves of Christ, doing the will of God from your heart. [7] Serve wholeheartedly, as if you were serving the Lord, not people, [8] because you know that the Lord will reward each one for whatever good they do, whether they are slave or free.

[9] And masters, treat your slaves in the same way. Do not threaten them, since you know that he who

---

[n] 5:31 Gn 2:24
[n] 6:3 Éx 20:12; Dt 5:16

[n] 26 Or *having cleansed*   [o] 31 Gen. 2:24   [p] 3 Deut. 5:16
[q] 4 Or *Parents*

Recuerden que tanto ellos como ustedes tienen un mismo Amo[o] en el cielo, y que con él no hay favoritismos.

La armadura de Dios

[10] Por último, fortalézcanse con el gran poder del Señor. [11] Pónganse toda la armadura de Dios para que puedan hacer frente a las artimañas del diablo. [12] Porque nuestra lucha no es contra *seres humanos, sino contra poderes, contra autoridades, contra potestades que dominan este mundo de tinieblas, contra fuerzas espirituales malignas en las regiones celestiales. [13] Por lo tanto, pónganse toda la armadura de Dios, para que cuando llegue el día malo puedan resistir hasta el fin con firmeza. [14] Manténganse firmes, ceñidos con el cinturón de la verdad, protegidos por la coraza de justicia, [15] y calzados con la disposición de proclamar el *evangelio de la paz. [16] Además de todo esto, tomen el escudo de la fe, con el cual pueden apagar todas las flechas encendidas del maligno. [17] Tomen el casco de la salvación y la espada del Espíritu, que es la palabra de Dios.

[18] Oren en el Espíritu en todo momento, con peticiones y ruegos. Manténganse alerta y perseveren en oración por todos los *santos.

[19] Oren también por mí para que, cuando hable, Dios me dé las palabras para dar a conocer con valor el *misterio del evangelio, [20] por el cual soy embajador en cadenas. Oren para que lo proclame valerosamente, como debo hacerlo.

Saludos finales

[21] Nuestro querido hermano Tíquico, fiel servidor en el Señor, les contará todo, para que también ustedes sepan cómo me va y qué estoy haciendo. [22] Lo envío a ustedes precisamente para que sepan cómo estamos y para que cobren ánimo.

[23] Que Dios el Padre y el Señor Jesucristo les concedan paz, amor y fe a los hermanos. [24] La gracia sea con todos los que aman a nuestro Señor Jesucristo con amor imperecedero.

---

is both their Master and yours is in heaven, and there is no favoritism with him.

The Armor of God

[10] Finally, be strong in the Lord and in his mighty power. [11] Put on the full armor of God, so that you can take your stand against the devil's schemes. [12] For our struggle is not against flesh and blood, but against the rulers, against the authorities, against the powers of this dark world and against the spiritual forces of evil in the heavenly realms. [13] Therefore put on the full armor of God, so that when the day of evil comes, you may be able to stand your ground, and after you have done everything, to stand. [14] Stand firm then, with the belt of truth buckled around your waist, with the breastplate of righteousness in place, [15] and with your feet fitted with the readiness that comes from the gospel of peace. [16] In addition to all this, take up the shield of faith, with which you can extinguish all the flaming arrows of the evil one. [17] Take the helmet of salvation and the sword of the Spirit, which is the word of God.

[18] And pray in the Spirit on all occasions with all kinds of prayers and requests. With this in mind, be alert and always keep on praying for all the Lord's people. [19] Pray also for me, that whenever I speak, words may be given me so that I will fearlessly make known the mystery of the gospel, [20] for which I am an ambassador in chains. Pray that I may declare it fearlessly, as I should.

Final Greetings

[21] Tychicus, the dear brother and faithful servant in the Lord, will tell you everything, so that you also may know how I am and what I am doing. [22] I am sending him to you for this very purpose, that you may know how we are, and that he may encourage you.

[23] Peace to the brothers and sisters,[r] and love with faith from God the Father and the Lord Jesus Christ. [24] Grace to all who love our Lord Jesus Christ with an undying love.[s]

---

[r] 23 The Greek word for *brothers and sisters* (*adelphoi*) refers here to believers, both men and women, as part of God's family.
[s] 24 Or *Grace and immortality to all who love our Lord Jesus Christ.*

[o] 6:9 *Amo.* Lit. *Señor.*

Carta a los
Filipenses

En su segundo viaje para llevar el evangelio al mundo de los gentiles el apóstol Pablo contribuyó al inicio de una iglesia en la ciudad de Filipo (véase p. 1605–7), una colonia de soldados romanos jubilados. Los filipenses se hicieron amigos de Pablo y lo apoyaron mientras vivió. Cuando se enteraron de que estaba en Roma como prisionero, recaudaron dinero para ayudarlo y se lo enviaron por medo de uno de los suyos, un hombre llamado Epafrodito. Luego Pablo lo envió de regreso con una carta en la que les agradecía a los filipenses su amistad y su apoyo.

Pablo sabe que los filipenses sufren todo tipo de oposición, de modo que apela a su propia vida como ejemplo de cómo responder con gozo a las dificultades. *Toda la guardia del palacio* —es decir, el centro del dominio del César—, es el lugar donde Pablo anuncia con valentía que Jesús es el Señor. Lo que Pablo desea es que los filipenses tengan la misma confianza y *que anuncien sin temor la palabra de Dios.*

Pablo urge a los filipenses, en un himno maravilloso, a imitar la actitud de siervo que asumió Jesús, que no se aferró a su encumbrada posición, sino que se humilló a sí mismo al punto de dar la vida por los demás. Esta es la nueva forma de ser humano que se revela en el reino de Dios. Nuestra ciudadanía está en el reino de Dios y por ello aguardamos con ansias que el Salvador regrese. Entonces, transformará la bajeza de nuestros cuerpos para que sean como su glorioso cuerpo resucitado.

---

1 Pablo y Timoteo, *siervos de *Cristo Jesús,

a todos los *santos en Cristo Jesús que están en Filipos, junto con los *obispos y diáconos:

² Que Dios nuestro Padre y el Señor Jesucristo les concedan gracia y paz.

Acción de gracias e intercesión

³ Doy gracias a mi Dios cada vez que me acuerdo de ustedes. ⁴ En todas mis oraciones por todos ustedes, siempre oro con alegría, ⁵ porque han participado en el *evangelio desde el primer día hasta ahora. ⁶ Estoy convencido de esto: el que comenzó tan buena obra en ustedes la irá *perfeccionando hasta el día de Cristo Jesús. ⁷ Es justo que yo piense así de todos ustedes porque los llevo*a* en el corazón; pues, ya sea que me encuentre preso o defendiendo y confirmando el evangelio, todos ustedes participan conmigo de la gracia que Dios me ha dado. ⁸ Dios es testigo de cuánto los quiero a todos con el entrañable amor de Cristo Jesús.

⁹ Esto es lo que pido en oración: que el amor de ustedes abunde cada vez más en conocimiento

---

Philippians

On his second journey to bring the gospel to the Gentile world, the apostle Paul helped start a church in the city of Philippi (see pp. 1605–7), a colony of retired Roman soldiers. The Philippians became Paul's friends and supporters for the rest of his life. When they heard that he was in Rome as a prisoner, they collected money to assist him and sent it with one of their members, a man named Epaphroditus. Later Paul sent him back with a letter to thank the Philippians for their friendship and support.

Paul knows the Philippians were experiencing a lot of opposition, so he appeals to his own life as an example of how to respond to hardship with joy. *Throughout the whole palace guard*—that is, right in the center of Caesar's realm—Paul is boldly making the royal announcement that Jesus is Lord. Paul's desire is that the Philippians will gain the same confidence and *dare all the more to proclaim the gospel without fear.*

In an amazing hymn, Paul urges the Philippians to have the servant attitude that Jesus had. He did not grasp his high position but humbled himself even to the point of death—all for the sake of others. This is the new way to be human that is revealed in God's kingdom. Our citizenship is in God's realm and so we eagerly await the Savior's return to us. Then he will transform our lowly bodies to become like his glorious resurrected body.

---

1 Paul and Timothy, servants of Christ Jesus,

To all God's holy people in Christ Jesus at Philippi, together with the overseers and deacons[a]:

² Grace and peace to you from God our Father and the Lord Jesus Christ.

Thanksgiving and Prayer

³ I thank my God every time I remember you. ⁴ In all my prayers for all of you, I always pray with joy ⁵ because of your partnership in the gospel from the first day until now, ⁶ being confident of this, that he who began a good work in you will carry it on to completion until the day of Christ Jesus.

⁷ It is right for me to feel this way about all of you, since I have you in my heart and, whether I am in chains or defending and confirming the gospel, all of you share in God's grace with me. ⁸ God can testify how I long for all of you with the affection of Christ Jesus.

⁹ And this is my prayer: that your love may abound more and more in knowledge and depth

---

a 1:7 los llevo. Alt. *me llevan.*

a 1 The word *deacons* refers here to Christians designated to serve with the overseers/elders of the church in a variety of ways; similarly in Romans 16:1 and 1 Tim. 3:8,12.

y en buen juicio, [10] para que disciernan lo que es mejor, y sean puros e irreprochables para el día de Cristo, [11] llenos del fruto de justicia que se produce por medio de Jesucristo, para gloria y alabanza de Dios.

El vivir es Cristo

[12] Hermanos, quiero que sepan que, en realidad, lo que me ha pasado ha contribuido al avance del *evangelio. [13] Es más, se ha hecho evidente a toda la guardia del palacio[b] y a todos los demás que estoy encadenado por causa de Cristo. [14] Gracias a mis cadenas, ahora más que nunca la mayoría de los hermanos, confiados en el Señor, se han atrevido a anunciar sin temor la palabra de Dios.

[15] Es cierto que algunos predican a Cristo por envidia y rivalidad, pero otros lo hacen con buenas intenciones. [16] Estos últimos lo hacen por amor, pues saben que he sido puesto para la defensa del evangelio. [17] Aquéllos predican a Cristo por ambición personal y no por motivos puros, creyendo que así van a aumentar las angustias que sufro en mi prisión.[c]

[18] ¿Qué importa? Al fin y al cabo, y sea como sea, con motivos falsos o con sinceridad, se predica a Cristo. Por eso me alegro; es más, seguiré alegrándome [19] porque sé que, gracias a las oraciones de ustedes y a la ayuda que me da el Espíritu de Jesucristo, todo esto resultará en mi liberación.[d] [20] Mi ardiente anhelo y esperanza es que en nada seré avergonzado, sino que con toda libertad, ya sea que yo viva o muera, ahora como siempre, Cristo será exaltado en mi cuerpo. [21] Porque para mí el vivir es Cristo y el morir es ganancia. [22] Ahora bien, si seguir viviendo en este mundo[e] representa para mí un trabajo fructífero, ¿qué escogeré? ¡No lo sé! [23] Me siento presionado por dos posibilidades: deseo partir y estar con Cristo, que es muchísimo mejor, [24] pero por el bien de ustedes es preferible que yo permanezca en este mundo. [25] Convencido de esto, sé que permaneceré y continuaré con todos ustedes para contribuir a su jubiloso avance en la fe. [26] Así, cuando yo vuelva, su *satisfacción en Cristo Jesús abundará por causa mía.

[27] Pase lo que pase, compórtense de una manera digna del evangelio de Cristo. De este modo, ya sea que vaya a verlos o que, estando ausente, sólo tenga noticias de ustedes, sabré que siguen firmes en un mismo propósito, luchando unánimes por la fe del evangelio [28] y sin temor alguno a sus adversarios, lo cual es para ellos señal de destrucción. Para ustedes, en cambio, es señal de salvación, y

of insight, [10] so that you may be able to discern what is best and may be pure and blameless for the day of Christ, [11] filled with the fruit of righteousness that comes through Jesus Christ — to the glory and praise of God.

Paul's Chains Advance the Gospel

[12] Now I want you to know, brothers and sisters,[b] that what has happened to me has actually served to advance the gospel. [13] As a result, it has become clear throughout the whole palace guard[c] and to everyone else that I am in chains for Christ. [14] And because of my chains, most of the brothers and sisters have become confident in the Lord and dare all the more to proclaim the gospel without fear.

[15] It is true that some preach Christ out of envy and rivalry, but others out of goodwill. [16] The latter do so out of love, knowing that I am put here for the defense of the gospel. [17] The former preach Christ out of selfish ambition, not sincerely, supposing that they can stir up trouble for me while I am in chains. [18] But what does it matter? The important thing is that in every way, whether from false motives or true, Christ is preached. And because of this I rejoice.

Yes, and I will continue to rejoice, [19] for I know that through your prayers and God's provision of the Spirit of Jesus Christ what has happened to me will turn out for my deliverance.[d] [20] I eagerly expect and hope that I will in no way be ashamed, but will have sufficient courage so that now as always Christ will be exalted in my body, whether by life or by death. [21] For to me, to live is Christ and to die is gain. [22] If I am to go on living in the body, this will mean fruitful labor for me. Yet what shall I choose? I do not know! [23] I am torn between the two: I desire to depart and be with Christ, which is better by far; [24] but it is more necessary for you that I remain in the body. [25] Convinced of this, I know that I will remain, and I will continue with all of you for your progress and joy in the faith, [26] so that through my being with you again your boasting in Christ Jesus will abound on account of me.

Life Worthy of the Gospel

[27] Whatever happens, conduct yourselves in a manner worthy of the gospel of Christ. Then, whether I come and see you or only hear about you in my absence, I will know that you stand firm in the one Spirit,[e] striving together as one for the faith of the gospel [28] without being frightened in any way by those who oppose you. This is a sign to them that they will be destroyed, but that you

---

b 1:13 *a toda la guardia del palacio.* Alt. *en todo el palacio.*
c 1:16-17 Var. invierte el orden de vv. 16 y 17.
d 1:19 *liberación.* Alt. *salvación.*
e 1:22 *este mundo.* Lit. *la *carne;* también en v. 24.

b 12 The Greek word for *brothers and sisters* (*adelphoi*) refers here to believers, both men and women, as part of God's family; also in verse 14; and in 3:1, 13, 17; 4:1, 8, 21.   c 13 Or *whole palace*   d 19 Or *vindication;* or *salvation*   e 27 Or *in one spirit*

esto proviene de Dios. [29] Porque a ustedes se les ha concedido no sólo creer en Cristo, sino también sufrir por él, [30] pues sostienen la misma lucha que antes me vieron sostener, y que ahora saben que sigo sosteniendo.

Humillación y exaltación de Cristo

2 Por tanto, si sienten algún estímulo en su unión con Cristo, algún consuelo en su amor, algún compañerismo en el Espíritu, algún afecto entrañable, [2] llénenme de alegría teniendo un mismo parecer, un mismo amor, unidos en alma y pensamiento. [3] No hagan nada por egoísmo o vanidad; más bien, con humildad consideren a los demás como superiores a ustedes mismos. [4] Cada uno debe velar no sólo por sus propios intereses sino también por los intereses de los demás.

[5] La actitud de ustedes debe ser como la de Cristo Jesús,

[6] quien, siendo por naturaleza[f] Dios,
no consideró el ser igual a Dios como algo
a qué aferrarse.
[7] Por el contrario, se rebajó voluntariamente,
tomando la naturaleza[g] de *siervo
y haciéndose semejante a los seres
*humanos.
[8] Y al manifestarse como hombre,
se humilló a sí mismo
y se hizo obediente hasta la muerte,
¡y muerte de cruz!
[9] Por eso Dios lo exaltó hasta lo sumo
y le otorgó el nombre
que está sobre todo nombre,
[10] para que ante el nombre de Jesús
se doble toda rodilla
en el cielo y en la tierra
y debajo de la tierra,
[11] y toda lengua confiese que Jesucristo es el
Señor,
para gloria de Dios Padre.

Testimonio de luz

[12] Así que, mis queridos hermanos, como han obedecido siempre —no sólo en mi presencia sino mucho más ahora en mi ausencia— lleven a cabo su salvación con temor y temblor, [13] pues Dios es quien produce en ustedes tanto el querer como el hacer para que se cumpla su buena voluntad.

[14] Háganlo todo sin quejas ni contiendas, [15] para que sean intachables y puros, hijos de Dios sin culpa en medio de una generación torcida y depravada. En ella ustedes brillan como estrellas en el firmamento, [16] manteniendo en alto[h] la palabra de vida. Así en el día de Cristo me sentiré *satisfecho de no haber corrido ni trabajado en vano. [17] Y

will be saved—and that by God. [29] For it has been granted to you on behalf of Christ not only to believe in him, but also to suffer for him, [30] since you are going through the same struggle you saw I had, and now hear that I still have.

Imitating Christ's Humility

2 Therefore if you have any encouragement from being united with Christ, if any comfort from his love, if any common sharing in the Spirit, if any tenderness and compassion, [2] then make my joy complete by being like-minded, having the same love, being one in spirit and of one mind. [3] Do nothing out of selfish ambition or vain conceit. Rather, in humility value others above yourselves, [4] not looking to your own interests but each of you to the interests of the others.

[5] In your relationships with one another, have the same mindset as Christ Jesus:

[6] Who, being in very nature[f] God,
did not consider equality with God
something to be used to his own
advantage;
[7] rather, he made himself nothing
by taking the very nature[g] of a servant,
being made in human likeness.
[8] And being found in appearance as a man,
he humbled himself
by becoming obedient to death—
even death on a cross!

[9] Therefore God exalted him to the highest
place
and gave him the name that is above every
name,
[10] that at the name of Jesus every knee should
bow,
in heaven and on earth and under the
earth,
[11] and every tongue acknowledge that Jesus
Christ is Lord,
to the glory of God the Father.

Do Everything Without Grumbling

[12] Therefore, my dear friends, as you have always obeyed—not only in my presence, but now much more in my absence—continue to work out your salvation with fear and trembling, [13] for it is God who works in you to will and to act in order to fulfill his good purpose.

[14] Do everything without grumbling or arguing, [15] so that you may become blameless and pure, "children of God without fault in a warped and crooked generation."[h] Then you will shine among them like stars in the sky [16] as you hold firmly to the word of life. And then I will be able to boast on the day of Christ that I did not run or labor in vain. [17] But even if I am being poured out like

---

f 2:6 por naturaleza. Lit. en forma de.
g 2:7 la naturaleza. Lit. la forma.
h 2:16 manteniendo en alto. Alt. ya que se aferran a.

f 6 Or in the form of   g 7 Or the form   h 15 Deut. 32:5

aunque mi vida fuera derramada[i] sobre el sacrificio y servicio que proceden de su fe, me alegro y comparto con todos ustedes mi alegría. [18] Así también ustedes, alégrense y compartan su alegría conmigo.

Dos colaboradores ejemplares

[19] Espero en el Señor Jesús enviarles pronto a Timoteo, para que también yo cobre ánimo al recibir noticias de ustedes. [20] No tengo a nadie más que, como él, se preocupe de veras por el bienestar de ustedes, [21] pues todos los demás buscan sus propios intereses y no los de Jesucristo. [22] Pero ustedes conocen bien la entereza de carácter de Timoteo, que ha servido conmigo en la obra del *evangelio, como un hijo junto a su padre. [23] Así que espero enviárselo tan pronto como se aclaren mis asuntos. [24] Y confío en el Señor que yo mismo iré pronto.

[25] Ahora bien, creo que es necesario enviarles de vuelta a Epafrodito, mi hermano, colaborador y compañero de lucha, a quien ustedes han enviado para atenderme en mis necesidades. [26] Él los extraña mucho a todos y está afligido porque ustedes se enteraron de que estaba enfermo. [27] En efecto, estuvo enfermo y al borde de la muerte; pero Dios se compadeció de él, y no sólo de él sino también de mí, para no añadir tristeza a mi tristeza. [28] Así que les envío urgentemente para que, al verlo de nuevo, ustedes se alegren y yo esté menos preocupado. [29] Recíbanlo en el Señor con toda alegría y honren a los que son como él, [30] porque estuvo a punto de morir por la obra de Cristo, arriesgando la *vida para suplir el servicio que ustedes no podían prestarme.

Plena confianza en Cristo

3 Por lo demás, hermanos míos, alégrense en el Señor. Para mí no es molestia volver a escribirles lo mismo, y a ustedes les da seguridad. [2] Cuídense de esos *perros, cuídense de esos que hacen el mal, cuídense de esos que mutilan el cuerpo. [3] Porque la *circuncisión somos nosotros, los que por medio del Espíritu de Dios adoramos, nos *enorgullecemos en Cristo Jesús y no ponemos nuestra confianza en esfuerzos *humanos. [4] Yo mismo tengo motivos para tal confianza. Si cualquier otro cree tener motivos para confiar en esfuerzos humanos, yo más: [5] circuncidado al octavo día, del pueblo de Israel, de la tribu de Benjamín, hebreo de pura cepa; en cuanto a la interpretación de la ley, *fariseo; [6] en cuanto al celo, perseguidor de la iglesia; en cuanto a la justicia que la ley exige, intachable.

[7] Sin embargo, todo aquello que para mí era ganancia, ahora lo considero pérdida por causa de Cristo. [8] Es más, todo lo considero pérdida por razón del incomparable valor de conocer a

a drink offering on the sacrifice and service coming from your faith, I am glad and rejoice with all of you. [18] So you too should be glad and rejoice with me.

Timothy and Epaphroditus

[19] I hope in the Lord Jesus to send Timothy to you soon, that I also may be cheered when I receive news about you. [20] I have no one else like him, who will show genuine concern for your welfare. [21] For everyone looks out for their own interests, not those of Jesus Christ. [22] But you know that Timothy has proved himself, because as a son with his father he has served with me in the work of the gospel. [23] I hope, therefore, to send him as soon as I see how things go with me. [24] And I am confident in the Lord that I myself will come soon.

[25] But I think it is necessary to send back to you Epaphroditus, my brother, co-worker and fellow soldier, who is also your messenger, whom you sent to take care of my needs. [26] For he longs for all of you and is distressed because you heard he was ill. [27] Indeed he was ill, and almost died. But God had mercy on him, and not on him only but also on me, to spare me sorrow upon sorrow. [28] Therefore I am all the more eager to send him, so that when you see him again you may be glad and I may have less anxiety. [29] So then, welcome him in the Lord with great joy, and honor people like him, [30] because he almost died for the work of Christ. He risked his life to make up for the help you yourselves could not give me.

No Confidence in the Flesh

3 Further, my brothers and sisters, rejoice in the Lord! It is no trouble for me to write the same things to you again, and it is a safeguard for you. [2] Watch out for those dogs, those evildoers, those mutilators of the flesh. [3] For it is we who are the circumcision, we who serve God by his Spirit, who boast in Christ Jesus, and who put no confidence in the flesh— [4] though I myself have reasons for such confidence.

If someone else thinks they have reasons to put confidence in the flesh, I have more: [5] circumcised on the eighth day, of the people of Israel, of the tribe of Benjamin, a Hebrew of Hebrews; in regard to the law, a Pharisee; [6] as for zeal, persecuting the church; as for righteousness based on the law, faultless.

[7] But whatever were gains to me I now consider loss for the sake of Christ. [8] What is more, I consider everything a loss because of the surpassing

---

[i] 2:17 *derramada.* Es decir, como libación.

Cristo Jesús, mi Señor. Por él lo he perdido todo, y lo tengo por estiércol, a fin de ganar a Cristo [9] y encontrarme unido a él. No quiero mi propia justicia que procede de la ley, sino la que se obtiene mediante la *fe en Cristo, la justicia que procede de Dios, basada en la fe. [10] Lo he perdido todo a fin de conocer a Cristo, experimentar el poder que se manifestó en su resurrección, participar en sus sufrimientos y llegar a ser semejante a él en su muerte. [11] Así espero alcanzar la resurrección de entre los muertos.

Ciudadanos del cielo

[12] No es que ya lo haya conseguido todo, o que ya sea *perfecto. Sin embargo, sigo adelante esperando alcanzar aquello para lo cual Cristo Jesús me alcanzó a mí. [13] Hermanos, no pienso que yo mismo lo haya logrado ya. Más bien, una cosa hago: olvidando lo que queda atrás y esforzándome por alcanzar lo que está delante, [14] sigo avanzando hacia la meta para ganar el premio que Dios ofrece mediante su llamamiento celestial en Cristo Jesús.

[15] Así que, ¡escuchen los perfectos! Todos debemos[j] tener este modo de pensar. Y si en algo piensan de forma diferente, Dios les hará ver esto también. [16] En todo caso, vivamos de acuerdo con lo que ya hemos alcanzado.[k]

[17] Hermanos, sigan todos mi ejemplo, y fíjense en los que se comportan conforme al modelo que les hemos dado. [18] Como les he dicho a menudo, y ahora lo repito hasta con lágrimas, muchos se comportan como enemigos de la cruz de Cristo. [19] Su destino es la destrucción, adoran al dios de sus propios deseos[l] y se enorgullecen de lo que es su vergüenza. Sólo piensan en lo terrenal. [20] En cambio, nosotros somos ciudadanos del cielo, de donde anhelamos recibir al Salvador, el Señor Jesucristo. [21] Él transformará nuestro cuerpo miserable para que sea como su cuerpo glorioso, mediante el poder con que somete a sí mismo todas las cosas.

4 Por lo tanto, queridos hermanos míos, a quienes amo y extraño mucho, ustedes que son mi alegría y mi corona, manténganse así firmes en el Señor.

Exhortaciones

[2] Ruego a Evodia y también a Síntique que se pongan de acuerdo en el Señor. [3] Y a ti, mi fiel compañero,[m] te pido que ayudes a estas mujeres que han luchado a mi lado en la obra del *evangelio, junto con Clemente y los demás colaboradores míos, cuyos nombres están en el libro de la vida.

worth of knowing Christ Jesus my Lord, for whose sake I have lost all things. I consider them garbage, that I may gain Christ [9] and be found in him, not having a righteousness of my own that comes from the law, but that which is through faith in[i] Christ — the righteousness that comes from God on the basis of faith. [10] I want to know Christ — yes, to know the power of his resurrection and participation in his sufferings, becoming like him in his death, [11] and so, somehow, attaining to the resurrection from the dead.

[12] Not that I have already obtained all this, or have already arrived at my goal, but I press on to take hold of that for which Christ Jesus took hold of me. [13] Brothers and sisters, I do not consider myself yet to have taken hold of it. But one thing I do: Forgetting what is behind and straining toward what is ahead, [14] I press on toward the goal to win the prize for which God has called me heavenward in Christ Jesus.

Following Paul's Example

[15] All of us, then, who are mature should take such a view of things. And if on some point you think differently, that too God will make clear to you. [16] Only let us live up to what we have already attained.

[17] Join together in following my example, brothers and sisters, and just as you have us as a model, keep your eyes on those who live as we do. [18] For, as I have often told you before and now tell you again even with tears, many live as enemies of the cross of Christ. [19] Their destiny is destruction, their god is their stomach, and their glory is in their shame. Their mind is set on earthly things. [20] But our citizenship is in heaven. And we eagerly await a Savior from there, the Lord Jesus Christ, [21] who, by the power that enables him to bring everything under his control, will transform our lowly bodies so that they will be like his glorious body.

Closing Appeal for Steadfastness and Unity

4 Therefore, my brothers and sisters, you whom I love and long for, my joy and crown, stand firm in the Lord in this way, dear friends!

[2] I plead with Euodia and I plead with Syntyche to be of the same mind in the Lord. [3] Yes, and I ask you, my true companion, help these women since they have contended at my side in the cause of the gospel, along with Clement and the rest of my coworkers, whose names are in the book of life.

---

j **3:15** *Así ... debemos.* Alt. *Así que los que somos perfectos debemos.*

k **3:16** *alcanzado.* Var. *alcanzado, una misma regla, un mismo modo de pensar.*

l **3:19** *adoran ... deseos.* Lit. *su dios es el estómago.*

m **4:3** *mi fiel compañero.* Alt. *fiel Sícigo.*

i 9 Or *through the faithfulness of*

[4] Alégrense siempre en el Señor. Insisto: ¡Alégrense! [5] Que su amabilidad sea evidente a todos. El Señor está cerca. [6] No se inquieten por nada; más bien, en toda ocasión, con oración y ruego, presenten sus peticiones a Dios y denle gracias. [7] Y la paz de Dios, que sobrepasa todo entendimiento, cuidará sus corazones y sus pensamientos en Cristo Jesús.

[8] Por último, hermanos, consideren bien todo lo verdadero, todo lo respetable, todo lo justo, todo lo puro, todo lo amable, todo lo digno de admiración, en fin, todo lo que sea excelente o merezca elogio. [9] Pongan en práctica lo que de mí han aprendido, recibido y oído, y lo que han visto en mí, y el Dios de paz estará con ustedes.

Gratitud por la ayuda recibida

[10] Me alegro muchísimo en el Señor de que al fin hayan vuelto a interesarse en mí. Claro está que tenían interés, sólo que no habían tenido la oportunidad de demostrarlo. [11] No digo esto porque esté necesitado, pues he aprendido a estar satisfecho en cualquier situación en que me encuentre. [12] Sé lo que es vivir en la pobreza, y lo que es vivir en la abundancia. He aprendido a vivir en todas y cada una de las circunstancias, tanto a quedar saciado como a pasar hambre, a tener de sobra como a sufrir escasez. [13] Todo lo puedo en Cristo que me fortalece.

[14] Sin embargo, han hecho bien en participar conmigo en mi angustia. [15] Y ustedes mismos, filipenses, saben que en el principio de la obra del *evangelio, cuando salí de Macedonia, ninguna iglesia participó conmigo en mis ingresos y gastos, excepto ustedes. [16] Incluso a Tesalónica me enviaron ayuda una y otra vez para suplir mis necesidades. [17] No digo esto porque esté tratando de conseguir más ofrendas, sino que trato de aumentar el crédito a su cuenta. [18] Ya he recibido todo lo que necesito y aún más; tengo hasta de sobra ahora que he recibido de Epafrodito lo que me enviaron. Es una ofrenda fragante, un sacrificio que Dios acepta con agrado. [19] Así que mi Dios les proveerá de todo lo que necesiten, conforme a las gloriosas riquezas que tiene en Cristo Jesús.

[20] A nuestro Dios y Padre sea la gloria por los siglos de los siglos. Amén.

Saludos finales

[21] Saluden a todos los *santos en Cristo Jesús. Los hermanos que están conmigo les mandan saludos. [22] Saludos de parte de todos los santos, especialmente los de la casa del *emperador.

[23] Que la gracia del Señor Jesucristo sea con su espíritu. Amén.ⁿ

Final Exhortations

[4] Rejoice in the Lord always. I will say it again: Rejoice! [5] Let your gentleness be evident to all. The Lord is near. [6] Do not be anxious about anything, but in every situation, by prayer and petition, with thanksgiving, present your requests to God. [7] And the peace of God, which transcends all understanding, will guard your hearts and your minds in Christ Jesus.

[8] Finally, brothers and sisters, whatever is true, whatever is noble, whatever is right, whatever is pure, whatever is lovely, whatever is admirable— if anything is excellent or praiseworthy— think about such things. [9] Whatever you have learned or received or heard from me, or seen in me— put it into practice. And the God of peace will be with you.

Thanks for Their Gifts

[10] I rejoiced greatly in the Lord that at last you renewed your concern for me. Indeed, you were concerned, but you had no opportunity to show it. [11] I am not saying this because I am in need, for I have learned to be content whatever the circumstances. [12] I know what it is to be in need, and I know what it is to have plenty. I have learned the secret of being content in any and every situation, whether well fed or hungry, whether living in plenty or in want. [13] I can do all this through him who gives me strength.

[14] Yet it was good of you to share in my troubles. [15] Moreover, as you Philippians know, in the early days of your acquaintance with the gospel, when I set out from Macedonia, not one church shared with me in the matter of giving and receiving, except you only; [16] for even when I was in Thessalonica, you sent me aid more than once when I was in need. [17] Not that I desire your gifts; what I desire is that more be credited to your account. [18] I have received full payment and have more than enough. I am amply supplied, now that I have received from Epaphroditus the gifts you sent. They are a fragrant offering, an acceptable sacrifice, pleasing to God. [19] And my God will meet all your needs according to the riches of his glory in Christ Jesus.

[20] To our God and Father be glory for ever and ever. Amen.

Final Greetings

[21] Greet all God's people in Christ Jesus. The brothers and sisters who are with me send greetings. [22] All God's people here send you greetings, especially those who belong to Caesar's household.

[23] The grace of the Lord Jesus Christ be with your spirit. Amen.ʲ

ⁿ **4:23** Var. no incluye: *Amén.*

ʲ 23 Some manuscripts do not have *Amen.*

Carta a los
Colosenses

Cuando Pablo estaba en prisión en Roma, esperando que le llevaran a comparecer ante el César en un tribunal, una de las cartas que escribió estaba dirigida a la comunidad de creyentes de la ciudad de Colosas. Pablo no los conocía, pero ellos sabían quién era él y respetaban su liderazgo. Pablo había trabajado con un hombre llamado Epafras cuando estuvo en Éfeso. Este era de Colosas, a unos 160 kilómetros al este. Pablo lo mandó para que llevara a su ciudad, y a las cercanas Laodicea y Hierápolis, la buena nueva de Jesús. Epafras luego fue arrestado y también estuvo en Roma como prisionero. Pablo se enteró por él de lo que estaba pasando en esas ciudades.

La mayoría de los de Colosas eran gentiles, pero como los gálatas eran presionados a seguir la ley judía y, además, añadían reglas y falsas enseñanzas a la fe. Algunos hasta se jactaban de que tenían visiones y de que obtenían conocimiento espiritual secreto. Por eso Pablo les manda una epístola, en la que dice: «¡Si tienes a Jesús el Mesías, lo tienes todo!»

Pablo destaca que todas las cosas del cielo y de la tierra fueron creadas por el Hijo y reconciliadas con Dios por la muerte del Hijo en la cruz. Cristo posee la plenitud de Dios. Puesto que los de Colosas han entrado en el nuevo reino de la luz, pueden vivir su fe en plenitud. Y deben vestirse *de la nueva naturaleza*, esperando el momento en que el Mesías aparezca públicamente revelando su gloria.

---

1 Pablo, apóstol de *Cristo Jesús por la voluntad de Dios, y el hermano Timoteo,

² a los *santos y fieles hermanos*a* en Cristo que están en Colosas:

Que Dios nuestro Padre les conceda*b* gracia y paz.

Acción de gracias e intercesión

³ Siempre que oramos por ustedes, damos gracias a Dios, el Padre de nuestro Señor Jesucristo, ⁴ pues hemos recibido noticias de su fe en Cristo Jesús y del amor que tienen por todos los *santos ⁵ a causa de la esperanza reservada para ustedes en el cielo. De esta esperanza ya han sabido por la palabra de verdad, que es el *evangelio ⁶ que ha llegado hasta ustedes. Este evangelio está dando fruto y creciendo en todo el mundo, como también ha sucedido entre ustedes desde el día en que supieron de la gracia de Dios y la comprendieron plenamente. ⁷ Así lo aprendieron de Epafras,

---

a 1:2 *santos y fieles hermanos.* Alt. *santos hermanos creyentes.*
b 1:2 *Padre les conceda.* Var. *Padre y el Señor Jesucristo les concedan.*

Colossians

While Paul was in prison in Rome, awaiting his upcoming trial before Caesar, one of the letters he wrote was to the gathering of believers in the city of Colossae. Paul had never met them, but they knew who he was and respected his leadership. Paul had worked with a man named Epaphras when he was in Ephesus. Epaphras was originally from Colossae, about 100 miles to the east. Paul sent him to bring the good news about Jesus to his city and to two other nearby cities, Laodicea and Hierapolis. Epaphras was later arrested and brought to Rome as a prisoner himself. Paul learned from him what was happening in those cities.

The Colossians were mostly Gentiles, but like the Galatians they were being pressured to follow the Jewish law and were adding extra rules and false teachings to the faith. Some of them were priding themselves on having visions and getting secret spiritual knowledge. So Paul wrote them a letter to say, "When you've got Jesus the Messiah, you've got it all!"

Paul emphasizes that all things in heaven and earth were created by the Son and were reconciled to God by the Son's death on the cross. Christ possesses the fullness of God's being. Since the Colossians have been brought into the new kingdom of light, they can live their faith to the fullest. They are to *put on the new self*, awaiting the time the Messiah will appear openly, revealing his glory.

---

1 Paul, an apostle of Christ Jesus by the will of God, and Timothy our brother,

² To God's holy people in Colossae, the faithful brothers and sisters*a* in Christ:

Grace and peace to you from God our Father.*b*

Thanksgiving and Prayer

³ We always thank God, the Father of our Lord Jesus Christ, when we pray for you, ⁴ because we have heard of your faith in Christ Jesus and of the love you have for all God's people — ⁵ the faith and love that spring from the hope stored up for you in heaven and about which you have already heard in the true message of the gospel ⁶ that has come to you. In the same way, the gospel is bearing fruit and growing throughout the whole world — just as it has been doing among you since the day you heard it and truly understood God's grace. ⁷ You learned it from Epaphras, our dear fellow servant,*c*

---

a 2 The Greek word for *brothers and sisters (adelphoi)* refers here to believers, both men and women, as part of God's family; also in 4:15. *b* 2 Some manuscripts *Father and the Lord Jesus Christ* *c* 7 Or *slave*

nuestro querido colaborador*c* y fiel servidor de Cristo para el bien de ustedes.*d* *8* Fue él quien nos contó del amor que tienen en el Espíritu.

9 Por eso, desde el día en que lo supimos no hemos dejado de orar por ustedes. Pedimos que Dios les haga conocer plenamente su voluntad con toda sabiduría y comprensión espiritual, *10* para que vivan de manera digna del Señor, agradándole en todo. Esto implica dar fruto en toda buena obra, crecer en el conocimiento de Dios *11* y ser fortalecidos en todo sentido con su glorioso poder. Así perseverarán con paciencia en toda situación, *12* dando gracias con alegría al Padre. Él los*e* ha facultado para participar de la herencia de los santos en el reino de la luz. *13* Él nos libró del dominio de la oscuridad y nos trasladó al reino de su amado Hijo, *14* en quien tenemos redención,*f* el perdón de pecados.

La supremacía de Cristo

15 Él es la imagen del Dios invisible,
　　el primogénito*g* de toda creación,
16 porque por medio de él fueron creadas todas
　　　　las cosas
　　en el cielo y en la tierra, visibles e
　　　　invisibles,
　　sean tronos, poderes, principados o
　　　　autoridades:
　　todo ha sido creado
　　　　por medio de él y para él.
17 Él es anterior a todas las cosas,
　　que por medio de él forman un todo
　　　　coherente.*h*
18 Él es la cabeza del cuerpo,
　　que es la iglesia.
　　Él es el principio,
　　　　el primogénito de la resurrección,
　　para ser en todo el primero.
19 Porque a Dios le agradó habitar en él con
　　　　toda su plenitud
20　y, por medio de él, reconciliar consigo
　　　　todas las cosas,
　　tanto las que están en la tierra como las que
　　　　están en el cielo,
　　haciendo la paz mediante la sangre que
　　　　derramó en la cruz.

21 En otro tiempo ustedes, por su actitud y sus malas acciones, estaban alejados de Dios y eran sus enemigos. *22* Pero ahora Dios, a fin de presentarlos *santos, intachables e irreprochables delante de él, los ha reconciliado en el cuerpo mortal de Cristo

who is a faithful minister of Christ on our*d* behalf, *8* and who also told us of your love in the Spirit.

9 For this reason, since the day we heard about you, we have not stopped praying for you. We continually ask God to fill you with the knowledge of his will through all the wisdom and understanding that the Spirit gives,*e* *10* so that you may live a life worthy of the Lord and please him in every way: bearing fruit in every good work, growing in the knowledge of God, *11* being strengthened with all power according to his glorious might so that you may have great endurance and patience, *12* and giving joyful thanks to the Father, who has qualified you*f* to share in the inheritance of his holy people in the kingdom of light. *13* For he has rescued us from the dominion of darkness and brought us into the kingdom of the Son he loves, *14* in whom we have redemption, the forgiveness of sins.

The Supremacy of the Son of God

15 The Son is the image of the invisible God, the firstborn over all creation. *16* For in him all things were created: things in heaven and on earth, visible and invisible, whether thrones or powers or rulers or authorities; all things have been created through him and for him. *17* He is before all things, and in him all things hold together. *18* And he is the head of the body, the church; he is the beginning and the firstborn from among the dead, so that in everything he might have the supremacy. *19* For God was pleased to have all his fullness dwell in him, *20* and through him to reconcile to himself all things, whether things on earth or things in heaven, by making peace through his blood, shed on the cross.

21 Once you were alienated from God and were enemies in your minds because of*g* your evil behavior. *22* But now he has reconciled you by Christ's physical body through death to present you holy in his sight, without blemish and free from

---

c 1:7 *colaborador.* Lit. *coesclavo.*
d 1:7 *de ustedes.* Var. *de nosotros.*
e 1:12 *los.* Var. *nos.*
f 1:14 *redención.* Var. *redención mediante su sangre* (véase Ef 1:7).
g 1:15 *el primogénito.* Es decir, el que tiene anterioridad y preeminencia; también en v. 18.
h 1:17 *por medio ... coherente.* Alt. *por medio de él continúan existiendo.*

---

d 7 Some manuscripts *your*　*e* 9 Or *all spiritual wisdom and understanding*　*f* 12 Some manuscripts *us*　*g* 21 Or *minds, as shown by*

mediante su muerte, ²³ con tal de que se mantengan firmes en la fe, bien cimentados y estables, sin abandonar la esperanza que ofrece el *evangelio. Éste es el evangelio que ustedes oyeron y que ha sido proclamado en toda la creación debajo del cielo, y del que yo, Pablo, he llegado a ser servidor.

Trabajo de Pablo por la iglesia

²⁴ Ahora me alegro en medio de mis sufrimientos por ustedes, y voy completando en mí mismo[i] lo que falta de las aflicciones de Cristo, en favor de su cuerpo, que es la iglesia. ²⁵ De ésta llegué a ser servidor según el plan que Dios me encomendó para ustedes: el dar cumplimiento a la palabra de Dios, ²⁶ anunciando el *misterio que se ha mantenido oculto por siglos y generaciones, pero que ahora se ha manifestado a sus *santos. ²⁷ A éstos Dios se propuso dar a conocer cuál es la gloriosa riqueza de este misterio entre las *naciones, que es Cristo en ustedes, la esperanza de gloria.

²⁸ A este Cristo proclamamos, aconsejando y enseñando con toda sabiduría a todos los *seres humanos, para presentarlos a todos *perfectos en él. ²⁹ Con este fin trabajo y lucho fortalecido por el poder de Cristo que obra en mí.

2 Quiero que sepan qué gran lucha sostengo por el bien de ustedes y de los que están en Laodicea, y de tantos que no me conocen personalmente. ² Quiero que lo sepan para que cobren ánimo, permanezcan unidos por amor, y tengan toda la riqueza que proviene de la convicción y del entendimiento. Así conocerán el *misterio de Dios, es decir, a Cristo, ³ en quien están escondidos todos los tesoros de la sabiduría y del conocimiento. ⁴ Les digo esto para que nadie los engañe con argumentos capciosos. ⁵ Aunque estoy físicamente ausente, los acompaño en espíritu, y me alegro al ver su buen orden y la firmeza de su fe en Cristo.

Libertad en Cristo

⁶ Por eso, de la manera que recibieron a Cristo Jesús como Señor, vivan ahora en él, ⁷ arraigados y edificados en él, confirmados en la fe como se les enseñó, y llenos de gratitud.

⁸ Cuídense de que nadie los cautive con la vana y engañosa filosofía que sigue tradiciones *humanas, la que va de acuerdo con los *principios[j] de este mundo y no conforme a Cristo. ⁹ Toda la plenitud de la divinidad habita en forma corporal en Cristo; ¹⁰ y en él, que es la cabeza de todo poder y autoridad, ustedes han recibido esa plenitud. ¹¹ Además, en él fueron *circuncidados, no por mano humana sino con la circuncisión que consiste en despojarse del cuerpo pecaminoso.[k] Esta circuncisión la efectuó Cristo. ¹² Ustedes la recibieron al ser sepultados con él

Paul's Labor for the Church

²⁴ Now I rejoice in what I am suffering for you, and I fill up in my flesh what is still lacking in regard to Christ's afflictions, for the sake of his body, which is the church. ²⁵ I have become its servant by the commission God gave me to present to you the word of God in its fullness — ²⁶ the mystery that has been kept hidden for ages and generations, but is now disclosed to the Lord's people. ²⁷ To them God has chosen to make known among the Gentiles the glorious riches of this mystery, which is Christ in you, the hope of glory.

²⁸ He is the one we proclaim, admonishing and teaching everyone with all wisdom, so that we may present everyone fully mature in Christ. ²⁹ To this end I strenuously contend with all the energy Christ so powerfully works in me.

2 I want you to know how hard I am contending for you and for those at Laodicea, and for all who have not met me personally. ² My goal is that they may be encouraged in heart and united in love, so that they may have the full riches of complete understanding, in order that they may know the mystery of God, namely, Christ, ³ in whom are hidden all the treasures of wisdom and knowledge. ⁴ I tell you this so that no one may deceive you by fine-sounding arguments. ⁵ For though I am absent from you in body, I am present with you in spirit and delight to see how disciplined you are and how firm your faith in Christ is.

Spiritual Fullness in Christ

⁶ So then, just as you received Christ Jesus as Lord, continue to live your lives in him, ⁷ rooted and built up in him, strengthened in the faith as you were taught, and overflowing with thankfulness.

⁸ See to it that no one takes you captive through hollow and deceptive philosophy, which depends on human tradition and the elemental spiritual forces[h] of this world rather than on Christ. ⁹ For in Christ all the fullness of the Deity lives in bodily form, ¹⁰ and in Christ you have been brought to fullness. He is the head over every power and authority. ¹¹ In him you were also circumcised with a circumcision not performed by human hands. Your whole self ruled by the flesh[i] was put off when you were circumcised by[j] Christ, ¹² having been buried with him in baptism, in

---

ⁱ **1:24** en mí mismo. Lit. en mi *carne.
^j **2:8** los principios. Alt. los poderes espirituales, o las normas; también en v. 20.
^k **2:11** cuerpo pecaminoso. Lit. cuerpo de la *carne.

^h 8 Or the basic principles; also in verse 20   ⁱ 11 In contexts like this, the Greek word for flesh (sarx) refers to the sinful state of human beings, often presented as a power in opposition to the Spirit; also in verse 13.   ^j 11 Or put off in the circumcision of

en el bautismo. En él también fueron resucitados mediante la fe en el poder de Dios, quien lo resucitó de entre los muertos.

[13] Antes de recibir esa circuncisión, ustedes estaban muertos en sus pecados. Sin embargo, Dios nos[l] dio vida en unión con Cristo, al perdonarnos todos los pecados [14] y anular la deuda[m] que teníamos pendiente por los requisitos de la ley. Él anuló esa deuda que nos era adversa, clavándola en la cruz. [15] Desarmó a los poderes y a las potestades, y por medio de Cristo[n] los humilló en público al exhibirlos en su desfile triunfal.

[16] Así que nadie los juzgue a ustedes por lo que comen o beben, o con respecto a días de fiesta religiosa, de luna nueva o de reposo. [17] Todo esto es una sombra de las cosas que están por venir; la realidad se halla en Cristo. [18] No dejen que les prive de esta realidad ninguno de esos que se ufanan en fingir humildad y adoración de ángeles. Los tales hacen alarde de lo que no han visto; y, envanecidos por su razonamiento *humano, [19] no se mantienen firmemente unidos a la Cabeza. Por la acción de ésta, todo el cuerpo, sostenido y ajustado mediante las articulaciones y ligamentos, va creciendo como Dios quiere.

[20] Si con Cristo ustedes ya han muerto a los principios de este mundo, ¿por qué, como si todavía pertenecieran al mundo, se someten a preceptos tales como: [21] «No tomes en tus manos, no pruebes, no toques»? [22] Estos preceptos, basados en reglas y enseñanzas humanas, se refieren a cosas que van a desaparecer con el uso. [23] Tienen sin duda apariencia de sabiduría, con su afectada piedad, falsa humildad y severo trato del cuerpo, pero de nada sirven frente a los apetitos de la naturaleza pecaminosa.[ñ]

Normas para una vida santa

3 Ya que han resucitado con Cristo, busquen las cosas de arriba, donde está Cristo sentado a la *derecha de Dios. [2] Concentren su atención en las cosas de arriba, no en las de la tierra, [3] pues ustedes han muerto y su vida está escondida con Cristo en Dios. [4] Cuando Cristo, que es la vida de ustedes,[o] se manifieste, entonces también ustedes serán manifestados con él en gloria.

[5] Por tanto, hagan morir todo lo que es propio de la naturaleza terrenal: inmoralidad sexual, impureza, bajas pasiones, malos deseos y avaricia, la cual es idolatría. [6] Por estas cosas viene el castigo de Dios.[p] [7] Ustedes las practicaron en otro tiempo, cuando vivían en ellas. [8] Pero ahora abandonen también todo esto: enojo, ira, malicia, calumnia

which you were also raised with him through your faith in the working of God, who raised him from the dead.

[13] When you were dead in your sins and in the uncircumcision of your flesh, God made you[k] alive with Christ. He forgave us all our sins, [14] having canceled the charge of our legal indebtedness, which stood against us and condemned us; he has taken it away, nailing it to the cross. [15] And having disarmed the powers and authorities, he made a public spectacle of them, triumphing over them by the cross.[l]

Freedom From Human Rules

[16] Therefore do not let anyone judge you by what you eat or drink, or with regard to a religious festival, a New Moon celebration or a Sabbath day. [17] These are a shadow of the things that were to come; the reality, however, is found in Christ. [18] Do not let anyone who delights in false humility and the worship of angels disqualify you. Such a person also goes into great detail about what they have seen; they are puffed up with idle notions by their unspiritual mind. [19] They have lost connection with the head, from whom the whole body, supported and held together by its ligaments and sinews, grows as God causes it to grow.

[20] Since you died with Christ to the elemental spiritual forces of this world, why, as though you still belonged to the world, do you submit to its rules: [21] "Do not handle! Do not taste! Do not touch!"? [22] These rules, which have to do with things that are all destined to perish with use, are based on merely human commands and teachings. [23] Such regulations indeed have an appearance of wisdom, with their self-imposed worship, their false humility and their harsh treatment of the body, but they lack any value in restraining sensual indulgence.

Living as Those Made Alive in Christ

3 Since, then, you have been raised with Christ, set your hearts on things above, where Christ is, seated at the right hand of God. [2] Set your minds on things above, not on earthly things. [3] For you died, and your life is now hidden with Christ in God. [4] When Christ, who is your[m] life, appears, then you also will appear with him in glory.

[5] Put to death, therefore, whatever belongs to your earthly nature: sexual immorality, impurity, lust, evil desires and greed, which is idolatry. [6] Because of these, the wrath of God is coming.[n] [7] You used to walk in these ways, in the life you once lived. [8] But now you must also rid yourselves of all such things as these: anger, rage, malice, slander,

---

l **2:13** *nos.* Var. *les.*
m **2:14** *la deuda.* Lit. *el pagaré.*
n **2:15** *por medio de Cristo.* Alt. *mediante la cruz.*
ñ **2:23** *los apetitos de la naturaleza pecaminosa.* Lit. *la satisfacción de la* *carne.*
o **3:4** *de ustedes.* Var. *de nosotros.*
p **3:6** *de Dios.* Var. *de Dios sobre los que son desobedientes.*

---

k 13 Some manuscripts *us*　　*l* 15 Or *them in him*　　*m* 4 Some manuscripts *our*　　*n* 6 Some early manuscripts *coming on those who are disobedient*

y lenguaje obsceno. [9] Dejen de mentirse unos a otros, ahora que se han quitado el ropaje de la vieja naturaleza con sus vicios, [10] y se han puesto el de la nueva naturaleza, que se va renovando en conocimiento a imagen de su Creador. [11] En esta nueva naturaleza no hay *griego ni judío, *circunciso ni incircunciso, culto ni inculto,[q] esclavo ni libre, sino que Cristo es todo y está en todos.

[12] Por lo tanto, como escogidos de Dios, *santos y amados, revístanse de afecto entrañable y de bondad, humildad, amabilidad y paciencia, [13] de modo que se toleren unos a otros y se perdonen si alguno tiene queja contra otro. Así como el Señor los perdonó, perdonen también ustedes. [14] Por encima de todo, vístanse de amor, que es el vínculo perfecto.

[15] Que gobierne en sus corazones la paz de Cristo, a la cual fueron llamados en un solo cuerpo. Y sean agradecidos. [16] Que habite en ustedes la palabra de Cristo con toda su riqueza: instrúyanse y aconséjense unos a otros con toda sabiduría; canten salmos, himnos y canciones espirituales a Dios, con gratitud de corazón. [17] Y todo lo que hagan, de palabra o de obra, háganlo en el nombre del Señor Jesús, dando gracias a Dios el Padre por medio de él.

Normas para la familia cristiana

[18] Esposas, sométanse a sus esposos, como conviene en el Señor.

[19] Esposos, amen a sus esposas y no sean duros con ellas.

[20] Hijos, obedezcan a sus padres en todo, porque esto agrada al Señor.

[21] Padres, no exasperen a sus hijos, no sea que se desanimen.

[22] *Esclavos, obedezcan en todo a sus amos terrenales, no sólo cuando ellos los estén mirando, como si ustedes quisieran ganarse el favor *humano, sino con integridad de corazón y por respeto al Señor. [23] Hagan lo que hagan, trabajen de buena gana, como para el Señor y no como para nadie en este mundo, [24] conscientes de que el Señor los recompensará con la herencia. Ustedes sirven a Cristo el Señor. [25] El que hace el mal pagará por su propia maldad, y en esto no hay favoritismos. 4 Amos, proporcionen a sus esclavos lo que es justo y equitativo, conscientes de que ustedes también tienen un Amo en el cielo.

Instrucciones adicionales

[2] Dedíquense a la oración: perseveren en ella con agradecimiento [3] y, al mismo tiempo, intercedan por nosotros a fin de que Dios nos abra las puertas para proclamar la palabra, el *misterio de Cristo por el cual estoy preso. [4] Oren para que yo lo anuncie con claridad, como debo hacerlo. [5] Compórtense sabiamente con los que no creen

and filthy language from your lips. [9] Do not lie to each other, since you have taken off your old self with its practices [10] and have put on the new self, which is being renewed in knowledge in the image of its Creator. [11] Here there is no Gentile or Jew, circumcised or uncircumcised, barbarian, Scythian, slave or free, but Christ is all, and is in all.

[12] Therefore, as God's chosen people, holy and dearly loved, clothe yourselves with compassion, kindness, humility, gentleness and patience. [13] Bear with each other and forgive one another if any of you has a grievance against someone. Forgive as the Lord forgave you. [14] And over all these virtues put on love, which binds them all together in perfect unity.

[15] Let the peace of Christ rule in your hearts, since as members of one body you were called to peace. And be thankful. [16] Let the message of Christ dwell among you richly as you teach and admonish one another with all wisdom through psalms, hymns, and songs from the Spirit, singing to God with gratitude in your hearts. [17] And whatever you do, whether in word or deed, do it all in the name of the Lord Jesus, giving thanks to God the Father through him.

Instructions for Christian Households

[18] Wives, submit yourselves to your husbands, as is fitting in the Lord.

[19] Husbands, love your wives and do not be harsh with them.

[20] Children, obey your parents in everything, for this pleases the Lord.

[21] Fathers,[o] do not embitter your children, or they will become discouraged.

[22] Slaves, obey your earthly masters in everything; and do it, not only when their eye is on you and to curry their favor, but with sincerity of heart and reverence for the Lord. [23] Whatever you do, work at it with all your heart, as working for the Lord, not for human masters, [24] since you know that you will receive an inheritance from the Lord as a reward. It is the Lord Christ you are serving. [25] Anyone who does wrong will be repaid for their wrongs, and there is no favoritism. 4 Masters, provide your slaves with what is right and fair, because you know that you also have a Master in heaven.

Further Instructions

[2] Devote yourselves to prayer, being watchful and thankful. [3] And pray for us, too, that God may open a door for our message, so that we may proclaim the mystery of Christ, for which I am in chains. [4] Pray that I may proclaim it clearly, as I should. [5] Be wise in the way you act toward

---

q 3:11 *culto ni inculto.* Lit. *bárbaro, escita.*

o 21 Or *Parents*

en Cristo,*r* aprovechando al máximo cada momento oportuno. ⁶ Que su conversación sea siempre amena y de buen gusto. Así sabrán cómo responder a cada uno.

Saludos finales

⁷ Nuestro querido hermano Tíquico, fiel servidor y colaborador*s* en el Señor, les contará en detalle cómo me va. ⁸ Lo envío a ustedes precisamente para que tengan noticias de nosotros, y así cobren ánimo.*t* ⁹ Va con Onésimo, querido y fiel hermano, que es uno de ustedes. Ellos los pondrán al tanto de todo lo que sucede aquí.

¹⁰ Aristarco, mi compañero de cárcel, les manda saludos, como también Marcos, el primo de Bernabé. En cuanto a Marcos, ustedes ya han recibido instrucciones; si va a visitarlos, recíbanlo bien. ¹¹ También los saluda Jesús, llamado el Justo. Éstos son los únicos judíos que colaboran conmigo en pro del reino de Dios, y me han sido de mucho consuelo. ¹² Les manda saludos Epafras, que es uno de ustedes. Este *siervo de Cristo Jesús está siempre luchando en oración por ustedes, para que, plenamente convencidos,*u* se mantengan firmes, cumpliendo en todo la voluntad de Dios. ¹³ A mí me consta que él se preocupa mucho por ustedes y por los que están en Laodicea y en Hierápolis. ¹⁴ Los saludan Lucas, el querido médico, y Demas. ¹⁵ Saluden a los hermanos que están en Laodicea, como también a Ninfas y a la iglesia que se reúne en su casa.

¹⁶ Una vez que se les haya leído a ustedes esta carta, que se lea también en la iglesia de Laodicea, y ustedes lean la carta dirigida a esa iglesia.

¹⁷ Díganle a Arquipo que se ocupe de la tarea que recibió en el Señor, y que la lleve a cabo.

¹⁸ Yo, Pablo, escribo este saludo de mi puño y letra. Recuerden que estoy preso. Que la gracia sea con ustedes.

outsiders; make the most of every opportunity. ⁶ Let your conversation be always full of grace, seasoned with salt, so that you may know how to answer everyone.

Final Greetings

⁷ Tychicus will tell you all the news about me. He is a dear brother, a faithful minister and fellow servant*p* in the Lord. ⁸ I am sending him to you for the express purpose that you may know about our*q* circumstances and that he may encourage your hearts. ⁹ He is coming with Onesimus, our faithful and dear brother, who is one of you. They will tell you everything that is happening here.

¹⁰ My fellow prisoner Aristarchus sends you his greetings, as does Mark, the cousin of Barnabas. (You have received instructions about him; if he comes to you, welcome him.) ¹¹ Jesus, who is called Justus, also sends greetings. These are the only Jews*r* among my co-workers for the kingdom of God, and they have proved a comfort to me. ¹² Epaphras, who is one of you and a servant of Christ Jesus, sends greetings. He is always wrestling in prayer for you, that you may stand firm in all the will of God, mature and fully assured. ¹³ I vouch for him that he is working hard for you and for those at Laodicea and Hierapolis. ¹⁴ Our dear friend Luke, the doctor, and Demas send greetings. ¹⁵ Give my greetings to the brothers and sisters at Laodicea, and to Nympha and the church in her house.

¹⁶ After this letter has been read to you, see that it is also read in the church of the Laodiceans and that you in turn read the letter from Laodicea.

¹⁷ Tell Archippus: "See to it that you complete the ministry you have received in the Lord."

¹⁸ I, Paul, write this greeting in my own hand. Remember my chains. Grace be with you.

---

r 4:5 *los que no creen en Cristo*. Lit. *los de afuera*.
s 4:7 *colaborador*. Lit. *coesclavo*.
t 4:8 *para que ... ánimo*. Var. *para que él tenga noticias de ustedes, y los anime*.
u 4:12 *plenamente convencidos*. Alt. *perfectos y convencidos*.

p 7 Or *slave*; also in verse 12   *q* 8 Some manuscripts *that he may know about your*   *r* 11 Greek *only ones of the circumcision group*

Primera Carta a los
Tesalonicenses

Cerca del año 51 d.C., Pablo, Silas y Timoteo llevaron el mensaje de Jesús el Mesías a la ciudad de Tesalónica. Muchos allí creyeron, pero hubo una disputa cuando Pablo y Silas fueron acusados de desafiar *los decretos del emperador, afirmando que hay otro rey, uno que se llama Jesús* (véase p. 1607-8). Escaparon por poco, salvando sus vidas y tuvieron que huir.

Poco después a Pablo le preocupaba que los creyentes de Tesalónica dejaran la fe debido a la oposición que enfrentaban. Por eso envió a Timoteo, para que les diera ánimo (como era griego no correría tanto peligro al viajar). Cuando Timoteo volvió a Acaya con la buena noticia de que los de Tesalónica habían permanecido fieles, Pablo les escribió para expresar su gozo.

En esta epístola breve, Pablo recuerda su estadía en Tesalónica y da gracias porque siguen en la fe a pesar de las pruebas y los problemas. Les enseña que deben evitar la inmoralidad sexual, que han de amarse los unos a los otros con amor sincero y que deben trabajar duro para sostener sus vidas.

Luego les plantea una pregunta pastoral clave: ¿Qué esperanza tiene el cristiano con los que han muerto? Entonces les explica que los creyentes que mueren antes de la aparición del Mesías en majestad, no se han perdido sino que serán resucitados de entre los muertos cuando el Señor regrese. Les recuerda que Jesús aparecerá de repente e inesperadamente. Por eso deben vivir de tal forma que no les avergüence recibirlo. En toda la carta, el mensaje básico de Pablo es: «¡Esfuércense siempre por seguir el bien!»

1 Pablo, *Silvano y Timoteo,

a la iglesia de los tesalonicenses que está en Dios el Padre y en el Señor *Jesucristo:

Gracia y paz a ustedes.ᵃ

Acción de gracias por los tesalonicenses

2 Siempre damos gracias a Dios por todos ustedes cuando los mencionamos en nuestras oraciones. 3 Los recordamos constantemente delante de nuestro Dios y Padre a causa de la obra realizada por su fe, el trabajo motivado por su amor, y la constancia sostenida por su esperanza en nuestro Señor Jesucristo.

4 Hermanos amados de Dios, sabemos que él los ha escogido, 5 porque nuestro *evangelio les llegó no sólo con palabras sino también con poder, es decir, con el Espíritu Santo y con profunda convicción. Como bien saben, estuvimos entre ustedes buscando su bien. 6 Ustedes se hicieron imitadores nuestros y del Señor cuando, a pesar de mucho sufrimiento, recibieron el mensaje con la alegría

---

ᵃ **1:1** *a ustedes.* Var. *a ustedes de nuestro Padre y del Señor Jesucristo.*

1 Thessalonians

Around AD 51, Paul, Silas and Timothy brought the message about Jesus the Messiah to the city of Thessalonica. Many people became believers, but there was a riot when Paul and Silas were accused of *defying Caesar's decrees, saying that there is another king, one called Jesus* (see pp. 1607-8). They narrowly escaped with their lives and had to flee.

A little later Paul became concerned that the believers in Thessalonica might fall away from the faith due to the opposition they were facing. So he sent Timothy to encourage them (as a Greek he could make the trip more safely). When Timothy returned to Achaia with the welcome news that the Thessalonians had remained faithful, Paul wrote to express his joy.

In this short letter, Paul first recalls his time in Thessalonica and gives thanks for their continuing faith, despite trials and challenges. He teaches them to avoid sexual immorality, to love one another sincerely, and to work hard to earn their own living.

Paul then addresses a key pastoral question: What is the Christian hope for those who have died? He explains that believers who die before the royal appearance of the Messiah are not lost, but will surely be raised from the dead when he comes. He reminds the Thessalonians that Jesus will appear suddenly and unexpectedly. They should therefore live in such a way that they would be unashamed to greet him. Throughout the letter Paul's basic message is, "Keep up the good work!"

1 Paul, Silasᵃ and Timothy,

To the church of the Thessalonians in God the Father and the Lord Jesus Christ:

Grace and peace to you.

Thanksgiving for the Thessalonians' Faith

2 We always thank God for all of you and continually mention you in our prayers. 3 We remember before our God and Father your work produced by faith, your labor prompted by love, and your endurance inspired by hope in our Lord Jesus Christ.

4 For we know, brothers and sistersᵇ loved by God, that he has chosen you, 5 because our gospel came to you not simply with words but also with power, with the Holy Spirit and deep conviction. You know how we lived among you for your sake. 6 You became imitators of us and of the Lord, for you welcomed the message in the midst of severe suffering with the joy given by the Holy Spirit.

ᵃ *1* Greek *Silvanus,* a variant of *Silas*   ᵇ *4* The Greek word for *brothers and sisters (adelphoi)* refers here to believers, both men and women, as part of God's family; also in 2:1, 9, 14, 17; 3:7; 4:1, 10, 13; 5:1, 4, 12, 14, 25, 27.

que infunde el Espíritu Santo. [7] De esta manera se constituyeron en ejemplo para todos los creyentes de Macedonia y de Acaya. [8] Partiendo de ustedes, el mensaje del Señor se ha proclamado no sólo en Macedonia y en Acaya sino en todo lugar; a tal punto se ha divulgado su fe en Dios que ya no es necesario que nosotros digamos nada. [9] Ellos mismos cuentan de lo bien que ustedes nos recibieron, y de cómo se convirtieron a Dios dejando los ídolos para servir al Dios vivo y verdadero, [10] y esperar del cielo a Jesús, su Hijo a quien *resucitó, que nos libra del castigo venidero.

Ministerio de Pablo en Tesalónica

2 Hermanos, bien saben que nuestra visita a ustedes no fue un fracaso. [2] Y saben también que, a pesar de las aflicciones e insultos que antes sufrimos en Filipos, cobramos confianza en nuestro Dios y nos atrevimos a comunicarles el *evangelio en medio de una gran lucha. [3] Nuestra predicación no se origina en el error ni en malas intenciones, ni procura engañar a nadie. [4] Al contrario, hablamos como hombres a quienes Dios aprobó y les confió el evangelio: no tratamos de agradar a la gente sino a Dios, que examina nuestro corazón. [5] Como saben, nunca hemos recurrido a las adulaciones ni a las excusas para obtener dinero; Dios es testigo. [6] Tampoco hemos buscado honores de nadie; ni de ustedes ni de otros. [7] Aunque como apóstoles de Cristo hubiéramos podido ser exigentes con ustedes, los tratamos con delicadeza.[b] Como una madre[c] que amamanta y cuida a sus hijos, [8] así nosotros, por el cariño que les tenemos, nos deleitamos en compartir con ustedes no sólo el evangelio de Dios sino también nuestra *vida. ¡Tanto llegamos a quererlos! [9] Recordarán, hermanos, nuestros esfuerzos y fatigas para proclamarles el evangelio de Dios, y cómo trabajamos día y noche para no serles una carga.

[10] Dios y ustedes me son testigos de que nos comportamos con ustedes los creyentes en una forma santa, justa e irreprochable. [11] Saben también que a cada uno de ustedes lo hemos tratado como trata un padre a sus propios hijos. [12] Los hemos animado, consolado y exhortado a llevar una vida digna de Dios, que los llama a su reino y a su gloria.

[13] Así que no dejamos de dar gracias a Dios, porque al oír ustedes la palabra de Dios que les predicamos, la aceptaron no como palabra *humana sino como lo que realmente es, palabra de Dios, la cual actúa en ustedes los creyentes. [14] Ustedes, hermanos, siguieron el ejemplo de las iglesias de Dios en Cristo Jesús que están en Judea, ya que sufrieron a manos de sus compatriotas lo mismo que sufrieron aquellas iglesias a manos de los judíos. [15] Éstos mataron al Señor Jesús y a los profetas, y a

[7] And so you became a model to all the believers in Macedonia and Achaia. [8] The Lord's message rang out from you not only in Macedonia and Achaia — your faith in God has become known everywhere. Therefore we do not need to say anything about it, [9] for they themselves report what kind of reception you gave us. They tell how you turned to God from idols to serve the living and true God, [10] and to wait for his Son from heaven, whom he raised from the dead — Jesus, who rescues us from the coming wrath.

Paul's Ministry in Thessalonica

2 You know, brothers and sisters, that our visit to you was not without results. [2] We had previously suffered and been treated outrageously in Philippi, as you know, but with the help of our God we dared to tell you his gospel in the face of strong opposition. [3] For the appeal we make does not spring from error or impure motives, nor are we trying to trick you. [4] On the contrary, we speak as those approved by God to be entrusted with the gospel. We are not trying to please people but God, who tests our hearts. [5] You know we never used flattery, nor did we put on a mask to cover up greed — God is our witness. [6] We were not looking for praise from people, not from you or anyone else, even though as apostles of Christ we could have asserted our authority. [7] Instead, we were like young children[c] among you.

Just as a nursing mother cares for her children, [8] so we cared for you. Because we loved you so much, we were delighted to share with you not only the gospel of God but our lives as well. [9] Surely you remember, brothers and sisters, our toil and hardship; we worked night and day in order not to be a burden to anyone while we preached the gospel of God to you. [10] You are witnesses, and so is God, of how holy, righteous and blameless we were among you who believed. [11] For you know that we dealt with each of you as a father deals with his own children, [12] encouraging, comforting and urging you to live lives worthy of God, who calls you into his kingdom and glory.

[13] And we also thank God continually because, when you received the word of God, which you heard from us, you accepted it not as a human word, but as it actually is, the word of God, which is indeed at work in you who believe. [14] For you, brothers and sisters, became imitators of God's churches in Judea, which are in Christ Jesus: You suffered from your own people the same things those churches suffered from the Jews [15] who killed

---

[b] **2:7** exigentes ... delicadeza. Var. exigentes, fuimos niños entre ustedes.
[c] **2:7** madre. Alt. nodriza.

[c] **7** Some manuscripts were gentle

nosotros nos expulsaron. No agradan a Dios y son hostiles a todos, [16] pues procuran impedir que prediquemos a los *gentiles para que sean salvos. Así en todo lo que hacen llegan al colmo de su pecado. Pero el castigo de Dios vendrá sobre ellos con toda severidad.[d]

Pablo anhela ver a los tesalonicenses

[17] Nosotros, hermanos, luego de estar separados de ustedes por algún tiempo, en lo físico pero no en lo espiritual, con ferviente anhelo hicimos todo lo humanamente posible por ir a verlos. [18] Sí, deseábamos visitarlos —yo mismo, Pablo, más de una vez intenté ir—, pero Satanás nos lo impidió. [19] En resumidas cuentas, ¿cuál es nuestra esperanza, alegría o motivo[e] de *orgullo delante de nuestro Señor Jesús para cuando él venga? ¿Quién más sino ustedes? [20] Sí, ustedes son nuestro orgullo y alegría.

3 Por tanto, cuando ya no pudimos soportarlo más, pensamos que era mejor quedarnos solos en Atenas. [2] Así que les enviamos a Timoteo, hermano nuestro y colaborador de Dios[f] en el *evangelio de Cristo, con el fin de afianzarlos y animarlos en la fe [3] para que nadie fuera perturbado por estos sufrimientos. Ustedes mismos saben que se nos destinó para esto, [4] pues cuando estábamos con ustedes les advertimos que íbamos a padecer sufrimientos. Y así sucedió. [5] Por eso, cuando ya no pude soportarlo más, mandé a Timoteo a indagar acerca de su fe, no fuera que el *tentador los hubiera inducido a hacer lo malo y que nuestro trabajo hubiera sido en vano.

El informe alentador de Timoteo

[6] Ahora Timoteo acaba de volver de Tesalónica con buenas noticias de la fe y del amor de ustedes. Nos dice que conservan gratos recuerdos de nosotros y que tienen muchas ganas de vernos, tanto como nosotros a ustedes. [7] Por eso, hermanos, en medio de todas nuestras angustias y sufrimientos ustedes nos han dado ánimo por su fe. [8] ¡Ahora sí que vivimos al saber que están firmes en el Señor! [9] ¿Cómo podemos agradecer bastante a nuestro Dios por ustedes y por toda la alegría que nos han proporcionado delante de él? [10] Día y noche le suplicamos que nos permita verlos de nuevo para suplir lo que le falta a su fe.

[11] Que el Dios y Padre nuestro, y nuestro Señor Jesús, nos preparen el camino para ir a verlos. [12] Que el Señor los haga crecer para que se amen más y más unos a otros, y a todos, tal como nosotros los amamos a ustedes. [13] Que los fortalezca interiormente para que, cuando nuestro Señor Jesús venga con todos sus *santos, la santidad de

the Lord Jesus and the prophets and also drove us out. They displease God and are hostile to everyone [16] in their effort to keep us from speaking to the Gentiles so that they may be saved. In this way they always heap up their sins to the limit. The wrath of God has come upon them at last.[d]

Paul's Longing to See the Thessalonians

[17] But, brothers and sisters, when we were orphaned by being separated from you for a short time (in person, not in thought), out of our intense longing we made every effort to see you. [18] For we wanted to come to you—certainly I, Paul, did, again and again—but Satan blocked our way. [19] For what is our hope, our joy, or the crown in which we will glory in the presence of our Lord Jesus when he comes? Is it not you? [20] Indeed, you are our glory and joy.

3 So when we could stand it no longer, we thought it best to be left by ourselves in Athens. [2] We sent Timothy, who is our brother and co-worker in God's service in spreading the gospel of Christ, to strengthen and encourage you in your faith, [3] so that no one would be unsettled by these trials. For you know quite well that we are destined for them. [4] In fact, when we were with you, we kept telling you that we would be persecuted. And it turned out that way, as you well know. [5] For this reason, when I could stand it no longer, I sent to find out about your faith. I was afraid that in some way the tempter had tempted you and that our labors might have been in vain.

Timothy's Encouraging Report

[6] But Timothy has just now come to us from you and has brought good news about your faith and love. He has told us that you always have pleasant memories of us and that you long to see us, just as we also long to see you. [7] Therefore, brothers and sisters, in all our distress and persecution we were encouraged about you because of your faith. [8] For now we really live, since you are standing firm in the Lord. [9] How can we thank God enough for you in return for all the joy we have in the presence of our God because of you? [10] Night and day we pray most earnestly that we may see you again and supply what is lacking in your faith.

[11] Now may our God and Father himself and our Lord Jesus clear the way for us to come to you. [12] May the Lord make your love increase and overflow for each other and for everyone else, just as ours does for you. [13] May he strengthen your hearts so that you will be blameless and holy in the

---

d **2:16** Pero ... severidad. Lit. Pero la ira vino sobre ellos hasta el fin.

e **2:19** motivo. Lit. corona.

f **3:2** colaborador de Dios. Var. servidor de Dios; otra var. servidor de Dios y colaborador nuestro.

d 16 Or them fully

ustedes sea intachable delante de nuestro Dios y Padre.

La vida que agrada a Dios

4 Por lo demás, hermanos, les pedimos encarecidamente en el nombre del Señor Jesús que sigan progresando en el modo de vivir que agrada a Dios, tal como lo aprendieron de nosotros. De hecho, ya lo están practicando. [2] Ustedes saben cuáles son las instrucciones que les dimos de parte del Señor Jesús.

[3] La voluntad de Dios es que sean *santificados; que se aparten de la inmoralidad sexual; [4] que cada uno aprenda a controlar su propio cuerpo[g] de una manera santa y honrosa, [5] sin dejarse llevar por los malos deseos como hacen los *paganos, que no conocen a Dios; [6] y que nadie perjudique a su hermano ni se aproveche de él en este asunto. El Señor castiga todo esto, como ya les hemos dicho y advertido. [7] Dios no nos llamó a la impureza sino a la santidad; [8] por tanto, el que rechaza estas instrucciones no rechaza a un hombre sino a Dios, quien les da a ustedes su Espíritu Santo.

[9] En cuanto al amor fraternal, no necesitan que les escribamos, porque Dios mismo les ha enseñado a amarse unos a otros. [10] En efecto, ustedes aman a todos los hermanos que viven en Macedonia. No obstante, hermanos, les animamos a amarse aún más, [11] a procurar vivir en paz con todos, a ocuparse de sus propias responsabilidades y a trabajar con sus propias manos. Así les he mandado, [12] para que por su modo de vivir se ganen el respeto de los que no son creyentes, y no tengan que depender de nadie.

La venida del Señor

[13] Hermanos, no queremos que ignoren lo que va a pasar con los que ya han muerto,[h] para que no se entristezcan como esos otros que no tienen esperanza. [14] ¿Acaso no creemos que Jesús murió y resucitó? Así también Dios resucitará con Jesús a los que han muerto en unión con él. [15] Conforme a lo dicho por el Señor, afirmamos que nosotros, los que estemos vivos y hayamos quedado hasta la venida del Señor, de ninguna manera nos adelantaremos a los que hayan muerto. [16] El Señor mismo descenderá del cielo con voz de mando, con voz de arcángel y con trompeta de Dios, y los muertos en Cristo resucitarán primero. [17] Luego los que estemos vivos, los que hayamos quedado, seremos arrebatados junto con ellos en las nubes para encontrarnos con el Señor en el aire. Y así estaremos con el Señor para siempre. [18] Por lo tanto, anímense unos a otros con estas palabras.

presence of our God and Father when our Lord Jesus comes with all his holy ones.

Living to Please God

4 As for other matters, brothers and sisters, we instructed you how to live in order to please God, as in fact you are living. Now we ask you and urge you in the Lord Jesus to do this more and more. [2] For you know what instructions we gave you by the authority of the Lord Jesus.

[3] It is God's will that you should be sanctified: that you should avoid sexual immorality; [4] that each of you should learn to control your own body[e] in a way that is holy and honorable, [5] not in passionate lust like the pagans, who do not know God; [6] and that in this matter no one should wrong or take advantage of a brother or sister.[f] The Lord will punish all those who commit such sins, as we told you and warned you before. [7] For God did not call us to be impure, but to live a holy life. [8] Therefore, anyone who rejects this instruction does not reject a human being but God, the very God who gives you his Holy Spirit.

[9] Now about your love for one another we do not need to write to you, for you yourselves have been taught by God to love each other. [10] And in fact, you do love all of God's family throughout Macedonia. Yet we urge you, brothers and sisters, to do so more and more, [11] and to make it your ambition to lead a quiet life: You should mind your own business and work with your hands, just as we told you, [12] so that your daily life may win the respect of outsiders and so that you will not be dependent on anybody.

Believers Who Have Died

[13] Brothers and sisters, we do not want you to be uninformed about those who sleep in death, so that you do not grieve like the rest of mankind, who have no hope. [14] For we believe that Jesus died and rose again, and so we believe that God will bring with Jesus those who have fallen asleep in him. [15] According to the Lord's word, we tell you that we who are still alive, who are left until the coming of the Lord, will certainly not precede those who have fallen asleep. [16] For the Lord himself will come down from heaven, with a loud command, with the voice of the archangel and with the trumpet call of God, and the dead in Christ will rise first. [17] After that, we who are still alive and are left will be caught up together with them in the clouds to meet the Lord in the air. And so we will be with the Lord forever. [18] Therefore encourage one another with these words.

---

g 4:4 aprenda ... cuerpo. Alt. *trate a su esposa, o consiga esposa.*
h 4:13 han muerto. Lit. *duermen;* el mismo verbo en vv. 14 y 15.

e 4 Or *learn to live with your own wife;* or *learn to acquire a wife*
f 6 The Greek word for *brother or sister (adelphos)* refers here to a believer, whether man or woman, as part of God's family.

5 Ahora bien, hermanos, ustedes no necesitan que se les escriba acerca de tiempos y fechas, ² porque ya saben que el día del Señor llegará como ladrón en la noche. ³ Cuando estén diciendo: «Paz y seguridad», vendrá de improviso sobre ellos la destrucción, como le llegan a la mujer encinta los dolores de parto. De ninguna manera podrán escapar.

⁴ Ustedes, en cambio, hermanos, no están en la oscuridad para que ese día los sorprenda como un ladrón. ⁵ Todos ustedes son hijos de la luz y del día. No somos de la noche ni de la oscuridad. ⁶ No debemos, pues, dormirnos como los demás, sino mantenernos alerta y en nuestro sano juicio. ⁷ Los que duermen, de noche duermen, y los que se emborrachan, de noche se emborrachan. ⁸ Nosotros que somos del día, por el contrario, estemos siempre en nuestro sano juicio, protegidos por la coraza de la fe y del amor, y por el casco de la esperanza de salvación; ⁹ pues Dios no nos destinó a sufrir el castigo sino a recibir la salvación por medio de nuestro Señor Jesucristo. ¹⁰ Él murió por nosotros para que, en la vida o en la muerte,ⁱ vivamos junto con él. ¹¹ Por eso, anímense y edifíquense unos a otros, tal como lo vienen haciendo.

Instrucciones finales

¹² Hermanos, les pedimos que sean considerados con los que trabajan arduamente entre ustedes, y los guían y amonestan en el Señor. ¹³ Ténganlos en alta estima, y ámenlos por el trabajo que hacen. Vivan en paz unos con otros. ¹⁴ Hermanos, también les rogamos que amonesten a los holgazanes, estimulen a los desanimados, ayuden a los débiles y sean pacientes con todos. ¹⁵ Asegúrense de que nadie pague mal por mal; más bien, esfuércense siempre por hacer el bien, no sólo entre ustedes sino a todos.

¹⁶ Estén siempre alegres, ¹⁷ oren sin cesar, ¹⁸ den gracias a Dios en toda situación, porque esta es su voluntad para ustedes en Cristo Jesús.

¹⁹ No apaguen el Espíritu, ²⁰ no desprecien las profecías, ²¹ sométanlo todo a prueba, aférrense a lo bueno, ²² eviten toda clase de mal.

²³ Que Dios mismo, el Dios de paz, los *santifique por completo, y conserve todo su ser —espíritu, alma y cuerpo— irreprochable para la venida de nuestro Señor Jesucristo. ²⁴ El que los llama es fiel, y así lo hará.

²⁵ Hermanos, oren también por nosotros. ²⁶ Saluden a todos los hermanos con un beso santo. ²⁷ Les encargo delante del Señor que lean esta carta a todos los hermanos.

²⁸ Que la gracia de nuestro Señor Jesucristo sea con ustedes.

The Day of the Lord

5 Now, brothers and sisters, about times and dates we do not need to write to you, ² for you know very well that the day of the Lord will come like a thief in the night. ³ While people are saying, "Peace and safety," destruction will come on them suddenly, as labor pains on a pregnant woman, and they will not escape.

⁴ But you, brothers and sisters, are not in darkness so that this day should surprise you like a thief. ⁵ You are all children of the light and children of the day. We do not belong to the night or to the darkness. ⁶ So then, let us not be like others, who are asleep, but let us be awake and sober. ⁷ For those who sleep, sleep at night, and those who get drunk, get drunk at night. ⁸ But since we belong to the day, let us be sober, putting on faith and love as a breastplate, and the hope of salvation as a helmet. ⁹ For God did not appoint us to suffer wrath but to receive salvation through our Lord Jesus Christ. ¹⁰ He died for us so that, whether we are awake or asleep, we may live together with him. ¹¹ Therefore encourage one another and build each other up, just as in fact you are doing.

Final Instructions

¹² Now we ask you, brothers and sisters, to acknowledge those who work hard among you, who care for you in the Lord and who admonish you. ¹³ Hold them in the highest regard in love because of their work. Live in peace with each other. ¹⁴ And we urge you, brothers and sisters, warn those who are idle and disruptive, encourage the disheartened, help the weak, be patient with everyone. ¹⁵ Make sure that nobody pays back wrong for wrong, but always strive to do what is good for each other and for everyone else.

¹⁶ Rejoice always, ¹⁷ pray continually, ¹⁸ give thanks in all circumstances; for this is God's will for you in Christ Jesus.

¹⁹ Do not quench the Spirit. ²⁰ Do not treat prophecies with contempt ²¹ but test them all; hold on to what is good, ²² reject every kind of evil.

²³ May God himself, the God of peace, sanctify you through and through. May your whole spirit, soul and body be kept blameless at the coming of our Lord Jesus Christ. ²⁴ The one who calls you is faithful, and he will do it.

²⁵ Brothers and sisters, pray for us. ²⁶ Greet all God's people with a holy kiss. ²⁷ I charge you before the Lord to have this letter read to all the brothers and sisters.

²⁸ The grace of our Lord Jesus Christ be with you.

ⁱ **5:10** en la vida o en la muerte. Lit. despiertos o dormidos.

Segunda Carta a los
Tesalonicenses

Parece que poco después de escribir su primera carta a los de Tesalónica, Pablo tuvo que escribirles de nuevo para corregir un falso informe en cuanto a que él había dicho que el día del Señor ya había llegado. *El día del Señor* era una frase de los profetas hebreos para describir la victoria clave de Dios sobre todo opositor, cuando serían recompensados sus fieles. La preocupación de los tesalonicenses parece haber sido, no que hubiera pasado el día sin que lo supieran, sino que aún durase. Eso significaría que ya no se podía esperar nada de Dios en términos de que se corrigieran las cosas. Y como seguían sufriendo persecución, la idea les resultaba deprimente.

Aun antes de contradecir ese falso informe, Pablo les asegura de nuevo a los de Tesalónica que Dios les haría pagar a los que les causaban dolor. Y les recuerda los detalles que habló en persona con ellos sobre cómo llegaría el día del Señor. Luego repite varias instrucciones de su carta anterior, urgiéndoles a no estar ociosos sino a trabajar duro para ganarse la vida.

Al final de la carta, que parece haber sido escrita por un escriba en su mayor parte, Pablo añade un saludo de puño y letra. Quiere que sepan, sin duda alguna, ¡que esa enseñanza proviene de él!

---

1 Pablo, *Silvano y Timoteo,

a la iglesia de los tesalonicenses, unida a Dios nuestro Padre y al Señor *Jesucristo:

² Que Dios el Padre y el Señor Jesucristo les concedan gracia y paz.

Acción de gracias y oración

³ Hermanos, siempre debemos dar gracias a Dios por ustedes, como es justo, porque su fe se acrecienta cada vez más, y en cada uno de ustedes sigue abundando el amor hacia los otros. ⁴ Así que nos sentimos orgullosos de ustedes ante las iglesias de Dios por la perseverancia y la fe que muestran al soportar toda clase de persecuciones y sufrimientos. ⁵ Todo esto prueba que el juicio de Dios es justo, y por tanto él los considera dignos de su reino, por el cual están sufriendo.

⁶ Dios, que es justo, pagará con sufrimiento a quienes los hacen sufrir a ustedes. ⁷ Y a ustedes que sufren, les dará descanso, lo mismo que a nosotros. Esto sucederá cuando el Señor Jesús se manifieste desde el cielo entre llamas de fuego, con sus poderosos ángeles, ⁸ para castigar a los que no conocen a Dios ni obedecen el *evangelio de nuestro Señor Jesús. ⁹ Ellos sufrirán el castigo de la destrucción eterna, lejos de la presencia del Señor y de la majestad de su poder, ¹⁰ el día en que venga

2 Thessalonians

Apparently only shortly after writing his first letter to the Thessalonians, Paul had to write again to correct a false report that he had said the day of the Lord had already come. The *day of the Lord* was a phrase from the Hebrew prophets to describe God's key victory over every opponent, when his faithful ones would be rewarded. The Thessalonians' concern seems to have been not that the day had come and gone and they had missed it, but that it was now present. That would mean nothing more was to be expected from God in terms of setting things right. Since they continued to suffer persecutions, this was a depressing prospect.

Even before he contradicts this false report, Paul reassures the Thessalonians that God will indeed pay back all those who were troubling them. He reminds them of the details he had discussed with them in person of how the day of the Lord would arrive. He then repeats some instruction from his earlier letter, urging them not to be idle but to work hard and earn their own livings.

At the end of the letter, most of which would have been written by a scribe, Paul adds a greeting in his own handwriting. He wants them to know for sure this teaching is really coming from him!

---

1 Paul, Silas[a] and Timothy,

To the church of the Thessalonians in God our Father and the Lord Jesus Christ:

²Grace and peace to you from God the Father and the Lord Jesus Christ.

Thanksgiving and Prayer

³We ought always to thank God for you, brothers and sisters,[b] and rightly so, because your faith is growing more and more, and the love all of you have for one another is increasing. ⁴Therefore, among God's churches we boast about your perseverance and faith in all the persecutions and trials you are enduring.

⁵All this is evidence that God's judgment is right, and as a result you will be counted worthy of the kingdom of God, for which you are suffering. ⁶God is just: He will pay back trouble to those who trouble you ⁷and give relief to you who are troubled, and to us as well. This will happen when the Lord Jesus is revealed from heaven in blazing fire with his powerful angels. ⁸He will punish those who do not know God and do not obey the gospel of our Lord Jesus. ⁹They will be punished with everlasting destruction and shut out from the presence of the Lord and from the glory of his might ¹⁰on the day

---

[a] *1* Greek *Silvanus*, a variant of *Silas*   [b] *3* The Greek word for *brothers and sisters* (*adelphoi*) refers here to believers, both men and women, as part of God's family; also in 2:1, 13, 15; 3:1, 6, 13.

para ser glorificado por medio de sus *santos y admirado por todos los que hayan creído, entre los cuales están ustedes porque creyeron el testimonio que les dimos.

¹¹ Por eso oramos constantemente por ustedes, para que nuestro Dios los considere dignos del llamamiento que les ha hecho, y por su poder *perfeccione toda disposición al bien y toda obra que realicen por la fe. ¹² Oramos así, de modo que el nombre de nuestro Señor Jesús sea glorificado por medio de ustedes, y ustedes por él, conforme a la gracia de nuestro Dios y del Señor Jesucristo.ᵃ

Manifestación y juicio del malvado

2 Ahora bien, hermanos, en cuanto a la venida de nuestro Señor Jesucristo y a nuestra reunión con él, les pedimos que ² no pierdan la cabeza ni se alarmen por ciertas profecías,ᵇ ni por mensajes orales o escritos supuestamente nuestros, que digan: «¡Ya llegó el día del Señor!» ³ No se dejen engañar de ninguna manera, porque primero tiene que llegar la rebelión contra Diosᶜ y manifestarse el hombre de maldad,ᵈ el destructor por naturaleza.ᵉ ⁴ Éste se opone y se levanta contra todo lo que lleva el nombre de Dios o es objeto de adoración, hasta el punto de adueñarse del templo de Dios y pretender ser Dios.

⁵ ¿No recuerdan que ya les hablaba de esto cuando estaba con ustedes? ⁶ Bien saben que hay algo que detiene a este hombre, a fin de que él se manifieste a su debido tiempo. ⁷ Es cierto que el *misterio de la maldad ya está ejerciendo su poder; pero falta que sea quitado de en medio el que ahora lo detiene. ⁸ Entonces se manifestará aquel malvado, a quien el Señor Jesús derrocará con el soplo de su boca y destruirá con el esplendor de su venida. ⁹ El malvado vendrá, por obra de Satanás, con toda clase de milagros, señales y prodigios falsos. ¹⁰ Con toda perversidad engañará a los que se pierden por haberse negado a amar la verdad y así ser salvos. ¹¹ Por eso Dios permite que, por el poder del engaño, crean en la mentira. ¹² Así serán condenados todos los que no creyeron en la verdad sino que se deleitaron en el mal.

Exhortación a la perseverancia

¹³ Nosotros, en cambio, siempre debemos dar gracias a Dios por ustedes, hermanos amados por el Señor, porque desde el principio Dios los escogióᶠ para ser salvos, mediante la obra *santificadora del Espíritu y la fe que tienen en la verdad. ¹⁴ Para esto Dios los llamó por nuestro *evangelio, a fin de que tengan parte en la gloria de nuestro Señor Jesucristo. ¹⁵ Así que, hermanos, sigan

he comes to be glorified in his holy people and to be marveled at among all those who have believed. This includes you, because you believed our testimony to you.

¹¹ With this in mind, we constantly pray for you, that our God may make you worthy of his calling, and that by his power he may bring to fruition your every desire for goodness and your every deed prompted by faith. ¹² We pray this so that the name of our Lord Jesus may be glorified in you, and you in him, according to the grace of our God and the Lord Jesus Christ.ᶜ

The Man of Lawlessness

2 Concerning the coming of our Lord Jesus Christ and our being gathered to him, we ask you, brothers and sisters, ² not to become easily unsettled or alarmed by the teaching allegedly from us — whether by a prophecy or by word of mouth or by letter — asserting that the day of the Lord has already come. ³ Don't let anyone deceive you in any way, for that day will not come until the rebellion occurs and the man of lawlessnessᵈ is revealed, the man doomed to destruction. ⁴ He will oppose and will exalt himself over everything that is called God or is worshiped, so that he sets himself up in God's temple, proclaiming himself to be God.

⁵ Don't you remember that when I was with you I used to tell you these things? ⁶ And now you know what is holding him back, so that he may be revealed at the proper time. ⁷ For the secret power of lawlessness is already at work; but the one who now holds it back will continue to do so till he is taken out of the way. ⁸ And then the lawless one will be revealed, whom the Lord Jesus will overthrow with the breath of his mouth and destroy by the splendor of his coming. ⁹ The coming of the lawless one will be in accordance with how Satan works. He will use all sorts of displays of power through signs and wonders that serve the lie, ¹⁰ and all the ways that wickedness deceives those who are perishing. They perish because they refused to love the truth and so be saved. ¹¹ For this reason God sends them a powerful delusion so that they will believe the lie ¹² and so that all will be condemned who have not believed the truth but have delighted in wickedness.

Stand Firm

¹³ But we ought always to thank God for you, brothers and sisters loved by the Lord, because God chose you as firstfruitsᵉ to be saved through the sanctifying work of the Spirit and through belief in the truth. ¹⁴ He called you to this through our gospel, that you might share in the glory of our Lord Jesus Christ.

¹⁵ So then, brothers and sisters, stand firm and

ᵃ 1:12 *Dios y del Señor Jesucristo.* Alt. *Dios y Señor, Jesucristo.*
ᵇ 2:2 *por ciertas profecías.* Lit. *por espíritu.*
ᶜ 2:3 *la rebelión contra Dios.* Lit. *la apostasía.*
ᵈ 2:3 *maldad.* Var. *pecado.*
ᵉ 2:3 *el destructor por naturaleza.* Alt. *el que está destinado a la destrucción.* Lit. *el hijo de la destrucción.*
ᶠ 2:13 *desde ... escogió.* Var. *Dios los escogió como sus *primicias.*

ᶜ 12 Or *God and Lord, Jesus Christ*   ᵈ 3 Some manuscripts *sin*
ᵉ 13 Some manuscripts *because from the beginning God chose you*

firmes y manténganse fieles a las enseñanzas[g] que, oralmente o por carta, les hemos transmitido.

[16] Que nuestro Señor Jesucristo mismo y Dios nuestro Padre, que nos amó y por su gracia nos dio consuelo eterno y una buena esperanza, [17] los anime y les fortalezca el corazón, para que tanto en palabra como en obra hagan todo lo que sea bueno.

Oración por la difusión del evangelio

3 Por último, hermanos, oren por nosotros para que el mensaje del Señor se difunda rápidamente y se le reciba con honor, tal como sucedió entre ustedes. [2] Oren además para que seamos librados de personas perversas y malvadas, porque no todos tienen fe. [3] Pero el Señor es fiel, y él los fortalecerá y los protegerá del maligno. [4] Confiamos en el Señor de que ustedes cumplen y seguirán cumpliendo lo que les hemos enseñado. [5] Que el Señor los lleve a amar como Dios ama, y a perseverar como Cristo perseveró.

Exhortación al trabajo

[6] Hermanos, en el nombre del Señor Jesucristo les ordenamos que se aparten de todo hermano que esté viviendo como un vago y no según las enseñanzas recibidas[h] de nosotros. [7] Ustedes mismos saben cómo deben seguir nuestro ejemplo. Nosotros no vivimos como ociosos entre ustedes, [8] ni comimos el pan de nadie sin pagarlo. Al contrario, día y noche trabajamos arduamente y sin descanso para no ser una carga a ninguno de ustedes. [9] Y lo hicimos así, no porque no tuviéramos derecho a tal ayuda, sino para darles buen ejemplo. [10] Porque incluso cuando estábamos con ustedes, les ordenamos: «El que no quiera trabajar, que tampoco coma.»

[11] Nos hemos enterado de que entre ustedes hay algunos que andan de vagos, sin trabajar en nada, y que sólo se ocupan de lo que no les importa. [12] A tales personas les ordenamos y exhortamos en el Señor Jesucristo que tranquilamente se pongan a trabajar para ganarse la vida. [13] Ustedes, hermanos, no se cansen de hacer el bien.

[14] Si alguno no obedece las instrucciones que les damos en esta carta, denúncienlo públicamente y no se relacionen con él, para que se avergüence. [15] Sin embargo, no lo tengan por enemigo, sino amonéstenlo como a hermano.

Saludos finales

[16] Que el Señor de paz les conceda su paz siempre y en todas las circunstancias. El Señor sea con todos ustedes.

[17] Yo, Pablo, escribo este saludo de mi puño y letra. Ésta es la señal distintiva de todas mis cartas; así escribo yo.

[18] Que la gracia de nuestro Señor Jesucristo sea con todos ustedes.

hold fast to the teachings[f] we passed on to you, whether by word of mouth or by letter.

[16] May our Lord Jesus Christ himself and God our Father, who loved us and by his grace gave us eternal encouragement and good hope, [17] encourage your hearts and strengthen you in every good deed and word.

Request for Prayer

3 As for other matters, brothers and sisters, pray for us that the message of the Lord may spread rapidly and be honored, just as it was with you. [2] And pray that we may be delivered from wicked and evil people, for not everyone has faith. [3] But the Lord is faithful, and he will strengthen you and protect you from the evil one. [4] We have confidence in the Lord that you are doing and will continue to do the things we command. [5] May the Lord direct your hearts into God's love and Christ's perseverance.

Warning Against Idleness

[6] In the name of the Lord Jesus Christ, we command you, brothers and sisters, to keep away from every believer who is idle and disruptive and does not live according to the teaching[g] you received from us. [7] For you yourselves know how you ought to follow our example. We were not idle when we were with you, [8] nor did we eat anyone's food without paying for it. On the contrary, we worked night and day, laboring and toiling so that we would not be a burden to any of you. [9] We did this, not because we do not have the right to such help, but in order to offer ourselves as a model for you to imitate. [10] For even when we were with you, we gave you this rule: "The one who is unwilling to work shall not eat."

[11] We hear that some among you are idle and disruptive. They are not busy; they are busybodies. [12] Such people we command and urge in the Lord Jesus Christ to settle down and earn the food they eat. [13] And as for you, brothers and sisters, never tire of doing what is good.

[14] Take special note of anyone who does not obey our instruction in this letter. Do not associate with them, in order that they may feel ashamed. [15] Yet do not regard them as an enemy, but warn them as you would a fellow believer.

Final Greetings

[16] Now may the Lord of peace himself give you peace at all times and in every way. The Lord be with all of you.

[17] I, Paul, write this greeting in my own hand, which is the distinguishing mark in all my letters. This is how I write.

[18] The grace of our Lord Jesus Christ be with you all.

---

g 2:15 *enseñanzas.* Alt. *tradiciones.*
h 3:6 *las enseñanzas recibidas.* Alt. *la tradición recibida.*

f 15 Or *traditions*   g 6 Or *tradition*

Primera Carta a
Timoteo

1 Timothy

Pablo, después de ser liberado de la prisión en Roma, descubrió que los líderes de la iglesia de Éfeso habían distorsionado el auténtico mensaje que él mismo les transmitió. Estaban aplicando mal ciertas prácticas judías y adoptando otras provenientes de las filosofías de ese momento. Prohibían ciertos alimentos, el matrimonio y, además, especulaban de manera controversial en cuanto al camino del progreso espiritual. Pero al mismo tiempo toleraban la conducta inmoral. De modo que Pablo envió a su compañero Timoteo a Éfeso y le escribió una carta que debía transmitir a la iglesia de allí. Esperaba con eso darle a Timoteo el poder y la influencia para arreglar las cosas hasta que Pablo mismo pudiera visitar Éfeso.

Pablo se centra en cómo han de ser los líderes de la iglesia. Con eso, los de Éfeso podrían rechazar a los que no calificaran, reemplazándolos por los que sí lo hicieran. Pablo incluye, casi al final, una advertencia especial acerca de los peligros de la codicia, que parecía ser la raíz de sus problemas.

A lo largo de la carta Pablo usa la frase *Cristo Jesús* —es decir, Mesías Jesús—, con la que enfatiza el gobierno majestuoso de Cristo. Así la iglesia podría recordar que Jesús es su verdadero líder, el más claro modelo del auténtico liderazgo.

After Paul was released from prison in Rome, he discovered that leaders in the Ephesian church had distorted the genuine message they had first heard from Paul himself. They had misapplied certain Jewish practices and borrowed some others from the philosophies of the day. They restricted certain foods, forbade marriage and stressed controversial speculations as the path to spiritual progress. At the same time, they tolerated immoral behavior. So Paul sent his co-worker Timothy to Ephesus and wrote him a letter, which he was expected to share with the church. He hoped it would give Timothy the power and influence to set things in order until Paul could get to Ephesus himself.

Paul's focus is on what true leadership in the church looks like. This would help the Ephesians reject those who weren't qualified and replace them with those who were. Paul includes a special warning toward the end of his letter about the dangers of greed, which seemed to be at the root of their problems.

Throughout the letter Paul uses the phrase *Christ Jesus*—that is, Messiah Jesus—which emphasizes the kingly rule of Jesus. This helped remind the church that Jesus is their real leader and is the clearest model of authentic leadership.

---

1 Pablo, apóstol de *Cristo Jesús por mandato de Dios nuestro Salvador y de Cristo Jesús nuestra esperanza,

² a Timoteo, mi verdadero hijo en la fe:

Que Dios el Padre y Cristo Jesús nuestro Señor te concedan gracia, misericordia y paz.

Advertencia contra los falsos maestros de la ley

³ Al partir para Macedonia, te encargué que permanecieras en Éfeso y les ordenaras a algunos supuestos maestros que dejen de enseñar doctrinas falsas ⁴ y de prestar atención a leyendas y genealogías interminables. Esas cosas provocan controversias en vez de llevar adelante la obra de Dios que es por la fe. ⁵ Debes hacerlo así para que el amor brote de un corazón limpio, de una buena conciencia y de una fe sincera. ⁶ Algunos se han desviado de esa línea de conducta y se han enredado en discusiones inútiles. ⁷ Pretenden ser maestros de la ley, pero en realidad no saben de qué hablan ni entienden lo que con tanta seguridad afirman.

⁸ Ahora bien, sabemos que la ley es buena, si se aplica como es debido. ⁹ Tengamos en cuenta que la ley no se ha instituido para los justos sino para los desobedientes y rebeldes, para los impíos y pecadores, para los irreverentes y profanos. La

1 Paul, an apostle of Christ Jesus by the command of God our Savior and of Christ Jesus our hope,

²To Timothy my true son in the faith:

Grace, mercy and peace from God the Father and Christ Jesus our Lord.

Timothy Charged to Oppose False Teachers

³As I urged you when I went into Macedonia, stay there in Ephesus so that you may command certain people not to teach false doctrines any longer ⁴or to devote themselves to myths and endless genealogies. Such things promote controversial speculations rather than advancing God's work— which is by faith. ⁵The goal of this command is love, which comes from a pure heart and a good conscience and a sincere faith. ⁶Some have departed from these and have turned to meaningless talk. ⁷They want to be teachers of the law, but they do not know what they are talking about or what they so confidently affirm.

⁸We know that the law is good if one uses it properly. ⁹We also know that the law is made not for the righteous but for lawbreakers and rebels, the ungodly and sinful, the unholy and irreligious,

ley es para los que maltratan a sus propios padres,[a] para los asesinos, [10] para los adúlteros y los homosexuales, para los traficantes de esclavos, los embusteros y los que juran en falso. En fin, la ley es para todo lo que está en contra de la sana doctrina [11] enseñada por el glorioso *evangelio que el Dios bendito me ha confiado.

La gracia que el Señor dio a Pablo

[12] Doy gracias al que me fortalece, Cristo Jesús nuestro Señor, pues me consideró digno de confianza al ponerme a su servicio. [13] Anteriormente, yo era un *blasfemo, un perseguidor y un insolente; pero Dios tuvo misericordia de mí porque yo era un incrédulo y actuaba con ignorancia. [14] Pero la gracia de nuestro Señor se derramó sobre mí con abundancia, junto con la fe y el amor que hay en Cristo Jesús.

[15] Este mensaje es digno de crédito y merece ser aceptado por todos: que Cristo Jesús vino al mundo a salvar a los pecadores, de los cuales yo soy el primero. [16] Pero precisamente por eso Dios fue misericordioso conmigo, a fin de que en mí, el peor de los pecadores, pudiera Cristo Jesús mostrar su infinita bondad. Así vengo a ser ejemplo para los que, creyendo en él, recibirán la vida eterna. [17] Por tanto, al Rey eterno, inmortal, invisible, al único Dios, sea honor y gloria por los siglos de los siglos. Amén.

[18] Timoteo, hijo mío, te doy este encargo porque tengo en cuenta las profecías que antes se hicieron acerca de ti. Deseo que, apoyado en ellas, pelees la buena batalla [19] y mantengas la fe y una buena conciencia. Por no hacerle caso a su conciencia, algunos han naufragado en la fe. [20] Entre ellos están Himeneo y Alejandro, a quienes he entregado a Satanás para que aprendan a no blasfemar.

Instrucciones sobre la adoración

2 Así que recomiendo, ante todo, que se hagan plegarias, oraciones, súplicas y acciones de gracias por todos, [2] especialmente por los gobernantes[b] y por todas las autoridades, para que tengamos paz y tranquilidad, y llevemos una vida piadosa y digna. [3] Esto es bueno y agradable a Dios nuestro Salvador, [4] pues él quiere que todos sean salvos y lleguen a conocer la verdad. [5] Porque hay un solo Dios y un solo mediador entre Dios y los hombres, Jesucristo hombre, [6] quien dio su vida como rescate por todos. Este testimonio Dios lo ha dado a su debido tiempo, [7] y para proclamarlo me nombró heraldo y apóstol. Digo la verdad y no miento: Dios me hizo maestro de los *gentiles para enseñarles la verdadera fe.

[8] Quiero, pues, que en todas partes los hombres levanten las manos al cielo con pureza de corazón, sin enojos ni contiendas.

for those who kill their fathers or mothers, for murderers, [10] for the sexually immoral, for those practicing homosexuality, for slave traders and liars and perjurers — and for whatever else is contrary to the sound doctrine [11] that conforms to the gospel concerning the glory of the blessed God, which he entrusted to me.

The Lord's Grace to Paul

[12] I thank Christ Jesus our Lord, who has given me strength, that he considered me trustworthy, appointing me to his service. [13] Even though I was once a blasphemer and a persecutor and a violent man, I was shown mercy because I acted in ignorance and unbelief. [14] The grace of our Lord was poured out on me abundantly, along with the faith and love that are in Christ Jesus.

[15] Here is a trustworthy saying that deserves full acceptance: Christ Jesus came into the world to save sinners — of whom I am the worst. [16] But for that very reason I was shown mercy so that in me, the worst of sinners, Christ Jesus might display his immense patience as an example for those who would believe in him and receive eternal life. [17] Now to the King eternal, immortal, invisible, the only God, be honor and glory for ever and ever. Amen.

The Charge to Timothy Renewed

[18] Timothy, my son, I am giving you this command in keeping with the prophecies once made about you, so that by recalling them you may fight the battle well, [19] holding on to faith and a good conscience, which some have rejected and so have suffered shipwreck with regard to the faith. [20] Among them are Hymenaeus and Alexander, whom I have handed over to Satan to be taught not to blaspheme.

Instructions on Worship

2 I urge, then, first of all, that petitions, prayers, intercession and thanksgiving be made for all people — [2] for kings and all those in authority, that we may live peaceful and quiet lives in all godliness and holiness. [3] This is good, and pleases God our Savior, [4] who wants all people to be saved and to come to a knowledge of the truth. [5] For there is one God and one mediator between God and mankind, the man Christ Jesus, [6] who gave himself as a ransom for all people. This has now been witnessed to at the proper time. [7] And for this purpose I was appointed a herald and an apostle — I am telling the truth, I am not lying — and a true and faithful teacher of the Gentiles.

[8] Therefore I want the men everywhere to pray, lifting up holy hands without anger or disputing.

---

a 1:9 *los que maltratan a sus propios padres.* Lit. *los parricidas y matricidas.*

b 2:2 *gobernantes.* Lit. *reyes.*

⁹ En cuanto a las mujeres, quiero que ellas se vistan decorosamente, con modestia y recato, sin peinados ostentosos, ni oro, ni perlas ni vestidos costosos. ¹⁰ Que se adornen más bien con buenas obras, como corresponde a mujeres que profesan servir a Dios.

¹¹ La mujer debe aprender con serenidad,ᶜ con toda sumisión. ¹² No permito que la mujer enseñe al hombre y ejerza autoridad sobre él; debe mantenerse ecuánime.ᵈ ¹³ Porque primero fue formado Adán, y Eva después. ¹⁴ Además, no fue Adán el engañado, sino la mujer; y ella, una vez engañada, incurrió en pecado. ¹⁵ Pero la mujer se salvaráᵉ siendo madre y permaneciendo con sensatez en la fe, el amor y la *santidad.

Obispos y diáconos

3 Se dice, y es verdad, que si alguno desea ser *obispo, a noble función aspira. ² Así que el obispo debe ser intachable, esposo de una sola mujer, moderado, sensato, respetable, hospitalario, capaz de enseñar; ³ no debe ser borracho ni pendenciero, ni amigo del dinero, sino amable y apacible. ⁴ Debe gobernar bien su casa y hacer que sus hijos le obedezcan con el debido respeto; ⁵ porque el que no sabe gobernar su propia familia, ¿cómo podrá cuidar de la iglesia de Dios? ⁶ No debe ser un recién convertido, no sea que se vuelva presuntuoso y caiga en la misma condenación en que cayó el diablo. ⁷ Se requiere además que hablen bien de él los que no pertenecen a la iglesia,ᶠ para que no caiga en descrédito y en la trampa del diablo.

⁸ Los diáconos, igualmente, deben ser honorables, sinceros, no amigos del mucho vino ni codiciosos de las ganancias mal habidas. ⁹ Deben guardar, con una conciencia limpia, las grandes verdadesᵍ de la fe. ¹⁰ Que primero sean puestos a prueba, y después, si no hay nada que reprocharles, que sirvan como diáconos.

¹¹ Así mismo, las esposas de los diáconosʰ deben ser honorables, no calumniadoras sino moderadas y dignas de toda confianza.

¹² El diácono debe ser esposo de una sola mujer y gobernar bien a sus hijos y su propia casa. ¹³ Los que ejercen bien el diaconado se ganan un lugar de honor y adquieren mayor confianza para hablar de su fe en Cristo Jesús.

¹⁴ Aunque espero ir pronto a verte, escribo estas instrucciones para que, ¹⁵ si me retraso, sepas cómo hay que portarse en la casa de Dios, que es la iglesia del Dios viviente, columna y fundamento

⁹ I also want the women to dress modestly, with decency and propriety, adorning themselves, not with elaborate hairstyles or gold or pearls or expensive clothes, ¹⁰ but with good deeds, appropriate for women who profess to worship God.

¹¹ A womanᵃ should learn in quietness and full submission. ¹² I do not permit a woman to teach or to assume authority over a man;ᵇ she must be quiet. ¹³ For Adam was formed first, then Eve. ¹⁴ And Adam was not the one deceived; it was the woman who was deceived and became a sinner. ¹⁵ But womenᶜ will be saved through childbearing — if they continue in faith, love and holiness with propriety.

Qualifications for Overseers and Deacons

3 Here is a trustworthy saying: Whoever aspires to be an overseer desires a noble task. ² Now the overseer is to be above reproach, faithful to his wife, temperate, self-controlled, respectable, hospitable, able to teach, ³ not given to drunkenness, not violent but gentle, not quarrelsome, not a lover of money. ⁴ He must manage his own family well and see that his children obey him, and he must do so in a manner worthy of fullᵈ respect. ⁵ (If anyone does not know how to manage his own family, how can he take care of God's church?) ⁶ He must not be a recent convert, or he may become conceited and fall under the same judgment as the devil. ⁷ He must also have a good reputation with outsiders, so that he will not fall into disgrace and into the devil's trap.

⁸ In the same way, deaconsᵉ are to be worthy of respect, sincere, not indulging in much wine, and not pursuing dishonest gain. ⁹ They must keep hold of the deep truths of the faith with a clear conscience. ¹⁰ They must first be tested; and then if there is nothing against them, let them serve as deacons.

¹¹ In the same way, the womenᶠ are to be worthy of respect, not malicious talkers but temperate and trustworthy in everything.

¹² A deacon must be faithful to his wife and must manage his children and his household well. ¹³ Those who have served well gain an excellent standing and great assurance in their faith in Christ Jesus.

Reasons for Paul's Instructions

¹⁴ Although I hope to come to you soon, I am writing you these instructions so that, ¹⁵ if I am delayed, you will know how people ought to conduct themselves in God's household, which is the church of the living God, the pillar and foundation

---

ᶜ 2:11 con serenidad. Alt. en silencio.
ᵈ 2:12 debe mantenerse ecuánime. Alt. debe guardar silencio.
ᵉ 2:15 se salvará. Alt. será restaurada.
ᶠ 3:7 hablen ... iglesia. Lit. tenga buen testimonio de los de afuera.
ᵍ 3:9 las grandes verdades. Lit. el *misterio.
ʰ 3:11 las esposas de los diáconos. Alt. las diaconisas.

ᵃ 11 Or wife; also in verse 12   ᵇ 12 Or over her husband
ᶜ 15 Greek she   ᵈ 4 Or him with proper   ᵉ 8 The word deacons refers here to Christians designated to serve with the overseers/elders of the church in a variety of ways; similarly in verse 12; and in Romans 16:1 and Phil. 1:1.   ᶠ 11 Possibly deacons' wives or women who are deacons

de la verdad. ¹⁶ No hay duda de que es grande el *misterio de nuestra fe:ⁱ

Élʲ se manifestó como hombre;ᵏ
fue vindicado porˡ el Espíritu,
visto por los ángeles,
proclamado entre las *naciones,
creído en el mundo,
recibido en la gloria.

Instrucciones a Timoteo

4 El Espíritu dice claramente que, en los últimos tiempos, algunos abandonarán la fe para seguir a inspiraciones engañosas y doctrinas diabólicas. ² Tales enseñanzas provienen de embusteros hipócritas, que tienen la conciencia encallecida.ᵐ ³ Prohíben el matrimonio y no permiten comer ciertos alimentos que Dios ha creado para que los creyentes,ⁿ conocedores de la verdad, los coman con acción de gracias. ⁴ Todo lo que Dios ha creado es bueno, y nada es despreciable si se recibe con acción de gracias, ⁵ porque la palabra de Dios y la oración lo *santifican.

⁶ Si enseñas estas cosas a los hermanos, serás un buen servidor de Cristo Jesús, nutrido con las verdades de la fe y de la buena enseñanza que paso a paso has seguido. ⁷ Rechaza las leyendas profanas y otros mitos semejantes.ñ Más bien, ejercítate en la piedad, ⁸ pues aunque el ejercicio físico trae algún provecho, la piedad es útil para todo, ya que incluye una promesa no sólo para la vida presente sino también para la venidera. ⁹ Este mensaje es digno de crédito y merece ser aceptado por todos. ¹⁰ En efecto, si trabajamos y nos esforzamos es porque hemos puesto nuestra esperanza en el Dios viviente, que es el Salvador de todos, especialmente de los que creen.

¹¹ Encarga y enseña estas cosas. ¹² Que nadie te menosprecie por ser joven. Al contrario, que los creyentes vean en ti un ejemplo a seguir en la manera de hablar, en la conducta, y en amor, fe y pureza. ¹³ En tanto que llego, dedícate a la lectura pública de las Escrituras, y a enseñar y animar a los hermanos. ¹⁴ Ejercita el don que recibiste mediante profecía, cuando los *ancianos te impusieron las manos.

¹⁵ Sé diligente en estos asuntos; entrégate de lleno a ellos, de modo que todos puedan ver que estás progresando. ¹⁶ Ten cuidado de tu conducta y de tu enseñanza. Persevera en todo ello, porque así te salvarás a ti mismo y a los que te escuchen.

of the truth. ¹⁶ Beyond all question, the mystery from which true godliness springs is great:

He appeared in the flesh,
was vindicated by the Spirit,ᵍ
was seen by angels,
was preached among the nations,
was believed on in the world,
was taken up in glory.

4 The Spirit clearly says that in later times some will abandon the faith and follow deceiving spirits and things taught by demons. ² Such teachings come through hypocritical liars, whose consciences have been seared as with a hot iron. ³ They forbid people to marry and order them to abstain from certain foods, which God created to be received with thanksgiving by those who believe and who know the truth. ⁴ For everything God created is good, and nothing is to be rejected if it is received with thanksgiving, ⁵ because it is consecrated by the word of God and prayer.

⁶ If you point these things out to the brothers and sisters,ʰ you will be a good minister of Christ Jesus, nourished on the truths of the faith and of the good teaching that you have followed. ⁷ Have nothing to do with godless myths and old wives' tales; rather, train yourself to be godly. ⁸ For physical training is of some value, but godliness has value for all things, holding promise for both the present life and the life to come. ⁹ This is a trustworthy saying that deserves full acceptance. ¹⁰ That is why we labor and strive, because we have put our hope in the living God, who is the Savior of all people, and especially of those who believe.

¹¹ Command and teach these things. ¹² Don't let anyone look down on you because you are young, but set an example for the believers in speech, in conduct, in love, in faith and in purity. ¹³ Until I come, devote yourself to the public reading of Scripture, to preaching and to teaching. ¹⁴ Do not neglect your gift, which was given you through prophecy when the body of elders laid their hands on you.

¹⁵ Be diligent in these matters; give yourself wholly to them, so that everyone may see your progress. ¹⁶ Watch your life and doctrine closely. Persevere in them, because if you do, you will save both yourself and your hearers.

ⁱ 3:16 de nuestra fe. Lit. de la piedad.
ʲ 3:16 Él. Lit. Quien. Var. Dios.
ᵏ 3:16 como hombre. Lit. en la *carne.
ˡ 3:16 vindicado por. Lit. justificado en.
ᵐ 4:2 encallecida. Lit. cauterizada.
ⁿ 4:3 creyentes. Alt. fieles.
ñ 4:7 Rechaza ... semejantes. Lit. Rechaza los mitos profanos y de viejas.

ᵍ 16 Or vindicated in spirit   ʰ 6 The Greek word for brothers and sisters (adelphoi) refers here to believers, both men and women, as part of God's family.

Cómo tratar a viudas, ancianos y esclavos

5 No reprendas con dureza al anciano, sino aconséjalo como si fuera tu padre. Trata a los jóvenes como a hermanos; [2] a las ancianas, como a madres; a las jóvenes, como a hermanas, con toda pureza.

[3] Reconoce debidamente a las viudas que de veras están desamparadas. [4] Pero si una viuda tiene hijos o nietos, que éstos aprendan primero a cumplir sus obligaciones con su propia familia y correspondan así a sus padres y abuelos, porque eso agrada a Dios. [5] La viuda desamparada, como ha quedado sola, pone su esperanza en Dios y persevera noche y día en sus oraciones y súplicas. [6] En cambio, la viuda que se entrega al placer ya está muerta en vida. [7] Encárgales estas cosas para que sean intachables. [8] El que no provee para los suyos, y sobre todo para los de su propia casa, ha negado la fe y es peor que un incrédulo.

[9] En la lista de las viudas debe figurar únicamente la que tenga más de sesenta años, que haya sido fiel a su esposo,[o] [10] y que sea reconocida por sus buenas obras, tales como criar hijos, practicar la hospitalidad, lavar los pies de los *creyentes, ayudar a los que sufren y aprovechar toda oportunidad para hacer el bien.

[11] No incluyas en esa lista a las viudas más jóvenes, porque cuando sus pasiones las alejan de Cristo, les da por casarse. [12] Así resultan culpables de faltar a su primer compromiso. [13] Además se acostumbran a estar ociosas y andar de casa en casa. Y no sólo se vuelven holgazanas sino también chismosas y entrometidas, hablando de lo que no deben. [14] Por eso exhorto a las viudas jóvenes a que se casen y tengan hijos, y a que lleven bien su hogar y no den lugar a las críticas del enemigo. [15] Y es que algunas ya se han descarriado para seguir a Satanás.

[16] Si alguna creyente tiene viudas en su familia, debe ayudarlas para que no sean una carga a la iglesia; así la iglesia podrá atender a las viudas desamparadas.

[17] Los *ancianos que dirigen bien los asuntos de la iglesia son dignos de doble honor,[p] especialmente los que dedican sus esfuerzos a la predicación y a la enseñanza. [18] Pues la Escritura dice: «No le pongas bozal al buey mientras esté trillando»,[q] y «El trabajador merece que se le pague su salario».[r] [19] No admitas ninguna acusación contra un anciano, a no ser que esté respaldada por dos o tres testigos. [20] A los que pecan, repréndelos en público para que sirva de escarmiento. [21] Te insto delante de Dios, de Cristo Jesús y de los santos ángeles, a que sigas estas instrucciones sin dejarte llevar de prejuicios ni favoritismos.

---

o **5:9** *que haya sido fiel a su esposo.* Alt. *que no haya tenido más de un esposo.*
p **5:17** *honor.* Alt. *honorario.*
q **5:18** Dt 25:4
r **5:18** Lc 10:7

Widows, Elders and Slaves

5 Do not rebuke an older man harshly, but exhort him as if he were your father. Treat younger men as brothers, [2] older women as mothers, and younger women as sisters, with absolute purity.

[3] Give proper recognition to those widows who are really in need. [4] But if a widow has children or grandchildren, these should learn first of all to put their religion into practice by caring for their own family and so repaying their parents and grandparents, for this is pleasing to God. [5] The widow who is really in need and left all alone puts her hope in God and continues night and day to pray and to ask God for help. [6] But the widow who lives for pleasure is dead even while she lives. [7] Give the people these instructions, so that no one may be open to blame. [8] Anyone who does not provide for their relatives, and especially for their own household, has denied the faith and is worse than an unbeliever.

[9] No widow may be put on the list of widows unless she is over sixty, has been faithful to her husband, [10] and is well known for her good deeds, such as bringing up children, showing hospitality, washing the feet of the Lord's people, helping those in trouble and devoting herself to all kinds of good deeds.

[11] As for younger widows, do not put them on such a list. For when their sensual desires overcome their dedication to Christ, they want to marry. [12] Thus they bring judgment on themselves, because they have broken their first pledge. [13] Besides, they get into the habit of being idle and going about from house to house. And not only do they become idlers, but also busybodies who talk nonsense, saying things they ought not to. [14] So I counsel younger widows to marry, to have children, to manage their homes and to give the enemy no opportunity for slander. [15] Some have in fact already turned away to follow Satan.

[16] If any woman who is a believer has widows in her care, she should continue to help them and not let the church be burdened with them, so that the church can help those widows who are really in need.

[17] The elders who direct the affairs of the church well are worthy of double honor, especially those whose work is preaching and teaching. [18] For Scripture says, "Do not muzzle an ox while it is treading out the grain,"[i] and "The worker deserves his wages."[j] [19] Do not entertain an accusation against an elder unless it is brought by two or three witnesses. [20] But those elders who are sinning you are to reprove before everyone, so that the others may take warning. [21] I charge you, in the sight of God and Christ Jesus and the elect angels, to keep these instructions without partiality, and to do nothing out of favoritism.

---

i **18** Deut. 25:4   *j* **18** Luke 10:7

²² No te apresures a imponerle las manos a nadie, no sea que te hagas cómplice de pecados ajenos. Consérvate puro.

²³ No sigas bebiendo sólo agua; toma también un poco de vino a causa de tu mal de estómago y tus frecuentes enfermedades.

²⁴ Los pecados de algunos son evidentes aun antes de ser investigados, mientras que los pecados de otros se descubren después. ²⁵ De igual manera son evidentes las buenas obras, y aunque estén ocultas, tarde o temprano se manifestarán.ˢ

6 Todos los que aún son esclavos deben reconocer que sus amos merecen todo respeto; así evitarán que se hable mal del nombre de Dios y de nuestra enseñanza. ² Los que tienen amos creyentes no deben faltarles al respeto por ser hermanos. Al contrario, deben servirles todavía mejor, porque los que se benefician de sus servicios son creyentes y hermanos queridos. Esto es lo que debes enseñar y recomendar.

El amor al dinero

³ Si alguien enseña falsas doctrinas, apartándose de la sana enseñanza de nuestro Señor Jesucristo y de la doctrina que se ciñe a la verdadera religión,ᵗ ⁴ es un obstinado que nada entiende. Ese tal padece del afán enfermizo de provocar discusiones inútiles que generan envidias, discordias, insultos, suspicacias ⁵ y altercados entre personas de mente depravada, carentes de la verdad. Éste es de los que piensan que la religión es un medio de obtener ganancias. ⁶ Es cierto que con la verdadera religión se obtienen grandes ganancias, pero sólo si uno está satisfecho con lo que tiene. ⁷ Porque nada trajimos a este mundo, y nada podemos llevarnos. ⁸ Así que, si tenemos ropa y comida, contentémonos con eso. ⁹ Los que quieren enriquecerse caen en la *tentación y se vuelven esclavos de sus muchos deseos. Estos afanes insensatos y dañinos hunden a la gente en la ruina y en la destrucción. ¹⁰ Porque el amor al dinero es la raíz de toda clase de males. Por codiciarlo, algunos se han desviado de la fe y se han causado muchísimos sinsabores.

Encargo de Pablo a Timoteo

¹¹ Tú, en cambio, hombre de Dios, huye de todo eso, y esmérate en seguir la justicia, la piedad, la fe, el amor, la constancia y la humildad. ¹² Pelea la buena batalla de la fe; haz tuya la vida eterna, a la que fuiste llamado y por la cual hiciste aquella admirable declaración de fe delante de muchos testigos. ¹³ Teniendo a Dios por testigo, el cual da vida a todas las cosas, y a Cristo Jesús, que dio su admirable testimonio delante de Poncio Pilato, te encargo ¹⁴ que guardes este mandato sin mancha ni reproche hasta la venida de nuestro Señor

²² Do not be hasty in the laying on of hands, and do not share in the sins of others. Keep yourself pure.

²³ Stop drinking only water, and use a little wine because of your stomach and your frequent illnesses.

²⁴ The sins of some are obvious, reaching the place of judgment ahead of them; the sins of others trail behind them. ²⁵ In the same way, good deeds are obvious, and even those that are not obvious cannot remain hidden forever.

6 All who are under the yoke of slavery should consider their masters worthy of full respect, so that God's name and our teaching may not be slandered. ² Those who have believing masters should not show them disrespect just because they are fellow believers. Instead, they should serve them even better because their masters are dear to them as fellow believers and are devoted to the welfareᵏ of their slaves.

False Teachers and the Love of Money

These are the things you are to teach and insist on. ³ If anyone teaches otherwise and does not agree to the sound instruction of our Lord Jesus Christ and to godly teaching, ⁴ they are conceited and understand nothing. They have an unhealthy interest in controversies and quarrels about words that result in envy, strife, malicious talk, evil suspicions ⁵ and constant friction between people of corrupt mind, who have been robbed of the truth and who think that godliness is a means to financial gain.

⁶ But godliness with contentment is great gain. ⁷ For we brought nothing into the world, and we can take nothing out of it. ⁸ But if we have food and clothing, we will be content with that. ⁹ Those who want to get rich fall into temptation and a trap and into many foolish and harmful desires that plunge people into ruin and destruction. ¹⁰ For the love of money is a root of all kinds of evil. Some people, eager for money, have wandered from the faith and pierced themselves with many griefs.

Final Charge to Timothy

¹¹ But you, man of God, flee from all this, and pursue righteousness, godliness, faith, love, endurance and gentleness. ¹² Fight the good fight of the faith. Take hold of the eternal life to which you were called when you made your good confession in the presence of many witnesses. ¹³ In the sight of God, who gives life to everything, and of Christ Jesus, who while testifying before Pontius Pilate made the good confession, I charge you ¹⁴ to keep this command without spot or blame until

---

ˢ 5:25 *y aunque ... se manifestarán.* Alt. *y si son malas, no podrán quedar ocultas.*
ᵗ 6:3 *la verdadera religión.* Lit. *la piedad;* también en vv. 5 y 6.

ᵏ 2 Or *and benefit from the service*

Jesucristo, [15] la cual Dios a su debido tiempo hará que se cumpla.

Al único y bendito Soberano,
   Rey de reyes y Señor de señores,
[16] al único inmortal,
   que vive en luz inaccesible,
   a quien nadie ha visto ni puede ver,
a él sea el honor y el poder eternamente.
     Amén.

[17] A los ricos de este mundo, mándales que no sean arrogantes ni pongan su esperanza en las riquezas, que son tan inseguras, sino en Dios, que nos provee de todo en abundancia para que lo disfrutemos. [18] Mándales que hagan el bien, que sean ricos en buenas obras, y generosos, dispuestos a compartir lo que tienen. [19] De este modo atesorarán para sí un seguro caudal para el futuro y obtendrán la vida verdadera.

[20] Timoteo, ¡cuida bien lo que se te ha confiado! Evita las discusiones profanas e inútiles, y los argumentos de la falsa ciencia. [21] Algunos, por abrazarla, se han desviado de la fe.

Que la gracia sea con ustedes.

the appearing of our Lord Jesus Christ, [15] which God will bring about in his own time — God, the blessed and only Ruler, the King of kings and Lord of lords, [16] who alone is immortal and who lives in unapproachable light, whom no one has seen or can see. To him be honor and might forever. Amen.

[17] Command those who are rich in this present world not to be arrogant nor to put their hope in wealth, which is so uncertain, but to put their hope in God, who richly provides us with everything for our enjoyment. [18] Command them to do good, to be rich in good deeds, and to be generous and willing to share. [19] In this way they will lay up treasure for themselves as a firm foundation for the coming age, so that they may take hold of the life that is truly life.

[20] Timothy, guard what has been entrusted to your care. Turn away from godless chatter and the opposing ideas of what is falsely called knowledge, [21] which some have professed and in so doing have departed from the faith.

Grace be with you all.

Segunda Carta a
Timoteo

Pablo dejó a su compañero Timoteo en la ciudad de Éfeso para que se ocupara de algunos líderes renegados de la iglesia. Cuando Timoteo enfrentó los problemas, sin embargo, Pablo volvió a Éfeso. Una vez allí sufrió *mucho daño* causado por Alejandro, uno de esos líderes, por lo que fue hecho prisionero y llevado a Roma una vez más. Suponía que esta vez lo juzgarían y lo ejecutarían. Pablo, entonces, le escribió a Timoteo para que fuera a Roma lo antes posible.

En Éfeso las cosas no salieron como lo esperaban Pablo y Timoteo. Pablo les había ordenado a Alejandro e Himeneo que dejaran el liderazgo, pero ellos seguían oponiéndose a Pablo. Algunos se les unieron, por lo que esos dos seguían desviando a las personas para que creyeran en una versión tergiversada de la fe que destacaba el debate y el disenso antes que la pureza y la obediencia. Timoteo se sentía desalentado e intimidado. La carta de Pablo incluye llamados a permanecer fiel al verdadero mensaje, aunque eso signifique sufrimiento o muerte. Pablo le recuerda a Timoteo que en los días previos a que Jesús aparezca como rey, habrá muchos problemas. Los falsos maestros, gente traicionera e insincera, persecuciones y mucho más desafiarán la fidelidad del pueblo de Dios.

Pablo urge a Timoteo a que recuerde el mensaje del evangelio: *Jesucristo, descendiente de David, levantado de entre los muertos.* E indica que los escritos sagrados que ha conocido Timoteo desde que era pequeño son inspirados por Dios y le ayudarán a seguir haciendo la buena obra.

---

1 Pablo, apóstol de *Cristo Jesús por la voluntad de Dios, según la promesa de vida que tenemos en Cristo Jesús,

² a mi querido hijo Timoteo:

Que Dios el Padre y Cristo Jesús nuestro Señor te concedan gracia, misericordia y paz.

Exhortación a la fidelidad

³ Al recordarte de día y de noche en mis oraciones, siempre doy gracias a Dios, a quien sirvo con una conciencia limpia como lo hicieron mis antepasados. ⁴ Y al acordarme de tus lágrimas, anhelo verte para llenarme de alegría. ⁵ Traigo a la memoria tu fe sincera, la cual animó primero a tu abuela Loida y a tu madre Eunice, y ahora te anima a ti. De eso estoy convencido. ⁶ Por eso te recomiendo que avives la llama del don de Dios que recibiste cuando te impuse las manos. ⁷ Pues Dios no nos ha dado un espíritu de timidez, sino de poder, de amor y de dominio propio.

2 Timothy

Paul left his co-worker Timothy in the city of Ephesus to deal with some renegade leaders in the church there. When Timothy struggled, however, Paul went back to Ephesus. Once there, Paul suffered *a great deal of harm* from Alexander, one of these leaders, and he was once again imprisoned and taken to Rome. He expected that this time he would be tried and executed. Paul wrote to Timothy to ask him to come to Rome quickly.

Things in Ephesus had not gone as Paul or Timothy expected. Paul had ordered both Alexander and Hymenaeus to step down from leadership, but they were continuing to oppose Paul. Others had joined them, and they were still misdirecting people into a corrupted version of the faith that stressed debate and dissension rather than purity and obedience. Timothy was discouraged and intimidated. Paul's letter includes challenges to stay faithful to the true message—even if this meant suffering or death. Paul reminds Timothy that in the days before the open appearance of Jesus as king, there will be lots of trouble. False teachers, treacherous and insincere people, persecutions and more will all challenge the faithfulness of God's people.

Paul urges Timothy to remember the gospel message: *Jesus Christ, raised from the dead, descended from David.* He points out that the sacred writings Timothy has known since he was a child are God-breathed, and will help him continue in doing good work.

---

1 Paul, an apostle of Christ Jesus by the will of God, in keeping with the promise of life that is in Christ Jesus,

² To Timothy, my dear son:

Grace, mercy and peace from God the Father and Christ Jesus our Lord.

Thanksgiving

³ I thank God, whom I serve, as my ancestors did, with a clear conscience, as night and day I constantly remember you in my prayers. ⁴ Recalling your tears, I long to see you, so that I may be filled with joy. ⁵ I am reminded of your sincere faith, which first lived in your grandmother Lois and in your mother Eunice and, I am persuaded, now lives in you also.

Appeal for Loyalty to Paul and the Gospel

⁶ For this reason I remind you to fan into flame the gift of God, which is in you through the laying on of my hands. ⁷ For the Spirit God gave us does not make us timid, but gives us power, love

⁸ Así que no te avergüences de dar testimonio de nuestro Señor, ni tampoco de mí, que por su causa soy prisionero. Al contrario, tú también, con el poder de Dios, debes soportar sufrimientos por el *evangelio. ⁹ Pues Dios nos salvó y nos llamó a una vida *santa, no por nuestras propias obras, sino por su propia determinación y gracia. Nos concedió este favor en Cristo Jesús antes del comienzo del tiempo; ¹⁰ y ahora lo ha revelado con la venida de nuestro Salvador Cristo Jesús, quien destruyó la muerte y sacó a la luz la vida incorruptible mediante el evangelio. ¹¹ De este evangelio he sido yo designado heraldo, apóstol y maestro. ¹² Por ese motivo padezco estos sufrimientos. Pero no me avergüenzo, porque sé en quién he creído, y estoy seguro de que tiene poder para guardar hasta aquel día lo que le he confiado.^a

¹³ Con fe y amor en Cristo Jesús, sigue el ejemplo de la sana doctrina que de mí aprendiste. ¹⁴ Con el poder del Espíritu Santo que vive en nosotros, cuida la preciosa enseñanza^b que se te ha confiado.

¹⁵ Ya sabes que todos los de la provincia de *Asia me han abandonado, incluso Figelo y Hermógenes.

¹⁶ Que el Señor le conceda misericordia a la familia de Onesíforo, porque muchas veces me dio ánimo y no se avergonzó de mis cadenas. ¹⁷ Al contrario, cuando estuvo en Roma me buscó sin descanso hasta encontrarme. ¹⁸ Que el Señor le conceda hallar misericordia divina en aquel día. Tú conoces muy bien los muchos servicios que me prestó en Éfeso.

2 Así que tú, hijo mío, fortalécete por la gracia que tenemos en Cristo Jesús. ² Lo que me has oído decir en presencia de muchos testigos, encomiéndalo a creyentes dignos de confianza, que a su vez estén capacitados para enseñar a otros. ³ Comparte nuestros sufrimientos, como buen soldado de Cristo Jesús. ⁴ Ningún soldado que quiera agradar a su superior se enreda en cuestiones civiles. ⁵ Así mismo, el atleta no recibe la corona de vencedor si no compite según el reglamento. ⁶ El labrador que trabaja duro tiene derecho a recibir primero parte de la cosecha. ⁷ Reflexiona en lo que te digo, y el Señor te dará una mayor comprensión de todo esto.

⁸ No dejes de recordar a Jesucristo, descendiente de David, *levantado de entre los muertos. Este es mi *evangelio, ⁹ por el que sufro al extremo de llevar cadenas como un criminal. Pero la palabra de Dios no está encadenada. ¹⁰ Así que todo lo soporto por el bien de los elegidos, para que también ellos alcancen la gloriosa y eterna salvación que tenemos en Cristo Jesús.

and self-discipline. ⁸ So do not be ashamed of the testimony about our Lord or of me his prisoner. Rather, join with me in suffering for the gospel, by the power of God. ⁹ He has saved us and called us to a holy life — not because of anything we have done but because of his own purpose and grace. This grace was given us in Christ Jesus before the beginning of time, ¹⁰ but it has now been revealed through the appearing of our Savior, Christ Jesus, who has destroyed death and has brought life and immortality to light through the gospel. ¹¹ And of this gospel I was appointed a herald and an apostle and a teacher. ¹² That is why I am suffering as I am. Yet this is no cause for shame, because I know whom I have believed, and am convinced that he is able to guard what I have entrusted to him until that day.

¹³ What you heard from me, keep as the pattern of sound teaching, with faith and love in Christ Jesus. ¹⁴ Guard the good deposit that was entrusted to you — guard it with the help of the Holy Spirit who lives in us.

Examples of Disloyalty and Loyalty

¹⁵ You know that everyone in the province of Asia has deserted me, including Phygelus and Hermogenes.

¹⁶ May the Lord show mercy to the household of Onesiphorus, because he often refreshed me and was not ashamed of my chains. ¹⁷ On the contrary, when he was in Rome, he searched hard for me until he found me. ¹⁸ May the Lord grant that he will find mercy from the Lord on that day! You know very well in how many ways he helped me in Ephesus.

The Appeal Renewed

2 You then, my son, be strong in the grace that is in Christ Jesus. ² And the things you have heard me say in the presence of many witnesses entrust to reliable people who will also be qualified to teach others. ³ Join with me in suffering, like a good soldier of Christ Jesus. ⁴ No one serving as a soldier gets entangled in civilian affairs, but rather tries to please his commanding officer. ⁵ Similarly, anyone who competes as an athlete does not receive the victor's crown except by competing according to the rules. ⁶ The hardworking farmer should be the first to receive a share of the crops. ⁷ Reflect on what I am saying, for the Lord will give you insight into all this.

⁸ Remember Jesus Christ, raised from the dead, descended from David. This is my gospel, ⁹ for which I am suffering even to the point of being chained like a criminal. But God's word is not chained. ¹⁰ Therefore I endure everything for the sake of the elect, that they too may obtain the salvation that is in Christ Jesus, with eternal glory.

---

^a **1:12** lo que le he confiado. Alt. lo que me ha confiado.
^b **1:14** la preciosa enseñanza. Lit. el buen depósito.

[11] Este mensaje es digno de crédito:

Si morimos con él,
también viviremos con él;
[12] si resistimos,
también reinaremos con él.
Si lo negamos,
también él nos negará;
[13] si somos infieles,
él sigue siendo fiel,
ya que no puede negarse a sí mismo.

Un obrero aprobado por Dios

[14] No dejes de recordarles esto. Adviérteles delante de Dios que eviten las discusiones inútiles, pues no sirven nada más que para destruir a los oyentes. [15] Esfuérzate por presentarte a Dios aprobado, como obrero que no tiene de qué avergonzarse y que interpreta rectamente la palabra de verdad. [16] Evita las palabrerías profanas, porque los que se dan a ellas se alejan cada vez más de la vida piadosa, [17] y sus enseñanzas se extienden como gangrena. Entre ellos están Himeneo y Fileto, [18] que se han desviado de la verdad. Andan diciendo que la resurrección ya tuvo lugar, y así trastornan la fe de algunos. [19] A pesar de todo, el fundamento de Dios es sólido y se mantiene firme, pues está sellado con esta inscripción: «El Señor conoce a los suyos»,[c] y esta otra: «Que se aparte de la maldad todo el que invoca el nombre del Señor».[d]

[20] En una casa grande no sólo hay vasos de oro y de plata sino también de madera y de barro, unos para los usos más nobles y otros para los usos más bajos. [21] Si alguien se mantiene limpio, llegará a ser un vaso noble, *santificado, útil para el Señor y preparado para toda obra buena.

[22] Huye de las malas pasiones de la juventud, y esmérate en seguir la justicia, la fe, el amor y la paz, junto con los que invocan al Señor con un corazón limpio. [23] No tengas nada que ver con discusiones necias y sin sentido, pues ya sabes que terminan en pleitos. [24] Y un *siervo del Señor no debe andar peleando; más bien, debe ser amable con todos, capaz de enseñar y no propenso a irritarse. [25] Así, humildemente, debe corregir a los adversarios, con la esperanza de que Dios les conceda el *arrepentimiento para conocer la verdad, [26] de modo que se despierten y escapen de la trampa en que el diablo los tiene cautivos, sumisos a su voluntad.

La impiedad en los últimos días

3 Ahora bien, ten en cuenta que en los últimos días vendrán tiempos difíciles. [2] La gente estará llena de egoísmo y avaricia; serán jactanciosos, arrogantes, *blasfemos, desobedientes a los padres, ingratos, impíos, [3] insensibles, implacables, calumniadores, libertinos, despiadados, enemigos

[11] Here is a trustworthy saying:

If we died with him,
we will also live with him;
[12] if we endure,
we will also reign with him.
If we disown him,
he will also disown us;
[13] if we are faithless,
he remains faithful,
for he cannot disown himself.

Dealing With False Teachers

[14] Keep reminding God's people of these things. Warn them before God against quarreling about words; it is of no value, and only ruins those who listen. [15] Do your best to present yourself to God as one approved, a worker who does not need to be ashamed and who correctly handles the word of truth. [16] Avoid godless chatter, because those who indulge in it will become more and more ungodly. [17] Their teaching will spread like gangrene. Among them are Hymenaeus and Philetus, [18] who have departed from the truth. They say that the resurrection has already taken place, and they destroy the faith of some. [19] Nevertheless, God's solid foundation stands firm, sealed with this inscription: "The Lord knows those who are his," and, "Everyone who confesses the name of the Lord must turn away from wickedness."

[20] In a large house there are articles not only of gold and silver, but also of wood and clay; some are for special purposes and some for common use. [21] Those who cleanse themselves from the latter will be instruments for special purposes, made holy, useful to the Master and prepared to do any good work.

[22] Flee the evil desires of youth and pursue righteousness, faith, love and peace, along with those who call on the Lord out of a pure heart. [23] Don't have anything to do with foolish and stupid arguments, because you know they produce quarrels. [24] And the Lord's servant must not be quarrelsome but must be kind to everyone, able to teach, not resentful. [25] Opponents must be gently instructed, in the hope that God will grant them repentance leading them to a knowledge of the truth, [26] and that they will come to their senses and escape from the trap of the devil, who has taken them captive to do his will.

3 But mark this: There will be terrible times in the last days. [2] People will be lovers of themselves, lovers of money, boastful, proud, abusive, disobedient to their parents, ungrateful, unholy, [3] without love, unforgiving, slanderous, without self-control, brutal, not lovers of the good,

---

c **2:19** Nm 16:5, según LXX
d **2:19** Véanse Nm 16:26 y Jl 3:5

de todo lo bueno, ⁴ traicioneros, impetuosos, vanidosos y más amigos del placer que de Dios. ⁵ Aparentarán ser piadosos, pero su conducta desmentirá el poder de la piedad. ¡Con esa gente ni te metas!

⁶ Así son los que van de casa en casa cautivando a mujeres débiles cargadas de pecados, que se dejan llevar de toda clase de pasiones. ⁷ Ellas siempre están aprendiendo, pero nunca logran conocer la verdad. ⁸ Del mismo modo que Janes y Jambres se opusieron a Moisés, también esa gente se opone a la verdad. Son personas de mente depravada, reprobadas en la fe. ⁹ Pero no llegarán muy lejos, porque todo el mundo se dará cuenta de su insensatez, como pasó con aquellos dos.

Encargo de Pablo a Timoteo

¹⁰ Tú, en cambio, has seguido paso a paso mis enseñanzas, mi manera de vivir, mi propósito, mi fe, mi paciencia, mi amor, mi constancia, ¹¹ mis persecuciones y mis sufrimientos. Estás enterado de lo que sufrí en Antioquía, Iconio y Listra, y de las persecuciones que soporté. Y de todas ellas me libró el Señor. ¹² Así mismo serán perseguidos todos los que quieran llevar una vida piadosa en Cristo Jesús, ¹³ mientras que esos malvados embaucadores irán de mal en peor, engañando y siendo engañados. ¹⁴ Pero tú, permanece firme en lo que has aprendido y de lo cual estás convencido, pues sabes de quiénes lo aprendiste. ¹⁵ Desde tu niñez conoces las Sagradas Escrituras, que pueden darte la sabiduría necesaria para la salvación mediante la fe en Cristo Jesús. ¹⁶ Toda la Escritura es inspirada por Dios y útil para enseñar, para reprender, para corregir y para instruir en la justicia, ¹⁷ a fin de que el siervo de Dios esté enteramente capacitado para toda buena obra.

4 En presencia de Dios y de Cristo Jesús, que ha de venir en su reino y que juzgará a los vivos y a los muertos, te doy este solemne encargo: ² Predica la Palabra; persiste en hacerlo, sea o no sea oportuno; corrige, reprende y anima con mucha paciencia, sin dejar de enseñar. ³ Porque llegará el tiempo en que no van a tolerar la sana doctrina, sino que, llevados de sus propios deseos, se rodearán de maestros que les digan las novelerías que quieren oír. ⁴ Dejarán de escuchar la verdad y se volverán a los mitos. ⁵ Tú, por el contrario, sé prudente en todas las circunstancias, soporta los sufrimientos, dedícate a la evangelización; cumple con los deberes de tu ministerio.

⁶ Yo, por mi parte, ya estoy a punto de ser ofrecido como un sacrificio, y el tiempo de mi partida ha llegado. ⁷ He peleado la buena batalla, he terminado la carrera, me he mantenido en la fe. ⁸ Por lo demás me espera la corona de justicia que el Señor, el juez justo, me otorgará en aquel día; y no

⁴ treacherous, rash, conceited, lovers of pleasure rather than lovers of God — ⁵ having a form of godliness but denying its power. Have nothing to do with such people.

⁶ They are the kind who worm their way into homes and gain control over gullible women, who are loaded down with sins and are swayed by all kinds of evil desires, ⁷ always learning but never able to come to a knowledge of the truth. ⁸ Just as Jannes and Jambres opposed Moses, so also these teachers oppose the truth. They are men of depraved minds, who, as far as the faith is concerned, are rejected. ⁹ But they will not get very far because, as in the case of those men, their folly will be clear to everyone.

A Final Charge to Timothy

¹⁰ You, however, know all about my teaching, my way of life, my purpose, faith, patience, love, endurance, ¹¹ persecutions, sufferings — what kinds of things happened to me in Antioch, Iconium and Lystra, the persecutions I endured. Yet the Lord rescued me from all of them. ¹² In fact, everyone who wants to live a godly life in Christ Jesus will be persecuted, ¹³ while evildoers and impostors will go from bad to worse, deceiving and being deceived. ¹⁴ But as for you, continue in what you have learned and have become convinced of, because you know those from whom you learned it, ¹⁵ and how from infancy you have known the Holy Scriptures, which are able to make you wise for salvation through faith in Christ Jesus. ¹⁶ All Scripture is God-breathed and is useful for teaching, rebuking, correcting and training in righteousness, ¹⁷ so that the servant of God[a] may be thoroughly equipped for every good work.

4 In the presence of God and of Christ Jesus, who will judge the living and the dead, and in view of his appearing and his kingdom, I give you this charge: ² Preach the word; be prepared in season and out of season; correct, rebuke and encourage — with great patience and careful instruction. ³ For the time will come when people will not put up with sound doctrine. Instead, to suit their own desires, they will gather around them a great number of teachers to say what their itching ears want to hear. ⁴ They will turn their ears away from the truth and turn aside to myths. ⁵ But you, keep your head in all situations, endure hardship, do the work of an evangelist, discharge all the duties of your ministry.

⁶ For I am already being poured out like a drink offering, and the time for my departure is near. ⁷ I have fought the good fight, I have finished the race, I have kept the faith. ⁸ Now there is in store for me the crown of righteousness, which the Lord, the righteous Judge, will award to me on that

---

a 17 Or that you, a man of God,

sólo a mí, sino también a todos los que con amor hayan esperado su venida.

Instrucciones personales

⁹ Haz todo lo posible por venir a verme cuanto antes, ¹⁰ pues Demas, por amor a este mundo, me ha abandonado y se ha ido a Tesalónica. Crescente se ha ido a Galacia y Tito a Dalmacia. ¹¹ Sólo Lucas está conmigo. Recoge a Marcos y tráelo contigo, porque me es de ayuda en mi ministerio. ¹² A Tíquico lo mandé a Éfeso. ¹³ Cuando vengas, trae la capa que dejé en Troas, en casa de Carpo; trae también los libros, especialmente los pergaminos.

¹⁴ Alejandro el herrero me ha hecho mucho daño. El Señor le dará su merecido. ¹⁵ Tú también cuídate de él, porque se opuso tenazmente a nuestro mensaje.

¹⁶ En mi primera defensa, nadie me respaldó, sino que todos me abandonaron. Que no les sea tomado en cuenta. ¹⁷ Pero el Señor estuvo a mi lado y me dio fuerzas para que por medio de mí se llevara a cabo la predicación del mensaje y lo oyeran todos los *paganos. Y fui librado de la boca del león. ¹⁸ El Señor me librará de todo mal y me preservará para su reino celestial. A él sea la gloria por los siglos de los siglos. Amén.

Saludos finales

¹⁹ Saludos a *Priscila y a Aquila, y a la familia de Onesíforo. ²⁰ Erasto se quedó en Corinto; a Trófimo lo dejé enfermo en Mileto. ²¹ Haz todo lo posible por venir antes del invierno. Te mandan saludos Eubulo, Pudente, Lino, Claudia y todos los hermanos. ²² El Señor esté con tu espíritu. Que la gracia sea con ustedes.

day — and not only to me, but also to all who have longed for his appearing.

Personal Remarks

⁹ Do your best to come to me quickly, ¹⁰ for Demas, because he loved this world, has deserted me and has gone to Thessalonica. Crescens has gone to Galatia, and Titus to Dalmatia. ¹¹ Only Luke is with me. Get Mark and bring him with you, because he is helpful to me in my ministry. ¹² I sent Tychicus to Ephesus. ¹³ When you come, bring the cloak that I left with Carpus at Troas, and my scrolls, especially the parchments.

¹⁴ Alexander the metalworker did me a great deal of harm. The Lord will repay him for what he has done. ¹⁵ You too should be on your guard against him, because he strongly opposed our message.

¹⁶ At my first defense, no one came to my support, but everyone deserted me. May it not be held against them. ¹⁷ But the Lord stood at my side and gave me strength, so that through me the message might be fully proclaimed and all the Gentiles might hear it. And I was delivered from the lion's mouth. ¹⁸ The Lord will rescue me from every evil attack and will bring me safely to his heavenly kingdom. To him be glory for ever and ever. Amen.

Final Greetings

¹⁹ Greet Priscilla[b] and Aquila and the household of Onesiphorus. ²⁰ Erastus stayed in Corinth, and I left Trophimus sick in Miletus. ²¹ Do your best to get here before winter. Eubulus greets you, and so do Pudens, Linus, Claudia and all the brothers and sisters.[c]

²² The Lord be with your spirit. Grace be with you all.

---

[b] 19 Greek *Prisca*, a variant of *Priscilla*   [c] 21 The Greek word for *brothers and sisters* (*adelphoi*) refers here to believers, both men and women, as part of God's family.

Carta a
Tito

Después que Pablo fue liberado de la prisión de Roma, supo que la gente de la iglesia que había fundado en Éfeso era víctima de líderes renegados y falsos. Por eso, dejó en esa ciudad a su compañero de tanto tiempo, Timoteo, con una carta en la que le autorizaba a remplazar a esos líderes y a restaurar el orden. Otra situación similar, en la isla de Creta, requirió que Pablo encomendara una misión parecida a Tito, también compañero suyo, para que le representara allí.

La carta de Pablo está dirigida a Tito, pero también es para la iglesia en general. En ella le confiere su propia autoridad a Tito y le instruye para que designe líderes piadosos. Pablo describe las falsas enseñanzas como lo hizo con los de Éfeso: una combinación de observancias judías seleccionadas (como la circuncisión o la abstención de determinadas comidas) y la búsqueda de especulaciones controversiales. Enseñanzas que no ayudaba a las personas a tener vidas más puras. Por eso Pablo le dice a la comunidad que *Dios ha manifestado a toda la humanidad su gracia, la cual trae salvación.* Este es el verdadero mensaje de Jesús, el que ayuda a que el pueblo de Dios viva una nueva clase de vida.

Pablo revela que piensa pasar el invierno en Nicópolis, ciudad ubicada sobre la costa oeste de Macedonia. Un excelente punto de partida para llevar el evangelio a la parte occidental del imperio. Pablo confía en que Tito podrá restituir el orden en Creta para que pueda acompañarlo en este nuevo emprendimiento.

---

1 Pablo, *siervo de Dios y apóstol de Jesucristo, llamado para que, mediante la fe, los elegidos de Dios lleguen a conocer la verdadera religión.[a] [2] Nuestra esperanza es la vida eterna, la cual Dios, que no miente, ya había prometido antes de la creación. [3] Ahora, a su debido tiempo, él ha cumplido esta promesa mediante la predicación que se me ha confiado por orden de Dios nuestro Salvador.

[4] A Tito, mi verdadero hijo en esta fe que compartimos:

Que Dios el Padre y Cristo Jesús nuestro Salvador te concedan gracia y paz.

Tarea de Tito en Creta

[5] Te dejé en Creta para que pusieras en orden lo que quedaba por hacer y en cada pueblo nombraras[b] *ancianos de la iglesia, de acuerdo con las instrucciones que te di. [6] El anciano debe ser intachable, esposo de una sola mujer; sus hijos deben ser creyentes,[c] libres de sospecha de libertinaje o

---

Titus

After the apostle Paul was released from prison in Rome, he discovered that renegade leaders were preying on the people of the church he had founded in Ephesus. He therefore left his long-time co-worker Timothy in that city with a letter authorizing him to replace these leaders and restore order. A similar situation on the island of Crete required Paul to commission another long-time co-worker, Titus, to act as his representative there.

Paul's letter is addressed to Titus, but it is meant for the larger church as well. He confers his own authority on Titus and instructs him to appoint godly leaders. Paul's description of the false teaching matches that in Ephesus: a combination of selective Jewish observances (such as being circumcised and abstaining from certain foods) and the pursuit of controversial speculations. However, the teaching didn't help people live purer lives. Paul tells the community that *the grace of God has appeared that offers salvation to all people.* It is the true message about Jesus that helps God's people live a new kind of life.

Paul reveals his plan to spend the winter in Nicopolis, a city on the west coast of Macedonia. It would provide an excellent jumping-off point for bringing the gospel to the western part of the empire. He trusts that Titus will help restore order in Crete so he can accompany Paul on this new venture.

---

1 Paul, a servant of God and an apostle of Jesus Christ to further the faith of God's elect and their knowledge of the truth that leads to godliness — [2] in the hope of eternal life, which God, who does not lie, promised before the beginning of time, [3] and which now at his appointed season he has brought to light through the preaching entrusted to me by the command of God our Savior,

[4] To Titus, my true son in our common faith:

Grace and peace from God the Father and Christ Jesus our Savior.

Appointing Elders Who Love What Is Good

[5] The reason I left you in Crete was that you might put in order what was left unfinished and appoint[a] elders in every town, as I directed you. [6] An elder must be blameless, faithful to his wife, a man whose children believe[b] and are not open to

---

de desobediencia. [7] El *obispo tiene a su cargo la obra de Dios, y por lo tanto debe ser intachable: no arrogante, ni iracundo, ni borracho, ni violento, ni codicioso de ganancias mal habidas. [8] Al contrario, debe ser hospitalario, amigo del bien, sensato, justo, santo y disciplinado. [9] Debe apegarse a la palabra fiel, según la enseñanza que recibió, de modo que también pueda exhortar a otros con la sana doctrina y refutar a los que se opongan.

[10] Y es que hay muchos rebeldes, charlatanes y engañadores, especialmente los partidarios de la *circuncisión. [11] A ésos hay que taparles la boca, ya que están arruinando familias enteras al enseñar lo que no se debe; y lo hacen para obtener ganancias mal habidas. [12] Fue precisamente uno de sus propios profetas el que dijo: «Los cretenses son siempre mentirosos, malas bestias, glotones perezosos.» [13] ¡Y es la verdad! Por eso, repréndelos con severidad a fin de que sean sanos en la fe [14] y no hagan caso de leyendas judías ni de lo que exigen esos que rechazan la verdad. [15] Para los puros todo es puro, pero para los corruptos e incrédulos no hay nada puro. Al contrario, tienen corrompidas la mente y la conciencia. [16] Profesan conocer a Dios, pero con sus acciones lo niegan; son abominables, desobedientes e incapaces de hacer nada bueno.

Lo que se debe enseñar

2 Tú, en cambio, predica lo que va de acuerdo con la sana doctrina. [2] A los *ancianos, enséñales que sean moderados, respetables, sensatos, e íntegros en la fe, en el amor y en la constancia. [3] A las ancianas, enséñales que sean reverentes en su conducta, y no calumniadoras ni adictas al mucho vino. Deben enseñar lo bueno [4] y aconsejar a las jóvenes a amar a sus esposos y a sus hijos, [5] a ser sensatas y puras, cuidadosas del hogar, bondadosas y sumisas a sus esposos, para que no se hable mal de la palabra de Dios.

[6] A los jóvenes, exhórtalos a ser sensatos. [7] Con tus buenas obras, dales tú mismo ejemplo en todo. Cuando enseñes, hazlo con integridad y seriedad, [8] y con un mensaje sano e intachable. Así se avergonzará cualquiera que se oponga, pues no podrá decir nada malo de nosotros.

[9] Enseña a los *esclavos a someterse en todo a sus amos, a procurar agradarles y a no ser respondones. [10] No deben robarles sino demostrar que son dignos de toda confianza, para que en todo hagan honor a la enseñanza de Dios nuestro Salvador.

[11] En verdad, Dios ha manifestado a toda la *humanidad su gracia, la cual trae salvación [12] y

the charge of being wild and disobedient. [7] Since an overseer manages God's household, he must be blameless — not overbearing, not quick-tempered, not given to drunkenness, not violent, not pursuing dishonest gain. [8] Rather, he must be hospitable, one who loves what is good, who is self-controlled, upright, holy and disciplined. [9] He must hold firmly to the trustworthy message as it has been taught, so that he can encourage others by sound doctrine and refute those who oppose it.

Rebuking Those Who Fail to Do Good

[10] For there are many rebellious people, full of meaningless talk and deception, especially those of the circumcision group. [11] They must be silenced, because they are disrupting whole households by teaching things they ought not to teach — and that for the sake of dishonest gain. [12] One of Crete's own prophets has said it: "Cretans are always liars, evil brutes, lazy gluttons."[c] [13] This saying is true. Therefore rebuke them sharply, so that they will be sound in the faith [14] and will pay no attention to Jewish myths or to the merely human commands of those who reject the truth. [15] To the pure, all things are pure, but to those who are corrupted and do not believe, nothing is pure. In fact, both their minds and consciences are corrupted. [16] They claim to know God, but by their actions they deny him. They are detestable, disobedient and unfit for doing anything good.

Doing Good for the Sake of the Gospel

2 You, however, must teach what is appropriate to sound doctrine. [2] Teach the older men to be temperate, worthy of respect, self-controlled, and sound in faith, in love and in endurance.

[3] Likewise, teach the older women to be reverent in the way they live, not to be slanderers or addicted to much wine, but to teach what is good. [4] Then they can urge the younger women to love their husbands and children, [5] to be self-controlled and pure, to be busy at home, to be kind, and to be subject to their husbands, so that no one will malign the word of God.

[6] Similarly, encourage the young men to be self-controlled. [7] In everything set them an example by doing what is good. In your teaching show integrity, seriousness [8] and soundness of speech that cannot be condemned, so that those who oppose you may be ashamed because they have nothing bad to say about us.

[9] Teach slaves to be subject to their masters in everything, to try to please them, not to talk back to them, [10] and not to steal from them, but to show that they can be fully trusted, so that in every way they will make the teaching about God our Savior attractive.

[11] For the grace of God has appeared that offers salvation to all people. [12] It teaches us to say

[c] *12 From the Cretan philosopher Epimenides*

nos enseña a rechazar la impiedad y las pasiones mundanas. Así podremos vivir en este mundo con justicia, piedad y dominio propio, [13] mientras aguardamos la bendita esperanza, es decir, la gloriosa venida de nuestro gran Dios y Salvador Jesucristo. [14] Él se entregó por nosotros para rescatarnos de toda maldad y purificar para sí un pueblo elegido, dedicado a hacer el bien.

[15] Esto es lo que debes enseñar. Exhorta y reprende con toda autoridad. Que nadie te menosprecie.

La conducta del creyente

3 Recuérdales a todos que deben mostrarse obedientes y sumisos ante los gobernantes y las autoridades. Siempre deben estar dispuestos a hacer lo bueno: [2] a no hablar mal de nadie, sino a buscar la paz y ser respetuosos, demostrando plena humildad en su trato con todo el mundo.

[3] En otro tiempo también nosotros éramos necios y desobedientes. Estábamos descarriados y éramos esclavos de todo género de pasiones y placeres. Vivíamos en la malicia y en la envidia. Éramos detestables y nos odiábamos unos a otros. [4] Pero cuando se manifestaron la bondad y el amor de Dios nuestro Salvador, [5] él nos salvó, no por nuestras propias obras de justicia sino por su misericordia. Nos salvó mediante el lavamiento de la regeneración y de la renovación por el Espíritu Santo, [6] el cual fue derramado abundantemente sobre nosotros por medio de Jesucristo nuestro Salvador. [7] Así lo hizo para que, *justificados por su gracia, llegáramos a ser herederos que abrigan la esperanza de recibir la vida eterna. [8] Este mensaje es digno de confianza, y quiero que lo recalques, para que los que han creído en Dios se empeñen en hacer buenas obras. Esto es excelente y provechoso para todos.

[9] Evita las necias controversias y genealogías, las discusiones y peleas sobre la ley, porque carecen de provecho y de sentido. [10] Al que cause divisiones, amonéstalo dos veces, y después evítalo. [11] Puedes estar seguro de que tal individuo se condena a sí mismo por ser un perverso pecador.

Instrucciones personales y saludos finales

[12] Tan pronto como te haya enviado a Artemas o a Tíquico, haz todo lo posible por ir a Nicópolis a verme, pues he decidido pasar allí el invierno. [13] Ayuda en todo lo que puedas al abogado Zenas y a Apolos, de modo que no les falte nada para su viaje. [14] Que aprendan los nuestros a empeñarse en hacer buenas obras, a fin de que atiendan a lo que es realmente necesario y no lleven una vida inútil.

[15] Saludos de parte de todos los que me acompañan. Saludos a los que nos aman en la fe.

Que la gracia sea con todos ustedes.

"No" to ungodliness and worldly passions, and to live self-controlled, upright and godly lives in this present age, [13] while we wait for the blessed hope — the appearing of the glory of our great God and Savior, Jesus Christ, [14] who gave himself for us to redeem us from all wickedness and to purify for himself a people that are his very own, eager to do what is good.

[15] These, then, are the things you should teach. Encourage and rebuke with all authority. Do not let anyone despise you.

Saved in Order to Do Good

3 Remind the people to be subject to rulers and authorities, to be obedient, to be ready to do whatever is good, [2] to slander no one, to be peaceable and considerate, and always to be gentle toward everyone.

[3] At one time we too were foolish, disobedient, deceived and enslaved by all kinds of passions and pleasures. We lived in malice and envy, being hated and hating one another. [4] But when the kindness and love of God our Savior appeared, [5] he saved us, not because of righteous things we had done, but because of his mercy. He saved us through the washing of rebirth and renewal by the Holy Spirit, [6] whom he poured out on us generously through Jesus Christ our Savior, [7] so that, having been justified by his grace, we might become heirs having the hope of eternal life. [8] This is a trustworthy saying. And I want you to stress these things, so that those who have trusted in God may be careful to devote themselves to doing what is good. These things are excellent and profitable for everyone.

[9] But avoid foolish controversies and genealogies and arguments and quarrels about the law, because these are unprofitable and useless. [10] Warn a divisive person once, and then warn them a second time. After that, have nothing to do with them. [11] You may be sure that such people are warped and sinful; they are self-condemned.

Final Remarks

[12] As soon as I send Artemas or Tychicus to you, do your best to come to me at Nicopolis, because I have decided to winter there. [13] Do everything you can to help Zenas the lawyer and Apollos on their way and see that they have everything they need. [14] Our people must learn to devote themselves to doing what is good, in order to provide for urgent needs and not live unproductive lives.

[15] Everyone with me sends you greetings. Greet those who love us in the faith.

Grace be with you all.

Carta a
Filemón

Una de las personas que Pablo escogió para que entregara las cartas que conocemos como Colosenses y Efesios, era un hombre llamado Onésimo. Este era de Colosas y la gente de allí lo conocía. Pero Pablo escribió una carta aparte para él. Eso se debía a que Onésimo había sido esclavo de un colosense acaudalado llamado Filemón, en cuya casa se reunía la iglesia. Onésimo había huido, tal vez porque le robó algo a Filemón. Pero en Roma, se convirtió en seguidor de Jesús. Había estado ayudando a Pablo en la prisión pero, ahora, Pablo lo necesitaba en Colosas. El apóstol esperaba que Filemón no solo perdonara a Onésimo, sino que le diera la bienvenida como hermano, ya no como esclavo.

La breve carta de Filemón destaca el cambio en la vida de Onésimo. Su nombre significaba *útil* en griego y Pablo le dice a Filemón que aunque antes era *inútil* (un sirviente con quien Filemón no podía contar), ahora podía serles útil tanto a Pablo como a él. El apóstol no obliga a Filemón a nada. Su pedido se basa en el amor y promete honrar lo que la justicia exige, haciendo él mismo la restitución necesaria.

Lo más probable es que el pedido de Pablo haya tenido éxito, ya que de otro modo la carta no se habría preservado. En la vida de Onésimo tenemos un claro ejemplo del tipo de transformación ocurrido en miles de vidas a medida que el mensaje del evangelio se difundía por todo el Imperio Romano.

Pablo, prisionero de *Cristo Jesús, y el hermano Timoteo,

a ti, querido Filemón, compañero de trabajo, ² a la hermana Apia, a Arquipo nuestro compañero de lucha, y a la iglesia que se reúne en tu casa:

³ Que Dios nuestro Padre y el Señor Jesucristo les concedan gracia y paz.

Acción de gracias y petición

⁴ Siempre doy gracias a mi Dios al recordarte en mis oraciones, ⁵ porque tengo noticias de tu amor y tu *fidelidad hacia el Señor Jesús y hacia todos los creyentes. ⁶ Pido a Dios que el compañerismo que brota de tu fe sea eficaz para la causa de Cristo mediante el reconocimiento de todo lo bueno que compartimos. ⁷ Hermano, tu amor me ha alegrado y animado mucho porque has reconfortado el corazón de los *santos.

Intercesión de Pablo por Onésimo

⁸ Por eso, aunque en Cristo tengo la franqueza suficiente para ordenarte lo que debes hacer,

Philemon

One of the people Paul chose to deliver the letters we know as Colossians and Ephesians was a man named Onesimus. Onesimus was originally from Colossae, and would have been known to the people there. But Paul was compelled to write a separate letter for him. This was because Onesimus had been the slave of a wealthy Colossian named Philemon, in whose home the church met. Onesimus had run away, probably robbing Philemon in the process. In Rome he had become a follower of Jesus. He'd been helping Paul in prison, but now Paul needed him to return to Colossae. Paul's hope was that Philemon would not only forgive Onesimus, but welcome him as a brother and no longer a slave.

Paul's brief letter to Philemon stresses the change in Onesimus's life. His name meant *useful* in Greek, and Paul tells Philemon that while he had formerly been *useless* (a servant Philemon couldn't count on), now he could be useful to both of them. Paul doesn't put Philemon under any obligation. His appeal is on the basis of love, and he promises to honor the demands of justice by making restitution himself if necessary.

Most likely Paul's appeal was successful, or this letter would not have been preserved. In the life of Onesimus we have a clear example of the kind of transformation that occurred in thousands of lives as the gospel message spread throughout the Roman Empire.

¹ Paul, a prisoner of Christ Jesus, and Timothy our brother,

To Philemon our dear friend and fellow worker — ² also to Apphia our sister and Archippus our fellow soldier — and to the church that meets in your home:

³ Grace and peace to you*ᵃ* from God our Father and the Lord Jesus Christ.

Thanksgiving and Prayer

⁴ I always thank my God as I remember you in my prayers, ⁵ because I hear about your love for all his holy people and your faith in the Lord Jesus. ⁶ I pray that your partnership with us in the faith may be effective in deepening your understanding of every good thing we share for the sake of Christ. ⁷ Your love has given me great joy and encouragement, because you, brother, have refreshed the hearts of the Lord's people.

Paul's Plea for Onesimus

⁸ Therefore, although in Christ I could be bold and order you to do what you ought to do,

---

ᵃ 3 The Greek is plural; also in verses 22 and 25; elsewhere in this letter "you" is singular.

⁹ prefiero rogártelo en nombre del amor. Yo, Pablo, ya anciano y ahora, además, prisionero de Cristo Jesús, ¹⁰ te suplico por mi hijo Onésimo,ᵃ quien llegó a ser hijo mío mientras yo estaba preso. ¹¹ En otro tiempo te era inútil, pero ahora nos es útil tanto a ti como a mí.

¹² Te lo envío de vuelta, y con él va mi propio corazón. ¹³ Yo hubiera querido retenerlo para que me sirviera en tu lugar mientras estoy preso por causa del *evangelio. ¹⁴ Sin embargo, no he querido hacer nada sin tu consentimiento, para que tu favor no sea por obligación sino espontáneo. ¹⁵ Tal vez por eso Onésimo se alejó de ti por algún tiempo, para que ahora lo recibas para siempre, ¹⁶ ya no como a esclavo, sino como algo mejor: como a un hermano querido, muy especial para mí, pero mucho más para ti, como persona y como hermano en el Señor.

¹⁷ De modo que, si me tienes por compañero, recíbelo como a mí mismo. ¹⁸ Si te ha perjudicado o te debe algo, cárgalo a mi cuenta. ¹⁹ Yo, Pablo, lo escribo de mi puño y letra: te lo pagaré; por no decirte que tú mismo me debes lo que eres. ²⁰ Sí, hermano, ¡que reciba yo de ti algún beneficio en el Señor! Reconforta mi corazón en Cristo. ²¹ Te escribo confiado en tu obediencia, seguro de que harás aún más de lo que te pido.

²² Además de eso, prepárame alojamiento, porque espero que Dios les conceda el tenerme otra vez con ustedes en respuesta a sus oraciones.

²³ Te mandan saludos Epafras, mi compañero de cárcel en Cristo Jesús, ²⁴ y también Marcos, Aristarco, Demas y Lucas, mis compañeros de trabajo.

²⁵ Que la gracia del Señor Jesucristo sea con su espíritu.

⁹ yet I prefer to appeal to you on the basis of love. It is as none other than Paul—an old man and now also a prisoner of Christ Jesus—¹⁰ that I appeal to you for my son Onesimus,ᵇ who became my son while I was in chains. ¹¹ Formerly he was useless to you, but now he has become useful both to you and to me.

¹² I am sending him—who is my very heart—back to you. ¹³ I would have liked to keep him with me so that he could take your place in helping me while I am in chains for the gospel. ¹⁴ But I did not want to do anything without your consent, so that any favor you do would not seem forced but would be voluntary. ¹⁵ Perhaps the reason he was separated from you for a little while was that you might have him back forever—¹⁶ no longer as a slave, but better than a slave, as a dear brother. He is very dear to me but even dearer to you, both as a fellow man and as a brother in the Lord.

¹⁷ So if you consider me a partner, welcome him as you would welcome me. ¹⁸ If he has done you any wrong or owes you anything, charge it to me. ¹⁹ I, Paul, am writing this with my own hand. I will pay it back—not to mention that you owe me your very self. ²⁰ I do wish, brother, that I may have some benefit from you in the Lord; refresh my heart in Christ. ²¹ Confident of your obedience, I write to you, knowing that you will do even more than I ask.

²² And one thing more: Prepare a guest room for me, because I hope to be restored to you in answer to your prayers.

²³ Epaphras, my fellow prisoner in Christ Jesus, sends you greetings. ²⁴ And so do Mark, Aristarchus, Demas and Luke, my fellow workers.

²⁵ The grace of the Lord Jesus Christ be with your spirit.

ᵃ 10 *Onésimo* significa *útil*.

ᵇ 10 *Onesimus* means *useful*.

Carta a los
Hebreos

Ni el autor ni los destinatarios de este escrito se especifican aquí, pero el libro mismo revela su naturaleza y propósito. Los que lo reciben son judíos que creen en Jesús y que corren el peligro de apartarse de la fe. Es probable que estén en Italia, ya que el autor les envía saludos de varias personas que son de allí, tal vez fuesen amigos que viajaban a otro lugar. El objetivo de este libro es mostrar la superioridad de las realidades definitivas que Dios ha revelado en el nuevo pacto, comparadas con las realidades temporales del primer pacto. Se alienta a los lectores a responder a la amenaza de persecución con un renovado compromiso con la nueva realidad producida por Jesús.

Este libro alterna enseñanzas —como un repaso de la historia de Israel o de las ceremonias de adoración en el templo—, con desafíos que se basan en las primeras. Aquí tenemos cuatro pares de enseñanzas y desafíos:

: Jesús y la salvación que nos da son más grandes que los ángeles y la salvación anunciada por ellos (la ley de Moisés).
: Jesús es nuestro «apóstol» (alguien enviado por Dios en una misión específica), nos lleva a un mayor reposo y a una tierra prometida más grande que aquella a la que Moisés y Josué llevaron a Israel.
: Jesús es un sumo sacerdote más eficaz que los sacerdotes designados por la ley de Moisés.
: Como el pueblo de Dios —que se ha mantenido fiel a lo largo del tiempo—, tenemos que seguir viviendo a la luz de las invisibles realidades celestiales de Dios y avanzar en la fe. A través del Mesías *estamos recibiendo un reino inconmovible.*

El Hijo, superior a los ángeles

1 Dios, que muchas veces y de varias maneras habló a nuestros antepasados en otras épocas por medio de los profetas, ² en estos días finales nos ha hablado por medio de su Hijo. A éste lo designó heredero de todo, y por medio de él hizo el universo. ³ El Hijo es el resplandor de la gloria de Dios, la fiel imagen de lo que él es, y el que sostiene todas las cosas con su palabra poderosa. Después de llevar a cabo la purificación de los pecados, se sentó a la *derecha de la Majestad en las alturas. ⁴ Así llegó a ser superior a los ángeles en la misma medida en que el nombre que ha heredado supera en excelencia al de ellos.

⁵ Porque, ¿a cuál de los ángeles dijo Dios jamás:

«Tú eres mi hijo;
  hoy mismo te he engendrado»;ᵃ

a 1:5 Sal 2:7

Hebrews

Neither the author nor the audience of this book is specifically named, but the book itself reveals its nature and purpose. The recipients are Jesus-believing Jews who are in danger of falling away from the faith. They are likely in Italy, since the author passes on greetings to them from those who are from Italy—probably their friends who are traveling elsewhere. The goal of the whole book is to show the superiority of the final realities God has revealed in the new covenant to the temporary ones of the first covenant. Its readers are encouraged to respond to the threat of persecution by recommitting to the new reality brought by Jesus.

The book alternates between teachings—reviews of Israel's history or the temple worship arrangements—and challenges based on these teachings. There are four teaching-challenge pairs:

: Jesus and the salvation he brings are greater than the angels and the salvation they announced (the law of Moses).
: Jesus is our "apostle" (someone sent by God on a specific mission), and he brings us into a greater rest and promised land than Moses and Joshua brought Israel into.
: Jesus is a more effective high priest than the priests appointed by the law of Moses.
: As God's faithful people have done throughout the ages, we must continue living in light of God's unseen heavenly realities and stepping out in faith. Through the Messiah *we are receiving a kingdom that cannot be shaken.*

God's Final Word: His Son

1 In the past God spoke to our ancestors through the prophets at many times and in various ways, ²but in these last days he has spoken to us by his Son, whom he appointed heir of all things, and through whom also he made the universe. ³The Son is the radiance of God's glory and the exact representation of his being, sustaining all things by his powerful word. After he had provided purification for sins, he sat down at the right hand of the Majesty in heaven. ⁴So he became as much superior to the angels as the name he has inherited is superior to theirs.

The Son Superior to Angels

⁵For to which of the angels did God ever say,

"You are my Son;
  today I have become your Father"ᵃ?

a 5 Psalm 2:7

y en otro pasaje:

> «Yo seré su padre,
>   y él será mi hijo».?[b]

⁶ Además, al introducir a su Primogénito en el mundo, Dios dice:

> «Que lo adoren todos los ángeles de Dios.»[c]

⁷ En cuanto a los ángeles dice:

> «Él hace de los vientos sus ángeles,
>   y de las llamas de fuego sus servidores.»[d]

⁸ Pero con respecto al Hijo dice:

> «Tu trono, oh Dios, permanece por los siglos
>   de los siglos,
>   y el cetro de tu reino es un cetro de
>   justicia.
> ⁹ Has amado la justicia y odiado la maldad;
>   por eso Dios, tu Dios, te ha ungido con
>   aceite de alegría,
>   exaltándote por encima de tus
>   compañeros.»[e]

¹⁰ También dice:

> «En el principio, oh Señor, tú afirmaste la
>   tierra,
>   y los cielos son la obra de tus manos.
> ¹¹ Ellos perecerán, pero tú permaneces para
>   siempre.
>   Todos ellos se desgastarán como un
>   vestido.
> ¹² Los doblarás como un manto,
>   y cambiarán como ropa que se muda;
>   pero tú eres siempre el mismo,
>   y tus años no tienen fin.»[f]

¹³ ¿A cuál de los ángeles dijo Dios jamás:

> «Siéntate a mi derecha,
>   hasta que ponga a tus enemigos
>   por estrado de tus pies»?[g]

¹⁴ ¿No son todos los ángeles espíritus dedicados al servicio divino, enviados para ayudar a los que han de heredar la salvación?

Advertencia a prestar atención

2 Por eso es necesario que prestemos más atención a lo que hemos oído, no sea que perdamos el rumbo. ² Porque si el mensaje anunciado por los ángeles tuvo validez, y toda transgresión y desobediencia recibió su justo castigo, ³ ¿cómo escaparemos nosotros si descuidamos una salvación tan grande? Esta salvación fue anunciada primeramente por el Señor, y los que la oyeron nos la

Or again,

> "I will be his Father,
>   and he will be my Son"[b]?

⁶ And again, when God brings his firstborn into the world, he says,

> "Let all God's angels worship him."[c]

⁷ In speaking of the angels he says,

> "He makes his angels spirits,
>   and his servants flames of fire."[d]

⁸ But about the Son he says,

> "Your throne, O God, will last for ever and
>   ever;
>   a scepter of justice will be the scepter of
>   your kingdom.
> ⁹ You have loved righteousness and hated
>   wickedness;
>   therefore God, your God, has set you
>   above your companions
>   by anointing you with the oil of joy."[e]

¹⁰ He also says,

> "In the beginning, Lord, you laid the
>   foundations of the earth,
>   and the heavens are the work of your
>   hands.
> ¹¹ They will perish, but you remain;
>   they will all wear out like a garment.
> ¹² You will roll them up like a robe;
>   like a garment they will be changed.
>   But you remain the same,
>   and your years will never end."[f]

¹³ To which of the angels did God ever say,

> "Sit at my right hand
>   until I make your enemies
>   a footstool for your feet"[g]?

¹⁴ Are not all angels ministering spirits sent to serve those who will inherit salvation?

Warning to Pay Attention

2 We must pay the most careful attention, therefore, to what we have heard, so that we do not drift away. ² For since the message spoken through angels was binding, and every violation and disobedience received its just punishment, ³ how shall we escape if we ignore so great a salvation? This salvation, which was first announced by the Lord, was confirmed to us by those who heard him.

b **1:5** 2 S 7:14; 1 Cr 17:13
c **1:6** Dt 32:43 (según Qumrán y LXX)
d **1:7** Sal 104:4
e **1:9** Sal 45:6,7
f **1:12** Sal 102:25-27
g **1:13** Sal 110:1

b **5** 2 Samuel 7:14; 1 Chron. 17:13   c **6** Deut. 32:43 (see Dead Sea Scrolls and Septuagint)   d **7** Psalm 104:4
e **9** Psalm 45:6,7   f **12** Psalm 102:25-27   g **13** Psalm 110:1

confirmaron. ⁴ A la vez, Dios ratificó su testimonio acerca de ella con señales, prodigios, diversos milagros y dones distribuidos por el Espíritu Santo según su voluntad.

Jesús, hecho igual a sus hermanos

⁵ Dios no puso bajo el dominio de los ángeles el mundo venidero del que estamos hablando. ⁶ Como alguien ha atestiguado en algún lugar:

«¿Qué es el hombre, para que en él pienses?
　¿Qué es el *ser humano,ʰ para que lo
　　tomes en cuenta?
⁷ Lo hiciste un pocoⁱ menor que los ángeles,
　y lo coronaste de gloria y de honra;
⁸ ¡todo lo sometiste a su dominio!»ʲ

Si Dios puso bajo él todas las cosas, entonces no hay nada que no le esté sujeto. Ahora bien, es cierto que todavía no vemos que todo le esté sujeto. ⁹ Sin embargo, vemos a Jesús, que fue hecho un poco inferior a los ángeles, coronado de gloria y honra por haber padecido la muerte. Así, por la gracia de Dios, la muerte que él sufrió resulta en beneficio de todos.

¹⁰ En efecto, a fin de llevar a muchos hijos a la gloria, convenía que Dios, para quien y por medio de quien todo existe, *perfeccionara mediante el sufrimiento al autor de la salvación de ellos. ¹¹ Tanto el que *santifica como los que son santificados tienen un mismo origen, por lo cual Jesús no se avergüenza de llamarlos hermanos, ¹² cuando dice:

«Proclamaré tu nombre a mis hermanos;
　en medio de la congregación te alabaré.»ᵏ

¹³ En otra parte dice:

«Yo confiaré en él.»ˡ

Y añade:

«Aquí me tienen, con los hijos que Dios me
　ha dado.»ᵐ

¹⁴ Por tanto, ya que ellos son de carne y hueso,ⁿ él también compartió esa naturaleza humana para anular, mediante la muerte, al que tiene el dominio de la muerte —es decir, al diablo—, ¹⁵ y librar a todos los que por temor a la muerte estaban sometidos a esclavitud durante toda la vida. ¹⁶ Pues, ciertamente, no vino en auxilio de los ángeles sino de los descendientes de Abraham. ¹⁷ Por eso era preciso que en todo se asemejara a sus hermanos, para ser un sumo sacerdote fiel y misericordioso al servicio de Dios, a fin de *expiarⁿ los pecados

⁴ God also testified to it by signs, wonders and various miracles, and by gifts of the Holy Spirit distributed according to his will.

Jesus Made Fully Human

⁵ It is not to angels that he has subjected the world to come, about which we are speaking. ⁶ But there is a place where someone has testified:

"What is mankind that you are mindful of
　them,
　a son of man that you care for him?
⁷ You made them a littleʰ lower than the
　angels;
　you crowned them with glory and honor
⁸ and put everything under their feet."ⁱʲ

In putting everything under them,ᵏ God left nothing that is not subject to them.ᵏ Yet at present we do not see everything subject to them.ᵏ ⁹ But we do see Jesus, who was made lower than the angels for a little while, now crowned with glory and honor because he suffered death, so that by the grace of God he might taste death for everyone.

¹⁰ In bringing many sons and daughters to glory, it was fitting that God, for whom and through whom everything exists, should make the pioneer of their salvation perfect through what he suffered. ¹¹ Both the one who makes people holy and those who are made holy are of the same family. So Jesus is not ashamed to call them brothers and sisters.ˡ ¹² He says,

"I will declare your name to my brothers and
　sisters;
　in the assembly I will sing your praises."ᵐ

¹³ And again,

"I will put my trust in him."ⁿ

And again he says,

"Here am I, and the children God has given
　me."ᵒ

¹⁴ Since the children have flesh and blood, he too shared in their humanity so that by his death he might break the power of him who holds the power of death — that is, the devil — ¹⁵ and free those who all their lives were held in slavery by their fear of death. ¹⁶ For surely it is not angels he helps, but Abraham's descendants. ¹⁷ For this reason he had to be made like them,ᵖ fully human in every way, in order that he might become a merciful and faithful high priest in service to God, and that he might make atonement for the sins of the

ʰ 2:6 el *ser humano. Lit. o hijo de hombre.
ⁱ 2:7 un poco. Alt. por un poco de tiempo; también en v. 9.
ʲ 2:8 Sal 8:4-6
ᵏ 2:12 Sal 22:22
ˡ 2:13 Is 8:17
ᵐ 2:13 Is 8:18
ⁿ 2:14 carne y hueso. Lit. sangre y carne.
ⁿ 2:17 expiar. Lit. hacer propiciación por.

ʰ 7 Or them for a little while　ⁱ 6-8 Psalm 8:4-6
ʲ 7,8 Or ⁷You made him a little lower than the angels;/ you crowned him with glory and honor/ ⁸and put everything under his feet."　ᵏ 8 Or him　ˡ 11 The Greek word for brothers and sisters (adelphoi) refers here to believers, both men and women, as part of God's family; also in verse 12; and in 3:1, 12; 10:19; 13:22.　ᵐ 12 Psalm 22:22　ⁿ 13 Isaiah 8:17
ᵒ 13 Isaiah 8:18　ᵖ 17 Or like his brothers

del pueblo. [18] Por haber sufrido él mismo la *tentación, puede socorrer a los que son tentados.

Jesús, superior a Moisés

3 Por lo tanto, hermanos, ustedes que han sido *santificados y que tienen parte en el mismo llamamiento celestial, consideren a Jesús, apóstol y sumo sacerdote de la fe que profesamos. [2] Él fue fiel al que lo nombró, como lo fue también Moisés en toda la casa de Dios. [3] De hecho, Jesús ha sido estimado digno de mayor honor que Moisés, así como el constructor de una casa recibe mayor honor que la casa misma. [4] Porque toda casa tiene su constructor, pero el constructor de todo es Dios. [5] Moisés fue fiel como siervo en toda la casa de Dios, para dar testimonio de lo que Dios diría en el futuro. [6] *Cristo, en cambio, es fiel como Hijo al frente de la casa de Dios. Y esa casa somos nosotros, con tal que mantengamos[o] nuestra confianza y la esperanza que nos *enorgullece.

Advertencia contra la incredulidad

[7] Por eso, como dice el Espíritu Santo:

«Si ustedes oyen hoy su voz,
[8]   no endurezcan el corazón
como sucedió en la rebelión,
    en aquel día de *prueba en el desierto.
[9] Allí sus antepasados me *tentaron y me
        pusieron a prueba,
    a pesar de haber visto mis obras cuarenta
        años.
[10] Por eso me enojé con aquella generación,
    y dije: "Siempre se descarría su corazón,
    y no han reconocido mis caminos."
[11] Así que, en mi enojo, hice este juramento:
    "Jamás entrarán en mi reposo." »[p]

[12] Cuídense, hermanos, de que ninguno de ustedes tenga un corazón pecaminoso e incrédulo que los haga apartarse del Dios vivo. [13] Más bien, mientras dure ese «hoy», anímense unos a otros cada día, para que ninguno de ustedes se endurezca por el engaño del pecado. [14] Hemos llegado a tener parte con *Cristo, con tal que retengamos firme hasta el fin la confianza que tuvimos al principio. [15] Como se acaba de decir:

«Si ustedes oyen hoy su voz,
no endurezcan el corazón
como sucedió en la rebelión.»[q]

[16] Ahora bien, ¿quiénes fueron los que oyeron y se rebelaron? ¿No fueron acaso todos los que salieron de Egipto guiados por Moisés? [17] ¿Y con quiénes se enojó Dios durante cuarenta años? ¿No fue acaso con los que pecaron, los cuales cayeron muertos en el desierto? [18] ¿Y a quiénes juró Dios que jamás entrarían en su reposo, sino a los que

people. [18] Because he himself suffered when he was tempted, he is able to help those who are being tempted.

Jesus Greater Than Moses

3 Therefore, holy brothers and sisters, who share in the heavenly calling, fix your thoughts on Jesus, whom we acknowledge as our apostle and high priest. [2] He was faithful to the one who appointed him, just as Moses was faithful in all God's house. [3] Jesus has been found worthy of greater honor than Moses, just as the builder of a house has greater honor than the house itself. [4] For every house is built by someone, but God is the builder of everything. [5] "Moses was faithful as a servant in all God's house,"[q] bearing witness to what would be spoken by God in the future. [6] But Christ is faithful as the Son over God's house. And we are his house, if indeed we hold firmly to our confidence and the hope in which we glory.

Warning Against Unbelief

[7] So, as the Holy Spirit says:

"Today, if you hear his voice,
[8]   do not harden your hearts
as you did in the rebellion,
    during the time of testing in the
        wilderness,
[9] where your ancestors tested and tried me,
    though for forty years they saw what I did.
[10] That is why I was angry with that
        generation;
    I said, 'Their hearts are always going
        astray,
    and they have not known my ways.'
[11] So I declared on oath in my anger,
    'They shall never enter my rest.'"[r]

[12] See to it, brothers and sisters, that none of you has a sinful, unbelieving heart that turns away from the living God. [13] But encourage one another daily, as long as it is called "Today," so that none of you may be hardened by sin's deceitfulness. [14] We have come to share in Christ, if indeed we hold our original conviction firmly to the very end. [15] As has just been said:

"Today, if you hear his voice,
    do not harden your hearts
    as you did in the rebellion."[s]

[16] Who were they who heard and rebelled? Were they not all those Moses led out of Egypt? [17] And with whom was he angry for forty years? Was it not with those who sinned, whose bodies perished in the wilderness? [18] And to whom did God swear that they would never enter his rest if not to those

o **3:6** mantengamos. Var. mantengamos firme hasta el fin.
p **3:11** Sal 95:7-11
q **3:15** Sal 95:7,8

q **5** Num. 12:7   r **11** Psalm 95:7-11   s **15** Psalm 95:7,8

desobedecieron?*r* *19* Como podemos ver, no pudieron entrar por causa de su incredulidad.

Reposo del pueblo de Dios

4 Cuidémonos, por tanto, no sea que, aunque la promesa de entrar en su reposo sigue vigente, alguno de ustedes parezca quedarse atrás. *2* Porque a nosotros, lo mismo que a ellos, se nos ha anunciado la buena *noticia; pero el mensaje que escucharon no les sirvió de nada, porque no se unieron en la fe a*s* los que habían prestado atención a ese mensaje. *3* En tal reposo entramos los que somos creyentes, conforme Dios ha dicho:

«Así que, en mi enojo, hice este juramento:
"Jamás entrarán en mi reposo." »*t*

Es cierto que su trabajo quedó terminado con la creación del mundo, *4* pues en algún lugar se ha dicho así del séptimo día: «Y en el séptimo día reposó Dios de todas sus obras.»*u* *5* Y en el pasaje citado también dice: «Jamás entrarán en mi reposo.»
6 Sin embargo, todavía falta que algunos entren en ese reposo, y los primeros a quienes se les anunció la buena noticia no entraron por causa de su desobediencia. *7* Por eso, Dios volvió a fijar un día, que es «hoy», cuando mucho después declaró por medio de David lo que ya se ha mencionado:

«Si ustedes oyen hoy su voz,
no endurezcan el corazón.»*v*

8 Si Josué les hubiera dado el reposo, Dios no habría hablado posteriormente de otro día. *9* Por consiguiente, queda todavía un reposo especial*w* para el pueblo de Dios; *10* porque el que entra en el reposo de Dios descansa también de sus obras, así como Dios descansó de las suyas. *11* Esforcémonos, pues, por entrar en ese reposo, para que nadie caiga al seguir aquel ejemplo de desobediencia.
12 Ciertamente, la palabra de Dios es viva y poderosa, y más cortante que cualquier espada de dos filos. Penetra hasta lo más profundo del alma y del espíritu, hasta la médula de los huesos,*x* y juzga los pensamientos y las intenciones del corazón. *13* Ninguna cosa creada escapa a la vista de Dios. Todo está al descubierto, expuesto a los ojos de aquel a quien hemos de rendir cuentas.

Jesús, el gran sumo sacerdote

14 Por lo tanto, ya que en Jesús, el Hijo de Dios, tenemos un gran sumo sacerdote que ha atravesado los cielos, aferrémonos a la fe que profesamos. *15* Porque no tenemos un sumo sacerdote incapaz de compadecerse de nuestras debilidades, sino

who disobeyed? *19* So we see that they were not able to enter, because of their unbelief.

A Sabbath-Rest for the People of God

4 Therefore, since the promise of entering his rest still stands, let us be careful that none of you be found to have fallen short of it. *2* For we also have had the good news proclaimed to us, just as they did; but the message they heard was of no value to them, because they did not share the faith of those who obeyed.*t* *3* Now we who have believed enter that rest, just as God has said,

"So I declared on oath in my anger,
'They shall never enter my rest.' "*u*

And yet his works have been finished since the creation of the world. *4* For somewhere he has spoken about the seventh day in these words: "On the seventh day God rested from all his works."*v* *5* And again in the passage above he says, "They shall never enter my rest."
6 Therefore since it still remains for some to enter that rest, and since those who formerly had the good news proclaimed to them did not go in because of their disobedience, *7* God again set a certain day, calling it "Today." This he did when a long time later he spoke through David, as in the passage already quoted:

"Today, if you hear his voice,
do not harden your hearts."*w*

8 For if Joshua had given them rest, God would not have spoken later about another day. *9* There remains, then, a Sabbath-rest for the people of God; *10* for anyone who enters God's rest also rests from their works,*x* just as God did from his. *11* Let us, therefore, make every effort to enter that rest, so that no one will perish by following their example of disobedience.
12 For the word of God is alive and active. Sharper than any double-edged sword, it penetrates even to dividing soul and spirit, joints and marrow; it judges the thoughts and attitudes of the heart. *13* Nothing in all creation is hidden from God's sight. Everything is uncovered and laid bare before the eyes of him to whom we must give account.

Jesus the Great High Priest

14 Therefore, since we have a great high priest who has ascended into heaven,*y* Jesus the Son of God, let us hold firmly to the faith we profess. *15* For we do not have a high priest who is unable to empathize with our weaknesses, but we have one who has been tempted in every way, just as

---

r **3:18** *los que desobedecieron.* Alt. *los que no creyeron.*
s **4:2** *no se unieron en la fe a.* Var. *no se combinó con fe para.*
t **4:3** Sal 95:11; también en v.
u **4:4** Gn 2:2
v **4:7** Sal 95:7,8
w **4:9** *un reposo especial.* Lit. *un sabático.*
x **4:12** *Penetra ... huesos.* Lit. *Penetra hasta la división de alma y espíritu, y de articulaciones y médulas.*

t 2 Some manuscripts *because those who heard did not combine it with faith*   *u 3* Psalm 95:11; also in verse 5   *v 4* Gen. 2:2   *w 7* Psalm 95:7,8   *x 10* Or *labor*   *y 14* Greek *has gone through the heavens*

uno que ha sido *tentado en todo de la misma manera que nosotros, aunque sin pecado. ¹⁶ Así que acerquémonos confiadamente al trono de la gracia para recibir misericordia y hallar la gracia que nos ayude en el momento que más la necesitemos.

5 Todo sumo sacerdote es escogido de entre los hombres. Él mismo es nombrado para representar a su pueblo ante Dios, y ofrecer dones y sacrificios por los pecados. ² Puede tratar con paciencia a los ignorantes y extraviados, ya que él mismo está sujeto a las debilidades humanas. ³ Por tal razón se ve obligado a ofrecer sacrificios por sus propios pecados, como también por los del pueblo.

⁴ Nadie ocupa ese cargo por iniciativa propia; más bien, lo ocupa el que es llamado por Dios, como sucedió con Aarón. ⁵ Tampoco *Cristo se glorificó a sí mismo haciéndose sumo sacerdote, sino que Dios le dijo:

«Tú eres mi hijo;
    hoy mismo te he engendrado.»ʸ

⁶ Y en otro pasaje dice:

«Tú eres sacerdote para siempre,
    según el orden de Melquisedec.»ᶻ

⁷ En los días de su vida *mortal, Jesús ofreció oraciones y súplicas con fuerte clamor y lágrimas al que podía salvarlo de la muerte, y fue escuchado por su reverente sumisión. ⁸ Aunque era Hijo, mediante el sufrimiento aprendió a obedecer; ⁹ y consumada su *perfección, llegó a ser autor de salvación eterna para todos los que le obedecen, ¹⁰ y Dios lo nombró sumo sacerdote según el orden de Melquisedec.

Advertencia contra la apostasía

¹¹ Sobre este tema tenemos mucho que decir aunque es difícil explicarlo, porque a ustedes lo que les entra por un oído les sale por el otro.ᵃ ¹² En realidad, a estas alturas ya deberían ser maestros, y sin embargo necesitan que alguien vuelva a enseñarles las verdades más elementales de la palabra de Dios. Dicho de otro modo, necesitan leche en vez de alimento sólido. ¹³ El que sólo se alimenta de leche es inexperto en el mensaje de justicia; es como un niño de pecho. ¹⁴ En cambio, el alimento sólido es para los adultos, para los que tienen la capacidad de distinguir entre lo bueno y lo malo, pues han ejercitado su facultad de percepción espiritual.

6 Por eso, dejando a un lado las enseñanzas elementales acerca de *Cristo, avancemos hacia la madurez. No volvamos a poner los fundamentos, tales como el *arrepentimiento de las obras que

we are — yet he did not sin. ¹⁶ Let us then approach God's throne of grace with confidence, so that we may receive mercy and find grace to help us in our time of need.

5 Every high priest is selected from among the people and is appointed to represent the people in matters related to God, to offer gifts and sacrifices for sins. ² He is able to deal gently with those who are ignorant and are going astray, since he himself is subject to weakness. ³ This is why he has to offer sacrifices for his own sins, as well as for the sins of the people. ⁴ And no one takes this honor on himself, but he receives it when called by God, just as Aaron was.

⁵ In the same way, Christ did not take on himself the glory of becoming a high priest. But God said to him,

"You are my Son;
    today I have become your Father."ᶻ

⁶ And he says in another place,

"You are a priest forever,
    in the order of Melchizedek."ᵃ

⁷ During the days of Jesus' life on earth, he offered up prayers and petitions with fervent cries and tears to the one who could save him from death, and he was heard because of his reverent submission. ⁸ Son though he was, he learned obedience from what he suffered ⁹ and, once made perfect, he became the source of eternal salvation for all who obey him ¹⁰ and was designated by God to be high priest in the order of Melchizedek.

Warning Against Falling Away

¹¹ We have much to say about this, but it is hard to make it clear to you because you no longer try to understand. ¹² In fact, though by this time you ought to be teachers, you need someone to teach you the elementary truths of God's word all over again. You need milk, not solid food! ¹³ Anyone who lives on milk, being still an infant, is not acquainted with the teaching about righteousness. ¹⁴ But solid food is for the mature, who by constant use have trained themselves to distinguish good from evil.

6 Therefore let us move beyond the elementary teachings about Christ and be taken forward to maturity, not laying again the foundation of repentance from acts that lead to death,ᵇ and of faith

---

ʸ **5:5** Sal 2:7
ᶻ **5:6** Sal 110:4
ᵃ **5:11** *a ustedes ... por el otro.* Lit. *se han vuelto torpes en los oídos.*

ᶻ 5 Psalm 2:7   ᵃ 6 Psalm 110:4   ᵇ 1 Or *from useless rituals*

conducen a la muerte, la fe en Dios, [2] la instrucción sobre bautismos, la imposición de manos, la resurrección de los muertos y el juicio eterno. [3] Así procederemos, si Dios lo permite.

[4-6] Es imposible que renueven su arrepentimiento aquellos que han sido una vez iluminados, que han saboreado el don celestial, que han tenido parte en el Espíritu Santo y que han experimentado la buena palabra de Dios y los poderes del mundo venidero, y después de todo esto se han apartado. Es imposible, porque así vuelven a crucificar, para su propio mal, al Hijo de Dios, y lo exponen a la vergüenza pública.

[7] Cuando la tierra bebe la lluvia que con frecuencia cae sobre ella, y produce una buena cosecha para los que la cultivan, recibe bendición de Dios. [8] En cambio, cuando produce espinos y cardos, no vale nada; está a punto de ser maldecida, y acabará por ser quemada.

[9] En cuanto a ustedes, queridos hermanos, aunque nos expresamos así, estamos seguros de que les espera lo mejor, es decir, lo que atañe a la salvación. [10] Porque Dios no es injusto como para olvidarse de las obras y del amor que, para su gloria,[b] ustedes han mostrado sirviendo a los *santos, como lo siguen haciendo. [11] Deseamos, sin embargo, que cada uno de ustedes siga mostrando ese mismo empeño hasta la realización final y completa de su esperanza. [12] No sean perezosos; más bien, imiten a quienes por su fe y paciencia heredan las promesas.

La certeza de la promesa de Dios

[13] Cuando Dios hizo su promesa a Abraham, como no tenía a nadie superior por quien jurar, juró por sí mismo, [14] y dijo: «Te bendeciré en gran manera y multiplicaré tu descendencia.»[c] [15] Y así, después de esperar con paciencia, Abraham recibió lo que se le había prometido.

[16] Los *seres humanos juran por alguien superior a ellos mismos, y el juramento, al confirmar lo que se ha dicho, pone punto final a toda discusión. [17] Por eso Dios, queriendo demostrar claramente a los herederos de la promesa que su propósito es inmutable, la confirmó con un juramento. [18] Lo hizo así para que, mediante la promesa y el juramento, que son dos realidades inmutables en las cuales es imposible que Dios mienta, tengamos un estímulo poderoso los que, buscando refugio, nos aferramos a la esperanza que está delante de nosotros. [19] Tenemos como firme y segura ancla del alma una esperanza que penetra hasta detrás de la cortina del *santuario, [20] hasta donde Jesús, el precursor, entró por nosotros, llegando a ser sumo sacerdote para siempre, según el orden de Melquisedec.

in God, [2] instruction about cleansing rites,[c] the laying on of hands, the resurrection of the dead, and eternal judgment. [3] And God permitting, we will do so.

[4] It is impossible for those who have once been enlightened, who have tasted the heavenly gift, who have shared in the Holy Spirit, [5] who have tasted the goodness of the word of God and the powers of the coming age [6] and who have fallen[d] away, to be brought back to repentance. To their loss they are crucifying the Son of God all over again and subjecting him to public disgrace. [7] Land that drinks in the rain often falling on it and that produces a crop useful to those for whom it is farmed receives the blessing of God. [8] But land that produces thorns and thistles is worthless and is in danger of being cursed. In the end it will be burned.

[9] Even though we speak like this, dear friends, we are convinced of better things in your case — the things that have to do with salvation. [10] God is not unjust; he will not forget your work and the love you have shown him as you have helped his people and continue to help them. [11] We want each of you to show this same diligence to the very end, so that what you hope for may be fully realized. [12] We do not want you to become lazy, but to imitate those who through faith and patience inherit what has been promised.

The Certainty of God's Promise

[13] When God made his promise to Abraham, since there was no one greater for him to swear by, he swore by himself, [14] saying, "I will surely bless you and give you many descendants."[e] [15] And so after waiting patiently, Abraham received what was promised.

[16] People swear by someone greater than themselves, and the oath confirms what is said and puts an end to all argument. [17] Because God wanted to make the unchanging nature of his purpose very clear to the heirs of what was promised, he confirmed it with an oath. [18] God did this so that, by two unchangeable things in which it is impossible for God to lie, we who have fled to take hold of the hope set before us may be greatly encouraged. [19] We have this hope as an anchor for the soul, firm and secure. It enters the inner sanctuary behind the curtain, [20] where our forerunner, Jesus, has entered on our behalf. He has become a high priest forever, in the order of Melchizedek.

---

b 6:10 *gloria*. Lit. *nombre*.
c 6:14 Gn 22:17

c 2 Or *about baptisms*   d 6 Or *age*, [6] *if they fall*
e 14 Gen. 22:17

El sacerdocio de Melquisedec

7 Este Melquisedec, rey de Salén y sacerdote del Dios Altísimo, salió al encuentro de Abraham, que regresaba de derrotar a los reyes, y lo bendijo. ² Abraham, a su vez, le dio la décima parte de todo. El nombre Melquisedec significa, en primer lugar, «rey de justicia» y, además, «rey de Salén», esto es, «rey de paz». ³ No tiene padre ni madre ni genealogía; no tiene comienzo ni fin, pero a semejanza del Hijo de Dios, permanece como sacerdote para siempre.

⁴ Consideren la grandeza de ese hombre, a quien nada menos que el patriarca Abraham dio la décima parte del botín. ⁵ Ahora bien, los descendientes de Leví que reciben el sacerdocio tienen, por ley, el mandato de cobrar los diezmos del pueblo, es decir, de sus hermanos, aunque éstos también son descendientes de Abraham. ⁶ En cambio, Melquisedec, que no era descendiente de Leví, recibió los diezmos de Abraham y bendijo al que tenía las promesas. ⁷ Es indiscutible que la persona que bendice es superior a la que recibe la bendición. ⁸ En el caso de los levitas, los diezmos los reciben hombres mortales; en el otro caso, los recibe Melquisedec, de quien se da testimonio de que vive. ⁹ Hasta podría decirse que Leví, quien ahora recibe los diezmos, los pagó por medio de Abraham, ¹⁰ ya que Leví estaba presente en su antepasado Abraham cuando Melquisedec le salió al encuentro.

Jesús, semejante a Melquisedec

¹¹ Si hubiera sido posible alcanzar la *perfección mediante el sacerdocio levítico (pues bajo éste se le dio la ley al pueblo), ¿qué necesidad había de que más adelante surgiera otro sacerdote, según el orden de Melquisedec y no según el de Aarón? ¹² Porque cuando cambia el sacerdocio, también tiene que cambiarse la ley. ¹³ En efecto, Jesús, de quien se dicen estas cosas, era de otra tribu, de la cual nadie se ha dedicado al servicio del altar. ¹⁴ Es evidente que nuestro Señor procedía de la tribu de Judá, respecto a la cual nada dijo Moisés con relación al sacerdocio. ¹⁵ Y lo que hemos dicho resulta aún más evidente si, a semejanza de Melquisedec, surge otro sacerdote ¹⁶ que ha llegado a serlo, no conforme a un requisito legal respecto a linaje *humano, sino conforme al poder de una vida indestructible. ¹⁷ Pues de él se da testimonio:

«Tú eres sacerdote para siempre,
  según el orden de Melquisedec.»ᵈ

¹⁸ Por una parte, la ley anterior queda anulada por ser inútil e ineficaz, ¹⁹ ya que no *perfeccionó nada. Y por la otra, se introduce una esperanza mejor, mediante la cual nos acercamos a Dios.

²⁰ ¡Y no fue sin juramento! Los otros sacerdotes llegaron a serlo sin juramento, ²¹ mientras que éste llegó a serlo con el juramento de aquel que le dijo:

Melchizedek the Priest

7 This Melchizedek was king of Salem and priest of God Most High. He met Abraham returning from the defeat of the kings and blessed him, ² and Abraham gave him a tenth of everything. First, the name Melchizedek means "king of righteousness"; then also, "king of Salem" means "king of peace." ³ Without father or mother, without genealogy, without beginning of days or end of life, resembling the Son of God, he remains a priest forever.

⁴ Just think how great he was: Even the patriarch Abraham gave him a tenth of the plunder! ⁵ Now the law requires the descendants of Levi who become priests to collect a tenth from the people — that is, from their fellow Israelites — even though they also are descended from Abraham. ⁶ This man, however, did not trace his descent from Levi, yet he collected a tenth from Abraham and blessed him who had the promises. ⁷ And without doubt the lesser is blessed by the greater. ⁸ In the one case, the tenth is collected by people who die; but in the other case, by him who is declared to be living. ⁹ One might even say that Levi, who collects the tenth, paid the tenth through Abraham, ¹⁰ because when Melchizedek met Abraham, Levi was still in the body of his ancestor.

Jesus Like Melchizedek

¹¹ If perfection could have been attained through the Levitical priesthood — and indeed the law given to the people established that priesthood — why was there still need for another priest to come, one in the order of Melchizedek, not in the order of Aaron? ¹² For when the priesthood is changed, the law must be changed also. ¹³ He of whom these things are said belonged to a different tribe, and no one from that tribe has ever served at the altar. ¹⁴ For it is clear that our Lord descended from Judah, and in regard to that tribe Moses said nothing about priests. ¹⁵ And what we have said is even more clear if another priest like Melchizedek appears, ¹⁶ one who has become a priest not on the basis of a regulation as to his ancestry but on the basis of the power of an indestructible life. ¹⁷ For it is declared:

"You are a priest forever,
  in the order of Melchizedek."ᶠ

¹⁸ The former regulation is set aside because it was weak and useless ¹⁹ (for the law made nothing perfect), and a better hope is introduced, by which we draw near to God.

²⁰ And it was not without an oath! Others became priests without any oath, ²¹ but he became a priest with an oath when God said to him:

ᵈ 7:17 Sal 110:4; también en v. 21

ᶠ 17 Psalm 110:4

«El Señor ha jurado,
    y no cambiará de parecer:
"Tú eres sacerdote para siempre." »

²² Por tanto, Jesús ha llegado a ser el que garantiza un pacto superior.

²³ Ahora bien, como a aquellos sacerdotes la muerte les impedía seguir ejerciendo sus funciones, ha habido muchos de ellos; ²⁴ pero como Jesús permanece para siempre, su sacerdocio es imperecedero. ²⁵ Por eso también puede salvar por completo*ᵉ* a los que por medio de él se acercan a Dios, ya que vive siempre para interceder por ellos.

²⁶ Nos convenía tener un sumo sacerdote así: santo, irreprochable, puro, apartado de los pecadores y exaltado sobre los cielos. ²⁷ A diferencia de los otros sumos sacerdotes, él no tiene que ofrecer sacrificios día tras día, primero por sus propios pecados y luego por los del pueblo; porque él ofreció el sacrificio una sola vez y para siempre cuando se ofreció a sí mismo. ²⁸ De hecho, la ley designa como sumos sacerdotes a hombres débiles; pero el juramento, posterior a la ley, designa al Hijo, quien ha sido hecho *perfecto para siempre.

El sumo sacerdote de un nuevo pacto

8 Ahora bien, el punto principal de lo que venimos diciendo es que tenemos tal sumo sacerdote, aquel que se sentó a la *derecha del trono de la Majestad en el cielo, ² el que sirve en el *santuario, es decir, en el verdadero tabernáculo levantado por el Señor y no por ningún *ser humano.

³ A todo sumo sacerdote se le nombra para presentar ofrendas y sacrificios, por lo cual es necesario que también tenga algo que ofrecer. ⁴ Si Jesús estuviera en la tierra, no sería sacerdote, pues aquí ya hay sacerdotes que presentan las ofrendas en conformidad con la ley. ⁵ Estos sacerdotes sirven en un santuario que es copia y sombra del que está en el cielo, tal como se le advirtió a Moisés cuando estaba a punto de construir el tabernáculo: «Asegúrate de hacerlo todo según el modelo que se te ha mostrado en la montaña.»*ᶠ* ⁶ Pero el servicio sacerdotal que Jesús ha recibido es superior al de ellos, así como el pacto del cual es mediador es superior al antiguo, puesto que se basa en mejores promesas.

⁷ Efectivamente, si ese primer pacto hubiera sido *perfecto, no habría lugar para un segundo pacto. ⁸ Pero Dios, reprochándoles sus defectos, dijo:

«Vienen días —dice el Señor—,
    en que haré un nuevo pacto
con la casa de Israel
    y con la casa de Judá.

"The Lord has sworn
    and will not change his mind:
'You are a priest forever.'"*ᵍ*

²² Because of this oath, Jesus has become the guarantor of a better covenant.

²³ Now there have been many of those priests, since death prevented them from continuing in office; ²⁴ but because Jesus lives forever, he has a permanent priesthood. ²⁵ Therefore he is able to save completely*ʰ* those who come to God through him, because he always lives to intercede for them.

²⁶ Such a high priest truly meets our need—one who is holy, blameless, pure, set apart from sinners, exalted above the heavens. ²⁷ Unlike the other high priests, he does not need to offer sacrifices day after day, first for his own sins, and then for the sins of the people. He sacrificed for their sins once for all when he offered himself. ²⁸ For the law appoints as high priests men in all their weakness; but the oath, which came after the law, appointed the Son, who has been made perfect forever.

The High Priest of a New Covenant

8 Now the main point of what we are saying is this: We do have such a high priest, who sat down at the right hand of the throne of the Majesty in heaven, ² and who serves in the sanctuary, the true tabernacle set up by the Lord, not by a mere human being.

³ Every high priest is appointed to offer both gifts and sacrifices, and so it was necessary for this one also to have something to offer. ⁴ If he were on earth, he would not be a priest, for there are already priests who offer the gifts prescribed by the law. ⁵ They serve at a sanctuary that is a copy and shadow of what is in heaven. This is why Moses was warned when he was about to build the tabernacle: "See to it that you make everything according to the pattern shown you on the mountain."*ⁱ* ⁶ But in fact the ministry Jesus has received is as superior to theirs as the covenant of which he is mediator is superior to the old one, since the new covenant is established on better promises.

⁷ For if there had been nothing wrong with that first covenant, no place would have been sought for another. ⁸ But God found fault with the people and said*ʲ*:

"The days are coming, declares the Lord,
    when I will make a new covenant
with the people of Israel
    and with the people of Judah.

ᵉ **7:25** *por completo.* Alt. *para siempre.*
ᶠ **8:5** Éx 25:40

ᵍ *21* Psalm 110:4   *ʰ* *25* Or *forever*   *ⁱ* *5* Exodus 25:40
ʲ *8* Some manuscripts may be translated *fault and said to the people.*

[9] No será un pacto
como el que hice con sus antepasados
el día en que los tomé de la mano
y los saqué de Egipto,
ya que ellos no permanecieron fieles a mi
pacto,
y yo los abandoné
—dice el Señor—.
[10] Éste es el pacto que después de aquel tiempo
haré con la casa de Israel —dice el Señor—:
Pondré mis leyes en su mente
y las escribiré en su corazón.
Yo seré su Dios,
y ellos serán mi pueblo.
[11] Ya no tendrá nadie que enseñar a su
prójimo,
ni dirá nadie a su hermano: "¡Conoce al
Señor!",
porque todos, desde el más pequeño hasta el
más grande,
me conocerán.
[12] Yo les perdonaré sus iniquidades,
y nunca más me acordaré de sus pecados.»[g]

[13] Al llamar «nuevo» a ese pacto, ha declarado obsoleto al anterior; y lo que se vuelve obsoleto y envejece ya está por desaparecer.

El culto en el tabernáculo terrenal

[9] Ahora bien, el primer pacto tenía sus normas para el culto, y un *santuario terrenal. [2] En efecto, se habilitó un tabernáculo de tal modo que en su primera parte, llamada el Lugar Santo, estaban el candelabro, la mesa y los panes consagrados. [3] Tras la segunda cortina estaba la parte llamada el Lugar Santísimo, [4] el cual tenía el altar de oro para el incienso y el arca del pacto, toda recubierta de oro. Dentro del arca había una urna de oro que contenía el maná, la vara de Aarón que había retoñado, y las tablas del pacto. [5] Encima del arca estaban los *querubines de la gloria, que cubrían con su sombra el lugar de la *expiación.[h] Pero ahora no se puede hablar de eso en detalle.

[6] Así dispuestas todas estas cosas, los sacerdotes entran continuamente en la primera parte del tabernáculo para celebrar el culto. [7] Pero en la segunda parte entra únicamente el sumo sacerdote, y sólo una vez al año, provisto siempre de sangre que ofrece por sí mismo y por los pecados de ignorancia cometidos por el pueblo. [8] Con esto el Espíritu Santo da a entender que, mientras siga en pie el primer tabernáculo, aún no se habrá revelado el camino que conduce al Lugar Santísimo. [9] Esto nos ilustra hoy día que las ofrendas y los sacrificios que allí se ofrecen no tienen poder alguno para *perfeccionar la conciencia de los que celebran ese culto. [10] No se trata más que de reglas externas relacionadas con alimentos, bebidas y

[9] It will not be like the covenant
I made with their ancestors
when I took them by the hand
to lead them out of Egypt,
because they did not remain faithful to my
covenant,
and I turned away from them,
declares the Lord.
[10] This is the covenant I will establish with the
people of Israel
after that time, declares the Lord.
I will put my laws in their minds
and write them on their hearts.
I will be their God,
and they will be my people.
[11] No longer will they teach their neighbor,
or say to one another, 'Know the Lord,'
because they will all know me,
from the least of them to the greatest.
[12] For I will forgive their wickedness
and will remember their sins no more."[k]

[13] By calling this covenant "new," he has made the first one obsolete; and what is obsolete and outdated will soon disappear.

Worship in the Earthly Tabernacle

[9] Now the first covenant had regulations for worship and also an earthly sanctuary. [2] A tabernacle was set up. In its first room were the lampstand and the table with its consecrated bread; this was called the Holy Place. [3] Behind the second curtain was a room called the Most Holy Place, [4] which had the golden altar of incense and the gold-covered ark of the covenant. This ark contained the gold jar of manna, Aaron's staff that had budded, and the stone tablets of the covenant. [5] Above the ark were the cherubim of the Glory, overshadowing the atonement cover. But we cannot discuss these things in detail now.

[6] When everything had been arranged like this, the priests entered regularly into the outer room to carry on their ministry. [7] But only the high priest entered the inner room, and that only once a year, and never without blood, which he offered for himself and for the sins the people had committed in ignorance. [8] The Holy Spirit was showing by this that the way into the Most Holy Place had not yet been disclosed as long as the first tabernacle was still functioning. [9] This is an illustration for the present time, indicating that the gifts and sacrifices being offered were not able to clear the conscience of the worshiper. [10] They are only a matter of food and drink and various ceremonial

---

g 8:12 Jer 31:31-34
h 9:5 el lugar de la expiación. Lit. el *propiciatorio.

k 12 Jer. 31:31-34

diversas ceremonias de *purificación, válidas sólo hasta el tiempo señalado para reformarlo todo.

La sangre de Cristo

[11] *Cristo, por el contrario, al presentarse como sumo sacerdote de los bienes definitivos[i] en el tabernáculo más excelente y *perfecto, no hecho por manos humanas (es decir, que no es de esta creación), [12] entró una sola vez y para siempre en el Lugar Santísimo. No lo hizo con sangre de machos cabríos y becerros, sino con su propia sangre, logrando así un rescate eterno. [13] La sangre de machos cabríos y de toros, y las cenizas de una novilla rociadas sobre personas *impuras, las *santifican de modo que quedan *limpias por fuera. [14] Si esto es así, ¡cuánto más la sangre de Cristo, quien por medio del Espíritu eterno se ofreció sin mancha a Dios, purificará nuestra conciencia de las obras que conducen a la muerte, a fin de que sirvamos al Dios viviente!

[15] Por eso Cristo es mediador de un nuevo pacto, para que los llamados reciban la herencia eterna prometida, ahora que él ha muerto para liberarlos de los pecados cometidos bajo el primer pacto.

[16] En el caso de un testamento,[j] es necesario constatar la muerte del testador, [17] pues un testamento sólo adquiere validez cuando el testador muere, y no entra en vigor mientras vive. [18] De ahí que ni siquiera el primer pacto se haya establecido sin sangre. [19] Después de promulgar todos los mandamientos de la ley a todo el pueblo, Moisés tomó la sangre de los becerros junto con agua, lana escarlata y ramas de hisopo, y roció el libro de la ley y a todo el pueblo, [20] diciendo: «Ésta es la sangre del pacto que Dios ha mandado que ustedes cumplan.»[k] [21] De la misma manera roció con la sangre el tabernáculo y todos los objetos que se usaban en el culto. [22] De hecho, la ley exige que casi todo sea purificado con sangre, pues sin derramamiento de sangre no hay perdón.

[23] Así que era necesario que las copias de las realidades celestiales fueran purificadas con esos sacrificios, pero que las realidades mismas lo fueran con sacrificios superiores a aquéllos. [24] En efecto, Cristo no entró en un santuario hecho por manos humanas, simple copia del verdadero santuario, sino en el cielo mismo, para presentarse ahora ante Dios en favor nuestro. [25] Ni entró en el cielo para ofrecerse vez tras vez, como entra el sumo sacerdote en el Lugar Santísimo cada año con sangre ajena. [26] Si así fuera, Cristo habría tenido que sufrir muchas veces desde la creación del mundo. Al contrario, ahora, al final de los tiempos, se ha presentado una sola vez y para siempre a fin de acabar con el pecado mediante el sacrificio

washings — external regulations applying until the time of the new order.

The Blood of Christ

[11] But when Christ came as high priest of the good things that are now already here,[l] he went through the greater and more perfect tabernacle that is not made with human hands, that is to say, is not a part of this creation. [12] He did not enter by means of the blood of goats and calves; but he entered the Most Holy Place once for all by his own blood, thus obtaining[m] eternal redemption. [13] The blood of goats and bulls and the ashes of a heifer sprinkled on those who are ceremonially unclean sanctify them so that they are outwardly clean. [14] How much more, then, will the blood of Christ, who through the eternal Spirit offered himself unblemished to God, cleanse our consciences from acts that lead to death,[n] so that we may serve the living God!

[15] For this reason Christ is the mediator of a new covenant, that those who are called may receive the promised eternal inheritance — now that he has died as a ransom to set them free from the sins committed under the first covenant.

[16] In the case of a will,[o] it is necessary to prove the death of the one who made it, [17] because a will is in force only when somebody has died; it never takes effect while the one who made it is living. [18] This is why even the first covenant was not put into effect without blood. [19] When Moses had proclaimed every command of the law to all the people, he took the blood of calves, together with water, scarlet wool and branches of hyssop, and sprinkled the scroll and all the people. [20] He said, "This is the blood of the covenant, which God has commanded you to keep."[p] [21] In the same way, he sprinkled with the blood both the tabernacle and everything used in its ceremonies. [22] In fact, the law requires that nearly everything be cleansed with blood, and without the shedding of blood there is no forgiveness.

[23] It was necessary, then, for the copies of the heavenly things to be purified with these sacrifices, but the heavenly things themselves with better sacrifices than these. [24] For Christ did not enter a sanctuary made with human hands that was only a copy of the true one; he entered heaven itself, now to appear for us in God's presence. [25] Nor did he enter heaven to offer himself again and again, the way the high priest enters the Most Holy Place every year with blood that is not his own. [26] Otherwise Christ would have had to suffer many times since the creation of the world. But he has appeared once for all at the culmination of the ages to do away with sin by the sacrifice of himself.

---

i **9:11** *definitivos.* Var. *venideros.*
j **9:16** En griego la misma palabra se emplea para *pacto* y para *testamento*; también en v. 17.
k **9:20** Éx 24:8

l 11 Some early manuscripts *are to come*   *m* 12 Or *blood,*
having obtained   *n* 14 Or *from useless rituals*   *o* 16 Same
Greek word as *covenant*; also in verse 17   *p* 20 Exodus 24:8

de sí mismo. ²⁷ Y así como está establecido que los seres *humanos mueran una sola vez, y después venga el juicio, ²⁸ también Cristo fue ofrecido en sacrificio una sola vez para quitar los pecados de muchos; y aparecerá por segunda vez, ya no para cargar con pecado alguno, sino para traer salvación a quienes lo esperan.

El sacrificio de Cristo, ofrecido una vez y para siempre

10 La ley es sólo una sombra de los bienes venideros, y no la presencia*l* misma de estas realidades. Por eso nunca puede, mediante los mismos sacrificios que se ofrecen sin cesar año tras año, hacer *perfectos a los que adoran. ² De otra manera, ¿no habrían dejado ya de hacerse sacrificios? Pues los que rinden culto, *purificados de una vez por todas, ya no se habrían sentido culpables de pecado. ³ Pero esos sacrificios son un recordatorio anual de los pecados, ⁴ ya que es imposible que la sangre de los toros y de los machos cabríos quite los pecados.

⁵ Por eso, al entrar en el mundo, *Cristo dijo:

«A ti no te complacen sacrificios ni ofrendas;
    en su lugar, me preparaste un cuerpo;
⁶ no te agradaron ni holocaustos
    ni sacrificios por el pecado.
⁷ Por eso dije: "Aquí me tienes
    —como el libro dice de mí—.
He venido, oh Dios, a hacer tu voluntad." »*m*

⁸ Primero dijo: «Sacrificios y ofrendas, holocaustos y expiaciones no te complacen ni fueron de tu agrado» (a pesar de que la ley exigía que se ofrecieran). ⁹ Luego añadió: «Aquí me tienes: He venido a hacer tu voluntad.» Así quitó lo primero para establecer lo segundo. ¹⁰ Y en virtud de esa voluntad somos *santificados mediante el sacrificio del cuerpo de *Jesucristo, ofrecido una vez y para siempre.

¹¹ Todo sacerdote celebra el culto día tras día ofreciendo repetidas veces los mismos sacrificios, que nunca pueden quitar los pecados. ¹² Pero este sacerdote, después de ofrecer por los pecados un solo sacrificio para siempre, se sentó a la *derecha de Dios, ¹³ en espera de que sus enemigos sean puestos por estrado de sus pies. ¹⁴ Porque con un solo sacrificio ha hecho perfectos para siempre a los que está santificando.

¹⁵ También el Espíritu Santo nos da testimonio de ello. Primero dice:

¹⁶ «Éste es el pacto que haré con ellos
    después de aquel tiempo —dice el
      Señor—:
Pondré mis leyes en su corazón,
    y las escribiré en su mente.»*n*

²⁷ Just as people are destined to die once, and after that to face judgment, ²⁸ so Christ was sacrificed once to take away the sins of many; and he will appear a second time, not to bear sin, but to bring salvation to those who are waiting for him.

Christ's Sacrifice Once for All

10 The law is only a shadow of the good things that are coming — not the realities themselves. For this reason it can never, by the same sacrifices repeated endlessly year after year, make perfect those who draw near to worship. ² Otherwise, would they not have stopped being offered? For the worshipers would have been cleansed once for all, and would no longer have felt guilty for their sins. ³ But those sacrifices are an annual reminder of sins. ⁴ It is impossible for the blood of bulls and goats to take away sins.

⁵ Therefore, when Christ came into the world, he said:

"Sacrifice and offering you did not desire,
    but a body you prepared for me;
⁶ with burnt offerings and sin offerings
    you were not pleased.
⁷ Then I said, 'Here I am — it is written about
    me in the scroll —
I have come to do your will, my God.' "*q*

⁸ First he said, "Sacrifices and offerings, burnt offerings and sin offerings you did not desire, nor were you pleased with them" — though they were offered in accordance with the law. ⁹ Then he said, "Here I am, I have come to do your will." He sets aside the first to establish the second. ¹⁰ And by that will, we have been made holy through the sacrifice of the body of Jesus Christ once for all.

¹¹ Day after day every priest stands and performs his religious duties; again and again he offers the same sacrifices, which can never take away sins. ¹² But when this priest had offered for all time one sacrifice for sins, he sat down at the right hand of God, ¹³ and since that time he waits for his enemies to be made his footstool. ¹⁴ For by one sacrifice he has made perfect forever those who are being made holy.

¹⁵ The Holy Spirit also testifies to us about this. First he says:

¹⁶ "This is the covenant I will make with them
    after that time, says the Lord.
I will put my laws in their hearts,
    and I will write them on their minds."*r*

---

l 10:1 *presencia*. Lit. *imagen.*
m 10:7 Sal 40:6-8 (véase LXX)
n 10:16 Jer 31:33

q 7 Psalm 40:6-8 (see Septuagint)   *r* 16 Jer. 31:33

¹⁷ Después añade:

«Y nunca más me acordaré de sus pecados y
    maldades.»^ñ

¹⁸ Y cuando éstos han sido perdonados, ya no hace
falta otro sacrificio por el pecado.

Llamada a la perseverancia

¹⁹ Así que, hermanos, mediante la sangre de
Jesús, tenemos plena libertad para entrar en el
Lugar Santísimo, ²⁰ por el camino nuevo y vivo que
él nos ha abierto a través de la cortina, es decir, a
través de su cuerpo; ²¹ y tenemos además un gran
sacerdote al frente de la familia de Dios. ²² Acerquémonos, pues, a Dios con corazón sincero y
con la plena seguridad que da la fe, interiormente
purificados de una conciencia culpable y exterior-
mente lavados con agua pura. ²³ Mantengamos firme la esperanza que profesamos, porque fiel es el
que hizo la promesa. ²⁴ Preocupémonos los unos
por los otros, a fin de estimularnos al amor y a
las buenas obras. ²⁵ No dejemos de congregarnos,
como acostumbran hacerlo algunos, sino animé-
monos unos a otros, y con mayor razón ahora que
vemos que aquel día se acerca.

²⁶ Si después de recibir el conocimiento de la
verdad pecamos obstinadamente, ya no hay sacrificio por los pecados. ²⁷ Sólo queda una terrible
expectativa de juicio, el fuego ardiente que ha de
devorar a los enemigos de Dios. ²⁸ Cualquiera
que rechazaba la ley de Moisés moría irremedia-
blemente por el testimonio de dos o tres testigos.
²⁹ ¿Cuánto mayor castigo piensan ustedes que
merece el que ha pisoteado al Hijo de Dios, que
ha profanado la sangre del pacto por la cual había
sido *santificado, y que ha insultado al Espíritu de
la gracia? ³⁰ Pues conocemos al que dijo: «Mía es la
venganza; yo pagaré»;^o y también: «El Señor juzgará a su pueblo.»^p ³¹ ¡Terrible cosa es caer en las
manos del Dios vivo!

³² Recuerden aquellos días pasados cuando
ustedes, después de haber sido iluminados, sos-
tuvieron una dura lucha y soportaron mucho
sufrimiento. ³³ Unas veces se vieron expuestos
públicamente al insulto y a la persecución; otras
veces se solidarizaron con los que eran tratados de
igual manera. ³⁴ También se compadecieron de los
encarcelados, y cuando a ustedes les confiscaron
sus bienes, lo aceptaron con alegría, conscientes
de que tenían un patrimonio mejor y más permanente.

³⁵ Así que no pierdan la confianza, porque
ésta será grandemente recompensada. ³⁶ Ustedes
necesitan perseverar para que, después de haber
cumplido la voluntad de Dios, reciban lo que él
ha prometido. ³⁷ Pues dentro de muy poco tiempo,

¹⁷ Then he adds:

"Their sins and lawless acts
    I will remember no more."^s

¹⁸ And where these have been forgiven, sacrifice
for sin is no longer necessary.

A Call to Persevere in Faith

¹⁹ Therefore, brothers and sisters, since we have
confidence to enter the Most Holy Place by the
blood of Jesus, ²⁰ by a new and living way opened
for us through the curtain, that is, his body, ²¹ and
since we have a great priest over the house of God,
²² let us draw near to God with a sincere heart and
with the full assurance that faith brings, having
our hearts sprinkled to cleanse us from a guilty
conscience and having our bodies washed with
pure water. ²³ Let us hold unswervingly to the hope
we profess, for he who promised is faithful. ²⁴ And
let us consider how we may spur one another on
toward love and good deeds, ²⁵ not giving up meeting together, as some are in the habit of doing, but
encouraging one another — and all the more as
you see the Day approaching.

²⁶ If we deliberately keep on sinning after we
have received the knowledge of the truth, no sacrifice for sins is left, ²⁷ but only a fearful expectation
of judgment and of raging fire that will consume
the enemies of God. ²⁸ Anyone who rejected the
law of Moses died without mercy on the testimony
of two or three witnesses. ²⁹ How much more severely do you think someone deserves to be punished who has trampled the Son of God underfoot,
who has treated as an unholy thing the blood of
the covenant that sanctified them, and who has insulted the Spirit of grace? ³⁰ For we know him who
said, "It is mine to avenge; I will repay,"^t and again,
"The Lord will judge his people."^u ³¹ It is a dreadful
thing to fall into the hands of the living God.

³² Remember those earlier days after you had
received the light, when you endured in a great
conflict full of suffering. ³³ Sometimes you were
publicly exposed to insult and persecution; at other times you stood side by side with those who
were so treated. ³⁴ You suffered along with those
in prison and joyfully accepted the confiscation of
your property, because you knew that you yourselves had better and lasting possessions. ³⁵ So do
not throw away your confidence; it will be richly
rewarded.

³⁶ You need to persevere so that when you have
done the will of God, you will receive what he has
promised. ³⁷ For,

---

^ñ **10:17** Jer 31:34
^o **10:30** Dt 32:35
^p **10:30** Dt 32:36; Sal 135:14

^s *17* Jer. 31:34   ^t *30* Deut. 32:35   ^u *30* Deut. 32:36; Psalm
135:14

«el que ha de venir vendrá, y no tardará.
³⁸   Pero mi justo*q* vivirá por la fe.
Y si se vuelve atrás,
    no será de mi agrado.»*r*

³⁹ Pero nosotros no somos de los que se vuelven atrás y acaban por perderse, sino de los que tienen fe y preservan su *vida.

Por la fe

11 Ahora bien, la fe es la garantía de lo que se espera, la certeza de lo que no se ve. ² Gracias a ella fueron aprobados los antiguos.

³ Por la fe entendemos que el universo fue formado por la palabra de Dios, de modo que lo visible no provino de lo que se ve.

⁴ Por la fe Abel ofreció a Dios un sacrificio más aceptable que el de Caín, por lo cual recibió testimonio de ser justo, pues Dios aceptó su ofrenda. Y por la fe Abel, a pesar de estar muerto, habla todavía.

⁵ Por la fe Enoc fue sacado de este mundo sin experimentar la muerte; no fue hallado porque Dios se lo llevó, pero antes de ser llevado recibió testimonio de haber agradado a Dios. ⁶ En realidad, sin fe es imposible agradar a Dios, ya que cualquiera que se acerca a Dios tiene que creer que él existe y que recompensa a quienes lo buscan.

⁷ Por la fe Noé, advertido sobre cosas que aún no se veían, con temor reverente construyó un arca para salvar a su familia. Por esa fe condenó al mundo y llegó a ser heredero de la justicia que viene por la fe.

⁸ Por la fe Abraham, cuando fue llamado para ir a un lugar que más tarde recibiría como herencia, obedeció y salió sin saber a dónde iba. ⁹ Por la fe se radicó como extranjero en la tierra prometida, y habitó en tiendas de campaña con Isaac y Jacob, herederos también de la misma promesa, ¹⁰ porque esperaba la ciudad de cimientos sólidos, de la cual Dios es arquitecto y constructor.

¹¹ Por la fe Abraham, a pesar de su avanzada edad y de que Sara misma era estéril,*s* recibió fuerza para tener hijos, porque consideró fiel al que le había hecho la promesa. ¹² Así que de este solo hombre, ya en decadencia, nacieron descendientes numerosos como las estrellas del cielo e incontables como la arena a la orilla del mar.

"In just a little while,
    he who is coming will come
    and will not delay."*v*

³⁸ And,

"But my righteous*w* one will live by faith.
And I take no pleasure
    in the one who shrinks back."*x*

³⁹ But we do not belong to those who shrink back and are destroyed, but to those who have faith and are saved.

Faith in Action

11 Now faith is confidence in what we hope for and assurance about what we do not see. ² This is what the ancients were commended for.

³ By faith we understand that the universe was formed at God's command, so that what is seen was not made out of what was visible.

⁴ By faith Abel brought God a better offering than Cain did. By faith he was commended as righteous, when God spoke well of his offerings. And by faith Abel still speaks, even though he is dead.

⁵ By faith Enoch was taken from this life, so that he did not experience death: "He could not be found, because God had taken him away."*y* For before he was taken, he was commended as one who pleased God. ⁶ And without faith it is impossible to please God, because anyone who comes to him must believe that he exists and that he rewards those who earnestly seek him.

⁷ By faith Noah, when warned about things not yet seen, in holy fear built an ark to save his family. By his faith he condemned the world and became heir of the righteousness that is in keeping with faith.

⁸ By faith Abraham, when called to go to a place he would later receive as his inheritance, obeyed and went, even though he did not know where he was going. ⁹ By faith he made his home in the promised land like a stranger in a foreign country; he lived in tents, as did Isaac and Jacob, who were heirs with him of the same promise. ¹⁰ For he was looking forward to the city with foundations, whose architect and builder is God. ¹¹ And by faith even Sarah, who was past childbearing age, was enabled to bear children because she*z* considered him faithful who had made the promise. ¹² And so from this one man, and he as good as dead, came descendants as numerous as the stars in the sky and as countless as the sand on the seashore.

---

q **10:38** *mi justo.* Var. *el justo.*
r **10:38** Hab 2:3,4
s **11:11** *Por ... estéril.* Alt. *Por la fe incluso Sara, a pesar de su avanzada edad y de que era estéril.*

v 37 Isaiah 26:20; Hab. 2:3   *w 38* Some early manuscripts *But the righteous*   *x 38* Hab. 2:4 (see Septuagint)   *y 5* Gen. 5:24   *z 11* Or *By faith Abraham, even though he was too old to have children — and Sarah herself was not able to conceive — was enabled to become a father because he*

¹³ Todos ellos vivieron por la fe, y murieron sin haber recibido las cosas prometidas; más bien, las reconocieron a lo lejos, y confesaron que eran extranjeros y peregrinos en la tierra. ¹⁴ Al expresarse así, claramente dieron a entender que andaban en busca de una patria. ¹⁵ Si hubieran estado pensando en aquella patria de donde habían emigrado, habrían tenido oportunidad de regresar a ella. ¹⁶ Antes bien, anhelaban una patria mejor, es decir, la celestial. Por lo tanto, Dios no se avergonzó de ser llamado su Dios, y les preparó una ciudad.

¹⁷ Por la fe Abraham, que había recibido las promesas, fue puesto a *prueba y ofreció a Isaac, su hijo único, ¹⁸ a pesar de que Dios le había dicho: «Tu *descendencia se establecerá por medio de Isaac.»^t ¹⁹ Consideraba Abraham que Dios tiene poder hasta para resucitar a los muertos, y así, en sentido figurado, recobró a Isaac de entre los muertos.

²⁰ Por la fe Isaac bendijo a Jacob y a Esaú, previendo lo que les esperaba en el futuro.

²¹ Por la fe Jacob, cuando estaba a punto de morir, bendijo a cada uno de los hijos de José, y adoró apoyándose en la punta de su bastón.

²² Por la fe José, al fin de su vida, se refirió a la salida de los israelitas de Egipto y dio instrucciones acerca de sus restos mortales.

²³ Por la fe Moisés, recién nacido, fue escondido por sus padres durante tres meses, porque vieron que era un niño precioso, y no tuvieron miedo del edicto del rey.

²⁴ Por la fe Moisés, ya adulto, renunció a ser llamado hijo de la hija del faraón. ²⁵ Prefirió ser maltratado con el pueblo de Dios a disfrutar de los efímeros placeres del pecado. ²⁶ Consideró que el oprobio por causa del *Mesías era una mayor riqueza que los tesoros de Egipto, porque tenía la mirada puesta en la recompensa. ²⁷ Por la fe salió de Egipto sin tenerle miedo a la ira del rey, pues se mantuvo firme como si estuviera viendo al Invisible. ²⁸ Por la fe celebró la Pascua y el rociamiento de la sangre, para que el exterminador de los primogénitos no tocara a los de Israel.

²⁹ Por la fe el pueblo cruzó el Mar Rojo como por tierra seca; pero cuando los egipcios intentaron cruzarlo, se ahogaron.

³⁰ Por la fe cayeron las murallas de Jericó, después de haber marchado el pueblo siete días a su alrededor.

³¹ Por la fe la prostituta Rajab no murió junto con los desobedientes,^u pues había recibido en paz a los espías.

³² ¿Qué más voy a decir? Me faltaría tiempo para hablar de Gedeón, Barac, Sansón, Jefté, David, Samuel y los profetas, ³³ los cuales por la fe

¹³ All these people were still living by faith when they died. They did not receive the things promised; they only saw them and welcomed them from a distance, admitting that they were foreigners and strangers on earth. ¹⁴ People who say such things show that they are looking for a country of their own. ¹⁵ If they had been thinking of the country they had left, they would have had opportunity to return. ¹⁶ Instead, they were longing for a better country—a heavenly one. Therefore God is not ashamed to be called their God, for he has prepared a city for them.

¹⁷ By faith Abraham, when God tested him, offered Isaac as a sacrifice. He who had embraced the promises was about to sacrifice his one and only son, ¹⁸ even though God had said to him, "It is through Isaac that your offspring will be reckoned."^a ¹⁹ Abraham reasoned that God could even raise the dead, and so in a manner of speaking he did receive Isaac back from death.

²⁰ By faith Isaac blessed Jacob and Esau in regard to their future.

²¹ By faith Jacob, when he was dying, blessed each of Joseph's sons, and worshiped as he leaned on the top of his staff.

²² By faith Joseph, when his end was near, spoke about the exodus of the Israelites from Egypt and gave instructions concerning the burial of his bones.

²³ By faith Moses' parents hid him for three months after he was born, because they saw he was no ordinary child, and they were not afraid of the king's edict.

²⁴ By faith Moses, when he had grown up, refused to be known as the son of Pharaoh's daughter. ²⁵ He chose to be mistreated along with the people of God rather than to enjoy the fleeting pleasures of sin. ²⁶ He regarded disgrace for the sake of Christ as of greater value than the treasures of Egypt, because he was looking ahead to his reward. ²⁷ By faith he left Egypt, not fearing the king's anger; he persevered because he saw him who is invisible. ²⁸ By faith he kept the Passover and the application of blood, so that the destroyer of the firstborn would not touch the firstborn of Israel.

²⁹ By faith the people passed through the Red Sea as on dry land; but when the Egyptians tried to do so, they were drowned.

³⁰ By faith the walls of Jericho fell, after the army had marched around them for seven days.

³¹ By faith the prostitute Rahab, because she welcomed the spies, was not killed with those who were disobedient.^b

³² And what more shall I say? I do not have time to tell about Gideon, Barak, Samson and Jephthah, about David and Samuel and the prophets, ³³ who

---

^t **11:18** Gn 21:12
^u **11:31** *desobedientes.* Alt. *incrédulos.*

^a *18* Gen. 21:12   ^b *31* Or *unbelieving*

conquistaron reinos, hicieron justicia y alcanzaron lo prometido; cerraron bocas de leones, [34] apagaron la furia de las llamas y escaparon del filo de la espada; sacaron fuerzas de flaqueza; se mostraron valientes en la guerra y pusieron en fuga a ejércitos extranjeros. [35] Hubo mujeres que por la resurrección recobraron a sus muertos. Otros, en cambio, fueron muertos a golpes, pues para alcanzar una mejor resurrección no aceptaron que los pusieran en libertad. [36] Otros sufrieron la prueba de burlas y azotes, e incluso de cadenas y cárceles. [37] Fueron apedreados,[v] aserrados por la mitad, asesinados a filo de espada. Anduvieron fugitivos de aquí para allá, cubiertos de pieles de oveja y de cabra, pasando necesidades, afligidos y maltratados. [38] ¡El mundo no merecía gente así! Anduvieron sin rumbo por desiertos y montañas, por cuevas y cavernas.

[39] Aunque todos obtuvieron un testimonio favorable mediante la fe, ninguno de ellos vio el cumplimiento de la promesa. [40] Esto sucedió para que ellos no llegaran a la meta[w] sin nosotros, pues Dios nos había preparado algo mejor.

Dios disciplina a sus hijos

12 Por tanto, también nosotros, que estamos rodeados de una multitud tan grande de testigos, despojémonos del lastre que nos estorba, en especial del pecado que nos asedia, y corramos con perseverancia la carrera que tenemos por delante. [2] Fijemos la mirada en Jesús, el iniciador y *perfeccionador de nuestra fe, quien por el gozo que le esperaba, soportó la cruz, menospreciando la vergüenza que ella significaba, y ahora está sentado a la *derecha del trono de Dios. [3] Así, pues, consideren a aquel que perseveró frente a tanta oposición por parte de los pecadores, para que no se cansen ni pierdan el ánimo.

[4] En la lucha que ustedes libran contra el pecado, todavía no han tenido que resistir hasta derramar su sangre. [5] Y ya han olvidado por completo las palabras de aliento que como a hijos se les dirige:

«Hijo mío, no tomes a la ligera la disciplina
     del Señor
    ni te desanimes cuando te reprenda,
  [6] porque el Señor disciplina a los que ama,
    y azota a todo el que recibe como hijo.»[x]

[7] Lo que soportan es para su disciplina, pues Dios los está tratando como a hijos. ¿Qué hijo hay a quien el padre no disciplina? [8] Si a ustedes se les deja sin la disciplina que todos reciben, entonces son bastardos y no hijos legítimos. [9] Después de todo, aunque nuestros padres *humanos nos disciplinaban, los respetábamos. ¿No hemos

through faith conquered kingdoms, administered justice, and gained what was promised; who shut the mouths of lions, [34] quenched the fury of the flames, and escaped the edge of the sword; whose weakness was turned to strength; and who became powerful in battle and routed foreign armies. [35] Women received back their dead, raised to life again. There were others who were tortured, refusing to be released so that they might gain an even better resurrection. [36] Some faced jeers and flogging, and even chains and imprisonment. [37] They were put to death by stoning;[c] they were sawed in two; they were killed by the sword. They went about in sheepskins and goatskins, destitute, persecuted and mistreated— [38] the world was not worthy of them. They wandered in deserts and mountains, living in caves and in holes in the ground.

[39] These were all commended for their faith, yet none of them received what had been promised, [40] since God had planned something better for us so that only together with us would they be made perfect.

12 Therefore, since we are surrounded by such a great cloud of witnesses, let us throw off everything that hinders and the sin that so easily entangles. And let us run with perseverance the race marked out for us, [2] fixing our eyes on Jesus, the pioneer and perfecter of faith. For the joy set before him he endured the cross, scorning its shame, and sat down at the right hand of the throne of God. [3] Consider him who endured such opposition from sinners, so that you will not grow weary and lose heart.

God Disciplines His Children

[4] In your struggle against sin, you have not yet resisted to the point of shedding your blood. [5] And have you completely forgotten this word of encouragement that addresses you as a father addresses his son? It says,

"My son, do not make light of the Lord's
     discipline,
    and do not lose heart when he rebukes
     you,
 [6] because the Lord disciplines the one he
     loves,
    and he chastens everyone he accepts as his
     son."[d]

[7] Endure hardship as discipline; God is treating you as his children. For what children are not disciplined by their father? [8] If you are not disciplined—and everyone undergoes discipline— then you are not legitimate, not true sons and daughters at all. [9] Moreover, we have all had human fathers who disciplined us and we respected

---

v 11:37 *apedreados.* Var. *apedreados, puestos a prueba.*
w 11:40 *meta.* Alt. *perfección.*
x 12:6 Pr 3:11,12

c 37 Some early manuscripts *stoning; they were put to the test;*
d 5,6 Prov. 3:11,12 (see Septuagint)

de someternos, con mayor razón, al Padre de los espíritus, para que vivamos? [10] En efecto, nuestros padres nos disciplinaban por un breve tiempo, como mejor les parecía; pero Dios lo hace para nuestro bien, a fin de que participemos de su *santidad. [11] Ciertamente, ninguna disciplina, en el momento de recibirla, parece agradable, sino más bien penosa; sin embargo, después produce una cosecha de justicia y paz para quienes han sido entrenados por ella.

[12] Por tanto, renueven las fuerzas de sus manos cansadas y de sus rodillas debilitadas. [13] «Hagan sendas derechas para sus pies»,[y] para que la pierna coja no se disloque sino que se sane.

Advertencia a los que rechazan a Dios

[14] Busquen la paz con todos, y la *santidad, sin la cual nadie verá al Señor. [15] Asegúrense de que nadie deje de alcanzar la gracia de Dios; de que ninguna raíz amarga brote y cause dificultades y corrompa a muchos; [16] y de que nadie sea inmoral ni profano como Esaú, quien por un solo plato de comida vendió sus derechos de hijo mayor.[z] [17] Después, como ya saben, cuando quiso heredar esa bendición, fue rechazado: No se le dio lugar para el *arrepentimiento, aunque con lágrimas buscó la bendición.

[18] Ustedes no se han acercado a una montaña que se pueda tocar o que esté ardiendo en fuego; ni a oscuridad, tinieblas y tormenta; [19] ni a sonido de trompeta, ni a tal clamor de palabras que quienes lo oyeron suplicaron que no se les hablara más, [20] porque no podían soportar esta orden: «¡Será apedreado todo el que toque la montaña, aunque sea un animal!»[a] [21] Tan terrible era este espectáculo que Moisés dijo: «Estoy temblando de miedo.»[b]

[22] Por el contrario, ustedes se han acercado al monte Sión, a la Jerusalén celestial, la ciudad del Dios viviente. Se han acercado a millares y millares de ángeles, a una asamblea gozosa, [23] a la iglesia de los primogénitos inscritos en el cielo. Se han acercado a Dios, el juez de todos; a los espíritus de los justos que han llegado a la *perfección; [24] a Jesús, el mediador de un nuevo pacto; y a la sangre rociada, que habla con más fuerza que la de Abel.

[25] Tengan cuidado de no rechazar al que habla, pues si no escaparon aquellos que rechazaron al que los amonestaba en la tierra, mucho menos escaparemos nosotros si le volvemos la espalda al que nos amonesta desde el cielo. [26] En aquella ocasión, su voz conmovió la tierra, pero ahora ha prometido: «Una vez más haré que se estremezca no sólo la tierra sino también el cielo.»[c] [27] La frase «una vez más» indica la transformación[d] de las

them for it. How much more should we submit to the Father of spirits and live! [10] They disciplined us for a little while as they thought best; but God disciplines us for our good, in order that we may share in his holiness. [11] No discipline seems pleasant at the time, but painful. Later on, however, it produces a harvest of righteousness and peace for those who have been trained by it.

[12] Therefore, strengthen your feeble arms and weak knees. [13] "Make level paths for your feet,"[e] so that the lame may not be disabled, but rather healed.

Warning and Encouragement

[14] Make every effort to live in peace with everyone and to be holy; without holiness no one will see the Lord. [15] See to it that no one falls short of the grace of God and that no bitter root grows up to cause trouble and defile many. [16] See that no one is sexually immoral, or is godless like Esau, who for a single meal sold his inheritance rights as the oldest son. [17] Afterward, as you know, when he wanted to inherit this blessing, he was rejected. Even though he sought the blessing with tears, he could not change what he had done.

The Mountain of Fear and the Mountain of Joy

[18] You have not come to a mountain that can be touched and that is burning with fire; to darkness, gloom and storm; [19] to a trumpet blast or to such a voice speaking words that those who heard it begged that no further word be spoken to them, [20] because they could not bear what was commanded: "If even an animal touches the mountain, it must be stoned to death."[f] [21] The sight was so terrifying that Moses said, "I am trembling with fear."[g]

[22] But you have come to Mount Zion, to the city of the living God, the heavenly Jerusalem. You have come to thousands upon thousands of angels in joyful assembly, [23] to the church of the firstborn, whose names are written in heaven. You have come to God, the Judge of all, to the spirits of the righteous made perfect, [24] to Jesus the mediator of a new covenant, and to the sprinkled blood that speaks a better word than the blood of Abel.

[25] See to it that you do not refuse him who speaks. If they did not escape when they refused him who warned them on earth, how much less will we, if we turn away from him who warns us from heaven? [26] At that time his voice shook the earth, but now he has promised, "Once more I will shake not only the earth but also the heavens."[h] [27] The words "once more" indicate the removing of

---

[y] 12:13 Pr 4:26
[z] 12:16 sus derechos de hijo mayor. Lit. su primogenitura.
[a] 12:20 Éx 19:12,13
[b] 12:21 Dt 9:19
[c] 12:26 Hag 2:6
[d] 12:27 transformación. Alt. remoción.

[e] 13 Prov. 4:26   [f] 20 Exodus 19:12,13   [g] 21 See Deut. 9:19.
[h] 26 Haggai 2:6

cosas movibles, es decir, las creadas, para que permanezca lo inconmovible. [28] Así que nosotros, que estamos recibiendo un reino inconmovible, seamos agradecidos. Inspirados por esta gratitud, adoremos a Dios como a él le agrada, con temor reverente, [29] porque nuestro «Dios es fuego consumidor».[e]

Exhortaciones finales

13 Sigan amándose unos a otros fraternalmente. [2] No se olviden de practicar la hospitalidad, pues gracias a ella algunos, sin saberlo, hospedaron ángeles. [3] Acuérdense de los presos, como si ustedes fueran sus compañeros de cárcel, y también de los que son maltratados, como si fueran ustedes mismos los que sufren.

[4] Tengan todos en alta estima el matrimonio y la fidelidad conyugal, porque Dios juzgará a los adúlteros y a todos los que cometen inmoralidades sexuales. [5] Manténganse libres del amor al dinero, y conténtense con lo que tienen, porque Dios ha dicho:

> «Nunca te dejaré;
>   jamás te abandonaré.»[f]

[6] Así que podemos decir con toda confianza:

> «El Señor es quien me ayuda; no temeré.
>   ¿Qué me puede hacer un simple mortal?»[g]

[7] Acuérdense de sus dirigentes, que les comunicaron la palabra de Dios. Consideren cuál fue el resultado de su estilo de vida, e imiten su fe. [8] *Jesucristo es el mismo ayer y hoy y por los siglos. [9] No se dejen llevar por ninguna clase de enseñanzas extrañas. Conviene que el corazón sea fortalecido por la gracia, y no por alimentos rituales que de nada aprovechan a quienes los comen. [10] Nosotros tenemos un altar del cual no tienen derecho a comer los que ofician en el tabernáculo. [11] Porque el sumo sacerdote introduce la sangre de los animales en el Lugar Santísimo como sacrificio por el pecado, pero los cuerpos de esos animales se queman fuera del campamento. [12] Por eso también Jesús, para *santificar al pueblo mediante su propia sangre, sufrió fuera de la puerta de la ciudad. [13] Por lo tanto, salgamos a su encuentro fuera del campamento, llevando la deshonra que él llevó, [14] pues aquí no tenemos una ciudad permanente, sino que buscamos la ciudad venidera. [15] Así que ofrezcamos continuamente a Dios, por medio de Jesucristo, un sacrificio de alabanza, es decir, el fruto de los labios que confiesan su nombre. [16] No se olviden de hacer el bien y de compartir con otros lo que tienen, porque ésos son los sacrificios que agradan a Dios.

what can be shaken — that is, created things — so that what cannot be shaken may remain. [28] Therefore, since we are receiving a kingdom that cannot be shaken, let us be thankful, and so worship God acceptably with reverence and awe, [29] for our "God is a consuming fire."[i]

Concluding Exhortations

13 Keep on loving one another as brothers and sisters. [2] Do not forget to show hospitality to strangers, for by so doing some people have shown hospitality to angels without knowing it. [3] Continue to remember those in prison as if you were together with them in prison, and those who are mistreated as if you yourselves were suffering.

[4] Marriage should be honored by all, and the marriage bed kept pure, for God will judge the adulterer and all the sexually immoral. [5] Keep your lives free from the love of money and be content with what you have, because God has said,

> "Never will I leave you;
>   never will I forsake you."[j]

[6] So we say with confidence,

> "The Lord is my helper; I will not be afraid.
>   What can mere mortals do to me?"[k]

[7] Remember your leaders, who spoke the word of God to you. Consider the outcome of their way of life and imitate their faith. [8] Jesus Christ is the same yesterday and today and forever. [9] Do not be carried away by all kinds of strange teachings. It is good for our hearts to be strengthened by grace, not by eating ceremonial foods, which is of no benefit to those who do so. [10] We have an altar from which those who minister at the tabernacle have no right to eat.

[11] The high priest carries the blood of animals into the Most Holy Place as a sin offering, but the bodies are burned outside the camp. [12] And so Jesus also suffered outside the city gate to make the people holy through his own blood. [13] Let us, then, go to him outside the camp, bearing the disgrace he bore. [14] For here we do not have an enduring city, but we are looking for the city that is to come. [15] Through Jesus, therefore, let us continually offer to God a sacrifice of praise — the fruit of lips that openly profess his name. [16] And do not forget to do good and to share with others, for with such sacrifices God is pleased.

---

¹⁷ Obedezcan a sus dirigentes y sométanse a ellos, pues cuidan de ustedes como quienes tienen que rendir cuentas. Obedézcanlos a fin de que ellos cumplan su tarea con alegría y sin quejarse, pues el quejarse no les trae ningún provecho.

¹⁸ Oren por nosotros, porque estamos seguros de tener la conciencia tranquila y queremos portarnos honradamente en todo. ¹⁹ Les ruego encarecidamente que oren para que cuanto antes se me permita estar de nuevo con ustedes.

²⁰ El Dios que da la paz levantó de entre los muertos al gran Pastor de las ovejas, a nuestro Señor Jesús, por la sangre del pacto eterno. ²¹ Que él los capacite en todo lo bueno para hacer su voluntad. Y que, por medio de Jesucristo, Dios cumpla en nosotros lo que le agrada. A él sea la gloria por los siglos de los siglos. Amén.

²² Hermanos, les ruego que reciban bien estas palabras de exhortación, ya que les he escrito brevemente.

²³ Quiero que sepan que nuestro hermano Timoteo ha sido puesto en libertad. Si llega pronto, iré con él a verlos.

²⁴ Saluden a todos sus dirigentes y a todos los *santos. Los de Italia les mandan saludos.

²⁵ Que la gracia sea con todos ustedes.

¹⁷ Have confidence in your leaders and submit to their authority, because they keep watch over you as those who must give an account. Do this so that their work will be a joy, not a burden, for that would be of no benefit to you.

¹⁸ Pray for us. We are sure that we have a clear conscience and desire to live honorably in every way. ¹⁹ I particularly urge you to pray so that I may be restored to you soon.

Benediction and Final Greetings

²⁰ Now may the God of peace, who through the blood of the eternal covenant brought back from the dead our Lord Jesus, that great Shepherd of the sheep, ²¹ equip you with everything good for doing his will, and may he work in us what is pleasing to him, through Jesus Christ, to whom be glory for ever and ever. Amen.

²² Brothers and sisters, I urge you to bear with my word of exhortation, for in fact I have written to you quite briefly.

²³ I want you to know that our brother Timothy has been released. If he arrives soon, I will come with him to see you.

²⁴ Greet all your leaders and all the Lord's people. Those from Italy send you their greetings.

²⁵ Grace be with you all.

Carta de
Santiago

Santiago, uno de los hermanos de Jesús, fue líder de la iglesia de Jerusalén después de la muerte y resurrección de Jesús. Se le respetaba por sus consejos y las sabias decisiones que ayudaba a tomar a esta comunidad de creyentes (véase p. 1603). En algún momento decidió escribir parte de sus mejores enseñanzas y consejos, enviándolos a otros judíos creyentes en Jesús, que estaban dispersos por el Imperio Romano. Lo que les escribió es lo que hoy conocemos como el libro de Santiago.

El libro comienza como una carta, porque se les envía a los que están lejos. Pero, en realidad, no se parece mucho a otras epístolas de la época. Es una colección de frases breves y discusiones algo extensas acerca de temas prácticos. El estilo coloquial, lo corto y conciso de los dichos, así como la trama de los temas, hacen que este libro se parezca a los escritos sapienciales que hallamos en Proverbios y Eclesiastés.

Al igual que esos libros sapienciales, Santiago se concentra en cuestiones respecto de la vida diaria en la buena creación de Dios. Considera temas prácticos como el cuidado de los pobres, el uso responsable de la riqueza, el control de la lengua, la pureza de la vida, la unidad en la comunidad de los seguidores de Cristo y, por sobre todo, la paciencia y perseverancia en tiempos de dificultades. La sabiduría piadosa que encontramos aquí sigue siendo una guía valiosa para vivir plenamente, tal como cuando Santiago la transmitió hace ya varios siglos.

---

1 *Santiago, *siervo de Dios y del Señor *Jesucristo,

a las doce tribus que se hallan dispersas por el mundo:

Saludos.

Pruebas y tentaciones

2 Hermanos míos, considérense muy dichosos cuando tengan que enfrentar con diversas *pruebas, 3 pues ya saben que la prueba de su fe produce constancia. 4 Y la constancia debe llevar a feliz término la obra, para que sean *perfectos e íntegros, sin que les falte nada. 5 Si a alguno de ustedes le falta sabiduría, pídasela a Dios, y él se la dará, pues Dios da a todos generosamente sin menospreciar a nadie. 6 Pero que pida con fe, sin dudar, porque quien duda es como las olas del mar, agitadas y llevadas de un lado a otro por el viento. 7 Quien es así no piense que va a recibir cosa alguna del Señor; 8 es indeciso e inconstante en todo lo que hace.

James

James, one of the brothers of Jesus, became a leader of the church in Jerusalem after Jesus' death and resurrection. He was respected for the advice he gave and for the wise decisions he helped the community of believers make (see p. 1603). At one point he decided to write down some of his best teachings and advice and send them to other Jewish believers in Jesus who were scattered throughout the Roman Empire. What he wrote to them has become known as the book of James.

This book begins like a letter because it's being sent to people at a distance. But it is actually not very much like other letters of the time. It is a collection of short sayings and slightly longer discussions of practical topics. The conversational style, the short, pithy sayings and the interweaving of themes all make this book similar to the wisdom writing found in Proverbs and Ecclesiastes.

Like those wisdom books, James concentrates on questions of daily living in God's good creation. He considers such practical issues as concern for the poor, the responsible use of wealth, control of the tongue, purity of life, unity in the community of Christ-followers, and above all patience and endurance during times of trial. The godly wisdom here remains as valuable a guide to living fully human lives as when James first shared it centuries ago.

---

1 James, a servant of God and of the Lord Jesus Christ,

To the twelve tribes scattered among the nations:

Greetings.

Trials and Temptations

2 Consider it pure joy, my brothers and sisters,[a] whenever you face trials of many kinds, 3 because you know that the testing of your faith produces perseverance. 4 Let perseverance finish its work so that you may be mature and complete, not lacking anything. 5 If any of you lacks wisdom, you should ask God, who gives generously to all without finding fault, and it will be given to you. 6 But when you ask, you must believe and not doubt, because the one who doubts is like a wave of the sea, blown and tossed by the wind. 7 That person should not expect to receive anything from the Lord. 8 Such a person is double-minded and unstable in all they do.

---

[a] 2 The Greek word for *brothers and sisters* (*adelphoi*) refers here to believers, both men and women, as part of God's family; also in verses 16 and 19; and in 2:1, 5, 14; 3:10, 12; 4:11; 5:7, 9, 10, 12, 19.

⁹ El hermano de condición humilde debe sentirse *orgulloso de su alta dignidad, ¹⁰ y el rico, de su humilde condición. El rico pasará como la flor del campo. ¹¹ El sol, cuando sale, seca la planta con su calor abrasador. A ésta se le cae la flor y pierde su belleza. Así se marchitará también el rico en todas sus empresas.

¹² *Dichoso el que resiste la *tentación porque, al salir aprobado, recibirá la corona de la vida que Dios ha prometido a quienes lo aman.

¹³ Que nadie, al ser tentado, diga: «Es Dios quien me tienta.» Porque Dios no puede ser tentado por el mal, ni tampoco tienta él a nadie. ¹⁴ Todo lo contrario, cada uno es tentado cuando sus propios malos deseos lo arrastran y seducen. ¹⁵ Luego, cuando el deseo ha concebido, engendra el pecado; y el pecado, una vez que ha sido consumado, da a luz la muerte.

¹⁶ Mis queridos hermanos, no se engañen. ¹⁷ Toda buena dádiva y todo don perfecto descienden de lo alto, donde está el Padre que creó las lumbreras celestes, y que no cambia como los astros ni se mueve como las sombras. ¹⁸ Por su propia voluntad nos hizo nacer mediante la palabra de verdad, para que fuéramos como los primeros y mejores frutos de su creación.

Hay que poner en práctica la palabra

¹⁹ Mis queridos hermanos, tengan presente esto: Todos deben estar listos para escuchar, y ser lentos para hablar y para enojarse; ²⁰ pues la ira *humana no produce la vida justa que Dios quiere. ²¹ Por esto, despójense de toda inmundicia y de la maldad que tanto abunda, para que puedan recibir con humildad la palabra sembrada en ustedes, la cual tiene poder para salvarles la *vida.

²² No se contenten sólo con escuchar la palabra, pues así se engañan ustedes mismos. Llévenla a la práctica. ²³ El que escucha la palabra pero no la pone en práctica es como el que se mira el rostro en un espejo ²⁴ y, después de mirarse, se va y se olvida en seguida de cómo es. ²⁵ Pero quien se fija atentamente en la ley perfecta que da libertad, y persevera en ella, no olvidando lo que ha oído sino haciéndolo, recibirá bendición al practicarla.

²⁶ Si alguien se cree religioso pero no le pone freno a su lengua, se engaña a sí mismo, y su religión no sirve para nada. ²⁷ La religión pura y sin mancha delante de Dios nuestro Padre es ésta: atender a los huérfanos y a las viudas en sus aflicciones, y conservarse limpio de la corrupción del mundo.

Prohibición del favoritismo

2 Hermanos míos, la fe que tienen en nuestro glorioso Señor *Jesucristo no debe dar lugar a favoritismos. ² Supongamos que en el lugar donde se reúnen entra un hombre con anillo de oro y ropa elegante, y entra también un pobre desharrapado. ³ Si atienden bien al que lleva ropa elegante y

⁹ Believers in humble circumstances ought to take pride in their high position. ¹⁰ But the rich should take pride in their humiliation — since they will pass away like a wild flower. ¹¹ For the sun rises with scorching heat and withers the plant; its blossom falls and its beauty is destroyed. In the same way, the rich will fade away even while they go about their business.

¹² Blessed is the one who perseveres under trial because, having stood the test, that person will receive the crown of life that the Lord has promised to those who love him.

¹³ When tempted, no one should say, "God is tempting me." For God cannot be tempted by evil, nor does he tempt anyone; ¹⁴ but each person is tempted when they are dragged away by their own evil desire and enticed. ¹⁵ Then, after desire has conceived, it gives birth to sin; and sin, when it is full-grown, gives birth to death.

¹⁶ Don't be deceived, my dear brothers and sisters. ¹⁷ Every good and perfect gift is from above, coming down from the Father of the heavenly lights, who does not change like shifting shadows. ¹⁸ He chose to give us birth through the word of truth, that we might be a kind of firstfruits of all he created.

Listening and Doing

¹⁹ My dear brothers and sisters, take note of this: Everyone should be quick to listen, slow to speak and slow to become angry, ²⁰ because human anger does not produce the righteousness that God desires. ²¹ Therefore, get rid of all moral filth and the evil that is so prevalent and humbly accept the word planted in you, which can save you.

²² Do not merely listen to the word, and so deceive yourselves. Do what it says. ²³ Anyone who listens to the word but does not do what it says is like someone who looks at his face in a mirror ²⁴ and, after looking at himself, goes away and immediately forgets what he looks like. ²⁵ But whoever looks intently into the perfect law that gives freedom, and continues in it — not forgetting what they have heard, but doing it — they will be blessed in what they do.

²⁶ Those who consider themselves religious and yet do not keep a tight rein on their tongues deceive themselves, and their religion is worthless. ²⁷ Religion that God our Father accepts as pure and faultless is this: to look after orphans and widows in their distress and to keep oneself from being polluted by the world.

Favoritism Forbidden

2 My brothers and sisters, believers in our glorious Lord Jesus Christ must not show favoritism. ² Suppose a man comes into your meeting wearing a gold ring and fine clothes, and a poor man in filthy old clothes also comes in. ³ If you show special attention to the man wearing fine

le dicen: «Siéntese usted aquí, en este lugar cómodo», pero al pobre le dicen: «Quédate ahí de pie» o «Siéntate en el suelo, a mis pies», ⁴ ¿acaso no hacen discriminación entre ustedes, juzgando con malas intenciones?

⁵ Escuchen, mis queridos hermanos: ¿No ha escogido Dios a los que son pobres según el mundo para que sean ricos en la fe y hereden el reino que prometió a quienes lo aman? ⁶ ¡Pero ustedes han menospreciado al pobre! ¿No son los ricos quienes los explotan a ustedes y los arrastran ante los tribunales? ⁷ ¿No son ellos los que *blasfeman el buen nombre de aquel a quien ustedes pertenecen?

⁸ Hacen muy bien si de veras cumplen la ley suprema de la Escritura: «Ama a tu prójimo como a ti mismo»;ᵃ ⁹ pero si muestran algún favoritismo, pecan y son culpables, pues la misma ley los acusa de ser transgresores. ¹⁰ Porque el que cumple con toda la ley pero falla en un solo punto ya es culpable de haberla quebrantado toda. ¹¹ Pues el que dijo: «No cometas adulterio»,ᵇ también dijo: «No mates.»ᶜ Si no cometes adulterio, pero matas, ya has violado la ley.

¹² Hablen y pórtense como quienes han de ser juzgados por la ley que nos da libertad, ¹³ porque habrá un juicio sin compasión para el que actúe sin compasión. ¡La compasión triunfa en el juicio!

La fe y las obras

¹⁴ Hermanos míos, ¿de qué le sirve a uno alegar que tiene fe, si no tiene obras? ¿Acaso podrá salvarlo esa fe? ¹⁵ Supongamos que un hermano o una hermana no tienen con qué vestirse y carecen del alimento diario, ¹⁶ y uno de ustedes les dice: «Que les vaya bien; abríguense y coman hasta saciarse», pero no les da lo necesario para el cuerpo. ¿De qué servirá eso? ¹⁷ Así también la fe por sí sola, si no tiene obras, está muerta.

¹⁸ Sin embargo, alguien dirá: «Tú tienes fe, y yo tengo obras.»

Pues bien, muéstrame tu fe sin las obras, y yo te mostraré la fe por mis obras. ¹⁹ ¿Tú crees que hay un solo Dios? ¡Magnífico! También los demonios lo creen, y tiemblan.

²⁰ ¡Qué tonto eres! ¿Quieres convencerte de que la fe sin obras es estéril?ᵈ ²¹ ¿No fue declarado justo nuestro padre Abraham por lo que hizo cuando ofreció sobre el altar a su hijo Isaac? ²² Ya lo ves: Su fe y sus obras actuaban conjuntamente, y su fe llegó a la *perfección por las obras que hizo. ²³ Así se cumplió la Escritura que dice: «Le creyó Abraham a Dios, y esto se le tomó en cuenta como justicia»,ᵉ y fue llamado amigo de Dios. ²⁴ Como pueden ver, a una persona se le declara justa por las obras, y no sólo por la fe.

clothes and say, "Here's a good seat for you," but say to the poor man, "You stand there" or "Sit on the floor by my feet," ⁴ have you not discriminated among yourselves and become judges with evil thoughts?

⁵ Listen, my dear brothers and sisters: Has not God chosen those who are poor in the eyes of the world to be rich in faith and to inherit the kingdom he promised those who love him? ⁶ But you have dishonored the poor. Is it not the rich who are exploiting you? Are they not the ones who are dragging you into court? ⁷ Are they not the ones who are blaspheming the noble name of him to whom you belong?

⁸ If you really keep the royal law found in Scripture, "Love your neighbor as yourself,"ᵇ you are doing right. ⁹ But if you show favoritism, you sin and are convicted by the law as lawbreakers. ¹⁰ For whoever keeps the whole law and yet stumbles at just one point is guilty of breaking all of it. ¹¹ For he who said, "You shall not commit adultery,"ᶜ also said, "You shall not murder."ᵈ If you do not commit adultery but do commit murder, you have become a lawbreaker.

¹² Speak and act as those who are going to be judged by the law that gives freedom, ¹³ because judgment without mercy will be shown to anyone who has not been merciful. Mercy triumphs over judgment.

Faith and Deeds

¹⁴ What good is it, my brothers and sisters, if someone claims to have faith but has no deeds? Can such faith save them? ¹⁵ Suppose a brother or a sister is without clothes and daily food. ¹⁶ If one of you says to them, "Go in peace; keep warm and well fed," but does nothing about their physical needs, what good is it? ¹⁷ In the same way, faith by itself, if it is not accompanied by action, is dead.

¹⁸ But someone will say, "You have faith; I have deeds."

Show me your faith without deeds, and I will show you my faith by my deeds. ¹⁹ You believe that there is one God. Good! Even the demons believe that—and shudder.

²⁰ You foolish person, do you want evidence that faith without deeds is uselessᵉ? ²¹ Was not our father Abraham considered righteous for what he did when he offered his son Isaac on the altar? ²² You see that his faith and his actions were working together, and his faith was made complete by what he did. ²³ And the scripture was fulfilled that says, "Abraham believed God, and it was credited to him as righteousness,"ᶠ and he was called God's friend. ²⁴ You see that a person is considered righteous by what they do and not by faith alone.

---

a **2:8** Lv 19:18
b **2:11** Éx 20:14; Dt 5:18
c **2:11** Éx 20:13; Dt 5:17
d **2:20** *es estéril.* Var. *está muerta.*
e **2:23** Gn 15:6

b 8 Lev. 19:18   *c* 11 Exodus 20:14; Deut. 5:18
d 11 Exodus 20:13; Deut. 5:17   *e* 20 Some early manuscripts *dead*   *f* 23 Gen. 15:6

²⁵ De igual manera, ¿no fue declarada justa por las obras aun la prostituta Rajab, cuando hospedó a los espías y les ayudó a huir por otro camino? ²⁶ Pues como el cuerpo sin el espíritu está muerto, así también la fe sin obras está muerta.

Hay que domar la lengua

3 Hermanos míos, no pretendan muchos de ustedes ser maestros, pues, como saben, seremos juzgados con más severidad. ² Todos fallamos mucho. Si alguien nunca falla en lo que dice, es una persona *perfecta, capaz también de controlar todo su cuerpo.

³ Cuando ponemos freno en la boca de los caballos para que nos obedezcan, podemos controlar todo el animal. ⁴ Fíjense también en los barcos. A pesar de ser tan grandes y de ser impulsados por fuertes vientos, se gobiernan por un pequeño timón a voluntad del piloto. ⁵ Así también la lengua es un miembro muy pequeño del cuerpo, pero hace alarde de grandes hazañas. ¡Imagínense qué gran bosque se incendia con tan pequeña chispa! ⁶ También la lengua es un fuego, un mundo de maldad. Siendo uno de nuestros órganos, contamina todo el cuerpo y, encendida por el infierno,ᶠ prende a su vez fuego a todo el curso de la vida.

⁷ El *ser humano sabe domar y, en efecto, ha domado toda clase de fieras, de aves, de reptiles y de bestias marinas; ⁸ pero nadie puede domar la lengua. Es un mal irrefrenable, lleno de veneno mortal.

⁹ Con la lengua bendecimos a nuestro Señor y Padre, y con ella maldecimos a las personas, creadas a imagen de Dios. ¹⁰ De una misma boca salen bendición y maldición. Hermanos míos, esto no debe ser así. ¹¹ ¿Puede acaso brotar de una misma fuente agua dulce y agua salada?ᵍ ¹² Hermanos míos, ¿acaso puede dar aceitunas una higuera o higos una vid? Pues tampoco una fuente de agua salada puede dar agua dulce.

Dos clases de sabiduría

¹³ ¿Quién es sabio y entendido entre ustedes? Que lo demuestre con su buena conducta, mediante obras hechas con la humildad que le da su sabiduría. ¹⁴ Pero si ustedes tienen envidias amargas y rivalidades en el corazón, dejen de presumir y de faltar a la verdad. ¹⁵ Ésa no es la sabiduría que desciende del cielo, sino que es terrenal, puramente *humana y diabólica. ¹⁶ Porque donde hay envidias y rivalidades, también hay confusión y toda clase de acciones malvadas.

¹⁷ En cambio, la sabiduría que desciende del cielo es ante todo pura, y además pacífica, bondadosa, dócil, llena de compasión y de buenos frutos, imparcial y sincera. ¹⁸ En fin, el fruto de la justicia se siembra en paz paraʰ los que hacen la paz.

²⁵ In the same way, was not even Rahab the prostitute considered righteous for what she did when she gave lodging to the spies and sent them off in a different direction? ²⁶ As the body without the spirit is dead, so faith without deeds is dead.

Taming the Tongue

3 Not many of you should become teachers, my fellow believers, because you know that we who teach will be judged more strictly. ² We all stumble in many ways. Anyone who is never at fault in what they say is perfect, able to keep their whole body in check.

³ When we put bits into the mouths of horses to make them obey us, we can turn the whole animal. ⁴ Or take ships as an example. Although they are so large and are driven by strong winds, they are steered by a very small rudder wherever the pilot wants to go. ⁵ Likewise, the tongue is a small part of the body, but it makes great boasts. Consider what a great forest is set on fire by a small spark. ⁶ The tongue also is a fire, a world of evil among the parts of the body. It corrupts the whole body, sets the whole course of one's life on fire, and is itself set on fire by hell.

⁷ All kinds of animals, birds, reptiles and sea creatures are being tamed and have been tamed by mankind, ⁸ but no human being can tame the tongue. It is a restless evil, full of deadly poison.

⁹ With the tongue we praise our Lord and Father, and with it we curse human beings, who have been made in God's likeness. ¹⁰ Out of the same mouth come praise and cursing. My brothers and sisters, this should not be. ¹¹ Can both fresh water and salt water flow from the same spring? ¹² My brothers and sisters, can a fig tree bear olives, or a grapevine bear figs? Neither can a salt spring produce fresh water.

Two Kinds of Wisdom

¹³ Who is wise and understanding among you? Let them show it by their good life, by deeds done in the humility that comes from wisdom. ¹⁴ But if you harbor bitter envy and selfish ambition in your hearts, do not boast about it or deny the truth. ¹⁵ Such "wisdom" does not come down from heaven but is earthly, unspiritual, demonic. ¹⁶ For where you have envy and selfish ambition, there you find disorder and every evil practice.

¹⁷ But the wisdom that comes from heaven is first of all pure; then peace-loving, considerate, submissive, full of mercy and good fruit, impartial and sincere. ¹⁸ Peacemakers who sow in peace reap a harvest of righteousness.

ᶠ **3:6** *el infierno*. Lit. *la *Gehenna*.
ᵍ **3:11** *salada*. Lit. *amarga* (véase también v. 12).
ʰ **3:18** *para*. Alt. *por*.

Sométanse a Dios

4 ¿De dónde surgen las guerras y los conflictos entre ustedes? ¿No es precisamente de las pasiones que luchan dentro de ustedes mismos?[i] [2] Desean algo y no lo consiguen. Matan y sienten envidia, y no pueden obtener lo que quieren. Riñen y se hacen la guerra. No tienen, porque no piden. [3] Y cuando piden, no reciben porque piden con malas intenciones, para satisfacer sus propias pasiones.

[4] ¡Oh gente adúltera! ¿No saben que la amistad con el mundo es enemistad con Dios? Si alguien quiere ser amigo del mundo se vuelve enemigo de Dios. [5] ¿O creen que la Escritura dice en vano que Dios ama celosamente al espíritu que hizo morar en nosotros?[j] [6] Pero él nos da mayor ayuda con su gracia. Por eso dice la Escritura:

«Dios se opone a los orgullosos,
　　pero da gracia a los humildes.»[k]

[7] Así que sométanse a Dios. Resistan al diablo, y él huirá de ustedes. [8] Acérquense a Dios, y él se acercará a ustedes. ¡Pecadores, límpiense las manos! ¡Ustedes los inconstantes, purifiquen su corazón! [9] Reconozcan sus miserias, lloren y laméntense. Que su risa se convierta en llanto, y su alegría en tristeza. [10] Humíllense delante del Señor, y él los exaltará.

[11] Hermanos, no hablen mal unos de otros. Si alguien habla mal de su hermano, o lo juzga, habla mal de la ley y la juzga. Y si juzgas la ley, ya no eres cumplidor de la ley, sino su juez. [12] No hay más que un solo legislador y juez, aquel que puede salvar y destruir. Tú, en cambio, ¿quién eres para juzgar a tu prójimo?

Alarde sobre el mañana

[13] Ahora escuchen esto, ustedes que dicen: «Hoy o mañana iremos a tal o cual ciudad, pasaremos allí un año, haremos negocios y ganaremos dinero.» [14] ¡Y eso que ni siquiera saben qué sucederá mañana! ¿Qué es su vida? Ustedes son como la niebla, que aparece por un momento y luego se desvanece. [15] Más bien, debieran decir: «Si el Señor quiere, viviremos y haremos esto o aquello.» [16] Pero ahora se *jactan en sus fanfarronerías. Toda esta jactancia es mala. [17] Así que comete pecado todo el que sabe hacer el bien y no lo hace.

Advertencia a los ricos opresores

5 Ahora escuchen, ustedes los ricos: ¡lloren a gritos por las calamidades que se les vienen encima! [2] Se ha podrido su riqueza, y sus ropas están

Submit Yourselves to God

4 What causes fights and quarrels among you? Don't they come from your desires that battle within you? [2] You desire but do not have, so you kill. You covet but you cannot get what you want, so you quarrel and fight. You do not have because you do not ask God. [3] When you ask, you do not receive, because you ask with wrong motives, that you may spend what you get on your pleasures.

[4] You adulterous people,[g] don't you know that friendship with the world means enmity against God? Therefore, anyone who chooses to be a friend of the world becomes an enemy of God. [5] Or do you think Scripture says without reason that he jealously longs for the spirit he has caused to dwell in us[h]? [6] But he gives us more grace. That is why Scripture says:

"God opposes the proud
　　but shows favor to the humble."[i]

[7] Submit yourselves, then, to God. Resist the devil, and he will flee from you. [8] Come near to God and he will come near to you. Wash your hands, you sinners, and purify your hearts, you double-minded. [9] Grieve, mourn and wail. Change your laughter to mourning and your joy to gloom. [10] Humble yourselves before the Lord, and he will lift you up.

[11] Brothers and sisters, do not slander one another. Anyone who speaks against a brother or sister[j] or judges them speaks against the law and judges it. When you judge the law, you are not keeping it, but sitting in judgment on it. [12] There is only one Lawgiver and Judge, the one who is able to save and destroy. But you — who are you to judge your neighbor?

Boasting About Tomorrow

[13] Now listen, you who say, "Today or tomorrow we will go to this or that city, spend a year there, carry on business and make money." [14] Why, you do not even know what will happen tomorrow. What is your life? You are a mist that appears for a little while and then vanishes. [15] Instead, you ought to say, "If it is the Lord's will, we will live and do this or that." [16] As it is, you boast in your arrogant schemes. All such boasting is evil. [17] If anyone, then, knows the good they ought to do and doesn't do it, it is sin for them.

Warning to Rich Oppressors

5 Now listen, you rich people, weep and wail because of the misery that is coming on you. [2] Your wealth has rotted, and moths have eaten

---

[i] **4:1** *luchan ... mismos.* Lit. *hacen guerra en sus miembros.*
[j] **4:5** *Dios ... nosotros.* Alt. *el espíritu que él hizo morar en nosotros envidia intensamente,* o *el Espíritu que él hizo morar en nosotros ama celosamente.*
[k] **4:6** Pr 3:34

[g] **4** An allusion to covenant unfaithfulness; see Hosea 3:1.
[h] **5** Or *that the spirit he caused to dwell in us envies intensely;* or *that the Spirit he caused to dwell in us longs jealously*
[i] **6** Prov. 3:34　　[j] **11** The Greek word for *brother or sister* (*adelphos*) refers here to a believer, whether man or woman, as part of God's family.

comidas por la polilla. ³ Se han oxidado su oro y su plata. Ese óxido dará testimonio contra ustedes y consumirá como fuego sus cuerpos. Han amontonado riquezas, ¡y eso que estamos en los últimos tiempos! ⁴ Oigan cómo clama contra ustedes el salario no pagado a los obreros que les trabajaron sus campos. El clamor de esos trabajadores ha llegado a oídos del Señor Todopoderoso. ⁵ Ustedes han llevado en este mundo una vida de lujo y de placer desenfrenado. Lo que han hecho es engordar para el día de la matanza.ˡ ⁶ Han condenado y matado al justo sin que él les ofreciera resistencia.

Paciencia en los sufrimientos

⁷ Por tanto, hermanos, tengan paciencia hasta la venida del Señor. Miren cómo espera el agricultor a que la tierra dé su precioso fruto y con qué paciencia aguarda las temporadas de lluvia. ⁸ Así también ustedes, manténganse firmes y aguarden con paciencia la venida del Señor, que ya se acerca. ⁹ No se quejen unos de otros, hermanos, para que no sean juzgados. ¡El juez ya está a la puerta! ¹⁰ Hermanos, tomen como ejemplo de sufrimiento y de paciencia a los profetas que hablaron en el nombre del Señor. ¹¹ En verdad, consideramos *dichosos a los que perseveraron. Ustedes han oído hablar de la perseverancia de Job, y han visto lo que al final le dio el Señor. Es que el Señor es muy compasivo y misericordioso.

¹² Sobre todo, hermanos míos, no juren ni por el cielo ni por la tierra ni por ninguna otra cosa. Que su «sí» sea «sí», y su «no», «no», para que no sean condenados.

La oración de fe

¹³ ¿Está afligido alguno entre ustedes? Que ore. ¿Está alguno de buen ánimo? Que cante alabanzas. ¹⁴ ¿Está enfermo alguno de ustedes? Haga llamar a los *ancianos de la iglesia para que oren por él y lo unjan con aceite en el nombre del Señor. ¹⁵ La oración de fe sanará al enfermo y el Señor lo levantará. Y si ha pecado, su pecado se le perdonará. ¹⁶ Por eso, confiésense unos a otros sus pecados, y oren unos por otros, para que sean sanados. La oración del justo es poderosa y eficaz.

¹⁷ Elías era un hombre con debilidades como las nuestras. Con fervor oró que no lloviera, y no llovió sobre la tierra durante tres años y medio. ¹⁸ Volvió a orar, y el cielo dio su lluvia y la tierra produjo sus frutos.

¹⁹ Hermanos míos, si alguno de ustedes se extravía de la verdad, y otro lo hace volver a ella, ²⁰ recuerden que quien hace volver a un pecador de su extravío, lo salvará de la muerte y cubrirá muchísimos pecados.

your clothes. ³ Your gold and silver are corroded. Their corrosion will testify against you and eat your flesh like fire. You have hoarded wealth in the last days. ⁴ Look! The wages you failed to pay the workers who mowed your fields are crying out against you. The cries of the harvesters have reached the ears of the Lord Almighty. ⁵ You have lived on earth in luxury and self-indulgence. You have fattened yourselves in the day of slaughter.ᵏ ⁶ You have condemned and murdered the innocent one, who was not opposing you.

Patience in Suffering

⁷ Be patient, then, brothers and sisters, until the Lord's coming. See how the farmer waits for the land to yield its valuable crop, patiently waiting for the autumn and spring rains. ⁸ You too, be patient and stand firm, because the Lord's coming is near. ⁹ Don't grumble against one another, brothers and sisters, or you will be judged. The Judge is standing at the door!

¹⁰ Brothers and sisters, as an example of patience in the face of suffering, take the prophets who spoke in the name of the Lord. ¹¹ As you know, we count as blessed those who have persevered. You have heard of Job's perseverance and have seen what the Lord finally brought about. The Lord is full of compassion and mercy.

¹² Above all, my brothers and sisters, do not swear — not by heaven or by earth or by anything else. All you need to say is a simple "Yes" or "No." Otherwise you will be condemned.

The Prayer of Faith

¹³ Is anyone among you in trouble? Let them pray. Is anyone happy? Let them sing songs of praise. ¹⁴ Is anyone among you sick? Let them call the elders of the church to pray over them and anoint them with oil in the name of the Lord. ¹⁵ And the prayer offered in faith will make the sick person well; the Lord will raise them up. If they have sinned, they will be forgiven. ¹⁶ Therefore confess your sins to each other and pray for each other so that you may be healed. The prayer of a righteous person is powerful and effective.

¹⁷ Elijah was a human being, even as we are. He prayed earnestly that it would not rain, and it did not rain on the land for three and a half years. ¹⁸ Again he prayed, and the heavens gave rain, and the earth produced its crops.

¹⁹ My brothers and sisters, if one of you should wander from the truth and someone should bring that person back, ²⁰ remember this: Whoever turns a sinner from the error of their way will save them from death and cover over a multitude of sins.

ˡ 5:5 Lo ... matanza. Alt. Han engordado como en un banquete.

ᵏ 5 Or yourselves as in a day of feasting

Primera Carta de
Pedro

El apóstol Pedro fue uno de los doce discípulos que Jesús escogió y enseñó durante su tiempo en la tierra. Pedro pasó los últimos años de su vida y su ministerio —a principios de la década del año 60 d.C.—, como líder de la iglesia en Roma. Cuando se enteró de que las iglesias de otras provincias romanas (ubicadas en lo que hoy es Turquía) sufrían persecución, les escribió para urgirles a que permanecieran fieles a Jesús. El que llevó la carta de Pedro fue Silas, un hombre que también trabajó con el apóstol Pablo (véase pp. 1604–8). Pedro presenta a Silas y explica que le ha ayudado a redactar la carta.

Después de la introducción, la carta tiene tres secciones principales:

: Pedro les dice a sus lectores que deben ser *santos en todo lo que hagan*. Como gentiles, antes vivían en ignorancia (sin conocer los caminos de Dios). Pero ahora son una nación santa, parte del pueblo de Dios, llamados a vivir una vida diferente.
: Pedro luego explica que esta forma de vivir podrá dejar una impresión en los que quieran acusarlos o perseguirlos sin causa justa.
: Finalmente, Pedro reconoce que sus lectores están sufriendo debido a su fe pero les explica que es algo que deben esperar. El propio Mesías sufrió, por lo que los creyentes de todo el mundo están enfrentando los mismos problemas. Los seguidores de Cristo esperan el día en que Dios les visite e, incluso en su sufrimiento, pueden mostrar que pertenecen a Dios.

---

1 Pedro, apóstol de *Jesucristo,

a los elegidos, extranjeros dispersos por el Ponto, Galacia, Capadocia, *Asia y Bitinia, ² según la previsión[a] de Dios el Padre, mediante la obra *santificadora del Espíritu, para obedecer a Jesucristo y ser redimidos[b] por su sangre:

Que abunden en ustedes la gracia y la paz.

Alabanza a Dios por una esperanza viva

³ ¡Alabado sea Dios, Padre de nuestro Señor Jesucristo! Por su gran misericordia, nos ha hecho nacer de nuevo mediante la resurrección de Jesucristo, para que tengamos una esperanza viva ⁴ y recibamos una herencia indestructible, incontaminada e inmarchitable. Tal herencia está reservada en el cielo para ustedes, ⁵ a quienes el poder de Dios protege mediante la fe hasta que llegue la salvación que se ha de revelar en los últimos

---

a 1:2 *la previsión.* Lit. *el conocimiento previo.*
b 1:2 *redimidos.* Lit. *rociados.*

1 Peter

The apostle Peter was one of the twelve disciples Jesus appointed and taught during his time on earth. Peter spent the final years of his life and ministry—in the early 60s AD—as a leader of the church in Rome. When he learned that churches in other Roman provinces (all located in what is now Turkey) were experiencing persecution, he wrote to urge them to remain faithful to Jesus. Peter's letter was delivered by Silas, a man who also worked with the apostle Paul (see pp. 1604–8). Peter introduces Silas and explains that he helped to compose the letter.

After the opening, the letter has three main sections:

: Peter first tells his readers to *be holy in all you do*. As Gentiles they once lived in ignorance (they did not know the ways of God). But they are now a holy nation, part of God's own people, and are called to a new way of life.
: Peter then explains how this way of life will impress those who might accuse and persecute them without just cause.
: Finally, Peter acknowledges that his readers are suffering for their faith, but he explains that this is only to be expected. The Messiah himself suffered, and believers all over the world are facing the same challenge. The followers of Jesus are waiting for the day God will visit them, and even in their suffering they can show they belong to God.

---

1 Peter, an apostle of Jesus Christ,

To God's elect, exiles scattered throughout the provinces of Pontus, Galatia, Cappadocia, Asia and Bithynia, ² who have been chosen according to the foreknowledge of God the Father, through the sanctifying work of the Spirit, to be obedient to Jesus Christ and sprinkled with his blood:

Grace and peace be yours in abundance.

Praise to God for a Living Hope

³ Praise be to the God and Father of our Lord Jesus Christ! In his great mercy he has given us new birth into a living hope through the resurrection of Jesus Christ from the dead, ⁴ and into an inheritance that can never perish, spoil or fade. This inheritance is kept in heaven for you, ⁵ who through faith are shielded by God's power until the coming of the salvation that is ready to be

tiempos. ⁶ Esto es para ustedes motivo de gran alegría, a pesar de que hasta ahora han tenido que sufrir diversas *pruebas por un tiempo. ⁷ El oro, aunque perecedero, se acrisola al fuego. Así también la fe de ustedes, que vale mucho más que el oro, al ser acrisolada por las pruebas demostrará que es digna de aprobación, gloria y honor cuando Jesucristo se revele. ⁸ Ustedes lo aman a pesar de no haberlo visto; y aunque no lo ven ahora, creen en él y se alegran con un gozo indescriptible y glorioso, ⁹ pues están obteniendo la meta de su fe, que es su salvación.

¹⁰ Los profetas, que anunciaron la gracia reservada para ustedes, estudiaron y observaron esta salvación. ¹¹ Querían descubrir a qué tiempo y a cuáles circunstancias se refería el Espíritu de *Cristo, que estaba en ellos, cuando testificó de antemano acerca de los sufrimientos de Cristo y de la gloria que vendría después de éstos. ¹² A ellos se les reveló que no se estaban sirviendo a sí mismos, sino que les servían a ustedes. Hablaban de las cosas que ahora les han anunciado los que les predicaron el *evangelio por medio del Espíritu Santo enviado del cielo. Aun los mismos ángeles anhelan contemplar esas cosas.

Sean santos

¹³ Por eso, dispónganse para actuar con inteligencia;*ᶜ* tengan dominio propio; pongan su esperanza completamente en la gracia que se les dará cuando se revele *Jesucristo. ¹⁴ Como hijos obedientes, no se amolden a los malos deseos que tenían antes, cuando vivían en la ignorancia. ¹⁵ Más bien, sean ustedes *santos en todo lo que hagan, como también es santo quien los llamó; ¹⁶ pues está escrito: «Sean santos, porque yo soy santo.»*ᵈ* ¹⁷ Ya que invocan como Padre al que juzga con imparcialidad las obras de cada uno, vivan con temor reverente mientras sean peregrinos en este mundo. ¹⁸ Como bien saben, ustedes fueron rescatados de la vida absurda que heredaron de sus antepasados. El precio de su rescate no se pagó con cosas perecederas, como el oro o la plata, ¹⁹ sino con la preciosa sangre de Cristo, como de un cordero sin mancha y sin defecto. ²⁰ Cristo, a quien Dios escogió antes de la creación del mundo, se ha manifestado en estos últimos tiempos en beneficio de ustedes. ²¹ Por medio de él ustedes creen en Dios, que lo *resucitó y glorificó, de modo que su fe y su esperanza están puestas en Dios.

²² Ahora que se han purificado obedeciendo a la verdad y tienen un amor sincero por sus hermanos, ámense de todo corazón*ᵉ* los unos a los otros. ²³ Pues ustedes han nacido de nuevo, no de

revealed in the last time. ⁶ In all this you greatly rejoice, though now for a little while you may have had to suffer grief in all kinds of trials. ⁷ These have come so that the proven genuineness of your faith—of greater worth than gold, which perishes even though refined by fire—may result in praise, glory and honor when Jesus Christ is revealed. ⁸ Though you have not seen him, you love him; and even though you do not see him now, you believe in him and are filled with an inexpressible and glorious joy, ⁹ for you are receiving the end result of your faith, the salvation of your souls.

¹⁰ Concerning this salvation, the prophets, who spoke of the grace that was to come to you, searched intently and with the greatest care, ¹¹ trying to find out the time and circumstances to which the Spirit of Christ in them was pointing when he predicted the sufferings of the Messiah and the glories that would follow. ¹² It was revealed to them that they were not serving themselves but you, when they spoke of the things that have now been told you by those who have preached the gospel to you by the Holy Spirit sent from heaven. Even angels long to look into these things.

Be Holy

¹³ Therefore, with minds that are alert and fully sober, set your hope on the grace to be brought to you when Jesus Christ is revealed at his coming. ¹⁴ As obedient children, do not conform to the evil desires you had when you lived in ignorance. ¹⁵ But just as he who called you is holy, so be holy in all you do; ¹⁶ for it is written: "Be holy, because I am holy."*ᵃ*

¹⁷ Since you call on a Father who judges each person's work impartially, live out your time as foreigners here in reverent fear. ¹⁸ For you know that it was not with perishable things such as silver or gold that you were redeemed from the empty way of life handed down to you from your ancestors, ¹⁹ but with the precious blood of Christ, a lamb without blemish or defect. ²⁰ He was chosen before the creation of the world, but was revealed in these last times for your sake. ²¹ Through him you believe in God, who raised him from the dead and glorified him, and so your faith and hope are in God.

²² Now that you have purified yourselves by obeying the truth so that you have sincere love for each other, love one another deeply, from the heart.*ᵇ* ²³ For you have been born again, not of

---

ᶜ **1:13** *dispónganse ... inteligencia.* Lit. *ceñidos los lomos de su mente.*
ᵈ **1:16** Lv 11:44,45; 19:2; 20:7; Is 40:6-8
ᵉ **1:22** *de todo corazón.* Var. *con corazón puro.*

ᵃ *16* Lev. 11:44,45; 19:2   ᵇ *22* Some early manuscripts *from a pure heart*

simiente perecedera, sino de simiente imperecedera, mediante la palabra de Dios que vive y permanece. [24] Porque

> «todo *mortal es como la hierba,
>   y toda su gloria como la flor del campo;
>   la hierba se seca y la flor se cae,
> [25]   pero la palabra del Señor permanece para
>   siempre.»[f]

Y ésta es la palabra del evangelio que se les ha anunciado a ustedes.

2 Por lo tanto, abandonando toda maldad y todo engaño, hipocresía, envidias y toda calumnia, [2] deseen con ansias la leche pura de la palabra,[g] como niños recién nacidos. Así, por medio de ella, crecerán en su salvación, [3] ahora que han probado lo bueno que es el Señor.

La piedra viva y su pueblo escogido

[4] *Cristo es la piedra viva, rechazada por los *seres humanos pero escogida y preciosa ante Dios. Al acercarse a él, [5] también ustedes son como piedras vivas, con las cuales se está edificando una casa espiritual. De este modo llegan a ser un sacerdocio *santo, para ofrecer sacrificios espirituales que Dios acepta por medio de Jesucristo. [6] Así dice la Escritura:

> «Miren que pongo en Sión
>   una piedra principal escogida y preciosa,
>   y el que confíe en ella
>   no será jamás defraudado.»[h]

[7] Para ustedes los creyentes, esta piedra es preciosa; pero para los incrédulos,

> «la piedra que desecharon los constructores
>   ha llegado a ser la piedra angular»,[i]

[8] y también:

> «una piedra de *tropiezo
>   y una roca que hace *caer.»[j]

Tropiezan al desobedecer la palabra, para lo cual estaban destinados.

[9] Pero ustedes son linaje escogido, real sacerdocio, nación santa, pueblo que pertenece a Dios, para que proclamen las obras maravillosas de aquel que los llamó de las tinieblas a su luz admirable. [10] Ustedes antes ni siquiera eran pueblo, pero ahora son pueblo de Dios; antes no habían recibido misericordia, pero ahora ya la han recibido.

[11] Queridos hermanos, les ruego como a extranjeros y peregrinos en este mundo, que se aparten de los deseos pecaminosos[k] que combaten contra

perishable seed, but of imperishable, through the living and enduring word of God. [24] For,

> "All people are like grass,
>   and all their glory is like the flowers of the
>   field;
>   the grass withers and the flowers fall,
> [25]   but the word of the Lord endures
>   forever."[c]

And this is the word that was preached to you.

2 Therefore, rid yourselves of all malice and all deceit, hypocrisy, envy, and slander of every kind. [2] Like newborn babies, crave pure spiritual milk, so that by it you may grow up in your salvation, [3] now that you have tasted that the Lord is good.

The Living Stone and a Chosen People

[4] As you come to him, the living Stone—rejected by humans but chosen by God and precious to him— [5] you also, like living stones, are being built into a spiritual house[d] to be a holy priesthood, offering spiritual sacrifices acceptable to God through Jesus Christ. [6] For in Scripture it says:

> "See, I lay a stone in Zion,
>   a chosen and precious cornerstone,
>   and the one who trusts in him
>   will never be put to shame."[e]

[7] Now to you who believe, this stone is precious. But to those who do not believe,

> "The stone the builders rejected
>   has become the cornerstone,"[f]

[8] and,

> "A stone that causes people to stumble
>   and a rock that makes them fall."[g]

They stumble because they disobey the message—which is also what they were destined for.

[9] But you are a chosen people, a royal priesthood, a holy nation, God's special possession, that you may declare the praises of him who called you out of darkness into his wonderful light. [10] Once you were not a people, but now you are the people of God; once you had not received mercy, but now you have received mercy.

Living Godly Lives in a Pagan Society

[11] Dear friends, I urge you, as foreigners and exiles, to abstain from sinful desires, which wage war

---

[f] **1:25** Is 40:6-8
[g] **2:2** *leche pura de la palabra.* Alt. *leche espiritual pura.*
[h] **2:6** Is 28:16
[i] **2:7** Sal 118:22
[j] **2:8** Is 8:14
[k] **2:11** *pecaminosos.* Lit. *carnales.*

[c] *25* Isaiah 40:6-8 (see Septuagint)   [d] *5* Or *into a temple of the Spirit*   [e] *6* Isaiah 28:16   [f] *7* Psalm 118:22   [g] *8* Isaiah 8:14

la *vida. ¹² Mantengan entre los incrédulos[l] una conducta tan ejemplar que, aunque los acusen de hacer el mal, ellos observen las buenas obras de ustedes y glorifiquen a Dios en el día de la salvación.[m]

Sumisión a los gobernantes y a los superiores

¹³ Sométanse por causa del Señor a toda autoridad humana, ya sea al rey como suprema autoridad, ¹⁴ o a los gobernadores que él envía para castigar a los que hacen el mal y reconocer a los que hacen el bien. ¹⁵ Porque ésta es la voluntad de Dios: que, practicando el bien, hagan callar la ignorancia de los insensatos. ¹⁶ Eso es actuar como personas libres que no se valen de su libertad para disimular la maldad, sino que viven como *siervos de Dios. ¹⁷ Den a todos el debido respeto: amen a los hermanos, teman a Dios, respeten al rey.

¹⁸ Criados, sométanse con todo respeto a sus amos, no sólo a los buenos y comprensivos sino también a los insoportables. ¹⁹ Porque es digno de elogio que, por sentido de responsabilidad delante de Dios, se soporten las penalidades, aun sufriendo injustamente. ²⁰ Pero ¿cómo pueden ustedes atribuirse mérito alguno si soportan que los maltraten por hacer el mal? En cambio, si sufren por hacer el bien, eso merece elogio delante de Dios. ²¹ Para esto fueron llamados, porque *Cristo sufrió por ustedes, dándoles ejemplo para que sigan sus pasos.

²² «Él no cometió ningún pecado,
     ni hubo engaño en su boca.»[n]

²³ Cuando proferían insultos contra él, no replicaba con insultos; cuando padecía, no amenazaba, sino que se entregaba a aquel que juzga con justicia. ²⁴ Él mismo, en su cuerpo, llevó al madero nuestros pecados, para que muramos al pecado y vivamos para la justicia. Por sus heridas ustedes han sido sanados. ²⁵ Antes eran ustedes como ovejas descarriadas, pero ahora han vuelto al Pastor que cuida[ñ] de sus vidas.

Deberes conyugales

3 Así mismo, esposas, sométanse a sus esposos, de modo que si algunos de ellos no creen en la palabra, puedan ser ganados más por el comportamiento de ustedes que por sus palabras, ² al observar su conducta íntegra y respetuosa. ³ Que la belleza de ustedes no sea la externa, que consiste en adornos tales como peinados ostentosos, joyas de oro y vestidos lujosos. ⁴ Que su belleza sea más bien la incorruptible, la que procede de lo íntimo del corazón y consiste en un espíritu suave y apacible. Ésta sí que tiene mucho valor delante de Dios. ⁵ Así se adornaban en tiempos antiguos las *santas

against your soul. ¹² Live such good lives among the pagans that, though they accuse you of doing wrong, they may see your good deeds and glorify God on the day he visits us.

¹³ Submit yourselves for the Lord's sake to every human authority: whether to the emperor, as the supreme authority, ¹⁴ or to governors, who are sent by him to punish those who do wrong and to commend those who do right. ¹⁵ For it is God's will that by doing good you should silence the ignorant talk of foolish people. ¹⁶ Live as free people, but do not use your freedom as a cover-up for evil; live as God's slaves. ¹⁷ Show proper respect to everyone, love the family of believers, fear God, honor the emperor.

¹⁸ Slaves, in reverent fear of God submit yourselves to your masters, not only to those who are good and considerate, but also to those who are harsh. ¹⁹ For it is commendable if someone bears up under the pain of unjust suffering because they are conscious of God. ²⁰ But how is it to your credit if you receive a beating for doing wrong and endure it? But if you suffer for doing good and you endure it, this is commendable before God. ²¹ To this you were called, because Christ suffered for you, leaving you an example, that you should follow in his steps.

²² "He committed no sin,
     and no deceit was found in his mouth."[h]

²³ When they hurled their insults at him, he did not retaliate; when he suffered, he made no threats. Instead, he entrusted himself to him who judges justly. ²⁴ "He himself bore our sins" in his body on the cross, so that we might die to sins and live for righteousness; "by his wounds you have been healed." ²⁵ For "you were like sheep going astray,"[i] but now you have returned to the Shepherd and Overseer of your souls.

3 Wives, in the same way submit yourselves to your own husbands so that, if any of them do not believe the word, they may be won over without words by the behavior of their wives, ² when they see the purity and reverence of your lives. ³ Your beauty should not come from outward adornment, such as elaborate hairstyles and the wearing of gold jewelry or fine clothes. ⁴ Rather, it should be that of your inner self, the unfading beauty of a gentle and quiet spirit, which is of great worth in God's sight. ⁵ For this is the way the holy

---

l **2:12** incrédulos. Lit. *gentiles.
m **2:12** de la salvación. Alt. del juicio. Lit. de la visitación.
n **2:22** Is 53:9
ñ **2:25** Pastor que cuida. Lit. Pastor y *Obispo.

h **22** Isaiah 53:9   i **24,25** Isaiah 53:4,5,6 (see Septuagint)

mujeres que esperaban en Dios, cada una sumisa a su esposo. 6 Tal es el caso de Sara, que obedecía a Abraham y lo llamaba su señor. Ustedes son hijas de ella si hacen el bien y viven sin ningún temor.

7 De igual manera, ustedes esposos, sean comprensivos en su vida conyugal, tratando cada uno a su esposa con respeto, ya que como mujer es más delicada,[o] y ambos son herederos del grato don de la vida. Así nada estorbará las oraciones de ustedes.

Sufriendo por hacer el bien

8 En fin, vivan en armonía los unos con los otros; compartan penas y alegrías, practiquen el amor fraternal, sean compasivos y humildes. 9 No devuelvan mal por mal ni insulto por insulto; más bien, bendigan, porque para esto fueron llamados, para heredar una bendición. 10 En efecto,

«el que quiera amar la vida
y gozar de días felices,
que refrene su lengua de hablar el mal
y sus labios de proferir engaños;
11 que se aparte del mal y haga el bien;
que busque la paz y la siga.
12 Porque los ojos del Señor están sobre los justos,
y sus oídos, atentos a sus oraciones;
pero el rostro del Señor está contra los que hacen el mal.»[p]

13 Y a ustedes, ¿quién les va a hacer daño si se esfuerzan por hacer el bien? 14 ¡*Dichosos si sufren por causa de la justicia! «No teman lo que ellos temen,[q] ni se dejen asustar.»[r] 15 Más bien, honren en su corazón a *Cristo como Señor. Estén siempre preparados para responder a todo el que les pida razón de la esperanza que hay en ustedes. 16 Pero háganlo con gentileza y respeto, manteniendo la conciencia limpia, para que los que hablan mal de la buena conducta de ustedes en Cristo, se avergüencen de sus calumnias. 17 Si es la voluntad de Dios, es preferible sufrir por hacer el bien que por hacer el mal.

18 Porque Cristo murió por los pecados una vez por todas, el justo por los injustos, a fin de llevarlos a ustedes a Dios. Él sufrió la muerte en su *cuerpo, pero el Espíritu hizo que volviera a la vida.[s] 19 Por medio del Espíritu fue y predicó a los espíritus encarcelados, 20 que en los tiempos antiguos, en los días de Noé, desobedecieron, cuando Dios esperaba con paciencia mientras se construía el arca. En ella sólo pocas personas, ocho en total, se salvaron mediante el agua, 21 la cual simboliza el bautismo que ahora los salva también a ustedes. El bautismo no consiste en la limpieza del cuerpo,

[o] **3:7** *ya que ... delicada.* Lit. *como a vaso más frágil.*
[p] **3:12** Sal 34:12-16
[q] **3:14** *lo que ellos temen.* Alt. *sus amenazas.*
[r] **3:14** Is 8:12
[s] **3:18** *pero ... vida.* Alt. *pero volvió a la vida en su espíritu.*

women of the past who put their hope in God used to adorn themselves. They submitted themselves to their own husbands, 6 like Sarah, who obeyed Abraham and called him her lord. You are her daughters if you do what is right and do not give way to fear.

7 Husbands, in the same way be considerate as you live with your wives, and treat them with respect as the weaker partner and as heirs with you of the gracious gift of life, so that nothing will hinder your prayers.

Suffering for Doing Good

8 Finally, all of you, be like-minded, be sympathetic, love one another, be compassionate and humble. 9 Do not repay evil with evil or insult with insult. On the contrary, repay evil with blessing, because to this you were called so that you may inherit a blessing. 10 For,

"Whoever would love life
and see good days
must keep their tongue from evil
and their lips from deceitful speech.
11 They must turn from evil and do good;
they must seek peace and pursue it.
12 For the eyes of the Lord are on the righteous
and his ears are attentive to their prayer,
but the face of the Lord is against those who do evil."[j]

13 Who is going to harm you if you are eager to do good? 14 But even if you should suffer for what is right, you are blessed. "Do not fear their threats[k]; do not be frightened."[l] 15 But in your hearts revere Christ as Lord. Always be prepared to give an answer to everyone who asks you to give the reason for the hope that you have. But do this with gentleness and respect, 16 keeping a clear conscience, so that those who speak maliciously against your good behavior in Christ may be ashamed of their slander. 17 For it is better, if it is God's will, to suffer for doing good than for doing evil. 18 For Christ also suffered once for sins, the righteous for the unrighteous, to bring you to God. He was put to death in the body but made alive in the Spirit. 19 After being made alive,[m] he went and made proclamation to the imprisoned spirits— 20 to those who were disobedient long ago when God waited patiently in the days of Noah while the ark was being built. In it only a few people, eight in all, were saved through water, 21 and this water symbolizes baptism that now saves you also—not the removal of dirt from the body but the pledge of a

[j] *12* Psalm 34:12-16 [k] *14* Or *fear what they fear*
[l] *14* Isaiah 8:12 [m] *18,19* Or *but made alive in the spirit,* [19] *in which also*

sino en el compromiso de tener una buena conciencia delante de Dios. Esta salvación es posible por la resurrección de Jesucristo, 22 quien subió al cielo y tomó su lugar a la *derecha de Dios, y a quien están sometidos los ángeles, las autoridades y los poderes.

Viviendo el ejemplo de Cristo

4 Por tanto, ya que *Cristo sufrió en el cuerpo, asuman también ustedes la misma actitud; porque el que ha sufrido en el *cuerpo ha roto con el pecado, 2 para vivir el resto de su vida terrenal no satisfaciendo sus pasiones *humanas sino cumpliendo la voluntad de Dios. 3 Pues ya basta con el tiempo que han desperdiciado haciendo lo que agrada a los incrédulos,ᵗ entregados al desenfreno, a las pasiones, a las borracheras, a las orgías, a las parrandas y a las idolatrías abominables. 4 A ellos les parece extraño que ustedes ya no corran con ellos en ese mismo desbordamiento de inmoralidad, y por eso los insultan. 5 Pero ellos tendrán que rendirle cuentas a aquel que está preparado para juzgar a los vivos y a los muertos. 6 Por esto también se les predicó el *evangelio aun a los muertos, para que, a pesar de haber sido juzgados según criterios *humanos en lo que atañe al cuerpo, vivan conforme a Dios en lo que atañe al espíritu.ᵘ

7 Ya se acerca el fin de todas las cosas. Así que, para orar bien, manténganse sobrios y con la mente despejada. 8 Sobre todo, ámense los unos a los otros profundamente, porque el amor cubre multitud de pecados. 9 Practiquen la hospitalidad entre ustedes sin quejarse. 10 Cada uno ponga al servicio de los demás el don que haya recibido, administrando fielmente la gracia de Dios en sus diversas formas. 11 El que habla, hágalo como quien expresa las palabras mismas de Dios; el que presta algún servicio, hágalo como quien tiene el poder de Dios. Así Dios será en todo alabado por medio de Jesucristo, a quien sea la gloria y el poder por los siglos de los siglos. Amén.

Sufriendo por seguir a Cristo

12 Queridos hermanos, no se extrañen del fuego de la *prueba que están soportando, como si fuera algo insólito. 13 Al contrario, alégrense de tener parte en los sufrimientos de *Cristo, para que también sea inmensa su alegría cuando se revele la gloria de Cristo. 14 *Dichosos ustedes si los insultan por causa del nombre de Cristo, porque el glorioso Espíritu de Dios reposa sobre ustedes. 15 Que ninguno tenga que sufrir por asesino, ladrón o delincuente, ni siquiera por entrometido. 16 Pero si alguien sufre por ser cristiano, que no se avergüence, sino que alabe a Dios por llevar el nombre de Cristo. 17 Porque es tiempo de que el juicio comience por la familia de Dios; y si comienza por

clear conscience toward God.ⁿ It saves you by the resurrection of Jesus Christ, 22 who has gone into heaven and is at God's right hand — with angels, authorities and powers in submission to him.

Living for God

4 Therefore, since Christ suffered in his body, arm yourselves also with the same attitude, because whoever suffers in the body is done with sin. 2 As a result, they do not live the rest of their earthly lives for evil human desires, but rather for the will of God. 3 For you have spent enough time in the past doing what pagans choose to do — living in debauchery, lust, drunkenness, orgies, carousing and detestable idolatry. 4 They are surprised that you do not join them in their reckless, wild living, and they heap abuse on you. 5 But they will have to give account to him who is ready to judge the living and the dead. 6 For this is the reason the gospel was preached even to those who are now dead, so that they might be judged according to human standards in regard to the body, but live according to God in regard to the spirit.

7 The end of all things is near. Therefore be alert and of sober mind so that you may pray. 8 Above all, love each other deeply, because love covers over a multitude of sins. 9 Offer hospitality to one another without grumbling. 10 Each of you should use whatever gift you have received to serve others, as faithful stewards of God's grace in its various forms. 11 If anyone speaks, they should do so as one who speaks the very words of God. If anyone serves, they should do so with the strength God provides, so that in all things God may be praised through Jesus Christ. To him be the glory and the power for ever and ever. Amen.

Suffering for Being a Christian

12 Dear friends, do not be surprised at the fiery ordeal that has come on you to test you, as though something strange were happening to you. 13 But rejoice inasmuch as you participate in the sufferings of Christ, so that you may be overjoyed when his glory is revealed. 14 If you are insulted because of the name of Christ, you are blessed, for the Spirit of glory and of God rests on you. 15 If you suffer, it should not be as a murderer or thief or any other kind of criminal, or even as a meddler. 16 However, if you suffer as a Christian, do not be ashamed, but praise God that you bear that name. 17 For it is time for judgment to begin with God's

---

ᵗ 4:3 *incrédulos.* Lit. **gentiles.*
ᵘ 4:6 *en lo que atañe al espíritu.* Alt. *en el Espíritu.*

ⁿ 21 Or *but an appeal to God for a clear conscience*

nosotros, ¡cuál no será el fin de los que se rebelan contra el *evangelio de Dios!

¹⁸«Si el justo a duras penas se salva,
    ¿qué será del impío y del pecador?»^v

¹⁹ Así pues, los que sufren según la voluntad de Dios, entréguense a su fiel Creador y sigan practicando el bien.

Exhortación a los ancianos y a los jóvenes

5 A los *ancianos que están entre ustedes, yo, que soy anciano como ellos, testigo de los sufrimientos de *Cristo y partícipe con ellos de la gloria que se ha de revelar, les ruego esto: ² cuiden como pastores el rebaño de Dios que está a su cargo, no por obligación ni por ambición de dinero, sino con afán de servir, como Dios quiere. ³ No sean tiranos con los que están a su cuidado, sino sean ejemplos para el rebaño. ⁴ Así, cuando aparezca el Pastor supremo, ustedes recibirán la inmarcesible corona de gloria.

⁵ Así mismo, jóvenes, sométanse a los ancianos. Revístanse todos de humildad en su trato mutuo, porque

«Dios se opone a los orgullosos,
    pero da gracia a los humildes».^w

⁶ Humíllense, pues, bajo la poderosa mano de Dios, para que él los exalte a su debido tiempo. ⁷ Depositen en él toda ansiedad, porque él cuida de ustedes.

⁸ Practiquen el dominio propio y manténganse alerta. Su enemigo el diablo ronda como león rugiente, buscando a quién devorar. ⁹ Resístanlo, manteniéndose firmes en la fe, sabiendo que sus hermanos en todo el mundo están soportando la misma clase de sufrimientos.

¹⁰ Y después de que ustedes hayan sufrido un poco de tiempo, Dios mismo, el Dios de toda gracia que los llamó a su gloria eterna en Cristo, los restaurará y los hará fuertes, firmes y estables. ¹¹ A él sea el poder por los siglos de los siglos. Amén.

Saludos finales

¹² Con la ayuda de *Silvano, a quien considero un hermano fiel, les he escrito brevemente, para animarlos y confirmarles que ésta es la verdadera gracia de Dios. Manténganse firmes en ella.

¹³ Saludos de parte de la que está en Babilonia, escogida como ustedes, y también de mi hijo Marcos. ¹⁴ Salúdense los unos a los otros con un beso de amor fraternal.

Paz a todos ustedes que están en *Cristo.

household; and if it begins with us, what will the outcome be for those who do not obey the gospel of God? ¹⁸ And,

"If it is hard for the righteous to be saved,
    what will become of the ungodly and the
     sinner?"^o

¹⁹ So then, those who suffer according to God's will should commit themselves to their faithful Creator and continue to do good.

To the Elders and the Flock

5 To the elders among you, I appeal as a fellow elder and a witness of Christ's sufferings who also will share in the glory to be revealed: ² Be shepherds of God's flock that is under your care, watching over them — not because you must, but because you are willing, as God wants you to be; not pursuing dishonest gain, but eager to serve; ³ not lording it over those entrusted to you, but being examples to the flock. ⁴ And when the Chief Shepherd appears, you will receive the crown of glory that will never fade away.

⁵ In the same way, you who are younger, submit yourselves to your elders. All of you, clothe yourselves with humility toward one another, because,

"God opposes the proud
    but shows favor to the humble."^p

⁶ Humble yourselves, therefore, under God's mighty hand, that he may lift you up in due time. ⁷ Cast all your anxiety on him because he cares for you.

⁸ Be alert and of sober mind. Your enemy the devil prowls around like a roaring lion looking for someone to devour. ⁹ Resist him, standing firm in the faith, because you know that the family of believers throughout the world is undergoing the same kind of sufferings.

¹⁰ And the God of all grace, who called you to his eternal glory in Christ, after you have suffered a little while, will himself restore you and make you strong, firm and steadfast. ¹¹ To him be the power for ever and ever. Amen.

Final Greetings

¹² With the help of Silas,^q whom I regard as a faithful brother, I have written to you briefly, encouraging you and testifying that this is the true grace of God. Stand fast in it.

¹³ She who is in Babylon, chosen together with you, sends you her greetings, and so does my son Mark. ¹⁴ Greet one another with a kiss of love.

Peace to all of you who are in Christ.

---

^v 4:18 Pr 11:31
^w 5:5 Pr 3:34

^o 18 Prov. 11:31 (see Septuagint)   ^p 5 Prov. 3:34
^q 12 Greek Silvanus, a variant of Silas

Segunda Carta de
Pedro

Alrededor del año 65 d.C., Pedro fue encarcelado en Roma por orden del emperador Nerón y supo que sería ejecutado poco después. Como había sido testigo ocular del ministerio de Jesús, decidió dirigir otra carta a los creyentes a los que ya les había escrito confirmando lo que se les había enseñado acerca de Jesús. Había falsos maestros que enseñaban que si Jesús no había vuelto todavía, ya no tenían que esperarlo. Como no esperaban juicio futuro, llevaban vidas inmorales. (Pedro tal vez se enteró del peligro que representaban esos maestros por una epístola que envió Judas, el hermano de Jesús, advirtiendo a los creyentes contra ellos. La carta de Pedro repite cosas que leemos en la de Judas, pero en forma resumida. Véase p. 1796.)

Pedro les responde a los falsos maestros destacando que él mismo vio personalmente la gloria y majestad de Jesús *en el monte santo* (véanse pp. 1451–52). Todos verán esta gloria cuando Cristo vuelva. Con imágenes poderosas, Pedro describe el efecto destructor de los falsos maestros en la comunidad y el juicio que les espera. En la última sección de su carta, Pedro explica que el regreso del Mesías se ha demorado porque Dios quiere que todos se arrepientan. Nuestra respuesta debe ser una vida buena, llena de esperanza, porque *esperamos un cielo nuevo y una tierra nueva, en los que habite la justicia.*

2 Peter

Around AD 65 the apostle Peter was imprisoned in Rome by the emperor Nero, and he realized that he would soon be executed. Since he was an eyewitness of the ministry of Jesus, he decided to write another letter to the believers he had written to before, confirming what they had been taught about Jesus. False teachers were proposing that, since Jesus hadn't returned already, his return couldn't be expected at all. Because they didn't expect any future judgment, they were living immoral lives. (Peter likely learned about the threat of these teachers from a letter sent by Jude, a brother of Jesus, to warn believers against them. Peter's letter echoes Jude's, but in shorter form. See p. 1796.)

Peter answers the false teachers by stressing that he personally saw the glory and majesty of Jesus *on the sacred mountain* (see pp. 1451–52). Everyone will see this glory when Jesus returns. In powerful imagery Peter describes the false teachers' destructive effect on the community and the judgment that awaits them. In the final section of his letter, Peter explains that the Messiah's return has been delayed because God wants everyone to repent. Our proper response is to live good lives filled with hope, since *we are looking forward to a new heaven and a new earth, where righteousness dwells.*

---

1 Simón Pedro, *siervo y apóstol de *Jesucristo,

a los que por la justicia de nuestro Dios y Salvador Jesucristo han recibido una fe tan preciosa como la nuestra.

2 Que abunden en ustedes la gracia y la paz por medio del conocimiento que tienen de Dios y de Jesús nuestro Señor.

Firmeza en el llamamiento y en la elección

3 Su divino poder, al darnos el conocimiento de aquel que nos llamó por su propia gloria y potencia, nos ha concedido todas las cosas que necesitamos para vivir como Dios manda.*a* 4 Así Dios nos ha entregado sus preciosas y magníficas promesas para que ustedes, luego de escapar de la corrupción que hay en el mundo debido a los malos deseos, lleguen a tener parte en la naturaleza divina.*b*

5 Precisamente por eso, esfuércense por añadir a su fe, virtud; a su virtud, entendimiento; 6 al entendimiento, dominio propio; al dominio propio, constancia; a la constancia, devoción a Dios; 7 a la devoción a Dios, afecto fraternal; y al afecto fraternal, amor. 8 Porque estas cualidades, si abundan en ustedes, les harán crecer en el conocimiento de nuestro Señor Jesucristo, y evitarán que sean

1 Simon Peter, a servant and apostle of Jesus Christ,

To those who through the righteousness of our God and Savior Jesus Christ have received a faith as precious as ours:

2 Grace and peace be yours in abundance through the knowledge of God and of Jesus our Lord.

Confirming One's Calling and Election

3 His divine power has given us everything we need for a godly life through our knowledge of him who called us by his own glory and goodness. 4 Through these he has given us his very great and precious promises, so that through them you may participate in the divine nature, having escaped the corruption in the world caused by evil desires.

5 For this very reason, make every effort to add to your faith goodness; and to goodness, knowledge; 6 and to knowledge, self-control; and to self-control, perseverance; and to perseverance, godliness; 7 and to godliness, mutual affection; and to mutual affection, love. 8 For if you possess these qualities in increasing measure, they will keep you from being ineffective and unproductive in your

---

a 1:3 *para vivir como Dios manda.* Lit. *para la vida y la piedad.*
b 1:4 *lleguen ... divina.* Alt. *lleguen a ser colaboradores con Dios.*

inútiles e improductivos. ⁹ En cambio, el que no las tiene es tan corto de vista que ya ni ve, y se olvida de que ha sido limpiado de sus antiguos pecados. ¹⁰ Por lo tanto, hermanos, esfuércense más todavía por asegurarse del llamado de Dios, que fue quien los eligió. Si hacen estas cosas, no caerán jamás, ¹¹ y se les abrirán de par en par las puertas del reino eterno de nuestro Señor y Salvador Jesucristo.

La veracidad de la Escritura

¹² Por eso siempre les recordaré estas cosas, por más que las sepan y estén afianzados en la verdad que ahora tienen. ¹³ Además, considero que tengo la obligación de refrescarles la memoria mientras viva en esta habitación pasajera que es mi cuerpo; ¹⁴ porque sé que dentro de poco tendré que abandonarlo, según me lo ha manifestado nuestro Señor *Jesucristo. ¹⁵ También me esforzaré con empeño para que aun después de mi partida^c ustedes puedan recordar estas cosas en todo tiempo.

¹⁶ Cuando les dimos a conocer la venida de nuestro Señor Jesucristo en todo su poder, no estábamos siguiendo sutiles cuentos supersticiosos sino dando testimonio de su grandeza, que vimos con nuestros propios ojos. ¹⁷ Él recibió honor y gloria de parte de Dios el Padre, cuando desde la majestuosa gloria se le dirigió aquella voz que dijo: «Éste es mi Hijo amado; estoy muy complacido con él.»^{d} ¹⁸ Nosotros mismos oímos esa voz que vino del cielo cuando estábamos con él en el monte santo. ¹⁹ Esto ha venido a confirmarnos la palabra^e de los profetas, a la cual ustedes hacen bien en prestar atención, como a una lámpara que brilla en un lugar oscuro, hasta que despunte el día y salga el lucero de la mañana en sus corazones. ²⁰ Ante todo, tengan muy presente que ninguna profecía de la Escritura surge de la interpretación particular de nadie. ²¹ Porque la profecía no ha tenido su origen en la voluntad *humana, sino que los profetas hablaron de parte de Dios, impulsados por el Espíritu Santo.

Los falsos maestros y su destrucción

2 En el pueblo judío hubo falsos profetas, y también entre ustedes habrá falsos maestros que encubiertamente introducirán herejías destructivas, al extremo de negar al mismo Señor que los rescató. Esto les traerá una pronta destrucción. ² Muchos los seguirán en sus prácticas vergonzosas, y por causa de ellos se difamará el camino de la verdad. ³ Llevados por la avaricia, estos maestros los explotarán a ustedes con palabras engañosas. Desde hace mucho tiempo su condenación está preparada y su destrucción los acecha.

⁴ Dios no perdonó a los ángeles cuando pecaron, sino que los arrojó al *abismo, metiéndolos

knowledge of our Lord Jesus Christ. ⁹ But whoever does not have them is nearsighted and blind, forgetting that they have been cleansed from their past sins.

¹⁰ Therefore, my brothers and sisters,^{a} make every effort to confirm your calling and election. For if you do these things, you will never stumble, ¹¹ and you will receive a rich welcome into the eternal kingdom of our Lord and Savior Jesus Christ.

Prophecy of Scripture

¹² So I will always remind you of these things, even though you know them and are firmly established in the truth you now have. ¹³ I think it is right to refresh your memory as long as I live in the tent of this body, ¹⁴ because I know that I will soon put it aside, as our Lord Jesus Christ has made clear to me. ¹⁵ And I will make every effort to see that after my departure you will always be able to remember these things.

¹⁶ For we did not follow cleverly devised stories when we told you about the coming of our Lord Jesus Christ in power, but we were eyewitnesses of his majesty. ¹⁷ He received honor and glory from God the Father when the voice came to him from the Majestic Glory, saying, "This is my Son, whom I love; with him I am well pleased."^{b} ¹⁸ We ourselves heard this voice that came from heaven when we were with him on the sacred mountain.

¹⁹ We also have the prophetic message as something completely reliable, and you will do well to pay attention to it, as to a light shining in a dark place, until the day dawns and the morning star rises in your hearts. ²⁰ Above all, you must understand that no prophecy of Scripture came about by the prophet's own interpretation of things. ²¹ For prophecy never had its origin in the human will, but prophets, though human, spoke from God as they were carried along by the Holy Spirit.

False Teachers and Their Destruction

2 But there were also false prophets among the people, just as there will be false teachers among you. They will secretly introduce destructive heresies, even denying the sovereign Lord who bought them — bringing swift destruction on themselves. ² Many will follow their depraved conduct and will bring the way of truth into disrepute. ³ In their greed these teachers will exploit you with fabricated stories. Their condemnation has long been hanging over them, and their destruction has not been sleeping.

⁴ For if God did not spare angels when they sinned, but sent them to hell,^{c} putting them in

---

^{c} **1:15** *partida.* Lit. *éxodo.*
^{d} **1:17** Mt 17:5; Mr 9:7; Lc 9:35
^{e} **1:19** *Esto ... palabra.* Lit. *También tenemos la muy segura palabra.*

^{a} *10* The Greek word for *brothers and sisters* (*adelphoi*) refers here to believers, both men and women, as part of God's family. ^{b} *17* Matt. 17:5; Mark 9:7; Luke 9:35 ^{c} *4* Greek *Tartarus*

en tenebrosas cavernas[f] y reservándolos para el juicio. [5] Tampoco perdonó al mundo antiguo cuando mandó un diluvio sobre los impíos, aunque protegió a ocho personas, incluyendo a Noé, predicador de la justicia. [6] Además, condenó a las ciudades de Sodoma y Gomorra, y las redujo a cenizas, poniéndolas como escarmiento para los impíos. [7] Por otra parte, libró al justo Lot, que se hallaba abrumado por la vida desenfrenada de esos perversos, [8] pues este justo, que convivía con ellos y amaba el bien, día tras día sentía que se le despedazaba el alma por las obras inicuas que veía y oía. [9] Todo esto demuestra que el Señor sabe librar de la *prueba a los que viven como Dios quiere, y reservar a los impíos para castigarlos en el día del juicio. [10] Esto les espera sobre todo a los que siguen los corrompidos deseos de la *naturaleza humana y desprecian la autoridad del Señor.

¡Atrevidos y arrogantes que son! No tienen reparo en insultar a los seres celestiales, [11] mientras que los ángeles, a pesar de superarlos en fuerza y en poder, no pronuncian contra tales seres ninguna acusación insultante en la presencia del Señor. [12] Pero aquéllos *blasfeman en asuntos que no entienden. Como animales irracionales, se guían únicamente por el instinto, y nacieron para ser atrapados y degollados. Lo mismo que esos animales, perecerán también en su corrupción [13] y recibirán el justo pago por sus injusticias. Su concepto de placer es entregarse a las pasiones desenfrenadas en pleno día. Son manchas y suciedad, que gozan de sus placeres mientras los acompañan a ustedes en sus comidas. [14] Tienen los ojos llenos de adulterio y son insaciables en el pecar; seducen a las personas inconstantes; son expertos en la avaricia, ¡hijos de maldición! [15] Han abandonado el camino recto, y se han extraviado para seguir la senda de Balán, hijo de Bosor,[g] a quien le encantaba el salario de la injusticia. [16] Pero fue reprendido por su maldad: su burra —una muda bestia de carga— habló con voz humana y refrenó la locura del profeta.

[17] Estos individuos son fuentes sin agua, niebla empujada por la tormenta, para quienes está reservada la más densa oscuridad. [18] Pronunciando discursos arrogantes y sin sentido, seducen con los instintos *naturales desenfrenados a quienes apenas comienzan a apartarse de los que viven en el error. [19] Les prometen libertad, cuando ellos mismos son *esclavos de la corrupción, ya que cada uno es esclavo de aquello que lo ha dominado. [20] Si habiendo escapado de la contaminación del mundo por haber conocido a nuestro Señor y Salvador *Jesucristo, vuelven a enredarse en ella y son vencidos, terminan en peores condiciones que al principio. [21] Más les hubiera valido no conocer

chains of darkness[d] to be held for judgment; [5] if he did not spare the ancient world when he brought the flood on its ungodly people, but protected Noah, a preacher of righteousness, and seven others; [6] if he condemned the cities of Sodom and Gomorrah by burning them to ashes, and made them an example of what is going to happen to the ungodly; [7] and if he rescued Lot, a righteous man, who was distressed by the depraved conduct of the lawless [8] (for that righteous man, living among them day after day, was tormented in his righteous soul by the lawless deeds he saw and heard)— [9] if this is so, then the Lord knows how to rescue the godly from trials and to hold the unrighteous for punishment on the day of judgment. [10] This is especially true of those who follow the corrupt desire of the flesh[e] and despise authority.

Bold and arrogant, they are not afraid to heap abuse on celestial beings; [11] yet even angels, although they are stronger and more powerful, do not heap abuse on such beings when bringing judgment on them from[f] the Lord. [12] But these people blaspheme in matters they do not understand. They are like unreasoning animals, creatures of instinct, born only to be caught and destroyed, and like animals they too will perish.

[13] They will be paid back with harm for the harm they have done. Their idea of pleasure is to carouse in broad daylight. They are blots and blemishes, reveling in their pleasures while they feast with you.[g] [14] With eyes full of adultery, they never stop sinning; they seduce the unstable; they are experts in greed—an accursed brood! [15] They have left the straight way and wandered off to follow the way of Balaam son of Bezer,[h] who loved the wages of wickedness. [16] But he was rebuked for his wrongdoing by a donkey—an animal without speech—who spoke with a human voice and restrained the prophet's madness.

[17] These people are springs without water and mists driven by a storm. Blackest darkness is reserved for them. [18] For they mouth empty, boastful words and, by appealing to the lustful desires of the flesh, they entice people who are just escaping from those who live in error. [19] They promise them freedom, while they themselves are slaves of depravity—for "people are slaves to whatever has mastered them." [20] If they have escaped the corruption of the world by knowing our Lord and Savior Jesus Christ and are again entangled in it and are overcome, they are worse off at the end than they were at the beginning. [21] It would have been better

---

[f] 2:4 *cavernas.* Var. *cadenas.*
[g] 2:15 *Bosor.* Var. *Beor.*

[d] 4 Some manuscripts *in gloomy dungeons*   [e] 10 In contexts like this, the Greek word for *flesh* (*sarx*) refers to the sinful state of human beings, often presented as a power in opposition to the Spirit; also in verse 18.   [f] 11 Many manuscripts *beings in the presence of*   [g] 13 Some manuscripts *in their love feasts*   [h] 15 Greek *Bosor*

el camino de la justicia, que abandonarlo después de haber conocido el santo mandamiento que se les dio. ²² En su caso ha sucedido lo que acertadamente afirman estos proverbios: «El *perro vuelve a su vómito»,^h y «la puerca lavada, a revolcarse en el lodo».

El día del Señor

3 Queridos hermanos, ésta es ya la segunda carta que les escribo. En las dos he procurado refrescarles la memoria para que, con una mente íntegra, ² recuerden las palabras que los *santos profetas pronunciaron en el pasado, y el mandamiento que dio nuestro Señor y Salvador por medio de los apóstoles.

³ Ante todo, deben saber que en los últimos días vendrá gente burlona que, siguiendo sus malos deseos, se mofará: ⁴ «¿Qué hubo de esa promesa de su venida? Nuestros padres murieron, y nada ha cambiado desde el principio de la creación.» ⁵ Pero intencionalmente olvidan que desde tiempos antiguos, por la palabra de Dios, existía el cielo y también la tierra, que surgió del agua y mediante el agua. ⁶ Por la palabra y el agua, el mundo de aquel entonces pereció inundado. ⁷ Y ahora, por esa misma palabra, el cielo y la tierra están guardados para el fuego, reservados para el día del juicio y de la destrucción de los impíos.

⁸ Pero no olviden, queridos hermanos, que para el Señor un día es como mil años, y mil años como un día. ⁹ El Señor no tarda en cumplir su promesa, según entienden algunos la tardanza. Más bien, él tiene paciencia con ustedes, porque no quiere que nadie perezca sino que todos se *arrepientan.

¹⁰ Pero el día del Señor vendrá como un ladrón. En aquel día los cielos desaparecerán con un estruendo espantoso, los elementos serán destruidos por el fuego, y la tierra, con todo lo que hay en ella, será quemada.ⁱ

¹¹ Ya que todo será destruido de esa manera, ¿no deberían vivir ustedes como Dios manda, siguiendo una conducta intachable ¹² y esperando ansiosamente^j la venida del día de Dios? Ese día los cielos serán destruidos por el fuego, y los elementos se derretirán con el calor de las llamas. ¹³ Pero, según su promesa, esperamos un cielo nuevo y una tierra nueva, en los que habite la justicia.

¹⁴ Por eso, queridos hermanos, mientras esperan estos acontecimientos, esfuércense para que Dios los halle sin mancha y sin defecto, y en paz con él. ¹⁵ Tengan presente que la paciencia de nuestro Señor significa salvación, tal como les escribió también nuestro querido hermano Pablo, con la sabiduría que Dios le dio. ¹⁶ En todas sus cartas se refiere a estos mismos temas. Hay en ellas

for them not to have known the way of righteousness, than to have known it and then to turn their backs on the sacred command that was passed on to them. ²² Of them the proverbs are true: "A dog returns to its vomit,"ⁱ and, "A sow that is washed returns to her wallowing in the mud."

The Day of the Lord

3 Dear friends, this is now my second letter to you. I have written both of them as reminders to stimulate you to wholesome thinking. ² I want you to recall the words spoken in the past by the holy prophets and the command given by our Lord and Savior through your apostles.

³ Above all, you must understand that in the last days scoffers will come, scoffing and following their own evil desires. ⁴ They will say, "Where is this 'coming' he promised? Ever since our ancestors died, everything goes on as it has since the beginning of creation." ⁵ But they deliberately forget that long ago by God's word the heavens came into being and the earth was formed out of water and by water. ⁶ By these waters also the world of that time was deluged and destroyed. ⁷ By the same word the present heavens and earth are reserved for fire, being kept for the day of judgment and destruction of the ungodly.

⁸ But do not forget this one thing, dear friends: With the Lord a day is like a thousand years, and a thousand years are like a day. ⁹ The Lord is not slow in keeping his promise, as some understand slowness. Instead he is patient with you, not wanting anyone to perish, but everyone to come to repentance.

¹⁰ But the day of the Lord will come like a thief. The heavens will disappear with a roar; the elements will be destroyed by fire, and the earth and everything done in it will be laid bare.^j

¹¹ Since everything will be destroyed in this way, what kind of people ought you to be? You ought to live holy and godly lives ¹² as you look forward to the day of God and speed its coming.^k That day will bring about the destruction of the heavens by fire, and the elements will melt in the heat. ¹³ But in keeping with his promise we are looking forward to a new heaven and a new earth, where righteousness dwells.

¹⁴ So then, dear friends, since you are looking forward to this, make every effort to be found spotless, blameless and at peace with him. ¹⁵ Bear in mind that our Lord's patience means salvation, just as our dear brother Paul also wrote you with the wisdom that God gave him. ¹⁶ He writes the same way in all his letters, speaking in them of these matters. His letters contain some things that

---

^h **2:22** Pr 26:11
ⁱ **3:10** *será quemada.* Var. *quedará al descubierto.*
^j **3:12** *esperando ansiosamente.* Alt. *esperando y apresurando.*

ⁱ *22* Prov. 26:11   ^j *10* Some manuscripts *be burned up*
^k *12* Or *as you wait eagerly for the day of God to come*

algunos puntos difíciles de entender, que los ignorantes e inconstantes tergiversan, como lo hacen también con las demás Escrituras, para su propia perdición.

¹⁷ Así que ustedes, queridos hermanos, puesto que ya saben esto de antemano, manténganse alerta, no sea que, arrastrados por el error de esos libertinos, pierdan la estabilidad y caigan. ¹⁸ Más bien, crezcan en la gracia y en el conocimiento de nuestro Señor y Salvador *Jesucristo. ¡A él sea la gloria ahora y para siempre! Amén.ᵏ

are hard to understand, which ignorant and unstable people distort, as they do the other Scriptures, to their own destruction.

¹⁷ Therefore, dear friends, since you have been forewarned, be on your guard so that you may not be carried away by the error of the lawless and fall from your secure position. ¹⁸ But grow in the grace and knowledge of our Lord and Savior Jesus Christ. To him be glory both now and forever! Amen.

ᵏ 3:18 Var. no incluye: *Amén.*

Primera Carta de
Juan

La carta que conocemos como 1 Juan fue enviada a un grupo de creyentes que estaban en medio de una situación perturbadora. Algunos habían abandonado la fe en Jesús el Mesías, tal como se les había enseñado. Hallaban imposible reconciliar la proclamación de que Dios se había hecho carne con la idea griega de que la carne es mala y solamente el espíritu es bueno. Pero a pesar de negar al Mesías, de sus vidas inmorales y de su falta de amor, afirmaban que conocían a Dios y que le pertenecían. Decían que su comprensión espiritual les colocaba por encima del resto, lo que demostraban al abandonar a la comunidad. Los que quedaban estaban profundamente conmocionados y dudaban de todo lo que se les enseñó.

Alguien cercano a esa comunidad y que había sido testigo ocular de la vida de Jesús, les escribía ahora para asegurarles lo que habían oído *desde el principio*. Aunque el autor no se identifica, es muy probable que fuera el apóstol Juan. Casi todo el lenguaje es parecido al del Evangelio de Juan. La epístola da testimonio de la realidad de la venida del Mesías en la carne, asegurando a los creyentes que tienen pleno acceso a la verdad. Además, enfatiza la vida piadosa y el amor en lo práctico, como señales de los que verdaderamente conocen a Dios.

El Verbo de vida

1 Lo que ha sido desde el principio, lo que hemos oído, lo que hemos visto con nuestros propios ojos, lo que hemos contemplado, lo que hemos tocado con las manos, esto les anunciamos respecto al *Verbo que es vida. ² Esta vida se manifestó. Nosotros la hemos visto y damos testimonio de ella, y les anunciamos a ustedes la vida eterna que estaba con el Padre y que se nos ha manifestado. ³ Les anunciamos lo que hemos visto y oído, para que también ustedes tengan comunión con nosotros. Y nuestra comunión es con el Padre y con su Hijo *Jesucristo. ⁴ Les escribimos estas cosas para que nuestra alegría*ᵃ* sea completa.

Caminemos en la luz

⁵ Éste es el mensaje que hemos oído de él y que les anunciamos: Dios es luz y en él no hay ninguna oscuridad. ⁶ Si afirmamos que tenemos comunión con él, pero vivimos en la oscuridad, mentimos y no ponemos en práctica la verdad. ⁷ Pero si vivimos en la luz, así como él está en la luz, tenemos comunión unos con otros, y la sangre de su Hijo Jesucristo nos limpia de todo pecado.

⁸ Si afirmamos que no tenemos pecado, nos engañamos a nosotros mismos y no tenemos la verdad. ⁹ Si confesamos nuestros pecados, Dios,

---

ᵃ 1:4 nuestra alegría. Var. *la alegría de ustedes.*

1 John

The letter known as 1 John was sent to a group of believers who were in the midst of an unsettling situation. Some of them had abandoned faith in Jesus the Messiah as it had first been taught to them. They found the proclamation that God had come in a human body impossible to reconcile with the common Greek idea that the flesh is evil and only spirit is good. But despite their denial of the Messiah, their immoral lives and their lack of practical love, they claimed to know God and belong to God. They asserted that their spiritual insight put them above the rest of the group, which they demonstrated by deserting the fellowship. Those left behind were deeply shaken, uncertain about everything they had been taught.

Someone who was close to this community and who had been an eyewitness of Jesus wrote to reassure them of what they had heard *from the beginning*. The author doesn't identify himself, but very likely he was the apostle John. Much of the language is similar to the Gospel of John. The letter testifies to the reality of the Messiah's coming in the flesh, reassuring the believers that they have full access to the truth. It emphasizes godly living and practical caring as the signs of those who genuinely know God.

The Incarnation of the Word of Life

1 That which was from the beginning, which we have heard, which we have seen with our eyes, which we have looked at and our hands have touched—this we proclaim concerning the Word of life. ² The life appeared; we have seen it and testify to it, and we proclaim to you the eternal life, which was with the Father and has appeared to us. ³ We proclaim to you what we have seen and heard, so that you also may have fellowship with us. And our fellowship is with the Father and with his Son, Jesus Christ. ⁴ We write this to make ourᵃ joy complete.

Light and Darkness, Sin and Forgiveness

⁵ This is the message we have heard from him and declare to you: God is light; in him there is no darkness at all. ⁶ If we claim to have fellowship with him and yet walk in the darkness, we lie and do not live out the truth. ⁷ But if we walk in the light, as he is in the light, we have fellowship with one another, and the blood of Jesus, his Son, purifies us from allᵇ sin.

⁸ If we claim to be without sin, we deceive ourselves and the truth is not in us. ⁹ If we confess our

---

ᵃ 4 Some manuscripts your   *ᵇ 7 Or every*

que es fiel y justo, nos los perdonará y nos limpiará de toda maldad. ¹⁰ Si afirmamos que no hemos pecado, lo hacemos pasar por mentiroso y su palabra no habita en nosotros.

2 Mis queridos hijos, les escribo estas cosas para que no pequen. Pero si alguno peca, tenemos ante el Padre a un *intercesor, a *Jesucristo, el Justo. ² Él es el sacrificio por el perdón de[b] nuestros pecados, y no sólo por los nuestros sino por los de todo el mundo.

³ ¿Cómo sabemos si hemos llegado a conocer a Dios? Si obedecemos sus mandamientos. ⁴ El que afirma: «Lo conozco», pero no obedece sus mandamientos, es un mentiroso y no tiene la verdad. ⁵ En cambio, el amor de Dios se manifiesta plenamente[c] en la vida del que obedece su palabra. De este modo sabemos que estamos unidos a él: ⁶ el que afirma que permanece en él, debe vivir como él vivió.

⁷ Queridos hermanos, lo que les escribo no es un mandamiento nuevo, sino uno antiguo que han tenido desde el principio. Este mandamiento antiguo es el mensaje que ya oyeron. ⁸ Por otra parte, lo que les escribo es un mandamiento nuevo, cuya verdad se manifiesta tanto en la vida de *Cristo como en la de ustedes, porque la oscuridad se va desvaneciendo y ya brilla la luz verdadera.

⁹ El que afirma que está en la luz, pero odia a su hermano, todavía está en la oscuridad. ¹⁰ El que ama a su hermano permanece en la luz, y no hay nada en su vida[d] que lo haga *tropezar. ¹¹ Pero el que odia a su hermano está en la oscuridad y en ella vive, y no sabe a dónde va porque la oscuridad no lo deja ver.

¹² Les escribo a ustedes, queridos hijos,
     porque sus pecados han sido perdonados
         por el nombre de Cristo.
¹³ Les escribo a ustedes, padres,
     porque han conocido al que es desde el
         principio.
Les escribo a ustedes, jóvenes,
     porque han vencido al maligno.
Les he escrito a ustedes, queridos hijos,
     porque han conocido al Padre.
¹⁴ Les he escrito a ustedes, padres,
     porque han conocido al que es desde el
         principio.
Les he escrito a ustedes, jóvenes,
     porque son fuertes,
     y la palabra de Dios permanece en
         ustedes,
     y han vencido al maligno.

sins, he is faithful and just and will forgive us our sins and purify us from all unrighteousness. ¹⁰ If we claim we have not sinned, we make him out to be a liar and his word is not in us.

2 My dear children, I write this to you so that you will not sin. But if anybody does sin, we have an advocate with the Father — Jesus Christ, the Righteous One. ² He is the atoning sacrifice for our sins, and not only for ours but also for the sins of the whole world.

Love and Hatred for Fellow Believers

³ We know that we have come to know him if we keep his commands. ⁴ Whoever says, "I know him," but does not do what he commands is a liar, and the truth is not in that person. ⁵ But if anyone obeys his word, love for God[c] is truly made complete in them. This is how we know we are in him: ⁶ Whoever claims to live in him must live as Jesus did.

⁷ Dear friends, I am not writing you a new command but an old one, which you have had since the beginning. This old command is the message you have heard. ⁸ Yet I am writing you a new command; its truth is seen in him and in you, because the darkness is passing and the true light is already shining.

⁹ Anyone who claims to be in the light but hates a brother or sister[d] is still in the darkness. ¹⁰ Anyone who loves their brother and sister[e] lives in the light, and there is nothing in them to make them stumble. ¹¹ But anyone who hates a brother or sister is in the darkness and walks around in the darkness. They do not know where they are going, because the darkness has blinded them.

Reasons for Writing

¹² I am writing to you, dear children,
     because your sins have been forgiven on
         account of his name.
¹³ I am writing to you, fathers,
     because you know him who is from the
         beginning.
I am writing to you, young men,
     because you have overcome the evil one.

¹⁴ I write to you, dear children,
     because you know the Father.
I write to you, fathers,
     because you know him who is from the
         beginning.
I write to you, young men,
     because you are strong,
     and the word of God lives in you,
     and you have overcome the evil one.

---

c 5 Or *word, God's love*   *d* 9 The Greek word for *brother or sister* (*adelphos*) refers here to a believer, whether man or woman, as part of God's family; also in verse 11; and in 3:15, 17; 4:20; 5:16.   *e* 10 The Greek word for *brother and sister* (*adelphos*) refers here to a believer, whether man or woman, as part of God's family; also in 3:10; 4:20, 21.

b 2:2 *el sacrificio por el perdón de.* Lit. *la *propiciación por.*
c 2:5 *se manifiesta plenamente.* Lit. *se ha *perfeccionado.*
d 2:10 *en su vida.* Alt. *en la luz.*

No amemos al mundo

¹⁵ No amen al mundo ni nada de lo que hay en él. Si alguien ama al mundo, no tiene el amor del Padre. ¹⁶ Porque nada de lo que hay en el mundo —los malos deseos del *cuerpo, la codicia de los ojos y la arrogancia de la vida— proviene del Padre sino del mundo. ¹⁷ El mundo se acaba con sus malos deseos, pero el que hace la voluntad de Dios permanece para siempre.

Cuidémonos de los anticristos

¹⁸ Queridos hijos, ésta es la hora final, y así como ustedes oyeron que el anticristo vendría, muchos son los anticristos que han surgido ya. Por eso nos damos cuenta de que ésta es la hora final. ¹⁹ Aunque salieron de entre nosotros, en realidad no eran de los nuestros; si lo hubieran sido, se habrían quedado con nosotros. Su salida sirvió para comprobar que ninguno de ellos era de los nuestros.

²⁰ Todos ustedes, en cambio, han recibido unción del Santo, de manera que conocen la verdad.ᵉ ²¹ No les escribo porque ignoren la verdad, sino porque la conocen y porque ninguna mentira procede de la verdad. ²² ¿Quién es el mentiroso sino el que niega que Jesús es el *Cristo? Es el anticristo, el que niega al Padre y al Hijo. ²³ Todo el que niega al Hijo no tiene al Padre; el que reconoce al Hijo tiene también al Padre.

²⁴ Permanezca en ustedes lo que han oído desde el principio, y así ustedesᶠ permanecerán también en el Hijo y en el Padre. ²⁵ Ésta es la promesa que él nos dio: la vida eterna.

²⁶ Estas cosas les escribo acerca de los que procuran engañarlos. ²⁷ En cuanto a ustedes, la unción que de él recibieron permanece en ustedes, y no necesitan que nadie les enseñe. Esa unción es auténtica —no es falsa— y les enseña todas las cosas. Permanezcan en él, tal y como él les enseñó.

Permanezcamos en Dios

²⁸ Y ahora, queridos hijos, permanezcamosᵍ en él para que, cuando se manifieste, podamos presentarnos ante él confiadamente, seguros de no ser avergonzados en su venida.

²⁹ Si reconocen que *Jesucristo es justo, reconozcan también que todo el que practica la justicia ha nacido de él.

3 ¡Fíjense qué gran amor nos ha dado el Padre, que se nos llame hijos de Dios! ¡Y lo somos! El mundo no nos conoce, precisamente porque no lo conoció a él. ² Queridos hermanos, ahora somos hijos de Dios, pero todavía no se ha manifestado lo que habremos de ser. Sabemos, sin embargo, que cuando Cristo venga seremos semejantes a él, porque lo veremos tal como él es. ³ Todo el que

On Not Loving the World

¹⁵ Do not love the world or anything in the world. If anyone loves the world, love for the Fatherᶠ is not in them. ¹⁶ For everything in the world — the lust of the flesh, the lust of the eyes, and the pride of life — comes not from the Father but from the world. ¹⁷ The world and its desires pass away, but whoever does the will of God lives forever.

Warnings Against Denying the Son

¹⁸ Dear children, this is the last hour; and as you have heard that the antichrist is coming, even now many antichrists have come. This is how we know it is the last hour. ¹⁹ They went out from us, but they did not really belong to us. For if they had belonged to us, they would have remained with us; but their going showed that none of them belonged to us.

²⁰ But you have an anointing from the Holy One, and all of you know the truth.ᵍ ²¹ I do not write to you because you do not know the truth, but because you do know it and because no lie comes from the truth. ²² Who is the liar? It is whoever denies that Jesus is the Christ. Such a person is the antichrist — denying the Father and the Son. ²³ No one who denies the Son has the Father; whoever acknowledges the Son has the Father also.

²⁴ As for you, see that what you have heard from the beginning remains in you. If it does, you also will remain in the Son and in the Father. ²⁵ And this is what he promised us — eternal life.

²⁶ I am writing these things to you about those who are trying to lead you astray. ²⁷ As for you, the anointing you received from him remains in you, and you do not need anyone to teach you. But as his anointing teaches you about all things and as that anointing is real, not counterfeit — just as it has taught you, remain in him.

God's Children and Sin

²⁸ And now, dear children, continue in him, so that when he appears we may be confident and unashamed before him at his coming.

²⁹ If you know that he is righteous, you know that everyone who does what is right has been born of him.

3 See what great love the Father has lavished on us, that we should be called children of God! And that is what we are! The reason the world does not know us is that it did not know him. ² Dear friends, now we are children of God, and what we will be has not yet been made known. But we know that when Christ appears,ʰ we shall be like him, for we shall see him as he is. ³ All who

---

ᵉ **2:20** *la verdad.* Var. *todas las cosas.*
ᶠ **2:24** *principio ... ustedes.* Lit. *principio. Si permanece en ustedes lo que han oído desde el principio, ustedes*
ᵍ **2:28** *permanezcamos.* Lit. *permanezcan.*

ᶠ 15 Or *world, the Father's love*   ᵍ 20 Some manuscripts *and you know all things*   ʰ 2 Or *when it is made known*

tiene esta esperanza en Cristo, se purifica a sí mismo, así como él es puro.

[4] Todo el que comete pecado quebranta la ley; de hecho, el pecado es transgresión de la ley. [5] Pero ustedes saben que Jesucristo se manifestó para quitar nuestros pecados. Y él no tiene pecado. [6] Todo el que permanece en él, no practica el pecado.[h] Todo el que practica el pecado, no lo ha visto ni lo ha conocido.

[7] Queridos hijos, que nadie los engañe. El que practica la justicia es justo, así como él es justo. [8] El que practica el pecado es del diablo, porque el diablo ha estado pecando desde el principio. El Hijo de Dios fue enviado precisamente para destruir las obras del diablo. [9] Ninguno que haya nacido de Dios practica el pecado, porque la semilla de Dios permanece en él; no puede practicar el pecado,[i] porque ha nacido de Dios. [10] Así distinguimos entre los hijos de Dios y los hijos del diablo: el que no practica la justicia no es hijo de Dios; ni tampoco lo es el que no ama a su hermano.

Amémonos los unos a los otros

[11] Éste es el mensaje que han oído desde el principio: que nos amemos los unos a los otros. [12] No seamos como Caín que, por ser del maligno, asesinó a su hermano. ¿Y por qué lo hizo? Porque sus propias obras eran malas, y las de su hermano justas. [13] Hermanos, no se extrañen si el mundo los odia. [14] Nosotros sabemos que hemos pasado de la muerte a la vida porque amamos a nuestros hermanos. El que no ama permanece en la muerte. [15] Todo el que odia a su hermano es un asesino, y ustedes saben que en ningún asesino permanece la vida eterna.

[16] En esto conocemos lo que es el amor: en que Jesucristo entregó su *vida por nosotros. Así también nosotros debemos entregar la vida por nuestros hermanos. [17] Si alguien que posee bienes materiales ve que su hermano está pasando necesidad, y no tiene compasión de él, ¿cómo se puede decir que el amor de Dios habita en él? [18] Queridos hijos, no amemos de palabra ni de labios para afuera, sino con hechos y de verdad.

[19] En esto sabremos que somos de la verdad, y nos sentiremos seguros delante de él: [20] que aunque nuestro corazón nos condene, Dios es más grande que nuestro corazón y lo sabe todo. [21] Queridos hermanos, si el corazón no nos condena, tenemos confianza delante de Dios, [22] y recibimos todo lo que le pedimos porque obedecemos sus mandamientos y hacemos lo que le agrada. [23] Y éste es su mandamiento: que creamos en el nombre de su Hijo Jesucristo, y que nos amemos los unos a los otros, pues así lo ha dispuesto. [24] El que obedece sus mandamientos permanece en Dios, y

have this hope in him purify themselves, just as he is pure.

[4] Everyone who sins breaks the law; in fact, sin is lawlessness. [5] But you know that he appeared so that he might take away our sins. And in him is no sin. [6] No one who lives in him keeps on sinning. No one who continues to sin has either seen him or known him.

[7] Dear children, do not let anyone lead you astray. The one who does what is right is righteous, just as he is righteous. [8] The one who does what is sinful is of the devil, because the devil has been sinning from the beginning. The reason the Son of God appeared was to destroy the devil's work. [9] No one who is born of God will continue to sin, because God's seed remains in them; they cannot go on sinning, because they have been born of God. [10] This is how we know who the children of God are and who the children of the devil are: Anyone who does not do what is right is not God's child, nor is anyone who does not love their brother and sister.

More on Love and Hatred

[11] For this is the message you heard from the beginning: We should love one another. [12] Do not be like Cain, who belonged to the evil one and murdered his brother. And why did he murder him? Because his own actions were evil and his brother's were righteous. [13] Do not be surprised, my brothers and sisters,[i] if the world hates you. [14] We know that we have passed from death to life, because we love each other. Anyone who does not love remains in death. [15] Anyone who hates a brother or sister is a murderer, and you know that no murderer has eternal life residing in him.

[16] This is how we know what love is: Jesus Christ laid down his life for us. And we ought to lay down our lives for our brothers and sisters. [17] If anyone has material possessions and sees a brother or sister in need but has no pity on them, how can the love of God be in that person? [18] Dear children, let us not love with words or speech but with actions and in truth.

[19] This is how we know that we belong to the truth and how we set our hearts at rest in his presence: [20] If our hearts condemn us, we know that God is greater than our hearts, and he knows everything. [21] Dear friends, if our hearts do not condemn us, we have confidence before God [22] and receive from him anything we ask, because we keep his commands and do what pleases him. [23] And this is his command: to believe in the name of his Son, Jesus Christ, and to love one another as he commanded us. [24] The one who keeps God's commands lives in him, and he in them. And this is

---

h 3:6 *no practica el pecado.* Alt. *no peca.*
i 3:9 *no puede practicar el pecado.* Alt. *no puede pecar.*

i 13 The Greek word for *brothers and sisters* (*adelphoi*) refers here to believers, both men and women, as part of God's family; also in verse 16.

Dios en él. ¿Cómo sabemos que él permanece en nosotros? Por el Espíritu que nos dio.

Vivamos en el Espíritu

4 Queridos hermanos, no crean a cualquiera que pretenda estar inspirado por el Espíritu,[j] sino sométanlo a prueba para ver si es de Dios, porque han salido por el mundo muchos falsos profetas. [2] En esto pueden discernir quién tiene el Espíritu de Dios: todo profeta[k] que reconoce que *Jesucristo ha venido en cuerpo humano, es de Dios; [3] todo profeta que no reconoce a Jesús, no es de Dios sino del anticristo. Ustedes han oído que éste viene; en efecto, ya está en el mundo.

[4] Ustedes, queridos hijos, son de Dios y han vencido a esos falsos profetas, porque el que está en ustedes es más poderoso que el que está en el mundo. [5] Ellos son del mundo; por eso hablan desde el punto de vista del mundo, y el mundo los escucha. [6] Nosotros somos de Dios, y todo el que conoce a Dios nos escucha; pero el que no es de Dios no nos escucha. Así distinguimos entre el Espíritu de la verdad y el espíritu del engaño.

Permanezcamos en el amor

[7] Queridos hermanos, amémonos los unos a los otros, porque el amor viene de Dios, y todo el que ama ha nacido de él y lo conoce. [8] El que no ama no conoce a Dios, porque Dios es amor. [9] Así manifestó Dios su amor entre nosotros: en que envió a su Hijo unigénito al mundo para que vivamos por medio de él. [10] En esto consiste el amor: no en que nosotros hayamos amado a Dios, sino en que él nos amó y envió a su Hijo para que fuera ofrecido como sacrificio por el perdón de[l] nuestros pecados. [11] Queridos hermanos, ya que Dios nos ha amado así, también nosotros debemos amarnos los unos a los otros. [12] Nadie ha visto jamás a Dios, pero si nos amamos los unos a los otros, Dios permanece entre nosotros, y entre[m] nosotros su amor se ha manifestado plenamente.[n]

[13] ¿Cómo sabemos que permanecemos en él, y que él permanece en nosotros? Porque nos ha dado de su Espíritu. [14] Y nosotros hemos visto y declaramos que el Padre envió a su Hijo para ser el Salvador del mundo. [15] Si alguien reconoce que Jesús es el Hijo de Dios, Dios permanece en él, y él en Dios. [16] Y nosotros hemos llegado a saber y creer que Dios nos ama.

Dios es amor. El que permanece en amor, permanece en Dios, y Dios en él. [17] Ese amor se manifiesta plenamente[ñ] entre nosotros para que en el día del juicio comparezcamos con toda confianza, porque en este mundo hemos vivido como vivió

how we know that he lives in us: We know it by the Spirit he gave us.

On Denying the Incarnation

4 Dear friends, do not believe every spirit, but test the spirits to see whether they are from God, because many false prophets have gone out into the world. [2] This is how you can recognize the Spirit of God: Every spirit that acknowledges that Jesus Christ has come in the flesh is from God, [3] but every spirit that does not acknowledge Jesus is not from God. This is the spirit of the antichrist, which you have heard is coming and even now is already in the world.

[4] You, dear children, are from God and have overcome them, because the one who is in you is greater than the one who is in the world. [5] They are from the world and therefore speak from the viewpoint of the world, and the world listens to them. [6] We are from God, and whoever knows God listens to us; but whoever is not from God does not listen to us. This is how we recognize the Spirit[j] of truth and the spirit of falsehood.

God's Love and Ours

[7] Dear friends, let us love one another, for love comes from God. Everyone who loves has been born of God and knows God. [8] Whoever does not love does not know God, because God is love. [9] This is how God showed his love among us: He sent his one and only Son into the world that we might live through him. [10] This is love: not that we loved God, but that he loved us and sent his Son as an atoning sacrifice for our sins. [11] Dear friends, since God so loved us, we also ought to love one another. [12] No one has ever seen God; but if we love one another, God lives in us and his love is made complete in us.

[13] This is how we know that we live in him and he in us: He has given us of his Spirit. [14] And we have seen and testify that the Father has sent his Son to be the Savior of the world. [15] If anyone acknowledges that Jesus is the Son of God, God lives in them and they in God. [16] And so we know and rely on the love God has for us.

God is love. Whoever lives in love lives in God, and God in them. [17] This is how love is made complete among us so that we will have confidence on the day of judgment: In this world we are like

---

[j] **4:1** *no crean ... por el Espíritu.* Lit. *no crean a todo espíritu.*
[k] **4:2** *profeta.* Lit. *espíritu;* también en v. 3.
[l] **4:10** *sacrificio por el perdón de.* Lit. **propiciación por.*
[m] **4:12** *entre ... entre.* Alt. *en ... en.*
[n] **4:12** *se ha manifestado plenamente.* Lit. *se ha *perfeccionado.*
[ñ] **4:17** *se manifiesta plenamente.* Lit. *se ha perfeccionado.*

[j] 6 Or *spirit*

Jesús. En el amor no hay temor, [18] sino que el amor *perfecto echa fuera el temor. El que teme espera el castigo, así que no ha sido perfeccionado en el amor.

[19] Nosotros amamos a Dios porque él nos amó primero. [20] Si alguien afirma: «Yo amo a Dios», pero odia a su hermano, es un mentiroso; pues el que no ama a su hermano, a quien ha visto, no puede amar a Dios, a quien no ha visto. [21] Y él nos ha dado este mandamiento: el que ama a Dios, ame también a su hermano.

Vivamos en la fe

5 Todo el que cree que Jesús es el *Cristo, ha nacido de Dios, y todo el que ama al padre, ama también a sus hijos. [2] Así, cuando amamos a Dios y cumplimos sus mandamientos, sabemos que amamos a los hijos de Dios. [3] En esto consiste el amor a Dios: en que obedezcamos sus mandamientos. Y éstos no son difíciles de cumplir, [4] porque todo el que ha nacido de Dios vence al mundo. Ésta es la victoria que vence al mundo: nuestra fe. [5] ¿Quién es el que vence al mundo sino el que cree que Jesús es el Hijo de Dios?

[6] Éste es el que vino mediante agua y sangre, Jesucristo; no sólo mediante agua, sino mediante agua y sangre. El Espíritu es quien da testimonio de esto, porque el Espíritu es la verdad. [7] Tres son los que dan testimonio, [8] y los tres están de acuerdo: el Espíritu[o], el agua y la sangre. [9] Aceptamos el testimonio *humano, pero el testimonio de Dios vale mucho más, precisamente porque es el testimonio de Dios, que él ha dado acerca de su Hijo. [10] El que cree en el Hijo de Dios acepta este testimonio. El que no cree a Dios lo hace pasar por mentiroso, por no haber creído el testimonio que Dios ha dado acerca de su Hijo. [11] Y el testimonio es éste: que Dios nos ha dado vida eterna, y esa vida está en su Hijo. [12] El que tiene al Hijo, tiene la vida; el que no tiene al Hijo de Dios, no tiene la vida.

Observaciones finales

[13] Les escribo estas cosas a ustedes que creen en el nombre del Hijo de Dios, para que sepan que tienen vida eterna. [14] Ésta es la confianza que tenemos al acercarnos a Dios: que si pedimos conforme a su voluntad, él nos oye. [15] Y si sabemos que Dios oye todas nuestras oraciones, podemos estar seguros de que ya tenemos lo que le hemos pedido.

[16] Si alguno ve a su hermano cometer un pecado que no lleva a la muerte, ore por él y Dios le dará vida. Me refiero a quien comete un pecado que no lleva a la muerte. Hay un pecado que sí lleva a la

Jesus. [18] There is no fear in love. But perfect love drives out fear, because fear has to do with punishment. The one who fears is not made perfect in love.

[19] We love because he first loved us. [20] Whoever claims to love God yet hates a brother or sister is a liar. For whoever does not love their brother and sister, whom they have seen, cannot love God, whom they have not seen. [21] And he has given us this command: Anyone who loves God must also love their brother and sister.

Faith in the Incarnate Son of God

5 Everyone who believes that Jesus is the Christ is born of God, and everyone who loves the father loves his child as well. [2] This is how we know that we love the children of God: by loving God and carrying out his commands. [3] In fact, this is love for God: to keep his commands. And his commands are not burdensome, [4] for everyone born of God overcomes the world. This is the victory that has overcome the world, even our faith. [5] Who is it that overcomes the world? Only the one who believes that Jesus is the Son of God.

[6] This is the one who came by water and blood—Jesus Christ. He did not come by water only, but by water and blood. And it is the Spirit who testifies, because the Spirit is the truth. [7] For there are three that testify: [8] the[k] Spirit, the water and the blood; and the three are in agreement. [9] We accept human testimony, but God's testimony is greater because it is the testimony of God, which he has given about his Son. [10] Whoever believes in the Son of God accepts this testimony. Whoever does not believe God has made him out to be a liar, because they have not believed the testimony God has given about his Son. [11] And this is the testimony: God has given us eternal life, and this life is in his Son. [12] Whoever has the Son has life; whoever does not have the Son of God does not have life.

Concluding Affirmations

[13] I write these things to you who believe in the name of the Son of God so that you may know that you have eternal life. [14] This is the confidence we have in approaching God: that if we ask anything according to his will, he hears us. [15] And if we know that he hears us—whatever we ask—we know that we have what we asked of him.

[16] If you see any brother or sister commit a sin that does not lead to death, you should pray and God will give them life. I refer to those whose sin does not lead to death. There is a sin that leads to

---

[o] 5:7-8 *testimonio ... Espíritu.* Var. *testimonio en el cielo: el Padre, el Verbo y el Espíritu Santo, y estos tres son uno.* [8] *Y hay tres que dan testimonio en la tierra: el Espíritu* (este pasaje se encuentra en mss. posteriores de la Vulgata, pero no está en ningún ms. griego anterior al siglo XVI).

[k] 7,8 Late manuscripts of the Vulgate *testify in heaven: the Father, the Word and the Holy Spirit, and these three are one.* [8] *And there are three that testify on earth: the* (not found in any Greek manuscript before the fourteenth century)

muerte, y en ese caso no digo que se ore por él. [17] Toda maldad es pecado, pero hay pecado que no lleva a la muerte.

[18] Sabemos que el que ha nacido de Dios no está en pecado: *Jesucristo, que nació de Dios, lo protege, y el maligno no llega a tocarlo. [19] Sabemos que somos hijos de Dios, y que el mundo entero está bajo el control del maligno. [20] También sabemos que el Hijo de Dios ha venido y nos ha dado entendimiento para que conozcamos al Dios verdadero. Y estamos con el Verdadero, con[p] su Hijo Jesucristo. Éste es el Dios verdadero y la vida eterna.

[21] Queridos hijos, apártense de los ídolos.

death. I am not saying that you should pray about that. [17] All wrongdoing is sin, and there is sin that does not lead to death.

[18] We know that anyone born of God does not continue to sin; the One who was born of God keeps them safe, and the evil one cannot harm them. [19] We know that we are children of God, and that the whole world is under the control of the evil one. [20] We know also that the Son of God has come and has given us understanding, so that we may know him who is true. And we are in him who is true by being in his Son Jesus Christ. He is the true God and eternal life.

[21] Dear children, keep yourselves from idols.

Segunda Carta de
Juan

La misma persona que escribió 1 Juan para animar a los creyentes pensó que era necesario escribirles a otras iglesias en las que los falsos maestros podrían ir a enseñar sus ideas y prácticas. La Segunda Carta de Juan se dirige a una de esas comunidades; se refiere a la iglesia como *mujer* y a sus miembros como *hijos*. El autor describe a los miembros de su propia comunidad como *hijos de su hermana* (parece que era práctica habitual entre los primeros seguidores de Jesús porque al final de 1 Pedro hay un saludo similar). Se identifica como líder de la iglesia al usar el título de anciano.

Aparentemente, le habían visitado algunos de su iglesia y estaba contento porque le decían que andaban en la verdad. Así que le advierte a esa iglesia que no apoye de ninguna manera a los falsos maestros. Aunque es muy breve, esta carta expresa todos los temas que se desarrollan con mayor profundidad en 1 Juan.

El *anciano,

a la iglesia elegida y a sus miembros,ª a quienes amo en la verdad —y no sólo yo sino todos los que han conocido la verdad—, ² a causa de esa verdad que permanece en nosotros y que estará con nosotros para siempre:

³ La gracia, la misericordia y la paz de Dios el Padre y de *Jesucristo, el Hijo del Padre, estarán con nosotros en verdad y en amor.

⁴ Me alegré muchísimo al encontrarme con algunos de ustedesᵇ que están practicando la verdad, según el mandamiento que nos dio el Padre. ⁵ Y ahora, hermanos, les ruego que nos amemos los unos a los otros. Y no es que lesᶜ esté escribiendo un mandamiento nuevo sino el que hemos tenido desde el principio. ⁶ En esto consiste el amor: en que pongamos en práctica sus mandamientos. Y éste es el mandamiento: que vivan en este amor, tal como ustedes lo han escuchado desde el principio.

⁷ Es que han salido por el mundo muchos engañadores que no reconocen que Jesucristo ha venido en cuerpo humano. El que así actúa es el engañador y el anticristo. ⁸ Cuídense de no echar a perder el fruto de nuestro trabajo;ᵈ procuren más bien recibir la recompensa completa. ⁹ Todo el que se descarría y no permanece en la enseñanza de Cristo, no tiene a Dios; el que permanece en la enseñanzaᵉ sí tiene al Padre y al Hijo. ¹⁰ Si alguien los visita y no lleva esta enseñanza, no lo reciban

---

ª 1 *la iglesia ... miembros.* Lit. *la señora elegida y a sus hijos.*
ᵇ 4 *ustedes.* Lit. *tus hijos.*
ᶜ 5 *hermanos, les ruego ... Y no es que les.* Lit. *señora, te ruego ... Y no es que te.*
ᵈ 8 *el fruto de nuestro trabajo.* Lit. *lo que hemos trabajado.* Var. *lo que ustedes han trabajado.*
ᵉ 9 *enseñanza.* Var. *enseñanza de Cristo.*

2 John

The same person who wrote 1 John to encourage believers also found it necessary to write to other churches where the false teachers might go to spread their ideas and practices. The letter of 2 John addresses one such gathering, referring to the church as a *lady* and its members as her *children.* The author describes the members of his own community as *the children of your sister.* (This was apparently typical of early followers of Jesus; there is a similar greeting at the end of 1 Peter.) He identifies himself as a church leader by using the title elder.

Apparently some people from this church had just come to visit him and he was pleased to learn that they were walking in the truth. He warns the church not to support the false teachers in any way. Despite its brevity, this letter expresses all of the themes that receive deeper development in 1 John.

---

¹ The elder,

To the lady chosen by God and to her children, whom I love in the truth — and not I only, but also all who know the truth — ² because of the truth, which lives in us and will be with us forever:

³ Grace, mercy and peace from God the Father and from Jesus Christ, the Father's Son, will be with us in truth and love.

⁴ It has given me great joy to find some of your children walking in the truth, just as the Father commanded us. ⁵ And now, dear lady, I am not writing you a new command but one we have had from the beginning. I ask that we love one another. ⁶ And this is love: that we walk in obedience to his commands. As you have heard from the beginning, his command is that you walk in love.

⁷ I say this because many deceivers, who do not acknowledge Jesus Christ as coming in the flesh, have gone out into the world. Any such person is the deceiver and the antichrist. ⁸ Watch out that you do not lose what weª have worked for, but that you may be rewarded fully. ⁹ Anyone who runs ahead and does not continue in the teaching of Christ does not have God; whoever continues in the teaching has both the Father and the Son. ¹⁰ If anyone comes to you and does not bring this teaching, do not take them into your house or

---

ª 8 Some manuscripts *you*

en casa ni le den la bienvenida, ¹¹ pues quien le da la bienvenida se hace cómplice de sus malas obras.

¹² Aunque tengo muchas cosas que decirles, no he querido hacerlo por escrito, pues espero visitarlos y hablar personalmente con ustedes para que nuestra alegría sea completa.

¹³ Los miembros de la iglesia hermana, la elegida, les*f* mandan saludos.

welcome them. ¹¹ Anyone who welcomes them shares in their wicked work.

¹² I have much to write to you, but I do not want to use paper and ink. Instead, I hope to visit you and talk with you face to face, so that our joy may be complete.

¹³ The children of your sister, who is chosen by God, send their greetings.

---

f **13** *Los miembros ... les.* Lit. *Los hijos de tu hermana, la elegida, te.*

Tercera Carta de
Juan

Esta carta es una nota de agradecimiento y aliento a un hombre llamado Gayo. Juan le envió una carta a la iglesia de la que Gayo era parte, presentando y elogiando a algunas personas; pero uno de los líderes, Diótrefes, se negó a recibirlos. Además, se opuso a la autoridad de Juan, al punto de expulsar a cualquiera que apoyara a las personas que el apóstol enviara. Pero Gayo lleva a esos predicadores a su casa y les hace posible el cumplimiento de su misión. La gratitud de Juan deja claro que la iglesia debiera servir como base de operaciones para los predicadores itinerantes que caminaban en la verdad. Juan también promete ir pronto para corregir las cosas.

El *anciano,

al querido hermano Gayo, a quien amo en la verdad.

² Querido hermano, oro para que te vaya bien en todos tus asuntos y goces de buena salud, así como prosperas espiritualmente. ³ Me alegré mucho cuando vinieron unos hermanos y dieron testimonio de tu fidelidad,ᵃ y de cómo estás poniendo en práctica la verdad. ⁴ Nada me produce más alegría que oír que mis hijos practican la verdad.

⁵ Querido hermano, te comportas fielmente en todo lo que haces por los hermanos, aunque no los conozcas.ᵇ ⁶ Delante de la iglesia ellos han dado testimonio de tu amor. Harás bien en ayudarlos a seguir su viaje, como es digno de Dios. ⁷ Ellos salieron por causa del Nombre, sin nunca recibir nada de los *paganos; ⁸ nosotros, por lo tanto, debemos brindarles hospitalidad, y así colaborar con ellos en la verdad.

⁹ Le escribí algunas líneas a la iglesia, pero Diótrefes, a quien le encanta ser el primero entre ellos, no nos recibe. ¹⁰ Por eso, si voy no dejaré de reprocharle su comportamiento, ya que, con palabras malintencionadas, habla contra nosotros sólo por hablar. Como si fuera poco, ni siquiera recibe a los hermanos, y a quienes quieren hacerlo, no los deja y los expulsa de la iglesia.

¹¹ Querido hermano, no imites lo malo sino lo bueno. El que hace lo bueno es de Dios; el que hace lo malo no ha visto a Dios. ¹² En cuanto a Demetrio, todos dan buen testimonio de él, incluso la verdad misma. También nosotros lo recomendamos, y bien sabes que nuestro testimonio es verdadero.

---

3 John

This letter is a note of thanks and encouragement to an individual named Gaius. John had sent a letter to the church of which Gaius was a member, introducing and commending certain individuals, but a leader named Diotrephes refused to accommodate them. He opposed John's authority to the point of actually expelling anyone who supported the people he had sent. Gaius, however, put these preachers up in his own home, enabling them to carry out their mission. John's gratitude makes it clear that the church should provide a base of operations for traveling preachers who were walking in the truth. John also promises to come soon to set matters right.

---

¹ The elder,

To my dear friend Gaius, whom I love in the truth.

² Dear friend, I pray that you may enjoy good health and that all may go well with you, even as your soul is getting along well. ³ It gave me great joy when some believers came and testified about your faithfulness to the truth, telling how you continue to walk in it. ⁴ I have no greater joy than to hear that my children are walking in the truth.

⁵ Dear friend, you are faithful in what you are doing for the brothers and sisters,ᵃ even though they are strangers to you. ⁶ They have told the church about your love. Please send them on their way in a manner that honors God. ⁷ It was for the sake of the Name that they went out, receiving no help from the pagans. ⁸ We ought therefore to show hospitality to such people so that we may work together for the truth.

⁹ I wrote to the church, but Diotrephes, who loves to be first, will not welcome us. ¹⁰ So when I come, I will call attention to what he is doing, spreading malicious nonsense about us. Not satisfied with that, he even refuses to welcome other believers. He also stops those who want to do so and puts them out of the church.

¹¹ Dear friend, do not imitate what is evil but what is good. Anyone who does what is good is from God. Anyone who does what is evil has not seen God. ¹² Demetrius is well spoken of by everyone — and even by the truth itself. We also speak well of him, and you know that our testimony is true.

ᵃ 3 *fidelidad*. Lit. *verdad*.
ᵇ 5 *aunque no los conozcas*. Alt. *aunque para ti sean extraños*.

ᵃ 5 The Greek word for *brothers and sisters* (*adelphoi*) refers here to believers, both men and women, as part of God's family.

[13] Tengo muchas cosas que decirte, pero prefiero no hacerlo por escrito; [14] espero verte muy pronto, y entonces hablaremos personalmente.

[15] La paz sea contigo. Tus amigos aquí te mandan saludos. Saluda a los amigos allá, a cada uno en particular.

[13] I have much to write you, but I do not want to do so with pen and ink. [14] I hope to see you soon, and we will talk face to face.

Peace to you. The friends here send their greetings. Greet the friends there by name.

Carta de
Judas

Jesús tenía varios hermanos. Dos de ellos eran Santiago y Judas. No se sabe tanto de Judas como de Santiago (véase p. 1767) aunque es claro que era líder de la iglesia porque les escribía a los creyentes con autoridad en la carta que lleva su nombre. No se puede determinar con precisión quién recibiría la carta, aunque las referencias a los ángeles, a la historia de Israel y a varios escritos específicos, indica que podría tratarse de cristianos judíos.

Judas trata el problema de los falsos maestros que han venido y ahora ponen en riesgo *la fe encomendada una vez por todas a los santos*. Basados en sueños supuestamente inspirados, rechazan la autoridad y contaminan sus propios cuerpos. Y aunque afirman llevar el mensaje de Dios, en realidad *se dejan llevar por sus propios instintos, pues no tienen el Espíritu*. Los creyentes deben resistir activamente a esos falsos maestros, purificando su comunidad mediante el rechazo a las enseñanzas y ejemplos de esos hombres impíos.

Parece que el apóstol Pedro recibió una copia de la carta de Judas y escribió una parecida, para mostrar que presentaba con fidelidad la enseñanza de los apóstoles del Señor Jesucristo (véase p. 1780).

Judas, *siervo de *Jesucristo y hermano de *Jacobo,

a los que son amados por Dios el Padre, guardados por*ᵃ* Jesucristo y llamados a la salvación:

² Que reciban misericordia, paz y amor en abundancia.

Pecado y condenación de los impíos

³ Queridos hermanos, he deseado intensamente escribirles acerca de la salvación que tenemos en común, y ahora siento la necesidad de hacerlo para rogarles que sigan luchando vigorosamente por la fe encomendada una vez por todas a los *santos. ⁴ El problema es que se han infiltrado entre ustedes ciertos individuos que desde hace mucho tiempo han estado señalados*ᵇ* para condenación. Son impíos que cambian en libertinaje la gracia de nuestro Dios y niegan a Jesucristo, nuestro único Soberano y Señor.

⁵ Aunque ustedes ya saben muy bien todo esto, quiero recordarles que el Señor,*ᶜ* después de liberar de la tierra de Egipto a su pueblo, destruyó a los que no creían. ⁶ Y a los ángeles que no mantuvieron su posición de autoridad, sino que abandonaron su propia morada, los tiene perpetuamente encarcelados en oscuridad para el juicio del gran Día. ⁷ Así también Sodoma y Gomorra y las ciudades vecinas son puestas como escarmiento, al

ᵃ **1** *por.* Alt. *para*
ᵇ **4** *señalados.* Lit. *inscritos de antemano.*
ᶜ **5** *el Señor.* Var. *Jesús.*

Jude

Jesus had several brothers, two of whom were James and Jude. Much less is known about Jude than James (see p. 1767), but he was clearly a church leader, since he wrote to believers with authority in this letter that bears his name. It cannot be determined exactly who was meant to receive the letter, although the references to angels, to Israel's history and to specific writings indicate that Jewish Christians were in view.

Jude addresses the problem of false teachers who have come and are now threatening *the faith that was once for all entrusted to God's holy people.* On the basis of supposedly inspired dreams, they reject authority and pollute their own bodies. Even though they claim to be bringing God's message, they really *follow mere natural instincts and do not have the Spirit.* The believers must actively resist them and cleanse their community by rejecting both the teaching and the example of these ungodly men.

It seems that the apostle Peter received a copy of Jude's letter and wrote a similar one of his own to show that it faithfully presented the teaching of the apostles of the Lord Jesus Christ (see p. 1780).

---

¹ Jude, a servant of Jesus Christ and a brother of James,

To those who have been called, who are loved in God the Father and kept for*ᵃ* Jesus Christ:

² Mercy, peace and love be yours in abundance.

The Sin and Doom of Ungodly People

³ Dear friends, although I was very eager to write to you about the salvation we share, I felt compelled to write and urge you to contend for the faith that was once for all entrusted to God's holy people. ⁴ For certain individuals whose condemnation was written about*ᵇ* long ago have secretly slipped in among you. They are ungodly people, who pervert the grace of our God into a license for immorality and deny Jesus Christ our only Sovereign and Lord.

⁵ Though you already know all this, I want to remind you that the Lord*ᶜ* at one time delivered his people out of Egypt, but later destroyed those who did not believe. ⁶ And the angels who did not keep their positions of authority but abandoned their proper dwelling—these he has kept in darkness, bound with everlasting chains for judgment on the great Day. ⁷ In a similar way, Sodom and Gomorrah and the surrounding towns gave themselves

ᵃ *1 Or by; or in condemnation* *ᵇ* *4 Or individuals who were marked out for* *ᶜ* *5 Some early manuscripts Jesus*

sufrir el castigo de un fuego eterno, por haber practicado, como aquéllos, inmoralidad sexual y vicios contra la naturaleza.

⁸ De la misma manera estos individuos, llevados por sus delirios, contaminan su *cuerpo, desprecian la autoridad y maldicen a los seres celestiales. ⁹ Ni siquiera el arcángel Miguel, cuando argumentaba con el diablo disputándole el cuerpo de Moisés, se atrevió a pronunciar contra él un juicio de maldición, sino que dijo: «¡Que el Señor te reprenda!» ¹⁰ Éstos, en cambio, maldicen todo lo que no entienden; y como animales irracionales, lo que entienden por instinto es precisamente lo que los corrompe.

¹¹ ¡Ay de los que siguieron el camino de Caín! Por ganar dinero se entregaron al error de Balám y perecieron en la rebelión de Coré.

¹² Estos individuos son un peligro oculto:ᵈ sin ningún respeto convierten en parrandas las fiestas de amor fraternal que ustedes celebran. Buscan sólo su propio provecho.ᵉ Son nubes sin agua, llevadas por el viento. Son árboles que no dan fruto cuando debieran darlo; están doblemente muertos, arrancados de raíz. ¹³ Son violentas olas del mar, que arrojan la espuma de sus actos vergonzosos. Son estrellas fugaces, para quienes está reservada eternamente la más densa oscuridad.

¹⁴ También Enoc, el séptimo patriarca a partir de Adán, profetizó acerca de ellos: «Miren, el Señor viene con millares y millares de sus ángelesᶠ ¹⁵ para someter a juicio a todos y para reprender a todos los pecadores impíos por todas las malas obras que han cometido, y por todas las injurias que han proferido contra él.» ¹⁶ Estos individuos son refunfuñadores y criticones; se dejan llevar por sus propias pasiones; hablan con arrogancia y adulan a los demás para sacar ventaja.

Exhortación a la perseverancia

¹⁷ Ustedes, queridos hermanos, recuerden el mensaje anunciado anteriormente por los apóstoles de nuestro Señor Jesucristo. ¹⁸ Ellos les decían: «En los últimos tiempos habrá burladores que vivirán según sus propias pasiones impías.» ¹⁹ Éstos son los que causan divisiones y se dejan llevar por sus propios instintos, pues no tienen el Espíritu.

²⁰⁻²¹ Ustedes, en cambio, queridos hermanos, manténganse en el amor de Dios, edificándose sobre la base de su santísima fe y orando en el Espíritu Santo, mientras esperan que nuestro Señor Jesucristo, en su misericordia, les conceda vida eterna.

²² Tengan compasión de los que dudan; ²³ a otros, sálvenlos arrebatándolos del fuego. Compadézcanse de los demás, pero tengan cuidado;

up to sexual immorality and perversion. They serve as an example of those who suffer the punishment of eternal fire.

⁸ In the very same way, on the strength of their dreams these ungodly people pollute their own bodies, reject authority and heap abuse on celestial beings. ⁹ But even the archangel Michael, when he was disputing with the devil about the body of Moses, did not himself dare to condemn him for slander but said, "The Lord rebuke you!"ᵈ ¹⁰ Yet these people slander whatever they do not understand, and the very things they do understand by instinct — as irrational animals do — will destroy them.

¹¹ Woe to them! They have taken the way of Cain; they have rushed for profit into Balaam's error; they have been destroyed in Korah's rebellion.

¹² These people are blemishes at your love feasts, eating with you without the slightest qualm — shepherds who feed only themselves. They are clouds without rain, blown along by the wind; autumn trees, without fruit and uprooted — twice dead. ¹³ They are wild waves of the sea, foaming up their shame; wandering stars, for whom blackest darkness has been reserved forever.

¹⁴ Enoch, the seventh from Adam, prophesied about them: "See, the Lord is coming with thousands upon thousands of his holy ones ¹⁵ to judge everyone, and to convict all of them of all the ungodly acts they have committed in their ungodliness, and of all the defiant words ungodly sinners have spoken against him."ᵉ ¹⁶ These people are grumblers and faultfinders; they follow their own evil desires; they boast about themselves and flatter others for their own advantage.

A Call to Persevere

¹⁷ But, dear friends, remember what the apostles of our Lord Jesus Christ foretold. ¹⁸ They said to you, "In the last times there will be scoffers who will follow their own ungodly desires." ¹⁹ These are the people who divide you, who follow mere natural instincts and do not have the Spirit.

²⁰ But you, dear friends, by building yourselves up in your most holy faith and praying in the Holy Spirit, ²¹ keep yourselves in God's love as you wait for the mercy of our Lord Jesus Christ to bring you to eternal life.

²² Be merciful to those who doubt; ²³ save others by snatching them from the fire; to others show

---

ᵈ 12 un peligro oculto. Lit. escollos, o manchas.
ᵉ 12 Buscan ... provecho. Lit. Se pastorean a sí mismos.
ᶠ 14 ángeles. Lit. *santos.

ᵈ 9 Jude is alluding to the Jewish Testament of Moses (approximately the first century A.D.).   ᵉ 14,15 From the Jewish First Book of Enoch (approximately the first century B.C.)

aborrezcan hasta la ropa que haya sido contaminada por su *cuerpo.

Doxología

²⁴ ¡Al único Dios, nuestro Salvador, que puede guardarlos para que no *caigan, y establecerlos sin tacha y con gran alegría ante su gloriosa presencia, ²⁵ sea la gloria, la majestad, el dominio y la autoridad, por medio de Jesucristo nuestro Señor, antes de todos los siglos, ahora y para siempre! Amén.

mercy, mixed with fear — hating even the clothing stained by corrupted flesh.ᶠ

Doxology

²⁴To him who is able to keep you from stumbling and to present you before his glorious presence without fault and with great joy — ²⁵to the only God our Savior be glory, majesty, power and authority, through Jesus Christ our Lord, before all ages, now and forevermore! Amen.

ᶠ 22,23 The Greek manuscripts of these verses vary at several points.

Apocalipsis

El antiguo Imperio Romano defendía su control político y económico en términos espirituales, denominando a su evangelio Pax Romana o paz romana. Estando en el exilio en la isla de Patmos, un profeta judío cristiano, llamado Juan, recibió una misión que mostraba que el culto al emperador y la adoración a este, pronto sería mortal para los seguidores del Mesías. El libro del Apocalipsis (o *Revelación*) es una advertencia enviada a siete ciudades de la provincia romana de Asia Menor. El mensaje principal de Juan es para alentar y advertir a los creyentes, en medio de la oposición y persecución que sufren.

Apocalipsis era una forma literaria común y muy conocida en tiempos de Juan. En la literatura apocalíptica, un visitante de los cielos revela los secretos del mundo invisible y del futuro, mediante símbolos vívidos. Aunque al principio esos símbolos puedan parecer extraños, se hacen más claros si los vemos a la luz del contexto del primer siglo así como de otras imágenes de la Biblia.

La visión de Juan tiene cuatro partes principales, cada una marcada por la frase: *en el Espíritu*. Después de algunas palabras de advertencia y aliento a cada una de las siete iglesias, las visiones de Juan se centran en Jesús y su función redentora y de juicio para el mundo. Las inmorales fuerzas políticas y económicas que se rebelan contra Dios serán destruidas y el Mesías triunfará sobre todos sus enemigos. La visión finaliza con la promesa de que los siervos fieles de Dios reinarán sobre la nueva creación.

Apocalipsis también actúa como la apropiada conclusión a la acción que se desarrolla a lo largo de toda la Biblia. Juan concluye con imágenes del jardín del Edén, primer relato de la Biblia. El mundo vivirá un nuevo comienzo: *El que estaba sentado en el trono dijo: «¡Yo hago nuevas todas las cosas!»*

Prólogo

1 Ésta es la revelación de *Jesucristo, que Dios le dio para mostrar a sus *siervos lo que sin demora tiene que suceder. Jesucristo envió a su ángel para dar a conocer la revelación a su siervo Juan, ² quien por su parte da fe de la verdad, escribiendo todo lo que vio, a saber, la palabra de Dios y el testimonio de Jesucristo. ³ *Dichoso el que lee y dichosos los que escuchan las palabras de este mensaje profético y hacen caso de lo que aquí está escrito, porque el tiempo de su cumplimiento está cerca.

Saludos y doxología

⁴ Yo, Juan, escribo a las siete iglesias que están en la provincia de *Asia:

Gracia y paz a ustedes de parte de aquel que es y que era y que ha de venir; y de parte de los siete

Revelation

The ancient Roman Empire defended its economic and political control in spiritual terms, calling its gospel the *Pax Romana*, or Roman Peace. While in exile on the island of Patmos, a Jewish Christian prophet named John received a vision showing that the cult of emperor worship would soon become deadly to followers of the Messiah. The book of Revelation (or Apocalypse, meaning unveiling) is a warning, circulated to seven cities in the Roman province of Asia Minor. John's main point is to challenge and encourage the believers in the midst of their opposition and persecution.

Revelation is an apocalypse, a literary form well known in John's day. In an apocalypse a visitor from heaven reveals the secrets of the unseen world and the future through vivid symbols. While the symbols may appear strange at first, they become more clear when seen in their first-century setting and in light of other Bible imagery.

John's vision has four main parts, each marked by the phrase *in the Spirit*. After words of warning and encouragement to each of the seven churches, John's visions then center on Jesus—his role in redemption and the judgments he brings to the world. The immoral political and economic forces that rebel against God will be destroyed, and the Messiah will triumph over all his enemies. The vision closes with the promise that God's faithful servants will reign over the new creation.

Revelation also functions as the appropriate conclusion to the entire drama of the Bible. John concludes with images from the garden of Eden, the first story in the Bible. The world will experience a fresh beginning: *He who was seated on the throne said, "I am making everything new!"*

Prologue

1 The revelation from Jesus Christ, which God gave him to show his servants what must soon take place. He made it known by sending his angel to his servant John, ² who testifies to everything he saw — that is, the word of God and the testimony of Jesus Christ. ³ Blessed is the one who reads aloud the words of this prophecy, and blessed are those who hear it and take to heart what is written in it, because the time is near.

Greetings and Doxology

⁴ John,

To the seven churches in the province of Asia:

Grace and peace to you from him who is, and who was, and who is to come, and from the seven

espíritus que están delante de su trono; [5] y de parte de *Jesucristo, el testigo fiel, el primogénito de la resurrección, el soberano de los reyes de la tierra.

Al que nos ama
   y que por su sangre
     nos ha librado de nuestros pecados,
[6] al que ha hecho de nosotros un reino,
     sacerdotes al servicio de Dios su Padre,
¡a él sea la gloria y el poder
   por los siglos de los siglos! Amén.

[7] ¡Miren que viene en las nubes!
   Y todos lo verán con sus propios ojos,
   incluso quienes lo traspasaron;
   y por él harán lamentación
     todos los pueblos de la tierra.
                ¡Así será! Amén.

[8] «Yo soy el Alfa y la Omega —dice el Señor Dios—, el que es y que era y que ha de venir, el Todopoderoso.»

Alguien semejante al Hijo del hombre

[9] Yo, Juan, hermano de ustedes y compañero en el sufrimiento, en el reino y en la perseverancia que tenemos en unión con Jesús, estaba en la isla de Patmos por causa de la palabra de Dios y del testimonio de Jesús. [10] En el día del Señor vino sobre mí el Espíritu, y oí detrás de mí una voz fuerte, como de trompeta, [11] que decía: «Escribe en un libro lo que veas y envíalo a las siete iglesias: a Éfeso, a Esmirna, a Pérgamo, a Tiatira, a Sardis, a Filadelfia y a Laodicea.»

[12] Me volví para ver de quién era la voz que me hablaba y, al volverme, vi siete candelabros de oro. [13] En medio de los candelabros estaba alguien «semejante al Hijo del hombre»,[a] vestido con una túnica que le llegaba hasta los pies y ceñido con una banda de oro a la altura del pecho. [14] Su cabellera lucía blanca como la lana, como la nieve; y sus ojos resplandecían como llama de fuego. [15] Sus pies parecían bronce al rojo vivo en un horno, y su voz era tan fuerte como el estruendo de una catarata. [16] En su mano derecha tenía siete estrellas, y de su boca salía una aguda espada de dos filos. Su rostro era como el sol cuando brilla en todo su esplendor.

[17] Al verlo, caí a sus pies como muerto; pero él, poniendo su mano derecha sobre mí, me dijo: «No tengas miedo. Yo soy el Primero y el Último, [18] y el que vive. Estuve muerto, pero ahora vivo por los siglos de los siglos, y tengo las llaves de la muerte y del infierno.[b] [19] »Escribe, pues, lo que has visto, lo que sucede ahora y lo que sucederá después. [20] Ésta es la explicación del *misterio de las siete estrellas que viste en mi mano derecha, y de los siete candelabros de

spirits[a] before his throne, [5] and from Jesus Christ, who is the faithful witness, the firstborn from the dead, and the ruler of the kings of the earth.

To him who loves us and has freed us from our sins by his blood, [6] and has made us to be a kingdom and priests to serve his God and Father — to him be glory and power for ever and ever! Amen.

[7] "Look, he is coming with the clouds,"[b]
   and "every eye will see him,
   even those who pierced him";
   and all peoples on earth "will mourn
     because of him."[c]
              So shall it be! Amen.

[8] "I am the Alpha and the Omega," says the Lord God, "who is, and who was, and who is to come, the Almighty."

John's Vision of Christ

[9] I, John, your brother and companion in the suffering and kingdom and patient endurance that are ours in Jesus, was on the island of Patmos because of the word of God and the testimony of Jesus. [10] On the Lord's Day I was in the Spirit, and I heard behind me a loud voice like a trumpet, [11] which said: "Write on a scroll what you see and send it to the seven churches: to Ephesus, Smyrna, Pergamum, Thyatira, Sardis, Philadelphia and Laodicea."

[12] I turned around to see the voice that was speaking to me. And when I turned I saw seven golden lampstands, [13] and among the lampstands was someone like a son of man,[d] dressed in a robe reaching down to his feet and with a golden sash around his chest. [14] The hair on his head was white like wool, as white as snow, and his eyes were like blazing fire. [15] His feet were like bronze glowing in a furnace, and his voice was like the sound of rushing waters. [16] In his right hand he held seven stars, and coming out of his mouth was a sharp, double-edged sword. His face was like the sun shining in all its brilliance.

[17] When I saw him, I fell at his feet as though dead. Then he placed his right hand on me and said: "Do not be afraid. I am the First and the Last. [18] I am the Living One; I was dead, and now look, I am alive for ever and ever! And I hold the keys of death and Hades.

[19] "Write, therefore, what you have seen, what is now and what will take place later. [20] The mystery of the seven stars that you saw in my right hand and of the seven golden lampstands is this: The

---

[a] **1:13** Dn 7:13
[b] **1:18** infierno. Lit. *Hades.

[a] 4 That is, the sevenfold Spirit   [b] 7 Daniel 7:13
[c] 7 Zech. 12:10   [d] 13 See Daniel 7:13.

oro: las siete estrellas son los ángeles^c de las siete iglesias, y los siete candelabros son las siete iglesias.

A la iglesia de Éfeso

2 »Escribe al ángel^d de la iglesia de Éfeso:

Esto dice el que tiene las siete estrellas en su mano derecha y se pasea en medio de los siete candelabros de oro: ^{2} Conozco tus obras, tu duro trabajo y tu perseverancia. Sé que no puedes soportar a los malvados, y que has puesto a *prueba a los que dicen ser apóstoles pero no lo son; y has descubierto que son falsos. ^{3} Has perseverado y sufrido por mi nombre, sin desanimarte.

^{4} Sin embargo, tengo en tu contra que has abandonado tu primer amor. ^{5} ¡Recuerda de dónde has caído! *Arrepiéntete y vuelve a practicar las obras que hacías al principio. Si no te arrepientes, iré y quitaré de su lugar tu candelabro. ^{6} Pero tienes a tu favor que aborreces las prácticas de los nicolaítas, las cuales yo también aborrezco.

^{7} El que tenga oídos, que oiga lo que el Espíritu dice a las iglesias. Al que salga vencedor le daré derecho a comer del árbol de la vida, que está en el paraíso de Dios.

A la iglesia de Esmirna

^{8} »Escribe al ángel de la iglesia de Esmirna:

Esto dice el Primero y el Último, el que murió y volvió a vivir: ^{9} Conozco tus sufrimientos y tu pobreza. ¡Sin embargo, eres rico! Sé cómo te calumnian los que dicen ser judíos pero que, en realidad, no son más que una sinagoga de Satanás. ^{10} No tengas miedo de lo que estás por sufrir. Te advierto que a algunos de ustedes el diablo los meterá en la cárcel para ponerlos a *prueba, y sufrirán persecución durante diez días. Sé fiel hasta la muerte, y yo te daré la corona de la vida.

^{11} El que tenga oídos, que oiga lo que el Espíritu dice a las iglesias. El que salga vencedor no sufrirá daño alguno de la segunda muerte.

A la iglesia de Pérgamo

^{12} »Escribe al ángel de la iglesia de Pérgamo:

Esto dice el que tiene la aguda espada de dos filos: ^{13} Sé dónde vives: allí donde Satanás tiene su trono. Sin embargo, sigues fiel a mi nombre. No renegaste de tu fe en mí, ni siquiera en los días en que Antipas, mi testigo fiel, sufrió la muerte en esa ciudad donde vive Satanás.

To the Church in Ephesus

2 "To the angel^f of the church in Ephesus write:

These are the words of him who holds the seven stars in his right hand and walks among the seven golden lampstands. ^{2} I know your deeds, your hard work and your perseverance. I know that you cannot tolerate wicked people, that you have tested those who claim to be apostles but are not, and have found them false. ^{3} You have persevered and have endured hardships for my name, and have not grown weary.

^{4} Yet I hold this against you: You have forsaken the love you had at first. ^{5} Consider how far you have fallen! Repent and do the things you did at first. If you do not repent, I will come to you and remove your lampstand from its place. ^{6} But you have this in your favor: You hate the practices of the Nicolaitans, which I also hate.

^{7} Whoever has ears, let them hear what the Spirit says to the churches. To the one who is victorious, I will give the right to eat from the tree of life, which is in the paradise of God.

To the Church in Smyrna

^{8} "To the angel of the church in Smyrna write:

These are the words of him who is the First and the Last, who died and came to life again. ^{9} I know your afflictions and your poverty — yet you are rich! I know about the slander of those who say they are Jews and are not, but are a synagogue of Satan. ^{10} Do not be afraid of what you are about to suffer. I tell you, the devil will put some of you in prison to test you, and you will suffer persecution for ten days. Be faithful, even to the point of death, and I will give you life as your victor's crown.

^{11} Whoever has ears, let them hear what the Spirit says to the churches. The one who is victorious will not be hurt at all by the second death.

To the Church in Pergamum

^{12} "To the angel of the church in Pergamum write:

These are the words of him who has the sharp, double-edged sword. ^{13} I know where you live — where Satan has his throne. Yet you remain true to my name. You did not renounce your faith in me, not even in the days of Antipas, my faithful witness, who was put to death in your city — where Satan lives.

---

^{c} **1:20** *ángeles.* Alt. *mensajeros.*
^{d} **2:1** *ángel.* Alt. *mensajero;* también en vv. 8, 12 y 18.

^{e} *20* Or *messengers* ^{f} *1* Or *messenger;* also in verses 8, 12 and 18

¹⁴ No obstante, tengo unas cuantas cosas en tu contra: que toleras ahí a los que se aferran a la doctrina de Balám, el que enseñó a Balac a poner *tropiezos a los israelitas, incitándolos a comer alimentos sacrificados a los ídolos y a cometer inmoralidades sexuales. ¹⁵ Toleras así mismo a los que sostienen la doctrina de los nicolaítas. ¹⁶ Por lo tanto, ¡*arrepiéntete! De otra manera, iré pronto a ti para pelear contra ellos con la espada que sale de mi boca.

¹⁷ El que tenga oídos, que oiga lo que el Espíritu dice a las iglesias. Al que salga vencedor le daré del maná escondido, y le daré también una piedrecita blanca en la que está escrito un nombre nuevo que sólo conoce el que lo recibe.

A la iglesia de Tiatira

¹⁸ »Escribe al ángel de la iglesia de Tiatira:

Esto dice el Hijo de Dios, el que tiene ojos que resplandecen como llamas de fuego y pies que parecen bronce al rojo vivo: ¹⁹ Conozco tus obras, tu amor y tu fe, tu servicio y tu perseverancia, y sé que tus últimas obras son más abundantes que las primeras.

²⁰ Sin embargo, tengo en tu contra que toleras a Jezabel, esa mujer que dice ser profetisa. Con su enseñanza engaña a mis *siervos, pues los induce a cometer inmoralidades sexuales y a comer alimentos sacrificados a los ídolos. ²¹ Le he dado tiempo para que se *arrepienta de su inmoralidad, pero no quiere hacerlo. ²² Por eso la voy a postrar en un lecho de dolor, y a los que cometen adulterio con ella los haré sufrir terriblemente, a menos que se arrepientan de lo que aprendieron de ella. ²³ A los hijos de esa mujer los heriré de muerte. Así sabrán todas las iglesias que yo soy el que escudriña la mente y el corazón; y a cada uno de ustedes lo trataré de acuerdo con sus obras. ²⁴ Ahora, al resto de los que están en Tiatira, es decir, a ustedes que no siguen esa enseñanza ni han aprendido los mal llamados "profundos secretos de Satanás", les digo que ya no les impondré ninguna otra carga. ²⁵ Eso sí, retengan con firmeza lo que ya tienen, hasta que yo venga.

²⁶ Al que salga vencedor y cumpla mi voluntad*ᵉ* hasta el fin, le daré autoridad sobre las *naciones ²⁷ —así como yo la he recibido de mi Padre— y

"él las gobernará con puño de hierro;*ᶠ*
las hará pedazos como a vasijas de barro".*ᵍ*

¹⁴ Nevertheless, I have a few things against you: There are some among you who hold to the teaching of Balaam, who taught Balak to entice the Israelites to sin so that they ate food sacrificed to idols and committed sexual immorality. ¹⁵ Likewise, you also have those who hold to the teaching of the Nicolaitans. ¹⁶ Repent therefore! Otherwise, I will soon come to you and will fight against them with the sword of my mouth.

¹⁷ Whoever has ears, let them hear what the Spirit says to the churches. To the one who is victorious, I will give some of the hidden manna. I will also give that person a white stone with a new name written on it, known only to the one who receives it.

To the Church in Thyatira

¹⁸ "To the angel of the church in Thyatira write:

These are the words of the Son of God, whose eyes are like blazing fire and whose feet are like burnished bronze. ¹⁹ I know your deeds, your love and faith, your service and perseverance, and that you are now doing more than you did at first.

²⁰ Nevertheless, I have this against you: You tolerate that woman Jezebel, who calls herself a prophet. By her teaching she misleads my servants into sexual immorality and the eating of food sacrificed to idols. ²¹ I have given her time to repent of her immorality, but she is unwilling. ²² So I will cast her on a bed of suffering, and I will make those who commit adultery with her suffer intensely, unless they repent of her ways. ²³ I will strike her children dead. Then all the churches will know that I am he who searches hearts and minds, and I will repay each of you according to your deeds.

²⁴ Now I say to the rest of you in Thyatira, to you who do not hold to her teaching and have not learned Satan's so-called deep secrets, 'I will not impose any other burden on you, ²⁵ except to hold on to what you have until I come.'

²⁶ To the one who is victorious and does my will to the end, I will give authority over the nations— ²⁷ that one 'will rule them with an iron scepter and will dash them to pieces like pottery'*ᵍ*— just as I have received

---

ᵉ **2:26** *cumpla mi voluntad.* Lit. *guarde mis obras.*
ᶠ **2:27** *gobernará ... hierro.* Lit. *pastoreará con cetro de hierro.*
ᵍ **2:27** Sal 2:9

ᵍ 27 Psalm 2:9

²⁸ También le daré la estrella de la mañana. ²⁹ El que tenga oídos, que oiga lo que el Espíritu dice a las iglesias.

A la iglesia de Sardis

3 »Escribe al ángel[h] de la iglesia de Sardis:

Esto dice el que tiene los siete espíritus de Dios y las siete estrellas: Conozco tus obras; tienes fama de estar vivo, pero en realidad estás muerto. ² ¡Despierta! Reaviva lo que aún es rescatable,[i] pues no he encontrado que tus obras sean perfectas delante de mi Dios. ³ Así que recuerda lo que has recibido y oído; obedécelo y *arrepiéntete. Si no te mantienes despierto, cuando menos lo esperes caeré sobre ti como un ladrón. ⁴ Sin embargo, tienes en Sardis a unos cuantos que no se han manchado la ropa. Ellos, por ser dignos, andarán conmigo vestidos de blanco. ⁵ El que salga vencedor se vestirá de blanco. Jamás borraré su nombre del libro de la vida, sino que reconoceré su nombre delante de mi Padre y delante de sus ángeles. ⁶ El que tenga oídos, que oiga lo que el Espíritu dice a las iglesias.

A la iglesia de Filadelfia

⁷ »Escribe al ángel de la iglesia de Filadelfia:

Esto dice el Santo, el Verdadero, el que tiene la llave de David, el que abre y nadie puede cerrar, el que cierra y nadie puede abrir: ⁸ Conozco tus obras. Mira que delante de ti he dejado abierta una puerta que nadie puede cerrar. Ya sé que tus fuerzas son pocas, pero has obedecido mi palabra y no has renegado de mi nombre. ⁹ Voy a hacer que los de la sinagoga de Satanás, que dicen ser judíos pero que en realidad mienten, vayan y se postren a tus pies, y reconozcan que yo te he amado. ¹⁰ Ya que has guardado mi mandato de ser constante, yo por mi parte te guardaré de la hora de *tentación, que vendrá sobre el mundo entero para poner a prueba a los que viven en la tierra.

¹¹ Vengo pronto. Aférrate a lo que tienes, para que nadie te quite la corona. ¹² Al que salga vencedor lo haré columna del templo de mi Dios, y ya no saldrá jamás de allí. Sobre él grabaré el nombre de mi Dios y el nombre de la nueva Jerusalén, ciudad de mi Dios, la que baja del cielo

authority from my Father. ²⁸ I will also give that one the morning star. ²⁹ Whoever has ears, let them hear what the Spirit says to the churches.

To the Church in Sardis

3 "To the angel[h] of the church in Sardis write:

These are the words of him who holds the seven spirits[i] of God and the seven stars. I know your deeds; you have a reputation of being alive, but you are dead. ² Wake up! Strengthen what remains and is about to die, for I have found your deeds unfinished in the sight of my God. ³ Remember, therefore, what you have received and heard; hold it fast, and repent. But if you do not wake up, I will come like a thief, and you will not know at what time I will come to you.

⁴ Yet you have a few people in Sardis who have not soiled their clothes. They will walk with me, dressed in white, for they are worthy. ⁵ The one who is victorious will, like them, be dressed in white. I will never blot out the name of that person from the book of life, but will acknowledge that name before my Father and his angels. ⁶ Whoever has ears, let them hear what the Spirit says to the churches.

To the Church in Philadelphia

⁷ "To the angel of the church in Philadelphia write:

These are the words of him who is holy and true, who holds the key of David. What he opens no one can shut, and what he shuts no one can open. ⁸ I know your deeds. See, I have placed before you an open door that no one can shut. I know that you have little strength, yet you have kept my word and have not denied my name. ⁹ I will make those who are of the synagogue of Satan, who claim to be Jews though they are not, but are liars — I will make them come and fall down at your feet and acknowledge that I have loved you. ¹⁰ Since you have kept my command to endure patiently, I will also keep you from the hour of trial that is going to come on the whole world to test the inhabitants of the earth.

¹¹ I am coming soon. Hold on to what you have, so that no one will take your crown. ¹² The one who is victorious I will make a pillar in the temple of my God. Never again will they leave it. I will write on them the name of my God and the name of the city of my God, the new Jerusalem, which is coming down out of heaven from my God; and I will also

---

[h] **3:1** *ángel*. Alt. *mensajero*; también en vv. 7 y 14.
[i] **3:2** *Reaviva ... rescatable*. Lit. *Fortalece las otras cosas que están por morir*.

[h] 1 Or *messenger*; also in verses 7 and 14   [i] 1 That is, the sevenfold Spirit

de parte de mi Dios; y también grabaré sobre él mi nombre nuevo. [13] El que tenga oídos, que oiga lo que el Espíritu dice a las iglesias.

A la iglesia de Laodicea

[14] »Escribe al ángel de la iglesia de Laodicea:

Esto dice el Amén, el testigo fiel y veraz, el soberano[j] de la creación de Dios: [15] Conozco tus obras; sé que no eres ni frío ni caliente. ¡Ojalá fueras lo uno o lo otro! [16] Por tanto, como no eres ni frío ni caliente, sino tibio, estoy por vomitarte de mi boca. [17] Dices: "Soy rico; me he enriquecido y no me hace falta nada"; pero no te das cuenta de que el infeliz y miserable, el pobre, ciego y desnudo eres tú. [18] Por eso te aconsejo que de mí compres oro refinado por el fuego, para que te hagas rico; ropas blancas para que te vistas y cubras tu vergonzosa desnudez; y colirio para que te lo pongas en los ojos y recobres la vista.

[19] Yo reprendo y disciplino a todos los que amo. Por lo tanto, sé fervoroso y *arrepiéntete. [20] Mira que estoy a la puerta y llamo. Si alguno oye mi voz y abre la puerta, entraré, y cenaré con él, y él conmigo.

[21] Al que salga vencedor le daré el derecho de sentarse conmigo en mi trono, como también yo vencí y me senté con mi Padre en su trono. [22] El que tenga oídos, que oiga lo que el Espíritu dice a las iglesias.»

El trono en el cielo

4 Después de esto miré, y allí en el cielo había una puerta abierta. Y la voz que me había hablado antes con sonido como de trompeta me dijo: «Sube acá: voy a mostrarte lo que tiene que suceder después de esto.» [2] Al instante vino sobre mí el Espíritu y vi un trono en el cielo, y a alguien sentado en el trono. [3] El que estaba sentado tenía un aspecto semejante a una piedra de jaspe y de cornalina. Alrededor del trono había un arco iris que se asemejaba a una esmeralda. [4] Rodeaban al trono otros veinticuatro tronos, en los que estaban sentados veinticuatro *ancianos vestidos de blanco y con una corona de oro en la cabeza. [5] Del trono salían relámpagos, estruendos[k] y truenos. Delante del trono ardían siete antorchas de fuego, que son los siete espíritus de Dios, [6] y había algo parecido a un mar de vidrio, como de cristal transparente.

En el centro, alrededor del trono, había cuatro seres vivientes cubiertos de ojos por delante y por detrás. [7] El primero de los seres vivientes era semejante a un león; el segundo, a un toro; el tercero tenía rostro como de hombre; el cuarto era semejante a un águila en vuelo. [8] Cada uno de ellos tenía seis alas y estaba cubierto de ojos,

write on them my new name. [13] Whoever has ears, let them hear what the Spirit says to the churches.

To the Church in Laodicea

[14] "To the angel of the church in Laodicea write:

These are the words of the Amen, the faithful and true witness, the ruler of God's creation. [15] I know your deeds, that you are neither cold nor hot. I wish you were either one or the other! [16] So, because you are lukewarm — neither hot nor cold — I am about to spit you out of my mouth. [17] You say, 'I am rich; I have acquired wealth and do not need a thing.' But you do not realize that you are wretched, pitiful, poor, blind and naked. [18] I counsel you to buy from me gold refined in the fire, so you can become rich; and white clothes to wear, so you can cover your shameful nakedness; and salve to put on your eyes, so you can see.

[19] Those whom I love I rebuke and discipline. So be earnest and repent. [20] Here I am! I stand at the door and knock. If anyone hears my voice and opens the door, I will come in and eat with that person, and they with me.

[21] To the one who is victorious, I will give the right to sit with me on my throne, just as I was victorious and sat down with my Father on his throne. [22] Whoever has ears, let them hear what the Spirit says to the churches."

The Throne in Heaven

4 After this I looked, and there before me was a door standing open in heaven. And the voice I had first heard speaking to me like a trumpet said, "Come up here, and I will show you what must take place after this." [2] At once I was in the Spirit, and there before me was a throne in heaven with someone sitting on it. [3] And the one who sat there had the appearance of jasper and ruby. A rainbow that shone like an emerald encircled the throne. [4] Surrounding the throne were twenty-four other thrones, and seated on them were twenty-four elders. They were dressed in white and had crowns of gold on their heads. [5] From the throne came flashes of lightning, rumblings and peals of thunder. In front of the throne, seven lamps were blazing. These are the seven spirits[j] of God. [6] Also in front of the throne there was what looked like a sea of glass, clear as crystal.

In the center, around the throne, were four living creatures, and they were covered with eyes, in front and in back. [7] The first living creature was like a lion, the second was like an ox, the third had a face like a man, the fourth was like a flying eagle. [8] Each of the four living creatures had six wings

---

j **3:14** soberano. Lit. comienzo u origen.
k **4:5** estruendos. Lit. voces; y así en otros pasajes semejantes.   j **5** That is, the sevenfold Spirit

por encima y por debajo de las alas. Y día y noche repetían sin cesar:

«Santo, santo, santo
es el Señor Dios Todopoderoso,
el que era y que es y que ha de venir.»

⁹ Cada vez que estos seres vivientes daban gloria, honra y acción de gracias al que estaba sentado en el trono, al que vive por los siglos de los siglos, ¹⁰ los veinticuatro ancianos se postraban ante él y adoraban al que vive por los siglos de los siglos. Y rendían sus coronas delante del trono exclamando:

¹¹ «Digno eres, Señor y Dios nuestro,
de recibir la gloria, la honra y el poder,
porque tú creaste todas las cosas;
por tu voluntad existen
y fueron creadas.»

El rollo escrito y el Cordero

5 En la mano derecha del que estaba sentado en el trono vi un rollo escrito por ambos lados y sellado con siete sellos. ² También vi a un ángel poderoso que proclamaba a gran voz: «¿Quién es digno de romper los sellos y de abrir el rollo?» ³ Pero ni en el cielo ni en la tierra, ni debajo de la tierra, hubo nadie capaz de abrirlo ni de examinar su contenido. ⁴ Y lloraba yo mucho porque no se había encontrado a nadie que fuera digno de abrir el rollo ni de examinar su contenido. ⁵ Uno de los *ancianos me dijo: «¡Deja de llorar, que ya el León de la tribu de Judá, la Raíz de David, ha vencido! Él sí puede abrir el rollo y sus siete sellos.»

⁶ Entonces vi, en medio de los cuatro seres vivientes y del trono y los ancianos, a un Cordero que estaba de pie y parecía haber sido sacrificado. Tenía siete cuernos y siete ojos, que son los siete espíritus de Dios enviados por toda la tierra. ⁷ Se acercó y recibió el rollo de la mano derecha del que estaba sentado en el trono. ⁸ Cuando lo tomó, los cuatro seres vivientes y los veinticuatro ancianos se postraron delante del Cordero. Cada uno tenía un arpa y copas de oro llenas de incienso, que son las oraciones del *pueblo de Dios. ⁹ Y entonaban este nuevo cántico:

«Digno eres de recibir el rollo escrito
y de romper sus sellos,
porque fuiste sacrificado,
y con tu sangre compraste para Dios
gente de toda raza, lengua, pueblo y
nación.
¹⁰ De ellos hiciste un reino;
los hiciste sacerdotes al servicio de
nuestro Dios,
y reinarán sobre la tierra.»

and was covered with eyes all around, even under its wings. Day and night they never stop saying:

" 'Holy, holy, holy
is the Lord God Almighty,'ᵏ
who was, and is, and is to come."

⁹ Whenever the living creatures give glory, honor and thanks to him who sits on the throne and who lives for ever and ever, ¹⁰ the twenty-four elders fall down before him who sits on the throne and worship him who lives for ever and ever. They lay their crowns before the throne and say:

¹¹ "You are worthy, our Lord and God,
to receive glory and honor and power,
for you created all things,
and by your will they were created
and have their being."

The Scroll and the Lamb

5 Then I saw in the right hand of him who sat on the throne a scroll with writing on both sides and sealed with seven seals. ² And I saw a mighty angel proclaiming in a loud voice, "Who is worthy to break the seals and open the scroll?" ³ But no one in heaven or on earth or under the earth could open the scroll or even look inside it. ⁴ I wept and wept because no one was found who was worthy to open the scroll or look inside. ⁵ Then one of the elders said to me, "Do not weep! See, the Lion of the tribe of Judah, the Root of David, has triumphed. He is able to open the scroll and its seven seals."

⁶ Then I saw a Lamb, looking as if it had been slain, standing at the center of the throne, encircled by the four living creatures and the elders. The Lamb had seven horns and seven eyes, which are the seven spiritsˡ of God sent out into all the earth. ⁷ He went and took the scroll from the right hand of him who sat on the throne. ⁸ And when he had taken it, the four living creatures and the twenty-four elders fell down before the Lamb. Each one had a harp and they were holding golden bowls full of incense, which are the prayers of God's people. ⁹ And they sang a new song, saying:

"You are worthy to take the scroll
and to open its seals,
because you were slain,
and with your blood you purchased for
God
persons from every tribe and language
and people and nation.
¹⁰ You have made them to be a kingdom and
priests to serve our God,
and they will reignᵐ on the earth."

ᵏ 8 Isaiah 6:3   ˡ 6 That is, the sevenfold Spirit   ᵐ 10 Some manuscripts *they reign*

¹¹ Luego miré, y oí la voz de muchos ángeles que estaban alrededor del trono, de los seres vivientes y de los ancianos. El número de ellos era millares de millares y millones de millones. ¹² Cantaban con todas sus fuerzas:

«¡Digno es el Cordero, que ha sido
            sacrificado,
de recibir el poder,
la riqueza y la sabiduría,
la fortaleza y la honra,
la gloria y la alabanza!»

¹³ Y oí a cuanta criatura hay en el cielo, y en la tierra, y debajo de la tierra y en el mar, a todos en la creación, que cantaban:

«¡Al que está sentado en el trono y al
            Cordero,
sean la alabanza y la honra, la gloria y el
            poder,
      por los siglos de los siglos!»

¹⁴ Los cuatro seres vivientes exclamaron: «¡Amén!», y los ancianos se postraron y adoraron.

Los sellos

6 Vi cuando el Cordero rompió el primero de los siete sellos, y oí a uno de los cuatro seres vivientes, que gritaba con voz de trueno: «¡Ven!» ² Miré, ¡y apareció un caballo blanco! El jinete llevaba un arco; se le dio una corona, y salió como vencedor, para seguir venciendo.

³ Cuando el Cordero rompió el segundo sello, oí al segundo ser viviente, que gritaba: «¡Ven!» ⁴ En eso salió otro caballo, de color rojo encendido. Al jinete se le entregó una gran espada; se le permitió quitar la paz de la tierra y hacer que sus habitantes se mataran unos a otros.

⁵ Cuando el Cordero rompió el tercer sello, oí al tercero de los seres vivientes, que gritaba: «¡Ven!» Miré, ¡y apareció un caballo negro! El jinete tenía una balanza en la mano. ⁶ Y oí como una voz en medio de los cuatro seres vivientes, que decía: «Un kilo de trigo, o tres kilos de cebada, por el salario de un día; pero no afectes el precio del aceite y del vino.»^l

⁷ Cuando el Cordero rompió el cuarto sello, oí la voz del cuarto ser viviente, que gritaba: «¡Ven!» ⁸ Miré, ¡y apareció un caballo amarillento! El jinete se llamaba Muerte, y el Infierno^m lo seguía de cerca. Y se les otorgó poder sobre la cuarta parte de la tierra, para matar por medio de la espada, el hambre, las epidemias y las fieras de la tierra.

⁹ Cuando el Cordero rompió el quinto sello, vi debajo del altar las almas de los que habían sufrido el martirio por causa de la palabra de Dios y por mantenerse fieles en su testimonio. ¹⁰ Gritaban a

¹¹ Then I looked and heard the voice of many angels, numbering thousands upon thousands, and ten thousand times ten thousand. They encircled the throne and the living creatures and the elders. ¹² In a loud voice they were saying:

"Worthy is the Lamb, who was slain,
      to receive power and wealth and wisdom
            and strength
      and honor and glory and praise!"

¹³ Then I heard every creature in heaven and on earth and under the earth and on the sea, and all that is in them, saying:

"To him who sits on the throne and to the
            Lamb
be praise and honor and glory and power,
            for ever and ever!"

¹⁴ The four living creatures said, "Amen," and the elders fell down and worshiped.

The Seals

6 I watched as the Lamb opened the first of the seven seals. Then I heard one of the four living creatures say in a voice like thunder, "Come!" ² I looked, and there before me was a white horse! Its rider held a bow, and he was given a crown, and he rode out as a conqueror bent on conquest.

³ When the Lamb opened the second seal, I heard the second living creature say, "Come!" ⁴ Then another horse came out, a fiery red one. Its rider was given power to take peace from the earth and to make people kill each other. To him was given a large sword.

⁵ When the Lamb opened the third seal, I heard the third living creature say, "Come!" I looked, and there before me was a black horse! Its rider was holding a pair of scales in his hand. ⁶ Then I heard what sounded like a voice among the four living creatures, saying, "Two poundsⁿ of wheat for a day's wages,^o and six pounds^p of barley for a day's wages,^o and do not damage the oil and the wine!"

⁷ When the Lamb opened the fourth seal, I heard the voice of the fourth living creature say, "Come!" ⁸ I looked, and there before me was a pale horse! Its rider was named Death, and Hades was following close behind him. They were given power over a fourth of the earth to kill by sword, famine and plague, and by the wild beasts of the earth.

⁹ When he opened the fifth seal, I saw under the altar the souls of those who had been slain because of the word of God and the testimony they had maintained. ¹⁰ They called out in a loud voice,

---

^l **6:6** *por el salario ... vino.* Lit. *por un* **denario, y no dañes el aceite ni el vino.*
^m **6:8** *Infierno.* Lit. **Hades.*

ⁿ 6 Or about 1 kilogram   ^o 6 Greek *a denarius*
^p 6 Or about 3 kilograms

gran voz: «¿Hasta cuándo, Soberano Señor, santo y veraz, seguirás sin juzgar a los habitantes de la tierra y sin vengar nuestra muerte?» [11] Entonces cada uno de ellos recibió ropas blancas, y se les dijo que esperaran un poco más, hasta que se completara el número de sus consiervos y hermanos que iban a sufrir el martirio como ellos.

[12] Vi que el Cordero rompió el sexto sello, y se produjo un gran terremoto. El sol se oscureció como si se hubiera vestido de luto,[n] la luna entera se tornó roja como la sangre, [13] y las estrellas del firmamento cayeron sobre la tierra, como caen los higos verdes de la higuera sacudida por el vendaval. [14] El firmamento desapareció como cuando se enrolla un pergamino, y todas las montañas y las islas fueron removidas de su lugar.

[15] Los reyes de la tierra, los magnates, los jefes militares, los ricos, los poderosos, y todos los demás, esclavos y libres, se escondieron en las cuevas y entre las peñas de las montañas. [16] Todos gritaban a las montañas y a las peñas: «¡Caigan sobre nosotros y escóndannos de la mirada del que está sentado en el trono y de la ira del Cordero, [17] porque ha llegado el gran día del castigo! ¿Quién podrá mantenerse en pie?»

Los 144.000 sellados

7 Después de esto vi a cuatro ángeles en los cuatro ángulos de la tierra. Estaban allí de pie, deteniendo los cuatro vientos para que éstos no se desataran sobre la tierra, el mar y los árboles. [2] Vi también a otro ángel que venía del oriente con el sello del Dios vivo. Gritó con voz potente a los cuatro ángeles a quienes se les había permitido hacer daño a la tierra y al mar: [3] «¡No hagan daño ni a la tierra, ni al mar ni a los árboles, hasta que hayamos puesto un sello en la frente de los *siervos de nuestro Dios!» [4] Y oí el número de los que fueron sellados: ciento cuarenta y cuatro mil de todas las tribus de Israel.

[5] De la tribu de Judá fueron sellados doce mil;
de la tribu de Rubén, doce mil;
de la tribu de Gad, doce mil;
[6] de la tribu de Aser, doce mil;
de la tribu de Neftalí, doce mil;
de la tribu de Manasés, doce mil;
[7] de la tribu de Simeón, doce mil;
de la tribu de Leví, doce mil;
de la tribu de Isacar, doce mil;
[8] de la tribu de Zabulón, doce mil;
de la tribu de José, doce mil;
de la tribu de Benjamín, doce mil.

La gran multitud con túnicas blancas

[9] Después de esto miré, y apareció una multitud tomada de todas las naciones, tribus, pueblos y lenguas; era tan grande que nadie podía contarla.

"How long, Sovereign Lord, holy and true, until you judge the inhabitants of the earth and avenge our blood?" [11] Then each of them was given a white robe, and they were told to wait a little longer, until the full number of their fellow servants, their brothers and sisters,[q] were killed just as they had been.

[12] I watched as he opened the sixth seal. There was a great earthquake. The sun turned black like sackcloth made of goat hair, the whole moon turned blood red, [13] and the stars in the sky fell to earth, as figs drop from a fig tree when shaken by a strong wind. [14] The heavens receded like a scroll being rolled up, and every mountain and island was removed from its place.

[15] Then the kings of the earth, the princes, the generals, the rich, the mighty, and everyone else, both slave and free, hid in caves and among the rocks of the mountains. [16] They called to the mountains and the rocks, "Fall on us and hide us[r] from the face of him who sits on the throne and from the wrath of the Lamb! [17] For the great day of their[s] wrath has come, and who can withstand it?"

144,000 Sealed

7 After this I saw four angels standing at the four corners of the earth, holding back the four winds of the earth to prevent any wind from blowing on the land or on the sea or on any tree. [2] Then I saw another angel coming up from the east, having the seal of the living God. He called out in a loud voice to the four angels who had been given power to harm the land and the sea: [3] "Do not harm the land or the sea or the trees until we put a seal on the foreheads of the servants of our God." [4] Then I heard the number of those who were sealed: 144,000 from all the tribes of Israel.

[5] From the tribe of Judah 12,000 were sealed,
from the tribe of Reuben 12,000,
from the tribe of Gad 12,000,
[6] from the tribe of Asher 12,000,
from the tribe of Naphtali 12,000,
from the tribe of Manasseh 12,000,
[7] from the tribe of Simeon 12,000,
from the tribe of Levi 12,000,
from the tribe of Issachar 12,000,
[8] from the tribe of Zebulun 12,000,
from the tribe of Joseph 12,000,
from the tribe of Benjamin 12,000.

The Great Multitude in White Robes

[9] After this I looked, and there before me was a great multitude that no one could count, from every nation, tribe, people and language, standing before the throne and before the Lamb. They

---

[n] 6:12 se oscureció ... luto. Lit. se puso negro como un saco hecho de pelo (es decir, pelo de cabra).

[q] 11 The Greek word for brothers and sisters (adelphoi) refers here to believers, both men and women, as part of God's family; also in 12:10; 19:10.　[r] 16 See Hosea 10:8.　[s] 17 Some manuscripts his

Estaban de pie delante del trono y del Cordero, vestidos de túnicas blancas y con ramas de palma en la mano. [10] Gritaban a gran voz:

«¡La salvación viene de nuestro Dios,
que está sentado en el trono,
y del Cordero!»

[11] Todos los ángeles estaban de pie alrededor del trono, de los *ancianos y de los cuatro seres vivientes. Se postraron rostro en tierra delante del trono, y adoraron a Dios [12] diciendo:

«¡Amén!
La alabanza, la gloria,
la sabiduría, la acción de gracias,
la honra, el poder y la fortaleza
son de nuestro Dios por los siglos de los
      siglos.
¡Amén!»

[13] Entonces uno de los ancianos me preguntó:
—Esos que están vestidos de blanco, ¿quiénes son, y de dónde vienen?
[14] —Eso usted lo sabe, mi señor —respondí.
Él me dijo:

—Aquéllos son los que están saliendo de la
      gran tribulación;
han lavado y blanqueado sus túnicas en la
      sangre del Cordero.
[15] Por eso, están delante del trono de Dios,
y día y noche le sirven en su templo;
y el que está sentado en el trono
les dará refugio en su santuario.[ñ]
[16] Ya no sufrirán hambre ni sed.
No los abatirá el sol ni ningún calor
      abrasador.
[17] Porque el Cordero que está en el trono los
      pastoreará
y los guiará a fuentes de agua viva;
y Dios les enjugará toda lágrima de sus ojos.

El séptimo sello y el incensario de oro

8 Cuando el Cordero rompió el séptimo sello, hubo silencio en el cielo como por media hora. [2] Y vi a los siete ángeles que están de pie delante de Dios, a los cuales se les dieron siete trompetas. [3] Se acercó otro ángel y se puso de pie frente al altar. Tenía un incensario de oro, y se le entregó mucho incienso para ofrecerlo, junto con las oraciones de todo el *pueblo de Dios, sobre el altar de oro que está delante del trono. [4] Y junto con esas oraciones, subió el humo del incienso desde la mano del ángel hasta la presencia de Dios. [5] Luego el ángel tomó el incensario y lo llenó con brasas del altar, las cuales arrojó sobre la tierra; y se produjeron truenos, estruendos,[o] relámpagos y un terremoto.

were wearing white robes and were holding palm branches in their hands. [10] And they cried out in a loud voice:

"Salvation belongs to our God,
who sits on the throne,
and to the Lamb."

[11] All the angels were standing around the throne and around the elders and the four living creatures. They fell down on their faces before the throne and worshiped God, [12] saying:

"Amen!
Praise and glory
and wisdom and thanks and honor
and power and strength
be to our God for ever and ever.
Amen!"

[13] Then one of the elders asked me, "These in white robes—who are they, and where did they come from?"
[14] I answered, "Sir, you know."
And he said, "These are they who have come out of the great tribulation; they have washed their robes and made them white in the blood of the Lamb. [15] Therefore,

"they are before the throne of God
and serve him day and night in his
      temple;
and he who sits on the throne
will shelter them with his presence.
[16] 'Never again will they hunger;
never again will they thirst.
The sun will not beat down on them,'[t]
nor any scorching heat.
[17] For the Lamb at the center of the throne
will be their shepherd;
'he will lead them to springs of living water.'[t]
'And God will wipe away every tear from
      their eyes.'[u]"

The Seventh Seal and the Golden Censer

8 When he opened the seventh seal, there was silence in heaven for about half an hour. [2] And I saw the seven angels who stand before God, and seven trumpets were given to them. [3] Another angel, who had a golden censer, came and stood at the altar. He was given much incense to offer, with the prayers of all God's people, on the golden altar in front of the throne. [4] The smoke of the incense, together with the prayers of God's people, went up before God from the angel's hand. [5] Then the angel took the censer, filled it with fire from the altar, and hurled it on the earth; and there came peals of thunder, rumblings, flashes of lightning and an earthquake.

ñ **7:15** *les dará ... santuario.* Lit. *extenderá su tienda sobre ellos.*
o **8:5** *estruendos.* Lit. *voces.*

t **16,17** Isaiah 49:10   *u* **17** Isaiah 25:8

Las trompetas

⁶ Los siete ángeles que tenían las siete trompetas se dispusieron a tocarlas.

⁷ Tocó el primero su trompeta, y fueron arrojados sobre la tierra granizo y fuego mezclados con sangre. Y se quemó la tercera parte de la tierra, la tercera parte de los árboles y toda la hierba verde.

⁸ Tocó el segundo ángel su trompeta, y fue arrojado al mar algo que parecía una enorme montaña envuelta en llamas. La tercera parte del mar se convirtió en sangre, ⁹ y murió la tercera parte de las criaturas que viven en el mar; también fue destruida la tercera parte de los barcos.

¹⁰ Tocó el tercer ángel su trompeta, y una enorme estrella, que ardía como una antorcha, cayó desde el cielo sobre la tercera parte de los ríos y sobre los manantiales. ¹¹ La estrella se llama Amargura.ᵖ Y la tercera parte de las aguas se volvió amarga, y por causa de esas aguas murió mucha gente.

¹² Tocó el cuarto ángel su trompeta, y fue asolada la tercera parte del sol, de la luna y de las estrellas, de modo que se oscureció la tercera parte de ellos. Así quedó sin luz la tercera parte del día y la tercera parte de la noche.

¹³ Seguí observando, y oí un águila que volaba en medio del cielo y gritaba fuertemente: «¡Ay! ¡Ay! ¡Ay de los habitantes de la tierra cuando suenen las tres trompetas que los últimos tres ángeles están a punto de tocar!»

9 Tocó el quinto ángel su trompeta, y vi que había caído del cielo a la tierra una estrella, a la cual se le entregó la llave del pozo del *abismo. ² Lo abrió, y del pozo subió una humareda, como la de un horno gigantesco; y la humareda oscureció el sol y el aire. ³ De la humareda descendieron langostas sobre la tierra, y se les dio poder como el que tienen los escorpiones de la tierra. ⁴ Se les ordenó que no dañaran la hierba de la tierra, ni ninguna planta ni ningún árbol, sino sólo a las personas que no llevaran en la frente el sello de Dios. ⁵ No se les dio permiso para matarlas sino sólo para torturarlas durante cinco meses. Su tormento es como el producido por la picadura de un escorpión. ⁶ En aquellos días la gente buscará la muerte, pero no la encontrará; desearán morir, pero la muerte huirá de ellos.

⁷ El aspecto de las langostas era como de caballos equipados para la guerra. Llevaban en la cabeza algo que parecía una corona de oro, y su cara se asemejaba a un rostro humano. ⁸ Su crin parecía cabello de mujer, y sus dientes eran como de león. ⁹ Llevaban coraza como de hierro, y el ruido de sus alas se escuchaba como el estruendo de carros de muchos caballos que se lanzan a la batalla. ¹⁰ Tenían cola y aguijón como de escorpión; y en la cola tenían poder para torturar a la gente durante

The Trumpets

⁶ Then the seven angels who had the seven trumpets prepared to sound them.

⁷ The first angel sounded his trumpet, and there came hail and fire mixed with blood, and it was hurled down on the earth. A third of the earth was burned up, a third of the trees were burned up, and all the green grass was burned up.

⁸ The second angel sounded his trumpet, and something like a huge mountain, all ablaze, was thrown into the sea. A third of the sea turned into blood, ⁹ a third of the living creatures in the sea died, and a third of the ships were destroyed.

¹⁰ The third angel sounded his trumpet, and a great star, blazing like a torch, fell from the sky on a third of the rivers and on the springs of water — ¹¹ the name of the star is Wormwood.ᵛ A third of the waters turned bitter, and many people died from the waters that had become bitter.

¹² The fourth angel sounded his trumpet, and a third of the sun was struck, a third of the moon, and a third of the stars, so that a third of them turned dark. A third of the day was without light, and also a third of the night.

¹³ As I watched, I heard an eagle that was flying in midair call out in a loud voice: "Woe! Woe! Woe to the inhabitants of the earth, because of the trumpet blasts about to be sounded by the other three angels!"

9 The fifth angel sounded his trumpet, and I saw a star that had fallen from the sky to the earth. The star was given the key to the shaft of the Abyss. ² When he opened the Abyss, smoke rose from it like the smoke from a gigantic furnace. The sun and sky were darkened by the smoke from the Abyss. ³ And out of the smoke locusts came down on the earth and were given power like that of scorpions of the earth. ⁴ They were told not to harm the grass of the earth or any plant or tree, but only those people who did not have the seal of God on their foreheads. ⁵ They were not allowed to kill them but only to torture them for five months. And the agony they suffered was like that of the sting of a scorpion when it strikes. ⁶ During those days people will seek death but will not find it; they will long to die, but death will elude them.

⁷ The locusts looked like horses prepared for battle. On their heads they wore something like crowns of gold, and their faces resembled human faces. ⁸ Their hair was like women's hair, and their teeth were like lions' teeth. ⁹ They had breastplates like breastplates of iron, and the sound of their wings was like the thundering of many horses and chariots rushing into battle. ¹⁰ They had tails with stingers, like scorpions, and in their tails they had

---

ᵖ **8:11** *Amargura.* Lit. *Ajenjo.*

ᵛ *11* Wormwood is a bitter substance.

cinco meses. [11] El rey que los dirigía era el ángel del abismo, que en hebreo se llama Abadón y en griego Apolión.[q]

[12] El primer ¡ay! ya pasó, pero vienen todavía otros dos.

[13] Tocó el sexto ángel su trompeta, y oí una voz que salía de entre los cuernos del altar de oro que está delante de Dios. [14] A este ángel que tenía la trompeta, la voz le dijo: «Suelta a los cuatro ángeles que están atados a la orilla del gran río Éufrates.» [15] Así que los cuatro ángeles que habían sido preparados precisamente para esa hora, y ese día, mes y año, quedaron sueltos para matar a la tercera parte de la *humanidad. [16] Oí que el número de las tropas de caballería llegaba a doscientos millones.

[17] Así vi en la visión a los caballos y a sus jinetes: Tenían coraza de color rojo encendido, azul violeta y amarillo como azufre. La cabeza de los caballos era como de león, y por la boca echaban fuego, humo y azufre. [18] La tercera parte de la humanidad murió a causa de las tres plagas de fuego, humo y azufre que salían de la boca de los caballos. [19] Es que el poder de los caballos radicaba en su boca y en su cola; pues sus colas, semejantes a serpientes, tenían cabezas con las que hacían daño.

[20] El resto de la humanidad, los que no murieron a causa de estas plagas, tampoco se *arrepintieron de sus malas acciones ni dejaron de adorar a los demonios y a los ídolos de oro, plata, bronce, piedra y madera, los cuales no pueden ver ni oír ni caminar. [21] Tampoco se arrepintieron de sus asesinatos ni de sus artes mágicas, inmoralidad sexual y robos.

El ángel y el rollo pequeño

10 Después vi a otro ángel poderoso que bajaba del cielo envuelto en una nube. Un arco iris rodeaba su cabeza; su rostro era como el sol, y sus piernas parecían columnas de fuego. [2] Llevaba en la mano un pequeño rollo escrito que estaba abierto. Puso el pie derecho sobre el mar y el izquierdo sobre la tierra, [3] y dio un grito tan fuerte que parecía el rugido de un león. Entonces los siete truenos levantaron también sus voces. [4] Una vez que hablaron los siete truenos, estaba yo por escribir, pero oí una voz del cielo que me decía: «Guarda en secreto lo que han dicho los siete truenos, y no lo escribas.»

[5] El ángel que yo había visto de pie sobre el mar y sobre la tierra levantó al cielo su mano derecha [6] y juró por el que vive por los siglos de los siglos, el que creó el cielo, la tierra, el mar y todo lo que hay en ellos, y dijo: «¡El tiempo ha terminado! [7] En los días en que hable el séptimo ángel, cuando comience a tocar su trompeta, se cumplirá el designio *secreto de Dios, tal y como lo anunció a sus *siervos los profetas.»

power to torment people for five months. [11] They had as king over them the angel of the Abyss, whose name in Hebrew is Abaddon and in Greek is Apollyon (that is, Destroyer).

[12] The first woe is past; two other woes are yet to come.

[13] The sixth angel sounded his trumpet, and I heard a voice coming from the four horns of the golden altar that is before God. [14] It said to the sixth angel who had the trumpet, "Release the four angels who are bound at the great river Euphrates." [15] And the four angels who had been kept ready for this very hour and day and month and year were released to kill a third of mankind. [16] The number of the mounted troops was twice ten thousand times ten thousand. I heard their number.

[17] The horses and riders I saw in my vision looked like this: Their breastplates were fiery red, dark blue, and yellow as sulfur. The heads of the horses resembled the heads of lions, and out of their mouths came fire, smoke and sulfur. [18] A third of mankind was killed by the three plagues of fire, smoke and sulfur that came out of their mouths. [19] The power of the horses was in their mouths and in their tails; for their tails were like snakes, having heads with which they inflict injury.

[20] The rest of mankind who were not killed by these plagues still did not repent of the work of their hands; they did not stop worshiping demons, and idols of gold, silver, bronze, stone and wood— idols that cannot see or hear or walk. [21] Nor did they repent of their murders, their magic arts, their sexual immorality or their thefts.

The Angel and the Little Scroll

10 Then I saw another mighty angel coming down from heaven. He was robed in a cloud, with a rainbow above his head; his face was like the sun, and his legs were like fiery pillars. [2] He was holding a little scroll, which lay open in his hand. He planted his right foot on the sea and his left foot on the land, [3] and he gave a loud shout like the roar of a lion. When he shouted, the voices of the seven thunders spoke. [4] And when the seven thunders spoke, I was about to write; but I heard a voice from heaven say, "Seal up what the seven thunders have said and do not write it down."

[5] Then the angel I had seen standing on the sea and on the land raised his right hand to heaven. [6] And he swore by him who lives for ever and ever, who created the heavens and all that is in them, the earth and all that is in it, and the sea and all that is in it, and said, "There will be no more delay! [7] But in the days when the seventh angel is about to sound his trumpet, the mystery of God will be accomplished, just as he announced to his servants the prophets."

---

q **9:11** *Abadón* y *Apolión* significan *Destructor.*

⁸ La voz del cielo que yo había escuchado se dirigió a mí de nuevo: «Acércate al ángel que está de pie sobre el mar y sobre la tierra, y toma el rollo que tiene abierto en la mano.» ⁹ Me acerqué al ángel y le pedí que me diera el rollo. Él me dijo: «Tómalo y cómetelo. Te amargará las entrañas, pero en la boca te sabrá dulce como la miel.» ¹⁰ Lo tomé de la mano del ángel y me lo comí. Me supo dulce como la miel, pero al comérmelo se me amargaron las entrañas. ¹¹ Entonces se me ordenó: «Tienes que volver a profetizar acerca de muchos pueblos, naciones, lenguas y reyes.»

Los dos testigos

11 Se me dio una caña que servía para medir, y se me ordenó: «Levántate y mide el templo de Dios y el altar, y calcula cuántos pueden adorar allí. ² Pero no incluyas el atrio exterior del templo; no lo midas, porque ha sido entregado a las naciones paganas, las cuales pisotearán la ciudad santa durante cuarenta y dos meses. ³ Por mi parte, yo encargaré a mis dos testigos que, vestidos de luto,ʳ profeticen durante mil doscientos sesenta días.» ⁴ Estos dos testigos son los dos olivos y los dos candelabros que permanecen delante del Señor de la tierra. ⁵ Si alguien quiere hacerles daño, ellos lanzan fuego por la boca y consumen a sus enemigos. Así habrá de morir cualquiera que intente hacerles daño. ⁶ Estos testigos tienen poder para cerrar el cielo a fin de que no llueva mientras estén profetizando; y tienen poder para convertir las aguas en sangre y para azotar la tierra, cuantas veces quieran, con toda clase de plagas.

⁷ Ahora bien, cuando hayan terminado de dar su testimonio, la bestia que sube del *abismo les hará la guerra, los vencerá y los matará. ⁸ Sus cadáveres quedarán tendidos en la plaza de la gran ciudad, llamada en sentido figuradoˢ Sodoma y Egipto, donde también fue crucificado su Señor. ⁹ Y gente de todo pueblo, tribu, lengua y nación contemplará sus cadáveres por tres días y medio, y no permitirá que se les dé sepultura. ¹⁰ Los habitantes de la tierra se alegrarán de su muerte y harán fiesta e intercambiarán regalos, porque estos dos profetas les estaban haciendo la vida imposible.

¹¹ Pasados los tres días y medio, entró en ellos un aliento de vida enviado por Dios, y se pusieron de pie, y quienes los observaban quedaron sobrecogidos de terror. ¹² Entonces los dos testigos oyeron una potente voz del cielo que les decía: «Suban acá.» Y subieron al cielo en una nube, a la vista de sus enemigos.

¹³ En ese mismo instante se produjo un violento terremoto y se derrumbó la décima parte de la ciudad. Perecieron siete mil personas, pero los sobrevivientes, llenos de temor, dieron gloria al Dios del cielo.

⁸Then the voice that I had heard from heaven spoke to me once more: "Go, take the scroll that lies open in the hand of the angel who is standing on the sea and on the land." ⁹So I went to the angel and asked him to give me the little scroll. He said to me, "Take it and eat it. It will turn your stomach sour, but 'in your mouth it will be as sweet as honey.'"ʷ ¹⁰I took the little scroll from the angel's hand and ate it. It tasted as sweet as honey in my mouth, but when I had eaten it, my stomach turned sour. ¹¹Then I was told, "You must prophesy again about many peoples, nations, languages and kings."

The Two Witnesses

11 I was given a reed like a measuring rod and was told, "Go and measure the temple of God and the altar, with its worshipers. ²But exclude the outer court; do not measure it, because it has been given to the Gentiles. They will trample on the holy city for 42 months. ³And I will appoint my two witnesses, and they will prophesy for 1,260 days, clothed in sackcloth." ⁴They are "the two olive trees" and the two lampstands, and "they stand before the Lord of the earth."ˣ ⁵If anyone tries to harm them, fire comes from their mouths and devours their enemies. This is how anyone who wants to harm them must die. ⁶They have power to shut up the heavens so that it will not rain during the time they are prophesying; and they have power to turn the waters into blood and to strike the earth with every kind of plague as often as they want.

⁷Now when they have finished their testimony, the beast that comes up from the Abyss will attack them, and overpower and kill them. ⁸Their bodies will lie in the public square of the great city—which is figuratively called Sodom and Egypt—where also their Lord was crucified. ⁹For three and a half days some from every people, tribe, language and nation will gaze on their bodies and refuse them burial. ¹⁰The inhabitants of the earth will gloat over them and will celebrate by sending each other gifts, because these two prophets had tormented those who live on the earth.

¹¹But after the three and a half days the breathʸ of life from God entered them, and they stood on their feet, and terror struck those who saw them. ¹²Then they heard a loud voice from heaven saying to them, "Come up here." And they went up to heaven in a cloud, while their enemies looked on.

¹³At that very hour there was a severe earthquake and a tenth of the city collapsed. Seven thousand people were killed in the earthquake, and the survivors were terrified and gave glory to the God of heaven.

ʳ 11:3 *luto*. Lit. *cilicio*.
ˢ 11:8 *en sentido figurado*. Lit. *espiritualmente*.

ʷ 9 Ezek. 3:3   ˣ 4 See Zech. 4:3,11,14.   ʸ 11 Or *Spirit* (see Ezek. 37:5,14)

¹⁴ El segundo ¡ay! ya pasó, pero se acerca el tercero.

La séptima trompeta

¹⁵ Tocó el séptimo ángel su trompeta, y en el cielo resonaron fuertes voces que decían:

«El reino del mundo ha pasado a ser de
      nuestro Señor y de su *Cristo,
y él reinará por los siglos de los siglos.»

¹⁶ Los veinticuatro *ancianos que estaban sentados en sus tronos delante de Dios se postraron rostro en tierra y adoraron a Dios ¹⁷ diciendo:

«Señor, Dios Todopoderoso,
    que eres y que eras,^t
te damos gracias porque has asumido tu
    gran poder
    y has comenzado a reinar.
¹⁸ Las *naciones se han enfurecido;
    pero ha llegado tu castigo,
el momento de juzgar a los muertos,
    y de recompensar a tus *siervos los
      profetas,
a tus *santos y a los que temen tu nombre,
    sean grandes o pequeños,
y de destruir a los que destruyen la tierra.»

¹⁹ Entonces se abrió en el cielo el templo de Dios; allí se vio el arca de su pacto, y hubo relámpagos, estruendos, truenos, un terremoto y una fuerte granizada.

La mujer y el dragón

12 Apareció en el cielo una señal maravillosa: una mujer revestida del sol, con la luna debajo de sus pies y con una corona de doce estrellas en la cabeza. ² Estaba encinta y gritaba por los dolores y angustias del parto. ³ Y apareció en el cielo otra señal: un enorme dragón de color rojo encendido que tenía siete cabezas y diez cuernos, y una diadema en cada cabeza. ⁴ Con la cola arrastró la tercera parte de las estrellas del cielo y las arrojó sobre la tierra. Cuando la mujer estaba a punto de dar a luz, el dragón se plantó delante de ella para devorar a su hijo tan pronto como naciera. ⁵ Ella dio a luz un hijo varón que gobernará a todas las *naciones con puño de hierro.^u Pero su hijo fue arrebatado y llevado hasta Dios, que está en su trono. ⁶ Y la mujer huyó al desierto, a un lugar que Dios le había preparado para que allí la sustentaran durante mil doscientos sesenta días.

⁷ Se desató entonces una guerra en el cielo: Miguel y sus ángeles combatieron al dragón; éste y sus ángeles, a su vez, les hicieron frente, ⁸ pero no pudieron vencer, y ya no hubo lugar para ellos en el cielo. ⁹ Así fue expulsado el gran dragón, aquella serpiente antigua que se llama Diablo y Satanás, y

¹⁴ The second woe has passed; the third woe is coming soon.

The Seventh Trumpet

¹⁵ The seventh angel sounded his trumpet, and there were loud voices in heaven, which said:

"The kingdom of the world has become
    the kingdom of our Lord and of his
      Messiah,
    and he will reign for ever and ever."

¹⁶ And the twenty-four elders, who were seated on their thrones before God, fell on their faces and worshiped God, ¹⁷ saying:

"We give thanks to you, Lord God Almighty,
    the One who is and who was,
because you have taken your great power
    and have begun to reign.
¹⁸ The nations were angry,
    and your wrath has come.
The time has come for judging the dead,
    and for rewarding your servants the
      prophets
and your people who revere your name,
    both great and small—
and for destroying those who destroy the
    earth."

¹⁹ Then God's temple in heaven was opened, and within his temple was seen the ark of his covenant. And there came flashes of lightning, rumblings, peals of thunder, an earthquake and a severe hailstorm.

The Woman and the Dragon

12 A great sign appeared in heaven: a woman clothed with the sun, with the moon under her feet and a crown of twelve stars on her head. ² She was pregnant and cried out in pain as she was about to give birth. ³ Then another sign appeared in heaven: an enormous red dragon with seven heads and ten horns and seven crowns on its heads. ⁴ Its tail swept a third of the stars out of the sky and flung them to the earth. The dragon stood in front of the woman who was about to give birth, so that it might devour her child the moment he was born. ⁵ She gave birth to a son, a male child, who "will rule all the nations with an iron scepter."^z And her child was snatched up to God and to his throne. ⁶ The woman fled into the wilderness to a place prepared for her by God, where she might be taken care of for 1,260 days.

⁷ Then war broke out in heaven. Michael and his angels fought against the dragon, and the dragon and his angels fought back. ⁸ But he was not strong enough, and they lost their place in heaven. ⁹ The great dragon was hurled down—that ancient serpent called the devil, or Satan, who leads the

---

^t **11:17** *eras.* Var. *eras y que has de venir.*
^u **12:5** *gobernará ... con puño de hierro.* Lit. *pastoreará ... con cetro de hierro.*

^z 5 Psalm 2:9

que engaña al mundo entero. Junto con sus ángeles, fue arrojado a la tierra.

¹⁰ Luego oí en el cielo un gran clamor:

«Han llegado ya la salvación y el poder y el
　　reino de nuestro Dios;
ha llegado ya la autoridad de su *Cristo.
Porque ha sido expulsado
　el acusador de nuestros hermanos,
　el que los acusaba día y noche delante de
　　nuestro Dios.
¹¹ Ellos lo han vencido
　por medio de la sangre del Cordero
　y por el mensaje del cual dieron
　　testimonio;
no valoraron tanto su *vida
　como para evitar la muerte.
¹² Por eso, ¡alégrense, cielos,
　y ustedes que los habitan!
Pero ¡ay de la tierra y del mar!
　El diablo, lleno de furor, ha descendido a
　　ustedes,
porque sabe que le queda poco tiempo.»

¹³ Cuando el dragón se vio arrojado a la tierra, persiguió a la mujer que había dado a luz al varón. ¹⁴ Pero a la mujer se le dieron las dos alas de la gran águila, para que volara al desierto, al lugar donde sería sustentada durante un tiempo y tiempos y medio tiempo, lejos de la vista de la serpiente. ¹⁵ La serpiente, persiguiendo a la mujer, arrojó por sus fauces agua como un río, para que la corriente la arrastrara. ¹⁶ Pero la tierra ayudó a la mujer: abrió la boca y se tragó el río que el dragón había arrojado por sus fauces. ¹⁷ Entonces el dragón se enfureció contra la mujer, y se fue a hacer guerra contra el resto de sus descendientes, los cuales obedecen los mandamientos de Dios y se mantienen fieles al testimonio de Jesús.

13 Y el dragón se plantó^v a la orilla del mar.

La bestia que surge del mar

Entonces vi que del mar subía una bestia, la cual tenía diez cuernos y siete cabezas. En cada cuerno tenía una diadema, y en cada cabeza un nombre *blasfemo contra Dios. ² La bestia parecía un leopardo, pero tenía patas como de oso y fauces como de león. El dragón le confirió a la bestia su poder, su trono y gran autoridad. ³ Una de las cabezas de la bestia parecía haber sufrido una herida mortal, pero esa herida ya había sido sanada. El mundo entero, fascinado, iba tras la bestia ⁴ y adoraba al dragón porque había dado su autoridad a la bestia. También adoraban a la bestia y decían: «¿Quién como la bestia? ¿Quién puede combatirla?»

⁵ A la bestia se le permitió hablar con arrogancia y proferir blasfemias contra Dios, y se le confirió autoridad para actuar durante cuarenta y dos

whole world astray. He was hurled to the earth, and his angels with him.

¹⁰ Then I heard a loud voice in heaven say:

"Now have come the salvation and the
　power
　and the kingdom of our God,
　and the authority of his Messiah.
For the accuser of our brothers and sisters,
　who accuses them before our God day
　　and night,
　has been hurled down.
¹¹ They triumphed over him
　by the blood of the Lamb
　and by the word of their testimony;
they did not love their lives so much
　as to shrink from death.
¹² Therefore rejoice, you heavens
　and you who dwell in them!
But woe to the earth and the sea,
　because the devil has gone down to you!
He is filled with fury,
　because he knows that his time is short."

¹³ When the dragon saw that he had been hurled to the earth, he pursued the woman who had given birth to the male child. ¹⁴ The woman was given the two wings of a great eagle, so that she might fly to the place prepared for her in the wilderness, where she would be taken care of for a time, times and half a time, out of the serpent's reach. ¹⁵ Then from his mouth the serpent spewed water like a river, to overtake the woman and sweep her away with the torrent. ¹⁶ But the earth helped the woman by opening its mouth and swallowing the river that the dragon had spewed out of his mouth. ¹⁷ Then the dragon was enraged at the woman and went off to wage war against the rest of her offspring—those who keep God's commands and hold fast their testimony about Jesus.

The Beast out of the Sea

13 The dragon^a stood on the shore of the sea. And I saw a beast coming out of the sea. It had ten horns and seven heads, with ten crowns on its horns, and on each head a blasphemous name. ² The beast I saw resembled a leopard, but had feet like those of a bear and a mouth like that of a lion. The dragon gave the beast his power and his throne and great authority. ³ One of the heads of the beast seemed to have had a fatal wound, but the fatal wound had been healed. The whole world was filled with wonder and followed the beast. ⁴ People worshiped the dragon because he had given authority to the beast, and they also worshiped the beast and asked, "Who is like the beast? Who can wage war against it?"

⁵ The beast was given a mouth to utter proud words and blasphemies and to exercise its authority

---

^v **13:1** el dragón se plantó. Var. yo estaba de pie.　　　　^a 1 Some manuscripts And I

meses. ⁶ Abrió la boca para blasfemar contra Dios, para maldecir su nombre y su morada y a los que viven en el cielo. ⁷ También se le permitió hacer la guerra a los *santos y vencerlos, y se le dio autoridad sobre toda raza, pueblo, lengua y nación. ⁸ A la bestia la adorarán todos los habitantes de la tierra, aquellos cuyos nombres no han sido escritos en el libro de la vida, el libro del Cordero que fue sacrificado desde la creación del mundo.ʷ

⁹ El que tenga oídos, que oiga.

¹⁰ El que deba ser llevado cautivo,
　　a la cautividad irá.
El que deba morirˣ a espada,
　　a filo de espada morirá.

¡En esto consisteʸ la perseverancia y la *fidelidad de los santos!

La bestia que sube de la tierra

¹¹ Después vi que de la tierra subía otra bestia. Tenía dos cuernos como de cordero, pero hablaba como dragón. ¹² Ejercía toda la autoridad de la primera bestia en presencia de ella, y hacía que la tierra y sus habitantes adoraran a la primera bestia, cuya herida mortal había sido sanada. ¹³ También hacía grandes señales milagrosas, incluso la de hacer caer fuego del cielo a la tierra, a la vista de todos. ¹⁴ Con estas señales que se le permitió hacer en presencia de la primera bestia, engañó a los habitantes de la tierra. Les ordenó que hicieran una imagen en honor de la bestia que, después de ser herida a espada, revivió. ¹⁵ Se le permitió infundir vida a la imagen de la primera bestia, para que hablara y mandara matar a quienes no adoraran la imagen. ¹⁶ Además logró que a todos, grandes y pequeños, ricos y pobres, libres y esclavos, se les pusiera una marca en la mano derecha o en la frente, ¹⁷ de modo que nadie pudiera comprar ni vender, a menos que llevara la marca, que es el nombre de la bestia o el número de ese nombre.

¹⁸ En esto consisteᶻ la sabiduría: el que tenga entendimiento, calcule el número de la bestia, pues es número de un ser *humano: seiscientos sesenta y seis.

El Cordero y los 144.000

14 Luego miré, y apareció el Cordero. Estaba de pie sobre el monte Sión, en compañía de ciento cuarenta y cuatro mil personas que llevaban escrito en la frente el nombre del Cordero y de su Padre. ² Oí un sonido que venía del cielo, como el estruendo de una catarata y el retumbar de un gran trueno. El sonido se parecía al de músicos que tañen sus arpas. ³ Y cantaban un himno nuevo delante del trono y delante de los cuatro seres

for forty-two months. ⁶ It opened its mouth to blaspheme God, and to slander his name and his dwelling place and those who live in heaven. ⁷ It was given power to wage war against God's holy people and to conquer them. And it was given authority over every tribe, people, language and nation. ⁸ All inhabitants of the earth will worship the beast — all whose names have not been written in the Lamb's book of life, the Lamb who was slain from the creation of the world.ᵇ

⁹ Whoever has ears, let them hear.

¹⁰ "If anyone is to go into captivity,
　　into captivity they will go.
If anyone is to be killedᶜ with the sword,
　　with the sword they will be killed."ᵈ

This calls for patient endurance and faithfulness on the part of God's people.

The Beast out of the Earth

¹¹ Then I saw a second beast, coming out of the earth. It had two horns like a lamb, but it spoke like a dragon. ¹² It exercised all the authority of the first beast on its behalf, and made the earth and its inhabitants worship the first beast, whose fatal wound had been healed. ¹³ And it performed great signs, even causing fire to come down from heaven to the earth in full view of the people. ¹⁴ Because of the signs it was given power to perform on behalf of the first beast, it deceived the inhabitants of the earth. It ordered them to set up an image in honor of the beast who was wounded by the sword and yet lived. ¹⁵ The second beast was given power to give breath to the image of the first beast, so that the image could speak and cause all who refused to worship the image to be killed. ¹⁶ It also forced all people, great and small, rich and poor, free and slave, to receive a mark on their right hands or on their foreheads, ¹⁷ so that they could not buy or sell unless they had the mark, which is the name of the beast or the number of its name.

¹⁸ This calls for wisdom. Let the person who has insight calculate the number of the beast, for it is the number of a man.ᵉ That number is 666.

The Lamb and the 144,000

14 Then I looked, and there before me was the Lamb, standing on Mount Zion, and with him 144,000 who had his name and his Father's name written on their foreheads. ² And I heard a sound from heaven like the roar of rushing waters and like a loud peal of thunder. The sound I heard was like that of harpists playing their harps. ³ And they sang a new song before the throne and before the four living creatures and the elders. No

---

w 13:8 escritos ... mundo. Alt. escritos desde la creación del mundo en el libro de la vida, el libro del Cordero que fue sacrificado.
x 13:10 que deba morir. Var. que mata.
y 13:10 En esto consisten. Alt. Aquí se verán.
z 13:18 En esto consiste. Alt. Aquí se verá.

b 8 Or written from the creation of the world in the book of life belonging to the Lamb who was slain   c 10 Some manuscripts anyone kills   d 10 Jer. 15:2   e 18 Or is humanity's number

vivientes y de los *ancianos. Nadie podía aprender aquel himno, aparte de los ciento cuarenta y cuatro mil que habían sido rescatados de la tierra. [4] Éstos se mantuvieron puros, sin contaminarse con ritos sexuales.[a] Son los que siguen al Cordero por dondequiera que va. Fueron rescatados como los primeros frutos de la *humanidad para Dios y el Cordero. [5] No se encontró mentira alguna en su boca, pues son intachables.

Los tres ángeles

[6] Luego vi a otro ángel que volaba en medio del cielo, y que llevaba el *evangelio eterno para anunciarlo a los que viven en la tierra, a toda nación, raza, lengua y pueblo. [7] Gritaba a gran voz: «Teman a Dios y denle gloria, porque ha llegado la hora de su juicio. Adoren al que hizo el cielo, la tierra, el mar y los manantiales.»

[8] Lo seguía un segundo ángel que gritaba: «¡Ya cayó! Ya cayó la gran Babilonia, la que hizo que todas las *naciones bebieran el excitante vino[b] de su adulterio.»

[9] Los seguía un tercer ángel que clamaba a grandes voces: «Si alguien adora a la bestia y a su imagen, y se deja poner en la frente o en la mano la marca de la bestia, [10] beberá también el vino del furor de Dios, que en la copa de su ira está puro, no diluido. Será atormentado con fuego y azufre, en presencia de los santos ángeles y del Cordero. [11] El humo de ese tormento sube por los siglos de los siglos. No habrá descanso ni de día ni de noche para el que adore a la bestia y su imagen, ni para quien se deje poner la marca de su nombre.» [12] ¡En esto consiste[c] la perseverancia de los *santos, los cuales obedecen los mandamientos de Dios y se mantienen fieles a Jesús!

[13] Entonces oí una voz del cielo, que decía: «Escribe: *Dichosos los que de ahora en adelante mueren en el Señor.»

«Sí —dice el Espíritu—, ellos descansarán de sus fatigosas tareas, pues sus obras los acompañan.»

La cosecha de la tierra

[14] Miré, y apareció una nube blanca, sobre la cual estaba sentado alguien «semejante al Hijo del hombre».[d] En la cabeza tenía una corona de oro, y en la mano, una hoz afilada. [15] Entonces salió del templo otro ángel y le gritó al que estaba sentado en la nube: «Mete la hoz y recoge la cosecha; ya es tiempo de segar, pues la cosecha de la tierra está madura.» [16] Así que el que estaba sentado sobre la nube pasó la hoz, y la tierra fue segada.

[17] Del templo que está en el cielo salió otro ángel, que también llevaba una hoz afilada. [18] Del altar salió otro ángel, que tenía autoridad sobre

one could learn the song except the 144,000 who had been redeemed from the earth. [4] These are those who did not defile themselves with women, for they remained virgins. They follow the Lamb wherever he goes. They were purchased from among mankind and offered as firstfruits to God and the Lamb. [5] No lie was found in their mouths; they are blameless.

The Three Angels

[6] Then I saw another angel flying in midair, and he had the eternal gospel to proclaim to those who live on the earth — to every nation, tribe, language and people. [7] He said in a loud voice, "Fear God and give him glory, because the hour of his judgment has come. Worship him who made the heavens, the earth, the sea and the springs of water."

[8] A second angel followed and said, " 'Fallen! Fallen is Babylon the Great,'[f] which made all the nations drink the maddening wine of her adulteries."

[9] A third angel followed them and said in a loud voice: "If anyone worships the beast and its image and receives its mark on their forehead or on their hand, [10] they, too, will drink the wine of God's fury, which has been poured full strength into the cup of his wrath. They will be tormented with burning sulfur in the presence of the holy angels and of the Lamb. [11] And the smoke of their torment will rise for ever and ever. There will be no rest day or night for those who worship the beast and its image, or for anyone who receives the mark of its name." [12] This calls for patient endurance on the part of the people of God who keep his commands and remain faithful to Jesus.

[13] Then I heard a voice from heaven say, "Write this: Blessed are the dead who die in the Lord from now on."

"Yes," says the Spirit, "they will rest from their labor, for their deeds will follow them."

Harvesting the Earth and Trampling the Winepress

[14] I looked, and there before me was a white cloud, and seated on the cloud was one like a son of man[g] with a crown of gold on his head and a sharp sickle in his hand. [15] Then another angel came out of the temple and called in a loud voice to him who was sitting on the cloud, "Take your sickle and reap, because the time to reap has come, for the harvest of the earth is ripe." [16] So he who was seated on the cloud swung his sickle over the earth, and the earth was harvested.

[17] Another angel came out of the temple in heaven, and he too had a sharp sickle. [18] Still another angel, who had charge of the fire, came from

---

a **14:4** *Éstos ... sexuales.* Lit. *Éstos no se contaminaron con mujeres, pues son vírgenes.*
b **14:8** *el excitante vino.* Lit. *el vino del furor.*
c **14:12** *En esto consiste.* Alt. *Aquí se verá.*
d **14:14** Dn 7:13

f 8 Isaiah 21:9   *g* 14 See Daniel 7:13.

el fuego, y le gritó al que llevaba la hoz afilada: «Mete tu hoz y corta los racimos del viñedo de la tierra, porque sus uvas ya están maduras.» [19] El ángel pasó la hoz sobre la tierra, recogió las uvas y las echó en el gran lagar de la ira de Dios. [20] Las uvas fueron exprimidas fuera de la ciudad, y del lagar salió sangre, la cual llegó hasta los frenos de los caballos en una extensión de trescientos kilómetros.[e]

Siete ángeles con siete plagas

15 Vi en el cielo otra señal grande y maravillosa: siete ángeles con las siete plagas, que son las últimas, pues con ellas se consumará la ira de Dios. [2] Vi también un mar como de vidrio mezclado con fuego. De pie, a la orilla del mar, estaban los que habían vencido a la bestia, a su imagen y al número de su nombre. Tenían las arpas que Dios les había dado, [3] y cantaban el himno de Moisés, *siervo de Dios, y el himno del Cordero:

«Grandes y maravillosas son tus obras,
    Señor, Dios Todopoderoso.
Justos y verdaderos son tus caminos,
    Rey de las *naciones.[f]
[4] ¿Quién no te temerá, oh Señor?
    ¿Quién no glorificará tu nombre?
Sólo tú eres santo.
Todas las naciones vendrán
    y te adorarán,
porque han salido a la luz
    las obras de tu justicia.»

[5] Después de esto miré, y en el cielo se abrió el templo, el tabernáculo del testimonio. [6] Del templo salieron los siete ángeles que llevaban las siete plagas. Estaban vestidos de lino limpio y resplandeciente, y ceñidos con bandas de oro a la altura del pecho. [7] Uno de los cuatro seres vivientes dio a cada uno de los siete ángeles una copa de oro llena del furor de Dios, quien vive por los siglos de los siglos. [8] El templo se llenó del humo que procedía de la gloria y del poder de Dios, y nadie podía entrar allí hasta que se terminaran las siete plagas de los siete ángeles.

Las siete copas de la ira de Dios

16 Oí una voz que desde el templo decía a gritos a los siete ángeles: «¡Vayan y derramen sobre la tierra las siete copas del furor de Dios!»

[2] El primer ángel fue y derramó su copa sobre la tierra, y a toda la gente que tenía la marca de la bestia y que adoraba su imagen le salió una llaga maligna y repugnante.

[3] El segundo ángel derramó su copa sobre el mar, y el mar se convirtió en sangre como de gente masacrada, y murió todo ser viviente que había en el mar.

the altar and called in a loud voice to him who had the sharp sickle, "Take your sharp sickle and gather the clusters of grapes from the earth's vine, because its grapes are ripe." [19] The angel swung his sickle on the earth, gathered its grapes and threw them into the great winepress of God's wrath. [20] They were trampled in the winepress outside the city, and blood flowed out of the press, rising as high as the horses' bridles for a distance of 1,600 stadia.[h]

Seven Angels With Seven Plagues

15 I saw in heaven another great and marvelous sign: seven angels with the seven last plagues — last, because with them God's wrath is completed. [2] And I saw what looked like a sea of glass glowing with fire and, standing beside the sea, those who had been victorious over the beast and its image and over the number of its name. They held harps given them by God [3] and sang the song of God's servant Moses and of the Lamb:

"Great and marvelous are your deeds,
    Lord God Almighty.
Just and true are your ways,
    King of the nations.[i]
[4] Who will not fear you, Lord,
    and bring glory to your name?
For you alone are holy.
All nations will come
    and worship before you,
for your righteous acts have been revealed."[j]

[5] After this I looked, and I saw in heaven the temple — that is, the tabernacle of the covenant law — and it was opened. [6] Out of the temple came the seven angels with the seven plagues. They were dressed in clean, shining linen and wore golden sashes around their chests. [7] Then one of the four living creatures gave to the seven angels seven golden bowls filled with the wrath of God, who lives for ever and ever. [8] And the temple was filled with smoke from the glory of God and from his power, and no one could enter the temple until the seven plagues of the seven angels were completed.

The Seven Bowls of God's Wrath

16 Then I heard a loud voice from the temple saying to the seven angels, "Go, pour out the seven bowls of God's wrath on the earth."

[2] The first angel went and poured out his bowl on the land, and ugly, festering sores broke out on the people who had the mark of the beast and worshiped its image.

[3] The second angel poured out his bowl on the sea, and it turned into blood like that of a dead person, and every living thing in the sea died.

---

e **14:20** trescientos kilómetros. Lit. mil seiscientos *estadios.
f **15:3** de las naciones. Var. de los siglos.

h 20 That is, about 180 miles or about 300 kilometers
i 3 Some manuscripts ages   j 3,4 Phrases in this song are drawn from Psalm 111:2,3; Deut. 32:4; Jer. 10:7; Psalms 86:9; 98:2.

⁴ El tercer ángel derramó su copa sobre los ríos y los manantiales, y éstos se convirtieron en sangre. ⁵ Oí que el ángel de las aguas decía:

> «Justo eres tú, el Santo,
> que eres y que eras,
> porque juzgas así:
> ⁶ ellos derramaron la sangre de *santos y de profetas,
> y tú les has dado a beber sangre, como se lo merecen.»

⁷ Oí también que el altar respondía:

> «Así es, Señor, Dios Todopoderoso,
> verdaderos y justos son tus juicios.»

⁸ El cuarto ángel derramó su copa sobre el sol, al cual se le permitió quemar con fuego a la gente. ⁹ Todos sufrieron terribles quemaduras, pero ni así se *arrepintieron; en vez de darle gloria a Dios, que tiene poder sobre esas plagas, maldijeron su nombre.

¹⁰ El quinto ángel derramó su copa sobre el trono de la bestia, y el reino de la bestia quedó sumido en la oscuridad. La gente se mordía la lengua de dolor ¹¹ y, por causa de sus padecimientos y de sus llagas, maldecían al Dios del cielo, pero no se arrepintieron de sus malas obras.

¹² El sexto ángel derramó su copa sobre el gran río Éufrates, y se secaron sus aguas para abrir paso a los reyes del oriente. ¹³ Y vi salir de la boca del dragón, de la boca de la bestia y de la boca del falso profeta tres espíritus malignos que parecían ranas. ¹⁴ Son espíritus de demonios que hacen señales milagrosas y que salen a reunir a los reyes del mundo entero para la batalla del gran día del Dios Todopoderoso.

¹⁵ ¡Cuidado! ¡Vengo como un ladrón! *Dichoso el que se mantenga despierto, con su ropa a la mano, no sea que ande desnudo y sufra vergüenza por su desnudez.»

¹⁶ Entonces los espíritus de los demonios reunieron a los reyes en el lugar que en hebreo se llama Armagedón.

¹⁷ El séptimo ángel derramó su copa en el aire, y desde el trono del templo salió un vozarrón que decía: «¡Se acabó!» ¹⁸ Y hubo relámpagos, estruendos, truenos y un violento terremoto. Nunca, desde que el género *humano existe en la tierra, se había sentido un terremoto tan grande y violento. ¹⁹ La gran ciudad se partió en tres, y las ciudades de las *naciones se desplomaron. Dios se acordó de la gran Babilonia y le dio a beber de la copa llena del vino del furor de su castigo. ²⁰ Entonces huyeron todas las islas y desaparecieron las montañas. ²¹ Del cielo cayeron sobre la gente enormes

⁴ The third angel poured out his bowl on the rivers and springs of water, and they became blood. ⁵ Then I heard the angel in charge of the waters say:

> "You are just in these judgments, O Holy One,
> you who are and who were;
> ⁶ for they have shed the blood of your holy people and your prophets,
> and you have given them blood to drink as they deserve."

⁷ And I heard the altar respond:

> "Yes, Lord God Almighty,
> true and just are your judgments."

⁸ The fourth angel poured out his bowl on the sun, and the sun was allowed to scorch people with fire. ⁹ They were seared by the intense heat and they cursed the name of God, who had control over these plagues, but they refused to repent and glorify him.

¹⁰ The fifth angel poured out his bowl on the throne of the beast, and its kingdom was plunged into darkness. People gnawed their tongues in agony ¹¹ and cursed the God of heaven because of their pains and their sores, but they refused to repent of what they had done.

¹² The sixth angel poured out his bowl on the great river Euphrates, and its water was dried up to prepare the way for the kings from the East. ¹³ Then I saw three impure spirits that looked like frogs; they came out of the mouth of the dragon, out of the mouth of the beast and out of the mouth of the false prophet. ¹⁴ They are demonic spirits that perform signs, and they go out to the kings of the whole world, to gather them for the battle on the great day of God Almighty.

¹⁵ "Look, I come like a thief! Blessed is the one who stays awake and remains clothed, so as not to go naked and be shamefully exposed."

¹⁶ Then they gathered the kings together to the place that in Hebrew is called Armageddon.

¹⁷ The seventh angel poured out his bowl into the air, and out of the temple came a loud voice from the throne, saying, "It is done!" ¹⁸ Then there came flashes of lightning, rumblings, peals of thunder and a severe earthquake. No earthquake like it has ever occurred since mankind has been on earth, so tremendous was the quake. ¹⁹ The great city split into three parts, and the cities of the nations collapsed. God remembered Babylon the Great and gave her the cup filled with the wine of the fury of his wrath. ²⁰ Every island fled away and the mountains could not be found. ²¹ From the sky huge hailstones, each weighing about a hundred

granizos, de casi cuarenta kilos cada uno.[g] Y maldecían a Dios por esa terrible plaga.

La mujer montada en la bestia

17 Uno de los siete ángeles que tenían las siete copas se me acercó y me dijo: «Ven, y te mostraré el castigo de la gran prostituta que está sentada sobre muchas aguas. [2] Con ella cometieron adulterio los reyes de la tierra, y los habitantes de la tierra se embriagaron con el vino de su inmoralidad.»

[3] Luego el ángel me llevó en el Espíritu a un desierto. Allí vi a una mujer montada en una bestia escarlata. La bestia estaba cubierta de nombres *blasfemos contra Dios, y tenía siete cabezas y diez cuernos. [4] La mujer estaba vestida de púrpura y escarlata, y adornada con oro, piedras preciosas y perlas. Tenía en la mano una copa de oro llena de abominaciones y de la inmundicia de sus adulterios. [5] En la frente llevaba escrito un nombre misterioso:

LA GRAN BABILONIA
MADRE DE LAS PROSTITUTAS
Y DE LAS ABOMINABLES IDOLATRÍAS
DE LA TIERRA.

[6] Vi que la mujer se había emborrachado con la sangre de los *santos y de los mártires de Jesús.

Al verla, quedé sumamente asombrado. [7] Entonces el ángel me dijo: «¿Por qué te asombras? Yo te explicaré el misterio de esa mujer y de la bestia de siete cabezas y diez cuernos en la que va montada. [8] La bestia que has visto es la que antes era pero ya no es, y está a punto de subir del *abismo, pero va rumbo a la destrucción. Los habitantes de la tierra, cuyos nombres, desde la creación del mundo, no han sido escritos en el libro de la vida, se asombrarán al ver a la bestia, porque antes era pero ya no es, y sin embargo reaparecerá.

[9] »¡En esto consisten[h] el entendimiento y la sabiduría! Las siete cabezas son siete colinas sobre las que está sentada esa mujer. [10] También son siete reyes: cinco han caído, uno está gobernando, el otro no ha llegado todavía; pero cuando llegue, es preciso que dure poco tiempo. [11] La bestia, que antes era pero ya no es, es el octavo rey. Está incluido entre los siete, y va rumbo a la destrucción.

[12] »Los diez cuernos que has visto son diez reyes que todavía no han comenzado a reinar, pero que por una hora recibirán autoridad como reyes, junto con la bestia. [13] Éstos tienen un mismo propósito, que es poner su poder y autoridad a disposición de la bestia. [14] Le harán la guerra al Cordero, pero el Cordero los vencerá, porque es Señor de señores y Rey de reyes, y los que están con él son sus llamados, sus escogidos y sus fieles.»

pounds,[k] fell on people. And they cursed God on account of the plague of hail, because the plague was so terrible.

Babylon, the Prostitute on the Beast

17 One of the seven angels who had the seven bowls came and said to me, "Come, I will show you the punishment of the great prostitute, who sits by many waters. [2] With her the kings of the earth committed adultery, and the inhabitants of the earth were intoxicated with the wine of her adulteries."

[3] Then the angel carried me away in the Spirit into a wilderness. There I saw a woman sitting on a scarlet beast that was covered with blasphemous names and had seven heads and ten horns. [4] The woman was dressed in purple and scarlet, and was glittering with gold, precious stones and pearls. She held a golden cup in her hand, filled with abominable things and the filth of her adulteries. [5] The name written on her forehead was a mystery:

BABYLON THE GREAT
THE MOTHER OF PROSTITUTES
AND OF THE ABOMINATIONS OF THE EARTH.

[6] I saw that the woman was drunk with the blood of God's holy people, the blood of those who bore testimony to Jesus.

When I saw her, I was greatly astonished. [7] Then the angel said to me: "Why are you astonished? I will explain to you the mystery of the woman and of the beast she rides, which has the seven heads and ten horns. [8] The beast, which you saw, once was, now is not, and yet will come up out of the Abyss and go to its destruction. The inhabitants of the earth whose names have not been written in the book of life from the creation of the world will be astonished when they see the beast, because it once was, now is not, and yet will come.

[9] "This calls for a mind with wisdom. The seven heads are seven hills on which the woman sits. [10] They are also seven kings. Five have fallen, one is, the other has not yet come; but when he does come, he must remain for only a little while. [11] The beast who once was, and now is not, is an eighth king. He belongs to the seven and is going to his destruction.

[12] "The ten horns you saw are ten kings who have not yet received a kingdom, but who for one hour will receive authority as kings along with the beast. [13] They have one purpose and will give their power and authority to the beast. [14] They will wage war against the Lamb, but the Lamb will triumph over them because he is Lord of lords and King of kings — and with him will be his called, chosen and faithful followers."

---

[g] **16:21** *granizos ... cada uno.* Lit. *granizos como* *talentos.*
[h] **17:9** *En esto consisten.* Alt. *Aquí se verán.*

[k] *21* Or about 45 kilograms

¹⁵ Además el ángel me dijo: «Las aguas que has visto, donde está sentada la prostituta, son pueblos, multitudes, naciones y lenguas. ¹⁶ Los diez cuernos y la bestia que has visto le cobrarán odio a la prostituta. Causarán su ruina y la dejarán desnuda; devorarán su cuerpo y la destruirán con fuego, ¹⁷ porque Dios les ha puesto en el corazón que lleven a cabo su divino propósito. Por eso, y de común acuerdo, ellos le entregarán a la bestia el poder que tienen de gobernar, hasta que se cumplan las palabras de Dios. ¹⁸ La mujer que has visto es aquella gran ciudad que tiene poder de gobernar sobre los reyes de la tierra.»

La caída de Babilonia

18 Después de esto vi a otro ángel que bajaba del cielo. Tenía mucho poder, y la tierra se iluminó con su resplandor. ² Gritó a gran voz:

> «¡Ha caído! ¡Ha caído la gran Babilonia!
>> Se ha convertido en morada de demonios
>> y en guarida de todo espíritu *maligno,
>>> en nido de toda ave *impura y detestable.
> ³ Porque todas las *naciones han bebido
>> el excitante vino de su adulterio;
>> los reyes de la tierra cometieron adulterio
>>> con ella,
>> y los comerciantes de la tierra se
>>> enriquecieron
>> a costa de lo que ella despilfarraba en sus
>>> lujos.»

⁴ Luego oí otra voz del cielo que decía:

> «Salgan de ella, pueblo mío,
>> para que no sean cómplices de sus
>>> pecados,
>> ni los alcance ninguna de sus plagas;
> ⁵ pues sus pecados se han amontonado hasta
>> el cielo,
>> y de sus injusticias se ha acordado Dios.
> ⁶ Páguenle con la misma moneda;
>> denle el doble de lo que ha cometido,
>> y en la misma copa en que ella preparó
>>> bebida
>> mézclenle una doble porción.
> ⁷ En la medida en que ella se entregó a la
>>> vanagloria y al arrogante lujo
>> denle tormento y aflicción;
>> porque en su corazón se jacta:
>> "Estoy sentada como reina;
>> no soy viuda ni sufriré jamás."
> ⁸ Por eso, en un solo día le sobrevendrán sus
>>> plagas:
>> pestilencia, aflicción y hambre.
>> Será consumida por el fuego,
>> porque poderoso es el Señor Dios que la
>>> juzga.»

¹⁵ Then the angel said to me, "The waters you saw, where the prostitute sits, are peoples, multitudes, nations and languages. ¹⁶ The beast and the ten horns you saw will hate the prostitute. They will bring her to ruin and leave her naked; they will eat her flesh and burn her with fire. ¹⁷ For God has put it into their hearts to accomplish his purpose by agreeing to hand over to the beast their royal authority, until God's words are fulfilled. ¹⁸ The woman you saw is the great city that rules over the kings of the earth."

Lament Over Fallen Babylon

18 After this I saw another angel coming down from heaven. He had great authority, and the earth was illuminated by his splendor. ² With a mighty voice he shouted:

> "'Fallen! Fallen is Babylon the Great!'[l]
>> She has become a dwelling for demons
>> and a haunt for every impure spirit,
>>> a haunt for every unclean bird,
>>> a haunt for every unclean and detestable
>>>> animal.
> ³ For all the nations have drunk
>> the maddening wine of her adulteries.
> The kings of the earth committed adultery
>>> with her,
> and the merchants of the earth grew rich
>>> from her excessive luxuries."

Warning to Escape Babylon's Judgment

⁴ Then I heard another voice from heaven say:

> "'Come out of her, my people,'[m]
>> so that you will not share in her sins,
>> so that you will not receive any of her
>>> plagues;
> ⁵ for her sins are piled up to heaven,
>> and God has remembered her crimes.
> ⁶ Give back to her as she has given;
>> pay her back double for what she has
>>> done.
>> Pour her a double portion from her own
>>> cup.
> ⁷ Give her as much torment and grief
>> as the glory and luxury she gave herself.
> In her heart she boasts,
>> 'I sit enthroned as queen.
> I am not a widow;'[n]
>> I will never mourn.'
> ⁸ Therefore in one day her plagues will
>>> overtake her:
>> death, mourning and famine.
> She will be consumed by fire,
>> for mighty is the Lord God who judges
>>> her.

---

[l] 2 Isaiah 21:9 [m] 4 Jer. 51:45 [n] 7 See Isaiah 47:7,8.

⁹ Cuando los reyes de la tierra que cometieron adulterio con ella y compartieron su lujo vean el humo del fuego que la consume, llorarán de dolor por ella. ¹⁰ Aterrorizados al ver semejante castigo, se mantendrán a distancia y gritarán:

«¡Ay! ¡Ay de ti, la gran ciudad,
    Babilonia, ciudad poderosa,
porque en una sola hora ha llegado tu
    juicio!»

¹¹ Los comerciantes de la tierra llorarán y harán duelo por ella, porque ya no habrá quien les compre sus mercaderías: ¹² artículos de oro, plata, piedras preciosas y perlas; lino fino, púrpura, telas de seda y escarlata; toda clase de maderas de cedro; los más variados objetos, hechos de marfil, de madera preciosa, de bronce, de hierro y de mármol; ¹³ cargamentos de canela y especias aromáticas; de incienso, mirra y perfumes; de vino y aceite; de harina refinada y trigo; de ganado vacuno y de corderos; de caballos y carruajes; y hasta de seres *humanos, vendidos como esclavos.

¹⁴ Y dirán: «Se ha apartado de ti el fruto que con toda el alma codiciabas. Has perdido todas tus cosas suntuosas y espléndidas, y nunca las recuperarás.» ¹⁵ Los comerciantes que vendían estas mercaderías y se habían enriquecido a costa de ella se mantendrán a distancia, aterrorizados al ver semejante castigo. Llorarán y harán lamentación:

¹⁶ «¡Ay! ¡Ay de la gran ciudad,
    vestida de lino fino, de púrpura y
        escarlata,
    y adornada con oro, piedras preciosas y
        perlas,
¹⁷ porque en una sola hora ha quedado
        destruida toda tu riqueza!»

Todos los capitanes de barco, los pasajeros, los marineros y todos los que viven del mar se detendrán a lo lejos. ¹⁸ Al ver el humo del fuego que la consume, exclamarán: «¿Hubo jamás alguna ciudad como esta gran ciudad?» ¹⁹ Harán duelo,ⁱ llorando y lamentándose a gritos:

«¡Ay! ¡Ay de la gran ciudad,
    con cuya opulencia se enriquecieron
    todos los dueños de flotas navieras!
¡En una sola hora ha quedado destruida!
²⁰ ¡Alégrate, oh cielo, por lo que le ha sucedido!
    ¡Alégrense también ustedes, *santos,
        apóstoles y profetas!,
porque Dios, al juzgarla,
    les ha hecho justicia a ustedes.»

²¹ Entonces un ángel poderoso levantó una piedra del tamaño de una gran rueda de molino, y la arrojó al mar diciendo:

Threefold Woe Over Babylon's Fall

⁹ "When the kings of the earth who committed adultery with her and shared her luxury see the smoke of her burning, they will weep and mourn over her. ¹⁰ Terrified at her torment, they will stand far off and cry:

"'Woe! Woe to you, great city,
    you mighty city of Babylon!
In one hour your doom has come!'

¹¹ "The merchants of the earth will weep and mourn over her because no one buys their cargoes anymore — ¹² cargoes of gold, silver, precious stones and pearls; fine linen, purple, silk and scarlet cloth; every sort of citron wood, and articles of every kind made of ivory, costly wood, bronze, iron and marble; ¹³ cargoes of cinnamon and spice, of incense, myrrh and frankincense, of wine and olive oil, of fine flour and wheat; cattle and sheep; horses and carriages; and human beings sold as slaves.

¹⁴ "They will say, 'The fruit you longed for is gone from you. All your luxury and splendor have vanished, never to be recovered.' ¹⁵ The merchants who sold these things and gained their wealth from her will stand far off, terrified at her torment. They will weep and mourn ¹⁶ and cry out:

"'Woe! Woe to you, great city,
    dressed in fine linen, purple and scarlet,
    and glittering with gold, precious stones
        and pearls!
¹⁷ In one hour such great wealth has been
        brought to ruin!'

"Every sea captain, and all who travel by ship, the sailors, and all who earn their living from the sea, will stand far off. ¹⁸ When they see the smoke of her burning, they will exclaim, 'Was there ever a city like this great city?' ¹⁹ They will throw dust on their heads, and with weeping and mourning cry out:

"'Woe! Woe to you, great city,
    where all who had ships on the sea
    became rich through her wealth!
In one hour she has been brought to ruin!'

²⁰ "Rejoice over her, you heavens!
    Rejoice, you people of God!
    Rejoice, apostles and prophets!
For God has judged her
    with the judgment she imposed on you."

The Finality of Babylon's Doom

²¹ Then a mighty angel picked up a boulder the size of a large millstone and threw it into the sea, and said:

ⁱ **18:19** *Harán duelo.* Lit. *Se echaron polvo en la cabeza.*

«Así también tú, Babilonia, gran ciudad,
  serás derribada con la misma violencia,
  y desaparecerás de la faz de la tierra.
²² Jamás volverá a oírse en ti
  la música de los cantantes
  y de arpas, flautas y trompetas.
Jamás volverá a hallarse en ti
  ningún tipo de artesano.
Jamás volverá a oírse en ti
  el ruido de la rueda de molino.
²³ Jamás volverá a brillar en ti
  la luz de ninguna lámpara.
Jamás volverá a sentirse en ti
  el regocijo de las nupcias.ʲ
Porque tus comerciantes
  eran los magnates del mundo,
porque con tus hechicerías
  engañaste a todas las naciones,
²⁴ porque en ti se halló sangre de profetas y de
    santos,
  y de todos los que han sido asesinados en
    la tierra.»

¡Aleluya!

19 Después de esto oí en el cielo un tremendo bullicio, como el de una inmensa multitud que exclamaba:

  «¡Aleluya!
  La salvación, la gloria y el poder son de
    nuestro Dios,
²   pues sus juicios son verdaderos y justos:
  ha condenado a la famosa prostituta
    que con sus adulterios corrompía la tierra;
  ha vindicado la sangre de los *siervos de
    Dios derramada por ella.»

³ Y volvieron a exclamar:

  «¡Aleluya!
  El humo de ella sube por los siglos de los
    siglos.»

⁴ Entonces los veinticuatro *ancianos y los cuatro seres vivientes se postraron y adoraron a Dios, que estaba sentado en el trono, y dijeron:

  «¡Amén, Aleluya!»

⁵ Y del trono salió una voz que decía:

  «¡Alaben ustedes a nuestro Dios,
    todos sus siervos, grandes y pequeños,
  que con reverente temor le sirven!»

⁶ Después oí voces como el rumor de una inmensa multitud, como el estruendo de una catarata y como el retumbar de potentes truenos, que exclamaban:

"With such violence
  the great city of Babylon will be thrown
    down,
  never to be found again.
²² The music of harpists and musicians, pipers
    and trumpeters,
  will never be heard in you again.
No worker of any trade
  will ever be found in you again.
The sound of a millstone
  will never be heard in you again.
²³ The light of a lamp
  will never shine in you again.
The voice of bridegroom and bride
  will never be heard in you again.
Your merchants were the world's important
    people.
  By your magic spell all the nations were
    led astray.
²⁴ In her was found the blood of prophets and
    of God's holy people,
  of all who have been slaughtered on the
    earth."

Threefold Hallelujah Over Babylon's Fall

19 After this I heard what sounded like the roar of a great multitude in heaven shouting:

  "Hallelujah!
  Salvation and glory and power belong to our
    God,
²   for true and just are his judgments.
  He has condemned the great prostitute
    who corrupted the earth by her adulteries.
  He has avenged on her the blood of his
    servants."

³ And again they shouted:

  "Hallelujah!
  The smoke from her goes up for ever and
    ever."

⁴ The twenty-four elders and the four living creatures fell down and worshiped God, who was seated on the throne. And they cried:

  "Amen, Hallelujah!"

⁵ Then a voice came from the throne, saying:

  "Praise our God,
    all you his servants,
  you who fear him,
    both great and small!"

⁶ Then I heard what sounded like a great multitude, like the roar of rushing waters and like loud peals of thunder, shouting:

ʲ **18:23** *el regocijo de las nupcias.* Lit. *la voz del novio y de la novia.*

«¡Aleluya!
Ya ha comenzado a reinar el Señor,
nuestro Dios Todopoderoso.
[7] ¡Alegrémonos y regocijémonos
y démosle gloria!
Ya ha llegado el día de las bodas del Cordero.
Su novia se ha preparado,
[8] y se le ha concedido vestirse
de lino fino, limpio y resplandeciente.»

(El lino fino representa las acciones justas de los *santos.)

[9] El ángel me dijo: «Escribe: "¡*Dichosos los que han sido convidados a la cena de las bodas del Cordero!" » Y añadió: «Estas son las palabras verdaderas de Dios.»

[10] Me postré a sus pies para adorarlo. Pero él me dijo: «¡No, cuidado! Soy un siervo como tú y como tus hermanos que se mantienen fieles al testimonio de Jesús. ¡Adora sólo a Dios! El testimonio de Jesús es el espíritu que inspira la profecía.»

El jinete del caballo blanco

[11] Luego vi el cielo abierto, y apareció un caballo blanco. Su jinete se llama Fiel y Verdadero. Con justicia dicta sentencia y hace la guerra. [12] Sus ojos resplandecen como llamas de fuego, y muchas diademas ciñen su cabeza. Lleva escrito un nombre que nadie conoce sino sólo él. [13] Está vestido de un manto teñido en sangre, y su nombre es «el *Verbo de Dios». [14] Lo siguen los ejércitos del cielo, montados en caballos blancos y vestidos de lino fino, blanco y limpio. [15] De su boca sale una espada afilada, con la que herirá a las *naciones. «Las gobernará con puño de hierro.»[k] Él mismo exprime uvas en el lagar del furor del castigo que viene de Dios Todopoderoso. [16] En su manto y sobre el muslo lleva escrito este nombre:

REY DE REYES Y SEÑOR DE SEÑORES.

[17] Vi a un ángel que, parado sobre el sol, gritaba a todas las aves que vuelan en medio del cielo: «Vengan, reúnanse para la gran cena de Dios, [18] para que coman carne de reyes, de jefes militares y de magnates; carne de caballos y de sus jinetes; carne de toda clase de gente, libres y esclavos, grandes y pequeños.»

[19] Entonces vi a la bestia y a los reyes de la tierra con sus ejércitos, reunidos para hacer guerra contra el jinete de aquel caballo y contra su ejército. [20] Pero la bestia fue capturada junto con el falso profeta. Éste es el que hacía señales milagrosas en presencia de ella, con las cuales engañaba a los que habían recibido la marca de la bestia y adoraban su imagen. Los dos fueron arrojados vivos al lago de fuego y azufre. [21] Los demás fueron exterminados por la espada que salía de la boca del que montaba

"Hallelujah!
For our Lord God Almighty reigns.
[7] Let us rejoice and be glad
and give him glory!
For the wedding of the Lamb has come,
and his bride has made herself ready.
[8] Fine linen, bright and clean,
was given her to wear."
(Fine linen stands for the righteous acts of God's holy people.)

[9] Then the angel said to me, "Write this: Blessed are those who are invited to the wedding supper of the Lamb!" And he added, "These are the true words of God."

[10] At this I fell at his feet to worship him. But he said to me, "Don't do that! I am a fellow servant with you and with your brothers and sisters who hold to the testimony of Jesus. Worship God! For it is the Spirit of prophecy who bears testimony to Jesus."

The Heavenly Warrior Defeats the Beast

[11] I saw heaven standing open and there before me was a white horse, whose rider is called Faithful and True. With justice he judges and wages war. [12] His eyes are like blazing fire, and on his head are many crowns. He has a name written on him that no one knows but he himself. [13] He is dressed in a robe dipped in blood, and his name is the Word of God. [14] The armies of heaven were following him, riding on white horses and dressed in fine linen, white and clean. [15] Coming out of his mouth is a sharp sword with which to strike down the nations. "He will rule them with an iron scepter."[o] He treads the winepress of the fury of the wrath of God Almighty. [16] On his robe and on his thigh he has this name written:

KING OF KINGS AND LORD OF LORDS.

[17] And I saw an angel standing in the sun, who cried in a loud voice to all the birds flying in midair, "Come, gather together for the great supper of God, [18] so that you may eat the flesh of kings, generals, and the mighty, of horses and their riders, and the flesh of all people, free and slave, great and small."

[19] Then I saw the beast and the kings of the earth and their armies gathered together to wage war against the rider on the horse and his army. [20] But the beast was captured, and with it the false prophet who had performed the signs on its behalf. With these signs he had deluded those who had received the mark of the beast and worshiped its image. The two of them were thrown alive into the fiery lake of burning sulfur. [21] The rest were killed with the sword coming out of the mouth

---

[k] **19:15** *gobernará ... hierro.* Lit. *pastoreará con cetro de hierro;* Sal 2:9.

[o] 15 Psalm 2:9

a caballo, y todas las aves se hartaron de la carne de ellos.

Los mil años

20 Vi además a un ángel que bajaba del cielo con la llave del *abismo y una gran cadena en la mano. ² Sujetó al dragón, a aquella serpiente antigua que es el diablo y Satanás, y lo encadenó por mil años. ³ Lo arrojó al abismo, lo encerró y tapó la salida para que no engañara más a las *naciones, hasta que se cumplieran los mil años. Después habrá de ser soltado por algún tiempo.

⁴ Entonces vi tronos donde se sentaron los que recibieron autoridad para juzgar. Vi también las almas de los que habían sido decapitados por causa del testimonio de Jesús y por la palabra de Dios. No habían adorado a la bestia ni a su imagen, ni se habían dejado poner su marca en la frente ni en la mano. Volvieron a vivir y reinaron con *Cristo mil años. ⁵ Ésta es la primera resurrección; los demás muertos no volvieron a vivir hasta que se cumplieron los mil años. ⁶ *Dichosos y santos los que tienen parte en la primera resurrección. La segunda muerte no tiene poder sobre ellos, sino que serán sacerdotes de Dios y de Cristo, y reinarán con él mil años.

Juicio final de Satanás

⁷ Cuando se cumplan los mil años, Satanás será liberado de su prisión, ⁸ y saldrá para engañar a las *naciones que están en los cuatro ángulos de la tierra —a Gog y a Magog—, a fin de reunirlas para la batalla. Su número será como el de las arenas del mar. ⁹ Marcharán a lo largo y a lo ancho de la tierra, y rodearán el campamento del *pueblo de Dios, la ciudad que él ama. Pero caerá fuego del cielo y los consumirá por completo. ¹⁰ El diablo, que los había engañado, será arrojado al lago de fuego y azufre, donde también habrán sido arrojados la bestia y el falso profeta. Allí serán atormentados día y noche por los siglos de los siglos.

Juicio de los muertos

¹¹ Luego vi un gran trono blanco y a alguien que estaba sentado en él. De su presencia huyeron la tierra y el cielo, sin dejar rastro alguno. ¹² Vi también a los muertos, grandes y pequeños, de pie delante del trono. Se abrieron unos libros, y luego otro, que es el libro de la vida. Los muertos fueron juzgados según lo que habían hecho, conforme a lo que estaba escrito en los libros. ¹³ El mar devolvió sus muertos; la muerte y el infierno*ᶦ* devolvieron los suyos; y cada uno fue juzgado según lo que había hecho. ¹⁴ La muerte y el infierno fueron arrojados al lago de fuego. Este lago de fuego es la muerte segunda. ¹⁵ Aquel cuyo nombre no estaba

of the rider on the horse, and all the birds gorged themselves on their flesh.

The Thousand Years

20 And I saw an angel coming down out of heaven, having the key to the Abyss and holding in his hand a great chain. ²He seized the dragon, that ancient serpent, who is the devil, or Satan, and bound him for a thousand years. ³He threw him into the Abyss, and locked and sealed it over him, to keep him from deceiving the nations anymore until the thousand years were ended. After that, he must be set free for a short time.

⁴I saw thrones on which were seated those who had been given authority to judge. And I saw the souls of those who had been beheaded because of their testimony about Jesus and because of the word of God. They*ᵖ* had not worshiped the beast or its image and had not received its mark on their foreheads or their hands. They came to life and reigned with Christ a thousand years. ⁵(The rest of the dead did not come to life until the thousand years were ended.) This is the first resurrection. ⁶Blessed and holy are those who share in the first resurrection. The second death has no power over them, but they will be priests of God and of Christ and will reign with him for a thousand years.

The Judgment of Satan

⁷When the thousand years are over, Satan will be released from his prison ⁸and will go out to deceive the nations in the four corners of the earth — Gog and Magog — and to gather them for battle. In number they are like the sand on the seashore. ⁹They marched across the breadth of the earth and surrounded the camp of God's people, the city he loves. But fire came down from heaven and devoured them. ¹⁰And the devil, who deceived them, was thrown into the lake of burning sulfur, where the beast and the false prophet had been thrown. They will be tormented day and night for ever and ever.

The Judgment of the Dead

¹¹Then I saw a great white throne and him who was seated on it. The earth and the heavens fled from his presence, and there was no place for them. ¹²And I saw the dead, great and small, standing before the throne, and books were opened. Another book was opened, which is the book of life. The dead were judged according to what they had done as recorded in the books. ¹³The sea gave up the dead that were in it, and death and Hades gave up the dead that were in them, and each person was judged according to what they had done. ¹⁴Then death and Hades were thrown into the lake of fire. The lake of fire is the second death. ¹⁵Anyone

---

ᶦ **20:13** *infierno.* Lit. **Hades*; también en v. 14.　　　*ᵖ* **4** Or *God; I also saw those who*

escrito en el libro de la vida era arrojado al lago
de fuego.

La nueva Jerusalén

21 Después vi un cielo nuevo y una tierra nueva, porque el primer cielo y la primera tierra
habían dejado de existir, lo mismo que el mar. 2 Vi
además la ciudad santa, la nueva Jerusalén, que
bajaba del cielo, procedente de Dios, preparada
como una novia hermosamente vestida para su
prometido. 3 Oí una potente voz que provenía del
trono y decía: «¡Aquí, entre los seres *humanos,
está la morada de Dios! Él acampará en medio de
ellos, y ellos serán su pueblo; Dios mismo estará
con ellos y será su Dios. 4 Él les enjugará toda lágrima de los ojos. Ya no habrá muerte, ni llanto, ni
lamento ni dolor, porque las primeras cosas han
dejado de existir.»

5 El que estaba sentado en el trono dijo: «¡Yo
hago nuevas todas las cosas!» Y añadió: «Escribe,
porque estas palabras son verdaderas y dignas de
confianza.»

6 También me dijo: «Ya todo está hecho. Yo
soy el Alfa y la Omega, el Principio y el Fin. Al
que tenga sed le daré a beber gratuitamente de la
fuente del agua de la vida. 7 El que salga vencedor
heredará todo esto, y yo seré su Dios y él será mi
hijo. 8 Pero los cobardes, los incrédulos, los abominables, los asesinos, los que cometen inmoralidades sexuales, los que practican artes mágicas, los
idólatras y todos los mentirosos recibirán como
herencia el lago de fuego y azufre. Ésta es la segunda muerte.»

9 Se acercó uno de los siete ángeles que tenían
las siete copas llenas con las últimas siete plagas.
Me habló así: «Ven, que te voy a presentar a la
novia, la esposa del Cordero.» 10 Me llevó en el
Espíritu a una montaña grande y elevada, y me
mostró la ciudad santa, Jerusalén, que bajaba del
cielo, procedente de Dios. 11 Resplandecía con
la gloria de Dios, y su brillo era como el de una
piedra preciosa, semejante a una piedra de jaspe
transparente. 12 Tenía una muralla grande y alta, y
doce puertas custodiadas por doce ángeles, en las
que estaban escritos los nombres de las doce tribus
de Israel. 13 Tres puertas daban al este, tres al norte,
tres al sur y tres al oeste. 14 La muralla de la ciudad
tenía doce cimientos, en los que estaban los nombres de los doce apóstoles del Cordero.

15 El ángel que hablaba conmigo llevaba una
caña de oro para medir la ciudad, sus puertas y
su muralla. 16 La ciudad era cuadrada; medía lo
mismo de largo que de ancho. El ángel midió la
ciudad con la caña, y tenía dos mil doscientos
kilómetros:[m] su longitud, su anchura y su altura eran iguales. 17 Midió también la muralla, y

[m] **21:16** *dos mil doscientos kilómetros.* Lit. *doce mil *estadios.*

whose name was not found written in the book of
life was thrown into the lake of fire.

A New Heaven and a New Earth

21 Then I saw "a new heaven and a new
earth,"[q] for the first heaven and the first
earth had passed away, and there was no longer
any sea. 2 I saw the Holy City, the new Jerusalem,
coming down out of heaven from God, prepared
as a bride beautifully dressed for her husband.
3 And I heard a loud voice from the throne saying, "Look! God's dwelling place is now among the
people, and he will dwell with them. They will be
his people, and God himself will be with them and
be their God. 4 'He will wipe every tear from their
eyes. There will be no more death'[r] or mourning
or crying or pain, for the old order of things has
passed away."

5 He who was seated on the throne said, "I am
making everything new!" Then he said, "Write this
down, for these words are trustworthy and true."

6 He said to me: "It is done. I am the Alpha
and the Omega, the Beginning and the End. To
the thirsty I will give water without cost from the
spring of the water of life. 7 Those who are victorious will inherit all this, and I will be their God
and they will be my children. 8 But the cowardly,
the unbelieving, the vile, the murderers, the sexually immoral, those who practice magic arts, the
idolaters and all liars — they will be consigned to
the fiery lake of burning sulfur. This is the second
death."

The New Jerusalem, the Bride of the Lamb

9 One of the seven angels who had the seven
bowls full of the seven last plagues came and said
to me, "Come, I will show you the bride, the wife
of the Lamb." 10 And he carried me away in the
Spirit to a mountain great and high, and showed
me the Holy City, Jerusalem, coming down out
of heaven from God. 11 It shone with the glory of
God, and its brilliance was like that of a very precious jewel, like a jasper, clear as crystal. 12 It had a
great, high wall with twelve gates, and with twelve
angels at the gates. On the gates were written the
names of the twelve tribes of Israel. 13 There were
three gates on the east, three on the north, three
on the south and three on the west. 14 The wall of
the city had twelve foundations, and on them were
the names of the twelve apostles of the Lamb.

15 The angel who talked with me had a measuring rod of gold to measure the city, its gates and its
walls. 16 The city was laid out like a square, as long
as it was wide. He measured the city with the rod
and found it to be 12,000 stadia[s] in length, and as
wide and high as it is long. 17 The angel measured

[q] *1* Isaiah 65:17 [r] *4* Isaiah 25:8 [s] *16* That is, about 1,400
miles or about 2,200 kilometers

tenía sesenta y cinco metros,[n] según las medidas humanas que el ángel empleaba. 18 La muralla estaba hecha de jaspe, y la ciudad era de oro puro, semejante a cristal pulido. 19 Los cimientos de la muralla de la ciudad estaban decorados con toda clase de piedras preciosas: el primero con jaspe, el segundo con zafiro, el tercero con ágata, el cuarto con esmeralda, 20 el quinto con ónice, el sexto con cornalina, el séptimo con crisólito, el octavo con berilo, el noveno con topacio, el décimo con crisoprasa, el undécimo con jacinto y el duodécimo con amatista.[ñ] 21 Las doce puertas eran doce perlas, y cada puerta estaba hecha de una sola perla. La calle[o] principal de la ciudad era de oro puro, como cristal transparente.

22 No vi ningún templo en la ciudad, porque el Señor Dios Todopoderoso y el Cordero son su templo. 23 La ciudad no necesita ni sol ni luna que la alumbren, porque la gloria de Dios la ilumina, y el Cordero es su lumbrera. 24 Las *naciones caminarán a la luz de la ciudad, y los reyes de la tierra le entregarán sus espléndidas riquezas.[p] 25 Sus puertas estarán abiertas todo el día, pues allí no habrá noche. 26 Y llevarán a ella todas las riquezas[q] y el honor de las *naciones. 27 Nunca entrará en ella nada impuro, ni los idólatras ni los farsantes, sino sólo aquellos que tienen su nombre escrito en el libro de la vida, el libro del Cordero.

El río de vida

22 Luego el ángel me mostró un río de agua de vida, claro como el cristal, que salía del trono de Dios y del Cordero, 2 y corría por el centro de la calle[r] principal de la ciudad. A cada lado del río estaba el árbol de la vida, que produce doce cosechas al año, una por mes; y las hojas del árbol son para la salud de las *naciones. 3 Ya no habrá maldición. El trono de Dios y del Cordero estará en la ciudad. Sus *siervos lo adorarán; 4 lo verán cara a cara, y llevarán su nombre en la frente. 5 Ya no habrá noche; no necesitarán luz de lámpara ni de sol, porque el Señor Dios los alumbrará. Y reinarán por los siglos de los siglos.

6 El ángel me dijo: «Estas palabras son verdaderas y dignas de confianza. El Señor, el Dios que inspira a los profetas,[s] ha enviado a su ángel para mostrar a sus siervos lo que tiene que suceder sin demora.»

[n] **21:17** *sesenta y cinco metros.* Lit. *ciento cuarenta y cuatro *codos.*
[ñ] **21:20** No se sabe con certeza la identificación precisa de algunas de estas piedras.
[o] **21:21** *calle.* Alt. *plaza.*
[p] **21:24** *entregarán ... riquezas.* Lit. *llevarán su gloria.*
[q] **21:26** *todas las riquezas.* Lit. *la gloria.*
[r] **22:2** *calle.* Alt. *plaza.*
[s] **22:6** *el Dios ... profetas.* Lit. *el Dios de los espíritus de los profetas.*

the wall using human measurement, and it was 144 cubits[t] thick.[u] 18 The wall was made of jasper, and the city of pure gold, as pure as glass. 19 The foundations of the city walls were decorated with every kind of precious stone. The first foundation was jasper, the second sapphire, the third agate, the fourth emerald, 20 the fifth onyx, the sixth ruby, the seventh chrysolite, the eighth beryl, the ninth topaz, the tenth turquoise, the eleventh jacinth, and the twelfth amethyst.[v] 21 The twelve gates were twelve pearls, each gate made of a single pearl. The great street of the city was of gold, as pure as transparent glass.

22 I did not see a temple in the city, because the Lord God Almighty and the Lamb are its temple. 23 The city does not need the sun or the moon to shine on it, for the glory of God gives it light, and the Lamb is its lamp. 24 The nations will walk by its light, and the kings of the earth will bring their splendor into it. 25 On no day will its gates ever be shut, for there will be no night there. 26 The glory and honor of the nations will be brought into it. 27 Nothing impure will ever enter it, nor will anyone who does what is shameful or deceitful, but only those whose names are written in the Lamb's book of life.

Eden Restored

22 Then the angel showed me the river of the water of life, as clear as crystal, flowing from the throne of God and of the Lamb 2 down the middle of the great street of the city. On each side of the river stood the tree of life, bearing twelve crops of fruit, yielding its fruit every month. And the leaves of the tree are for the healing of the nations. 3 No longer will there be any curse. The throne of God and of the Lamb will be in the city, and his servants will serve him. 4 They will see his face, and his name will be on their foreheads. 5 There will be no more night. They will not need the light of a lamp or the light of the sun, for the Lord God will give them light. And they will reign for ever and ever.

John and the Angel

6 The angel said to me, "These words are trustworthy and true. The Lord, the God who inspires the prophets, sent his angel to show his servants the things that must soon take place."

[t] *17* That is, about 200 feet or about 65 meters [u] *17* Or *high*
[v] *20* The precise identification of some of these precious stones is uncertain.

Cristo viene pronto

⁷ «¡Miren que vengo pronto! *Dichoso el que cumple las palabras del mensaje profético de este libro.»

⁸ Yo, Juan, soy el que vio y oyó todas estas cosas. Y cuando lo vi y oí, me postré para adorar al ángel que me había estado mostrando todo esto. ⁹ Pero él me dijo: «¡No, cuidado! Soy un siervo como tú, como tus hermanos los profetas y como todos los que cumplen las palabras de este libro. ¡Adora sólo a Dios!»

¹⁰ También me dijo: «No guardes en secreto las palabras del mensaje profético de este libro, porque el tiempo de su cumplimiento está cerca. ¹¹ Deja que el malo siga haciendo el mal y que el vil siga envileciéndose; deja que el justo siga practicando la justicia y que el *santo siga santificándose.»

¹² «¡Miren que vengo pronto! Traigo conmigo mi recompensa, y le pagaré a cada uno según lo que haya hecho. ¹³ Yo soy el Alfa y la Omega, el Primero y el Último, el Principio y el Fin.

¹⁴ »Dichosos los que lavan sus ropas para tener derecho al árbol de la vida y para poder entrar por las puertas de la ciudad. ¹⁵ Pero afuera se quedarán los *perros, los que practican las artes mágicas, los que cometen inmoralidades sexuales, los asesinos, los idólatras y todos los que aman y practican la mentira.

¹⁶ »Yo, Jesús, he enviado a mi ángel para darles a ustedes testimonio de estas cosas que conciernen a las iglesias. Yo soy la raíz y la descendencia de David, la brillante estrella de la mañana.»

¹⁷ El Espíritu y la novia dicen: «¡Ven!»; y el que escuche diga: «¡Ven!» El que tenga sed, venga; y el que quiera, tome gratuitamente del agua de la vida.

¹⁸ A todo el que escuche las palabras del mensaje profético de este libro le advierto esto: Si alguno le añade algo, Dios le añadirá a él las plagas descritas en este libro. ¹⁹ Y si alguno quita palabras de este libro de profecía, Dios le quitará su parte del árbol de la vida y de la ciudad santa, descritos en este libro.

²⁰ El que da testimonio de estas cosas, dice: «Sí, vengo pronto.»

Amén. ¡Ven, Señor Jesús!

²¹ Que la gracia del Señor Jesús sea con todos. Amén.

---

⁷ "Look, I am coming soon! Blessed is the one who keeps the words of the prophecy written in this scroll."

⁸ I, John, am the one who heard and saw these things. And when I had heard and seen them, I fell down to worship at the feet of the angel who had been showing them to me. ⁹ But he said to me, "Don't do that! I am a fellow servant with you and with your fellow prophets and with all who keep the words of this scroll. Worship God!"

¹⁰ Then he told me, "Do not seal up the words of the prophecy of this scroll, because the time is near. ¹¹ Let the one who does wrong continue to do wrong; let the vile person continue to be vile; let the one who does right continue to do right; and let the holy person continue to be holy."

Epilogue: Invitation and Warning

¹² "Look, I am coming soon! My reward is with me, and I will give to each person according to what they have done. ¹³ I am the Alpha and the Omega, the First and the Last, the Beginning and the End.

¹⁴ "Blessed are those who wash their robes, that they may have the right to the tree of life and may go through the gates into the city. ¹⁵ Outside are the dogs, those who practice magic arts, the sexually immoral, the murderers, the idolaters and everyone who loves and practices falsehood.

¹⁶ "I, Jesus, have sent my angel to give you^w this testimony for the churches. I am the Root and the Offspring of David, and the bright Morning Star."

¹⁷ The Spirit and the bride say, "Come!" And let the one who hears say, "Come!" Let the one who is thirsty come; and let the one who wishes take the free gift of the water of life.

¹⁸ I warn everyone who hears the words of the prophecy of this scroll: If anyone adds anything to them, God will add to that person the plagues described in this scroll. ¹⁹ And if anyone takes words away from this scroll of prophecy, God will take away from that person any share in the tree of life and in the Holy City, which are described in this scroll.

²⁰ He who testifies to these things says, "Yes, I am coming soon."

Amen. Come, Lord Jesus.

²¹ The grace of the Lord Jesus be with God's people. Amen.

Salmos y Proverbios
Psalms and Proverbs

Salmos

El libro de los Salmos es una colección de cánticos con sus letras. Como muchas canciones, estos se escribieron en respuesta a acontecimientos que pasaron en las vidas de sus autores. Luego la comunidad entera los empezó a usar en la adoración. Cuando Israel volvió del exilio en Babilonia muchos de los cánticos escritos en los siglos pasados se compilaron en el libro de los Salmos.

El libro está compuesto por cinco partes marcadas por la frase: *Alabado sea el Señor... ¡Amén y amén!* Estos cinco «libros» hacen que el lector evoque los cinco libros de Moisés. Al igual que con las leyes, las letras de estos cánticos pueden leerse y estudiarse para instrucción. El Salmo 1 pone énfasis en este tipo de meditación y parece haber sido ubicado en primer lugar, justamente con ese propósito.

Los cinco libros también relatan la historia de la redención de Israel en tres partes: la monarquía, el exilio y el retorno. Los salmos del Rey David dominan los libros primero y segundo. El principio y el final del tercer libro destacan el exilio de Israel. El cuarto libro concluye con el ruego a Dios de que el pueblo exiliado pueda volver a su tierra. El quinto libro declara que Dios ha oído el pedido y lo ha concedido. Ahora, la razón del grupo de salmos de alabanza al final del libro se hace evidente: Dios ha sido fiel porque juzgó a Israel con el exilio, pero luego hizo que la nación volviera a su tierra.

El libro de los Salmos opera en dos niveles: individualmente, los cánticos exploran una enorme variedad de respuestas sinceras y espirituales a Dios en tanto que, en general, la colección narra y celebra la obra de Dios a lo largo de la historia para salvar a su pueblo.

LIBRO I

Salmos 1-41

SALMO 1

¹ *Dichoso el *hombre
    que no sigue el consejo de los malvados,
    ni se detiene en la senda de los pecadores
    ni cultiva la amistad de los *blasfemos,
² sino que en la *ley del Señor se deleita,
    y día y noche medita en ella.
³ Es como el árbol
    plantado a la orilla de un río
que, cuando llega su tiempo, da fruto
    y sus hojas jamás se marchitan.
    ¡Todo cuanto hace prospera!

⁴ En cambio, los malvados
    son como paja arrastrada por el viento.
⁵ Por eso no se sostendrán los malvados en el
        juicio,
    ni los pecadores en la asamblea de los justos.

Psalms

The book of Psalms is a collection of song lyrics. Like many songs, they were first written in response to events in the lives of their authors. Later, the whole community used them in worship. When Israel returned from exile in Babylon many of the songs from over the centuries were collected in the book of Psalms.

The book is structured into five parts marked off by the phrase, *Praise be to the Lord . . . Amen and Amen!* These five "books" remind the reader of the five books of Moses. Like the law, these song lyrics can be read and studied for instruction. Psalm 1 emphasizes such meditation and seems to have been placed first to make this point.

The five books also tell a three-part story of Israel's redemption: monarchy, exile and return. The psalms of King David dominate books one and two. The beginning and ending of book three highlight Israel's exile. The fourth book ends with a plea that God bring the exiled people home. The fifth book declares that God has done just that. Now the reason for the group of praise psalms at the end of the book is apparent: God has been faithful, judging Israel in exile but then bringing the nation home again.

The book of Psalms thus operates at two levels: individually the songs explore a wide variety of honest spiritual responses to God, while the overall collection tells, and celebrates, the work of God in history to save his people.

BOOK I

Psalms 1 – 41

PSALM 1

¹ Blessed is the one
    who does not walk in step with the wicked
or stand in the way that sinners take
    or sit in the company of mockers,
² but whose delight is in the law of the Lord,
    and who meditates on his law day and night.
³ That person is like a tree planted by streams of
        water,
    which yields its fruit in season
and whose leaf does not wither —
    whatever they do prospers.

⁴ Not so the wicked!
    They are like chaff
    that the wind blows away.
⁵ Therefore the wicked will not stand in the
        judgment,
    nor sinners in the assembly of the righteous.

⁶ Porque el Señor cuida el *camino de los
justos,
mas la senda de los malos lleva a la
perdición.

Salmo 2

¹ ¿Por qué se sublevan las naciones,
y en vano conspiran los pueblos?
² Los reyes de la tierra se rebelan;
los gobernantes se confabulan contra el
Señor
y contra su *ungido.
³ Y dicen: «¡Hagamos pedazos sus cadenas!
¡Librémonos de su yugo!»

⁴ El rey de los cielos se ríe;
el Señor se burla de ellos.
⁵ En su enojo los reprende,
en su furor los intimida y dice:
⁶ «He establecido a mi rey
sobre *Sión, mi santo monte.»

⁷ Yo proclamaré el decreto del Señor:
«Tú eres mi hijo», me ha dicho;
«hoy mismo te he engendrado.
⁸ Pídeme,
y como herencia te entregaré las naciones;
¡tuyos serán los confines de la tierra!
⁹ Las gobernarás con puño^a de hierro;
las harás pedazos como a vasijas de barro.»

¹⁰ Ustedes, los reyes, sean prudentes;
déjense enseñar, gobernantes de la tierra.
¹¹ Sirvan al Señor con temor;
con temblor ríndanle alabanza.
¹² Bésenle los pies,^b no sea que se enoje
y sean ustedes destruidos en el camino,
pues su ira se inflama de repente.

¡*Dichosos los que en él buscan refugio!

Salmo 3

*Salmo de David, cuando huía de su hijo
Absalón.*

¹ Muchos son, Señor, mis enemigos;
muchos son los que se me oponen,
² y muchos los que de mí aseguran:
«Dios no lo salvará.»

               *Selah

³ Pero tú, Señor, me rodeas cual escudo;
tú eres mi gloria;
¡tú mantienes en alto mi cabeza!
⁴ Clamo al Señor a voz en cuello,
y desde su monte santo él me responde.

               Selah

⁵ Yo me acuesto, me duermo y vuelvo a
despertar,
porque el Señor me sostiene.

---

^a **2:9** *puño.* Lit. *cetro.*
^b **2:12** *Bésenle los pies.* Texto de difícil traducción.

⁶ For the Lord watches over the way of the
righteous,
but the way of the wicked leads to
destruction.

Psalm 2

¹ Why do the nations conspire^a
and the peoples plot in vain?
² The kings of the earth rise up
and the rulers band together
against the Lord and against his anointed,
saying,
³ "Let us break their chains
and throw off their shackles."

⁴ The One enthroned in heaven laughs;
the Lord scoffs at them.
⁵ He rebukes them in his anger
and terrifies them in his wrath, saying,
⁶ "I have installed my king
on Zion, my holy mountain."

⁷ I will proclaim the Lord's decree:

He said to me, "You are my son;
today I have become your father.
⁸ Ask me,
and I will make the nations your
inheritance,
the ends of the earth your possession.
⁹ You will break them with a rod of iron^b;
you will dash them to pieces like pottery."

¹⁰ Therefore, you kings, be wise;
be warned, you rulers of the earth.
¹¹ Serve the Lord with fear
and celebrate his rule with trembling.
¹² Kiss his son, or he will be angry
and your way will lead to your destruction,
for his wrath can flare up in a moment.
Blessed are all who take refuge in him.

Psalm 3^c

A psalm of David. When he fled from his son Absalom.

¹ Lord, how many are my foes!
How many rise up against me!
² Many are saying of me,
"God will not deliver him."^d

³ But you, Lord, are a shield around me,
my glory, the One who lifts my head high.
⁴ I call out to the Lord,
and he answers me from his holy mountain.

⁵ I lie down and sleep;
I wake again, because the Lord sustains me.

---

^a *1* Hebrew; Septuagint *rage*   ^b *9* Or *will rule them with an iron
scepter* (see Septuagint and Syriac)   ^c In Hebrew texts 3:1-8 is
numbered 3:2-9.   ^d *2* The Hebrew has *Selah* (a word of
uncertain meaning) here and at the end of verses 4 and 8.

6 No me asustan los numerosos escuadrones
que me acosan por doquier.

7 ¡Levántate, Señor!
¡Ponme a salvo, Dios mío!
¡Rómpeles la quijada a mis enemigos!
¡Rómpeles los dientes a los malvados!

8 Tuya es, Señor, la *salvación;
¡envía tu bendición sobre tu pueblo!

Selah

Salmo 4

*Al director musical. Acompáñese con
instrumentos de cuerda. Salmo de David.*

1 Responde a mi clamor,
Dios mío y defensor mío.
Dame alivio cuando esté angustiado,
apiádate de mí y escucha mi oración.

2 Y ustedes, señores,
¿hasta cuándo cambiarán mi gloria en
vergüenza?
¿Hasta cuándo amarán ídolos vanos
e irán en pos de lo ilusorio?

Selah

3 Sepan que el Señor honra al que le es fiel;
el Señor me escucha cuando lo llamo.

4 Si se enojan, no pequen;
en la quietud del descanso nocturno
examínense el *corazón.

Selah

5 Ofrezcan sacrificios de *justicia
y confíen en el Señor.

6 Muchos son los que dicen:
«¿Quién puede mostrarnos algún bien?»
¡Haz, Señor, que sobre nosotros
brille la luz de tu rostro!

7 Tú has hecho que mi corazón rebose de
alegría,
alegría mayor que la que tienen los
que disfrutan de trigo y vino en
abundancia.

8 En *paz me acuesto y me duermo,
porque sólo tú, Señor, me haces vivir
confiado.

Salmo 5

*Al director musical. Acompáñese con flautas.
Salmo de David.*

1 Atiende, Señor, a mis palabras;
toma en cuenta mis gemidos.

2 Escucha mis súplicas, rey mío y Dios mío,
porque a ti elevo mi plegaria.

3 Por la mañana, Señor, escuchas mi clamor;
por la mañana te presento mis ruegos,
y quedo a la espera de tu respuesta.

4 Tú no eres un Dios que se complazca en lo malo;

6 I will not fear though tens of thousands
assail me on every side.

7 Arise, Lord!
Deliver me, my God!
Strike all my enemies on the jaw;
break the teeth of the wicked.

8 From the Lord comes deliverance.
May your blessing be on your people.

Psalm 4[e]

*For the director of music. With stringed instruments.
A psalm of David.*

1 Answer me when I call to you,
my righteous God.
Give me relief from my distress;
have mercy on me and hear my prayer.

2 How long will you people turn my glory into
shame?
How long will you love delusions and seek
false gods[f]?[g]

3 Know that the Lord has set apart his faithful
servant for himself;
the Lord hears when I call to him.

4 Tremble and[h] do not sin;
when you are on your beds,
search your hearts and be silent.

5 Offer the sacrifices of the righteous
and trust in the Lord.

6 Many, Lord, are asking, "Who will bring us
prosperity?"
Let the light of your face shine on us.

7 Fill my heart with joy
when their grain and new wine abound.

8 In peace I will lie down and sleep,
for you alone, Lord,
make me dwell in safety.

Psalm 5[i]

For the director of music. For pipes. A psalm of David.

1 Listen to my words, Lord,
consider my lament.

2 Hear my cry for help,
my King and my God,
for to you I pray.

3 In the morning, Lord, you hear my voice;
in the morning I lay my requests before you
and wait expectantly.

4 For you are not a God who is pleased with
wickedness;

---

e In Hebrew texts 4:1-8 is numbered 4:2-9.   *f 2 Or seek lies*
g 2 The Hebrew has *Selah* (a word of uncertain meaning) here and
at the end of verse 4.   *h 4 Or In your anger* (see Septuagint)
i In Hebrew texts 5:1-12 is numbered 5:2-13.

a tu lado no tienen cabida los malvados.
5 No hay lugar en tu presencia para los altivos,
    pues aborreces a los malhechores.
6 Tú destruyes a los mentirosos
    y aborreces a los tramposos y asesinos.

7 Pero yo, por tu gran amor
    puedo entrar en tu casa;
puedo postrarme reverente
    hacia tu santo templo.

8 Señor, por causa de mis enemigos,
    dirígeme en tu *justicia;
empareja delante de mí tu senda.

9 En sus palabras no hay sinceridad;
    en su interior sólo hay corrupción.
Su garganta es un sepulcro abierto;
    con su lengua profieren engaños.

10 ¡Condénalos, oh Dios!
    ¡Que caigan por sus propias intrigas!
¡Recházalos por la multitud de sus crímenes,
    porque se han rebelado contra ti!

11 Pero que se alegren todos los que en ti buscan
    refugio;
    ¡que canten siempre jubilosos!
Extiende tu protección, y que en ti se regocijen
    todos los que aman tu *nombre.
12 Porque tú, Señor, bendices a los justos;
    cual escudo los rodeas con tu buena
    voluntad.

Salmo 6

Al director musical. Acompáñese con
instrumentos de cuerda. Sobre la octava.ᶜ Salmo
de David.

1 No me reprendas, Señor, en tu ira;
    no me castigues en tu furor.
2 Tenme compasión, Señor, porque desfallezco;
    sáname, Señor, que un frío de muerte
    recorre mis huesos.
3 Angustiada está mi *alma;
    ¿hasta cuándo, Señor, hasta cuándo?

4 Vuélvete, Señor, y sálvame la vida;
    por tu gran amor, ¡ponme a salvo!
5 En la muerte nadie te recuerda;
    en el *sepulcro, ¿quién te alabará?

6 Cansado estoy de sollozar;
    toda la noche inundo de lágrimas mi cama,
    ¡mi lecho empapo con mi llanto!
7 Desfallecen mis ojos por causa del dolor;
    desfallecen por culpa de mis enemigos.

8 ¡Apártense de mí, todos los malhechores,
    que el Señor ha escuchado mi llanto!
9 El Señor ha escuchado mis ruegos;
    el Señor ha tomado en cuenta mi oración.

with you, evil people are not welcome.
5 The arrogant cannot stand
    in your presence.
You hate all who do wrong;
6   you destroy those who tell lies.
The bloodthirsty and deceitful
    you, Lord, detest.
7 But I, by your great love,
    can come into your house;
in reverence I bow down
    toward your holy temple.

8 Lead me, Lord, in your righteousness
    because of my enemies —
    make your way straight before me.
9 Not a word from their mouth can be trusted;
    their heart is filled with malice.
Their throat is an open grave;
    with their tongues they tell lies.
10 Declare them guilty, O God!
    Let their intrigues be their downfall.
Banish them for their many sins,
    for they have rebelled against you.
11 But let all who take refuge in you be glad;
    let them ever sing for joy.
Spread your protection over them,
    that those who love your name may rejoice
    in you.

12 Surely, Lord, you bless the righteous;
    you surround them with your favor as with
    a shield.

Psalm 6ʲ

For the director of music. With stringed instruments.
According to sheminith.ᵏ A psalm of David.

1 Lord, do not rebuke me in your anger
    or discipline me in your wrath.
2 Have mercy on me, Lord, for I am faint;
    heal me, Lord, for my bones are in agony.
3 My soul is in deep anguish.
    How long, Lord, how long?

4 Turn, Lord, and deliver me;
    save me because of your unfailing love.
5 Among the dead no one proclaims your name.
    Who praises you from the grave?

6 I am worn out from my groaning.

All night long I flood my bed with weeping
    and drench my couch with tears.
7 My eyes grow weak with sorrow;
    they fail because of all my foes.

8 Away from me, all you who do evil,
    for the Lord has heard my weeping.
9 The Lord has heard my cry for mercy;
    the Lord accepts my prayer.

ᶜ 6 Tít. *Sobre la octava.* Lit. *Sobre* *sheminit.*

ʲ In Hebrew texts 6:1-10 is numbered 6:2-11.   ᵏ Title: Probably a
musical term

10 Todos mis enemigos quedarán avergonzados y
    confundidos;
  ¡su repentina vergüenza los hará retroceder!

Salmo 7

*Sigaión de David, que elevó al Señor acerca
de Cus el benjaminita.

1 ¡Sálvame, Señor mi Dios, porque en ti busco
    refugio!
  ¡Líbrame de todos mis perseguidores!
2 De lo contrario, me devorarán como leones;
  me despedazarán, y no habrá quien me
    libre.

3 Señor mi Dios, ¿qué es lo que he hecho?
  ¿qué mal he cometido?
4 Si le he hecho daño a mi amigo,
  si he despojado sin razón al que me oprime,
5 entonces que mi enemigo me persiga y me
    alcance;
  que me haga morder el polvo
  y arrastre mi honra por los suelos.
                                            *Selah

6 ¡Levántate, Señor, en tu ira;
  enfréntate al furor de mis enemigos!
  ¡Despierta, oh Dios, e imparte *justicia!
7 Que en torno tuyo se reúnan los pueblos;
  reina*d* sobre ellos desde lo alto.
8 ¡El Señor juzgará a los pueblos!

  Júzgame, Señor, conforme a mi justicia;
  págame conforme a mi inocencia.
9 Dios justo, que examinas mente y corazón,
  acaba con la maldad de los malvados
  y mantén firme al que es justo.

10 Mi escudo está en Dios,
  que salva a los de *corazón recto.
11 Dios es un juez justo,
  un Dios que en todo tiempo manifiesta su
    enojo.
12 Si el malvado no se arrepiente,
  Dios afilará la espada y tensará el arco;
13 ya ha preparado sus mortíferas armas;
  ya tiene listas sus llameantes saetas.

14 Miren al preñado de maldad:
  Concibió iniquidad y parirá mentira.
15 Cavó una fosa y la ahondó,
  y en esa misma fosa caerá.
16 Su iniquidad se volverá contra él;
  su violencia recaerá sobre su cabeza.

17 ¡Alabaré al Señor por su justicia!

10 All my enemies will be overwhelmed with
    shame and anguish;
  they will turn back and suddenly be put to
    shame.

Psalm 7[l]

A shiggaion[m] of David, which he sang to the Lord
concerning Cush, a Benjamite.

1 Lord my God, I take refuge in you;
  save and deliver me from all who pursue
    me,
2 or they will tear me apart like a lion
  and rip me to pieces with no one to rescue
    me.

3 Lord my God, if I have done this
  and there is guilt on my hands —
4 if I have repaid my ally with evil
  or without cause have robbed my foe —
5 then let my enemy pursue and overtake me;
  let him trample my life to the ground
  and make me sleep in the dust.[n]

6 Arise, Lord, in your anger;
  rise up against the rage of my enemies.
  Awake, my God; decree justice.
7 Let the assembled peoples gather around you,
  while you sit enthroned over them on high.
8   Let the Lord judge the peoples.
  Vindicate me, Lord, according to my
    righteousness,
  according to my integrity, O Most High.
9 Bring to an end the violence of the wicked
  and make the righteous secure —
  you, the righteous God
  who probes minds and hearts.

10 My shield[o] is God Most High,
  who saves the upright in heart.
11 God is a righteous judge,
  a God who displays his wrath every day.
12 If he does not relent,
  he[p] will sharpen his sword;
  he will bend and string his bow.
13 He has prepared his deadly weapons;
  he makes ready his flaming arrows.

14 Whoever is pregnant with evil
  conceives trouble and gives birth to
    disillusionment.
15 Whoever digs a hole and scoops it out
  falls into the pit they have made.
16 The trouble they cause recoils on them;
  their violence comes down on their own
    heads.

17 I will give thanks to the Lord because of his
    righteousness;

---

[l] In Hebrew texts 7:1-17 is numbered 7:2-18.   [m] Title: Probably a
literary or musical term   [n] 5 The Hebrew has *Selah* (a word of
uncertain meaning) here.   [o] 10 Or *sovereign*   [p] 12 Or *If
anyone does not repent, / God*

d 7:7 *reina* (lectura probable); *vuélvete* (TM).

¡Al *nombre del Señor altísimo cantaré
salmos!

Salmo 8

Al director musical. Sígase la tonada de «La canción del lagar».[e] Salmo de David.

1 Oh Señor, soberano nuestro,
¡qué imponente es tu *nombre en toda la tierra!
¡Has puesto tu gloria sobre los cielos!

2 Por causa de tus adversarios
has hecho que brote la alabanza[f]
de labios de los pequeñitos y de los niños de pecho,
para silenciar al enemigo y al rebelde.

3 Cuando contemplo tus cielos,
obra de tus dedos,
la luna y las estrellas que allí fijaste,
4 me pregunto:
«¿Qué es el *hombre, para que en él pienses?
¿Qué es el *ser humano[g], para que lo tomes en cuenta?»
5 Pues lo hiciste poco menos que un dios,[h]
y lo coronaste de gloria y de honra:
6 lo entronizaste sobre la obra de tus manos,
todo lo sometiste a su dominio;
7 todas las ovejas, todos los bueyes,
todos los animales del campo,
8 las aves del cielo, los peces del mar,
y todo lo que surca los senderos del mar.

9 Oh Señor, soberano nuestro,
¡qué imponente es tu nombre en toda la tierra!

Salmo 9[i]

Al director musical. Sígase la tonada de «La muerte del hijo». Salmo de David.

Álef
1 Quiero alabarte, Señor, con todo el *corazón,
y contar todas tus maravillas.
2 Quiero alegrarme y regocijarme en ti,
y cantar salmos a tu *nombre, oh *Altísimo.

Bet
3 Mis enemigos retroceden;
tropiezan y perecen ante ti.
4 Porque tú me has hecho *justicia, me has vindicado;
tú, juez justo, ocupas tu trono.

[e] **8** Tít. *Sígase ... lagar.* Lit. *Según la *gittith.*
[f] **8:2** *has hecho que brote la alabanza.* Lit. *fundaste la fortaleza.*
[g] **8:4** *ser humano.* Lit. *hijo de hombre.*
[h] **8:5** *un dios.* Alt. *los ángeles* o *los seres celestiales.*
[i] **Sal 9** En el texto hebreo los salmos 9 y 10 son un solo poema (véase LXX), que forma un acróstico siguiendo el orden del alfabeto hebreo.

I will sing the praises of the name of the
Lord Most High.

Psalm 8[q]

For the director of music. According to gittith.[r] *A psalm of David.*

1 Lord, our Lord,
how majestic is your name in all the earth!

You have set your glory
in the heavens.
2 Through the praise of children and infants
you have established a stronghold against your enemies,
to silence the foe and the avenger.
3 When I consider your heavens,
the work of your fingers,
the moon and the stars,
which you have set in place,
4 what is mankind that you are mindful of them,
human beings that you care for them?[s]
5 You have made them[t] a little lower than the angels[u]
and crowned them[t] with glory and honor.
6 You made them rulers over the works of your hands;
you put everything under their[v] feet:
7 all flocks and herds,
and the animals of the wild,
8 the birds in the sky,
and the fish in the sea,
all that swim the paths of the seas.

9 Lord, our Lord,
how majestic is your name in all the earth!

Psalm 9[w,x]

For the director of music. To the tune of "The Death of the Son." A psalm of David.

1 I will give thanks to you, Lord, with all my heart;
I will tell of all your wonderful deeds.
2 I will be glad and rejoice in you;
I will sing the praises of your name, O Most High.

3 My enemies turn back;
they stumble and perish before you.
4 For you have upheld my right and my cause,
sitting enthroned as the righteous judge.

[q] In Hebrew texts 8:1-9 is numbered 8:2-10. [r] Title: Probably a musical term [s] 4 Or *what is a human being that you are mindful of him, / a son of man that you care for him?* [t] 5 Or *him* [u] 5 Or *than God* [v] 6 Or *made him ruler . . . ; / . . . his*
[w] Psalms 9 and 10 may originally have been a single acrostic poem in which alternating lines began with the successive letters of the Hebrew alphabet. In the Septuagint they constitute one psalm.
[x] In Hebrew texts 9:1-20 is numbered 9:2-21.

Guímel

5 Reprendiste a los *paganos, destruiste a los
malvados;
¡para siempre borraste su memoria!
6 Desgracia sin fin cayó sobre el enemigo;
arrancaste de raíz sus ciudades,
y hasta su recuerdo se ha desvanecido.

He

7 Pero el Señor reina por siempre;
para emitir juicio ha establecido su trono.
8 Juzgará al mundo con justicia;
gobernará a los pueblos con equidad.

Vav

9 El Señor es refugio de los oprimidos;
es su baluarte en momentos de angustia.

10 En ti confían los que conocen tu nombre,
porque tú, Señor, jamás abandonas a los
que te buscan.

Zayin

11 Canten salmos al Señor, el rey de *Sión;
proclamen sus proezas entre las naciones.
12 El vengador de los inocentes[j] se acuerda de
ellos;
no pasa por alto el clamor de los afligidos.

Jet

13 Ten compasión de mí, Señor;
mira cómo me afligen los que me odian.
Sácame de las puertas de la muerte,
14 para que en las *puertas de Jerusalén[k]
proclame tus alabanzas y me regocije en tu
*salvación.

Tet

15 Han caído los paganos
en la fosa que han cavado;
sus pies quedaron atrapados
en la red que ellos mismos escondieron.

16 Al Señor se le conoce porque imparte justicia;
el malvado cae en la trampa que él mismo
tendió.
*Higaión. *Selah

Yod

17 Bajan al *sepulcro los malvados,
todos los paganos que de Dios se olvidan.

Caf

18 Pero no se olvidará para siempre al necesitado,
ni para siempre se perderá la esperanza del
pobre.

19 ¡Levántate, Señor!
No dejes que el *hombre prevalezca;
¡haz que las naciones comparezcan ante ti!
20 Infúndeles terror, Señor;
¡que los pueblos sepan que son simples
*mortales!

Selah

---

5 You have rebuked the nations and destroyed
the wicked;
you have blotted out their name for ever and
ever.
6 Endless ruin has overtaken my enemies,
you have uprooted their cities;
even the memory of them has perished.

7 The Lord reigns forever;
he has established his throne for judgment.
8 He rules the world in righteousness
and judges the peoples with equity.
9 The Lord is a refuge for the oppressed,
a stronghold in times of trouble.
10 Those who know your name trust in you,
for you, Lord, have never forsaken those
who seek you.

11 Sing the praises of the Lord, enthroned in
Zion;
proclaim among the nations what he has
done.
12 For he who avenges blood remembers;
he does not ignore the cries of the afflicted.

13 Lord, see how my enemies persecute me!
Have mercy and lift me up from the gates of
death,
14 that I may declare your praises
in the gates of Daughter Zion,
and there rejoice in your salvation.

15 The nations have fallen into the pit they have
dug;
their feet are caught in the net they have
hidden.
16 The Lord is known by his acts of justice;
the wicked are ensnared by the work of their
hands.[y]
17 The wicked go down to the realm of the dead,
all the nations that forget God.
18 But God will never forget the needy;
the hope of the afflicted will never perish.

19 Arise, Lord, do not let mortals triumph;
let the nations be judged in your presence.
20 Strike them with terror, Lord;
let the nations know they are only mortal.

---

[j] 9:12 *vengador de los inocentes.* Lit. *vengador de sangres.*
[k] 9:14 *Jerusalén.* Lit. *la hija de Sión.*

[y] 16 The Hebrew has *Higgaion* and *Selah* (words of uncertain
meaning) here; *Selah* occurs also at the end of verse 20.

SALMO 10

Lámed

¹ ¿Por qué, SEÑOR, te mantienes distante?
  ¿Por qué te escondes en momentos de
    angustia?
² Con arrogancia persigue el malvado al
    indefenso,
  pero se enredará en sus propias artimañas.
³ El malvado hace alarde de su propia codicia;
  alaba al ambicioso y menosprecia al SEÑOR.
⁴ El malvado levanta insolente la nariz,
  y no da lugar a Dios en sus pensamientos.
⁵ Todas sus empresas son siempre exitosas;
  tan altos y alejados de él están tus juicios
  que se burla de todos sus enemigos.
⁶ Y se dice a sí mismo: «Nada me hará caer.
  Siempre seré feliz. Nunca tendré
    problemas.»

Pe

⁷ Llena está su boca de maldiciones,
  de mentiras y amenazas;
  bajo su lengua esconde maldad y violencia.
⁸ Se pone al acecho en las aldeas,
  se esconde en espera de sus víctimas,
  y asesina a mansalva al inocente.

Ayin

⁹ Cual león en su guarida se agazapa,
  listo para atrapar al indefenso;
  le cae encima y lo arrastra en su red.
¹⁰ Bajo el peso de su poder,
  sus víctimas caen por tierra.
¹¹ Se dice a sí mismo: «Dios se ha olvidado.
  Se cubre el rostro. Nunca ve nada.»

Qof

¹² ¡Levántate, SEÑOR!
  ¡Levanta, oh Dios, tu brazo!
  ¡No te olvides de los indefensos!
¹³ ¿Por qué te ha de menospreciar el malvado?
  ¿Por qué ha de pensar que no lo llamarás a
    cuentas?

Resh

¹⁴ Pero tú ves la opresión y la violencia,
  las tomas en cuenta y te harás cargo de ellas.
  Las víctimas confían en ti;
  tú eres la ayuda de los huérfanos.

Shin

¹⁵ ¡Rómpeles el brazo al malvado y al impío!
  ¡Pídeles cuentas de su maldad,
  y haz que desaparezcan por completo!

¹⁶ El SEÑOR es rey eterno;
  los *paganos serán borrados de su tierra.

Tav

¹⁷ Tú, SEÑOR, escuchas la petición de los
    indefensos,
  les infundes aliento y atiendes a su clamor.
¹⁸ Tú defiendes al huérfano y al oprimido,
  para que el *hombre, hecho de tierra,
  no siga ya sembrando el terror.

PSALM 10ᶻ

¹ Why, LORD, do you stand far off?
  Why do you hide yourself in times of
    trouble?
² In his arrogance the wicked man hunts down
    the weak,
  who are caught in the schemes he devises.
³ He boasts about the cravings of his heart;
  he blesses the greedy and reviles the LORD.
⁴ In his pride the wicked man does not seek
    him;
  in all his thoughts there is no room for God.
⁵ His ways are always prosperous;
  your laws are rejected byᵃ him;
  he sneers at all his enemies.
⁶ He says to himself, "Nothing will ever shake
    me."
  He swears, "No one will ever do me harm."

⁷ His mouth is full of lies and threats;
  trouble and evil are under his tongue.
⁸ He lies in wait near the villages;
  from ambush he murders the innocent.
  His eyes watch in secret for his victims;
⁹   like a lion in cover he lies in wait.
  He lies in wait to catch the helpless;
  he catches the helpless and drags them off in
    his net.
¹⁰ His victims are crushed, they collapse;
  they fall under his strength.
¹¹ He says to himself, "God will never notice;
  he covers his face and never sees."

¹² Arise, LORD! Lift up your hand, O God.
  Do not forget the helpless.
¹³ Why does the wicked man revile God?
  Why does he say to himself,
  "He won't call me to account"?
¹⁴ But you, God, see the trouble of the afflicted;
  you consider their grief and take it in hand.
  The victims commit themselves to you;
  you are the helper of the fatherless.
¹⁵ Break the arm of the wicked man;
  call the evildoer to account for his
    wickedness
  that would not otherwise be found out.

¹⁶ The LORD is King for ever and ever;
  the nations will perish from his land.
¹⁷ You, LORD, hear the desire of the afflicted;
  you encourage them, and you listen to their
    cry,
¹⁸ defending the fatherless and the oppressed,
  so that mere earthly mortals
  will never again strike terror.

ᶻ Psalms 9 and 10 may originally have been a single acrostic poem
in which alternating lines began with the successive letters of the
Hebrew alphabet. In the Septuagint they constitute one psalm.
ᵃ 5 See Septuagint; Hebrew / *they are haughty, and your laws are*
far from

SALMO 11

Al director musical. Salmo de David.

¹ En el SEÑOR hallo refugio.
    ¿Cómo, pues, se atreven a decirme:
    «Huye al monte, como las aves»?
² Vean cómo tensan sus arcos los malvados:
    preparan las flechas sobre la cuerda
    para disparar desde las sombras
    contra los rectos de *corazón.
³ Cuando los fundamentos son destruidos,
    ¿qué le queda al justo?

⁴ El SEÑOR está en su santo templo,
    en los cielos tiene el SEÑOR su trono,
    y atentamente observa al *ser humano;
    con sus propios ojos lo examina.
⁵ El SEÑOR examina a justos y a malvados,
    y aborrece a los que aman la violencia.
⁶ Hará llover sobre los malvados
    ardientes brasas y candente azufre;
    ¡un viento abrasador será su suerte!

⁷ Justo es el SEÑOR, y ama la *justicia;
    por eso los íntegros contemplarán su rostro.

SALMO 12

*Al director musical. Sobre la octava.ᴵ Salmo
de David.*

¹ Sálvanos, SEÑOR, que ya no hay *gente fiel;
    ya no queda gente sincera en este mundo.
² No hacen sino mentirse unos a otros;
    sus labios lisonjeros hablan con doblez.

³ El SEÑOR cortará todo labio lisonjero
    y toda lengua jactanciosa
⁴ que dice: «Venceremos con la lengua;
    en nuestros labios confiamos.
    ¿Quién puede dominarnos a nosotros?»

⁵ Dice el SEÑOR: «Voy ahora a levantarme,
    y pondré a salvo a los oprimidos,
    pues al pobre se le oprime,
    y el necesitado se queja.»

⁶ Las palabras del SEÑOR son puras,
    son como la plata refinada,
    siete veces purificada en el crisol.

⁷ Tú, SEÑOR, nos protegerás;
    tú siempre nos defenderás de esta gente,
⁸ aun cuando los malvados sigan merodeando,
    y la maldad sea exaltada en este mundo.

PSALM 11

For the director of music. Of David.

¹ In the LORD I take refuge.
    How then can you say to me:
    "Flee like a bird to your mountain.
² For look, the wicked bend their bows;
    they set their arrows against the strings
    to shoot from the shadows
    at the upright in heart.
³ When the foundations are being destroyed,
    what can the righteous do?"

⁴ The LORD is in his holy temple;
    the LORD is on his heavenly throne.
    He observes everyone on earth;
    his eyes examine them.
⁵ The LORD examines the righteous,
    but the wicked, those who love violence,
    he hates with a passion.
⁶ On the wicked he will rain
    fiery coals and burning sulfur;
    a scorching wind will be their lot.

⁷ For the LORD is righteous,
    he loves justice;
    the upright will see his face.

PSALM 12ᵇ

For the director of music. According to sheminith.ᶜ
A psalm of David.

¹ Help, LORD, for no one is faithful anymore;
    those who are loyal have vanished from the
        human race.
² Everyone lies to their neighbor;
    they flatter with their lips
    but harbor deception in their hearts.

³ May the LORD silence all flattering lips
    and every boastful tongue—
⁴ those who say,
    "By our tongues we will prevail;
    our own lips will defend us—who is lord
        over us?"

⁵ "Because the poor are plundered and the
        needy groan,
    I will now arise," says the LORD.
    "I will protect them from those who malign
        them."
⁶ And the words of the LORD are flawless,
    like silver purified in a crucible,
    like goldᵈ refined seven times.

⁷ You, LORD, will keep the needy safe
    and will protect us forever from the wicked,
⁸ who freely strut about
    when what is vile is honored by the human
        race.

ᵇ In Hebrew texts 12:1-8 is numbered 12:2-9.   ᶜ Title: Probably a
musical term   ᵈ 6 Probable reading of the original Hebrew text;
Masoretic Text *earth*

ᴵ **12** Tít. *Sobre la octava.* Lit. *Sobre* *sheminit.

SALMO 13

Al director musical. Salmo de David.

¹ ¿Hasta cuándo, SEÑOR, me seguirás olvidando?
    ¿Hasta cuándo esconderás de mí tu rostro?
² ¿Hasta cuándo he de estar angustiado
    y he de sufrir cada día en mi *corazón?
    ¿Hasta cuándo el enemigo me seguirá
       dominando?

³ SEÑOR y Dios mío,
    mírame y respóndeme;
    ilumina mis ojos.
    Así no caeré en el sueño de la muerte;
⁴   así no dirá mi enemigo: «Lo he vencido»;
    así mi adversario no se alegrará de mi caída.

⁵ Pero yo confío en tu gran amor;
    mi corazón se alegra en tu *salvación.
⁶ Canto salmos al SEÑOR.
    ¡El SEÑOR ha sido bueno conmigo!

SALMO 14

Al director musical. Salmo de David.

¹ Dice el *necio en su *corazón:
    «No hay Dios.»
    Están corrompidos, sus obras son detestables;
    ¡no hay uno solo que haga lo bueno!

² Desde el cielo el SEÑOR contempla a los
    *mortales,
    para ver si hay alguien
    que sea sensato y busque a Dios.
³ Pero todos se han descarriado,
    a una se han corrompido.
    No hay nadie que haga lo bueno;
    ¡no hay uno solo!

⁴ ¿Acaso no entienden todos los que hacen lo
    malo,
    los que devoran a mi pueblo como si fuera
    pan?
    ¡Jamás invocan al SEÑOR!
⁵ Allí los tienen, sobrecogidos de miedo,
    pero Dios está con los que son justos.

⁶ Ustedes frustran los planes de los pobres,
    pero el SEÑOR los protege.

⁷ ¡Quiera Dios que de *Sión
    venga la *salvación de Israel!
    Cuando el SEÑOR restaure a su pueblo,ᵐ
    ¡Jacob se regocijará, Israel se alegrará!

SALMO 15

Salmo de David.

¹ ¿Quién, SEÑOR, puede habitar en tu santuario?
    ¿Quién puede vivir en tu santo monte?
² Sólo el de conducta intachable,
    que practica la *justicia

PSALM 13ᵉ

For the director of music. A psalm of David.

¹ How long, LORD? Will you forget me forever?
    How long will you hide your face from me?
² How long must I wrestle with my thoughts
    and day after day have sorrow in my heart?
    How long will my enemy triumph over me?

³ Look on me and answer, LORD my God.
    Give light to my eyes, or I will sleep in
    death,
⁴ and my enemy will say, "I have overcome him,"
    and my foes will rejoice when I fall.

⁵ But I trust in your unfailing love;
    my heart rejoices in your salvation.
⁶ I will sing the LORD's praise,
    for he has been good to me.

PSALM 14

For the director of music. Of David.

¹ The foolᶠ says in his heart,
    "There is no God."
    They are corrupt, their deeds are vile;
    there is no one who does good.

² The LORD looks down from heaven
    on all mankind
    to see if there are any who understand,
    any who seek God.
³ All have turned away, all have become corrupt;
    there is no one who does good,
    not even one.

⁴ Do all these evildoers know nothing?

    They devour my people as though eating
    bread;
    they never call on the LORD.
⁵ But there they are, overwhelmed with dread,
    for God is present in the company of the
    righteous.
⁶ You evildoers frustrate the plans of the poor,
    but the LORD is their refuge.

⁷ Oh, that salvation for Israel would come out of
    Zion!
    When the LORD restores his people,
    let Jacob rejoice and Israel be glad!

PSALM 15

A psalm of David.

¹ LORD, who may dwell in your sacred tent?
    Who may live on your holy mountain?

² The one whose walk is blameless,
    who does what is righteous,

ᵐ **14:7** *restaure a su pueblo.* Alt. *haga que su pueblo vuelva del cautiverio.*

ᵉ In Hebrew texts 13:1-6 is numbered 13:2-6.   ᶠ **1** The Hebrew words rendered *fool* in Psalms denote one who is morally deficient.

y de *corazón dice la verdad;
³ que no calumnia con la lengua,
    que no le hace mal a su prójimo
    ni le acarrea desgracias a su vecino;
⁴ que desprecia al que Dios reprueba,
    pero honra al que teme al Señor;
que cumple lo prometido
    aunque salga perjudicado;
⁵ que presta dinero sin ánimo de lucro,
    y no acepta sobornos que afecten al inocente.

El que así actúa no caerá jamás.

Salmo 16

*Mictam de David.

¹ Cuídame, oh Dios, porque en ti busco refugio.

² Yo le he dicho al Señor: «Mi Señor eres tú.
    Fuera de ti, no poseo bien alguno.»
³ Poderosos son los sacerdotes *paganos del
    país,
    según todos sus seguidores.ⁿ
⁴ Pero aumentarán los dolores
    de los que corren tras ellos.
¡Jamás derramaré sus sangrientas libaciones,
    ni con mis labios pronunciaré sus nombres!

⁵ Tú, Señor, eres mi porción y mi copa;
    eres tú quien ha afirmado mi suerte.
⁶ Bellos lugares me han tocado en suerte;
    ¡preciosa herencia me ha correspondido!

⁷ Bendeciré al Señor, que me aconseja;
    aun de noche me reprende mi conciencia.
⁸ Siempre tengo presente al Señor;
    con él a mi derecha, nada me hará caer.

⁹ Por eso mi *corazón se alegra,
    y se regocijan mis entrañas;ñ
    todo mi ser se llena de confianza.
¹⁰ No dejarás que mi vida termine en el
    *sepulcro;
    no permitirás que sufra corrupción tu
    siervo fiel.
¹¹ Me has dado a conocer la senda de la vida;
    me llenarás de alegría en tu presencia,
    y de dicha eterna a tu derecha.

Salmo 17

Oración de David.

¹ Señor, oye mi justo ruego;
    escucha mi clamor;
presta oído a mi oración,
    pues no sale de labios engañosos.

who speaks the truth from their heart;
³ whose tongue utters no slander,
    who does no wrong to a neighbor,
    and casts no slur on others;
⁴ who despises a vile person
    but honors those who fear the Lord;
who keeps an oath even when it hurts,
    and does not change their mind;
⁵ who lends money to the poor without interest;
    who does not accept a bribe against the
    innocent.

Whoever does these things
    will never be shaken.

Psalm 16

A miktamᵍ of David.

¹ Keep me safe, my God,
    for in you I take refuge.

² I say to the Lord, "You are my Lord;
    apart from you I have no good thing."
³ I say of the holy people who are in the land,
    "They are the noble ones in whom is all my
    delight."
⁴ Those who run after other gods will suffer
    more and more.
    I will not pour out libations of blood to such
    gods
    or take up their names on my lips.

⁵ Lord, you alone are my portion and my cup;
    you make my lot secure.
⁶ The boundary lines have fallen for me in
    pleasant places;
    surely I have a delightful inheritance.
⁷ I will praise the Lord, who counsels me;
    even at night my heart instructs me.
⁸ I keep my eyes always on the Lord.
    With him at my right hand, I will not be
    shaken.

⁹ Therefore my heart is glad and my tongue
    rejoices;
    my body also will rest secure,
¹⁰ because you will not abandon me to the realm
    of the dead,
    nor will you let your faithfulʰ one see decay.
¹¹ You make known to me the path of life;
    you will fill me with joy in your presence,
    with eternal pleasures at your right hand.

Psalm 17

A prayer of David.

¹ Hear me, Lord, my plea is just;
    listen to my cry.
Hear my prayer —
    it does not rise from deceitful lips.

ⁿ **16:3** *Poderosos ... sus seguidores.* Alt. *En cuanto a los santos que están en la tierra, son los gloriosos en quienes está toda mi delicia.*
ñ **16:9** *mis entrañas.* Lit. *mi gloria.*

ᵍ Title: Probably a literary or musical term   ʰ 10 Or *holy*

² Sé tú mi defensor,
   pues tus ojos ven lo que es justo.

³ Tú escudriñas mi *corazón,
   tú me examinas por las noches;
¡ponme, pues, a prueba,
   que no hallarás en mí maldad alguna!

¡No pasarán por mis labios
⁴   palabras como las de otra *gente,
   pues yo cumplo con tu palabra!
Del *camino de la violencia
⁵   he apartado mis pasos;
   mis pies están firmes en tus sendas.

⁶ A ti clamo, oh Dios, porque tú me respondes;
   inclina a mí tu oído, y escucha mi oración.
⁷ Tú, que salvas con tu diestra
   a los que buscan escapar de sus adversarios,
   dame una muestra de tu gran amor.
⁸ Cuídame como a la niña de tus ojos;
   escóndeme, bajo la sombra de tus alas,
⁹ de los malvados que me atacan,
   de los enemigos que me han cercado.
¹⁰ Han cerrado su insensible corazón,
   y profieren insolencias con su boca.
¹¹ Vigilan de cerca mis pasos,
   prestos a derribarme.
¹² Parecen leones ávidos de presa,
   leones que yacen al acecho.

¹³ ¡Vamos, Señor, enfréntate a ellos!
   ¡Derrótalos!
   ¡Con tu espada rescátame de los malvados!
¹⁴ ¡Con tu mano, Señor, sálvame de estos
      *mortales
   que no tienen más herencia que esta vida!

Con tus tesoros les has llenado el vientre,
   sus hijos han tenido abundancia,
   y hasta ha sobrado para sus descendientes.
¹⁵ Pero yo en *justicia contemplaré tu rostro;
   me bastará con verte cuando despierte.

Salmo 18

*Al director musical. De David, siervo del
Señor. David dedicó al Señor la letra de esta
canción cuando el Señor lo libró de Saúl y de
todos sus enemigos. Dijo así:*

¹ ¡Cuánto te amo, Señor, fuerza mía!

² El Señor es mi *roca, mi amparo, mi
      libertador;
   es mi Dios, el peñasco en que me refugio.

² Let my vindication come from you;
   may your eyes see what is right.

³ Though you probe my heart,
   though you examine me at night and test
      me,
you will find that I have planned no evil;
   my mouth has not transgressed.
⁴ Though people tried to bribe me,
   I have kept myself from the ways of the
      violent
   through what your lips have commanded.
⁵ My steps have held to your paths;
   my feet have not stumbled.

⁶ I call on you, my God, for you will answer me;
   turn your ear to me and hear my prayer.
⁷ Show me the wonders of your great love,
   you who save by your right hand
   those who take refuge in you from their foes.
⁸ Keep me as the apple of your eye;
   hide me in the shadow of your wings
⁹ from the wicked who are out to destroy me,
   from my mortal enemies who surround me.

¹⁰ They close up their callous hearts,
   and their mouths speak with arrogance.
¹¹ They have tracked me down, they now
      surround me,
   with eyes alert, to throw me to the ground.
¹² They are like a lion hungry for prey,
   like a fierce lion crouching in cover.

¹³ Rise up, Lord, confront them, bring them
      down;
   with your sword rescue me from the wicked.
¹⁴ By your hand save me from such people, Lord,
   from those of this world whose reward is in
      this life.
May what you have stored up for the wicked
      fill their bellies;
   may their children gorge themselves on it,
   and may there be leftovers for their little
      ones.

¹⁵ As for me, I will be vindicated and will see
      your face;
   when I awake, I will be satisfied with seeing
      your likeness.

Psalm 18[i]

*For the director of music. Of David the servant of the
Lord. He sang to the Lord the words of this song when
the Lord delivered him from the hand of all his enemies
and from the hand of Saul. He said:*

¹ I love you, Lord, my strength.

² The Lord is my rock, my fortress and my
      deliverer;
   my God is my rock, in whom I take refuge,

---

[i] In Hebrew texts 18:1-50 is numbered 18:2-51.

Es mi escudo, el poder que me salva,[o]
    ¡mi más alto escondite!
3 Invoco al SEÑOR, que es digno de alabanza,
    y quedo a salvo de mis enemigos.

4 Los lazos de la muerte me envolvieron;
    los torrentes destructores me abrumaron.
5 Me enredaron los lazos del *sepulcro,
    y me encontré ante las trampas de la
       muerte.
6 En mi angustia invoqué al SEÑOR;
    clamé a mi Dios,
y él me escuchó desde su templo;
    ¡mi clamor llegó a sus oídos!

7 La tierra tembló, se estremeció;
    se sacudieron los cimientos de los montes;
    ¡retemblaron a causa de su enojo!
8 Por la nariz echaba humo,
    por la boca, fuego consumidor;
    ¡lanzaba carbones encendidos!

9 Rasgando el cielo, descendió,
    pisando sobre oscuros nubarrones.
10 Montando sobre un *querubín, surcó los cielos
    y se remontó sobre las alas del viento.
11 Hizo de las tinieblas su escondite,
    de los oscuros y cargados nubarrones
    un pabellón que lo rodeaba.
12 De su radiante presencia brotaron nubes,
    granizos y carbones encendidos.

13 En el cielo, entre granizos y carbones
       encendidos,
    se oyó el trueno del SEÑOR,
    resonó la voz del *Altísimo.
14 Lanzó sus flechas, sus grandes centellas;
    dispersó a mis enemigos y los puso en fuga.
15 A causa de tu represión, oh SEÑOR,
    y por el resoplido de tu enojo,[p]
las cuencas del mar quedaron a la vista;
    ¡al descubierto quedaron los cimientos de la
       tierra!

16 Extendiendo su mano desde lo alto,
    tomó la mía y me sacó del mar profundo.
17 Me libró de mi enemigo poderoso,
    de aquellos que me odiaban
    y eran más fuertes que yo.
18 En el día de mi desgracia me salieron al
       encuentro,
    pero mi apoyo fue el SEÑOR.
19 Me sacó a un amplio espacio;
    me libró porque se agradó de mí.

20 El SEÑOR me ha pagado conforme a mi
       *justicia;
    me ha premiado conforme a la limpieza de
       mis manos,
21 pues he andado en los *caminos del SEÑOR;
    no he cometido mal alguno
    ni me he apartado de mi Dios.

    my shield[j] and the horn[k] of my salvation,
       my stronghold.
3 I called to the LORD, who is worthy of praise,
    and I have been saved from my enemies.
4 The cords of death entangled me;
    the torrents of destruction overwhelmed me.
5 The cords of the grave coiled around me;
    the snares of death confronted me.

6 In my distress I called to the LORD;
    I cried to my God for help.
From his temple he heard my voice;
    my cry came before him, into his ears.
7 The earth trembled and quaked,
    and the foundations of the mountains
       shook;
    they trembled because he was angry.
8 Smoke rose from his nostrils;
    consuming fire came from his mouth,
    burning coals blazed out of it.
9 He parted the heavens and came down;
    dark clouds were under his feet.
10 He mounted the cherubim and flew;
    he soared on the wings of the wind.
11 He made darkness his covering, his canopy
       around him—
    the dark rain clouds of the sky.
12 Out of the brightness of his presence clouds
       advanced,
    with hailstones and bolts of lightning.
13 The LORD thundered from heaven;
    the voice of the Most High resounded.[l]
14 He shot his arrows and scattered the enemy,
    with great bolts of lightning he routed them.
15 The valleys of the sea were exposed
    and the foundations of the earth laid bare
at your rebuke, LORD,
    at the blast of breath from your nostrils.

16 He reached down from on high and took hold
       of me;
    he drew me out of deep waters.
17 He rescued me from my powerful enemy,
    from my foes, who were too strong for me.
18 They confronted me in the day of my disaster,
    but the LORD was my support.
19 He brought me out into a spacious place;
    he rescued me because he delighted in me.

20 The LORD has dealt with me according to my
       righteousness;
    according to the cleanness of my hands he
       has rewarded me.
21 For I have kept the ways of the LORD;
    I am not guilty of turning from my God.

---

[j] 2 Or *sovereign*   [k] 2 *Horn* here symbolizes strength.
[l] 13 Some Hebrew manuscripts and Septuagint (see also 2 Samuel 22:14); most Hebrew manuscripts *resounded, / amid hailstones and bolts of lightning*

---

[o] 18:2 *el poder que me salva.* Lit. *el cuerno de mi salvación.*
[p] 18:15 *por ... tu enojo.* Lit. *por el soplo del aliento de tu nariz.*

²² Presentes tengo todas sus sentencias;
    no me he alejado de sus decretos.
²³ He sido íntegro con él
    y me he abstenido de pecar.
²⁴ El Señor me ha recompensado conforme a mi
        justicia,
    conforme a la limpieza de mis manos.
²⁵ Tú eres fiel con quien es fiel,
    e irreprochable con quien es irreprochable;
²⁶ sincero eres con quien es sincero,
    pero sagaz con el que es tramposo.
²⁷ Tú das la *victoria a los humildes,
    pero humillas a los altaneros.
²⁸ Tú, Señor, mantienes mi lámpara encendida;
    tú, Dios mío, iluminas mis tinieblas.
²⁹ Con tu apoyo me lanzaré contra un ejército;
    contigo, Dios mío, podré asaltar murallas.

³⁰ El camino de Dios es perfecto;
    la palabra del Señor es intachable.
    Escudo es Dios a los que en él se refugian.
³¹ ¿Quién es Dios, si no el Señor?
    ¿Quién es la roca, si no nuestro Dios?
³² Es él quien me arma de valor
    y endereza mi camino;
³³ da a mis pies la ligereza del venado,
    y me mantiene firme en las alturas;
³⁴ adiestra mis manos para la batalla,
    y mis brazos para tensar arcos de bronce.
³⁵ Tú me cubres con el escudo de tu *salvación,
    y con tu diestra me sostienes;
    tu bondad me ha hecho prosperar.
³⁶ Me has despejado el camino,
    así que mis tobillos no flaquean.

³⁷ Perseguí a mis enemigos, les di alcance,
    y no retrocedí hasta verlos aniquilados.
³⁸ Los aplasté. Ya no pudieron levantarse.
    ¡Cayeron debajo de mis pies!
³⁹ Tú me armaste de valor para el combate;
    bajo mi planta sometiste a los rebeldes.
⁴⁰ Hiciste retroceder a mis enemigos,
    y así exterminé a los que me odiaban.
⁴¹ Pedían ayuda; no hubo quien los salvara.
    Al Señor clamaron,^q pero no les respondió.
⁴² Los desmenucé. Parecían polvo disperso por el
        viento.
    ¡Los pisoteé^r como al lodo de las calles!

⁴³ Me has librado de una turba amotinada;
    me has puesto por encima de los *paganos;
    me sirve *gente que yo no conocía.
⁴⁴ Apenas me oyen, me obedecen;
    son extranjeros, y me rinden homenaje.

²² All his laws are before me;
    I have not turned away from his decrees.
²³ I have been blameless before him
    and have kept myself from sin.
²⁴ The Lord has rewarded me according to my
      righteousness,
    according to the cleanness of my hands in
      his sight.
²⁵ To the faithful you show yourself faithful,
    to the blameless you show yourself
      blameless,
²⁶ to the pure you show yourself pure,
    but to the devious you show yourself
      shrewd.
²⁷ You save the humble
    but bring low those whose eyes are haughty.
²⁸ You, Lord, keep my lamp burning;
    my God turns my darkness into light.
²⁹ With your help I can advance against a troop^m;
    with my God I can scale a wall.

³⁰ As for God, his way is perfect:
    The Lord's word is flawless;
    he shields all who take refuge in him.
³¹ For who is God besides the Lord?
    And who is the Rock except our God?
³² It is God who arms me with strength
    and keeps my way secure.
³³ He makes my feet like the feet of a deer;
    he causes me to stand on the heights.
³⁴ He trains my hands for battle;
    my arms can bend a bow of bronze.
³⁵ You make your saving help my shield,
    and your right hand sustains me;
    your help has made me great.
³⁶ You provide a broad path for my feet,
    so that my ankles do not give way.

³⁷ I pursued my enemies and overtook them;
    I did not turn back till they were destroyed.
³⁸ I crushed them so that they could not rise;
    they fell beneath my feet.
³⁹ You armed me with strength for battle;
    you humbled my adversaries before me.
⁴⁰ You made my enemies turn their backs in
      flight,
    and I destroyed my foes.
⁴¹ They cried for help, but there was no one to
      save them —
    to the Lord, but he did not answer.
⁴² I beat them as fine as windblown dust;
    I trampled themⁿ like mud in the streets.
⁴³ You have delivered me from the attacks of the
      people;
    you have made me the head of nations.
People I did not know now serve me,
⁴⁴   foreigners cower before me;
    as soon as they hear of me, they obey me.

---

^q **18:41** *Al Señor clamaron* (versiones antiguas); TM no incluye *clamaron*.
^r **18:42** *Los pisoteé* (LXX, Siríaca, Targum, mss. y 2S 22:43); *Los vacié* (TM).

^m *29* Or *can run through a barricade*   ⁿ *42* Many Hebrew manuscripts, Septuagint, Syriac and Targum (see also 2 Samuel 22:43); Masoretic Text *I poured them out*

⁴⁵ ¡Esos extraños se descorazonan,
    y temblando salen de sus refugios!
⁴⁶ ¡El Señor vive! ¡Alabada sea mi roca!
    ¡Exaltado sea Dios mi Salvador!
⁴⁷ Él es el Dios que me vindica,
    el que pone los pueblos a mis pies.

⁴⁸ Tú me libras del furor de mis enemigos,
    me exaltas por encima de mis adversarios,
    me salvas de los hombres violentos.
⁴⁹ Por eso, Señor, te alabo entre las naciones
    y canto salmos a tu *nombre.

⁵⁰ El Señor da grandes victorias a su rey;
    a su *ungido David y a sus descendientes
    les muestra por siempre su gran amor.

Salmo 19

Al director musical. Salmo de David.

¹ Los cielos cuentan la gloria de Dios,
    el firmamento proclama la obra de sus
      manos.
² Un día comparte al otro la noticia,
    una noche a la otra se lo hace saber.
³ Sin palabras, sin lenguaje,
    sin una voz perceptible,
⁴ por toda la tierra resuena su eco,
    ¡sus palabras llegan hasta los confines del
      mundo!

Dios ha plantado en los cielos
    un pabellón para el sol.
⁵ Y éste, como novio que sale de la cámara
      nupcial,
    se apresta, cual atleta, a recorrer el camino.
⁶ Sale de un extremo de los cielos
    y, en su recorrido, llega al otro extremo,
    sin que nada se libre de su calor.

⁷ La *ley del Señor es perfecta:
    infunde nuevo *aliento.
El mandato del Señor es digno de confianza:
    da sabiduría al *sencillo.
⁸ Los preceptos del Señor son rectos:
    traen alegría al *corazón.
El mandamiento del Señor es claro:
    da luz a los ojos.
⁹ El temor del Señor es puro:
    permanece para siempre.
Las sentencias del Señor son verdaderas:
    todas ellas son justas.
¹⁰ Son más deseables que el oro,
    más que mucho oro refinado;
son más dulces que la miel,
    la miel que destila del panal.
¹¹ Por ellas queda advertido tu siervo;
    quien las obedece recibe una gran
      recompensa.

¹² ¿Quién está consciente de sus propios errores?
    ¡Perdóname aquellos de los que no estoy
      consciente!

---

⁴⁵ They all lose heart;
    they come trembling from their
      strongholds.

⁴⁶ The Lord lives! Praise be to my Rock!
    Exalted be God my Savior!
⁴⁷ He is the God who avenges me,
    who subdues nations under me,
⁴⁸   who saves me from my enemies.
You exalted me above my foes;
    from a violent man you rescued me.
⁴⁹ Therefore I will praise you, Lord, among the
      nations;
    I will sing the praises of your name.

⁵⁰ He gives his king great victories;
    he shows unfailing love to his anointed,
    to David and to his descendants forever.

Psalm 19°

For the director of music. A psalm of David.

¹ The heavens declare the glory of God;
    the skies proclaim the work of his hands.
² Day after day they pour forth speech;
    night after night they reveal knowledge.
³ They have no speech, they use no words;
    no sound is heard from them.
⁴ Yet their voice^p goes out into all the earth,
    their words to the ends of the world.
In the heavens God has pitched a tent for the
      sun.
⁵   It is like a bridegroom coming out of his
      chamber,
    like a champion rejoicing to run his course.
⁶ It rises at one end of the heavens
    and makes its circuit to the other;
    nothing is deprived of its warmth.

⁷ The law of the Lord is perfect,
    refreshing the soul.
The statutes of the Lord are trustworthy,
    making wise the simple.
⁸ The precepts of the Lord are right,
    giving joy to the heart.
The commands of the Lord are radiant,
    giving light to the eyes.
⁹ The fear of the Lord is pure,
    enduring forever.
The decrees of the Lord are firm,
    and all of them are righteous.

¹⁰ They are more precious than gold,
    than much pure gold;
they are sweeter than honey,
    than honey from the honeycomb.
¹¹ By them your servant is warned;
    in keeping them there is great reward.
¹² But who can discern their own errors?
    Forgive my hidden faults.

---

^o In Hebrew texts 19:1-14 is numbered 19:2-15.   ^p 4 Septuagint, Jerome and Syriac; Hebrew *measuring line*

¹³ Libra, además, a tu siervo de pecar a sabiendas;
  no permitas que tales pecados me dominen.
 Así estaré libre de culpa
  y de multiplicar mis pecados.

¹⁴ Sean, pues, aceptables ante ti
  mis palabras y mis pensamientos,
 oh Señor, *roca mía y redentor mío.

Salmo 20

Al director musical. Salmo de David.

¹ Que el Señor te responda cuando estés
   angustiado;
  que el *nombre del Dios de Jacob te proteja.
² Que te envíe ayuda desde el santuario;
  que desde *Sión te dé su apoyo.
³ Que se acuerde de todas tus ofrendas;
  que acepte tus *holocaustos.
                                        *Selah

⁴ Que te conceda lo que tu *corazón desea;
  que haga que se cumplan todos tus planes.
⁵ Nosotros celebraremos tu *victoria,
  y en el nombre de nuestro Dios
  desplegaremos las banderas.
 ¡Que el Señor cumpla todas tus peticiones!

⁶ Ahora sé que el Señor salvará a su *ungido,
  que le responderá desde su santo cielo
  y con su poder le dará grandes victorias.
⁷ Éstos confían en sus carros de guerra,
  aquéllos confían en sus corceles,
 pero nosotros confiamos en el nombre
  del Señor nuestro Dios.
⁸ Ellos son vencidos y caen,
  pero nosotros nos erguimos y de pie
   permanecemos.

⁹ ¡Concede, Señor, la victoria al rey!
 ¡Respóndenos cuando te llamemos!

Salmo 21

Al director musical. Salmo de David.

¹ En tu fuerza, Señor,
  se regocija el rey;
 ¡cuánto se alegra en tus *victorias!
² Le has concedido lo que su *corazón desea;
  no le has negado lo que sus labios piden.
                                        *Selah
³ Has salido a su encuentro con ricas
   bendiciones;
  lo has coronado con diadema de oro fino.
⁴ Te pidió vida, se la concediste:
  una vida larga y duradera.
⁵ Por tus victorias se acrecentó su gloria;
  lo revestiste de honor y majestad.

¹³ Keep your servant also from willful sins;
  may they not rule over me.
 Then I will be blameless,
  innocent of great transgression.

¹⁴ May these words of my mouth and this
   meditation of my heart
  be pleasing in your sight,
 Lord, my Rock and my Redeemer.

Psalm 20[q]

For the director of music. A psalm of David.

¹ May the Lord answer you when you are in
   distress;
  may the name of the God of Jacob protect
   you.
² May he send you help from the sanctuary
  and grant you support from Zion.
³ May he remember all your sacrifices
  and accept your burnt offerings.[r]
⁴ May he give you the desire of your heart
  and make all your plans succeed.
⁵ May we shout for joy over your victory
  and lift up our banners in the name of our
   God.

 May the Lord grant all your requests.

⁶ Now this I know:
  The Lord gives victory to his anointed.
 He answers him from his heavenly sanctuary
  with the victorious power of his right hand.
⁷ Some trust in chariots and some in horses,
  but we trust in the name of the Lord our
   God.
⁸ They are brought to their knees and fall,
  but we rise up and stand firm.
⁹ Lord, give victory to the king!
  Answer us when we call!

Psalm 21[s]

For the director of music. A psalm of David.

¹ The king rejoices in your strength, Lord.
  How great is his joy in the victories you
   give!

² You have granted him his heart's desire
  and have not withheld the request of his
   lips.[t]
³ You came to greet him with rich blessings
  and placed a crown of pure gold on his
   head.
⁴ He asked you for life, and you gave it to him—
  length of days, for ever and ever.
⁵ Through the victories you gave, his glory is
   great;
  you have bestowed on him splendor and
   majesty.

---

[q] In Hebrew texts 20:1-9 is numbered 20:2-10.
has *Selah* (a word of uncertain meaning) here.   [r] 3 The Hebrew
texts 21:1-13 is numbered 21:2-14.   [s] In Hebrew

⁶ Has hecho de él manantial de bendiciones;
    tu presencia lo ha llenado de alegría.

⁷ El rey confía en el Señor,
    en el gran amor del *Altísimo;
    por eso jamás caerá.

⁸ Tu mano alcanzará a todos tus enemigos;
    tu diestra alcanzará a los que te aborrecen.
⁹ Cuando tú, Señor, te manifiestes,
    los convertirás en un horno encendido.

En su ira los devorará el Señor;
    ¡un fuego los consumirá!
¹⁰ Borrarás de la tierra a su simiente;
    de entre los *mortales, a su posteridad.
¹¹ Aunque tramen hacerte daño
    y maquinen perversidades,
    ¡no se saldrán con la suya!
¹² Porque tú los harás retroceder
    cuando tenses tu arco contra ellos.

¹³ Enaltécete, Señor, con tu poder,
    y con salmos celebraremos tus proezas.

Salmo 22

*Al director musical. Sígase la tonada de «La
cierva de la aurora». Salmo de David.*

¹ Dios mío, Dios mío,
    ¿por qué me has abandonado?
Lejos estás para salvarme,
    lejos de mis palabras de lamento.
² Dios mío, clamo de día y no me respondes;
    clamo de noche y no hallo reposo.

³ Pero tú eres santo, tú eres rey,
    ¡tú eres la alabanza de Israel!
⁴ En ti confiaron nuestros padres;
    confiaron, y tú los libraste;
⁵ a ti clamaron, y tú los salvaste;
    se apoyaron en ti, y no los defraudaste.

⁶ Pero yo, gusano soy y no *hombre;
    la *gente se burla de mí,
    el pueblo me desprecia.
⁷ Cuantos me ven, se ríen de mí;
    lanzan insultos, meneando la cabeza:
⁸ «Éste confía en el Señor,
    ¡pues que el Señor lo ponga a salvo!
Ya que en él se deleita,
    ¡que sea él quien lo libre!»

⁹ Pero tú me sacaste del vientre materno;
    me hiciste reposar confiado
    en el regazo de mi madre.

---

⁶ Surely you have granted him unending
        blessings
    and made him glad with the joy of your
        presence.
⁷ For the king trusts in the Lord;
    through the unfailing love of the Most High
    he will not be shaken.

⁸ Your hand will lay hold on all your enemies;
    your right hand will seize your foes.
⁹ When you appear for battle,
    you will burn them up as in a blazing
        furnace.
The Lord will swallow them up in his wrath,
    and his fire will consume them.
¹⁰ You will destroy their descendants from the
        earth,
    their posterity from mankind.
¹¹ Though they plot evil against you
    and devise wicked schemes, they cannot
        succeed.
¹² You will make them turn their backs
    when you aim at them with drawn bow.

¹³ Be exalted in your strength, Lord;
    we will sing and praise your might.

Psalm 22 *ᵗ*

*For the director of music. To the tune of "The Doe of the
Morning." A psalm of David.*

¹ My God, my God, why have you forsaken me?
    Why are you so far from saving me,
    so far from my cries of anguish?
² My God, I cry out by day, but you do not
        answer,
    by night, but I find no rest.ᵘ

³ Yet you are enthroned as the Holy One;
    you are the one Israel praises.ᵛ
⁴ In you our ancestors put their trust;
    they trusted and you delivered them.
⁵ To you they cried out and were saved;
    in you they trusted and were not put to
        shame.

⁶ But I am a worm and not a man,
    scorned by everyone, despised by the
        people.
⁷ All who see me mock me;
    they hurl insults, shaking their heads.
⁸ "He trusts in the Lord," they say,
    "let the Lord rescue him.
Let him deliver him,
    since he delights in him."

⁹ Yet you brought me out of the womb;
    you made me trust in you, even at my
        mother's breast.

---

*ᵗ In Hebrew texts 22:1-31 is numbered 22:2-32.   ᵘ 2 Or night,
and am not silent   ᵛ 3 Or Yet you are holy, / enthroned on the
praises of Israel*

¹⁰ Fui puesto a tu cuidado
　　desde antes de nacer;
　　desde el vientre de mi madre
　　mi Dios eres tú.
¹¹ No te alejes de mí,
　　porque la angustia está cerca
　　y no hay nadie que me ayude.

¹² Muchos toros me rodean;
　　fuertes toros de Basán me cercan.
¹³ Contra mí abren sus fauces
　　leones que rugen y desgarran a su presa.
¹⁴ Como agua he sido derramado;
　　dislocados están todos mis huesos.
　Mi *corazón se ha vuelto como cera,
　　y se derrite en mis entrañas.
¹⁵ Se ha secado mi vigor como una teja;
　　la lengua se me pega al paladar.
　　¡Me has hundido en el polvo de la muerte!
¹⁶ Como perros de presa, me han rodeado;
　　me ha cercado una banda de malvados,
　　me han traspasado^s las manos y los pies.
¹⁷ Puedo contar todos mis huesos;
　　con satisfacción perversa
　　la gente se detiene a mirarme.
¹⁸ Se reparten entre ellos mis vestidos
　　y sobre mi ropa echan suertes.

¹⁹ Pero tú, Señor, no te alejes;
　　fuerza mía, ven pronto en mi auxilio.
²⁰ Libra mi vida de la espada,
　　mi preciosa vida del poder de esos perros.
²¹ Rescátame de la boca de los leones;
　　sálvame de^t los cuernos de los toros.

²² Proclamaré tu *nombre a mis hermanos;
　　en medio de la congregación te alabaré.
²³ ¡Alaben al Señor los que le temen!
　　¡Hónrenlo, descendientes de Jacob!
　　¡Venérenlo, descendientes de Israel!
²⁴ Porque él no desprecia ni tiene en poco
　　el sufrimiento del pobre;
　no esconde de él su rostro,
　　sino que lo escucha cuando a él clama.

²⁵ Tú inspiras mi alabanza en la gran asamblea;
　　ante los que te temen cumpliré mis
　　　promesas.
²⁶ Comerán los pobres y se saciarán;
　　alabarán al Señor quienes lo buscan;
　　¡que su corazón viva para siempre!
²⁷ Se acordarán del Señor y se volverán a él
　　todos los confines de la tierra;
　　ante él se postrarán
　　todas las familias de las naciones,
²⁸ porque del Señor es el reino;
　　él gobierna sobre las naciones.

¹⁰ From birth I was cast on you;
　　from my mother's womb you have been my
　　　God.
¹¹ Do not be far from me,
　　for trouble is near
　　and there is no one to help.

¹² Many bulls surround me;
　　strong bulls of Bashan encircle me.
¹³ Roaring lions that tear their prey
　　open their mouths wide against me.
¹⁴ I am poured out like water,
　　and all my bones are out of joint.
　My heart has turned to wax;
　　it has melted within me.
¹⁵ My mouth^w is dried up like a potsherd,
　　and my tongue sticks to the roof of my
　　　mouth;
　　you lay me in the dust of death.

¹⁶ Dogs surround me,
　　a pack of villains encircles me;
　　they pierce^x my hands and my feet.
¹⁷ All my bones are on display;
　　people stare and gloat over me.
¹⁸ They divide my clothes among them
　　and cast lots for my garment.

¹⁹ But you, Lord, do not be far from me.
　　You are my strength; come quickly to help
　　　me.
²⁰ Deliver me from the sword,
　　my precious life from the power of the dogs.
²¹ Rescue me from the mouth of the lions;
　　save me from the horns of the wild oxen.

²² I will declare your name to my people;
　　in the assembly I will praise you.
²³ You who fear the Lord, praise him!
　　All you descendants of Jacob, honor him!
　　Revere him, all you descendants of Israel!
²⁴ For he has not despised or scorned
　　the suffering of the afflicted one;
　he has not hidden his face from him
　　but has listened to his cry for help.

²⁵ From you comes the theme of my praise in the
　　　great assembly;
　　before those who fear you^y I will fulfill my
　　　vows.
²⁶ The poor will eat and be satisfied;
　　those who seek the Lord will praise him —
　　may your hearts live forever!

²⁷ All the ends of the earth
　　will remember and turn to the Lord,
　and all the families of the nations
　　will bow down before him,
²⁸ for dominion belongs to the Lord
　　and he rules over the nations.

---

^s **22:16** *me han traspasado* (LXX, Siríaca y algunos mss. hebreos);
como el león (TM).
^t **22:21** *sálvame de* (lectura probable); *me respondiste desde* (TM).

^w 15 Probable reading of the original Hebrew text; Masoretic Text
strength　^x 16 Dead Sea Scrolls and some manuscripts of the
Masoretic Text, Septuagint and Syriac; most manuscripts of the
Masoretic Text *me, / like a lion*　^y 25 Hebrew *him*

²⁹ Festejarán y adorarán todos los ricos de la
     tierra;
     ante él se postrarán todos los que bajan al
        polvo,
     los que no pueden conservar su vida.
³⁰ La posteridad le servirá;
     del Señor se hablará a las generaciones
        futuras.
³¹ A un pueblo que aún no ha nacido
     se le dirá que Dios hizo *justicia.

SALMO 23

Salmo de David.

¹ El Señor es mi *pastor, nada me falta;
²   en verdes pastos me hace descansar.
Junto a tranquilas aguas me conduce;
³ me infunde nuevas *fuerzas.
Me guía por sendas de *justicia
     por amor a su *nombre.

⁴ Aun si voy por valles tenebrosos,
     no temo peligro alguno
     porque tú estás a mi lado;
tu vara de pastor me reconforta.

⁵ Dispones ante mí un banquete
     en presencia de mis enemigos.
Has ungido con perfume mi cabeza;
     has llenado mi copa a rebosar.

⁶ La bondad y el amor me seguirán
     todos los días de mi vida;
y en la casa del Señor
     habitaré para siempre.

SALMO 24

Salmo de David.

¹ Del Señor es la tierra y todo cuanto hay en
     ella,
     el mundo y cuantos lo habitan;
² porque él la afirmó sobre los mares,
     la estableció sobre los ríos.

³ ¿Quién puede subir al monte del Señor?
     ¿Quién puede estar en su lugar santo?
⁴ Sólo el de manos limpias y *corazón puro,
     el que no adora ídolos vanos
     ni jura por dioses falsos.ᵘ

⁵ Quien es así recibe bendiciones del Señor;
     Dios su Salvador le hará *justicia.
⁶ Tal es la generación de los que a ti acuden,
     de los que buscan tu rostro, oh Dios de
        Jacob.ᵛ

                                       *Selah

⁷ Eleven, *puertas, sus dinteles;
     levántense, puertas antiguas,
     que va a entrar el Rey de la gloria.

²⁹ All the rich of the earth will feast and worship;
     all who go down to the dust will kneel
        before him —
     those who cannot keep themselves alive.
³⁰ Posterity will serve him;
     future generations will be told about the
        Lord.
³¹ They will proclaim his righteousness,
     declaring to a people yet unborn:
     He has done it!

PSALM 23

A psalm of David.

¹ The Lord is my shepherd, I lack nothing.
²   He makes me lie down in green pastures,
he leads me beside quiet waters,
³   he refreshes my soul.
He guides me along the right paths
     for his name's sake.
⁴ Even though I walk
     through the darkest valley,ᶻ
I will fear no evil,
     for you are with me;
your rod and your staff,
     they comfort me.

⁵ You prepare a table before me
     in the presence of my enemies.
You anoint my head with oil;
     my cup overflows.
⁶ Surely your goodness and love will follow me
     all the days of my life,
and I will dwell in the house of the Lord
     forever.

PSALM 24

Of David. A psalm.

¹ The earth is the Lord's, and everything in it,
     the world, and all who live in it;
² for he founded it on the seas
     and established it on the waters.

³ Who may ascend the mountain of the Lord?
     Who may stand in his holy place?
⁴ The one who has clean hands and a pure heart,
     who does not trust in an idol
     or swear by a false god.ᵃ

⁵ They will receive blessing from the Lord
     and vindication from God their Savior.
⁶ Such is the generation of those who seek him,
     who seek your face, God of Jacob.ᵇ,ᶜ

⁷ Lift up your heads, you gates;
     be lifted up, you ancient doors,
     that the King of glory may come in.

ᶻ 4 Or *the valley of the shadow of death*   ᵃ 4 Or *swear falsely*
ᵇ 6 Two Hebrew manuscripts and Syriac (see also Septuagint);
most Hebrew manuscripts *face, Jacob*   ᶜ 6 The Hebrew has
Selah (a word of uncertain meaning) here and at the end of
verse 10.

ᵘ 24:4 *por dioses falsos.* Alt. *con falsedad.*
ᵛ 24:6 *Dios de Jacob* (LXX, Siríaca, Targum y dos mss. hebreos);
TM no incluye *Dios de.*

⁸ ¿Quién es este Rey de la gloria?
El Señor, el fuerte y valiente,
el Señor, el valiente guerrero.

⁹ Eleven, puertas, sus dinteles;
levántense, puertas antiguas,
que va a entrar el Rey de la gloria.

¹⁰ ¿Quién es este Rey de la gloria?
Es el Señor *Todopoderoso;
¡él es el Rey de la gloria!

Selah

SALMO 25^w

Salmo de David.

Álef
¹ A ti, Señor, elevo mi *alma;
Bet
²   mi Dios, en ti confío;
no permitas que sea yo humillado,
no dejes que mis enemigos se burlen de mí.
Guímel
³ Quien en ti pone su esperanza
jamás será avergonzado;
pero quedarán en vergüenza
los que traicionan sin razón.

Dálet
⁴ Señor, hazme conocer tus *caminos;
muéstrame tus sendas.
He
⁵ Encamíname en tu verdad, ¡enséñame!
Tú eres mi Dios y Salvador;
Vav
¡en ti pongo mi esperanza todo el día!
Zayin
⁶ Acuérdate, Señor, de tu ternura y gran amor,
que siempre me has mostrado;
Jet
⁷ olvida los pecados y transgresiones
que cometí en mi juventud.
Acuérdate de mí según tu gran amor,
porque tú, Señor, eres bueno.

Tet
⁸ Bueno y justo es el Señor;
por eso les muestra a los pecadores el
camino.
Yod
⁹ Él dirige en la *justicia a los humildes,
y les enseña su camino.
Caf
¹⁰ Todas las sendas del Señor son amor y verdad
para quienes cumplen los preceptos de su
*pacto.
Lámed
¹¹ Por amor a tu *nombre, Señor,
perdona mi gran iniquidad.
Mem
¹² ¿Quién es el *hombre que teme al Señor?
Será instruido en el mejor de los caminos.

⁸ Who is this King of glory?
The Lord strong and mighty,
the Lord mighty in battle.

⁹ Lift up your heads, you gates;
lift them up, you ancient doors,
that the King of glory may come in.

¹⁰ Who is he, this King of glory?
The Lord Almighty—
he is the King of glory.

PSALM 25^d

Of David.

¹ In you, Lord my God,
I put my trust.

² I trust in you;
do not let me be put to shame,
nor let my enemies triumph over me.

³ No one who hopes in you
will ever be put to shame,
but shame will come on those
who are treacherous without cause.

⁴ Show me your ways, Lord,
teach me your paths.

⁵ Guide me in your truth and teach me,
for you are God my Savior,
and my hope is in you all day long.

⁶ Remember, Lord, your great mercy and love,
for they are from of old.

⁷ Do not remember the sins of my youth
and my rebellious ways;
according to your love remember me,
for you, Lord, are good.

⁸ Good and upright is the Lord;
therefore he instructs sinners in his ways.

⁹ He guides the humble in what is right
and teaches them his way.

¹⁰ All the ways of the Lord are loving and
faithful
toward those who keep the demands of his
covenant.

¹¹ For the sake of your name, Lord,
forgive my iniquity, though it is great.

¹² Who, then, are those who fear the Lord?
He will instruct them in the ways they
should choose.^e

---

^w **Sal 25** Este salmo es un poema acróstico, que sigue el orden
del alfabeto hebreo.

^d This psalm is an acrostic poem, the verses of which begin with
the successive letters of the Hebrew alphabet.   ^e *12* Or *ways he
chooses*

Nun
¹³ Tendrá una vida placentera,
  y sus descendientes heredarán la tierra.
Sámej
¹⁴ El Señor brinda su amistad a quienes le
    honran,
  y les da a conocer su pacto.
Ayin
¹⁵ Mis ojos están puestos siempre en el Señor,
  pues sólo él puede sacarme de la trampa.

Pe
¹⁶ Vuelve a mí tu rostro y tenme compasión,
  pues me encuentro solo y afligido.
Tsade
¹⁷ Crecen las angustias de mi *corazón;
  líbrame de mis tribulaciones.
¹⁸ Fíjate en mi aflicción y en mis penurias,
  y borra todos mis pecados.
Resh
¹⁹ ¡Mira cómo se han multiplicado mis enemigos,
  y cuán violento es el odio que me tienen!
Shin
²⁰ Protege mi vida, rescátame;
  no permitas que sea avergonzado,
  porque en ti busco refugio.
Tav
²¹ Sean mi protección la integridad y la rectitud,
  porque en ti he puesto mi esperanza.

²² ¡Libra, oh Dios, a Israel
  de todas sus angustias!

Salmo 26

Salmo de David.

¹ Hazme *justicia, Señor,
  pues he llevado una vida intachable;
  ¡en el Señor confío sin titubear!
² Examíname, Señor; ¡ponme a prueba!
  purifica mis entrañas y mi *corazón.

³ Tu gran amor lo tengo presente,
  y siempre ando en tu verdad.
⁴ Yo no convivo con los mentirosos,
  ni me junto con los hipócritas;
⁵ aborrezco la compañía de los malvados;
  no cultivo la amistad de los perversos.

⁶ Con manos limpias e inocentes
  camino, Señor, en torno a tu altar,
⁷ proclamando en voz alta tu alabanza
  y contando todas tus maravillas.
⁸ Señor, yo amo la casa donde vives,
  el lugar donde reside tu gloria.

⁹ En la muerte, no me incluyas
  entre pecadores y asesinos,
¹⁰ entre *gente que tiene las manos
  llenas de artimañas y sobornos.
¹¹ Yo, en cambio, llevo una vida intachable;
  líbrame y compadécete de mí.

¹³ They will spend their days in prosperity,
  and their descendants will inherit the land.
¹⁴ The Lord confides in those who fear him;
  he makes his covenant known to them.
¹⁵ My eyes are ever on the Lord,
  for only he will release my feet from the
    snare.

¹⁶ Turn to me and be gracious to me,
  for I am lonely and afflicted.
¹⁷ Relieve the troubles of my heart
  and free me from my anguish.
¹⁸ Look on my affliction and my distress
  and take away all my sins.
¹⁹ See how numerous are my enemies
  and how fiercely they hate me!

²⁰ Guard my life and rescue me;
  do not let me be put to shame,
  for I take refuge in you.
²¹ May integrity and uprightness protect me,
  because my hope, Lord,ᶠ is in you.

²² Deliver Israel, O God,
  from all their troubles!

Psalm 26

Of David.

¹ Vindicate me, Lord,
  for I have led a blameless life;
  I have trusted in the Lord
  and have not faltered.
² Test me, Lord, and try me,
  examine my heart and my mind;
³ for I have always been mindful of your
    unfailing love
  and have lived in reliance on your
    faithfulness.

⁴ I do not sit with the deceitful,
  nor do I associate with hypocrites.
⁵ I abhor the assembly of evildoers
  and refuse to sit with the wicked.
⁶ I wash my hands in innocence,
  and go about your altar, Lord,
⁷ proclaiming aloud your praise
  and telling of all your wonderful deeds.

⁸ Lord, I love the house where you live,
  the place where your glory dwells.
⁹ Do not take away my soul along with sinners,
  my life with those who are bloodthirsty,
¹⁰ in whose hands are wicked schemes,
  whose right hands are full of bribes.
¹¹ I lead a blameless life;
  deliver me and be merciful to me.

ᶠ 21 Septuagint; Hebrew does not have Lord.

¹² Tengo los pies en terreno firme,
   y en la gran asamblea bendeciré al Señor.

Salmo 27

Salmo de David.

¹ El Señor es mi luz y mi *salvación;
   ¿a quién temeré?
El Señor es el baluarte de mi vida;
   ¿quién podrá amedrentarme?
² Cuando los malvados avanzan contra mí
   para devorar mis carnes,
cuando mis enemigos y adversarios me atacan,
   son ellos los que tropiezan y caen.
³ Aun cuando un ejército me asedie,
   no temerá mi *corazón;
aun cuando una guerra estalle contra mí,
   yo mantendré la confianza.

⁴ Una sola cosa le pido al Señor,
   y es lo único que persigo:
habitar en la casa del Señor
   todos los días de mi vida,
para contemplar la hermosura del Señor
   y recrearme en su templo.
⁵ Porque en el día de la aflicción
   él me resguardará en su morada;
al amparo de su tabernáculo me protegerá,
   y me pondrá en alto, sobre una roca.
⁶ Me hará prevalecer
   frente a los enemigos que me rodean;
en su templo ofreceré sacrificios de alabanza
   y cantaré salmos al Señor.

⁷ Oye, Señor, mi voz cuando a ti clamo;
   compadécete de mí y respóndeme.
⁸ El corazón me dice: «¡Busca su rostro!»ˣ
   Y yo, Señor, tu rostro busco.
⁹ No te escondas de mí;
   no rechaces, en tu enojo, a este siervo tuyo,
   porque tú has sido mi ayuda.
No me desampares ni me abandones,
   Dios de mi salvación.
¹⁰ Aunque mi padre y mi madre me abandonen,
   el Señoror me recibirá en sus brazos.

¹¹ Guíame, Señor, por tu *camino;
   dirígeme por la senda de rectitud,
   por causa de los que me acechan.
¹² No me entregues al capricho de mis
     adversarios,
   pues contra mí se levantan falsos testigos
   que respiran violencia.

¹³ Pero de una cosa estoy seguro:
   he de ver la bondad del Señor
   en esta tierra de los vivientes.
¹⁴ Pon tu esperanza en el Señor;
   ten valor, cobra ánimo;
   ¡pon tu esperanza en el Señor!

ˣ **27:8** *El corazón ... su rostro!»* (lectura probable); *A ti dice mi corazón: «Busquen mi rostro»* (TM).

¹² My feet stand on level ground;
   in the great congregation I will praise the
   Lord.

Psalm 27

Of David.

¹ The Lord is my light and my salvation —
   whom shall I fear?
The Lord is the stronghold of my life —
   of whom shall I be afraid?
² When the wicked advance against me
   to devourᵍ me,
it is my enemies and my foes
   who will stumble and fall.
³ Though an army besiege me,
   my heart will not fear;
though war break out against me,
   even then I will be confident.

⁴ One thing I ask from the Lord,
   this only do I seek:
that I may dwell in the house of the Lord
   all the days of my life,
to gaze on the beauty of the Lord
   and to seek him in his temple.
⁵ For in the day of trouble
   he will keep me safe in his dwelling;
he will hide me in the shelter of his sacred tent
   and set me high upon a rock.

⁶ Then my head will be exalted
   above the enemies who surround me;
at his sacred tent I will sacrifice with shouts of
     joy;
   I will sing and make music to the Lord.

⁷ Hear my voice when I call, Lord;
   be merciful to me and answer me.
⁸ My heart says of you, "Seek his face!"
   Your face, Lord, I will seek.
⁹ Do not hide your face from me,
   do not turn your servant away in anger;
   you have been my helper.
Do not reject me or forsake me,
   God my Savior.
¹⁰ Though my father and mother forsake me,
   the Lord will receive me.
¹¹ Teach me your way, Lord;
   lead me in a straight path
   because of my oppressors.
¹² Do not turn me over to the desire of my foes,
   for false witnesses rise up against me,
   spouting malicious accusations.

¹³ I remain confident of this:
   I will see the goodness of the Lord
   in the land of the living.
¹⁴ Wait for the Lord;
   be strong and take heart
   and wait for the Lord.

ᵍ **2** Or *slander*

SALMO 28

Salmo de David.

¹ A ti clamo, SEÑOR, *roca mía;
  no te desentiendas de mí,
porque si guardas silencio,
  ya puedo contarme entre los muertos.
² Oye mi voz suplicante
  cuando a ti acudo en busca de ayuda,
  cuando tiendo los brazos hacia tu lugar
    santísimo.
³ No me arrastres con los malvados,
  con los que hacen iniquidad,
con los que hablan de *paz con su prójimo
  pero en su *corazón albergan maldad.
⁴ Págales conforme a sus obras,
  conforme a sus malas acciones.
Págales conforme a las obras de sus manos;
  ¡dales su merecido!
⁵ Ya que no toman en cuenta las obras del
    SEÑOR
  y lo que él ha hecho con sus manos,
él los derribará
  y nunca más volverá a levantarlos.

⁶ Bendito sea el SEÑOR,
  que ha oído mi voz suplicante.
⁷ El SEÑOR es mi fuerza y mi escudo;
  mi corazón en él confía;
  de él recibo ayuda.
Mi corazón salta de alegría,
  y con cánticos le daré gracias.

⁸ El SEÑOR es la fortaleza de su pueblo,
  y un baluarte de *salvación para su *ungido.
⁹ Salva a tu pueblo, bendice a tu heredad,
  y cual *pastor guíalos por siempre.

SALMO 29

Salmo de David.

¹ Tributen al SEÑOR, seres celestiales,ʸ
  tributen al SEÑOR la gloria y el poder.
² Tributen al SEÑOR la gloria que merece su
    *nombre;
  póstrense ante el SEÑOR en su santuario
    majestuoso.

³ La voz del SEÑOR está sobre las aguas;
  resuena el trueno del Dios de la gloria;
  el SEÑOR está sobre las aguas impetuosas.
⁴ La voz del SEÑOR resuena potente;
  la voz del SEÑOR resuena majestuosa.
⁵ La voz del SEÑOR desgaja los cedros,
  desgaja el SEÑOR los cedros del Líbano;
⁶ hace que el Líbano salte como becerro,
  y que el Hermónᶻ salte cual toro salvaje.
⁷ La voz del SEÑOR lanza ráfagas de fuego;

PSALM 28

Of David.

¹ To you, LORD, I call;
  you are my Rock,
  do not turn a deaf ear to me.
For if you remain silent,
  I will be like those who go down to the pit.
² Hear my cry for mercy
  as I call to you for help,
as I lift up my hands
  toward your Most Holy Place.

³ Do not drag me away with the wicked,
  with those who do evil,
who speak cordially with their neighbors
  but harbor malice in their hearts.
⁴ Repay them for their deeds
  and for their evil work;
repay them for what their hands have done
  and bring back on them what they deserve.
⁵ Because they have no regard for the deeds of
    the LORD
  and what his hands have done,
he will tear them down
  and never build them up again.

⁶ Praise be to the LORD,
  for he has heard my cry for mercy.
⁷ The LORD is my strength and my shield;
  my heart trusts in him, and he helps me.
My heart leaps for joy,
  and with my song I praise him.

⁸ The LORD is the strength of his people,
  a fortress of salvation for his anointed one.
⁹ Save your people and bless your inheritance;
  be their shepherd and carry them forever.

PSALM 29

A psalm of David.

¹ Ascribe to the LORD, you heavenly beings,
  ascribe to the LORD glory and strength.
² Ascribe to the LORD the glory due his name;
  worship the LORD in the splendor of hisʰ
    holiness.

³ The voice of the LORD is over the waters;
  the God of glory thunders,
  the LORD thunders over the mighty waters.
⁴ The voice of the LORD is powerful;
  the voice of the LORD is majestic.
⁵ The voice of the LORD breaks the cedars;
  the LORD breaks in pieces the cedars of
    Lebanon.
⁶ He makes Lebanon leap like a calf,
  Sirionⁱ like a young wild ox.
⁷ The voice of the LORD strikes
  with flashes of lightning.

ʸ **29:1** *seres celestiales.* Lit. *hijos de los dioses.*
ᶻ **29:6** *Hermón* (lectura probable); *Sirión* (TM).

ʰ 2 Or LORD *with the splendor of*   ⁱ 6 That is, Mount Hermon

⁸ la voz del Señor sacude al desierto;
   el Señor sacude al desierto de Cades.
⁹ La voz del Señor retuerce los robles*ᵃ*
   y deja desnudos los bosques;
   en su templo todos gritan: «¡Gloria!»

¹⁰ El Señor tiene su trono sobre las lluvias;
   el Señor reina por siempre.
¹¹ El Señor fortalece a su pueblo;
   el Señor bendice a su pueblo con la *paz.

SALMO 30

Cántico para la dedicación de la casa.ᵇ
Salmo de David.

¹ Te exaltaré, Señor, porque me levantaste,
   porque no dejaste que mis enemigos se
     burlaran de mí.
² Señor mi Dios, te pedí ayuda
   y me sanaste.
³ Tú, Señor, me sacaste del *sepulcro;
   me hiciste revivir de entre los muertos.

⁴ Canten al Señor, ustedes sus fieles;
   alaben su santo *nombre.
⁵ Porque sólo un instante dura su enojo,
   pero toda una vida su bondad.
Si por la noche hay llanto,
   por la mañana habrá gritos de alegría.

⁶ Cuando me sentí seguro, exclamé:
   «Jamás seré conmovido.»
⁷ Tú, Señor, en tu buena voluntad,
   me afirmaste en elevado baluarte;
pero escondiste tu rostro,
   y yo quedé confundido.

⁸ A ti clamo, Señor soberano;
   a ti me vuelvo suplicante.
⁹ ¿Qué ganas tú con que yo muera,ᶜ
   con que descienda yo al sepulcro?
¿Acaso el polvo te alabará
   o proclamará tu verdad?
¹⁰ Oye, Señor; compadécete de mí.
   ¡Sé tú, Señor, mi ayuda!

¹¹ Convertiste mi lamento en danza;
   me quitaste la ropa de luto
   y me vestiste de fiesta,
¹² para que te cante y te glorifique,
   y no me quede callado.

¡Señor mi Dios, siempre te daré gracias!

SALMO 31

Al director musical. Salmo de David.

¹ En ti, Señor, busco refugio;
   jamás permitas que me avergüencen;
   en tu *justicia, líbrame.

⁸ The voice of the Lord shakes the desert;
   the Lord shakes the Desert of Kadesh.
⁹ The voice of the Lord twists the oaksʲ
   and strips the forests bare.
And in his temple all cry, "Glory!"

¹⁰ The Lord sits enthroned over the flood;
   the Lord is enthroned as King forever.
¹¹ The Lord gives strength to his people;
   the Lord blesses his people with peace.

PSALM 30ᵏ

A psalm. A song. For the dedication of the temple.ˡ
Of David.

¹ I will exalt you, Lord,
   for you lifted me out of the depths
   and did not let my enemies gloat over me.
² Lord my God, I called to you for help,
   and you healed me.
³ You, Lord, brought me up from the realm of
     the dead;
   you spared me from going down to the pit.

⁴ Sing the praises of the Lord, you his faithful
     people;
   praise his holy name.
⁵ For his anger lasts only a moment,
   but his favor lasts a lifetime;
weeping may stay for the night,
   but rejoicing comes in the morning.

⁶ When I felt secure, I said,
   "I will never be shaken."
⁷ Lord, when you favored me,
   you made my royal mountainᵐ stand firm;
but when you hid your face,
   I was dismayed.

⁸ To you, Lord, I called;
   to the Lord I cried for mercy:
⁹ "What is gained if I am silenced,
   if I go down to the pit?
Will the dust praise you?
   Will it proclaim your faithfulness?
¹⁰ Hear, Lord, and be merciful to me;
   Lord, be my help."

¹¹ You turned my wailing into dancing;
   you removed my sackcloth and clothed me
     with joy,
¹² that my heart may sing your praises and not be
     silent.
Lord my God, I will praise you forever.

PSALM 31ⁿ

For the director of music. A psalm of David.

¹ In you, Lord, I have taken refuge;
   let me never be put to shame;
   deliver me in your righteousness.

ᵃ **29:9** *retuerce los robles.* Alt. *hace parir a la cierva.*
ᵇ **30** Tít. *casa.* Alt. *palacio,* o *templo.*
ᶜ **30:9** *con que yo muera.* Lit. *con mi sangre.*

ʲ **9** Or *Lord makes the deer give birth*   ᵏ In Hebrew texts 30:1-12
is numbered 30:2-13.   ˡ Title: Or *palace*   ᵐ **7** That is, Mount
Zion   ⁿ In Hebrew texts 31:1-24 is numbered 31:2-25.

² Inclina a mí tu oído,
  y acude pronto a socorrerme.
Sé tú mi *roca protectora,
  la fortaleza de mi *salvación.
³ Guíame, pues eres mi roca y mi fortaleza,
  dirígeme por amor a tu *nombre.
⁴ Líbrame de la trampa que me han tendido,
  porque tú eres mi refugio.
⁵ En tus manos encomiendo mi espíritu;
  líbrame, SEÑOR, Dios de la verdad.

⁶ Odio a los que veneran ídolos vanos;
  yo, por mi parte, confío en ti, SEÑOR.
⁷ Me alegro y me regocijo en tu amor,
  porque tú has visto mi aflicción
  y conoces las angustias de mi *alma.
⁸ No me entregaste al enemigo,
  sino que me pusiste en lugar espacioso.

⁹ Tenme compasión, SEÑOR, que estoy
    angustiado;
  el dolor está acabando con mis ojos,
  con mi alma, ¡con mi cuerpo!
¹⁰ La vida se me va en angustias,
  y los años en lamentos;
  la tristeza está acabando con mis fuerzas,
  y mis huesos se van debilitando.
¹¹ Por causa de todos mis enemigos,
  soy el hazmerreír de mis vecinos;
  soy un espanto para mis amigos;
  de mí huyen los que me encuentran en la
    calle.
¹² Me han olvidado, como si hubiera muerto;
  soy como una vasija hecha pedazos.
¹³ Son muchos a los que oigo cuchichear:
  «Hay terror por todas partes.»
  Se han confabulado contra mí,
  y traman quitarme la vida.

¹⁴ Pero yo, SEÑOR, en ti confío,
  y digo: «Tú eres mi Dios.»
¹⁵ Mi vida entera está en tus manos;
  líbrame de mis enemigos y perseguidores.
¹⁶ Que irradie tu faz sobre tu siervo;
  por tu gran amor, sálvame.

¹⁷ SEÑOR, no permitas que me avergüencen,
  porque a ti he clamado.
  Que sean avergonzados los malvados,
  y acallados en el *sepulcro.
¹⁸ Que sean silenciados sus labios mentirosos,
  porque hablan contra los justos
  con orgullo, desdén e insolencia.

¹⁹ Cuán grande es tu bondad,
  que atesoras para los que te temen,
  y que a la vista de la *gente derramas
  sobre los que en ti se refugian.

² Turn your ear to me,
  come quickly to my rescue;
be my rock of refuge,
  a strong fortress to save me.
³ Since you are my rock and my fortress,
  for the sake of your name lead and guide
    me.
⁴ Keep me free from the trap that is set for me,
  for you are my refuge.
⁵ Into your hands I commit my spirit;
  deliver me, LORD, my faithful God.

⁶ I hate those who cling to worthless idols;
  as for me, I trust in the LORD.
⁷ I will be glad and rejoice in your love,
  for you saw my affliction
  and knew the anguish of my soul.
⁸ You have not given me into the hands of the
    enemy
  but have set my feet in a spacious place.

⁹ Be merciful to me, LORD, for I am in distress;
  my eyes grow weak with sorrow,
  my soul and body with grief.
¹⁰ My life is consumed by anguish
  and my years by groaning;
  my strength fails because of my affliction,ᵒ
  and my bones grow weak.
¹¹ Because of all my enemies,
  I am the utter contempt of my neighbors
  and an object of dread to my closest friends—
  those who see me on the street flee from
    me.
¹² I am forgotten as though I were dead;
  I have become like broken pottery.
¹³ For I hear many whispering,
  "Terror on every side!"
  They conspire against me
  and plot to take my life.

¹⁴ But I trust in you, LORD;
  I say, "You are my God."
¹⁵ My times are in your hands;
  deliver me from the hands of my enemies,
  from those who pursue me.
¹⁶ Let your face shine on your servant;
  save me in your unfailing love.

¹⁷ Let me not be put to shame, LORD,
  for I have cried out to you;
  but let the wicked be put to shame
  and be silent in the realm of the dead.
¹⁸ Let their lying lips be silenced,
  for with pride and contempt
  they speak arrogantly against the righteous.

¹⁹ How abundant are the good things
  that you have stored up for those who fear
    you,
  that you bestow in the sight of all,
  on those who take refuge in you.

ᵒ 10 Or *guilt*

20 Al amparo de tu presencia los proteges
de las intrigas *humanas;
en tu morada los resguardas
de las lenguas contenciosas.

21 Bendito sea el Señor,
pues mostró su gran amor por mí
cuando me hallaba en una ciudad sitiada.
22 En mi confusión llegué a decir:
«¡He sido arrojado de tu presencia!»
Pero tú oíste mi voz suplicante
cuando te pedí que me ayudaras.

23 Amen al Señor, todos sus fieles;
él protege a los dignos de confianza,
pero a los orgullosos les da su merecido.
24 Cobren ánimo y ármense de valor,
todos los que en el Señor esperan.

Salmo 32

*Salmo de David. *Masquil.*

1 *Dichoso aquel
a quien se le perdonan sus transgresiones,
a quien se le borran sus pecados.
2 Dichoso aquel
a quien el Señor no toma en cuenta su
maldad
y en cuyo espíritu no hay engaño.
3 Mientras guardé silencio,
mis huesos se fueron consumiendo
por mi gemir de todo el día.
4 Mi fuerza se fue debilitando
como al calor del verano,
porque día y noche
tu mano pesaba sobre mí.
**Selah*

5 Pero te confesé mi pecado,
y no te oculté mi maldad.
Me dije: «Voy a confesar mis transgresiones al
Señor»,
y tú perdonaste mi maldad y mi pecado.
Selah

6 Por eso los fieles te invocan
en momentos de angustia;[d]
caudalosas aguas podrán desbordarse,
pero a ellos no los alcanzarán.
7 Tú eres mi refugio;
tú me protegerás del peligro
y me rodearás con cánticos de liberación.
Selah

8 El Señor dice:
«Yo te instruiré,
yo te mostraré el *camino que debes seguir;
yo te daré consejos y velaré por ti.
9 No seas como el mulo o el caballo,
que no tienen discernimiento,

[d] **32:6** *de angustia* (LXX y Siríaca); *de encontrar solamente* (TM).

20 In the shelter of your presence you hide them
from all human intrigues;
you keep them safe in your dwelling
from accusing tongues.

21 Praise be to the Lord,
for he showed me the wonders of his love
when I was in a city under siege.
22 In my alarm I said,
"I am cut off from your sight!"
Yet you heard my cry for mercy
when I called to you for help.

23 Love the Lord, all his faithful people!
The Lord preserves those who are true to
him,
but the proud he pays back in full.
24 Be strong and take heart,
all you who hope in the Lord.

Psalm 32

Of David. A maskil.[p]

1 Blessed is the one
whose transgressions are forgiven,
whose sins are covered.
2 Blessed is the one
whose sin the Lord does not count against
them
and in whose spirit is no deceit.

3 When I kept silent,
my bones wasted away
through my groaning all day long.
4 For day and night
your hand was heavy on me;
my strength was sapped
as in the heat of summer.[q]

5 Then I acknowledged my sin to you
and did not cover up my iniquity.
I said, "I will confess
my transgressions to the Lord."
And you forgave
the guilt of my sin.

6 Therefore let all the faithful pray to you
while you may be found;
surely the rising of the mighty waters
will not reach them.
7 You are my hiding place;
you will protect me from trouble
and surround me with songs of deliverance.

8 I will instruct you and teach you in the way
you should go;
I will counsel you with my loving eye on
you.
9 Do not be like the horse or the mule,
which have no understanding

[p] Title: Probably a literary or musical term [q] *4* The Hebrew has *Selah* (a word of uncertain meaning) here and at the end of verses 5 and 7.

y cuyo brío hay que domar con brida y freno,
　para acercarlos a ti.»

10 Muchas son las calamidades de los malvados,
　pero el gran amor del Señor
　envuelve a los que en él confían.

11 ¡Alégrense, ustedes los justos;
　regocíjense en el Señor!
　¡canten todos ustedes,
　los rectos de *corazón!

Salmo 33

1 Canten al Señor con alegría, ustedes los
　　justos;
　es propio de los íntegros alabar al Señor.
2 Alaben al Señor al son del arpa;
　entonen alabanzas con el decacordio.
3 Cántenle una canción nueva;
　toquen con destreza,
　y den voces de alegría.

4 La palabra del Señor es justa;
　fieles son todas sus obras.
5 El Señor ama la *justicia y el derecho;
　llena está la tierra de su amor.

6 Por la palabra del Señor fueron creados los
　　cielos,
　y por el soplo de su boca, las estrellas.
7 Él recoge en un cántaro el agua de los mares,
　y junta en vasijas los océanos.
8 Tema toda la tierra al Señor;
　hónrenlo todos los pueblos del mundo;
9 porque él habló, y todo fue creado;
　dio una orden, y todo quedó firme.

10 El Señor frustra los planes de las naciones;
　desbarata los designios de los pueblos.
11 Pero los planes del Señor quedan firmes para
　　siempre;
　los designios de su *mente son eternos.

12 Dichosa la nación cuyo Dios es el Señor,
　el pueblo que escogió por su heredad.
13 El Señor observa desde el cielo
　y ve a toda la *humanidad;
14 él contempla desde su trono
　a todos los habitantes de la tierra.
15 Él es quien formó el *corazón de todos,
　y quien conoce a fondo todas sus acciones.
16 No se salva el rey por sus muchos soldados,
　ni por su mucha fuerza se libra el valiente.
17 Vana esperanza de *victoria es el caballo;
　a pesar de su mucha fuerza no puede salvar.
18 Pero el Señor cuida de los que le temen,
　de los que esperan en su gran amor;
19 él los libra de la muerte,
　y en épocas de hambre los mantiene con
　　vida.

20 Esperamos confiados en el Señor;
　él es nuestro socorro y nuestro escudo.
21 En él se regocija nuestro corazón,
　porque confiamos en su santo *nombre.

but must be controlled by bit and bridle
　or they will not come to you.
10 Many are the woes of the wicked,
　but the Lord's unfailing love
　surrounds the one who trusts in him.

11 Rejoice in the Lord and be glad, you
　　righteous;
　sing, all you who are upright in heart!

Psalm 33

1 Sing joyfully to the Lord, you righteous;
　it is fitting for the upright to praise him.
2 Praise the Lord with the harp;
　make music to him on the ten-stringed lyre.
3 Sing to him a new song;
　play skillfully, and shout for joy.

4 For the word of the Lord is right and true;
　he is faithful in all he does.
5 The Lord loves righteousness and justice;
　the earth is full of his unfailing love.

6 By the word of the Lord the heavens were
　　made,
　their starry host by the breath of his mouth.
7 He gathers the waters of the sea into jars[r];
　he puts the deep into storehouses.
8 Let all the earth fear the Lord;
　let all the people of the world revere him.
9 For he spoke, and it came to be;
　he commanded, and it stood firm.

10 The Lord foils the plans of the nations;
　he thwarts the purposes of the peoples.
11 But the plans of the Lord stand firm forever,
　the purposes of his heart through all
　　generations.

12 Blessed is the nation whose God is the Lord,
　the people he chose for his inheritance.
13 From heaven the Lord looks down
　and sees all mankind;
14 from his dwelling place he watches
　all who live on earth —
15 he who forms the hearts of all,
　who considers everything they do.

16 No king is saved by the size of his army;
　no warrior escapes by his great strength.
17 A horse is a vain hope for deliverance;
　despite all its great strength it cannot save.
18 But the eyes of the Lord are on those who fear
　　him,
　on those whose hope is in his unfailing love,
19 to deliver them from death
　and keep them alive in famine.

20 We wait in hope for the Lord;
　he is our help and our shield.
21 In him our hearts rejoice,
　for we trust in his holy name.

r 7 Or *sea as into a heap*

22 Que tu gran amor, SEÑOR, nos acompañe,
   tal como lo esperamos de ti.

SALMO 34[e]

*Salmo de David, cuando fingió estar demente
ante Abimélec, por lo cual éste lo arrojó de su
presencia.*

Álef
1 Bendeciré al SEÑOR en todo tiempo;
   mis labios siempre lo alabarán.
Bet
2 Mi *alma se gloría en el SEÑOR;
   lo oirán los humildes y se alegrarán.
Guímel
3 Engrandezcan al SEÑOR conmigo;
   exaltemos a una su *nombre.
Dálet
4 Busqué al SEÑOR, y él me respondió;
   me libró de todos mis temores.
He
5 Radiantes están los que a él acuden;
   jamás su rostro se cubre de vergüenza.
Zayin
6 Este pobre clamó, y el SEÑOR le oyó
   y lo libró de todas sus angustias.
Jet
7 El ángel del SEÑOR acampa en torno a los que
      le temen;
   a su lado está para librarlos.

Tet
8 Prueben y vean que el SEÑOR es bueno;
   *dichosos los que en él se refugian.
Yod
9 Teman al SEÑOR, ustedes sus santos,
   pues nada les falta a los que le temen.
Caf
10 Los leoncillos se debilitan y tienen hambre,
   pero a los que buscan al SEÑOR nada les
      falta.

Lámed
11 Vengan, hijos míos, y escúchenme,
   que voy a enseñarles el temor del SEÑOR.
Mem
12 El que quiera amar la vida
   y gozar de días felices,
Nun
13 que refrene su lengua de hablar el mal
   y sus labios de proferir engaños;
Sámej
14 que se aparte del mal y haga el bien;
   que busque la *paz y la siga.

Ayin
15 Los ojos del SEÑOR están sobre los justos,
   y sus oídos, atentos a sus oraciones;

22 May your unfailing love be with us, LORD,
   even as we put our hope in you.

PSALM 34[s,t]

*Of David. When he pretended to be insane before
Abimelek, who drove him away, and he left.*

1 I will extol the LORD at all times;
   his praise will always be on my lips.
2 I will glory in the LORD;
   let the afflicted hear and rejoice.
3 Glorify the LORD with me;
   let us exalt his name together.

4 I sought the LORD, and he answered me;
   he delivered me from all my fears.
5 Those who look to him are radiant;
   their faces are never covered with shame.
6 This poor man called, and the LORD heard
      him;
   he saved him out of all his troubles.
7 The angel of the LORD encamps around those
      who fear him,
   and he delivers them.

8 Taste and see that the LORD is good;
   blessed is the one who takes refuge in him.
9 Fear the LORD, you his holy people,
   for those who fear him lack nothing.
10 The lions may grow weak and hungry,
   but those who seek the LORD lack no good
      thing.
11 Come, my children, listen to me;
   I will teach you the fear of the LORD.
12 Whoever of you loves life
   and desires to see many good days,
13 keep your tongue from evil
   and your lips from telling lies.
14 Turn from evil and do good;
   seek peace and pursue it.

15 The eyes of the LORD are on the righteous,
   and his ears are attentive to their cry;

---

e Sal 34 Este salmo es un poema acróstico, que sigue el orden
del alfabeto hebreo.

s This psalm is an acrostic poem, the verses of which begin with
the successive letters of the Hebrew alphabet. t In Hebrew texts
34:1-22 is numbered 34:2-23.

Pe

¹⁶ el rostro del S*eñor* está contra los que hacen el
mal,
para borrar de la tierra su memoria.

Tsade

¹⁷ Los justos claman, y el S*eñor* los oye;
los libra de todas sus angustias.

Qof

¹⁸ El S*eñor* está cerca de los quebrantados de
corazón,
y salva a los de espíritu abatido.

Resh

¹⁹ Muchas son las angustias del justo,
pero el S*eñor* lo librará de todas ellas;

Shin

²⁰ le protegerá todos los huesos,
y ni uno solo le quebrarán.

Tav

²¹ La maldad destruye a los malvados;
serán condenados los enemigos de los
justos.

²² El S*eñor* libra a sus siervos;
no serán condenados los que en él confían.

S*almo* 35

Salmo de David.

¹ Defiéndeme, S*eñor*, de los que me atacan;
combate a los que me combaten.

² Toma tu adarga, tu escudo,
y acude en mi ayuda.

³ Empuña la lanza y el hacha,
y haz frente a*ᶠ* los que me persiguen.
Quiero oírte decir:
«Yo soy tu *salvación.»

⁴ Queden confundidos y avergonzados
los que procuran matarme;
retrocedan humillados
los que traman mi ruina.

⁵ Sean como la paja en el viento,
acosados por el ángel del S*eñor*;

⁶ sea su senda oscura y resbalosa,
perseguidos por el ángel del S*eñor*.

⁷ Ya que sin motivo me tendieron una trampa,
y sin motivo cavaron una fosa para mí,

⁸ que la ruina los tome por sorpresa;
que caigan en su propia trampa,
en la fosa que ellos mismos cavaron.

⁹ Así mi *alma se alegrará en el S*eñor*
y se deleitará en su salvación;

¹⁰ así todo mi ser exclamará:
«¿Quién como tú, S*eñor*?
Tú libras de los poderosos a los pobres;
a los pobres y necesitados libras
de aquellos que los explotan.»

¹¹ Se presentan testigos despiadados
y me preguntan cosas que yo ignoro.

¹⁶ but the face of the L*ord* is against those who
do evil,
to blot out their name from the earth.

¹⁷ The righteous cry out, and the L*ord* hears
them;
he delivers them from all their troubles.

¹⁸ The L*ord* is close to the brokenhearted
and saves those who are crushed in spirit.

¹⁹ The righteous person may have many troubles,
but the L*ord* delivers him from them all;

²⁰ he protects all his bones,
not one of them will be broken.

²¹ Evil will slay the wicked;
the foes of the righteous will be condemned.

²² The L*ord* will rescue his servants;
no one who takes refuge in him will be
condemned.

P*salm* 35

Of David.

¹ Contend, L*ord*, with those who contend with
me;
fight against those who fight against me.

² Take up shield and armor;
arise and come to my aid.

³ Brandish spear and javelin*ᵘ*
against those who pursue me.
Say to me,
"I am your salvation."

⁴ May those who seek my life
be disgraced and put to shame;
may those who plot my ruin
be turned back in dismay.

⁵ May they be like chaff before the wind,
with the angel of the L*ord* driving them
away;

⁶ may their path be dark and slippery,
with the angel of the L*ord* pursuing them.

⁷ Since they hid their net for me without cause
and without cause dug a pit for me,

⁸ may ruin overtake them by surprise —
may the net they hid entangle them,
may they fall into the pit, to their ruin.

⁹ Then my soul will rejoice in the L*ord*
and delight in his salvation.

¹⁰ My whole being will exclaim,
"Who is like you, L*ord*?
You rescue the poor from those too strong for
them,
the poor and needy from those who rob
them."

¹¹ Ruthless witnesses come forward;
they question me on things I know nothing
about.

ᶠ **35:3** *el hacha, y haz frente a* (lectura probable); *cierra contra*
(TM).

ᵘ **3** Or *and block the way*

¹² Me devuelven mal por bien,
    y eso me hiere en el alma;
¹³ pues cuando ellos enfermaban
    yo me vestía de luto,
    me afligía y ayunaba.

¡Ay, si pudiera retractarme de mis oraciones!

¹⁴ Me vestía yo de luto,
    como por un amigo o un hermano.
    Afligido, inclinaba la cabeza,
    como si llorara por mi madre.
¹⁵ Pero yo tropecé, y ellos se alegraron,
    y a una se juntaron contra mí.
    Gente extraña,^g que yo no conocía,
    me calumniaba sin cesar.
¹⁶ Me atormentaban, se burlaban de mí,^h
    y contra mí rechinaban los dientes.

¹⁷ ¿Hasta cuándo, Señor, vas a tolerar esto?
    Libra mi vida, mi única vida,
    de los ataques de esos leones.
¹⁸ Yo te daré gracias en la gran asamblea;
    ante una multitud te alabaré.

¹⁹ No dejes que de mí se burlen
    mis enemigos traicioneros;
    no dejes que se guiñen el ojo
    los que me odian sin motivo.
²⁰ Porque no vienen en son de *paz,
    sino que urden mentiras
    contra la gente apacible del país.
²¹ De mí se ríen a carcajadas, y exclaman:
    «¡Miren en lo que vino a parar!»

²² Señor, tú has visto todo esto;
    no te quedes callado.
    ¡Señor, no te alejes de mí!
²³ ¡Despierta, Dios mío, levántate!
    ¡Hazme *justicia, Señor, defiéndeme!
²⁴ Júzgame según tu justicia, Señor mi Dios;
    no dejes que se burlen de mí.
²⁵ No permitas que piensen:
    «¡Así queríamos verlo!»
    No permitas que digan:
    «Nos lo hemos tragado vivo.»

²⁶ Queden avergonzados y confundidos
    todos los que se alegran de mi desgracia;
    sean cubiertos de oprobio y vergüenza
    todos los que se creen más que yo.
²⁷ Pero lancen voces de alegría y regocijo
    los que apoyan mi causa,
    y digan siempre: «Exaltado sea el Señor,
    quien se deleita en el *bienestar de su
        siervo.»

²⁸ Con mi lengua proclamaré tu justicia,
    y todo el día te alabaré.

¹² They repay me evil for good
    and leave me like one bereaved.
¹³ Yet when they were ill, I put on sackcloth
    and humbled myself with fasting.
    When my prayers returned to me unanswered,
¹⁴   I went about mourning
    as though for my friend or brother.
    I bowed my head in grief
    as though weeping for my mother.
¹⁵ But when I stumbled, they gathered in glee;
    assailants gathered against me without my
        knowledge.
    They slandered me without ceasing.
¹⁶ Like the ungodly they maliciously mocked;^v
    they gnashed their teeth at me.

¹⁷ How long, Lord, will you look on?
    Rescue me from their ravages,
    my precious life from these lions.
¹⁸ I will give you thanks in the great assembly;
    among the throngs I will praise you.
¹⁹ Do not let those gloat over me
    who are my enemies without cause;
    do not let those who hate me without reason
        maliciously wink the eye.
²⁰ They do not speak peaceably,
    but devise false accusations
    against those who live quietly in the land.
²¹ They sneer at me and say, "Aha! Aha!
    With our own eyes we have seen it."

²² Lord, you have seen this; do not be silent.
    Do not be far from me, Lord.
²³ Awake, and rise to my defense!
    Contend for me, my God and Lord.
²⁴ Vindicate me in your righteousness, Lord my
        God;
    do not let them gloat over me.
²⁵ Do not let them think, "Aha, just what we
        wanted!"
    or say, "We have swallowed him up."

²⁶ May all who gloat over my distress
    be put to shame and confusion;
    may all who exalt themselves over me
    be clothed with shame and disgrace.
²⁷ May those who delight in my vindication
    shout for joy and gladness;
    may they always say, "The Lord be exalted,
    who delights in the well-being of his
        servant."

²⁸ My tongue will proclaim your righteousness,
    your praises all day long.

---

^g 35:15 *Gente extraña* (lectura probable); *Gente golpeada* (TM).
^h 35:16 *Me atormentaban, se burlaban de mí* (LXX); *Con inicuos burlones de una torta* (TM).

^v 16 Septuagint; Hebrew may mean *Like an ungodly circle of mockers,*

Salmo 36

Al director musical. De David, el siervo del
Señor.

¹ Dice el pecador:
    «Ser impío lo llevo en el *corazón.»*[i]
No hay temor de Dios
    delante de sus ojos.
² Cree que merece alabanzas
    y no halla aborrecible su pecado.
³ Sus palabras son inicuas y engañosas;
    ha perdido el buen juicio
    y la capacidad de hacer el bien.
⁴ Aun en su lecho trama hacer el mal;
    se aferra a su mal *camino
    y persiste en la maldad.

⁵ Tu amor, Señor, llega hasta los cielos;
    tu fidelidad alcanza las nubes.
⁶ Tu *justicia es como las altas montañas;[j]
    tus juicios, como el gran océano.

Tú, Señor, cuidas de *hombres y animales;
⁷   ¡cuán precioso, oh Dios, es tu gran amor!
Todo *ser humano halla refugio
    a la sombra de tus alas.
⁸ Se sacian de la abundancia de tu casa;
    les das a beber de tu río de deleites.
⁹ Porque en ti está la fuente de la vida,
    y en tu luz podemos ver la luz.

¹⁰ Extiende tu amor a los que te conocen,
    y tu justicia a los rectos de corazón.
¹¹ Que no me aplaste el pie del orgulloso,
    ni me desarraigue la mano del impío.
¹² Vean cómo fracasan los malvados:
    ¡caen a tierra, y ya no pueden levantarse!

Salmo 37[k]

Salmo de David.

Álef
¹ No te irrites a causa de los impíos
    ni envidies a los que cometen injusticias;
² porque pronto se marchitan, como la hierba,
    pronto se secan, como el verdor del pasto.

Bet
³ Confía en el Señor y haz el bien;
    establécete en la tierra y manténte fiel.
⁴ Deléitate en el Señor,
    y él te concederá los deseos de tu *corazón.

Guímel
⁵ Encomienda al Señor tu *camino;
    confía en él, y él actuará.

Psalm 36[w]

For the director of music. Of David the servant of
the Lord.

¹ I have a message from God in my heart
    concerning the sinfulness of the wicked:[x]
There is no fear of God
    before their eyes.

² In their own eyes they flatter themselves
    too much to detect or hate their sin.
³ The words of their mouths are wicked and
        deceitful;
    they fail to act wisely or do good.
⁴ Even on their beds they plot evil;
    they commit themselves to a sinful course
    and do not reject what is wrong.

⁵ Your love, Lord, reaches to the heavens,
    your faithfulness to the skies.
⁶ Your righteousness is like the highest
        mountains,
    your justice like the great deep.
    You, Lord, preserve both people and
        animals.
⁷ How priceless is your unfailing love, O God!
    People take refuge in the shadow of your
        wings.
⁸ They feast on the abundance of your house;
    you give them drink from your river of
        delights.
⁹ For with you is the fountain of life;
    in your light we see light.

¹⁰ Continue your love to those who know you,
    your righteousness to the upright in heart.
¹¹ May the foot of the proud not come against
        me,
    nor the hand of the wicked drive me away.
¹² See how the evildoers lie fallen—
    thrown down, not able to rise!

Psalm 37[y]

Of David.

¹ Do not fret because of those who are evil
    or be envious of those who do wrong;
² for like the grass they will soon wither,
    like green plants they will soon die away.

³ Trust in the Lord and do good;
    dwell in the land and enjoy safe pasture.
⁴ Take delight in the Lord,
    and he will give you the desires of your
        heart.

⁵ Commit your way to the Lord;
    trust in him and he will do this:

---

[i] **36:1** *Dice el ... corazón»* (lectura probable); *Oráculo del pecado*
al malvado en medio de mi corazón (TM).
[j] **36:6** *las altas montañas.* Alt. *las montañas de Dios.*
[k] **Sal 37** Este salmo es un poema acróstico, que sigue el orden
del alfabeto hebreo.

[w] In Hebrew texts 36:1-12 is numbered 36:2-13.   [x] *1* Or *A*
message from God: The transgression of the wicked / resides in their
hearts.   [y] This psalm is an acrostic poem, the stanzas of which
begin with the successive letters of the Hebrew alphabet.

⁶ Hará que tu *justicia resplandezca como el
     alba;
   tu justa causa, como el sol de mediodía.

Dálet
⁷ Guarda silencio ante el Señor,
   y espera en él con paciencia;
  no te irrites ante el éxito de otros,
   de los que maquinan planes malvados.

He
⁸ Refrena tu enojo, abandona la ira;
   no te irrites, pues esto conduce al mal.
⁹ Porque los impíos serán exterminados,
   pero los que esperan en el Señor heredarán
   la tierra.

Vav
¹⁰ Dentro de poco los malvados dejarán de
     existir;
   por más que los busques, no los encontrarás.
¹¹ Pero los desposeídos heredarán la tierra
   y disfrutarán de gran *bienestar.

Zayin
¹² Los malvados conspiran contra los justos
   y crujen los dientes contra ellos;
¹³ pero el Señor se ríe de los malvados,
   pues sabe que les llegará su hora.

Jet
¹⁴ Los malvados sacan la espada y tensan el arco
   para abatir al pobre y al necesitado,
   para matar a los que viven con rectitud.
¹⁵ Pero su propia espada les atravesará el corazón,
   y su arco quedará hecho pedazos.

Tet
¹⁶ Más vale lo poco de un justo
   que lo mucho de innumerables malvados;
¹⁷ porque el brazo de los impíos será quebrado,
   pero el Señor sostendrá a los justos.

Yod
¹⁸ El Señor protege la vida de los íntegros,
   y su herencia perdura por siempre.
¹⁹ En tiempos difíciles serán prosperados;
   en épocas de hambre tendrán abundancia.

Caf
²⁰ Los malvados, los enemigos del Señor,
   acabarán por ser destruidos;
  desaparecerán como las flores silvestres,
   se desvanecerán como el humo.

Lámed
²¹ Los malvados piden prestado y no pagan,
   pero los justos dan con generosidad.
²² Los benditos del Señor heredarán la tierra,
   pero los que él maldice serán destruidos.

Mem
²³ El Señor afirma los pasos del *hombre
   cuando le agrada su modo de vivir;
²⁴ podrá tropezar, pero no caerá,
   porque el Señor lo sostiene de la mano.

⁶ He will make your righteous reward shine like
     the dawn,
   your vindication like the noonday sun.

⁷ Be still before the Lord
   and wait patiently for him;
  do not fret when people succeed in their ways,
   when they carry out their wicked schemes.

⁸ Refrain from anger and turn from wrath;
   do not fret—it leads only to evil.
⁹ For those who are evil will be destroyed,
   but those who hope in the Lord will inherit
   the land.

¹⁰ A little while, and the wicked will be no more;
   though you look for them, they will not be
     found.
¹¹ But the meek will inherit the land
   and enjoy peace and prosperity.

¹² The wicked plot against the righteous
   and gnash their teeth at them;
¹³ but the Lord laughs at the wicked,
   for he knows their day is coming.

¹⁴ The wicked draw the sword
   and bend the bow
  to bring down the poor and needy,
   to slay those whose ways are upright.
¹⁵ But their swords will pierce their own hearts,
   and their bows will be broken.

¹⁶ Better the little that the righteous have
   than the wealth of many wicked;
¹⁷ for the power of the wicked will be broken,
   but the Lord upholds the righteous.

¹⁸ The blameless spend their days under the
     Lord's care,
   and their inheritance will endure forever.
¹⁹ In times of disaster they will not wither;
   in days of famine they will enjoy plenty.

²⁰ But the wicked will perish:
   Though the Lord's enemies are like the
     flowers of the field,
   they will be consumed, they will go up in
     smoke.

²¹ The wicked borrow and do not repay,
   but the righteous give generously;
²² those the Lord blesses will inherit the land,
   but those he curses will be destroyed.

²³ The Lord makes firm the steps
   of the one who delights in him;
²⁴ though he may stumble, he will not fall,
   for the Lord upholds him with his hand.

Nun
²⁵ He sido joven y ahora soy viejo,
　　pero nunca he visto justos en la miseria,
　　ni que sus hijos mendiguen pan.
²⁶ Prestan siempre con generosidad;
　　sus hijos son una bendición.

Sámej
²⁷ Apártate del mal y haz el bien,
　　y siempre tendrás dónde vivir.
²⁸ Porque el Señor ama la justicia
　　y no abandona a quienes le son fieles.

El Señor los protegerá para siempre,
　　pero acabará con la descendencia de los
　　　　malvados.

Ayin
²⁹ Los justos heredarán la tierra,
　　y por siempre vivirán en ella.

Pe
³⁰ La boca del justo imparte sabiduría,
　　y su lengua emite justicia.
³¹ La *ley de Dios está en su corazón,
　　y sus pies jamás resbalan.

Tsade
³² Los malvados acechan a los justos
　　con la intención de matarlos,
³³ pero el Señor no los dejará caer en sus manos
　　ni permitirá que los condenen en el juicio.

Qof
³⁴ Pero tú, espera en el Señor,
　　y vive según su voluntad,
　　que él te exaltará para que heredes la tierra.
　　Cuando los malvados sean destruidos,
　　tú lo verás con tus propios ojos.

Resh
³⁵ He visto al déspota y malvado
　　extenderse como cedro frondoso.
³⁶ Pero pasó al olvido y dejó de existir;
　　lo busqué, y ya no pude encontrarlo.

Shin
³⁷ Observa a los que son íntegros y rectos:
　　hay porvenir para quien busca la *paz.
³⁸ Pero todos los pecadores serán destruidos;
　　el porvenir de los malvados será el
　　　　exterminio.

Tav
³⁹ La *salvación de los justos viene del Señor;
　　él es su fortaleza en tiempos de angustia.
⁴⁰ El Señor los ayuda y los libra;
　　los libra de los malvados y los salva,
　　porque en él ponen su confianza.

Salmo 38

*Salmo de David, para las ofrendas
memoriales.*

¹ Señor, no me reprendas en tu enojo
　　ni me castigues en tu ira.

---

²⁵ I was young and now I am old,
　　yet I have never seen the righteous forsaken
　　or their children begging bread.
²⁶ They are always generous and lend freely;
　　their children will be a blessing.ᶻ

²⁷ Turn from evil and do good;
　　then you will dwell in the land forever.
²⁸ For the Lord loves the just
　　and will not forsake his faithful ones.

Wrongdoers will be completely destroyedᵃ;
　　the offspring of the wicked will perish.
²⁹ The righteous will inherit the land
　　and dwell in it forever.

³⁰ The mouths of the righteous utter wisdom,
　　and their tongues speak what is just.
³¹ The law of their God is in their hearts;
　　their feet do not slip.

³² The wicked lie in wait for the righteous,
　　intent on putting them to death;
³³ but the Lord will not leave them in the power
　　　　of the wicked
　　or let them be condemned when brought to
　　　　trial.

³⁴ Hope in the Lord
　　and keep his way.
　　He will exalt you to inherit the land;
　　when the wicked are destroyed, you will see
　　　　it.

³⁵ I have seen a wicked and ruthless man
　　flourishing like a luxuriant native tree,
³⁶ but he soon passed away and was no more;
　　though I looked for him, he could not be
　　　　found.

³⁷ Consider the blameless, observe the upright;
　　a future awaits those who seek peace.ᵇ
³⁸ But all sinners will be destroyed;
　　there will be no futureᶜ for the wicked.

³⁹ The salvation of the righteous comes from the
　　　　Lord;
　　he is their stronghold in time of trouble.
⁴⁰ The Lord helps them and delivers them;
　　he delivers them from the wicked and saves
　　　　them,
　　because they take refuge in him.

Psalm 38ᵈ

A psalm of David. A petition.

¹ Lord, do not rebuke me in your anger
　　or discipline me in your wrath.

ᶻ 26 Or *freely; / the names of their children will be used in blessings*
(see Gen. 48:20); or *freely; / others will see that their children are
blessed*　　ᵃ 28 See Septuagint; Hebrew *They will be protected
forever*　　ᵇ 37 Or *upright; / those who seek peace will have
posterity*　　ᶜ 38 Or *posterity*　　ᵈ In Hebrew texts 38:1-22 is
numbered 38:2-23.

² Porque tus flechas me han atravesado,
  y sobre mí ha caído tu mano.
³ Por causa de tu indignación
  no hay nada sano en mi cuerpo;
por causa de mi pecado
  mis huesos no hallan descanso.
⁴ Mis maldades me abruman,
  son una carga demasiado pesada.

⁵ Por causa de mi insensatez
  mis llagas hieden y supuran.
⁶ Estoy agobiado, del todo abatido;
  todo el día ando acongojado.
⁷ Estoy ardiendo de fiebre;
  no hay nada sano en mi cuerpo.
⁸ Me siento débil, completamente deshecho;
  mi *corazón gime angustiado.

⁹ Ante ti, Señor, están todos mis deseos;
  no te son un secreto mis anhelos.
¹⁰ Late mi corazón con violencia,
  las fuerzas me abandonan,
  hasta la luz de mis ojos se apaga.
¹¹ Mis amigos y vecinos se apartan de mis llagas;
  mis parientes se mantienen a distancia.
¹² Tienden sus trampas los que quieren matarme;
  maquinan mi ruina los que buscan mi mal
  y todo el día urden engaños.

¹³ Pero yo me hago el sordo, y no los escucho;
  me hago el mudo, y no les respondo.
¹⁴ Soy como los que no oyen
  ni pueden defenderse.
¹⁵ Yo, Señor, espero en ti;
  tú, Señor y Dios mío, serás quien responda.
¹⁶ Tan sólo pido que no se burlen de mí,
  que no se crean superiores si resbalo.

¹⁷ Estoy por desfallecer;
  el dolor no me deja un solo instante.
¹⁸ Voy a confesar mi iniquidad,
  pues mi pecado me angustia.
¹⁹ Muchos son mis enemigos gratuitos;ᶦ
  abundan los que me odian sin motivo.
²⁰ Por hacer el bien, me pagan con el mal;
  por procurar lo bueno, se ponen en mi
    contra.

²¹ Señor, no me abandones;
  Dios mío, no te alejes de mí.
²² Señor de mi *salvación,
  ¡ven pronto en mi ayuda!

SALMO 39

*Al director musical. Para Jedutún. Salmo de
David.*

¹ Me dije a mí mismo:
«Mientras esté ante gente malvada
  vigilaré mi conducta,

² Your arrows have pierced me,
  and your hand has come down on me.
³ Because of your wrath there is no health in my
    body;
  there is no soundness in my bones because
    of my sin.
⁴ My guilt has overwhelmed me
  like a burden too heavy to bear.

⁵ My wounds fester and are loathsome
  because of my sinful folly.
⁶ I am bowed down and brought very low;
  all day long I go about mourning.
⁷ My back is filled with searing pain;
  there is no health in my body.
⁸ I am feeble and utterly crushed;
  I groan in anguish of heart.

⁹ All my longings lie open before you, Lord;
  my sighing is not hidden from you.
¹⁰ My heart pounds, my strength fails me;
  even the light has gone from my eyes.
¹¹ My friends and companions avoid me because
    of my wounds;
  my neighbors stay far away.
¹² Those who want to kill me set their traps,
  those who would harm me talk of my ruin;
  all day long they scheme and lie.

¹³ I am like the deaf, who cannot hear,
  like the mute, who cannot speak;
¹⁴ I have become like one who does not hear,
  whose mouth can offer no reply.
¹⁵ Lord, I wait for you;
  you will answer, Lord my God.
¹⁶ For I said, "Do not let them gloat
  or exalt themselves over me when my feet
    slip."

¹⁷ For I am about to fall,
  and my pain is ever with me.
¹⁸ I confess my iniquity;
  I am troubled by my sin.
¹⁹ Many have become my enemies without causeᵉ;
  those who hate me without reason are
    numerous.
²⁰ Those who repay my good with evil
  lodge accusations against me,
  though I seek only to do what is good.

²¹ Lord, do not forsake me;
  do not be far from me, my God.
²² Come quickly to help me,
  my Lord and my Savior.

PSALM 39ᶠ

*For the director of music. For Jeduthun. A psalm
of David.*

¹ I said, "I will watch my ways
  and keep my tongue from sin;

ᶦ **38:19** *gratuitos* (lectura probable); *vivientes* (TM).

ᵉ *19* One Dead Sea Scrolls manuscript; Masoretic Text *my vigorous enemies*   ᶠ In Hebrew texts 39:1-13 is numbered 39:2-14.

me abstendré de pecar con la lengua,
me pondré una mordaza en la boca.»
² Así que guardé silencio, me mantuve callado.
¡Ni aun lo bueno salía de mi boca!
Pero mi angustia iba en aumento;
³   ¡el corazón me ardía en el pecho!
Al meditar en esto, el fuego se inflamó
y tuve que decir:

⁴ «Hazme saber, Señor, el límite de mis días,
y el tiempo que me queda por vivir;
hazme saber lo efímero que soy.
⁵ Muy breve es la vida que me has dado;
ante ti, mis años no son nada.
Un soplo nada más es el *mortal,

                                 *Selah

⁶   un suspiro que se pierde entre las sombras.
Ilusorias son las riquezas que amontona,ᵐ
pues no sabe quién se quedará con ellas.

⁷ »Y ahora, Señor, ¿qué esperanza me queda?
¡Mi esperanza he puesto en ti!
⁸ Líbrame de todas mis transgresiones.
Que los *necios no se burlen de mí.

⁹ »He guardado silencio; no le abierto la boca,
pues tú eres quien actúa.
¹⁰ Ya no me castigues,
que los golpes de tu mano me aniquilan.
¹¹ Tú reprendes a los mortales,
los castigas por su iniquidad;
como polilla, acabas con sus placeres.
¡Un soplo nada más es el mortal!

                                   Selah

¹² »Señor, escucha mi oración,
atiende a mi clamor;
no cierres tus oídos a mi llanto.
Ante ti soy un extraño,
un peregrino, como todos mis antepasados.
¹³ No me mires con enojo, y volveré a alegrarme
antes que me muera y deje de existir.»

SALMO 40

Al director musical. Salmo de David.

¹ Puse en el Señor toda mi esperanza;
él se inclinó hacia mí y escuchó mi clamor.
² Me sacó de la fosa de la muerte,
del lodo y del pantano;
puso mis pies sobre una roca,
y me plantó en terreno firme.
³ Puso en mis labios un cántico nuevo,
un himno de alabanza a nuestro Dios.
Al ver esto, muchos tuvieron miedo
y pusieron su confianza en el Señor.

⁴ *Dichoso el que pone su confianza en el Señor
y no recurre a los idólatras
ni a los que adoran dioses falsos.

I will put a muzzle on my mouth
while in the presence of the wicked."
² So I remained utterly silent,
not even saying anything good.
But my anguish increased;
³   my heart grew hot within me.
While I meditated, the fire burned;
then I spoke with my tongue:

⁴ "Show me, Lord, my life's end
and the number of my days;
let me know how fleeting my life is.
⁵ You have made my days a mere handbreadth;
the span of my years is as nothing before you.
Everyone is but a breath,
even those who seem secure.ᵍ

⁶ "Surely everyone goes around like a mere
phantom;
in vain they rush about, heaping up wealth
without knowing whose it will finally be.

⁷ "But now, Lord, what do I look for?
My hope is in you.
⁸ Save me from all my transgressions;
do not make me the scorn of fools.
⁹ I was silent; I would not open my mouth,
for you are the one who has done this.
¹⁰ Remove your scourge from me;
I am overcome by the blow of your hand.
¹¹ When you rebuke and discipline anyone for
their sin,
you consume their wealth like a moth—
surely everyone is but a breath.

¹² "Hear my prayer, Lord,
listen to my cry for help;
do not be deaf to my weeping.
I dwell with you as a foreigner,
a stranger, as all my ancestors were.
¹³ Look away from me, that I may enjoy life again
before I depart and am no more."

PSALM 40ʰ

For the director of music. Of David. A psalm.

¹ I waited patiently for the Lord;
he turned to me and heard my cry.
² He lifted me out of the slimy pit,
out of the mud and mire;
he set my feet on a rock
and gave me a firm place to stand.
³ He put a new song in my mouth,
a hymn of praise to our God.
Many will see and fear the Lord
and put their trust in him.

⁴ Blessed is the one
who trusts in the Lord,
who does not look to the proud,
to those who turn aside to false gods.ⁱ

ᵐ **39:6** *Ilusorias ... que amontona* (lectura probable); *En vano hace ruido y amontona* (TM).

ᵍ 5 The Hebrew has *Selah* (a word of uncertain meaning) here and at the end of verse 11.   ʰ In Hebrew texts 40:1-17 is numbered 40:2-18.   ⁱ 4 Or *to lies*

⁵ Muchas son, Señor mi Dios,
    las maravillas que tú has hecho.
No es posible enumerar
    tus bondades en favor nuestro.
Si quisiera anunciarlas y proclamarlas,
    serían más de lo que puedo contar.

⁶ A ti no te complacen sacrificios ni ofrendas,
    pero me has hecho obediente;ⁿ
tú no has pedido *holocaustos
    ni sacrificios por el pecado.
⁷ Por eso dije: «Aquí me tienes
    —como el libro dice de mí—.
⁸ Me agrada, Dios mío, hacer tu voluntad;
    tu *ley la llevo dentro de mí.»

⁹ En medio de la gran asamblea
    he dado a conocer tu *justicia.
Tú bien sabes, Señor,
    que no he sellado mis labios.
¹⁰ No escondo tu justicia en mi *corazón,
    sino que proclamo tu fidelidad y tu
       *salvación.
No oculto en la gran asamblea
    tu gran amor y tu verdad.
¹¹ No me niegues, Señor, tu misericordia;
    que siempre me protejan tu amor y tu
       verdad.
¹² Muchos males me han rodeado;
    tantos son que no puedo contarlos.
Me han alcanzado mis iniquidades,
    y ya ni puedo ver.
Son más que los cabellos de mi cabeza,
    y mi corazón desfallece.

¹³ Por favor, Señor, ¡ven a librarme!
    ¡Ven pronto, Señor, en mi auxilio!
¹⁴ Sean confundidos y avergonzados
    todos los que tratan de matarme;
huyan derrotados
    todos los que procuran mi mal;
¹⁵ que la vergüenza de su derrota
    humille a los que se burlan de mí.

¹⁶ Pero que todos los que te buscan
    se alegren en ti y se regocijen;
que los que aman tu salvación digan siempre:
    «¡Cuán grande es el Señor!»

¹⁷ Y a mí, pobre y necesitado,
    quiera el Señor tomarme en cuenta.

Tú eres mi socorro y mi libertador;
    ¡no te tardes, Dios mío!

Salmo 41

Al director musical. Salmo de David.

¹ *Dichoso el que piensa en el débil;
    el Señor lo librará en el día de la desgracia.

---

⁵ Many, Lord my God,
    are the wonders you have done,
    the things you planned for us.
None can compare with you;
    were I to speak and tell of your deeds,
    they would be too many to declare.

⁶ Sacrifice and offering you did not desire—
    but my ears you have openedʲ—
    burnt offerings and sin offeringsᵏ you did
       not require.
⁷ Then I said, "Here I am, I have come—
    it is written about me in the scroll.ˡ
⁸ I desire to do your will, my God;
    your law is within my heart."

⁹ I proclaim your saving acts in the great
       assembly;
    I do not seal my lips, Lord,
    as you know.
¹⁰ I do not hide your righteousness in my heart;
    I speak of your faithfulness and your saving
       help.
I do not conceal your love and your
       faithfulness
    from the great assembly.

¹¹ Do not withhold your mercy from me, Lord;
    may your love and faithfulness always
       protect me.
¹² For troubles without number surround me;
    my sins have overtaken me, and I cannot see.
They are more than the hairs of my head,
    and my heart fails within me.
¹³ Be pleased to save me, Lord;
    come quickly, Lord, to help me.

¹⁴ May all who want to take my life
    be put to shame and confusion;
may all who desire my ruin
    be turned back in disgrace.
¹⁵ May those who say to me, "Aha! Aha!"
    be appalled at their own shame.
¹⁶ But may all who seek you
    rejoice and be glad in you;
may those who long for your saving help
       always say,
    "The Lord is great!"

¹⁷ But as for me, I am poor and needy;
    may the Lord think of me.
You are my help and my deliverer;
    you are my God, do not delay.

Psalm 41ᵐ

For the director of music. A psalm of David.

¹ Blessed are those who have regard for the
       weak;
    the Lord delivers them in times of trouble.

ʲ 6 Hebrew; some Septuagint manuscripts *but a body you have prepared for me*   ᵏ 6 Or *purification offerings*   ˡ 7 Or *come / with the scroll written for me*   ᵐ In Hebrew texts 41:1-13 is numbered 41:2-14.

ⁿ **40:6** *me has hecho obediente.* Lit. *me has perforado los oídos.*

2 El SEÑOR lo protegerá y lo mantendrá con
vida;
lo hará dichoso en la tierra
y no lo entregará al capricho de sus
adversarios.
3 El SEÑOR lo confortará cuando esté enfermo;
lo alentará en el lecho del dolor.

4 Yo he dicho:
«SEÑOR, compadécete de mí;
sáname, pues contra ti he pecado.»
5 Con saña dicen de mí mis enemigos:
«¿Cuándo se morirá?
¿Cuándo pasará al olvido?»
6 Si vienen a verme, no son sinceros;
recogen calumnias y salen a contarlas.

7 Mis enemigos se juntan y cuchichean contra
mí;
me hacen responsable de mi mal. Dicen:
8 «Lo que le ha sobrevenido es cosa del
demonio;
de esa cama no volverá a levantarse.»
9 Hasta mi mejor amigo, en quien yo confiaba
y que compartía el pan conmigo,
me ha puesto la zancadilla.

10 Pero tú, SEÑOR, compadécete de mí;
haz que vuelva a levantarme
para darles su merecido.
11 En esto sabré que te he agradado:
en que mi enemigo no triunfe sobre mí.
12 Por mi integridad habrás de sostenerme,
y en tu presencia me mantendrás para
siempre.

13 Bendito sea el SEÑOR, el Dios de Israel,
por los siglos de los siglos.
Amén y amén.

LIBRO II

Salmos 42-72

SALMO 42[ñ]

*Al director musical. *Masquil de los hijos de Coré.*

1 Cual ciervo jadeante en busca del agua,
así te busca, oh Dios, todo mi ser.
2 Tengo sed de Dios, del Dios de la vida.
¿Cuándo podré presentarme ante Dios?
3 Mis lágrimas son mi pan de día y de noche,
mientras me echan en cara a todas horas:
«¿Dónde está tu Dios?»

4 Recuerdo esto y me deshago en llanto:
yo solía ir con la multitud,
y la conducía a la casa de Dios.

ñ **Sal 42** Por su contenido, los salmos 42 y 43 forman una sola unidad literaria.

2 The LORD protects and preserves them —
they are counted among the blessed in the
land —
he does not give them over to the desire of
their foes.
3 The LORD sustains them on their sickbed
and restores them from their bed of illness.

4 I said, "Have mercy on me, LORD;
heal me, for I have sinned against you."
5 My enemies say of me in malice,
"When will he die and his name perish?"
6 When one of them comes to see me,
he speaks falsely, while his heart gathers
slander;
then he goes out and spreads it around.

7 All my enemies whisper together against me;
they imagine the worst for me, saying,
8 "A vile disease has afflicted him;
he will never get up from the place where he
lies."
9 Even my close friend,
someone I trusted,
one who shared my bread,
has turned[n] against me.

10 But may you have mercy on me, LORD;
raise me up, that I may repay them.
11 I know that you are pleased with me,
for my enemy does not triumph over me.
12 Because of my integrity you uphold me
and set me in your presence forever.

13 Praise be to the LORD, the God of Israel,
from everlasting to everlasting.
Amen and Amen.

BOOK II

Psalms 42 – 72

PSALM 42[o,p]

For the director of music. A maskil[q] *of the Sons of Korah.*

1 As the deer pants for streams of water,
so my soul pants for you, my God.
2 My soul thirsts for God, for the living God.
When can I go and meet with God?
3 My tears have been my food
day and night,
while people say to me all day long,
"Where is your God?"
4 These things I remember
as I pour out my soul:
how I used to go to the house of God
under the protection of the Mighty One[r]

n *9* Hebrew *has lifted up his heel* *o* In many Hebrew manuscripts Psalms 42 and 43 constitute one psalm. *p* In Hebrew texts 42:1-11 is numbered 42:2-12. *q* Title: Probably a literary or musical term *r* *4* See Septuagint and Syriac; the meaning of the Hebrew for this line is uncertain.

Entre voces de alegría y acciones de gracias
hacíamos gran celebración.

5 ¿Por qué voy a inquietarme?
¿Por qué me voy a angustiar?
En Dios pondré mi esperanza
y todavía lo alabaré.
¡Él es mi Salvador y mi Dios!

6 Me siento sumamente angustiado;
por eso, mi Dios, pienso en ti
desde la tierra del Jordán,
desde las alturas del Hermón,
desde el monte Mizar.
7 Un abismo llama a otro abismo
en el rugir de tus cascadas;
todas tus ondas y tus olas
se han precipitado sobre mí.

8 Ésta es la oración al Dios de mi vida:
que de día el SEÑOR mande su amor,
y de noche su canto me acompañe.
9 Y le digo a Dios, a mi *Roca:
«¿Por qué me has olvidado?
¿Por qué debo andar de luto
y oprimido por el enemigo?»
10 Mortal agonía me penetra hasta los huesos
ante la burla de mis adversarios,
mientras me echan en cara a todas horas:
«¿Dónde está tu Dios?»

11 ¿Por qué voy a inquietarme?
¿Por qué me voy a angustiar?
En Dios pondré mi esperanza,
y todavía lo alabaré.
¡Él es mi Salvador y mi Dios!

SALMO 43

1 ¡Hazme *justicia, oh Dios!
Defiende mi causa frente a esta nación
impía;
líbrame de *gente mentirosa y perversa.
2 Tú eres mi Dios y mi fortaleza:
¿Por qué me has rechazado?
¿Por qué debo andar de luto
y oprimido por el enemigo?
3 Envía tu luz y tu verdad;
que ellas me guíen a tu monte santo,
que me lleven al lugar donde tú habitas.
4 Llegaré entonces al altar de Dios,
del Dios de mi alegría y mi deleite,
y allí, oh Dios, mi Dios,
te alabaré al son del arpa.

5 ¿Por qué voy a inquietarme?
¿Por qué me voy a angustiar?
En Dios pondré mi esperanza,
y todavía lo alabaré.
¡Él es mi Salvador y mi Dios!

with shouts of joy and praise
among the festive throng.

5 Why, my soul, are you downcast?
Why so disturbed within me?
Put your hope in God,
for I will yet praise him,
my Savior and my God.

6 My soul is downcast within me;
therefore I will remember you
from the land of the Jordan,
the heights of Hermon — from Mount Mizar.
7 Deep calls to deep
in the roar of your waterfalls;
all your waves and breakers
have swept over me.

8 By day the LORD directs his love,
at night his song is with me —
a prayer to the God of my life.

9 I say to God my Rock,
"Why have you forgotten me?
Why must I go about mourning,
oppressed by the enemy?"
10 My bones suffer mortal agony
as my foes taunt me,
saying to me all day long,
"Where is your God?"

11 Why, my soul, are you downcast?
Why so disturbed within me?
Put your hope in God,
for I will yet praise him,
my Savior and my God.

PSALM 43[s]

1 Vindicate me, my God,
and plead my cause
against an unfaithful nation.
Rescue me from those who are
deceitful and wicked.
2 You are God my stronghold.
Why have you rejected me?
Why must I go about mourning,
oppressed by the enemy?
3 Send me your light and your faithful care,
let them lead me;
let them bring me to your holy mountain,
to the place where you dwell.
4 Then I will go to the altar of God,
to God, my joy and my delight.
I will praise you with the lyre,
O God, my God.

5 Why, my soul, are you downcast?
Why so disturbed within me?
Put your hope in God,
for I will yet praise him,
my Savior and my God.

---

[s] In many Hebrew manuscripts Psalms 42 and 43 constitute one psalm.

SALMO 44

Al director musical. *Masquil de los hijos de Coré.

¹ Oh Dios, nuestros oídos han oído
   y nuestros padres nos han contado
las proezas que realizaste en sus días,
   en aquellos tiempos pasados:
² Con tu mano echaste fuera a las naciones
   y en su lugar estableciste a nuestros padres;
aplastaste a aquellos pueblos,
   y a nuestros padres los hiciste prosperar.*ᵒ*
³ Porque no fue su espada la que conquistó la
     tierra,
   ni fue su brazo el que les dio la victoria:
fue tu brazo, tu mano derecha;
   fue la luz de tu rostro, porque tú los amabas.

⁴ Sólo tú eres mi rey y mi Dios.
   ¡Decreta las *victorias de Jacob!
⁵ Por ti derrotamos a nuestros enemigos;
   en tu *nombre aplastamos a nuestros
     agresores.
⁶ Yo no confío en mi arco,
   ni puede mi espada darme la victoria;
⁷ tú nos das la victoria sobre nuestros enemigos,
   y dejas en vergüenza a nuestros adversarios.
⁸ ¡Por siempre nos gloriaremos en Dios!
   ¡Por siempre alabaremos tu nombre!

                       *Selah

⁹ Pero ahora nos has rechazado y humillado;
   ya no sales con nuestros ejércitos.
¹⁰ Nos hiciste retroceder ante el enemigo;
   nos han saqueado nuestros adversarios.
¹¹ Cual si fuéramos ovejas
   nos has entregado para que nos devoren,
   nos has dispersado entre las naciones.
¹² Has vendido a tu pueblo muy barato,
   y nada has ganado con su venta.

¹³ Nos has puesto en ridículo ante nuestros
     vecinos;
   somos la burla y el escarnio de los que nos
     rodean.
¹⁴ Nos has hecho el hazmerreír de las naciones;
   todos los pueblos se burlan de nosotros.
¹⁵ La ignominia no me deja un solo instante;
   se me cae la cara de vergüenza
¹⁶ por las burlas de los que me injurian y me
     ultrajan,
   por culpa del enemigo que está presto a la
     venganza.

¹⁷ Todo esto nos ha sucedido,
   a pesar de que nunca te olvidamos
   ni faltamos jamás a tu *pacto.
¹⁸ No te hemos sido infieles,
   ni nos hemos apartado de tu senda.
¹⁹ Pero tú nos arrojaste a una cueva de chacales;
   ¡nos envolviste en la más densa oscuridad!

ᵒ **44:2** *los hiciste prosperar.* Lit. *los arrojaste.*

PSALM 44*ᵗ*

*For the director of music. Of the Sons of Korah. A maskil.*ᵘ

¹ We have heard it with our ears, O God;
   our ancestors have told us
what you did in their days,
   in days long ago.
² With your hand you drove out the nations
   and planted our ancestors;
you crushed the peoples
   and made our ancestors flourish.
³ It was not by their sword that they won the
     land,
   nor did their arm bring them victory;
it was your right hand, your arm,
   and the light of your face, for you loved
     them.

⁴ You are my King and my God,
   who decrees*ᵛ* victories for Jacob.
⁵ Through you we push back our enemies;
   through your name we trample our foes.
⁶ I put no trust in my bow,
   my sword does not bring me victory;
⁷ but you give us victory over our enemies,
   you put our adversaries to shame.
⁸ In God we make our boast all day long,
   and we will praise your name forever.*ʷ*

⁹ But now you have rejected and humbled us;
   you no longer go out with our armies.
¹⁰ You made us retreat before the enemy,
   and our adversaries have plundered us.
¹¹ You gave us up to be devoured like sheep
   and have scattered us among the nations.
¹² You sold your people for a pittance,
   gaining nothing from their sale.

¹³ You have made us a reproach to our neighbors,
   the scorn and derision of those around us.
¹⁴ You have made us a byword among the
     nations;
   the peoples shake their heads at us.
¹⁵ I live in disgrace all day long,
   and my face is covered with shame
¹⁶ at the taunts of those who reproach and revile
     me,
   because of the enemy, who is bent on
     revenge.

¹⁷ All this came upon us,
   though we had not forgotten you;
   we had not been false to your covenant.
¹⁸ Our hearts had not turned back;
   our feet had not strayed from your path.
¹⁹ But you crushed us and made us a haunt for
     jackals;
   you covered us over with deep darkness.

ᵗ In Hebrew texts 44:1-26 is numbered 44:2-27.   *ᵘ* Title: Probably a literary or musical term   *ᵛ* **4** Septuagint, Aquila and Syriac; Hebrew *King, O God; / command*   *ʷ* **8** The Hebrew has *Selah* (a word of uncertain meaning) here.

²⁰ Si hubiéramos olvidado el nombre de nuestro
Dios,
o tendido nuestras manos a un dios extraño,
²¹ ¿acaso Dios no lo habría descubierto,
ya que él conoce los más íntimos secretos?
²² Por tu causa, siempre nos llevan a la muerte;
¡nos tratan como a ovejas para el matadero!

²³ ¡Despierta, Señor! ¿Por qué duermes?
¡Levántate! No nos rechaces para siempre.
²⁴ ¿Por qué escondes tu rostro
y te olvidas de nuestro sufrimiento y
opresión?
²⁵ Estamos abatidos hasta el polvo;
nuestro cuerpo se arrastra por el suelo.
²⁶ Levántate, ven a ayudarnos,
y por tu gran amor, ¡rescátanos!

SALMO 45

*Al director musical. Sígase la tonada de «Los
lirios». *Masquil de los hijos de Coré. Canto
nupcial.*

¹ En mi *corazón se agita un bello tema
mientras recito mis versos ante el rey;
mi lengua es como pluma de hábil escritor.

² Tú eres el más apuesto de los hombres;
tus labios son fuente de elocuencia,
ya que Dios te ha bendecido para siempre.

³ ¡Con esplendor y majestad,
cíñete la espada, oh valiente!
⁴ Con majestad, cabalga victorioso
en nombre de la verdad, la humildad y la
justicia;
que tu diestra realice gloriosas hazañas.
⁵ Que tus agudas flechas atraviesen
el corazón de los enemigos del rey,
y que caigan las naciones a tus pies.

⁶ Tu trono, oh Dios, permanece para siempre;
el cetro de tu reino es un cetro de justicia.
⁷ Tú amas la justicia y odias la maldad;
por eso Dios te escogió a ti y no a tus
compañeros,
¡tu Dios te ungió con perfume de alegría!

⁸ Aroma de mirra, áloe y canela
exhalan todas tus vestiduras;
desde los palacios adornados con marfil
te alegra la música de cuerdas.
⁹ Entre tus damas de honor se cuentan
princesas;
a tu derecha se halla la novia real
luciendo el oro más fino.^p

¹⁰ Escucha, hija, fíjate bien y presta atención:
Olvídate de tu pueblo y de tu familia.
¹¹ El rey está cautivado por tu hermosura;
él es tu señor: inclínate ante él.

PSALM 45^x

*For the director of music. To the tune of "Lilies." Of the
Sons of Korah. A maskil.^y A wedding song.*

¹ My heart is stirred by a noble theme
as I recite my verses for the king;
my tongue is the pen of a skillful writer.

² You are the most excellent of men
and your lips have been anointed with
grace,
since God has blessed you forever.

³ Gird your sword on your side, you mighty one;
clothe yourself with splendor and majesty.
⁴ In your majesty ride forth victoriously
in the cause of truth, humility and justice;
let your right hand achieve awesome deeds.
⁵ Let your sharp arrows pierce the hearts of the
king's enemies;
let the nations fall beneath your feet.
⁶ Your throne, O God,^z will last for ever and
ever;
a scepter of justice will be the scepter of
your kingdom.
⁷ You love righteousness and hate wickedness;
therefore God, your God, has set you above
your companions
by anointing you with the oil of joy.
⁸ All your robes are fragrant with myrrh and
aloes and cassia;
from palaces adorned with ivory
the music of the strings makes you glad.
⁹ Daughters of kings are among your honored
women;
at your right hand is the royal bride in gold
of Ophir.

¹⁰ Listen, daughter, and pay careful attention:
Forget your people and your father's house.
¹¹ Let the king be enthralled by your beauty;
honor him, for he is your lord.

---

^p 45:9 *oro más fino.* Lit. *oro de Ofir.*

^x In Hebrew texts 45:1-17 is numbered 45:2-18.   ^y Title:
Probably a literary or musical term   ^z 6 Here the king is
addressed as God's representative.

¹² La gente de Tiro vendrá con presentes;
los ricos del pueblo buscarán tu favor.

¹³ La princesa es todo esplendor,
luciendo en su alcoba brocados de oro.
¹⁴ Vestida de finos bordados
es conducida ante el rey,
seguida por sus damas de compañía.
¹⁵ Con alegría y regocijo son conducidas
al interior del palacio real.

¹⁶ Tus hijos ocuparán el trono de tus ancestros;
los pondrás por príncipes en toda la tierra.
¹⁷ Haré que tu *nombre se recuerde
por todas las generaciones;
por eso las naciones te alabarán
eternamente y para siempre.

SALMO 46

Al director musical. De los hijos de Coré.
*Canción según *alamot.*

¹ Dios es nuestro amparo y nuestra fortaleza,
nuestra ayuda segura en momentos de
angustia.
² Por eso, no temeremos
aunque se desmorone la tierra
y las montañas se hundan en el fondo del
mar;
³ aunque rujan y se encrespen sus aguas,
y ante su furia retiemblen los montes.
                                          Selah

⁴ Hay un río cuyas corrientes alegran la ciudad
de Dios,
la santa habitación del *Altísimo.
⁵ Dios está en ella, la ciudad no caerá;
al rayar el alba Dios le brindará su ayuda.
⁶ Se agitan las naciones, se tambalean los reinos;
Dios deja oír su voz, y la tierra se derrumba.

⁷ El SEÑOR *Todopoderoso está con nosotros;
nuestro refugio es el Dios de Jacob.
                                          Selah

⁸ Vengan y vean los portentos del SEÑOR;
él ha traído desolación sobre la tierra.
⁹ Ha puesto fin a las guerras
en todos los confines de la tierra;
ha quebrado los arcos, ha destrozado las
lanzas,
ha arrojado los carros al fuego.
¹⁰ «Quédense quietos, reconozcan que yo soy
Dios.
¡Yo seré exaltado entre las naciones!
¡Yo seré enaltecido en la tierra!»

¹¹ El SEÑOR Todopoderoso está con nosotros;
nuestro refugio es el Dios de Jacob.
                                          Selah

¹² The city of Tyre will come with a gift,[a]
people of wealth will seek your favor.
¹³ All glorious is the princess within her
chamber;
her gown is interwoven with gold.
¹⁴ In embroidered garments she is led to the king;
her virgin companions follow her —
those brought to be with her.
¹⁵ Led in with joy and gladness,
they enter the palace of the king.

¹⁶ Your sons will take the place of your fathers;
you will make them princes throughout the
land.

¹⁷ I will perpetuate your memory through all
generations;
therefore the nations will praise you for ever
and ever.

PSALM 46[b]

For the director of music. Of the Sons of Korah.
According to alamoth.[c] A song.

¹ God is our refuge and strength,
an ever-present help in trouble.
² Therefore we will not fear, though the earth
give way
and the mountains fall into the heart of the
sea,
³ though its waters roar and foam
and the mountains quake with their
surging.[d]

⁴ There is a river whose streams make glad the
city of God,
the holy place where the Most High dwells.
⁵ God is within her, she will not fall;
God will help her at break of day.
⁶ Nations are in uproar, kingdoms fall;
he lifts his voice, the earth melts.

⁷ The LORD Almighty is with us;
the God of Jacob is our fortress.

⁸ Come and see what the LORD has done,
the desolations he has brought on the earth.
⁹ He makes wars cease
to the ends of the earth.
He breaks the bow and shatters the spear;
he burns the shields[e] with fire.
¹⁰ He says, "Be still, and know that I am God;
I will be exalted among the nations,
I will be exalted in the earth."

¹¹ The LORD Almighty is with us;
the God of Jacob is our fortress.

---

[a] 12 Or *A Tyrian robe is among the gifts*   [b] In Hebrew texts 46:1-11 is numbered 46:2-12.   [c] Title: Probably a musical term
[d] 3 The Hebrew has *Selah* (a word of uncertain meaning) here and at the end of verses 7 and 11.   [e] 9 Or *chariots*

SALMO 47

Al director musical. Salmo de los hijos de Coré.

[1] Aplaudan, pueblos todos;
   aclamen a Dios con gritos de alegría.
[2] ¡Cuán imponente es el Señor *Altísimo,
   el gran rey de toda la tierra!
[3] Sometió a nuestro dominio las naciones;
   puso a los pueblos bajo nuestros pies;
[4] escogió para nosotros una heredad
   que es el orgullo de Jacob, a quien amó.
                            Selah

[5] Dios el Señor ha ascendido
   entre gritos de alegría y toques de trompeta.
[6] Canten salmos a Dios, cántenle salmos;
   canten, cántenle salmos a nuestro rey.

[7] Dios es el rey de toda la tierra;
   por eso, cántenle un salmo solemne.[q]
[8] Dios reina sobre las naciones;
   Dios está sentado en su santo trono.
[9] Los nobles de los pueblos se reúnen
   con el pueblo del Dios de Abraham,
[10] pues de Dios son los imperios de la tierra.
   ¡Él es grandemente enaltecido!

SALMO 48

Canción. Salmo de los hijos de Coré.

[1] Grande es el Señor, y digno de suprema
     alabanza
   en la ciudad de nuestro Dios.
   Su monte santo 2 bella colina,
   es la alegría de toda la tierra.
   El monte *Sión, en la parte norte,
   es la ciudad del gran Rey.
[3] En las fortificaciones de Sión
   Dios se ha dado a conocer como refugio
     seguro.

[4] Hubo reyes que unieron sus fuerzas
   y que juntos avanzaron contra la ciudad;
[5] pero al verla quedaron pasmados,
   y asustados emprendieron la retirada.
[6] Allí el miedo se apoderó de ellos,
   y un dolor de parturienta les sobrevino.
[7] ¡Con un viento huracanado
   destruiste las naves de Tarsis!

[8] Tal como lo habíamos oído,
   ahora lo hemos visto
   en la ciudad del Señor *Todopoderoso,
   en la ciudad de nuestro Dios:
   ¡Él la hará permanecer para siempre!
                            Selah

[9] Dentro de tu templo, oh Dios,
   meditamos en tu gran amor.

PSALM 47[f]

For the director of music. Of the Sons of Korah.
A psalm.

[1] Clap your hands, all you nations;
   shout to God with cries of joy.

[2] For the Lord Most High is awesome,
   the great King over all the earth.
[3] He subdued nations under us,
   peoples under our feet.
[4] He chose our inheritance for us,
   the pride of Jacob, whom he loved.[g]

[5] God has ascended amid shouts of joy,
   the Lord amid the sounding of trumpets.
[6] Sing praises to God, sing praises;
   sing praises to our King, sing praises.
[7] For God is the King of all the earth;
   sing to him a psalm of praise.

[8] God reigns over the nations;
   God is seated on his holy throne.
[9] The nobles of the nations assemble
   as the people of the God of Abraham,
   for the kings[h] of the earth belong to God;
   he is greatly exalted.

PSALM 48[i]

A song. A psalm of the Sons of Korah.

[1] Great is the Lord, and most worthy of praise,
   in the city of our God, his holy mountain.

[2] Beautiful in its loftiness,
   the joy of the whole earth,
   like the heights of Zaphon[j] is Mount Zion,
   the city of the Great King.
[3] God is in her citadels;
   he has shown himself to be her fortress.

[4] When the kings joined forces,
   when they advanced together,
[5] they saw her and were astounded;
   they fled in terror.
[6] Trembling seized them there,
   pain like that of a woman in labor.
[7] You destroyed them like ships of Tarshish
   shattered by an east wind.

[8] As we have heard,
   so we have seen
   in the city of the Lord Almighty,
   in the city of our God:
   God makes her secure
     forever.[g]

[9] Within your temple, O God,
   we meditate on your unfailing love.

---

[q] 47:7 *un salmo solemne.* Lit. *un *masquil.*

[f] In Hebrew texts 47:1-9 is numbered 47:2-10.   [g] 4,8 The Hebrew has *Selah* (a word of uncertain meaning) here.
[h] 9 Or *shields*   [i] In Hebrew texts 48:1-14 is numbered 48:2-15.
[j] 2 *Zaphon* was the most sacred mountain of the Canaanites.

¹⁰ Tu alabanza, oh Dios, como tu *nombre,
llega a los confines de la tierra;
tu derecha está llena de *justicia.
¹¹ Por causa de tus justas decisiones
el monte Sión se alegra
y las aldeas de Judá se regocijan.

¹² Caminen alrededor de Sión,
caminen en torno suyo
y cuenten sus torres.
¹³ Observen bien sus murallas
y examinen sus fortificaciones,
para que se lo cuenten a las generaciones
futuras.
¹⁴ ¡Este Dios es nuestro Dios eterno!
¡Él nos guiará para siempre!ʳ

SALMO 49

Al director musical. Salmo de los hijos de Coré.

¹ Oigan esto, pueblos todos;
escuchen, habitantes todos del mundo,
² tanto débiles como poderosos,
lo mismo los ricos que los pobres.
³ Mi boca hablará con sabiduría;
mi *corazón se expresará con inteligencia.
⁴ Inclinaré mi oído a los *proverbios;
propondré mi enigma al son del arpa.

⁵ ¿Por qué he de temer en tiempos de desgracia,
cuando me rodeen inicuos detractores?
⁶ ¿Temeré a los que confían en sus riquezas
y se jactan de sus muchas posesiones?
⁷ Nadie puede salvar a nadie,
ni pagarle a Dios rescate por la vida.
⁸ Tal rescate es muy costoso;
ningún pago es suficiente.
⁹ Nadie vive para siempre
sin llegar a ver la fosa.
¹⁰ Nadie puede negar que todos mueren,
que sabios e insensatos perecen por igual,
y que sus riquezas se quedan para otros.
¹¹ Aunque tuvieron tierras a su nombre,
sus tumbas seránˢ su hogar eterno,
su morada por todas las generaciones.

¹² A pesar de sus riquezas, no perduran los
*mortales;
al igual que las bestias, perecen.

¹³ Tal es el destino de los que confían en sí
mismos;
el final deᵗ los que se envanecen.
*Selah
¹⁴ Como ovejas, están destinados al *sepulcro;
hacia allá los conduce la muerte.

¹⁰ Like your name, O God,
your praise reaches to the ends of the earth;
your right hand is filled with righteousness.
¹¹ Mount Zion rejoices,
the villages of Judah are glad
because of your judgments.

¹² Walk about Zion, go around her,
count her towers,
¹³ consider well her ramparts,
view her citadels,
that you may tell of them
to the next generation.

¹⁴ For this God is our God for ever and ever;
he will be our guide even to the end.

PSALM 49ᵏ

*For the director of music. Of the Sons of Korah.
A psalm.*

¹ Hear this, all you peoples;
listen, all who live in this world,
² both low and high,
rich and poor alike:
³ My mouth will speak words of wisdom;
the meditation of my heart will give you
understanding.
⁴ I will turn my ear to a proverb;
with the harp I will expound my riddle:

⁵ Why should I fear when evil days come,
when wicked deceivers surround me—
⁶ those who trust in their wealth
and boast of their great riches?
⁷ No one can redeem the life of another
or give to God a ransom for them—
⁸ the ransom for a life is costly,
no payment is ever enough—
⁹ so that they should live on forever
and not see decay.
¹⁰ For all can see that the wise die,
that the foolish and the senseless also
perish,
leaving their wealth to others.
¹¹ Their tombs will remain their housesˡ forever,
their dwellings for endless generations,
though they hadᵐ named lands after
themselves.

¹² People, despite their wealth, do not endure;
they are like the beasts that perish.

¹³ This is the fate of those who trust in
themselves,
and of their followers, who approve their
sayings.ⁿ
¹⁴ They are like sheep and are destined to die;
death will be their shepherd

ʳ **48:14** *para siempre* (LXX); *sobre muerte* (TM).
ˢ **49:11** *sus tumbas serán* (LXX y Siríaca); *su interior será* (TM).
ᵗ **49:13** *el final de* (Targum); *tras ellos* (TM).

ᵏ In Hebrew texts 49:1-20 is numbered 49:2-21.   ˡ *11* Septuagint
and Syriac; Hebrew *In their thoughts their houses will remain*
ᵐ *11* Or *generations, / for they have*   ⁿ *13* The Hebrew has *Selah*
(a word of uncertain meaning) here and at the end of verse 15.

Sus cuerpos se pudrirán en el *sepulcro,
    lejos de sus mansiones suntuosas.
    Por la mañana los gobernarán los justos.
¹⁵ Pero Dios me rescatará de las garras del
    sepulcro
    y con él me llevará.

Selah

¹⁶ No te asombre ver que alguien se enriquezca
    y aumente el esplendor de su casa,
¹⁷ porque al morir no se llevará nada,
    ni con él descenderá su esplendor.
¹⁸ Aunque en vida se considere dichoso,
    y la gente lo elogie por sus logros,
¹⁹ irá a reunirse con sus ancestros,
    sin que vuelva jamás a ver la luz.

²⁰ A pesar de sus riquezas, no perduran*u* los
    mortales;
    al igual que las bestias, perecen.

SALMO 50

Salmo de Asaf.

¹ Habla el SEÑOR, el Dios de dioses:
    convoca a la tierra de oriente a occidente.
² Dios resplandece desde *Sión,
    la ciudad bella y perfecta.
³ Nuestro Dios viene, pero no en silencio;
    lo precede un fuego que todo lo destruye,
    y en torno suyo ruge la tormenta.
⁴ El SEÑOR convoca a los cielos y a la tierra,
    para que presencien el juicio de su pueblo:
⁵ «Reúnanme a los consagrados,
    a los que pactaron conmigo mediante un
    sacrificio.»
⁶ El cielo proclama la *justicia divina:
    ¡Dios mismo es el juez!

Selah

⁷ «Escucha, pueblo mío, que voy a hablar;
    Israel, voy a testificar contra ti:
    ¡Yo soy tu Dios, el único Dios!
⁸ No te reprendo por tus sacrificios
    ni por tus *holocaustos, que siempre me
    ofreces.
⁹ No necesito becerros de tu establo
    ni machos cabríos de tus apriscos,
¹⁰ pues míos son los animales del bosque,
    y mío también el ganado de los cerros.
¹¹ Conozco a las aves de las alturas;
    todas las bestias del campo son mías.
¹² Si yo tuviera hambre, no te lo diría,
    pues mío es el mundo, y todo lo que
    contiene.
¹³ ¿Acaso me alimento con carne de toros,
    o con sangre de machos cabríos?

(but the upright will prevail over them in
    the morning).
    Their forms will decay in the grave,
    far from their princely mansions.
¹⁵ But God will redeem me from the realm of the
    dead;
    he will surely take me to himself.
¹⁶ Do not be overawed when others grow rich,
    when the splendor of their houses increases;
¹⁷ for they will take nothing with them when they
    die,
    their splendor will not descend with them.
¹⁸ Though while they live they count themselves
    blessed—
    and people praise you when you prosper—
¹⁹ they will join those who have gone before
    them,
    who will never again see the light of life.

²⁰ People who have wealth but lack
    understanding
    are like the beasts that perish.

PSALM 50

A psalm of Asaph.

¹ The Mighty One, God, the LORD,
    speaks and summons the earth
    from the rising of the sun to where it sets.
² From Zion, perfect in beauty,
    God shines forth.
³ Our God comes
    and will not be silent;
    a fire devours before him,
    and around him a tempest rages.
⁴ He summons the heavens above,
    and the earth, that he may judge his people:
⁵ "Gather to me this consecrated people,
    who made a covenant with me by sacrifice."
⁶ And the heavens proclaim his righteousness,
    for he is a God of justice.*o,p*

⁷ "Listen, my people, and I will speak;
    I will testify against you, Israel:
    I am God, your God.
⁸ I bring no charges against you concerning your
    sacrifices
    or concerning your burnt offerings, which
    are ever before me.
⁹ I have no need of a bull from your stall
    or of goats from your pens,
¹⁰ for every animal of the forest is mine,
    and the cattle on a thousand hills.
¹¹ I know every bird in the mountains,
    and the insects in the fields are mine.
¹² If I were hungry I would not tell you,
    for the world is mine, and all that is in it.
¹³ Do I eat the flesh of bulls
    or drink the blood of goats?

---

u 49:20 *no perduran* (algunos mss.; véase v. 12); *no entienden*
(TM).

o 6 With a different word division of the Hebrew; Masoretic Text
for God himself is judge   *p* 6 The Hebrew has *Selah* (a word of
uncertain meaning) here.

¹⁴ ¡Ofrece a Dios tu gratitud,
  cumple tus promesas al *Altísimo!
¹⁵ Invócame en el día de la angustia;
  yo te libraré y tú me honrarás.»

¹⁶ Pero Dios le dice al malvado:
  «¿Qué derecho tienes tú de recitar mis *leyes
    o de mencionar mi *pacto con tus labios?
¹⁷ Mi *instrucción, la aborreces;
  mis palabras, las desechas.
¹⁸ Ves a un ladrón, y lo acompañas;
  con los adúlteros te identificas.
¹⁹ Para lo malo, das rienda suelta a tu boca;
  tu lengua está siempre dispuesta al engaño.
²⁰ Tienes por costumbre hablar contra tu
      prójimo,
  y aun calumnias a tu propio hermano.
²¹ Has hecho todo esto, y he guardado silencio;
  ¿acaso piensas que soy como tú?
  Pero ahora voy a reprenderte;
  cara a cara voy a denunciarte.

²² »Ustedes que se olvidan de Dios,
    consideren lo que he dicho;
  de lo contrario, los haré pedazos,
    y no habrá nadie que los salve.
²³ Quien me ofrece su gratitud, me honra;
  al que enmiende su conducta le mostraré mi
      *salvación.»

SALMO 51

*Al director musical. Salmo de David, cuando
el profeta Natán fue a verlo por haber cometido
David adulterio con Betsabé.*

¹ Ten compasión de mí, oh Dios,
  conforme a tu gran amor;
  conforme a tu inmensa bondad,
  borra mis transgresiones.
² Lávame de toda mi maldad
  y límpiame de mi pecado.

³ Yo reconozco mis transgresiones;
  siempre tengo presente mi pecado.
⁴ Contra ti he pecado, sólo contra ti,
  y he hecho lo que es malo ante tus ojos;
  por eso, tu sentencia es justa,
  y tu juicio, irreprochable.
⁵ Yo sé que soy malo de nacimiento;
  pecador me concibió mi madre.
⁶ Yo sé que tú amas la verdad en lo íntimo;
  en lo secreto me has enseñado sabiduría.

⁷ Purifícame con *hisopo, y quedaré limpio;
  lávame, y quedaré más blanco que la nieve.
⁸ Anúnciame gozo y alegría;
  infunde gozo en estos huesos que has
      quebrantado.
⁹ Aparta tu rostro de mis pecados
  y borra toda mi maldad.

¹⁴ "Sacrifice thank offerings to God,
  fulfill your vows to the Most High,
¹⁵ and call on me in the day of trouble;
  I will deliver you, and you will honor me."

¹⁶ But to the wicked person, God says:

"What right have you to recite my laws
  or take my covenant on your lips?
¹⁷ You hate my instruction
  and cast my words behind you.
¹⁸ When you see a thief, you join with him;
  you throw in your lot with adulterers.
¹⁹ You use your mouth for evil
  and harness your tongue to deceit.
²⁰ You sit and testify against your brother
  and slander your own mother's son.
²¹ When you did these things and I kept silent,
  you thought I was exactly*q* like you.
  But I now arraign you
  and set my accusations before you.

²² "Consider this, you who forget God,
  or I will tear you to pieces, with no one to
      rescue you:
²³ Those who sacrifice thank offerings honor me,
  and to the blameless*r* I will show my
      salvation."

PSALM 51*s*

*For the director of music. A psalm of David. When
the prophet Nathan came to him after David had
committed adultery with Bathsheba.*

¹ Have mercy on me, O God,
  according to your unfailing love;
  according to your great compassion
  blot out my transgressions.
² Wash away all my iniquity
  and cleanse me from my sin.

³ For I know my transgressions,
  and my sin is always before me.
⁴ Against you, you only, have I sinned
  and done what is evil in your sight;
  so you are right in your verdict
  and justified when you judge.
⁵ Surely I was sinful at birth,
  sinful from the time my mother conceived
      me.
⁶ Yet you desired faithfulness even in the womb;
  you taught me wisdom in that secret place.

⁷ Cleanse me with hyssop, and I will be clean;
  wash me, and I will be whiter than snow.
⁸ Let me hear joy and gladness;
  let the bones you have crushed rejoice.
⁹ Hide your face from my sins
  and blot out all my iniquity.

---

q 21 Or *thought the 'I ᴀᴍ' was*   *r 23* Probable reading of the
original Hebrew text; the meaning of the Masoretic Text for this
phrase is uncertain.   *s* In Hebrew texts 51:1-19 is numbered
51:3-21.

¹⁰ Crea en mí, oh Dios, un *corazón limpio,
    y renueva la firmeza de mi espíritu.
¹¹ No me alejes de tu presencia
    ni me quites tu santo Espíritu.
¹² Devuélveme la alegría de tu *salvación;
    que un espíritu obediente me sostenga.
¹³ Así enseñaré a los transgresores tus *caminos,
    y los pecadores se volverán a ti.

¹⁴ Dios mío, Dios de mi salvación,
    líbrame de derramar sangre,
    y mi lengua alabará tu *justicia.
¹⁵ Abre, *Señor, mis labios,
    y mi boca proclamará tu alabanza.
¹⁶ Tú no te deleitas en los sacrificios
    ni te complacen los *holocaustos;
    de lo contrario, te los ofrecería.
¹⁷ El sacrificio que te agrada
    es un espíritu quebrantado;
    tú, oh Dios, no desprecias
    al corazón quebrantado y arrepentido.

¹⁸ En tu buena voluntad, haz que prospere *Sión;
    levanta los muros de Jerusalén.
¹⁹ Entonces te agradarán los sacrificios de
      justicia,
    los holocaustos del todo quemados,
    y sobre tu altar se ofrecerán becerros.

SALMO 52

*Al director musical. *Masquil de David,*
cuando Doeg el edomita fue a informarle a Saúl:
«David ha ido a la casa de Ajimélec.»

¹ ¿Por qué te jactas de tu maldad, varón
     prepotente?
    ¡El amor de Dios es constante!
² Tu lengua, como navaja afilada,
    trama destrucción y practica el engaño.
³ Más que el bien, amas la maldad;
    más que la verdad, amas la mentira.
                     *Selah

⁴ Lengua embustera,
    te encanta ofender con tus palabras.
⁵ Pero Dios te arruinará para siempre;
    te tomará y te arrojará de tu hogar;
    ¡te arrancará del mundo de los vivientes!
                     Selah

⁶ Los justos verán esto, y temerán;
    entre burlas dirán de él:
⁷ «¡Aquí tienen al hombre
    que no buscó refugio en Dios,
    sino que confió en su gran riqueza
    y se afirmó en su maldad!»

¹⁰ Create in me a pure heart, O God,
    and renew a steadfast spirit within me.
¹¹ Do not cast me from your presence
    or take your Holy Spirit from me.
¹² Restore to me the joy of your salvation
    and grant me a willing spirit, to sustain me.
¹³ Then I will teach transgressors your ways,
    so that sinners will turn back to you.
¹⁴ Deliver me from the guilt of bloodshed,
     O God,
    you who are God my Savior,
    and my tongue will sing of your
     righteousness.
¹⁵ Open my lips, Lord,
    and my mouth will declare your praise.
¹⁶ You do not delight in sacrifice, or I would
     bring it;
    you do not take pleasure in burnt offerings.
¹⁷ My sacrifice, O God, isᵗ a broken spirit;
    a broken and contrite heart
    you, God, will not despise.

¹⁸ May it please you to prosper Zion,
    to build up the walls of Jerusalem.
¹⁹ Then you will delight in the sacrifices of the
     righteous,
    in burnt offerings offered whole;
    then bulls will be offered on your altar.

PSALM 52ᵘ

For the director of music. A maskilᵛ of David. When
Doeg the Edomite had gone to Saul and told him:
"David has gone to the house of Ahimelek."

¹ Why do you boast of evil, you mighty hero?
    Why do you boast all day long,
    you who are a disgrace in the eyes of God?
² You who practice deceit,
    your tongue plots destruction;
    it is like a sharpened razor.
³ You love evil rather than good,
    falsehood rather than speaking the truth.ʷ
⁴ You love every harmful word,
    you deceitful tongue!

⁵ Surely God will bring you down to everlasting
     ruin:
    He will snatch you up and pluck you from
     your tent;
    he will uproot you from the land of the
     living.
⁶ The righteous will see and fear;
    they will laugh at you, saying,
⁷ "Here now is the man
    who did not make God his stronghold
    but trusted in his great wealth
    and grew strong by destroying others!"

ᵗ 17 Or *The sacrifices of God are*   ᵘ In Hebrew texts 52:1-9 is
numbered 52:3-11.   ᵛ Title: Probably a literary or musical term
ʷ 3 The Hebrew has *Selah* (a word of uncertain meaning) here and
at the end of verse 5.

8 Pero yo soy como un olivo verde
   que florece en la casa de Dios;
yo confío en el gran amor de Dios
   eternamente y para siempre.

9 En todo tiempo te alabaré por tus obras;
   en ti pondré mi esperanza en presencia de
      tus fieles,
   porque tu *nombre es bueno.

SALMO 53

*Al director musical. Según *majalat. *Masquil
de David.*

1 Dice el *necio en su *corazón:
   «No hay Dios.»
Están corrompidos, sus obras son detestables;
   ¡no hay uno solo que haga lo bueno!

2 Desde el cielo Dios contempla a los *mortales,
   para ver si hay alguien
   que sea sensato y busque a Dios.
3 Pero todos se han descarriado,
   a una se han corrompido.
No hay nadie que haga lo bueno;
   ¡no hay uno solo!

4 ¿Acaso no entienden todos los que hacen lo
      malo,
   los que devoran a mi pueblo como si fuera
      pan?
   ¡Jamás invocan a Dios!
5 Allí los tienen, sobrecogidos de miedo,
   cuando no hay nada que temer.
Dios dispersó los huesos de quienes te
      atacaban;
   tú los avergonzaste, porque Dios los
      rechazó.
6 ¡Quiera Dios que de *Sión
   venga la *salvación para Israel!
Cuando Dios restaure a su pueblo,ᵛ
   se regocijará Jacob; se alegrará todo Israel.

SALMO 54

*Al director musical. Acompáñese con
instrumentos de cuerda. *Masquil de David,
cuando gente de Zif fue a decirle a Saúl: «¿No
estará David escondido entre nosotros?»*

1 Sálvame, oh Dios, por tu *nombre;
   defiéndeme con tu poder.
2 Escucha, oh Dios, mi oración;
   presta oído a las palabras de mi boca.
3 Pues *gente extraña me ataca;
   tratan de matarme los violentos,
   gente que no toma en cuenta a Dios.

                              *Selah

8 But I am like an olive tree
   flourishing in the house of God;
I trust in God's unfailing love
   for ever and ever.
9 For what you have done I will always praise
      you
   in the presence of your faithful people.
And I will hope in your name,
   for your name is good.

PSALM 53ˣ

For the director of music. According to mahalath.ʸ
A maskilᶻ of David.

1 The fool says in his heart,
   "There is no God."
They are corrupt, and their ways are vile;
   there is no one who does good.

2 God looks down from heaven
   on all mankind
to see if there are any who understand,
   any who seek God.
3 Everyone has turned away, all have become
      corrupt;
   there is no one who does good,
   not even one.

4 Do all these evildoers know nothing?

They devour my people as though eating
      bread;
   they never call on God.
5 But there they are, overwhelmed with dread,
   where there was nothing to dread.
God scattered the bones of those who attacked
      you;
   you put them to shame, for God despised
      them.

6 Oh, that salvation for Israel would come out of
      Zion!
   When God restores his people,
   let Jacob rejoice and Israel be glad!

PSALM 54ᵃ

*For the director of music. With stringed instruments.
A maskilᶻ of David. When the Ziphites had gone to Saul
and said, "Is not David hiding among us?"*

1 Save me, O God, by your name;
   vindicate me by your might.
2 Hear my prayer, O God;
   listen to the words of my mouth.

3 Arrogant foes are attacking me;
   ruthless people are trying to kill me —
   people without regard for God.ᵇ

ᵛ 53:6 *restaure a su pueblo.* Alt. *haga que su pueblo vuelva del cautiverio.*

ˣ In Hebrew texts 53:1-6 is numbered 53:2-7.   ʸ Title: Probably a musical term   ᶻ Title: Probably a literary or musical term   ᵃ In Hebrew texts 54:1-7 is numbered 54:3-9.   ᵇ 3 The Hebrew has *Selah* (a word of uncertain meaning) here.

[4] Pero Dios es mi socorro;
    el Señor es quien me sostiene,
[5] y hará recaer el mal sobre mis adversarios.
    Por tu fidelidad, SEÑOR, ¡destrúyelos!

[6] Te presentaré una ofrenda voluntaria
    y alabaré, SEÑOR, tu buen nombre;
[7] pues me has librado de todas mis angustias,
    y mis ojos han visto la derrota de mis
      enemigos.

SALMO 55

*Al director musical. Acompáñese con
instrumentos de cuerda. *Masquil de David.*

[1] Escucha, oh Dios, mi oración;
    no pases por alto mi súplica.
[2] ¡Óyeme y respóndeme,
    porque mis angustias me perturban!
Me aterra[n] 3 las amenazas del enemigo
    y la opresión de los impíos,
pues me causan sufrimiento
    y en su enojo me insultan.

[4] Se me estremece el *corazón dentro del pecho,
    y me invade un pánico mortal.
[5] Temblando estoy de miedo,
    sobrecogido estoy de terror.
[6] ¡Cómo quisiera tener las alas de una paloma
    y volar hasta encontrar reposo!
[7] Me iría muy lejos de aquí;
    me quedaría a vivir en el desierto.

                        *Selah

[8] Presuroso volaría a mi refugio,
    para librarme del viento borrascoso
    y de la tempestad.

[9] ¡Destrúyelos, Señor! ¡Confunde su lenguaje!
    En la ciudad sólo veo contiendas y violencia;
[10] día y noche rondan por sus muros,
    y dentro de ella hay intrigas y maldad.
[11] En su seno hay fuerzas destructivas;
    de sus calles no se apartan la opresión y el
      engaño.

[12] Si un enemigo me insultara,
    yo lo podría soportar;
si un adversario me humillara,
    de él me podría yo esconder.
[13] Pero lo has hecho tú, un *hombre como yo,
    mi compañero, mi mejor amigo,
[14] a quien unía una bella amistad,
    con quien convivía en la casa de Dios.

[15] ¡Que sorprenda la muerte a mis enemigos!
    ¡Que caigan vivos al *sepulcro,
    pues en ellos habita la maldad!

[16] Pero yo clamaré a Dios,
    y el SEÑOR me salvará.

[4] Surely God is my help;
    the Lord is the one who sustains me.

[5] Let evil recoil on those who slander me;
    in your faithfulness destroy them.

[6] I will sacrifice a freewill offering to you;
    I will praise your name, LORD, for it is good.

[7] You have delivered me from all my troubles,
    and my eyes have looked in triumph on my
      foes.

PSALM 55[c]

*For the director of music. With stringed instruments.
A maskil[d] of David.*

[1] Listen to my prayer, O God,
    do not ignore my plea;
[2]   hear me and answer me.
My thoughts trouble me and I am distraught
[3]   because of what my enemy is saying,
    because of the threats of the wicked;
for they bring down suffering on me
    and assail me in their anger.

[4] My heart is in anguish within me;
    the terrors of death have fallen on me.
[5] Fear and trembling have beset me;
    horror has overwhelmed me.
[6] I said, "Oh, that I had the wings of a dove!
    I would fly away and be at rest.
[7] I would flee far away
    and stay in the desert;[e]
[8] I would hurry to my place of shelter,
    far from the tempest and storm."

[9] Lord, confuse the wicked, confound their
          words,
    for I see violence and strife in the city.
[10] Day and night they prowl about on its walls;
    malice and abuse are within it.
[11] Destructive forces are at work in the city;
    threats and lies never leave its streets.

[12] If an enemy were insulting me,
    I could endure it;
if a foe were rising against me,
    I could hide.
[13] But it is you, a man like myself,
    my companion, my close friend,
[14] with whom I once enjoyed sweet fellowship
    at the house of God,
as we walked about
    among the worshipers.

[15] Let death take my enemies by surprise;
    let them go down alive to the realm of the
      dead,
    for evil finds lodging among them.

[16] As for me, I call to God,
    and the LORD saves me.

---

[c] In Hebrew texts 55:1-23 is numbered 55:2-24.   [d] Title:
Probably a literary or musical term   [e] 7 The Hebrew has *Selah*
(a word of uncertain meaning) here and in the middle of verse 19.

¹⁷ Mañana, tarde y noche
　　clamo angustiado, y él me escucha.
¹⁸ Aunque son muchos los que me combaten,
　　él me rescata, me salva la vida
　　en la batalla que se libra contra mí.
¹⁹ ¡Dios, que reina para siempre,
　　habrá de oírme y los afligirá!

　　　　　　　　　　　　　　　　　Selah

　　Esa *gente no cambia de conducta,
　　no tiene temor de Dios.
²⁰ Levantan la mano contra sus amigos
　　y no cumplen sus compromisos.
²¹ Su boca es blanda como la manteca,
　　pero sus pensamientos son belicosos.
　　Sus palabras son más suaves que el aceite,
　　pero no son sino espadas desenvainadas.

²² Encomienda al SENOR tus afanes,
　　y él te sostendrá;
　　no permitirá que el justo caiga
　　y quede abatido para siempre.
²³ Tú, oh Dios, abatirás a los impíos
　　y los arrojarás en la fosa de la muerte;
　　la gente sanguinaria y mentirosa
　　no llegará ni a la mitad de su vida.
　　Yo, por mi parte, en ti confío.

SALMO 56

Al director musical. Sígase la tonada de «La
*tórtola en los robles lejanos». *Mictam de David,*
cuando los filisteos lo apresaron en Gat.

¹ Ten compasión de mí, oh Dios,
　　pues hay *gente que me persigue.
　　Todo el día me atacan mis opresores,
²　　todo el día me persiguen mis adversarios;
　　son muchos los arrogantes que me atacan.

³ Cuando siento miedo,
　　pongo en ti mi confianza.
⁴ Confío en Dios y alabo su palabra;
　　confío en Dios y no siento miedo.
　　¿Qué puede hacerme un simple *mortal?

⁵ Todo el día tuercen mis palabras;
　　siempre están pensando hacerme mal.
⁶ Conspiran, se mantienen al acecho;
　　ansiosos por quitarme la vida,
　　vigilan todo lo que hago.
⁷ ¡En tu enojo, Dios mío, humilla a esos pueblos!
　　¡De ningún modo los dejes escapar!

⁸ Toma en cuenta mis lamentos;
　　registra mi llanto en tu libro.^w
　　¿Acaso no lo tienes anotado?
⁹ Cuando yo te pida ayuda,
　　huirán mis enemigos.
　　Una cosa sé: ¡Dios está de mi parte!

¹⁷ Evening, morning and noon
　　I cry out in distress,
　　and he hears my voice.
¹⁸ He rescues me unharmed
　　from the battle waged against me,
　　even though many oppose me.
¹⁹ God, who is enthroned from of old,
　　who does not change—
　　he will hear them and humble them,
　　because they have no fear of God.

²⁰ My companion attacks his friends;
　　he violates his covenant.
²¹ His talk is smooth as butter,
　　yet war is in his heart;
　　his words are more soothing than oil,
　　yet they are drawn swords.

²² Cast your cares on the LORD
　　and he will sustain you;
　　he will never let
　　the righteous be shaken.
²³ But you, God, will bring down the wicked
　　into the pit of decay;
　　the bloodthirsty and deceitful
　　will not live out half their days.

　　But as for me, I trust in you.

PSALM 56^f

For the director of music. To the tune of "A Dove
on Distant Oaks." Of David. A miktam.^g When the
Philistines had seized him in Gath.

¹ Be merciful to me, my God,
　　for my enemies are in hot pursuit;
　　all day long they press their attack.
² My adversaries pursue me all day long;
　　in their pride many are attacking me.

³ When I am afraid, I put my trust in you.
⁴　　In God, whose word I praise—
　　in God I trust and am not afraid.
　　What can mere mortals do to me?

⁵ All day long they twist my words;
　　all their schemes are for my ruin.
⁶ They conspire, they lurk,
　　they watch my steps,
　　hoping to take my life.
⁷ Because of their wickedness do not^h let them
　　　escape;
　　in your anger, God, bring the nations down.

⁸ Record my misery;
　　list my tears on your scrollⁱ—
　　are they not in your record?
⁹ Then my enemies will turn back
　　when I call for help.
　　By this I will know that God is for me.

---

^f In Hebrew texts 56:1-13 is numbered 56:2-14.　　^g Title: Probably
a literary or musical term　　^h 7　Probable reading of the original
Hebrew text; Masoretic Text does not have *do not*.
ⁱ 8　Or *misery; / put my tears in your wineskin*

^w 56:8 *registra mi llanto en tu libro.* Lit. *pon mis lágrimas en tu*
frasco.

¹⁰ Confío en Dios y alabo su palabra;
    confío en el Señor y alabo su palabra;
¹¹ confío en Dios y no siento miedo.
    ¿Qué puede hacerme un simple mortal?

¹² He hecho votos delante de ti, oh Dios,
    y te presentaré mis ofrendas de gratitud.
¹³ Tú, oh Dios, me has librado de tropiezos,
    me has librado de la muerte,
para que siempre, en tu presencia,
    camine en la luz de la vida.

SALMO 57

Al director musical. Sígase la tonada de «No destruyas». *Mictam de David, cuando David había huido de Saúl y estaba en una cueva.

¹ Ten compasión de mí, oh Dios;
    ten compasión de mí, que en ti confío.
A la sombra de tus alas me refugiaré,
    hasta que haya pasado el peligro.

² Clamo al Dios *Altísimo,
    al Dios que me brinda su apoyo.
³ Desde el cielo me tiende la mano y me salva;
    reprende a mis perseguidores.
               *Selah

¡Dios me envía su amor y su verdad!

⁴ Me encuentro en medio de leones,
    rodeado de *gente rapaz.
Sus dientes son lanzas y flechas;
    su lengua, una espada afilada.

⁵ Pero tú, oh Dios, estás sobre los cielos,
    ¡tu gloria cubre toda la tierra!

⁶ Tendieron una red en mi camino,
    y mi ánimo quedó por los suelos.
En mi senda cavaron una fosa,
    pero ellos mismos cayeron en ella.
               Selah

⁷ Firme está, oh Dios, mi *corazón;
    firme está mi corazón.
Voy a cantarte salmos.
⁸ ¡Despierta, *alma mía!
    ¡Despierten, arpa y lira!
    ¡Haré despertar al nuevo día!

⁹ Te alabaré, Señor, entre los pueblos,
    te cantaré salmos entre las naciones.
¹⁰ Pues tu amor es tan grande que llega a los cielos;
    ¡tu verdad llega hasta el firmamento!

¹¹ ¡Tú, oh Dios, estás sobre los cielos;
    tu gloria cubre toda la tierra!

---

¹⁰ In God, whose word I praise,
    in the Lord, whose word I praise —
¹¹ in God I trust and am not afraid.
    What can man do to me?

¹² I am under vows to you, my God;
    I will present my thank offerings to you.
¹³ For you have delivered me from death
    and my feet from stumbling,
that I may walk before God
    in the light of life.

PSALM 57[j]

For the director of music. To the tune of "Do Not Destroy." Of David. A miktam.[k] When he had fled from Saul into the cave.

¹ Have mercy on me, my God, have mercy on me,
    for in you I take refuge.
I will take refuge in the shadow of your wings
    until the disaster has passed.

² I cry out to God Most High,
    to God, who vindicates me.
³ He sends from heaven and saves me,
    rebuking those who hotly pursue me —[l]
God sends forth his love and his
    faithfulness.

⁴ I am in the midst of lions;
    I am forced to dwell among ravenous beasts —
men whose teeth are spears and arrows,
    whose tongues are sharp swords.

⁵ Be exalted, O God, above the heavens;
    let your glory be over all the earth.

⁶ They spread a net for my feet —
    I was bowed down in distress.
They dug a pit in my path —
    but they have fallen into it themselves.

⁷ My heart, O God, is steadfast,
    my heart is steadfast;
    I will sing and make music.
⁸ Awake, my soul!
    Awake, harp and lyre!
    I will awaken the dawn.

⁹ I will praise you, Lord, among the nations;
    I will sing of you among the peoples.
¹⁰ For great is your love, reaching to the heavens;
    your faithfulness reaches to the skies.

¹¹ Be exalted, O God, above the heavens;
    let your glory be over all the earth.

---

[j] In Hebrew texts 57:1-11 is numbered 57:2-12.   [k] Title: Probably a literary or musical term   [l] 3 The Hebrew has *Selah* (a word of uncertain meaning) here and at the end of verse 6.

SALMO 58

Al director musical. Sígase la tonada de «No destruyas». *Mictam de David.

¹ ¿Acaso ustedes, gobernantes, actúan con
*justicia,
y juzgan con rectitud a los *seres humanos?
² Al contrario, con la *mente traman injusticia,
y la violencia de sus manos se desata en el
país.
³ Los malvados se pervierten desde que nacen;
desde el vientre materno se desvían los
mentirosos.
⁴ Su veneno es como el de las serpientes,
como el de una cobra que se hace la sorda
⁵ para no escuchar la música del mago,
del diestro en encantamientos.

⁶ Rómpeles, oh Dios, los dientes;
¡arráncales, SEÑOR, los colmillos a esos
leones!
⁷ Que se escurran, como el agua entre los dedos;
que se rompan sus flechas al tensar el arco.
⁸ Que se disuelvan, como babosa rastrera;
que no vean la luz, cual si fueran abortivos.
⁹ Que sin darse cuenta, ardan como espinos;
que el viento los arrastre, estén verdes o
secos.

¹⁰ Se alegrará el justo al ver la venganza,
al empapar sus pies en la sangre del impío.
¹¹ Dirá entonces la *gente:
«Ciertamente los justos son recompensados;
ciertamente hay un Dios que juzga en la
tierra.»

SALMO 59

Al director musical. Sígase la tonada de «No destruyas». *Mictam de David, cuando Saúl había ordenado que vigilaran la casa de David con el propósito de matarlo.

¹ Líbrame de mis enemigos, oh Dios;
protégeme de los que me atacan.
² Líbrame de los malhechores;
sálvame de los asesinos.

³ ¡Mira cómo me acechan!
*Hombres crueles conspiran contra mí
sin que yo, SEÑOR, haya delinquido ni
pecado.
⁴ Presurosos se disponen a atacarme
sin que yo haya cometido mal alguno.

¡Levántate y ven en mi ayuda!
¡Mira mi condición!
⁵ Tú, SEÑOR, eres el Dios *Todopoderoso,
¡eres el Dios de Israel!

PSALM 58[m]

For the director of music. To the tune of "Do Not Destroy." Of David. A miktam.[n]

¹ Do you rulers indeed speak justly?
Do you judge people with equity?
² No, in your heart you devise injustice,
and your hands mete out violence on the
earth.

³ Even from birth the wicked go astray;
from the womb they are wayward, spreading
lies.
⁴ Their venom is like the venom of a snake,
like that of a cobra that has stopped its ears,
⁵ that will not heed the tune of the charmer,
however skillful the enchanter may be.

⁶ Break the teeth in their mouths, O God;
LORD, tear out the fangs of those lions!
⁷ Let them vanish like water that flows away;
when they draw the bow, let their arrows fall
short.
⁸ May they be like a slug that melts away as it
moves along,
like a stillborn child that never sees the sun.

⁹ Before your pots can feel the heat of the
thorns—
whether they be green or dry—the wicked
will be swept away.[o]
¹⁰ The righteous will be glad when they are
avenged,
when they dip their feet in the blood of the
wicked.
¹¹ Then people will say,
"Surely the righteous still are rewarded;
surely there is a God who judges the earth."

PSALM 59[p]

For the director of music. To the tune of "Do Not Destroy." Of David. A miktam.[n] When Saul had sent men to watch David's house in order to kill him.

¹ Deliver me from my enemies, O God;
be my fortress against those who are
attacking me.
² Deliver me from evildoers
and save me from those who are after my
blood.

³ See how they lie in wait for me!
Fierce men conspire against me
for no offense or sin of mine, LORD.
⁴ I have done no wrong, yet they are ready to
attack me.
Arise to help me; look on my plight!
⁵ You, LORD God Almighty,
you who are the God of Israel,

[m] In Hebrew texts 58:1-11 is numbered 58:2-12.   [n] Title: Probably a literary or musical term   [o] 9 The meaning of the Hebrew for this verse is uncertain.   [p] In Hebrew texts 59:1-17 is numbered 59:2-18.

¡Despiértate y castiga a todas las naciones;
    no tengas compasión de esos viles traidores!
                          *Selah

6 Ellos vuelven por la noche,
    gruñendo como perros
    y acechando alrededor de la ciudad.
7 Echan espuma por la boca,
    lanzan espadas por sus fauces,
    y dicen: «¿Quién va a oírnos?»
8 Pero tú, Señor, te burlas de ellos;
    te ríes de todas las naciones.
9 A ti, fortaleza mía, vuelvo los ojos,
    pues tú, oh Dios, eres mi protector.
10 Tú eres el Dios que me ama,
    e irás delante de mí
    para hacerme ver la derrota de mis
        enemigos.
11 Pero no los mates,
    para que mi pueblo no lo olvide.
    Zarandéalos con tu poder; ¡humíllalos!
    ¡Tú, Señor, eres nuestro escudo!
12 Por los pecados de su boca,
    por las palabras de sus labios,
    que caigan en la trampa de su orgullo.
    Por las maldiciones y mentiras que profieren,
13   consúmelos en tu enojo;
    ¡consúmelos hasta que dejen de existir!
    Así todos sabrán que Dios gobierna en Jacob,
    y hasta los confines de la tierra.
                         Selah

14 Porque ellos vuelven por la noche,
    gruñendo como perros
    y acechando alrededor de la ciudad.
15 Van de un lado a otro buscando comida,
    y aúllan si no quedan satisfechos.
16 Pero yo le cantaré a tu poder,
    y por la mañana alabaré tu amor;
    porque tú eres mi protector,
    mi refugio en momentos de angustia.

17 A ti, fortaleza mía, te cantaré salmos,
    pues tú, oh Dios, eres mi protector.
    ¡Tú eres el Dios que me ama!

Salmo 60

*Al director musical. Sígase la tonada de «El
lirio del pacto». *Mictam didáctico de David,
cuando luchó contra los arameos del noroeste de
Mesopotamia y de Siria central, y cuando Joab
volvió y abatió a doce mil edomitas en el valle de
la Sal.*

1 Oh Dios, tú nos has rechazado
    y has abierto brecha en nuestras filas;
    te has enojado con nosotros:
        ¡restáuranos ahora!
2 Has sacudido la tierra,
    la has resquebrajado;
    repara sus grietas,
        porque se desmorona.
3 Has sometido a tu pueblo a duras pruebas;

rouse yourself to punish all the nations;
    show no mercy to wicked traitors.^q

6 They return at evening,
    snarling like dogs,
    and prowl about the city.
7 See what they spew from their mouths—
    the words from their lips are sharp as
        swords,
    and they think, "Who can hear us?"
8 But you laugh at them, Lord;
    you scoff at all those nations.

9 You are my strength, I watch for you;
    you, God, are my fortress,
10   my God on whom I can rely.

    God will go before me
    and will let me gloat over those who slander
        me.
11 But do not kill them, Lord our shield,^r
    or my people will forget.
    In your might uproot them
    and bring them down.
12 For the sins of their mouths,
    for the words of their lips,
    let them be caught in their pride.
    For the curses and lies they utter,
13   consume them in your wrath,
    consume them till they are no more.
    Then it will be known to the ends of the earth
    that God rules over Jacob.

14 They return at evening,
    snarling like dogs,
    and prowl about the city.
15 They wander about for food
    and howl if not satisfied.
16 But I will sing of your strength,
    in the morning I will sing of your love;
    for you are my fortress,
    my refuge in times of trouble.

17 You are my strength, I sing praise to you;
    you, God, are my fortress,
    my God on whom I can rely.

Psalm 60^s

*For the director of music. To the tune of "The Lily of the
Covenant." A miktam^t of David. For teaching. When
he fought Aram Naharaim^u and Aram Zobah,^v and
when Joab returned and struck down twelve thousand
Edomites in the Valley of Salt.*

1 You have rejected us, God, and burst upon us;
    you have been angry—now restore us!
2 You have shaken the land and torn it open;
    mend its fractures, for it is quaking.
3 You have shown your people desperate times;

---

^q 5 The Hebrew has *Selah* (a word of uncertain meaning) here and
at the end of verse 13.   ^r 11 Or *sovereign*   ^s In Hebrew texts
60:1-12 is numbered 60:3-14.   ^t Title: Probably a literary or
musical term   ^u Title: That is, Arameans of Northwest
Mesopotamia   ^v Title: That is, Arameans of central Syria

nos diste a beber un vino embriagador.

4 Da[x] a tus fieles la señal de retirada,
para que puedan escapar de los arqueros.
*Selah

5 Líbranos con tu diestra, respóndenos
para que tu pueblo amado quede a salvo.

6 Dios ha dicho en su santuario:
«Triunfante repartiré a Siquén,
y dividiré el valle de Sucot.
7 Mío es Galaad, mío es Manasés;
Efraín es mi yelmo y Judá mi cetro.
8 En Moab me lavo las manos,
sobre Edom arrojo mi sandalia;
sobre Filistea lanzo gritos de triunfo.»

9 ¿Quién me llevará a la ciudad fortificada?
¿Quién me mostrará el camino a Edom?
10 ¿No eres tú, oh Dios, quien nos ha rechazado?
¡Ya no sales, oh Dios, con nuestros ejércitos!
11 Bríndanos tu ayuda contra el enemigo,
pues de nada sirve la ayuda *humana.
12 Con Dios obtendremos la victoria;
¡él pisoteará a nuestros enemigos!

SALMO 61

*Al director musical. Acompáñese con
instrumentos de cuerda. De David.*

1 Oh Dios, escucha mi clamor
y atiende a mi oración.
2 Desde los confines de la tierra te invoco,
pues mi *corazón desfallece;
llévame a una roca donde esté yo a salvo.
3 Porque tú eres mi refugio,
mi baluarte contra el enemigo.

4 Anhelo habitar en tu casa para siempre
y refugiarme debajo de tus alas.
*Selah

5 Tú, oh Dios, has aceptado mis votos
y me has dado la heredad de quienes te
honran.

6 Concédele al rey más años de vida;
que sean sus días una eternidad.
7 Que reine siempre en tu presencia,
y que tu amor y tu verdad lo protejan.
8 Así cantaré siempre salmos a tu *nombre
y cumpliré mis votos día tras día.

SALMO 62

*Al director musical. Para Jedutún. Salmo de
David.*

1 Sólo en Dios halla descanso mi *alma;
de él viene mi *salvación.

you have given us wine that makes us stagger.
4 But for those who fear you, you have raised a
banner
to be unfurled against the bow.[w]

5 Save us and help us with your right hand,
that those you love may be delivered.

6 God has spoken from his sanctuary:
"In triumph I will parcel out Shechem
and measure off the Valley of Sukkoth.
7 Gilead is mine, and Manasseh is mine;
Ephraim is my helmet,
Judah is my scepter.
8 Moab is my washbasin,
on Edom I toss my sandal;
over Philistia I shout in triumph."

9 Who will bring me to the fortified city?
Who will lead me to Edom?
10 Is it not you, God, you who have now rejected
us
and no longer go out with our armies?
11 Give us aid against the enemy,
for human help is worthless.
12 With God we will gain the victory,
and he will trample down our enemies.

PSALM 61[x]

*For the director of music. With stringed instruments.
Of David.*

1 Hear my cry, O God;
listen to my prayer.

2 From the ends of the earth I call to you,
I call as my heart grows faint;
lead me to the rock that is higher than I.
3 For you have been my refuge,
a strong tower against the foe.

4 I long to dwell in your tent forever
and take refuge in the shelter of your wings.[w]
5 For you, God, have heard my vows;
you have given me the heritage of those who
fear your name.

6 Increase the days of the king's life,
his years for many generations.
7 May he be enthroned in God's presence
forever;
appoint your love and faithfulness to protect
him.

8 Then I will ever sing in praise of your name
and fulfill my vows day after day.

PSALM 62[y]

*For the director of music. For Jeduthun. A psalm
of David.*

1 Truly my soul finds rest in God;
my salvation comes from him.

---

[w] 4,4 The Hebrew has *Selah* (a word of uncertain meaning) here.   [x] In Hebrew texts 61:1-8 is numbered 61:2-9.   [y] In Hebrew texts 62:1-12 is numbered 62:2-13.

[x] 60:4 *Da* (lectura probable); *Diste* (TM).

² Sólo él es mi *roca y mi salvación;
　　él es mi protector.
　　¡Jamás habré de caer!

³ ¿Hasta cuándo atacarán todos ustedes
　　a un *hombre para derribarlo?
　Es como un muro inclinado,
　　¡como una cerca a punto de derrumbarse!
⁴ Sólo quieren derribarlo
　　de su lugar de preeminencia.
　Se complacen en la mentira:
　　bendicen con la boca,
　　pero maldicen con el *corazón.

　　　　　　　　　　　　　　　Selah

⁵ Sólo en Dios halla descanso mi alma;
　　de él viene mi esperanza.
⁶ Sólo él es mi roca y mi salvación;
　　él es mi protector
　　y no habré de caer.
⁷ Dios es mi salvación y mi gloria;
　　es la roca que me fortalece;
　　¡mi refugio está en Dios!
⁸ Confía siempre en él, pueblo mío;
　　ábrele tu corazón cuando estés ante él.
　　¡Dios es nuestro refugio!

　　　　　　　　　　　　　　　　Selah

⁹ Una quimera es la *gente de humilde cuna,
　　y una mentira la gente de alta alcurnia;
　si se les pone juntos en la balanza,
　　todos ellos no pesan nada.

¹⁰ No confíen en la extorsión
　　ni se hagan ilusiones con sus rapiñas;
　y aunque se multipliquen sus riquezas,
　　no pongan el corazón en ellas.

¹¹ Una cosa ha dicho Dios,
　　y dos veces lo he escuchado:
　Que tú, oh Dios, eres poderoso;
¹²　　que tú, Señor, eres todo amor;
　que tú pagarás a cada uno
　　según lo que merezcan sus obras.

Salmo 63

*Salmo de David, cuando estaba en el desierto
de Judá.*

¹ Oh Dios, tú eres mi Dios;
　　yo te busco intensamente.
　Mi *alma tiene sed de ti;
　　todo mi ser te anhela,
　　cual tierra seca, extenuada y sedienta.

² Te he visto en el santuario
　　y he contemplado tu poder y tu gloria.
³ Tu amor es mejor que la vida;
　　por eso mis labios te alabarán.
⁴ Te bendeciré mientras viva,
　　y alzando mis manos te invocaré.
⁵ Mi alma quedará satisfecha
　　como de un suculento banquete,

² Truly he is my rock and my salvation;
　　he is my fortress, I will never be shaken.

³ How long will you assault me?
　　Would all of you throw me down —
　　this leaning wall, this tottering fence?
⁴ Surely they intend to topple me
　　from my lofty place;
　　they take delight in lies.
　With their mouths they bless,
　　but in their hearts they curse.[z]

⁵ Yes, my soul, find rest in God;
　　my hope comes from him.
⁶ Truly he is my rock and my salvation;
　　he is my fortress, I will not be shaken.
⁷ My salvation and my honor depend on God[a];
　　he is my mighty rock, my refuge.
⁸ Trust in him at all times, you people;
　　pour out your hearts to him,
　　for God is our refuge.

⁹ Surely the lowborn are but a breath,
　　the highborn are but a lie.
　If weighed on a balance, they are nothing;
　　together they are only a breath.
¹⁰ Do not trust in extortion
　　or put vain hope in stolen goods;
　though your riches increase,
　　do not set your heart on them.

¹¹ One thing God has spoken,
　　two things I have heard:
　"Power belongs to you, God,
¹²　　and with you, Lord, is unfailing love";
　and, "You reward everyone
　　according to what they have done."

Psalm 63[b]

A psalm of David. When he was in the Desert of Judah.

¹ You, God, are my God,
　　earnestly I seek you;
　I thirst for you,
　　my whole being longs for you,
　in a dry and parched land
　　where there is no water.

² I have seen you in the sanctuary
　　and beheld your power and your glory.
³ Because your love is better than life,
　　my lips will glorify you.
⁴ I will praise you as long as I live,
　　and in your name I will lift up my hands.
⁵ I will be fully satisfied as with the richest of
　　　foods;
　　with singing lips my mouth will praise you.

---

z 4 The Hebrew has *Selah* (a word of uncertain meaning) here and
at the end of verse 8.　　*a* 7 Or / *God Most High is my salvation
and my honor*　　*b* In Hebrew texts 63:1-11 is numbered 63:2-12.

y con labios jubilosos
te alabará mi boca.

⁶ En mi lecho me acuerdo de ti;
pienso en ti toda la noche.
⁷ A la sombra de tus alas cantaré,
porque tú eres mi ayuda.
⁸ Mi alma se aferra a ti;
tu mano derecha me sostiene.

⁹ Los que buscan mi muerte serán destruidos;
bajarán a las profundidades de la tierra.
¹⁰ Serán entregados a la espada
y acabarán devorados por los chacales.

¹¹ El rey se regocijará en Dios;
todos los que invocan a Dios lo alabarán,
pero los mentirosos serán silenciados.

Salmo 64

Al director musical. Salmo de David.

¹ Escucha, oh Dios, la voz de mi queja;
protégeme del temor al enemigo.
² Escóndeme de esa pandilla de impíos,
de esa caterva de malhechores.
³ Afilan su lengua como espada
y lanzan como flechas palabras ponzoñosas.
⁴ Emboscados, disparan contra el inocente;
le tiran sin temor y sin aviso.

⁵ Unos a otros se animan en sus planes impíos,
calculan cómo tender sus trampas;
y hasta dicen: «¿Quién las verá?»
⁶ Maquinan injusticias, y dicen:
«¡Hemos tramado un plan perfecto!»
¡Cuán incomprensibles son
la *mente y los pensamientos *humanos!

⁷ Pero Dios les disparará sus flechas,
y sin aviso caerán heridos.
⁸ Su propia lengua será su ruina,
y quien los vea se burlará de ellos.

⁹ La *humanidad entera sentirá temor:
proclamará las proezas de Dios
y meditará en sus obras.
¹⁰ Que se regocijen en el Señor los justos;
que busquen refugio en él;
¡que lo alaben todos los de recto *corazón!

Salmo 65

Al director musical. Salmo de David. Cántico.

¹ A ti, oh Dios de *Sión,
te pertenece la alabanza.
A ti se te deben cumplir los votos,
² porque escuchas la oración.
A ti acude todo *mortal,
³ a causa de sus perversidades.
Nuestros delitos nos abruman,
pero tú los perdonaste.

⁶ On my bed I remember you;
I think of you through the watches of the
night.
⁷ Because you are my help,
I sing in the shadow of your wings.
⁸ I cling to you;
your right hand upholds me.

⁹ Those who want to kill me will be destroyed;
they will go down to the depths of the earth.
¹⁰ They will be given over to the sword
and become food for jackals.

¹¹ But the king will rejoice in God;
all who swear by God will glory in him,
while the mouths of liars will be silenced.

Psalm 64[c]

For the director of music. A psalm of David.

¹ Hear me, my God, as I voice my complaint;
protect my life from the threat of the enemy.

² Hide me from the conspiracy of the wicked,
from the plots of evildoers.
³ They sharpen their tongues like swords
and aim cruel words like deadly arrows.
⁴ They shoot from ambush at the innocent;
they shoot suddenly, without fear.

⁵ They encourage each other in evil plans,
they talk about hiding their snares;
they say, "Who will see it[d]?"
⁶ They plot injustice and say,
"We have devised a perfect plan!"
Surely the human mind and heart are
cunning.

⁷ But God will shoot them with his arrows;
they will suddenly be struck down.
⁸ He will turn their own tongues against them
and bring them to ruin;
all who see them will shake their heads in
scorn.
⁹ All people will fear;
they will proclaim the works of God
and ponder what he has done.

¹⁰ The righteous will rejoice in the Lord
and take refuge in him;
all the upright in heart will glory in him!

Psalm 65[e]

For the director of music. A psalm of David. A song.

¹ Praise awaits[f] you, our God, in Zion;
to you our vows will be fulfilled.
² You who answer prayer,
to you all people will come.
³ When we were overwhelmed by sins,
you forgave[g] our transgressions.

ᶜ In Hebrew texts 64:1-10 is numbered 64:2-11.   ᵈ 5 Or *us*
ᵉ In Hebrew texts 65:1-13 is numbered 65:2-14.   ᶠ 1 Or *befits;*
the meaning of the Hebrew for this word is uncertain.
ᵍ 3 Or *made atonement for*

⁴ *¡Dichoso aquel a quien tú escoges,
    al que atraes a ti para que viva en tus atrios!
Saciémonos de los bienes de tu casa,
    de los dones de tu santo templo.

⁵ Tú, oh Dios y Salvador nuestro,
    nos respondes con imponentes obras de
      *justicia;
tú eres la esperanza de los confines de la tierra
    y de los más lejanos mares.
⁶ Tú, con tu poder, formaste las montañas,
    desplegando tu potencia.
⁷ Tú calmaste el rugido de los mares,
    el estruendo de sus olas,
    y el tumulto de los pueblos.
⁸ Los que viven en remotos lugares
    se asombran ante tus prodigios;
del oriente al occidente
    tú inspiras canciones de alegría.

⁹ Con tus cuidados fecundas la tierra,
    y la colmas de abundancia.
Los arroyos de Dios se llenan de agua,
    para asegurarle trigo al pueblo.
    ¡Así preparas el campo!
¹⁰ Empapas los surcos, nivelas sus terrones,
    reblandeces la tierra con las lluvias
    y bendices sus renuevos.
¹¹ Tú coronas el año con tus bondades,
    y tus carretas se desbordan de abundancia.
¹² Rebosan los prados del desierto;
    las colinas se visten de alegría.
¹³ Pobladas de rebaños las praderas,
    y cubiertos los valles de trigales,
    cantan y lanzan voces de alegría.

SALMO 66

Al director musical. Cántico. Salmo.

¹ ¡Aclamen alegres a Dios,
    habitantes de toda la tierra!
² Canten salmos a su glorioso *nombre;
    ¡ríndanle gloriosas alabanzas!
³ Díganle a Dios:
    «¡Cuán imponentes son tus obras!
Es tan grande tu poder
    que tus enemigos mismos se rinden ante ti.
⁴ Toda la tierra se postra en tu presencia,
    y te cantan salmos;
    cantan salmos a tu nombre.»
                      Selah

⁵ ¡Vengan y vean las proezas de Dios,
    sus obras portentosas en nuestro favor!
⁶ Convirtió el mar en tierra seca,
    y el pueblo cruzó el río a pie.
    ¡Regocijémonos en él!
⁷ Con su poder gobierna eternamente;
    sus ojos vigilan a las naciones.
    ¡Que no se levanten contra él los rebeldes!
                    Selah

⁸ Pueblos todos, bendigan a nuestro Dios,
    hagan oír la voz de su alabanza.

⁴ Blessed are those you choose
    and bring near to live in your courts!
We are filled with the good things of your
    house,
    of your holy temple.

⁵ You answer us with awesome and righteous
    deeds,
    God our Savior,
the hope of all the ends of the earth
    and of the farthest seas,
⁶ who formed the mountains by your power,
    having armed yourself with strength,
⁷ who stilled the roaring of the seas,
    the roaring of their waves,
    and the turmoil of the nations.
⁸ The whole earth is filled with awe at your
    wonders;
    where morning dawns, where evening fades,
    you call forth songs of joy.

⁹ You care for the land and water it;
    you enrich it abundantly.
The streams of God are filled with water
    to provide the people with grain,
    for so you have ordained it.^h
¹⁰ You drench its furrows and level its ridges;
    you soften it with showers and bless its crops.
¹¹ You crown the year with your bounty,
    and your carts overflow with abundance.
¹² The grasslands of the wilderness overflow;
    the hills are clothed with gladness.
¹³ The meadows are covered with flocks
    and the valleys are mantled with grain;
    they shout for joy and sing.

PSALM 66

For the director of music. A song. A psalm.

¹ Shout for joy to God, all the earth!
²   Sing the glory of his name;
    make his praise glorious.
³ Say to God, "How awesome are your deeds!
    So great is your power
    that your enemies cringe before you.
⁴ All the earth bows down to you;
    they sing praise to you,
    they sing the praises of your name."ⁱ

⁵ Come and see what God has done,
    his awesome deeds for mankind!
⁶ He turned the sea into dry land,
    they passed through the waters on foot —
    come, let us rejoice in him.
⁷ He rules forever by his power,
    his eyes watch the nations —
    let not the rebellious rise up against him.

⁸ Praise our God, all peoples,
    let the sound of his praise be heard;

---

^h 9 Or *for that is how you prepare the land*   ⁱ 4 The
Selah (a word of uncertain meaning) here and at the
7 and 15.

⁹ Él ha protegido nuestra vida,
     ha evitado que resbalen nuestros pies.

¹⁰ Tú, oh Dios, nos has puesto a prueba;
     nos has purificado como a la plata.

¹¹ Nos has hecho caer en una red;
     ¡pesada carga nos has echado a cuestas!

¹² Las caballerías nos han aplastado la cabeza;
     hemos pasado por el fuego y por el agua,
     pero al fin nos has dado un respiro.

¹³ Me presentaré en tu templo con *holocaustos
     y cumpliré los votos que te hice,

¹⁴ los votos de mis labios y mi boca
     que pronuncié en medio de mi angustia.

¹⁵ Te ofreceré holocaustos de animales
        engordados,
     junto con el humo de ofrendas de carneros;
     te ofreceré toros y machos cabríos.

                           Selah

¹⁶ Vengan ustedes, temerosos de Dios,
     escuchen, que voy a contarles
     todo lo que él ha hecho por mí.

¹⁷ Clamé a él con mi boca;
     lo alabé con mi lengua.

¹⁸ Si en mi *corazón hubiera yo abrigado maldad,
     el *Señor no me habría escuchado;

¹⁹ pero Dios sí me ha escuchado,
     ha atendido a la voz de mi plegaria.

²⁰ ¡Bendito sea Dios,
     que no rechazó mi plegaria
     ni me negó su amor!

SALMO 67

*Al director musical. Acompáñese con
instrumentos de cuerda. Salmo. Cántico.*

¹ Dios nos tenga compasión y nos bendiga;
     Dios haga resplandecer su rostro sobre
     nosotros,

                           **Selah*

² para que se conozcan en la tierra sus *caminos,
     y entre todas las naciones su *salvación.

³ Que te alaben, oh Dios, los pueblos;
     que todos los pueblos te alaben.

⁴ Alégrense y canten con júbilo las naciones,
     porque tú las gobiernas con rectitud;
     ¡tú guías a las naciones de la tierra!

                           Selah

⁵ Que te alaben, oh Dios, los pueblos;
     que todos los pueblos te alaben.

⁶ La tierra dará entonces su fruto,
     y Dios, nuestro Dios, nos bendecirá.

⁷ Dios nos bendecirá,
     y le temerán todos los confines de la tierra.

SALMO 68

Al director musical. Salmo de David. Cántico.

¹ Que se levante Dios,
     que sean dispersados sus enemigos,
     que huyan de su presencia los que le odian.

⁹ he has preserved our lives
     and kept our feet from slipping.

¹⁰ For you, God, tested us;
     you refined us like silver.

¹¹ You brought us into prison
     and laid burdens on our backs.

¹² You let people ride over our heads;
     we went through fire and water,
     but you brought us to a place of abundance.

¹³ I will come to your temple with burnt offerings
     and fulfill my vows to you —

¹⁴ vows my lips promised and my mouth spoke
     when I was in trouble.

¹⁵ I will sacrifice fat animals to you
     and an offering of rams;
     I will offer bulls and goats.

¹⁶ Come and hear, all you who fear God;
     let me tell you what he has done for me.

¹⁷ I cried out to him with my mouth;
     his praise was on my tongue.

¹⁸ If I had cherished sin in my heart,
     the Lord would not have listened;

¹⁹ but God has surely listened
     and has heard my prayer.

²⁰ Praise be to God,
     who has not rejected my prayer
     or withheld his love from me!

PSALM 67ʲ

*For the director of music. With stringed instruments.
A psalm. A song.*

¹ May God be gracious to us and bless us
     and make his face shine on us — ᵏ

² so that your ways may be known on earth,
     your salvation among all nations.

³ May the peoples praise you, God;
     may all the peoples praise you.

⁴ May the nations be glad and sing for joy,
     for you rule the peoples with equity
     and guide the nations of the earth.

⁵ May the peoples praise you, God;
     may all the peoples praise you.

⁶ The land yields its harvest;
     God, our God, blesses us.

⁷ May God bless us still,
     so that all the ends of the earth will fear
     him.

PSALM 68ˡ

For the director of music. Of David. A psalm. A song.

¹ May God arise, may his enemies be scattered;
     may his foes flee before him.

ʲ In Hebrew texts 67:1-7 is numbered 67:2-8.   ᵏ 1 The Hebrew has *Selah* (a word of uncertain meaning) here and at the end of verse 4.   ˡ In Hebrew texts 68:1-35 is numbered 68:2-36.

2 Que desaparezcan del todo,
como humo que se disipa con el viento;
que perezcan ante Dios los impíos,
como cera que se derrite en el fuego.
3 Pero que los justos se alegren y se regocijen;
que estén felices y alegres delante de Dios.

4 Canten a Dios, canten salmos a su *nombre;
aclamen a quien cabalga por las estepas,
y regocíjense en su presencia.
¡Su nombre es el Señor!
5 Padre de los huérfanos y defensor de las viudas
es Dios en su morada santa.
6 Dios da un hogar a los desamparados
y libertad a los cautivos;
los rebeldes habitarán en el desierto.

7 Cuando saliste, oh Dios, al frente de tu pueblo,
cuando a través de los páramos marchaste,
                    Selah
8 la tierra se estremeció,
los cielos se vaciaron,
delante de Dios, el Dios de Sinaí,
delante de Dios, el Dios de Israel.
9 Tú, oh Dios, diste abundantes lluvias;
reanimaste a tu extenuada herencia.
10 Tu familia se estableció en la tierra
que en tu bondad, oh Dios, preparaste para
el pobre.

11 El Señor ha emitido la palabra,
y millares de mensajeras la proclaman:
12 «Van huyendo los reyes y sus tropas;
en las casas, las mujeres se reparten el botín:
13 alas de paloma cubiertas de plata,
con plumas de oro resplandeciente.
Tú te quedaste a dormir entre los rebaños.»
14 Cuando el *Todopoderoso puso en fuga
a los reyes de la tierra,
parecían copos de nieve
cayendo sobre la cumbre del Zalmón.

15 Montañas de Basán, montañas imponentes;
montañas de Basán, montañas escarpadas:
16 ¿Por qué, montañas escarpadas, miran con
envidia
al monte donde a Dios le place residir,
donde el Señor habitará por siempre?
17 Los carros de guerra de Dios
se cuentan por millares;
del Sinaí vino en ellos el Señor
para entrar en su santuario.
18 Cuando tú, Dios y Señor,
ascendiste a las alturas,
te llevaste contigo a los cautivos;
tomaste tributo de los *hombres,
aun de los rebeldes,
para establecer tu morada.

2 May you blow them away like smoke—
as wax melts before the fire,
may the wicked perish before God.
3 But may the righteous be glad
and rejoice before God;
may they be happy and joyful.

4 Sing to God, sing in praise of his name,
extol him who rides on the clouds[m];
rejoice before him—his name is the Lord.
5 A father to the fatherless, a defender of
widows,
is God in his holy dwelling.
6 God sets the lonely in families,[n]
he leads out the prisoners with singing;
but the rebellious live in a sun-scorched
land.

7 When you, God, went out before your people,
when you marched through the wilderness,[o]
8 the earth shook, the heavens poured down
rain,
before God, the One of Sinai,
before God, the God of Israel.
9 You gave abundant showers, O God;
you refreshed your weary inheritance.
10 Your people settled in it,
and from your bounty, God, you provided
for the poor.

11 The Lord announces the word,
and the women who proclaim it are a
mighty throng:
12 "Kings and armies flee in haste;
the women at home divide the plunder.
13 Even while you sleep among the sheep pens,[p]
the wings of my dove are sheathed with
silver,
its feathers with shining gold."
14 When the Almighty[q] scattered the kings in the
land,
it was like snow fallen on Mount Zalmon.

15 Mount Bashan, majestic mountain,
Mount Bashan, rugged mountain,
16 why gaze in envy, you rugged mountain,
at the mountain where God chooses to reign,
where the Lord himself will dwell forever?
17 The chariots of God are tens of thousands
and thousands of thousands;
the Lord has come from Sinai into his
sanctuary.[r]
18 When you ascended on high,
you took many captives;
you received gifts from people,
even from[s] the rebellious—
that you,[t] Lord God, might dwell there.

---

[m] 4 Or *name, / prepare the way for him who rides through the
deserts*   [n] 6 Or *the desolate in a homeland*   [o] 7 The Hebrew
has *Selah* (a word of uncertain meaning) here and at the end of
verses 19 and 32.   [p] 13 Or *the campfires; or the saddlebags*
[q] 14 Hebrew *Shaddai*   [r] 17 Probable reading of the original
Hebrew text; Masoretic Text *Lord is among them at Sinai in holiness*
[s] 18 Or *gifts for people, / even*   [t] 18 Or *they*

¹⁹ Bendito sea el Señor, nuestro Dios y Salvador,
que día tras día sobrelleva nuestras cargas.

Selah

²⁰ Nuestro Dios es un Dios que salva;
el Señor Soberano nos libra de la muerte.

²¹ Dios aplastará la cabeza de sus enemigos,
la testa enmarañada de los que viven
pecando.

²² El Señor nos dice: «De Basán los regresaré;
de las profundidades del mar los haré
volver,

²³ para que se empapen los pies
en la sangre de sus enemigos;
para que, al lamerla, los perros
tengan también su parte.»

²⁴ En el santuario pueden verse
las procesiones de mi Dios,
las procesiones de mi Dios y rey.

²⁵ Los cantores van al frente,
seguidos de los músicos de cuerda,
entre doncellas que tocan panderetas.

²⁶ Bendigan a Dios en la gran congregación;
alaben al Señor, descendientes de Israel.

²⁷ Los guía la joven tribu de Benjamín,
seguida de los múltiples príncipes de Judá
y de los príncipes de Zabulón y Neftalí.

²⁸ Despliega tu poder, oh Dios;
haz gala, oh Dios, de tu poder,
que has manifestado en favor nuestro.

²⁹ Por causa de tu templo en Jerusalén
los reyes te ofrecerán presentes.

³⁰ Reprende a esa bestia de los juncos,
a esa manada de toros bravos
entre naciones que parecen becerros.
Haz que, humillada, te lleve barras de plata;
dispersa a las naciones belicosas.

³¹ Egipto enviará embajadores,
y *Cus se someterá a Dios.

³² Cántenle a Dios, oh reinos de la tierra,
cántenle salmos al Señor,

Selah

³³ al que cabalga por los cielos,
los cielos antiguos,
al que hace oír su voz,
su voz de trueno.

³⁴ Reconozcan el poder de Dios;
su majestad está sobre Israel,
su poder está en las alturas.

³⁵ En tu santuario, oh Dios, eres imponente;
¡el Dios de Israel da poder y fuerza a su
pueblo!

¡Bendito sea Dios!

¹⁹ Praise be to the Lord, to God our Savior,
who daily bears our burdens.

²⁰ Our God is a God who saves;
from the Sovereign Lord comes escape
from death.

²¹ Surely God will crush the heads of his enemies,
the hairy crowns of those who go on in their
sins.

²² The Lord says, "I will bring them from Bashan;
I will bring them from the depths of the sea,

²³ that your feet may wade in the blood of your
foes,
while the tongues of your dogs have their
share."

²⁴ Your procession, God, has come into view,
the procession of my God and King into the
sanctuary.

²⁵ In front are the singers, after them the
musicians;
with them are the young women playing the
timbrels.

²⁶ Praise God in the great congregation;
praise the Lord in the assembly of Israel.

²⁷ There is the little tribe of Benjamin, leading
them,
there the great throng of Judah's princes,
and there the princes of Zebulun and of
Naphtali.

²⁸ Summon your power, God[u];
show us your strength, our God, as you have
done before.

²⁹ Because of your temple at Jerusalem
kings will bring you gifts.

³⁰ Rebuke the beast among the reeds,
the herd of bulls among the calves of the
nations.
Humbled, may the beast bring bars of silver.
Scatter the nations who delight in war.

³¹ Envoys will come from Egypt;
Cush[v] will submit herself to God.

³² Sing to God, you kingdoms of the earth,
sing praise to the Lord,

³³ to him who rides across the highest heavens,
the ancient heavens,
who thunders with mighty voice.

³⁴ Proclaim the power of God,
whose majesty is over Israel,
whose power is in the heavens.

³⁵ You, God, are awesome in your sanctuary;
the God of Israel gives power and strength
to his people.

Praise be to God!

---

u 28 Many Hebrew manuscripts, Septuagint and Syriac; most
Hebrew manuscripts *Your God has summoned power for you*
v 31 That is, the upper Nile region

SALMO 69

*Al director musical. Sígase la tonada de «Los
lirios». De David.*

¹ Sálvame, Dios mío,
    que las aguas ya me llegan al *cuello.
² Me estoy hundiendo en una ciénaga profunda,
    y no tengo dónde apoyar el pie.
Estoy en medio de profundas aguas,
    y me arrastra la corriente.
³ Cansado estoy de pedir ayuda;
    tengo reseca la garganta.
Mis ojos languidecen,
    esperando la ayuda de mi Dios.
⁴ Más que los cabellos de mi cabeza
    son los que me odian sin motivo;
muchos son los enemigos gratuitos
    que se han propuesto destruirme.
¿Cómo voy a devolver lo que no he robado?
⁵ Oh Dios, tú sabes lo insensato que he sido;
    no te puedo esconder mis transgresiones.
⁶ Señor Soberano, *Todopoderoso,
    que no sean avergonzados por mi culpa
    los que en ti esperan;
oh Dios de Israel,
    que no sean humillados por mi culpa
    los que te buscan.
⁷ Por ti yo he sufrido insultos;
    mi rostro se ha cubierto de ignominia.
⁸ Soy como un extraño para mis hermanos;
    soy un extranjero para los hijos de mi
      madre.
⁹ El celo por tu casa me consume;
    sobre mí han recaído
    los insultos de tus detractores.
¹⁰ Cuando lloro y ayuno,
    tengo que soportar sus ofensas;
¹¹ cuando me visto de luto,
    soy objeto de burlas.
¹² Los que se sientan a la *puerta murmuran
      contra mí;
    los borrachos me dedican parodias.
¹³ Pero yo, Señor, te imploro
    en el tiempo de tu buena voluntad.
Por tu gran amor, oh Dios, respóndeme;
    por tu fidelidad, sálvame.
¹⁴ Sácame del fango;
    no permitas que me hunda.
Líbrame de los que me odian,
    y de las aguas profundas.
¹⁵ No dejes que me arrastre la corriente;
    no permitas que me trague el abismo,
    ni que el foso cierre sus fauces sobre mí.
¹⁶ Respóndeme, Señor, por tu bondad y tu
      amor;
    por tu gran compasión, vuélvete a mí.
¹⁷ No escondas tu rostro de este siervo tuyo;
    respóndeme pronto, que estoy angustiado.

PSALM 69[w]

*For the director of music. To the tune of "Lilies."
Of David.*

¹ Save me, O God,
    for the waters have come up to my neck.
² I sink in the miry depths,
    where there is no foothold.
I have come into the deep waters;
    the floods engulf me.
³ I am worn out calling for help;
    my throat is parched.
My eyes fail,
    looking for my God.
⁴ Those who hate me without reason
    outnumber the hairs of my head;
many are my enemies without cause,
    those who seek to destroy me.
I am forced to restore
    what I did not steal.
⁵ You, God, know my folly;
    my guilt is not hidden from you.
⁶ Lord, the Lord Almighty,
    may those who hope in you
    not be disgraced because of me;
God of Israel,
    may those who seek you
    not be put to shame because of me.
⁷ For I endure scorn for your sake,
    and shame covers my face.
⁸ I am a foreigner to my own family,
    a stranger to my own mother's children;
⁹ for zeal for your house consumes me,
    and the insults of those who insult you fall
      on me.
¹⁰ When I weep and fast,
    I must endure scorn;
¹¹ when I put on sackcloth,
    people make sport of me.
¹² Those who sit at the gate mock me,
    and I am the song of the drunkards.
¹³ But I pray to you, Lord,
    in the time of your favor;
in your great love, O God,
    answer me with your sure salvation.
¹⁴ Rescue me from the mire,
    do not let me sink;
deliver me from those who hate me,
    from the deep waters.
¹⁵ Do not let the floodwaters engulf me
    or the depths swallow me up
    or the pit close its mouth over me.
¹⁶ Answer me, Lord, out of the goodness of your
      love;
    in your great mercy turn to me.
¹⁷ Do not hide your face from your servant;
    answer me quickly, for I am in trouble.

---

[w] In Hebrew texts 69:1-36 is numbered 69:2-37.

¹⁸ Ven a mi lado, y rescátame;
   redímeme, por causa de mis enemigos.
¹⁹ Tú bien sabes cómo me insultan,
   me avergüenzan y denigran;
   sabes quiénes son mis adversarios.
²⁰ Los insultos me han destrozado el corazón;
   para mí ya no hay remedio.
   Busqué compasión, y no la hubo;
   busqué consuelo, y no lo hallé.
²¹ En mi comida pusieron hiel;
   para calmar mi sed me dieron vinagre.

²² Que se conviertan en trampa sus banquetes,
   y su prosperidad en lazo.
²³ Que se les nublen los ojos, para que no vean;
   y que sus fuerzas flaqueen para siempre.
²⁴ Descarga tu furia sobre ellos;
   que tu ardiente ira los alcance.
²⁵ Quédense desiertos sus campamentos,
   y deshabitadas sus tiendas de campaña.
²⁶ Pues al que has afligido lo persiguen,
   y se burlan del dolor del que has herido.
²⁷ Añade a sus pecados más pecados;
   no los hagas partícipes de tu *salvación.
²⁸ Que sean borrados del libro de la vida;
   que no queden inscritos con los justos.

²⁹ Y a mí, que estoy pobre y adolorido,
   que me proteja, oh Dios, tu *salvación.
³⁰ Con cánticos alabaré el *nombre de Dios;
   con acción de gracias lo exaltaré.
³¹ Esa ofrenda agradará más al Señor
   que la de un toro o un novillo
   con sus cuernos y pezuñas.
³² Los pobres verán esto y se alegrarán;
   ¡reanímense ustedes, los que buscan a Dios!
³³ Porque el Señor oye a los necesitados,
   y no desdeña a su pueblo cautivo.

³⁴ Que lo alaben los cielos y la tierra,
   los mares y todo lo que se mueve en ellos,
³⁵ porque Dios salvará a *Sión
   y reconstruirá las ciudades de Judá.
   Allí se establecerá el pueblo
   y tomará posesión de la tierra.
³⁶ La heredarán los hijos de sus siervos;
   la habitarán los que aman al Señor.

SALMO 70

Al director musical. Petición de David.

¹ Apresúrate, oh Dios, a rescatarme;
   ¡apresúrate, Señor, a socorrerme!
² Que sean avergonzados y confundidos
   los que procuran matarme.
   Que retrocedan humillados
   todos los que desean mi ruina.
³ Que vuelvan sobre sus pasos, avergonzados,
   todos los que se burlan de mí.

¹⁸ Come near and rescue me;
   deliver me because of my foes.
¹⁹ You know how I am scorned, disgraced and
      shamed;
   all my enemies are before you.
²⁰ Scorn has broken my heart
   and has left me helpless;
   I looked for sympathy, but there was none,
   for comforters, but I found none.
²¹ They put gall in my food
   and gave me vinegar for my thirst.

²² May the table set before them become a snare;
   may it become retribution and^x a trap.
²³ May their eyes be darkened so they cannot see,
   and their backs be bent forever.
²⁴ Pour out your wrath on them;
   let your fierce anger overtake them.
²⁵ May their place be deserted;
   let there be no one to dwell in their tents.
²⁶ For they persecute those you wound
   and talk about the pain of those you hurt.
²⁷ Charge them with crime upon crime;
   do not let them share in your salvation.
²⁸ May they be blotted out of the book of life
   and not be listed with the righteous.

²⁹ But as for me, afflicted and in pain —
   may your salvation, God, protect me.
³⁰ I will praise God's name in song
   and glorify him with thanksgiving.
³¹ This will please the Lord more than an ox,
   more than a bull with its horns and hooves.
³² The poor will see and be glad —
   you who seek God, may your hearts live!
³³ The Lord hears the needy
   and does not despise his captive people.

³⁴ Let heaven and earth praise him,
   the seas and all that move in them,
³⁵ for God will save Zion
   and rebuild the cities of Judah.
   Then people will settle there and possess it;
³⁶   the children of his servants will inherit it,
   and those who love his name will dwell
      there.

PSALM 70^y

For the director of music. Of David. A petition.

¹ Hasten, O God, to save me;
   come quickly, Lord, to help me.
² May those who want to take my life
   be put to shame and confusion;
   may all who desire my ruin
   be turned back in disgrace.
³ May those who say to me, "Aha! Aha!"
   turn back because of their shame.

---

^x 22 Or *snare / and their fellowship become*   ^y In Hebrew texts
70:1-5 is numbered 70:2-6.

⁴ Pero que todos los que te buscan
     se alegren en ti y se regocijen;
     que los que aman tu *salvación digan siempre:
     «¡Sea Dios exaltado!»

⁵ Yo soy pobre y estoy necesitado;
     ¡ven pronto a mí, oh Dios!
     Tú eres mi socorro y mi libertador;
     ¡no te demores, SEÑOR!

SALMO 71

¹ En ti, SEÑOR, me he refugiado;
     jamás me dejes quedar en vergüenza.
² Por tu justicia, rescátame y líbrame;
     dígnate escucharme, y sálvame.
³ Sé tú mi *roca de refugio
     adonde pueda yo siempre acudir;
   da la orden de salvarme,
     porque tú eres mi roca, mi fortaleza.
⁴ Líbrame, Dios mío, de manos de los impíos,
     del poder de los malvados y violentos.

⁵ Tú, Soberano SEÑOR, has sido mi esperanza;
     en ti he confiado desde mi juventud.
⁶ De ti he dependido desde que nací;
     del vientre materno me hiciste nacer.
     ¡Por siempre te alabaré!
⁷ Para muchos, soy motivo de asombro,
     pero tú eres mi refugio inconmovible.
⁸ Mi boca rebosa de alabanzas a tu *nombre,
     y todo el día proclama tu grandeza.

⁹ No me rechaces cuando llegue a viejo;
     no me abandones cuando me falten las
        fuerzas.
¹⁰ Porque mis enemigos murmuran contra mí;
     los que me acechan se confabulan.
¹¹ Y dicen: «¡Dios lo ha abandonado!
     ¡Persíganlo y agárrenlo, que nadie lo
        rescatará!»
¹² Dios mío, no te alejes de mí;
     Dios mío, ven pronto a ayudarme.
¹³ Que perezcan humillados mis acusadores;
     que se cubran de oprobio y de ignominia
     los que buscan mi ruina.

¹⁴ Pero yo siempre tendré esperanza,
     y más y más te alabaré.
¹⁵ Todo el día proclamará mi boca
     tu justicia y tu *salvación,
     aunque es algo que no alcanzo a descifrar.
¹⁶ Soberano SEÑOR, relataré tus obras poderosas,
     y haré memoria de tu justicia,
     de tu justicia solamente.
¹⁷ Tú, oh Dios, me enseñaste desde mi juventud,
     y aún hoy anuncio todos tus prodigios.

⁴ But may all who seek you
     rejoice and be glad in you;
   may those who long for your saving help
        always say,
     "The LORD is great!"

⁵ But as for me, I am poor and needy;
     come quickly to me, O God.
   You are my help and my deliverer;
     LORD, do not delay.

PSALM 71

¹ In you, LORD, I have taken refuge;
     let me never be put to shame.
² In your righteousness, rescue me and deliver
        me;
     turn your ear to me and save me.
³ Be my rock of refuge,
     to which I can always go;
   give the command to save me,
     for you are my rock and my fortress.
⁴ Deliver me, my God, from the hand of the
        wicked,
     from the grasp of those who are evil and
        cruel.

⁵ For you have been my hope, Sovereign LORD,
     my confidence since my youth.
⁶ From birth I have relied on you;
     you brought me forth from my mother's
        womb.
     I will ever praise you.
⁷ I have become a sign to many;
     you are my strong refuge.
⁸ My mouth is filled with your praise,
     declaring your splendor all day long.

⁹ Do not cast me away when I am old;
     do not forsake me when my strength is gone.
¹⁰ For my enemies speak against me;
     those who wait to kill me conspire together.
¹¹ They say, "God has forsaken him;
     pursue him and seize him,
     for no one will rescue him."
¹² Do not be far from me, my God;
     come quickly, God, to help me.
¹³ May my accusers perish in shame;
     may those who want to harm me
     be covered with scorn and disgrace.

¹⁴ As for me, I will always have hope;
     I will praise you more and more.

¹⁵ My mouth will tell of your righteous deeds,
     of your saving acts all day long—
     though I know not how to relate them all.
¹⁶ I will come and proclaim your mighty acts,
     Sovereign LORD;
     I will proclaim your righteous deeds, yours
        alone.
¹⁷ Since my youth, God, you have taught me,
     and to this day I declare your marvelous
        deeds.

¹⁸ Aun cuando sea yo anciano y peine canas,
     no me abandones, oh Dios,
hasta que anuncie tu poder
     a la generación venidera,
y dé a conocer tus proezas
     a los que aún no han nacido.
¹⁹ Oh Dios, tú has hecho grandes cosas;
     tu justicia llega a las alturas.
     ¿Quién como tú, oh Dios?
²⁰ Me has hecho pasar por muchos infortunios,
     pero volverás a darme vida;
de las profundidades de la tierra
     volverás a levantarme.
²¹ Acrecentarás mi honor
     y volverás a consolarme.

²² Por tu fidelidad, Dios mío,
     te alabaré con instrumentos de cuerda;
te cantaré, oh Santo de Israel,
     salmos con la lira.
²³ Gritarán de júbilo mis labios
     cuando yo te cante salmos,
     pues me has salvado la vida.
²⁴ Todo el día repetirá mi lengua
     la historia de tus justas acciones,
pues quienes buscaban mi mal
     han quedado confundidos y avergonzados.

SALMO 72

De Salomón.

¹ Oh Dios, otorga tu justicia al rey,
     tu rectitud al príncipe heredero.
² Así juzgará con rectitud a tu pueblo
     y hará justicia a tus pobres.
³ Brindarán los montes *bienestar al pueblo,
     y fruto de justicia las colinas.
⁴ El rey hará justicia a los pobres del pueblo
     y salvará a los necesitados;
     ¡él aplastará a los opresores!

⁵ Que viva el rey^y por mil generaciones,
     lo mismo que el sol y que la luna.
⁶ Que sea como la lluvia sobre un campo
       sembrado,
     como las lluvias que empapan la tierra.
⁷ Que en sus días florezca la justicia,
     y que haya gran prosperidad,
hasta que la luna deje de existir.

⁸ Que domine el rey de mar a mar,
     desde el río Éufrates hasta los confines de la
       tierra.
⁹ Que se postren ante él las tribus del desierto;
     ¡que muerdan el polvo sus enemigos!
¹⁰ Que le paguen tributo los reyes de Tarsis
     y de las costas remotas;
que los reyes de Sabá y de Seba
     le traigan presentes.

¹⁸ Even when I am old and gray,
     do not forsake me, my God,
till I declare your power to the next generation,
     your mighty acts to all who are to come.

¹⁹ Your righteousness, God, reaches to the
       heavens,
     you who have done great things.
     Who is like you, God?
²⁰ Though you have made me see troubles,
     many and bitter,
     you will restore my life again;
from the depths of the earth
     you will again bring me up.
²¹ You will increase my honor
     and comfort me once more.

²² I will praise you with the harp
     for your faithfulness, my God;
I will sing praise to you with the lyre,
     Holy One of Israel.
²³ My lips will shout for joy
     when I sing praise to you —
     I whom you have delivered.
²⁴ My tongue will tell of your righteous acts
     all day long,
for those who wanted to harm me
     have been put to shame and confusion.

PSALM 72

Of Solomon.

¹ Endow the king with your justice, O God,
     the royal son with your righteousness.
² May he judge your people in righteousness,
     your afflicted ones with justice.

³ May the mountains bring prosperity to the
       people,
     the hills the fruit of righteousness.
⁴ May he defend the afflicted among the people
     and save the children of the needy;
     may he crush the oppressor.
⁵ May he endure^z as long as the sun,
     as long as the moon, through all
       generations.
⁶ May he be like rain falling on a mown field,
     like showers watering the earth.
⁷ In his days may the righteous flourish
     and prosperity abound till the moon is no
       more.

⁸ May he rule from sea to sea
     and from the River^a to the ends of the earth.
⁹ May the desert tribes bow before him
     and his enemies lick the dust.
¹⁰ May the kings of Tarshish and of distant shores
     bring tribute to him.
May the kings of Sheba and Seba
     present him gifts.

---

^y 72:5 *Que viva el rey* (véase LXX); *Te temerán* (TM).

^z 5 Septuagint; Hebrew *You will be feared*   ^a 8 That is, the Euphrates

¹¹ Que ante él se inclinen todos los reyes;
    ¡que le sirvan todas las naciones!

¹² Él librará al indigente que pide auxilio,
    y al pobre que no tiene quien lo ayude.
¹³ Se compadecerá del desvalido y del necesitado,
    y a los menesterosos les salvará la vida.
¹⁴ Los librará de la opresión y la violencia,
    porque considera valiosa su vida.

¹⁵ ¡Que viva el rey!
    ¡Que se le entregue el oro de Sabá!
    Que se ore por él sin cesar;
    que todos los días se le bendiga.
¹⁶ Que abunde el trigo en toda la tierra;
    que ondeen los trigales en la cumbre de los
        montes.
    Que el grano se dé como en el Líbano;
    que abunden las gavillas^z como la hierba del
        campo.
¹⁷ Que su *nombre perdure para siempre;
    que su fama permanezca como el sol.
    Que en su nombre las naciones
    se bendigan unas a otras;
    que todas ellas lo proclamen *dichoso.

¹⁸ Bendito sea Dios el SEÑOR,
    el Dios de Israel,
    el único que hace obras portentosas.
¹⁹ Bendito sea por siempre su glorioso nombre;
    ¡que toda la tierra se llene de su gloria!

                Amén y amén.

²⁰ Aquí terminan las oraciones de David hijo de
        Isaí.

LIBRO III

Salmos 73-89

SALMO 73

Salmo de Asaf.

¹ En verdad, ¡cuán bueno es Dios con Israel,
    con los puros de corazón!
² Yo estuve a punto de caer,
    y poco me faltó para que resbalara.
³ Sentí envidia de los arrogantes,
    al ver la prosperidad de esos malvados.

⁴ Ellos no tienen ningún problema;
    su cuerpo está fuerte y saludable.^a
⁵ Libres están de los afanes de todos;
    no les afectan los infortunios humanos.
⁶ Por eso lucen su orgullo como un collar,
    y hacen gala de su violencia.
⁷ ¡Están que revientan de malicia,
    y hasta se les ven sus malas intenciones!
⁸ Son burlones, hablan con doblez,
    y arrogantes oprimen y amenazan.

¹¹ May all kings bow down to him
    and all nations serve him.

¹² For he will deliver the needy who cry out,
    the afflicted who have no one to help.
¹³ He will take pity on the weak and the needy
    and save the needy from death.
¹⁴ He will rescue them from oppression and
        violence,
    for precious is their blood in his sight.

¹⁵ Long may he live!
    May gold from Sheba be given him.
    May people ever pray for him
    and bless him all day long.
¹⁶ May grain abound throughout the land;
    on the tops of the hills may it sway.
    May the crops flourish like Lebanon
    and thrive^b like the grass of the field.
¹⁷ May his name endure forever;
    may it continue as long as the sun.

    Then all nations will be blessed through him,^c
    and they will call him blessed.

¹⁸ Praise be to the LORD God, the God of Israel,
    who alone does marvelous deeds.
¹⁹ Praise be to his glorious name forever;
    may the whole earth be filled with his glory.
                Amen and Amen.

²⁰ This concludes the prayers of David son of
    Jesse.

BOOK III

Psalms 73–89

PSALM 73

A psalm of Asaph.

¹ Surely God is good to Israel,
    to those who are pure in heart.

² But as for me, my feet had almost slipped;
    I had nearly lost my foothold.
³ For I envied the arrogant
    when I saw the prosperity of the wicked.

⁴ They have no struggles;
    their bodies are healthy and strong.^d
⁵ They are free from common human burdens;
    they are not plagued by human ills.
⁶ Therefore pride is their necklace;
    they clothe themselves with violence.
⁷ From their callous hearts comes iniquity^e;
    their evil imaginations have no limits.
⁸ They scoff, and speak with malice;
    with arrogance they threaten oppression.

---

^z **72:16** *que abunden las gavillas.* Alt. *que de la ciudad nazca gente.*
    ^a **73:4** *no tienen ningún problema; / su cuerpo está fuerte y saludable.* Alt. *no tienen lucha alguna ante su muerte; / su cuerpo está saludable.*

^b **16** Probable reading of the original Hebrew text; Masoretic Text *Lebanon, / from the city*   ^c **17** Or *will use his name in blessings* (see Gen. 48:20)   ^d **4** With a different word division of the Hebrew; Masoretic Text *struggles at their death; / their bodies are healthy*   ^e **7** Syriac (see also Septuagint); Hebrew *Their eyes bulge with fat*

⁹ Con la boca increpan al cielo,
    con la lengua dominan la tierra.
¹⁰ Por eso la gente acude a ellos
    y cree todo lo que afirman.
¹¹ Hasta dicen: «¿Cómo puede Dios saberlo?
    ¿Acaso el *Altísimo tiene entendimiento?»

¹² Así son los impíos;
    sin afanarse, aumentan sus riquezas.

¹³ En verdad, ¿de qué me sirve
    mantener mi corazón limpio
    y mis manos lavadas en la inocencia,
¹⁴ si todo el día me golpean
    y de mañana me castigan?

¹⁵ Si hubiera dicho: «Voy a hablar como ellos»,
    habría traicionado a tu linaje.
¹⁶ Cuando traté de comprender todo esto,
    me resultó una carga insoportable,
¹⁷ hasta que entré en el santuario de Dios;
    allí comprendí cuál será el destino de los
      malvados:
¹⁸ En verdad, los has puesto en terreno
    resbaladizo,
    y los empujas a su propia destrucción.
¹⁹ ¡En un instante serán destruidos,
    totalmente consumidos por el terror!
²⁰ Como quien despierta de un sueño,
    así, *Señor, cuando tú te levantes,
    desecharás su falsa apariencia.

²¹ Se me afligía el corazón
    y se me amargaba el ánimo
²² por mi *necedad e ignorancia.
    ¡Me porté contigo como una bestia!
²³ Pero yo siempre estoy contigo,
    pues tú me sostienes de la mano derecha.
²⁴ Me guías con tu consejo,
    y más tarde me acogerás en gloria.
²⁵ ¿A quién tengo en el cielo sino a ti?
    Si estoy contigo, ya nada quiero en la tierra.
²⁶ Podrán desfallecer mi cuerpo y mi espíritu,ᵇ
    pero Dios fortaleceᶜ mi corazón;
    él es mi herencia eterna.

²⁷ Perecerán los que se alejen de ti;
    tú destruyes a los que te son infieles.
²⁸ Para mí el bien es estar cerca de Dios.
    He hecho del Señor Soberano mi refugio
    para contar todas sus obras.

Salmo 74

*Masquil de Asaf.

¹ ¿Por qué, oh Dios,
    nos has rechazado para siempre?
    ¿Por qué se ha encendido tu ira
    contra las ovejas de tu prado?

⁹ Their mouths lay claim to heaven,
    and their tongues take possession of the
      earth.
¹⁰ Therefore their people turn to them
    and drink up waters in abundance.ᶠ
¹¹ They say, "How would God know?
    Does the Most High know anything?"

¹² This is what the wicked are like —
    always free of care, they go on amassing
      wealth.

¹³ Surely in vain I have kept my heart pure
    and have washed my hands in innocence.
¹⁴ All day long I have been afflicted,
    and every morning brings new
      punishments.

¹⁵ If I had spoken out like that,
    I would have betrayed your children.
¹⁶ When I tried to understand all this,
    it troubled me deeply
¹⁷ till I entered the sanctuary of God;
    then I understood their final destiny.

¹⁸ Surely you place them on slippery ground;
    you cast them down to ruin.
¹⁹ How suddenly are they destroyed,
    completely swept away by terrors!
²⁰ They are like a dream when one awakes;
    when you arise, Lord,
    you will despise them as fantasies.

²¹ When my heart was grieved
    and my spirit embittered,
²² I was senseless and ignorant;
    I was a brute beast before you.

²³ Yet I am always with you;
    you hold me by my right hand.
²⁴ You guide me with your counsel,
    and afterward you will take me into glory.
²⁵ Whom have I in heaven but you?
    And earth has nothing I desire besides you.
²⁶ My flesh and my heart may fail,
    but God is the strength of my heart
    and my portion forever.

²⁷ Those who are far from you will perish;
    you destroy all who are unfaithful to you.
²⁸ But as for me, it is good to be near God.
    I have made the Sovereign Lord my refuge;
    I will tell of all your deeds.

Psalm 74

A maskilᵍ of Asaph.

¹ O God, why have you rejected us forever?
    Why does your anger smolder against the
      sheep of your pasture?

ᵇ **73:26** *espíritu.* Lit. *corazón.*
ᶜ **73:26** *fortalece.* Lit. *es la roca de.*

ᶠ **10** The meaning of the Hebrew for this verse is uncertain.
ᵍ Title: Probably a literary or musical term

² Acuérdate del pueblo que adquiriste
    desde tiempos antiguos,
de la tribu que redimiste
    para que fuera tu posesión.
Acuérdate de este monte *Sión,
    que es donde tú habitas.
³ Dirige tus pasos hacia estas ruinas eternas;
    ¡todo en el santuario lo ha destruido el
        enemigo!
⁴ Tus adversarios rugen en el lugar de tus
        asambleas
    y plantan sus banderas en señal de victoria.
⁵ Parecen leñadores en el bosque,
    talando árboles con sus hachas.
⁶ Con sus hachas y martillos
    destrozaron todos los adornos de madera.
⁷ Prendieron fuego a tu santuario;
    profanaron el lugar donde habitas.
⁸ En su corazón dijeron: «¡Los haremos polvo!»,
    y quemaron en el país todos tus santuarios.
⁹ Ya no vemos ondear nuestras banderas;
    ya no hay ningún profeta,
y ni siquiera sabemos
    hasta cuándo durará todo esto.

¹⁰ ¿Hasta cuándo, oh Dios, se burlará el
        adversario?
    ¿Por siempre insultará tu nombre el
        enemigo?
¹¹ ¿Por qué retraes tu mano, tu mano derecha?
    ¿Por qué te quedas cruzado de brazos?

¹² Tú, oh Dios, eres mi rey desde tiempos
        antiguos;
    tú traes *salvación sobre la tierra.
¹³ Tú dividiste el mar con tu poder;
    les rompiste la cabeza a los monstruos
        marinos.
¹⁴ Tú aplastaste las cabezas de *Leviatán
    y lo diste por comida a las jaurías del
        desierto.
¹⁵ Tú hiciste que brotaran fuentes y arroyos;
    secaste ríos de inagotables corrientes.
¹⁶ Tuyo es el día, tuya también la noche;
    tú estableciste la luna y el sol;
¹⁷ trazaste los límites de la tierra,
    y creaste el verano y el invierno.

¹⁸ Recuerda, Señor, que tu enemigo se burla,
    y que un pueblo insensato ofende tu
        nombre.
¹⁹ No entregues a las fieras
    la vida de tu tórtola;
no te olvides, ni ahora ni nunca,
    de la vida de tus pobres.
²⁰ Toma en cuenta tu *pacto,
    pues en todos los rincones del país
        abunda la violencia.
²¹ Que no vuelva humillado el oprimido;
    que alaben tu nombre el pobre y el
        necesitado.

² Remember the nation you purchased long ago,
    the people of your inheritance, whom you
        redeemed—
    Mount Zion, where you dwelt.
³ Turn your steps toward these everlasting ruins,
    all this destruction the enemy has brought
        on the sanctuary.

⁴ Your foes roared in the place where you met
        with us;
    they set up their standards as signs.
⁵ They behaved like men wielding axes
    to cut through a thicket of trees.
⁶ They smashed all the carved paneling
    with their axes and hatchets.
⁷ They burned your sanctuary to the ground;
    they defiled the dwelling place of your
        Name.
⁸ They said in their hearts, "We will crush them
        completely!"
    They burned every place where God was
        worshiped in the land.

⁹ We are given no signs from God;
    no prophets are left,
    and none of us knows how long this will be.
¹⁰ How long will the enemy mock you, God?
    Will the foe revile your name forever?
¹¹ Why do you hold back your hand, your right
        hand?
    Take it from the folds of your garment and
        destroy them!

¹² But God is my King from long ago;
    he brings salvation on the earth.

¹³ It was you who split open the sea by your
        power;
    you broke the heads of the monster in the
        waters.
¹⁴ It was you who crushed the heads of Leviathan
    and gave it as food to the creatures of the
        desert.
¹⁵ It was you who opened up springs and streams;
    you dried up the ever-flowing rivers.
¹⁶ The day is yours, and yours also the night;
    you established the sun and moon.
¹⁷ It was you who set all the boundaries of the
        earth;
    you made both summer and winter.

¹⁸ Remember how the enemy has mocked you,
        Lord,
    how foolish people have reviled your name.
¹⁹ Do not hand over the life of your dove to wild
        beasts;
    do not forget the lives of your afflicted
        people forever.
²⁰ Have regard for your covenant,
    because haunts of violence fill the dark
        places of the land.
²¹ Do not let the oppressed retreat in disgrace;
    may the poor and needy praise your name.

²² Levántate, oh Dios, y defiende tu causa;
　　recuerda que a todas horas te ofenden los
　　*necios.
²³ No pases por alto el griterío de tus adversarios,
　　el creciente tumulto de tus enemigos.

SALMO 75

*Al director musical. Sígase la tonada de «No
destruyas». Salmo de Asaf. Cántico.*

¹ Te damos gracias, oh Dios,
　　te damos gracias e invocamos^d tu *nombre;
　　¡todos hablan de tus obras portentosas!

² Tú dices: «Cuando yo lo decida,
　　juzgaré con justicia.
³ Cuando se estremece la tierra
　　con todos sus habitantes,
　　soy yo quien afirma sus columnas.»

　　　　　　　　　　　　　　*Selah

⁴ «No sean altaneros», digo a los altivos;
　　«No sean soberbios», ordeno a los impíos;
⁵ «No hagan gala de soberbia contra el cielo,
　　ni hablen con aires de suficiencia.»

⁶ La exaltación no viene del oriente,
　　ni del occidente ni del sur,
⁷ sino que es Dios el que juzga:
　　a unos humilla y a otros exalta.
⁸ En la mano del SEÑOR hay una copa
　　de espumante vino mezclado con especias;
　　cuando él lo derrame, todos los impíos de la
　　　　tierra
　　habrán de beberlo hasta las heces.
⁹ Yo hablaré de esto siempre;
　　cantaré salmos al Dios de Jacob.
¹⁰ Aniquilaré la altivez de todos los impíos,
　　y exaltaré el poder de los justos.

SALMO 76

*Al director musical. Acompáñese con
instrumentos de cuerda. Salmo de Asaf. Cántico.*

¹ Dios es conocido en Judá;
　　su *nombre es exaltado en Israel.
² En *Salén se halla su santuario;
　　en *Sión está su morada.
³ Allí hizo pedazos las centelleantes saetas,
　　los escudos, las espadas, las armas de
　　　　guerra.

　　　　　　　　　　　　　　*Selah

⁴ Estás rodeado de esplendor;
　　eres más imponente que las montañas
　　　　eternas.^e
⁵ Los valientes yacen ahora despojados;
　　han caído en el sopor de la muerte.
　　Ninguno de esos hombres aguerridos
　　volverá a levantar sus manos.

²² Rise up, O God, and defend your cause;
　　remember how fools mock you all day long.
²³ Do not ignore the clamor of your adversaries,
　　the uproar of your enemies, which rises
　　continually.

PSALM 75^h

*For the director of music. To the tune of "Do Not
Destroy." A psalm of Asaph. A song.*

¹ We praise you, God,
　　we praise you, for your Name is near;
　　people tell of your wonderful deeds.

² You say, "I choose the appointed time;
　　it is I who judge with equity.
³ When the earth and all its people quake,
　　it is I who hold its pillars firm.^i
⁴ To the arrogant I say, 'Boast no more,'
　　and to the wicked, 'Do not lift up your
　　　　horns.^j
⁵ Do not lift your horns against heaven;
　　do not speak so defiantly.'"

⁶ No one from the east or the west
　　or from the desert can exalt themselves.
⁷ It is God who judges:
　　He brings one down, he exalts another.
⁸ In the hand of the LORD is a cup
　　full of foaming wine mixed with spices;
　　he pours it out, and all the wicked of the earth
　　drink it down to its very dregs.

⁹ As for me, I will declare this forever;
　　I will sing praise to the God of Jacob,
¹⁰ who says, "I will cut off the horns of all the
　　　　wicked,
　　but the horns of the righteous will be lifted
　　　　up."

PSALM 76^k

*For the director of music. With stringed instruments.
A psalm of Asaph. A song.*

¹ God is renowned in Judah;
　　in Israel his name is great.
² His tent is in Salem,
　　his dwelling place in Zion.
³ There he broke the flashing arrows,
　　the shields and the swords, the weapons of
　　　　war.^l

⁴ You are radiant with light,
　　more majestic than mountains rich with
　　　　game.
⁵ The valiant lie plundered,
　　they sleep their last sleep;

---

^d 75:1 *e invocamos* (LXX y Siríaca); *y cercano está* (TM).
^e 76:4 *montañas eternas* (LXX); *montañas donde hay presa* (TM).

^h In Hebrew texts 75:1-10 is numbered 75:2-11.　^i 3 The
Hebrew has *Selah* (a word of uncertain meaning) here.
^j 4 *Horns* here symbolize strength; also in verses 5 and 10.　^k In
Hebrew texts 76:1-12 is numbered 76:2-13.　^l 3 The Hebrew has
Selah (a word of uncertain meaning) here and at the end of verse 9.

⁶ Cuando tú, Dios de Jacob, los reprendiste,
     quedaron pasmados jinetes y corceles.
⁷ Tú, y sólo tú, eres de temer.
     ¿Quién puede hacerte frente
     cuando se enciende tu enojo?
⁸ Desde el cielo diste a conocer tu veredicto;
     la tierra, temerosa, guardó silencio
⁹ cuando tú, oh Dios, te levantaste para juzgar,
     para salvar a los pobres de la tierra.

                        Selah

¹⁰ La furia de Edom se vuelve tu alabanza;
     lo que aún queda de Jamat se vuelve tu
     corona.ᶠ
¹¹ Hagan votos al Señor su Dios, y cúmplanlos;
     que todos los países vecinos
     paguen tributo al Dios temible,
¹² al que acaba con el valor de los gobernantes,
     ¡al que es temido por los reyes de la tierra!

Salmo 77

*Al director musical. Para Jedutún. Salmo de
Asaf.*

¹ A Dios elevo mi voz suplicante;
     a Dios elevo mi voz para que me escuche.
² Cuando estoy angustiado, recurro al *Señor;
     sin cesar elevo mis manos por las noches,
     pero me niego a recibir consuelo.
³ Me acuerdo de Dios, y me lamento;
     medito en él, y desfallezco.

                        *Selah

⁴ No me dejas conciliar el sueño;
     tan turbado estoy que ni hablar puedo.
⁵ Me pongo a pensar en los tiempos de antaño;
     de los años ya idoˢ ⁶ me acuerdo.
     Mi corazón reflexiona por las noches;ᵍ
     mi espíritu medita e inquiere:
⁷ «¿Nos rechazará el Señor para siempre?
     ¿No volverá a mostrarnos su buena voluntad?
⁸ ¿Se habrá agotado su gran amor eterno,
     y sus promesas por todas las generaciones?
⁹ ¿Se habrá olvidado Dios de sus bondades,
     y en su enojo ya no quiere tenernos
     compasión?»

                        Selah

¹⁰ Y me pongo a pensar: «Esto es lo que me
     duele:
     que haya cambiado la diestra del *Altísimo.»
¹¹ Prefiero recordar las hazañas del Señor,
     traer a la memoria sus milagros de antaño.
¹² Meditaré en todas tus proezas;
     evocaré tus obras poderosas.
¹³ Santos, oh Dios, son tus *caminos;
     ¿qué dios hay tan excelso como nuestro
     Dios?

---

     not one of the warriors
     can lift his hands.
⁶ At your rebuke, God of Jacob,
     both horse and chariot lie still.

⁷ It is you alone who are to be feared.
     Who can stand before you when you are
     angry?
⁸ From heaven you pronounced judgment,
     and the land feared and was quiet —
⁹ when you, God, rose up to judge,
     to save all the afflicted of the land.
¹⁰ Surely your wrath against mankind brings you
     praise,
     and the survivors of your wrath are
     restrained.ᵐ

¹¹ Make vows to the Lord your God and fulfill
     them;
     let all the neighboring lands
     bring gifts to the One to be feared.
¹² He breaks the spirit of rulers;
     he is feared by the kings of the earth.

Psalm 77ⁿ

*For the director of music. For Jeduthun. Of Asaph.
A psalm.*

¹ I cried out to God for help;
     I cried out to God to hear me.
² When I was in distress, I sought the Lord;
     at night I stretched out untiring hands,
     and I would not be comforted.

³ I remembered you, God, and I groaned;
     I meditated, and my spirit grew faint.ᵒ
⁴ You kept my eyes from closing;
     I was too troubled to speak.
⁵ I thought about the former days,
     the years of long ago;
⁶ I remembered my songs in the night.
     My heart meditated and my spirit asked:

⁷ "Will the Lord reject forever?
     Will he never show his favor again?
⁸ Has his unfailing love vanished forever?
     Has his promise failed for all time?
⁹ Has God forgotten to be merciful?
     Has he in anger withheld his compassion?"

¹⁰ Then I thought, "To this I will appeal:
     the years when the Most High stretched out
     his right hand.
¹¹ I will remember the deeds of the Lord;
     yes, I will remember your miracles of long
     ago.
¹² I will consider all your works
     and meditate on all your mighty deeds."

¹³ Your ways, God, are holy.
     What god is as great as our God?

ᶠ **76:10** *La furia ... tu corona* (lectura probable); *La furia del
hombre te alabará, porque los sobrevivientes al castigo te harán fiesta*
(TM).

ᵍ **77:6** *me acuerdo. / Mi ... las noches* (LXX); *Me acuerdo de mi
cántico por las noches con mi corazón* (TM).

ᵐ 10 Or *Surely the wrath of mankind brings you praise, / and with
the remainder of wrath you arm yourself*   ⁿ In Hebrew texts 77:1-
20 is numbered 77:2-21.   ᵒ 3 The Hebrew has *Selah* (a word of
uncertain meaning) here and at the end of verses 9 and 15.

¹⁴ Tú eres el Dios que realiza maravillas;
     el que despliega su poder entre los pueblos.
¹⁵ Con tu brazo poderoso redimiste a tu pueblo,
     a los descendientes de Jacob y de José.

Selah

¹⁶ Las aguas te vieron, oh Dios,
     las aguas te vieron y se agitaron;
     el propio abismo se estremeció con
         violencia.
¹⁷ Derramaron su lluvia las nubes;
     retumbaron con estruendo los cielos;
     rasgaron el espacio tus centellas.
¹⁸ Tu estruendo retumbó en el torbellino
     y tus relámpagos iluminaron el mundo;
     la tierra se estremeció con temblores.
¹⁹ Te abriste camino en el mar;
     te hiciste paso entre las muchas aguas,
     y no se hallaron tus huellas.
²⁰ Por medio de Moisés y de Aarón
     guiaste como un rebaño a tu pueblo.

Salmo 78

Masquil de Asaf.

¹ Pueblo mío, atiende a mi *enseñanza;
     presta oído a las palabras de mi boca.
² Mis labios pronunciarán *parábolas
     y evocarán misterios de antaño,
³ cosas que hemos oído y conocido,
     y que nuestros padres nos han contado.
⁴ No las esconderemos de sus descendientes;
     hablaremos a la generación venidera
del poder del Señor, de sus proezas,
     y de las maravillas que ha realizado.
⁵ Él promulgó un decreto para Jacob,
     dictó una *ley para Israel;
ordenó a nuestros antepasados
     enseñarlos a sus descendientes,
⁶ para que los conocieran las generaciones
         venideras
     y los hijos que habrían de nacer,
     que a su vez los enseñarían a sus hijos.
⁷ Así ellos pondrían su confianza en Dios
     y no se olvidarían de sus proezas,
     sino que cumplirían sus mandamientos.
⁸ Así no serían como sus antepasados:
     generación obstinada y rebelde,
gente de corazón fluctuante,
     cuyo espíritu no se mantuvo fiel a Dios.
⁹ La tribu de Efraín, con sus diestros arqueros,
     se puso en fuga el día de la batalla.

¹⁰ No cumplieron con el *pacto de Dios,
     sino que se negaron a seguir sus enseñanzas.
¹¹ Echaron al olvido sus proezas,
     las maravillas que les había mostrado,
¹² los milagros que hizo a la vista de sus padres
     en la tierra de Egipto, en la región de Zoán.

¹⁴ You are the God who performs miracles;
     you display your power among the peoples.
¹⁵ With your mighty arm you redeemed your
         people,
     the descendants of Jacob and Joseph.

¹⁶ The waters saw you, God,
     the waters saw you and writhed;
     the very depths were convulsed.
¹⁷ The clouds poured down water,
     the heavens resounded with thunder;
     your arrows flashed back and forth.
¹⁸ Your thunder was heard in the whirlwind,
     your lightning lit up the world;
     the earth trembled and quaked.
¹⁹ Your path led through the sea,
     your way through the mighty waters,
     though your footprints were not seen.

²⁰ You led your people like a flock
     by the hand of Moses and Aaron.

Psalm 78

A maskil[p] of Asaph.

¹ My people, hear my teaching;
     listen to the words of my mouth.
² I will open my mouth with a parable;
     I will utter hidden things, things from of
         old —
³ things we have heard and known,
     things our ancestors have told us.
⁴ We will not hide them from their descendants;
     we will tell the next generation
the praiseworthy deeds of the Lord,
     his power, and the wonders he has done.
⁵ He decreed statutes for Jacob
     and established the law in Israel,
which he commanded our ancestors
     to teach their children,
⁶ so the next generation would know them,
     even the children yet to be born,
     and they in turn would tell their children.
⁷ Then they would put their trust in God
     and would not forget his deeds
     but would keep his commands.
⁸ They would not be like their ancestors —
     a stubborn and rebellious generation,
whose hearts were not loyal to God,
     whose spirits were not faithful to him.

⁹ The men of Ephraim, though armed with
         bows,
     turned back on the day of battle;
¹⁰ they did not keep God's covenant
     and refused to live by his law.
¹¹ They forgot what he had done,
     the wonders he had shown them.
¹² He did miracles in the sight of their ancestors
     in the land of Egypt, in the region of Zoan.

---

p Title: Probably a literary or musical term

¹³ Partió el mar en dos para que ellos lo cruzaran,
    mientras mantenía las aguas firmes como
        un muro.
¹⁴ De día los guió con una nube,
    y toda la noche con luz de fuego.
¹⁵ En el desierto partió en dos las rocas,
    y les dio a beber torrentes de aguas;
¹⁶ hizo que brotaran arroyos de la peña
    y que las aguas fluyeran como ríos.

¹⁷ Pero ellos volvieron a pecar contra él;
    en el desierto se rebelaron contra el
        *Altísimo.
¹⁸ Con toda intención pusieron a Dios a prueba,
    y le exigieron comida a su antojo.
¹⁹ Murmuraron contra Dios, y aun dijeron:
    «¿Podrá Dios tendernos una mesa en el
        desierto?
²⁰ Cuando golpeó la roca,
    el agua brotó en torrentes;
  pero ¿podrá también darnos de comer?,
    ¿podrá proveerle carne a su pueblo?»
²¹ Cuando el Señor oyó esto, se puso muy
        furioso;
    su enojo se encendió contra Jacob,
    su ira ardió contra Israel.
²² Porque no confiaron en Dios,
    ni creyeron que él los salvaría.
²³ Desde lo alto dio una orden a las nubes,
    y se abrieron las puertas de los cielos.
²⁴ Hizo que les lloviera maná, para que comieran;
    pan del cielo les dio a comer.
²⁵ Todos ellos comieron pan de ángeles;
    Dios les envió comida hasta saciarlos.
²⁶ Desató desde el cielo el viento solano,
    y con su poder levantó el viento del sur.
²⁷ Cual lluvia de polvo, hizo que les lloviera
        carne;
    ¡nubes de pájaros, como la arena del mar!
²⁸ Los hizo caer en medio de su campamento
    y en los alrededores de sus tiendas.
²⁹ Comieron y se hartaron,
    pues Dios les cumplió su capricho.
³⁰ Pero el capricho no les duró mucho:
    aún tenían la comida en la boca
³¹ cuando el enojo de Dios vino sobre ellos:
    dio muerte a sus hombres más robustos;
    abatió a la flor y nata de Israel.

³² A pesar de todo, siguieron pecando
    y no creyeron en sus maravillas.
³³ Por tanto, Dios hizo que sus días
    se esfumaran como un suspiro,
    que sus años acabaran en medio del terror.
³⁴ Si Dios los castigaba, entonces lo buscaban,
    y con ansias se volvían de nuevo a él.
³⁵ Se acordaban de que Dios era su *roca,
    de que el Dios Altísimo era su redentor.
³⁶ Pero entonces lo halagaban con la boca,
    y le mentían con la lengua.

¹³ He divided the sea and led them through;
    he made the water stand up like a wall.
¹⁴ He guided them with the cloud by day
    and with light from the fire all night.
¹⁵ He split the rocks in the wilderness
    and gave them water as abundant as the
        seas;
¹⁶ he brought streams out of a rocky crag
    and made water flow down like rivers.

¹⁷ But they continued to sin against him,
    rebelling in the wilderness against the Most
        High.
¹⁸ They willfully put God to the test
    by demanding the food they craved.
¹⁹ They spoke against God;
    they said, "Can God really
    spread a table in the wilderness?
²⁰ True, he struck the rock,
    and water gushed out,
    streams flowed abundantly,
  but can he also give us bread?
    Can he supply meat for his people?"
²¹ When the Lord heard them, he was furious;
    his fire broke out against Jacob,
    and his wrath rose against Israel,
²² for they did not believe in God
    or trust in his deliverance.
²³ Yet he gave a command to the skies above
    and opened the doors of the heavens;
²⁴ he rained down manna for the people to eat,
    he gave them the grain of heaven.
²⁵ Human beings ate the bread of angels;
    he sent them all the food they could eat.
²⁶ He let loose the east wind from the heavens
    and by his power made the south wind
        blow.
²⁷ He rained meat down on them like dust,
    birds like sand on the seashore.
²⁸ He made them come down inside their camp,
    all around their tents.
²⁹ They ate till they were gorged —
    he had given them what they craved.
³⁰ But before they turned from what they craved,
    even while the food was still in their
        mouths,
³¹ God's anger rose against them;
    he put to death the sturdiest among them,
    cutting down the young men of Israel.

³² In spite of all this, they kept on sinning;
    in spite of his wonders, they did not believe.
³³ So he ended their days in futility
    and their years in terror.
³⁴ Whenever God slew them, they would seek
        him;
    they eagerly turned to him again.
³⁵ They remembered that God was their Rock,
    that God Most High was their Redeemer.
³⁶ But then they would flatter him with their
        mouths,
    lying to him with their tongues;

³⁷ No fue su corazón sincero para con Dios;
 no fueron fieles a su pacto.
³⁸ Sin embargo, él les tuvo compasión;
 les perdonó su maldad y no los destruyó.
Una y otra vez contuvo su enojo,
 y no se dejó llevar del todo por la ira.
³⁹ Se acordó de que eran simples *mortales,
 un efímero suspiro que jamás regresa.

⁴⁰ ¡Cuántas veces se rebelaron contra él en el
  desierto,
 y lo entristecieron en los páramos!
⁴¹ Una y otra vez ponían a Dios a prueba;
 provocaban al Santo de Israel.
⁴² Jamás se acordaron de su poder,
 de cuando los rescató del opresor,
⁴³ ni de sus señales milagrosas en Egipto,
 ni de sus portentos en la región de Zoán,
⁴⁴ cuando convirtió en sangre los ríos egipcios
 y no pudieron ellos beber de sus arroyos;
⁴⁵ cuando les envió tábanos que se los devoraban,
 y ranas que los destruían;
⁴⁶ cuando entregó sus cosechas a los saltamontes,
 y sus sembrados a la langosta;
⁴⁷ cuando con granizo destruyó sus viñas,
 y con escarcha sus higueras;
⁴⁸ cuando entregó su ganado al granizo,
 y sus rebaños a las centellas;
⁴⁹ cuando lanzó contra ellos el ardor de su ira,
 de su furor, indignación y hostilidad:
 ¡todo un ejército de ángeles destructores!
⁵⁰ Dio rienda suelta a su enojo
 y no los libró de la muerte,
 sino que los entregó a la plaga.
⁵¹ Dio muerte a todos los primogénitos de
  Egipto,
 a las primicias de su raza en los
  campamentos de Cam.
⁵² A su pueblo lo guió como a un rebaño;
 los llevó por el desierto, como a ovejas,
⁵³ infundiéndoles confianza para que no
  temieran.
 Pero a sus enemigos se los tragó el mar.

⁵⁴ Trajo a su pueblo a esta su tierra santa,
 a estas montañas que su diestra conquistó.
⁵⁵ Al paso de los israelitas expulsó naciones,
 cuyas tierras dio a su pueblo en heredad;
 ¡así estableció en sus tiendas a las tribus de
  Israel!

⁵⁶ Pero ellos pusieron a prueba a Dios:
 se rebelaron contra el *Altísimo
 y desobedecieron sus *estatutos.
⁵⁷ Fueron desleales y traidores, como sus padres;
 ¡tan falsos como un arco defectuoso!
⁵⁸ Lo irritaron con sus santuarios paganos;
 con sus ídolos despertaron sus celos.
⁵⁹ Dios lo supo y se puso muy furioso,
 por lo que rechazó completamente a Israel.

³⁷ their hearts were not loyal to him,
 they were not faithful to his covenant.
³⁸ Yet he was merciful;
 he forgave their iniquities
 and did not destroy them.
Time after time he restrained his anger
 and did not stir up his full wrath.
³⁹ He remembered that they were but flesh,
 a passing breeze that does not return.

⁴⁰ How often they rebelled against him in the
  wilderness
 and grieved him in the wasteland!
⁴¹ Again and again they put God to the test;
 they vexed the Holy One of Israel.
⁴² They did not remember his power —
 the day he redeemed them from the
  oppressor,
⁴³ the day he displayed his signs in Egypt,
 his wonders in the region of Zoan.
⁴⁴ He turned their river into blood;
 they could not drink from their streams.
⁴⁵ He sent swarms of flies that devoured them,
 and frogs that devastated them.
⁴⁶ He gave their crops to the grasshopper,
 their produce to the locust.
⁴⁷ He destroyed their vines with hail
 and their sycamore-figs with sleet.
⁴⁸ He gave over their cattle to the hail,
 their livestock to bolts of lightning.
⁴⁹ He unleashed against them his hot anger,
 his wrath, indignation and hostility —
 a band of destroying angels.
⁵⁰ He prepared a path for his anger;
 he did not spare them from death
 but gave them over to the plague.
⁵¹ He struck down all the firstborn of Egypt,
 the firstfruits of manhood in the tents of
  Ham.
⁵² But he brought his people out like a flock;
 he led them like sheep through the
  wilderness.
⁵³ He guided them safely, so they were unafraid;
 but the sea engulfed their enemies.
⁵⁴ And so he brought them to the border of his
  holy land,
 to the hill country his right hand had taken.
⁵⁵ He drove out nations before them
 and allotted their lands to them as an
  inheritance;
 he settled the tribes of Israel in their homes.

⁵⁶ But they put God to the test
 and rebelled against the Most High;
 they did not keep his statutes.
⁵⁷ Like their ancestors they were disloyal and
  faithless,
 as unreliable as a faulty bow.
⁵⁸ They angered him with their high places;
 they aroused his jealousy with their idols.
⁵⁹ When God heard them, he was furious;
 he rejected Israel completely.

⁶⁰ Abandonó el tabernáculo de Siló,
  que era su santuario aquí en la tierra,
⁶¹ y dejó que el símbolo de su poder y gloria
  cayera cautivo en manos enemigas.
⁶² Tan furioso estaba contra su pueblo
  que dejó que los mataran a filo de espada.
⁶³ A sus jóvenes los consumió el fuego,
  y no hubo cantos nupciales para sus
    doncellas;
⁶⁴ a filo de espada cayeron sus sacerdotes,
  y sus viudas no pudieron hacerles duelo.

⁶⁵ Despertó entonces el Señor,
  como quien despierta de un sueño,
  como un guerrero que, por causa del vino,
  lanza gritos desaforados.
⁶⁶ Hizo retroceder a sus enemigos,
  y los puso en vergüenza para siempre.
⁶⁷ Rechazó a los descendientes^h de José,
  y no escogió a la tribu de Efraín;
⁶⁸ más bien, escogió a la tribu de Judá
  y al monte *Sión, al cual ama.
⁶⁹ Construyó su santuario, alto como los cielos,ⁱ
  como la tierra, que él afirmó para siempre.
⁷⁰ Escogió a su siervo David,
  al que sacó de los apriscos de las ovejas,
⁷¹ y lo quitó de andar arreando los rebaños
  para que fuera el *pastor de Jacob, su
    pueblo;
  el pastor de Israel, su herencia.
⁷² Y David los pastoreó con corazón sincero;
  con mano experta los dirigió.

Salmo 79

Salmo de Asaf.

¹ Oh Dios, los pueblos paganos han invadido tu
    herencia;
  han profanado tu santo templo,
  han dejado en ruinas a Jerusalén.
² Han entregado los cadáveres de tus siervos
  como alimento de las aves del cielo;
  han destinado los cuerpos de tus fieles
  para comida de los animales salvajes.
³ Por toda Jerusalén han derramado su sangre,
  como si derramaran agua,
  y no hay quien entierre a los muertos.
⁴ Nuestros vecinos hacen mofa de nosotros;
  somos blanco de las burlas de quienes nos
    rodean.

⁵ ¿Hasta cuándo, Señor?
  ¿Vas a estar enojado para siempre?
  ¿Arderá tu celo como el fuego?
⁶ ¡Enójate con las naciones que no te reconocen,
  con los reinos que no invocan tu *nombre!
⁷ Porque a Jacob se lo han devorado,
  y al país lo han dejado en ruinas.

⁸ No nos tomes en cuenta los pecados de ayer;

⁶⁰ He abandoned the tabernacle of Shiloh,
  the tent he had set up among humans.
⁶¹ He sent the ark of his might into captivity,
  his splendor into the hands of the enemy.
⁶² He gave his people over to the sword;
  he was furious with his inheritance.
⁶³ Fire consumed their young men,
  and their young women had no wedding
    songs;
⁶⁴ their priests were put to the sword,
  and their widows could not weep.

⁶⁵ Then the Lord awoke as from sleep,
  as a warrior wakes from the stupor of wine.
⁶⁶ He beat back his enemies;
  he put them to everlasting shame.
⁶⁷ Then he rejected the tents of Joseph,
  he did not choose the tribe of Ephraim;
⁶⁸ but he chose the tribe of Judah,
  Mount Zion, which he loved.
⁶⁹ He built his sanctuary like the heights,
  like the earth that he established forever.
⁷⁰ He chose David his servant
  and took him from the sheep pens;
⁷¹ from tending the sheep he brought him
  to be the shepherd of his people Jacob,
  of Israel his inheritance.
⁷² And David shepherded them with integrity of
    heart;
  with skillful hands he led them.

Psalm 79

A psalm of Asaph.

¹ O God, the nations have invaded your
    inheritance;
  they have defiled your holy temple,
  they have reduced Jerusalem to rubble.
² They have left the dead bodies of your servants
  as food for the birds of the sky,
  the flesh of your own people for the animals
    of the wild.
³ They have poured out blood like water
  all around Jerusalem,
  and there is no one to bury the dead.
⁴ We are objects of contempt to our neighbors,
  of scorn and derision to those around us.

⁵ How long, Lord? Will you be angry forever?
  How long will your jealousy burn like fire?
⁶ Pour out your wrath on the nations
  that do not acknowledge you,
  on the kingdoms
  that do not call on your name;
⁷ for they have devoured Jacob
  and devastated his homeland.

⁸ Do not hold against us the sins of past
    generations;

---

h **78:67** *los descendientes.* Lit. *las tiendas (de campaña).*
i **78:69** *santuario, alto como los cielos.* Lit. *santuario como las alturas.*

¡venga pronto tu misericordia a nuestro
encuentro,
porque estamos totalmente abatidos!

⁹ Oh Dios y salvador nuestro,
por la gloria de tu nombre, ayúdanos;
por tu nombre, líbranos y perdona nuestros
pecados.

¹⁰ ¿Por qué van a decir las naciones:
«¿Dónde está su Dios?»
Permítenos ver, y muéstrales a los pueblos
paganos
cómo tomas venganza de la sangre de tus
siervos.

¹¹ Que lleguen a tu presencia
los gemidos de los cautivos,
y por la fuerza de tu brazo
salva a los condenados a muerte.

¹² Señor, haz que sientan nuestros vecinos,
siete veces y en carne propia,
el oprobio que han lanzado contra ti.

¹³ Y nosotros, tu pueblo y ovejas de tu prado,
te alabaremos por siempre;
de generación en generación
cantaremos tus alabanzas.

SALMO 80

*Al director musical. Sígase la tonada de «Los
lirios del *pacto». Salmo de Asaf.*

¹ *Pastor de Israel,
tú que guías a José como a un rebaño,
tú que reinas entre los *querubines,
¡escúchanos!
¡Resplandece ² delante de Efraín, Benjamín y
Manasés!
¡Muestra tu poder, y ven a salvarnos!

³ Restáuranos, oh Dios;
haz resplandecer tu rostro sobre nosotros,
y sálvanos.

⁴ ¿Hasta cuándo, SEÑOR, Dios *Todopoderoso,
arderá tu ira contra las oraciones de tu
pueblo?

⁵ Por comida, le has dado pan de lágrimas;
por bebida, lágrimas en abundancia.

⁶ Nos has hecho motivo de contienda
para nuestros vecinos;
nuestros enemigos se burlan de nosotros.

⁷ Restáuranos, oh Dios Todopoderoso;
haz resplandecer tu rostro sobre nosotros,
y sálvanos.

⁸ De Egipto trajiste una vid;
expulsaste a los pueblos paganos, y la
plantaste.

⁹ Le limpiaste el terreno,
y ella echó raíces y llenó la tierra.

¹⁰ Su sombra se extendía hasta las montañas,
su follaje cubría los más altos cedros.

may your mercy come quickly to meet us,
for we are in desperate need.

⁹ Help us, God our Savior,
for the glory of your name;
deliver us and forgive our sins
for your name's sake.

¹⁰ Why should the nations say,
"Where is their God?"

Before our eyes, make known among the
nations
that you avenge the outpoured blood of
your servants.

¹¹ May the groans of the prisoners come before
you;
with your strong arm preserve those
condemned to die.

¹² Pay back into the laps of our neighbors seven
times
the contempt they have hurled at you, Lord.

¹³ Then we your people, the sheep of your
pasture,
will praise you forever;
from generation to generation
we will proclaim your praise.

PSALM 80 q

*For the director of music. To the tune of "The Lilies of
the Covenant." Of Asaph. A psalm.*

¹ Hear us, Shepherd of Israel,
you who lead Joseph like a flock.
You who sit enthroned between the cherubim,
shine forth ² before Ephraim, Benjamin and
Manasseh.
Awaken your might;
come and save us.

³ Restore us, O God;
make your face shine on us,
that we may be saved.

⁴ How long, LORD God Almighty,
will your anger smolder
against the prayers of your people?

⁵ You have fed them with the bread of tears;
you have made them drink tears by the
bowlful.

⁶ You have made us an object of derision r to our
neighbors,
and our enemies mock us.

⁷ Restore us, God Almighty;
make your face shine on us,
that we may be saved.

⁸ You transplanted a vine from Egypt;
you drove out the nations and planted it.

⁹ You cleared the ground for it,
and it took root and filled the land.

¹⁰ The mountains were covered with its shade,
the mighty cedars with its branches.

---

q In Hebrew texts 80:1-19 is numbered 80:2-20.   r 6 Probable
reading of the original Hebrew text; Masoretic Text *contention*

¹¹ Sus ramas se extendieron hasta el
    Mediterráneo
    y sus renuevos hasta el Éufrates.

¹² ¿Por qué has derribado sus muros?
    ¡Todos los que pasan le arrancan uvas!
¹³ Los jabalíes del bosque la destruyen,
    los animales salvajes la devoran.
¹⁴ ¡Vuélvete a nosotros, oh Dios Todopoderoso!
    ¡Asómate a vernos desde el cielo
    y brinda tus cuidados a esta vid!
¹⁵ ¡Es la raíz que plantaste con tu diestra!
    ¡Es el vástago que has criado para ti!

¹⁶ Tu vid está derribada, quemada por el fuego;
    a tu reprensión perece tu pueblo.^j
¹⁷ Bríndale tu apoyo al *hombre de tu diestra,
    al *ser humano^k que para ti has criado.
¹⁸ Nosotros no nos apartaremos de ti;
    reavívanos, e invocaremos tu *nombre.

¹⁹ Restáuranos, Señor, Dios Todopoderoso;
    haz resplandecer tu rostro sobre nosotros,
    y sálvanos.

Salmo 81

*Al director musical. Sígase la tonada de «La
canción del lagar». Salmo de Asaf.*

¹ Canten alegres a Dios, nuestra fortaleza;
    ¡aclamen con regocijo al Dios de Jacob!
² ¡Entonen salmos!
    ¡Toquen ya la pandereta,
    la lira y el arpa melodiosa!

³ Toquen el cuerno de carnero en la luna nueva,
    y en la luna llena, día de nuestra fiesta.
⁴ Éste es un decreto para Israel,
    una ordenanza del Dios de Jacob.
⁵ Lo estableció como un *pacto con José
    cuando salió de la tierra de Egipto.

Escucho un idioma que no entiendo:
⁶ «Te he quitado la carga de los hombros;
    tus manos se han librado del pesado cesto.
⁷ En tu angustia me llamaste, y te libré;
    oculto en el nubarrón te respondí;
    en las aguas de Meribá te puse a prueba.
                      Selah

⁸ »Escucha, pueblo mío, mis advertencias;
    ¡ay Israel, si tan sólo me escucharas!
⁹ No tendrás ningún dios extranjero,
    ni te inclinarás ante ningún dios extraño.
¹⁰ Yo soy el Señor tu Dios,
    que te sacó de la tierra de Egipto.
    Abre bien la boca, y te la llenaré.

¹¹ »Pero mi pueblo no me escuchó;
    Israel no quiso hacerme caso.

¹¹ Its branches reached as far as the Sea,^s
    its shoots as far as the River.^t

¹² Why have you broken down its walls
    so that all who pass by pick its grapes?
¹³ Boars from the forest ravage it,
    and insects from the fields feed on it.
¹⁴ Return to us, God Almighty!
    Look down from heaven and see!
    Watch over this vine,
¹⁵   the root your right hand has planted,
    the son^u you have raised up for yourself.

¹⁶ Your vine is cut down, it is burned with fire;
    at your rebuke your people perish.
¹⁷ Let your hand rest on the man at your right
    hand,
    the son of man you have raised up for
    yourself.
¹⁸ Then we will not turn away from you;
    revive us, and we will call on your name.

¹⁹ Restore us, Lord God Almighty;
    make your face shine on us,
    that we may be saved.

Psalm 81^v

For the director of music. According to gittith.^w
    Of Asaph.

¹ Sing for joy to God our strength;
    shout aloud to the God of Jacob!
² Begin the music, strike the timbrel,
    play the melodious harp and lyre.

³ Sound the ram's horn at the New Moon,
    and when the moon is full, on the day of
    our festival;
⁴ this is a decree for Israel,
    an ordinance of the God of Jacob.
⁵ When God went out against Egypt,
    he established it as a statute for Joseph.

I heard an unknown voice say:

⁶ "I removed the burden from their shoulders;
    their hands were set free from the basket.
⁷ In your distress you called and I rescued you,
    I answered you out of a thundercloud;
    I tested you at the waters of Meribah.^x
⁸ Hear me, my people, and I will warn you—
    if you would only listen to me, Israel!
⁹ You shall have no foreign god among you;
    you shall not worship any god other than me.
¹⁰ I am the Lord your God,
    who brought you up out of Egypt.
    Open wide your mouth and I will fill it.

¹¹ "But my people would not listen to me;
    Israel would not submit to me.

---

^j **80:16** *Tu vid ... tu pueblo* (lectura probable); *Haz que perezcan,
a tu reprensión, / los que la queman y destruyen* (TM).
   ^k **80:17** *ser humano.* Lit. *hijo de hombre.*

^s *11* Probably the Mediterranean   ^t *11* That is, the Euphrates
^u *15* Or *branch*   ^v In Hebrew texts 81:1-16 is numbered 81:2-17.
^w Title: Probably a musical term   ^x *7* The Hebrew has *Selah* (a
word of uncertain meaning) here.

¹² Por eso los abandoné a su obstinada voluntad,
    para que actuaran como mejor les pareciera.

¹³ »Si mi pueblo tan sólo me escuchara,
    si Israel quisiera andar por mis *caminos,
¹⁴ ¡cuán pronto sometería yo a sus enemigos,
    y volvería mi mano contra sus adversarios!
¹⁵ Los que aborrecen al SEÑOR se rendirían ante
    él,
    pero serían eternamente castigados.
¹⁶ Y a ti te alimentaría con lo mejor del trigo;
    con miel de la peña te saciaría.»

SALMO 82

Salmo de Asaf.

¹ Dios preside el consejo celestial;
    entre los dioses dicta sentencia:

² «¿Hasta cuándo defenderán la injusticia
    y favorecerán a los impíos?
                       *Selah
³ Defiendan la causa del huérfano y del
    desvalido;
    al pobre y al oprimido háganles justicia.
⁴ Salven al menesteroso y al necesitado;
    líbrenlos de la mano de los impíos.

⁵ »Ellos no saben nada, no entienden nada.
    Deambulan en la oscuridad;
    se estremecen todos los cimientos de la
    tierra.

⁶ »Yo les he dicho: "Ustedes son dioses;
    todos ustedes son hijos del *Altísimo."
⁷ Pero morirán como cualquier *mortal;
    caerán como cualquier otro gobernante.»

⁸ Levántate, oh Dios, y juzga a la tierra,
    pues tuyas son todas las naciones.

SALMO 83

Cántico. Salmo de Asaf.

¹ Oh Dios, no guardes silencio;
    no te quedes, oh Dios, callado e impasible.
² Mira cómo se alborotan tus enemigos,
    cómo te desafían los que te odian.
³ Con astucia conspiran contra tu pueblo;
    conspiran contra aquellos a quienes tú
    estimas.
⁴ Y dicen: «¡Vengan, destruyamos su nación!
    ¡Que el *nombre de Israel no vuelva a
    recordarse!»

⁵ Como un solo hombre se confabulan;
    han hecho un *pacto contra ti:
⁶ los campamentos de Edom y de Ismael,
    los de Moab y de Agar,

¹² So I gave them over to their stubborn hearts
    to follow their own devices.

¹³ "If my people would only listen to me,
    if Israel would only follow my ways,
¹⁴ how quickly I would subdue their enemies
    and turn my hand against their foes!
¹⁵ Those who hate the LORD would cringe before
    him,
    and their punishment would last forever.
¹⁶ But you would be fed with the finest of wheat;
    with honey from the rock I would satisfy
    you."

PSALM 82

A psalm of Asaph.

¹ God presides in the great assembly;
    he renders judgment among the "gods":

² "How long will you^y defend the unjust
    and show partiality to the wicked?^z
³ Defend the weak and the fatherless;
    uphold the cause of the poor and the
    oppressed.
⁴ Rescue the weak and the needy;
    deliver them from the hand of the wicked.

⁵ "The 'gods' know nothing, they understand
    nothing.
    They walk about in darkness;
    all the foundations of the earth are shaken.

⁶ "I said, 'You are "gods";
    you are all sons of the Most High.'
⁷ But you will die like mere mortals;
    you will fall like every other ruler."

⁸ Rise up, O God, judge the earth,
    for all the nations are your inheritance.

PSALM 83^a

A song. A psalm of Asaph.

¹ O God, do not remain silent;
    do not turn a deaf ear,
    do not stand aloof, O God.
² See how your enemies growl,
    how your foes rear their heads.
³ With cunning they conspire against your
    people;
    they plot against those you cherish.
⁴ "Come," they say, "let us destroy them as a
    nation,
    so that Israel's name is remembered no
    more."

⁵ With one mind they plot together;
    they form an alliance against you —
⁶ the tents of Edom and the Ishmaelites,
    of Moab and the Hagrites,

y 2 The Hebrew is plural.   *z* 2 The Hebrew has *Selah* (a word of
uncertain meaning) here.   *a* In Hebrew texts 83:1-18 is
numbered 83:2-19.

7 Guebal,[l] Amón y Amalec,
los de Filistea y los habitantes de Tiro.
8 ¡Hasta Asiria se les ha unido;
ha apoyado a los descendientes de Lot!

*Selah

9 Haz con ellos como hiciste con Madián,
como hiciste con Sísara y Jabín en el río
Quisón,
10 los cuales perecieron en Endor
y quedaron en la tierra, como estiércol.
11 Haz con sus nobles
como hiciste con Oreb y con Zeb;
haz con todos sus príncipes
como hiciste con Zeba y con Zalmuna,
12 que decían: «Vamos a adueñarnos
de los pastizales de Dios.»

13 Hazlos rodar como zarzas, Dios mío;
¡como paja que se lleva el viento!
14 Y así como el fuego consume los bosques
y las llamas incendian las montañas,
15 así persíguelos con tus tormentas
y aterrorízalos con tus tempestades.
16 SEÑOR, cúbreles el rostro de ignominia,
para que busquen tu nombre.

17 Que sean siempre puestos en vergüenza;
que perezcan humillados.
18 Que sepan que tú eres el SEÑOR,
que ése es tu nombre;
que sepan que sólo tú eres el *Altísimo
sobre toda la tierra.

SALMO 84

*Al director musical. Sígase la tonada de «La
canción del lagar». Salmo de los hijos de Coré.*

1 ¡Cuán hermosas son tus moradas,
SEÑOR *Todopoderoso!
2 Anhelo con el *alma los atrios del SEÑOR;
casi agonizo por estar en ellos.
Con el corazón, con todo el cuerpo,
canto alegre al Dios de la vida.
3 SEÑOR Todopoderoso, rey mío y Dios mío,
aun el gorrión halla casa cerca de tus altares;
también la golondrina hace allí su nido,
para poner sus polluelos.
4 *Dichoso el que habita en tu templo,
pues siempre te está alabando.

*Selah

5 Dichoso el que tiene en ti su fortaleza,
que sólo piensa en recorrer tus sendas.
6 Cuando pasa por el valle de las Lágrimas
lo convierte en región de manantiales;
también las lluvias tempranas
cubren de bendiciones el valle.
7 Según avanzan los peregrinos, cobran más
fuerzas,
y en *Sión se presentan ante el Dios de
dioses.

7 Byblos, Ammon and Amalek,
Philistia, with the people of Tyre.
8 Even Assyria has joined them
to reinforce Lot's descendants.[b]

9 Do to them as you did to Midian,
as you did to Sisera and Jabin at the river
Kishon,
10 who perished at Endor
and became like dung on the ground.
11 Make their nobles like Oreb and Zeeb,
all their princes like Zebah and Zalmunna,
12 who said, "Let us take possession
of the pasturelands of God."

13 Make them like tumbleweed, my God,
like chaff before the wind.
14 As fire consumes the forest
or a flame sets the mountains ablaze,
15 so pursue them with your tempest
and terrify them with your storm.
16 Cover their faces with shame, LORD,
so that they will seek your name.

17 May they ever be ashamed and dismayed;
may they perish in disgrace.
18 Let them know that you, whose name is the
LORD—
that you alone are the Most High over all
the earth.

PSALM 84[c]

*For the director of music. According to gittith.[d] Of the
Sons of Korah. A psalm.*

1 How lovely is your dwelling place,
LORD Almighty!
2 My soul yearns, even faints,
for the courts of the LORD;
my heart and my flesh cry out
for the living God.
3 Even the sparrow has found a home,
and the swallow a nest for herself,
where she may have her young—
a place near your altar,
LORD Almighty, my King and my God.
4 Blessed are those who dwell in your house;
they are ever praising you.[e]

5 Blessed are those whose strength is in you,
whose hearts are set on pilgrimage.
6 As they pass through the Valley of Baka,
they make it a place of springs;
the autumn rains also cover it with pools.[f]
7 They go from strength to strength,
till each appears before God in Zion.

---

l **83:7** *Guebal.* Es decir, Biblos.

b 8 The Hebrew has *Selah* (a word of uncertain meaning) here.
c In Hebrew texts 84:1-12 is numbered 84:2-13.   *d* Title:
Probably a musical term   *e* 4 The Hebrew has *Selah* (a word of
uncertain meaning) here and at the end of verse 8.
f 6 Or *blessings*

8 Oye mi oración, Señor, Dios Todopoderoso;
  escúchame, Dios de Jacob.

                                        Selah
9 Oh Dios, escudo nuestro,
  pon sobre tu ungido tus ojos bondadosos.

10 Vale más pasar un día en tus atrios
   que mil fuera de ellos;
   prefiero cuidar la entrada de la casa de mi Dios
   que habitar entre los impíos.

11 El Señor es sol y escudo;
   Dios nos concede honor y gloria.
   El Señor brinda generosamente su bondad
   a los que se conducen sin tacha.

12 Señor Todopoderoso,
   ¡dichosos los que en ti confían!

SALMO 85

Al director musical. Salmo de los hijos de Coré.

1 Señor, tú has sido bondadoso con esta tierra
   tuya
   al restaurar*m* a Jacob;
2 perdonaste la iniquidad de tu pueblo
  y cubriste todos sus pecados;

                                        Selah
3 depusiste por completo tu enojo,
  y contuviste el ardor de tu ira.

4 Restáuranos una vez más, Dios y salvador
   nuestro;
   pon fin a tu disgusto con nosotros.
5 ¿Vas a estar enojado con nosotros para
   siempre?
   ¿Vas a seguir eternamente airado?
6 ¿No volverás a darnos nueva vida,
  para que tu pueblo se alegre en ti?
7 Muéstranos, Señor, tu amor inagotable,
  y concédenos tu *salvación.

8 Voy a escuchar lo que Dios el Señor dice:
  él promete *paz a su pueblo y a sus fieles,
  siempre y cuando no se vuelvan a la
  *necedad.*n*
9 Muy cercano está para salvar a los que le
   temen,
   para establecer su gloria en nuestra tierra.

10 El amor y la verdad se encontrarán;
   se besarán la paz y la justicia.
11 De la tierra brotará la verdad,
   y desde el cielo se asomará la justicia.
12 El Señor mismo nos dará bienestar,
   y nuestra tierra rendirá su fruto.
13 La justicia será su heraldo
   y le preparará el camino.

8 Hear my prayer, Lord God Almighty;
  listen to me, God of Jacob.
9 Look on our shield,*g* O God;
  look with favor on your anointed one.

10 Better is one day in your courts
   than a thousand elsewhere;
   I would rather be a doorkeeper in the house of
   my God
   than dwell in the tents of the wicked.
11 For the Lord God is a sun and shield;
   the Lord bestows favor and honor;
   no good thing does he withhold
   from those whose walk is blameless.

12 Lord Almighty,
   blessed is the one who trusts in you.

PSALM 85*h*

For the director of music. Of the Sons of Korah.
A psalm.

1 You, Lord, showed favor to your land;
  you restored the fortunes of Jacob.
2 You forgave the iniquity of your people
  and covered all their sins.*i*
3 You set aside all your wrath
  and turned from your fierce anger.

4 Restore us again, God our Savior,
  and put away your displeasure toward us.
5 Will you be angry with us forever?
   Will you prolong your anger through all
   generations?
6 Will you not revive us again,
  that your people may rejoice in you?
7 Show us your unfailing love, Lord,
  and grant us your salvation.

8 I will listen to what God the Lord says;
  he promises peace to his people, his faithful
  servants—
  but let them not turn to folly.
9 Surely his salvation is near those who fear him,
  that his glory may dwell in our land.

10 Love and faithfulness meet together;
   righteousness and peace kiss each other.
11 Faithfulness springs forth from the earth,
   and righteousness looks down from heaven.
12 The Lord will indeed give what is good,
   and our land will yield its harvest.
13 Righteousness goes before him
   and prepares the way for his steps.

---

m 85:1 *al restaurar.* Alt. *al hacer volver de la cautividad.*
n 85:8 *siempre y cuando ... necedad.* Lit. *y a los que se vuelven*
de su necedad.

g 9 Or *sovereign*   *h* In Hebrew texts 85:1-13 is numbered 85:2-
14.   *i* 2 The Hebrew has *Selah* (a word of uncertain meaning)
here.

Salmo 86

Oración de David.

1 Atiéndeme, Señor; respóndeme,
    pues pobre soy y estoy necesitado.
2 Presérvame la vida, pues te soy fiel.
    Tú eres mi Dios, y en ti confío;
    ¡salva a tu siervo!
3 Compadécete, Señor, de mí,
    porque a ti clamo todo el día.
4 Reconforta el espíritu de tu siervo,
    porque a ti, Señor, elevo mi *alma.

5 Tú, Señor, eres bueno y perdonador;
    grande es tu amor por todos los que te
      invocan.
6 Presta oído, Señor, a mi oración;
    atiende a la voz de mi clamor.
7 En el día de mi angustia te invoco,
    porque tú me respondes.

8 No hay, Señor, entre los dioses otro como tú,
    ni hay obras semejantes a las tuyas.
9 Todas las naciones que has creado
    vendrán, Señor, y ante ti se postrarán
    y glorificarán tu *nombre.
10 Porque tú eres grande y haces maravillas;
    ¡sólo tú eres Dios!

11 Instrúyeme, Señor, en tu *camino
    para conducirme con fidelidad.
    Dame integridad de corazón
    para temer tu nombre.
12 Señor mi Dios, con todo el corazón te alabaré,
    y por siempre glorificaré tu nombre.
13 Porque grande es tu amor por mí:
    me has librado de caer en el *sepulcro.

14 Gente altanera me ataca, oh Dios;
    una banda de asesinos procura matarme.
    ¡Son gente que no te toma en cuenta!
15 Pero tú, Señor, eres Dios clemente y
      compasivo,
    lento para la ira, y grande en amor y verdad.
16 Vuélvete hacia mí, y tenme compasión;
    concédele tu fuerza a este siervo tuyo.
    ¡Salva a tu hijo fiel!ñ
17 Dame una muestra de tu amor,
    para que mis enemigos la vean y se
      avergüencen,
    porque tú, Señor, me has brindado ayuda y
      consuelo.

Salmo 87

Salmo de los hijos de Coré. Cántico.

1 Los cimientos de la ciudad de Dioso
    están en el santo monte.
2 El Señor ama las *entradas de *Sión
    más que a todas las moradas de Jacob.

Psalm 86

A prayer of David.

1 Hear me, Lord, and answer me,
    for I am poor and needy.
2 Guard my life, for I am faithful to you;
    save your servant who trusts in you.
    You are my God; 3 have mercy on me, Lord,
    for I call to you all day long.
4 Bring joy to your servant, Lord,
    for I put my trust in you.

5 You, Lord, are forgiving and good,
    abounding in love to all who call to you.
6 Hear my prayer, Lord;
    listen to my cry for mercy.
7 When I am in distress, I call to you,
    because you answer me.

8 Among the gods there is none like you, Lord;
    no deeds can compare with yours.
9 All the nations you have made
    will come and worship before you, Lord;
    they will bring glory to your name.
10 For you are great and do marvelous deeds;
    you alone are God.

11 Teach me your way, Lord,
    that I may rely on your faithfulness;
    give me an undivided heart,
    that I may fear your name.
12 I will praise you, Lord my God, with all my
      heart;
    I will glorify your name forever.
13 For great is your love toward me;
    you have delivered me from the depths,
    from the realm of the dead.

14 Arrogant foes are attacking me, O God;
    ruthless people are trying to kill me—
    they have no regard for you.
15 But you, Lord, are a compassionate and
      gracious God,
    slow to anger, abounding in love and
      faithfulness.
16 Turn to me and have mercy on me;
    show your strength in behalf of your
      servant;
    save me, because I serve you
    just as my mother did.
17 Give me a sign of your goodness,
    that my enemies may see it and be put to
      shame,
    for you, Lord, have helped me and
      comforted me.

Psalm 87

Of the Sons of Korah. A psalm. A song.

1 He has founded his city on the holy mountain.
2 The Lord loves the gates of Zion
    more than all the other dwellings of Jacob.

ñ **86:16** *a tu hijo fiel.* Lit. *al hijo de tu sierva.*
o **87:1** *Los cimientos de la ciudad de Dios.* Lit. *Los cimientos de él.*

[3] De ti, ciudad de Dios,
se dicen cosas gloriosas:
*Selah
[4] «Entre los que me reconocen
puedo contar a *Rahab y a Babilonia,
a Filistea y a Tiro, lo mismo que a *Cus.
Se dice: "Éste nació en Sión." »

[5] De Sión se dirá, en efecto:
«Éste y aquél nacieron en ella.
El *Altísimo mismo la ha establecido.»
[6] El SEÑOR anotará en el registro de los pueblos:
«Éste nació en Sión.»
Selah
[7] Y mientras cantan y bailan, dicen:
«En ti se hallan todos mis orígenes.»[p]

SALMO 88

*Cántico. Salmo de los hijos de Coré. Al director musical. Según *majalat leannot. *Masquil de Hemán el ezraíta.*

[1] SEÑOR, Dios de mi *salvación,
día y noche clamo en presencia tuya.
[2] Que llegue ante ti mi oración;
dígnate escuchar mi súplica.

[3] Tan colmado estoy de calamidades
que mi vida está al borde del *sepulcro.
[4] Ya me cuentan entre los que bajan a la fosa;
parezco un guerrero desvalido.
[5] Me han puesto aparte, entre los muertos;
parezco un cadáver que yace en el sepulcro,
de esos que tú ya no recuerdas,
porque fueron arrebatados de tu mano.

[6] Me has echado en el foso más profundo,
en el más tenebroso de los abismos.
[7] El peso de tu enojo ha recaído sobre mí;
me has abrumado con tus olas.
*Selah
[8] Me has quitado a todos mis amigos
y ante ellos me has hecho aborrecible.
Estoy aprisionado y no puedo librarme;
[9] los ojos se me nublan de tristeza.

Yo, SEÑOR, te invoco cada día,
y hacia ti extiendo las manos.
[10] ¿Acaso entre los muertos realizas maravillas?
¿Pueden los muertos levantarse a darte gracias?
Selah
[11] ¿Acaso en el sepulcro se habla de tu amor,
y de tu fidelidad en el abismo destructor?[q]
[12] ¿Acaso en las tinieblas se conocen tus maravillas,

[p] **87:7** *todos mis orígenes.* Lit. *todas mis fuentes.*
[q] **88:11** *abismo destructor.* Lit. **abadón.*

[3] Glorious things are said of you,
city of God:[j]
[4] "I will record Rahab[k] and Babylon
among those who acknowledge me—
Philistia too, and Tyre, along with Cush[l]—
and will say, 'This one was born in Zion.'"[m]
[5] Indeed, of Zion it will be said,
"This one and that one were born in her,
and the Most High himself will establish her."
[6] The LORD will write in the register of the peoples:
"This one was born in Zion."

[7] As they make music they will sing,
"All my fountains are in you."

PSALM 88[n]

A song. A psalm of the Sons of Korah. For the director of music. According to mahalath leannoth.[o] *A* maskil[p] *of Heman the Ezrahite.*

[1] LORD, you are the God who saves me;
day and night I cry out to you.
[2] May my prayer come before you;
turn your ear to my cry.

[3] I am overwhelmed with troubles
and my life draws near to death.
[4] I am counted among those who go down to the pit;
I am like one without strength.
[5] I am set apart with the dead,
like the slain who lie in the grave,
whom you remember no more,
who are cut off from your care.

[6] You have put me in the lowest pit,
in the darkest depths.
[7] Your wrath lies heavily on me;
you have overwhelmed me with all your waves.[q]
[8] You have taken from me my closest friends
and have made me repulsive to them.
I am confined and cannot escape;
[9] my eyes are dim with grief.

I call to you, LORD, every day;
I spread out my hands to you.
[10] Do you show your wonders to the dead?
Do their spirits rise up and praise you?
[11] Is your love declared in the grave,
your faithfulness in Destruction[r]?
[12] Are your wonders known in the place of darkness,

[j] *3* The Hebrew has *Selah* (a word of uncertain meaning) here and at the end of verse 6. [k] *4* A poetic name for Egypt [l] *4* That is, the upper Nile region [m] *4* Or *"I will record concerning those who acknowledge me: / 'This one was born in Zion.' / Hear this, Rahab and Babylon, / and you too, Philistia, Tyre and Cush."*
[n] In Hebrew texts 88:1-18 is numbered 88:2-19. [o] Title: Possibly a tune, "The Suffering of Affliction" [p] Title: Probably a literary or musical term [q] *7* The Hebrew has *Selah* (a word of uncertain meaning) here and at the end of verse 10.
[r] *11* Hebrew *Abaddon*

o tu justicia en la tierra del olvido?
13 Yo, Señor, te ruego que me ayudes;
    por la mañana busco tu presencia en
       oración.
14 ¿Por qué me rechazas, Señor?
    ¿Por qué escondes de mí tu rostro?

15 Yo he sufrido desde mi juventud;
    muy cerca he estado de la muerte.
Me has enviado terribles sufrimientos
    y ya no puedo más.
16 Tu ira se ha descargado sobre mí;
    tus violentos ataques han acabado conmigo.
17 Todo el día me rodean como un océano;
    me han cercado por completo.
18 Me has quitado amigos y seres queridos;
    ahora sólo tengo amistad con las tinieblas.

SALMO 89

Masquil de Etán el ezraíta.

1 Oh Señor, por siempre cantaré
    la grandeza de tu amor;
por todas las generaciones
    proclamará mi boca tu fidelidad.
2 Declararé que tu amor permanece firme para
       siempre,
    que has afirmado en el cielo tu fidelidad.

3 Dijiste: «He hecho un *pacto con mi escogido;
    le he jurado a David mi siervo:
4 "Estableceré tu dinastía para siempre,
    y afirmaré tu trono por todas las
       generaciones." »
                       *Selah

5 Los cielos, Señor, celebran tus maravillas,
    y tu fidelidad la asamblea de los santos.
6 ¿Quién en los cielos es comparable al Señor?
    ¿Quién como él entre los seres celestiales?
7 Dios es muy temido en la asamblea de los
       santos;
    grande y portentoso sobre cuantos lo
       rodean.
8 ¿Quién como tú, Señor, Dios *Todopoderoso,
    rodeado de poder y de fidelidad?

9 Tú gobiernas sobre el mar embravecido;
    tú apaciguas sus encrespadas olas.
10 Aplastaste a *Rahab como a un cadáver;
    con tu brazo poderoso dispersaste a tus
       enemigos.
11 Tuyo es el cielo, y tuya la tierra;
    tú fundaste el mundo y todo lo que contiene.
12 Por ti fueron creados el norte y el sur;
    el Tabor y el Hermón cantan alegres a tu
       *nombre.

or your righteous deeds in the land of
       oblivion?
13 But I cry to you for help, Lord;
    in the morning my prayer comes before you.
14 Why, Lord, do you reject me
    and hide your face from me?

15 From my youth I have suffered and been close
       to death;
    I have borne your terrors and am in despair.
16 Your wrath has swept over me;
    your terrors have destroyed me.
17 All day long they surround me like a flood;
    they have completely engulfed me.
18 You have taken from me friend and
       neighbor—
    darkness is my closest friend.

PSALM 89[s]

A maskil[t] of Ethan the Ezrahite.

1 I will sing of the Lord's great love forever;
    with my mouth I will make your
       faithfulness known
    through all generations.
2 I will declare that your love stands firm forever,
    that you have established your faithfulness
       in heaven itself.
3 You said, "I have made a covenant with my
       chosen one,
    I have sworn to David my servant,
4 'I will establish your line forever
    and make your throne firm through all
       generations.'"[u]

5 The heavens praise your wonders, Lord,
    your faithfulness too, in the assembly of the
       holy ones.
6 For who in the skies above can compare with
       the Lord?
    Who is like the Lord among the heavenly
       beings?
7 In the council of the holy ones God is greatly
       feared;
    he is more awesome than all who surround
       him.
8 Who is like you, Lord God Almighty?
    You, Lord, are mighty, and your faithfulness
       surrounds you.

9 You rule over the surging sea;
    when its waves mount up, you still them.
10 You crushed Rahab like one of the slain;
    with your strong arm you scattered your
       enemies.
11 The heavens are yours, and yours also the earth;
    you founded the world and all that is in it.
12 You created the north and the south;
    Tabor and Hermon sing for joy at your name.

---

[s] In Hebrew texts 89:1-52 is numbered 89:2-53.   [t] Title: Probably a literary or musical term   [u] 4 The Hebrew has *Selah* (a word of uncertain meaning) here and at the end of verses 37, 45 and 48.

¹³ Tu brazo es capaz de grandes proezas;
    fuerte es tu mano, exaltada tu diestra.
¹⁴ La justicia y el derecho son el fundamento de
        tu trono,
    y tus heraldos, el amor y la verdad.
¹⁵ *Dichosos los que saben aclamarte, SEÑOR,
    y caminan a la luz de tu presencia;
¹⁶ los que todo el día se alegran en tu nombre
    y se regocijan en tu justicia.
¹⁷ Porque tú eres su gloria y su poder;
    por tu buena voluntad aumentas nuestra
        fuerza.^r
¹⁸ Tú, SEÑOR, eres nuestro escudo;
    tú, Santo de Israel, eres nuestro rey.

¹⁹ Una vez hablaste en una visión,
    y le dijiste a tu pueblo fiel:
«Le he brindado mi ayuda a un valiente;
    al mejor hombre del pueblo lo he exaltado.
²⁰ He encontrado a David, mi siervo,
    y lo he ungido con mi aceite santo.
²¹ Mi mano siempre lo sostendrá;
    mi brazo lo fortalecerá.
²² Ningún enemigo lo someterá a tributo;
    ningún inicuo lo oprimirá.
²³ Aplastaré a quienes se le enfrenten
    y derribaré a quienes lo aborrezcan.
²⁴ La fidelidad de mi amor lo acompañará,
    y por mi nombre será exaltada su fuerza.^s
²⁵ Le daré poder sobre el mar^t
    y dominio sobre los ríos.^u
²⁶ Él me dirá: "Tú eres mi Padre,
    mi Dios, la *roca de mi *salvación."
²⁷ Yo le daré los derechos de primogenitura,
    la primacía sobre los reyes de la tierra.
²⁸ Mi amor por él será siempre constante,
    y mi pacto con él se mantendrá fiel.
²⁹ Afirmaré su dinastía y su trono
    para siempre, mientras el cielo exista.

³⁰ »Pero si sus hijos se apartan de mi *ley
    y no viven según mis decretos,
³¹ si violan mis *estatutos
    y no observan mis mandamientos,
³² con vara castigaré sus transgresiones
    y con azotes su iniquidad.
³³ Con todo, jamás le negaré mi amor,
    ni mi fidelidad le faltará.
³⁴ No violaré mi pacto
    ni me retractaré de mis palabras.
³⁵ Una sola vez he jurado por mi santidad,
    y no voy a mentirle a David:
³⁶ Su descendencia vivirá por siempre;
    su trono durará como el sol en mi presencia.

¹³ Your arm is endowed with power;
    your hand is strong, your right hand
        exalted.

¹⁴ Righteousness and justice are the foundation
        of your throne;
    love and faithfulness go before you.
¹⁵ Blessed are those who have learned to acclaim
        you,
    who walk in the light of your presence,
        LORD.
¹⁶ They rejoice in your name all day long;
    they celebrate your righteousness.
¹⁷ For you are their glory and strength,
    and by your favor you exalt our horn.^v
¹⁸ Indeed, our shield^w belongs to the LORD,
    our king to the Holy One of Israel.

¹⁹ Once you spoke in a vision,
    to your faithful people you said:
"I have bestowed strength on a warrior;
    I have raised up a young man from among
        the people.
²⁰ I have found David my servant;
    with my sacred oil I have anointed him.
²¹ My hand will sustain him;
    surely my arm will strengthen him.
²² The enemy will not get the better of him;
    the wicked will not oppress him.
²³ I will crush his foes before him
    and strike down his adversaries.
²⁴ My faithful love will be with him,
    and through my name his horn^x will be
        exalted.
²⁵ I will set his hand over the sea,
    his right hand over the rivers.
²⁶ He will call out to me, 'You are my Father,
    my God, the Rock my Savior.'
²⁷ And I will appoint him to be my firstborn,
    the most exalted of the kings of the earth.
²⁸ I will maintain my love to him forever,
    and my covenant with him will never fail.
²⁹ I will establish his line forever,
    his throne as long as the heavens endure.

³⁰ "If his sons forsake my law
    and do not follow my statutes,
³¹ if they violate my decrees
    and fail to keep my commands,
³² I will punish their sin with the rod,
    their iniquity with flogging;
³³ but I will not take my love from him,
    nor will I ever betray my faithfulness.
³⁴ I will not violate my covenant
    or alter what my lips have uttered.
³⁵ Once for all, I have sworn by my holiness—
    and I will not lie to David—
³⁶ that his line will continue forever
    and his throne endure before me like the
        sun;

---

^r **89:17** *aumentas nuestra fuerza.* Lit. *levantas nuestro cuerno.*
^s **89:24** *su fuerza.* Lit. *su cuerno.*
^t **89:25** *el mar.* Probable referencia al mar Mediterráneo.
^u **89:25** *los ríos.* Probable referencia a Mesopotamia.

^v *17 Horn* here symbolizes strong one.   ^w *18* Or *sovereign*
^x *24 Horn* here symbolizes strength.

³⁷ Como la luna, fiel testigo en el cielo,
será establecido para siempre.»

Selah

³⁸ Pero tú has desechado, has rechazado a tu
ungido;
te has enfurecido contra él en gran manera.
³⁹ Has revocado el pacto con tu siervo;
has arrastrado por los suelos su corona.
⁴⁰ Has derribado todas sus murallas
y dejado en ruinas sus fortalezas.
⁴¹ Todos los que pasan lo saquean;
¡es motivo de burla para sus vecinos!
⁴² Has exaltado el poder de sus adversarios
y llenado de gozo a sus enemigos.
⁴³ Le has quitado el filo a su espada,
y no lo has apoyado en la batalla.
⁴⁴ Has puesto fin a su esplendor
al derribar por tierra su trono.
⁴⁵ Has acortado los días de su juventud;
lo has cubierto con un manto de vergüenza.

Selah

⁴⁶ ¿Hasta cuándo, SEÑOR, te seguirás
escondiendo?
¿Va a arder tu ira para siempre, como el
fuego?
⁴⁷ ¡Recuerda cuán efímera es mi vida!^v
Al fin y al cabo, ¿para qué creaste a los
*mortales?
⁴⁸ ¿Quién hay que viva y no muera jamás,
o que pueda escapar del poder del *sepulcro?

Selah

⁴⁹ ¿Dónde está, Señor, tu amor de antaño,
que en tu fidelidad juraste a David?
⁵⁰ Recuerda, Señor, que se burlan de tus siervos;
que llevo en mi pecho los insultos de
muchos pueblos.
⁵¹ Tus enemigos, SEÑOR, nos ultrajan;
a cada paso ofenden a tu ungido.
⁵² ¡Bendito sea el SEÑOR por siempre!
Amén y amén.

LIBRO IV

Salmos 90-106

SALMO 90

Oración de Moisés, hombre de Dios.

¹ *Señor, tú has sido nuestro refugio
generación tras generación.
² Desde antes que nacieran los montes
y que crearas la tierra y el mundo,
desde los tiempos antiguos
y hasta los tiempos postreros,
tú eres Dios.

³ Tú haces que los *hombres vuelvan al polvo,
cuando dices: «¡Vuélvanse al polvo,
*mortales!»

³⁷ it will be established forever like the moon,
the faithful witness in the sky."

³⁸ But you have rejected, you have spurned,
you have been very angry with your
anointed one.
³⁹ You have renounced the covenant with your
servant
and have defiled his crown in the dust.
⁴⁰ You have broken through all his walls
and reduced his strongholds to ruins.
⁴¹ All who pass by have plundered him;
he has become the scorn of his neighbors.
⁴² You have exalted the right hand of his foes;
you have made all his enemies rejoice.
⁴³ Indeed, you have turned back the edge of his
sword
and have not supported him in battle.
⁴⁴ You have put an end to his splendor
and cast his throne to the ground.
⁴⁵ You have cut short the days of his youth;
you have covered him with a mantle of
shame.

⁴⁶ How long, LORD? Will you hide yourself
forever?
How long will your wrath burn like fire?
⁴⁷ Remember how fleeting is my life.
For what futility you have created all
humanity!
⁴⁸ Who can live and not see death,
or who can escape the power of the grave?

⁴⁹ Lord, where is your former great love,
which in your faithfulness you swore to
David?
⁵⁰ Remember, Lord, how your servant has^y been
mocked,
how I bear in my heart the taunts of all the
nations,
⁵¹ the taunts with which your enemies, LORD,
have mocked,
with which they have mocked every step of
your anointed one.

⁵² Praise be to the LORD forever!
Amen and Amen.

BOOK IV

Psalms 90 – 106

PSALM 90

A prayer of Moses the man of God.

¹ Lord, you have been our dwelling place
throughout all generations.
² Before the mountains were born
or you brought forth the whole world,
from everlasting to everlasting you are God.

³ You turn people back to dust,
saying, "Return to dust, you mortals."

---

^v **89:47** Véase 39:4.   ^y 50 Or *your servants have*

⁴ Mil años, para ti, son como el día de ayer, que
　　ya pasó;
　　son como unas cuantas horas de la noche.
⁵ Arrasas a los mortales. Son como un sueño.
　　Nacen por la mañana, como la hierba
⁶ que al amanecer brota lozana
　　y por la noche ya está marchita y seca.

⁷ Tu ira en verdad nos consume,
　　tu indignación nos aterra.
⁸ Ante ti has puesto nuestras iniquidades;
　　a la luz de tu presencia, nuestros pecados
　　secretos.
⁹ Por causa de tu ira se nos va la vida entera;
　　se esfuman nuestros años como un suspiro.
¹⁰ Algunos llegamos hasta los setenta años,
　　quizás alcancemos hasta los ochenta,
　　si las fuerzas nos acompañan.
　　Tantos años de vida,^w sin embargo,
　　sólo traen pesadas cargas y calamidades:
　　pronto pasan, y con ellos pasamos nosotros.

¹¹ ¿Quién puede comprender el furor de tu
　　enojo?
　　¡Tu ira es tan grande como el temor que se
　　te debe!
¹² Enséñanos a contar bien nuestros días,
　　para que nuestro corazón adquiera
　　sabiduría.

¹³ ¿Cuándo, Señor, te volverás hacia nosotros?
　　¡Compadécete ya de tus siervos!
¹⁴ Sácianos de tu amor por la mañana,
　　y toda nuestra vida cantaremos de alegría.
¹⁵ Días y años nos has afligido, nos has hecho
　　sufrir;
　　¡devuélvenos ahora ese tiempo en alegría!
¹⁶ ¡Sean manifiestas tus obras a tus siervos,
　　y tu esplendor a sus descendientes!

¹⁷ Que el favor^x del Señor nuestro Dios
　　esté sobre nosotros.
　　Confirma en nosotros la obra de nuestras
　　manos;
　　sí, confirma la obra de nuestras manos.

Salmo 91

¹ El que habita al abrigo del *Altísimo
　　se acoge a la sombra del *Todopoderoso.
² Yo le digo al Señor: «Tú eres mi refugio y
　　mi fortaleza, el Dios en quien confío.»

³ Sólo él puede librarte de las trampas del cazador
　　y de mortíferas plagas,
⁴ pues te cubrirá con sus plumas
　　y bajo sus alas hallarás refugio.
　　¡Su verdad será tu escudo y tu baluarte!
⁵ No temerás el terror de la noche,
　　ni la flecha que vuela de día,
⁶ ni la peste que acecha en las sombras
　　ni la plaga que destruye a mediodía.

⁴ A thousand years in your sight
　　are like a day that has just gone by,
　　or like a watch in the night.
⁵ Yet you sweep people away in the sleep of
　　death —
　　they are like the new grass of the morning:
⁶ In the morning it springs up new,
　　but by evening it is dry and withered.

⁷ We are consumed by your anger
　　and terrified by your indignation.
⁸ You have set our iniquities before you,
　　our secret sins in the light of your presence.
⁹ All our days pass away under your wrath;
　　we finish our years with a moan.
¹⁰ Our days may come to seventy years,
　　or eighty, if our strength endures;
　　yet the best of them are but trouble and
　　sorrow,
　　for they quickly pass, and we fly away.
¹¹ If only we knew the power of your anger!
　　Your wrath is as great as the fear that is your
　　due.
¹² Teach us to number our days,
　　that we may gain a heart of wisdom.

¹³ Relent, Lord! How long will it be?
　　Have compassion on your servants.
¹⁴ Satisfy us in the morning with your unfailing
　　love,
　　that we may sing for joy and be glad all our
　　days.
¹⁵ Make us glad for as many days as you have
　　afflicted us,
　　for as many years as we have seen trouble.
¹⁶ May your deeds be shown to your servants,
　　your splendor to their children.

¹⁷ May the favor^z of the Lord our God rest on us;
　　establish the work of our hands for us —
　　yes, establish the work of our hands.

Psalm 91

¹ Whoever dwells in the shelter of the Most
　　High
　　will rest in the shadow of the Almighty.^a
² I will say of the Lord, "He is my refuge and my
　　fortress,
　　my God, in whom I trust."

³ Surely he will save you
　　from the fowler's snare
　　and from the deadly pestilence.
⁴ He will cover you with his feathers,
　　and under his wings you will find refuge;
　　his faithfulness will be your shield and
　　rampart.
⁵ You will not fear the terror of night,
　　nor the arrow that flies by day,
⁶ nor the pestilence that stalks in the darkness,
　　nor the plague that destroys at midday.

---

^w **90:10** *Tantos años de vida.* Lit. *Su orgullo.*
^x **90:17** *Que el favor.* Alt. *Que la belleza.*

^z 17 Or *beauty*　　^a 1 Hebrew *Shaddai*

⁷ Podrán caer mil a tu izquierda,
    y diez mil a tu derecha,
    pero a ti no te afectará.
⁸ No tendrás más que abrir bien los ojos,
    para ver a los impíos recibir su merecido.

⁹ Ya que has puesto al Señor por tuʸ refugio,
    al Altísimo por tu protección,
¹⁰ ningún mal habrá de sobrevenirte,
    ninguna calamidad llegará a tu hogar.
¹¹ Porque él ordenará que sus ángeles
    te cuiden en todos tus *caminos.
¹² Con sus propias manos te levantarán
    para que no tropieces con piedra alguna.
¹³ Aplastarás al león y a la víbora;
    ¡hollarás fieras y serpientes!

¹⁴ «Yo lo libraré, porque él se acoge a mí;
    lo protegeré, porque reconoce mi *nombre.
¹⁵ Él me invocará, y yo le responderé;
    estaré con él en momentos de angustia;
    lo libraré y lo llenaré de honores.
¹⁶ Lo colmaré con muchos años de vida
    y le haré gozar de mi *salvación.»

SALMO 92

*Salmo para cantarse en *sábado.*

¹ ¡Cuán bueno, Señor, es darte gracias
    y entonar, oh *Altísimo, salmos a tu
    *nombre;
² proclamar tu gran amor por la mañana,
    y tu fidelidad por la noche,
³ al son del decacordio y de la lira;
    al son del arpa y del salterio!

⁴ Tú, Señor, me llenas de alegría con tus
    maravillas;
    por eso alabaré jubiloso las obras de tus
    manos.
⁵ Oh Señor, ¡cuán imponentes son tus obras,
    y cuán profundos tus pensamientos!
⁶ Los insensatos no lo saben,
    los *necios no lo entienden:
⁷ aunque broten como hierba los impíos,
    y florezcan todos los malhechores,
    para siempre serán destruidos.
⁸   Sólo tú, Señor, serás exaltado para siempre.

⁹ Ciertamente tus enemigos, Señor,
    ciertamente tus enemigos perecerán;
    ¡dispersados por todas partes
    serán todos los malhechores!

¹⁰ Me has dado las fuerzas de un toro;
    me has ungido con el mejor perfume.
¹¹ Me has hecho ver la caída de mis adversarios
    y oír la derrota de mis malvados enemigos.

---

⁷ A thousand may fall at your side,
    ten thousand at your right hand,
    but it will not come near you.
⁸ You will only observe with your eyes
    and see the punishment of the wicked.

⁹ If you say, "The Lord is my refuge,"
    and you make the Most High your dwelling,
¹⁰ no harm will overtake you,
    no disaster will come near your tent.
¹¹ For he will command his angels concerning you
    to guard you in all your ways;
¹² they will lift you up in their hands,
    so that you will not strike your foot against
    a stone.
¹³ You will tread on the lion and the cobra;
    you will trample the great lion and the
    serpent.

¹⁴ "Because heᵇ loves me," says the Lord, "I will
    rescue him;
    I will protect him, for he acknowledges my
    name.
¹⁵ He will call on me, and I will answer him;
    I will be with him in trouble,
    I will deliver him and honor him.
¹⁶ With long life I will satisfy him
    and show him my salvation."

PSALM 92ᶜ

A psalm. A song. For the Sabbath day.

¹ It is good to praise the Lord
    and make music to your name, O Most
    High,
² proclaiming your love in the morning
    and your faithfulness at night,
³ to the music of the ten-stringed lyre
    and the melody of the harp.

⁴ For you make me glad by your deeds, Lord;
    I sing for joy at what your hands have done.
⁵ How great are your works, Lord,
    how profound your thoughts!
⁶ Senseless people do not know,
    fools do not understand,
⁷ that though the wicked spring up like grass
    and all evildoers flourish,
    they will be destroyed forever.

⁸ But you, Lord, are forever exalted.

⁹ For surely your enemies, Lord,
    surely your enemies will perish;
    all evildoers will be scattered.
¹⁰ You have exalted my hornᵈ like that of a wild
    ox;
    fine oils have been poured on me.
¹¹ My eyes have seen the defeat of my adversaries;
    my ears have heard the rout of my wicked
    foes.

ᵇ 14 That is, probably the king   ᶜ In Hebrew texts 92:1-15 is
numbered 92:2-16.   ᵈ 10 *Horn* here symbolizes strength.

¹² Como palmeras florecen los justos;
    como cedros del Líbano crecen.
¹³ Plantados en la casa del SEÑOR,
    florecen en los atrios de nuestro Dios.
¹⁴ Aun en su vejez, darán fruto;
    siempre estarán vigorosos y lozanos,
¹⁵ para proclamar: «El SEÑOR es justo;
    él es mi *Roca, y en él no hay injusticia.»

SALMO 93

¹ El SEÑOR reina, revestido de esplendor;
    el SEÑOR se ha revestido de grandeza
    y ha desplegado su poder.
  Ha establecido el mundo con firmeza;
    jamás será removido.
² Desde el principio se estableció tu trono,
    y tú desde siempre has existido.

³ Se levantan las aguas, SEÑOR;
    se levantan las aguas con estruendo;
    se levantan las aguas y sus batientes olas.
⁴ Pero el SEÑOR, en las alturas, se muestra
    poderoso:
    más poderoso que el estruendo de las
    muchas aguas,
    más poderoso que los embates del mar.

⁵ Dignos de confianza son, SEÑOR, tus
    *estatutos;
    ¡la santidad es para siempre el adorno de tu
    casa!

SALMO 94

¹ SEÑOR, Dios de las venganzas;
    Dios de las venganzas, ¡manifiéstate!^z
² Levántate, Juez de la tierra,
    y dales su merecido a los soberbios.
³ ¿Hasta cuándo, SEÑOR, hasta cuándo
    habrán de ufanarse los impíos?

⁴ Todos esos malhechores son unos fanfarrones;
    a borbotones escupen su arrogancia.
⁵ A tu pueblo, SEÑOR, lo pisotean;
    ¡oprimen a tu herencia!
⁶ Matan a las viudas y a los extranjeros;
    a los huérfanos los asesinan.
⁷ Y hasta dicen: «El SEÑOR no ve;
    el Dios de Jacob no se da cuenta.»

⁸ Entiendan esto, gente necia;
    ¿cuándo, insensatos, lo van a comprender?
⁹ ¿Acaso no oirá el que nos puso las orejas,
    ni podrá ver el que nos formó los ojos?
¹⁰ ¿Y no habrá de castigar el que corrige a las
    naciones
    e instruye en el saber a todo el mundo?
¹¹ El SEÑOR conoce los pensamientos *humanos,
    y sabe que son absurdos.

¹² *Dichoso aquel a quien tú, SEÑOR, corriges;
    aquel a quien instruyes en tu *ley,

¹² The righteous will flourish like a palm tree,
    they will grow like a cedar of Lebanon;
¹³ planted in the house of the LORD,
    they will flourish in the courts of our God.
¹⁴ They will still bear fruit in old age,
    they will stay fresh and green,
¹⁵ proclaiming, "The LORD is upright;
    he is my Rock, and there is no wickedness
    in him."

PSALM 93

¹ The LORD reigns, he is robed in majesty;
    the LORD is robed in majesty and armed
    with strength;
    indeed, the world is established, firm and
    secure.
² Your throne was established long ago;
    you are from all eternity.

³ The seas have lifted up, LORD,
    the seas have lifted up their voice;
    the seas have lifted up their pounding
    waves.
⁴ Mightier than the thunder of the great waters,
    mightier than the breakers of the sea—
    the LORD on high is mighty.

⁵ Your statutes, LORD, stand firm;
    holiness adorns your house
    for endless days.

PSALM 94

¹ The LORD is a God who avenges.
    O God who avenges, shine forth.
² Rise up, Judge of the earth;
    pay back to the proud what they deserve.
³ How long, LORD, will the wicked,
    how long will the wicked be jubilant?

⁴ They pour out arrogant words;
    all the evildoers are full of boasting.
⁵ They crush your people, LORD;
    they oppress your inheritance.
⁶ They slay the widow and the foreigner;
    they murder the fatherless.
⁷ They say, "The LORD does not see;
    the God of Jacob takes no notice."

⁸ Take notice, you senseless ones among the
    people;
    you fools, when will you become wise?
⁹ Does he who fashioned the ear not hear?
    Does he who formed the eye not see?
¹⁰ Does he who disciplines nations not punish?
    Does he who teaches mankind lack
    knowledge?
¹¹ The LORD knows all human plans;
    he knows that they are futile.

¹² Blessed is the one you discipline, LORD,
    the one you teach from your law;

---

^z 94:1 *¡manifiéstate!* Lit. *resplandece.*

¹³ para que enfrente tranquilo los días de
    aflicción
    mientras al impío se le cava una fosa.
¹⁴ El Señor no rechazará a su pueblo;
    no dejará a su herencia en el abandono.
¹⁵ El juicio volverá a basarse en la justicia,
    y todos los rectos de corazón lo seguirán.

¹⁶ ¿Quién se levantó a defenderme de los impíos?
    ¿Quién se puso de mi parte contra los
    malhechores?
¹⁷ Si el Señor no me hubiera brindado su ayuda,
    muy pronto me habría quedado en mortal
    silencio.
¹⁸ No bien decía: «Mis pies resbalan»,
    cuando ya tu amor, Señor, venía en mi
    ayuda.
¹⁹ Cuando en mí la angustia iba en aumento,
    tu consuelo llenaba mi *alma de alegría.

²⁰ ¿Podrías ser amigo de reyes corruptos^a
    que por decreto fraguan la maldad,
²¹ que conspiran contra la gente honrada
    y condenan a muerte al inocente?
²² Pero el Señor es mi protector,
    es mi Dios y la *roca en que me refugio.
²³ Él les hará pagar por sus pecados
    y los destruirá por su maldad;
    ¡el Señor nuestro Dios los destruirá!

Salmo 95

¹ Vengan, cantemos con júbilo al Señor;
    aclamemos a la *roca de nuestra *salvación.
² Lleguemos ante él con acción de gracias,
    aclamémoslo con cánticos.

³ Porque el Señor es el gran Dios,
    el gran Rey sobre todos los dioses.
⁴ En sus manos están los abismos de la tierra;
    suyas son las cumbres de los montes.
⁵ Suyo es el mar, porque él lo hizo;
    con sus manos formó la tierra firme.

⁶ Vengan, postrémonos reverentes,
    doblemos la rodilla
    ante el Señor nuestro Hacedor.
⁷ Porque él es nuestro Dios
    y nosotros somos el pueblo de su prado;
    ¡somos un rebaño bajo su cuidado!

Si ustedes oyen hoy su voz,
⁸   no endurezcan el corazón, como en
    Meribá,^b
    como aquel día en Masá,^c en el desierto,
⁹ cuando sus antepasados me tentaron,
    cuando me pusieron a prueba,
    a pesar de haber visto mis obras.
¹⁰ Cuarenta años estuve enojado
    con aquella generación,

¹³ you grant them relief from days of trouble,
    till a pit is dug for the wicked.
¹⁴ For the Lord will not reject his people;
    he will never forsake his inheritance.
¹⁵ Judgment will again be founded on
    righteousness,
    and all the upright in heart will follow it.

¹⁶ Who will rise up for me against the wicked?
    Who will take a stand for me against
    evildoers?
¹⁷ Unless the Lord had given me help,
    I would soon have dwelt in the silence of
    death.
¹⁸ When I said, "My foot is slipping,"
    your unfailing love, Lord, supported me.
¹⁹ When anxiety was great within me,
    your consolation brought me joy.

²⁰ Can a corrupt throne be allied with you —
    a throne that brings on misery by its
    decrees?
²¹ The wicked band together against the
    righteous
    and condemn the innocent to death.
²² But the Lord has become my fortress,
    and my God the rock in whom I take refuge.
²³ He will repay them for their sins
    and destroy them for their wickedness;
    the Lord our God will destroy them.

Psalm 95

¹ Come, let us sing for joy to the Lord;
    let us shout aloud to the Rock of our
    salvation.
² Let us come before him with thanksgiving
    and extol him with music and song.

³ For the Lord is the great God,
    the great King above all gods.
⁴ In his hand are the depths of the earth,
    and the mountain peaks belong to him.
⁵ The sea is his, for he made it,
    and his hands formed the dry land.

⁶ Come, let us bow down in worship,
    let us kneel before the Lord our Maker;
⁷ for he is our God
    and we are the people of his pasture,
    the flock under his care.

Today, if only you would hear his voice,
⁸ "Do not harden your hearts as you did at
    Meribah,^e
    as you did that day at Massah^f in the
    wilderness,
⁹ where your ancestors tested me;
    they tried me, though they had seen what I
    did.
¹⁰ For forty years I was angry with that
    generation;

---

^a **94:20** de reyes corruptos. Lit. del trono corrupto.
^b **95:8** En hebreo, Meribá significa altercado.
^c **95:8** En hebreo, Masá significa prueba o provocación.

^e 8 Meribah means quarreling.   ^f 8 Massah means testing.

y dije: «Son un pueblo mal encaminado
que no reconoce mis senderos.»
[11] Así que, en mi enojo, hice este juramento:
«Jamás entrarán en mi reposo.»

SALMO 96

[1] Canten al Señor un cántico nuevo;
canten al Señor, habitantes de toda la
tierra.
[2] Canten al Señor, alaben su *nombre;
anuncien día tras día su *victoria.
[3] Proclamen su gloria entre las naciones,
sus maravillas entre todos los pueblos.

[4] ¡Grande es el Señor y digno de alabanza,
más temible que todos los dioses!
[5] Todos los dioses de las naciones no son nada,
pero el Señor ha creado los cielos.
[6] El esplendor y la majestad son sus heraldos;
hay poder y belleza en su santuario.

[7] Tributen al Señor, pueblos todos,
tributen al Señor la gloria y el poder.
[8] Tributen al Señor la gloria que merece su
nombre;
traigan sus ofrendas y entren en sus atrios.
[9] Póstrense ante el Señor en la majestad de su
santuario;
¡tiemble delante de él toda la tierra!

[10] Que se diga entre las naciones:
«¡El Señor es rey!»
Ha establecido el mundo con firmeza;
jamás será removido.
Él juzga a los pueblos con equidad.
[11] ¡Alégrense los cielos, regocíjese la tierra!
¡Brame el mar y todo lo que él contiene!
[12] ¡Canten alegres los campos y todo lo que hay
en ellos!
¡Canten jubilosos todos los árboles del
bosque!
[13] ¡Canten delante del Señor, que ya viene!
¡Viene ya para juzgar la tierra!
Y juzgará al mundo con justicia,
y a los pueblos con fidelidad.

SALMO 97

[1] ¡El Señor es rey!
¡Regocíjese la tierra!
¡Alégrense las costas más remotas!

[2] Oscuros nubarrones lo rodean;
la rectitud y la justicia son la base de su
trono.
[3] El fuego va delante de él
y consume a los adversarios que lo rodean.
[4] Sus relámpagos iluminan el mundo;
al verlos, la tierra se estremece.
[5] Ante el Señor, dueño de toda la tierra,
las montañas se derriten como cera.
[6] Los cielos proclaman su justicia,
y todos los pueblos contemplan su gloria.

I said, 'They are a people whose hearts go
astray,
and they have not known my ways.'
[11] So I declared on oath in my anger,
'They shall never enter my rest.'"

PSALM 96

[1] Sing to the Lord a new song;
sing to the Lord, all the earth.
[2] Sing to the Lord, praise his name;
proclaim his salvation day after day.
[3] Declare his glory among the nations,
his marvelous deeds among all peoples.

[4] For great is the Lord and most worthy of
praise;
he is to be feared above all gods.
[5] For all the gods of the nations are idols,
but the Lord made the heavens.
[6] Splendor and majesty are before him;
strength and glory are in his sanctuary.

[7] Ascribe to the Lord, all you families of
nations,
ascribe to the Lord glory and strength.
[8] Ascribe to the Lord the glory due his name;
bring an offering and come into his courts.
[9] Worship the Lord in the splendor of his[g]
holiness;
tremble before him, all the earth.
[10] Say among the nations, "The Lord reigns."
The world is firmly established, it cannot be
moved;
he will judge the peoples with equity.

[11] Let the heavens rejoice, let the earth be glad;
let the sea resound, and all that is in it.
[12] Let the fields be jubilant, and everything in
them;
let all the trees of the forest sing for joy.
[13] Let all creation rejoice before the Lord, for he
comes,
he comes to judge the earth.
He will judge the world in righteousness
and the peoples in his faithfulness.

PSALM 97

[1] The Lord reigns, let the earth be glad;
let the distant shores rejoice.
[2] Clouds and thick darkness surround him;
righteousness and justice are the foundation
of his throne.
[3] Fire goes before him
and consumes his foes on every side.
[4] His lightning lights up the world;
the earth sees and trembles.
[5] The mountains melt like wax before the Lord,
before the Lord of all the earth.
[6] The heavens proclaim his righteousness,
and all peoples see his glory.

[g] 9 Or Lord with the splendor of

7 Sean avergonzados todos los idólatras,
   los que se jactan de sus ídolos inútiles.
   ¡Póstrense ante él todos los dioses!
8 SEÑOR, por causa de tus juicios
   *Sión escucha esto y se alegra,
   y las ciudades de Judá se regocijan.
9 Porque tú eres el SEÑOR *Altísimo,
   por encima de toda la tierra.
   ¡Tú estás muy por encima de todos los
      dioses!

10 El SEÑOR ama^d a los que odian^e el mal;
   él protege la vida de sus fieles,
   y los libra de manos de los impíos.
11 La luz se esparce sobre los justos,
   y la alegría sobre los rectos de corazón.
12 Alégrense en el SEÑOR, ustedes los justos,
   y alaben su santo *nombre.

SALMO 98

Salmo.

1 Canten al SEÑOR un cántico nuevo,
   porque ha hecho maravillas.
   Su diestra, su santo brazo,
   ha alcanzado la *victoria.
2 El SEÑOR ha hecho gala de su *triunfo;
   ha mostrado su justicia a las naciones.
3 Se ha acordado de su amor y de su fidelidad
   por el pueblo de Israel;
   ¡todos los confines de la tierra son testigos
   de la *salvación de nuestro Dios!

4 ¡Aclamen alegres al SEÑOR, habitantes de toda
      la tierra!
   ¡Prorrumpan en alegres cánticos y salmos!
5 ¡Canten salmos al SEÑOR al son del arpa,
   al son del arpa y de coros melodiosos!
6 ¡Aclamen alegres al SEÑOR, el Rey,
   al son de clarines y trompetas!

7 ¡Brame el mar y todo lo que él contiene;
   el mundo y todos sus habitantes!
8 ¡Batan palmas los ríos,
   y canten jubilosos todos los montes!
9 Canten delante del SEÑOR,
   que ya viene a juzgar la tierra.
   Y juzgará al mundo con justicia,
   a los pueblos con equidad.

SALMO 99

1 El SEÑOR es rey:
   que tiemblen las naciones.
   Él tiene su trono entre *querubines:
   que se estremezca la tierra.
2 Grande es el SEÑOR en *Sión,
   ¡excelso sobre todos los pueblos!

7 All who worship images are put to shame,
   those who boast in idols—
   worship him, all you gods!
8 Zion hears and rejoices
   and the villages of Judah are glad
   because of your judgments, LORD.
9 For you, LORD, are the Most High over all the
      earth;
   you are exalted far above all gods.
10 Let those who love the LORD hate evil,
   for he guards the lives of his faithful ones
   and delivers them from the hand of the
      wicked.
11 Light shines^h on the righteous
   and joy on the upright in heart.
12 Rejoice in the LORD, you who are righteous,
   and praise his holy name.

PSALM 98

A psalm.

1 Sing to the LORD a new song,
   for he has done marvelous things;
   his right hand and his holy arm
   have worked salvation for him.
2 The LORD has made his salvation known
   and revealed his righteousness to the
      nations.
3 He has remembered his love
   and his faithfulness to Israel;
   all the ends of the earth have seen
   the salvation of our God.

4 Shout for joy to the LORD, all the earth,
   burst into jubilant song with music;
5 make music to the LORD with the harp,
   with the harp and the sound of singing,
6 with trumpets and the blast of the ram's
      horn—
   shout for joy before the LORD, the King.

7 Let the sea resound, and everything in it,
   the world, and all who live in it.
8 Let the rivers clap their hands,
   let the mountains sing together for joy;
9 let them sing before the LORD,
   for he comes to judge the earth.
He will judge the world in righteousness
   and the peoples with equity.

PSALM 99

1 The LORD reigns,
   let the nations tremble;
   he sits enthroned between the cherubim,
   let the earth shake.
2 Great is the LORD in Zion;
   he is exalted over all the nations.

---

^d 97:10 *El SEÑOR ama* (lectura probable); *Los que aman al Señor* (TM).
^e 97:10 *a los que odian* (Siríaca y algunos mss. hebreos); *ustedes odian* (TM).

^h 11 One Hebrew manuscript and ancient versions (see also 112:4); most Hebrew manuscripts *Light is sown*

³ Sea alabado su *nombre grandioso e imponente:
¡él es santo!

⁴ Rey poderoso, que amas la justicia:
tú has establecido la equidad
y has actuado en Jacob con justicia y
rectitud.

⁵ Exalten al SEÑOR nuestro Dios;
adórenlo ante el estrado de sus pies:
¡él es santo!

⁶ Moisés y Aarón se contaban entre sus
sacerdotes,
y Samuel, entre los que invocaron su
nombre.
Invocaron al SEÑOR, y él les respondió;
⁷   les habló desde la columna de nube.
Cumplieron con sus estatutos,
con los decretos que él les entregó.

⁸ SEÑOR y Dios nuestro, tú les respondiste;
fuiste para ellos un Dios perdonador,
aun cuando castigaste sus rebeliones.

⁹ Exalten al SEÑOR nuestro Dios;
adórenlo en su santo monte:
¡Santo es el SEÑOR nuestro Dios!

SALMO 100

Salmo de acción de gracias.

¹ Aclamen alegres al SEÑOR, habitantes de toda
la tierra;
²   adoren al SEÑOR con regocijo.
Preséntense ante él
con cánticos de júbilo.
³ Reconozcan que el SEÑOR es Dios;
él nos hizo, y somos suyos.^f
Somos su pueblo, ovejas de su prado.

⁴ Entren por sus *puertas con acción de gracias;
vengan a sus atrios con himnos de alabanza;
denle gracias, alaben su *nombre.
⁵ Porque el SEÑOR es bueno y su gran amor es
eterno;
su fidelidad permanece para siempre.

SALMO 101

Salmo de David.

¹ Quiero cantar al amor y a la justicia:
quiero, SEÑOR, cantarte salmos.
² Quiero triunfar en el *camino de perfección:
¿Cuándo me visitarás?
Quiero conducirme en mi propia casa
con integridad de corazón.
³ No me pondré como meta
nada en que haya perversidad.

Las acciones de gente desleal las aborrezco;
no tendrán nada que ver conmigo.

³ Let them praise your great and awesome
name —
he is holy.

⁴ The King is mighty, he loves justice —
you have established equity;
in Jacob you have done
what is just and right.
⁵ Exalt the LORD our God
and worship at his footstool;
he is holy.

⁶ Moses and Aaron were among his priests,
Samuel was among those who called on his
name;
they called on the LORD
and he answered them.
⁷ He spoke to them from the pillar of cloud;
they kept his statutes and the decrees he
gave them.

⁸ LORD our God,
you answered them;
you were to Israel a forgiving God,
though you punished their misdeeds.ⁱ
⁹ Exalt the LORD our God
and worship at his holy mountain,
for the LORD our God is holy.

PSALM 100

A psalm. For giving grateful praise.

¹ Shout for joy to the LORD, all the earth.
²   Worship the LORD with gladness;
come before him with joyful songs.
³ Know that the LORD is God.
It is he who made us, and we are his^j;
we are his people, the sheep of his pasture.

⁴ Enter his gates with thanksgiving
and his courts with praise;
give thanks to him and praise his name.
⁵ For the LORD is good and his love endures
forever;
his faithfulness continues through all
generations.

PSALM 101

Of David. A psalm.

¹ I will sing of your love and justice;
to you, LORD, I will sing praise.
² I will be careful to lead a blameless life —
when will you come to me?

I will conduct the affairs of my house
with a blameless heart.
³ I will not look with approval
on anything that is vile.

I hate what faithless people do;
I will have no part in it.

---

f **100:3** *y somos suyos* (Targum, Qumrán y mss.); *y no nosotros* (TM).

i 8 Or *God, / an avenger of the wrongs done to them / and not ourselves*   *j* 3 Or *and*

⁴ Alejaré de mí toda intención perversa;
     no tendrá cabida en mí la maldad.

⁵ Al que en secreto calumnie a su prójimo,
     lo haré callar para siempre;
al de ojos altivos y corazón soberbio
     no lo soportaré.

⁶ Pondré mis ojos en los fieles de la tierra,
     para que habiten conmigo;
sólo estarán a mi servicio
     los de conducta intachable.

⁷ Jamás habitará bajo mi techo
     nadie que practique el engaño;
jamás prevalecerá en mi presencia
     nadie que hable con falsedad.

⁸ Cada mañana reduciré al silencio
     a todos los impíos que hay en la tierra;
extirparé de la ciudad del Señor
     a todos los malhechores.

Salmo 102

*Oración de un afligido que, a punto de
desfallecer, da rienda suelta a su lamento ante el
Señor.*

¹ Escucha, Señor, mi oración;
     llegue a ti mi clamor.
² No escondas de mí tu rostro
     cuando me encuentro angustiado.
Inclina a mí tu oído;
     respóndeme pronto cuando te llame.

³ Pues mis días se desvanecen como el humo,
     los huesos me arden como brasas.
⁴ Mi corazón decae y se marchita como la
        hierba;
     ¡hasta he perdido el apetito!
⁵ Por causa de mis fuertes gemidos
     se me pueden contar los huesos.ᵍ
⁶ Parezco una lechuza del desierto;
     soy como un búho entre las ruinas.
⁷ No logro conciliar el sueño;
     parezco ave solitaria sobre el tejado.
⁸ A todas horas me ofenden mis enemigos,
     y hasta usan mi *nombre para maldecir.
⁹ Las cenizas son todo mi alimento;
     mis lágrimas se mezclan con mi bebida.
¹⁰ ¡Por tu enojo, por tu indignación,
     me levantaste para luego arrojarme!
¹¹ Mis días son como sombras nocturnas;
     me voy marchitando como la hierba.

¹² Pero tú, Señor, reinas eternamente;
     tu nombre perdura por todas las
        generaciones.
¹³ Te levantarás y tendrás piedad de *Sión,
     pues ya es tiempo de que la compadezcas.
     ¡Ha llegado el momento señalado!

⁴ The perverse of heart shall be far from me;
     I will have nothing to do with what is evil.

⁵ Whoever slanders their neighbor in secret,
     I will put to silence;
whoever has haughty eyes and a proud heart,
     I will not tolerate.

⁶ My eyes will be on the faithful in the land,
     that they may dwell with me;
the one whose walk is blameless
     will minister to me.

⁷ No one who practices deceit
     will dwell in my house;
no one who speaks falsely
     will stand in my presence.

⁸ Every morning I will put to silence
     all the wicked in the land;
I will cut off every evildoer
     from the city of the Lord.

Psalm 102ᵏ

*A prayer of an afflicted person who has grown weak
and pours out a lament before the Lord.*

¹ Hear my prayer, Lord;
     let my cry for help come to you.
² Do not hide your face from me
     when I am in distress.
Turn your ear to me;
     when I call, answer me quickly.

³ For my days vanish like smoke;
     my bones burn like glowing embers.
⁴ My heart is blighted and withered like grass;
     I forget to eat my food.
⁵ In my distress I groan aloud
     and am reduced to skin and bones.
⁶ I am like a desert owl,
     like an owl among the ruins.
⁷ I lie awake; I have become
     like a bird alone on a roof.
⁸ All day long my enemies taunt me;
     those who rail against me use my name as a
        curse.
⁹ For I eat ashes as my food
     and mingle my drink with tears
¹⁰ because of your great wrath,
     for you have taken me up and thrown me
        aside.
¹¹ My days are like the evening shadow;
     I wither away like grass.

¹² But you, Lord, sit enthroned forever;
     your renown endures through all
        generations.
¹³ You will arise and have compassion on Zion,
     for it is time to show favor to her;
     the appointed time has come.

---

*g 102:5 se me pueden contar los huesos. Lit. se me pegan los huesos
a la carne.*

k In Hebrew texts 102:1-28 is numbered 102:2-29.

¹⁴ Tus siervos sienten cariño por sus ruinas;
   los mueven a compasión sus escombros.

¹⁵ Las naciones temerán el nombre del Señor;
   todos los reyes de la tierra reconocerán su
    majestad.
¹⁶ Porque el Señor reconstruirá a Sión,
   y se manifestará en su esplendor.
¹⁷ Atenderá a la oración de los desamparados,
   y no desdeñará sus ruegos.
¹⁸ Que se escriba esto para las generaciones
    futuras,
   y que el pueblo que será creado alabe al
    Señor.
¹⁹ Miró el Señor desde su altísimo santuario;
   contempló la tierra desde el cielo,
²⁰ para oír los lamentos de los cautivos
   y liberar a los condenados a muerte;
²¹ para proclamar en Sión el nombre del Señor
   y anunciar en Jerusalén su alabanza,
²² cuando todos los pueblos y los reinos
   se reúnan para adorar al Señor.

²³ En el curso de mi vida acabó Dios con mis
    fuerzas;^h
   me redujo los días ²⁴ Por eso dije:
   «No me lleves, Dios mío, a la mitad de mi vida;
   tú permaneces por todas las generaciones.
²⁵ En el principio tú afirmaste la tierra,
   y los cielos son la obra de tus manos.
²⁶ Ellos perecerán, pero tú permaneces.
   Todos ellos se desgastarán como un vestido.
   Y como ropa los cambiarás,
   y los dejarás de lado.
²⁷ Pero tú eres siempre el mismo,
   y tus años no tienen fin.
²⁸ Los hijos de tus siervos se establecerán,
   y sus descendientes habitarán en tu
    presencia.»

Salmo 103

Salmo de David.

¹ Alaba, *alma mía, al Señor;
   alabe todo mi ser su santo *nombre.
² Alaba, alma mía, al Señor,
   y no olvides ninguno de sus beneficios.
³ Él perdona todos tus pecados
   y sana todas tus dolencias;
⁴ él rescata tu vida del *sepulcro
   y te cubre de amor y compasión;
⁵ él colma de bienes tu vidaⁱ
   y te rejuvenece como a las águilas.

⁶ El Señor hace *justicia
   y defiende a todos los oprimidos.

¹⁴ For her stones are dear to your servants;
   her very dust moves them to pity.
¹⁵ The nations will fear the name of the Lord,
   all the kings of the earth will revere your
    glory.
¹⁶ For the Lord will rebuild Zion
   and appear in his glory.
¹⁷ He will respond to the prayer of the destitute;
   he will not despise their plea.
¹⁸ Let this be written for a future generation,
   that a people not yet created may praise the
    Lord:
¹⁹ "The Lord looked down from his sanctuary
    on high,
   from heaven he viewed the earth,
²⁰ to hear the groans of the prisoners
   and release those condemned to death."
²¹ So the name of the Lord will be declared in
    Zion
   and his praise in Jerusalem
²² when the peoples and the kingdoms
   assemble to worship the Lord.

²³ In the course of my lifeⁱ he broke my strength;
   he cut short my days.
²⁴ So I said:
   "Do not take me away, my God, in the midst of
    my days;
   your years go on through all generations.
²⁵ In the beginning you laid the foundations of
    the earth,
   and the heavens are the work of your hands.
²⁶ They will perish, but you remain;
   they will all wear out like a garment.
   Like clothing you will change them
   and they will be discarded.
²⁷ But you remain the same,
   and your years will never end.
²⁸ The children of your servants will live in your
    presence;
   their descendants will be established before
    you."

Psalm 103

Of David.

¹ Praise the Lord, my soul;
   all my inmost being, praise his holy name.
² Praise the Lord, my soul,
   and forget not all his benefits —
³ who forgives all your sins
   and heals all your diseases,
⁴ who redeems your life from the pit
   and crowns you with love and compassion,
⁵ who satisfies your desires with good things
   so that your youth is renewed like the
    eagle's.

⁶ The Lord works righteousness
   and justice for all the oppressed.

---

^h 102:23 *mis fuerzas.* Lit. *su fuerza.*
ⁱ 103:5 *vida.* Palabra de difícil traducción.

ⁱ 23 Or *By his power*

⁷ Dio a conocer sus *caminos a Moisés;
     reveló sus obras al pueblo de Israel.

⁸ El Señor es clemente y compasivo,
     lento para la ira y grande en amor.
⁹ No sostiene para siempre su querella
     ni guarda rencor eternamente.
¹⁰ No nos trata conforme a nuestros pecados
     ni nos paga según nuestras maldades.
¹¹ Tan grande es su amor por los que le temen
     como alto es el cielo sobre la tierra.
¹² Tan lejos de nosotros echó nuestras
         transgresiones
     como lejos del oriente está el occidente.
¹³ Tan compasivo es el Señor con los que le
         temen
     como lo es un padre con sus hijos.
¹⁴ Él conoce nuestra condición;
     sabe que somos de barro.

¹⁵ El *hombre es como la hierba,
     sus días florecen como la flor del campo:
¹⁶ sacudida por el viento,
     desaparece sin dejar rastro alguno.
¹⁷ Pero el amor del Señor es eterno
     y siempre está con los que le temen;
su justicia está con los hijos de sus hijos,
¹⁸   con los que cumplen su *pacto
     y se acuerdan de sus preceptos
     para ponerlos por obra.

¹⁹ El Señor ha establecido su trono en el cielo;
     su reinado domina sobre todos.

²⁰ Alaben al Señor, ustedes sus ángeles,
     paladines que ejecutan su palabra
     y obedecen su mandato.
²¹ Alaben al Señor, todos sus ejércitos,
     siervos suyos que cumplen su voluntad.
²² Alaben al Señor, todas sus obras
     en todos los ámbitos de su dominio.

     ¡Alaba, alma mía, al Señor!

Salmo 104

¹ ¡Alaba, *alma mía, al Señor!

Señor mi Dios, tú eres grandioso;
     te has revestido de gloria y majestad.
² Te cubres^j de luz como con un manto;
     extiendes los cielos como un velo.
³ Afirmas sobre las aguas tus altos aposentos
     y haces de las nubes tus carros de guerra.
     ¡Tú cabalgas en las alas del viento!
⁴ Haces de los vientos tus mensajeros,^k
     y de las llamas de fuego tus servidores.
⁵ Tú pusiste la tierra sobre sus cimientos,
     y de allí jamás se moverá;

⁷ He made known his ways to Moses,
     his deeds to the people of Israel:
⁸ The Lord is compassionate and gracious,
     slow to anger, abounding in love.
⁹ He will not always accuse,
     nor will he harbor his anger forever;
¹⁰ he does not treat us as our sins deserve
     or repay us according to our iniquities.
¹¹ For as high as the heavens are above the earth,
     so great is his love for those who fear him;
¹² as far as the east is from the west,
     so far has he removed our transgressions
         from us.

¹³ As a father has compassion on his children,
     so the Lord has compassion on those who
         fear him;
¹⁴ for he knows how we are formed,
     he remembers that we are dust.
¹⁵ The life of mortals is like grass,
     they flourish like a flower of the field;
¹⁶ the wind blows over it and it is gone,
     and its place remembers it no more.
¹⁷ But from everlasting to everlasting
     the Lord's love is with those who fear him,
     and his righteousness with their children's
         children—
¹⁸ with those who keep his covenant
     and remember to obey his precepts.

¹⁹ The Lord has established his throne in heaven,
     and his kingdom rules over all.

²⁰ Praise the Lord, you his angels,
     you mighty ones who do his bidding,
     who obey his word.
²¹ Praise the Lord, all his heavenly hosts,
     you his servants who do his will.
²² Praise the Lord, all his works
     everywhere in his dominion.

     Praise the Lord, my soul.

Psalm 104

¹ Praise the Lord, my soul.

Lord my God, you are very great;
     you are clothed with splendor and majesty.
² The Lord wraps himself in light as with a
         garment;
     he stretches out the heavens like a tent
³   and lays the beams of his upper chambers
         on their waters.
He makes the clouds his chariot
     and rides on the wings of the wind.
⁴ He makes winds his messengers,^m
     flames of fire his servants.
⁵ He set the earth on its foundations;
     it can never be moved.

---

⁶ la revestiste con el mar,
    y las aguas se detuvieron sobre los montes.
⁷ Pero a tu reprensión huyeron las aguas;
    ante el estruendo de tu voz se dieron a la
        fuga.
⁸ Ascendieron a los montes,
    descendieron a los valles,
    al lugar que tú les asignaste.
⁹ Pusiste una frontera que ellas no pueden
        cruzar;
    ¡jamás volverán a cubrir la tierra!

¹⁰ Tú haces que los manantiales
    viertan sus aguas en las cañadas,
    y que fluyan entre las montañas.
¹¹ De ellas beben todas las bestias del campo;
    allí los asnos monteses calman su sed.
¹² Las aves del cielo anidan junto a las aguas
    y cantan entre el follaje.
¹³ Desde tus altos aposentos riegas las montañas;
    la tierra se sacia con el fruto de tu trabajo.
¹⁴ Haces que crezca la hierba para el ganado,
    y las plantas que la *gente cultiva
    para sacar de la tierra su alimento:
¹⁵ el vino que alegra el corazón,
    el aceite que hace brillar el rostro,
    y el pan que sustenta la vida.
¹⁶ Los árboles del Señor están bien regados,
    los cedros del Líbano que él plantó.
¹⁷ Allí las aves hacen sus nidos;
    en los cipreses tienen su hogar las cigüeñas.
¹⁸ En las altas montañas están las cabras monteses,
    y en los escarpados peñascos tienen su
        madriguera los tejones.

¹⁹ Tú hiciste¹ la luna, que marca las estaciones,
    y el sol, que sabe cuándo ocultarse.
²⁰ Tú traes la oscuridad, y cae la noche,
    y en sus sombras se arrastran los animales
        del bosque.
²¹ Los leones rugen, reclamando su presa,
    exigiendo que Dios les dé su alimento.
²² Pero al salir el sol se escabullen,
    y vuelven a echarse en sus guaridas.
²³ Sale entonces la *gente a cumplir sus tareas,
    a hacer su trabajo hasta el anochecer.

²⁴ ¡Oh Señor, cuán numerosas son tus obras!
    ¡Todas ellas las hiciste con sabiduría!
    ¡Rebosa la tierra con todas tus criaturas!
²⁵ Allí está el mar, ancho e infinito,ᵐ
    que abunda en animales, grandes y
        pequeños,
    cuyo número es imposible conocer.
²⁶ Allí navegan los barcos y se mece *Leviatán,
    que tú creaste para jugar con él.

²⁷ Todos ellos esperan de ti
    que a su tiempo les des su alimento.
²⁸ Tú les das, y ellos recogen;
    abres la mano, y se colman de bienes.

---

l **104:19** *Tú hiciste.* Lit. *Él hace.*
m **104:25** *infinito.* Lit. *amplio de manos.*

⁶ You covered it with the watery depths as with a
        garment;
    the waters stood above the mountains.
⁷ But at your rebuke the waters fled,
    at the sound of your thunder they took to
        flight;
⁸ they flowed over the mountains,
    they went down into the valleys,
    to the place you assigned for them.
⁹ You set a boundary they cannot cross;
    never again will they cover the earth.

¹⁰ He makes springs pour water into the ravines;
    it flows between the mountains.
¹¹ They give water to all the beasts of the field;
    the wild donkeys quench their thirst.
¹² The birds of the sky nest by the waters;
    they sing among the branches.
¹³ He waters the mountains from his upper
        chambers;
    the land is satisfied by the fruit of his work.
¹⁴ He makes grass grow for the cattle,
    and plants for people to cultivate—
    bringing forth food from the earth:
¹⁵ wine that gladdens human hearts,
    oil to make their faces shine,
    and bread that sustains their hearts.
¹⁶ The trees of the Lord are well watered,
    the cedars of Lebanon that he planted.
¹⁷ There the birds make their nests;
    the stork has its home in the junipers.
¹⁸ The high mountains belong to the wild goats;
    the crags are a refuge for the hyrax.

¹⁹ He made the moon to mark the seasons,
    and the sun knows when to go down.
²⁰ You bring darkness, it becomes night,
    and all the beasts of the forest prowl.
²¹ The lions roar for their prey
    and seek their food from God.
²² The sun rises, and they steal away;
    they return and lie down in their dens.
²³ Then people go out to their work,
    to their labor until evening.

²⁴ How many are your works, Lord!
    In wisdom you made them all;
    the earth is full of your creatures.
²⁵ There is the sea, vast and spacious,
    teeming with creatures beyond number—
    living things both large and small.
²⁶ There the ships go to and fro,
    and Leviathan, which you formed to frolic
        there.

²⁷ All creatures look to you
    to give them their food at the proper time.
²⁸ When you give it to them,
    they gather it up;
    when you open your hand,
    they are satisfied with good things.

²⁹ Si escondes tu rostro, se aterran;
    si les quitas el aliento, mueren y vuelven al
      polvo.
³⁰ Pero si envías tu Espíritu, son creados,
    y así renuevas la faz de la tierra.

³¹ Que la gloria del Señor perdure eternamente;
    que el Señor se regocije en sus obras.
³² Él mira la tierra y la hace temblar;
    toca los montes y los hace echar humo.

³³ Cantaré al Señor toda mi vida;
    cantaré salmos a mi Dios mientras tenga
      aliento.
³⁴ Quiera él agradarse de mi meditación;
    yo, por mi parte, me alegro en el Señor.
³⁵ Que desaparezcan de la tierra los pecadores;
    ¡que no existan más los malvados!

¡Alaba, *alma mía, al Señor!

*¡Aleluya! ¡Alabado sea el Señor!ⁿ

Salmo 105

¹ Den gracias al Señor, invoquen su *nombre;
    den a conocer sus obras entre las naciones.
² Cántenle, entónenle salmos;
    hablen de todas sus maravillas.
³ Siéntanse orgullosos de su santo nombre;
    alégrese el corazón de los que buscan al
      Señor.
⁴ Recurran al Señor y a su fuerza;
    busquen siempre su rostro.

⁵ Recuerden las maravillas que ha realizado,
    sus señales, y los decretos que ha emitido.
⁶ ¡Ustedes, descendientes de Abraham su siervo!
    ¡Ustedes, hijos de Jacob, elegidos suyos!
⁷ Él es el Señor, nuestro Dios;
    en toda la tierra están sus decretos.

⁸ Él siempre tiene presente su *pacto,
    la palabra que ordenó para mil
      generaciones.
⁹ Es el pacto que hizo con Abraham,
    el juramento que le hizo a Isaac.
¹⁰ Se lo confirmó a Jacob como un decreto,
    a Israel como un pacto eterno,
¹¹ cuando dijo: «Te daré la tierra de Canaán
    como la herencia que te toca.»

¹² Aun cuando eran pocos en número,
    unos cuantos extranjeros en la tierra
¹³ que andaban siempre de nación en nación
    y de reino en reino,
¹⁴ a nadie permitió que los oprimiera,
    sino que por ellos reprendió a los reyes:
¹⁵ «No toquen a mis ungidos;
    no hagan daño a mis profetas.»

²⁹ When you hide your face,
    they are terrified;
  when you take away their breath,
    they die and return to the dust.
³⁰ When you send your Spirit,
    they are created,
    and you renew the face of the ground.

³¹ May the glory of the Lord endure forever;
    may the Lord rejoice in his works —
³² he who looks at the earth, and it trembles,
    who touches the mountains, and they smoke.

³³ I will sing to the Lord all my life;
    I will sing praise to my God as long as I live.
³⁴ May my meditation be pleasing to him,
    as I rejoice in the Lord.
³⁵ But may sinners vanish from the earth
    and the wicked be no more.

Praise the Lord, my soul.

Praise the Lord.ⁿ

Psalm 105

¹ Give praise to the Lord, proclaim his name;
    make known among the nations what he
      has done.
² Sing to him, sing praise to him;
    tell of all his wonderful acts.
³ Glory in his holy name;
    let the hearts of those who seek the Lord
      rejoice.
⁴ Look to the Lord and his strength;
    seek his face always.

⁵ Remember the wonders he has done,
    his miracles, and the judgments he
      pronounced,
⁶ you his servants, the descendants of Abraham,
    his chosen ones, the children of Jacob.
⁷ He is the Lord our God;
    his judgments are in all the earth.

⁸ He remembers his covenant forever,
    the promise he made, for a thousand
      generations,
⁹ the covenant he made with Abraham,
    the oath he swore to Isaac.
¹⁰ He confirmed it to Jacob as a decree,
    to Israel as an everlasting covenant:
¹¹ "To you I will give the land of Canaan
    as the portion you will inherit."

¹² When they were but few in number,
    few indeed, and strangers in it,
¹³ they wandered from nation to nation,
    from one kingdom to another.
¹⁴ He allowed no one to oppress them;
    for their sake he rebuked kings:
¹⁵ "Do not touch my anointed ones;
    do my prophets no harm."

ⁿ 104:35 En LXX este verso aparece al principio del Salmo 105.

ⁿ 35 Hebrew *Hallelu Yah*; in the Septuagint this line stands at the beginning of Psalm 105.

¹⁶ Dios provocó hambre en la tierra
  y destruyó todos sus trigales.^ñ
¹⁷ Pero envió delante de ellos a un hombre:
  a José, vendido como esclavo.
¹⁸ Le sujetaron los pies con grilletes,
  entre hierros le aprisionaron el *cuello,
¹⁹ hasta que se cumplió lo que él predijo
  y la palabra del Señor probó que él era veraz.
²⁰ El rey ordenó ponerlo en libertad,
  el gobernante de los pueblos lo dejó libre.
²¹ Le dio autoridad sobre toda su casa
  y lo puso a cargo de cuanto poseía,
²² con pleno poder para instruir^o a sus príncipes
  e impartir sabiduría a sus ancianos.

²³ Entonces Israel vino a Egipto;
  Jacob fue extranjero en el país de Cam.
²⁴ El Señor hizo que su pueblo se multiplicara;
  lo hizo más numeroso que sus adversarios,
²⁵ a quienes trastornó para que odiaran a su
    pueblo
  y se confabularan contra sus siervos.
²⁶ Envió a su siervo Moisés,
  y a Aarón, a quien había escogido,
²⁷ y éstos hicieron señales milagrosas entre ellos,
  ¡maravillas en el país de Cam!
²⁸ Envió tinieblas, y la tierra se oscureció,
  pero ellos no atendieron^p a sus palabras.
²⁹ Convirtió en sangre sus aguas
  y causó la muerte de sus peces.
³⁰ Todo Egipto^q se infestó de ranas,
  ¡hasta las habitaciones de sus reyes!
³¹ Habló Dios, e invadieron todo el país
  enjambres de moscas y mosquitos.
³² Convirtió la lluvia en granizo,
  y lanzó relámpagos sobre su tierra;
³³ derribó sus vides y sus higueras,
  y en todo el país hizo astillas los árboles.
³⁴ Dio una orden, y llegaron las langostas,
  ¡infinidad de saltamontes!
³⁵ Arrasaron con toda la vegetación del país,
  devoraron los frutos de sus campos.
³⁶ Hirió de muerte a todos los primogénitos del
    país,
  a las primicias de sus descendientes.
³⁷ Sacó a los israelitas cargados de oro y plata,
  y no hubo entre sus tribus nadie que
    tropezara.

³⁸ Los egipcios se alegraron de su partida,
  pues el miedo a los israelitas los dominaba.
³⁹ El Señor les dio sombra con una nube,
  y con fuego los alumbró de noche.
⁴⁰ Pidió el pueblo comida, y les envió codornices;
  los sació con pan del cielo.
⁴¹ Abrió la roca, y brotó agua
  que corrió por el desierto como un río.

¹⁶ He called down famine on the land
  and destroyed all their supplies of food;
¹⁷ and he sent a man before them —
  Joseph, sold as a slave.
¹⁸ They bruised his feet with shackles,
  his neck was put in irons,
¹⁹ till what he foretold came to pass,
  till the word of the Lord proved him true.
²⁰ The king sent and released him,
  the ruler of peoples set him free.
²¹ He made him master of his household,
  ruler over all he possessed,
²² to instruct his princes as he pleased
  and teach his elders wisdom.

²³ Then Israel entered Egypt;
  Jacob resided as a foreigner in the land of
    Ham.
²⁴ The Lord made his people very fruitful;
  he made them too numerous for their foes,
²⁵ whose hearts he turned to hate his people,
  to conspire against his servants.
²⁶ He sent Moses his servant,
  and Aaron, whom he had chosen.
²⁷ They performed his signs among them,
  his wonders in the land of Ham.
²⁸ He sent darkness and made the land dark —
  for had they not rebelled against his words?
²⁹ He turned their waters into blood,
  causing their fish to die.
³⁰ Their land teemed with frogs,
  which went up into the bedrooms of their
    rulers.
³¹ He spoke, and there came swarms of flies,
  and gnats throughout their country.
³² He turned their rain into hail,
  with lightning throughout their land;
³³ he struck down their vines and fig trees
  and shattered the trees of their country.
³⁴ He spoke, and the locusts came,
  grasshoppers without number;
³⁵ they ate up every green thing in their land,
  ate up the produce of their soil.
³⁶ Then he struck down all the firstborn in their
    land,
  the firstfruits of all their manhood.
³⁷ He brought out Israel, laden with silver and
    gold,
  and from among their tribes no one
    faltered.
³⁸ Egypt was glad when they left,
  because dread of Israel had fallen on them.

³⁹ He spread out a cloud as a covering,
  and a fire to give light at night.
⁴⁰ They asked, and he brought them quail;
  he fed them well with the bread of heaven.
⁴¹ He opened the rock, and water gushed out;
  it flowed like a river in the desert.

ñ **105:16** *todos sus trigales*. Lit. *todo bastón de pan.*

o **105:22** *instruir* (LXX, Siríaca y Vulgata); *atar* (TM).

p **105:28** *no atendieron* (véanse LXX y Siríaca); *no se opusieron* (TM).

q **105:30** *Todo Egipto*. Lit. *La tierra de ellos.*

42 Ciertamente Dios se acordó de su santa
promesa,
la que hizo a su siervo Abraham.
43 Sacó a su pueblo, a sus escogidos,
en medio de gran alegría y de gritos
jubilosos.
44 Les entregó las tierras que poseían las
naciones;
heredaron el fruto del trabajo de otros
pueblos
45 para que ellos observaran sus preceptos
y pusieran en práctica sus *leyes.

*¡Aleluya! ¡Alabado sea el SEÑOR!

SALMO 106

1 *¡Aleluya! ¡Alabado sea el SEÑOR!

Den gracias al SEÑOR, porque él es bueno;
su gran amor perdura para siempre.
2 ¿Quién puede proclamar las proezas del SEÑOR,
o expresar toda su alabanza?
3 *Dichosos los que practican la justicia
y hacen siempre lo que es justo.
4 Recuérdame, SEÑOR, cuando te compadezcas
de tu pueblo;
ven en mi ayuda el día de tu *salvación.
5 Hazme disfrutar del bienestar de tus escogidos,
participar de la alegría de tu pueblo
y expresar mis alabanzas con tu heredad.

6 Hemos pecado, lo mismo que nuestros padres;
hemos hecho lo malo y actuado con
iniquidad.
7 Cuando nuestros padres estaban en Egipto,
no tomaron en cuenta tus maravillas;
no tuvieron presente tu bondad infinita
y se rebelaron junto al mar, el Mar Rojo.[r]
8 Pero Dios los salvó, haciendo honor a su
*nombre,
para mostrar su gran poder.
9 Reprendió al Mar Rojo, y éste quedó seco;
los condujo por las profundidades del mar
como si cruzaran el desierto.
10 Los salvó del poder de sus enemigos,
del poder de quienes los odiaban.
11 Las aguas envolvieron a sus adversarios,
y ninguno de éstos quedó con vida.
12 Entonces ellos creyeron en sus promesas
y le entonaron alabanzas.

13 Pero muy pronto olvidaron sus acciones
y no esperaron a conocer sus planes.
14 En el desierto cedieron a sus propios deseos;
en los páramos pusieron a prueba a Dios.
15 Y él les dio lo que pidieron,
pero les envió una enfermedad devastadora.

16 En el campamento tuvieron envidia de Moisés
y de Aarón, el que estaba consagrado al
SEÑOR.

[r] **106:7** *Mar Rojo.* Lit. *mar de las Cañas* (heb. *Yam Suf*); también en vv. 9 y 22.

42 For he remembered his holy promise
given to his servant Abraham.
43 He brought out his people with rejoicing,
his chosen ones with shouts of joy;
44 he gave them the lands of the nations,
and they fell heir to what others had toiled
for —
45 that they might keep his precepts
and observe his laws.

Praise the LORD.[o]

PSALM 106

1 Praise the LORD.[p]

Give thanks to the LORD, for he is good;
his love endures forever.

2 Who can proclaim the mighty acts of the LORD
or fully declare his praise?
3 Blessed are those who act justly,
who always do what is right.

4 Remember me, LORD, when you show favor to
your people,
come to my aid when you save them,
5 that I may enjoy the prosperity of your chosen
ones,
that I may share in the joy of your nation
and join your inheritance in giving praise.

6 We have sinned, even as our ancestors did;
we have done wrong and acted wickedly.
7 When our ancestors were in Egypt,
they gave no thought to your miracles;
they did not remember your many kindnesses,
and they rebelled by the sea, the Red Sea.[q]
8 Yet he saved them for his name's sake,
to make his mighty power known.
9 He rebuked the Red Sea, and it dried up;
he led them through the depths as through
a desert.
10 He saved them from the hand of the foe;
from the hand of the enemy he redeemed
them.
11 The waters covered their adversaries;
not one of them survived.
12 Then they believed his promises
and sang his praise.

13 But they soon forgot what he had done
and did not wait for his plan to unfold.
14 In the desert they gave in to their craving;
in the wilderness they put God to the test.
15 So he gave them what they asked for,
but sent a wasting disease among them.

16 In the camp they grew envious of Moses
and of Aaron, who was consecrated to the
LORD.

[o] *45* Hebrew *Hallelu Yah* [p] *1* Hebrew *Hallelu Yah*; also in verse 48 [q] *7* Or *the Sea of Reeds*; also in verses 9 and 22

¹⁷ Se abrió la tierra y se tragó a Datán;
las seguidores de Abirán.

¹⁷ Se abrió la tierra y se tragó a Datán;
sepultó a los seguidores de Abirán.
¹⁸ Un fuego devoró a esa pandilla;
las llamas consumieron a los impíos.

¹⁹ En Horeb hicieron un becerro;
se postraron ante un ídolo de fundición.
²⁰ Cambiaron al que era su motivo de orgullo^s
por la imagen de un toro que come hierba.
²¹ Se olvidaron del Dios que los salvó
y que había hecho grandes cosas en Egipto:
²² milagros en la tierra de Cam
y portentos junto al Mar Rojo.
²³ Dios amenazó con destruirlos,
pero no lo hizo por Moisés, su escogido,
que se puso ante él en la brecha
e impidió que su ira los destruyera.

²⁴ Menospreciaron esa bella tierra;
no creyeron en la promesa de Dios.
²⁵ Refunfuñaron en sus tiendas de campaña
y no obedecieron al SEÑOR.
²⁶ Por tanto, él levantó su mano contra ellos
para hacerlos caer en el desierto,
²⁷ para hacer caer a sus descendientes entre las
naciones
y dispersarlos por todos los países.

²⁸ Se sometieron al yugo de Baal Peor
y comieron de las ofrendas a ídolos sin vida.^t
²⁹ Provocaron al SEÑOR con sus malvadas
acciones,
y les sobrevino una plaga.
³⁰ Pero Finés se levantó e hizo justicia,
y la plaga se detuvo.
³¹ Esto se le acreditó como un acto de justicia
para siempre, por todas las generaciones.

³² Junto a las aguas de Meribá hicieron enojar al
SEÑOR,
y a Moisés le fue mal por culpa de ellos,
³³ pues lo sacaron de quicio
y él habló sin pensar lo que decía.
³⁴ No destruyeron a los pueblos
que el SEÑOR les había señalado,
³⁵ sino que se mezclaron con los paganos
y adoptaron sus costumbres.
³⁶ Rindieron culto a sus ídolos,
y se les volvieron una trampa.
³⁷ Ofrecieron a sus hijos y a sus hijas
como sacrificio a esos demonios.
³⁸ Derramaron sangre inocente,
la sangre de sus hijos y sus hijas.
Al ofrecerlos en sacrificio a los ídolos de
Canaán,
su sangre derramada profanó la tierra.
³⁹ Tales hechos los contaminaron;
tales acciones los corrompieron.
⁴⁰ La ira del SEÑOR se encendió contra su pueblo;
su heredad le resultó aborrecible.

¹⁷ The earth opened up and swallowed Dathan;
it buried the company of Abiram.
¹⁸ Fire blazed among their followers;
a flame consumed the wicked.
¹⁹ At Horeb they made a calf
and worshiped an idol cast from metal.
²⁰ They exchanged their glorious God
for an image of a bull, which eats grass.
²¹ They forgot the God who saved them,
who had done great things in Egypt,
²² miracles in the land of Ham
and awesome deeds by the Red Sea.
²³ So he said he would destroy them —
had not Moses, his chosen one,
stood in the breach before him
to keep his wrath from destroying them.

²⁴ Then they despised the pleasant land;
they did not believe his promise.
²⁵ They grumbled in their tents
and did not obey the LORD.
²⁶ So he swore to them with uplifted hand
that he would make them fall in the
wilderness,
²⁷ make their descendants fall among the nations
and scatter them throughout the lands.

²⁸ They yoked themselves to the Baal of Peor
and ate sacrifices offered to lifeless gods;
²⁹ they aroused the LORD's anger by their wicked
deeds,
and a plague broke out among them.
³⁰ But Phinehas stood up and intervened,
and the plague was checked.
³¹ This was credited to him as righteousness
for endless generations to come.
³² By the waters of Meribah they angered the
LORD,
and trouble came to Moses because of them;
³³ for they rebelled against the Spirit of God,
and rash words came from Moses' lips.^r

³⁴ They did not destroy the peoples
as the LORD had commanded them,
³⁵ but they mingled with the nations
and adopted their customs.
³⁶ They worshiped their idols,
which became a snare to them.
³⁷ They sacrificed their sons
and their daughters to false gods.
³⁸ They shed innocent blood,
the blood of their sons and daughters,
whom they sacrificed to the idols of Canaan,
and the land was desecrated by their blood.
³⁹ They defiled themselves by what they did;
by their deeds they prostituted themselves.
⁴⁰ Therefore the LORD was angry with his people
and abhorred his inheritance.

---

^s **106:20** *Cambiaron ... de orgullo.* Lit. *Cambiaron la gloria de ellos.*
^t **106:28** *ofrendas a ídolos sin vida.* Lit. *ofrendas a los muertos.*

^r *33 Or against his spirit, / and rash words came from his lips*

⁴¹ Por eso los entregó a los paganos,
　　y fueron dominados por quienes los
　　　　odiaban.
⁴² Sus enemigos los oprimieron,
　　los sometieron a su poder.
⁴³ Muchas veces Dios los libró;
　　pero ellos, empeñados en su rebeldía,
　　se hundieron en la maldad.

⁴⁴ Al verlos Dios angustiados,
　　y al escuchar su clamor,
⁴⁵ se acordó del pacto que había hecho con ellos
　　y por su gran amor les tuvo compasión.
⁴⁶ Hizo que todos sus opresores
　　también se apiadaran de ellos.

⁴⁷ Sálvanos, Señor, Dios nuestro;
　　vuelve a reunirnos de entre las naciones,
　　para que demos gracias a tu santo nombre
　　y orgullosos te alabemos.

⁴⁸ ¡Bendito sea el Señor, el Dios de Israel,
　　eternamente y para siempre!
　　¡Que todo el pueblo diga: «Amén»!

*¡Aleluya! ¡Alabado sea el Señor!

Libro V

Salmos 107-150

SALMO 107

¹ Den gracias al Señor, porque él es bueno;
　　su gran amor perdura para siempre.
² Que lo digan los redimidos del Señor,
　　a quienes redimió del poder del adversario,
³ a quienes reunió de todos los países,
　　de oriente y de occidente, del norte y del
　　　　sur.ᵘ

⁴ Vagaban perdidos por parajes desiertos,
　　sin dar con el camino a una ciudad
　　　　habitable.
⁵ Hambrientos y sedientos,
　　la vida se les iba consumiendo.
⁶ En su angustia clamaron al Señor,
　　y él los libró de su aflicción.
⁷ Los llevó por el camino recto
　　hasta llegar a una ciudad habitable.

⁸ ¡Que den gracias al Señor por su gran amor,
　　por sus maravillas en favor de los hombres!
⁹ ¡Él apaga la sed del sediento,
　　y sacia con lo mejor al hambriento!

¹⁰ Afligidos y encadenados,
　　habitaban en las más densas tinieblas
¹¹ por haberse rebelado contra las palabras de
　　　　Dios,
　　por menospreciar los designios del *Altísimo.
¹² Los sometióᵛ a trabajos forzados;
　　tropezaban, y no había quien los ayudara.

⁴¹ He gave them into the hands of the nations,
　　and their foes ruled over them.
⁴² Their enemies oppressed them
　　and subjected them to their power.
⁴³ Many times he delivered them,
　　but they were bent on rebellion
　　and they wasted away in their sin.
⁴⁴ Yet he took note of their distress
　　when he heard their cry;
⁴⁵ for their sake he remembered his covenant
　　and out of his great love he relented.
⁴⁶ He caused all who held them captive
　　to show them mercy.

⁴⁷ Save us, Lord our God,
　　and gather us from the nations,
　　that we may give thanks to your holy name
　　and glory in your praise.

⁴⁸ Praise be to the Lord, the God of Israel,
　　from everlasting to everlasting.

Let all the people say, "Amen!"

Praise the Lord.

BOOK V

Psalms 107–150

PSALM 107

¹ Give thanks to the Lord, for he is good;
　　his love endures forever.

² Let the redeemed of the Lord tell their story—
　　those he redeemed from the hand of the foe,
³ those he gathered from the lands,
　　from east and west, from north and south.ˢ

⁴ Some wandered in desert wastelands,
　　finding no way to a city where they could
　　　　settle.
⁵ They were hungry and thirsty,
　　and their lives ebbed away.
⁶ Then they cried out to the Lord in their
　　　　trouble,
　　and he delivered them from their distress.
⁷ He led them by a straight way
　　to a city where they could settle.
⁸ Let them give thanks to the Lord for his
　　　　unfailing love
　　and his wonderful deeds for mankind,
⁹ for he satisfies the thirsty
　　and fills the hungry with good things.

¹⁰ Some sat in darkness, in utter darkness,
　　prisoners suffering in iron chains,
¹¹ because they rebelled against God's commands
　　and despised the plans of the Most High.
¹² So he subjected them to bitter labor;
　　they stumbled, and there was no one to
　　　　help.

ᵘ **107:3** *del sur.* Lit. *del mar.*
ᵛ **107:12** *Los sometió.* Lit. *Sometió sus corazones.*

ˢ *3* Hebrew *north and the sea*

¹³ En su angustia clamaron al Señor,
  y él los salvó de su aflicción.
¹⁴ Los sacó de las sombras tenebrosas
  y rompió en pedazos sus cadenas.

¹⁵ ¡Que den gracias al Señor por su gran amor,
  por sus maravillas en favor de los hombres!
¹⁶ ¡Él hace añicos las puertas de bronce
  y rompe en mil pedazos las barras de hierro!

¹⁷ Trastornados por su rebeldía,
  afligidos por su iniquidad,
¹⁸ todo alimento les causaba asco.
  ¡Llegaron a las puertas mismas de la muerte!
¹⁹ En su angustia clamaron al Señor,
  y él los salvó de su aflicción.
²⁰ Envió su palabra para sanarlos,
  y así los rescató del sepulcro.

²¹ ¡Que den gracias al Señor por su gran amor,
  por sus maravillas en favor de los hombres!
²² ¡Que ofrezcan sacrificios de gratitud,
  y jubilosos proclamen sus obras!

²³ Se hicieron a la mar en sus barcos;
  para comerciar surcaron las muchas aguas.
²⁴ Allí, en las aguas profundas,
  vieron las obras del Señor y sus maravillas.
²⁵ Habló Dios, y se desató un fuerte viento
  que tanto encrespó las olas
²⁶ que subían a los cielos y bajaban al abismo.
  Ante el peligro, ellos perdieron el coraje.
²⁷ Como ebrios tropezaban, se tambaleaban;
  de nada les valía toda su pericia.
²⁸ En su angustia clamaron al Señor,
  y él los sacó de su aflicción.
²⁹ Cambió la tempestad en suave brisa:
  se sosegaron las olas del mar.
³⁰ Ante esa calma se alegraron,
  y Dios los llevó al puerto anhelado.

³¹ ¡Que den gracias al Señor por su gran amor,
  por sus maravillas en favor de los hombres!
³² ¡Que lo exalten en la asamblea del pueblo!
  ¡Que lo alaben en el consejo de los ancianos!

³³ Dios convirtió los ríos en desiertos,
  los manantiales en tierra seca,
³⁴ los fértiles terrenos en tierra salitrosa,
  por la maldad de sus habitantes.
³⁵ Convirtió el desierto en fuentes de agua,
  la tierra seca en manantiales;

¹³ Then they cried to the Lord in their trouble,
  and he saved them from their distress.
¹⁴ He brought them out of darkness, the utter
    darkness,
  and broke away their chains.
¹⁵ Let them give thanks to the Lord for his
    unfailing love
  and his wonderful deeds for mankind,
¹⁶ for he breaks down gates of bronze
  and cuts through bars of iron.

¹⁷ Some became fools through their rebellious
    ways
  and suffered affliction because of their
    iniquities.
¹⁸ They loathed all food
  and drew near the gates of death.
¹⁹ Then they cried to the Lord in their trouble,
  and he saved them from their distress.
²⁰ He sent out his word and healed them;
  he rescued them from the grave.
²¹ Let them give thanks to the Lord for his
    unfailing love
  and his wonderful deeds for mankind.
²² Let them sacrifice thank offerings
  and tell of his works with songs of joy.

²³ Some went out on the sea in ships;
  they were merchants on the mighty waters.
²⁴ They saw the works of the Lord,
  his wonderful deeds in the deep.
²⁵ For he spoke and stirred up a tempest
  that lifted high the waves.
²⁶ They mounted up to the heavens and went
    down to the depths;
  in their peril their courage melted away.
²⁷ They reeled and staggered like drunkards;
  they were at their wits' end.
²⁸ Then they cried out to the Lord in their
    trouble,
  and he brought them out of their distress.
²⁹ He stilled the storm to a whisper;
  the waves of the sea^t were hushed.
³⁰ They were glad when it grew calm,
  and he guided them to their desired haven.
³¹ Let them give thanks to the Lord for his
    unfailing love
  and his wonderful deeds for mankind.
³² Let them exalt him in the assembly of the
    people
  and praise him in the council of the elders.

³³ He turned rivers into a desert,
  flowing springs into thirsty ground,
³⁴ and fruitful land into a salt waste,
  because of the wickedness of those who
    lived there.
³⁵ He turned the desert into pools of water
  and the parched ground into flowing
    springs;

---

t 29 Dead Sea Scrolls; Masoretic Text / *their waves*

³⁶ hizo habitar allí a los hambrientos,
    y ellos fundaron una ciudad habitable.
³⁷ Sembraron campos, plantaron viñedos,
    obtuvieron abundantes cosechas.
³⁸ Dios los bendijo y se multiplicaron,
    y no dejó que menguaran sus rebaños.

³⁹ Pero si merman y son humillados,
    es por la opresión, la maldad y la aflicción.
⁴⁰ Dios desdeña a los nobles
    y los hace vagar por desiertos sin senderos.
⁴¹ Pero a los necesitados los saca de su miseria,
    y hace que sus familias crezcan como
      rebaños.
⁴² Los rectos lo verán y se alegrarán,
    pero todos los impíos serán acallados.

⁴³ Quien sea sabio, que considere estas cosas
    y entienda bien el gran amor del SEÑOR.

SALMO 108

Cántico. Salmo de David.

¹ Firme está, oh Dios, mi corazón;
    ¡voy a cantarte salmos, gloria mía!
² ¡Despierten, arpa y lira!
    ¡Haré despertar al nuevo día!
³ Te alabaré, SEÑOR, entre los pueblos;
    te cantaré salmos entre las naciones.
⁴ Pues tu amor es tan grande que rebasa los
      cielos;
    ¡tu verdad llega hasta el firmamento!
⁵ Tú, oh Dios, estás sobre los cielos,
    y tu gloria cubre toda la tierra.
⁶ Líbranos con tu diestra, respóndeme
    para que tu pueblo amado quede a salvo.

⁷ Dios ha dicho en su santuario:
    «Triunfante repartiré a Siquén,
    y dividiré el valle de Sucot.
⁸ Mío es Galaad, mío es Manasés;
    Efraín es mi yelmo y Judá mi cetro.
⁹ En Moab me lavo las manos,
    sobre Edom arrojo mi sandalia;
    sobre Filistea lanzo gritos de triunfo.»

¹⁰ ¿Quién me llevará a la ciudad fortificada?
    ¿Quién me mostrará el camino a Edom?
¹¹ ¿No es Dios quien nos ha rechazado?
    ¡Ya no sales, oh Dios, con nuestros ejércitos!
¹² Bríndanos tu ayuda contra el enemigo,
    pues de nada sirve la ayuda humana.
¹³ Con Dios obtendremos la victoria;
    ¡él pisoteará a nuestros enemigos!

SALMO 109

Al director musical. Salmo de David.

¹ Oh Dios, alabanza mía,
    no guardes silencio.

³⁶ there he brought the hungry to live,
    and they founded a city where they could
      settle.
³⁷ They sowed fields and planted vineyards
    that yielded a fruitful harvest;
³⁸ he blessed them, and their numbers greatly
      increased,
    and he did not let their herds diminish.

³⁹ Then their numbers decreased, and they were
      humbled
    by oppression, calamity and sorrow;
⁴⁰ he who pours contempt on nobles
    made them wander in a trackless waste.
⁴¹ But he lifted the needy out of their affliction
    and increased their families like flocks.
⁴² The upright see and rejoice,
    but all the wicked shut their mouths.

⁴³ Let the one who is wise heed these things
    and ponder the loving deeds of the LORD.

PSALM 108 ^u

A song. A psalm of David.

¹ My heart, O God, is steadfast;
    I will sing and make music with all my soul.
² Awake, harp and lyre!
    I will awaken the dawn.
³ I will praise you, LORD, among the nations;
    I will sing of you among the peoples.
⁴ For great is your love, higher than the heavens;
    your faithfulness reaches to the skies.
⁵ Be exalted, O God, above the heavens;
    let your glory be over all the earth.

⁶ Save us and help us with your right hand,
    that those you love may be delivered.
⁷ God has spoken from his sanctuary:
    "In triumph I will parcel out Shechem
    and measure off the Valley of Sukkoth.
⁸ Gilead is mine, Manasseh is mine;
    Ephraim is my helmet,
    Judah is my scepter.
⁹ Moab is my washbasin,
    on Edom I toss my sandal;
    over Philistia I shout in triumph."

¹⁰ Who will bring me to the fortified city?
    Who will lead me to Edom?
¹¹ Is it not you, God, you who have rejected us
    and no longer go out with our armies?
¹² Give us aid against the enemy,
    for human help is worthless.
¹³ With God we will gain the victory,
    and he will trample down our enemies.

PSALM 109

For the director of music. Of David. A psalm.

¹ My God, whom I praise,
    do not remain silent,

^u In Hebrew texts 108:1-13 is numbered 108:2-14.

² Pues gente impía y mentirosa
   ha declarado en mi contra,
   y con lengua engañosa me difaman;
³ con expresiones de odio me acosan,
   y sin razón alguna me atacan.
⁴ Mi amor me lo pagan con calumnias,
   mientras yo me encomiendo a Dios.
⁵ Mi bondad la pagan con maldad;
   en vez de amarme, me aborrecen.

⁶ Pon en su contra a un malvado;
   que a su derecha esté su acusador.ʷ
⁷ Que resulte culpable al ser juzgado,
   y que sus propias oraciones lo condenen.
⁸ Que se acorten sus días,
   y que otro se haga cargo de su oficio.
⁹ Que se queden huérfanos sus hijos;
   que se quede viuda su esposa.
¹⁰ Que anden sus hijos vagando y mendigando;
   que anden rebuscando entre las ruinas.
¹¹ Que sus acreedores se apoderen de sus bienes;
   que gente extraña saquee sus posesiones.
¹² Que nadie le extienda su bondad;
   que nadie se compadezca de sus huérfanos.
¹³ Que sea exterminada su descendencia;
   que desaparezca su *nombre en la próxima
     generación.
¹⁴ Que recuerde el Señor la iniquidad de su
     padre,
   y no se olvide del pecado de su madre.
¹⁵ Que no les quite el Señor la vista de encima,
   y que borre de la tierra su memoria.

¹⁶ Por cuanto se olvidó de hacer el bien,
   y persiguió hasta la muerte
   a pobres, afligidos y menesterosos,
¹⁷ y porque le encantaba maldecir,
   ¡que caiga sobre él la maldición!
   Por cuanto no se complacía en bendecir,
   ¡que se aleje de él la bendición!
¹⁸ Por cuanto se cubrió de maldición
   como quien se pone un vestido,
   ¡que ésta se filtre en su cuerpo como el agua!,
   ¡que penetre en sus huesos como el aceite!
¹⁹ ¡Que lo envuelva como un manto!
   ¡Que lo apriete en todo tiempo como un
     cinto!
²⁰ ¡Que así les pague el Señor a mis acusadores,
   a los que me calumnian!

²¹ Pero tú, Señor Soberano,
   trátame bien por causa de tu nombre;
   líbrame por tu bondad y gran amor.
²² Ciertamente soy pobre y estoy necesitado;
   profundamente herido está mi corazón.
²³ Me voy desvaneciendo como sombra
     vespertina;
   se desprenden de mí como de una langosta.

² for people who are wicked and deceitful
   have opened their mouths against me;
   they have spoken against me with lying
     tongues.
³ With words of hatred they surround me;
   they attack me without cause.
⁴ In return for my friendship they accuse me,
   but I am a man of prayer.
⁵ They repay me evil for good,
   and hatred for my friendship.

⁶ Appoint someone evil to oppose my enemy;
   let an accuser stand at his right hand.
⁷ When he is tried, let him be found guilty,
   and may his prayers condemn him.
⁸ May his days be few;
   may another take his place of leadership.
⁹ May his children be fatherless
   and his wife a widow.
¹⁰ May his children be wandering beggars;
   may they be drivenᵛ from their ruined
     homes.
¹¹ May a creditor seize all he has;
   may strangers plunder the fruits of his labor.
¹² May no one extend kindness to him
   or take pity on his fatherless children.
¹³ May his descendants be cut off,
   their names blotted out from the next
     generation.
¹⁴ May the iniquity of his fathers be remembered
     before the Lord;
   may the sin of his mother never be blotted
     out.
¹⁵ May their sins always remain before the Lord,
   that he may blot out their name from the
     earth.

¹⁶ For he never thought of doing a kindness,
   but hounded to death the poor
   and the needy and the brokenhearted.
¹⁷ He loved to pronounce a curse—
   may it come back on him.
   He found no pleasure in blessing—
   may it be far from him.
¹⁸ He wore cursing as his garment;
   it entered into his body like water,
   into his bones like oil.
¹⁹ May it be like a cloak wrapped about him,
   like a belt tied forever around him.
²⁰ May this be the Lord's payment to my
     accusers,
   to those who speak evil of me.

²¹ But you, Sovereign Lord,
   help me for your name's sake;
   out of the goodness of your love, deliver me.
²² For I am poor and needy,
   and my heart is wounded within me.
²³ I fade away like an evening shadow;
   I am shaken off like a locust.

ʷ **109:6** *esté su acusador.* Alt. *esté Satán.*

ᵛ *10* Septuagint; Hebrew *sought*

²⁴ De tanto ayunar me tiemblan las rodillas;
  la piel se me pega a los huesos.
²⁵ Soy para ellos motivo de burla;
  me ven, y menean la cabeza.

²⁶ Señor, mi Dios, ¡ayúdame!;
  por tu gran amor, ¡sálvame!
²⁷ Que sepan que ésta es tu mano;
  que tú mismo, Señor, lo has hecho.
²⁸ ¿Qué importa que ellos me maldigan?
  ¡Bendíceme tú!
  Pueden atacarme, pero quedarán
    avergonzados;
  en cambio, este siervo tuyo se alegrará.
²⁹ ¡Queden mis acusadores cubiertos de deshonra,
  envueltos en un manto de vergüenza!

³⁰ Por mi parte, daré muchas gracias al Señor;
  lo alabaré entre una gran muchedumbre.
³¹ Porque él defiende al* necesitado,
  para salvarlo de quienes lo condenan.

SALMO 110

Salmo de David.

¹ Así dijo el Señor a mi Señor:
  «Siéntate a mi derecha
  hasta que ponga a tus enemigos
  por estrado de tus pies.»

² ¡Que el Señor extienda desde *Sión
  el poder de tu cetro!
  ¡Domina tú en medio de tus enemigos!
³ Tus tropas estarán dispuestas
  el día de la batalla,
  ordenadas en santa majestad.
  De las entrañas de la aurora
  recibirás el rocío de tu juventud.

⁴ El Señor ha jurado
  y no cambiará de parecer:
  «Tú eres sacerdote para siempre,
  según el orden de Melquisedec.»

⁵ El Señor está a tu mano derecha;
  aplastará a los reyes en el día de su ira.
⁶ Juzgará a las naciones y amontonará cadáveres;
  aplastará cabezas en toda la tierra.

⁷ Beberá de un arroyo junto al camino,
  y por lo tanto cobrará nuevas fuerzas.ʸ

SALMO 111ᶻ

¹ *¡Aleluya! ¡Alabado sea el Señor!

Álef
Alabaré al Señor con todo el corazón
Bet
  en la asamblea, en compañía de los rectos.

---

²⁴ My knees give way from fasting;
  my body is thin and gaunt.
²⁵ I am an object of scorn to my accusers;
  when they see me, they shake their heads.

²⁶ Help me, Lord my God;
  save me according to your unfailing love.
²⁷ Let them know that it is your hand,
  that you, Lord, have done it.
²⁸ While they curse, may you bless;
  may those who attack me be put to shame,
  but may your servant rejoice.
²⁹ May my accusers be clothed with disgrace
  and wrapped in shame as in a cloak.

³⁰ With my mouth I will greatly extol the Lord;
  in the great throng of worshipers I will
    praise him.
³¹ For he stands at the right hand of the needy,
  to save their lives from those who would
    condemn them.

PSALM 110

Of David. A psalm.

¹ The Lord says to my lord:ʷ

  "Sit at my right hand
  until I make your enemies
  a footstool for your feet."

² The Lord will extend your mighty scepter
    from Zion, saying,
  "Rule in the midst of your enemies!"
³ Your troops will be willing
  on your day of battle.
  Arrayed in holy splendor,
  your young men will come to you
  like dew from the morning's womb.ˣ

⁴ The Lord has sworn
  and will not change his mind:
  "You are a priest forever,
  in the order of Melchizedek."

⁵ The Lord is at your right handʸ;
  he will crush kings on the day of his wrath.
⁶ He will judge the nations, heaping up the dead
  and crushing the rulers of the whole earth.
⁷ He will drink from a brook along the way,ᶻ
  and so he will lift his head high.

PSALM 111ᵃ

¹ Praise the Lord.ᵇ

  I will extol the Lord with all my heart
  in the council of the upright and in the
    assembly.

ˣ **109:31** *defiende al.* Lit. *está de pie a la diestra del.*
ʸ **110:7** *cobrará nuevas fuerzas.* Lit. *levantará la cabeza.*
ᶻ **Sal 111** Este salmo es un poema acróstico, que sigue el orden del alfabeto hebreo.

ʷ *1* Or *Lord*   ˣ *3* The meaning of the Hebrew for this sentence is uncertain.   ʸ *5* Or *My lord is at your right hand,* Lord
ᶻ *7* The meaning of the Hebrew for this clause is uncertain.
ᵃ This psalm is an acrostic poem, the lines of which begin with the successive letters of the Hebrew alphabet.   ᵇ *1* Hebrew *Hallelu Yah*

Guímel
2 Grandes son las obras del SEÑOR;
Dálet
  estudiadas por los que en ellas se deleitan.
He
3 Gloriosas y majestuosas son sus obras;
Vav
  su justicia permanece para siempre.
Zayin
4 Ha hecho memorables sus maravillas.
Jet
  ¡El SEÑOR es clemente y compasivo!
Tet
5 Da de comer a quienes le temen;
Yod
  siempre recuerda su pacto.
Caf
6 Ha mostrado a su pueblo el poder de sus obras
Lámed
  al darle la heredad de otras naciones.
Mem
7 Las obras de sus manos son fieles y justas;
Nun
  todos sus preceptos son dignos de confianza,
Sámej
8 inmutables por los siglos de los siglos,
Ayin
  establecidos con fidelidad y rectitud.
Pe
9 Pagó el precio del rescate de su pueblo
Tsade
  y estableció su pacto para siempre.
Qof
  ¡Su *nombre es santo e imponente!
Resh
10 El principio de la sabiduría es el temor del
      SEÑOR;
Shin
  buen juicio demuestran quienes cumplen
      sus preceptos.*a*
Tav
  ¡Su alabanza permanece para siempre!

SALMO 112*b*

1 *¡Aleluya! ¡Alabado sea el SEÑOR!

Álef
*Dichoso el que teme al SEÑOR,
Bet
  el que halla gran deleite en sus
      mandamientos.
Guímel
2 Sus hijos dominarán el país;
Dálet
  la descendencia de los justos será bendecida.
He
3 En su casa habrá abundantes riquezas,

2 Great are the works of the LORD;
  they are pondered by all who delight in
      them.
3 Glorious and majestic are his deeds,
  and his righteousness endures forever.
4 He has caused his wonders to be remembered;
  the LORD is gracious and compassionate.
5 He provides food for those who fear him;
  he remembers his covenant forever.

6 He has shown his people the power of his
      works,
  giving them the lands of other nations.
7 The works of his hands are faithful and just;
  all his precepts are trustworthy.
8 They are established for ever and ever,
  enacted in faithfulness and uprightness.
9 He provided redemption for his people;
  he ordained his covenant forever —
  holy and awesome is his name.

10 The fear of the LORD is the beginning of
      wisdom;
  all who follow his precepts have good
      understanding.
  To him belongs eternal praise.

PSALM 112*c*

1 Praise the LORD.*d*

Blessed are those who fear the LORD,
  who find great delight in his commands.

2 Their children will be mighty in the land;
  the generation of the upright will be blessed.
3 Wealth and riches are in their houses,
  and their righteousness endures forever.

---

a 111:10 *quienes cumplen sus preceptos*. Lit. *quienes hacen estas cosas*.
b Sal 112 Este salmo es un poema acróstico, que sigue el orden del alfabeto hebreo.

c This psalm is an acrostic poem, the lines of which begin with the successive letters of the Hebrew alphabet.   *d* 1 Hebrew *Hallelu Yah*

Vav
y para siempre permanecerá su justicia.
Zayin
[4] Para los justos la luz brilla en las tinieblas.
Jet
 ¡Dios es clemente, compasivo y justo!
Tet
[5] Bien le va al que presta con generosidad,
Yod
 y maneja sus negocios con justicia.
Lámed
[6] El justo será siempre recordado;
Caf
 ciertamente nunca fracasará.
Mem
[7] No temerá recibir malas noticias;
Nun
 su corazón estará firme, confiado en el
  SEÑOR.
Sámej
[8] Su corazón estará seguro, no tendrá temor,
Ayin
 y al final verá derrotados a sus adversarios.
Pe
[9] Reparte sus bienes entre los pobres;
Tsade
 su justicia permanece para siempre;
Qof
 su poder[c] será gloriosamente exaltado.

Resh
[10] El malvado verá esto, y se irritará;
Shin
 rechinando los dientes se irá desvaneciendo.
Tav
 ¡La ambición de los impíos será destruida!

SALMO 113

[1] *¡Aleluya! ¡Alabado sea el SEÑOR!

Alaben, siervos del SEÑOR,
 alaben el *nombre del SEÑOR.
[2] Bendito sea el nombre del SEÑOR,
 desde ahora y para siempre.
[3] Desde la salida del sol hasta su ocaso,
 sea alabado el nombre del SEÑOR.

[4] El SEÑOR domina sobre todas las naciones;
 su gloria está sobre los cielos.
[5] ¿Quién como el SEÑOR nuestro Dios,
 que tiene su trono en las alturas
[6] y se digna contemplar los cielos y la tierra?

[7] Él levanta del polvo al pobre
 y saca del muladar al necesitado;
[8] los hace sentarse con príncipes,
 con los príncipes de su pueblo.
[9] A la mujer estéril le da un hogar
 y le concede la dicha de ser madre.

*¡Aleluya! ¡Alabado sea el SEÑOR!

[4] Even in darkness light dawns for the upright,
 for those who are gracious and
  compassionate and righteous.
[5] Good will come to those who are generous and
 lend freely,
 who conduct their affairs with justice.

[6] Surely the righteous will never be shaken;
 they will be remembered forever.
[7] They will have no fear of bad news;
 their hearts are steadfast, trusting in the
  LORD.
[8] Their hearts are secure, they will have no fear;
 in the end they will look in triumph on their
  foes.
[9] They have freely scattered their gifts to the
 poor,
 their righteousness endures forever;
 their horn[e] will be lifted high in honor.

[10] The wicked will see and be vexed,
 they will gnash their teeth and waste away;
 the longings of the wicked will come to
  nothing.

PSALM 113

[1] Praise the LORD.[f]

Praise the LORD, you his servants;
 praise the name of the LORD.
[2] Let the name of the LORD be praised,
 both now and forevermore.
[3] From the rising of the sun to the place where it
 sets,
 the name of the LORD is to be praised.

[4] The LORD is exalted over all the nations,
 his glory above the heavens.
[5] Who is like the LORD our God,
 the One who sits enthroned on high,
[6] who stoops down to look
 on the heavens and the earth?

[7] He raises the poor from the dust
 and lifts the needy from the ash heap;
[8] he seats them with princes,
 with the princes of his people.
[9] He settles the childless woman in her home
 as a happy mother of children.

Praise the LORD.

---

c **112:9** poder. Lit. cuerno.

e **9** *Horn* here symbolizes dignity. f **1** Hebrew *Hallelu Yah*; also in verse 9

SALMO 114

¹ Cuando Israel, el pueblo de Jacob,
   salió de Egipto, de un pueblo extraño,
² Judá se convirtió en el santuario de Dios;
   Israel llegó a ser su dominio.

³ Al ver esto, el mar huyó;
   el Jordán se volvió atrás.
⁴ Las montañas saltaron como carneros,
   los cerros saltaron como ovejas.
⁵ ¿Qué te pasó, mar, que huiste,
   y a ti, Jordán, que te volviste atrás?
⁶   ¿Y a ustedes montañas, que saltaron como
       carneros?
       ¿Y a ustedes cerros, que saltaron como
       ovejas?

⁷ ¡Tiembla, oh tierra, ante el *Señor,
   tiembla ante el Dios de Jacob!
⁸ ¡Él convirtió la roca en un estanque,
   el pedernal en manantiales de agua!

SALMO 115

¹ La gloria, Señor, no es para nosotros;
   no es para nosotros sino para tu *nombre,
   por causa de tu amor y tu verdad.

² ¿Por qué tienen que decirnos las naciones:
   «¿Dónde está su Dios?»
³ Nuestro Dios está en los cielos
   y puede hacer lo que le parezca.
⁴ Pero sus ídolos son de oro y plata,
   producto de manos humanas.
⁵ Tienen boca, pero no pueden hablar;
   ojos, pero no pueden ver;
⁶ tienen oídos, pero no pueden oír;
   nariz, pero no pueden oler;
⁷ tienen manos, pero no pueden palpar;
   pies, pero no pueden andar;
   ¡ni un solo sonido emite su garganta!
⁸ Semejantes a ellos son sus hacedores,
   y todos los que confían en ellos.

⁹ Pueblo de Israel, confía en el Señor;
   él es tu ayuda y tu escudo.
¹⁰ Descendientes de Aarón, confíen en el Señor;
   él es su ayuda y su escudo.
¹¹ Los que temen al Señor, confíen en él;
   él es su ayuda y su escudo.

¹² El Señor nos recuerda y nos bendice:
   bendice al pueblo de Israel,
   bendice a los descendientes de Aarón,
¹³   bendice a los que temen al Señor,
       bendice a grandes y pequeños.

¹⁴ Que el Señor multiplique la descendencia
   de ustedes y de sus hijos.
¹⁵ Que reciban bendiciones del Señor,
   creador del cielo y de la tierra.

¹⁶ Los cielos le pertenecen al Señor,
   pero a la *humanidad le ha dado la tierra.

PSALM 114

¹ When Israel came out of Egypt,
   Jacob from a people of foreign tongue,
² Judah became God's sanctuary,
   Israel his dominion.

³ The sea looked and fled,
   the Jordan turned back;
⁴ the mountains leaped like rams,
   the hills like lambs.

⁵ Why was it, sea, that you fled?
   Why, Jordan, did you turn back?
⁶ Why, mountains, did you leap like rams,
   you hills, like lambs?

⁷ Tremble, earth, at the presence of the Lord,
   at the presence of the God of Jacob,
⁸ who turned the rock into a pool,
   the hard rock into springs of water.

PSALM 115

¹ Not to us, Lord, not to us
   but to your name be the glory,
   because of your love and faithfulness.

² Why do the nations say,
   "Where is their God?"
³ Our God is in heaven;
   he does whatever pleases him.
⁴ But their idols are silver and gold,
   made by human hands.
⁵ They have mouths, but cannot speak,
   eyes, but cannot see.
⁶ They have ears, but cannot hear,
   noses, but cannot smell.
⁷ They have hands, but cannot feel,
   feet, but cannot walk,
   nor can they utter a sound with their
     throats.
⁸ Those who make them will be like them,
   and so will all who trust in them.

⁹ All you Israelites, trust in the Lord —
   he is their help and shield.
¹⁰ House of Aaron, trust in the Lord —
   he is their help and shield.
¹¹ You who fear him, trust in the Lord —
   he is their help and shield.

¹² The Lord remembers us and will bless us:
   He will bless his people Israel,
   he will bless the house of Aaron,
¹³ he will bless those who fear the Lord —
   small and great alike.

¹⁴ May the Lord cause you to flourish,
   both you and your children.
¹⁵ May you be blessed by the Lord,
   the Maker of heaven and earth.

¹⁶ The highest heavens belong to the Lord,
   but the earth he has given to mankind.

¹⁷ Los muertos no alaban al Señor,
    ninguno de los que bajan al silencio.
¹⁸ Somos nosotros los que alabamos al Señor
    desde ahora y para siempre.

    *¡Aleluya! ¡Alabado sea el Señor!

SALMO 116

¹ Yo amo al Señor
    porque él escucha^d mi voz suplicante.
² Por cuanto él inclina a mí su oído,
    lo invocaré toda mi vida.

³ Los lazos de la muerte me enredaron;
    me sorprendió la angustia del *sepulcro,
    y caí en la ansiedad y la aflicción.
⁴ Entonces clamé al Señor:
    «¡Te ruego, Señor, que me salves la vida!»

⁵ El Señor es compasivo y justo;
    nuestro Dios es todo ternura.
⁶ El Señor protege a la gente sencilla;
    estaba yo muy débil, y él me salvó.

⁷ ¡Ya puedes, *alma mía, estar tranquila,
    que el Señor ha sido bueno contigo!

⁸ Tú me has librado de la muerte,
    has enjugado mis lágrimas,
    no me has dejado tropezar.
⁹ Por eso andaré siempre delante del Señor
    en esta tierra de los vivientes.
¹⁰ Aunque digo: «Me encuentro muy afligido»,
    sigo creyendo en Dios.
¹¹ En mi desesperación he exclamado:
    «Todos son unos mentirosos.»

¹² ¿Cómo puedo pagarle al Señor
    por tanta bondad que me ha mostrado?
¹³ ¡Tan sólo brindando con la copa de *salvación
    e invocando el *nombre del Señor!
¹⁴ ¡Tan sólo cumpliendo mis promesas al Señor
    en presencia de todo su pueblo!

¹⁵ Mucho valor tiene a los ojos del Señor
    la muerte de sus fieles.
¹⁶ Yo, Señor, soy tu siervo;
    soy siervo tuyo, tu hijo fiel;^e
    ¡tú has roto mis cadenas!

¹⁷ Te ofreceré un sacrificio de gratitud
    e invocaré, Señor, tu nombre.
¹⁸ Cumpliré mis votos al Señor
    en presencia de todo su pueblo,
¹⁹ en los atrios de la casa del Señor,
    en medio de ti, oh Jerusalén.

    *¡Aleluya! ¡Alabado sea el Señor!

SALMO 117

¹ ¡Alaben al Señor, naciones todas!
    ¡Pueblos todos, cántenle alabanzas!

¹⁷ It is not the dead who praise the Lord,
    those who go down to the place of silence;
¹⁸ it is we who extol the Lord,
    both now and forevermore.

    Praise the Lord.^g

PSALM 116

¹ I love the Lord, for he heard my voice;
    he heard my cry for mercy.
² Because he turned his ear to me,
    I will call on him as long as I live.

³ The cords of death entangled me,
    the anguish of the grave came over me;
    I was overcome by distress and sorrow.
⁴ Then I called on the name of the Lord:
    "Lord, save me!"

⁵ The Lord is gracious and righteous;
    our God is full of compassion.
⁶ The Lord protects the unwary;
    when I was brought low, he saved me.

⁷ Return to your rest, my soul,
    for the Lord has been good to you.

⁸ For you, Lord, have delivered me from death,
    my eyes from tears,
    my feet from stumbling,
⁹ that I may walk before the Lord
    in the land of the living.
¹⁰ I trusted in the Lord when I said,
    "I am greatly afflicted";
¹¹ in my alarm I said,
    "Everyone is a liar."

¹² What shall I return to the Lord
    for all his goodness to me?
¹³ I will lift up the cup of salvation
    and call on the name of the Lord.
¹⁴ I will fulfill my vows to the Lord
    in the presence of all his people.

¹⁵ Precious in the sight of the Lord
    is the death of his faithful servants.
¹⁶ Truly I am your servant, Lord;
    I serve you just as my mother did;
    you have freed me from my chains.

¹⁷ I will sacrifice a thank offering to you
    and call on the name of the Lord.
¹⁸ I will fulfill my vows to the Lord
    in the presence of all his people,
¹⁹ in the courts of the house of the Lord—
    in your midst, Jerusalem.

    Praise the Lord.^g

PSALM 117

¹ Praise the Lord, all you nations;
    extol him, all you peoples.

---

^d **116:1** *Yo amo … él escucha.* Lit. *Yo amo porque el Señor escucha.*
^e **116:16** *tu hijo fiel.* Lit. *hijo de tu sierva.*

^g **18,19** Hebrew *Hallelu Yah*

² ¡Grande es su amor por nosotros!
  ¡La fidelidad del Señor es eterna!

* ¡Aleluya! ¡Alabado sea el Señor!

Salmo 118

¹ Den gracias al Señor, porque él es bueno;
  su gran amor perdura para siempre.

² Que proclame el pueblo de Israel:
  «Su gran amor perdura para siempre.»
³ Que proclamen los descendientes de Aarón:
  «Su gran amor perdura para siempre.»
⁴ Que proclamen los que temen al Señor:
  «Su gran amor perdura para siempre.»

⁵ Desde mi angustia clamé al Señor,
  y él respondió dándome libertad.
⁶ El Señor está conmigo, y no tengo miedo;
  ¿qué me puede hacer un simple *mortal?
⁷ El Señor está conmigo, él es mi ayuda;
  ¡ya veré por los suelos a los que me odian!

⁸ Es mejor refugiarse en el Señor
  que confiar en el *hombre.
⁹ Es mejor refugiarse en el Señor
  que fiarse de los poderosos.

¹⁰ Todas las naciones me rodearon,
  pero en el *nombre del Señor las aniquilé.
¹¹ Me rodearon por completo,
  pero en el nombre del Señor las aniquilé.
¹² Me rodearon como avispas,
  pero se consumieron como zarzas en el
    fuego.
  ¡En el nombre del Señor las aniquilé!

¹³ Me empujaronᶠ con violencia para que cayera,
  pero el Señor me ayudó.
¹⁴ El Señor es mi fuerza y mi canto;
  ¡él es mi *salvación!

¹⁵ Gritos de júbilo y *victoria
  resuenan en las casas de los justos:
  «¡La diestra del Señor realiza proezas!
¹⁶   ¡La diestra del Señor es exaltada!
  ¡La diestra del Señor realiza proezas!»

¹⁷ No he de morir; he de vivir
  para proclamar las maravillas del Señor.
¹⁸ El Señor me ha castigado con dureza,
  pero no me ha entregado a la muerte.

¹⁹ Ábranme las *puertas de la justicia
  para que entre yo a dar gracias al Señor.
²⁰ Son las puertas del Señor,
  por las que entran los justos.
²¹ ¡Te daré gracias porque me respondiste,
  porque eres mi *salvación!

² For great is his love toward us,
  and the faithfulness of the Lord endures
    forever.

Praise the Lord.ʰ

Psalm 118

¹ Give thanks to the Lord, for he is good;
  his love endures forever.

² Let Israel say:
  "His love endures forever."
³ Let the house of Aaron say:
  "His love endures forever."
⁴ Let those who fear the Lord say:
  "His love endures forever."

⁵ When hard pressed, I cried to the Lord;
  he brought me into a spacious place.
⁶ The Lord is with me; I will not be afraid.
  What can mere mortals do to me?
⁷ The Lord is with me; he is my helper.
  I look in triumph on my enemies.

⁸ It is better to take refuge in the Lord
  than to trust in humans.
⁹ It is better to take refuge in the Lord
  than to trust in princes.
¹⁰ All the nations surrounded me,
  but in the name of the Lord I cut them
    down.
¹¹ They surrounded me on every side,
  but in the name of the Lord I cut them
    down.
¹² They swarmed around me like bees,
  but they were consumed as quickly as
    burning thorns;
  in the name of the Lord I cut them down.
¹³ I was pushed back and about to fall,
  but the Lord helped me.
¹⁴ The Lord is my strength and my defenseⁱ;
  he has become my salvation.

¹⁵ Shouts of joy and victory
  resound in the tents of the righteous:
  "The Lord's right hand has done mighty
    things!
¹⁶   The Lord's right hand is lifted high;
  the Lord's right hand has done mighty
    things!"
¹⁷ I will not die but live,
  and will proclaim what the Lord has done.
¹⁸ The Lord has chastened me severely,
  but he has not given me over to death.
¹⁹ Open for me the gates of the righteous;
  I will enter and give thanks to the Lord.
²⁰ This is the gate of the Lord
  through which the righteous may enter.
²¹ I will give you thanks, for you answered me;
  you have become my salvation.

ᶠ 118:13 *Me empujaron* (LXX, Vulgata y Siríaca); *Tú me empujaste* (TM).

ʰ 2 Hebrew *Hallelu Yah*   ⁱ 14 Or *song*

²² La piedra que desecharon los constructores
    ha llegado a ser la piedra angular.
²³ Esto ha sido obra del SEÑOR,
    y nos deja maravillados.
²⁴ Éste es el día en que el SEÑOR actuó;
    regocijémonos y alegrémonos en él.

²⁵ SEÑOR, ¡danos la *salvación!
    SEÑOR, ¡concédenos la *victoria!
²⁶ Bendito el que viene en el nombre del SEÑOR.
    Desde la casa del SEÑOR los bendecimos.
²⁷ El SEÑOR es Dios y nos ilumina.
    Únanse a la procesión portando ramas en la
       mano
    hasta los cuernos del altar.ᵍ

²⁸ Tú eres mi Dios, por eso te doy gracias;
    tú eres mi Dios, por eso te exalto.

²⁹ Den gracias al SEÑOR, porque él es bueno;
    su gran amor perdura para siempre.

SALMO 119ʰ

Álef

¹ *Dichosos los que van por *caminos perfectos,
    los que andan conforme a la *ley del SEÑOR.
² Dichosos los que guardan sus *estatutos
    y de todo corazón lo buscan.
³ Jamás hacen nada malo,
    sino que siguen los *caminos de Dios.
⁴ Tú has establecido tus preceptos,
    para que se cumplan fielmente.
⁵ ¡Cuánto deseo afirmar mis caminos
    para cumplir tus decretos!
⁶ No tendré que pasar vergüenzas
    cuando considere todos tus mandamientos.
⁷ Te alabaré con integridad de corazón,
    cuando aprenda tus justos juicios.
⁸ Tus decretos cumpliré;
    no me abandones del todo.

Bet

⁹ ¿Cómo puede el joven llevar una vida íntegra?
    Viviendo conforme a tu palabra.
¹⁰ Yo te busco con todo el corazón;
    no dejes que me desvíe de tus
       mandamientos.
¹¹ En mi corazón atesoro tus dichos
    para no pecar contra ti.
¹² ¡Bendito seas, SEÑOR!
    ¡Enséñame tus decretos!
¹³ Con mis labios he proclamado
    todos los juicios que has emitido.
¹⁴ Me regocijo en el *camino de tus estatutos
    más que enⁱ todas las riquezas.

²² The stone the builders rejected
    has become the cornerstone;
²³ the LORD has done this,
    and it is marvelous in our eyes.
²⁴ The LORD has done it this very day;
    let us rejoice today and be glad.

²⁵ LORD, save us!
    LORD, grant us success!
²⁶ Blessed is he who comes in the name of the
       LORD.
    From the house of the LORD we bless you.ʲ
²⁷ The LORD is God,
    and he has made his light shine on us.
    With boughs in hand, join in the festal
       procession
    upᵏ to the horns of the altar.

²⁸ You are my God, and I will praise you;
    you are my God, and I will exalt you.

²⁹ Give thanks to the LORD, for he is good;
    his love endures forever.

PSALM 119ˡ

א Aleph

¹ Blessed are those whose ways are blameless,
    who walk according to the law of the LORD.
² Blessed are those who keep his statutes
    and seek him with all their heart—
³ they do no wrong
    but follow his ways.
⁴ You have laid down precepts
    that are to be fully obeyed.
⁵ Oh, that my ways were steadfast
    in obeying your decrees!
⁶ Then I would not be put to shame
    when I consider all your commands.
⁷ I will praise you with an upright heart
    as I learn your righteous laws.
⁸ I will obey your decrees;
    do not utterly forsake me.

ב Beth

⁹ How can a young person stay on the path of
       purity?
    By living according to your word.
¹⁰ I seek you with all my heart;
    do not let me stray from your commands.
¹¹ I have hidden your word in my heart
    that I might not sin against you.
¹² Praise be to you, LORD;
    teach me your decrees.
¹³ With my lips I recount
    all the laws that come from your mouth.
¹⁴ I rejoice in following your statutes
    as one rejoices in great riches.

---

g **118:27** *Únanse ... del altar.* Alt. *Aten el sacrificio festivo con sogas / y llévenlo hasta los cuernos del altar.*
h **Sal 119** Éste es un salmo acróstico, dividido en 22 estrofas, conforme al número de las letras del alfabeto hebreo. En el texto hebreo cada una de los ocho líneas principales de cada estrofa comienza con la letra que da nombre a la misma.
i **119:14** *más que en* (Siríaca); *como sobre* (TM).

ʲ 26 The Hebrew is plural.   ᵏ 27 Or *Bind the festal sacrifice with ropes / and take it*   ˡ This psalm is an acrostic poem, the stanzas of which begin with successive letters of the Hebrew alphabet; moreover, the verses of each stanza begin with the same letter of the Hebrew alphabet.

¹⁵ En tus preceptos medito,
  y pongo mis ojos en tus sendas.
¹⁶ En tus decretos hallo mi deleite,
  y jamás olvidaré tu palabra.

Guímel
¹⁷ Trata con bondad a este siervo tuyo;
  así viviré y obedeceré tu palabra.
¹⁸ Ábreme los ojos, para que contemple
  las maravillas de tu ley.
¹⁹ En esta tierra soy un extranjero;
  no escondas de mí tus mandamientos.
²⁰ A toda hora siento un nudo en la garganta
  por el deseo de conocer tus juicios.
²¹ Tú reprendes a los insolentes;
  ¡malditos los que se apartan de tus
    mandamientos!
²² Aleja de mí el menosprecio y el desdén,
  pues yo cumplo tus estatutos.
²³ Aun los poderosos se confabulan contra mí,
  pero este siervo tuyo medita en tus decretos.
²⁴ Tus estatutos son mi deleite;
  son también mis consejeros.

Dálet
²⁵ Postrado estoy en el polvo;
  dame vida conforme a tu palabra.
²⁶ Tú me respondiste cuando te hablé de mis
    caminos.
  ¡Enséñame tus decretos!
²⁷ Hazme entender el *camino de tus preceptos,
  y meditaré en tus maravillas.
²⁸ De angustia se me derrite el *alma:
  susténtame conforme a tu palabra.
²⁹ Manténme alejado de caminos torcidos;
  concédeme las bondades de tu ley.
³⁰ He optado por el camino de la fidelidad,
  he escogido tus juicios.
³¹ Yo, Señor, me apego a tus estatutos;
  no me hagas pasar vergüenza.
³² Corro por el camino de tus mandamientos,
  porque has ampliado mi modo de pensar.

He
³³ Enséñame, Señor, a seguir tus decretos,
  y los cumpliré hasta el fin.
³⁴ Dame entendimiento para seguir tu ley,
  y la cumpliré de todo corazón.
³⁵ Dirígeme por la senda de tus mandamientos,
  porque en ella encuentro mi solaz.
³⁶ Inclina mi corazón hacia tus estatutos
  y no hacia las ganancias desmedidas.
³⁷ Aparta mi vista de cosas vanas,
  dame vida conforme a tu palabra.^j
³⁸ Confirma tu promesa a este siervo,
  como lo has hecho con los que te temen.

¹⁵ I meditate on your precepts
  and consider your ways.
¹⁶ I delight in your decrees;
  I will not neglect your word.

ג Gimel
¹⁷ Be good to your servant while I live,
  that I may obey your word.
¹⁸ Open my eyes that I may see
  wonderful things in your law.
¹⁹ I am a stranger on earth;
  do not hide your commands from me.
²⁰ My soul is consumed with longing
  for your laws at all times.
²¹ You rebuke the arrogant, who are accursed,
  those who stray from your commands.
²² Remove from me their scorn and contempt,
  for I keep your statutes.
²³ Though rulers sit together and slander me,
  your servant will meditate on your decrees.
²⁴ Your statutes are my delight;
  they are my counselors.

ד Daleth
²⁵ I am laid low in the dust;
  preserve my life according to your word.
²⁶ I gave an account of my ways and you
    answered me;
  teach me your decrees.
²⁷ Cause me to understand the way of your
    precepts,
  that I may meditate on your wonderful
    deeds.
²⁸ My soul is weary with sorrow;
  strengthen me according to your word.
²⁹ Keep me from deceitful ways;
  be gracious to me and teach me your law.
³⁰ I have chosen the way of faithfulness;
  I have set my heart on your laws.
³¹ I hold fast to your statutes, Lord;
  do not let me be put to shame.
³² I run in the path of your commands,
  for you have broadened my understanding.

ה He
³³ Teach me, Lord, the way of your decrees,
  that I may follow it to the end.^m
³⁴ Give me understanding, so that I may keep
    your law
  and obey it with all my heart.
³⁵ Direct me in the path of your commands,
  for there I find delight.
³⁶ Turn my heart toward your statutes
  and not toward selfish gain.
³⁷ Turn my eyes away from worthless things;
  preserve my life according to your word.ⁿ
³⁸ Fulfill your promise to your servant,
  so that you may be feared.

---

j **119:37** *conforme a tu palabra* (Targum y dos mss. hebreos); *en tu camino* (TM).

^m *33* Or *follow it for its reward*   ⁿ *37* Two manuscripts of the Masoretic Text and Dead Sea Scrolls; most manuscripts of the Masoretic Text *life in your way*

³⁹ Líbrame del oprobio que me aterra,
    porque tus juicios son buenos.
⁴⁰ ¡Yo amo tus preceptos!
    ¡Dame vida conforme a tu justicia!

Vav
⁴¹ Envíame, Señor, tu gran amor
    y tu *salvación, conforme a tu promesa.
⁴² Así responderé a quien me desprecie,
    porque yo confío en tu palabra.
⁴³ No me quites de la boca la palabra de verdad,
    pues en tus juicios he puesto mi esperanza.
⁴⁴ Por toda la eternidad
    obedeceré fielmente tu ley.
⁴⁵ Viviré con toda libertad,
    porque he buscado tus preceptos.
⁴⁶ Hablaré de tus estatutos a los reyes
    y no seré avergonzado,
⁴⁷ pues amo tus mandamientos,
    y en ellos me regocijo.
⁴⁸ Yo amo tus mandamientos,
    y hacia ellos elevo mis manos;
    ¡quiero meditar en tus decretos!

Zayin
⁴⁹ Acuérdate de la palabra que diste a este siervo tuyo,
    palabra con la que me infundiste esperanza.
⁵⁰ Éste es mi consuelo en medio del dolor:
    que tu promesa me da vida.
⁵¹ Los insolentes me ofenden hasta el colmo,
    pero yo no me aparto de tu ley.
⁵² Me acuerdo, Señor, de tus juicios de antaño,
    y encuentro consuelo en ellos.
⁵³ Me llenan de indignación los impíos,
    que han abandonado tu ley.
⁵⁴ Tus decretos han sido mis cánticos
    en el lugar de mi destierro.
⁵⁵ Señor, por la noche evoco tu *nombre;
    ¡quiero cumplir tu ley!
⁵⁶ Lo que a mí me corresponde
    es obedecer tus preceptos.^k

Jet
⁵⁷ ¡Mi herencia eres tú, Señor!
    Prometo obedecer tus palabras.
⁵⁸ De todo corazón busco tu rostro;
    compadécete de mí conforme a tu promesa.
⁵⁹ Me he puesto a pensar en mis caminos,
    y he orientado mis pasos hacia tus estatutos.
⁶⁰ Me doy prisa, no tardo nada
    para cumplir tus mandamientos.
⁶¹ Aunque los lazos de los impíos me aprisionan,
    yo no me olvido de tu ley.
⁶² A medianoche me levanto a darte gracias
    por tus rectos juicios.
⁶³ Soy amigo de todos los que te honran,
    de todos los que observan tus preceptos.
⁶⁴ Enséñame, Señor, tus decretos;
    ¡la tierra está llena de tu gran amor!

³⁹ Take away the disgrace I dread,
    for your laws are good.
⁴⁰ How I long for your precepts!
    In your righteousness preserve my life.

ו Waw
⁴¹ May your unfailing love come to me, Lord,
    your salvation, according to your promise;
⁴² then I can answer anyone who taunts me,
    for I trust in your word.
⁴³ Never take your word of truth from my mouth,
    for I have put my hope in your laws.
⁴⁴ I will always obey your law,
    for ever and ever.
⁴⁵ I will walk about in freedom,
    for I have sought out your precepts.
⁴⁶ I will speak of your statutes before kings
    and will not be put to shame,
⁴⁷ for I delight in your commands
    because I love them.
⁴⁸ I reach out for your commands, which I love,
    that I may meditate on your decrees.

ז Zayin
⁴⁹ Remember your word to your servant,
    for you have given me hope.
⁵⁰ My comfort in my suffering is this:
    Your promise preserves my life.
⁵¹ The arrogant mock me unmercifully,
    but I do not turn from your law.
⁵² I remember, Lord, your ancient laws,
    and I find comfort in them.
⁵³ Indignation grips me because of the wicked,
    who have forsaken your law.
⁵⁴ Your decrees are the theme of my song
    wherever I lodge.
⁵⁵ In the night, Lord, I remember your name,
    that I may keep your law.
⁵⁶ This has been my practice:
    I obey your precepts.

ח Heth
⁵⁷ You are my portion, Lord;
    I have promised to obey your words.
⁵⁸ I have sought your face with all my heart;
    be gracious to me according to your promise.
⁵⁹ I have considered my ways
    and have turned my steps to your statutes.
⁶⁰ I will hasten and not delay
    to obey your commands.
⁶¹ Though the wicked bind me with ropes,
    I will not forget your law.
⁶² At midnight I rise to give you thanks
    for your righteous laws.
⁶³ I am a friend to all who fear you,
    to all who follow your precepts.
⁶⁴ The earth is filled with your love, Lord;
    teach me your decrees.

---

k **119:56** *Lo que a mí ... tus preceptos.* Alt. *Esto es lo que me corresponde, porque obedezco tus preceptos.*

Tet

⁶⁵ Tú, Señor, tratas bien a tu siervo,
    conforme a tu palabra.
⁶⁶ Impárteme *conocimiento y buen juicio,
    pues yo creo en tus mandamientos.
⁶⁷ Antes de sufrir anduve descarriado,
    pero ahora obedezco tu palabra.
⁶⁸ Tú eres bueno, y haces el bien;
    enséñame tus decretos.
⁶⁹ Aunque los insolentes me difaman,
    yo cumplo tus preceptos con todo el
        corazón.
⁷⁰ El corazón de ellos es torpe e insensible,
    pero yo me regocijo en tu ley.
⁷¹ Me hizo bien haber sido afligido,
    porque así llegué a conocer tus decretos.
⁷² Para mí es más valiosa tu *enseñanza
    que millares de monedas de oro y plata.

Yod

⁷³ Con tus manos me creaste, me diste forma.
    Dame entendimiento para aprender tus
        mandamientos.
⁷⁴ Los que te honran se regocijan al verme,
    porque he puesto mi esperanza en tu
        palabra.
⁷⁵ Señor, yo sé que tus juicios son justos,
    y que con justa razón me afliges.
⁷⁶ Que sea tu gran amor mi consuelo,
    conforme a la promesa que hiciste a tu
        siervo.
⁷⁷ Que venga tu compasión a darme vida,
    porque en tu ley me regocijo.
⁷⁸ Sean avergonzados los insolentes que sin
        motivo me maltratan;
    yo, por mi parte, meditaré en tus preceptos.
⁷⁹ Que se reconcilien conmigo los que te temen,
    los que conocen tus estatutos.
⁸⁰ Sea mi corazón íntegro hacia tus decretos,
    para que yo no sea avergonzado.

Caf

⁸¹ Esperando tu salvación se me va la vida.
    En tu palabra he puesto mi esperanza.
⁸² Mis ojos se consumen esperando tu promesa,
    y digo: «¿Cuándo vendrás a consolarme?»
⁸³ Parezco un odre ennegrecido por el humo,
    pero no me olvido de tus decretos.
⁸⁴ ¿Cuánto más vivirá este siervo tuyo?
    ¿Cuándo juzgarás a mis perseguidores?
⁸⁵ Me han cavado trampas los insolentes,
    los que no viven conforme a tu ley.
⁸⁶ Todos tus mandamientos son fidedignos;
    ¡ayúdame!, pues falsos son mis
        perseguidores.
⁸⁷ Por poco me borran de la tierra,
    pero yo no abandono tus preceptos.
⁸⁸ Por tu gran amor, dame vida
    y cumpliré tus estatutos.

ט Teth

⁶⁵ Do good to your servant
    according to your word, Lord.
⁶⁶ Teach me knowledge and good judgment,
    for I trust your commands.
⁶⁷ Before I was afflicted I went astray,
    but now I obey your word.
⁶⁸ You are good, and what you do is good;
    teach me your decrees.
⁶⁹ Though the arrogant have smeared me with
        lies,
    I keep your precepts with all my heart.
⁷⁰ Their hearts are callous and unfeeling,
    but I delight in your law.
⁷¹ It was good for me to be afflicted
    so that I might learn your decrees.
⁷² The law from your mouth is more precious to
        me
    than thousands of pieces of silver and gold.

י Yodh

⁷³ Your hands made me and formed me;
    give me understanding to learn your
        commands.
⁷⁴ May those who fear you rejoice when they see
        me,
    for I have put my hope in your word.
⁷⁵ I know, Lord, that your laws are righteous,
    and that in faithfulness you have afflicted
        me.
⁷⁶ May your unfailing love be my comfort,
    according to your promise to your servant.
⁷⁷ Let your compassion come to me that I may
        live,
    for your law is my delight.
⁷⁸ May the arrogant be put to shame for
        wronging me without cause;
    but I will meditate on your precepts.
⁷⁹ May those who fear you turn to me,
    those who understand your statutes.
⁸⁰ May I wholeheartedly follow your decrees,
    that I may not be put to shame.

כ Kaph

⁸¹ My soul faints with longing for your salvation,
    but I have put my hope in your word.
⁸² My eyes fail, looking for your promise;
    I say, "When will you comfort me?"
⁸³ Though I am like a wineskin in the smoke,
    I do not forget your decrees.
⁸⁴ How long must your servant wait?
    When will you punish my persecutors?
⁸⁵ The arrogant dig pits to trap me,
    contrary to your law.
⁸⁶ All your commands are trustworthy;
    help me, for I am being persecuted without
        cause.
⁸⁷ They almost wiped me from the earth,
    but I have not forsaken your precepts.
⁸⁸ In your unfailing love preserve my life,
    that I may obey the statutes of your mouth.

Lámed

89 Tu palabra, SEÑOR, es eterna,
    y está firme en los cielos.
90 Tu fidelidad permanece para siempre;
    estableciste la tierra, y quedó firme.
91 Todo subsiste hoy, conforme a tus decretos,
    porque todo está a tu servicio.
92 Si tu ley no fuera mi regocijo,
    la aflicción habría acabado conmigo.
93 Jamás me olvidaré de tus preceptos,
    pues con ellos me has dado vida.
94 ¡Sálvame, pues te pertenezco
    y escudriño tus preceptos!
95 Los impíos me acechan para destruirme,
    pero yo me esfuerzo por entender tus
        estatutos.
96 He visto que aun la perfección tiene sus límites;
    ¡sólo tus mandamientos son infinitos!

Mem

97 ¡Cuánto amo yo tu ley!
    Todo el día medito en ella.
98 Tus mandamientos me hacen más sabio que
        mis enemigos
    porque me pertenecen para siempre.
99 Tengo más discernimiento que todos mis
        maestros
    porque medito en tus estatutos.
100 Tengo más entendimiento que los ancianos
    porque obedezco tus preceptos.
101 Aparto mis pies de toda mala senda
    para cumplir con tu palabra.
102 No me desvío de tus juicios
    porque tú mismo me instruyes.
103 ¡Cuán dulces son a mi paladar tus palabras!
    ¡Son más dulces que la miel a mi boca!
104 De tus preceptos adquiero entendimiento;
    por eso aborrezco toda senda de mentira.

Nun

105 Tu palabra es una lámpara a mis pies;
    es una luz en mi sendero.
106 Hice un juramento, y lo he confirmado:
    que acataré tus rectos juicios.
107 SEÑOR, es mucho lo que he sufrido;
    dame vida conforme a tu palabra.
108 SEÑOR, acepta la ofrenda que brota de mis
        labios;
    enséñame tus juicios.
109 Mi vida pende de un hilo,^{l}
    pero no me olvido de tu ley.
110 Los impíos me han tendido una trampa,
    pero no me aparto de tus preceptos.
111 Tus estatutos son mi herencia permanente;
    son el regocijo de mi corazón.
112 Inclino mi corazón a cumplir tus decretos
    para siempre y hasta el fin.

Sámej

113 Aborrezco a los hipócritas,
    pero amo tu ley.

ל Lamedh

89 Your word, LORD, is eternal;
    it stands firm in the heavens.
90 Your faithfulness continues through all
        generations;
    you established the earth, and it endures.
91 Your laws endure to this day,
    for all things serve you.
92 If your law had not been my delight,
    I would have perished in my affliction.
93 I will never forget your precepts,
    for by them you have preserved my life.
94 Save me, for I am yours;
    I have sought out your precepts.
95 The wicked are waiting to destroy me,
    but I will ponder your statutes.
96 To all perfection I see a limit,
    but your commands are boundless.

מ Mem

97 Oh, how I love your law!
    I meditate on it all day long.
98 Your commands are always with me
    and make me wiser than my enemies.
99 I have more insight than all my teachers,
    for I meditate on your statutes.
100 I have more understanding than the elders,
    for I obey your precepts.
101 I have kept my feet from every evil path
    so that I might obey your word.
102 I have not departed from your laws,
    for you yourself have taught me.
103 How sweet are your words to my taste,
    sweeter than honey to my mouth!
104 I gain understanding from your precepts;
    therefore I hate every wrong path.

נ Nun

105 Your word is a lamp for my feet,
    a light on my path.
106 I have taken an oath and confirmed it,
    that I will follow your righteous laws.
107 I have suffered much;
    preserve my life, LORD, according to your
        word.
108 Accept, LORD, the willing praise of my mouth,
    and teach me your laws.
109 Though I constantly take my life in my hands,
    I will not forget your law.
110 The wicked have set a snare for me,
    but I have not strayed from your precepts.
111 Your statutes are my heritage forever;
    they are the joy of my heart.
112 My heart is set on keeping your decrees
    to the very end.^{o}

ס Samekh

113 I hate double-minded people,
    but I love your law.

---

^{l} **119:109** *pende de un hilo. Lit. está siempre en mi puño.*

^{o} *112 Or* decrees / *for their enduring reward*

¹¹⁴Tú eres mi escondite y mi escudo;
en tu palabra he puesto mi esperanza.
¹¹⁵¡Malhechores, apártense de mí,
que quiero cumplir los mandamientos de mi
Dios!
¹¹⁶Sosténme conforme a tu promesa, y viviré;
no defraudes mis esperanzas.
¹¹⁷Defiéndeme, y estaré a salvo;
siempre optaré por tus decretos.
¹¹⁸Tú rechazas a los que se desvían de tus decretos,
porque sólo maquinan falsedades.
¹¹⁹Tú desechas como escoria a los impíos de la
tierra;
por eso amo tus estatutos.
¹²⁰Mi cuerpo se estremece por el temor que me
inspiras;
siento reverencia por tus leyes.

Ayin
¹²¹Yo practico la justicia y el derecho;
no me dejes en manos de mis opresores.
¹²²Garantiza el bienestar de tu siervo;
que no me opriman los arrogantes.
¹²³Mis ojos se consumen esperando tu salvación,
esperando que se cumpla tu justicia.
¹²⁴Trata a tu siervo conforme a tu gran amor;
enséñame tus decretos.
¹²⁵Tu siervo soy: dame entendimiento
y llegaré a conocer tus estatutos.
¹²⁶SEÑOR, ya es tiempo de que actúes,
pues tu ley está siendo quebrantada.
¹²⁷Sobre todas las cosas amo tus mandamientos,
más que el oro, más que el oro refinado.
¹²⁸Por eso tomo en cuenta todos tus preceptos*ᵐ*
y aborrezco toda senda falsa.

Pe
¹²⁹Tus estatutos son maravillosos;
por eso los obedezco.
¹³⁰La exposición de tus palabras nos da luz,
y da entendimiento al *sencillo.
¹³¹Jadeante abro la boca
porque ansío tus mandamientos.
¹³²Vuélvete a mí, y tenme compasión
como haces siempre con los que aman tu
nombre.
¹³³Guía mis pasos conforme a tu promesa;
no dejes que me domine la iniquidad.
¹³⁴Líbrame de la opresión humana,
pues quiero obedecer tus preceptos.
¹³⁵Haz brillar tu rostro sobre tu siervo;
enséñame tus decretos.
¹³⁶Ríos de lágrimas brotan de mis ojos,
porque tu ley no se obedece.

Tsade
¹³⁷SEÑOR, tú eres justo,
y tus juicios son rectos.
¹³⁸Justos son los estatutos que has ordenado,
y muy dignos de confianza.

¹¹⁴You are my refuge and my shield;
I have put my hope in your word.
¹¹⁵Away from me, you evildoers,
that I may keep the commands of my God!
¹¹⁶Sustain me, my God, according to your
promise, and I will live;
do not let my hopes be dashed.
¹¹⁷Uphold me, and I will be delivered;
I will always have regard for your decrees.
¹¹⁸You reject all who stray from your decrees,
for their delusions come to nothing.
¹¹⁹All the wicked of the earth you discard like
dross;
therefore I love your statutes.
¹²⁰My flesh trembles in fear of you;
I stand in awe of your laws.

ע Ayin
¹²¹I have done what is righteous and just;
do not leave me to my oppressors.
¹²²Ensure your servant's well-being;
do not let the arrogant oppress me.
¹²³My eyes fail, looking for your salvation,
looking for your righteous promise.
¹²⁴Deal with your servant according to your love
and teach me your decrees.
¹²⁵I am your servant; give me discernment
that I may understand your statutes.
¹²⁶It is time for you to act, LORD;
your law is being broken.
¹²⁷Because I love your commands
more than gold, more than pure gold,
¹²⁸and because I consider all your precepts right,
I hate every wrong path.

פ Pe
¹²⁹Your statutes are wonderful;
therefore I obey them.
¹³⁰The unfolding of your words gives light;
it gives understanding to the simple.
¹³¹I open my mouth and pant,
longing for your commands.
¹³²Turn to me and have mercy on me,
as you always do to those who love your
name.
¹³³Direct my footsteps according to your word;
let no sin rule over me.
¹³⁴Redeem me from human oppression,
that I may obey your precepts.
¹³⁵Make your face shine on your servant
and teach me your decrees.
¹³⁶Streams of tears flow from my eyes,
for your law is not obeyed.

צ Tsadhe
¹³⁷You are righteous, LORD,
and your laws are right.
¹³⁸The statutes you have laid down are righteous;
they are fully trustworthy.

ᵐ **119:128** *Por eso ... tus preceptos* (véanse LXX y Vulgata); *Por eso todos los estatutos de todo lo que hago recto* (TM).

[139] Mi celo me consume,
 porque mis adversarios pasan por alto tus
  palabras.
[140] Tus promesas han superado muchas pruebas,
 por eso tu siervo las ama.
[141] Insignificante y menospreciable como soy,
 no me olvido de tus preceptos.
[142] Tu justicia es siempre justa;
 tu ley es la verdad.
[143] He caído en la angustia y la aflicción,
 pero tus mandamientos son mi regocijo.
[144] Tus estatutos son siempre justos;
 dame entendimiento para poder vivir.

Qof
[145] Con todo el corazón clamo a ti, Señor;
 respóndeme, y obedeceré tus decretos.
[146] A ti clamo: «¡Sálvame!»
 Quiero cumplir tus estatutos.
[147] Muy de mañana me levanto a pedir ayuda;
 en tus palabras he puesto mi esperanza.
[148] En toda la noche no pego los ojos,[n]
 para meditar en tu promesa.
[149] Conforme a tu gran amor, escucha mi voz;
 conforme a tus juicios, Señor, dame vida.
[150] Ya se acercan mis crueles perseguidores,
 pero andan muy lejos de tu ley.
[151] Tú, Señor, también estás cerca,
 y todos tus mandamientos son verdad.
[152] Desde hace mucho conozco tus estatutos,
 los cuales estableciste para siempre.

Resh
[153] Considera mi aflicción, y líbrame,
 pues no me he olvidado de tu ley.
[154] Defiende mi causa, rescátame;
 dame vida conforme a tu promesa.
[155] La salvación está lejos de los impíos,
 porque ellos no buscan tus decretos.
[156] Grande es, Señor, tu compasión;
 dame vida conforme a tus juicios.
[157] Muchos son mis adversarios y mis
  perseguidores,
 pero yo no me aparto de tus estatutos.
[158] Miro a esos renegados y me dan náuseas,
 porque no cumplen tus palabras.
[159] Mira, Señor, cuánto amo tus preceptos;
 conforme a tu gran amor, dame vida.
[160] La suma de tus palabras es la verdad;
 tus rectos juicios permanecen para siempre.

Shin
[161] Gente poderosa[ñ] me persigue sin motivo,
 pero mi corazón se asombra ante tu palabra.
[162] Yo me regocijo en tu promesa
 como quien halla un gran botín.
[163] Aborrezco y repudio la falsedad,
 pero amo tu ley.
[164] Siete veces al día te alabo
 por tus rectos juicios.

---

[n] **119:148** *En toda ... los ojos.* Lit. *Se anticipan mis ojos a las vigilias.*
[ñ] **119:161** *Gente poderosa.* Lit. *Príncipes.*

[139] My zeal wears me out,
 for my enemies ignore your words.
[140] Your promises have been thoroughly tested,
 and your servant loves them.
[141] Though I am lowly and despised,
 I do not forget your precepts.
[142] Your righteousness is everlasting
 and your law is true.
[143] Trouble and distress have come upon me,
 but your commands give me delight.
[144] Your statutes are always righteous;
 give me understanding that I may live.

ק Qoph
[145] I call with all my heart; answer me, Lord,
 and I will obey your decrees.
[146] I call out to you; save me
 and I will keep your statutes.
[147] I rise before dawn and cry for help;
 I have put my hope in your word.
[148] My eyes stay open through the watches of the
  night,
 that I may meditate on your promises.
[149] Hear my voice in accordance with your love;
 preserve my life, Lord, according to your
  laws.
[150] Those who devise wicked schemes are near,
 but they are far from your law.
[151] Yet you are near, Lord,
 and all your commands are true.
[152] Long ago I learned from your statutes
 that you established them to last forever.

ר Resh
[153] Look on my suffering and deliver me,
 for I have not forgotten your law.
[154] Defend my cause and redeem me;
 preserve my life according to your promise.
[155] Salvation is far from the wicked,
 for they do not seek out your decrees.
[156] Your compassion, Lord, is great;
 preserve my life according to your laws.
[157] Many are the foes who persecute me,
 but I have not turned from your statutes.
[158] I look on the faithless with loathing,
 for they do not obey your word.
[159] See how I love your precepts;
 preserve my life, Lord, in accordance with
  your love.
[160] All your words are true;
 all your righteous laws are eternal.

שׂ Sin and Shin
[161] Rulers persecute me without cause,
 but my heart trembles at your word.
[162] I rejoice in your promise
 like one who finds great spoil.
[163] I hate and detest falsehood
 but I love your law.
[164] Seven times a day I praise you
 for your righteous laws.

¹⁶⁵ Los que aman tu ley disfrutan de gran
    *bienestar,
  y nada los hace tropezar.
¹⁶⁶ Yo, Señor, espero tu salvación
  y practico tus mandamientos.
¹⁶⁷ Con todo mi ser cumplo tus estatutos.
  ¡Cuánto los amo!
¹⁶⁸ Obedezco tus preceptos y tus estatutos,
  porque conoces todos mis caminos.

Tav

¹⁶⁹ Que llegue mi clamor a tu presencia;
  dame entendimiento, Señor, conforme a tu
    palabra.
¹⁷⁰ Que llegue a tu presencia mi súplica;
  líbrame, conforme a tu promesa.
¹⁷¹ Que rebosen mis labios de alabanza,
  porque tú me enseñas tus decretos.
¹⁷² Que entone mi lengua un cántico a tu palabra,
  pues todos tus mandamientos son justos.
¹⁷³ Que acuda tu mano en mi ayuda,
  porque he escogido tus preceptos.
¹⁷⁴ Yo, Señor, ansío tu salvación.
  Tu ley es mi regocijo.
¹⁷⁵ Déjame vivir para alabarte;
  que vengan tus juicios a ayudarme.
¹⁷⁶ Cual oveja perdida me he extraviado;
  ven en busca de tu siervo,
  porque no he olvidado tus mandamientos.

Salmo 120

Cántico de los *peregrinos.

¹ En mi angustia invoqué al Señor,
  y él me respondió.
² Señor, líbrame de los labios mentirosos
  y de las lenguas embusteras.

³ ¡Ah, lengua embustera!
  ¿Qué se te habrá de dar?
  ¿Qué se te habrá de añadir?
⁴ ¡Puntiagudas flechas de guerrero,
  con ardientes brasas de *retama!

⁵ ¡Ay de mí, que soy extranjero en Mésec,
  que he acampado entre las tiendas de
    Cedar!
⁶ ¡Ya es mucho el tiempo que he acampado
  entre los que aborrecen la *paz!
⁷ Yo amo la paz,
  pero si hablo de paz,
  ellos hablan de guerra.

Salmo 121

Cántico de los *peregrinos.

¹ A las montañas levanto mis ojos;
  ¿de dónde ha de venir mi ayuda?
² Mi ayuda proviene del Señor,
  creador del cielo y de la tierra.

³ No permitirá que tu pie resbale;
  jamás duerme el que te cuida.

¹⁶⁵ Great peace have those who love your law,
  and nothing can make them stumble.
¹⁶⁶ I wait for your salvation, Lord,
  and I follow your commands.
¹⁶⁷ I obey your statutes,
  for I love them greatly.
¹⁶⁸ I obey your precepts and your statutes,
  for all my ways are known to you.

ת Taw

¹⁶⁹ May my cry come before you, Lord;
  give me understanding according to your
    word.
¹⁷⁰ May my supplication come before you;
  deliver me according to your promise.
¹⁷¹ May my lips overflow with praise,
  for you teach me your decrees.
¹⁷² May my tongue sing of your word,
  for all your commands are righteous.
¹⁷³ May your hand be ready to help me,
  for I have chosen your precepts.
¹⁷⁴ I long for your salvation, Lord,
  and your law gives me delight.
¹⁷⁵ Let me live that I may praise you,
  and may your laws sustain me.
¹⁷⁶ I have strayed like a lost sheep.
  Seek your servant,
  for I have not forgotten your commands.

Psalm 120

A song of ascents.

¹ I call on the Lord in my distress,
  and he answers me.
² Save me, Lord,
  from lying lips
  and from deceitful tongues.

³ What will he do to you,
  and what more besides,
  you deceitful tongue?
⁴ He will punish you with a warrior's sharp
    arrows,
  with burning coals of the broom bush.

⁵ Woe to me that I dwell in Meshek,
  that I live among the tents of Kedar!
⁶ Too long have I lived
  among those who hate peace.
⁷ I am for peace;
  but when I speak, they are for war.

Psalm 121

A song of ascents.

¹ I lift up my eyes to the mountains —
  where does my help come from?
² My help comes from the Lord,
  the Maker of heaven and earth.

³ He will not let your foot slip —
  he who watches over you will not slumber;

⁴ Jamás duerme ni se adormece
el que cuida de Israel.

⁵ El Señor es quien te cuida,
el Señor es tu sombra protectora.^o
⁶ De día el sol no te hará daño,
ni la luna de noche.

⁷ El Señor te protegerá;
de todo mal protegerá tu vida.
⁸ El Señor te cuidará en el hogar y en el
camino,^p
desde ahora y para siempre.

SALMO 122

*Cántico de los *peregrinos. De David.*

¹ Yo me alegro cuando me dicen:
«Vamos a la casa del Señor.»
² *¡Jerusalén, ya nuestros pies
se han plantado ante tus *portones!

³ ¡Jerusalén, ciudad edificada
para que en ella todos se congreguen!^q
⁴ A ella suben las tribus,
las tribus del Señor,
para alabar su *nombre
conforme a la ordenanza que recibió Israel.

⁵ Allí están los tribunales de justicia,
los tribunales de la dinastía de David.

⁶ Pidamos por la *paz de Jerusalén:
«Que vivan en paz los que te aman.
⁷ Que haya paz dentro de tus murallas,
seguridad en tus fortalezas.»
⁸ Y ahora, por mis hermanos y amigos te digo:
«¡Deseo que tengas paz!»
⁹ Por la casa del Señor nuestro Dios
procuraré tu bienestar.

SALMO 123

*Cántico de los *peregrinos.*

¹ Hacia ti dirijo la mirada,
hacia ti, cuyo trono está en el cielo.
² Como dirigen los esclavos la mirada
hacia la mano de su amo,
como dirige la esclava la mirada
hacia la mano de su ama,
así dirigimos la mirada al Señor nuestro Dios,
hasta que nos muestre compasión.

³ Compadécenos, Señor, compadécenos,
¡ya estamos hartos de que nos desprecien!
⁴ Ya son muchas las burlas que hemos sufrido;
muchos son los insultos de los altivos,
y mucho el menosprecio de los orgullosos.

⁴ indeed, he who watches over Israel
will neither slumber nor sleep.

⁵ The Lord watches over you—
the Lord is your shade at your right hand;
⁶ the sun will not harm you by day,
nor the moon by night.

⁷ The Lord will keep you from all harm—
he will watch over your life;
⁸ the Lord will watch over your coming and
going
both now and forevermore.

PSALM 122

A song of ascents. Of David.

¹ I rejoiced with those who said to me,
"Let us go to the house of the Lord."
² Our feet are standing
in your gates, Jerusalem.

³ Jerusalem is built like a city
that is closely compacted together.
⁴ That is where the tribes go up—
the tribes of the Lord—
to praise the name of the Lord
according to the statute given to Israel.
⁵ There stand the thrones for judgment,
the thrones of the house of David.

⁶ Pray for the peace of Jerusalem:
"May those who love you be secure.
⁷ May there be peace within your walls
and security within your citadels."
⁸ For the sake of my family and friends,
I will say, "Peace be within you."
⁹ For the sake of the house of the Lord our God,
I will seek your prosperity.

PSALM 123

A song of ascents.

¹ I lift up my eyes to you,
to you who sit enthroned in heaven.
² As the eyes of slaves look to the hand of their
master,
as the eyes of a female slave look to the hand
of her mistress,
so our eyes look to the Lord our God,
till he shows us his mercy.

³ Have mercy on us, Lord, have mercy on us,
for we have endured no end of contempt.
⁴ We have endured no end
of ridicule from the arrogant,
of contempt from the proud.

---

^o **121:5** *tu sombra protectora.* Lit. *tu sombra a tu mano derecha.*
^p **121:8** *te cuidará en el hogar y en el camino.* Lit. *cuidará tu salida
y tu entrada.*
^q **122:3** *¡Jerusalén, ... se congreguen!* Alt. *Jerusalén, edificada
como ciudad, en la que todo se mantiene bien unido.*

SALMO 124

Cántico de los *peregrinos. De David.

¹ Si el SEÑOR no hubiera estado de nuestra parte
—que lo repita ahora Israel—,
² si el SEÑOR no hubiera estado de nuestra parte
cuando todo el mundo se levantó contra
nosotros,
³ nos habrían tragado vivos
al encenderse su furor contra nosotros;
⁴ nos habrían inundado las aguas,
el torrente nos habría arrastrado,
⁵ ¡nos habrían arrastrado las aguas
turbulentas!

⁶ Bendito sea el SEÑOR, que no dejó
que nos despedazaran con sus dientes.
⁷ Como las aves, hemos escapado
de la trampa del cazador;
¡la trampa se rompió,
y nosotros escapamos!
⁸ Nuestra ayuda está en el *nombre del SEÑOR,
creador del cielo y de la tierra.

SALMO 125

Cántico de los *peregrinos.

¹ Los que confían en el SEÑOR
son como el monte *Sión,
que jamás será conmovido,
que permanecerá para siempre.
² Como rodean las colinas a Jerusalén,
así rodea el SEÑOR a su pueblo,
desde ahora y para siempre.

³ No prevalecerá el cetro de los impíos
sobre la heredad asignada a los justos,
para que nunca los justos extiendan
sus manos hacia la maldad.

⁴ Haz bien, SEÑOR, a los que son buenos,
a los de recto corazón.
⁵ Pero a los que van por caminos torcidos
deséchalos, SEÑOR, junto con los
malhechores.

¡Que haya paz en Israel!

SALMO 126

Cántico de los *peregrinos.

¹ Cuando el SEÑOR hizo volver a *Sión a los
cautivos,
nos parecía estar soñando.
² Nuestra boca se llenó de risas;
nuestra lengua, de canciones jubilosas.
Hasta los otros pueblos decían:
«El SEÑOR ha hecho grandes cosas por
ellos.»
³ Sí, el SEÑOR ha hecho grandes cosas por
nosotros,
y eso nos llena de alegría.

PSALM 124

A song of ascents. Of David.

¹ If the LORD had not been on our side—
let Israel say—
² if the LORD had not been on our side
when people attacked us,
³ they would have swallowed us alive
when their anger flared against us;
⁴ the flood would have engulfed us,
the torrent would have swept over us,
⁵ the raging waters
would have swept us away.

⁶ Praise be to the LORD,
who has not let us be torn by their teeth.
⁷ We have escaped like a bird
from the fowler's snare;
the snare has been broken,
and we have escaped.
⁸ Our help is in the name of the LORD,
the Maker of heaven and earth.

PSALM 125

A song of ascents.

¹ Those who trust in the LORD are like Mount
Zion,
which cannot be shaken but endures
forever.
² As the mountains surround Jerusalem,
so the LORD surrounds his people
both now and forevermore.

³ The scepter of the wicked will not remain
over the land allotted to the righteous,
for then the righteous might use
their hands to do evil.

⁴ LORD, do good to those who are good,
to those who are upright in heart.
⁵ But those who turn to crooked ways
the LORD will banish with the evildoers.

Peace be on Israel.

PSALM 126

A song of ascents.

¹ When the LORD restored the fortunes of[p] Zion,
we were like those who dreamed.[q]
² Our mouths were filled with laughter,
our tongues with songs of joy.
Then it was said among the nations,
"The LORD has done great things for them."
³ The LORD has done great things for us,
and we are filled with joy.

---

[p] 1 Or *LORD brought back the captives to*
to health [q] 1 Or *those restored*

⁴ Ahora, Señor, haz volver a nuestros cautivos
  como haces volver los arroyos del desierto.
⁵ El que con lágrimas siembra,
  con regocijo cosecha.
⁶ El que llorando esparce la semilla,
  cantando recoge sus gavillas.

Salmo 127

Cántico de los *peregrinos. De Salomón.

¹ Si el Señor no edifica la casa,
  en vano se esfuerzan los albañiles.
  Si el Señor no cuida la ciudad,
  en vano hacen guardia los vigilantes.
² En vano madrugan ustedes,
  y se acuestan muy tarde,
  para comer un pan de fatigas,
  porque Dios concede el sueño a sus amados.

³ Los hijos son una herencia del Señor,
  los frutos del vientre son una recompensa.
⁴ Como flechas en las manos del guerrero
  son los hijos de la juventud.
⁵ *Dichosos los que llenan su aljaba
  con esta clase de flechas.ʳ
  No serán avergonzados por sus enemigos
  cuando litiguen con ellos en los tribunales.

Salmo 128

Cántico de los *peregrinos.

¹ *Dichosos todos los que temen al Señor,
  los que van por sus *caminos.
² Lo que ganes con tus manos, eso comerás;
  gozarás de dicha y prosperidad.
³ En el seno de tu hogar,
  tu esposa será como vid llena de uvas;
  alrededor de tu mesa,
  tus hijos serán como vástagos de olivo.
⁴ Tales son las bendiciones
  de los que temen al Señor.

⁵ Que el Señor te bendiga desde *Sión,
  y veas la prosperidad de Jerusalén
  todos los días de tu vida.
⁶ Que vivas para ver a los hijos de tus hijos.

  ¡Que haya *paz en Israel!

Salmo 129

Cántico de los *peregrinos.

¹ Mucho me han angustiado desde mi juventud
  —que lo repita ahora Israel—,
² mucho me han angustiado desde mi juventud,
  pero no han logrado vencerme.

⁴ Restore our fortunes,ʳ Lord,
  like streams in the Negev.
⁵ Those who sow with tears
  will reap with songs of joy.
⁶ Those who go out weeping,
  carrying seed to sow,
  will return with songs of joy,
  carrying sheaves with them.

Psalm 127

A song of ascents. Of Solomon.

¹ Unless the Lord builds the house,
  the builders labor in vain.
  Unless the Lord watches over the city,
  the guards stand watch in vain.
² In vain you rise early
  and stay up late,
  toiling for food to eat —
  for he grants sleep toˢ those he loves.

³ Children are a heritage from the Lord,
  offspring a reward from him.
⁴ Like arrows in the hands of a warrior
  are children born in one's youth.
⁵ Blessed is the man
  whose quiver is full of them.
  They will not be put to shame
  when they contend with their opponents in
    court.

Psalm 128

A song of ascents.

¹ Blessed are all who fear the Lord,
  who walk in obedience to him.
² You will eat the fruit of your labor;
  blessings and prosperity will be yours.
³ Your wife will be like a fruitful vine
  within your house;
  your children will be like olive shoots
  around your table.
⁴ Yes, this will be the blessing
  for the man who fears the Lord.

⁵ May the Lord bless you from Zion;
  may you see the prosperity of Jerusalem
  all the days of your life.
⁶ May you live to see your children's children —
  peace be on Israel.

Psalm 129

A song of ascents.

¹ "They have greatly oppressed me from my
    youth,"
  let Israel say;
² "they have greatly oppressed me from my
    youth,
  but they have not gained the victory over me.

ʳ **127:5** *con esta clase de flechas. Lit. con ellos.*

ʳ *4 Or Bring back our captives* ˢ *2 Or eat — / for while they sleep he provides for*

³ Sobre la espalda me pasaron el arado,
    abriéndome en ella profundos⁵ surcos.
⁴ Pero el Señor, que es justo,
    me libró de las ataduras de los impíos.

⁵ Que retrocedan avergonzados
    todos los que odian a *Sión.
⁶ Que sean como la hierba en el techo,
    que antes de crecer se marchita;
⁷ que no llena las manos del segador
    ni el regazo del que cosecha.
⁸ Que al pasar nadie les diga:
    «La bendición del Señor sea con ustedes;
    los bendecimos en el *nombre del Señor.»

SALMO 130

*Cántico de los *peregrinos.*

¹ A ti, Señor, elevo mi clamor
    desde las profundidades del abismo.
² Escucha, Señor, mi voz.
    Estén atentos tus oídos a mi voz suplicante.

³ Si tú, Señor, tomaras en cuenta los pecados,
    ¿quién, Señor, sería declarado inocente?ᵗ
⁴ Pero en ti se halla perdón,
    y por eso debes ser temido.

⁵ Espero al Señor, lo espero con toda el *alma;
    en su palabra he puesto mi esperanza.
⁶ Espero al Señor con toda el alma,
    más que los centinelas la mañana.

Como esperan los centinelas la mañana,
⁷   así tú, Israel, espera al Señor.
Porque en él hay amor inagotable;
    en él hay plena redención.
⁸ Él mismo redimirá a Israel
    de todos sus pecados.

SALMO 131

*Cántico de los *peregrinos. De David.*

¹ Señor, mi corazón no es orgulloso,
    ni son altivos mis ojos;
no busco grandezas desmedidas,
    ni proezas que excedan a mis fuerzas.

² Todo lo contrario:
    he calmado y aquietado mis ansias.
Soy como un niño recién amamantado en el
    regazo de su madre.
¡Mi *alma es como un niño recién
    amamantado!

³ Israel, pon tu esperanza en el Señor
    desde ahora y para siempre.

SALMO 132

*Cántico de los *peregrinos.*

¹ Señor, acuérdate de David
    y de todas sus penurias.

---

³ Plowmen have plowed my back
    and made their furrows long.
⁴ But the Lord is righteous;
    he has cut me free from the cords of the
      wicked."

⁵ May all who hate Zion
    be turned back in shame.
⁶ May they be like grass on the roof,
    which withers before it can grow;
⁷ a reaper cannot fill his hands with it,
    nor one who gathers fill his arms.
⁸ May those who pass by not say to them,
    "The blessing of the Lord be on you;
    we bless you in the name of the Lord."

PSALM 130

A song of ascents.

¹ Out of the depths I cry to you, Lord;
²   Lord, hear my voice.
Let your ears be attentive
    to my cry for mercy.

³ If you, Lord, kept a record of sins,
    Lord, who could stand?
⁴ But with you there is forgiveness,
    so that we can, with reverence, serve you.

⁵ I wait for the Lord, my whole being waits,
    and in his word I put my hope.
⁶ I wait for the Lord
    more than watchmen wait for the morning,
    more than watchmen wait for the morning.

⁷ Israel, put your hope in the Lord,
    for with the Lord is unfailing love
    and with him is full redemption.
⁸ He himself will redeem Israel
    from all their sins.

PSALM 131

A song of ascents. Of David.

¹ My heart is not proud, Lord,
    my eyes are not haughty;
I do not concern myself with great matters
    or things too wonderful for me.
² But I have calmed and quieted myself,
    I am like a weaned child with its mother;
    like a weaned child I am content.

³ Israel, put your hope in the Lord
    both now and forevermore.

PSALM 132

A song of ascents.

¹ Lord, remember David
    and all his self-denial.

ˢ **129:3** *profundos.* Lit. *largos.*
ᵗ **130:3** ¿ … *sería declarado inocente?* Lit. ¿ … *se mantendría en pie?*

² Acuérdate de sus juramentos al Señor,
　　de sus votos al Poderoso de Jacob:
³ «No gozaré del calor del hogar,
　　ni me daré un momento de descanso;ᵘ
⁴ no me permitiré cerrar los ojos,
　　y ni siquiera el menor pestañeo,
⁵ antes de hallar un lugar para el Señor,
　　una morada para el Poderoso de Jacob.»

⁶ En Efrata oímos hablar del arca;ᵛ
　　dimos con ella en los campos de Yagar:ʷ
⁷ «Vayamos hasta su morada;
　　postrémonos ante el estrado de sus pies.»

⁸ Levántate, Señor; ven a tu lugar de reposo,
　　tú y tu arca poderosa.
⁹ ¡Que se revistan de justicia tus sacerdotes!
　　¡Que tus fieles canten jubilosos!
¹⁰ Por amor a David, tu siervo,
　　no le des la espalda aˣ tu *ungido.

¹¹ El Señor le ha hecho a David
　　un firme juramento que no revocará:
　　«A uno de tus propios descendientes
　　lo pondré en tu trono.
¹² Si tus hijos cumplen con mi pacto
　　y con los estatutos que les enseñaré,
　　también sus descendientes
　　te sucederán en el trono para siempre.»

¹³ El Señor ha escogido a *Sión;
　　su deseo es hacer de este monte su morada:
¹⁴ «Éste será para siempre mi lugar de reposo;
　　aquí pondré mi trono, porque así lo deseo.
¹⁵ Bendeciré con creces sus provisiones,
　　y saciaré de pan a sus pobres.
¹⁶ Revestiré de *salvación a sus sacerdotes,
　　y jubilosos cantarán sus fieles.

¹⁷ »Aquí haré renacer el poderʸ de David,
　　y encenderé la lámpara de mi ungido.
¹⁸ A sus enemigos los cubriré de vergüenza,
　　pero él lucirá su corona esplendorosa.»

Salmo 133

*Cántico de los *peregrinos. De David.*

¹ ¡Cuán bueno y cuán agradable es
　　que los hermanos convivan en armonía!
² Es como el buen aceite que, desde la cabeza,
　　va descendiendo por la barba,
　　por la barba de Aarón,
　　hasta el borde de sus vestiduras.
³ Es como el rocío de Hermón
　　que va descendiendo sobre los montes de
　　　*Sión.
　　Donde se da esta armonía,ᶻ
　　el Señor concede bendición y vida eterna.

² He swore an oath to the Lord,
　　he made a vow to the Mighty One of Jacob:
³ "I will not enter my house
　　or go to my bed,
⁴ I will allow no sleep to my eyes
　　or slumber to my eyelids,
⁵ till I find a place for the Lord,
　　a dwelling for the Mighty One of Jacob."

⁶ We heard it in Ephrathah,
　　we came upon it in the fields of Jaar:ᵗ
⁷ "Let us go to his dwelling place,
　　let us worship at his footstool, saying,
⁸ 'Arise, Lord, and come to your resting place,
　　you and the ark of your might.
⁹ May your priests be clothed with your
　　　righteousness;
　　may your faithful people sing for joy.' "

¹⁰ For the sake of your servant David,
　　do not reject your anointed one.

¹¹ The Lord swore an oath to David,
　　a sure oath he will not revoke:
　　"One of your own descendants
　　I will place on your throne.
¹² If your sons keep my covenant
　　and the statutes I teach them,
　　then their sons will sit
　　on your throne for ever and ever."

¹³ For the Lord has chosen Zion,
　　he has desired it for his dwelling, saying,
¹⁴ "This is my resting place for ever and ever;
　　here I will sit enthroned, for I have desired
　　　it.
¹⁵ I will bless her with abundant provisions;
　　her poor I will satisfy with food.
¹⁶ I will clothe her priests with salvation,
　　and her faithful people will ever sing for joy.

¹⁷ "Here I will make a hornᵘ grow for David
　　and set up a lamp for my anointed one.
¹⁸ I will clothe his enemies with shame,
　　but his head will be adorned with a radiant
　　　crown."

Psalm 133

A song of ascents. Of David.

¹ How good and pleasant it is
　　when God's people live together in unity!

² It is like precious oil poured on the head,
　　running down on the beard,
　　running down on Aaron's beard,
　　down on the collar of his robe.
³ It is as if the dew of Hermon
　　were falling on Mount Zion.
　　For there the Lord bestows his blessing,
　　even life forevermore.

ᵘ **132:3** *No gozaré ... de descanso.* Lit. *Si entrara yo en la tienda de mi casa, / si subiera yo al lecho de mi cama.*
ᵛ **132:6** *del arca.* Lit. *de ella;* véase 1S 7:1.
ʷ **132:6** *Yagar.* Es decir, Quiriat Yearín.
ˣ **132:10** *no le des la espalda a.* Lit. *no vuelvas el rostro de.*
ʸ **132:17** *poder.* Lit. *cuerno.*
ᶻ **133:3** *Donde se da esta armonía.* Lit. *Ciertamente allí.*

ᵗ 6 Or *heard of it in Ephrathah, / we found it in the fields of Jearim.* (See 1 Chron. 13:5,6) (And no quotation marks around verses 7-9)
ᵘ 17 *Horn* here symbolizes strong one, that is, king.

SALMO 134

*Cántico de los *peregrinos.*

1 Bendigan al Señor todos ustedes sus siervos,
  que de noche permanecen en la casa del
  Señor.
2 Eleven sus manos hacia el santuario
  y bendigan al Señor.
3 Que desde *Sión los bendiga el Señor,
  creador del cielo y de la tierra.

SALMO 135

1 *¡Aleluya! ¡Alabado sea el Señor!

¡Alaben el *nombre del Señor!
  ¡Siervos del Señor, alábenlo!
2 Ustedes, que permanecen en la casa del Señor,
  en los atrios de la casa del Dios nuestro.

3 Alaben al Señor, porque el Señor es bueno;
  canten salmos a su nombre, porque eso es
  agradable.
4 El Señor escogió a Jacob como su propiedad,
  a Israel como su posesión.

5 Yo sé que el Señor, nuestro Soberano,
  es más grande que todos los dioses.
6 El Señor hace todo lo que quiere
  en los cielos y en la tierra,
  en los mares y en todos sus abismos.
7 Levanta las nubes desde los confines de la
  tierra;
  envía relámpagos con la lluvia
  y saca de sus depósitos a los vientos.

8 A los primogénitos de Egipto hirió de muerte,
  tanto a *hombres como a animales.
9 En tu corazón mismo, oh Egipto,
  Dios envió señales y maravillas
  contra el faraón y todos sus siervos.
10 A muchas naciones las hirió de muerte;
  a reyes poderosos les quitó la vida:
11 a Sijón, el rey amorreo;
  a Og, el rey de Basán,
  y a todos los reyes de Canaán.
12 Entregó sus tierras como herencia,
  ¡como herencia para su pueblo Israel!

13 Tu nombre, Señor, es eterno;
  tu renombre, por todas las generaciones.
14 Ciertamente el Señor juzgará a su pueblo,
  y de sus siervos tendrá compasión.

15 Los ídolos de los paganos son de oro y plata,
  producto de manos humanas.
16 Tienen boca, pero no pueden hablar;
  ojos, pero no pueden ver;
17 tienen oídos, pero no pueden oír;
  ¡ni siquiera hay aliento en su boca!
18 Semejantes a ellos son sus hacedores
  y todos los que confían en ellos.

PSALM 134

A song of ascents.

1 Praise the Lord, all you servants of the Lord
  who minister by night in the house of the
  Lord.
2 Lift up your hands in the sanctuary
  and praise the Lord.

3 May the Lord bless you from Zion,
  he who is the Maker of heaven and earth.

PSALM 135

1 Praise the Lord.[v]

Praise the name of the Lord;
  praise him, you servants of the Lord,
2 you who minister in the house of the Lord,
  in the courts of the house of our God.

3 Praise the Lord, for the Lord is good;
  sing praise to his name, for that is pleasant.
4 For the Lord has chosen Jacob to be his own,
  Israel to be his treasured possession.

5 I know that the Lord is great,
  that our Lord is greater than all gods.
6 The Lord does whatever pleases him,
  in the heavens and on the earth,
  in the seas and all their depths.
7 He makes clouds rise from the ends of the
  earth;
  he sends lightning with the rain
  and brings out the wind from his
  storehouses.

8 He struck down the firstborn of Egypt,
  the firstborn of people and animals.
9 He sent his signs and wonders into your midst,
  Egypt,
  against Pharaoh and all his servants.
10 He struck down many nations
  and killed mighty kings—
11 Sihon king of the Amorites,
  Og king of Bashan,
  and all the kings of Canaan—
12 and he gave their land as an inheritance,
  an inheritance to his people Israel.

13 Your name, Lord, endures forever,
  your renown, Lord, through all generations.
14 For the Lord will vindicate his people
  and have compassion on his servants.

15 The idols of the nations are silver and gold,
  made by human hands.
16 They have mouths, but cannot speak,
  eyes, but cannot see.
17 They have ears, but cannot hear,
  nor is there breath in their mouths.
18 Those who make them will be like them,
  and so will all who trust in them.

---

v 1 Hebrew *Hallelu Yah*; also in verses 3 and 21

¹⁹ Pueblo de Israel, bendice al Señor;
  descendientes de Aarón, bendigan al Señor;
²⁰ descendientes de Leví, bendigan al Señor;
  los que temen al Señor, bendíganlo.
²¹ Desde *Sión sea bendito el Señor,
  el que habita en Jerusalén.

*¡Aleluya! ¡Alabado sea el Señor!

SALMO 136

¹ Den gracias al Señor, porque él es bueno;
  su gran amor perdura para siempre.
² Den gracias al Dios de dioses;
  su gran amor perdura para siempre.
³ Den gracias al Señor omnipotente;
  su gran amor perdura para siempre.
⁴ Al único que hace grandes maravillas;
  su gran amor perdura para siempre.
⁵ Al que con inteligencia hizo los cielos;
  su gran amor perdura para siempre.
⁶ Al que expandió la tierra sobre las aguas;
  su gran amor perdura para siempre.
⁷ Al que hizo las grandes luminarias;
  su gran amor perdura para siempre.
⁸ El sol, para iluminar^a el día;
  su gran amor perdura para siempre.
⁹ La luna y las estrellas, para iluminar la noche;
  su gran amor perdura para siempre.
¹⁰ Al que hirió a los primogénitos de Egipto;
  su gran amor perdura para siempre.
¹¹ Al que sacó de Egipto^b a Israel;
  su gran amor perdura para siempre.
¹² Con mano poderosa y con brazo extendido;
  su gran amor perdura para siempre.
¹³ Al que partió en dos el Mar Rojo;^c
  su gran amor perdura para siempre.
¹⁴ Y por en medio hizo cruzar a Israel;
  su gran amor perdura para siempre.
¹⁵ Pero hundió en el Mar Rojo al faraón y a su
  ejército;
  su gran amor perdura para siempre.
¹⁶ Al que guió a su pueblo por el desierto;
  su gran amor perdura para siempre.
¹⁷ Al que hirió de muerte a grandes reyes;
  su gran amor perdura para siempre.
¹⁸ Al que a reyes poderosos les quitó la vida;
  su gran amor perdura para siempre.
¹⁹ A Sijón, el rey amorreo;
  su gran amor perdura para siempre.
²⁰ A Og, el rey de Basán;
  su gran amor perdura para siempre.
²¹ Cuyas tierras entregó como herencia;
  su gran amor perdura para siempre.
²² Como herencia para su siervo Israel;
  su gran amor perdura para siempre.

---

^a **136:8** *iluminar.* Lit. *dominar.*
^b **136:11** *de Egipto.* Lit. *de entre ellos.*
^c **136:13** *Mar Rojo.* Lit. *mar de las Cañas* (heb. *Yam Suf*); también
en v. 15.

¹⁹ All you Israelites, praise the Lord;
  house of Aaron, praise the Lord;
²⁰ house of Levi, praise the Lord;
  you who fear him, praise the Lord.
²¹ Praise be to the Lord from Zion,
  to him who dwells in Jerusalem.

Praise the Lord.

PSALM 136

¹ Give thanks to the Lord, for he is good.
  His love endures forever.
² Give thanks to the God of gods.
  His love endures forever.
³ Give thanks to the Lord of lords:
  His love endures forever.
⁴ to him who alone does great wonders,
  His love endures forever.
⁵ who by his understanding made the heavens,
  His love endures forever.
⁶ who spread out the earth upon the waters,
  His love endures forever.
⁷ who made the great lights —
  His love endures forever.
⁸ the sun to govern the day,
  His love endures forever.
⁹ the moon and stars to govern the night;
  His love endures forever.
¹⁰ to him who struck down the firstborn of Egypt
  His love endures forever.
¹¹ and brought Israel out from among them
  His love endures forever.
¹² with a mighty hand and outstretched arm;
  His love endures forever.
¹³ to him who divided the Red Sea^w asunder
  His love endures forever.
¹⁴ and brought Israel through the midst of it,
  His love endures forever.
¹⁵ but swept Pharaoh and his army into the Red
  Sea;
  His love endures forever.
¹⁶ to him who led his people through the
  wilderness;
  His love endures forever.
¹⁷ to him who struck down great kings,
  His love endures forever.
¹⁸ and killed mighty kings —
  His love endures forever.
¹⁹ Sihon king of the Amorites
  His love endures forever.
²⁰ and Og king of Bashan —
  His love endures forever.
²¹ and gave their land as an inheritance,
  His love endures forever.
²² an inheritance to his servant Israel.
  His love endures forever.

---

^w *13* Or *the Sea of Reeds;* also in verse 15

²³ Al que nunca nos olvida, aunque estemos
      humillados;
            su gran amor perdura para siempre.
²⁴ Al que nos libra de nuestros adversarios;
            su gran amor perdura para siempre.
²⁵ Al que alimenta a todo ser viviente;
            su gran amor perdura para siempre.
²⁶ ¡Den gracias al Dios de los cielos!
            ¡Su gran amor perdura para siempre!

SALMO 137

¹ Junto a los ríos de Babilonia nos sentábamos,
      y llorábamos al acordarnos de *Sión.
² En los álamos que había en la ciudad
      colgábamos nuestras arpas.
³ Allí, los que nos tenían cautivos
      nos pedían que entonáramos canciones;
   nuestros opresores nos pedían estar alegres;
      nos decían: «¡Cántennos un cántico de Sión!»

⁴ ¿Cómo cantar las canciones del Señor
      en una tierra extraña?
⁵ Ah, Jerusalén, Jerusalén,
      si llegara yo a olvidarte,
      ¡que la mano derecha se me seque!
⁶ Si de ti no me acordara,
      ni te pusiera por encima de mi propia alegría,
      ¡que la lengua se me pegue al paladar!

⁷ Señor, acuérdate de los edomitas
      el día en que cayó Jerusalén.
   «¡Arrásenla —gritaban—,
      arrásenla hasta sus cimientos!»
⁸ Hija de Babilonia, que has de ser destruida,
      *¡dichoso el que te haga pagar
      por todo lo que nos has hecho!
⁹ ¡Dichoso el que agarre a tus pequeños
      y los estrelle contra las rocas!

SALMO 138

Salmo de David.

¹ Señor, quiero alabarte de todo corazón,
      y cantarte salmos delante de los dioses.
² Quiero inclinarme hacia tu santo templo
      y alabar tu *nombre por tu gran amor y
      fidelidad.
   Porque has exaltado tu nombre y tu palabra
      por sobre todas las cosas.
³ Cuando te llamé, me respondiste;
      me infundiste ánimo y renovaste mis
      *fuerzas.

⁴ Oh Señor, todos los reyes de la tierra
      te alabarán al escuchar tus palabras.
⁵ Celebrarán con cánticos tus *caminos,
      porque tu gloria, Señor, es grande.

⁶ El Señor es excelso,
      pero toma en cuenta a los humildes
      y mira*ᵈ* de lejos a los orgullosos.

²³ He remembered us in our low estate
            His love endures forever.
²⁴ and freed us from our enemies.
            His love endures forever.
²⁵ He gives food to every creature.
            His love endures forever.
²⁶ Give thanks to the God of heaven.
            His love endures forever.

PSALM 137

¹ By the rivers of Babylon we sat and wept
      when we remembered Zion.
² There on the poplars
      we hung our harps,
³ for there our captors asked us for songs,
      our tormentors demanded songs of joy;
      they said, "Sing us one of the songs of
      Zion!"

⁴ How can we sing the songs of the Lord
      while in a foreign land?
⁵ If I forget you, Jerusalem,
      may my right hand forget its skill.
⁶ May my tongue cling to the roof of my mouth
      if I do not remember you,
   if I do not consider Jerusalem
      my highest joy.

⁷ Remember, Lord, what the Edomites did
      on the day Jerusalem fell.
   "Tear it down," they cried,
      "tear it down to its foundations!"
⁸ Daughter Babylon, doomed to destruction,
      happy is the one who repays you
      according to what you have done to us.
⁹ Happy is the one who seizes your infants
      and dashes them against the rocks.

PSALM 138

Of David.

¹ I will praise you, Lord, with all my heart;
      before the "gods" I will sing your praise.
² I will bow down toward your holy temple
      and will praise your name
      for your unfailing love and your
      faithfulness,
   for you have so exalted your solemn decree
      that it surpasses your fame.
³ When I called, you answered me;
      you greatly emboldened me.

⁴ May all the kings of the earth praise you, Lord,
      when they hear what you have decreed.
⁵ May they sing of the ways of the Lord,
      for the glory of the Lord is great.

⁶ Though the Lord is exalted, he looks kindly
      on the lowly;
      though lofty, he sees them from afar.

ᵈ **138:6** *mira.* Lit. *conoce.*

⁷ Aunque pase yo por grandes angustias,
 tú me darás vida;
contra el furor de mis enemigos extenderás la
 mano:
 ¡tu mano derecha me pondrá a salvo!
⁸ El Señor cumplirá en mí su propósito.^e
 Tu gran amor, Señor, perdura para siempre;
 ¡no abandones la obra de tus manos!

Salmo 139

Al director musical. Salmo de David.

¹ Señor, tú me examinas,
 tú me conoces.
² Sabes cuándo me siento y cuándo me levanto;
 aun a la distancia me lees el pensamiento.
³ Mis trajines y descansos los conoces;
 todos mis caminos te son familiares.
⁴ No me llega aún la palabra a la lengua
 cuando tú, Señor, ya la sabes toda.
⁵ Tu protección me envuelve por completo;
 me cubres con la palma de tu mano.
⁶ Conocimiento tan maravilloso rebasa mi
 comprensión;
 tan sublime es que no puedo entenderlo.

⁷ ¿A dónde podría alejarme de tu Espíritu?
 ¿A dónde podría huir de tu presencia?
⁸ Si subiera al cielo,
 allí estás tú;
si tendiera mi lecho en el fondo del *abismo,
 también estás allí.
⁹ Si me elevara sobre las alas del alba,
 o me estableciera en los extremos del mar,
¹⁰ aun allí tu mano me guiaría,
 ¡me sostendría tu mano derecha!

¹¹ Y si dijera: «Que me oculten las tinieblas;
 que la luz se haga noche en torno mío»,
¹² ni las tinieblas serían oscuras para ti,
 y aun la noche sería clara como el día.
 ¡Lo mismo son para ti las tinieblas que la
 luz!

¹³ Tú creaste mis entrañas;
 me formaste en el vientre de mi madre.
¹⁴ ¡Te alabo porque soy una creación admirable!
 ¡Tus obras son maravillosas,
 y esto lo sé muy bien!
¹⁵ Mis huesos no te fueron desconocidos
 cuando en lo más recóndito era yo formado,
 cuando en lo más profundo de la tierra
 era yo entretejido.
¹⁶ Tus ojos vieron mi cuerpo en gestación:
 todo estaba ya escrito en tu libro;
 todos mis días se estaban diseñando,
 aunque no existía uno solo de ellos.

¹⁷ ¡Cuán preciosos, oh Dios, me son tus
 pensamientos!
 ¡Cuán inmensa es la suma de ellos!

⁷ Though I walk in the midst of trouble,
 you preserve my life.
You stretch out your hand against the anger of
 my foes;
 with your right hand you save me.
⁸ The Lord will vindicate me;
 your love, Lord, endures forever —
 do not abandon the works of your hands.

Psalm 139

For the director of music. Of David. A psalm.

¹ You have searched me, Lord,
 and you know me.
² You know when I sit and when I rise;
 you perceive my thoughts from afar.
³ You discern my going out and my lying down;
 you are familiar with all my ways.
⁴ Before a word is on my tongue
 you, Lord, know it completely.
⁵ You hem me in behind and before,
 and you lay your hand upon me.
⁶ Such knowledge is too wonderful for me,
 too lofty for me to attain.

⁷ Where can I go from your Spirit?
 Where can I flee from your presence?
⁸ If I go up to the heavens, you are there;
 if I make my bed in the depths, you are
 there.
⁹ If I rise on the wings of the dawn,
 if I settle on the far side of the sea,
¹⁰ even there your hand will guide me,
 your right hand will hold me fast.
¹¹ If I say, "Surely the darkness will hide me
 and the light become night around me,"
¹² even the darkness will not be dark to you;
 the night will shine like the day,
 for darkness is as light to you.

¹³ For you created my inmost being;
 you knit me together in my mother's womb.
¹⁴ I praise you because I am fearfully and
 wonderfully made;
 your works are wonderful,
 I know that full well.
¹⁵ My frame was not hidden from you
 when I was made in the secret place,
 when I was woven together in the depths of
 the earth.
¹⁶ Your eyes saw my unformed body;
 all the days ordained for me were written in
 your book
 before one of them came to be.
¹⁷ How precious to me are your thoughts,^x God!
 How vast is the sum of them!

---

^e **138:8** *El Señor ... su propósito.* Lit. *El Señor completará en mí.* | ^x **17** Or *How amazing are your thoughts concerning me*

¹⁸ Si me propusiera contarlos,
   sumarían más que los granos de arena.
Y si terminara de hacerlo,^f
   aún estaría a tu lado.

¹⁹ Oh Dios, ¡si les quitaras la vida a los impíos!
   ¡Si de mí se apartara la gente sanguinaria,
²⁰ esos que con malicia te difaman
   y que en vano se rebelan contra ti!^g
²¹ ¿Acaso no aborrezco, Señor, a los que te
         odian,
   y abomino a los que te rechazan?
²² El odio que les tengo es un odio implacable;
   ¡los cuento entre mis enemigos!

²³ Examíname, oh Dios, y sondea mi corazón;
   ponme a prueba y sondea mis
         pensamientos.
²⁴ Fíjate si voy por mal camino,
   y guíame por el *camino eterno.

SALMO 140

Al director musical. Salmo de David.

¹ Oh Señor, líbrame de los impíos;
   protégeme de los violentos,
² de los que urden en su corazón planes malvados
   y todos los días fomentan la guerra.
³ Afilan su lengua cual lengua de serpiente;
   ¡veneno de víbora hay en sus labios!

                                                  *Selah

⁴ Señor, protégeme del poder de los impíos;
   protégeme de los violentos,
   de los que piensan hacerme caer.
⁵ Esos engreídos me han tendido una trampa;
   han puesto los lazos de su red,
   han tendido trampas a mi paso.

                                                  Selah

⁶ Yo le digo al Señor: «Tú eres mi Dios.
   Atiende, Señor, a mi voz suplicante.»
⁷ Señor Soberano, mi salvador poderoso
   que me protege en el día de la batalla:
⁸ No satisfagas, Señor, los caprichos de los
      impíos;
   no permitas que sus planes prosperen,
   para que no se enorgullezcan.

                                                  Selah

⁹ Que sobre la cabeza de mis perseguidores
   recaiga el mal que sus labios proclaman.
¹⁰ Que lluevan brasas sobre ellos;
   que sean echados en el fuego,
   en ciénagas profundas, de donde no vuelvan
      a salir.
¹¹ Que no eche raíces en la tierra
   la *gente de lengua viperina;
   que la calamidad persiga y destruya
   a la gente que practica la violencia.

¹⁸ Were I to count them,
   they would outnumber the grains of sand —
   when I awake, I am still with you.

¹⁹ If only you, God, would slay the wicked!
   Away from me, you who are bloodthirsty!
²⁰ They speak of you with evil intent;
   your adversaries misuse your name.
²¹ Do I not hate those who hate you, Lord,
   and abhor those who are in rebellion against
      you?
²² I have nothing but hatred for them;
   I count them my enemies.
²³ Search me, God, and know my heart;
   test me and know my anxious thoughts.
²⁴ See if there is any offensive way in me,
   and lead me in the way everlasting.

PSALM 140^y

For the director of music. A psalm of David.

¹ Rescue me, Lord, from evildoers;
   protect me from the violent,
² who devise evil plans in their hearts
   and stir up war every day.
³ They make their tongues as sharp as a
      serpent's;
   the poison of vipers is on their lips.^z

⁴ Keep me safe, Lord, from the hands of the
      wicked;
   protect me from the violent,
   who devise ways to trip my feet.
⁵ The arrogant have hidden a snare for me;
   they have spread out the cords of their net
   and have set traps for me along my path.

⁶ I say to the Lord, "You are my God."
   Hear, Lord, my cry for mercy.
⁷ Sovereign Lord, my strong deliverer,
   you shield my head in the day of battle.
⁸ Do not grant the wicked their desires, Lord;
   do not let their plans succeed.

⁹ Those who surround me proudly rear their
      heads;
   may the mischief of their lips engulf them.
¹⁰ May burning coals fall on them;
   may they be thrown into the fire,
   into miry pits, never to rise.
¹¹ May slanderers not be established in the land;
   may disaster hunt down the violent.

---

f **139:18** *Y si terminara de hacerlo* (algunos mss. hebreos); *Despierto y* (TM).

g **139:20** *y que en vano ... contra ti* (tres versiones griegas y algunos mss. hebreos); *levantan en vano tus ciudades* (TM).

y In Hebrew texts 140:1-13 is numbered 140:2-14.   *z* 3 The Hebrew has *Selah* (a word of uncertain meaning) here and at the end of verses 5 and 8.

¹² Yo sé que el Señor hace justicia a los pobres
  y defiende el derecho de los necesitados.
¹³ Ciertamente los justos alabarán tu *nombre
  y los íntegros vivirán en tu presencia.

Salmo 141

Salmo de David.

¹ A ti clamo, Señor; ven pronto a mí.
  ¡Atiende a mi voz cuando a ti clamo!
² Que suba a tu presencia mi plegaria
  como una ofrenda de incienso;
  que hacia ti se eleven mis manos
  como un sacrificio vespertino.

³ Señor, ponme en la boca un centinela;
  un guardia a la puerta de mis labios.
⁴ No permitas que mi corazón se incline a la
    maldad,
  ni que sea yo cómplice de iniquidades;
  no me dejes participar de banquetes
  en compañía de malhechores.

⁵ Que la justicia me golpee,
  que el amor me reprenda;
  pero que el ungüento de los malvados
  no perfume mi cabeza,
  pues mi oración está siempre
  en contra de sus malas obras.
⁶ Cuando sus gobernantes sean lanzados desde
    los despeñaderos,
  sabrán que mis palabras eran bien
    intencionadas.
⁷ Y dirán: «Así como se dispersa la tierra
  cuando en ella se abren surcos con el arado,
  así se han dispersado nuestros huesos
  a la orilla del *sepulcro.»

⁸ En ti, Señor Soberano, tengo puestos los ojos;
  en ti busco refugio; no dejes que me maten.
⁹ Protégeme de las trampas que me tienden,
  de las trampas que me tienden los
    malhechores.
¹⁰ Que caigan los impíos en sus propias redes,
  mientras yo salgo bien librado.

Salmo 142

**Masquil de David. Cuando estaba en la
cueva. Oración.*

¹ A voz en cuello, al Señor le pido ayuda;
  a voz en cuello, al Señor le pido compasión.
² Ante él expongo mis quejas;
  ante él expreso mis angustias.

³ Cuando ya no me queda aliento,
  tú me muestras el camino.ʰ
  Por la senda que transito
  algunos me han tendido una trampa.
⁴ Mira a mi derecha, y ve:
  nadie me tiende la mano.

---

¹² I know that the Lᴏʀᴅ secures justice for the
    poor
  and upholds the cause of the needy.
¹³ Surely the righteous will praise your name,
  and the upright will live in your presence.

Psalm 141

A psalm of David.

¹ I call to you, Lᴏʀᴅ, come quickly to me;
  hear me when I call to you.
² May my prayer be set before you like incense;
  may the lifting up of my hands be like the
    evening sacrifice.

³ Set a guard over my mouth, Lᴏʀᴅ;
  keep watch over the door of my lips.
⁴ Do not let my heart be drawn to what is evil
  so that I take part in wicked deeds
  along with those who are evildoers;
  do not let me eat their delicacies.

⁵ Let a righteous man strike me — that is a
    kindness;
  let him rebuke me — that is oil on my head.
  My head will not refuse it,
  for my prayer will still be against the deeds
    of evildoers.

⁶ Their rulers will be thrown down from the
    cliffs,
  and the wicked will learn that my words
    were well spoken.
⁷ They will say, "As one plows and breaks up the
    earth,
  so our bones have been scattered at the
    mouth of the grave."

⁸ But my eyes are fixed on you, Sovereign Lᴏʀᴅ;
  in you I take refuge — do not give me over
    to death.
⁹ Keep me safe from the traps set by evildoers,
  from the snares they have laid for me.
¹⁰ Let the wicked fall into their own nets,
  while I pass by in safety.

Psalm 142ᵃ

A maskilᵇ of David. When he was in the cave. A prayer.

¹ I cry aloud to the Lᴏʀᴅ;
  I lift up my voice to the Lᴏʀᴅ for mercy.
² I pour out before him my complaint;
  before him I tell my trouble.

³ When my spirit grows faint within me,
  it is you who watch over my way.
  In the path where I walk
  people have hidden a snare for me.
⁴ Look and see, there is no one at my right hand;
  no one is concerned for me.

ʰ **142:3** *tú me muestras el camino.* Lit. *tú conoces mi encrucijada.*

ᵃ In Hebrew texts 142:1-7 is numbered 142:2-8.   ᵇ Title:
Probably a literary or musical term

No tengo dónde refugiarme;
    por mí nadie se preocupa.
[5] A ti, Señor, te pido ayuda;
    a ti te digo: «Tú eres mi refugio,
    mi porción en la tierra de los vivientes.»
[6] Atiende a mi clamor,
    porque me siento muy débil;
líbrame de mis perseguidores,
    porque son más fuertes que yo.
[7] Sácame de la prisión,
    para que alabe yo tu *nombre.
Los justos se reunirán en torno mío
    por la bondad que me has mostrado.

Salmo 143

Salmo de David.

[1] Escucha, Señor, mi oración;
    atiende a mi súplica.
Por tu fidelidad y tu justicia,
    respóndeme.
[2] No lleves a juicio a tu siervo,
    pues ante ti nadie puede alegar inocencia.
[3] El enemigo atenta contra mi vida:
    quiere hacerme morder el polvo.
Me obliga a vivir en las tinieblas,
    como los que murieron hace tiempo.
[4] Ya no me queda aliento;
    dentro de mí siento paralizado el corazón.
[5] Traigo a la memoria los tiempos de antaño:
    medito en todas tus proezas,
    considero las obras de tus manos.
[6] Hacia ti extiendo las manos;
    me haces falta, como el agua a la tierra seca.
                            *Selah

[7] Respóndeme pronto, Señor,
    que el aliento se me escapa.
No escondas de mí tu rostro,
    o seré como los que bajan a la fosa.
[8] Por la mañana hazme saber de tu gran amor,
    porque en ti he puesto mi confianza.
Señálame el *camino que debo seguir,
    porque a ti elevo mi *alma.
[9] Señor, líbrame de mis enemigos,
    porque en ti busco refugio.
[10] Enséñame a hacer tu voluntad,
    porque tú eres mi Dios.
Que tu buen Espíritu me guíe
    por un terreno sin obstáculos.
[11] Por tu *nombre, Señor, dame vida;
    por tu justicia, sácame de este aprieto.
[12] Por tu gran amor, destruye a mis enemigos;
    acaba con todos mis adversarios.
    ¡Yo soy tu siervo!

I have no refuge;
    no one cares for my life.
[5] I cry to you, Lord;
    I say, "You are my refuge,
    my portion in the land of the living."
[6] Listen to my cry,
    for I am in desperate need;
rescue me from those who pursue me,
    for they are too strong for me.
[7] Set me free from my prison,
    that I may praise your name.
Then the righteous will gather about me
    because of your goodness to me.

Psalm 143

A psalm of David.

[1] Lord, hear my prayer,
    listen to my cry for mercy;
in your faithfulness and righteousness
    come to my relief.
[2] Do not bring your servant into judgment,
    for no one living is righteous before you.
[3] The enemy pursues me,
    he crushes me to the ground;
he makes me dwell in the darkness
    like those long dead.
[4] So my spirit grows faint within me;
    my heart within me is dismayed.
[5] I remember the days of long ago;
    I meditate on all your works
    and consider what your hands have done.
[6] I spread out my hands to you;
    I thirst for you like a parched land.[c]

[7] Answer me quickly, Lord;
    my spirit fails.
Do not hide your face from me
    or I will be like those who go down to the
        pit.
[8] Let the morning bring me word of your
        unfailing love,
    for I have put my trust in you.
Show me the way I should go,
    for to you I entrust my life.
[9] Rescue me from my enemies, Lord,
    for I hide myself in you.
[10] Teach me to do your will,
    for you are my God;
may your good Spirit
    lead me on level ground.
[11] For your name's sake, Lord, preserve my life;
    in your righteousness, bring me out of
        trouble.
[12] In your unfailing love, silence my enemies;
    destroy all my foes,
    for I am your servant.

---

[c] 6 The Hebrew has *Selah* (a word of uncertain meaning) here.

SALMO 144

Salmo de David.

1 Bendito sea el Señor, mi *Roca,
  que adiestra mis manos para la guerra,
  mis dedos para la batalla.
2 Él es mi Dios amoroso, mi amparo,
  mi más alto escondite, mi libertador,
  mi escudo, en quien me refugio.
  Él es quien pone los pueblos*i* a mis pies.

3 Señor, ¿qué es el *mortal para que lo cuides?
  ¿Qué es el *ser humano para que en él
    pienses?
4 Todo mortal es como un suspiro;
  sus días son fugaces como una sombra.

5 Abre tus cielos, Señor, y desciende;
  toca los montes y haz que echen humo.
6 Lanza relámpagos y dispersa al enemigo;
  dispara tus flechas y ponlo en retirada.
7 Extiende tu mano desde las alturas
  y sálvame de las aguas tumultuosas;
  líbrame del poder de gente extraña.
8 Cuando abren la boca, dicen mentiras;
  cuando levantan su diestra, juran en falso.*j*

9 Te cantaré, oh Dios, un cántico nuevo;
  con el arpa de diez cuerdas te cantaré
    salmos.
10 Tú das la *victoria a los reyes;
  a tu siervo David lo libras de la cruenta
    espada.
11 Ponme a salvo,
  líbrame del poder de gente extraña.
  Cuando abren la boca, dicen mentiras;
  cuando levantan su diestra, juran en falso.

12 Que nuestros hijos, en su juventud,
  crezcan como plantas frondosas;
  que sean nuestras hijas como columnas
  esculpidas para adornar un palacio.
13 Que nuestros graneros se llenen
  con provisiones de toda especie.
  Que nuestros rebaños aumenten por millares,
  por decenas de millares en nuestros campos.
14 Que nuestros bueyes arrastren cargas pesadas;*k*
  que no haya brechas ni salidas,
  ni gritos de angustia en nuestras calles.

15 *¡Dichoso el pueblo que recibe todo esto!
  ¡Dichoso el pueblo cuyo Dios es el Señor!

PSALM 144

Of David.

1 Praise be to the Lord my Rock,
  who trains my hands for war,
  my fingers for battle.
2 He is my loving God and my fortress,
  my stronghold and my deliverer,
  my shield, in whom I take refuge,
  who subdues peoples*d* under me.

3 Lord, what are human beings that you care for
    them,
  mere mortals that you think of them?
4 They are like a breath;
  their days are like a fleeting shadow.

5 Part your heavens, Lord, and come down;
  touch the mountains, so that they smoke.
6 Send forth lightning and scatter the enemy;
  shoot your arrows and rout them.
7 Reach down your hand from on high;
  deliver me and rescue me
  from the mighty waters,
  from the hands of foreigners
8 whose mouths are full of lies,
  whose right hands are deceitful.

9 I will sing a new song to you, my God;
  on the ten-stringed lyre I will make music to
    you,
10 to the One who gives victory to kings,
  who delivers his servant David.

From the deadly sword 11 deliver me;
  rescue me from the hands of foreigners
whose mouths are full of lies,
  whose right hands are deceitful.

12 Then our sons in their youth
  will be like well-nurtured plants,
and our daughters will be like pillars
  carved to adorn a palace.
13 Our barns will be filled
  with every kind of provision.
Our sheep will increase by thousands,
  by tens of thousands in our fields;
14   our oxen will draw heavy loads.*e*
There will be no breaching of walls,
  no going into captivity,
  no cry of distress in our streets.
15 Blessed is the people of whom this is true;
  blessed is the people whose God is the
    Lord.

---

i 144:2 *los pueblos* (Targum, Vulgata, Siríaca, Aquila y varios mss. hebreos); *mi pueblo* (TM).
j 144:8 *cuando ... en falso.* Lit. *su diestra es diestra de engaño;* también en v. 11.
k 144:14 *Que nuestros ... cargas pesadas.* Alt. *Que nuestros capitanes sean establecidos firmemente.*

d 2 Many manuscripts of the Masoretic Text, Dead Sea Scrolls, Aquila, Jerome and Syriac; most manuscripts of the Masoretic Text *subdues my people*   *e* 14 Or *our chieftains will be firmly established*

SALMO 145[l]

Salmo de alabanza. De David.

Álef
[1] Te exaltaré, mi Dios y rey;
     por siempre bendeciré tu *nombre.
Bet
[2] Todos los días te bendeciré;
     por siempre alabaré tu nombre.

Guímel
[3] Grande es el SEÑOR, y digno de toda alabanza;
     su grandeza es insondable.
Dálet
[4] Cada generación celebrará tus obras
     y proclamará tus proezas.
He
[5] Se hablará del esplendor de tu gloria y majestad,
     y yo meditaré en tus obras maravillosas.[m]
Vav
[6] Se hablará del poder de tus portentos,
     y yo anunciaré la grandeza de tus obras.
Zayin
[7] Se proclamará la memoria de tu inmensa
         bondad,
     y se cantará con júbilo tu *victoria.

Jet
[8] El SEÑOR es clemente y compasivo,
     lento para la ira y grande en amor.
Tet
[9] El SEÑOR es bueno con todos;
     él se compadece de toda su creación.

Yod
[10] Que te alaben, SEÑOR, todas tus obras;
     que te bendigan tus fieles.
Caf
[11] Que hablen de la gloria de tu reino;
     que proclamen tus proezas,
Lámed
[12] para que todo el mundo conozca tus proezas
     y la gloria y esplendor de tu reino.
Mem
[13] Tu reino es un reino eterno;
     tu dominio permanece por todas las edades.

Nun
Fiel es el SEÑOR a su palabra
     y bondadoso en todas sus obras.[n]
Sámej
[14] El SEÑOR levanta a los caídos
     y sostiene a los agobiados.
Ayin
[15] Los ojos de todos se posan en ti,
     y a su tiempo les das su alimento.

PSALM 145[f]

A psalm of praise. Of David.

[1] I will exalt you, my God the King;
     I will praise your name for ever and ever.
[2] Every day I will praise you
     and extol your name for ever and ever.

[3] Great is the LORD and most worthy of praise;
     his greatness no one can fathom.
[4] One generation commends your works to
         another;
     they tell of your mighty acts.
[5] They speak of the glorious splendor of your
         majesty —
     and I will meditate on your wonderful
         works.[g]
[6] They tell of the power of your awesome
         works —
     and I will proclaim your great deeds.
[7] They celebrate your abundant goodness
     and joyfully sing of your righteousness.

[8] The LORD is gracious and compassionate,
     slow to anger and rich in love.
[9] The LORD is good to all;
     he has compassion on all he has made.
[10] All your works praise you, LORD;
     your faithful people extol you.
[11] They tell of the glory of your kingdom
     and speak of your might,
[12] so that all people may know of your mighty
         acts
     and the glorious splendor of your kingdom.
[13] Your kingdom is an everlasting kingdom,
     and your dominion endures through all
         generations.

The LORD is trustworthy in all he promises
     and faithful in all he does.[h]
[14] The LORD upholds all who fall
     and lifts up all who are bowed down.
[15] The eyes of all look to you,
     and you give them their food at the proper
         time.

---

[l] **Sal 145** Este salmo es un poema acróstico, que sigue el orden del alfabeto hebreo.
[m] **145:5** *Se hablará ... obras maravillosas.* (Qumrán y Siríaca; véase también LXX); *Meditaré en el esplendor glorioso de tu majestad / y en tus obras maravillosas* (TM).
[n] **145:13** *Fiel es el Señor a su palabra / y bondadoso en todas sus obras* (LXX, Siríaca, Vulgata y un ms. hebreo); TM no incluye estas dos líneas.

[f] This psalm is an acrostic poem, the verses of which (including verse 13b) begin with the successive letters of the Hebrew alphabet.
[g] 5 Dead Sea Scrolls and Syriac (see also Septuagint); Masoretic Text *On the glorious splendor of your majesty / and on your wonderful works I will meditate* [h] 13 One manuscript of the Masoretic Text, Dead Sea Scrolls and Syriac (see also Septuagint); most manuscripts of the Masoretic Text do not have the last two lines of verse 13.

Pe
16 Abres la mano y sacias con tus favores
   a todo ser viviente.

Tsade
17 El Señor es justo en todos sus *caminos
   y bondadoso en todas sus obras.

Qof
18 El Señor está cerca de quienes lo invocan,
   de quienes lo invocan en verdad.

Resh
19 Cumple los deseos de quienes le temen;
   atiende a su clamor y los salva.

Shin
20 El Señor cuida a todos los que lo aman,
   pero aniquilará a todos los impíos.

Tav
21 ¡Prorrumpa mi boca en alabanzas al Señor!
   ¡Alabe todo el mundo su santo nombre,
   por siempre y para siempre!

SALMO 146

1 *¡Aleluya! ¡Alabado sea el Señor!
   Alaba, *alma mía, al Señor.
2 Alabaré al Señor toda mi vida;
   mientras haya aliento en mí, cantaré salmos
   a mi Dios.

3 No pongan su confianza en gente poderosa,
   en simples *mortales, que no pueden salvar.
4 Exhalan el espíritu y vuelven al polvo,
   y ese mismo día se desbaratan sus planes.

5 *Dichoso aquel cuya ayuda es el Dios de Jacob,
   cuya esperanza está en el Señor su Dios,
6 creador del cielo y de la tierra,
   del mar y de todo cuanto hay en ellos,
   y que siempre mantiene la verdad.
7 El Señor hace justicia a los oprimidos,
   da de comer a los hambrientos
   y pone en libertad a los cautivos.
8 El Señor da vista a los ciegos,
   el Señor sostiene a los agobiados,
   el Señor ama a los justos.
9 El Señor protege al extranjero
   y sostiene al huérfano y a la viuda,
   pero frustra los planes de los impíos.

10 ¡Oh *Sión, que el Señor reine para siempre!
    ¡Que tu Dios reine por todas las
       generaciones!

*¡Aleluya! ¡Alabado sea el Señor!

SALMO 147

1 *¡Aleluya! ¡Alabado sea el Señor!

¡Cuán bueno es cantar salmos a nuestro Dios,
   cuán agradable y justo es alabarlo!

2 El Señor reconstruye a Jerusalén
   y reúne a los exiliados de Israel;

16 You open your hand
   and satisfy the desires of every living thing.

17 The Lord is righteous in all his ways
   and faithful in all he does.
18 The Lord is near to all who call on him,
   to all who call on him in truth.
19 He fulfills the desires of those who fear him;
   he hears their cry and saves them.
20 The Lord watches over all who love him,
   but all the wicked he will destroy.

21 My mouth will speak in praise of the Lord.
   Let every creature praise his holy name
   for ever and ever.

PSALM 146

1 Praise the Lord.[i]

Praise the Lord, my soul.

2 I will praise the Lord all my life;
   I will sing praise to my God as long as I live.
3 Do not put your trust in princes,
   in human beings, who cannot save.
4 When their spirit departs, they return to the
       ground;
   on that very day their plans come to
       nothing.
5 Blessed are those whose help is the God of
       Jacob,
   whose hope is in the Lord their God.

6 He is the Maker of heaven and earth,
   the sea, and everything in them—
   he remains faithful forever.
7 He upholds the cause of the oppressed
   and gives food to the hungry.
   The Lord sets prisoners free,
8   the Lord gives sight to the blind,
   the Lord lifts up those who are bowed down,
   the Lord loves the righteous.
9 The Lord watches over the foreigner
   and sustains the fatherless and the widow,
   but he frustrates the ways of the wicked.

10 The Lord reigns forever,
    your God, O Zion, for all generations.

Praise the Lord.

PSALM 147

1 Praise the Lord.[j]

How good it is to sing praises to our God,
   how pleasant and fitting to praise him!

2 The Lord builds up Jerusalem;
   he gathers the exiles of Israel.

---

[i] 1 Hebrew *Hallelu Yah*; also in verse 10   [j] 1 Hebrew *Hallelu Yah*; also in verse 20

³ restaura a los abatidos[ñ]
   y cubre con vendas sus heridas.

⁴ Él determina el número de las estrellas
   y a todas ellas les pone *nombre.
⁵ Excelso es nuestro Señor, y grande su poder;
   su entendimiento es infinito;
⁶ El Señor sostiene a los pobres,
   pero hace morder el polvo a los impíos.

⁷ Canten al Señor con gratitud;
   canten salmos a nuestro Dios al son del
      arpa.
⁸ Él cubre de nubes el cielo,
   envía la lluvia sobre la tierra
   y hace crecer la hierba en los montes.
⁹ Él alimenta a los ganados
   y a las crías de los cuervos cuando graznan.

¹⁰ El Señor no se deleita en los bríos del caballo,
   ni se complace en la agilidad[o] del *hombre,
¹¹ sino que se complace en los que le temen,
   en los que confían en su gran amor.

¹² Alaba al Señor, Jerusalén;
   alaba a tu Dios, oh *Sión.
¹³ Él refuerza los cerrojos de tus *puertas
   y bendice a los que en ti habitan.
¹⁴ Él trae la *paz a tus fronteras
   y te sacia con lo mejor del trigo.

¹⁵ Envía su palabra a la tierra;
   su palabra corre a toda prisa.
¹⁶ Extiende la nieve cual blanco manto,[p]
   esparce la escarcha cual ceniza.
¹⁷ Deja caer el granizo como grava;
   ¿quién puede resistir sus ventiscas?
¹⁸ Pero envía su palabra y lo derrite;
   hace que el viento sople, y las aguas fluyen.

¹⁹ A Jacob le ha revelado su palabra;
   sus *leyes y decretos a Israel.
²⁰ Esto no lo ha hecho con ninguna otra nación;
   jamás han conocido ellas sus decretos.

   *¡Aleluya! ¡Alabado sea el Señor!

SALMO 148

¹ *¡Aleluya! ¡Alabado sea el Señor!

   Alaben al Señor desde los cielos,
      alábenlo desde las alturas.
² Alábenlo, todos sus ángeles,
   alábenlo, todos sus ejércitos.
³ Alábenlo, sol y luna,
   alábenlo, estrellas luminosas.
⁴ Alábenlo ustedes, altísimos cielos,
   y ustedes, las aguas que están sobre los
      cielos.
⁵ Sea alabado el *nombre del Señor,
   porque él dio una orden y todo fue creado.

³ He heals the brokenhearted
   and binds up their wounds.
⁴ He determines the number of the stars
   and calls them each by name.
⁵ Great is our Lord and mighty in power;
   his understanding has no limit.
⁶ The Lord sustains the humble
   but casts the wicked to the ground.

⁷ Sing to the Lord with grateful praise;
   make music to our God on the harp.

⁸ He covers the sky with clouds;
   he supplies the earth with rain
   and makes grass grow on the hills.
⁹ He provides food for the cattle
   and for the young ravens when they call.

¹⁰ His pleasure is not in the strength of the horse,
   nor his delight in the legs of the warrior;
¹¹ the Lord delights in those who fear him,
   who put their hope in his unfailing love.

¹² Extol the Lord, Jerusalem;
   praise your God, Zion.

¹³ He strengthens the bars of your gates
   and blesses your people within you.
¹⁴ He grants peace to your borders
   and satisfies you with the finest of wheat.

¹⁵ He sends his command to the earth;
   his word runs swiftly.
¹⁶ He spreads the snow like wool
   and scatters the frost like ashes.
¹⁷ He hurls down his hail like pebbles.
   Who can withstand his icy blast?
¹⁸ He sends his word and melts them;
   he stirs up his breezes, and the waters flow.

¹⁹ He has revealed his word to Jacob,
   his laws and decrees to Israel.
²⁰ He has done this for no other nation;
   they do not know his laws.[k]

   Praise the Lord.

PSALM 148

¹ Praise the Lord.[l]

   Praise the Lord from the heavens;
      praise him in the heights above.
² Praise him, all his angels;
   praise him, all his heavenly hosts.
³ Praise him, sun and moon;
   praise him, all you shining stars.
⁴ Praise him, you highest heavens
   and you waters above the skies.

⁵ Let them praise the name of the Lord,
   for at his command they were created,

ñ **147:3** *a los abatidos.* Lit. *a los de corazón quebrantado.*
o **147:10** *en la agilidad.* Lit. *en las piernas.*
p **147:16** *cual blanco manto.* Lit. *como lana.*

k **20** Masoretic Text; Dead Sea Scrolls and Septuagint *nation; / he has not made his laws known to them*   l **1** Hebrew *Hallelu Yah;* also in verse 14

6 Todo quedó afirmado para siempre;
  emitió un decreto que no será abolido.

7 Alaben al Señor desde la tierra
  los monstruos marinos y las profundidades
    del mar,
8 el relámpago y el granizo, la nieve y la neblina,
  el viento tempestuoso que cumple su
    mandato,
9 los montes y las colinas,
  los árboles frutales y todos los cedros,
10 los animales salvajes y los domésticos,
   los reptiles y las aves,
11 los reyes de la tierra y todas las naciones,
   los príncipes y los gobernantes de la tierra,
12 los jóvenes y las jóvenes,
   los ancianos y los niños.

13 Alaben el nombre del Señor,
   porque sólo su nombre es excelso;
   su esplendor está por encima de la tierra y de
     los cielos.
14   ¡Él ha dado poder a su pueblo!q

¡A él sea la alabanza de todos sus fieles,
  de los hijos de Israel, su pueblo cercano!

*¡Aleluya! ¡Alabado sea el Señor!

SALMO 149

1 *¡Aleluya! ¡Alabado sea el Señor!

Canten al Señor un cántico nuevo,
  alábenlo en la comunidad de los fieles.
2 Que se alegre Israel por su creador;
  que se regocijen los hijos de *Sión por su
    rey.
3 Que alaben su *nombre con danzas;
  que le canten salmos al son de la lira y el
    pandero.
4 Porque el Señor se complace en su pueblo;
  a los humildes concede el honor de la
    *victoria.
5 Que se alegren los fieles por su triunfo;r
  que aun en sus camas griten de júbilo.

6 Que broten de su garganta alabanzas a Dios,
  y haya en sus manos una espada de dos filos
7 para que tomen venganza de las naciones
  y castiguen a los pueblos;
8 para que sujeten a sus reyes con cadenas,
  a sus nobles con grilletes de hierro;
9 para que se cumpla en ellos la sentencia
    escrita.
  ¡Ésta será la gloria de todos sus fieles!

*¡Aleluya! ¡Alabado sea el Señor!

6 and he established them for ever and ever —
  he issued a decree that will never pass away.

7 Praise the Lord from the earth,
  you great sea creatures and all ocean depths,
8 lightning and hail, snow and clouds,
  stormy winds that do his bidding,
9 you mountains and all hills,
  fruit trees and all cedars,
10 wild animals and all cattle,
   small creatures and flying birds,
11 kings of the earth and all nations,
   you princes and all rulers on earth,
12 young men and women,
   old men and children.

13 Let them praise the name of the Lord,
   for his name alone is exalted;
   his splendor is above the earth and the
     heavens.
14 And he has raised up for his people a horn,m
   the praise of all his faithful servants,
   of Israel, the people close to his heart.

Praise the Lord.

PSALM 149

1 Praise the Lord.n

Sing to the Lord a new song,
  his praise in the assembly of his faithful
    people.
2 Let Israel rejoice in their Maker;
  let the people of Zion be glad in their King.
3 Let them praise his name with dancing
  and make music to him with timbrel and
    harp.
4 For the Lord takes delight in his people;
  he crowns the humble with victory.
5 Let his faithful people rejoice in this honor
  and sing for joy on their beds.

6 May the praise of God be in their mouths
  and a double-edged sword in their hands,
7 to inflict vengeance on the nations
  and punishment on the peoples,
8 to bind their kings with fetters,
  their nobles with shackles of iron,
9 to carry out the sentence written against
    them —
  this is the glory of all his faithful people.

Praise the Lord.

---

q 148:14 ¡Él ha dado ... su pueblo! Lit. ¡Él levantó un cuerno para
su pueblo!.
  r 149:5 por su triunfo. Lit. en gloria.

m 14 Horn here symbolizes strength.   n 1 Hebrew Hallelu Yah;
also in verse 9

Salmo 150

1 *¡Aleluya! ¡Alabado sea el Señor!

Alaben a Dios en su santuario,
    alábenlo en su poderoso firmamento.
2 Alábenlo por sus proezas,
    alábenlo por su inmensa grandeza.
3 Alábenlo con sonido de trompeta,
    alábenlo con el arpa y la lira.
4 Alábenlo con panderos y danzas,
    alábenlo con cuerdas y flautas.
5 Alábenlo con címbalos sonoros,
    alábenlo con címbalos resonantes.

6 ¡Que todo lo que respira alabe al Señor!

*¡Aleluya! ¡Alabado sea el Señor!

Psalm 150

1 Praise the Lord.[o]

Praise God in his sanctuary;
    praise him in his mighty heavens.
2 Praise him for his acts of power;
    praise him for his surpassing greatness.
3 Praise him with the sounding of the trumpet,
    praise him with the harp and lyre,
4 praise him with timbrel and dancing,
    praise him with the strings and pipe,
5 praise him with the clash of cymbals,
    praise him with resounding cymbals.

6 Let everything that has breath praise the Lord.

Praise the Lord.

---

[o] 1 Hebrew *Hallelu Yah*; also in verse 6

Proverbios

Israel entendía que el Creador determinó cierto orden en su mundo que se podía descubrir. El libro de Proverbios capta esas lecciones en frases y dichos compactos y fáciles de recordar, que los más sabios transmitían entre los ancianos de la comunidad. Muchos de los proverbios son de Salomón, rey reconocido por su sabiduría (véase p. 481). Estos proverbios tienen el propósito especial de ayudar a los más jóvenes para que eviten los errores y las trampas más comunes, y encuentren el camino a la prosperidad, la salud y la seguridad.

Después de una breve sección de enseñanza, la sabiduría personificada como mujer llama a los más sencillos y les invita a crecer en conocimiento. Esta sección concluye con la presentación de dos banquetes, cada uno con un anfitrión distinto: la Sabiduría y la Necedad, que ilustran la elección esencial que todos hemos de enfrentar en la vida. Sigue luego una colección de 375 proverbios de Salomón que reflejan el valor numérico de su nombre en hebreo (las letras hebreas también se usaban como números, por lo que las palabras tenían un valor equivalente al de la suma de sus letras). Después de algunos «dichos de los sabios», sigue una colección de dichos sapienciales de Salomón compilados por los hombres de Ezequías, rey de Judá. Son 130, que equivalen al valor del nombre de Ezequías. El libro termina con dichos de Agur y Lemuel, finalizando con un poema cuyas 22 partes comienzan con las letras del alfabeto hebreo en forma consecutiva. Las cualidades del carácter que se elogian en todo el libro se ven en la descripción de la esposa ideal.

Este libro, de gran riqueza, muestra la sabiduría en dichos breves y contundentes con un tema continuamente presente: *el temor del Señor es el principio del conocimiento*.

Prólogo: Propósito y tema

1 *Proverbios de Salomón hijo de David, rey de Israel:

2 para adquirir sabiduría y *disciplina;
   para discernir palabras de inteligencia;
3 para recibir la *corrección que dan la
      prudencia,
   la rectitud, la *justicia y la equidad;
4 para infundir sagacidad en los *inexpertos,
   *conocimiento y discreción en los jóvenes.
5 Escuche esto el sabio, y aumente su saber;
   reciba dirección el entendido,
6 para discernir el proverbio y la *parábola,
   los dichos de los sabios y sus enigmas.

7 El temor del Señor es el principio del
      conocimiento;
   los *necios desprecian la sabiduría y la
      disciplina.

Proverbs

Israel understood that the Creator had placed an order in his world that could be discovered. The book of Proverbs captures these lessons in compact, memorable sayings passed down from the wisest among their elders. Many of them are from Solomon, a king renowned for his wisdom (see p. 481). These proverbs are especially designed to help younger people avoid common pitfalls and find the path to prosperity, health and security.

After a short section of teaching, wisdom itself, personified as a woman, calls out to the simple and invites them to grow in knowledge. This section ends by presenting two banquets, one hosted by Wisdom and one by Folly, illustrating the essential choice to be made in life. A collection of 375 proverbs of Solomon follows, reflecting the numerical value of his name in Hebrew. (Hebrew letters were also used as numbers, so words had a value equal to the sum of their letters.) After some "sayings of the wise," next is a collection of Solomon's wisdom compiled by the men of Hezekiah, king of Judah. Here the count is 130, equaling the value of Hezekiah's name. The book closes with sayings from Agur and Lemuel, ending with a poem whose 22 parts begin with consecutive letters of the Hebrew alphabet. The character qualities praised throughout the book are seen in a description of the ideal wife.

This rich book of short, pithy wisdom presents a consistent theme: *the fear of the Lord is the beginning of knowledge*.

Purpose and Theme

1 The proverbs of Solomon son of David, king of Israel:

2 for gaining wisdom and instruction;
   for understanding words of insight;
3 for receiving instruction in prudent behavior,
   doing what is right and just and fair;
4 for giving prudence to those who are simple,[a]
   knowledge and discretion to the young—
5 let the wise listen and add to their learning,
   and let the discerning get guidance—
6 for understanding proverbs and parables,
   the sayings and riddles of the wise.[b]

7 The fear of the Lord is the beginning of
      knowledge,
   but fools[c] despise wisdom and instruction.

---

[a] 4 The Hebrew word rendered *simple* in Proverbs denotes a person who is gullible, without moral direction and inclined to evil.   [b] 6 Or *understanding a proverb, namely, a parable, / and the sayings of the wise, their riddles*   [c] 7 The Hebrew words rendered *fool* in Proverbs, and often elsewhere in the Old Testament, denote a person who is morally deficient.

Exhortaciones a buscar la sabiduría

Advertencia contra el engaño

⁸ Hijo mío, escucha las correcciones de tu padre
   y no abandones las *enseñanzas de tu madre.
⁹ Adornarán tu cabeza como una diadema;
   adornarán tu cuello como un collar.

¹⁰ Hijo mío, si los pecadores quieren engañarte,
   no vayas con ellos.
¹¹ Éstos te dirán:
   «¡Ven con nosotros!
   Acechemos a algún inocente
   y démonos el gusto de matar a algún incauto;
¹² traguémonos a alguien vivo,
   como se traga el *sepulcro a la *gente;
   devorémoslo entero,
   como devora la fosa a los muertos.
¹³ Obtendremos toda clase de riquezas;
   con el botín llenaremos nuestras casas.
¹⁴ Comparte tu suerte con nosotros,
   y compartiremos contigo lo que
     obtengamos.»
¹⁵ ¡Pero no te dejes llevar por ellos,^a hijo mío!
   ¡Apártate de sus senderos!
¹⁶ Pues corren presurosos a hacer lo malo;
   ¡tienen prisa por derramar sangre!
¹⁷ De nada sirve tender la red
   a la vista de todos los pájaros,
¹⁸ pero aquéllos acechan su propia vida^b
   y acabarán por destruirse a sí mismos.
¹⁹ Así terminan los que van tras ganancias mal
     habidas;
   por éstas perderán la vida.

Advertencia contra el rechazo a la sabiduría

²⁰ Clama la sabiduría en las calles;
   en los lugares públicos levanta su voz.
²¹ Clama en las esquinas de calles transitadas;
   a la *entrada de la ciudad razona:
²² «¿Hasta cuándo, muchachos *inexpertos,
   seguirán aferrados a su inexperiencia?
   ¿Hasta cuándo, ustedes los *insolentes,
   se complacerán en su insolencia?
   ¿Hasta cuándo, ustedes los necios,
   aborrecerán el conocimiento?
²³ Respondan a mis represiones,
   y yo les abriré mi corazón;^c
   les daré a conocer mis pensamientos.
²⁴ Como ustedes no me atendieron cuando los
     llamé,
   ni me hicieron caso cuando les tendí la
     mano,
²⁵ sino que rechazaron todos mis consejos
   y no acataron mis represiones,
²⁶ ahora yo me burlaré de ustedes
   cuando caigan en desgracia.
   Yo seré el que se ría de ustedes
   cuando les sobrevenga el miedo,

Prologue: Exhortations to Embrace Wisdom

Warning Against the Invitation of Sinful Men

⁸ Listen, my son, to your father's instruction
   and do not forsake your mother's teaching.
⁹ They are a garland to grace your head
   and a chain to adorn your neck.

¹⁰ My son, if sinful men entice you,
   do not give in to them.
¹¹ If they say, "Come along with us;
   let's lie in wait for innocent blood,
   let's ambush some harmless soul;
¹² let's swallow them alive, like the grave,
   and whole, like those who go down to the
     pit;
¹³ we will get all sorts of valuable things
   and fill our houses with plunder;
¹⁴ cast lots with us;
   we will all share the loot" —
¹⁵ my son, do not go along with them,
   do not set foot on their paths;
¹⁶ for their feet rush into evil,
   they are swift to shed blood.
¹⁷ How useless to spread a net
   where every bird can see it!
¹⁸ These men lie in wait for their own blood;
   they ambush only themselves!
¹⁹ Such are the paths of all who go after ill-gotten
     gain;
   it takes away the life of those who get it.

Wisdom's Rebuke

²⁰ Out in the open wisdom calls aloud,
   she raises her voice in the public square;
²¹ on top of the wall^d she cries out,
   at the city gate she makes her speech:

²² "How long will you who are simple love your
     simple ways?
   How long will mockers delight in mockery
   and fools hate knowledge?
²³ Repent at my rebuke!
   Then I will pour out my thoughts to you,
   I will make known to you my teachings.
²⁴ But since you refuse to listen when I call
   and no one pays attention when I stretch
     out my hand,
²⁵ since you disregard all my advice
   and do not accept my rebuke,
²⁶ I in turn will laugh when disaster strikes you;
   I will mock when calamity overtakes you —

---

^a **1:15** *no ... por ellos.* Lit. *no vayas por sus caminos.*
^b **1:18** *vida.* Lit. *sangre.*
^c **1:23** *les abriré mi corazón.* Lit. *derramaré mi espíritu.*

^d **21** Septuagint; Hebrew / *at noisy street corners*

²⁷ cuando el miedo les sobrevenga como una
     tormenta
     y la desgracia los arrastre como un torbellino.

²⁸ »Entonces me llamarán, pero no les responderé;
     me buscarán, pero no me encontrarán.
²⁹ Por cuanto aborrecieron el conocimiento
     y no quisieron temer al Señor;
³⁰ por cuanto no siguieron mis consejos,
     sino que rechazaron mis reprensiones,
³¹ cosecharán el fruto de su conducta,
     se hartarán con sus propias intrigas;
³² ¡su descarrío e inexperiencia los destruirán,
     su complacencia y *necedad los aniquilarán!
³³ Pero el que me obedezca vivirá tranquilo,
     sosegado y sin temor del mal.»

Ventajas de la sabiduría

2 Hijo mío, si haces tuyas mis palabras
     y atesoras mis mandamientos;
² si tu oído inclinas hacia la sabiduría
     y de corazón te entregas a la inteligencia;
³ si llamas a la inteligencia
     y pides discernimiento;
⁴ si la buscas como a la plata,
     como a un tesoro escondido,
⁵ entonces comprenderás el temor del Señor
     y hallarás el conocimiento de Dios.
⁶ Porque el Señor da la sabiduría;
     conocimiento y ciencia brotan de sus labios.
⁷ Él reserva su ayuda para la gente íntegra
     y protege a los de conducta intachable.
⁸ Él cuida el sendero de los justos
     y protege el camino de sus fieles.
⁹ Entonces comprenderás la justicia y el derecho,
     la equidad y todo buen camino;
¹⁰ la sabiduría vendrá a tu corazón,
     y el conocimiento te endulzará la vida.
¹¹ La discreción te cuidará,
     la inteligencia te protegerá.

¹² La sabiduría te librará del camino de los
     malvados,
     de los que profieren palabras perversas,
¹³ de los que se apartan del camino recto
     para andar por sendas tenebrosas,
¹⁴ de los que se complacen en hacer lo malo
     y festejan la perversidad,
¹⁵ de los que andan por caminos torcidos
     y por sendas extraviadas;
¹⁶ te librará de la mujer ajena,
     de la extraña de palabras seductoras

²⁷ when calamity overtakes you like a storm,
     when disaster sweeps over you like a
     whirlwind,
     when distress and trouble overwhelm you.

²⁸ "Then they will call to me but I will not
     answer;
     they will look for me but will not find me,
²⁹ since they hated knowledge
     and did not choose to fear the Lord.
³⁰ Since they would not accept my advice
     and spurned my rebuke,
³¹ they will eat the fruit of their ways
     and be filled with the fruit of their schemes.
³² For the waywardness of the simple will kill
     them,
     and the complacency of fools will destroy
     them;
³³ but whoever listens to me will live in safety
     and be at ease, without fear of harm."

Moral Benefits of Wisdom

2 My son, if you accept my words
     and store up my commands within you,
² turning your ear to wisdom
     and applying your heart to understanding—
³ indeed, if you call out for insight
     and cry aloud for understanding,
⁴ and if you look for it as for silver
     and search for it as for hidden treasure,
⁵ then you will understand the fear of the Lord
     and find the knowledge of God.
⁶ For the Lord gives wisdom;
     from his mouth come knowledge and
     understanding.
⁷ He holds success in store for the upright,
     he is a shield to those whose walk is
     blameless,
⁸ for he guards the course of the just
     and protects the way of his faithful ones.

⁹ Then you will understand what is right and
     just
     and fair—every good path.
¹⁰ For wisdom will enter your heart,
     and knowledge will be pleasant to your soul.
¹¹ Discretion will protect you,
     and understanding will guard you.

¹² Wisdom will save you from the ways of wicked
     men,
     from men whose words are perverse,
¹³ who have left the straight paths
     to walk in dark ways,
¹⁴ who delight in doing wrong
     and rejoice in the perverseness of evil,
¹⁵ whose paths are crooked
     and who are devious in their ways.

¹⁶ Wisdom will save you also from the adulterous
     woman,
     from the wayward woman with her
     seductive words,

¹⁷ que, olvidándose de su pacto con Dios,
  abandona al compañero de su juventud.
¹⁸ Ciertamente su casa conduce a la muerte;
  sus sendas llevan al reino de las sombras.
¹⁹ El que se enreda con ella no vuelve jamás,
  ni alcanza los senderos de la vida.

²⁰ Así andarás por el camino de los buenos
  y seguirás la senda de los justos.
²¹ Pues los íntegros, los perfectos,
  habitarán la tierra y permanecerán en ella.
²² Pero los malvados, los impíos,
  serán desarraigados y expulsados de la
    tierra.

Otras ventajas de la sabiduría

3 Hijo mío, no te olvides de mis *enseñanzas;
  más bien, guarda en tu *corazón mis
    mandamientos.
² Porque prolongarán tu vida muchos años
  y te traerán prosperidad.
³ Que nunca te abandonen el amor y la verdad:
  llévalos siempre alrededor de tu cuello
  y escríbelos en el libro de tu corazón.
⁴ Contarás con el favor de Dios
  y tendrás buena fama^d entre la *gente.
⁵ Confía en el Señor de todo corazón,
  y no en tu propia inteligencia.
⁶ Reconócelo en todos tus *caminos,
  y él allanará tus sendas.
⁷ No seas sabio en tu propia opinión;
  más bien, teme al Señor y huye del mal.
⁸ Esto infundirá salud a tu cuerpo
  y fortalecerá tu ser.^e
⁹ Honra al Señor con tus riquezas
  y con los primeros frutos de tus cosechas.
¹⁰ Así tus graneros se llenarán a reventar
  y tus bodegas rebosarán de vino nuevo.
¹¹ Hijo mío, no desprecies la *disciplina del
    Señor,
  ni te ofendas por sus reprensiones.
¹² Porque el Señor disciplina a los que ama,
  como corrige un padre a su hijo querido.

¹³ *Dichoso el que halla sabiduría,
  el que adquiere inteligencia.
¹⁴ Porque ella es de más provecho que la plata
  y rinde más ganancias que el oro.
¹⁵ Es más valiosa que las piedras preciosas:
  ¡ni lo más deseable se le puede comparar!
¹⁶ Con la mano derecha ofrece larga vida;
  con la izquierda, honor y riquezas.
¹⁷ Sus caminos son placenteros
  y en sus senderos hay *paz.
¹⁸ Ella es árbol de vida para quienes la abrazan;
  ¡dichosos los que la retienen!
¹⁹ Con sabiduría afirmó el Señor la tierra,

¹⁷ who has left the partner of her youth
  and ignored the covenant she made before
    God.^e
¹⁸ Surely her house leads down to death
  and her paths to the spirits of the dead.
¹⁹ None who go to her return
  or attain the paths of life.

²⁰ Thus you will walk in the ways of the good
  and keep to the paths of the righteous.
²¹ For the upright will live in the land,
  and the blameless will remain in it;
²² but the wicked will be cut off from the land,
  and the unfaithful will be torn from it.

Wisdom Bestows Well-Being

3 My son, do not forget my teaching,
  but keep my commands in your heart,
² for they will prolong your life many years
  and bring you peace and prosperity.

³ Let love and faithfulness never leave you;
  bind them around your neck,
  write them on the tablet of your heart.
⁴ Then you will win favor and a good name
  in the sight of God and man.

⁵ Trust in the Lord with all your heart
  and lean not on your own understanding;
⁶ in all your ways submit to him,
  and he will make your paths straight.^f

⁷ Do not be wise in your own eyes;
  fear the Lord and shun evil.
⁸ This will bring health to your body
  and nourishment to your bones.

⁹ Honor the Lord with your wealth,
  with the firstfruits of all your crops;
¹⁰ then your barns will be filled to overflowing,
  and your vats will brim over with new wine.

¹¹ My son, do not despise the Lord's discipline,
  and do not resent his rebuke,
¹² because the Lord disciplines those he loves,
  as a father the son he delights in.^g

¹³ Blessed are those who find wisdom,
  those who gain understanding,
¹⁴ for she is more profitable than silver
  and yields better returns than gold.
¹⁵ She is more precious than rubies;
  nothing you desire can compare with her.
¹⁶ Long life is in her right hand;
  in her left hand are riches and honor.
¹⁷ Her ways are pleasant ways,
  and all her paths are peace.
¹⁸ She is a tree of life to those who take hold of her;
  those who hold her fast will be blessed.

¹⁹ By wisdom the Lord laid the earth's
  foundations,

---

^d 3:4 *buena fama.* Lit. *prudencia.*
^e 3:8 *tu ser.* Lit. *tus huesos.*

^e 17 Or *covenant of her God*   ^f 6 Or *will direct your paths*
^g 12 Hebrew; Septuagint *loves, / and he chastens everyone he accepts as his child*

con inteligencia estableció los cielos.
²⁰ Por su *conocimiento se separaron las aguas,
    y las nubes dejaron caer su rocío.

²¹ Hijo mío, conserva el buen juicio;
    no pierdas de vista la discreción.
²² Te serán fuente de vida,
    te adornarán como un collar.
²³ Podrás recorrer tranquilo tu camino,
    y tus pies no tropezarán.
²⁴ Al acostarte, no tendrás temor alguno;
    te acostarás y dormirás tranquilo.
²⁵ No temerás ningún desastre repentino,
    ni la desgracia que sobreviene a los impíos.
²⁶ Porque el Señor estará siempre a tu lado
    y te librará de caer en la trampa.

²⁷ No niegues un favor a quien te lo pida,
    si en tu mano está el otorgarlo.
²⁸ Nunca digas a tu prójimo:
    «Vuelve más tarde; te ayudaré mañana»,
    si hoy tienes con qué ayudarlo.
²⁹ No urdas el mal contra tu prójimo,
    contra el que ha puesto en ti su confianza.
³⁰ No entres en pleito con nadie
    que no te haya hecho ningún daño.
³¹ No envidies a los violentos,
    ni optes por andar en sus caminos.
³² Porque el Señor aborrece al perverso,
    pero al íntegro le brinda su amistad.
³³ La maldición del Señor cae sobre la casa del
    malvado;
    su bendición, sobre el hogar de los justos.
³⁴ El Señor se burla de los *burlones,
    pero muestra su favor a los humildes.
³⁵ Los sabios son dignos de honra,
    pero los *necios sólo merecen deshonra.

La sabiduría es lo máximo

4 Escuchen, hijos, la corrección de un padre;
    dispónganse a adquirir inteligencia.
² Yo les brindo buenas enseñanzas,
    así que no abandonen mi instrucción.
³ Cuando yo era pequeño y vivía con mi padre,
    cuando era el niño consentido de mi madre,
⁴ mi padre me instruyó de esta manera:
    «Aférrate de corazón a mis palabras;
    obedece mis mandamientos, y vivirás.
⁵ Adquiere sabiduría, adquiere inteligencia;
    no olvides mis palabras ni te apartes de
    ellas.
⁶ No abandones nunca a la sabiduría,
    y ella te protegerá;
    ámala, y ella te cuidará.

---

by understanding he set the heavens in
    place;
²⁰ by his knowledge the watery depths were
    divided,
    and the clouds let drop the dew.

²¹ My son, do not let wisdom and understanding
    out of your sight,
    preserve sound judgment and discretion;
²² they will be life for you,
    an ornament to grace your neck.
²³ Then you will go on your way in safety,
    and your foot will not stumble.
²⁴ When you lie down, you will not be afraid;
    when you lie down, your sleep will be sweet.
²⁵ Have no fear of sudden disaster
    or of the ruin that overtakes the wicked,
²⁶ for the Lord will be at your side
    and will keep your foot from being snared.

²⁷ Do not withhold good from those to whom it
    is due,
    when it is in your power to act.
²⁸ Do not say to your neighbor,
    "Come back tomorrow and I'll give it to
    you" —
    when you already have it with you.
²⁹ Do not plot harm against your neighbor,
    who lives trustfully near you.
³⁰ Do not accuse anyone for no reason —
    when they have done you no harm.
³¹ Do not envy the violent
    or choose any of their ways.
³² For the Lord detests the perverse
    but takes the upright into his confidence.
³³ The Lord's curse is on the house of the
    wicked,
    but he blesses the home of the righteous.
³⁴ He mocks proud mockers
    but shows favor to the humble and
    oppressed.
³⁵ The wise inherit honor,
    but fools get only shame.

Get Wisdom at Any Cost

4 Listen, my sons, to a father's instruction;
    pay attention and gain understanding.
² I give you sound learning,
    so do not forsake my teaching.
³ For I too was a son to my father,
    still tender, and cherished by my mother.
⁴ Then he taught me, and he said to me,
    "Take hold of my words with all your heart;
    keep my commands, and you will live.
⁵ Get wisdom, get understanding;
    do not forget my words or turn away from
    them.
⁶ Do not forsake wisdom, and she will protect
    you;
    love her, and she will watch over you.

⁷ La sabiduría es lo primero. ¡Adquiere
sabiduría!
Por sobre todas las cosas, adquiere
discernimiento.
⁸ Estima a la sabiduría, y ella te exaltará;
abrázala, y ella te honrará;
⁹ te pondrá en la cabeza una hermosa diadema;
te obsequiará una bella corona.»

¹⁰ Escucha, hijo mío; acoge mis palabras,
y los años de tu vida aumentarán.
¹¹ Yo te guío por el camino de la sabiduría,
te dirijo por sendas de rectitud.
¹² Cuando camines, no encontrarás obstáculos;
cuando corras, no tropezarás.
¹³ Aférrate a la instrucción, no la dejes escapar;
cuídala bien, que ella es tu vida.
¹⁴ No sigas la senda de los perversos
ni vayas por el camino de los malvados.
¹⁵ ¡Evita ese camino! ¡No pases por él!
¡Aléjate de allí, y sigue de largo!
¹⁶ Los malvados no duermen si no hacen lo malo;
pierden el sueño si no hacen que alguien
caiga.
¹⁷ Su pan es la maldad;
su vino, la violencia.

¹⁸ La senda de los justos se asemeja
a los primeros albores de la aurora:
su esplendor va en aumento
hasta que el día alcanza su plenitud.
¹⁹ Pero el camino de los malvados
es como la más densa oscuridad;
¡ni siquiera saben con qué tropiezan!

²⁰ Hijo mío, atiende a mis consejos;
escucha atentamente lo que digo.
²¹ No pierdas de vista mis palabras;
guárdalas muy dentro de tu corazón.
²² Ellas dan vida a quienes las hallan;
son la salud del cuerpo.
²³ Por sobre todas las cosas cuida tu corazón,
porque de él mana la vida.
²⁴ Aleja de tu boca la perversidad;
aparta de tus labios las palabras corruptas.
²⁵ Pon la mirada en lo que tienes delante;
fija la vista en lo que está frente a ti.
²⁶ Endereza las sendas por donde andas;
allana todos tus caminos.
²⁷ No te desvíes ni a diestra ni a siniestra;
apártate de la maldad.

Advertencia contra el adulterio

5 Hijo mío, pon atención a mi sabiduría
y presta oído a mi buen juicio,
² para que al hablar mantengas la discreción
y retengas el conocimiento.
³ De los labios de la adúltera fluye miel;
su lengua es más suave que el aceite.

⁷ The beginning of wisdom is this: Get[h] wisdom.
Though it cost all you have,[i] get
understanding.
⁸ Cherish her, and she will exalt you;
embrace her, and she will honor you.
⁹ She will give you a garland to grace your head
and present you with a glorious crown."

¹⁰ Listen, my son, accept what I say,
and the years of your life will be many.
¹¹ I instruct you in the way of wisdom
and lead you along straight paths.
¹² When you walk, your steps will not be
hampered;
when you run, you will not stumble.
¹³ Hold on to instruction, do not let it go;
guard it well, for it is your life.
¹⁴ Do not set foot on the path of the wicked
or walk in the way of evildoers.
¹⁵ Avoid it, do not travel on it;
turn from it and go on your way.
¹⁶ For they cannot rest until they do evil;
they are robbed of sleep till they make
someone stumble.
¹⁷ They eat the bread of wickedness
and drink the wine of violence.

¹⁸ The path of the righteous is like the morning
sun,
shining ever brighter till the full light of day.
¹⁹ But the way of the wicked is like deep
darkness;
they do not know what makes them
stumble.

²⁰ My son, pay attention to what I say;
turn your ear to my words.
²¹ Do not let them out of your sight,
keep them within your heart;
²² for they are life to those who find them
and health to one's whole body.
²³ Above all else, guard your heart,
for everything you do flows from it.
²⁴ Keep your mouth free of perversity;
keep corrupt talk far from your lips.
²⁵ Let your eyes look straight ahead;
fix your gaze directly before you.
²⁶ Give careful thought to the[j] paths for your feet
and be steadfast in all your ways.
²⁷ Do not turn to the right or the left;
keep your foot from evil.

Warning Against Adultery

5 My son, pay attention to my wisdom,
turn your ear to my words of insight,
² that you may maintain discretion
and your lips may preserve knowledge.
³ For the lips of the adulterous woman drip
honey,
and her speech is smoother than oil;

---

[h] 7 Or *Wisdom is supreme; therefore get*   [i] 7 Or *wisdom. /
Whatever else you get*   [j] 26 Or *Make level*

⁴ Pero al fin resulta más amarga que la hiel
    y más cortante que una espada de dos filos.
⁵ Sus pies descienden hasta la muerte;
    sus pasos van derecho al *sepulcro.
⁶ No toma ella en cuenta el camino de la vida;ᶠ
    sus sendas son torcidas, y ella no lo
    reconoce.ᵍ

⁷ Pues bien, hijo mío, préstame atención
    y no te apartes de mis palabras.
⁸ Aléjate de la adúltera;
    no te acerques a la puerta de su casa,
⁹ para que no entregues a otros tu vigor,
    ni tus años a gente cruel;
¹⁰ para que no sacies con tu fuerza a gente
    extraña,
    ni vayan a dar en casa ajena tus esfuerzos.
¹¹ Porque al final acabarás por llorar,
    cuando todo tu serʰ se haya consumido.
¹² Y dirás: «¡Cómo pude aborrecer la corrección!
    ¡Cómo pudo mi corazón despreciar la
    disciplina!
¹³ No atendí a la voz de mis maestros,
    ni presté oído a mis instructores.
¹⁴ Ahora estoy al borde de la ruina,
    en medio de toda la comunidad.»

¹⁵ Bebe el agua de tu propio pozo,
    el agua que fluye de tu propio manantial.
¹⁶ ¿Habrán de derramarse tus fuentes por las
    calles
    y tus corrientes de aguas por las plazas
    públicas?
¹⁷ Son tuyas, solamente tuyas,
    y no para que las compartas con extraños.
¹⁸ ¡Bendita sea tu fuente!
    ¡Goza con la esposa de tu juventud!
¹⁹ Es una gacela amorosa,
    es una cervatilla encantadora.
    ¡Que sus pechos te satisfagan siempre!
    ¡Que su amor te cautive todo el tiempo!
²⁰ ¿Por qué, hijo mío, dejarte cautivar por una
    adúltera?
    ¿Por qué abrazarte al pecho de la mujer
    ajena?

²¹ Nuestros caminos están a la vista del Señor;
    él examina todas nuestras sendas.
²² Al malvado lo atrapan sus malas obras;
    las cuerdas de su pecado lo aprisionan.
²³ Morirá por su falta de disciplina;
    perecerá por su gran insensatez.

Advertencia contra la insensatez

6 Hijo mío, si has salido fiador de tu vecino,
    si has hecho tratos para responder por otro,
² si verbalmente te has comprometido,
    enredándote con tus propias palabras,

⁴ but in the end she is bitter as gall,
    sharp as a double-edged sword.
⁵ Her feet go down to death;
    her steps lead straight to the grave.
⁶ She gives no thought to the way of life;
    her paths wander aimlessly, but she does not
    know it.

⁷ Now then, my sons, listen to me;
    do not turn aside from what I say.
⁸ Keep to a path far from her,
    do not go near the door of her house,
⁹ lest you lose your honor to others
    and your dignityᵏ to one who is cruel,
¹⁰ lest strangers feast on your wealth
    and your toil enrich the house of another.
¹¹ At the end of your life you will groan,
    when your flesh and body are spent.
¹² You will say, "How I hated discipline!
    How my heart spurned correction!
¹³ I would not obey my teachers
    or turn my ear to my instructors.
¹⁴ And I was soon in serious trouble
    in the assembly of God's people."

¹⁵ Drink water from your own cistern,
    running water from your own well.
¹⁶ Should your springs overflow in the streets,
    your streams of water in the public squares?
¹⁷ Let them be yours alone,
    never to be shared with strangers.
¹⁸ May your fountain be blessed,
    and may you rejoice in the wife of your
    youth.
¹⁹ A loving doe, a graceful deer —
    may her breasts satisfy you always,
    may you ever be intoxicated with her love.
²⁰ Why, my son, be intoxicated with another
    man's wife?
    Why embrace the bosom of a wayward
    woman?

²¹ For your ways are in full view of the Lord,
    and he examines all your paths.
²² The evil deeds of the wicked ensnare them;
    the cords of their sins hold them fast.
²³ For lack of discipline they will die,
    led astray by their own great folly.

Warnings Against Folly

6 My son, if you have put up security for your
    neighbor,
    if you have shaken hands in pledge for a
    stranger,
² you have been trapped by what you said,
    ensnared by the words of your mouth.

ᶠ 5:6 No toma ... vida. Lit. El camino de la vida para que no lo
prepare.

ᵍ 5:6 y ella no lo reconoce. Alt. y tú no lo sabes.

ʰ 5:11 todo tu ser. Lit. tu carne y tu cuerpo.

ᵏ 9 Or years

³ entonces has caído en manos de tu prójimo.
Si quieres librarte, hijo mío, éste es el camino:
Ve corriendo y humíllate ante él;
procura deshacer tu compromiso.
⁴ No permitas que se duerman tus ojos;
no dejes que tus párpados se cierren.
⁵ Líbrate, como se libra del cazadorⁱ la gacela,
como se libra de la trampa^j el ave.

⁶ ¡Anda, perezoso, fíjate en la hormiga!
¡Fíjate en lo que hace, y adquiere sabiduría!
⁷ No tiene quien la mande,
ni quien la vigile ni gobierne;
⁸ con todo, en el verano almacena provisiones
y durante la cosecha recoge alimentos.

⁹ Perezoso, ¿cuánto tiempo más seguirás
acostado?
¿Cuándo despertarás de tu sueño?
¹⁰ Un corto sueño, una breve siesta,
un pequeño descanso, cruzado de brazos...
¹¹ ¡y te asaltará la pobreza como un bandido,
y la escasez como un hombre armado!^k

¹² El bribón y sinvergüenza,
el vagabundo de boca corrupta,
¹³ hace guiños con los ojos,
y señas con los pies y con los dedos.
¹⁴ El malvado trama el mal en su mente,
y siempre anda provocando disensiones.
¹⁵ Por eso le sobrevendrá la ruina;
¡de repente será destruido, y no podrá
evitarlo!

¹⁶ Hay seis cosas que el Señor aborrece,
y siete que le son detestables:
¹⁷ los ojos que se enaltecen,
la lengua que miente,
las manos que derraman sangre inocente,
¹⁸ el corazón que hace planes perversos,
los pies que corren a hacer lo malo,
¹⁹ el falso testigo que esparce mentiras,
y el que siembra discordia entre
hermanos.

Advertencia contra el adulterio
²⁰ Hijo mío, obedece el mandamiento de tu padre
y no abandones la enseñanza de tu madre.
²¹ Grábatelos en el corazón;
cuélgatelos al cuello.
²² Cuando camines, te servirán de guía;
cuando duermas, vigilarán tu sueño;
cuando despiertes, hablarán contigo.
²³ El mandamiento es una lámpara,
la enseñanza es una luz
y la disciplina es el camino a la vida.
²⁴ Te protegerán de la mujer malvada,
de la mujer ajena y de su lengua seductora.

---

³ So do this, my son, to free yourself,
since you have fallen into your neighbor's
hands:
Go — to the point of exhaustion —^l
and give your neighbor no rest!
⁴ Allow no sleep to your eyes,
no slumber to your eyelids.
⁵ Free yourself, like a gazelle from the hand of
the hunter,
like a bird from the snare of the fowler.

⁶ Go to the ant, you sluggard;
consider its ways and be wise!
⁷ It has no commander,
no overseer or ruler,
⁸ yet it stores its provisions in summer
and gathers its food at harvest.

⁹ How long will you lie there, you sluggard?
When will you get up from your sleep?
¹⁰ A little sleep, a little slumber,
a little folding of the hands to rest —
¹¹ and poverty will come on you like a thief
and scarcity like an armed man.

¹² A troublemaker and a villain,
who goes about with a corrupt mouth,
¹³ who winks maliciously with his eye,
signals with his feet
and motions with his fingers,
¹⁴ who plots evil with deceit in his heart —
he always stirs up conflict.
¹⁵ Therefore disaster will overtake him in an
instant;
he will suddenly be destroyed — without
remedy.

¹⁶ There are six things the Lord hates,
seven that are detestable to him:
¹⁷ haughty eyes,
a lying tongue,
hands that shed innocent blood,
¹⁸ a heart that devises wicked schemes,
feet that are quick to rush into evil,
¹⁹ a false witness who pours out lies
and a person who stirs up conflict in the
community.

Warning Against Adultery
²⁰ My son, keep your father's command
and do not forsake your mother's teaching.
²¹ Bind them always on your heart;
fasten them around your neck.
²² When you walk, they will guide you;
when you sleep, they will watch over you;
when you awake, they will speak to you.
²³ For this command is a lamp,
this teaching is a light,
and correction and instruction
are the way to life,
²⁴ keeping you from your neighbor's wife,
from the smooth talk of a wayward woman.

---

i **6:5** *del cazador* (LXX y otras versiones antiguas); *de la mano* (TM).

j **6:5** *de la trampa* (LXX y otras versiones antiguas); *de la mano del trampero* (TM).

k **6:11** *como un hombre armado.* Alt. *como un limosnero.*

l 3 Or *Go and humble yourself,*

²⁵ No abrigues en tu corazón deseos por su
belleza,
ni te dejes cautivar por sus ojos,
²⁶ pues la ramera va tras un pedazo de pan,
pero la adúltera va tras el hombre que vale.ˡ
²⁷ ¿Puede alguien echarse brasas en el pecho
sin quemarse la ropa?
²⁸ ¿Puede alguien caminar sobre las brasas
sin quemarse los pies?
²⁹ Pues tampoco quien se acuesta con la mujer
ajena
puede tocarla y quedar impune.

³⁰ No se desprecia al ladrón
que roba para mitigar su hambre;
³¹ pero si lo atrapan, deberá devolver
siete tantos lo robado,
aun cuando eso le cueste todas sus
posesiones.
³² Pero al que comete adulterio le faltan sesos;
el que así actúa se destruye a sí mismo.
³³ No sacará más que golpes y vergüenzas,
y no podrá borrar su oprobio.
³⁴ Porque los celos desatan la furia del esposo,
y éste no perdonará en el día de la venganza.
³⁵ No aceptará nada en desagravio,
ni se contentará con muchos regalos.

Advertencia contra la mujer adúltera

7 Hijo mío, pon en prácticaᵐ mis palabras
y atesora mis mandamientos.
² Cumple con mis mandatos, y vivirás;
cuida mis enseñanzas como a la niña de tus
ojos.
³ Llévalos atados en los dedos;
anótalos en la tablilla de tu corazón.
⁴ Di a la sabiduría: «Tú eres mi hermana»,
y a la inteligencia: «Eres de mi sangre.»
⁵ Ellas te librarán de la mujer ajena,
de la adúltera y de sus palabras seductoras.

⁶ Desde la ventana de mi casa
miré a través de la celosía.
⁷ Me puse a ver a los inexpertos,
y entre los jóvenes observé
a uno de ellos falto de juicio.ⁿ
⁸ Cruzó la calle, llegó a la esquina,
y se encaminó hacia la casa de esa mujer.
⁹ Caía la tarde. Llegaba el día a su fin.
Avanzaban las sombras de la noche.

¹⁰ De pronto la mujer salió a su encuentro,
con toda la apariencia de una prostituta
y con solapadas intenciones.
¹¹ (Como es escandalosa y descarada,
nunca hallan sus pies reposo en su casa.
¹² Unas veces por las calles, otras veces por las
plazas,
siempre está al acecho en cada esquina.)

²⁵ Do not lust in your heart after her beauty
or let her captivate you with her eyes.

²⁶ For a prostitute can be had for a loaf of bread,
but another man's wife preys on your very
life.
²⁷ Can a man scoop fire into his lap
without his clothes being burned?
²⁸ Can a man walk on hot coals
without his feet being scorched?
²⁹ So is he who sleeps with another man's wife;
no one who touches her will go unpunished.

³⁰ People do not despise a thief if he steals
to satisfy his hunger when he is starving.
³¹ Yet if he is caught, he must pay sevenfold,
though it costs him all the wealth of his
house.
³² But a man who commits adultery has no sense;
whoever does so destroys himself.
³³ Blows and disgrace are his lot,
and his shame will never be wiped away.

³⁴ For jealousy arouses a husband's fury,
and he will show no mercy when he takes
revenge.
³⁵ He will not accept any compensation;
he will refuse a bribe, however great it is.

Warning Against the Adulterous Woman

7 My son, keep my words
and store up my commands within you.
² Keep my commands and you will live;
guard my teachings as the apple of your eye.
³ Bind them on your fingers;
write them on the tablet of your heart.
⁴ Say to wisdom, "You are my sister,"
and to insight, "You are my relative."
⁵ They will keep you from the adulterous
woman,
from the wayward woman with her
seductive words.

⁶ At the window of my house
I looked down through the lattice.
⁷ I saw among the simple,
I noticed among the young men,
a youth who had no sense.
⁸ He was going down the street near her corner,
walking along in the direction of her house
⁹ at twilight, as the day was fading,
as the dark of night set in.

¹⁰ Then out came a woman to meet him,
dressed like a prostitute and with crafty
intent.
¹¹ (She is unruly and defiant,
her feet never stay at home;
¹² now in the street, now in the squares,
at every corner she lurks.)

ˡ **6:26** *el hombre que vale.* Lit. *un alma valiosa.*
ᵐ **7:1** *pon en práctica.* Lit. *guarda.*
ⁿ **7:7** *falto de juicio.* Lit. *falto de corazón.*

¹³ Se prendió de su cuello, lo besó,
y con todo descaro le dijo:

¹⁴ «Tengo en mi casa sacrificios de *comunión,
pues hoy he cumplido mis votos.
¹⁵ Por eso he venido a tu encuentro;
te buscaba, ¡y ya te he encontrado!
¹⁶ Sobre la cama he tendido
multicolores linos egipcios.
¹⁷ He perfumado mi lecho
con aroma de mirra, áloe y canela.
¹⁸ Ven, bebamos hasta el fondo la copa del amor;
¡disfrutemos del amor hasta el amanecer!
¹⁹ Mi esposo no está en casa,
pues ha emprendido un largo viaje.
²⁰ Se ha llevado consigo la bolsa del dinero,
y no regresará hasta el día de luna llena.»

²¹ Con palabras persuasivas lo convenció;
con lisonjas de sus labios lo sedujo.
²² Y él en seguida fue tras ella,
como el buey que va camino al matadero;
como el ciervo[n] que cae en la trampa,[o]
²³   hasta que una flecha le abre las entrañas;
como el ave que se lanza contra la red,
sin saber que en ello le va la vida.

²⁴ Así que, hijo mío, escúchame;
presta[p] atención a mis palabras.
²⁵ No desvíes tu corazón hacia sus sendas,
ni te extravíes por sus caminos,
²⁶ pues muchos han muerto por su causa;
sus víctimas han sido innumerables.
²⁷ Su casa lleva derecho al *sepulcro;
¡conduce al reino de la muerte!

Llamado de la sabiduría

8 ¿Acaso no está llamando la sabiduría?
    ¿No está elevando su voz la inteligencia?
² Toma su puesto en las alturas,
a la vera del camino y en las encrucijadas.
³ Junto a las *puertas que dan a la ciudad,
a la *entrada misma, grita a voz en cuello:
⁴ «A ustedes los *hombres, los estoy llamando,
dirijo mi voz a toda la *humanidad.
⁵ Ustedes los *inexpertos, ¡adquieran prudencia!
Ustedes los *necios, ¡obtengan
discernimiento!
⁶ Escúchenme, que diré cosas importantes;
mis labios hablarán con *justicia.
⁷ Mi boca expresará la verdad,
pues mis labios detestan la mentira.
⁸ Las palabras de mi boca son todas justas;
no hay en ellas maldad ni doblez.
⁹ Son claras para los entendidos,
e irreprochables para los sabios.
¹⁰ Opten por mi *instrucción, no por la plata;
por el *conocimiento, no por el oro refinado.

¹³ She took hold of him and kissed him
and with a brazen face she said:

¹⁴ "Today I fulfilled my vows,
and I have food from my fellowship offering
at home.
¹⁵ So I came out to meet you;
I looked for you and have found you!
¹⁶ I have covered my bed
with colored linens from Egypt.
¹⁷ I have perfumed my bed
with myrrh, aloes and cinnamon.
¹⁸ Come, let's drink deeply of love till morning;
let's enjoy ourselves with love!
¹⁹ My husband is not at home;
he has gone on a long journey.
²⁰ He took his purse filled with money
and will not be home till full moon."

²¹ With persuasive words she led him astray;
she seduced him with her smooth talk.
²² All at once he followed her
like an ox going to the slaughter,
like a deer[m] stepping into a noose[n]
²³   till an arrow pierces his liver,
like a bird darting into a snare,
little knowing it will cost him his life.

²⁴ Now then, my sons, listen to me;
pay attention to what I say.
²⁵ Do not let your heart turn to her ways
or stray into her paths.
²⁶ Many are the victims she has brought down;
her slain are a mighty throng.
²⁷ Her house is a highway to the grave,
leading down to the chambers of death.

Wisdom's Call

8 Does not wisdom call out?
    Does not understanding raise her voice?
² At the highest point along the way,
where the paths meet, she takes her stand;
³ beside the gate leading into the city,
at the entrance, she cries aloud:
⁴ "To you, O people, I call out;
I raise my voice to all mankind.
⁵ You who are simple, gain prudence;
you who are foolish, set your hearts on it.[o]
⁶ Listen, for I have trustworthy things to say;
I open my lips to speak what is right.
⁷ My mouth speaks what is true,
for my lips detest wickedness.
⁸ All the words of my mouth are just;
none of them is crooked or perverse.
⁹ To the discerning all of them are right;
they are upright to those who have found
knowledge.
¹⁰ Choose my instruction instead of silver,
knowledge rather than choice gold,

ñ **7:22** ciervo (Siríaca; véase también LXX); necio (TM).
o **7:22** Texto de difícil traducción.
p **7:24** hijo mío, escúchame; presta. Lit. hijos míos, escúchenme;
presten.

m 22 Syriac (see also Septuagint); Hebrew fool
n 22 The meaning of the Hebrew for this line is uncertain.
o 5 Septuagint; Hebrew foolish, instruct your minds

[11] Vale más la sabiduría que las piedras preciosas,
y ni lo más deseable se le compara.

[12] »Yo, la sabiduría, convivo con la prudencia
y poseo conocimiento y discreción.
[13] Quien teme al SEÑOR aborrece lo malo;
yo aborrezco el orgullo y la arrogancia,
la mala conducta y el lenguaje perverso.
[14] Míos son el consejo y el buen juicio;
míos son el entendimiento y el poder.
[15] Por mí reinan los reyes
y promulgan leyes justas los gobernantes.
[16] Por mí gobiernan los príncipes
y todos los nobles que rigen la tierra.[q]
[17] A los que me aman, les correspondo;
a los que me buscan, me doy a conocer.
[18] Conmigo están las riquezas y la honra,
la prosperidad[r] y los bienes duraderos.
[19] Mi fruto es mejor que el oro fino;
mi cosecha sobrepasa a la plata refinada.
[20] Voy por el *camino de la rectitud,
por los senderos de la justicia,
[21] enriqueciendo a los que me aman
y acrecentando sus tesoros.

[22] »El SEÑOR me dio la vida[s] como primicia de sus obras,[t]
mucho antes de sus obras de antaño.
[23] Fui establecida desde la eternidad,
desde antes que existiera el mundo.
[24] No existían los grandes mares cuando yo nací;
no había entonces manantiales de abundantes aguas.
[25] Nací antes que fueran formadas las colinas,
antes que se cimentaran las montañas,
[26] antes que él creara la tierra y sus paisajes
y el polvo primordial con que hizo el mundo.
[27] Cuando Dios cimentó la bóveda celeste
y trazó el horizonte sobre las aguas,
allí estaba yo presente.
[28] Cuando estableció las nubes en los cielos
y reforzó las fuentes del mar profundo;
[29] cuando señaló los límites del mar,
para que las aguas obedecieran su mandato;
cuando plantó los fundamentos de la tierra,
[30] allí estaba yo, afirmando su obra.
Día tras día me llenaba yo de alegría,
siempre disfrutaba de estar en su presencia;
[31] me regocijaba en el mundo que él creó;
¡en el *género humano me deleitaba!

[q] **8:16** *y todos los nobles que rigen la tierra* (varios mss. hebreos y LXX); *y nobles, todos jueces justos* (TM).
[r] **8:18** *prosperidad.* Lit. *justicia.*
[s] **8:22** *me dio la vida.* Alt. *era mi dueño.*
[t] **8:22** *obras.* Lit. *caminos.*

[11] for wisdom is more precious than rubies,
and nothing you desire can compare with her.

[12] "I, wisdom, dwell together with prudence;
I possess knowledge and discretion.
[13] To fear the LORD is to hate evil;
I hate pride and arrogance,
evil behavior and perverse speech.
[14] Counsel and sound judgment are mine;
I have insight, I have power.
[15] By me kings reign
and rulers issue decrees that are just;
[16] by me princes govern,
and nobles — all who rule on earth.[p]
[17] I love those who love me,
and those who seek me find me.
[18] With me are riches and honor,
enduring wealth and prosperity.
[19] My fruit is better than fine gold;
what I yield surpasses choice silver.
[20] I walk in the way of righteousness,
along the paths of justice,
[21] bestowing a rich inheritance on those who love me
and making their treasuries full.

[22] "The LORD brought me forth as the first of his works,[q,r]
before his deeds of old;
[23] I was formed long ages ago,
at the very beginning, when the world came to be.
[24] When there were no watery depths, I was given birth,
when there were no springs overflowing with water;
[25] before the mountains were settled in place,
before the hills, I was given birth,
[26] before he made the world or its fields
or any of the dust of the earth.
[27] I was there when he set the heavens in place,
when he marked out the horizon on the face of the deep,
[28] when he established the clouds above
and fixed securely the fountains of the deep,
[29] when he gave the sea its boundary
so the waters would not overstep his command,
and when he marked out the foundations of the earth.
[30] Then I was constantly[s] at his side.
I was filled with delight day after day,
rejoicing always in his presence,
[31] rejoicing in his whole world
and delighting in mankind.

[p] *16* Some Hebrew manuscripts and Septuagint; other Hebrew manuscripts *all righteous rulers* [q] *22* Or *way*; or *dominion* [r] *22* Or *The LORD possessed me at the beginning of his work*; or *The LORD brought me forth at the beginning of his work* [s] *30* Or *was the artisan*; or *was a little child*

³² »Y ahora, hijos míos, escúchenme:
　*dichosos los que van por^u mis caminos.
³³ Atiendan a mi instrucción, y sean sabios;
　no la descuiden.
³⁴ Dichosos los que me escuchan
　y a mis puertas están atentos cada día,
　esperando a la entrada de mi casa.
³⁵ En verdad, quien me encuentra, halla la vida
　y recibe el favor del SEÑOR.
³⁶ Quien me rechaza, se perjudica a sí mismo;
　quien me aborrece, ama la muerte.»

Invitación de la sabiduría y de la necedad

9 La sabiduría construyó su casa
　y labró sus siete pilares.
² Preparó un banquete, mezcló su vino
　y tendió la mesa.
³ Envió a sus doncellas, y ahora clama
　desde lo más alto de la ciudad.
⁴ «¡Vengan conmigo los inexpertos!
　—dice a los faltos de juicio—.
⁵ Vengan, disfruten de mi pan
　y beban del vino que he mezclado.
⁶ Dejen su insensatez, y vivirán;
　andarán por el camino del discernimiento.

⁷ »El que corrige al burlón se gana que lo
　insulten;
　el que reprende al malvado se gana su
　desprecio.
⁸ No reprendas al insolente, no sea que acabe
　por odiarte;
　reprende al sabio, y te amará.
⁹ Instruye al sabio, y se hará más sabio;
　enseña al justo, y aumentará su saber.

¹⁰ »El comienzo de la sabiduría es el temor del
　SEÑOR;
　conocer al Santo^v es tener discernimiento.
¹¹ Por mí aumentarán tus días;
　muchos años de vida te serán añadidos.
¹² Si eres sabio, tu premio será tu sabiduría;
　si eres insolente, sólo tú lo sufrirás.»

¹³ La mujer necia es escandalosa,
　frívola y desvergonzada.
¹⁴ Se sienta a las puertas de su casa,
　sienta sus reales en lo más alto de la ciudad,
¹⁵ y llama a los que van por el camino,
　a los que no se apartan de su senda.
¹⁶ «¡Vengan conmigo, inexpertos!
　—dice a los faltos de juicio—.
¹⁷ ¡Las aguas robadas saben a gloria!
　¡El pan sabe a miel si se come a escondidas!»
¹⁸ Pero éstos ignoran que allí está la muerte,
　que sus invitados caen al fondo de la *fosa.

³² "Now then, my children, listen to me;
　blessed are those who keep my ways.
³³ Listen to my instruction and be wise;
　do not disregard it.
³⁴ Blessed are those who listen to me,
　watching daily at my doors,
　waiting at my doorway.
³⁵ For those who find me find life
　and receive favor from the LORD.
³⁶ But those who fail to find me harm themselves;
　all who hate me love death."

Invitations of Wisdom and Folly

9 Wisdom has built her house;
　she has set up^t its seven pillars.
² She has prepared her meat and mixed her
　wine;
　she has also set her table.
³ She has sent out her servants, and she calls
　from the highest point of the city,
⁴ 　"Let all who are simple come to my house!"
　To those who have no sense she says,
⁵ 　"Come, eat my food
　and drink the wine I have mixed.
⁶ Leave your simple ways and you will live;
　walk in the way of insight."

⁷ Whoever corrects a mocker invites insults;
　whoever rebukes the wicked incurs abuse.
⁸ Do not rebuke mockers or they will hate you;
　rebuke the wise and they will love you.
⁹ Instruct the wise and they will be wiser still;
　teach the righteous and they will add to
　their learning.

¹⁰ The fear of the LORD is the beginning of
　wisdom,
　and knowledge of the Holy One is
　understanding.
¹¹ For through wisdom^u your days will be many,
　and years will be added to your life.
¹² If you are wise, your wisdom will reward you;
　if you are a mocker, you alone will suffer.

¹³ Folly is an unruly woman;
　she is simple and knows nothing.
¹⁴ She sits at the door of her house,
　on a seat at the highest point of the city,
¹⁵ calling out to those who pass by,
　who go straight on their way,
¹⁶ 　"Let all who are simple come to my house!"
　To those who have no sense she says,
¹⁷ 　"Stolen water is sweet;
　food eaten in secret is delicious!"
¹⁸ But little do they know that the dead are there,
　that her guests are deep in the realm of the
　dead.

---

^u **8:32** *van por.* Lit. *guardan.*
^v **9:10** *al Santo.* Alt. *las cosas santas.*

^t *1* Septuagint, Syriac and Targum; Hebrew *has hewn out*
^u *11* Septuagint, Syriac and Targum; Hebrew *me*

Proverbios de Salomón	*Proverbs of Solomon*

10 Proverbios de Salomón:

El hijo sabio es la alegría de su padre;
el hijo necio es el pesar de su madre.

2 Las riquezas mal habidas no sirven de nada,
pero la justicia libra de la muerte.

3 El Señor no deja sin comer al justo,
pero frustra la avidez de los malvados.

4 Las manos ociosas conducen a la pobreza;
las manos hábiles atraen riquezas.

5 El hijo prevenido se abastece en el verano,
pero el sinvergüenza duerme en tiempo de
cosecha.

6 El justo se ve coronado de bendiciones,
pero la boca del malvado encubre violencia.

7 La memoria de los justos es una bendición,
pero la fama de los malvados será pasto de
los gusanos.

8 El de sabio corazón acata las órdenes,
pero el necio y rezongón va camino al
desastre.

9 Quien se conduce con integridad, anda seguro;
quien anda en malos pasos será descubierto.

10 Quien guiña el ojo con malicia provoca pesar;
el necio y rezongón va camino al desastre.

11 Fuente de vida es la boca del justo,
pero la boca del malvado encubre violencia.

12 El odio es motivo de disensiones,
pero el amor cubre todas las faltas.

13 En los labios del prudente hay sabiduría;
en la espalda del falto de juicio, sólo
garrotazos.

14 El que es sabio atesora el conocimiento,
pero la boca del necio es un peligro
inminente.

15 La riqueza del rico es su baluarte;
la pobreza del pobre es su ruina.

16 El salario del justo es la vida;
la ganancia del malvado es el pecado.

17 El que atiende a la corrección va camino a la
vida;
el que la rechaza se pierde.

10 The proverbs of Solomon:

A wise son brings joy to his father,
but a foolish son brings grief to his mother.

2 Ill-gotten treasures have no lasting value,
but righteousness delivers from death.

3 The Lord does not let the righteous go
hungry,
but he thwarts the craving of the wicked.

4 Lazy hands make for poverty,
but diligent hands bring wealth.

5 He who gathers crops in summer is a prudent
son,
but he who sleeps during harvest is a
disgraceful son.

6 Blessings crown the head of the righteous,
but violence overwhelms the mouth of the
wicked.[v]

7 The name of the righteous is used in
blessings,[w]
but the name of the wicked will rot.

8 The wise in heart accept commands,
but a chattering fool comes to ruin.

9 Whoever walks in integrity walks securely,
but whoever takes crooked paths will be
found out.

10 Whoever winks maliciously causes grief,
and a chattering fool comes to ruin.

11 The mouth of the righteous is a fountain of
life,
but the mouth of the wicked conceals
violence.

12 Hatred stirs up conflict,
but love covers over all wrongs.

13 Wisdom is found on the lips of the discerning,
but a rod is for the back of one who has no
sense.

14 The wise store up knowledge,
but the mouth of a fool invites ruin.

15 The wealth of the rich is their fortified city,
but poverty is the ruin of the poor.

16 The wages of the righteous is life,
but the earnings of the wicked are sin and
death.

17 Whoever heeds discipline shows the way to
life,
but whoever ignores correction leads others
astray.

---

v 6 Or *righteous, / but the mouth of the wicked conceals violence*
w 7 See Gen. 48:20.

¹⁸ El de labios mentirosos disimula su odio,
　y el que propaga calumnias es un necio.

¹⁹ El que mucho habla, mucho yerra;
　el que es sabio refrena su lengua.

²⁰ Plata refinada es la lengua del justo;
　el corazón del malvado no vale nada.

²¹ Los labios del justo orientan a muchos;
　los necios mueren por falta de juicio.

²² La bendición del Señor trae riquezas,
　y nada se gana con preocuparse.

²³ El necio se divierte con su mala conducta,
　pero el sabio se recrea con la sabiduría.

²⁴ Lo que el malvado teme, eso le ocurre;
　lo que el justo desea, eso recibe.

²⁵ Pasa la tormenta y desaparece el malvado,
　pero el justo permanece firme para siempre.

²⁶ Como vinagre a los dientes y humo a los ojos
　es el perezoso para quienes lo emplean.

²⁷ El temor del Señor prolonga la vida,
　pero los años del malvado se acortan.

²⁸ El futuro de los justos es halagüeño;
　la esperanza de los malvados se desvanece.

²⁹ El camino del Señor es refugio de los justos
　y ruina de los malhechores.

³⁰ Los justos no tropezarán jamás;
　los malvados no habitarán la tierra.

³¹ La boca del justo profiere sabiduría,
　pero la lengua perversa será cercenada.

³² Los labios del justo destilan^w bondad;
　de la boca del malvado brota perversidad.

11 El Señor aborrece las balanzas adulteradas,
　pero aprueba las pesas exactas.

² Con el orgullo viene el oprobio;
　con la humildad, la sabiduría.

³ A los justos los guía su integridad;
　a los falsos los destruye su hipocresía.

⁴ En el día de la ira de nada sirve ser rico,
　pero la justicia libra de la muerte.

⁵ La justicia endereza el camino de los íntegros,
　pero la maldad hace caer a los impíos.

¹⁸ Whoever conceals hatred with lying lips
　and spreads slander is a fool.

¹⁹ Sin is not ended by multiplying words,
　but the prudent hold their tongues.

²⁰ The tongue of the righteous is choice silver,
　but the heart of the wicked is of little value.

²¹ The lips of the righteous nourish many,
　but fools die for lack of sense.

²² The blessing of the Lord brings wealth,
　without painful toil for it.

²³ A fool finds pleasure in wicked schemes,
　but a person of understanding delights in wisdom.

²⁴ What the wicked dread will overtake them;
　what the righteous desire will be granted.

²⁵ When the storm has swept by, the wicked are gone,
　but the righteous stand firm forever.

²⁶ As vinegar to the teeth and smoke to the eyes,
　so are sluggards to those who send them.

²⁷ The fear of the Lord adds length to life,
　but the years of the wicked are cut short.

²⁸ The prospect of the righteous is joy,
　but the hopes of the wicked come to nothing.

²⁹ The way of the Lord is a refuge for the blameless,
　but it is the ruin of those who do evil.

³⁰ The righteous will never be uprooted,
　but the wicked will not remain in the land.

³¹ From the mouth of the righteous comes the fruit of wisdom,
　but a perverse tongue will be silenced.

³² The lips of the righteous know what finds favor,
　but the mouth of the wicked only what is perverse.

11 The Lord detests dishonest scales,
　but accurate weights find favor with him.

² When pride comes, then comes disgrace,
　but with humility comes wisdom.

³ The integrity of the upright guides them,
　but the unfaithful are destroyed by their duplicity.

⁴ Wealth is worthless in the day of wrath,
　but righteousness delivers from death.

⁵ The righteousness of the blameless makes their paths straight,
　but the wicked are brought down by their own wickedness.

---

^w **10:32** *destilan* (LXX); *saben* (TM).

⁶ La justicia libra a los justos,
   pero la codicia atrapa a los falsos.

⁷ Muere el malvado, y con él su esperanza;
   muere también su ilusión de poder.

⁸ El justo se salva de la calamidad,
   pero la desgracia le sobreviene al malvado.

⁹ Con la boca el impío destruye a su prójimo,
   pero los justos se libran por el
      conocimiento.

¹⁰ Cuando el justo prospera, la ciudad se alegra;
   cuando el malvado perece, hay gran regocijo.

¹¹ La bendición de los justos enaltece a la ciudad,
   pero la boca de los malvados la destruye.

¹² El falto de juicio desprecia a su prójimo,
   pero el entendido refrena su lengua.

¹³ La gente chismosa revela los secretos;
   la gente confiable es discreta.

¹⁴ Sin dirección, la nación fracasa;
   el éxito depende de los muchos consejeros.

¹⁵ El fiador de un extraño saldrá perjudicado;
   negarse a dar fianza^x es vivir en paz.

¹⁶ La mujer bondadosa se gana el respeto;
   los hombres violentos sólo ganan riquezas.

¹⁷ El que es bondadoso se beneficia a sí mismo;
   el que es cruel, a sí mismo se perjudica.

¹⁸ El malvado obtiene ganancias ilusorias;
   el que siembra justicia asegura su ganancia.

¹⁹ El que es justo obtiene la vida;
   el que persigue el mal se encamina a la
      muerte.

²⁰ El Señor aborrece a los de corazón perverso,
   pero se complace en los que viven con
      rectitud.

²¹ Una cosa es segura:^y Los malvados no
      quedarán impunes,
   pero los justos saldrán bien librados.

²² Como argolla de oro en hocico de cerdo
   es la mujer bella pero indiscreta.

⁶ The righteousness of the upright delivers them,
   but the unfaithful are trapped by evil
      desires.

⁷ Hopes placed in mortals die with them;
   all the promise of^x their power comes to
      nothing.

⁸ The righteous person is rescued from trouble,
   and it falls on the wicked instead.

⁹ With their mouths the godless destroy their
      neighbors,
   but through knowledge the righteous
      escape.

¹⁰ When the righteous prosper, the city rejoices;
   when the wicked perish, there are shouts of
      joy.

¹¹ Through the blessing of the upright a city is
      exalted,
   but by the mouth of the wicked it is
      destroyed.

¹² Whoever derides their neighbor has no sense,
   but the one who has understanding holds
      their tongue.

¹³ A gossip betrays a confidence,
   but a trustworthy person keeps a secret.

¹⁴ For lack of guidance a nation falls,
   but victory is won through many advisers.

¹⁵ Whoever puts up security for a stranger will
      surely suffer,
   but whoever refuses to shake hands in
      pledge is safe.

¹⁶ A kindhearted woman gains honor,
   but ruthless men gain only wealth.

¹⁷ Those who are kind benefit themselves,
   but the cruel bring ruin on themselves.

¹⁸ A wicked person earns deceptive wages,
   but the one who sows righteousness reaps a
      sure reward.

¹⁹ Truly the righteous attain life,
   but whoever pursues evil finds death.

²⁰ The Lord detests those whose hearts are
      perverse,
   but he delights in those whose ways are
      blameless.

²¹ Be sure of this: The wicked will not go
      unpunished,
   but those who are righteous will go free.

²² Like a gold ring in a pig's snout
   is a beautiful woman who shows no
      discretion.

---

^x **11:15** *a dar fianza*. Lit. *a estrechar la mano.*
^y **11:21** *Una cosa es segura*. Lit. *Mano a mano.*

^x 7 Two Hebrew manuscripts; most Hebrew manuscripts, Vulgate,
Syriac and Targum *When the wicked die, their hope perishes; / all
they expected from*

²³ Los deseos de los justos terminan bien;
la esperanza de los malvados termina mal.ᶻ

²⁴ Unos dan a manos llenas, y reciben más de lo
que dan;
otros ni sus deudas pagan, y acaban en la
miseria.

²⁵ El que es generoso prospera;
el que reanima será reanimado.

²⁶ La gente maldice al que acapara el trigo,
pero colma de bendiciones al que gustoso lo
vende.

²⁷ El que madruga para el bien, halla buena
voluntad;
el que anda tras el mal, por el mal será
alcanzado.

²⁸ El que confía en sus riquezas se marchita,
pero el justo se renueva como el follaje.

²⁹ El que perturba su casa no hereda más que el
viento,
y el necio termina sirviendo al sabio.

³⁰ El fruto de la justiciaᵃ es árbol de vida,
pero el que arrebata vidas es violento.ᵇ

³¹ Si los justos reciben su pago aquí en la tierra,
¡cuánto más los impíos y los pecadores!

12 El que ama la disciplina ama el conocimiento,
pero el que la aborrece es un necio.

² El hombre bueno recibe el favor del Señor,
pero el intrigante recibe su condena.

³ Nadie puede afirmarse por medio de la
maldad;
sólo queda firme la raíz de los justos.

⁴ La mujer ejemplarᶜ es corona de su esposo;
la desvergonzada es carcoma en los huesos.

⁵ En los planes del justo hay justicia,
pero en los consejos del malvado hay
engaño.

⁶ Las palabras del malvado son insidias de
muerte,
pero la boca de los justos los pone a salvo.

⁷ Los malvados se derrumban y dejan de existir,
pero los hijos de los justos permanecen.

⁸ Al hombre se le alaba según su sabiduría,
pero al de mal corazón se le desprecia.

⁹ Vale más un Don Nadie con criado
que un Don Alguien sin pan.

¹⁰ El justo atiende a las necesidades de su bestia,
pero el malvado es de mala entraña.

²³ The desire of the righteous ends only in good,
but the hope of the wicked only in wrath.

²⁴ One person gives freely, yet gains even more;
another withholds unduly, but comes to
poverty.

²⁵ A generous person will prosper;
whoever refreshes others will be refreshed.

²⁶ People curse the one who hoards grain,
but they pray God's blessing on the one who
is willing to sell.

²⁷ Whoever seeks good finds favor,
but evil comes to one who searches for it.

²⁸ Those who trust in their riches will fall,
but the righteous will thrive like a green
leaf.

²⁹ Whoever brings ruin on their family will
inherit only wind,
and the fool will be servant to the wise.

³⁰ The fruit of the righteous is a tree of life,
and the one who is wise saves lives.

³¹ If the righteous receive their due on earth,
how much more the ungodly and the
sinner!

12 Whoever loves discipline loves knowledge,
but whoever hates correction is stupid.

² Good people obtain favor from the Lord,
but he condemns those who devise wicked
schemes.

³ No one can be established through wickedness,
but the righteous cannot be uprooted.

⁴ A wife of noble character is her husband's
crown,
but a disgraceful wife is like decay in his
bones.

⁵ The plans of the righteous are just,
but the advice of the wicked is deceitful.

⁶ The words of the wicked lie in wait for blood,
but the speech of the upright rescues them.

⁷ The wicked are overthrown and are no more,
but the house of the righteous stands firm.

⁸ A person is praised according to their
prudence,
and one with a warped mind is despised.

⁹ Better to be a nobody and yet have a servant
than pretend to be somebody and have no
food.

¹⁰ The righteous care for the needs of their
animals,
but the kindest acts of the wicked are cruel.

ᶻ **11:23** *termina mal* (LXX); *es ira* (TM).
ᵃ **11:30** *de la justicia* (LXX); *del justo* (TM).
ᵇ **11:30** *violento* (LXX); *sabio* (TM).
ᶜ **12:4** *ejemplar.* Alt. *fuerte*; véase 31:10-31.

¹¹ El que labra su tierra tendrá abundante
    comida,
    pero el que sueña despierto^d es un
    imprudente.

¹² Los malos deseos son la trampa^e de los
    malvados,
    pero la raíz de los justos prospera.

¹³ En el pecado de sus labios se enreda el
    malvado,
    pero el justo sale del aprieto.

¹⁴ Cada uno se sacia^f del fruto de sus labios,
    y de la obra de sus manos recibe su
    recompensa.

¹⁵ Al necio le parece bien lo que emprende,
    pero el sabio atiende al consejo.

¹⁶ El necio muestra en seguida su enojo,
    pero el prudente pasa por alto el insulto.

¹⁷ El testigo verdadero declara lo que es justo,
    pero el testigo falso declara falsedades.

¹⁸ El charlatán hiere con la lengua como con una
    espada,
    pero la lengua del sabio brinda alivio.

¹⁹ Los labios sinceros permanecen para siempre,
    pero la lengua mentirosa dura sólo un
    instante.

²⁰ En los que fraguan el mal habita el engaño,
    pero hay gozo para los que promueven la
    paz.

²¹ Al justo no le sobrevendrá ningún daño,
    pero al malvado lo cubrirá la desgracia.

²² El Señor aborrece a los de labios mentirosos,
    pero se complace en los que actúan con
    lealtad.

²³ El hombre prudente no muestra lo que sabe,
    pero el corazón de los necios proclama su
    necedad.

²⁴ El de manos diligentes gobernará;
    pero el perezoso será subyugado.

²⁵ La angustia abate el corazón del hombre,
    pero una palabra amable lo alegra.

²⁶ El justo es guía de su prójimo,^g
    pero el camino del malvado lleva a la
    perdición.

²⁷ El perezoso no atrapa presa,^h
    pero el diligente ya posee una gran riqueza.

²⁸ En el camino de la justicia se halla la vida;
    por ese camino se evita la muerte.

¹¹ Those who work their land will have abundant
    food,
    but those who chase fantasies have no sense.

¹² The wicked desire the stronghold of evildoers,
    but the root of the righteous endures.

¹³ Evildoers are trapped by their sinful talk,
    and so the innocent escape trouble.

¹⁴ From the fruit of their lips people are filled
    with good things,
    and the work of their hands brings them
    reward.

¹⁵ The way of fools seems right to them,
    but the wise listen to advice.

¹⁶ Fools show their annoyance at once,
    but the prudent overlook an insult.

¹⁷ An honest witness tells the truth,
    but a false witness tells lies.

¹⁸ The words of the reckless pierce like swords,
    but the tongue of the wise brings healing.

¹⁹ Truthful lips endure forever,
    but a lying tongue lasts only a moment.

²⁰ Deceit is in the hearts of those who plot evil,
    but those who promote peace have joy.

²¹ No harm overtakes the righteous,
    but the wicked have their fill of trouble.

²² The Lord detests lying lips,
    but he delights in people who are
    trustworthy.

²³ The prudent keep their knowledge to
    themselves,
    but a fool's heart blurts out folly.

²⁴ Diligent hands will rule,
    but laziness ends in forced labor.

²⁵ Anxiety weighs down the heart,
    but a kind word cheers it up.

²⁶ The righteous choose their friends carefully,
    but the way of the wicked leads them astray.

²⁷ The lazy do not roast^y any game,
    but the diligent feed on the riches of the
    hunt.

²⁸ In the way of righteousness there is life;
    along that path is immortality.

---

d **12:11** *el que sueña despierto.* Lit. *el que persigue lo vacío;* también en 28:19.
e **12:12** *la trampa* (texto probable); *el botín* (TM).
f **12:14** *se sacia.* Lit. *se sacia de lo bueno.*
g **12:26** Texto de difícil traducción.
h **12:27** *no atrapa presa.* Alt. *no pone a asar lo que ha cazado.* Texto de difícil traducción.

y 27 The meaning of the Hebrew for this word is uncertain.

13 El hijo sabio atiende a[i] la *corrección de su padre,
pero el *insolente no hace caso a la reprensión.

2 Quien habla el bien, del bien se nutre,
pero el infiel padece hambre de violencia.

3 El que refrena su lengua protege su vida,
pero el ligero de labios provoca su ruina.

4 El perezoso ambiciona, y nada consigue;
el diligente ve cumplidos sus deseos.

5 El justo aborrece la mentira;
el malvado acarrea vergüenza y deshonra.

6 La *justicia protege al que anda en integridad,
pero la maldad arruina al pecador.

7 Hay quien pretende ser rico, y no tiene nada;
hay quien parece ser pobre, y todo lo tiene.

8 Con su riqueza el rico pone a salvo su vida,
pero al pobre no hay ni quien lo amenace.

9 La luz de los justos brilla radiante,[j]
pero los malvados son como lámpara apagada.

10 El orgullo sólo genera contiendas,
pero la sabiduría está con quienes oyen consejos.

11 El dinero mal habido pronto se acaba;
quien ahorra, poco a poco se enriquece.

12 La esperanza frustrada aflige al *corazón;
el deseo cumplido es un árbol de vida.

13 Quien se burla de la *instrucción tendrá su merecido;
quien respeta el mandamiento tendrá su recompensa.

14 La enseñanza de los sabios es fuente de vida,
y libera de los lazos de la muerte.

15 El buen juicio redunda en aprecio,
pero el *camino del infiel no cambia.

16 El prudente actúa con cordura,
pero el *necio se jacta de su *necedad.

17 El mensajero malvado se mete en problemas;
el enviado confiable aporta la solución.

18 El que desprecia a la *disciplina sufre pobreza y deshonra;
el que atiende a la corrección recibe grandes honores.

13 A wise son heeds his father's instruction,
but a mocker does not respond to rebukes.

2 From the fruit of their lips people enjoy good things,
but the unfaithful have an appetite for violence.

3 Those who guard their lips preserve their lives,
but those who speak rashly will come to ruin.

4 A sluggard's appetite is never filled,
but the desires of the diligent are fully satisfied.

5 The righteous hate what is false,
but the wicked make themselves a stench
and bring shame on themselves.

6 Righteousness guards the person of integrity,
but wickedness overthrows the sinner.

7 One person pretends to be rich, yet has nothing;
another pretends to be poor, yet has great wealth.

8 A person's riches may ransom their life,
but the poor cannot respond to threatening rebukes.

9 The light of the righteous shines brightly,
but the lamp of the wicked is snuffed out.

10 Where there is strife, there is pride,
but wisdom is found in those who take advice.

11 Dishonest money dwindles away,
but whoever gathers money little by little makes it grow.

12 Hope deferred makes the heart sick,
but a longing fulfilled is a tree of life.

13 Whoever scorns instruction will pay for it,
but whoever respects a command is rewarded.

14 The teaching of the wise is a fountain of life,
turning a person from the snares of death.

15 Good judgment wins favor,
but the way of the unfaithful leads to their destruction.[z]

16 All who are prudent act with[a] knowledge,
but fools expose their folly.

17 A wicked messenger falls into trouble,
but a trustworthy envoy brings healing.

18 Whoever disregards discipline comes to poverty and shame,
but whoever heeds correction is honored.

---

i 13:1 *atiende a* (LXX y Siríaca). TM no incluye verbo.
j 13:9 *brilla radiante.* Lit. *se alegra.*

z 15 Septuagint and Syriac; the meaning of the Hebrew for this phrase is uncertain. a 16 Or *prudent protect themselves through*

¹⁹ El deseo cumplido endulza el *alma,
     pero el necio detesta alejarse del mal.

²⁰ El que con sabios anda, sabio se vuelve;
     el que con necios se junta, saldrá mal
          parado.

²¹ Al pecador lo persigue el mal,
     y al justo lo recompensa el bien.

²² El *hombre de bien deja herencia a sus nietos;
     las riquezas del pecador se quedan para los
          justos.

²³ En el campo del pobre hay abundante comida,
     pero ésta se pierde donde hay injusticia.

²⁴ No corregir al hijo es no quererlo;
     amarlo es disciplinarlo.

²⁵ El justo come hasta quedar saciado,
     pero el malvado se queda con hambre.

14 La mujer sabia edifica su casa;
     la necia, con sus manos la destruye.

² El que va por buen camino teme al Señor;
     el que va por mal camino lo desprecia.

³ De la boca del necio brota arrogancia;
     los labios del sabio son su propia protección.

⁴ Donde no hay bueyes el granero está vacío;
     con la fuerza del buey aumenta la cosecha.

⁵ El testigo verdadero jamás engaña;
     el testigo falso propaga mentiras.

⁶ El insolente busca sabiduría y no la halla;
     para el entendido, el conocimiento es cosa
          fácil.

⁷ Manténte a distancia del necio,
     pues en sus labios no hallarás conocimiento.

⁸ La sabiduría del prudente es discernir sus
          caminos,
     pero al necio lo engaña su propia necedad.

⁹ Los necios hacen mofa de sus propias faltas,
     pero los íntegros cuentan con el favor de
          Dios.

¹⁰ Cada corazón conoce sus propias amarguras,
     y ningún extraño comparte su alegría.

¹¹ La casa del malvado será destruida,
     pero la morada del justo prosperará.

¹² Hay caminos que al hombre le parecen rectos,
     pero que acaban por ser caminos de muerte.

¹³ También de reírse duele el corazón,
     y hay alegrías que acaban en tristeza.

¹⁹ A longing fulfilled is sweet to the soul,
     but fools detest turning from evil.

²⁰ Walk with the wise and become wise,
     for a companion of fools suffers harm.

²¹ Trouble pursues the sinner,
     but the righteous are rewarded with good
          things.

²² A good person leaves an inheritance for their
          children's children,
     but a sinner's wealth is stored up for the
          righteous.

²³ An unplowed field produces food for the poor,
     but injustice sweeps it away.

²⁴ Whoever spares the rod hates their children,
     but the one who loves their children is
          careful to discipline them.

²⁵ The righteous eat to their hearts' content,
     but the stomach of the wicked goes hungry.

14 The wise woman builds her house,
     but with her own hands the foolish
          one tears hers down.

² Whoever fears the Lord walks uprightly,
     but those who despise him are devious in
          their ways.

³ A fool's mouth lashes out with pride,
     but the lips of the wise protect them.

⁴ Where there are no oxen, the manger is empty,
     but from the strength of an ox come
          abundant harvests.

⁵ An honest witness does not deceive,
     but a false witness pours out lies.

⁶ The mocker seeks wisdom and finds none,
     but knowledge comes easily to the
          discerning.

⁷ Stay away from a fool,
     for you will not find knowledge on their
          lips.

⁸ The wisdom of the prudent is to give thought
          to their ways,
     but the folly of fools is deception.

⁹ Fools mock at making amends for sin,
     but goodwill is found among the upright.

¹⁰ Each heart knows its own bitterness,
     and no one else can share its joy.

¹¹ The house of the wicked will be destroyed,
     but the tent of the upright will flourish.

¹² There is a way that appears to be right,
     but in the end it leads to death.

¹³ Even in laughter the heart may ache,
     and rejoicing may end in grief.

¹⁴ El inconstante recibirá todo el pago de su
  inconstancia;
  el hombre bueno, el premio de sus acciones.

¹⁵ El ingenuo cree todo lo que le dicen;
  el prudente se fija por dónde va.

¹⁶ El sabio teme al Señor y se aparta del mal,
  pero el necio es arrogante y se pasa de
  confiado.

¹⁷ El iracundo comete locuras,
  pero el prudente sabe aguantar.^k

¹⁸ Herencia de los inexpertos es la necedad;
  corona de los prudentes, el conocimiento.

¹⁹ Los malvados se postrarán ante los buenos;
  los impíos, ante el tribunal^l de los justos.

²⁰ Al pobre hasta sus amigos lo aborrecen,
  pero son muchos los que aman al rico.

²¹ Es un pecado despreciar al prójimo;
  ¡dichoso el que se compadece de los pobres!

²² Pierden el camino los que maquinan el mal,
  pero hallan amor y verdad los que hacen el
  bien.

²³ Todo esfuerzo tiene su recompensa,
  pero quedarse sólo en palabras lleva a la
  pobreza.

²⁴ La corona del sabio es su sabiduría;^m
  la de los necios, su necedad.

²⁵ El testigo veraz libra de la muerte,
  pero el testigo falso miente.

²⁶ El temor del Señor es un baluarte seguro
  que sirve de refugio a los hijos.

²⁷ El temor del Señor es fuente de vida,
  y aleja al hombre de las redes de la muerte.

²⁸ Gloria del rey es gobernar a muchos;
  un príncipe sin súbditos está arruinado.

²⁹ El que es paciente muestra gran discernimiento;
  el que es agresivo muestra mucha
  insensatez.

³⁰ El corazón tranquilo da vida al cuerpo,
  pero la envidia corroe los huesos.

³¹ El que oprime al pobre ofende a su Creador,
  pero honra a Dios quien se apiada del
  necesitado.

³² El malvado cae por su propia maldad;
  el justo halla refugio en su integridad.ⁿ

¹⁴ The faithless will be fully repaid for their ways,
  and the good rewarded for theirs.

¹⁵ The simple believe anything,
  but the prudent give thought to their steps.

¹⁶ The wise fear the Lord and shun evil,
  but a fool is hotheaded and yet feels secure.

¹⁷ A quick-tempered person does foolish things,
  and the one who devises evil schemes is
  hated.

¹⁸ The simple inherit folly,
  but the prudent are crowned with
  knowledge.

¹⁹ Evildoers will bow down in the presence of the
  good,
  and the wicked at the gates of the righteous.

²⁰ The poor are shunned even by their neighbors,
  but the rich have many friends.

²¹ It is a sin to despise one's neighbor,
  but blessed is the one who is kind to the
  needy.

²² Do not those who plot evil go astray?
  But those who plan what is good find^b love
  and faithfulness.

²³ All hard work brings a profit,
  but mere talk leads only to poverty.

²⁴ The wealth of the wise is their crown,
  but the folly of fools yields folly.

²⁵ A truthful witness saves lives,
  but a false witness is deceitful.

²⁶ Whoever fears the Lord has a secure fortress,
  and for their children it will be a refuge.

²⁷ The fear of the Lord is a fountain of life,
  turning a person from the snares of death.

²⁸ A large population is a king's glory,
  but without subjects a prince is ruined.

²⁹ Whoever is patient has great understanding,
  but one who is quick-tempered displays
  folly.

³⁰ A heart at peace gives life to the body,
  but envy rots the bones.

³¹ Whoever oppresses the poor shows contempt
  for their Maker,
  but whoever is kind to the needy honors
  God.

³² When calamity comes, the wicked are brought
  down,
  but even in death the righteous seek refuge
  in God.

---

^k **14:17** *sabe aguantar* (LXX); *es odiado* (TM).
^l **14:19** *ante el tribunal.* Lit. *ante la* *puerta.
^m **14:24** *su sabiduría* (LXX); *su riqueza* (TM).
ⁿ **14:32** *en su integridad* (LXX y Siríaca); *en su muerte* (TM).

^b 22 Or *show*

[33] En el corazón de los sabios mora la sabiduría,
pero los necios ni siquiera la conocen.[ñ]

[34] La justicia enaltece a una nación,
pero el pecado deshonra a todos los pueblos.

[35] El rey favorece al siervo inteligente,
pero descarga su ira sobre el sinvergüenza.

15 La respuesta amable calma el enojo,
pero la agresiva echa leña al fuego.

[2] La lengua de los sabios destila conocimiento;[o]
la boca de los necios escupe necedades.

[3] Los ojos del SEÑOR están en todo lugar,
vigilando a los buenos y a los malos.

[4] La lengua que brinda consuelo[p] es árbol de vida;
la lengua insidiosa deprime el espíritu.

[5] El necio desdeña la corrección de su padre;
el que la acepta demuestra prudencia.

[6] En la casa del justo hay gran abundancia;
en las ganancias del malvado, grandes problemas.

[7] Los labios de los sabios esparcen conocimiento;
el corazón de los necios ni piensa en ello.

[8] El SEÑOR aborrece las ofrendas de los malvados,
pero se complace en la oración de los justos.

[9] El SEÑOR aborrece el camino de los malvados,
pero ama a quienes siguen la justicia.

[10] Para el descarriado, disciplina severa;
para el que aborrece la corrección, la muerte.

[11] Si ante el SEÑOR están el *sepulcro y la *muerte,
¡cuánto más el corazón humano!

[12] Al insolente no le gusta que lo corrijan,
ni busca la compañía de los sabios.

[13] El corazón alegre se refleja en el rostro,
el corazón dolido deprime el espíritu.

[14] El corazón entendido va tras el conocimiento;
la boca de los necios se nutre de tonterías.

[15] Para el afligido todos los días son malos;
para el que es feliz siempre es día de fiesta.

[16] Más vale tener poco, con temor del SEÑOR,
que muchas riquezas con grandes angustias.

[17] Más vale comer verduras sazonadas con amor
que un festín de carne[q] sazonada con odio.

[18] El que es iracundo provoca contiendas;
el que es paciente las apacigua.

ñ **14:33** *los necios ni siquiera la conocen* (LXX y Siríaca); *los necios la conocen* (TM).
o **15:2** *destila conocimiento* (LXX); *hace bien al conocimiento* (TM).
p **15:4** *que brinda consuelo.* Lit. *que sana.*
q **15:17** *que un festín de carne.* Lit. *que toro engordado.*

[33] Wisdom reposes in the heart of the discerning
and even among fools she lets herself be known.[c]

[34] Righteousness exalts a nation,
but sin condemns any people.

[35] A king delights in a wise servant,
but a shameful servant arouses his fury.

15 A gentle answer turns away wrath,
but a harsh word stirs up anger.

[2] The tongue of the wise adorns knowledge,
but the mouth of the fool gushes folly.

[3] The eyes of the LORD are everywhere,
keeping watch on the wicked and the good.

[4] The soothing tongue is a tree of life,
but a perverse tongue crushes the spirit.

[5] A fool spurns a parent's discipline,
but whoever heeds correction shows prudence.

[6] The house of the righteous contains great treasure,
but the income of the wicked brings ruin.

[7] The lips of the wise spread knowledge,
but the hearts of fools are not upright.

[8] The LORD detests the sacrifice of the wicked,
but the prayer of the upright pleases him.

[9] The LORD detests the way of the wicked,
but he loves those who pursue righteousness.

[10] Stern discipline awaits anyone who leaves the path;
the one who hates correction will die.

[11] Death and Destruction[d] lie open before the LORD—
how much more do human hearts!

[12] Mockers resent correction,
so they avoid the wise.

[13] A happy heart makes the face cheerful,
but heartache crushes the spirit.

[14] The discerning heart seeks knowledge,
but the mouth of a fool feeds on folly.

[15] All the days of the oppressed are wretched,
but the cheerful heart has a continual feast.

[16] Better a little with the fear of the LORD
than great wealth with turmoil.

[17] Better a small serving of vegetables with love
than a fattened calf with hatred.

[18] A hot-tempered person stirs up conflict,
but the one who is patient calms a quarrel.

c *33* Hebrew; Septuagint and Syriac *discerning / but in the heart of fools she is not known* d *11* Hebrew *Abaddon*

¹⁹ El camino del perezoso está plagado de
　　　espinas,
　　pero la senda del justo es como una calzada.

²⁰ El hijo sabio alegra a su padre;
　　el hijo necio menosprecia a su madre.

²¹ Al necio le divierte su falta de juicio;
　　el entendido endereza sus propios pasos.

²² Cuando falta el consejo, fracasan los planes;
　　cuando abunda el consejo, prosperan.

²³ Es muy grato dar la respuesta adecuada,
　　y más grato aún cuando es oportuna.

²⁴ El sabio sube por el sendero de vida,
　　para librarse de caer en el *sepulcro.

²⁵ El Señor derriba la casa de los soberbios,
　　pero mantiene intactos los linderos de las
　　　viudas.

²⁶ El Señor aborrece los planes de los malvados,
　　pero le agradan las palabras puras.

²⁷ El ambicioso acarrea mal sobre su familia;
　　el que aborrece el soborno vivirá.

²⁸ El corazón del justo medita sus respuestas,
　　pero la boca del malvado rebosa de maldad.

²⁹ El Señor se mantiene lejos de los impíos,
　　pero escucha las oraciones de los justos.

³⁰ Una mirada radiante alegra el corazón,
　　y las buenas noticias renuevan las fuerzas.^r

³¹ El que atiende a la crítica edificante
　　habitará entre los sabios.

³² Rechazar la corrección es despreciarse a sí
　　　mismo;
　　atender a la reprensión es ganar
　　　entendimiento.

³³ El temor del Señor es corrección y sabiduría;^s
　　la humildad precede a la honra.

16 El hombre propone
　　y Dios^t dispone.

² A cada uno le parece correcto su proceder,^u
　　pero el Señor juzga los motivos.

³ Pon en manos del Señor todas tus obras,
　　y tus proyectos se cumplirán.

⁴ Toda obra del Señor tiene un propósito;
　　¡hasta el malvado fue hecho para el día del
　　　desastre!

⁵ El Señor aborrece a los arrogantes.
　　Una cosa es segura: no quedarán impunes.

¹⁹ The way of the sluggard is blocked with thorns,
　　but the path of the upright is a highway.

²⁰ A wise son brings joy to his father,
　　but a foolish man despises his mother.

²¹ Folly brings joy to one who has no sense,
　　but whoever has understanding keeps a
　　　straight course.

²² Plans fail for lack of counsel,
　　but with many advisers they succeed.

²³ A person finds joy in giving an apt reply—
　　and how good is a timely word!

²⁴ The path of life leads upward for the prudent
　　to keep them from going down to the realm
　　　of the dead.

²⁵ The Lord tears down the house of the proud,
　　but he sets the widow's boundary stones in
　　　place.

²⁶ The Lord detests the thoughts of the wicked,
　　but gracious words are pure in his sight.

²⁷ The greedy bring ruin to their households,
　　but the one who hates bribes will live.

²⁸ The heart of the righteous weighs its answers,
　　but the mouth of the wicked gushes evil.

²⁹ The Lord is far from the wicked,
　　but he hears the prayer of the righteous.

³⁰ Light in a messenger's eyes brings joy to the
　　　heart,
　　and good news gives health to the bones.

³¹ Whoever heeds life-giving correction
　　will be at home among the wise.

³² Those who disregard discipline despise
　　　themselves,
　　but the one who heeds correction gains
　　　understanding.

³³ Wisdom's instruction is to fear the Lord,
　　and humility comes before honor.

16 To humans belong the plans of the heart,
　　but from the Lord comes the proper
　　　answer of the tongue.

² All a person's ways seem pure to them,
　　but motives are weighed by the Lord.

³ Commit to the Lord whatever you do,
　　and he will establish your plans.

⁴ The Lord works out everything to its proper
　　　end—
　　even the wicked for a day of disaster.

⁵ The Lord detests all the proud of heart.
　　Be sure of this: They will not go
　　　unpunished.

---

^r **15:30** *las fuerzas*. Lit. *los huesos.*
^s **15:33** *es corrección y sabiduría* (LXX); *es corrección de sabiduría*
(TM).
^t **16:1** *Dios*. Lit. *el Señor.*
^u **16:2** *A cada uno ... proceder*. Lit. *Todos los caminos del hombre
son limpios a sus ojos.*

⁶ Con amor y verdad se perdona el pecado,
y con temor del Señor se evita el mal.

⁷ Cuando el Señor aprueba la conducta de un
hombre,
hasta con sus enemigos lo reconcilia.

⁸ Más vale tener poco con justicia
que ganar mucho con injusticia.

⁹ El corazón del hombre traza su rumbo,
pero sus pasos los dirige el Señor.

¹⁰ La sentencia^v está en labios del rey;
en el veredicto que emite no hay error.

¹¹ Las pesas y las balanzas justas son del Señor;
todas las medidas son hechura suya.

¹² El rey detesta las malas acciones,
porque el trono se afirma en la justicia.

¹³ El rey se complace en los labios honestos;
aprecia a quien habla con la verdad.

¹⁴ La ira del rey es presagio de muerte,
pero el sabio sabe apaciguarla.

¹⁵ El rostro radiante del rey es signo de vida;
su favor es como lluvia en primavera.

¹⁶ Más vale adquirir sabiduría que oro;
más vale adquirir inteligencia que plata.

¹⁷ El camino del hombre recto evita el mal;
el que quiere salvar su vida, se fija por
dónde va.

¹⁸ Al orgullo le sigue la destrucción;
a la altanería, el fracaso.

¹⁹ Vale más humillarse con los oprimidos
que compartir el botín con los orgullosos.

²⁰ El que atiende a la palabra, prospera.
¡Dichoso el que confía en el Señor!

²¹ Al sabio de corazón se le llama inteligente;
los labios convincentes promueven el saber.

²² Fuente de vida es la prudencia para quien la
posee;
el castigo de los necios es su propia necedad.

²³ El sabio de corazón controla su boca;
con sus labios promueve el saber.

²⁴ Panal de miel son las palabras amables:
endulzan la vida y dan salud al cuerpo.^w

²⁵ Hay caminos que al hombre le parecen rectos,
pero que acaban por ser caminos de muerte.

⁶ Through love and faithfulness sin is atoned
for;
through the fear of the Lord evil is avoided.

⁷ When the Lord takes pleasure in anyone's way,
he causes their enemies to make peace with
them.

⁸ Better a little with righteousness
than much gain with injustice.

⁹ In their hearts humans plan their course,
but the Lord establishes their steps.

¹⁰ The lips of a king speak as an oracle,
and his mouth does not betray justice.

¹¹ Honest scales and balances belong to the
Lord;
all the weights in the bag are of his making.

¹² Kings detest wrongdoing,
for a throne is established through
righteousness.

¹³ Kings take pleasure in honest lips;
they value the one who speaks what is right.

¹⁴ A king's wrath is a messenger of death,
but the wise will appease it.

¹⁵ When a king's face brightens, it means life;
his favor is like a rain cloud in spring.

¹⁶ How much better to get wisdom than gold,
to get insight rather than silver!

¹⁷ The highway of the upright avoids evil;
those who guard their ways preserve their
lives.

¹⁸ Pride goes before destruction,
a haughty spirit before a fall.

¹⁹ Better to be lowly in spirit along with the
oppressed
than to share plunder with the proud.

²⁰ Whoever gives heed to instruction prospers,^e
and blessed is the one who trusts in the
Lord.

²¹ The wise in heart are called discerning,
and gracious words promote instruction.^f

²² Prudence is a fountain of life to the prudent,
but folly brings punishment to fools.

²³ The hearts of the wise make their mouths
prudent,
and their lips promote instruction.^g

²⁴ Gracious words are a honeycomb,
sweet to the soul and healing to the bones.

²⁵ There is a way that appears to be right,
but in the end it leads to death.

---

^v **16:10** *La sentencia.* Alt. *El oráculo.*
^w **16:24** *al cuerpo.* Lit. *a los huesos.*

^e 20 Or *whoever speaks prudently finds what is good*
^f 21 Or *words make a person persuasive*   ^g 23 Or *prudent / and
make their lips persuasive*

²⁶ Al que trabaja, el hambre lo obliga a trabajar,
pues su propio apetito lo estimula.

²⁷ El perverso hace^x planes malvados;
en sus labios hay un fuego devorador.

²⁸ El perverso provoca contiendas,
y el chismoso divide a los buenos amigos.

²⁹ El violento engaña a su prójimo
y lo lleva por mal camino.

³⁰ El que guiña el ojo trama algo perverso;
el que aprieta los labios ya lo ha cometido.

³¹ Las canas son una honrosa corona
que se obtiene en el camino de la justicia.

³² Más vale ser paciente que valiente;
más vale dominarse a sí mismo que
conquistar ciudades.

³³ Las suertes se echan sobre la mesa,^y
pero el veredicto proviene del Señor.

17 Más vale comer pan duro donde hay concordia
que hacer banquete^z donde hay
discordia.

² El siervo sabio gobernará al hijo sinvergüenza,
y compartirá la herencia con los otros
hermanos.

³ En el crisol se prueba la plata
y en el horno se prueba el oro,
pero al corazón lo prueba el Señor.

⁴ El malvado hace caso a los labios impíos,
y el mentiroso presta oído a la lengua
maliciosa.

⁵ El que se burla del pobre ofende a su Creador;
el que se alegra de verlo en la ruina no
quedará sin castigo.

⁶ La corona del anciano son sus nietos;
el orgullo de los hijos son sus padres.

⁷ No va bien con los necios el lenguaje refinado,
ni con los gobernantes, la mentira.

⁸ Vara^a mágica es el soborno para quien lo ofrece,
pues todo lo que emprende lo consigue.

⁹ El que perdona la ofensa cultiva el amor;
el que insiste en la ofensa divide a los amigos.

¹⁰ Cala más un regaño en el hombre prudente
que cien latigazos en el obstinado.

¹¹ El revoltoso siempre anda buscando camorra,
pero se las verá con un mensajero cruel.

¹² Más vale toparse con un oso enfurecido^b
que con un necio empecinado en su necedad.

²⁶ The appetite of laborers works for them;
their hunger drives them on.

²⁷ A scoundrel plots evil,
and on their lips it is like a scorching fire.

²⁸ A perverse person stirs up conflict,
and a gossip separates close friends.

²⁹ A violent person entices their neighbor
and leads them down a path that is not good.

³⁰ Whoever winks with their eye is plotting
perversity;
whoever purses their lips is bent on evil.

³¹ Gray hair is a crown of splendor;
it is attained in the way of righteousness.

³² Better a patient person than a warrior,
one with self-control than one who takes a
city.

³³ The lot is cast into the lap,
but its every decision is from the Lord.

17 Better a dry crust with peace and quiet
than a house full of feasting, with
strife.

² A prudent servant will rule over a disgraceful
son
and will share the inheritance as one of the
family.

³ The crucible for silver and the furnace for gold,
but the Lord tests the heart.

⁴ A wicked person listens to deceitful lips;
a liar pays attention to a destructive tongue.

⁵ Whoever mocks the poor shows contempt for
their Maker;
whoever gloats over disaster will not go
unpunished.

⁶ Children's children are a crown to the aged,
and parents are the pride of their children.

⁷ Eloquent lips are unsuited to a godless fool —
how much worse lying lips to a ruler!

⁸ A bribe is seen as a charm by the one who
gives it;
they think success will come at every turn.

⁹ Whoever would foster love covers over an
offense,
but whoever repeats the matter separates
close friends.

¹⁰ A rebuke impresses a discerning person
more than a hundred lashes a fool.

¹¹ Evildoers foster rebellion against God;
the messenger of death will be sent against
them.

¹² Better to meet a bear robbed of her cubs
than a fool bent on folly.

---

^x **16:27** *hace.* Lit. *cava.*
^y **16:33** *sobre la mesa.* Lit. *en el regazo.*
^z **17:1** *banquete.* Lit. *sacrificios.*
^a **17:8** *Vara.* Lit. *Piedra.*
^b **17:12** *oso enfurecido.* Lit. *oso al que le robaron sus cachorros.*

¹³ Al que devuelve mal por bien,
     nunca el mal se apartará de su familia.

¹⁴ Iniciar una pelea es romper una represa;
     vale más retirarse que comenzarla.

¹⁵ Absolver al culpable y condenar al inocente
     son dos cosas que el Señor aborrece.

¹⁶ ¿De qué le sirve al necio poseer dinero?
     ¿Podrá adquirir sabiduría si le faltan sesos?ᶜ

¹⁷ En todo tiempo ama el amigo;
     para ayudar en la adversidad nació el
       hermano.

¹⁸ El que es imprudente se compromete por
       otros,
     y sale fiador de su prójimo.

¹⁹ Al que le gusta pecar, le gusta pelear;
     el que abre mucho la boca, busca que se la
       rompan.ᵈ

²⁰ El de corazón perverso jamás prospera;
     el de lengua engañosa caerá en desgracia.

²¹ Engendrar a un hijo necio es causa de pesar;
     ser padre de un necio no es ninguna alegría.

²² Gran remedio es el corazón alegre,
     pero el ánimo decaído seca los huesos.

²³ El malvado acepta soborno en secreto,
     con lo que tuerce el curso de la justicia.

²⁴ La meta del prudente es la sabiduría;
     el necio divaga contemplando vanos
       horizontes.ᵉ

²⁵ El hijo necio irrita a su padre,
     y causa amargura a su madre.

²⁶ No está bien castigar al inocente,
     ni azotar por su rectitud a gente honorable.

²⁷ El que es entendido refrena sus palabras;
     el que es prudente controla sus impulsos.

²⁸ Hasta un necio pasa por sabio si guarda
       silencio;
     se le considera prudente si cierra la boca.

18 El egoísta busca su propio bien;
     contra todo sano juicio se rebela.

² Al necio no le complace el discernimiento;
     tan sólo hace alarde de su propia opinión.

³ Con la maldad, viene el desprecio,
     y con la vergüenza llega el oprobio.

⁴ Las palabras del hombre son aguas profundas,
     arroyo de aguas vivas, fuente de sabiduría.

ᶜ **17:16** *sesos.* Lit. *corazón.*
ᵈ **17:19** *el que abre ... se la rompan.* Lit. *el que abre su puerta, busca destrucción.*
ᵉ **17:24** *el necio ... horizontes.* Lit. *y los ojos del necio en los confines de la tierra.*

---

¹³ Evil will never leave the house
     of one who pays back evil for good.

¹⁴ Starting a quarrel is like breaching a dam;
     so drop the matter before a dispute breaks
       out.

¹⁵ Acquitting the guilty and condemning the
       innocent —
     the Lord detests them both.

¹⁶ Why should fools have money in hand to buy
       wisdom,
     when they are not able to understand it?

¹⁷ A friend loves at all times,
     and a brother is born for a time of adversity.

¹⁸ One who has no sense shakes hands in pledge
     and puts up security for a neighbor.

¹⁹ Whoever loves a quarrel loves sin;
     whoever builds a high gate invites
       destruction.

²⁰ One whose heart is corrupt does not prosper;
     one whose tongue is perverse falls into
       trouble.

²¹ To have a fool for a child brings grief;
     there is no joy for the parent of a godless
       fool.

²² A cheerful heart is good medicine,
     but a crushed spirit dries up the bones.

²³ The wicked accept bribes in secret
     to pervert the course of justice.

²⁴ A discerning person keeps wisdom in view,
     but a fool's eyes wander to the ends of the
       earth.

²⁵ A foolish son brings grief to his father
     and bitterness to the mother who bore him.

²⁶ If imposing a fine on the innocent is not good,
     surely to flog honest officials is not right.

²⁷ The one who has knowledge uses words with
       restraint,
     and whoever has understanding is even-
       tempered.

²⁸ Even fools are thought wise if they keep silent,
     and discerning if they hold their tongues.

18 An unfriendly person pursues selfish ends
     and against all sound judgment starts
       quarrels.

² Fools find no pleasure in understanding
     but delight in airing their own opinions.

³ When wickedness comes, so does contempt,
     and with shame comes reproach.

⁴ The words of the mouth are deep waters,
     but the fountain of wisdom is a rushing
       stream.

⁵ No está bien declarar inocente al*f* malvado
    y dejar de lado los derechos del justo.

⁶ Los labios del necio son causa de contienda;
    su boca incita a la riña.

⁷ La boca del necio es su perdición;
    sus labios son para él una trampa mortal.

⁸ Los chismes son deliciosos manjares;
    penetran hasta lo más íntimo del ser.

⁹ El que es negligente en su trabajo
    confraterniza con el que es destructivo.

¹⁰ Torre inexpugnable es el nombre del Señor;
    a ella corren los justos y se ponen a salvo.

¹¹ Ciudad amurallada es la riqueza para el rico,
    y éste cree que sus muros son
      inexpugnables.

¹² Al fracaso lo precede la soberbia humana;
    a los honores los precede la humildad.

¹³ Es necio y vergonzoso
    responder antes de escuchar.

¹⁴ En la enfermedad, el ánimo levanta al
      enfermo;
    ¿pero quién podrá levantar al abatido?

¹⁵ El corazón prudente adquiere conocimiento;
    los oídos de los sabios procuran hallarlo.

¹⁶ Con regalos se abren todas las puertas
    y se llega a la presencia de gente importante.

¹⁷ El primero en presentar su caso parece
      inocente,
    hasta que llega la otra parte y lo refuta.

¹⁸ El echar suertes pone fin a los litigios
    y decide entre las partes en pugna.

¹⁹ Más resiste el hermano ofendido que una
      ciudad amurallada;
    los litigios son como cerrojos de ciudadela.

²⁰ Cada uno se llena con lo que dice
    y se sacia con lo que habla.

²¹ En la lengua hay poder de vida y muerte;
    quienes la aman comerán de su fruto.

²² Quien halla esposa halla la felicidad:
    muestras de su favor le ha dado el Señor.

²³ El pobre habla en tono suplicante;
    el rico responde con aspereza.

²⁴ Hay amigos*g* que llevan a la ruina,
    y hay amigos más fieles que un hermano.

19 Más vale pobre e intachable
      que necio y embustero.

---

⁵ It is not good to be partial to the wicked
    and so deprive the innocent of justice.

⁶ The lips of fools bring them strife,
    and their mouths invite a beating.

⁷ The mouths of fools are their undoing,
    and their lips are a snare to their very lives.

⁸ The words of a gossip are like choice morsels;
    they go down to the inmost parts.

⁹ One who is slack in his work
    is brother to one who destroys.

¹⁰ The name of the Lord is a fortified tower;
    the righteous run to it and are safe.

¹¹ The wealth of the rich is their fortified city;
    they imagine it a wall too high to scale.

¹² Before a downfall the heart is haughty,
    but humility comes before honor.

¹³ To answer before listening—
    that is folly and shame.

¹⁴ The human spirit can endure in sickness,
    but a crushed spirit who can bear?

¹⁵ The heart of the discerning acquires
      knowledge,
    for the ears of the wise seek it out.

¹⁶ A gift opens the way
    and ushers the giver into the presence of the
      great.

¹⁷ In a lawsuit the first to speak seems right,
    until someone comes forward and cross-
      examines.

¹⁸ Casting the lot settles disputes
    and keeps strong opponents apart.

¹⁹ A brother wronged is more unyielding than a
      fortified city;
    disputes are like the barred gates of a citadel.

²⁰ From the fruit of their mouth a person's
      stomach is filled;
    with the harvest of their lips they are
      satisfied.

²¹ The tongue has the power of life and death,
    and those who love it will eat its fruit.

²² He who finds a wife finds what is good
    and receives favor from the Lord.

²³ The poor plead for mercy,
    but the rich answer harshly.

²⁴ One who has unreliable friends soon comes to
      ruin,
    but there is a friend who sticks closer than a
      brother.

19 Better the poor whose walk is blameless
      than a fool whose lips are perverse.

---

f **18:5** *declarar inocente al.* Lit. *levantar el rostro del.*
g **18:24** *Hay amigos* (LXX, Siriaca y Targum); *Hombre de amigos*
(TM).

² El afán sin conocimiento no vale nada;
   mucho yerra quien mucho corre.

³ La necedad del hombre le hace perder el rumbo,
   y para colmo se irrita contra el SEÑOR.

⁴ Con las riquezas aumentan los amigos,
   pero al pobre hasta su amigo lo abandona.

⁵ El testigo falso no quedará sin castigo;
   el que esparce mentiras no saldrá bien
      librado.

⁶ Muchos buscan congraciarse con los
      poderosos;
   todos son amigos de quienes reparten
      regalos.

⁷ Si al pobre lo aborrecen sus parientes,
   con más razón lo evitan sus amigos.
   Aunque los busca suplicante,
      por ninguna parte los encuentra.ʰ

⁸ El que adquiere corduraⁱ a sí mismo se ama,
   y el que retiene el discernimiento prospera.

⁹ El testigo falso no quedará sin castigo;
   el que difunde mentiras perecerá.

¹⁰ No va bien con el necio vivir entre lujos,
   y menos con el esclavo gobernar a los
      príncipes.

¹¹ El buen juicio hace al hombre paciente;
   su gloria es pasar por alto la ofensa.

¹² Rugido de león es la ira del rey;
   su favor es como rocío sobre el pasto.

¹³ El hijo necio es la ruina del padre;
   la mujer pendenciera es gotera constante.

¹⁴ La casa y el dinero se heredan de los padres,
   pero la esposa inteligente es un don del
      SEÑOR.

¹⁵ La pereza conduce al sueño profundo;
   el holgazán pasará hambre.

¹⁶ El que cumple el mandamiento cumple
      consigo mismo;
   el que descuida su conducta morirá.

¹⁷ Servir al pobre es hacerle un préstamo al
      SEÑOR;
   Dios pagará esas buenas acciones.

¹⁸ Corrige a tu hijo mientras aún hay esperanza;
   no te hagas cómplice de su muerte.ʲ

¹⁹ El iracundo tendrá que afrontar el castigo;
   el que intente disuadirlo aumentará su
      enojo.ᵏ

² Desire without knowledge is not good —
   how much more will hasty feet miss the
      way!

³ A person's own folly leads to their ruin,
   yet their heart rages against the LORD.

⁴ Wealth attracts many friends,
   but even the closest friend of the poor
      person deserts them.

⁵ A false witness will not go unpunished,
   and whoever pours out lies will not go free.

⁶ Many curry favor with a ruler,
   and everyone is the friend of one who gives
      gifts.

⁷ The poor are shunned by all their relatives —
   how much more do their friends avoid
      them!
   Though the poor pursue them with pleading,
   they are nowhere to be found.ʰ

⁸ The one who gets wisdom loves life;
   the one who cherishes understanding will
      soon prosper.

⁹ A false witness will not go unpunished,
   and whoever pours out lies will perish.

¹⁰ It is not fitting for a fool to live in luxury —
   how much worse for a slave to rule over
      princes!

¹¹ A person's wisdom yields patience;
   it is to one's glory to overlook an offense.

¹² A king's rage is like the roar of a lion,
   but his favor is like dew on the grass.

¹³ A foolish child is a father's ruin,
   and a quarrelsome wife is like
   the constant dripping of a leaky roof.

¹⁴ Houses and wealth are inherited from parents,
   but a prudent wife is from the LORD.

¹⁵ Laziness brings on deep sleep,
   and the shiftless go hungry.

¹⁶ Whoever keeps commandments keeps their
      life,
   but whoever shows contempt for their ways
      will die.

¹⁷ Whoever is kind to the poor lends to the LORD,
   and he will reward them for what they have
      done.

¹⁸ Discipline your children, for in that there is
      hope;
   do not be a willing party to their death.

¹⁹ A hot-tempered person must pay the penalty;
   rescue them, and you will have to do it
      again.

ʰ **19:7** Texto de difícil traducción.
ⁱ **19:8** *cordura.* Lit. *corazón.*
ʲ **19:18** *no te hagas ... muerte.* Alt. *pero no te excedas hasta matarlo.*
ᵏ **19:19** Texto de difícil traducción.

ʰ 7 The meaning of the Hebrew for this sentence is uncertain.

²⁰ Atiende al consejo y acepta la corrección,
   y llegarás a ser sabio.

²¹ El corazón humano genera muchos proyectos,
   pero al final prevalecen los designios del
   Señor.

²² De todo hombre se espera lealtad.ˡ
   Más vale ser pobre que mentiroso.

²³ El temor del Señor conduce a la vida;
   da un sueño tranquilo y evita los problemas.

²⁴ El perezoso mete la mano en el plato,
   pero es incapaz de llevarse el bocado a la
   boca.

²⁵ Golpea al insolente, y se hará prudente el
   inexperto;
   reprende al entendido, y ganará en
   conocimiento.

²⁶ El que roba a su padre y echa a la calle a su
   madre
   es un hijo infame y sinvergüenza.

²⁷ Hijo mío, si dejas de atender a la corrección,
   te apartarás de las palabras del saber.

²⁸ El testigo corrupto se burla de la justicia,
   y la boca del malvado engulle maldad.

²⁹ El castigo se dispuso para los insolentes,
   y los azotes para la espalda de los necios.

20 El vino lleva a la insolencia,
   y la bebida embriagante al escándalo;
   ¡nadie bajo sus efectos se comporta
   sabiamente!

² Rugido de león es la furia del rey;
   quien provoca su enojo se juega la vida.

³ Honroso es al hombre evitar la contienda,
   pero no hay necio que no inicie un pleito.

⁴ El perezoso no labra la tierra en otoño;
   en tiempo de cosecha buscará y no hallará.

⁵ Los pensamientos humanos son aguas
   profundas;
   el que es inteligente los capta fácilmente.

⁶ Son muchos los que proclaman su lealtad,
   ¿pero quién puede hallar a alguien digno de
   confianza?

⁷ Justo es quien lleva una vida sin tacha;
   ¡dichosos los hijos que sigan su ejemplo!ᵐ

⁸ Cuando el rey se sienta en el tribunal,
   con su sola mirada barre toda maldad.

⁹ ¿Quién puede afirmar: «Tengo puro el
   corazón;
   estoy limpio de pecado»?

²⁰ Listen to advice and accept discipline,
   and at the end you will be counted among
   the wise.

²¹ Many are the plans in a person's heart,
   but it is the Lord's purpose that prevails.

²² What a person desires is unfailing loveⁱ;
   better to be poor than a liar.

²³ The fear of the Lord leads to life;
   then one rests content, untouched by
   trouble.

²⁴ A sluggard buries his hand in the dish;
   he will not even bring it back to his mouth!

²⁵ Flog a mocker, and the simple will learn
   prudence;
   rebuke the discerning, and they will gain
   knowledge.

²⁶ Whoever robs their father and drives out their
   mother
   is a child who brings shame and disgrace.

²⁷ Stop listening to instruction, my son,
   and you will stray from the words of
   knowledge.

²⁸ A corrupt witness mocks at justice,
   and the mouth of the wicked gulps down
   evil.

²⁹ Penalties are prepared for mockers,
   and beatings for the backs of fools.

20 Wine is a mocker and beer a brawler;
   whoever is led astray by them is not
   wise.

² A king's wrath strikes terror like the roar of a
   lion;
   those who anger him forfeit their lives.

³ It is to one's honor to avoid strife,
   but every fool is quick to quarrel.

⁴ Sluggards do not plow in season;
   so at harvest time they look but find
   nothing.

⁵ The purposes of a person's heart are deep
   waters,
   but one who has insight draws them out.

⁶ Many claim to have unfailing love,
   but a faithful person who can find?

⁷ The righteous lead blameless lives;
   blessed are their children after them.

⁸ When a king sits on his throne to judge,
   he winnows out all evil with his eyes.

⁹ Who can say, "I have kept my heart pure;
   I am clean and without sin"?

ˡ **19:22** *De todo ... lealtad.* Alt. *El anhelo de todo hombre es su
amor.*
ᵐ **20:7** *los hijos ... su ejemplo.* Lit. *sus hijos después de él.*

ⁱ **22** Or *Greed is a person's shame*

¹⁰ Pesas falsas y medidas engañosas:
    ¡vaya pareja que el Señor detesta!

¹¹ Por sus hechos el niño deja entrever
    si su conducta será pura y recta.

¹² Los oídos para oír y los ojos para ver:
    ¡hermosa pareja que el Señor ha creado!

¹³ No te des al sueño, o te quedarás pobre;
    mantente despierto y tendrás pan de sobra.

¹⁴ «¡No sirve, no sirve!», dice el comprador,
    pero luego va y se jacta de su compra.

¹⁵ Oro hay, y abundan las piedras preciosas,
    pero aún más valiosos son los labios del
        saber.

¹⁶ Toma la prenda del que salga fiador de un
        extraño;
    reténla en garantía si la da en favor de
        desconocidos.

¹⁷ Tal vez sea agradable ganarse el pan con
        engaños,
    pero uno acaba con la boca llena de arena.

¹⁸ Afirma tus planes con buenos consejos;
    entabla el combate con buena estrategia.

¹⁹ El chismoso traiciona la confianza;
    no te juntes con la gente que habla de más.

²⁰ Al que maldiga a su padre y a su madre,
    su lámpara se le apagará en la más densa
        oscuridad.

²¹ La herencia de fácil comienzo
    no tendrá un final feliz.

²² Nunca digas: «¡Me vengaré de ese daño!»
    Confía en el Señor, y él actuará por ti.

²³ El Señor aborrece las pesas falsas
    y reprueba el uso de medidas engañosas.

²⁴ Los pasos del hombre los dirige el Señor.
    ¿Cómo puede el hombre entender su propio
        camino?

²⁵ Trampa es consagrar algo sin pensarlo
    y más tarde reconsiderar lo prometido.

²⁶ El rey sabio avienta como trigo a los malvados,
    y los desmenuza con rueda de molino.

²⁷ El espíritu humano es la lámpara del Señor,
    pues escudriña lo más recóndito del ser.

²⁸ La misericordia y la verdad sostienen al rey;
    su trono se afirma en la misericordia.

²⁹ La gloria de los jóvenes radica en su fuerza;
    la honra de los ancianos, en sus canas.

³⁰ Los golpes y las heridas curan la maldad;
    los azotes purgan lo más íntimo del ser.

¹⁰ Differing weights and differing measures—
    the Lord detests them both.

¹¹ Even small children are known by their
        actions,
    so is their conduct really pure and upright?

¹² Ears that hear and eyes that see—
    the Lord has made them both.

¹³ Do not love sleep or you will grow poor;
    stay awake and you will have food to spare.

¹⁴ "It's no good, it's no good!" says the buyer—
    then goes off and boasts about the purchase.

¹⁵ Gold there is, and rubies in abundance,
    but lips that speak knowledge are a rare
        jewel.

¹⁶ Take the garment of one who puts up security
        for a stranger;
    hold it in pledge if it is done for an outsider.

¹⁷ Food gained by fraud tastes sweet,
    but one ends up with a mouth full of gravel.

¹⁸ Plans are established by seeking advice;
    so if you wage war, obtain guidance.

¹⁹ A gossip betrays a confidence;
    so avoid anyone who talks too much.

²⁰ If someone curses their father or mother,
    their lamp will be snuffed out in pitch
        darkness.

²¹ An inheritance claimed too soon
    will not be blessed at the end.

²² Do not say, "I'll pay you back for this wrong!"
    Wait for the Lord, and he will avenge you.

²³ The Lord detests differing weights,
    and dishonest scales do not please him.

²⁴ A person's steps are directed by the Lord.
    How then can anyone understand their own
        way?

²⁵ It is a trap to dedicate something rashly
    and only later to consider one's vows.

²⁶ A wise king winnows out the wicked;
    he drives the threshing wheel over them.

²⁷ The human spirit is^j the lamp of the Lord
    that sheds light on one's inmost being.

²⁸ Love and faithfulness keep a king safe;
    through love his throne is made secure.

²⁹ The glory of young men is their strength,
    gray hair the splendor of the old.

³⁰ Blows and wounds scrub away evil,
    and beatings purge the inmost being.

---

^j 27 Or *A person's words are*

21

En las manos del Señor el corazón del rey es
como un río:
sigue el curso que el Señor le ha trazado.

[2] A cada uno le parece correcto su proceder,[n]
pero el Señor juzga los corazones.

[3] Practicar la justicia y el derecho
lo prefiere el Señor a los sacrificios.

[4] Los ojos altivos, el corazón orgulloso
y la lámpara de los malvados son pecado.

[5] Los planes bien pensados: ¡pura ganancia!
Los planes apresurados: ¡puro fracaso!

[6] La fortuna amasada por la lengua embustera
se esfuma como la niebla y es mortal como
una trampa.[ñ]

[7] La violencia de los malvados los destruirá,
porque se niegan a practicar la justicia.

[8] Torcido es el camino del culpable,
pero recta la conducta del hombre honrado.

[9] Más vale habitar en un rincón de la azotea
que compartir el techo con mujer
pendenciera.

[10] El malvado sólo piensa en el mal;
jamás se compadece de su prójimo.

[11] Cuando se castiga al insolente,
aprende[o] el inexperto;
cuando se instruye al sabio,
el inexperto adquiere conocimiento.

[12] El justo se fija en la casa del malvado,
y ve cuando éste acaba en la ruina.

[13] Quien cierra sus oídos al clamor del pobre,
llorará también sin que nadie le responda.

[14] El regalo secreto apacigua el enojo;
el obsequio discreto calma la ira violenta.

[15] Cuando se hace justicia,
se alegra el justo y tiembla el malhechor.

[16] Quien se aparta de la senda del discernimiento
irá a parar entre los muertos.

[17] El que ama el placer se quedará en la pobreza;
el que ama el vino y los perfumes jamás será
rico.

[18] El malvado pagará por el justo,
y el traidor por el hombre intachable.

[19] Más vale habitar en el desierto
que con mujer pendenciera y de mal genio.

21

In the Lord's hand the king's heart is a
stream of water
that he channels toward all who please him.

[2] A person may think their own ways are right,
but the Lord weighs the heart.

[3] To do what is right and just
is more acceptable to the Lord than
sacrifice.

[4] Haughty eyes and a proud heart —
the unplowed field of the wicked — produce
sin.

[5] The plans of the diligent lead to profit
as surely as haste leads to poverty.

[6] A fortune made by a lying tongue
is a fleeting vapor and a deadly snare.[k]

[7] The violence of the wicked will drag them away,
for they refuse to do what is right.

[8] The way of the guilty is devious,
but the conduct of the innocent is upright.

[9] Better to live on a corner of the roof
than share a house with a quarrelsome wife.

[10] The wicked crave evil;
their neighbors get no mercy from them.

[11] When a mocker is punished, the simple gain
wisdom;
by paying attention to the wise they get
knowledge.

[12] The Righteous One[l] takes note of the house of
the wicked
and brings the wicked to ruin.

[13] Whoever shuts their ears to the cry of the poor
will also cry out and not be answered.

[14] A gift given in secret soothes anger,
and a bribe concealed in the cloak pacifies
great wrath.

[15] When justice is done, it brings joy to the
righteous
but terror to evildoers.

[16] Whoever strays from the path of prudence
comes to rest in the company of the dead.

[17] Whoever loves pleasure will become poor;
whoever loves wine and olive oil will never
be rich.

[18] The wicked become a ransom for the
righteous,
and the unfaithful for the upright.

[19] Better to live in a desert
than with a quarrelsome and nagging wife.

---

[n] 21:2 *A cada uno ... su proceder.* Lit. *Todo camino del hombre
recto a sus ojos.*
[ñ] 21:6 *se esfuma ... una trampa* (LXX, Vulgata y algunos mss.
hebreos); *es niebla llevada de los que buscan la muerte* (TM).
[o] 21:11 *aprende.* Lit. *se hace sabio.*

[k] 6 Some Hebrew manuscripts, Septuagint and Vulgate; most
Hebrew manuscripts *vapor for those who seek death*　　[l] 12 Or *The
righteous person*

[20] En casa del sabio abundan las riquezas y el perfume,
pero el necio todo lo despilfarra.
[21] El que va tras la justicia y el amor
halla vida, prosperidad[p] y honra.
[22] El sabio conquista la ciudad de los valientes
y derriba el baluarte en que ellos confiaban.
[23] El que refrena su boca y su lengua
se libra de muchas angustias.
[24] Orgulloso y arrogante, y famoso por insolente,
es quien se comporta con desmedida soberbia.
[25] La codicia del perezoso lo lleva a la muerte,
porque sus manos se niegan a trabajar;
[26] todo el día se lo pasa codiciando,
pero el justo da con generosidad.
[27] El sacrificio de los malvados es detestable,
y más aún cuando se ofrece con mala intención.
[28] El testigo falso perecerá,
y quien le haga caso será destruido[q] para siempre.
[29] El malvado es inflexible en sus decisiones;
el justo examina[r] su propia conducta.
[30] De nada sirven ante el SEÑOR
la sabiduría, la inteligencia y el consejo.
[31] Se alista al caballo para el día de la batalla,
pero la victoria depende del SEÑOR.

22 Vale más la buena fama que las muchas riquezas,
y más que oro y plata, la buena reputación.
[2] El rico y el pobre tienen esto en común:
a ambos los ha creado el SEÑOR.
[3] El prudente ve el peligro y lo evita;
el inexperto sigue adelante y sufre las consecuencias.
[4] Recompensa de la humildad y del temor del SEÑOR
son las riquezas, la honra y la vida.
[5] Espinas y trampas hay en la senda de los impíos,
pero el que cuida su vida se aleja de ellas.
[6] Instruye al niño en el camino correcto,
y aun en su vejez no lo abandonará.
[7] Los ricos son los amos de los pobres;
los deudores son esclavos de sus acreedores.

p **21:21** *prosperidad.* Alt. *justicia.*
q **21:28** *será destruido.* Alt. *hablará.*
r **21:29** *examina* (LXX, Qumrán y varios mss. hebreos); *ordena* (TM).

[20] The wise store up choice food and olive oil,
but fools gulp theirs down.
[21] Whoever pursues righteousness and love
finds life, prosperity[m] and honor.
[22] One who is wise can go up against the city of the mighty
and pull down the stronghold in which they trust.
[23] Those who guard their mouths and their tongues
keep themselves from calamity.
[24] The proud and arrogant person — "Mocker" is his name —
behaves with insolent fury.
[25] The craving of a sluggard will be the death of him,
because his hands refuse to work.
[26] All day long he craves for more,
but the righteous give without sparing.
[27] The sacrifice of the wicked is detestable —
how much more so when brought with evil intent!
[28] A false witness will perish,
but a careful listener will testify successfully.
[29] The wicked put up a bold front,
but the upright give thought to their ways.
[30] There is no wisdom, no insight, no plan
that can succeed against the LORD.
[31] The horse is made ready for the day of battle,
but victory rests with the LORD.

22 A good name is more desirable than great riches;
to be esteemed is better than silver or gold.
[2] Rich and poor have this in common:
The LORD is the Maker of them all.
[3] The prudent see danger and take refuge,
but the simple keep going and pay the penalty.
[4] Humility is the fear of the LORD;
its wages are riches and honor and life.
[5] In the paths of the wicked are snares and pitfalls,
but those who would preserve their life stay far from them.
[6] Start children off on the way they should go,
and even when they are old they will not turn from it.
[7] The rich rule over the poor,
and the borrower is slave to the lender.

m *21* Or *righteousness*

⁸ El que siembra maldad cosecha desgracias;
el Señor lo destruirá con el cetro de su ira.^s

⁹ El que es generoso^t será bendecido,
pues comparte su comida con los pobres.

¹⁰ Despide al insolente, y se irá la discordia
y cesarán los pleitos y los insultos.

¹¹ El que ama la pureza de corazón y tiene gracia
al hablar
tendrá por amigo al rey.

¹² Los ojos del Señor protegen el saber,
pero desbaratan las palabras del traidor.

¹³ «¡Hay un león allá afuera! —dice el
holgazán—.
¡En plena calle me va a hacer pedazos!»

¹⁴ La boca de la adúltera es una fosa profunda;
en ella caerá quien esté bajo la ira del
Señor.

¹⁵ La necedad es parte del corazón juvenil,
pero la vara de la disciplina la corrige.

¹⁶ Oprimir al pobre para enriquecerse,
y hacerle regalos al rico,
¡buena manera de empobrecerse!

Los treinta dichos de los sabios
(22:17—24:22)

¹⁷ Presta atención, escucha mis palabras;^u
aplica tu corazón a mi conocimiento.
¹⁸ Grato es retenerlas dentro de ti,
y tenerlas todas a flor de labio.
¹⁹ A ti te las enseño en este día,
para que pongas tu confianza en el Señor.
²⁰ ¿Acaso no te he escrito treinta^v dichos
que contienen sabios consejos?
²¹ Son para enseñarte palabras ciertas y
confiables,
para que sepas responder bien a quien te
pregunte.^w

1
²² No explotes al pobre porque es pobre,
ni oprimas en los tribunales^x a los
necesitados;
²³ porque el Señor defenderá su causa,
y despojará a quienes los despojen.

2
²⁴ No te hagas amigo de gente violenta,
ni te juntes con los iracundos,
²⁵ no sea que aprendas sus malas costumbres
y tú mismo caigas en la trampa.

⁸ Whoever sows injustice reaps calamity,
and the rod they wield in fury will be broken.

⁹ The generous will themselves be blessed,
for they share their food with the poor.

¹⁰ Drive out the mocker, and out goes strife;
quarrels and insults are ended.

¹¹ One who loves a pure heart and who speaks
with grace
will have the king for a friend.

¹² The eyes of the Lord keep watch over
knowledge,
but he frustrates the words of the unfaithful.

¹³ The sluggard says, "There's a lion outside!
I'll be killed in the public square!"

¹⁴ The mouth of an adulterous woman is a deep
pit;
a man who is under the Lord's wrath falls
into it.

¹⁵ Folly is bound up in the heart of a child,
but the rod of discipline will drive it far
away.

¹⁶ One who oppresses the poor to increase his
wealth
and one who gives gifts to the rich — both
come to poverty.

Thirty Sayings of the Wise
Saying 1
¹⁷ Pay attention and turn your ear to the sayings
of the wise;
apply your heart to what I teach,
¹⁸ for it is pleasing when you keep them in your
heart
and have all of them ready on your lips.
¹⁹ So that your trust may be in the Lord,
I teach you today, even you.
²⁰ Have I not written thirty sayings for you,
sayings of counsel and knowledge,
²¹ teaching you to be honest and to speak the
truth,
so that you bring back truthful reports
to those you serve?

Saying 2
²² Do not exploit the poor because they are poor
and do not crush the needy in court,
²³ for the Lord will take up their case
and will exact life for life.

Saying 3
²⁴ Do not make friends with a hot-tempered
person,
do not associate with one easily angered,
²⁵ or you may learn their ways
and get yourself ensnared.

---

^s 22:8 *el Señor ... su ira.* Lit. *el cetro de su ira perecerá.*
^t 22:9 *El que es generoso.* Lit. *El buen ojo.*
^u 22:17 *mis palabras* (LXX); *las palabras de los sabios* (TM).
^v 22:20 *escrito treinta.* Alt. *escrito antes o escrito excelentes.*
^w 22:21 *a quien te pregunte* (LXX); *al que te envíe* (TM).
^x 22:22 *en los tribunales.* Lit. *en la *puerta.*

3

²⁶ No te comprometas por otros
    ni salgas fiador de deudas ajenas;
²⁷ porque si no tienes con qué pagar,
    te quitarán hasta la cama en que duermes.

4

²⁸ No cambies de lugar los linderos antiguos
    que establecieron tus antepasados.

5

²⁹ ¿Has visto a alguien diligente en su trabajo?
    Se codeará con reyes, y nunca será un Don
    Nadie.

6

23 Cuando te sientes a comer con un gobernante,
    fíjate bien en lo que^y tienes ante ti.
² Si eres dado a la glotonería,
    domina tu apetito.^z
³ No codicies sus manjares,
    pues tal comida no es más que un engaño.

7

⁴ No te afanes acumulando riquezas;
    no te obsesiones con ellas.
⁵ ¿Acaso has podido verlas? ¡No existen!
    Es como si les salieran alas,
    pues se van volando como las águilas.

8

⁶ No te sientes a la mesa de un tacaño,^a
    ni codicies sus manjares,
⁷   que son como un pelo en la garganta.^b
    «Come y bebe», te dirá,
    pero no te lo dirá de corazón.
⁸ Acabarás vomitando lo que hayas comido,
    y tus cumplidos no habrán servido de nada.

9

⁹ A oídos del necio jamás dirijas palabra,
    pues se burlará de tus sabios consejos.

10

¹⁰ No cambies de lugar los linderos antiguos,
    ni invadas la propiedad de los huérfanos,
¹¹ porque su Defensor es muy poderoso
    y contra ti defenderá su causa.

11

¹² Aplica tu corazón a la disciplina
    y tus oídos al conocimiento.

12

¹³ No dejes de disciplinar al joven,
    que de unos cuantos azotes no se morirá.
¹⁴ Dale unos buenos azotes,
    y así lo librarás del *sepulcro.

---

y **23:1** *en lo que.* Alt. *en quién.*
z **23:2** *domina tu apetito.* Lit. *ponle un cuchillo a tu garganta.*
a **23:6** *un tacaño.* Alt. *un hombre mal intencionado.*
b **23:7** *que son ... garganta* (LXX); *pues como él piensa en su
interior, así es él* (TM).

Saying 4

²⁶ Do not be one who shakes hands in pledge
    or puts up security for debts;
²⁷ if you lack the means to pay,
    your very bed will be snatched from under
    you.

Saying 5

²⁸ Do not move an ancient boundary stone
    set up by your ancestors.

Saying 6

²⁹ Do you see someone skilled in their work?
    They will serve before kings;
    they will not serve before officials of low
    rank.

Saying 7

23 When you sit to dine with a ruler,
    note well whatⁿ is before you,
² and put a knife to your throat
    if you are given to gluttony.
³ Do not crave his delicacies,
    for that food is deceptive.

Saying 8

⁴ Do not wear yourself out to get rich;
    do not trust your own cleverness.
⁵ Cast but a glance at riches, and they are gone,
    for they will surely sprout wings
    and fly off to the sky like an eagle.

Saying 9

⁶ Do not eat the food of a begrudging host,
    do not crave his delicacies;
⁷ for he is the kind of person
    who is always thinking about the cost.^o
    "Eat and drink," he says to you,
    but his heart is not with you.
⁸ You will vomit up the little you have eaten
    and will have wasted your compliments.

Saying 10

⁹ Do not speak to fools,
    for they will scorn your prudent words.

Saying 11

¹⁰ Do not move an ancient boundary stone
    or encroach on the fields of the fatherless,
¹¹ for their Defender is strong;
    he will take up their case against you.

Saying 12

¹² Apply your heart to instruction
    and your ears to words of knowledge.

Saying 13

¹³ Do not withhold discipline from a child;
    if you punish them with the rod, they will
    not die.
¹⁴ Punish them with the rod
    and save them from death.

---

n **1** Or *who*   *o* **7** Or *for as he thinks within himself, / so he is;* or
for as he puts on a feast, / so he is

13

¹⁵ Hijo mío, si tu corazón es sabio,
también mi corazón se regocijará;
¹⁶ en lo íntimo de mi ser me alegraré
cuando tus labios hablen con rectitud.

14

¹⁷ No envidies en tu corazón a los pecadores;
más bien, muéstrate siempre celoso en el
temor del SEÑOR.
¹⁸ Cuentas con una esperanza futura,
la cual no será destruida.

15

¹⁹ Hijo mío, presta atención y sé sabio;
mantén tu corazón en el camino recto.
²⁰ No te juntes con los que beben mucho vino,
ni con los que se hartan de carne,
²¹ pues borrachos y glotones, por su indolencia,
acaban harapientos y en la pobreza.

16

²² Escucha a tu padre, que te engendró,
y no desprecies a tu madre cuando sea
anciana.
²³ Adquiere la verdad y la sabiduría,
la disciplina y el discernimiento,
¡y no los vendas!
²⁴ El padre del justo experimenta gran regocijo;
quien tiene un hijo sabio se solaza en él.
²⁵ ¡Que se alegren tu padre y tu madre!
¡Que se regocije la que te dio la vida!

17

²⁶ Dame, hijo mío, tu corazón
y no pierdas de vista mis caminos.
²⁷ Porque fosa profunda es la prostituta,
y estrecho pozo, la mujer ajena.
²⁸ Se pone al acecho, como un bandido,
y multiplica la infidelidad de los hombres.

18

²⁹ ¿De quién son los lamentos? ¿De quién los
pesares?
¿De quién son los pleitos? ¿De quién las
quejas?
¿De quién son las heridas gratuitas?
¿De quién los ojos morados?
³⁰ ¡Del que no suelta la botella de vino
ni deja de probar licores!
³¹ No te fijes en lo rojo que es el vino,
ni en cómo brilla en la copa,
ni en la suavidad con que se desliza;
³² porque acaba mordiendo como serpiente
y envenenando como víbora.
³³ Tus ojos verán alucinaciones,
y tu mente imaginará estupideces.
³⁴ Te parecerá estar durmiendo en alta mar,
acostado sobre el mástil mayor.
³⁵ Y dirás: «Me han herido, pero no me duele.
Me han golpeado, pero no lo siento.
¿Cuándo despertaré de este sueño
para ir a buscar otro trago?»

Saying 14

¹⁵ My son, if your heart is wise,
then my heart will be glad indeed;
¹⁶ my inmost being will rejoice
when your lips speak what is right.

Saying 15

¹⁷ Do not let your heart envy sinners,
but always be zealous for the fear of the
LORD.
¹⁸ There is surely a future hope for you,
and your hope will not be cut off.

Saying 16

¹⁹ Listen, my son, and be wise,
and set your heart on the right path:
²⁰ Do not join those who drink too much wine
or gorge themselves on meat,
²¹ for drunkards and gluttons become poor,
and drowsiness clothes them in rags.

Saying 17

²² Listen to your father, who gave you life,
and do not despise your mother when she is
old.
²³ Buy the truth and do not sell it —
wisdom, instruction and insight as well.
²⁴ The father of a righteous child has great joy;
a man who fathers a wise son rejoices in
him.
²⁵ May your father and mother rejoice;
may she who gave you birth be joyful!

Saying 18

²⁶ My son, give me your heart
and let your eyes delight in my ways,
²⁷ for an adulterous woman is a deep pit,
and a wayward wife is a narrow well.
²⁸ Like a bandit she lies in wait
and multiplies the unfaithful among men.

Saying 19

²⁹ Who has woe? Who has sorrow?
Who has strife? Who has complaints?
Who has needless bruises? Who has
bloodshot eyes?
³⁰ Those who linger over wine,
who go to sample bowls of mixed wine.
³¹ Do not gaze at wine when it is red,
when it sparkles in the cup,
when it goes down smoothly!
³² In the end it bites like a snake
and poisons like a viper.
³³ Your eyes will see strange sights,
and your mind will imagine confusing
things.
³⁴ You will be like one sleeping on the high seas,
lying on top of the rigging.
³⁵ "They hit me," you will say, "but I'm not hurt!
They beat me, but I don't feel it!
When will I wake up
so I can find another drink?"

19

24 No envidies a los malvados,
    ni procures su compañía;
² porque en su corazón traman violencia,
    y no hablan más que de cometer fechorías.

20

³ Con sabiduría se construye la casa;
    con inteligencia se echan los cimientos.
⁴ Con buen juicio se llenan sus cuartos
    de bellos y extraordinarios tesoros.

21

⁵ El que es sabio tiene gran poder,
    y el que es entendido aumenta su fuerza.
⁶ La guerra se hace con buena estrategia;
    la victoria se alcanza con muchos
      consejeros.

22

⁷ La sabiduría no está al alcance del necio,
    que en la asamblea del puebloᶜ nada tiene
      que decir.

23

⁸ Al que hace planes malvados
    lo llamarán intrigante.
⁹ Las intrigas del necio son pecado,
    y todos aborrecen a los insolentes.

24

¹⁰ Si en el día de la aflicción te desanimas,
    muy limitada es tu fortaleza.

25

¹¹ Rescata a los que van rumbo a la muerte;
    detén a los que a tumbos avanzan al
      suplicio.
¹² Pues aunque digas, «Yo no lo sabía»,
    ¿no habrá de darse cuenta el que pesa los
      corazones?
    ¿No habrá de saberlo el que vigila tu vida?
    ¡Él le paga a cada uno según sus acciones!

26

¹³ Come la miel, hijo mío, que es deliciosa;
    dulce al paladar es la miel del panal.
¹⁴ Así de dulce sea la sabiduría a tu alma;
    si das con ella, tendrás buen futuro;
    tendrás una esperanza que no será
      destruida.

27

¹⁵ No aceches cual malvado la casa del justo,
    ni arrases el lugar donde habita;
¹⁶ porque siete veces podrá caer el justo,
    pero otras tantas se levantará;
    los malvados, en cambio,
      se hundirán en la desgracia.

28

¹⁷ No te alegres cuando caiga tu enemigo,
    ni se regocije tu corazón ante su desgracia,

ᶜ **24:7** *en la asamblea del pueblo.* Lit. *en la *puerta.*

Saying 20

24 Do not envy the wicked,
    do not desire their company;
² for their hearts plot violence,
    and their lips talk about making trouble.

Saying 21

³ By wisdom a house is built,
    and through understanding it is established;
⁴ through knowledge its rooms are filled
    with rare and beautiful treasures.

Saying 22

⁵ The wise prevail through great power,
    and those who have knowledge muster their
      strength.
⁶ Surely you need guidance to wage war,
    and victory is won through many advisers.

Saying 23

⁷ Wisdom is too high for fools;
    in the assembly at the gate they must not
      open their mouths.

Saying 24

⁸ Whoever plots evil
    will be known as a schemer.
⁹ The schemes of folly are sin,
    and people detest a mocker.

Saying 25

¹⁰ If you falter in a time of trouble,
    how small is your strength!
¹¹ Rescue those being led away to death;
    hold back those staggering toward slaughter.
¹² If you say, "But we knew nothing about this,"
    does not he who weighs the heart perceive
      it?
    Does not he who guards your life know it?
    Will he not repay everyone according to
      what they have done?

Saying 26

¹³ Eat honey, my son, for it is good;
    honey from the comb is sweet to your taste.
¹⁴ Know also that wisdom is like honey for you:
    If you find it, there is a future hope for you,
    and your hope will not be cut off.

Saying 27

¹⁵ Do not lurk like a thief near the house of the
      righteous,
    do not plunder their dwelling place;
¹⁶ for though the righteous fall seven times, they
      rise again,
    but the wicked stumble when calamity
      strikes.

Saying 28

¹⁷ Do not gloat when your enemy falls;
    when they stumble, do not let your heart
      rejoice,

¹⁸ no sea que el Señor lo vea y no lo apruebe,
y aparte de él su enojo.

29

¹⁹ No te alteres por causa de los malvados,
ni sientas envidia de los impíos,
²⁰ porque el malvado no tiene porvenir;
¡la lámpara del impío se apagará!

30

²¹ Hijo mío, teme al Señor y honra al rey,
y no te juntes con los rebeldes,
²² porque de los dos recibirás un castigo repentino
¡y quién sabe qué calamidades puedan
venir!

Otros dichos de los sabios

²³ También éstos son dichos de los sabios:

No es correcto ser parcial en el juicio.

²⁴ Maldecirán los pueblos, y despreciarán las
naciones,
a quien declare inocente al culpable.
²⁵ Pero bien vistos serán, y bendecidos,
los que condenen al culpable.

²⁶ Una respuesta sincera
es como un beso en los labios.

²⁷ Prepara primero tus faenas de cultivo
y ten listos tus campos para la siembra;
después de eso, construye tu casa.

²⁸ No testifiques sin razón contra tu prójimo,
ni mientas con tus labios.
²⁹ No digas: «Le haré lo mismo que me hizo;
le pagaré con la misma moneda.»

³⁰ Pasé por el campo del perezoso,
por la viña del falto de juicio.
³¹ Había espinas por todas partes;
la hierba cubría el terreno,
y el lindero de piedras estaba en ruinas.
³² Guardé en mi corazón lo observado,
y de lo visto saqué una lección:
³³ Un corto sueño, una breve siesta,
un pequeño descanso, cruzado de brazos...
³⁴ ¡y te asaltará la pobreza como un bandido,
y la escasez, como un hombre armado!

Más proverbios de Salomón

25 Éstos son otros proverbios de Salomón, copia-
dos por los escribas de Ezequías, rey de Judá.

² Gloria de Dios es ocultar un asunto,
y gloria de los reyes el investigarlo.

³ Tan impenetrable es el corazón de los reyes
como alto es el cielo y profunda la tierra.

¹⁸ or the Lord will see and disapprove
and turn his wrath away from them.

Saying 29

¹⁹ Do not fret because of evildoers
or be envious of the wicked,
²⁰ for the evildoer has no future hope,
and the lamp of the wicked will be snuffed
out.

Saying 30

²¹ Fear the Lord and the king, my son,
and do not join with rebellious officials,
²² for those two will send sudden destruction on
them,
and who knows what calamities they can
bring?

Further Sayings of the Wise

²³ These also are sayings of the wise:

To show partiality in judging is not good:
²⁴ Whoever says to the guilty, "You are innocent,"
will be cursed by peoples and denounced by
nations.
²⁵ But it will go well with those who convict the
guilty,
and rich blessing will come on them.

²⁶ An honest answer
is like a kiss on the lips.

²⁷ Put your outdoor work in order
and get your fields ready;
after that, build your house.

²⁸ Do not testify against your neighbor without
cause —
would you use your lips to mislead?
²⁹ Do not say, "I'll do to them as they have done
to me;
I'll pay them back for what they did."

³⁰ I went past the field of a sluggard,
past the vineyard of someone who has no
sense;
³¹ thorns had come up everywhere,
the ground was covered with weeds,
and the stone wall was in ruins.
³² I applied my heart to what I observed
and learned a lesson from what I saw:
³³ A little sleep, a little slumber,
a little folding of the hands to rest —
³⁴ and poverty will come on you like a thief
and scarcity like an armed man.

More Proverbs of Solomon

25 These are more proverbs of Solomon, compiled by the men of Hezekiah king of Judah:

² It is the glory of God to conceal a matter;
to search out a matter is the glory of kings.
³ As the heavens are high and the earth is deep,
so the hearts of kings are unsearchable.

⁴ Quita la escoria de la plata,
     y de allí saldrá material para*d* el orfebre;
⁵ quita de la presencia del rey al malvado,
     y el rey afirmará su trono en la justicia.

⁶ No te des importancia en presencia del rey,
     ni reclames un lugar entre los magnates;
⁷ vale más que el rey te diga: «Sube acá»,
     y no que te humille ante gente importante.

Lo que atestigües con tus ojos
⁸   no lo lleves*e* de inmediato al tribunal,
pues ¿qué harás si a fin de cuentas
     tu prójimo te pone en vergüenza?

⁹ Defiende tu causa contra tu prójimo,
     pero no traiciones la confianza de nadie,
¹⁰ no sea que te avergüence el que te oiga
     y ya no puedas quitarte la infamia.

¹¹ Como naranjas de oro con incrustaciones de
     plata
     son las palabras dichas a tiempo.

¹² Como anillo o collar de oro fino
     son los regaños del sabio en oídos atentos.

¹³ Como frescura de nieve en día de verano
     es el mensajero confiable para quien lo
     envía,
     pues infunde nuevo ánimo en sus amos.

¹⁴ Nubes y viento, y nada de lluvia,
     es quien presume de dar y nunca da nada.

¹⁵ Con paciencia se convence al gobernante.
     ¡La lengua amable quebranta hasta los
     huesos!

¹⁶ Si encuentras miel, no te empalagues;
     la mucha miel provoca náuseas.

¹⁷ No frecuentes la casa de tu amigo;
     no sea que lo fastidies y llegue a aborrecerte.

¹⁸ Un mazo, una espada, una aguda saeta,
     ¡eso es el falso testigo contra su amigo!

¹⁹ Confiar en gente desleal en momentos de
     angustia
     es como tener un diente careado o una
     pierna quebrada.

²⁰ Dedicarle canciones al corazón afligido
     es como echarle vinagre*f* a una herida
     o como andar desabrigado en un día de frío.

²¹ Si tu enemigo tiene hambre, dale de comer;
     si tiene sed, dale de beber.
²² Actuando así, harás que se avergüence de su
     conducta,*g*
     y el Señor te lo recompensará.

---

⁴ Remove the dross from the silver,
     and a silversmith can produce a vessel;
⁵ remove wicked officials from the king's
     presence,
     and his throne will be established through
     righteousness.

⁶ Do not exalt yourself in the king's presence,
     and do not claim a place among his great
     men;
⁷ it is better for him to say to you, "Come up
     here,"
     than for him to humiliate you before his
     nobles.

What you have seen with your eyes
⁸   do not bring*p* hastily to court,
for what will you do in the end
     if your neighbor puts you to shame?

⁹ If you take your neighbor to court,
     do not betray another's confidence,
¹⁰ or the one who hears it may shame you
     and the charge against you will stand.

¹¹ Like apples*q* of gold in settings of silver
     is a ruling rightly given.
¹² Like an earring of gold or an ornament of fine
     gold
     is the rebuke of a wise judge to a listening
     ear.

¹³ Like a snow-cooled drink at harvest time
     is a trustworthy messenger to the one who
     sends him;
     he refreshes the spirit of his master.

¹⁴ Like clouds and wind without rain
     is one who boasts of gifts never given.

¹⁵ Through patience a ruler can be persuaded,
     and a gentle tongue can break a bone.

¹⁶ If you find honey, eat just enough—
     too much of it, and you will vomit.

¹⁷ Seldom set foot in your neighbor's house—
     too much of you, and they will hate you.

¹⁸ Like a club or a sword or a sharp arrow
     is one who gives false testimony against a
     neighbor.

¹⁹ Like a broken tooth or a lame foot
     is reliance on the unfaithful in a time of
     trouble.

²⁰ Like one who takes away a garment on a cold
     day,
     or like vinegar poured on a wound,
     is one who sings songs to a heavy heart.

²¹ If your enemy is hungry, give him food to eat;
     if he is thirsty, give him water to drink.
²² In doing this, you will heap burning coals on
     his head,
     and the Lord will reward you.

---

d **25:4** *saldrá material para.* Alt. *sacará una copa para.*
e **25:7,8** *gente importante. Lo que ... no lo lleves.* Alt. *gente importante / sobre la que hayas posado tus ojos. / ⁸ No vayas*
f **25:20** *vinagre* (LXX); *salitre* (TM).
g **25:22** *harás ... conducta.* Lit. *ascuas amontonarás sobre su cabeza.*

p 7,8 Or *nobles / on whom you had set your eyes.* / ⁸*Do not go*
q 11 Or possibly *apricots*

²³ Con el viento del norte vienen las lluvias;
con la lengua viperina, las malas caras.

²⁴ Más vale habitar en un rincón de la azotea
que compartir el techo con mujer
pendenciera.

²⁵ Como el agua fresca a la garganta reseca
son las buenas noticias desde lejanas tierras.

²⁶ Manantial turbio, contaminado pozo,
es el justo que flaquea ante el impío.

²⁷ No hace bien comer mucha miel,
ni es honroso buscar la propia gloria.

²⁸ Como ciudad sin defensa y sin murallas
es quien no sabe dominarse.

26 Ni la nieve es para el verano,
ni la lluvia para la cosecha,
ni los honores para el necio.

² Como el gorrión sin rumbo o la golondrina sin
nido,
la maldición sin motivo jamás llega a su
destino.

³ El látigo es para los caballos,
el freno para los asnos,
y el garrote para la espalda del necio.

⁴ No respondas al necio según su necedad,
o tú mismo pasarás por necio.

⁵ Respóndele al necio como se merece,
para que no se tenga por sabio.

⁶ Enviar un mensaje por medio de un necio
es como cortarse los pies o sufrir*ʰ* violencia.

⁷ Inútil es el proverbio en la boca del necio
como inútiles son las piernas de un tullido.

⁸ Rendirle honores al necio es tan absurdo
como atar una piedra a la honda.

⁹ El proverbio en la boca del necio
es como espina en la mano del borracho.

¹⁰ Como arquero que hiere a todo el que pasa
es quien contrata al necio en su casa.*ⁱ*

¹¹ Como vuelve el perro a su vómito,
así el necio insiste en su necedad.

¹² ¿Te has fijado en quien se cree muy sabio?
Más se puede esperar de un necio que de
gente así.

¹³ Dice el perezoso: «Hay una fiera en el camino.
¡Por las calles un león anda suelto!»

¹⁴ Sobre sus goznes gira la puerta;
sobre la cama, el perezoso.

¹⁵ El perezoso mete la mano en el plato,
pero le pesa llevarse el bocado a la boca.

¹⁶ El perezoso se cree más sabio
que siete sabios que saben responder.

²³ Like a north wind that brings unexpected rain
is a sly tongue — which provokes a horrified
look.

²⁴ Better to live on a corner of the roof
than share a house with a quarrelsome wife.

²⁵ Like cold water to a weary soul
is good news from a distant land.

²⁶ Like a muddied spring or a polluted well
are the righteous who give way to the
wicked.

²⁷ It is not good to eat too much honey,
nor is it honorable to search out matters that
are too deep.

²⁸ Like a city whose walls are broken through
is a person who lacks self-control.

26 Like snow in summer or rain in harvest,
honor is not fitting for a fool.

² Like a fluttering sparrow or a darting swallow,
an undeserved curse does not come to rest.

³ A whip for the horse, a bridle for the donkey,
and a rod for the backs of fools!

⁴ Do not answer a fool according to his folly,
or you yourself will be just like him.

⁵ Answer a fool according to his folly,
or he will be wise in his own eyes.

⁶ Sending a message by the hands of a fool
is like cutting off one's feet or drinking
poison.

⁷ Like the useless legs of one who is lame
is a proverb in the mouth of a fool.

⁸ Like tying a stone in a sling
is the giving of honor to a fool.

⁹ Like a thornbush in a drunkard's hand
is a proverb in the mouth of a fool.

¹⁰ Like an archer who wounds at random
is one who hires a fool or any passer-by.

¹¹ As a dog returns to its vomit,
so fools repeat their folly.

¹² Do you see a person wise in their own eyes?
There is more hope for a fool than for them.

¹³ A sluggard says, "There's a lion in the road,
a fierce lion roaming the streets!"

¹⁴ As a door turns on its hinges,
so a sluggard turns on his bed.

¹⁵ A sluggard buries his hand in the dish;
he is too lazy to bring it back to his mouth.

¹⁶ A sluggard is wiser in his own eyes
than seven people who answer discreetly.

ʰ **26:6** *sufrir.* Lit. *beber.*
ⁱ **26:10** Texto de difícil traducción.

¹⁷ Meterse en pleitos ajenos
es como agarrar a un perro por las orejas.

¹⁸ Como loco que dispara
mortíferas flechas encendidas,
¹⁹ es quien engaña a su amigo y explica:
«¡Tan sólo estaba bromeando!»

²⁰ Sin leña se apaga el fuego;
sin chismes se acaba el pleito.

²¹ Con el carbón se hacen brasas, con la leña se
prende fuego,
y con un pendenciero se inician los pleitos.

²² Los chismes son como ricos bocados:
se deslizan hasta las entrañas.

²³ Como baño de plata^j sobre vasija de barro
son los labios zalameros de un corazón
malvado.

²⁴ El que odia se esconde tras sus palabras,
pero en lo íntimo alberga perfidia.
²⁵ No le creas, aunque te hable con dulzura,
porque su corazón rebosa de
abominaciones.^k
²⁶ Tal vez disimule con engaños su odio,
pero en la asamblea se descubrirá su
maldad.
²⁷ Cava una fosa, y en ella caerás;
echa a rodar piedras, y te aplastarán.
²⁸ La lengua mentirosa odia a sus víctimas;
la boca lisonjera lleva a la ruina.

27 ^{No} te jactes del día de mañana,
porque no sabes lo que el día traerá.

² No te jactes de ti mismo;
que sean otros los que te alaben.

³ Pesada es la piedra, pesada es la arena,
pero más pesada es la ira del necio.

⁴ Cruel es la furia, y arrolladora la ira,
pero ¿quién puede enfrentarse a la envidia?

⁵ Más vale ser reprendido con franqueza
que ser amado en secreto.

⁶ Más confiable es el amigo que hiere
que el enemigo que besa.

⁷ Al que no tiene hambre, hasta la miel lo
empalaga;
al hambriento, hasta lo amargo le es dulce.

⁸ Como ave que vaga lejos del nido
es el hombre que vaga lejos del hogar.

⁹ El perfume y el incienso alegran el corazón;
la dulzura de la amistad fortalece el ánimo.^l

¹⁷ Like one who grabs a stray dog by the ears
is someone who rushes into a quarrel not
their own.

¹⁸ Like a maniac shooting
flaming arrows of death
¹⁹ is one who deceives their neighbor
and says, "I was only joking!"

²⁰ Without wood a fire goes out;
without a gossip a quarrel dies down.
²¹ As charcoal to embers and as wood to fire,
so is a quarrelsome person for kindling
strife.
²² The words of a gossip are like choice morsels;
they go down to the inmost parts.

²³ Like a coating of silver dross on earthenware
are fervent^r lips with an evil heart.
²⁴ Enemies disguise themselves with their lips,
but in their hearts they harbor deceit.
²⁵ Though their speech is charming, do not
believe them,
for seven abominations fill their hearts.
²⁶ Their malice may be concealed by deception,
but their wickedness will be exposed in the
assembly.
²⁷ Whoever digs a pit will fall into it;
if someone rolls a stone, it will roll back on
them.
²⁸ A lying tongue hates those it hurts,
and a flattering mouth works ruin.

27 Do not boast about tomorrow,
for you do not know what a day may
bring.

² Let someone else praise you, and not your own
mouth;
an outsider, and not your own lips.

³ Stone is heavy and sand a burden,
but a fool's provocation is heavier than both.

⁴ Anger is cruel and fury overwhelming,
but who can stand before jealousy?

⁵ Better is open rebuke
than hidden love.

⁶ Wounds from a friend can be trusted,
but an enemy multiplies kisses.

⁷ One who is full loathes honey from the comb,
but to the hungry even what is bitter tastes
sweet.

⁸ Like a bird that flees its nest
is anyone who flees from home.

⁹ Perfume and incense bring joy to the heart,
and the pleasantness of a friend
springs from their heartfelt advice.

---

^j **26:23** *como baño de plata.* Lit. *como plata de escoria.*
^k **26:25** *porque su corazón ... abominaciones.* Lit. *porque siete abo-
minaciones hay en su corazón.*
^l **27:9** Texto de difícil traducción.

^r 23 Hebrew; Septuagint *smooth*

¹⁰ No abandones a tu amigo ni al amigo de tu
padre.

No vayas a la casa de tu hermano cuando
tengas un problema.

Más vale vecino cercano que hermano distante.

¹¹ Hijo mío, sé sabio y alegra mi corazón;
así podré responder a los que me
desprecian.

¹² El prudente ve el peligro y lo evita;
el inexperto sigue adelante y sufre las
consecuencias.

¹³ Toma la prenda del que salga fiador por un
extraño;
reténla en garantía si la entrega por la mujer
ajena.

¹⁴ El mejor saludo se juzga una impertinencia
cuando se da a gritos y de madrugada.

¹⁵ Gotera constante en un día lluvioso
es la mujer que siempre pelea.

¹⁶ Quien la domine, podrá dominar el viento
y retener^m aceite en la mano.

¹⁷ El hierro se afila con el hierro,
y el hombre en el trato con el hombre.

¹⁸ El que cuida de la higuera comerá de sus higos,
y el que vela por su amo recibirá honores.

¹⁹ En el agua se refleja el rostro,
y en el corazón se refleja la persona.

²⁰ El *sepulcro, la *muerte y los ojos del hombre
jamás se dan por satisfechos.

²¹ En el crisol se prueba la plata;
en el horno se prueba el oro;
ante las alabanzas, el hombre.

²² Aunque al necio lo muelas y lo remuelas,
y lo machaques como al grano,
no le quitarás la necedad.

²³ Asegúrate de saber cómo están tus rebaños;
cuida mucho de tus ovejas;
²⁴ pues las riquezas no son eternas
ni la fortuna está siempre segura.
²⁵ Cuando se limpien los campos y brote el
verdor,
y en los montes se recoja la hierba,
²⁶ las ovejas te darán para el vestido,
y las cabras para comprar un campo;
²⁷ tendrás leche de cabra en abundancia
para que se alimenten tú y tu familia,
y toda tu servidumbre.

28 El malvado huye aunque nadie lo persiga;
pero el justo vive confiado como un
león.

¹⁰ Do not forsake your friend or a friend of your
family,
and do not go to your relative's house when
disaster strikes you —
better a neighbor nearby than a relative far
away.

¹¹ Be wise, my son, and bring joy to my heart;
then I can answer anyone who treats me
with contempt.

¹² The prudent see danger and take refuge,
but the simple keep going and pay the
penalty.

¹³ Take the garment of one who puts up security
for a stranger;
hold it in pledge if it is done for an outsider.

¹⁴ If anyone loudly blesses their neighbor early in
the morning,
it will be taken as a curse.

¹⁵ A quarrelsome wife is like the dripping
of a leaky roof in a rainstorm;
¹⁶ restraining her is like restraining the wind
or grasping oil with the hand.

¹⁷ As iron sharpens iron,
so one person sharpens another.

¹⁸ The one who guards a fig tree will eat its fruit,
and whoever protects their master will be
honored.

¹⁹ As water reflects the face,
so one's life reflects the heart.^s

²⁰ Death and Destruction^t are never satisfied,
and neither are human eyes.

²¹ The crucible for silver and the furnace for gold,
but people are tested by their praise.

²² Though you grind a fool in a mortar,
grinding them like grain with a pestle,
you will not remove their folly from them.

²³ Be sure you know the condition of your flocks,
give careful attention to your herds;
²⁴ for riches do not endure forever,
and a crown is not secure for all generations.
²⁵ When the hay is removed and new growth
appears
and the grass from the hills is gathered in,
²⁶ the lambs will provide you with clothing,
and the goats with the price of a field.
²⁷ You will have plenty of goats' milk to feed your
family
and to nourish your female servants.

28 The wicked flee though no one pursues,
but the righteous are as bold as a lion.

---

^m **27:16** *y retener. Lit. y llamará.*

^s *19 Or so others reflect your heart back to you*   ^t *20 Hebrew Abaddon*

² Cuando hay rebelión en el país,
    los caudillos se multiplican;
cuando el gobernante es entendido,
    se mantiene el orden.

³ El gobernante[n] que oprime a los pobres
    es como violenta lluvia que arrasa la
        cosecha.

⁴ Los que abandonan la ley alaban a los
        malvados;
    los que la obedecen luchan contra ellos.

⁵ Los malvados nada entienden de la justicia;
    los que buscan al Señor lo entienden todo.

⁶ Más vale pobre pero honrado,
    que rico pero perverso.

⁷ El hijo entendido se sujeta a la ley;
    el derrochador deshonra a su padre.

⁸ El que amasa riquezas mediante la usura
    las acumula para el que se compadece de los
        pobres.

⁹ Dios aborrece hasta la oración
    del que se niega a obedecer la ley.

¹⁰ El que lleva a los justos por el mal camino,
    caerá en su propia trampa;
    pero los íntegros heredarán el bien.

¹¹ El rico se las da de sabio;
    el pobre pero inteligente lo desenmascara.

¹² Cuando los justos triunfan, se hace gran fiesta;
    cuando los impíos se imponen, todo el
        mundo se esconde.

¹³ Quien encubre su pecado jamás prospera;
    quien lo confiesa y lo deja, halla perdón.

¹⁴ ¡Dichoso el que siempre teme al Señor![ñ]
    Pero el obstinado caerá en la desgracia.

¹⁵ Un león rugiente, un oso hambriento,
    es el gobernante malvado que oprime a los
        pobres.

¹⁶ El gobernante falto de juicio es terrible
        opresor;
    el que odia las riquezas prolonga su vida.

¹⁷ El que es perseguido por[o] homicidio
    será un fugitivo hasta la muerte.
    ¡Que nadie le brinde su apoyo!

² When a country is rebellious, it has many rulers,
    but a ruler with discernment and knowledge
        maintains order.

³ A ruler[u] who oppresses the poor
    is like a driving rain that leaves no crops.

⁴ Those who forsake instruction praise the
        wicked,
    but those who heed it resist them.

⁵ Evildoers do not understand what is right,
    but those who seek the Lord understand it
        fully.

⁶ Better the poor whose walk is blameless
    than the rich whose ways are perverse.

⁷ A discerning son heeds instruction,
    but a companion of gluttons disgraces his
        father.

⁸ Whoever increases wealth by taking interest or
        profit from the poor
    amasses it for another, who will be kind to
        the poor.

⁹ If anyone turns a deaf ear to my instruction,
    even their prayers are detestable.

¹⁰ Whoever leads the upright along an evil path
    will fall into their own trap,
    but the blameless will receive a good
        inheritance.

¹¹ The rich are wise in their own eyes;
    one who is poor and discerning sees how
        deluded they are.

¹² When the righteous triumph, there is great
        elation;
    but when the wicked rise to power, people
        go into hiding.

¹³ Whoever conceals their sins does not prosper,
    but the one who confesses and renounces
        them finds mercy.

¹⁴ Blessed is the one who always trembles before
        God,
    but whoever hardens their heart falls into
        trouble.

¹⁵ Like a roaring lion or a charging bear
    is a wicked ruler over a helpless people.

¹⁶ A tyrannical ruler practices extortion,
    but one who hates ill-gotten gain will enjoy
        a long reign.

¹⁷ Anyone tormented by the guilt of murder
    will seek refuge in the grave;
    let no one hold them back.

---

¹⁸ El que es honrado se mantendrá a salvo;
el de caminos perversos caerá en la fosa.^p

¹⁹ El que trabaja la tierra tendrá abundante
comida;
el que sueña despierto^q sólo abundará en
pobreza.

²⁰ El hombre fiel recibirá muchas bendiciones;
el que tiene prisa por enriquecerse no
quedará impune.

²¹ No es correcto mostrarse parcial con nadie.
Hay quienes pecan hasta por un mendrugo
de pan.

²² El tacaño ansía enriquecerse,
sin saber que la pobreza lo aguarda.

²³ A fin de cuentas, más se aprecia
al que reprende que al que adula.

²⁴ El que roba a su padre o a su madre,
e insiste en que no ha pecado,
amigo es de gente perversa.^r

²⁵ El que es ambicioso provoca peleas,
pero el que confía en el Señor prospera.

²⁶ Necio es el que confía en sí mismo;
el que actúa con sabiduría se pone a salvo.

²⁷ El que ayuda al pobre no conocerá la pobreza;
el que le niega su ayuda será maldecido.

²⁸ Cuando triunfan los impíos, la gente se esconde;
cuando perecen, los justos prosperan.

29 El que es reacio a las represiones
será destruido de repente y sin
remedio.

² Cuando los justos prosperan, el pueblo se
alegra;
cuando los impíos gobiernan, el pueblo
gime.

³ El que ama la sabiduría alegra a su padre;
el que frecuenta rameras derrocha su fortuna.

⁴ Con justicia el rey da estabilidad al país;
cuando lo abruma con tributos, lo destruye.

⁵ El que adula a su prójimo
le tiende una trampa.

⁶ Al malvado lo atrapa su propia maldad,
pero el justo puede cantar de alegría.

¹⁸ The one whose walk is blameless is kept safe,
but the one whose ways are perverse will fall
into the pit.^v

¹⁹ Those who work their land will have abundant
food,
but those who chase fantasies will have their
fill of poverty.

²⁰ A faithful person will be richly blessed,
but one eager to get rich will not go
unpunished.

²¹ To show partiality is not good —
yet a person will do wrong for a piece of
bread.

²² The stingy are eager to get rich
and are unaware that poverty awaits them.

²³ Whoever rebukes a person will in the end gain
favor
rather than one who has a flattering tongue.

²⁴ Whoever robs their father or mother
and says, "It's not wrong,"
is partner to one who destroys.

²⁵ The greedy stir up conflict,
but those who trust in the Lord will
prosper.

²⁶ Those who trust in themselves are fools,
but those who walk in wisdom are kept safe.

²⁷ Those who give to the poor will lack nothing,
but those who close their eyes to them
receive many curses.

²⁸ When the wicked rise to power, people go into
hiding;
but when the wicked perish, the righteous
thrive.

29 Whoever remains stiff-necked after many
rebukes
will suddenly be destroyed — without
remedy.

² When the righteous thrive, the people rejoice;
when the wicked rule, the people groan.

³ A man who loves wisdom brings joy to his
father,
but a companion of prostitutes squanders
his wealth.

⁴ By justice a king gives a country stability,
but those who are greedy for^w bribes tear it
down.

⁵ Those who flatter their neighbors
are spreading nets for their feet.

⁶ Evildoers are snared by their own sin,
but the righteous shout for joy and are glad.

---

p **28:18** *en la fosa* (Siríaca); *en uno* (TM).
q **28:19** *el que sueña despierto.* Lit. *el que persigue lo vacío;* también en 12:11.
r **28:24** *de gente perversa.* Lit. *del destructor.*

v 18 Syriac (see Septuagint); Hebrew *into one*   *w* 4 Or *who give*

⁷ El justo se ocupa de la causa del desvalido;
   el malvado ni sabe de qué se trata.

⁸ Los insolentes conmocionan a la ciudad,
   pero los sabios apaciguan los ánimos.

⁹ Cuando el sabio entabla pleito contra un necio,
   aunque se enoje o se ría, nada arreglará.

¹⁰ Los asesinos aborrecen a los íntegros,
    y tratan de matar a los justos.

¹¹ El necio da rienda suelta a su ira,
    pero el sabio sabe dominarla.

¹² Cuando un gobernante se deja llevar por
        mentiras,
    todos sus oficiales se corrompen.

¹³ Algo en común tienen el pobre y el opresor:
    a los dos el Señor les ha dado la vista.

¹⁴ El rey que juzga al pobre según la verdad
    afirma su trono para siempre.

¹⁵ La vara de la disciplina imparte sabiduría,
    pero el hijo malcriado avergüenza a su
        madre.

¹⁶ Cuando prospera el impío, prospera el pecado,
    pero los justos presenciarán su caída.

¹⁷ Disciplina a tu hijo, y te traerá tranquilidad;
    te dará muchas satisfacciones.

¹⁸ Donde no hay visión, el pueblo se extravía;
    ¡dichosos los que son obedientes a la ley!

¹⁹ No sólo con palabras se corrige al siervo;
    aunque entienda, no obedecerá.

²⁰ ¿Te has fijado en los que hablan sin pensar?
    ¡Más se puede esperar de un necio que de
        gente así!

²¹ Quien consiente a su criado cuando éste es
        niño,
    al final habrá de lamentarlo.ˢ

²² El hombre iracundo provoca peleas;
    el hombre violento multiplica sus crímenes.

²³ El altivo será humillado,
    pero el humilde será enaltecido.

²⁴ El cómplice del ladrón atenta contra sí mismo;
    aunque esté bajo juramento,ᵗ no testificará.

²⁵ Temer a los hombres resulta una trampa,
    pero el que confía en el Señor sale bien
        librado.

²⁶ Muchos buscan el favor del gobernante,
    pero la sentencia del hombre la dicta el
        Señor.

⁷ The righteous care about justice for the poor,
   but the wicked have no such concern.

⁸ Mockers stir up a city,
   but the wise turn away anger.

⁹ If a wise person goes to court with a fool,
   the fool rages and scoffs, and there is no
      peace.

¹⁰ The bloodthirsty hate a person of integrity
    and seek to kill the upright.

¹¹ Fools give full vent to their rage,
    but the wise bring calm in the end.

¹² If a ruler listens to lies,
    all his officials become wicked.

¹³ The poor and the oppressor have this in
        common:
    The Lord gives sight to the eyes of both.

¹⁴ If a king judges the poor with fairness,
    his throne will be established forever.

¹⁵ A rod and a reprimand impart wisdom,
    but a child left undisciplined disgraces its
        mother.

¹⁶ When the wicked thrive, so does sin,
    but the righteous will see their downfall.

¹⁷ Discipline your children, and they will give
        you peace;
    they will bring you the delights you desire.

¹⁸ Where there is no revelation, people cast off
        restraint;
    but blessed is the one who heeds wisdom's
        instruction.

¹⁹ Servants cannot be corrected by mere words;
    though they understand, they will not
        respond.

²⁰ Do you see someone who speaks in haste?
    There is more hope for a fool than for them.

²¹ A servant pampered from youth
    will turn out to be insolent.

²² An angry person stirs up conflict,
    and a hot-tempered person commits many
        sins.

²³ Pride brings a person low,
    but the lowly in spirit gain honor.

²⁴ The accomplices of thieves are their own
        enemies;
    they are put under oath and dare not testify.

²⁵ Fear of man will prove to be a snare,
    but whoever trusts in the Lord is kept safe.

²⁶ Many seek an audience with a ruler,
    but it is from the Lord that one gets justice.

ˢ **29:21** Texto de difícil traducción.
ᵗ **29:24** *bajo juramento*. Alt. *bajo maldición*.

²⁷ Los justos aborrecen a los malvados,
y los malvados aborrecen a los justos.

Dichos de Agur

30 Dichos de Agur hijo de Jaqué. Oráculo.^u
Palabras de este varón:

«Cansado estoy, oh Dios;
cansado estoy, oh Dios, y débil.^v

² »Soy el más ignorante de todos los hombres;
no hay en mí discernimiento humano.
³ No he adquirido sabiduría,
ni tengo conocimiento del Dios santo.

⁴ »¿Quién ha subido a los cielos
y descendido de ellos?
¿Quién puede atrapar el viento en su puño
o envolver el mar en su manto?
¿Quién ha establecido los límites de la tierra?
¿Quién conoce su nombre o el de su hijo?

⁵ »Toda palabra de Dios es digna de crédito;
Dios protege a los que en él buscan refugio.
⁶ No añadas nada a sus palabras,
no sea que te reprenda
y te exponga como a un mentiroso.

⁷ »Sólo dos cosas te pido, Señor;
no me las niegues antes de que muera:
⁸ Aleja de mí la falsedad y la mentira;
no me des pobreza ni riquezas
sino sólo el pan de cada día.
⁹ Porque teniendo mucho, podría desconocerte
y decir: "¿Y quién es el Señor?"
Y teniendo poco, podría llegar a robar
y deshonrar así el nombre de mi Dios.

¹⁰ »No ofendas al esclavo delante de su amo,
pues podría maldecirte y sufrirías las
consecuencias.

¹¹ »Hay quienes maldicen a su padre
y no bendicen a su madre.
¹² Hay quienes se creen muy puros,
pero no se han purificado de su impureza.
¹³ Hay quienes se creen muy importantes,
y a todos miran con desdén.
¹⁴ Hay quienes tienen espadas por dientes
y cuchillos por mandíbulas;
para devorar a los pobres de la tierra
y a los menesterosos de este mundo.

¹⁵ »La sanguijuela tiene dos hijas
que sólo dicen: "Dame, dame."

»Tres cosas hay que nunca se sacian,
y una cuarta que nunca dice "¡Basta!":
¹⁶ el *sepulcro, el vientre estéril,
la tierra, que nunca se sacia de agua,
y el fuego, que no se cansa de consumir.

---

²⁷ The righteous detest the dishonest;
the wicked detest the upright.

Sayings of Agur

30 The sayings of Agur son of Jakeh — an inspired utterance.

This man's utterance to Ithiel:

"I am weary, God,
but I can prevail.^x
² Surely I am only a brute, not a man;
I do not have human understanding.
³ I have not learned wisdom,
nor have I attained to the knowledge of the
Holy One.
⁴ Who has gone up to heaven and come down?
Whose hands have gathered up the wind?
Who has wrapped up the waters in a cloak?
Who has established all the ends of the
earth?
What is his name, and what is the name of his
son?
Surely you know!

⁵ "Every word of God is flawless;
he is a shield to those who take refuge in him.
⁶ Do not add to his words,
or he will rebuke you and prove you a liar.

⁷ "Two things I ask of you, Lord;
do not refuse me before I die:
⁸ Keep falsehood and lies far from me;
give me neither poverty nor riches,
but give me only my daily bread.
⁹ Otherwise, I may have too much and disown
you
and say, 'Who is the Lord?'
Or I may become poor and steal,
and so dishonor the name of my God.

¹⁰ "Do not slander a servant to their master,
or they will curse you, and you will pay for it.

¹¹ "There are those who curse their fathers
and do not bless their mothers;
¹² those who are pure in their own eyes
and yet are not cleansed of their filth;
¹³ those whose eyes are ever so haughty,
whose glances are so disdainful;
¹⁴ those whose teeth are swords
and whose jaws are set with knives
to devour the poor from the earth
and the needy from among mankind.

¹⁵ "The leech has two daughters.
'Give! Give!' they cry.

"There are three things that are never satisfied,
four that never say, 'Enough!':
¹⁶ the grave, the barren womb,
land, which is never satisfied with water,
and fire, which never says, 'Enough!'

---

^u **30:1** *hijo de Jaqué. Oráculo.* Alt. *hijo de Jaqué de Masa.*
^v **30:1** *Cansado ... y débil.* Alt. *A Itiel, a Itiel y a Ucal.*

^x **1** With a different word division of the Hebrew; Masoretic Text
utterance to Ithiel, / to Ithiel and Ukal:

¹⁷»Al que mira con desdén a su padre,
    y rehúsa obedecer a su madre,
que los cuervos del valle le saquen los ojos
    y que se lo coman vivo los buitres.

¹⁸»Tres cosas hay que me causan asombro,
    y una cuarta que no alcanzo a comprender:
¹⁹el rastro del águila en el cielo,
    el rastro de la serpiente en la roca,
el rastro del barco en alta mar,
    y el rastro del hombre en la mujer.

²⁰»Así procede la adúltera:
    come, se limpia la boca,
y afirma: "Nada malo he cometido."

²¹»Tres cosas hacen temblar la tierra,
    y una cuarta la hace estremecer:
²²el siervo que llega a ser rey,
    el necio al que le sobra comida,
²³la mujer rechazada que llega a casarse,
    y la criada que suplanta a su señora.

²⁴»Cuatro cosas hay pequeñas en el mundo,
    pero que son más sabias que los sabios:
²⁵las hormigas, animalitos de escasas fuerzas,
    pero que almacenan su comida en el verano;
²⁶los tejones, animalitos de poca monta,
    pero que construyen su casa entre las rocas;
²⁷las langostas, que no tienen rey,
    pero que avanzan en formación perfecta;
²⁸las lagartijas, que se atrapan con la mano,
    pero que habitan hasta en los palacios.

²⁹»Tres cosas hay que caminan con garbo,
    y una cuarta de paso imponente:
³⁰el león, poderoso entre las bestias,
    que no retrocede ante nada;
³¹el gallo engreído,^w el macho cabrío,
    y el rey al frente de su ejército.^x

³²»Si como un necio te has engreído,
    o si algo maquinas, ponte a pensar^y
³³que batiendo la leche se obtiene mantequilla,
    que sonándose fuerte sangra la nariz,
    y que provocando la ira se acaba peleando.»

Dichos del rey Lemuel

31 Los dichos del rey Lemuel. Oráculo mediante el cual^z su madre lo instruyó:

²«¿Qué pasa, hijo mío?
    ¿Qué pasa, hijo de mis entrañas?
    ¿Qué pasa, fruto de mis votos^a al Señor?
³No gastes tu vigor en las mujeres,
    ni tu fuerza^b en las que arruinan a los reyes.

---

¹⁷"The eye that mocks a father,
    that scorns an aged mother,
will be pecked out by the ravens of the valley,
    will be eaten by the vultures.

¹⁸"There are three things that are too amazing
    for me,
    four that I do not understand:
¹⁹the way of an eagle in the sky,
    the way of a snake on a rock,
the way of a ship on the high seas,
    and the way of a man with a young woman.

²⁰"This is the way of an adulterous woman:
    She eats and wipes her mouth
    and says, 'I've done nothing wrong.'

²¹"Under three things the earth trembles,
    under four it cannot bear up:
²²a servant who becomes king,
    a godless fool who gets plenty to eat,
²³a contemptible woman who gets married,
    and a servant who displaces her mistress.

²⁴"Four things on earth are small,
    yet they are extremely wise:
²⁵Ants are creatures of little strength,
    yet they store up their food in the summer;
²⁶hyraxes are creatures of little power,
    yet they make their home in the crags;
²⁷locusts have no king,
    yet they advance together in ranks;
²⁸a lizard can be caught with the hand,
    yet it is found in kings' palaces.

²⁹"There are three things that are stately in their
    stride,
four that move with stately bearing:
³⁰a lion, mighty among beasts,
    who retreats before nothing;
³¹a strutting rooster, a he-goat,
    and a king secure against revolt.^y

³²"If you play the fool and exalt yourself,
    or if you plan evil,
    clap your hand over your mouth!
³³For as churning cream produces butter,
    and as twisting the nose produces blood,
    so stirring up anger produces strife."

Sayings of King Lemuel

31 The sayings of King Lemuel — an inspired utterance his mother taught him.

²Listen, my son! Listen, son of my womb!
    Listen, my son, the answer to my prayers!
³Do not spend your strength^z on women,
    your vigor on those who ruin kings.

---

w **30:31** *el gallo engreído.* Lit. *el apretado de hombros.*
x **30:31** *el rey ... ejército.* Alt. *el rey contra quien su pueblo no se subleva.*
y **30:32** *ponte a pensar.* Lit. *mano a la boca.*
z **31:1** *Lemuel. Oráculo mediante el cual.* Alt. *Lemuel de Masa, mediante los cuales.*
a **31:2** *fruto de mis votos.* Alt. *respuesta a mis oraciones.*
b **31:3** *tu fuerza.* Lit. *tus caminos.*

y *31* The meaning of the Hebrew for this phrase is uncertain.
z *3* Or *wealth*

⁴»No conviene que los reyes, oh Lemuel,
no conviene que los reyes se den al vino,
ni que los gobernantes se entreguen al licor,
⁵no sea que al beber se olviden de lo que la *ley
ordena
y priven de sus derechos a todos los
oprimidos.
⁶Dales licor a los que están por morir,
y vino a los amargados;
⁷¡que beban y se olviden de su pobreza!
¡que no vuelvan a acordarse de sus penas!

⁸»¡Levanta la voz por los que no tienen voz!
¡Defiende los derechos de los desposeídos!
⁹¡Levanta la voz, y hazles *justicia!
¡Defiende a los pobres y necesitados!»

Epílogo: Acróstico a la mujer ejemplar^c

Álef
¹⁰Mujer ejemplar,^d ¿dónde se hallará?
¡Es más valiosa que las piedras preciosas!
Bet
¹¹Su esposo confía plenamente en ella
y no necesita de ganancias mal habidas.
Guímel
¹²Ella le es fuente de bien, no de mal,
todos los días de su vida.
Dálet
¹³Anda en busca de lana y de lino,
y gustosa trabaja con sus manos.
He
¹⁴Es como los barcos mercantes,
que traen de muy lejos su alimento.
Vav
¹⁵Se levanta de madrugada,
da de comer^e a su familia
y asigna tareas a sus criadas.
Zayin
¹⁶Calcula el valor de un campo y lo compra;
con sus ganancias^f planta un viñedo.
Jet
¹⁷Decidida se ciñe la cintura^g
y se apresta para el trabajo.
Tet
¹⁸Se complace en la prosperidad de sus negocios,
y no se apaga su lámpara en la noche.
Yod
¹⁹Con una mano sostiene el huso
y con la otra tuerce el hilo.
Caf
²⁰Tiende la mano al pobre,
y con ella sostiene al necesitado.
Lámed
²¹Si nieva, no tiene que preocuparse de su familia,
pues todos están bien abrigados.

⁴It is not for kings, Lemuel—
it is not for kings to drink wine,
not for rulers to crave beer,
⁵lest they drink and forget what has been
decreed,
and deprive all the oppressed of their rights.
⁶Let beer be for those who are perishing,
wine for those who are in anguish!
⁷Let them drink and forget their poverty
and remember their misery no more.

⁸Speak up for those who cannot speak for
themselves,
for the rights of all who are destitute.
⁹Speak up and judge fairly;
defend the rights of the poor and needy.

Epilogue: The Wife of Noble Character

¹⁰^aA wife of noble character who can find?
She is worth far more than rubies.
¹¹Her husband has full confidence in her
and lacks nothing of value.
¹²She brings him good, not harm,
all the days of her life.
¹³She selects wool and flax
and works with eager hands.
¹⁴She is like the merchant ships,
bringing her food from afar.
¹⁵She gets up while it is still night;
she provides food for her family
and portions for her female servants.
¹⁶She considers a field and buys it;
out of her earnings she plants a vineyard.
¹⁷She sets about her work vigorously;
her arms are strong for her tasks.
¹⁸She sees that her trading is profitable,
and her lamp does not go out at night.
¹⁹In her hand she holds the distaff
and grasps the spindle with her fingers.
²⁰She opens her arms to the poor
and extends her hands to the needy.
²¹When it snows, she has no fear for her
household;
for all of them are clothed in scarlet.

---

^c **31:10** Los vv. 10-31 son un acróstico, en que cada verso
comienza con una de las letras del alfabeto hebreo.
^d **31:10** *ejemplar.* Alt. *fuerte.*
^e **31:15** *da de comer.* Lit. *da presa.*
^f **31:16** *sus ganancias.* Lit. *el fruto de sus manos.*
^g **31:17** *se ciñe la cintura.* Lit. *se ciñe con fuerza sus lomos.*

^a *10* Verses 10-31 are an acrostic poem, the verses of which begin
with the successive letters of the Hebrew alphabet.

Mem
²² Las colchas las cose ella misma,
    y se viste de púrpura y lino fino.
Nun
²³ Su esposo es respetado en la comunidad;*ʰ*
    ocupa un puesto entre las autoridades del
        lugar.
Sámej
²⁴ Confecciona ropa de lino y la vende;
    provee cinturones a los comerciantes.
Ayin
²⁵ Se reviste de fuerza y dignidad,
    y afronta segura el porvenir.
Pe
²⁶ Cuando habla, lo hace con sabiduría;
    cuando instruye, lo hace con amor.
Tsade
²⁷ Está atenta a la marcha de su hogar,
    y el pan que come no es fruto del ocio.
Qof
²⁸ Sus hijos se levantan y la felicitan;
    también su esposo la alaba:
Resh
²⁹ «Muchas mujeres han realizado proezas,
    pero tú las superas a todas.»
Shin
³⁰ Engañoso es el encanto y pasajera la belleza;
    la mujer que teme al Señor es digna de
        alabanza.
Tav
³¹ ¡Sean reconocidos*ⁱ* sus logros,
    y públicamente*ʲ* alabadas sus obras!

²² She makes coverings for her bed;
    she is clothed in fine linen and purple.
²³ Her husband is respected at the city gate,
    where he takes his seat among the elders of
        the land.
²⁴ She makes linen garments and sells them,
    and supplies the merchants with sashes.
²⁵ She is clothed with strength and dignity;
    she can laugh at the days to come.
²⁶ She speaks with wisdom,
    and faithful instruction is on her tongue.
²⁷ She watches over the affairs of her household
    and does not eat the bread of idleness.
²⁸ Her children arise and call her blessed;
    her husband also, and he praises her:
²⁹ "Many women do noble things,
    but you surpass them all."
³⁰ Charm is deceptive, and beauty is fleeting;
    but a woman who fears the Lord is to be
        praised.
³¹ Honor her for all that her hands have done,
    and let her works bring her praise at the city
        gate.

ʰ **31:23** *en la comunidad.* Lit. *en las* **puertas.*
ⁱ **31:31** *Sean reconocidos.* Alt. *Denle.*
ʲ **31:31** *públicamente.* Lit. *en las puertas.*

Tabla de pesas, medidas y monedas
Las equivalencias son aproximadas

ANTIGUO TESTAMENTO

No se incluye aquí una tabla de unidades monetarias porque los hebreos no acuñaron monedas antes del exilio. Cuando la NVI usa la palabra «moneda», se trata de una unidad de peso, principalmente el siclo. (Nótese también que en el libro de Ezequiel las relaciones entre las medidas son un poco diferentes.)

Medidas de peso

talento (= 60 minas)	33 kg
mina (= 50 siclos)	550 g
siclo (= 2 becás)	11 gr
pim (= 2/3 siclos)	7 gr
becá (= 10 guerás)	5,5 gr
guerá	0,5 gr

Medidas de longitud

caña/vara (= 6 codos)	2,70 m
codo (= 2 palmos)	45 cm
palmo (= 3 palmos menores)	22,5 cm
palmo menor (= 4 dedos)	7,5 cm
dedo	1,9 cm

Medidas de capacidad: áridos

coro = jómer (= 2 létec)	220 litros
létec (= 5 efas)	110 litros
efa (= 3 seah)	22 litros
seah (= 1/3 de efa)	7,3 litros
gómer	2,2 litros
cab (= 1/18 de efa)	1,2 litros

Medidas de capacidad: líquidos

coro (= 10 batos)	220 litros
bato (= 6 hin)	22 litros
hin (= 12 log)	3,7 litros
log	0,3 litros

NUEVO TESTAMENTO

La única unidad de peso que se usa en el Nuevo Testamento es la litra (= la libra romana), con una equivalencia aproximada de 327 gr.

Medidas de longitud

milla (= 8.3 estadios)	1.500 m
estadio (= 100 brazas)	180 m
braza (= 4 codos)	1,80 m
codo	45 cm

Medidas de capacidad: áridos

coro	370 litros
sata	22 litros
joinix	1 litro

Medidas de capacidad: líquidos

metreta	39 litros
bato	37 litros

Monedas

Es extremadamente difícil dar el valor de las monedas antiguas con equivalencias modernas. Un denario era el salario de un obrero por un día de trabajo.

talento	60 minas
mina	100 denarios
dracma	denario
denario	10 asaria
asarion	4 cuadrantes
cuadrante	2 lepta
lepton	1/80 de denario

Table of Weights and Measures

	Biblical Unit	Approximate American Equivalent	Approximate Metric Equivalent
Weights	talent (60 minas)	75 pounds	34 kilograms
	mina (50 shekels)	1 $^1/_4$ pounds	560 grams
	shekel (2 bekas)	$^2/_5$ ounce	11.5 grams
	pim ($^2/_3$ shekel)	$^1/_4$ ounce	7.8 grams
	beka (10 gerahs)	$^1/_5$ ounce	5.7 grams
	gerah	$^1/_{50}$ ounce	0.6 gram
	daric	$^1/_3$ ounce	8.4 grams
Length	cubit	18 inches	45 centimeters
	span	9 inches	23 centimeters
	handbreadth	3 inches	7.5 centimeters
	stadion (pl. stadia)	600 feet	183 meters
Capacity *Dry Measure*	cor [homer] (10 ephahs)	6 bushels	220 liters
	lethek (5 ephahs)	3 bushels	110 liters
	ephah (10 omers)	$^3/_5$ bushel	22 liters
	seah ($^1/_3$ ephah)	7 quarts	7.5 liters
	omer ($^1/_{10}$ ephah)	2 quarts	2 liters
	cab ($^1/_{18}$ ephah)	1 quart	1 liter
Liquid Measure	bath (1 ephah)	6 gallons	22 liters
	hin ($^1/_6$ bath)	1 gallon	3.8 liters
	log ($^1/_{72}$ bath)	$^1/_3$ quart	0.3 liter

The figures of the table are calculated on the basis of a shekel equaling 11.5 grams, a cubit equaling 18 inches and an ephah equaling 22 liters. The quart referred to is either a dry quart (slightly larger than a liter) or a liquid quart (slightly smaller than a liter), whichever is applicable. The ton referred to in the footnotes is the American ton of 2,000 pounds. These weights are calculated relative to the particular commodity involved. Accordingly, the same measure of capacity in the text may be converted into different weights in the footnotes.

This table is based upon the best available information, but it is not intended to be mathematically precise; like the measurement equivalents in the footnotes, it merely gives approximate amounts and distances. Weights and measures differed somewhat at various times and places in the ancient world. There is uncertainty particularly about the ephah and the bath; further discoveries may shed more light on these units of capacity.

Glosario

abba. Palabra aramea que significa «padre» o «papá». Como fue usada por Jesús de modo característico para referirse a Dios, su Padre celestial (véase Mr 14:36), la iglesia cristiana también la adoptó, aun cuando el idioma de los creyentes era el griego (Ro 8:15; Gá 4:6).

abadón. Literalmente significa «destructor». En el Antiguo Testamento, término hebreo para referirse al reino de la muerte. Aparece como sinónimo de «muerte» y «sepulcro». En el Nuevo Testamento aparece como personificación del ángel de la muerte (Ap 9:11).

abismo. Ya en la tradición judía se usaba este término en oposición a «cielo» (véase Ro 10:6-8); más específicamente, puede designar la morada de los demonios (p.ej. Lc 8:31; Ap 9:1). En un pasaje (Mt 11:23 = Lc 10:15) se ha usado para traducir **Hades**. En otro pasaje la expresión «arrojar al abismo» (2P 2:4) traduce el verbo tartaróō, literalmente «meter en el Tártaro», nombre que entre los griegos se refería a un lugar subterráneo (más profundo que el Hades), donde se imponía el castigo divino. Véase también **sepulcro**.

adar. Duodécimo mes en el calendario hebreo (mediados de febrero a mediados de marzo).

alamot. Probable anotación musical en cuanto al instrumento que debía tocarse o el tono en que debía cantarse un salmo. Por su etimología, posible indicación de que la melodía era para voces femeninas.

aleluya. (heb. hallelu Yah) Exclamación de alabanza a Dios que significa «¡Alaben al SEÑOR!» En esta versión aparece la expresión junto con su traducción literal.

aliento. Véase **vida**.

alma. Véase **vida**.

altares paganos (también santuarios paganos). Es traducción de la palabra hebrea bamoth, que literalmente significa «lugares altos». En 1 y 2 Reyes y en 2 Crónicas se usa para designar santuarios donde se practicaban cultos idolátricos cananeos.

Altísimo. (heb. 'elyón, arameo 'illa'á) Uno de los nombres de Dios, que también puede entenderse como «el Excelso».

anaquitas. Habitantes de Palestina, identificados como descendientes de cierto Anac; eran de gran estatura e infundían terror en las poblaciones de la región. En otras versiones caste-llanas se traduce «anaceos».

anciano. Además de su significado literal, esta palabra se usa con sentido especializado para designar a los jefes y dirigentes del pueblo hebreo, los cuales tenían responsabilidades tanto religiosas como civiles. En el Nuevo Testamento (griego presbúteros) se usa también para designar a los encargados de go-bernar las iglesias (p.ej. Hch 14:23; 1Ti 5:17). En Apocalipsis se usa en un sentido más exaltado con referencia a veinticuatro seres en el cielo (p.ej. Ap 4:4). Véase también **obispo**.

Aram/arameos. Véase **Siria/sirios**.

arrasar. Véase **destrucción**.

arrepentimiento/arrepentirse. Significa no sólo el sentimiento de tristeza o remordimiento por haber pecado, sino también la acción de cambiar el modo de pensar y de actuar; implica un profundo cambio espiritual.

asarion. Moneda romana (latín as) de poco valor. Véase **Tabla de pesas, medidas y monedas**.

Aserá. Nombre de una diosa cananea. En el plural (heb. 'aserim) se refiere a objetos hechos para adorarla, y generalmente se ha traducido con alguna frase, tal como «imágenes para el culto a Aserá».

Asia. En el Nuevo Testamento este nombre no se refiere al Lejano Oriente sino a una provincia romana al suroeste de Asia Menor (lo que hoy es Turquía), cuya capital era Éfeso.

aviv. Primer mes en el calendario hebreo (mediados de marzo a mediados de abril); después del exilio se usó el nombre nisán.

Astarté. (En otras traducciones, «Astoret».) Nombre de una diosa, común entre los pueblos semíticos de la antigüedad. En el plural puede referirse a la variedad de diosas que tenían este nombre, o a imágenes hechas en su honor.

Baal. La palabra hebrea significa «amo» o «esposo», pero como nombre propio se refiere a una deidad cananea, el dios de la tormenta, consorte de **Aserá y Astarté**. El uso del plural, «baales», parece indicar que el nombre podía referirse a distintas deidades locales.

babilonios. Generalmente es traducción de la palabra hebrea kasdim, que puede significar «Caldea» (un país antiguo al sur de Babilonia) o «caldeos». El nombre llegó a designar todo el territorio babilónico o sus habitantes.

bato. Medida de capacidad equivalente aproximadamente a 22 litros; en el Nuevo Testamento, alrededor de 37 litros. Véase **Tabla de pesas, medidas y monedas**.

becá. Medida de peso equivalente aproximadamente a 6 gramos. Véase **Tabla de pesas, medidas y monedas**.

Beelzebú. Nombre que se usa en los evangelios con referencia a Satanás.

bienestar. Véase **paz**.

blasfemar. Acción de proferir blasfemias, o sea, pronunciar maldiciones o palabras injuriosas contra Dios o contra alguien que lo representa. La «blasfemia contra el Espíritu» (Mt 12:31 y paralelos) consiste en atribuir a Satanás las obras de Jesús, lo cual parece indicar un rechazo total del mensaje de Dios. El término griego también se puede usar en el sentido menos fuerte de «calumniar» o «insultar» (p.ej. Mr 7:22; Ef 4:31).

blasfemo. (heb. letz) Término tradicionalmente traducido «escarnecedor» (Sal 1:1), que alude a quienes no tienen respeto por nada ni nadie, ni siquiera por Dios.

braza. Medida de longitud equivalente aproximadamente a 1,80 metros. Véase **Tabla de pesas, medidas y monedas.**

bul. Octavo mes en el calendario hebreo (mediados de octubre a mediados de noviembre).

burlón. Véase **blasfemo.**

cab. Medida de capacidad equivalente aproximadamente a 1,2 litros. Véase **Tabla de pesas, medidas y monedas.**

caer, hacer caer. Véase **tropiezo.**

Caldea/caldeos. Véase **babilonios.**

camino. Además de su sentido primario, en el lenguaje bíblico este término alude simbólicamente a la conducta y voluntad divinas y humanas, así como a sus métodos, hábitos, actitudes y propósitos.

camisa. Se ha usado esta palabra unas cuantas veces (Mt 5:40 = Lc 6:29; Lc 3:11) para representar el vocablo griego jitón, que también puede traducirse con un término general, «ropa» (p.ej. Mt 10:10; Mr 14:63; Jud 23). Con más precisión, se trata de la túnica (y así se tradujo en Jn 19:23; Hch 9:39), que en español puede implicar una vestidura formal o religiosa, y que daría un sentido incorrecto a los pasajes anteriores.

caña. Medida de longitud equivalente aproximadamente a 3 metros. También se ha traducido «vara». Véase **Tabla de pesas, medidas y monedas.**

carne/carnal. El término griego sarx tiene un uso muy variado, y frecuentemente contrasta con **Espíritu** (o **espíritu**). En su sentido literal y físico, puede traducirse «carne» o «cuerpo». En un sentido más amplio, se usa para designar lo que es meramente humano y por lo tanto débil. (Nótese también la frase «carne y sangre», que se ha traducido con varias expresiones; p.ej. Mt 16:17; 1Co 15:50; Ef 6:12.). En un sentido moral, indica lo que caracteriza a este mundo pecaminoso (véanse 2Co 10:3-4; Fil 1:22,24). Es difícil representar el concepto en español, por lo que también se han usado frases tales como «na-turaleza humana», «naturaleza pecaminosa», «esfuerzos (o criterios, o razonamiento) humanos», «pasiones», y otras más (p.ej. Ro 8:3-9; 1Co 1:26; Gá 3:3; 4:23,29; 5:13-19; Fil 3:3-4; Col 2:18). La dificultad de distinguir entre el sentido literal y el figurado se nota especialmente en Ro 7:18,25; 1P 3:18; 4:1,2 («terrenal»),6.

Cefas. Nombre arameo que significa «roca» y que corresponde al nombre griego Pedro (véase Jn 1:42).

César/césar. Nombre que los emperadores romanos usaban como título (véanse Lc 2:1; 3:1) y que llegó a usarse en el sentido general de «emperador» (así se ha traducido en la mayoría de los pasajes, p.ej. Jn 19:12; Hch 17:7).

cielo(s). En la cosmogonía bíblica, bóveda sólida y firme (de allí que también se le llame «firmamento») que separa las aguas de arriba de las aguas de abajo (Gn 1), en la que Dios tiene su habitación. También se le concibe como una tienda de campaña, como una cortina y como un manto.

cilicio. Tela áspera, generalmente de pelo de cabra. Como se usaba entre los hebreos para expresar la pena y el dolor, la expresión «cubrirse de cilicio» (y otras parecidas) generalmente se ha traducido «vestirse de luto» o «hacer duelo».

circuncisión. Como esta operación era la señal física de un hombre pertenecía al pueblo de Dios, la palabra se podía usar para designar a los judíos (p.ej. Ro 15:8; Gá 2:8-9; en Fil 3:3 con referencia a los cristianos). Por consiguiente, los términos «incircunciso» e «incircuncisión» (Ro 2:20) se refieren a los no judíos. Véase también **gentiles.**

codo. Medida antigua, basada en el largo del brazo desde el codo hasta la punta de los dedos, equivalente a 45-50 centímetros. Véase **Tabla de pesas, medidas y monedas.**

comunión, sacrificios de. (heb. shelamim) Tradicionalmente traducido como «sacrificios de paz», el vocablo hebreo parece referirse a varios tipos de ofrenda relacionados con la acción de gracias.

condenar a muerte. Véase **destrucción.**

conocimiento. Término sinónimo de **sabiduría**, que implica una relación estrecha e íntima entre dos personas, más que una simple acumulación de información y datos.

Consejo. Se ha usado este término como traducción del griego sunédrion (tradicionalmente «sanedrín»; en Hch 22:5 el griego es presbutérion). Se trata del más importante consejo de gobierno entre los judíos. Incluía a los **ancianos**, los **maestros de la ley** y los jefes de los sacerdotes.

Consolador. Traducción tradicional del término griego parákl¯e tos en Jn 14:16,26; 15:26; 16:7. La palabra puede significar «abogado», pero más probable es el sentido general de «mediador» o «ayudador». En 1Jn 2:1 se tradujo «intercesor».

contaminar. Véase **puro.**

corazón. Además de su sentido primario, el lenguaje bíblico alude con este término al órgano cardíaco como la sede principal de las emociones y los sentimientos humanos, así como de sus esperanzas y temores. El corazón es también la sede de la actividad intelectual, de allí que en algunos casos se traduzca como «mente».

coro. Medida de capacidad equivalente aproximadamente a 220 litros. Véase **Tabla de pesas, medidas y monedas.**

corrección. Véase **disciplina.**

creyentes. Véase **santos.**

Cristo. Vocablo griego que significa «ungido» (véase Hch 4:26). Es primeramente un título descriptivo, pero también se usa como nombre propio de Jesús. En ciertos pasajes se ha traducido «Mesías» (término hebreo que corres-ponde a Cristo) para aclarar el uso titular, pero hay muchos otros pasajes en que puede entenderse como nombre o como título. La combinación «Jesús Cristo» (traducido como

nombre, «Jesucristo») o «Cristo Jesús» también puede tener un sentido titular, es decir, «Jesús el Mesías». Nótese que en las cartas de Pablo, el uso de este vocablo es muy frecuente y se ha marcado con asterisco sólo la primera vez que aparece en cada carta.

cuello. Véase **vida.**

Cus/cusita. Se refiere a Nubia, una región al sur de Egipto, en la parte norte de lo que hoy es el Sudán. Los escritores clásicos llamaban a esta región «Etiopía», pero no debe confundirse con el país moderno que lleva ese nombre y que queda más al sur.

cuerpo. Véase **carne.**

Decápolis. Significa «las diez ciudades». Era una región de la Palestina habitada por gentiles.

denario. Moneda romana de plata, cuyo valor correspondía al salario de un obrero por un día de trabajo.

derecha. Se usa en sentido figurado para señalar la posición de honor. También es un símbolo del poder (véanse Hch 2:33; 5:31).

destrucción, destruir. Cuando estas palabras llevan asterisco, son traducción de vocablos hebreos (jérem, verbo hejerim) que se refieren a lo que Dios ha declarado anatema, es decir, algo prohibido y consagrado a Dios para ser destruido totalmente. En esta traducción también se han usado las expresiones «arrasar», «condenar a muerte», «destruir por completo» y «exterminar».

dichoso. En el Antiguo Testamento representa la palabra 'ashrey hebrea término tradicionalmente traducido «bienaventurado». En el Nuevo Testamento, con frecuencia representa la palabra griega makários, que significa «feliz» y que tradicionalmente se ha traducido «bienaventurado». En ambos casos se refiere a la persona que recibe la bendición de Dios y así experimenta la verdadera felicidad.

dirigente. Cuando esta palabra lleva asterisco, es traducción del vocablo hebreo que literalmente significa **anciano.**

disciplina. (heb. musar) Término típico de la literatura sapiencial que implica la **enseñanza** o **instrucción** correctiva de la **ley**, más la educación de los padres, incluido el castigo físico.

discreción. Véase **sabiduría.**

dracma. En el Antiguo Testamento se refiere al dárico, moneda persa de oro que pesaba alrededor de 125 gramos. En el Nuevo Testamento se refiere a una moneda griega de plata equivalente al **denario.**

efa. Medida de capacidad equivalente aproximadamente a 22 litros. Véase **Tabla de pesas, medidas y monedas.**

efod. Parte de la vestimenta sacerdotal, que se describe en Éx 28:6-14.

elul. Sexto mes en el calendario hebreo (mediados de agosto a mediados de septiembre).

emperador. Véase **César.**

enorgullecerse. Véase **jactancia.**

Enramadas, fiesta de las. Tradicionalmente traducida «Tabernáculos», esta fiesta se celebraba en el mes de **tisrí.** Durante los siete días de celebración, los israelitas vivían en cabañas hechas de ramas de árboles.

entrada(s). Véase **puerta(s).**

escándalo/escandalizar. Véase **tropiezo.**

esclavo. Véase **siervo.**

Espíritu/espíritu. En ciertos pasajes donde la palabra griega pneuma aparece sin el calificativo «Santo», no es seguro si la referencia es al Espíritu Santo o al espíritu humano (p.ej. Jn 4:23-24; Ro 1:4; 8:10). Véase también **síquico.**

espíritu maligno. Una traducción más literal es «espíritu impuro». Se refiere a los demonios que se posesionan de algunas personas.

estela. Véase **piedra sagrada.**

estadio. Medida de longitud equivalente aproximadamente a 180 metros. Véase **Tabla de pesas, medidas y monedas.**

etanim. Séptimo mes en el calendario hebreo (mediados de septiembre a mediados de octubre).

eunuco. Hombre castrado que servía en la corte como guardián de las mujeres. A veces los eunucos llegaban a ser funcionarios de alto rango (véase Hch 8:27). En sentido figurado, se aplica a los que se mantienen solteros (Mt 19:11-12).

evangelio. Término de origen griego que significa «buena noticia». Principalmente en las cartas, el término se usa con sentido especializado, es decir, el mensaje acerca de Jesucristo. En otros pasajes se ha traducido como «buenas nuevas» o «buenas noticias» (p.ej. Lc 1:19; Hch 5:42). Más tarde, el término llegó a usarse para referirse a los libros que relatan la historia de Jesús.

experto en la ley. Véase **maestro de la ley.**

expiar/expiación. Se refiere a la acción divina de cubrir o quitar el pecado por medio del sacrificio. El término **propiciación** describe la misma acción desde otro punto de vista: el sacrificio aplaca la ira de Dios (véanse Ro 3:25; Heb 2:17; 1Jn 2:2; 4:10).

exterminar. Véase **destrucción.**

fariseo. Hoy día este término se usa en sentido despectivo y equivale a «hipócrita» (porque así calificó Jesús a los fariseos; p.ej. Mt 23:13-29), pero es necesario recordar que los fariseos constituían un grupo religioso que la mayoría de los judíos admiraba. Estudiaban la ley minuciosamente (muchos **maestros de la ley** estaban relacionados con este grupo) y deseaban obedecerla, aunque su modo de interpretación a veces los llevaba a ignorar los mandatos de Dios (véase especialmente Mr 7:1-13).

fidelidad. El término griego pístis generalmente tiene el sentido activo de «fe», indicando la acción de «confiar en alguien», pero en algunas ocasiones puede tener sentido pasivo, «ser confiable». En este segundo caso, se puede traducir «fidelidad» (p.ej. Ro 3:3; Gá 5:22). Algunos eruditos piensan que la frase «la fe en Jesucristo» (p.ej. Gá 2:16; 3:22) debe traducirse «la fidelidad de Cristo». Nótese también que el adjetivo pistós puede significar «creyente» o «fiel».

fosa. Véase **sepulcro.**

fuerza(s). Véase **vida.**

Gehenna. Nombre de un barranco en Jerusalén donde se quemaban los desperdicios. Entre los judíos llegó a ser un símbolo del fuego eterno, por lo cual se puede traducir «infierno».

género humano. Véase **hombre.**

gente. Véase **hombre.**

gentiles. Designa a los que no son judíos. Por lo general traduce el término que literalmente significa «naciones»; en otros pasajes traduce el término que significa «griegos» (en Ro 2:26 y 4:9 corresponde a «incircuncisión»; véase **circuncisión**). Cuando hay énfasis en el sentido religioso o moral, se traduce «paganos».

gittith. Término hebreo que aparece como título de algunos salmos (8, 81, 84), probablemente en relación con una melodía popular que se cantaba en los lagares.

gómer. Medida de capacidad equivalente aproximadamente a 2,2 litros. Véase **Tabla de pesas, medidas y monedas.**

griegos. Se usa no solamente en un sentido étnico estricto sino también para designar a cualquier persona que haya adoptado la cultura griega. Véase también **gentiles.**

guerá. Medida de peso equivalente aproximadamente a 0,6 gramos. Véase **Tabla de pesas, medidas y monedas.**

Hades. En la mitología griega era el nombre del dios del inframundo, y también se usaba para designar el lugar de los muertos. En el Nuevo Testamento equivale a «infierno»; también se ha traducido como **abismo** (Mt 11:23 = Lc 10:15), «muerte» (Mt 16:18), y «sepulcro» (Hch 2:27).

higaión. Término hebreo que aparece en algunos salmos (19 tít., 9, 92) y en otros libros del Antiguo Testamento (Is y Lm), probablemente para indicar un murmullo (Sal 19:14; Lm 3:62) o una queja (Is 16:7), o bien la vibración de algún instrumento de cuerdas (Sal 92:3).

hijo de hombre. Véase **hombre.**

hin. Medida de capacidad equivalente aproximadamente a 4 litros. Véase **Tabla de pesas, medidas y monedas.**

hipócrita/hipocresía. El término griego hupokritês refería a los actores de teatro. Posteriormente, incluso en el Nuevo Testamento, se usaba en sentido más general de cualquier persona que fingía ser lo que no era (p.ej. Mt 6:2), o que actuaba de manera incongruente con sus convicciones (Gá 2:13, donde se usan el verbo y el sustantivo). El término no implica necesariamente que la persona fuera mal intencionada.

hisopo. Planta pequeña y frondosa, no del todo identificada, que se usaba en ritos de purificación (Lv 14; Nm 19), y para aplicar la sangre a los dinteles de las puertas (Éx 12).

holocausto. Uno de los sacrificios en que el animal ofrecido se quemaba del todo.

hombre. Tanto en el Antiguo Testamento (heb. 'adam, 'enosh, o 'ish) como en el Nuevo (griego

ánzrōpos), el término castellano **hombre** puede usarse en sentido genérico, que contrasta al ser humano con Dios y abarca a toda la humanidad, o en sentido más restrictivo, que contrasta al hombre con la mujer. En la actualidad, el segundo sentido ha adquirido más prominencia, lo cual crea nuevos problemas de traducción. Cuando el texto original y el estilo castellano lo permiten, se han usado expresiones tales como «género humano», «gente», «humanidad», «mortal», «persona» y «ser humano».

humanidad/humano. Véanse **carne, hombre** y **síquico.**

impuro. Véase **puro.**

incircunciso. Véase **circuncisión.**

inexperto. (heb. pety) En la literatura sapiencial, referencia al joven simple e ingenuo, ignorante de la **ley** e incapaz de discernir por sí mismo entre el bien y el mal.

insolente. Véase **blasfemo.**

instrucción. Véase **ley** (del SEÑOR) y **disciplina.**

inteligencia. Véase **sabiduría.**

intercesor. Véase **Consolador.**

Jacobo. En la evolución de la lengua española, el nombre «San Jacobo» llegó a pronunciarse «Santiago». Tradicionalmente, se ha usado «Santiago» en la carta que se conoce por ese nombre, pero se ha mantenido «Jacobo» en los demás pasajes. En esta versión se sigue la misma costumbre.

jactancia/jactarse. Uno de los términos más característicos de las cartas de Pablo es el verbo griego kaujáomai (sustantivo kaújēma), que puede usarse tanto en sentido positivo como negativo. En castellano, el vocablo «jactarse» siempre tiene una acepción peyorativa («alabarse presuntuosamente»), de manera que se han usado varios términos para traducir el griego según el contexto (p.ej. «presumir», «orgullo/enorgullecerse», «satisfacción/estar satisfecho», «regocijarse»).

Jerusalén. Ciudad importante de Palestina. Conocida como Ciudad de David, fue la capital del reino davídico y, más tarde, del reino de Judá. Reconstruida después del exilio babilónico, era para los judíos la ciudad escogida por Dios para habitar entre su pueblo. Fue destruida nuevamente en el año 70 d.C.

Jesucristo. Véase **Cristo.**

jómer. Medida de capacidad equivalente aproximadamente a 220 litros. Véase **Tabla de pesas, medidas y monedas.**

juicio. (heb. mishpat) Véase **ley** (del SEÑOR).

justicia. (heb. tsedeq, tsedeqah) Véase **salvación.**

justificar/justificación. El sustantivo generalmente traduce la palabra griega dikaiosúnê, que también significa «justicia». El verbo lo usa especialmente Pablo para designar la acción de Dios de «declarar justos» a los que ponen su fe en Jesucristo.

lenguas. En el libro de los Hechos y en 1 Corintios, la expresión «hablar en lenguas» es traducción literal del griego; otra posible traducción es «hablar en otros idiomas».

lepra. Varios tipos de enfermedades de la piel se

agrupaban bajo esta categoría en la antigüedad. No se trata necesariamente de la aflicción que la medicina moderna llama «lepra».

lepton. Moneda judía de muy poco valor. Véase Tabla de pesas, medidas y monedas.

létec. Medida de capacidad equivalente aproximadamente a 110 litros. Véase **Tabla de pesas, medidas y monedas.**

levantar de entre los muertos. Esta expresión se ha traducido literalmente en algunos casos, según el contexto, pero por lo general se ha usado sencillamente el verbo «resucitar» o el sustantivo «resurrección».

Leviatán. Nombre del monstruo marino vencido por Dios al principio de la creación (Sal 74:14; Is 27:1), y que por lo general aparece como sinónimo de «mar». En Job este nombre alude a algún animal acuático de enormes proporciones, probablemente el hipopótamo.

ley (del SEÑOR/de Moisés). (heb. torah) Término que significa «enseñanza» o «instrucción», más que un código legislativo. Bajo este término genérico se incluían «mandamientos», «mandatos», «decretos», «sentencias», «preceptos», «ordenanzas» y «juicios», que debían ser enseñados de padres a hijos (Dt 6:1-9).

limpio. Véase **puro.**

log. Medida de capacidad equivalente aproximadamente a 0,3 litros. Véase **Tabla de pesas, medidas y monedas.**

maestro de la ley. Esta frase representa un vocablo griego (grammateús) que tradicionalmente se ha traducido «escriba». Entre el pueblo judío, los escribas estaban encargados no solamente de copiar y preservar los libros del Antiguo Testamento, sino principalmente de interpretar y enseñar su contenido. La expresión **experto en la ley** corresponde a otro vocablo griego (nomikós) pero se refiere a la misma profesión.

majalat (leannot). Término hebreo que aparece en el título de algunos salmos (53, 88), y que posiblemente se refiera a la manera triste y melancólica en que estos salmos debían cantarse.

Mar Rojo. Es traducción del nombre hebreo yam suf, que literalmente significa «mar de las cañas». En el Antiguo Testamento este nombre se usa principalmente para designar los golfos de Suez y Acaba, y también la región de los «lagos Amargos» al norte de Suez.

masquil. Término hebreo que aparece en el título de varios salmos (32, 42, 44, 45, 47:7, 52, 53, 54, 55, 74, 78, 88, 89, 142), y que parece referirse al carácter didáctico del salmo, o bien a su alta calidad literaria (Sal 45, p.ej.).

mente. Véase **corazón.**

Mesías. Véase **Cristo.**

metreta. Medida de capacidad equivalente aproximadamente a 39 litros. Véase **Tabla de pesas, medidas y monedas.**

mictam. Término hebreo que aparece en el título de algunos salmos (16, 56, 57, 58, 59, 60), y que posiblemente aluda a su carácter enigmático o esotérico.

milla. Medida de longitud equivalente aproximadamente a 1.500 metros. Véase **Tabla de pesas, medidas y monedas.**

mina. Medida de peso equivalente aproximadamente a 0,6 kilogramos. En el Nuevo Testamento se refiere a una moneda valiosa. Véase **Tabla de pesas, medidas y monedas.**

misterio. Este término (griego mustêrion) lo usa Pablo con referencia a los planes eternos de Dios para las naciones, planes que sólo fueron revelados con la venida de Cristo (p.ej. Ro 16:25-26; Ef 3:2-6). Se ha traducido literalmente cuando el contexto evita que haya confusión. Como el vocablo en español puede implicar un sentido esotérico, en varios pasajes se ha empleado la palabra «secreto».

mortal. Véase **hombre.**

muerte. Véase **abadón.**

mundo. Véase **carne.**

naciones. Véase **gentiles.**

naturaleza humana/pecaminosa. Véase **carne.**

necedad. En la literatura sapiencial, actitud contraria a la **sabiduría,** característica de los jóvenes **inexpertos.** La necedad llega a ser personificada, y su discurso es del todo contrario al de la **sabiduría** (Pr 9:1-12; 13-18).

necio. Se dice de todo el que se resiste a cumplir los mandamientos de Dios y a seguir los sabios consejos de sus padres y maestros. Por extensión, el necio es también **insolente y blasfemo.**

nisán. Véase **aviv.**

nombre. En el lenguaje bíblico, el nombre está íntimamente ligado al ser mismo de la persona. El nombre es la persona. Sin nombre nada puede existir (Gn 2:18-23; Ec 6:10). La conducta de la persona está condicionada por su nombre (1S 25:25) Un cambio de nombre implica un cambio total de la persona, que deja de ser la misma (Gn 32:28; Mt 16:18). Hablar en nombre de alguien es actuar con la misma personalidad y autoridad de la persona nombrada. Conocer el nombre de alguien equivale a tener poder sobre esa persona.

nuevas/noticias, buenas. Véase **evangelio.**

obispo. Traducción tradicional del término griego epískopos, que significa «supervisor, superintendente». Parece ser equivalente a **anciano** (véase Hch 20:17,28; nótese también 1P 2:25). Más tarde comenzó a usarse el término para designar a los que supervisaban varias congregaciones en un mismo distrito.

ofensa/ofender. Véase **tropiezo.**

orgullo. Véase **jactancia.**

pacto. Promesa o acuerdo contraído entre dos partes, generalmente una superior y otra inferior, mediante una fórmula verbal o ritual, que compromete a ambas partes. En el lenguaje bíblico el pacto representa la promesa de Dios al hombre de siempre darle **vida y paz** y constante cuidado, y el compromiso del hombre de vivir conforme a las estipulaciones del pacto. Otros términos vinculados con el pacto son **ley** y testimonio.

paganos. (heb. goyyim) Término hebreo que aparece

en el Antiguo Testamento para referirse a los pueblos que no conocen al Dios de Israel ni pertenecen a este pueblo. Por extensión, el mismo término designa a los pueblos y naciones en general. Para el uso de este término en el Nuevo Testamento, véase **gentiles**.

palabra. En el pensamiento bíblico, este término es más que el sonido emitido oralmente. Una vez pronunciada la palabra, tiene poder y autonomía propios, y actúa por sí misma (Gn 1; Jn 1). La palabra dicha no puede ser revocada (Gn 27:30-38; Is 55:10-11). En toda la Biblia, y especialmente en los Salmos, **palabra** aparece como sinónimo de ley.

palmo. Medida de longitud equivalente aproximadamente a 24 centímetros. Véase **Tabla de pesas, medidas y monedas.**

pan de la Presencia. Literalmente, «pan del rostro» (heb. lejem happanim), tradicionalmente traducido «pan de la proposición». Se trata del pan que cada sábado se colocaba ante la presencia de Dios, sobre una mesa en la **Tienda de reunión** (luego en el templo).

parábola. Narración con fines didácticos, que comunica su enseñanza de manera indirecta. Aunque se ca-racteriza por su brevedad, puede ser también un tanto extensa. En sus enseñanzas Jesús la usó con singular maestría y pertinencia.

pasiones. Véase **carne.**

pastor. Además de su sentido primario, en la literatura bíblica este término destaca la relación simbólica entre Dios y su pueblo (Sal 23), entre el rey y sus súbditos (Sal 78:70-72), entre los líderes eclesiales y la comunidad creyente (Heb 13:7), y entre Jesús y la iglesia (Jn 10:1-16).

paz. (heb. shalom) En el lenguaje bíblico, este término apunta hacia el estado ideal de tranquilidad y plenitud física y síquica, tanto a nivel individual como comunitario. La paz proviene de Dios y es la pre-sencia misma de Dios entre su pueblo (Nm 6:24-26); es resultado de la **justicia** (Is 32:17) y del cumplimiento del **pacto**, y del establecimiento del reinado de Dios (Is 2:1-4; Mi 4:1-5).

pecadores. La Biblia enseña claramente que todos los seres humanos son culpables de pecado (p.ej. Ro 3:10-20). Sin embargo, en el habla de los judíos el término «pecador» se usaba también en un sentido especializado para designar a los que estaban fuera del pacto divino. Se aplicaba especialmente a los **gentiles** (p.ej. Gá 2:15), pero también a judíos cuya conducta inmoral los alejaba espiritualmente del pueblo de Dios (p.ej. Mt 11:19; Lc 15:1-2).

pecar, hacer pecar. Véase **tropiezo.**

peregrinos, cántico de los. (heb. shir hama'aloth) En los Salmos, título que designa a los salmos probablemente vinculados con las peregrinaciones que se hacían al templo de Jerusalén. Su etimología permite traducirlos como «cánticos de las subidas» o «cánticos graduales».

perfecto/perfección/perfeccionar. Aunque en esta vida nadie llega a estar totalmente libre de pecado, el adjetivo «perfecto» (griego *téleios*) se usa en varios pasajes con referencia a los creyentes. Es posible que se trate del concepto de madurez espiritual (véanse 1Co 2:6-7; Heb 6:1), pero el sentido es más profundo: implica un compromiso definitivo que se refleja en la conducta. En la carta a los Hebreos, el énfasis está en la idea del cumplimiento de las promesas (nótese que el verbo se aplica también a la exaltación de Jesús en 2:10; 5:9; 7:28). La ley del pacto antiguo no podía perfeccionar (7:19; 9:9; 10:1), pero los que creen en Jesús pertenecen al nuevo y perfecto pacto, de manera que ya han recibido lo que el Antiguo Testamento había prometido (10:14; 11:40).

perro. Por ser un animal común al que se consideraba ritualmente impuro (véase **puro**), el perro llegó a ser un símbolo de los que están fuera del pueblo de Dios (Ap 22:15). Se usa con referencia a los **gentiles** (Mt 15:26-27 = Mr 7:27-28) y a los adversarios del evangelio (Mt 7:6; Fil 3:2; 2P 2:22), no como insulto vulgar, sino como un comentario de índole teológica.

piedra sagrada. La palabra hebrea *matsebah* puede referirse a una columna de piedras cuyo propósito era la conmemoración de algún suceso; en ese caso se ha traducido «estela». Como en la religión cananea tales columnas se identificaron con las deidades, el Antiguo Testamento generalmente las condena.

pim. Medida de peso equivalente aproximadamente a 8 gramos. Véase **Tabla de pesas, medidas y monedas.**

portón/portones. Véase **puerta(s).**

primicias. Los primeros y más importantes frutos de la cosecha, los cuales debían ofrecerse a Dios. En el Nuevo Testamento el término se usa en varios sentidos figurados; por ejemplo, Cristo fue el primero en ser resucitado y es quien hace posible la resurrección de los demás (1Co 15:20); el Espíritu Santo es el primer fruto que reciben los creyentes, y les garantiza que recibirán toda la herencia espiritual (Ro 8:23). Nótese también el uso de «primogénito» en Col 1:15,18.

principios. Así se traduce la palabra griega *stoijeía*, que puede referirse a conceptos básicos (Heb 5:12, «verdades más elementales»), pero también a los elementos fundamentales del universo (2P 3:10). Algunos eruditos piensan que Gá 4:3,9 y Col 2:8,20 hablan de seres espirituales.

Priscila. Así se ha representado el nombre «Prisca» (en Ro 16:3; 1Co 16:19; 2Ti 4:19), del cual «Priscila» es la forma diminutiva (Hch 18:2,18,26).

propiciación. Véase **expiación.**

propiciatorio. Plancha de oro que cubría el arco del pacto y sobre la cual se rociaba la sangre una vez al año para **expiar** el pecado del pueblo (Lv 16).

proverbio. Sentencia o dicho breve e ingenioso en torno a algún hecho que encierra una enseñanza, o condensa la sabiduría popular. Aunque de origen muy antiguo, el proverbio siempre estuvo presente en la literatura sapiencial y hasta los días del Nuevo Testamento. Característico de la literatura bíblica

es el proverbio antitético, en el que la segunda parte contrasta o contradice lo dicho en la primera.

prueba, poner a. Véase **tentar.**

pueblo de Dios. Véase **santos.**

puerta(s). (heb. sha'ar) Las antiguas ciudades eran amuralladas, y tenían puertas que se abrían al amanecer y se cerraban al caer la noche. Las puertas de la ciudad eran el centro cívico de aquellas ciudades. Allí se difundían las últimas noticias (2S 18:4), se realizaban negocios de compraventa (Rt 4:1-12), y se impartía justicia (Is 29:21; Am 5:12).

puro/impuro/purificar. En muchos pasajes (marcados con asterisco) estos términos no tienen que ver con la limpieza física o moral, sino con cuestiones de contaminación ritual, según las leyes del Ant. Test.

querubines. Seres celestiales con función protectora (Gn 3:24). Dos figuras de querubines como criaturas aladas y con pies y manos cubrían el propiciatorio. También se usaron figuras de querubines en la de-coración del templo.

quisleu. Noveno mes en el calendario hebreo (mediados de noviembre a mediados de diciembre).

Rahab. Nombre del monstruo vencido por Dios al principio de la creación. Su nombre tal vez aluda a su arrogancia. En los salmos (87:4) y en Isaías (30:9) este nombre aparece como sinónimo de Egipto.

recaudador de impuestos. Así se representa la palabra telônês, que en otras versiones se ha traducido como «publicano». Se refiere a judíos que se ofrecían a cobrar los impuestos exigidos por el Imperio Romano. Como los recaudadores abusaban de sus compatriotas y colaboraban con los soldados romanos, se les consideraba traidores que no pertenecían al pueblo de Dios.

resucitar/resurrección. Véase **levantar de entre los muertos.**

retama. Arbusto típico del sur de Palestina y del desierto de Sinaí, de escasa altura pero lo bastante grande para proporcionar sombra (1R 19:4-5). Sus ramas suelen también usarse como escobas (Is 14:23) y como combustible (Job 30:4; Sal 120:4; Is 47:14).

roca. Además de su sentido primario, en el contexto desértico de Palestina este término designa de manera simbólica a Dios como fuente de protección y abrigo para su pueblo.

sábado. Día séptimo de la semana en el que, según la ley del Antiguo Testamento, los judíos debían reposar de sus trabajos. El mismo término se usa para referirse a otros días festivos.

sabiduría. Cualidad de la persona dispuesta a recibir consejo para poder discernir entre el bien y el mal, aprender a vivir, y conducirse de acuerdo con la voluntad de Dios. En la literatura sapiencial la sabiduría llega a ser personificada (Pr 8) y considerada colaboradora de Dios en su creación.

Salén. Forma abreviada de «Jerusalén» (véase Sal 76:2), ciudad conocida también como «la ciudad de David».

salvación. (heb. yeshu'ah) Acción de Dios en favor del hombre, que redunda en la victoria o triunfo de éste, incluyendo el poner a salvo su vida. En algunos contextos «salvación» aparece como sinónimo de «justicia». En el Nuevo Testamento la salvación divina está íntimamente relacionada con el perdón de los pecados.

sanar. En varios pasajes en los evangelios (Mt 9:21-22; Mr 5:23,28,34; 6:56; 10:52; Lc 8:36,48,50; 17:19; 18:42) este verbo es traducción de un término griego que también significa «salvar».

Santiago. Véase **Jacobo.**

santificar. Este concepto en el Antiguo Testamento indica la acción de separar algo o a alguien para un propósito sagrado. El verbo griego (hagiádsō) puede por lo tanto traducirse «consagrar», pero además indica una obra divina de limpieza espiritual en los creyentes. Véase también **santo.**

santo/santidad. Es principalmente un atributo de Dios, y por consiguiente de lo que está relacionado a él, por ejemplo, los profetas, los ángeles, el templo (Lc 1:70; 9:26; Hch 6:13). El Nuevo Testamento usa el término «los santos» para designar a los que forman parte de la iglesia de Cristo. Implica que los creyentes han sido santificados (véase **santificar**) y que Dios los ha constituido como su propio pueblo. En algunos pasajes donde el término castellano puede ser ambiguo, se han usado otros vocablos, por ejemplo, «creyentes» o «pueblo de Dios».

santuario. Véase **templo.**

santuarios paganos. Véase **altares paganos.**

Satanás. Nombre del príncipe del mal; la palabra hebrea satán significa «acusador» o «adversario».

satisfacción. Véase **jactancia.**

sátrapa. Título de quienes gobernaban las provincias (satrapías) bajo el imperio de los persas.

seah. Medida de capacidad equivalente aproximadamente a 7,3 litros. Véase **Tabla de pesas, medidas y monedas.**

sebat. Undécimo mes en el calendario hebreo (mediados de enero a mediados de febrero).

secreto. Véase **misterio.**

Selah. En los Salmos, anotación musical cuyo posible significado sea el de pausa. Tal sentido no ha sido aún determinado.

sencillo. Véase **inexperto.**

sentarse. Cuando los evangelios se refieren a personas sentadas a la mesa (p.ej. Mt 26:7,20; Mr 2:15; Lc 14:8), se usan varios verbos griegos que literalmente significan «recostarse», pues era costumbre en los banquetes reclinarse en divanes. También se puede traducir como «estar a la mesa» (p.ej. Lc 24:30; Jn 12:3) o aun «comer» (Mt 9:10; Mr 16:14; Lc 5:29; 1Co 8:10).

Seol. Véase **sepulcro.**

sepulcro. (heb. she'ol) En el pensamiento hebreo, lugar a donde iban los muertos luego de ser enterrados. Este lugar se hallaba bajo la tierra, pero sobre las aguas de abajo. Otros términos sinónimos son **abismo,** «fosa» y «tumba».

ser humano. Véase **hombre.**

siclo. Medida de peso equivalente aproximadamente

a 11,5 gramos. Véase **Tabla de pesas, medidas y monedas.**

siervo. Representa en muchos pasajes el vocablo griego doúlos, que también puede traducirse «esclavo». Este último término en español puede tener connotaciones que confundan al lector moderno. El vocablo griego no implica necesariamente que la persona fuera maltratada, ya que en la antigüedad algunos esclavos llegaban a asumir posiciones muy importantes. La idea principal es que la persona estaba bajo el dominio de otra, de manera que se caracterizaba por su humildad y obediencia.

sigaión. Término hebreo que aparece en el título del Salmo 7. Su posible significado de «conmoción» tal vez aluda al estado de ánimo en que debía cantarse ese salmo.

Silvano. En las cartas (2Co 1:19; 1Ts 1:1; 2Ts 1:1; 1P 5:12) se usa este nombre con referencia a «Silas» (véase Hch 15:22).

Sión. Nombre de la colina fortificada de la antigua Jebús, hoy Jerusalén. Durante el reinado de David este nombre se extendió para referirse al área general del templo. Sión es considerada la morada de Dios, y en los libros poéticos aparece como sinónimo de Jerusalén.

síquico. Representa el adjetivo griego psujikós (sustantivo psujê; véase **vida**), que se ha traducido «natural» en 1Co 15:45-46 y «puramente humana» en Stg 3:15. Como contrasta con lo que es espiritual, se ha usado la frase «no tiene el Espíritu» en 1Co 2:14 y Jud 19.

Siria/sirios. Región al norte de Palestina, habitada por los arameos. En el Antiguo Testamento es traducción del nombre Aram.

siván. Tercer mes en el calendario hebreo (mediados de mayo a mediados de junio).

Tabernáculos, fiesta de los. Véase **Enramadas.**

talento. En el Antiguo Testamento, medida de peso equivalente aproximadamente a 34 kilogramos. En el Nuevo Testamento se usaba para cálculos monetarios; generalmente de oro, su valor (que era muy alto) variaba mucho, según el lugar y la época (Mt 18:24; 25:15-28). Véase **Tabla de pesas, medidas y monedas.**

tébet. Décimo mes en el calendario hebreo (mediados de diciembre a mediados de enero).

templo. En el Nuevo Testamento este término puede referirse justamente al «santuario» (Lc 1:9), es decir, el edificio donde se encontraban el Lugar Santo y el Lugar Santísimo, o bien al área total que incluía no sólo ese edificio sino también la plaza que lo rodeaba (el atrio de las mujeres y el atrio de los gentiles).

tentar/tentación. El verbo griego (peirádsō, sustantivo peirasmós) puede usarse en el sentido más o menos neutral de «poner a prueba», pero también en el sentido negativo de «incitar al pecado, tender

una trampa». En Stg 1:2,12-14 parece haber un juego de palabras basado en este doble sentido.

Tienda de reunión. Tradicionalmente traducido «tabernáculo de reunión» (heb. 'ohel mo'ed), esta frase se refiere a un conjunto de cortinas que, colocadas alrededor de bastidores, sirvieron como morada de Dios antes de la construcción del templo.

Todopoderoso. Cuando aparece junto con «Señor», este título representa la palabra tseba>ot; es una frase tradicionalmente traducida como «Jehová de los ejércitos». En otros casos, **Todopoderoso** representa la palabra shadday, nombre con el que Dios se reveló a los patriarcas (Gn 17:1; Éx 6:3) y que se usa con frecuencia especialmente en el libro de Job.

trampa. Véanse **tentar y tropiezo.**

triunfo. Véase **salvación.**

tropezar/tropiezo. Es generalmente traducción del vocablo griego skándalon (verbo skandalídsō) y se refiere especialmente a lo que causa ofensa, oposición (Gá 5:11), o aun la caída moral de alguien (Mt 5:29-30; 1Co 8:13). En el uso corriente del castellano, el término escándalo (escandalizar) no co-rresponde justamente a este significado. En Ro 11:9 se ha traducido como «trampa». También se ha traducido el verbo con términos tales como «ofender», «hacer pecar», «hacer caer», «apartarse», «abandonar». En Jn 16:1 se ha empleado la frase «flaquear la fe».

ungido. (heb. mashiaj). Término hebreo para referirse al rey escogido por Dios. Después del exilio babilónico este mismo término se usó para referirse al sumo sacerdote. Véase también **Cristo.**

Unigénito. Traducción tradicional del término griego monogenês («único») cuando se refiere a Jesucristo. Véanse Jn 1:14,18; 3:16,18.

urim y tumim. Objetos sagrados que se ponían sobre el pectoral del sumo sacerdote (Éx 28:20) y que se usaban para determinar la voluntad de Dios en algunas situaciones (1Sa 28:6; cf. 23:9-12).

Verbo. Traducción tradicional del término griego lógos («palabra») cuando se refiere a Jesucristo. Véanse Jn 1:1,14; 1Jn 1:1; Ap 19:13.

victoria. Véase **salvación.**

vida. Cuando esta palabra lleva asterisco, es traducción en el Antiguo Testamento de la palabra hebrea nefesh, y en el Nuevo, de la palabra griega psujê. Ambos términos tienen un amplio significado y tradicionalmente se han traducido «alma». En esta versión, la palabra hebrea también se ha traducido «aliento» y «fuerza(s)»; en algunos contextos (Sal 69:1; 105:18; Jon 2:6) se ha usado el vocablo «cuello».

zif. Segundo mes en el calendario hebreo (mediados de abril a mediados de mayo).

Notas

So that I can see more of God's wonders that he has made on this earth.

I would see so that I could see what God wants me to do.

Candy

Notas

Notas

Notas

Notas

Notas

Notas

Notas

Notas

Notas

~~In these verses it tall~~

34: it talks about how He wants to be able to understand Gods instructions.

the Truth

35: He wants to be able to delight in Gods commands.